Rechtsangleichung:
Grundlagen, Methoden und Inhalte
Deutsch-Japanische Perspektiven

法の同化： その基礎、方法、内容

ドイツからの見方と日本からの見方

Schriften zum Europäischen
und Internationalen Privat-, Bank-
und Wirtschaftsrecht

EIW Band 10

Schriften zum Europäischen und Internationalen Privat-, Bank- und Wirtschaftsrecht

Herausgegeben von

Professor Dr. Horst Eidenmüller, LL.M. (Cambridge), München
Professor Dr. Dr. Stefan Grundmann, LL.M. (Berkeley), Berlin
Professor Dr. Susanne Kalss, LL.M. (Florenz), Wien
Professor Dr. Wolfgang Kerber, Marburg
Professor Dr. Karl Riesenhuber, M.C.J. (Austin/Texas), Bochum
Professor Dr. Heike Schweitzer, LL.M. (Yale), Florenz
Professor Dr. Hans-Peter Schwintowski, Berlin
Professor Dr. Reinhard Singer, Berlin
Professor Dr. Christine Windbichler, LL.M. (Berkeley), Berlin

EIW Band 10

De Gruyter Recht · Berlin

Karl Riesenhuber/Kanako Takayama (Hrsg.)
カール・リーゼンフーバー/高山佳奈子(編)

Rechtsangleichung: Grundlagen, Methoden und Inhalte

Deutsch-Japanische Perspektiven

法の同化：その基礎、方法、内容
ドイツからの見方と日本からの見方

W DE G RECHT
De Gruyter Recht · Berlin

Veröffentlichung der Referate des Nachwuchswissenschaftler-Forums „Rechtsangleichung", veranstaltet von der Alexander von Humboldt-Stiftung (AvH) und dem Deutschen Akademischen Austauschdienst (DAAD) in Zusammenarbeit mit der Japan Foundation for the Promotion of Science (JSPS) am 1. Oktober 2005 in Tokio

Herausgeber:
Professor Dr. Karl Riesenhuber, M.C.J., Ruhr-Universität Bochum
Professor Kanako Takayama, Kyoto University, Japan

Die Publikation wurde von der Alexander von Humboldt-Stiftung, Bonn, der International Communications Foundation, Tokio, und dem Stifterverband für die Deutsche Wissenschaft, Essen, gefördert.

Alexander von Humboldt Stiftung/Foundation ICF Stifterverband für die Deutsche Wissenschaft

♾ Gedruckt auf säurefreiem Papier, das die US-ANSI-Norm über Haltbarkeit erfüllt.

ISBN-13: 978-3-89949-333-7
ISBN-10: 3-89949-333-8

Bibliografische Information der Deutschen Nationalbibliothek

Die Deutsche Nationalbibliothek verzeichnet diese Publikation in der Deutschen Nationalbibliografie; detaillierte bibliografische Daten sind im Internet über http://dnb.d-nb.de abrufbar.

Printed in Germany
Umschlaggestaltung: Christopher Schneider, Berlin
Datenkonvertierung/Satz: Dörlemann Satz, Lemförde
Druck und Bindung: Hubert & Co., Göttingen

Geleitwort

Bundesministerin der Justiz Brigitte Zypries, MdB

Als im Jahr 1938 der große Rechtsphilosoph und einstige deutsche Reichsjustizminister Gustav Radbruch 60 Jahre alt wurde, nahm im nationalsozialistischen Deutschland davon kaum jemand Notiz. Ganz anders dagegen in Japan. Dort würdigte die Handelsuniversität in Tokio den großen Rechtsdenker mit der Herausgabe einer Festschrift. Diese Begebenheit ist ein eindrucksvolles Zeichen für die lange Geschichte und die hohe Intensität des deutsch-japanischen Rechtsaustauschs.

Heute ist die deutsch-japanische juristische Zusammenarbeit vor allem dann wichtig, wenn es um die Gestaltung wichtiger Zukunftsaufgaben geht. Insbesondere die ökonomische Globalisierung hat in beiden Ländern das Recht vor neue Herausforderungen gestellt. Hier nach Lösungen zu suchen, ist vor allem eine Aufgabe der jungen Juristengeneration und deshalb war das Nachwuchswissenschaftler-Forum eine so wichtige Veranstaltung.

Die gegenseitige Hospitation von Juristinnen und Juristen aus Deutschland und Japan ist inzwischen Normalität. Studierende der Rechtswissenschaft beider Länder nutzen die Gelegenheit, sich direkt und vor Ort im jeweils anderen Land über traditionelle, aber auch neue Wege zur Lösung rechtlicher Probleme zu informieren und voneinander zu lernen. Diese persönliche Begegnung und der unmittelbare Austausch sind durch kein Lehrbuch und keine Vorlesung zu ersetzen.

Die Vielfalt der Themen, die in den Referaten des Nachwuchswissenschaftler-Forums abgehandelt worden sind, zeigt, daß die Globalisierung viele Facetten hat und keineswegs nur das Wirtschaftsrecht betrifft. Auch im Straf- und Verwaltungsrecht stehen wir heute in unseren Ländern häufig vor ganz ähnlichen Fragestellungen, und das Nachwuchswissenschaftler-Forum hat dazu die jungen Juristinnen und Juristen zu Wort kommen lassen. Dieser Band dokumentiert ihre Beiträge, und er wird gewiß dafür sorgen, daß von ihren Referaten neue Impulse ausgehen – für die rechtliche Bewältigung der Globalisierung und für die Zukunft der juristischen Zusammenarbeit zwischen Deutschland und Japan.

序言

ドイツ連邦共和国法務大臣　ブリギッテ・ツュープリース

1938 年、偉大なる法哲学者であり、ドイツの元法務大臣であったグスタフ・ラートブルフは、60 歳を迎えた。ナチス政権下のドイツで、この還暦に注意を払う者はほとんどなかった。ところが日本では事情が違った。東京商科大学では、この大法思想家をたたえるために記念論集が編集されていたのである〔訳注・法学研究 4 号〕。この出来事は、法律分野での独日交流の歴史の長さと程度の強さとの証左であるように思われる。

今日、独日の法律家の相互協力は、将来の課題をいかに立てていくかに関してなかんずく重要となる。特に経済のグローバル化により、法は、いずれの国においても新たな挑戦を受けることになった。これらに対する解決の道を探ることは、とりわけ若い世代の法律家にとっての課題である。そのためにも、「若手研究者フォーラム」は極めて重要な催しであったといえる。

ドイツおよび日本の法律家たちが相互に赴いて在外研修を行うことは、今では珍しくなくなった。両国の法学の学生は、直接現地にわたり、それぞれの国において法的な問題が伝統的にどのように解決されてきたか、また、新たな問題解決の方法としてどのような試みがなされているかについて情報を得、互いに学ぶ機会を活用している。こうした人と人との出会いや直接の交流は、教科書や講義によっては決して置き代えることのできないものである。

若手研究者フォーラムで検討されたテーマの多様性が示すとおり、グローバル化には多くの側面があり、決して経済関係法のみが問題となるわけではない。刑法や行政法の領域でも、われわれの両国においては、しばしば極めて似た問題状況が生じている。そして、若手研究者フォーラムは、こうした問題に対して若い法律家たちに発言の機会を与えるものであった。本書は彼らによる寄与の証明であり、彼らの報告からさらに新たな推進力が生まれる契機となるものであることは間違いない――法を手段としてグローバル化の挑戦を克服するため、そして、ドイツと日本の両国の間で将来にわたって法律家が協働していくための。

(髙山佳奈子訳)

Geleitwort

Botschafter a. D. Henrik Schmiegelow

Der Austausch japanischer und deutscher Juristen ist Ausdruck einer wohl einzigartigen Tradition. Seit rund 150 Jahren sprechen die Rechtswissenschaftler und -praktiker unserer beiden Staaten miteinander und lernen voneinander. Hierfür stehen in der Meiji-Zeit Namen wie Hirobumi Ito und Rudolf von Gneist oder Hermann Roesler und Kowashi Inoue, nach dem Ersten Weltkrieg und bis zu seinem Tode 1950 in Japan Theodor Sternberg und seine Schüler, schließlich im globalisierten Dialog von heute Junichi Murakami und Gunther Teubner, um nur einige Beispiele zu nennen.

Es handelt sich dabei um einen Dialog, der beide Seiten befruchtet: Immer wieder entdecken wir, wie ähnlich unsere aktuellen Herausforderungen, aber auch die hierzu entwickelten Lösungsansätze sind. Zuweilen sind wir überrascht, wie intensiv wir parallel gearbeitet haben ohne es zu wissen, gewissermaßen nachtwandlerisch mit gleichen Zielen, etwa bei der Transformationshilfe in früheren Ostblockstaaten oder im Rechtsstaatsdialog mit China. Nicht selten stehen japanische und deutsche Juristen rechtspolitisch Seite an Seite, selbst wenn dies bei ihren Regierungen noch nicht der Fall ist.

Getragen wird der deutsch-japanische Rechtsdialog heute von engagierten Juristinnen und Juristen unserer beiden Länder, die sich ungeachtet der großen räumlichen Distanz in der wissenschaftlichen oder richterlichen Rechtsfindung nahe fühlen. Gerade das Deutschlandjahr in Japan 2005/2006 hat dies eindrucksvoll belegt: Zunächst dachte man, daß vielleicht ein Rechtssymposium zustande kommen könnte. Und das gelang auch mit dem großen Symposium zur Globalisierung im Recht, das im September 2005 von Bundesjustizministerin Zypries eröffnet wurde. Zur allgemeinen Überraschung führte diese Veranstaltung jedoch zu einer Proliferation, deren Ende nicht abzusehen ist. Ihr großer Erfolg inspirierte weitere Rechtssymposien zu so unterschiedlichen Themen wie der wachsenden Bedeutung verwaltungsrechtlichen Ermessens, der Modernisierung der Justiz, der Privatisierung staatlicher Unternehmen und dem Patentrecht in Deutschland und Japan. Das wichtigste Ergebnis des Symposiums vom September 2005 war jedoch das ihm angeschlossene Nachwuchswissenschaftler-Forum. Es wurde von seinen Teilnehmern offenbar als besonders erfolgreich empfunden und konnte so einen wesentlichen Beitrag dazu leisten, daß die Kontinuität in den deutsch-japanischen Rechtsbeziehungen über die Generationen hinweg gewährleistet wird.

Ich bin hocherfreut, daß die für dieses Forum vorbereiteten Referate nunmehr im vorliegenden Tagungsband einer breiteren Fachöffentlichkeit zugänglich gemacht werden können. Die wissenschaftliche und rechtspolitische Bedeutung der Beiträge ist Spiegel der Qualität der Diskussionen während des Forums. Und beides zusammen zeigt, daß die traditionsreiche japanisch-deutsche Rechtsbeziehung bei der jüngeren Generation der Rechtswissenschaftler unserer beiden Länder in besten Händen ist.

序言

前駐日ドイツ大使　ヘンリク・シュミーゲロー

日本とドイツの法律家の交流は、他に類を見ない伝統の表れである。ほぼ 150 年の長きにわたり、われわれ両国の法学者と法律実務家とは対話を重ね、お互いに学んできた。これらの法律家として、明治時代については伊藤博文やルードルフ・フォン・グナイスト、ヘルマン・レースラー（ロエスレル）、井上毅といった名前をあげることができ、その後は、第一次世界大戦後から 1950 年に日本でその死に至るまでテオドール・シュテルンベルク、またその弟子達が活躍した。そして今日のグローバル化の中で、村上淳一氏、グンター・トイブナー氏らが対話を行う。こうした名前はほんの一例にすぎない。

この対話は、双方にとって実りのあるものである。われわれは、お互いの直面する現実的課題がいかに類似するかを繰り返し発見してきた。また、これに対して展開された解決のアプローチにおいても、われわれの間には高い類似性がある。ときとして、両国が同じ目標を持ちながら、ある意味、暗中模索でばらばらに進んできたのに、知らず知らずのうちに強い平行性をもって歩んでいたという事実に驚くことすらある。このことはたとえば、旧東ブロックの諸国における法整備支援や、中国における法治主義の推進などに際して示されている。法政策な問題に対して、日独両国政府にいまだ意見の一致がみられない場合でも、両国の法律家が相並んでこれに臨む場面は少なくない。

今日、独日の法的対話は、われわれの両国の熱心な法律家たちによって担われている。空間的には大きく隔たっているにもかかわらず、両国の法律家は、学問的および実務的な法発見のあり方において、お互いを身近に感じている。「日本におけるドイツ年 2005/2006」はまさにこのことを実感させるものであった。当初、法律シンポジウムは、この中の催しの一つとして開催がありうる、と考えられた程度であったが、何と、ツュープリース連邦法務大臣のスピーチで幕を開ける大シンポジウム「グローバル化と法」として 2005 年 9 月に実現したのである。驚いたことに、だが、この催しは、とどまるところを知らず増殖を始めた。このシンポジウムの成功に触発された他の法律シンポジウムが次々と開催されることとなったのである。それらのテーマは、重要性を増す行政裁量、司法の現代化、国営企業の民営化、ドイツと日本における特許法、といったように多岐にわたる。しかしながら、2005 年 9 月のシンポジウムの成果のうち最も重要なのは、全体会に引き続いて開催された「若手研究者フォーラム」であった。参加者らは明らかに、本フォーラムが大成功に終わったという印象を持ったようである。そして本フォーラムは、法律分野での独日関係の継続性を、世代を超えて確たるものにするという、極めて重要な寄与をなしたのである。

序言

本フォーラムのために準備された報告が、この度この論文集に収録されることで、より広範に専門家のアクセスに供されるようになるのは、私にとって喜ばしい限りである。そして、本書に収録された論文が持つ学問的・法政策的な意義は、フォーラムでの議論の水準の高さを映し出すものにほかならない。これらのことから、法律分野の日独関係の伝統は、いまや両国の若い世代の法学者らのもとで安泰だといえるだろう。

（髙山佳奈子訳）

Vorwort

Globalisierung und Recht – so lautete der Titel eines rechtswissenschaftlichen Kongresses, den die Alexander von Humboldt-Stiftung (AvH) und der Deutsche Akademische Austauschdienst (DAAD) in Zusammenarbeit mit der Japan Foundation for the Promotion of Science (JSPS) im September/Oktober 2005 in Tokio ausgerichtet haben. Es ging dort um die Auswirkungen des Globalisierungsphänomens auf das Recht und die Rechtswissenschaft, aber auch um die Folgewirkungen für die traditionell enge deutsch-japanische Zusammenarbeit im Bereich der Rechtswissenschaft. Am Rande des Kongresses boten die Veranstalter Nachwuchswissenschaftlern Gelegenheit, sich wissenschaftlich auszutauschen und neue Kontakte zu knüpfen. Generalthema dieses Nachwuchswissenschaftler-Forums war „Rechtsangleichung". Damit sollte *eines* von vielen möglichen rechtlichen Mitteln, der Globalisierung Rechnung zu tragen, eingehender untersucht werden: in Grundlagen und Methoden sowie, exemplarisch, für einzelne Inhalte. Die Vielzahl der von den Teilnehmern vertretenen Teilrechtsgebiete ebenso wie die unterschiedlichen nationalen Perspektiven erwiesen sich dabei als besonders anregend und für eine vertiefte Diskussion weiterführend.

Veranstalter und Teilnehmer haben das Nachwuchswissenschaftler-Forum als Auftakt verstanden. Die Teilnehmer haben die Diskussion in vielen Bereichen fortgeführt. Ein Ausdruck dessen ist auch der hier vorgelegte Tagungsband. Er ist im besten Sinne ein Gemeinschaftswerk. Die Publikation in beiden Sprachen soll Wissenschaftlern beider Länder den Zugang erleichtern und Ansatzpunkte für eine Zusammenarbeit aufzeigen. Den japanischen Teilnehmern gebührt dabei großer Dank: Sie haben die Hauptlast der Übersetzungsarbeit geschultert und zum einen die deutschen Beiträge ins Japanische übersetzt und zum anderen auch eine – meist schon sehr ausgefeilte – „Rohübersetzung" der japanischen Beiträge ins Deutsche zur Verfügung gestellt. Für den Feinschliff bei der Übersetzung haben die Autoren beider Seiten meist in Teams zusammengewirkt. So bot die Vorbereitung der Tagungsbeiträge für die Drucklegung ganz praktisch die Möglichkeit einer Zusammenarbeit.

Nicht alle Interessenten konnten an der Tagung teilnehmen, nicht alle Teilnehmer konnten bei der Tagung mit Vorträgen oder Diskussionsbeiträgen zu Wort kommen. Über das große Interesse gerade von jüngeren Wissenschaftlern haben wir uns sehr gefreut. Es zeigt, daß die deutsch-japanische juristische Zusammenarbeit auch in der jüngeren Generation eine breite Grundlage findet. Auch insofern hoffen wir, daß die Tagung einen Auftakt für die künftige rechtwissenschaftliche Zusammenarbeit darstellt.

Vorwort

Herausgeber und Autoren danken der *Alexander von Humboldt-Stiftung,* dem *Stifterverband für die Deutsche Wissenschaft* und der japanischen *International Communications Foundation,* die die Drucklegung finanziert haben. Besonderer Dank gilt zudem Herrn *Felix Streiter* von der Alexander von Humboldt-Stiftung für seine engagierte Unterstützung des Nachwuchswissenschaftler-Forums und des Publikationsvorhabens sowie für zahlreiche wertvolle Anregungen.

Berlin, Kyoto im Juli 2006

Karl Riesenhuber
Kanako Takayama

はしがき

グローバル化と法——アレクサンダー・フォン・フンボルト財団（AvH）およびドイツ学術交流会（DAAD）の主催、日本学術振興会（JSPS）の共催で 2005 年 9 月から 10 月にかけて東京で開催された法学研究集会のタイトルである。この会合では、グローバル化現象が法および法学に対して及ぼす作用が検討の対象となったが、さらに、伝統的に緊密であった法学分野での独日協力がどのような影響を受けるかも問題となった。研究集会の全体プログラムの終了後、主催者の厚意により、若手研究者の学術交流および新たな人的交流の機会が設けられた。この「若手研究者フォーラム」の全体テーマが「法の同化」である。これは、グローバル化への対応のために数多く考えられる手段のうちの「一つ」を、詳しく検討しようとするものであった。ここでは法の同化の基礎と方法、そして、実例による個別的な内容が検討の対象となった。参加者の専門がさまざまな法領域にわたり、また、国によって異なる視角が提示されたことから、皆大いに刺激を受け、掘り下げられた議論が活発にたたかわされた。

主催者と参加者は、この若手研究者フォーラムを、さらなる学術交流の第一歩にしようと考えた。フォーラム後も、参加者同士の議論が進められた分野は多い。本論文集もその一つの表れである。これは最も良い意味で皆の共作といえる。本書は 2 か国語での刊行によって、両国の研究者に広く読んでいただけることとなり、共同研究への手がかりとしてもご利用いただけると思う。これが実現したのは日本側参加者に負うところが大きい。日本側参加者が翻訳作業の大部分を担当し、ドイツ側の論文を和訳するとともに、日本側論文のドイツ語への「下訳」——といってもほとんどは初めから完成度の高いものであったが——を準備してくれた。訳文の仕上げにおいては、ほとんどの論文で、両国の執筆者がチームを組んで作業にあたった。こうして、本書の寄稿論文を印刷に回すまでの過程においても、すでに現実の共同作業の可能性が開かれたというわけである。

本フォーラムには、関心を寄せながらも参加がかなわなかった方々があり、また、参加者の中にも、希望しつつも当日発表や発言の機会を持てなかった方々がある。しかし、まさに若手の研究者らからこうした大きな関心が示されたのは、大変喜ばしいことであった。法学分野での独日の協働が、若い世代においても広い基礎を見出したことがわかる。そこで私たちもまた、この会合を法学分野のさらなる学術交流の第一歩にしたいと考える。

本書の刊行にあたって財政的な支援をいただいた、アレクサンダー・フォン・フンボルト財団、ドイツ学術財団連盟、および日本の国際コミュニケーション基金に対し、編者と執筆者から謝意を表したい。とりわけ、アレクサンダー・フォン・フンボルト財団のフェリックス・シュトライター氏は、この若手研究者フォーラムと本書の出版とを熱意をもって支援し、また多くの貴重な励ましをくださった。同氏に厚く御礼申し上げる。

2006年7月、ベルリンと京都にて

カール・リーゼンフーバー
髙山 佳奈子

＜訳注＞
本書では、ドイツ語の原文を参照しうることから、和訳部分では各担当者の考えを尊重し、用語の統一をなるべく避けた。不統一のためにわかりにくくなった部分があるとすれば、ひとえに日本側編者の責任である。

（髙山佳奈子）

Inhaltsübersicht

3. Teil: Inhalte – Einzelfragen

目次

第 3 部： 内容――個別問題

Autoren und Übersetzer

I. Autoren

Andreas v. Arnauld	Dr. iur., Privatdozent an der Freien Universität Berlin, z.Z. Helmut-Schmidt-Universität/Universität der Bundeswehr, Hamburg
Moritz Bälz	Dr. iur., LL.M. (Harvard), Rechtsanwalt in Frankfurt a.M.
Gralf-Peter Calliess	Dr. iur., Professor an der Ludwig-Maximilians-Universität München
Christian Förster	Dr. iur., wiss. Mitarbeiter an der Eberhard-Karls-Universität Tübingen
Jens-Uwe Franck	Dr. iur., LL.M.oec., wiss. Mitarbeiter an der Friedrich-Alexander-Universität Erlangen-Nürnberg
Soichi Furuya	Dr. iur., BA, MA, Dozent mit Lehrstuhl, Fakultät für Verwaltungswissenshaften der Präfekturuniversität Kumamoto, Kumamoto
Yoko Hashimoto	BA, MA, LL.M. (Göttingen), Ordentliche Professorin, Rechtswissenschaftliche Fakultät der Gakushuin-Universität, Tokio
Hiroshi Hattori	BA, MA, Doktorand, Rechtswissenschaftlichen Fakultät der Tohoku-Universität, Sendai
Mariko Igimi-Yasutake	Dr. iur., BA, MA, Assistenzprofessorin, Rechtswissenschaftliche Fakultät der Kyushu-Universität, Fukuoka
Manabu Iwamoto	BA, MA, Doktorand, Rechtswissenschaftliche Fakultät der Tohoku-Universität, Sendai
Shusuke Kakiuchi	BA, Assistenzprofessor, Rechtswissenschaftliche Fakultät der Universität Tokio, Tokio
Christoph Krehl	Dr. iur., Oberstaatsanwalt beim Bundesgerichtshof, Lehrbeauftragter an der Johann Wolfgang Goethe-Universität Frankfurt am Main
Kenichi Moriya	Dr. iur., BA, MA, Assistenzprofessor, Rechtswissenschaftliche Fakultät der Städtischen Universität Osaka
Florian Möslein	Dipl.-Kfm., LL.M. (London), wiss. Mitarbeiter an der Humboldt-Universität zu Berlin
Yuko Nishitani	Dr. iur., BA, MA, Assistenzprofessorin, Rechtswissenschaftliche Fakultät der Tohoku-Universität, Sendai
Yosuke Oribashi	BA, stud. iur., Rechtswissenschaftliche Fakultät der Osaka-Universität, Osaka

Klaus Richter	Dr. iur., Privatdozent an der Humboldt-Universität zu Berlin
Karl Riesenhuber	Dr. iur., M.C.J., Professor an der Ruhr-Universität Bochum
Maki Saito	BA, Assistenzprofessorin, Rechtswissenschaftliche Fakultät der Kyoto-Universität, Kyoto
Tomoko Shinkawa	BA, MA, Doktorandin, Rechtswissenschaftliche Fakultät der Tohoku-Universität, Sendai
Kanako Takayama	BA, MA, Ordentliche Professorin, Rechtswissenschaftliche Fakultät der Kyoto-Universität, Kyoto
Martin Tonner	Dr. iur., Richter am Amtsgericht Hamburg, z.Z. wiss. Mitarbeiter am Bundesverfassungsgericht, Karlsruhe
Sebastian Weinzierl	wiss. Mitarbeiter an der Ruhr-Universität Bochum
Marc André Wiegand	Dr. iur., Referent im Bundesministerium des Innern
Hiroyuki Yamamoto	BA, MA, Dozent, Fakultät für Ingenieurwissenschaft der Gunma-Universität, Maebashi

II. Übersetzer

Osamu Araki	Dr. iur., BA, MA, Dozent mit Lehrstuhl, Rechtswissenschaftliche Fakultät der Tohoku Gakuin-Universität, Sendai
Atsuhiro Maruyama	BA, MA, Dozent mit Lehrstuhl, Abteilung für Medienwissenschaft an der Fakultät für Globale Kommunikation der Sieboldt-Präfekturuniversität Nagasaki, Nagasaki
Kenichiro Nakano	BA, stud. iur., Rechtswissenschaftliche Fakultät der Städtischen Universität Osaka, Osaka
Masato Okabe	BA, MA, Doktorand, Rechtswissenschaftliche Fakultät der Waseda-Universität, Tokio
Nami Ohnishi	BA, stud. iur., Rechtswissenschaftliche Fakultät der Universität Tokio, Tokio
Ko Watari	Dipl.-Jur., Rechtsreferendarin und wiss. Hilfskraft am Institut für Rechtsinformatik, Universität des Saarlandes

執筆者一覧

I　著者

ｱﾝﾄﾞﾚｱｽ･ﾌｫﾝ･ｱﾙﾉｰ	ベルリン自由大学・連邦防衛大学私講師
五十君麻里子	九州大学法学研究院助教授 (博士[法学])
岩本学	東北大学大学院法学研究科博士後期課程(修士[法学])
ｾﾞﾊﾞｽﾁｱﾝ･ｳﾞｧｲﾝﾂｨｱﾙ	ボッフム大学助手
ﾏﾙｸ=ｱﾝﾄﾞﾚ･ｳﾞｨｰｶﾞﾝﾄ	連邦内務省事務官 (法学博士)
折橋洋介	大阪大学大学院法学研究科博士前期課程
垣内秀介	東京大学大学院法学政治学研究科助教授
ｸﾞﾗﾙﾌ=ﾍﾟｰﾀｰ･ｶﾘｰｽ	ミュンヘン大学教授 (法学博士)
ｸﾘｽﾄﾌ･ｸﾚｰﾙ	連邦最高検検事、フランクフルト・アム・マイン大学非常勤講師 (法学博士)
斉藤真紀	京都大学大学院法学研究科助教授
新川量子	東北大学大学院法学研究科博士後期課程(修士[法学])
髙山佳奈子	京都大学大学院法学研究科教授 (修士[法学])
ﾏﾙﾃｨﾝ･ﾄﾅｰ	ハンブルク区裁裁判官、連邦憲法裁判所調査官 (法学博士)
西谷祐子	東北大学大学院法学研究科助教授 (修士[法学]、ハイデルベルク大学 Dr. iur.)
橋本陽子	学習院大学法学部教授 (修士[法学]、ゲッティンゲン大学 LL.M.)
服部寛	東北大学大学院法学研究科博士後期課程(修士[法学])
ｸﾘｽﾁｬﾝ･ﾌｪﾙｽﾀｰ	テュービンゲン大学助手 (法学博士)
ｲｪﾝｽ=ｳｰｳﾞｪ･ﾌﾗﾝｸ	エアランゲン=ニュルンベルク大学助手 (法学博士、経済法学修士)
古屋壮一	熊本県立大学総合管理学部専任講師 (博士[法学])

モーリッツ・ベルツ	弁護士 (法学博士、ハーバード大学 LL.M.)
フローリアン・メースライン	ベルリン・フンボルト大学助手 (経営学士、ロンドン大学 LL.M.)
守矢健一	大阪市立大学法学部助教授 (修士[法学]、フランクフルト・アム・マイン大学 Dr. iur.)
山本紘之	群馬大学工学部非常勤講師 (修士[法学])
カール・リーゼンフーバー	ボッフム大学教授 (法学博士、比較法学修士)
クラウス・リヒター	ベルリン・フンボルト大学私講師 (法学博士)

II　翻訳者

荒木修	東北学院大学法学部専任講師 (博士[法学])
大西楠	東京大学大学院法学政治学研究科修士課程
岡部雅人	早稲田大学大学院法学研究科博士後期課程 (修士[法学])
中野健一郎	大阪市立大学法学部大学院博士前期課程
丸山敦裕	県立長崎シーボルト大学国際情報学部情報メディア学科専任講師 (修士[法学])
亘理興	司法研修生 (ツヴァイブリュッケン高等裁判所)、ザールラント大学法学部法情報学研究所助手

Abkürzungsverzeichnis

a.A.	anderer Ansicht
ABl.	Amtsblatt
A.C.	Appeal Cases
a.E.	am Ende
a.M.	anderer Meinung
aaO	am angegebenen Ort
abl.	ablehnend
AbzG	Abzahlungsgesetz
AG	Die Aktiengesellschaft (Zeitschrift; Jahr, Seite)
AGB	Allgemeine Geschäftsbedingungen
AGBG	Gesetz zur Regelung des Rechts der Allgemeinen Geschäftsbedingungen
AIJC	Annuaire international de justice constitutionnelle (Jahrgang [Jahr] Seite)
AJDA	Actualité Juridique: Droit Administratif (Jahr, Seite)
AJIL	American Journal of International Law (Jahrgang [Jahr] Seite)
AktG	(deutsches) Aktiengesetz
All E.R.	All England Law Reports ([Jahr] Teil, Seite)
Am. Univ. Int'l L. Rev.	American University International Law Review (Jahrgang [Jahr] Seite)
Am.J.Comp.L.	The American Journal of Comparative Law (Jahrgang [Jahr] Seite)
AöR	Archiv für öffentliches Recht (Jahrgang [Jahr] Seite)
ArbuR	Arbeit und Recht – Zeitschrift für Arbeitsrechtspraxis (Jahr, Seite)
AVR	Archiv des Völkerrechs (Jahrgang [Jahr] Seite)
BB	Betriebs-Berater (Jahr, Seite)
B.U.L.Rev.	Boston University Law Review
BDGV	Berichte der Deutschen Gesellschaft für Völkerrecht (Jahrgang [Jahr] Seite)
BE	Begründungserwägung; die Gründe, mit denen gem. Art.253 EGV Verordnungen, Richtlinien und Entscheidungen zu versehen sind
BGB	Bürgerliches Gesetzbuch
BGBl.	Bundesgesetzblatt
BGH	Bundesgerichtshof
BGHZ	Amtliche Sammlung der Entscheidungen des Bundesgerichtshofs in Zivilsachen
BKR	Bank- und Kapitalmarktrecht (Jahr, Seite)
BLRev	Business Law Review (Jahr, Seite)
BT.-Drucks	Bundestagsdrucksachen
BVerfG	Bundesverfassungsgericht
BVerfGE	Entscheidungssammlung des Bundesverfassungsgerichts
BVerwG	Bundesverwaltungsgericht
BVerwGE	Entscheidungssammlung des Bundesverwaltungsgerichts
bzgl.	bezüglich
Cahiers du CC	Cahiers du Conseil Constitutionnel (Jahrgang [Jahr] Seite)
Cambr.L.J.	Cambridge Law Journal (Jahrgang [Jahr] Seite)

Ch.	Chancery Division
ch.	chapter
CISG	Convention on the International Sale of Goods
CJIELP	Colorado Journal of International Environmental Law & Policy (Jahrgang [Jahr] Seite)
CMLR	Common Market Law Review (Jahr, Seite)
CMR	Convention relative au contrat de transport international de marchandises par route
Code civil	Französischer Code civil von 1804
Col.J.Eur.L.	Columbia Journal of European Law (Jahrgang [Jahr] Seite)
CoRePer	Comité des Représentants Permanants, s.a. AstV
CR	Computer und Recht (Jahr, Seite)
Curr.Leg.Prob.	Current Legal Problems (Jahrgang [Jahr] Seite)
DB	Der Betrieb (Jahr, Seite)
E.L.Rev.	European Law Review (Jahrgang [Jahr] Seite)
ebd.	ebenda
EEA	Einheitliche Europäische Akte
EELRev.	European Environmental Law Review (Jahrgang [Jahr] Seite)
EG	1. Europäische Gemeinschaft; 2. Nach Bezeichnung eines Artikels: EG-Vertrag, Vertrag zur Gründung der Europäischen Gemeinschaft, Konsolidierte Fassung mit den Änderungen durch den Vertrag von Amsterdam vom 2. 10. 1997
EGMR	Europäischer Gerichtshof für Menschenrechte
EGV	EG-Vertrag, Vertrag zur Gründung der Europäischen Gemeinschaft in der Fassung des Vertrags über die Europäische Union vom 7. 2. 1992 (Maastrichter Fassung)
EJIL	European Journal of International Law (Jahrgang [Jahr] Seite)
EMRK	Europäische Menschenrechtskonvention
Envtl. Pol'y & L.	Environmental Policy and Law (Jahrgang [Jahr] Seite)
EPIL	Encyclopedia of Public International Law (Band [Jahr] Seite)
EPL	European Public Law (Jahrgang [Jahr] Seite)
ERCL	European Review of Contract Law (Band [Jahr] Seite)
ERPL	European Review of Private Law – Revue européenne de droit privé – Europäische Zeitschrift für Privatrecht (Jahr, Seite)
EU	1. Europäische Union; 2. Nach Bezeichnung eines Artikels: EU-Vertrag, Vertrag über die Europäische Union, Konsolidierte Fassung mit den Änderungen durch den Vertrag von Amsterdam vom 2. 10. 1997
EuGH	Europäischer Gerichtshof
EuGRZ	Europäische Grundrechte-Zeitschrift (Jahr, Seite)
EuLF (UK)	The European Legal Forum – englische Ausgabe (Jahr, Seite)
EuLF	The European Legal Forum – deutsche Ausgabe (Jahr, Seite)
EuR	Europarecht (Jahrgang [Jahr] Seite)
EUV	EU-Vertrag, Vertrag über die Europäische Union vom 7. 2. 1992 (Maastricht-Vertrag)
EuZW	Europäische Zeitschrift für Wirtschaftsrecht (Jahr, Seite)
EWS	Europäisches Wirtschafts- und Steuerrecht (Jahr, Seite)
FG	Festgabe
FinnYBIL	Finnish Yearbook of International Law (Jahrgang [Jahr] Seite)
FS	Festschrift
GA	Goltdammer's Archiv für Strafrecht (Jahr, Seite)
ggf.	gegebenenfalls
GmbH	Gesellschaft mit beschränkter Haftung

GmbHR	GmbH-Rundschau (Jahr, Seite)
GRUR Int.	Gewerblicher Rechtsschutz und Urheberrecht Internationaler Teil (Jahr, Seite)
GRUR	Gewerblicher Rechtsschutz und Urheberrecht (Jahr, Seite)
GS	Gedächtnisschrift
Harv.Envtl.L.Rev.	Harvard Environmental Law Review (Jahrgang [Jahr] Seite)
Harv.Int.L.J.	Harvard International Law Journal (Jahrgang [Jahr] Seite)
HRRS	Höchstricherliche Rechtsprechung Strafrecht (Online-Zeitung; Jahr, Seite)
HWiG	Gesetz über den Widerruf von Haustürgeschäften und ähnlichen Geschäften
i.e.	im einzelnen
i.E.	im Ergebnis
i.O.	im Original
ICLQ	International and Comparative Law Quaterly (Jahrgang [Jahr] Seite)
idF	in der Fassung
idR	in der Regel
ieS	im engeren Sinne
IGH	Internationaler Gerichtshof
ILJ	The Industrial Law Journal (Jahr, Seite)
ILM	International Legal Materials (Jahrgang [Jahr] Seite)
Int.Enc.Comp.L.	International Encyclopedia of Comparative Law (Band, Kapitel [Jahr] Seite)
Int'l L. Forum	International Law FORUM du droit international (Jahrgang [Jahr] Seite)
IPR	Internationales Privatrecht
IPRspr.	Die deutsche Rechtsprechung auf dem Gebiete des Internationalen Privatrechts (Entscheidungssammlung; Jahr, lfd. Nr.)
IStGH	Internationaler Strafgerichtshof
iSv	im Sinne von
Ius Commune	Ius Commune – Zeitschrift für Europäische Rechtsgeschichte, Veröffentlichungen des Max-Planck-Instituts für Europäische Rechtsgeschichte, Frankfurt a.M. (Band [Jahr] Seite)
iVm	in Verbindung mit
iwS	im weiteren Sinne
J.Contract L.	Journal of Contract Law (Jahrgang [Jahr] Seite)
J.Crim.L.	The Journal of Criminal Law (Jahrgang [Jahr] Seite)
JbJZ	Jahrbuch Junger Zivilrechtswissenschaftler (Tagungsjahr, Seite)
JBL	The Journal of Business Law (Jahr, Seite)
JBl.	Juristische Blätter (Jahr, Seite)
JELP	Journal of Environmental Law & Practice (Jahrgang [Jahr] Seite)
JIBL	Journal of International Business Law (Jahrgang [Jahr] Seite)
jpBGB	japanisches Bürgerliches Gesetzbuch
jpHG	japanisches Handelsgesetz
jpHGB	japanisches Handelsgesetzbuch
JRP	Journal für Rechtspolitik (Jahr, Seite)
JuS	Juristische Schulung (Jahr, Seite)
JZ	Juristenzeitung (Jahr, Seite)
KonTraG	Gesetz zur Kontrolle und Transparenz im Unternehmensbereich
krit.	kritisch
l.Sp.	linke Spalte (s.a. r.Sp.)
LCP	Law and Contemporary Problems (Jahrgang [Jahr] Seite)

Leg.Stud.	Legal Studies, The Journal of the Society of Public Teachers of Law (Jahrgang [Jahr] Seite)
LIEI	Legal Issues of European Integration (Jahrgang [Jahr/Heft] Seite)
LQR	Law Quaterly Review (Jahrgang [Jahr] Seite)
LS	Leitsatz
m.N.	mit Nachweisen
M.R.	Master of the Rolls
m.w.N.	mit weiteren Nachweisen
maW	mit anderen Worten
Mich.L.R.	Michigan Law Review
MichJIL	Michigan Journal of International Law (Jahrgang [Jahr] Seite)
MJ	Maastricht Journal of European and Comparative Law (Jahrgang [Jahr] Seite)
MLR	Modern Law Review (Jahrgang [Jahr] Seite)
mwN	mit weiteren Nachweisen
NBW	Nieuw Burgerlijk Wetboek
NJW	Neue Juristische Wochenschrift (Jahr, Seite)
NJW-RR	Neue Juristische Wochenschrift – Rechtsprechungs-Report
Northw.J.In. L.Bus.	Northwestern Journal of International Law and Business (Band [Jahr] Seite)
NStZ	Neue Zeitschrift für Strafrecht (Jahr, Seite)
NYU Envtl.L.J.	New York University Environmental Law Journal (Jahrgang [Jahr] Seite)
ORDO	Jahrbuch für die Ordnung von Wirtschaft und Gesellschaft (Jahr, Seite)
Ottawa L.R.	Ottawa Law Review (Jahrgang [Jahr] Seite)
Oxf.J.Leg.Stud.	Oxford Journal of Legal Studies (Jahrgang [Jahr] Seite)
Oxf.Rev.Econ.Pol.	Oxford Review of Economic Policy (Jahrgang [Jahr] Seite)
Pa.L.Rev.	University of Pennsylvania Law Review (Jahrgang [Jahr] Seite)
PECL	Principles of European Contract Law (zitiert nach der Numerierung der revidierten Fassung der Teile I und II von 2000)
PICC	Unidroit Principles of International Commercial Contracts
pr.ALR	Allgemeines Landrecht für die Preußischen Staaten von 1794
Proc.Brit.Acad.	Proceedings of the British Academy (Jahrgang [Jahr] Seite)
ProdHG	Gesetz über die Haftung für fehlerhafte Produkte
Pub.L.	Public Law (Jahrgang [Jahr] Seite)
Q.B.	Queen's Bench
r.Sp.	rechte Spalte (s.a. l.Sp.)
RabelsZ	Rabels Zeitschrift für ausländisches und internationales Privatrecht (Jahrgang [Jahr] Seite)
RdA	Recht der Arbeit (Jahr, Seite)
RdC	Recueil des Cours de l'Académie de Droit International (Band [Jahr] Teil, Seite)
RECIEL	Review of European Community & International Environmental Law (Jahrgang [Jahr] Seite)
RegBegr.	Regierungsbegründung
RegE	Regierungsentwurf
Rev.trim.dr.civ.	Revue trimestrielle de droit civil (Jahrgang [Jahr] Seite)
RFDA	Revue française de droit administratif (Jahr, Seite)
RIDC	Revue internationale de droit comparé (Jahr, Seite)
RivDE	Rivista di diritto europeo (Jahr, Seite)
RIW	Recht der Internationalen Wirtschaft – Betriebs-Berater International (Jahr, Seite)

Rn.	Randnummer; im Zusammenhang mit Entscheidungen des EuGH regelmäßig (außer bei älteren Entscheidungen) zur Verweisung auf die Absätze der Entscheidungsgründe verwandt (s.a. Tz.)
Rs.	Rechtssache (Aktenzeichen des EuGH)
S./s.	Siehe/siehe
s.a.	siehe auch
s.o.	siehe oben
SchlA	Schlußanträge
sog.	sogenannte (n/r/s)
Staat	Der Staat (Jahrgang [Jahr] Seite)
StIGH	Ständiger Internationaler Gerichtshof
Stud.Gen.	Studium Generale (Jahr, Seite)
StV	Strafverteidiger (Zeitschrift; Jahr, Seite)
TranspR	Transportrecht (Jahr, Seite)
TSE	Tokyo Stock Exchange
Tz.	Textziffer; im Zusammenhang mit Entscheidungen des EuGH regelmäßig zur Verweisung auf Ausführungen in den Schlußanträgen des Generalanwaltes verwandt (s.a. Rn.)
u.a.	unter anderem
uam	und andere(s) mehr
UKHL	United Kingdom House of Lords
Unif. L. Rev.	Uniform Law Review (Jahr, Seite)
verb.Rs.	verbundene Rechtssachen (s.a. Rs.)
VerbrKrG	Verbraucherkreditgesetz
vgl.	vergleiche
Vol.	Volume
VuR	Verbraucher und Recht (Jahr, Seite)
W.L.R.	Weekly Law Reports ([Jahr] Teil, Seite)
WiB	Wirtschaftsrechtliche Beratung (Jahr, Seite)
wistra	Zeitschrift für Wirtschaft- und Steuerstrafrecht (Jahr, Seite)
WM	Wertpapier-Mitteilungen (Jahr, Seite)
WRP	Wettbewerb in Recht und Praxis (Jahr, Seite)
WuW	Wirtschaft und Wettbewerb (Jahr, Seite)
z.B.	zum Beispiel
z.T.	zum Teil
ZaöRV	Zeitschrift für ausländisches öffentliches Recht und Völkerrecht (Jahrgang [Jahr] Seite)
ZEuS	Zeitschrift für Europarechtliche Studien (Jahr, Seite)
ZfRV	Zeitschrift für Rechtsvergleichung (Jahr, Seite)
ZGR	Zeitschrift für Unternehmens- und Gesellschaftsrecht (Jahr, Seite)
ZHR	Zeitschrift für das gesamte Handels- und Wirtschaftsrecht (Jahrgang [Jahr] Seite)
ZIP	Zeitschrift für Wirtschaftsrecht (Jahr, Seite)
ZJapanR	Zeitschrift für Japanisches Recht (Band [Jahr] Seite)
ZJapanR/J.JapanL	Zeitschrift für Japanisches Recht/Journal of Japanese Law (Band [Jahr] Seite)
ZRP	Zeitschrift für Rechtspolitik (Jahr, Seite)
ZStW	Zeitschrift für die Gesamte Strafrechtswissenschaft (Jahrgang [Jahr] Seite)
zust.	zustimmend
zutr.	zutreffend
ZVglRWiss	Zeitschrift für vergleichende Rechtswissenschaft (Jahrgang [Jahr] Seite)

§ 1 Rechtsangleichung: Grundlagen, Methoden und Inhalte

Karl Riesenhuber/Kanako Takayama

Übersicht

I. Grundlagen

Das Phänomen der Globalisierung[1] stellt auch das Recht und die Rechtswissenschaft vor zahlreiche neue Fragen.[2] *Eine* Antwort auf die Globalisierung ist die Rechtsangleichung. Neben den Grundfreiheiten ist die Rechtsangleichung das zentrale Mittel der Europäischen Gemeinschaft zur Herstellung eines Binnenmarktes. Aber auch außerhalb supranationaler Organisationsformen gibt es Prozesse der Rechtsangleichung, mit denen man den Verkehrsbedürfnissen der Wirtschaft und den Schutzbedürfnissen der einzelnen Rechnung tragen will. Zum Beispiel kann man das Internationale Einheitskaufrecht nehmen, das, zurückgehend auf die frühen Arbeiten *Ernst Rabels* über das Haager Einheitskaufrecht von 1964 seine heutige Form im Wiener UN-Kaufrecht von 1980 (*Convention on the International Sale of Goods,* CISG) gefunden hat. Ein anderes Beispiel ist das Europäische Vertragsrechtsübereinkommen, das als völkerrechtlicher Vertrag der EG-Mitgliedstaaten entstanden ist und jetzt in eine gemeinschaftsrechtliche Verordnung überführt werden soll.

Rechtsangleichung ist nur eine Antwort auf die Herausforderungen der Globalisierung und das Ziel der wirtschaftlichen Integration. Ob und inwieweit eine Rechtsangleichung erforderlich oder geboten ist, ist selbst im Bereich des wirtschaftsrelevanten Privatrechts umstritten. Schon die Geschichte des römischen Rechts wirft die Frage auf, ob eine Rechtsangleichung erstrebenswert ist, welche

1 Aus historischer Sicht *Moriya,* in diesem Band, § 2.

2 *Globalisierung und Recht* war das Generalthema eines deutsch-japanischen rechtswissenschaftlichen Kongresses in Tokio, ausgerichtet vom *Deutschen Akademischen Austauschdienst* (DAAD) und der *Alexander von Humboldt-Stiftung* in Zusammenarbeit mit der *Japan Society for the Promotion of Science* (JSPS). Die Tagungsbeiträge sind veröffentlicht unter http://www.tokyo-jura-kongress2005.de/de_index.php (abgefragt am 25. 5. 2006).

Bereiche sie erfassen sollte und in welchem Umfang eine Vielfalt von Rechtsquellen (heute: nationaler und übernationaler Herkunft) verträglich ist oder Einheit erforderlich. Gerade auch für eine (binnen-) marktorientierte Rechtsangleichung lassen sich dem römischen Vorbild zudem auch Hinweise auf die inhaltliche Ausgestaltung eines angeglichenen Rechts entnehmen.[3]

Die Angleichungsbedürfnisse eines (Binnen-) Marktes sind heute umstritten. So wird bezweifelt, ob Unternehmer und Verbraucher einheitliche oder angeglichene Regeln brauchen.[4] Genügt dem Wirtschaftsverkehr nicht die Vertragsfreiheit, auf deren Grundlage sich Gepflogenheiten (auch) des internationalen Handels herausbilden? Besteht nicht mit der *lex mercatoria* schon eine „staatenunabhängige Rechtsquelle der globalen Wirtschaft“[5]? Weiter noch: insbesondere aus ökonomischer Sicht wird die Frage gestellt, ob nicht der Rechtsvereinheitlichung die Vielfalt nationaler oder regionaler Regelungen mit dem daraus resultierenden Wettbewerb der Rechtsordnungen[6] vorzuziehen ist. Vereinheitlichung ist daher keineswegs das einzige Modell der Integration, und es bleibt andauernde Aufgabe, das richtige Maß und Mittel der Integration durch Recht zu bestimmen.[7]

Rechtsangleichung und Rechtsetzung werfen aber nicht nur diese rechtspolitischen Fragen auf. Wird die Rechtsetzung den Nationalstaaten entzogen, so stellt sich die Frage, welche Auswirkungen die Rechtsangleichung auf (National-) Staaten hat.[8] Ist das Recht über-national determiniert, so ist zu untersuchen, mit welchen prozeduralen Mitteln es legitimiert werden kann. Hier führen das Legitimationsbedürfnis einerseits und die fachlich-technische Ausdifferenzierung andererseits zu einem Widerstreit.[9] Aber nicht nur die Rechtsetzung, sondern auch die Rechtsanwendung wirft neue, insbesondere methodische Fragen auf. Rechtsangleichung verlangt auch nach einer Angleichung der Methoden der *Rechtsfindung*. Der deutsch-japanische Vergleich zeigt, wie die Methoden sich auf der Grundlage (partiell) ähnlichen, gleichsam angeglichen Rechts parallel, aber auch unterschiedlich entwickeln können. So wird deutlich, welche Verständnis- und Verständigungsschwierigkeiten dadurch entstehen, sowohl durch die unterschiedlichen Entwicklungen und Prägungen als auch schon durch die Sprache und das Übersetzungsproblem.[10]

---

3 Zum Ganzen *Igimi-Yasutake,* in diesem Band, § 3.

4 S. nur *Riesenhuber,* System und Prinzipien des Europäischen Vertragsrechts (2003), § 9 (S. 171–210).

5 Dazu eingehend *K. Schmidt,* Entstehung einer „lex mercatoria“ als staatsunabhängige Rechtsquelle der globalen Wirtschaft, www.tokyo-jura-kongress2005.de/de_wirtschaftsrecht.php (abgefragt am 25. 5. 2006). Weiterhin die Beiträge von *Prokati,* „Lex mercatoria“: Transnationale Rechtsqualität der Rechtsgrundsätze, und *Kansaku,* „Lex mercatoria“ als soft law, ebd.

6 Eingehend *Kieninger,* Wettbewerb der Privatrechtsordnungen im Europäischen Binnenmarkt (2002).

7 Dazu *Franck,* in diesem Band, § 4.

8 *Wiegand,* in diesem Band, § 5.

9 *Calliess,* in diesem Band, § 6.

10 *Hattori,* in diesem Band, § 7. Zum Europäischen (Privat-) Recht, s. die Beiträge in *Riesenhuber* (Hrsg.), Europäische Methodenlehre (2006).

II. Methoden der Rechtsangleichung

Rechtsangleichung kann auf verschiedene Weise erfolgen. Beispiele für die einzelnen Methoden der Rechtsangleichung finden sich vor allem im EG-Recht, aber auch im nationalen Recht.

Die Rechtsangleichung kann zunächst durch Rechtsetzung mit verschiedenen Mitteln erfolgen. Neben der Setzung von Einheitsrecht oder der Formulierung von Rahmenvorgaben, die nationale Rechtsordnungen einhalten müssen, kommen auch „sanftere“ oder „weichere“ Formen der Angleichung in Betracht. So zeigt das Beispiel der Squeeze-out Regelungen in Deutschland und in Japan, wie bereits wirtschaftliche Erfordernisse Anreize für eine „autonome“ Rechtsangleichung schaffen können.[11] Eine weiche Form der Rechtsangleichung stellen zudem Mustergesetze dar, zum Beispiel das „UNCITRAL Model Law on Cross-Border Insolvency“.[12] Ihr Erfolg hängt freilich davon ab, ob sie inhaltlich überzeugende Lösungen anbieten. Der größeren Akzeptanz steht die geringere Angleichungswirkung gegenüber. Weiche Regelungen sind daher, wie auch aus dem Gemeinschaftsrecht bekannt,[13] öfter nur Vorboten harter Regelungen. Diese Entwicklung illustriert beispielhaft die Regelung der Offenlegungspflicht für Managergehälter.[14]

Zur Rechtsangleichung kann auch die Judikative beitragen. Ein Beispiel dafür ist die Aufstellung oder Anerkennung allgemeiner Rechtsgrundsätze.[15] Raum für Rechtsangleichungsprozesse in der Rechtsprechung bieten zudem ausfüllungsbedürftige Regelungen wie „Standards“. Sie können es den Gerichten ermöglichen, einheitliche, übernationale Gepflogenheiten zu berücksichtigen. Als Beispiel dienen die Geschäftsleiterpflichten, die gesetzlich oft nur rahmenhaft bestimmt sind und daher mit Rücksicht auf internationale Verhaltensmaßstäbe ausgefüllt werden können.[16]

Aber nicht nur die Intensität der normativen Vorgaben kann divergieren. Eine methodische Grundfrage der Rechtsangleichung ist zudem, ob das Kollisionsrecht oder das materielle Recht angeglichen wird. Sie ist freilich mit der rechtspolitischen Grundfrage verbunden, ob und in welchem Ausmaß eine Rechtsangleichung möglich, sinnvoll und erforderlich ist. Sowohl die Kollisionsrechtsangleichung als auch die Angleichung des materiellen Rechts stoßen auf Grenzen: Grenzen der Leistungsfähigkeit sowie Grenzen der Durchsetzbarkeit und Akzeptanz. Eine alternative Methode wird daher nicht selten darin gesehen, eine faktisch bestehende *lex mercatoria* rechtlich durchzusetzen. Der rechtliche Ansatzpunkt da-

---

11 S. z.B. *Saito,* in diesem Band, § 8.
12 *Iwamoto,* in diesem Band, § 9.
13 S. zu Empfehlungen i.S.v. Art. 249 Abs. 5 EG nur Streinz-*Schroeder,* EUV/EGV-Kommentar (2003), Art. 249 Rn. 139–142.
14 *Förster,* in diesem Band, § 10.
15 *v. Arnauld,* in diesem Band, § 11.
16 *Möslein,* in diesem Band, § 12.

für liegt in der Frage, ob solche Regeln kollisionsrechtlich wählbar sind: eine Frage, die seit langem umstritten ist und jetzt in einem neuen europäischen Internationalen Vertragsrecht eigens geregelt werden soll.[17]

III. Inhalte – Einzelfragen

Beispiele aus dem deutschen, europäischen und japanischen Recht illustrieren Grundfragen wie Methoden und zeigen Folgewirkungen auf. Hier bietet eine bunte Vielfalt von Einzelthemen Anlaß für eine vertiefte Erörterung.

1. Privat- und Wirtschaftsrecht

So führt die Rechtsangleichung nicht selten dazu, daß mit den Traditionen des nationalen Rechts gebrochen wird. „Rechtstransplantate"[18] erweisen sich für die Praxis oft als schwer zu handhaben und werfen Fragen der Auslegung und Rechtsfortbildung auf. Gerade das japanische Zivilrecht mit seiner speziellen Entwicklungsgeschichte[19] zeigt das mannigfaltig.[20] Die Angleichung des Rechts an das Vorbild eines anderen Rechts wirft darüber hinaus Folgefragen auf. Welche Auswirkungen hat die Änderung der Mutterrechtsordnung für eine Tochterrechtsordnung? – Eine Frage, die etwa im Hinblick auf das englische Recht von großer Bedeutung ist, die sich aber beispielsweise auch im Verhältnis von Deutschland und Japan stellt: Führt die Angleichung etwa des deutschen Leistungsstörungsrechts an gemeinschaftsrechtliche Vorgaben und internationale Vorbilder zu einem Verlust der traditionellen Verbindung mit dem japanischen Recht oder gibt sie neue Impulse?[21]

Wo das materielle Recht disparat bleibt, behält das Kollisionsrecht seine koordinierende Funktion. Soweit eine Angleichung des Internationalen Privatrechts erfolgt, sorgt dieses in einem Mindestmaß für einen Gleichlauf der Entscheidungen. Doch stößt die Angleichung des Kollisionsrechts dort auf ihre Grenzen, wo sich zwingende Normen zum Schutz privater und öffentlicher Interessen durchsetzen. Hier kann es zu einem engen Zusammenspiel mit der Angleichung des materiellen Rechts kommen, soweit die Rechtsangleichung sich gerade auf die zwingenden Schutznormen erstreckt.[22]

Besonders im Gesellschaftsrecht führen die Folgen der Globalisierung immer wieder zu einem Reform- und Angleichungsdruck. Das zeigt sich insbesondere im Be-

---

17 *Nishitani,* in diesem Band, § 13.

18 Grundlegend *Watson,* Legal Transplants – An Approach to Comparative Law, (1974); kritisch z.B. *Legrand,* The Impossibility of ‚Legal Transplants', MJ 4 (1997) 111–124.

19 S. nur *Kitagawa,* Rezeption und Fortbildung des europäischen Zivilrechts in Japan, (1970); *Marutschke,* Einführung in das japanische Recht (1999), §§ 4, 5, 8.

20 Exemplarisch für die Forderungsabtretung *Furuya,* in diesem Band, § 14.

21 *Richter,* in diesem Band, § 15.

22 *Shinkawa,* in diesem Band, § 16.

reich der Strukturmaßnahmen. Exemplarisch dafür ist das Spaltungsrecht, das in Europa bereits weitgehend angeglichen ist. Die Spaltungsrichtlinie war auch ein zentrales Vorbild für das neue japanische Recht. Die japanische Entwicklung ist ein Beispiel für die Folgewirkungen regionaler Rechtsangleichung und für autonome Anpassungsvorgänge. Sie illustriert aber zugleich, wie unterschiedliche Regelungsmodelle – das europäische einerseits und das US-amerikanische andererseits – auch in ihrer Vorbildwirkung konkurrieren können.[23]

Ein anderes, in der Entwicklung umgekehrtes Beispiel sind die Spartenbeteiligungen (*tracking stocks*). Dabei handelt es sich um ein Kapitalmarktinstrument, das in den Vereinigten Staaten und in Japan bereits praktiziert wird. In Deutschland hingegen stößt die Beteiligung an rechtlich unselbständigen, nur wirtschaftlich selbständigen Unternehmensbeteiligungen auf rechtliche Schwierigkeiten oder Hindernisse (Formstrenge des Aktienrechts). Damit stellt sich die Frage, inwieweit der internationale Wettbewerbsdruck und der Kampf um Standortattraktivität eine Anpassung des nationalen Rechts erforderlich macht, um moderne Finanzierungsinstrumente zu ermöglichen.[24]

Eine Globalisierung der Märkte zeigt sich aber auch auf anderen wirtschaftlichen Gebieten, etwa im Bereich des Online-Glücksspiels: hier ist schon von einem „europäischen *homo ludens*" die Rede. So entsteht auch im Bereich von Spiel und Wette ein Deregulierungs- und Harmonisierungsdruck.[25]

Neben Angleichungstendenzen und -bestrebungen lassen sich freilich auch Grenzen und Hindernisse der Rechtsangleichung an Einzelfragen beispielhaft aufzeigen. Ein Vergleich ausgewählter Fragen des Arbeitsrechts illustriert,[26] wie auch Rechtssysteme mit grundsätzlich gleichen systematischen Ausgangspunkten sich selbständig weiterentwickeln und so den Fundus rechtlicher Lösungsmodelle und Forschungsbereiche bereichern können. Und am Beispiel einer vergleichenden Untersuchung des Zivilprozesses läßt sich zeigen, wie unterschiedliche kulturelle und historische Prägungen Hindernisse für eine Konvergenz darstellen:[27] Im Vergleich des deutschen und des US-amerikanischen Zivilverfahrensrechts kann man zwar erkennen, wie sich die in Grundstrukturen unterschiedlichen Prozeßrechte in gewisser Weise annähern. Andererseits erweist sich auch, daß solche Änderungen weittragende systematische Folgen haben können. Soweit die systematische Bedingtheit der Regeln einer Rechtsangleichung entgegenstehen, führt das besonders eindrücklich die Schwierigkeiten der Rechtsangleichung oder, allgemeiner, von Rechtstransplantaten vor Augen.

---

23 *Bälz,* in diesem Band, § 17.
24 *Tonner,* in diesem Band, § 18.
25 *Weinzierl,* in diesem Band, § 19.
26 *Hashimoto,* in diesem Band, § 20.
27 *Kakiuchi,* in diesem Band, § 21.

2. Strafrecht

Eine Rechtsangleichung erfolgt nicht nur im Bereich des Wirtschaftsrechts, sondern auch im Bereich des Strafrechts. Hier stellt sich in besonderem Maße die Frage, in welchen Bereichen eine Angleichung geboten ist und inwieweit sie wünschenswert oder überhaupt möglich ist. Inwieweit fordern etwa grenzüberschreitende Sachverhalte eine einheitliche strafrechtliche Bewertung, inwieweit kann sie mit Rücksicht auf nationale Gepflogenheiten durchgesetzt werden? Lassen sich Kategorien bilden, um die angleichungswürdigen Strafrechtstatbestände zu bestimmen? Und welche Folgefragen wirft eine Angleichung von Straftatbeständen auf?[28] Rechtsangleichung birgt auf der einen Seite die Chance, nationale Beschränkungen bei der Bekämpfung trans- und internationaler, manchmal organisierter Kriminalität zu überwinden, auf der anderen Seite kann sie wegen der Diskrepanz der Rechtskulturen auf Hindernisse stoßen. Zudem stellt sich hier in besonderem Maße die Frage nach der demokratischen Legitimation gegenüber den Staatsbürgern.

Die Entscheidung des Bundesverfassungsgerichts zum Europäischen Haftbefehl hat die Bedeutung und Reichweite der Strafrechtsangleichung kürzlich vor Augen geführt. Sie weist auf die Problematik nationaler (Grundrechts-) Bindungen als Grenze der Rechtsangleichung hin, macht aber vor allem deutlich, daß gerade die Umsetzung rechtsangleichender Vorgaben (Grund-) Rechtsfragen aufwerfen kann.[29]

3. Verwaltungsrecht

Nicht zuletzt spielt die Rechtsangleichung auch im Verwaltungsrecht eine Rolle, in der Europäischen Gemeinschaft besonders im Bereich der Wirtschaftsregulierung. Hier zeigt eine vergleichende Untersuchung zum Begriff der „Sicherheit“, wie auch (hier: verwaltungsrechtliche) Einzelfragen erst im Kontext des Gesamtsystem des Rechts gesehen werden müssen und vollständig erfaßt werden können.[30] Folge dieser systematischen Bindung ist es, daß äußerlich ähnliche oder gleiche Regeln sich in verschiedenen Rechtsordnungen unterschiedlich entwickeln.

---

28 *Yamamoto,* in diesem Band, § 22.
29 *Krebl,* in diesem Band, § 23.
30 *Oribashi,* in diesem Band, § 24.

§1 法の同化：その基礎、方法、内容

カール・リーゼンフーバー／高山佳奈子*

目次

I. 基礎

グローバル化の現象[1]は、法および法学にも多くの新たな問題を提起している[2]。法の同化は、グローバル化への「一つの」対応である。ヨーロッパ共同体においては、法の同化が、基本的自由と並んで、単一の域内市場を成立させるための中心的手段である。しかし、こうした超国家的な組織形態の場合以外にも、経済取引の要請と個人保護の要請とを考慮しようとする法の同化のプロセスはみられる。たとえば国際統一売買法は、その起源を、1964 年のハーグ統一売買法に関するエルンスト・ラーベル（*Ernst Rabel*）の初期の著作にさかのぼり、1980 年のウィーン統一売買法（国連国際動産売買条約 *Convention on the International Sale of Goods*, CISG）で今日の形をとったものである。もう一つの例としては、ヨーロッパ契約債務準拠法条約があげられる。これは、ヨーロッパ共同体構成国の間の国際条約の形で成立し、現在、共同体法上の規則への移行が進められているものである。

法の同化は、グローバル化が突きつける諸課題に向けての、また経済統合という目標に向けての、一つの対応にすぎない。そもそも法の同化が必要なあるいは目指されるべきものなのか、またもしそうだとしてもどの程度か、という点については、経済活動と結びついた私法の領域においてですら、争いがある。法の同化がそもそも目指されるべきものであるのか、それがいかなる分野に及ぶべきか、また、さまざまに異なる法源（今日では国家法によるものと超国家的な法による

* 高山佳奈子訳。
1 歴史的観点から、守矢・本書第 2 章。
2 「グローバル化と法」は、ドイツ学術交流会（DAAD）とアレクサンダー・フォン・フンボルト財団の主催、および日本学術振興会の共催により東京で開催された、独日法学研究集会の全体テーマである。本研究集会の報告集は、インターネットのホームページ http://www.tokyo-jura-kongress2005.de/jp_index.php で公開されている（2006 年 5 月 26 日現在）。

ものの両方がある）がどの範囲で並存でき、または統一を要するのか、といった問題は、すでにローマ法の歴史が提起している。まさに（域内）市場のための法の同化にとっても、ローマ法は模範となりえ、また、そこからは、同化された法の内容的具体化に関する示唆をも得ることができる[3]。

単一の（域内）市場における同化の必要性に関しては、今日争いがある。事業者と消費者にとって統一あるいは同化された規制が必要かについては、疑問も提起されている[4]。国際取引上の慣習は（も）契約自由の原則に基づいて発展してきているのだから、経済取引にとっては契約自由だけがあれば足りるのではないか？　レークス・メルカトーリア（*lex mercatoria*）によって、すでに「国法に依存しない法源」が成立しているのではないか[5]？　さらに、経済学的観点からは、法を統一するよりも、各国あるいは各地域の多様な規制を維持し、法秩序間の競争[6]をさせたほうがよいのではないか、といったことも問題となる。そうだとすれば、法の統一は、統合のための唯一のモデルというわけでは決してなく、むしろ法による統合の程度と方法をいかに定めるか、という課題が継続していくことになる[7]。

しかし、法の同化と法の定立は、以上のような法政策的問題を投げかけるにはとどまらない。立法権が国家のレベルから引き離されるならば、法の同化が（国民）国家に対していかなる影響を及ぼすかという問題も生じる[8]。法が超国家的に定められる場合には、それがいかなる手続的方法によって正統化されうるのが検討される必要がある。ここでは、一方で正統化の要請、他方で専門技術的な分出が相克することとなる[9]。だがさらに、立法のみならず、法の適用もまた、新たな、特に方法論的な問題を提起するのである。法の同化は、ひとたび実現された後もさらに、「法発見」の方法を要請する。独日の比較が示すように、法発見の方法は、（部分的に）類似した、いわば同化された法を基礎としながら、パラレルに発展することもあれば、異なった方向に発展することもある。ここでは、法の展開や定着における相違ばかりでなく、すでに言語や翻訳の問題を通じて、理解や意思疎通にどういった困難が生じるかが明らかになる[10]。

3　その全体につき、五十君・本書第3章。

4　たとえば、*Riesenhuber,* System und Prinzipien des Europäischen Vertragsrechts (2003), § 9 (S. 171–210)を参照。

5　これについて詳しくは、カルステン・シュミット「グローバル経済の、国法に依存しない法源である“lex mercatoria” の成立」http://www.tokyo-jura-kongress2005.de/jp_wirtschaftsrecht.php (2006 年 5 月 25 日現在)。さらに同インターネットサイトのドイツ語ページ http://www.tokyo-jura-kongress2005.de/de_wirtschaftsrecht.php に掲載の報告、*Prokati,* „Lex mercatoria“: Transnationale Rechtsqualität der Rechtsgrundsätze, und *Kansaku,* „Lex mercatoria“ als soft law。

6　詳しくは、*Kieninger,* Wettbewerb der Privatrechtsordnungen im Europäischen Binnenmarkt (2002)。

7　これに関し、フランク・本書第4章。

8　ヴィーガント・本書第5章。

9　カリース・本書第6章。

10　服部・本書第7章。ヨーロッパ(私)法につき、*Riesenhuber* (Hrsg.), Europäische Methodenlehre (2006)所収の諸論文を参照。

II. 法の同化の方法

法の同化の生じかたは多様である。法を同化する個々の方法の例は、とりわけEC法においてみられるが、国内法の内部にも存在する。

法の同化は第一に、立法レベルにおけるさまざまな手段によって行われる。統一法を定立したり国内立法の統一を義務づける枠組みを形成したりするほかに、より「ソフトな」または「やわらかい」統一の形態も考えられる。ドイツおよび日本における「少数株主締め出し（*squeeze out*）」規制の例が示すように、すでに経済的な要請からでも、法の「自律的な」同化を進める契機は生じうる[11]。さらに、法のやわらかな同化の一形態として、「国際倒産に関するUNCITRALモデル法」のようなモデル法がある[12]。モデル法が成功するかどうかは、むろん、それが内容的に説得力のある解決を提示しているかどうかにかかっている。同化の効果が小さければ小さいほど、それが受容される範囲は大きくなる。そのため、共同体法の経験が示すように[13]、ソフトな規制は単にハードな規制を禁止するものとしてだけはたらくことが多い。このような展開を描き出す一例として、経営者報酬の開示義務に関する規制がある[14]。

司法もまた法の同化に貢献することがある。一般的な法原則を定立したり承認したりする場合がその例である[15]。さらに、具体化を要する「標準」のような規制もまた、判例による法の同化プロセスの余地を与えるものである。こうした規制スタイルにより、裁判所は、統一的で国際的な慣習を考慮することが可能になる。たとえば、業務指揮者の注意義務は、法律上はその外枠しか定められていないことが多く、国際的な行為標準を考慮することによって具体化されうる[16]。

だが、さまざまなレベルを観念しうるのは、規範的な統一の拘束性の程度についてばかりではない。法の同化の方法上の基本問題の一つとして、抵触法と実体法とのいずれを調和させるかという問題もある。この問題はもちろん、そもそも法の同化が可能であるのか、また意味があり必要なことであるのか、またそうであるとしてもそれらはいかなる程度においてであるのか、という法政策的な基本問題と結びついている。抵触法の同化にも実体法の同化にも、限界が存在する。それらは実行能力の限界、また貫徹可能性や受容可能性の限界である。それゆえ、事実として存在しているレークス・メルカトーリアを法的に貫徹することに一つの代替的な方法が見いだされることが少なくない。そのための法的な手がかりは、そうした規定方法が抵触法上選択可能なものたりうるかにある。この問題は長い間争われており、いまや特にヨーロッパの新しい国際契約法において規制されるべきだとされている[17]。

---

11 たとえば、斉藤・本書第8章参照。
12 岩本・本書第9章。
13 EC条約249条5項にいう勧告につき、特にStreinz-Schroeder, Art. 249 Rn. 139–142を参照。
14 フェルスター・本書第10章。
15 フォン・アルノー・本書第11章。
16 メースライン・本書第12章。
17 西谷・本書第13章。

III. 内容——個別問題

ドイツ法、ヨーロッパ法および日本法にみられる例からは、方法論のような基本的諸問題が描き出され、また帰結として生じる諸影響が示唆される。ここでは、掘り下げた議論の契機となる、バラエティーに富んだ個別テーマが提供されている。

1. 私法・経済法

法の同化によって、国内法の伝統が断絶に至ることも少なくない。「法の移植片（**Rechtstransplantate**）[18]」は、実務において、しばしば取扱いの難しさを露呈し、解釈および法の継続的発展に関する問題を提起する。日本民法の特殊な発展史[19]はまさしくこのことを種々の態様で示すものである[20]。他国の法を模範として法の同化が行われる場合にはさらに、帰結の問題もある。母体となる法秩序が変更された場合に、子の法秩序にはいかなる影響が及ぶのだろうか？——たとえばイギリス法を考えてみると、この問題が大きな意義を有することがわかるが、ドイツと日本との関係においても同じ問題はある。債権侵害に関するドイツ法がヨーロッパ共同体の基準や国際的モデルに同化させられた場合、日本法との間に伝統的に存在していた結びつきは失われるのであろうか、それとも日本法に対しても新たなインパクトが与えられるのだろうか[21]？

実体法の内容が不統一である場合、調整機能を担うのは抵触法である。国際私法が統一されれば、これによって裁判の最小限の平行性が確保されることになる。それでもなお、私的・公的な利益の保護のための強行規範が貫徹されるところでは、抵触法の同化も限界に突き当たる。ここでは、法の同化が強行的な保護規範の内容に及ぶ場合、実体法の同化との緊密な相互作用が要求されることとなりうる[22]。

特に会社法の領域では、グローバル化の帰結がさらなる改正や同化の圧力となる。このことはとりわけ組織変更法の分野で示される。たとえば、会社分割法は、ヨーロッパ共同体のレベルではすでにかなり統一されており、会社分割指令は日本の会社法改正の中心的モデルにもなった。日本での展開は、ヨーロッパの地域的な法の同化からの波及効果の一例であり、また自発的な適合プロセスの例でもある。しかし同時にそれは、異なった——ヨーロッパとアメリカの——規制モデルが、モデルとして競争関係に立ちうることをも示した例であった[23]。

---

18 基本的な検討として *Watson,* Legal Transplants – An Approach to Comparative Law, Charlottesville (1974)。批判的なものとして、たとえば *Legrand,* The Impossibility of 'Legal Transplants', MJ 4 (1997), 111–124。
19 たとえば次の文献を参照。*Kitagawa,* Rezeption und Fortbildung des europäischen Zivilrechts in Japan, (1970); *Marutschke,* Einführung in das japanische Recht (1999), §§ 4, 5, 8.
20 債権譲渡を例として、古屋・本書14章。
21 リヒター・本書第15章。
22 新川・本書第16章。
23 ベルツ・本書第17章。

これと反対方向に効果が及んだ別の例として、トラッキング・ストックがあげられる。この資本市場証券は、米国と日本とではすでに実施されていた。これに対し、ドイツでは、法的に独立しておらず経済的にのみ独立している企業の一部への参加には、法的な困難または障害（株式法上の形式適合性の要請）があった。そこで、現代的な資金調達手段を可能にするために、国際競争の圧力と立地の吸引力とによって国内法がどの程度順応を求められるかが問題となってくる[24]。

しかし、市場のグローバル化は、他の経済領域にもみられる。たとえばインターネット上のとばくに関しては、すでに「ヨーロッパのホモ・ルーデンス」〔遊ぶ存在としての人〕が問題となっている。そしてゲームやギャンブルの分野でも、規制緩和や国際協調の圧力が生じているのである[25]。

同化の傾向や同化に向けた努力がある一方で、むろん、法の同化には限界や障害もあることが、個別問題を例として示されている。労働法上の外国人問題の比較が示すように[26]、基本的に同じ体系的出発点からも、各国の法体系は独立して展開していき、法的解決モデルの基盤や研究領域を多様化させていきうる。民事手続法の比較研究においては、文化的・歴史的な相違がいかにして統一の障壁となるかが示される[27]。ドイツとアメリカの民事訴訟法を比較すると、確かに、基本構造としては異なる両手続法が、一定程度接近してきていることが認められる。しかし他方、このような変化が広範な体系的帰結をもたらしうることも同時に明らかになりつつある。法の諸規定が体系的な制約を負っているために法の同化に対立するとき、法の同化のもつ困難性が、あるいは、より一般化していえば、法の移植片の取扱いの難しさが、とりわけ強く認識される。

2.　刑法

法の同化に経済関係の法の領域においてばかりでなく、刑法の領域でも生じている。ここでは、同化がどの分野で必要なのか、またそれがどの程度望ましいものであり、そもそも可能であるのかが特に大きな問題となる。犯罪事実が国境を越えて発生するとき、これに対する刑法上の評価を統一することがどの程度必要となるのだろうか、また、各国の法慣習を考慮しつつそうした統一的評価を貫徹させることがどの程度可能だろうか？　法の同化が要請される犯罪類型を定めるために類型化が可能だろうか？　そして、犯罪成立要件を同化させた場合に生じうる問題点は何か[28]？　法の同化は、一方で、越境的・国際的な、そしてその多くは組織的な犯罪に立ち向かう際の国家的な制約を克服するチャンスを含んでいる。他方で、各国の法文化の齟齬のために、法の同化が困難に突き当たる場合もある。

24　トナー・本書第 18 章。
25　ヴァインツィアル・本書第 19 章。
26　橋本・本書第 20 章。
27　垣内・本書第 21 章。
28　山本・本書第 22 章。

さらにここでは、各国の国民に対する関係で民主主義的正統性をどのように確保するのかが、他の法領域にも増して問題となる。

ヨーロッパ共通逮捕状に関するドイツ連邦憲法裁判所の最近の判例は、刑法の同化の意義と射程の問題性を認識させた。ここでは法の同化の限界として国家の（憲法的）義務の問題が指摘され、とりわけ、法を同化するノルマに従って各国が国内立法を行う際に、まさに（憲）法的問題が生じうることが明らかにされている[29]。

3. 行政法

法の同化が行政法の領域で果たす役割も小さくない。ヨーロッパ共同体では経済規制の領域において特にそうである。本書では、（行政法の領域における）個別問題が、各国の法システム全体の文脈の中で初めて捉えられなければならないのであり、また完全に理解されうるものであることが、「安全」概念の比較法的研究によって示されている[30]。こうした法体系への結びつきの帰結として、外見的には類似のあるいは同一の規定が、異なる法秩序においては異なった形で展開していくことになる。

---

29 クレール・本書第 23 章。
30 折橋・本書第 24 章。

1. Teil: Grundlagen

§ 2 Historische Beobachtungen der Globalisierung*

Kenichi Moriya

Unter dem vagen Begriff der „Globalisierung“ kann sehr heterogenes verstanden werden. Dennoch: dicht zusammengefasst geht es darum, „daß sich unsere Welt zu einem engmaschigen Kommunikationsnetz verdichtet hat.“[1] Eine solche Auffassung von der Welt ist nicht erst heute entstanden, sondern wurde bereits seit dem letzten Drittel des 19. Jahrhunderts gelegentlich formuliert. Karl Marx schrieb im Jahre 1867 in der Vorrede zum „Kapital“: „An und für sich handelt es sich nicht um den höheren oder niedrigeren Entwicklungsgrad der gesellschaftlichen Antagonismen, welche aus den Naturgesetzen der kapitalistischen Produktion entspringen. Es handelt sich um diese Gesetze selbst, um diese mit eherner Notwendigkeit wirkenden und sich durchsetzenden Tendenzen. Das industriell entwickeltere Land zeigt dem minder entwickelten nur das Bild der eignen Zukunft.“[2] Die kapitalistischen Gesetze haben sich, so Marx, weltweit, d.h. grenzüberschreitend durchgesetzt.

Oft wird die Globalisierung mit der Vereinheitlichung der Welt in Verbindung gebracht. Es findet sich die Tendenz – wie teilweise bei Marx auch – den Lauf der Weltgeschichte einer globalen Gesetzmäßigkeit, einem Determinismus, zu unterstellen. So stellt etwa auch Calliess eine global angelegte Theorie vor: „Als erfolgversprechendes Gegenmodell [zum staatlichen Gesetz] wird demgegenüber die Privatrechtsvereinheitlichung durch *Soft-Law* diskutiert. Damit ist die Ausarbeitung von abstrakten Prinzipien oder von konkreten Grundregeln für ein bestimmtes Rechtsgebiet durch internationale Expertenkommissionen gemeint.“[3] Zugrunde liegt die Idee der Eigengesetzlichkeit der privatrechtlichen Normen, die die nationalstaatlichen Schranken zwar nicht sprengt, diesem jedoch gleichsam entschleicht.[4] Diese Idee wird dann via Medien auf die grenzüberschreitenden Verhältnisse übertragen.

Ob dieser Einfall wirklich neu ist, läßt sich bezweifeln. Milos Vec hat in seiner rechtshistorischen Habilitationsschrift die gesellschaftliche Selbstnormierungspraxis seit dem Ende des 19. Jahrhunderts bis zum Ausbruch des ersten Weltkrieges beobachtet: „Im Rahmen des Nationalstaates entwickelt sich zur Regulierung der

---

* Vorgestellt wird ein noch nicht vollständig entwickelter Forschungsplan. Präsentiert wurde er vom Verfasser im Rahmen des „Forums für deutsches Recht“ am 18. Februar 2006 in Kyoto.

1 So die Einleitung zu *Bolz/Kittler/Zons,* Weltbürgertum und Globalisierung (2000), S. 7.

2 *Marx,* Das Kapital. Kritik der politischen Ökonomie (1867), in: MEGA II-5, S. 12.

3 *Calliess,* in diesem Band, § 6 (S. 115).

4 Vergleiche hierzu weitere Arbeiten von *Teubner* oder *Amstutz.*

technischen und wirtschaftlichen Innovationen im Verlauf der Industriellen Revolution eine unübersichtliche Spezialgesetzgebung." Weiter stellt er fest: „Dem Parlament kommt bei diesen Regelungsmaterien materiell wie formell eine vergleichsweise geringe Rolle zu. Anregungen zur Normierung sowie vollständig ausformulierte Vorlagen werden durch externe Akteure eingebracht." Dies wurde von den Parlamentariern und Juristen ausdrücklich akzeptiert, und zwar nicht nur auf Grund ihrer Einsicht in die fehlende Kompetenz. Das war auch ein „Ausdruck einer wirtschaftsliberalen und fortschrittsfreundlichen Haltung. Mitunter tritt an die Stelle dieser Mentalität des laisser-faire deshalb die bewußte politische Entscheidung zur Nichtintervention. Angesichts der Tatsache, daß in einigen Fällen die Selbstnormierung von staatlicher Seite formell anerkannt oder als Ersatz staatlicher Gesetzgebung inhaltlich akzeptiert wird, ist der liberale Staat dieser Zeit zugleich Interventionsstaat."[5] Und weiter: „Im Bereich der technischen Regeln entfaltet sich im Verlauf der Industriellen Revolution die überbetriebliche technische Normung in quantitativ und qualitativ nie dagewesener Weise. Sie ist Teil der allgemeinen gesellschaftlichen Normsetzung, aber ein besonders wichtiger, der in Umfang und Bedeutung auf anderen Feldern der Selbstnormierung ohne Parallele ist. Bei den technischen Regeln handelt es sich weder um eine juristische Normativität, noch ist der Staat als Normsetzer aktiv. Die überbetriebliche technische Normung wird vielmehr in grundsätzlicher gesellschaftlicher Selbstorganisation ausgebildet und vollzogen."[6]

Die Pointe dieser Beobachtung ist wohl, daß Vec die bis dahin öffentlichrechtlich und (sozial-) politisch geprägte These des Interventionsstaates zwischen 1850 und 1920[7] nicht einfach verworfen, sondern aus technik- und wirtschaftsrechtlicher Hinsicht nuanciert hat. Die internationale Zusammenarbeit im Bereich der technischen und wirtschaftsrechtlichen Normsetzung kann sehr wohl mit dem Interventionsstaat einhergehen und diesem unter Umständen zur Seite stehen. Was das öffentliche Recht in dieser Zeit angeht, so ist mit Ausnahme des Verwaltungsrechts eine nationale Fokussierung festzustellen: „Der Nationalstaat kapselte sich ab."[8]

Diese Konstellation, nämlich eine Art Gemengelage zwischen der Internationalität und der Nationalität, scheint auch den gegenwärtigen Zustand zu kennzeichnen. Vielleicht ist sie heutzutage sogar charakteristisch: „... die medientechnologisch inszenierte One-World provoziert die spezifisch postmoderne Kompensation eines Pluralismus der Lebensstile."[9] Will sich ein Japaner mit einem intellektuellen Eu-

---

5 *Vec,* Recht und Normierung in der Industriellen Revolution. Neue Strukturen der Normsetzung in Völkerrecht, staatlicher Gesetzgebung und gesellschaftlicher Selbstnormierung (2006), S. 380f.

6 *Vec* (Fn. 5), S. 382.

7 Paradigmatisch *Stolleis,* Die Entstehung des Interventionsstaates und das öffentliche Recht, in: ders., Konstitution und Intervention – Studien zur Geschichte des öffentlichen Rechts im 19. Jahrhundert (2001), S. 253–282.

8 *Stolleis,* Nationalität und Internationalität. Rechtsvergleichung im öffentlichen Recht des 19. Jahrhunderts, in: ders. (Fn. 7), S. 170–194, 188.

9 *Bolz,* Weltkommunikation (2001), S. 47.

ropäier schnell anfreunden, sollte er gemeinsam mit diesem den geschmack- und geistlosen amerikanischen Lebensstil kritisieren. Problematisch erscheint der Zusammenhang zwischen Identität und Differenz. Identität nämlich vertilgt nicht, sondern erlaubt und produziert domestizierte Differenzen, so wie beispielsweise der Kapitalismus verschiedene, immer „neue“ (!) Waren produziert. Deshalb hat Deleuze (1925–1995) den Zusammenhang zwischen Identität und Differenz frühzeitig und grundsätzlich kritisiert und Differenz im Anschluß an Nietzsche als Ergebnis der theatralischen Wertentscheidung aufgefaßt.[10] Diese Ansicht Deleuzes ist nicht nur im fachphilosophischen Kontext spannend, sondern auch und gerade für die vertiefte Auffassung über die globalisierte Welt höchst aktuell.

Nun wollen wir uns kurz vor Augen halten, welche Änderungen im juristischen Denken die zweite Hälfte des 19. Jahrhunderts kennzeichneten. Im Jahre 1857 hatte Jhering (1818–1892) in seiner Programmschrift „Unsere Aufgabe“ davon gesprochen, daß es notwendig sei, sich umzustellen von einer „rezeptiven“ auf eine „produktive“ Jurisprudenz. Dieser Vorschlag war unter anderen auch als eine juristische Reaktion auf die industriell sich verändernde, politisch aber ernüchterte Gesellschaft zu verstehen. Empfohlen wird nicht nur die Auslegung der Gesetze, sondern die Aufdeckung einer naturwissenschaftlich („naturhistorisch“) verstandenen Eigengesetzmäßigkeit im Recht. Er selbst hat bekanntlich den ‚Geist‘ des römischen Rechts herausgearbeitet. Bereits zuvor hatte Gerber (1823–1891) in seinem „System des Deutschen Privatrechts“ (1848) anhand des „Personenwillens“ gleichsam den ‚Geist‘ des germanischen Rechts aufgedeckt[11] und dann weiter mit dem ‚Code‘ des „Willensbegriffs“ die erste systematische Darstellung des öffentlichen Rechts entworfen.[12] Ihre „Begriffsjurisprudenz“ war gerade nicht gesetzeswortgetreu, sondern hielt viel mehr am ‚Geist‘ des Rechts fest. Fachintern mochte der Unterschied zwischen dem Positivismus und der soziologisch infizierten Denkweise nicht trivial gewesen sein.[13] Aber der Schritt von der Begriffsjurisprudenz zur soziologischen Betrachtung war nicht so groß, als man vielleicht geneigt ist anzunehmen, und wurde von Jhering dann später auch getan.

Rechtsvergleichung, oder noch allgemeiner formuliert, empirische Beobachtung des Rechts war seit der zweiten Hälfte des 19. Jahrhunderts geradezu in Mode. Damit einher ging eine Ansammlung von Informationen über das praktizierte Recht. Als Jhering die produktive Jurisprudenz postulierte, hatte er ein ganz praktisches Interesse. Durch die plastische Gestaltung des Stoffes sollte, so sagte er, der Stoff dem juristischen Anschauungsvermögen leichter zugänglich gemacht und dadurch dem Gedächtnis die Mühe abgenommen werden.[14] Jhering hatte die „Unmenge“

---

10 *Deleuze*, Différence et répétition (1968).

11 So *Stintzing-Landsberg*, Geschichte der deutschen Rechtswissenschaft, Abt. 3, Hb.2 und Text (1910), S. 781f.; vgl. *Pauly*, Der Methodenwandel im deutschen Spätkonstitutionalismus. Ein Beitrag zu Entwicklung und Gestalt der Wissenschaft vom Öffentlichen Recht im 19. Jahrhundert (1993), S. 102f.

12 Hierzu grundlegend *Pauly* (Fn. 11), insbes. S. 92–167.

13 Diesen Unterschied betont *Pauly* (Fn. 11), S. 105f.

14 *Jhering*, Unsere Aufgabe, in: Jahrbücher für die Dogmatik des heutigen römischen und deutschen Privatrechts, Bd. 1 (1857), S. 1, 11. Es besteht eine gewisse Parallele zu Nietzsches Historismusdes Stoffes klar vor Augen geführt. Schon Savigny hatte die „Masse von Begriffen, Regeln und Kunstausdrücken“[15] für nicht leicht zu kontrollieren gehalten. Zur Orientierung des Denkens hatte er ein „wissenschaftlich“ fundiertes System entworfen. Seit Mitte des 19. Jahrhunderts sind aber nicht nur Fachbegriffe und Kunstausdrücke, sondern auch empirische Fakten gesammelt worden. Denn die Industrielle Revolution hatte auch für das Rechtsleben zu einer Reihe von neuartigen, bisher wenig bekannten Problemen geführt. Das praktische Bedürfnis, sich in diesem Informationswirbel zu orientieren, steigerte sich gegen Ende des 19. Jahrhunderts. Der junge Jhering brauchte die Dogmatik als Orientierung.[16] Es drängt sich jedoch die Frage auf, ob die „juristische Construction“ (Jhering) auch bei den die Rechtsvergleichung betreibenden, die soziologische Beobachtungen vorziehenden Juristen nicht wie ein Raster fungieren kann und darf.[17] Hat es denn Versuche gegeben, nicht nur neuere Tendenzen kennenzulernen, sondern das Denkraster selbst zu decodieren? Später wird der gereifte Jhering, der von der Auffassung der Rechtswissenschaft als einer Kunst logischer Deduktionen Abstand nimmt, entdecken, daß auch die juristischen Grundbegriffe sich im Laufe der Zeit verändern.[18] Aber somit geriet er notwendig in die Orientierungslosigkeit. Was bleibt nach der Relativierung der herkömmlichen „Idee“?

Eine solche Frage läßt sich nicht allein durch Räsonieren beantworten. Bedeutsam für die Überlegungen mag ein einschneidendes Ereignis zu Beginn des 20. Jahrhunderts sein: Der erste Weltkrieg, dessen Bezeichnung auf sein Charakteristikum hinweist. Dieser Krieg war nicht mehr nur europäisch; die USA und sogar Japan – ein asiatischer Staat – waren involviert. Der Krieg fand erstmals global statt. Dieser Weltkrieg wurde von manchen europäischen Intellektuellen als Konsequenz der entzauberten, berechenbaren Welt erfahren und auch so stilisiert.[19] Kulturpessimismus wurde zur Mode unter den avantgardistischen Intellektuellen. Spengler wurde gerne gelesen. Als Hauptgegner der Kultur wurden nunmehr Technik und Wirtschaft angesehen, obgleich diese Elemente doch gerade die Hauptträger der Internationalisierung der Welt gewesen waren. Hierin liegt eine Ironie der Geschichte. Juristisch heißt es: Die Übersicht die die sog. Begriffsjurisprudenz geboten und verfeinert hatte, verlor endgültig ihre Überzeugungskraft. Manche verwarfen Sie, ohne ihren plausiblen Ersatz entworfen zu haben.

Kritik, vgl. *Nietzsche,* Unzeitgemässe Betrachtungen. Zweites Stück: Vom Nutzen und Nachtheil der Historie für das Leben, in: ders., KSA I, 243–334.

15 *Savigny,* System des heutigen römischen Rechts, Bd. I (1840), XI.

16 Gagnérs methodologisch angelegte Beobachtungen zur Methode Jherings übersehen praktischen Bedürfnis der Theorie, *Gagnér,* Zur Methodik neuerer rechtsgeschichtlicher Untersuchungen I. Eine Bestandsaufnahme aus den sechziger Jahren (1993), S. 199; *ders.,* Zielsetzungen und Werkgestaltung in Paul Roths Wissenschaft, in: ders., Abhandlungen zur europäischen Rechtsgeschichte (2004), S. 347–520, bes. 500–505.

17 *Pauly* (Fn. 11) bejaht dies ausdrücklich bezogen auf das öffentliche Recht, indem er die paradigmatische Bedeutung der Rechtswissenschaft Labands bestätigt.

18 *Jhering,* Geist des römischen Rechts auf den verschiedenen Stufen seiner Entwicklung. 3. Teil, 1. Abt. (1865), S. 296.

19 *Bolz,* Auszug aus der entzauberten Welt. Philosophischer Extremismus zwischen den Weltkriegen, 2. Aufl. (1991), bes. S. 96f.

Und wie sieht die heutige Lage aus? Nach dem Zusammenbruch des Sozialismus war zunächst eine politische Ernüchterung zu beobachten. Ein weiteres einschneidendes Ereignis lag dann vor allem in dem durch die Medienrevolution ausgelösten, von der Politik unbeeinflußten wirtschaftlichen Sprung. Wirtschaftliche Globalisierung geht mit der Betonung der kulturellen Vielfalt einher. Die Problemlage scheint der am Ende des 19. Jahrhunderts zu ähneln. Dies läßt sich auch auf die juristische Ebene übertragen. Entwürfe einer neuen juristischen Theorie schließen sich häufig der soziologischen Theorie Luhmanns an. Herkömmliche Ansätze wie zum Beispiel die Dichotomie zwischen privatem und öffentlichem Recht werden oft dezidiert relativiert.[20]

Angesichts der Soziologisierung des Rechts sollte man erneut die grundsätzliche Frage stellen, was die spezifisch juristische Aufgabe angesichts der Relativierung der grundsätzlichen juristischen Begriffe sein kann. Diese Frage ist keineswegs nur abstrakt. Wir haben schließlich gesehen, daß die Konjunktur des wertneutralen Internationalismus leicht in den Kulturpessimismus umkippen kann. Wie kann das Recht einer solche Entwicklung entgegenwirken?

Angesichts dieser Beobachtungen scheint es sinnvoll zu sein, einen analytischen Blick auf das Europa der zweiten Hälfte des 19. Jahrhunderts zu richten, um die gegenwärtige Lage selbstkritisch reflektieren zu können. Bedenklich wäre demgegenüber eine Situation, in der juristische Wissenschaft und Praxis mit keinem Sinn für historische Erfahrungen ausgestattet wären, während sich die Historiker selbstgenügsam in positivistischen Detailforschungen verlieren würden.

---

20 Zur gegenwärtigen Lage der Verwaltungsrechtswissenschaft s. nur die gekonnt zusammenfassende Darstellung von *Trute*, Die Wissenschaft vom Verwaltungsrecht. Einige Leitmotive zum Werkstattgespräch, in: Die Verwaltung 1999, Beiheft 2, S. 9–31.

第1部：基礎

§2 「グローバル化」を歴史的に観察すること*

守矢健一

「グローバル化」というのは極めて大雑把な概念ではあり、この概念のもとにさまざまのものを理解することができよう。とはいえ、極めて凝縮して言えば、グローバル化とは、「われわれの世界がコミュニケイションの稠密な網の目に普く収められたこと」[1]を意味する。世界をこのように理解するということはこんにちに始まったことではなく、19世紀の最後の3分の1あたりのころから見られることである。K. マルクス（1818–1883）は1867年に公刊された『資本論』第1巻の序文で次のように述べることができた：「資本に基づいた生産に係る自然法則から生ずる社会的な抗争が高度に発達したか、それともまだ低次の段階にとどまっているか、ということを問題にしているのではない。肝心なのは資本に基づいた生産に係る自然法則そのもの、この、鋼鉄のような必然性とともに作用し貫徹する傾向、これである。産業の程度が発達した国は、それほど発達していない国に対して、後者の将来像を指し示しているに過ぎないのである。」[2]マルクスによれば、資本主義の法則は世界的に、つまり国境を越えて貫徹したということになろう。

グローバル化は、しばしば世界の単一化（Vereinheitlichung）と関連づけられる。マルクスの理論にも部分的には妥当するが、世界の全体が、地域性を越える、ある法則性のもとに捉えられる、と考えられるようになるわけである。たとえばトイブナーの弟子のG.-P. カリースは最近、以下のようなグローバルな法理論を展開している：「これに対して成功を約束する対抗モデルとしてソフト・ローによる民事法の単一化が議論されている。その際念頭に置かれているのは、ある特定の法領域について専門家からなる国際的な委員会により、抽象的な原則または具体的基礎規範ができあがっていく、ということである。」[3]こうした考え方の根底にあるのは、私法規範の固有法則性という想定である。この想定によれば、私法規範の固有の法則は、国民国家の枠組を破壊するものではないが、いわ

---

* 本稿は2006年2月18日に京都大学で行われた『ドイツ法フォーラム』において、試論的になされた報告だが、ごらんのとおり、今後多くの個別研究を必要とする極めて荒っぽい研究プランに過ぎない。

1 Einleitung zu: *Bolz/Kittler/Zons* (Hrsg.), Weltbürgertum und Globalisierung (2000), S. 7.

2 *Marx*, Das Kapital. Kritik der politischen Oekonomie, 1. Aufl. (1867), in: MEGA II-5, S. 12.

3 カリース「ラフ・コンセンサスとランニング・コード――グローバル化時代における私法の正当化――」（本書第6章）。

ばその枠組をすり抜ける[4]。こうした事情は、インターネットなどの媒質（Medium）を通じて、国境を越えた関係において現実化される、と論者は説く。

こうした思いつきが本当に新しいものなのか、疑問の余地があろう。法制史学者 M. ヴェチが最近公刊した教授資格取得論文は、19 世紀末から第一次大戦にいたる、社会の自律的規範形成の実践を歴史的に観察した：「国民国家の枠組において、産業革命の進展とともに、技術的経済的革新を整序すべく無数の特別立法がなされた。」「こうした対象の規範化に当たっては議会は実質的にも形式的にもそれほど重要な役割は果たさなかった。規範化への刺激および完全に定式化された草案は議会に属さない者たちから与えられた。」こうしたあり方を議員も専門法律家も明示に承認していた。それはもとより彼らがそうした規範を作成するために必要な専門的知識に欠けていたからでもあったがそれだけが理由ではない。彼らが、専門家の自律的な規範形成を承認したのは「経済的リベラリズムの表現であり、時代の進歩に対してオープンな態度の表現なのであった。したがってときには、こうした自由放任主義のメンタリティというよりも、不介入という一層自覚的な政治的決断が示された、と言ったほうがよい場合もあった。自律的に形成された規範が国家によって形式的にも承認されたり、国家による立法の代替物として少なくとも実質的に承認されたりする、というような事実に鑑みると、この時代のリベラルな国家はある意味では同時に介入国家でもあったのである。」[5]「技術についての規則の領域では、産業革命の進展とともに、個々の企業を超えて妥当する技術に関する規範は、量的にも質的にもかつてなかったような仕方で増殖していった。こうした規範は一般的な社会規範形成の一部分に過ぎないとはいえ、なかでも極めて重要な部分ではあり、他の領域における自律的な規範形成には量的にも意義の上でも技術に関する規範に比較しうるものを見出すことはできない。技術についての規範は法的な規範性を持つものではないし、国家が規範形成主体として行動するわけでもない。実のところ、企業を超える技術規範は、社会の基本的な自己組織化のなかで形成され実現されていったのである。」[6]

このような観察の要点は（われわれにとっては）以下にある。すなわち、すでに、公法史および社会政策史の観点から、1850 年から 1920 年にかけてのドイツで国家が介入的な性格を強めていくといういわゆる介入国家のテーゼ（Interventionsstaat）が唱えられ、有力な見解となっていた[7]。この見解をヴィチは単純に否定するのではないことに注意されたい。国民国家の枠を超えた（経済および技術に係る）規範形成は、国民国家それ自体を相対化すると単純に言うわけにいかないのである。ヴェチの研究は、介入国家テーゼを、技術規範および経済規範の成立史をふまえて、より精緻なものにしたという側面がある。一見国

---

4 こうした見方は G. Teubner や M. Amstutz の仕事にも前提されている。
5 *Vec*, Recht und Normierung in der Industriellen Revolution. Neue Strukturen der Normsetzung in Völkerrecht, staatlicher Gesetzgebung und gesellschaftlicher Selbstnormierung (2006), S. 380 f.
6 Op. cit. S. 382.
7 大きな刺激を与えたのは次の論文である、*Stolleis*, Die Entstehung des Interventionsstaates und das öffentliche Recht, in: *ders.*, Konstitution und Intervention. Studien zur Geschichte des öffentlichen Rechts im 19. Jahrhundert (2001), S. 253–282.（但し初出は 1989）

際的に見える技術法・経済法の存在は、国家の介入的性格を否定するものではなく、逆説的にもむしろ補強したとさえ言いうるのだ。他方、この時期の公法は、行政法を例外とすれば、基本的に国家の枠組を超えることはなかった。「国民国家は自らの殻に閉じこもった」[8]。

このように、国家の力の増大と国際化の進展とは共存し得る。そしてそのような共存は今日にも見られる。そもそもボルツが指摘するように、「メディア技術により世界が一つであることの演出がなされるのだが、このことが、生活スタイルの多様性というポストモダン時代に特徴的な代償を誘発するのである。」[9]文化の衝突はグローバル化の帰結なのであり、その逆ではない。日本人がインテリヨーロッパ人と仲良くなりたいならば、趣味の悪いアメリカ的ライフスタイルを批判するに若くはない。問題としなければならないのは要するに、同一性と差異との関係である。画一化は差異を抹殺するのではなく、むしろある種の差異を再生産するからである。資本主義の発達が競争を強いるのはその一例である。G. ドゥルーズ（1925–1995）が差異を同一性との関係で捉えることを批判したことは知られているが、この文脈で改めて注目するに値する。ドゥルーズは差異を同一性との対比においてではなく、ニーチェを参照しながら価値に係る演劇的な（つまり具体的な）決断の結果として生ずる差異という観点を打ち出した[10]。このようなドゥルーズの見解を、単に思想の議論として（たとえば構造主義批判の文脈で）理解するだけではなく、現代のグローバル化社会に対する根本的な批判という文脈において理解することが極めて重要である。着目すべきなのは、差異の有無ではなく、差異の質である。

それでは 19 世紀後半に、法学の思考そのものにどのような変化が起こったのか、ごく簡単に見てみることにしよう。1857 年に R. イェーリング（1818－1892）は彼の綱領論文『われわれの任務』[11]において、受動的な法学から生産的な法学へと視座を転換する必要性を説いた。この主張は様々に解釈することができよう。ただ、ここでは以下のことだけを確認しておく。即ち、イェーリングは、法学の任務を法規（Rechtssatz）や法規則（Rechtsregel）、法原理（Rechtsprinzip）の解釈にとどめるのではなく、こうした法規範を自然科学的分析力と芸術的（！）センスとを拠り所として法概念（Rechtsbegriff）へと造型し、以て法世界における超歴史的な基本的諸形式（Grundformen der Rechtswelt）を探り当てること、に求めたのである。実のところイェーリングは周知のごとく、ローマ法の《精神》なるものを括りだしてきたその当の人物であった。すでに C. F. ゲルバー（1823－1891）はその『ドイツ私法体系』（1848）[12]において、「人格意思（Personenwille）」なる概念を梃子としてゲルマン法の精神を取り出して

---

8 *Stolleis*, Nationalität und Internationalität. Rechtsvergleichung im öffentlichen Recht des 19. Jahrhunderts, in: *ders.* (Fn. 8), S. 170–194, 188.
9 *Bolz*, Weltkommunikation (2001), S. 47.
10 *Deleuze*, Différence et répétition (1968).
11 *Jhering*, Unsere Aufgabe, in: Jahrbücher für die Dogmatik des heutigen römischen und deutschen Privatrechts, Bd. 1 (1857), S. 1–52.
12 *Gerber*, System des Deutschen Privatrechts (1848).

見せたといえる。[13] その後、ゲルバーは「意思概念」というコードを駆使して公法学について初めて体系的な叙述を行った。[14] こうしてたとえばゲルバーのいわゆる「概念法学」は、法律に忠実な解釈を行うことを目指したわけでは必ずしもないのである。法学の内部においては実証主義と社会学の影響を受けた思考方法とのあいだに存する差異は重要であったかもしれない[15]。だが、19 世紀後半において、概念法学から社会学的思考方法への一歩は、一般に考えられているよりは大きいものではなかったのではないか？そしてその一歩をイェーリングはやがて踏み出すであろう。

法比較、あるいはもっと一般的に言えば、法の経験的な観察、これは 19 世紀後半において流行となった現象である。だがこうして法に関する情報が爆発的に増加する。イェーリングが生産的な法学の必要を説いたとき、彼には実践的な関心があったのである。すなわち素材の具象的な（plastisch）把握を行うことにより、素材を法的な直観力（Anschauungsvermögen）に奉仕しうるものに仕立てあげ、かくして記憶に掛かる負担を軽減することが目指されていたのである[16]。イェーリングは素材の分量の急速な増加をはっきりと見ていたわけである。すでにサヴィニーも「概念や規則、法技術的表現といったものの山」[17]が簡単に統御できるものではないことを察知していた。そこで、思考の方向性を与えるものとして、サヴィニーは学問的に基礎づけられた体系を構想したわけである。だが時代は変化していた。19 世紀半ばからは、概念と法技術的表現のみならず、経験的事実も蒐集されるに至る。過去からの法知識の蓄積だけではなく、産業革命の衝撃の下で生ずる未曾有の出来事を知り、理解せねばならない。法的な情報は無限に拡大する。このような情報の過多のなかにあって自己の思考に方向性を与えねばならないという実践的必要は、世紀後半に向かって高まっていった。若いイェーリングは、ドグマーティクにまだこうした役割を担う可能性を期待しており、従ってドグマーティクを必要と考えたのである[18]。しかしそもそも「法的構成（juristische Construction）」（イェーリング）が、法比較をも行い社会学的観察をも行うに至った法律家にとっても、まだ思考のパターンを有意味に提供するもの足り続けることができるのだろうか[19]。そもそも、新たな傾向を漠然と把

13　このように解釈をするのは *Stintzing-Landsberg*, Geschichte der deutschen Rechtswissenschaft, Abt. 3, Hb.2 und Text (1910), S. 781 f; vgl. *Pauly*, Der Methodenwandel im deutschen Spätkonstitutionalismus. Ein Beitrag zu Entwicklung und Gestalt der Wissenschaft vom Öffentlichen Recht im 19. Jahrhundert (1993), S. 102 f.

14　こんにち基本的なのは *Pauly* (Fn. 13), insbes. S. 92–167.

15　パウリはこの差異を重視する、*Pauly* (Fn. 13), S. 105 f.

16　*Jhering* (Fn. 12), S. 11. こうしたイェーリングの見方は、ニーチェの歴史主義批判と一脈通ずるところがある、*Nietzsche*, Unzeitgemäße Begrachtungen II, Vom Nutzen und Nachtheil der Historie für das Leben, in: *ders.*, KSA I, S. 243–334. ニーチェは実証主義的な細かい情報を増やすことに代えて、具象的に表現する力（plastische Kraft）を養う必要を説いた。

17　*Savigny,* System des heutigen römischen Rechts, Bd. I (1840), XI.

18　ガグネアの方法論的な関心に基づくイェーリング解釈は、イェーリングにとって切実だった実践的関心を看過しているのではないか？*Gagnér*, Zur Methodik neuerer rechtsgeschichtlicher Untersuchungen I. Eine Bestandsaufnahme aus den sechziger Jahren (1993), S. 199; *ders.*, Zielsetzungen und Werkgestaltung in Paul Roths Wissenschaft, in: *ders.*, Abhandlungen zur europäischen Rechtsgeschichte (2004), S. 347–520, bes. 500–505.

19　公法について、パウリはこれを積極的に肯定する見解をとる。彼がラーバントを高く評価するのもその故である、 *Pauly* (Fn. 13).

握するだけでなく、思考のパターンそのものを解体し再構築するという試みを今や行うべきではないのか？成熟したイェーリングは論理的演繹の技芸としての法学という理解から距離を保つに至るわけだが、そのイェーリングは、法的な基礎概念自身、時代とともに変遷するものである、という見解に至ることになる[20]。だがこの見解を採用した瞬間、イェーリングには法的思考が全体としてとるべき方向がなになのか、わからなくなってしまった。事実、基礎的な概念すらも相対化されてしまうとすれば、法学には一体何が残るのだろうか？

こうした問いには、単に抽象的な考えをめぐらすことで答えることはできない。とにもかくにも第一次世界大戦が勃発した。すでにこの戦争の名前自体、徴候的である。この戦争はヨーロッパ内部にとどまる戦争ではもはやない。アメリカも日本も参戦した。戦争もグローバルなものになった。この世界大戦はヨーロッパの多くの知性にとって、脱魔術化された、計算が支配する世界の帰結そのものとして捉えられ、かつそのような理解が流通した[21]。前衛的知識人の内部では文化的悲観論が流行した。シュペングラーが好んで読まれる。かつて国際化の旗手のようにもてはやされたはずの技術と経済こそがいまや文化の主要な敵だということになってしまった。歴史はアイロニカルな展開を見せたのである。

さて、今日の事態はどうだろうか？　社会主義の崩壊とともに、まずは政治的幻滅がやってきた。続いてとりわけメディア革命によって惹起された、そして政治とは切り離された、技術的経済的な飛躍があった。そして経済的グローバル化は文化的多様性と手を取り合っている。事情は 19 世紀末とよく似通っているように見える。法的にも事柄はそれほど異なっていないだろう。新しい法理論を提出しようとする者は、たとえば公法私法の二元論に決然と袂別し、ルーマンの社会学に法学を連結させようとする[22]。だが、このような、法学の社会学化を眼前にして、われわれは今一度、すべての基礎的な法概念が相対化されてしまったあと、法の任務とはなにか、という基本的な問いを立てるべきではないだろうか？それは決して抽象的な問いではないのではないか。価値中立的な国際化の景気浮揚が容易に文化的悲観主義へと転じてしまう虞があることをわれわれは知っていたはずである。法は、そうならないためになにをなすべきだろうか？

そしてこのような関心を持って、もう一度われわれが視線を 19 世紀後半のヨーロッパに向けることにも意味がないわけではないだろう。もっとも望ましくないのは、理論家と実務家が歴史的センスを欠いたまま思いつきを述べる一方で、歴史学者が自己満足的に実証主義的に細かい研究に拘泥するばかりで歴史学の持ち得る知的挑発力を自ら弱める、という事態である。

---

20 *Jhering*, Geist des römischen Rechts auf den verschiedenen Stufen seiner Entwicklung. 3. Teil, 1. Abt. (1865), S. 296.

21 *Bolz,* Auszug aus der entzauberten Welt. Philosophischer Extremismus zwischen den Weltkriegen, 2. Aufl. (1991), bes. S. 96 f.

22 行政法学がおかれている今日の状況については、たとえば考え深い要約を行っている以下の文献を参照されたい、*Trute*, Die Wissenschaft vom Verwaltungsrecht. Einige Leitmotive zum Werkstattgespräch, in: Die Verwaltung. Beiheft 2 (1999), S. 9–31.

§ 3 Bemerkungen aus der Sicht der Antike zur „neuesten“ Diskussion eines einheitlichen Vertragsrechts*

Mariko Igimi-Yasutake

Übersicht

I. Einleitung

Seit ein paar Jahren betonen einige führende Romanisten, daß das römische Recht zur Vereinheitlichung des europäischen Rechts viel beitragen kann.[1] Aus der Sicht eines Schülers des römischen Rechts aus Fernost ist es eigentlich selbstverständlich, daß das römische Recht den Verknüpfungspunkt der meisten Rechtsordnungen darstellt. Da die Zivilrechtsysteme vieler Länder sowohl im Westen als auch im Osten[2] ihren Ursprung im römischen Recht haben, ist es naturgemäß, daß sie sich ihrer Wurzeln erinnern, sofern eine Harmonisierung des Vertragsrechts angestrebt wird. Es ist eher überraschend zu sehen, daß trotz dieser Eigenart unserer

* Für die Überarbeitung des Manuskriptes schulde ich dem Lehrstuhl von Frau Prof. Dr. Tiziana J. Chiusi für Zivilrecht und römisches Recht an der Universität des Saarlandes, an dem ich mich von April 2006 bis Februar 2007/Juli 2007 als Forschungsstipendiatin der Alexander-von-Humboldt-Stiftung aufhalte, herzlichen Dank.

1 Diese Tendenz hat mit dem Werk von *Zimmermann,* The Law of Obligations. Roman Foundations of the Civilian Tradition (1990) begonnen und viele Anhänger gefunden. Darüber hinaus *Knütel,* Das Japanische Zivilgesetzbuch und das Römische Recht, in: Knütel (Hrsg.), Hundert Jahre Japanisches Zivilgesetzbuch (2004), S. 131ff.

2 Das japanische Zivilgesetzbuch, *Mimpo,* ist bekanntlich größtenteils eine Mischung zwischen dem französischen und deutschen bürgerlichen Recht, die sehr viel vom römischen Recht übernommen haben. Auch Länder wie Thailand oder Korea haben – vermittelt durch das japanische Recht – letztendlich römisches Recht übernommen.

Rechtsordnungen das römische Recht bzw. die Rechtsgeschichte immer weniger beachtet werden und dementsprechend die Wichtigkeit des historischen Studiums in Erinnerung gerufen werden muß.[3] Mein Versuch hier betrifft aber nicht den Inhalt eines einheitlichen Vertragsrechts, sondern die Konturen eines gemeinsamen Rechts.

Aus römischrechtlicher Perspektive wäre ein Beitrag zum Thema Rechtsangleichung in zweierlei Hinsicht denkbar. Zu einem könnte man fragen, warum die Römer, die über sehr lange Zeitabschnitte die absolut herrschende Macht darstellten, nicht ihr Recht den anderen aufbürden wollten. Dies wäre nämlich auch eine Art der Rechtsangleichung gewesen. Zum anderen könnten wir uns auf die Terminologie konzentrieren, die bei neuesten Studien über das einheitlichen Vertragsrecht gerne verwendet wird. In die Erfahrungen der Vergangenheit einen Blick zu werfen, könnte sich auch für die weitere Entwicklung solcher Diskussionen möglicherweise lohnen.

Dieser Aufsatz erhebt kein Anspruch auf besondere Originalität. Die Tatsachen, die hier erläutert werden, sind den meisten Romanisten selbstverständlich. Sein Zweck ist es allerdings, von solchen Selbstverständlichkeiten auch die Juristen des positiven Rechts, vor allem diejenigen, die die Spitze der Bewegung um eine internationale Vereinheitlichung des (Handels-)Rechts bilden, in Kenntnis zu setzen.

II. Das Recht des transnationalen Verkehrs

1. *ius gentium* als allgemeines, aber nicht uniformes Recht

Im römischen Recht gab es zwei unterschiedlichen Typen von Rechtsschichten.[4] Eine war das *ius civile*, das ausschließlich unter den römischen Bürgern Anwendung fand. Die andere war das *ius gentium*, das zwar ein Teil der römischen Rechtsordnung war, aber auf alle freien Menschen, sowohl Römer als auch *peregrini*, die Fremden, angewendet wurde. Die Rechtsinstitute, die jahrhundertelang überlebten, Eingang in unsere Gesetzbücher fanden und noch heute gültig sind, stammen hauptsächlich aus dem *ius gentium*, das durch die Tätigkeit des *praetor peregrinus* und die Mitwirkung der Juristen ein nicht mehr erreichtes juristisches Niveau erlangt hat.[5]

Das *ius gentium* hat sich in erster Linie entwickelt, um den Handelsverkehr zwischen Römern und Fremden oder unter Fremden zu regeln, also kurz gesagt, um den transnationalen Rechtsverkehr zu ordnen.[6] Aufgrund ihrer politischen Macht

3 Es handelt sich um ein altes Problem, sofern schon Friedrich Karl von Savigny in seiner Zeit betonen mußte, wie wichtig die historische Studien seien. Siehe nur: Vorrede von *Savigny,* System des heutigen römischen Rechts, Bd. I (1840/ Neudruck: 1973), S. IX ff.

4 S. nur *Kaser,* Das römische Privatrecht, 1. Abschnitt (2 Aufl. 1971), S. 198ff.

5 *Chiusi,* Das Bild des Fremden in Rom – Juristische Mosaiksteine, in: Girardet/Nortmann (Hrsg.), Menschenrechte und europäische Identität – Die antiken Grundlagen (2005), S. 74ff.

6 Es handelt sich um das „privatrechtliche" *ius gentium*, vgl. *Kaser,* Ius gentium (1993), S. 10ff. In

hätten die Römer ohne weiteres das *ius gentium* als das einheitliche Recht im ganzen Reich durchsetzen können. Stattdessen haben sie einzelne heimische Rechte fortbestehen lassen, wie Inseln im großen Meer des *ius gentiums*. Die Provinzialen lebten weiterhin nach ihrem eigenen Recht. Wenn sie aber mit den Bürgern anderer Staaten in Rechtsverbindung traten, oder wenn keine passende juristische Lösung auf der „Insel" gefunden werden konnte, mußte man aufs „Meer" hinaus, also sich des *ius gentium* bedienen. Auch ohne Not allerdings durften die Fremden aus eigenem Willen entscheiden, ins „Wasser" zu tauchen. All dies führte zur Ausweitung des Anwendungsbereichs des *ius gentium*. Dies war aber die Folge eines Entwicklungsprozesses und beruhte nicht auf einer politisch vorgegebenen Motivation. Vor allem hat es nicht verhindert, daß gleichzeitig in unterschiedlicher Form auch die einheimischen Rechte weiter gelebt haben.

In der Antike galt das Personalitätsprinzip. Jeder lebte nach seinem eigenen Recht, das von seiner Heimat abhing. Wenn aber zwei Menschen verschiedener Herkunft einen Vertrag schließen wollten, konnten sie weder das Recht des einen noch das des anderen anwenden. Ein dem heutigen IPR vergleichbares Recht, das die zuständige Rechtsordnung weist, fehlte. Deshalb mußten sie beim Rechtsstreit jeweils einen Stellvertreter, der derselben Stadt wie die andere Partei angehörte, suchen. Dieses Problem, das es heute nicht mehr gibt, wurde durch das *ius gentium* gelöst.[7]

Die Funktion des römischen Rechts als subsidäre Quelle des Rechts hat bei seiner Übernahme in die Rechtsordnungen West- und Mitteleuropas im Mittelalter eine sehr große Rolle gespielt. Selbst in die Gebiete, in denen in erster Linie das Gewohnheitsrecht galt, dehnte das römische Recht seinen Anwendungsbereich immer weiter aus, weil der Beweis der Existenz einer anwendbaren Gewohnheit schwer zu führen war. Wenn z.B. eine *coutume* nicht anerkannt wurde, wurde römisches Recht angewendet.[8] Dasselbe dürfte wohl auch in der Antike gegolten haben.

Durch die Ergebnisse jüngerer Forschungen liegt nahe, daß – wie schon oben angedeutet – auch in den Provinzen unter den Provinzialen bisweilen römisches Recht zur Anwendung kam. Die Fremden wählten zwischen ihrem heimischen Recht und dem römischen *ius gentium* oft freiwillig das letztere.[9]

---

der Diskussion der heutigen *lex mercatoria* wird auch das *ius gentium* erwähnt. Vgl. *Berger*, Formalisierte oder „schleichende" Kodifizierung des transnationalen Wirtschaftsrechts (1996) (in englischer Sprache, *Berger*, The Creeping Codification of lex mercatoria (1999), S. 100.

7 *Kaser* (Fn. 4), S. 202.

8 S. nur: *Ourliac/Gazzaniga*, Histoire du droit privé français – de L'An mil au Code civil (1985), S. 131f.

9 *Chiusi*, Zur Wechselwirkung zwischen römischem Recht und provinzialen Rechten anhand von Dokumenten aus dem Archiv der Babatha, in: Gergen (Hrsg.), Festschrift für Wadle (2004), S. 20f.; *Chiusi* (Fn.5), S. 76ff.

2. Die Fortentwicklung des *ius gentium*

Die Prätoren haben am Anfang ihrer Amtszeit die Regeln, denen sie in ihrer Gerichtsbarkeit nachgehen würden, in Form eines Edikts veröffentlicht.[10] Dieses wird dem Prätor wohl häufiger die Gelegenheit geboten haben, das Edikt seines Vorgängers zu überprüfen und anzupassen. So konnten nur die in der Praxis bewährten Rechtsinstitute und Regelungen überleben, in dem sie in das Edikt des Vorgängers übernommen wurden. Dieser immer wiederkehrende Teil des Edikts, das sog. *edictum tralaticium,* stellte den Korpus des Edikts dar. Darüber hinaus war die Rechtssicherheit auch dadurch gewährleistet, daß die Rechtsregeln in der Öffentlichkeit kundgegeben werden mußten.[11]

Das bereits veröffentlichte Edikt und das *ius civile* sind allerdings auch nicht von der Arbeit der Juristen unberührt geblieben. Die römischen Juristen sind bekannt für ihr kasuistisches Denken, das sich in eine bewährte und streng reglementierte Rechtstradition einfügte. Sie haben von Fall zu Fall Ratschläge erteilt, die dem Zweck dienten, die gesetzte Rechtsregel am gerechtesten anzuwenden.[12] Von diesem offenen, aber präzisen System zeugen noch heute die Digesten.

Diese ständige Kontrolle und Fortentwicklung haben das *ius gentium* zur raffiniertesten Rechtsmasse in der Rechtsgeschichte reifen lassen.[13] Der Grund dafür, daß sich das *ius gentium* so verbreiten konnte, dürfte an seiner überzeugenden Scharfsinnigkeit liegen.

3. *ius gentium* und das grenzüberschreitende Vertragsrecht heute

Bei der Schöpfung transnationalen Vertragsrechts sollte versucht werden, vergleichbare flexible Kriterien anzuwenden, sei es bei der Abfassung eines europäischen Vertragsrechts,[14] sei es bei einer einheitlichen *„lex mercatoria"*. Die Rechtfertigung des *ius gentium* als ein Mittel, den Rechtsstreit von Parteien verschiedener Staatsangehörigkeit zu regeln, ist zwar mit der Aufhebung des Personalitätprinzips entfallen. Heute hat jeder Staat mehr oder weniger seine eigene juristische Tradition, um die Lücken innerhalb seines Rechtssystems auszufüllen. Wo sich aber tatsächlich im transnationalen Handel die bestehenden staatlichen Rechtsordnungen als lückenhaft erweisen, wäre ein gemeinsames Recht wie das *ius gentium* in Rom durchaus wünschenswert. Allerdings sollte sich das gemeinsame Recht auf eine lückenfüllende Funktion beschränken. Sonst besteht die Gefahr, daß es die Rechtstraditionen der beteiligten Staaten vernichtet, was übrigens bei den Römern gerade

---

10 Genauer gesagt, wurden die Formeln veröffentlicht. Vgl. nur *Kaser* (Fn. 4), S. 205ff.

11 Vgl. *Berger* (Fn. 6), S. 58ff.

12 Vgl. nur *Kaser* (Fn. 4) S. 210ff.

13 In dem an sehr strikte Förmlichkeiten gebundenen *ius civile* gab es im Gegensatz zum *ius gentium* weniger Raum für Entwicklungsmöglichkeiten.

14 Letzte Entwicklungen sind unter http://ec.europa.eu/comm/consumers/ zu sehen.

nicht passiert ist. Das gemeinsame Vertragsrecht als lückenfüllendes, von der heutigen Rechtswissenschaft fortentwickeltes juristisches Terrain sollte seine eigene Tradition etablieren und ein hohes Niveau erreichen. Der Erfolg eines solchen gemeinsamen Vertragsrechts wird dann von den Parteien als Adressaten des Rechts bestimmt, die es immer häufiger für die Ausgestaltung ihrer Rechtsbeziehungen wählen werden.

III. bona fides

1. *ius gentium* und bona fides

Wenn man das römische *ius gentium* zum Vorbild des modernen einheitlichen Vertragsrechts wählte, wäre es selbstverständlich, der Generalklausel der *bona fides* eine sehr große Rolle beizumessen.[15] Das Prinzip der *bona fides* hat gerade die Tätigkeit des Fremdenprätors geprägt, unter dessen Leitung sich das *ius gentium* entwickelt hat.[16]

Unter den Rechtsinstituten des *ius gentiums* ist vor allem der Konsensualvertrag mit dem Begriff der *bona fides* verbunden. Der Konsensualvertrag, der durch bloße Willensübereinkunft der Parteien die rechtlichen Verpflichtungen entstehen läßt, wurde in Rom spätestens im 2. Jh. v. Chr. erfunden. Er wurde wohl für den Rechtsverkehr mit den Fremden, die die strikten Formen des alten römischen Zivilrechts nicht kannten, eingeführt. Seine Verpflichtungsfähigkeit und sein Inhalt finden ihre Wurzel in der *bona fides*.[17] Die *bona fides* beschreibt den subjektiven, d.h. von den Parteien im weiteren Sinne vereinbarten, oder den objektiven, d.h. den im redlichen Verkehr üblichen Erwartungshorizont an das Verhalten des Geschäftspartners. Was der *bona fides* des jeweiligen Geschäftes entspricht, ist daher anhand der Parteiabsprachen wie anhand anerkannter rechtlicher Prinzipien im Einzelfall zu konkretisieren[18].

Unter den römischen Konsensualvertrag fallen vier verschiedene Vertragstypen: Auftrag, Gesellschaft, Kauf und die *locatio conductio*, die Miet-, Pacht-, Dienst-, und Werkvertrag in einem erfaßt.[19] Sie sind die für das transnationale Handeln wichtigsten Rechtsinstitute, sowohl damals wie heute. In diesem Bereich ist es besonders gerechtfertigt, der *bona fides* eine allumfassende Wirkung zuzuerkennen, weil diese Verträge gerade auf Basis der *bona fides* entstanden sind und sich mit ihr fortentwickelt haben. Es ist deshalb kein Wunder, daß auch heute noch bei der Anwendung dieser Institute immer auf dieses Prinzip zurückgegriffen werden muß.

---

15 Vgl. *Berger* (Fn. 6), S. 50ff.
16 *Chiusi* (Fn. 5), S. 75 mit Fn. 82.
17 Vgl. nur *Kaser* (Fn. 4), S. 546; *Chiusi* (Fn. 5), S. 75.
18 D. *Nörr*, Aspekte des römischen Völkerrechts – Die Bronzetafel von Alcántara (1989), S. 148ff. mwN.
19 *Kaser* (Fn. 4), S. 526.

2. Die Formgebundenheit der Römer

Allerdings scheinen die Römer auch noch nach der Entstehung der konsensualen Kontrakte eine Vorliebe für strengen Förmlichkeiten gehabt zu haben. Sogar im 3. Jh. n. Chr. war die *stipulatio,* ein an den Austausch von Wortformeln gebundenes förmliches Versprechen, noch ein sehr verbreiteter Vertragstyp und spielte im Rechtsleben der Römer, zu denen nun alle Bürger im Reich zählten,[20] eine große Rolle.[21] Selbst wenn ein wirksamer Konsensualvertrag abgeschlossen worden war, haben die Parteien das Rechtsverhältnis oft durch die Stipulation abgesichert.[22]

Eine Stelle von Papinian zeigt deutlich, wie weit die Verpflichtungswirkung der *bona fides* reicht, daß aber gleichzeitig der *stipulatio* ein Raum streng vorbehalten werden muß.

Pap. D.18,7,7 quaest. 10[23]

Seruus ea lege ueniit, ne in Italia esset: quod si aliter factum esset, conuenit citra stipulationem, ut poenam praestaret emptor. uix est, ut eo nomine uindictae ratione uenditor agere possit, acturus utiliter, si non seruata lege in poenam quam alii promisit inciderit. huic consequens erit, ut hactenus agere possit, quatenus alii praestare cogitur: quidquid enim excedit, poena, non rei persecutio est. quod si, ne poenae causa exportaretur, conuenit, etiam affectionis ratione recte agetur. nec uidentur haec inter se contraria esse, cum beneficio adfici hominem intersit hominis: enimuero poenae non inrogatae indignatio solam duritam continet.

„Ein Sklave wurde unter der Vertragsbestimmung verkauft, daß er sich nicht in Italien aufhalten dürfe. Für den Fall einer Zuwiderhandlung wurde ohne Stipulation vereinbart, daß der Käufer eine Vertragsstrafe zahlen müsse. Es läßt sich schwerlich vertreten, daß der Verkäufer aus dem Gesichtspunkt der Strafe klagen könne, während er mit Erfolg klagen würde, wenn er bei Verstoß gegen die Vertragsbestimmung einer Strafe verfällt, die er seinerseits einem Dritten versprochen hat. Dem entspricht es, daß er in der Höhe klagen kann, in der er dem Dritten zu zahlen verpflichtet ist; denn was darüber hinausgeht, ist Strafe, nicht Verfolgung eines Vermögenswertes. Ist dagegen vereinbart worden, daß der Sklave nicht zu Strafzwecken außer Landes geschafft werden dürfe, so kann auch wegen des Affektionsinteresses geklagt werden. Und diese Entscheidungen stehen ersichtlich nicht miteinander im Widerspruch, weil der Mensch ein Interesse daran hat, einem Menschen eine Wohltat zu erweisen; dagegen verrät die Entrüstung über eine nicht verhängte Strafe nur Herzenshärte.“[24]

---

20 Mit der constitutio Antoniniana von 212 n. Chr. hat Caracalla allen freien Reichsuntertanen das römische Bürgerrecht verliehen.

21 Vgl. nur *Kaser* (Fn. 4), S. 538ff.

22 Als literalische Quelle, vgl. *Varro,* r. rust. 2,2,5–6. Als juristische Quelle u.a. *Paul.* D. 17,2,71 pr. (epit. Alf. dig. 3).

23 *Lenel,* Palingenesia iuris civilis (1889), Papinianus Nr. 175.

24 Übersetzung: *Behrends/Knütel/Kupisch/Seiler,* Corpus Iuris Civilis. Text und Übersetzung, Bd. 3 (1999), S. 512.

Hier wurde eine „*lex*", also als eine Nebenabrede zum Kauf des Sklavens, vereinbart und bei der Verletzung dieser Vereinbarung wurde die Zahlung der Strafe bestimmt. Solche Strafen allerdings wurden mittels Stipulation verbindlich gemacht, die die Parteien hier gerade nicht abgeschlossen hatten. Der Jurist versucht mit zwei unterschiedlichen Argumentationen, der Vereinbarung der Strafe dennoch Gültigkeit zu verleihen: Die erste Begründung betrifft den Fall, daß der Verkäufer A selbst den Sklaven vom Verkäufer B gekauft hat und von diesem mit der Stipulation zur Strafzahlung verpflichtet wurde. Dann muß er (Verkäufer A) gegenüber seinem Verkäufer (Verkäufer B) wegen der Verletzung der Nebenabrede seitens seines Käufers die Strafe zahlen. In diesem Fall kann der Verkäufer A den Käufer mit der Kaufklage auf den Betrag der Strafe, die er selbst bezahlen muß, verklagen, weil dies zur „Verfolgung des Vermögenswertes (*rei persecutio*)" gehört.

Das zweite Argument basiert auf der „*affectionis ratio*".[25] Die Affektion gegenüber dem Sklaven begründet ein Interesse des Verkäufers daran, daß der Vereinbarung gefolgt wird. Dieses Interesse sei mit der *actio venditi* auch klagbar. Eine solche Auslegung dürfte auf erheblichen Widerspruch gestoßen sein. Papinian spricht sich gegen die Deutung, nach der die beiden Entscheidungen miteinander im Widerspruch stehen, mit dem Argument „*cum beneficio adifici hominem intersit hominis*" aus. Der erste *homo* ist der verkaufte Sklave und der zweite *homo* ist sein Verkäufer. Seinem Sklave eine Wohltat zu erweisen, gehört zum Interesse des Herrn, dessen Umfang er als Verkäufer mit der Klage bekommen kann.[26] Das Interesse bildet also nicht einen Teil der Strafe, sondern der vertraglichen Haftung, die nach dem Maßstab der *bona fides* bestimmt werden kann.

Mit diesen zwei Argumenten erweitert der Jurist den Anwendungskreis der *actio venditi*, die von der *bona fides* geprägt ist. Es bleibt dennoch als feste Regel, daß die Strafe nur mit einer Stipulation verbindlich gemacht werden kann, obwohl diese Beschränkung durch die beiden Auslegungen Papinians stark relativiert wird.

Aufgrund der Maxime „*pacta sunt servanda*" haben wir uns heute von der Form als Verpflichtungsgrund weitgehend entfernt. Daß ein juristisch wirksamer Vertrag in den meisten Fällen allein mittels Konsens abgeschlossen wird und die Form bloßen Beweiswert hat, ist unter Juristen eine *communis opinio*. Trotzdem legen Laien oft viel Wert auf Formen. Hinter jeder Form steht freilich eine Willenseinigung;[27] man fühlt sich aber erst dadurch verpflichtet, daß man einen förmlichen Akt abgeschlossen hat.[28] Vielleicht sollten wir Juristen vor allem hinsichtlich des Verkehrs in Handelskreisen, die bereits eine Tradition und vor allem bestimmten Formen der Abwicklung von Geschäften entwickelt haben, mehr auf die Form achten.

---

25 Nach *ius gentium* ist ein Kind einer Sklavin ein Sklave. Wenn der Vater, der auf den Status seines Kindes nicht einwirken kann, seinen Sklaven, der zugleich sein Kind ist, verkauft, liegt es doch nahe, daß dabei die „*affectionis ratio*" eine Rolle spielt.

26 *Medicus*, Id quod interest – Studien zum römischen Recht des Schadensersatzes (1962), S. 176 f.

27 Bei den römischen förmlichen Verträgen war dies auch der Fall, vgl. Ulp. D. 2,1 4,1,3 (4 ad ed.).

28 Juristen sehen z.B. im förmlichen Handschütteln beim Diamantenhandel eine Willenseinigung, aber die Händler selbst könnten möglicherweise anderes meinen. Vgl. *Berger* (Fn. 6), in der englischen Version, S. 107f.

IV. Zum Terminus *„lex mercatoria"*

1. *Lex*

a) lex *als Gesetz*

In der heutigen Diskussion eines weltweit wirkenden einheitlichen Vertragsrechts wird gerne der Terminus *„lex mercatoria"* verwendet, der auf das Mittelalter zurückgeht.[29] Man denkt dabei mit dem Wort *„lex"* lediglich an das Gesetz. Dagegen war dies in Rom nicht zwingend. *Lex* kann vielmehr, wie oben bei Papinian, als Bezeichnung für weitere Vertragsbedingungen dienen.

In Rom würde man eher das Wort *ius* verwenden, um die gesamte Rechtsmasse zu bezeichnen. *Ius* bezeichnet sowohl das subjektive Recht als auch das Recht in objektiven Sinne. Letzteres umfaßt sowohl die einzelnen Rechtsvorschriften, Rechtsgrundsätze, Rechtsquellen, als auch das Recht als Gesamtheit der Gesetze und Satzungen.[30]

Dagegen ist *lex* vielmehr die „Bindung eines Rechtssubjektes gegenüber einem anderen".[31] Wenn das Rechtssubjekt der Gesetzgeber ist, wird die *lex* ein Gesetz, während sie eine vertragliche Bedingung bezeichnet, wenn sie zwischen den Vertragspartnern erfolgt. Das Gesetz heißt zwar *lex*, ist aber im Gegensatz zu *ius* nur „Satzung" oder „Einzelbestimmung".[32]

Selbst wenn man das Wort *lex* nur als „Gesetz" verstehen würde, ist es historisch nicht zwingend, allein den Nationalstaaten Gesetzgebungsmacht zuzuerkennen.[33] Die Nationalstaaten sind ebenso wie die Monopolisierung der Gesetzgebung in Staatshand ein relativ neues Phänomen. In der feudalistischen Zeit war es sowohl in Europa als auch in Asien selbstverständlich, daß jedes anerkannte Autoritätszentrum sein eigenes Gesetz setzte und daß die Unterworfenen diversen Autoritäten verpflichtet waren. Wir haben bereits gesehen, daß in Rom die Rechte der eroberten Völker mit dem *ius civile* und dem *ius gentium* koexistierten. Es gibt daher historische Vorbilder dafür, daß die *lex mercatoria*, obwohl sie von einem Staat unabhängig ist, Verbindlichkeit haben kann.[34]

---

29 Vgl. u.a. *Galgano,* Lex mercatoria (2002), bes. S. 29ff.

30 *Heumann/Seckel,* Handlexikon zu den Quellen des römischen Rechts (9 Aufl. 1907), S. 300ff.

31 *Heumann/Seckel* (Fn. 30), S. 311.

32 *Walde/Hofmann,* Lateinisches Etymologisches Wörterbuch Bd. I (3 Aufl. 1938), zum ius: S. 733f.; zur *lex*: S. 789f.

33 Vgl. *Berger* (Fn.6) S. 97ff.

34 Die Kodifikation des Privatrechts scheint allerdings ein abendländisches Phänomen zu sein. In Ostasien wurde nur das öffentliche Recht, darunter vor allem das Strafrecht, kodifiziert. Die Aufgabe des Richters in den privatrechtlichen Fällen war, den Streit gerecht zu entscheiden, um die Parteien daran zu hindern, auf Grund der Weiterführung des Streits letztlich zu strafrechtlich relevanten Tatbeständen zu gelangen. Diese zu entscheiden, war Aufgabe des Kaisers bzw. eines anderen Herrschers, der der Tüchtigste hätte sein sollen, gegebenenfalls auch durch Züchtigung oder Todesstrafe. Deshalb – weil das Leben und die Körper dem Kaiser gehörten und um den Willen des Kaisers den Beamten bekannt zu machen – war die Kodifikation des Strafrechts nötig. Die Gerechtigkeit wurde anhand des Kriteriums der Tugend und Weisheit des entscheidenden Beamtens durch die Betrachtung sämtlicher Umstände, die auch nur entfernt mit dem Sachverhalt in Zusammenhang sein könnten, verwirklicht. S. *Terada,* Beyond the Falk Law Theories; Legal Reform of modern China, in: Kyoto Journal of Law and Politics, vol.1 (2004), S. 65–77.

b) *Lex als eine Bedingung*

Das Wort „*lex*" wird im Rahmen des Kaufrechts sehr häufig mit der Bedeutung von „Nebenabrede" benutzt. Juristisch wird sie in der Form eines *pactum* abgeschlossen. Die Verletzung dieses *pactum* war mit der aus dem Kaufvertrag stammenden Klage sanktionierbar.[35] Aus einer reinen Willensübereinstimmung entsteht im römischen Recht kein rechtlich verbindlicher Vertrag. Nur wenn diese in einen der oben genannten Typen des Konsensualvertrags eingekleidet ist, kommt ein wirksamer Vertrag zustande. Sonstige Übereinkommen, die keinem anerkannten Vertragstypus entsprechen, heißen *pacta* und bringen normalerweise keine *actio* (Klage), sondern lediglich eine *exceptio* (Einrede) hervor.[36] Mindestens unter dem Gesichtspunkt der Klage galt also: „*pacta* non *sunt servanda*". Eine *lex* dagegen war schon aus dem Grunde klagbar, daß sie regelmäßig als *pactum adiectum* vereinbart wurde: Ein solches *pactum*, das unmittelbar mit dem Abschluß des Konsensualvertrags zustande kam, konnte mit der Klage aus dem Konsensualvertrag durchgesetzt werden. Ein typisches Beispiel einer *lex* beim Kaufvertrag war die *lex commissoria*, d.h. ein Rücktrittsvorbehalt für den Fall, daß der Preis nicht rechtzeitig bezahlt wird.[37]

In der Diskussion über die heutige *lex mercatoria* sollte dieser Begriff in diesem Sinn benutzt werden, nicht nur im Sinne von „Gesetz". Aus dieser Beobachtung hinsichtlich der Begriffsgeschichte der „*lex*" lassen sich weitere interessante Folgerungen ableiten.

2. Markt

Auch in Rom war man der Auffassung, daß die Ordnung des Marktes eine besondere Rücksicht erforderte. Es war schon damals im Bewußtsein, daß die Sicherheit des Verkehrs auf dem Markt mehr noch als im sonstigen Rechtsverkehr beachtet werden muß, da dort rasche Entscheidungen getroffen werden. Dafür standen die *aediles curules* zur Verfügung, die den Verkehr bewachten, so daß die Vertragspartner auf dem Markt auch nicht die üblichen Regeln des Prozesses einhalten mußten. Der kurulische Ädil war ein Markt- und Straßenmagistrat, der eine eigene Gerichtsbarkeit in diesem Bereich besaß. Er hatte auch eine Art „Gesetzgebungsmacht", indem er neben den Prätoren im Rahmen seiner Tätigkeit ein Edikt erlassen konnte.[38]

Die Regelung der Gewährleistung für Sachmangel stammt aus dem Edikt der Ädilen. Der Kauf in Rom war grundsätzlich ein Kauf bestimmter Sachen. Selbst wenn die Sache mangelhaft war, hatte der Verkäufer mit der Hingabe der Kaufsache die vertragliche Schuld erfüllt. Dies aber verletzte oft die Verkehrssicherheit,

---

35 Vgl. nur *Kaser* (Fn. 4), S. 561 f.
36 Vgl. nur *Kaser* (Fn. 4), S. 527.
37 Vgl. nur *Kaser* (Fn. 4), S. 561.
38 Vgl. nur *Kaser* (Fn. 4), S. 558.

vor allem beim Kauf wichtiger Waren der damaligen römischen Gesellschaft, nämlich beim Kauf von Sklaven und Zugtieren, die sogar noch einen weitergehenden Schaden beim Käufer anrichten konnten, z.B. wenn sie ansteckende Krankheiten hatten. Um die Ordnung des Marktes zu wahren, haben die Ädilen ein Edikt erlassen, nach dem der Verkäufer der Sklaven bzw. der Zugtiere gegenüber dem Käufer zu einem Stipulationsversprechen verpflichtet wird, daß die Kaufsache von bestimmten Mängeln frei ist. So mußte der Verkäufer kraft Stipulation den Sachmangel gewährleisten. Später wurde langsam diese Haftung in die kaufvertraglichen Verpflichtungen integriert. Es ist jedoch interessant zu beobachten, daß der Ursprung der Gewährleistung für den Fall des Sachmangels in der Marktgerichtsbarkeit liegt.[39] Möglicherweise war die aus dem römischen Recht stammende „Gewährleistung" angesichts des Übergewichts des Gattungskaufs in der heutigen Rechtswirklichkeit veraltet, aber der Bedarf der Sonderregelung auf dem Markt dürfte weit über die terminologische Frage hinaus auch heute noch fortbestehen.

V. Zusammenfassung

Wenn man aus den Erfahrungen der Römer für die heutige Diskussion um die Angleichung des Vertragsrechts einige suggestive Verbindungslinien ziehen möchte, dürfte man Folgendes festhalten: Es darf heute in keinem Fall eine Vereinheitlichung versucht werden. Man sollte sich nicht dadurch erschrecken lassen, daß eine Pluralität von Rechtsquellen neben der staatlichen Gesetzgebung existiert: Dies ist historisch keine Besonderheit. Auf der anderen Seite ist es verständlich, daß für den Markt Sonderregeln geschaffen werden. Dabei muß immer auf die *bona fides* zurückgegriffen werden, weil dies der Natur der Sache entspricht. Dieses „System" muß, wie das *ius gentium* in Rom, lückenfüllend wirken und durch ständige Revision eine eigene Tradition schaffen, um als *lex* von der Parteien freiwillig und gerne gewählt zu werden.[40]

Der politische Druck, der oft bei den Kodifikationen vorhanden ist,[41] fördert vielleicht die Verabschiedung eines einheitlichen Vertragsrechts. Das Recht hat

---

39 Vgl. nur *Kaser* (Fn. 4), S. 559f.

40 Gegen ein vom Staat unabhängige Gesetz spricht vielleicht, daß ihm ein demokratisches Verfahren der Kodifizierung fehlt. Vgl. *Berger* (Fn. 6), S. 61ff. Aber es gibt kein „demokratischeres" Recht als das, das von den Parteien freiwillig gewählt wurde.

41 Der französische Code Civil wäre z.B. ohne den politischen Willen Napoleons nicht zu Stande gekommen. Auch das deutsche BGB entspricht dem politischen Bedürfnis, ein einheitliches Deutschland zu schaffen. Selbst die Kodikation des *Corpus Iuris Civilis* hing vom politischen Willen des Kaisers Justinians ab. Bei all diesen Kodifikationen ist es einigermaßen gut gegangen, gerade weil dabei die vorherige Rechtstradition berücksichtigt wurde. Bei der Entstehensgeschichte des japanischem *Mimpo* spielt die politische Entscheidung eine große Rolle, sich als ein entwickeltes Land gegenüber dem Westen darzustellen. Dabei wurde weniger auf die japanische Tradition zurückgegriffen als auf die europäische Rechtsgeschichte. Auch wurden die Erkenntnisse der Rechtsvergleichung stark berücksichtigt.

jedoch ein längeres Leben als die Politik. Besser als wir, Deutschen und Japaner, die vor kurzem das jeweils hundertjährige Jubiläum unserer Zivilgesetzbücher gefeiert haben, aber zugleich im selben Zeitraum unübersehbare politische Wandlungen erlebt haben, weiß das niemand. Ohne historisches Bewußtsein würde man aber leider nicht einmal zu dieser klaren Kenntnis kommen.

§3 最新の統一契約法論に対する古代（いにしえ）からの指摘

五十君麻里子

目次

I. はじめに

多くのローマ法学界を代表する研究者が、ヨーロッパ共通の契約法の構築には、ローマ法の理解が重要であることを主張しつづけて、すでに十数年が経過した[1]。しかし、極東の一ローマ法学徒の目からは、ローマ法が諸法秩序を結びつける要であることは、当然に見える。西洋東洋を問わず、多くの国の私法体系がローマの源泉から沸き出したのであるから、ヨーロッパに限定せずともこれらを調和させるには、ローマ法へと合流して行くのが自然の流れと思われるからである。それにも関わらず、ローマ法や法史学が軽視され、これに伴って法学分野における歴史研究の重要性が声高に叫ばれなければならない現状は、むしろ驚くに値する[2]。本稿では、統一契約法の内容を論じるのではなく、その外側の枠組みを中心に検討したい。

古代ローマの視点から、本書の共通テーマ「法の同化」について、貢献できるとすれば、従来からの個別規定に関するものの他に、少なくとも二つの方向が考

---

1 *Zimmermann*, The Law of Obligations. Roman Foundations of the Civilian Tradition (1990) からこのような動きがはじまり、さらにこれを広げ *Knütel*, Das japanische Zivilgesetzbuch und das Römische Recht, in: Knütel (Hrsg.), Hundert Jahre Japanisches Zivilgesetzbuch (2004), S. 131 ff.などをはじめとして、多くの文献がある。

2 しかしながら、かの Friedrich Karl von Savigny さえも歴史研究の重要性を強調しなくてはならなかったのであるから、この状況も当然と言えるかもしれない。*Savigny*, System des heutigen römischen Rechts, Bd. 1 (1840 / Neudruck: 1973), S. IX ff. "Vorede" 参照。

えられる。第一の方向は、長期に渡って絶対の力を誇ったローマが自らの法を他に押し付けなかった、という事実に関わる。第２の方向は、「最新の」統一契約法の議論においてしばしば用いられる用語に関するものである。過去の経験に一瞥をくれることが、今後の「法の同化」の議論の展開に資することも期待できよう。

ただし、ここで取り上げる事柄の多くは、ローマ法研究者にとっては既知の事実であり、この小論も特段の独自性を含むものではない。しかしながら、本稿の目的は、このローマ法研究者にとっていわば常識に属する知見を、法律家、とりわけ（商事）法の国際的な同化を模索する先端分野の研究に従事する研究者の、共通の財産とすることにある。

II. 国際取引のための法

1. 非統一法としての *ius gentium*（万民法）

ローマ法は大きく二種に分けられる[3]。ローマ市民のみに適用される ius civile（市民法）と、ローマ人および外人（peregrini）双方に適用される ius gentium（万民法）である。数百年にわたって効力を持ち続け、現在の民法典にもその後裔を見いだすことのできる法制度の多くは、万民法にその起源を持つ。この万民法こそが、外人掛法務官の裁判権の下、法学者の助言を得て、歴史上類を見ない高度な法へと展開した、いわゆる「ローマ法」と言える[4]。

万民法はとりわけ、ローマ人と外人間あるいは外人同士の取引、すなわち都市国家の枠をまたぐ国際取引に適用されるべきものとして創設された[5]。ローマの強大な権力をもってすれば、この万民法を帝国全体の統一法とすることも可能であったはずである。しかしその代わりにローマ人は、万民法の海に浮かぶ小島のように諸固有法を存続させ、それぞれの都市国家の市民たちに、それぞれの固有法のもとでの法生活を続けさせたのである。ただし、他の都市国家市民と取引をする場合、あるいは固有法に適用可能な規定がない場合は、万民法の海に足を踏み入れることになる。またそうでなくとも、外人は自らの意思によって、この海に潜ることも許されていた。これらの状況全てが、万民法適用領域の拡大に寄与したが、これは結果に過ぎず、ローマの政治的意図を反映したものではなかった。様々な形の固有法の並存が、妨げられなかったことは、この証左と言えよう。

3　例えば、*Kaser*, Das römische Privatrecht, 1 Abs., 2 Afl. (1971), S. 198 ff.、邦文では原田慶吉『ローマ法』改訂版（昭和 30 年）7 頁参照。

4　*Chiusi*, Das Bild des Fremden in Rom. Juristische Mosaiksteine, in: Girardet / Nortmann (Hrsg.) , Menschenrechte und europäische Identität – Die antiken Grundlagen (2005), S. 74 ff. 同じテーマでの講演の邦語訳として、ティツィアナ・J・キウジ／五十君麻里子（訳）「ローマにおける外人像――法のモザイク画を構成する小石達」『法政研究』72 巻 4 号（九大・平成 18 年）183 頁以下がある。

5　*ius gentium* は今日国際公法の意味で用いられるが、ここで取り上げるのは *Kaser*, Ius gentium (1993), S. 10ff.にいう「私法上の」万民法である。また、*Berger*, Formalisierte oder „schleichende“ Kodifizierung des transnationalen Wirtschaftsrechts (1996) (英語では *Berger*, The Creaping Codification of lex mercatoria [1999]), S. 100 もかような ius gentium に期待をかける。

所属共同体を異にする者同士が契約を締結しようとする場合、古代においては属人主義が原則であったため、人々はそれぞれの属する共同体の法の適用を受けるので、万民法なくしては問題が生じる。いずれの当事者の属する共同体の法も適用することができないし、現在の国際私法のような準拠法を定めるシステムもなかったからである。したがって紛争が生じた場合には、相手方の属する共同体と同じ共同体に属する代理人を捜す他はなかった。万民法が導入されたことにより、この問題は克服されたのである[6]。

また固有法に適用可能な規定がない場合、その欠缺を埋める、というローマ法の機能は、中世のヨーロッパ中西部におけるローマ法継受の際に大きな力を発揮した。慣習法が第一法源とされた地域においてさえ、慣習法における適用規定の存在を証明するのが極めて困難であったため、ローマ法は事実上その適用範囲を広げて行ったからである。Coutume の存在が認められない場合には、ローマ法が適用されたのである[7]。同様の事態が古代においても存在したと推測されよう。

さらに、最近の研究によって、属州に於ける属州人間でもすすんでローマ法の適用を受けるケースが報告されている[8]。外人は自らの固有法とローマの万民法との二者択一の中で、自ら後者を選んだ訳である。

2. 万民法の機能とその継続的展開

司法担当の政務官である法務官は、官職就任時に告示の形で、自らの法廷で適用する規定を公にした[9]。法務官の任期は原則1年であったから、告示公布の手続きを通して、新任者は前任者の告示を顧み検討する機会を与えられた。その結果、熟慮を経た法制度や規定のみが生き延び得たものと思われる。次第に、後任の法務官が前任者の告示をそのまま追認することが増え、このいわゆる edictum tralaticium が、告示の主要な部分を占めることとなる。他方、規定が告示として公にされたため、市民もその内容を知ることができたのである[10]。

しかしながら、すでに公布された告示や市民法（ius civile）も検討の対象にならなかった訳ではない。ローマの法学者たちは、とりわけその厳格な法伝統を堅持しつつ具体的妥当性を追求する能力において名高いが、彼らの助言は、個々の事例に際して、既に存在する法準則を最も妥当な形で適用する、解釈に関わるものであったからである[11]。この開かれたしかし厳密なシステムの一端を、現在、学説彙纂に引用された彼らの著作から窺い知ることができる。

---

6 例えば *Kaser* RP (Fn. 3), S. 202。
7 例えば、*Ourliac* et *Gazzaniga*, Histoire du droit privé français, de L'An mil au Code civil (Paris 1985), S. 131f.参照。
8 *Chiusi*, Zur Wechselwirkung zwischen römischem Recht und provinzialen Rechten anhand von Dokumenten aus dem Archiv der Babatha, in:Gergen (Hrsg.), FS Wadle (2004), S. 20f.; *Chiusi*, Fremden (Fn. 4) S. 76ff.
9 正確には、方式書訴訟において用いられる方式書を公示した。例えば: *Kaser*, RP (Fn. 3), S. 205ff.、原日（前掲注3）10頁参照。
10 *Berger* (Fn. 5), S. 58ff.参照。
11 例えば: *Kaser*, RP (Fn. 3), S. 210ff.、原田（前掲注3）19頁以下参照。

このように絶え間なく再検討され、展開を続けたことこそが、ローマ法とりわけ万民法を人類史上最も洗練された法へと導いた[12]。万民法がかように普及したその理由は、あるいはその説得力に満ちた鋭敏さにあったのかもしれない。

3. 万民法と現在の国際契約法

ヨーロッパ統一契約法[13]であろうと、lex mercatoria であろうと、国の枠を超えた契約法の創造を目指すのであれば、まさにこの柔軟な万民法の例に学ぶべきであろう。

たしかに、異なる共同体に属する市民同士の紛争解決という万民法の機能は、今日、もはや必要とされまい。また、各国家は今日それぞれ法伝統を有し、その歴史の中で、法の欠缺を各法体系内部の問題として、それぞれ解決してきた。これらの意味においては、今日もはや、ローマにおける万民法に比較され得る法秩序の役割は終わった、と言えるかもしれない。しかしながら国際取引において、これまでの国家による法規定に欠缺があるものと考えられるのであれば、万民法のような共通法が望まれるのも理解できるところである。ただし、この共通法は欠缺を埋める姿勢を貫くべきであろう。そうでなければ、従来の各国家が育んできた、これまでの法伝統を脅かしてしまうからである。ローマにおいて、この事態に致らなかったことは既述の通りである。共通契約法が、現在の法律家の協力を得て、法欠缺を補う機能に徹するうち、自らの伝統を形成し一定のレベルに達するならば、国際取引の当事者が自らこれを選択することになるであろう。それこそが、共通法の成功として謳われるべきものと言えるのではないか。

III. bona fides（信義誠実の原則）

1. 万民法と信義誠実の原則

今日の共通契約法の模範として、ローマの万民法を念頭に置くとすれば、共通契約法において一般条項が非常に大きな意義を持つことは、むしろ当然と言える[14]。Bona fides（信義誠実）原則は、万民法の展開をもたらした、まさに外人掛法務官の裁判権に関連して展開したからである[15]。

信義誠実の原則は、万民法に属する法制度のうち、とりわけ諾成契約との関係が深い。当事者の合意のみのよって法的拘束力を生じる諾成契約は、遅くとも紀元前2世紀にローマで「発明」されたと言われている。この法類型は、おそらく古来のローマ市民法の要求する厳格な方式を用い得ない、外人との法交流のため

12　ローマ市民法は、厳格な方式と結びついていたため、万民法のような柔軟性を持たず、展開の余地も少なかった。
13　一進一退の状況にある議論は http://ec.europa.eu/comm/consumers/ で確認することができる。
14　*Berger* (Fn. 5), S. 50 ff. 参照。
15　*Chiusi*, Fremden (Fn. 4), S. 75、同所注82も合わせて参照。

に導入されたものと考えられる。諾成契約が法的に拘束力を有するその根拠は、本来、bona fides に求められると同時に、拘束力の内容、すなわち具体的債務の内容について判断する際も、信義誠実が基準となる[16]。Bona fides は当事者間で相互に約束した事柄と、当該取引において当事者に通常期待される行動をその内容とする。従って具体的取引において bona fides を基に判断する際は、当事者の取決と法原則に照らして個別に行われることとなる[17]。

ローマにおける諾成契約としては、次の四契約を数えることができる。すなわち、委任、組合、売買、賃約（今日の賃貸借、労働契約、請負の三契約を含む）である[18]。これらの法制度は、当時もまた今日においても、国を超えた取引に最も重要であると言えよう。したがってこの領域において信義誠実原則が中心的位置を占めるのは、この領域で用いられる諸契約がそもそも同原則に基づいて成立し、同原則を基礎として展開したことを考慮すれば、むしろ当然であろう。今日においても、これらの法制度について判断する際に、信義誠実の原則に究極的には頼らなければならないのは、このような背景によるものと思われる。

2. 要式とローマ人

しかしながら、諾成契約成立後も、ローマ人は引続き方式に対する信頼を持ち続けていたように思われる。紀元後 3 世紀にいたってもなお、問答形式の文言に基づいて拘束力を生じる要式契約、問答契約（stipulatio）が広範に普及しており、いまや帝国内の自由人全てを含むローマ市民の法生活に[19]、重要な位置を占めていた[20]。中には、諾成契約が適法に締結されたにもかかわらず、これと伴に問答契約を用いて債権債務関係を補強する例さえ見られる[21]。

次のパーピニアーヌス法文は、信義誠実に基づく債務の内容がどこまで拡大され得るかを示すと同時に、問答契約を必要とする領域がなお留保されることを示しているように思われる。

Pap. D.18,7,7 quaest. 10[22]
Seruus ea lege ueniit, ne in Italia esset: quod si aliter factum esset, conuenit citra stipulationem, ut poenam praestaret emptor. uix est, ut eo nomine uindictae ratione uenditor agere possit, acturus utiliter, si non seruata lege in poenam quam alii promisit inciderit. huic consequens erit, ut hactenus agere possit, quatenus alii praestare cogitur: quidquid enim excedit, poena, non rei persecutio est. quod si, ne poenae causa exportaretur, conuenit, etiam affectionis ratione recte agetur. nec uidentur haec inter se contraria esse, cum beneficio adfici hominem intersit hominis: enimuero poenae non inrogatae indignatio solam duritam continet.

---

16 例えば *Kaser*, RP (Fn. 3), S. 526, *Chiusi*, Fremden (Fn. 4), S. 75、キウジ（前掲注 4）196 頁参照。
17 *D. Nörr*, Aspekte des römischen Völkerrechts – Die Bronzetafel von Alcántara (1989), S. 148 ff.
18 例えば *Kaser*, RP (Fn. 3), S. 56、原田（前掲注 3）182 頁以下。
19 紀元後 212 年のアントニニアーヌス勅令によって、カラカラ帝は帝国内全ての自由人にローマ市民権を付与した。
20 例えば *Kaser*, RP (Fn. 3), S. 538 ff. 参照。
21 非法律文献としては *Varro*, r. rust. 2,2,5–6、法律文献としては、とりわけ *Paul.* D.17,2,71 pr. (epit. Alf. Dig. 3) 参照。
22 *Lenel*, Palingenesia iuris civilis (1889), Papinianus Nr. 175.

<試訳>
学説彙纂18巻7章7法文　パーピニアーヌス質疑録10巻
奴隷が、イタリアにいることのないように、という約定のもと売られた。もしこれに反したことが為されるならば、買主は罰金を給付する旨、問答契約なく合意された。これを理由に、制裁の理をもって売主が訴えるのは困難である。［しかし］他人に対して約定が遵守されない場合について約した罰金に、［問答契約なく設定した罰金が］一致する場合は、有効に訴えるであろう。つまり他人に給付を強制される分だけ、訴え得るという結果になろう。［これに対して］超過分は罰金であって、物の追求ではない。ただし、［自らに課せられた］罰金を理由としなくとも、［境界を］超えないようにと合意した場合、愛情を理由として正当に訴えることすらできるだろう。人が恩恵を受けることは、人に利害あるのだから、これらは互いに矛盾するとは見られないのである。実に、罰金を課されない懲罰には、冷酷なもののみが含まれるのである。

この法文の事例においては、奴隷を目的物とする売買契約に lex として付随義務が付され、付随義務違反の場合の罰金支払いについても合意が為された。かような違約罰は、問答契約をもって設定されなければならないものとされていたが、当事者はこの締結を怠った。パーピニアーヌスはこの事例に際して、二つの論拠をもって罰金支払いの合意を有効としようとする。一つ目の論拠は、当該契約の売主も、以前の売買との関係で買主として違約罰の負担を負っている場合を想定したものである。この場合、当該売買契約の買主が付随義務に違反すれば、売主自身が、自らの売主に対して違約罰の責任を負わなければならない。このため、同違約罰の額までは売主訴権で買主を訴えることが出来るとするのである。なぜなら、売主自身が負担する違約罰については、目的物に直接関わる「物の追求」に含まれるからである。

二つ目の論拠は「愛情の理由」である[23]。奴隷に対する愛情が、売主にとって、付随義務が遵守されることの利害を構成し、この利害については売主訴権で訴えることができるとするのである。このような解釈に対して、二つの判断が互いに矛盾するとする反対意見があったものと思われるが、これについてパーピニアーヌスは「人が恩恵を受けることは、人に利害あるからである（cum beneficio adfici hominem intersit hominis）」という言い回しで応えた。はじめの「人」は奴隷を指し、次の「人」はその売主を指す。今まさに売却しようとする自らの奴隷に恩恵を与えることは、主人の利害に属し、この利害の範囲で、主人は売主としての訴権を行使し得るというのである[24]。すなわち、この利害の範囲においては、問答契約が必要な違約罰が構成されるのでなく、信義誠実の原則を基準とする売買契約上の責任が構成されるのである。

以上の二つの論拠を用い、パーピニアーヌスは、信義誠実原則によって判断される売主訴権の範囲を拡大したわけであるが、違約罰は問答契約によって設定されなければならないという準則は放棄されていない。その範囲は上述の解釈によ

23　万民法によると、女奴隷の子は奴隷となり、父親の身分は反映されない。例えば、主人が自らの子である奴隷を売却する際に、「愛情の理由」が介在することは十分考えられよう。
24　*Medicus*, Id quod interest. Studien zum römischen Recht des Schadensersatzes (1962), S. 176 f.

り極めて狭く限定されたものの、依然として罰そのものの設定には問答契約が要求されているのである。

今日我々は「約束は守られねばならない (pacta sunt servanda)」の格率を契約法の根幹と位置づけ、要式から距離を置いてきた。法律家の常識では、合意によってこそ法的に有効な契約が締結され、これに伴って行われる要式行為は単なる証拠方法に過ぎない。しかし非法律家は要式により重きを置いているようにも思われる。法律家は、当然その要式の背後には合意があり[25]、法的にはこの合意に基づき契約の効力が生じている、と理解するが、当事者自身は要式行為の効力として債権債務関係を構築したと認識することもあろう[26]。商慣習の一環として要式を充実させた一定の取引分野については、その要式の意義を法律上も汲み取るべきかもしれない。

IV. lex mercatoria の用語

1. lex

a) 法律という意味における *lex*

世界中で妥当する統一契約法に関する議論において、中世に遡るとされる lex mercatoria の用語がしばしば用いられる[27]。その際、lex の意味として「法律」のみが念頭に置かれているように思われるが、ローマ法の用語としては必ずしもこの意味に限定される訳ではない。既に検討したパーピニアーヌス法文で見たように、付随義務に関する合意の意味でも用いられるからである。

ローマにおいては、法の総体をさす場合、むしろ ius の語が用いられた。ius は法と権利の両方を指し、前者の意味では、個々の法規定、法原則、法源なども内包しているが、「法律と法規定の総体」の意味も含んでいるからである[28]。これに対して、lex は「法主体の他者に対する拘束」を示し[29]、法主体が立法者であれば「法規定」を意味するのに対し、法主体が契約当事者であれば付随義務などに関する「特約」となるのである。lex は確かに「法律」の意味を内包しているが、ius とは異なり、法の総体ではなく個別規定、個別指令を指す[30]。

lex を法の意味で捉える場合であっても、国民国家のみが立法権を有しているというのは、歴史的には、必然ではない[31]。国民国家は新しい現象であって、国家による立法権の独占も、当然新しい現象と言える。ヨーロッパにせよ、アジア

25　この点では、ローマにおける要式行為においても同様である。*Ulp.* D.2,1 4,1,3. (4 ad ed.)
26　例えば、ダイアモンド取引における握手などの要式行為において、法律家はその背後にある合意を重要と考えるが、当事者の理解は異なる可能性があるのではなかろうか。*Berger* (Fn. 5), 英語版 S. 107f.参照。
27　例えば *Galgano*, Lex mercatoria (2002) とりわけ S. 29ff.参照。
28　*Heumann / Seckel*, Handlexikon zu den Quellen des römischen Rechts, 9 Aufl. (1907) S. 300ff.
29　*Heumann / Seckel* (Fn. 28), S. 311.
30　*Walde / Hofmann*, Lateinisches Etymologisches Wörterbuch, 3. Aufl. Bd. I., ius については S. 733, lex については S. 789.
31　*Berger* (Fn. 5), S. 97 参照。

にせよ、その封建制時代に考えを致せば、それぞれの権力が法を規定し、人々を何重にも拘束していたことが、思い起こされよう。既に見たように、ローマでも被征服民の固有法とローマ市民法や万民法が共存していた。**lex mercatoria** が国家から独立していることをもって、これが拘束力を持ち得ないとするのは、史的観点からは論拠に乏しいものと思われる[32]。

b) 特約という意味においての *lex*

lex という言葉は、売買との関係でしばしば付随義務に関する特約の意味で用いられる。法的には合意約束（**pactum**）の形で締結され、売買契約に基づいて発生する訴権によってその内容を訴訟上も追求し得る[33]。ローマにおいては、合意そのものから、法的に拘束力のある契約が発生する訳ではなかった。この合意が既述の諾成契約四類型に該当する場合のみ、契約が成立する。それ以外の合意は合意約束と呼ばれ、訴権でなく抗弁を発生させるのみであった[34]。少なくとも訴える側からは「約束はまもられぬべき（**pacta NON sunt servanda**）」だったのである。しかしながら、**lex** は合意約束の中でも売買契約締結に引き続いて為されることが常なので、例外的に付加的合意約束として、本契約の訴権を発生させるのである。典型的な **lex** の例としては、代金が一定期間に支払われなかったときのために解除権を留保する **lex commissoria** がある[35]。

今日の **lex mercatoria** も、法律の意味のみならず、特約の意味で検討される余地があるのではないだろうか。偶然にせよ、**lex** という文言が選択された訳であるから、その用語自体の広がりをも追求してよかろう。

2. 市場

ローマにおいても、市場における秩序維持には、特別の配慮が必要とされていた。当時から市場においては、とりわけ取引の安全が重要で、迅速な判断が必要であるものと認識されていたのである。このような市場の要求にこたえる任にあたったのが、高等按察官である。高等按察官は市場および道路の管理にあたる官職で、その管轄内での裁判権も有していた。また、按察官はその職務の範囲内で法務官と同様、告示を発布することも出来た[36]。

瑕疵担保の規定も、按察官告示に由来するものである[37]。ローマにおける売買は、原則として特定物売買であった。従って、目的物に瑕疵が内在している場合であっても、そのまま目的物を引渡せば、売主は債務を完全に履行したこととな

---

32 ただし私法について法典を編纂するのは、西洋に特有のようにも思われる。東アジアにおける権力としての立法は、公法の編纂が中心であった。
33 例えば *Kaser*, RP (Fn. 3), S. 561f.
34 例えば *Kaser*, RP (Fn. 3), S. 527、原田（前掲注3）210頁以下。
35 例えば *Kaser*, RP (Fn. 3), S. 561、原田（前掲注3）188頁。
36 例えば *Kaser*, RP (Fn. 3), S. 558、原日（前掲注3）186頁。
37 新ドイツ債務法では瑕疵担保規定を削除したが、物の瑕疵に関する売主の責任について「担保責任」という文言を充てるのかが、現在の売買法の立場からは説明できない、という意味では正しかったものと思われる。

る。しかしこのことは市場の秩序を害する。とりわけ初期ローマの農村社会に重要な商品であった奴隷と大型家畜の売買においては、事態は深刻であったであろう。たとえばこれらの目的物が伝染性の病気に罹患している場合など、拡大損害を引き起こす恐れさえあった。そこで高等按察官は、奴隷あるいは大型家畜の売主は、目的物に一定の瑕疵が含まれていない旨、含まれていた場合には売買価格の二倍を買主に支払う旨の問答契約を締結するよう命じる、按察官告示を発布した。こうして売主は問答契約の効果により瑕疵を担保することとなったわけである。後、この責任は売買契約上の責任へと一体化して行くが、瑕疵担保責任の起源が、市場を管轄する裁判権にあったことは、興味深いものと思われる[38]。「瑕疵担保」という用語は、種類物売買が主流となった現在、あるいは過去のものとなったのかもしれないが、市場における特別な法的配慮の必要性は、現在も引続き継続している、と言えるだろう。

V. おわりに

現代における契約法の同化への関心について、ローマの経験からいくばくかの示唆を得ようとするならば、次のことを指摘し得るのではなかろうか。今日の共通法においても、「統一」法は目指されるべきではない。しかしながら、国家による立法権の範囲に属さない法秩序も許容されるべきであろうし、市場における特殊な法秩序が必要であることも当然であろう。その法枠組みの中で信義誠実原則が重要となるのも、極めて自然なことである。しかしその法秩序はローマにおける万民法と同様、欠缺を補完する機能に徹するべきである。そして、この機能遂行の過程で常に検討を繰り返し、伝統の集積を行ったならば、当事者に lex（特約）として選択される法枠組みへと成長するであろう[39]。

法典編纂には政治的な圧力がつきものであり[40]、ヨーロッパにおいては統一契約法の制定を急ぐ声があるであろう。しかし政治は法よりも短命である。現に独日は、数年前民法制定 100 年を祝ったばかりであるが、その 100 年の間に両国の政治の描いた大きなうねりは、人類の歴史に深い傷として刻まれている。このような明白な事実も、歴史的考察なくしては、見過ごされてしまうかもしれないが。

---

38 例えば *Kaser*, RP (Fn. 3), S. 559f.

39 国家の立法プロセスを経ずに「立法」されることに対する抵抗も考えられる。*Berger* (Fn. 5), S. 61ff.参照。しかし当事者の自由意思によって選択された法以上に「民主的」な法はないのではないか。

40 例えば、フランス民法はナポレオンの政治的思惑抜きには成立し得なかったし、市民法大全もユスティニアヌス帝の強い政治上の意思を背景に成立した。ドイツ民法も統一ドイツを示す必要に迫られ、民法編纂に取り組んだのである。しかし、いずれの法典編纂事業においても、それ以前の法伝統が十分参照されたことにより、長く妥当し得る法典が出来上がった。日本の民法典編纂においては、日本の法伝統が参照されることは少なかったが、西洋法史上および比較法上の配慮が行き届いていたと言われる。

§ 4 Rechtssetzung für den Binnenmarkt: Zwischen Rechtsharmonisierung und Wettbewerb der Rechtsordnungen

Jens-Uwe Franck

Übersicht

I. Einleitung

Die Durchsetzung der wirtschaftlichen Integration stellt eine der großen Herausforderungen an das europäische Recht dar. Die Rechtsetzung orientiert sich an der Leitlinie, daß die mitgliedstaatlichen Rechte hierfür weitgehend zu harmonisieren seien. Damit soll der freie Fluß von Waren und Dienstleistungen gewährleistet und unterschiedliche Wettbewerbsbedingungen vermieden werden. Abweichungen von diesem Konzept, etwa eine Harmonisierung nur im Mindestniveau oder die Ermöglichung des Freiverkehrs durch das Herkunftslandprinzip bzw. die Grundfreiheiten werden typischerweise als Kompromißlösungen angesehen, da Rechtsangleichung politisch nicht durchzusetzen war.

Der Verzicht auf eine Vereinheitlichung des Rechts erscheint aus Sicht der ökonomischen Theorie indes als grundsätzliche Alternative. Denn die Möglichkeit dezentraler Regulierung verspricht Vorteile gegenüber einem einheitlichen Recht. Im Vordergrund steht die Überlegung, der Erhalt von Rechtsvielfalt sichere die Möglichkeit eines Wettbewerbs der Regulierungssysteme. Damit bliebe ein Mechanismus erhalten, der rechtliche Innovationen hervorbringe.

Vor dem Hintergrund des Generalthemas dieses Kongresses – „Globalisierung und Recht“ – wird die Tragweite dieses Arguments über die Binnenmarktgesetzgebung hinaus deutlich: Die fortschreitende Globalisierung verlangt nicht nur von Unternehmen gesteigerte Anpassungsfähigkeit und Innovation. Sie stellt auch die Regeln für die Wirtschaft vor neue Herausforderungen. Innovation auch im Recht tut Not.

II. Der Ausgangspunkt: Wirtschaftlicher Nutzen der Binnenmarktintegration

Die Integration der mitgliedstaatlichen Märkte ist ein Kernanliegen der Europäischen Union. Die Dominanz des ökonomischen Aspekts wird für die Anfangszeit der Integration erkennbar durch die Beschränkung auf eine „Europäische Wirtschaftsgemeinschaft“ und eine „Europäische Atomgemeinschaft“.[1] Das Projekt einer Europäischen Verteidigungsgemeinschaft war 1954 in der französischen Nationalversammlung gescheitert. Die Idee einer Europäischen Politischen Gemeinschaft war deshalb zunächst nicht weiter verfolgt worden.[2]

In der Folgezeit kam es zum gewünschten „spill over“ hin zu einer vertieften Integration auf verschiedenen Politikfeldern. Gleichwohl ist es nach wie vor ein zentrales Anliegen der Europäischen Union, die soziale Wohlfahrt durch einen Gemeinsamen Markt zu steigern. Seinen normativen Ausdruck findet dies vor allem in dem Katalog von Zielen und Tätigkeiten der Gemeinschaft nach Art. 2 bis 4 EG. Diesem kann auch nach den Ergänzungen durch den Vertrag von Maastricht ein gewisser Vorrang der marktintegrativen Zielvorgaben gegenüber den nichtwirtschaftlichen entnommen werden.[3] Erkennbar wird dies etwa daran, daß der EG-Vertrag zur Marktintegration vor allem mit den Kompetenzen zur Rechtsangleichung in Art. 95 EG besonders durchsetzungsstarke Instrumente bereithält, demgegenüber potentiell marktgefährdende Politiken wie die Industriepolitik (Art. 157 Abs. 3 S. 2 EG), Strukturpolitik (Art. 161 EG) oder gewisse umweltpolitische Maßnahmen (Art. 175 Abs. 2 EG) durch das Einstimmigkeitserfordernis erschwert. Mag sich die Europäische Union inzwischen auch mit wechselndem Erfolg einer gemeinsamen Außen-, Justiz- oder Kulturpolitik widmen, darf nicht übersehen werden, daß es vor allem die gemeinsame Überzeugung gewesen ist, daß die Binnenmarktintegration der Wohlfahrt aller Mitgliedstaaten nutze, die der Gemeinschaft über manche Phasen von Krise und Stagnation hinweggeholfen hat.

Deutlich wird die besondere Bedeutung der ökonomischen Komponente auch anhand der Außenwahrnehmung. Ihre starke Anziehungskraft auf Nichtmitgliedstaaten entfaltet die Europäische Union vor allem als Wirtschaftsgemeinschaft, die

1 *Craig/de Búrca,* EU Law (3. Aufl. 2003), S. 10.
2 *Streinz,* Europarecht (7. Aufl. 2005), Rn. 17.
3 Näher hierzu *Basedow,* Zielkonflikte und Zielhierarchien im Vertrag über die Europäische Gemeinschaft, in: Due/Lutter/Schwarze (Hrsg.), Festschrift für Everling (1995), Bd. 1, S. 49–68.

als Garant für Prosperität und Wohlstand wahrgenommen wird. Dies begründet einerseits einen Drang zur Mitgliedschaft in der Union, etwa bei den Staaten Ost- und Südosteuropas oder der Türkei. Soweit dies politisch aber nicht opportun erscheint, streben Staaten wie Norwegen oder die Schweiz trotzdem danach, von den Vorteilen einer wirtschaftlichen Integration zu profitieren, etwa über das Abkommen zum Europäischen Wirtschaftsraum oder durch bilaterale Übereinkommen.

Tatsächlich ist es das zentrale Anliegen der wirtschaftlichen Integration,[4] die soziale Wohlfahrt in den Staaten der Europäischen Gemeinschaft zu steigern. Durch einen großen, freien Wirtschaftsraum soll ein erhöhter Wettbewerbsdruck entstehen, der zu höherer Effizienz und mehr Wohlstand führen soll.[5] Ist der Binnenmarkt aber als eine Unternehmung zu begreifen, die die wirtschaftliche Effizienz in der Europäischen Union fördern soll, so muß dieser Aspekt auch bei der Rechtsetzung für den Binnenmarkt Niederschlag finden. Die weit überwiegende Zahl der privat- und wirtschaftsrechtlichen Normen im Gemeinschaftsrecht ist der Marktintegration verpflichtet. Das liegt auf der Hand bei Regelungen, die auf der Grundlage der Binnenmarktkompetenz gemäß Art. 94 bzw. 95 EG erlassen wurden sowie für die gesellschaftsrechtlichen Rechtsakte, die sich auf Art. 44 Abs. 2 lit. g EG stützen. Aber auch Art. 65 EG, der zusammen mit Art. 61 lit. c EG die Kompetenz vor allem für Kollisions- und Verfahrensrecht begründet,[6] verweist auf die Erforderlichkeit der Rechtsetzung für den Binnenmarkt. Schließlich wird auch eine Hauptfunktion der EG-Wettbewerbspolitik darin gesehen, die Integration des Binnenmarktes zu fördern und abzusichern.[7] Nicht unmittelbar mit der Binnenmarktintegration verknüpft sind die arbeitsrechtlichen Regelungen auf Basis des Art. 137 EG und Verbraucherschutzvorschriften auf der Grundlage von Art. 153 Abs. 3 lit. b, Abs. 4 EG.[8] Als Korrelat zu Freihandel und Freizügigkeit der Arbeitnehmer haben freilich auch diese Normen einen Bezug zum Binnenmarkt.

---

4 Siehe den Wortlaut des Art. 14 Abs. 2 EG: Schaffung eines „Raumes ohne Binnengrenzen, in dem der freie Verkehr von Waren, Personen, Dienstleistungen, und Kapital [...] gewährleistet ist".

5 Vgl. *Molle*, The Economics of European Integration (4. Aufl. 2005), S. 13–42. Diese Zielstellung der wirtschaftlichen Integration läßt sich bereits dem *Spaak*-Bericht aus dem Jahre 1956 entnehmen, der wesentlich die Konzeption der Europäischen Wirtschaftsgemeinschaft vorbestimmte; Regierungsausschuß, eingesetzt von der Konferenz von Messina, Bericht der Delegationsleiter an die Außenminister vom 21. April 1956 (sog. *Spaak*-Bericht), MAE 120d/56 (korr.), siehe Erster Teil, Einleitung, S. 15.

6 Auf dieser Grundlage wurde etwa die Verordnung (EG) 44/2001 des Rates vom 22. 12. 2000 über die gerichtliche Zuständigkeit und die Vollstreckung gerichtlicher Entscheidungen in Zivil- und Handelssachen, ABl. 2001 L 12/1, erlassen.

7 Eingehend hierzu die Analyse bei *Wesseling*, The Modernisation of EC Antitrust Law (2000), S. 85–88. Dies ist grundsätzlich berechtigt, da die Entstehungsgeschichte des EG-Vertrages zeigt, daß Grundfreiheiten und Wettbewerbsregeln komplementär zusammenwirken sollen, um die mitgliedstaatlichen Märkte zu integrieren. Es darf hierbei jedoch nicht die Gefahr verkannt werden, daß das eigentliche Ziel jeder Wettbewerbspolitik in den Hintergrund gerät, nämlich die Kompetitivität der Märkte zu sichern.

8 Kein Rechtsakt wurde bislang allein auf Art. 153 Abs. 3 lit. b, Abs. 4 EG gestützt, lediglich zwei Rechtsakte auf die Vorgängervorschrift in Art. 129a Abs. 1 lit. b EGV, Streinz-*Lurger*, EUV/EGV (2003), Art. 153 EGV Rn. 34. Die Mehrzahl „verbraucherschützender" Rechtsakte stützt sich auf Art. 94 bzw. Art. 95 EG.

III. Einheitliche vs. dezentrale Rechtsetzung

Ist die Binnenmarktintegration als ein Projekt zur Wohlstandsförderung aufzufassen, so ist die Frage nach dem „ob“ einer Rechtsharmonisierung auf den Prüfstand der ökonomischen Theorie zu stellen.[9]

1. Vorteile einheitlicher Regelungen

Die Vorteilhaftigkeit einheitlicher Regeln auf einem Markt wird mit verschiedenen Argumenten begründet.[10] Zunächst können zentrale Regelungen externe Effekte über die Grenzen einzelner Regelungsgebiete hinweg vermeiden. Anschauliches Beispiel ist das Umweltrecht: Ein Regelgeber könnte versucht sein, seiner Wirtschaft durch niedrige Umweltstandards Wettbewerbsvorteile zu verschaffen, wenn die negativen Folgen gar nicht oder nur zu einem kleinen Teil sein Regelungsgebiet betreffen, sondern etwa durch den Wind oder einen Fluß „kostenlos“ in das Nachbargebiet „transportiert“ werden.

Zweitens können durch einheitliche Regulierung Skalenerträge *(economies of scale and scope)* besser ausgenutzt und Transaktionskosten gespart werden. Müssen rechtliche Lösung lediglich einmal bereitgestellt werden, kann dies Kosten verringern, etwa bei der Gesetzgebung und Rechtsprechung. Unternehmen müssen weniger Mittel aufwenden, um sich über das geltende Recht und rechtsgestalterische Optionen zu informieren oder um ihre Produkte und Marketingstrategien unterschiedlichen Rechtsordnungen anzupassen.

Schließlich wird gerade im Zusammenhang mit dem Binnenmarkt der europäischen Gemeinschaft vorgebracht, daß einheitliche Regelungen Handelshemmnisse und Wettbewerbsverzerrungen vermeiden können, die anderenfalls durch unterschiedliche Regelungen entstünden. Dieses Argument ist ökonomisch umstritten.[11]

---

9 Umfassend zum Konzept des Wettbewerbs der Rechtsordnungen vor dem Hintergrund der Binnenmarktintegration: *Kieninger,* Wettbewerb der Privatrechtsordnungen im Europäischen Binnenmarkt (2002). Siehe weiter zur Diskussion um die Nützlichkeit von Rechtsvereinheitlichung etwa *Basedow,* Über Privatrechtsvereinheitlichung und Marktintegration, in: Immenga/Möschel/Reuter (Hrsg.), Festschrift für Mestmäcker (1996), S. 347–363; *Behrens,* Voraussetzungen und Grenzen der Rechtsfortbildung durch Rechtsvereinheitlichung, RabelsZ 50 (1986), S. 19–34; *Kirchner,* Europäisches Vertragsrecht, in: Weyers (Hrsg.), Europäisches Vertragsrecht (1997), S. 103, 118–121; *Kötz,* Rechtsvereinheitlichung – Nutzen, Kosten, Methoden, Ziele, RabelsZ 50 (1986), 1–18.

10 Zu den Vor- und Nachteilen zentraler und dezentraler Regulierung aus ökonomischer Sicht siehe etwa *Gatsios/Holmes,* Regulatory competition, in: Newman (Hrsg.), The New Palgrave Dictionary of Economics and the Law, Bd. 3 (1998), S. 271, 273–275; *Kerber,* Rechtseinheit und Rechtsvielfalt aus rechtsökonomischer Sicht, in: Grundmann (Hrsg.), Systembildung und Systemlücken in Kerngebieten des Europäischen Privatrechts (2000), S. 67, 84–87; *Woolcock,* Competition among rules in the Single European Market, in: McCahery/Bratton/Picciotto/Scott (Hrsg.), International Regulatory Competition and Coordination (1996), S. 289, 298–301.

11 *Kerber* (Fn. 10), S. 67, 85 m.w.N.

Unterschiedliche rechtliche Regelungen können auch als natürliche Komponenten eines Standortwettbewerbes aufgefaßt werden. Entsprechen sie den Präferenzen der jeweiligen Bevölkerung, sei es aus ökonomischer Sicht verfehlt, sie als „Wettbewerbsverzerrungen" anzusehen. Zudem gewährleiste ein freier Markt die Mobilität von Individuen, Unternehmen und Produktionsfaktoren und damit die Option, ungünstigen Standortbedingungen auszuweichen.

2. Vorteile dezentraler Rechtsetzung

Einen Markt kennzeichnen häufig räumlich unterschiedliche Präferenzen der Rechtsunterworfenen und räumlich divergierende äußere Bedingungen. Ein einheitlicher Rechtsrahmen hierfür stellt deshalb stets nur eine durchschnittliche Lösung dar. Räumlich differenzierte Regelungen können demgegenüber heterogenen Präferenzen gerecht werden und damit effizientere Lösungen anbieten.[12] Dezentralität erleichtert es darüber hinaus, lokales Wissen für die Rechtsetzung fruchtbar zu machen. Spiegeln sich regionale und kulturelle Besonderheiten im geltenden Recht wider, so erhöht dies die Überzeugungskraft und die Chancen auf dessen Akzeptanz und Beachtung.

Dezentrale Rechtsetzung kann die Risiken des sog. *rent-seeking*-Problems vermindern: Recht wird durch Repräsentanten gesetzt. Es ist deshalb nicht gesichert, daß Recht tatsächlich darauf ausgerichtet ist, den Interessen und Präferenzen der Allgemeinheit bestmöglich zu entsprechen. Die Einflußnahme von Interessengruppen kann dazu führen, daß Partikularinteressen auf Kosten der Allgemeinheit bevorzugt werden. Kleinere Entscheidungseinheiten begrenzen demgegenüber Macht und Einfluß einzelner Regelgeber. Der Vergleich mit der rechtlichen Situation in anderen Gebieten kann einen Fehlgebrauch gesetzgeberischer Macht leichter erkennbar machen und damit erschweren.

Im Vordergrund der ökonomischen Diskussion um die Vorteile dezentraler Lösungen steht häufig das Argument einer höheren Innovationskraft durch einen Wettbewerb rechtlicher Lösungen.[13] Regionalisiert man Regelungskompetenzen, bleiben parallele Experimentierungsprozesse möglich. Es können verschiedene Ansätze zum rechtlichen Umgang mit einem Problem ausprobiert werden. Prozesse des Experimentierens mit verschiedenen rechtlichen Lösungen und des wechselseitigen Lernens sind wünschenswert, da sich auch Gesetzgeber dem permanenten Problem mangelnden Wissens gegenübersehen:[14] Für viele Probleme ist noch nicht die „richtige" Lösung gefunden worden; zum anderen treten ständig neue Probleme auf, für die Lösungen entwickelt werden müssen. Durch die Beschränkung auf eine zentrale Regulierungsinstanz verzichtet man auf einen Wettbewerb der Regu-

---

12 *Kieninger* (Fn. 9), S. 34–38.

13 *Kieninger* (Fn. 9), S. 25–34.

14 *v. Hayek,* Die Irrtümer des Konstruktivismus und die Grundlagen legitimer Kritik gesellschaftlicher Gebilde (1970).

lierungsideen und damit auf den Wettbewerb als Mittel, neues Wissen zu generieren und zu verbreiten.[15]

Die stärkere Innovationsfähigkeit dezentraler Systeme kann praktisch auch damit zusammenhängen, daß kleineren Einheiten eine einfachere, schnellere Anpassung an wandelnde Gegebenheiten möglich ist. Deutlich wird dies, vergleicht man die mitgliedstaatlichen Rechtssetzungsverfahren mit dem Verfahren nach Art. 251 EG, das der Rechtsharmonisierung zu Grunde liegt. Die Reform von Rechtsakten der Gemeinschaft machen typischerweise komplexere politische Kompromisse erforderlich. Denn auszugleichen sind vielfach unterschiedliche Interessen und Anschauungen einmal zwischen den Organen der Gemeinschaft (Parlament, Rat, Kommission) und zum anderen innerhalb des Europäischen Parlaments und – vermittelt durch die Auseinandersetzung im Rat – zwischen den Regierungen der Mitgliedstaaten. Dies begründet die Gefahr einer „Versteinerung" juristischer Antworten bei sich wandelnden Sachfragen.[16]

Treten verschiedene Regelgeber als „Anbieter rechtlicher Regelungen" auf einem gemeinsamen Markt in einen Wettbewerb, kann es allerdings ebenso wie beim Wettbewerb zwischen Unternehmen auf Gütermärkten zu einem Marktversagen kommen, also zu Ergebnissen, die nicht den Präferenzen der Marktgegenseite entsprechen. Diskutiert werden etwa die Gefahr eines *„race to the bottom"* im Regulierungsniveau, etwa aufgrund systematischer Informationsasymmetrien, das Risiko einer systematischen Unterversorgung mit öffentlichen Gütern und zu geringer Umverteilungseffekte durch einen Wettbewerb der Steuersysteme, die Hemmung des technologischen Fortschritts aufgrund von Externalitäten oder die Möglichkeit von Wettbewerbsbeschränkungen durch Regelgeber.[17]

Die Gefahr eines Marktversagens verdeutlicht, daß auch der Markt für rechtliche Lösungen institutioneller, also auch rechtlicher Rahmenbedingungen, bedarf, die den Wettbewerbsprozeß zwischen Staaten und Rechtsordnungen absichern.[18] Freilich ist die Ausgestaltung einer solchen Metawettbewerbsordnung ein schwieriges Unterfangen, das praktisch etwa die vertikale Verteilung von Regelungskompetenzen oder die Definition von Mindeststandards umfassen muß. Hierbei stellt sich wiederum die Frage, wie man die Rechtsfindung für diese Metaregeln optimieren kann.

Die verschiedenen theoretischen Argumente um die Vorteilhaftigkeit zentraler oder dezentraler Lösungen verdeutlichen, daß kaum generelle Aussagen hierzu

---

15 Grundlegend für diesen Ansatz einer evolutorischen Marktprozeß- und Wettbewerbstheorie *v. Hayek,* Der Wettbewerb als Entdeckungsverfahren (1968). Zur Bedeutung des Lern- und Suchpotentials durch den Wettbewerb zwischen Vertragsrechtsordnungen *Kirchner* (Fn. 9), 118f. Skeptisch gegenüber dem Gewicht des Argumentes des Verlustes an Regelungsvielfalt *Basedow,* FS Mestmäker, S. 360f.

16 *Kötz,* RabelsZ 50 (1986), 1, 12. Zur „Versteinerungsgefahr" *Riesenhuber,* System und Prinzipien des Europäischen Vertragsrechts (2003), S. 185–187.

17 *Kerber* (Fn. 10), S. 67, 81f. m.w.N.; *Kieninger* (Fn. 9), S. 65–74; 93–103; 201–221; 261f.; 314f., 329–332.

18 *Kerber* (Fn. 10), S. 67, 82–84 m.w.N.

getroffen werden können. Für die Wahl der optimalen Regelungsebene kann daraus nur die Schlußfolgerung gezogen werden, daß je nach Problembereich die Vor- und Nachteile zentraler bzw. dezentraler Regulierung gegeneinander abzuwägen sind.[19] Für die Auslegung und Anwendung der verschiedenen Kompetenzen zur Förderung der Binnenmarktintegration folgt jedenfalls, daß neben der Rechtsvereinheitlichung auch die Option mitzudenken ist, auf Mechanismen zurückzugreifen, die Freiraum für dezentrale Regelungen lassen.

IV. Rechtliche Mechanismen zur Binnenmarktintegration jenseits der Rechtsvereinheitlichung

Im Gemeinschaftsrecht finden sich verschiedene Ansätze, die Binnenmarktintegration zu fördern, ohne die mitgliedstaatlichen Rechte anzugleichen.

1. Marktöffnung durch die Grundfreiheiten

Einen wirksamen Hebel zur Öffnung der Märkte unter Verzicht auf Rechtsangleichung hat der EuGH in den Grundfreiheiten gefunden. In seiner Rechtsprechung zum Verbot von Maßnahmen gleicher Wirkung wie mengenmäßige Beschränkungen in Art. 28 EG hat der Gerichtshof den Grundsatz entwickelt, daß jede mitgliedstaatliche Maßnahme, die den grenzüberschreitenden Handel unattraktiver macht, als rechtfertigungsbedürftige Beschränkung der Warenverkehrsfreiheit anzusehen ist. Dies gelte auch dann, wenn sie nicht zwischen inländischen und grenzüberschreitenden Sachverhalten differenziert.[20] Damit macht der EuGH das Prinzip der gegenseitigen Anerkennung zum Ausgangspunkt seiner Grundfreiheitendogmatik: Ist ein Produkt in einem Mitgliedstaat rechtmäßig hergestellt und in den Verkehr gebracht worden, ist es grundsätzlich im Binnenmarkt frei verkehrsfähig.[21]

Jedoch hat der Gerichtshof auch klargestellt, daß dieser Grundsatz unter dem Vorbehalt möglicher Rechtfertigungen steht. Neben den ausdrücklichen Rechtfertigungsgründen des EG-Vertrages[22] können unterschiedslos geltende Beschränkungen aufgrund von zwingenden Gründen des Gemeinwohls gerechtfertigt

---

19 Vgl. etwa die Einschätzungen *Kieningers* (Fn. 9), S. 375–380 über die Perspektiven der Entwicklung des Europäischen Gesellschaftsrechts und des Europäischen Vertragsrechts zwischen Rechtsharmonisierung und institutionellem Wettbewerb.

20 Grundlegend für die Warenverkehrsfreiheit EuGH v. 11. 7. 1974 – Rs. 8/74 *Dassonville,* Slg. 1974, 837 Rn. 5; für die Dienstleistungsfreiheit EuGH v. 3. 12. 1974 – Rs. 33/74 *van Binsbergen,* Slg. 1974, 1291 Rn. 10/12; für die Arbeitnehmerfreizügigkeit EuGH v. 15. 12. 1995 – Rs. C-415/93 *Bosman,* Slg. 1995, I-4921 Rn. 95.

21 EuGH v. 20. 2. 1979 – Rs. 120/78 *REWE ./. Bundesmonopolverwaltung für Branntwein,* Slg. 1979, 649 Rn. 14 – Cassis de Dijon.

22 Art. 30, 39 Abs. 3, 46 (auch i.V.m Art. 55) EG.

sein.[23] Allerdings gilt ein strenger Verhältnismäßigkeitsmaßstab für die Frage, ob solche Gründe vorliegen.

Die Grundfreiheiten machen deshalb positive Harmonisierung nicht überflüssig. Sie verringern freilich die Notwendigkeit rechtsangleichender Maßnahmen. Insoweit aber zwingende Erfordernisse Ausnahmen vom Freiverkehr zulassen, kann der Binnenmarkt nur durch Rechtsangleichung entstehen. Auch der Gerichtshof selbst hat seine Rechtsprechung als Übergangslösung zum Ausgleich fehlender Rechtsharmonisierung verstanden, nicht als Ersatz hierfür.[24]

2. Das Herkunftslandprinzip im Sekundärrecht

Punktuell wird das Herkunftslandprinzip im Sekundärrecht angeordnet. Paradigmatisch hierfür stehen Art. 3 E-Commerce-Richtlinie[25] und Art. 2 Abs. 2 Fernsehrichtlinie,[26] wonach E-Commerce-Anbieter und Fernsehveranstalter nur an die Bestimmungen des Mitgliedstaates gebunden sind, in dem sie niedergelassen sind. Die Marktintegration durch gegenseitige Anerkennung der Regulierungsstandards in den einzelnen Mitgliedstaaten ist rechtspolitisch brisant.[27] Dieser Mechanismus findet deshalb bislang nur in einem eng definierten Rahmen Anwendung und ist zudem nicht wenigen Ausnahmen und Einschränkungen unterworfen.

Die Geltung der gegenseitigen Anerkennung ist zunächst streng auf den durch die jeweilige Richtlinie koordinierten Bereich begrenzt.[28] Dementsprechend entschied etwa der EuGH in der Rechtssache *de Agostini* zum Sendestaatsprinzip in der Fernsehrichtlinie, daß der Schutz vor irreführender Werbung nicht durch die Richtlinie koordiniert werde und somit die allgemeinen Regelungen des Emp-

---

23 Grundlegend EuGH v. 20. 2. 1979 – Rs. 120/78 *REWE ./. Bundesmonopolverwaltung für Branntwein,* Slg. 1979, 649 Rn. 8 – Cassis de Dijon.

24 Siehe den Hinweis in der *Cassis*-Rechtsprechung auf die „Ermangelung einer gemeinschaftlichen Regelung", EuGH v. 20. 2. 1979 – Rs. 120/78 *REWE ./. Bundesmonopolverwaltung für Branntwein,* Slg. 1979, 649 Rn. 8 – Cassis de Dijon.

25 Richtlinie 2000/31/EG des Europäischen Parlaments und des Rates vom 8. 6. 2000 über bestimmte rechtliche Aspekte der Dienste der Informationsgesellschaft, insbesondere des elektronischen Geschäftsverkehrs, im Binnenmarkt, ABl. 2000 L 178/1.

26 Richtlinie 89/552/EWG des Rates vom 3. 10. 1989 zur Koordinierung bestimmter Rechts- und Verwaltungsvorschriften der Mitgliedstaaten über die Ausübung der Fernsehtätigkeit, ABl. 1989 L 298/23.

27 Hohe politische Wellen schlug etwa der Vorschlag der Kommission über eine Dienstleistungsrichtlinie, deren Kern in der Einführung des Herkunftslandprinzips liegen soll, Art. 16 Vorschlag für eine Richtlinie des Europäischen Parlaments und des Rates über Dienstleistungen im Binnenmarkt, KOM (2004) 2 endgültig/2. Siehe hierzu etwa *Basedow,* Dienstleistungsrichtlinie, Herkunftslandprinzip und Internationales Privatrecht, EuZW 2004, 423–424; *Kugelmann,* Die Dienstleistungs-Richtlinie der EG zwischen der Liberalisierung von Wachstumsmärkten und europäischem Sozialmodell, EuZW 2005, 327–331; *Mankowski,* Wider ein Herkunftslandprinzip für Dienstleistungen im Binnenmarkt, IPrax 2004, 385–395; *Schlichting/Spelten,* Die Dienstleistungsrichtlinie, EuZW 2005, 238, 239f.

28 Art. 3 Abs. 2 E-Commerce-RL (Fn. 25), Art. 2a Abs. 1 FernsehRL (Fn. 26).

fangsstaates diesbezüglich angewendet werden könnten.[29] Andererseits stellte der Gerichtshof in derselben Entscheidung klar, daß die Fernsehrichtlinie den Schutz Minderjähriger im Hinblick auf Fernsehprogramme umfassend regele und es daher dem Empfangsstaat verwehrt sei, Vorschriften anzuwenden, die den Inhalt von Fernsehwerbung kontrollieren, die sich an Minderjährige wendet.[30] Ausnahmen vom Herkunftsland bzw. Sendestaatsprinzip finden sich in Art. 3 Abs. 3 E-Commerce-Richtlinie als Bereichsausnahmen bzw. in Art. 3 Abs. 4 E-Commerce-Richtlinie und Art. 2a Abs. 2 Fernsehrichtlinie als ausnahmsweise Ermächtigungsvorschriften für ein Eingreifen des Empfangsstaates.

Rechtspolitisch ist die sekundärrechtliche Verankerung des Herkunftslandprinzips nur dann durchsetzbar, wenn gemeinschaftsrechtlich ein einheitliches Maß an Regulierung definiert wird, das die Mitgliedstaaten als Mindeststandard zum Schutz der Interessen der Allgemeinheit, der Verbraucher etc. akzeptieren können. Auch hier zeigt sich also, daß die gegenseitige Anerkennung in der Praxis des Gemeinschaftsrechts die Rechtsvereinheitlichung nicht überflüssig macht.

3. Optionale gemeinschaftsrechtliche Rechtsinstrumente

Dem Gemeinschaftsgesetzgeber steht die Möglichkeit offen, privatrechtliche Regelungen in Form eines Einheitsrechts zu treffen, dessen Eingreifen vom Willen der Parteien abhängt, sei es als opt-in- oder opt-out-Lösung.[31] Dieser Ansatz ist vor allem deshalb in das Zentrum der Debatte um den Nutzen der Rechtsvereinheitlichung gerückt, weil die Kommission in ihrer Mitteilung zum Europäischen Vertragsrecht[32] und im Aktionsplan für ein kohärenteres europäisches Vertragsrecht[33] die Schaffung eines optionalen Europäischen Vertragsrechtskodex als eine Variante für die zukünftige Entwicklung des europäischen Vertragsrechts und als Alternative zur

---

29 EuGH v. 9. 7. 1997 – verb. Rs. C-34/95, C-35/95 und C-36/95 *De Agostini und TV-Shop*, Slg. 1997, I-3843 Rn. 37 f.; so zuvor bereits *Schricker,* Die europäische Angleichung des Rechts des unlauteren Wettbewerbs – ein aussichtsloses Unterfangen?, GRUR Int. 1990, 771, 775.

30 EuGH v. 9. 7. 1997 – verb. Rs. C-34/95, C-35/95 und C-36/95 *De Agostini und TV-Shop*, Slg. 1997, I-3843 Rn. 55–62.

31 Hierzu *Kieninger* (Fn. 9), S. 368–374.

32 KOM (2001) 398 endg., ABl. 2001 C 255/1; zur internationalen Diskussion siehe insbesondere die Sammelbände von *Grundmann/Stuyck* (Hrsg.), An Academic Greenpaper on European Contract Law (2002) und *Schulte-Nölke/Schulze* (Hrsg.), Europäisches Vertragsrecht im Gemeinschaftsrecht (2002), zudem *Grundmann*, Harmonisierung, Europäischer Kodex, Europäisches System der Vertragsrechte – Die Perspektiven der Kommissionsmitteilung zum Europäischen Vertragsrecht, NJW 2002, 393–396; *Leible,* Die Mitteilung der Kommission zum Europäischen Vertragsrecht – Startschuß für ein Europäisches Vertragsgesetzbuch?, EWS 2001, 474–481; *Schulte-Nölke*, Ein Vertragsgesetzbuch für Europa?, JZ 2001, 917–920.

33 KOM (2003) 68 endg.; ABl. EG 2003 C 63/1; hierzu etwa *Schmidt-Kessel,* Auf dem Weg zu einem Europäischen Vertragsrecht: Zur Einordnung des Aktionsplans der Kommission, RIW 2003, 481–489; *Staudenmayer,* The Commission Action Plan on European Contract Law, ERPL 2003, 113–127; *Zypries,* Der „Aktionsplan für ein kohärenteres europäisches Vertragsrecht" der Kommission – oder: Was ist zu tun im Europäischen Vertragsrecht?, ZEuP 2004, 225–233.

Rechtsharmonisierung ins Spiel gebracht hat.[34] Ein solches Konzept entspricht in hohem Maße den ökonomischen Überlegungen, die Binnenmarktintegration zu fördern, ohne sich die Nachteile einheitlicher Regulierung einzuhandeln. Es verbleibt Raum zum Experimentieren mit unterschiedlichen gesetzgeberischen Lösungen.[35]

Optionale Instrumente in der Form einer *opt-in*-Lösung sind in anderen Bereichen des europäischen Privatrechts bereits Realität. Mit der *Societas Europea* besteht eine supranationale Rechtsform, die jedenfalls in bestimmten Konstellationen neben den herkömmlichen mitgliedstaatlichen Kapitalgesellschaften wählbar ist.[36] Im gewerblichen Rechtsschutz stehen den Marktteilnehmern die Gemeinschaftsmarke nach der Verordnung 40/94 und das Gemeinschaftsgeschmackmuster der Verordnung 6/2002 als gemeinschaftsrechtliche Instrumente zur Verfügung.

4. Generalklauseln als Ansatzpunkt für dezentrale Lösungen

Es liegt nahe, auch Generalklauseln des Sekundärrechts als Optionen zu begreifen, räumlich differenzierte Lösungen zu entwickeln und hierbei lokales Wissen mit einzubeziehen.[37] Ein anerkanntes Beispiel hierfür ist Art. 6 der Biotechnologierichtlinie[38], wonach Erfindungen, deren gewerbliche Verwertung gegen die öffentliche Ordnung oder gegen die guten Sitten verstoßen, von der Patentierbarkeit ausgenommen sind. Der EuGH ging davon aus, daß der europäische Gesetzgeber mit dieser Regeln bewußt und zu Recht einen weiten Spielraum eröffnet hat, „um den besonderen Schwierigkeiten Rechnung zu tragen, die die Verwertung von bestimmten Patenten im sozialen und kulturellen Umfeld der jeweiligen Mitgliedstaaten aufwerfen können. Dieses Umfeld können die Verwaltung, die Gesetzgebung und die Rechtsprechung der Mitgliedstaaten besser erfassen als die Gemeinschaftsbehörden."[39]

---

34 Dazu etwa *Basedow,* Ein optionales Europäisches Vertragsgesetz – opt-in, opt-out, wozu überhaupt?, ZEuP 2004, 1–4; *Heiderhoff,* Gemeinschaftsprivatrecht (2005), S. 222–230; *Müller,* Gefahren einer optionalen europäischen Vertragsordnung – Aktionsplan der EG-Kommission zum Europäischen Vertragsrecht, EuZW 2003, 683–686; *Staudenmayer,* Ein optionelles Instrument im Europäischen Vertragsrecht?, ZEuP 2003, 828–846.

35 Siehe etwa *Wagner,* The Economics of Harmonization: The Case of Contract Law, 39 CMLR 995–1023 (2002).

36 Siehe für ökonomische Überlegungen zur Rolle der Societas Europea neben den nationalen Gesellschaftsrechten *Enriques,* Schweigen ist Gold: Die Europäische Aktiengesellschaft als Katalysator für regulative Arbitrage im Gesellschaftsrecht, ZGR 2004, 735–759; *Röpke/Heine,* Zur Rolle supranationaler Gesellschaftsfirmen im Regulierungswettbewerb – eine juristische und ökonomische Betrachtung, in: Tietze/ McGuire/ Bendel/ Kähler/ Nickel/ Reich/ Sachse/ Wehling (Hrsg.), Europäisches Privatrecht – Über die Verknüpfung von nationalem und Gemeinschaftsrecht, Jahrbuch Junger Zivilrechtswissenschaftler 2004 (2005), S. 265.

37 Umfassend zur Aufgabenverteilung bei der Normkonkretisierung im europäischen Privatrecht *Röthel,* Normkonkretisierung im Privatrecht (2004), S. 344–408.

38 Richtlinie 98/44/EG des Europäischen Parlaments und des Rates vom 6. 7. 1998 über den rechtlichen Schutz biotechnologischer Erfindungen, ABl. 1998 L 213/13.

39 EuGH v. 9. 10. 2001 – Rs. C-377/98 *Niederlande ./. Europäisches Parlament und Rat,* Slg. 2001, I-7079 Rn. 38.

In der Praxis des gemeinschaftsrechtlichen Privat- und Wirtschaftsrechts werden Generalklauseln kaum gezielt eingesetzt, um dezentrale rechtliche Lösungen zu ermöglichen. Ihre Verwendung ist zumeist schlicht der Tatsache geschuldet, daß die zu regelnde Materie keine konkreteren Vorgaben zuließ. Im Vordergrund steht deshalb häufig die Besorgnis des Gemeinschaftsgesetzgebers, durch eine differenzierte Anwendung von Generalklauseln die Vorteile zentraler Regelungen einzubüßen. Bemerkenswert sind etwa die Vorkehrungen, die die Kommission im Vorfeld der Dezentralisierung des Kartellverfahrensrechts getroffen hat, um zu verhindern, daß es zu Abweichungen zwischen den nationalen Gerichten und Wettbewerbsbehörden bei der Anwendung des Art. 81 Abs. 3 EG kommt. So hat sie sich in Art. 10 der Kartellverordnung 1/2003[40] die Möglichkeit sog. Positiventscheidungen vorbehalten, mittels derer sie „aus Gründen des öffentlichen Interesses der Gemeinschaft" verbindlich[41] feststellen kann, daß eine bestimmte Vereinbarung oder Verhaltensweise mit Art. 81 EG vereinbar ist. Umfangreiche „Leitlinien" der Kommission sollen die Gerichte und Behörden der Mitgliedstaaten bei der Anwendung von Art. 81 Abs. 3 EG anleiten, ohne sie freilich zu binden.[42]

Ein weiteres anschauliches Beispiel für die Besorgnis der Kommission, daß gemeinschaftsrechtlich vorgeprägte Regeln differenziert ausgelegt werden könnten, bietet der Vorschlag für die Richtlinie über unlautere Geschäftspraktiken.[43] Dort war in Art. 4 Abs. 1 S. 1 vorgesehen, das Herkunftslandprinzip zu verankern, obwohl den Mitgliedstaaten keine Abweichungen von den Richtlinienstandards gestattet werden sollten.[44] Die Kommission ging offensichtlich davon aus, daß trotz der Möglichkeit von Vorabentscheidungsverfahren nach Art. 234 EG die Interpretation der Richtlinienbestimmungen bzw. der jeweiligen nationalen Umsetzungsrechtsakte differieren würde. Für eine solche Konstellation wollte sie sichergestellt wissen, daß ein Unternehmen sich nur an dem Standard der Rechtsordnung zu orientieren braucht, in dem es niedergelassen ist. Im Laufe des Gesetzgebungsverfahrens wurde jedoch das Herkunftslandprinzip gestrichen. Art. 4 der Richtlinie über unlautere Geschäftspraktiken[45] legt nunmehr lediglich das Prinzip der Vollharmonisierung fest.

---

40 Verordnung (EG) Nr. 1/2003 des Rates vom 16. Dezember 2002 zur Durchführung der in den Artikeln 81 und 82 des Vertrags niedergelegten Wettbewerbsregeln, ABl. 2003 L 1/1.

41 Vgl. Art. 16 VO 1/2003.

42 Tz. 4 Bekanntmachung der Kommission, Leitlinien zur Anwendung von Artikel 81 Absatz 3 EG-Vertrag, ABl. 2004 C 101/8.

43 Vorschlag für eine Richtlinie des Europäischen Parlaments und des Rates über unlautere Geschäftspraktiken im binnenmarktinternen Geschäftsverkehr zwischen Unternehmen und Verbrauchern und zur Änderung der Richtlinien 84/450/EWG, 97/7/EG und 98/27/EG, KOM (2003) 356 endg.

44 Eingehend zu dieser Regelung und zur ursprünglich vorgesehenen „Kontrolle an der Quelle", die zu Konflikten mit dem kollisionsrechtlichen Marktortprinzip geführt hätte: *Veelken,* Kundenfang gegenüber dem Verbraucher, WRP 2004, 1, 11–14.

45 Richtlinie 2005/29/EG des Europäischen Parlaments und des Rates vom 11. 5. 2005 über unlautere Geschäftspraktiken im binnenmarktinternen Geschäftsverkehr zwischen Unternehmen und Verbrauchern, ABl. 2005 L 149/22.

Ansatzweise wird ein Konzept, durch Generalklauseln regional differenzierte Lösungen zu ermöglichen, in der Rechtsprechung des EuGH zur Auslegung der gemeinschaftsrechtlichen Irreführungsverbote im Werbe- und Etikettierungsrecht erkennbar. So betonte der Gerichtshof in der Entscheidung *Estée Lauder*, daß zu prüfen sei, ob „soziale, kulturelle oder sprachliche Eigenheiten es rechtfertigen können, daß das für eine Hautstraffungscreme verwendete Wort ‚Lifting' von den deutschen Verbrauchern anders verstanden wird als von den Verbrauchern in anderen Mitgliedstaaten".[46] Demgegenüber hatte der EuGH zuvor im Urteil *Clinique* argumentiert, daß von einer Produktbezeichnung in Deutschland keine Irreführungsgefahr ausgehe, da der Anbieter das Produkt in anderen Ländern unter der gleichen Bezeichnung vertreibe „offenbar ohne daß die Verbraucher durch die Verwendung dieser Bezeichnung irregeführt würden."[47]

Aber auch die Rechtsprechung zum Irreführungsschutz verdeutlicht die Grenzen einer dezentralen, differenzierten Konkretisierung von Generalklauseln. Denn der EuGH gibt den mitgliedstaatlichen Gerichten mit seiner Formel, wonach die Irreführungsgefahr anhand der mutmaßlichen Erwartungen eines „normal informierten und angemessen aufmerksamen und verständigen Durchschnittsverbrauchers" zu beurteilen sei,[48] die maßgeblichen Wertungen vor, um die Irreführungsverbote anzuwenden. Die vorrangige Bedeutung dieses normativen Rahmens wird daran erkennbar, daß es sich der EuGH vorbehält, über die Frage einer Irreführungsgefahr selbst zu entscheiden, wenn der ihm vorliegende Akteninhalt ausreicht und eine bestimmte Entscheidung geboten erscheinen läßt.[49]

Wenn der Gemeinschaftsgesetzgeber auch kaum gezielt Generalklauseln verwendet, um dezentral differenzierte Konkretisierungen zu ermöglichen, so eröffnen sie doch in jedem Falle den mitgliedstaatlichen Gerichten oder Verwaltungsorganen faktische Gestaltungsspielräume für die Rechtsanwendung. Diese sind geeignet, allgemeine Regelungen und Regelungsziele durch Anwendung von Wissen um die regionalen Gegebenheiten genauer auf die Präferenzen der Betroffenen zuzuschneidern und damit typische Nachteile zentraler Regulierung abzumildern.

---

46 EuGH v. 13. 1. 2000 – Rs. C-220/98 *Estée Lauder*, Slg. 2000, I-117 Rn. 29 – Liftingcreme; ein entsprechender Hinweis findet sich schon in EuGH v. 26. 11. 1996 – Rs. C-313/94 *Graffione*, Slg. 1996, I-6039 Rn. 22.

47 EuGH v. 2. 2. 1994 – Rs. C-315/92 *Verband Sozialer Wettbewerb*, Slg. 1994, I-317 Rn. 21 – Clinique.

48 So die von den europäischen Gerichten verwendete Formel für das Verbraucherleitbild, EuGH v. 16. 9. 2004 – Rs. C-329/02 P *SAT.1*, Slg. 2004, I-8317 Rn. 34; EuG v. 4. 11. 2003 – Rs. T-85/02 *Díaz*, Slg. 2003, II-4853 Rn. 30. Zuvor war im Unterschied etwa zur französischen und englischen Sprachfassung der Urteile die Formel vom „durchschnittlich informierten, aufmerksamen und verständigen Durchschnittsverbrauchers" gebraucht worden, siehe EuGH v. 16. 7. 1998 – Rs. C-210/96 *Gut Springenheide und Tusky*, Slg. 1998, I-4657 Rn. 37; EuGH v. 28. 1. 1999 – Rs. C-303/97 *Sektkellerei Kessler*, Slg. 1999, I-513 Rn. 36; EuGH v. 22. 6. 1999 – Rs. C-342/97 *Lloyd Schuhfabrik Meyer*, Slg. 1999, I-3819 Rn. 26; EuGH v. 13. 1. 2000 – Rs. C-220/98 *Estée Lauder*, Slg. 2000, I-117 Rn. 27 – Liftingcreme; ähnlich zuvor bereits EuGH v. 6. 7. 1995 – Rs. C-470/93 *Mars*, Slg. 1995, I-1923 Rn. 24 („von verständigen Verbrauchern kann erwartet werden").

49 EuGH v. 12. 9. 2000 – Rs. C-366/98 *Geffroy*, Slg. 2000, I-6579 Rn. 19; EuGH v. 4. 4. 2000 – Rs. C-465/98 *Darbo*, Slg. 2000, I-2297 Rn. 21–34.

V. Greift Marktintegration ohne Rechtsharmonisierung zu kurz?

Verzichtet der Gemeinschaftsgesetzgeber auf Rechtsharmonisierung und setzt statt dessen auf andere Instrumente für die Binnenmarktintegration, stellt sich die Frage, ob die Integrationstiefe damit hinter den Vorgaben des EG-Vertrages zurückbleibt.[50] Ausgangspunkt solcher Überlegungen kann Art. 3 EG sein, wonach mit dem Binnenmarkt ein Raum ohne Hindernisse für einen freien Produktverkehr (Art. 3 Abs. 1 lit. c EG) und ein System unverfälschten Wettbewerbs (Art. 3 Abs. 1 lit. g EG) anzustreben ist. Hieraus wird teilweise abgeleitet, daß dem EG-Vertrag eben nicht ein Konzept zugrunde liege, das auf einen Wettbewerb der Normen, Vorschriften und Rechtssysteme abzielt, sondern auf einen Wettbewerb der Unternehmen und ihrer Produkte, der vor Verfälschungen durch unterschiedliche rechtliche Regelungen geschützt ist.[51] Zu denken sei der Binnenmarkt deshalb grundsätzlich als ein Markt mit gleichen produkt- und marktrelevanten Regeln für alle Wettbewerber.

Der Rückgriff auf ein optionales Instrument zur Binnenmarktintegration kann von einem solchen Einwand indes kaum getroffen werden.[52] Denn wenn jeder Akteur im Binnenmarkt für seine Transaktionen auf ein gemeinschaftsrechtliches Instrument zugreifen kann, ohne noch mit nationalen Abweichungen rechnen zu müssen, dann wird der Wettbewerb auch nicht mehr dadurch tangiert, daß Anbieter an unterschiedliche mitgliedstaatliche Regelungen gebunden wären.

Der Einwand reduziert sich deshalb im wesentlichen auf eine Kritik am Herkunftslandprinzip und der damit geschaffenen Konkurrenz zwischen mitgliedstaatlichen Regelungen. Ihr ist zuzugeben, daß die Gründungsväter der Gemeinschaft als Perspektive für einen Gemeinsamen Markt wohl tatsächlich einen Markt vor Augen hatten, der durch einheitliche rechtliche Regeln gekennzeichnet sein sollte.[53] Freilich ging es ihnen im Kern um Effizienzgewinne durch die wirtschaftliche Integration. Für die Abschaffung von Mobilitätshindernissen war die Rechtsharmonisierung eine nahe liegende und scheinbar einfache Lösung; verschiedene Modelle standen nicht zur Debatte.

Auch aus Art. 3 Abs. 1 lit. g EG läßt sich nicht ableiten, daß die Bindung von Unternehmen an unterschiedliche nationale Regeln als eine Wettbewerbsverzerrung anzusehen sei und deshalb die Binnenmarktintegration auf eine umfassende Rechtsharmonisierung auszurichten sei. Die Vorschrift ist vielmehr als ein Hin-

---

50 Zum Spannungsverhältnis eines Wettbewerbs der Rechtsordnungen zum Binnenmarktziel *Kieninger* (Fn. 9), S. 350–375.

51 Siehe etwa *Schwartz*, 30 Jahre EG-Rechtsangleichung, in: Mestmäcker/Möller/Schwarz (Hrsg.), Eine Ordnungspolitik für Europa, Festschrift für von der Groeben (1987), S. 333, 357.

52 Siehe hierzu *Kieninger* (Fn. 9), S. 372–374.

53 Siehe *Spaak*-Bericht (Fn. 5), S. 16: „eine Verschiedenheit in den Rechtsvorschriften kann so stark die Beziehungen zwischen den Industrien beeinflussen ... daß ein gemeinsamer Markt nicht vorstellbar ist ohne gemeinsame Regeln und Maßnahmen und ohne ein System von Institutionen, die die Einhaltung dieser Regeln und Verfahren sicherstellen."

weis auf den Schutz der Institution Wettbewerb vor Beschränkungen durch Private oder vor gezielten staatlichen Eingriffen etwa durch Beihilfen im Rahmen der Industriepolitik anzusehen. Art. 3 Abs. 1 lit. g EG steht jedenfalls nicht einem Verständnis entgegen, nach dem unterschiedliche nationale Regelungen als natürliche Komponenten eines Standortwettbewerbs begriffen werden können.

Die Interpretation der bestehenbleibenden differenzierten mitgliedstaatlichen Regeln als Wettbewerbsverzerrungen hat allerdings einen überzeugenden Kern. Erkennen die Mitgliedstaaten ihre Regelungsstandards gegenseitig an, folgt hieraus, daß die Produktregelungen der Mitgliedstaaten konkurrieren. Die Abnehmer, die sich am Markt zwischen verschiedenen Produkten entscheiden, treffen mittelbar auch eine Wahl zwischen den Regulierungsstandards der Herkunftsländer, nach denen die Produkte hergestellt worden sind.[54] Diese Art von Wettbewerb entspricht aber nicht der Idee eines freien Regulierungswettbewerbs.[55]

Die nationalen Produktregelungen erfahren durch die Wirkung des Herkunftslandprinzips einen Funktionsverlust. Ihre ökonomische Rechtfertigung als zwingende Schutzstandards für Verbraucher etc. liegt in der Überwindung systematischer Informationsdefizite oder anderer Formen von Marktversagen.[56] Ist der nationale Standard aber nicht mehr verbindlich, wandeln sich die Schutzvorschriften in Produktionsregeln, die nur für die im jeweiligen Regelungsbereich ansässigen Produzenten verbindlich sind und an die sie auch im Wettbewerb auf dem Binnenmarkt gebunden bleiben.

Diese Situation wird rechtlich als sog. „Inländerdiskriminierung" bezeichnet. Sie wird mit der Überlegung gerechtfertigt, daß die nationalen Industrien durch ihre Lobbytätigkeit auf die mitgliedstaatlichen Regelgeber einwirken werden, um die inländische Regelung im Hinblick auf die Wettbewerbsfähigkeit im Binnenmarkt zu optimieren.[57] Dies bedeutet freilich nichts anderes, als daß ehemals nationale Schutzregeln nach Einführung des Herkunftslandprinzips als Elemente einer einzelstaatlichen Politik der sektoralen Wirtschaftsförderung wirken. Den nationalen Industrien sollen Wettbewerbsvorteile auf dem europäischen Markt gesichert werden, indem etwa ein Produktionsstandort als Qualitätssignal fungiert: Der europäische Abnehmer soll wissen, daß Bier „Made in Germany" stets nach dem deutschen Reinheitsgebot gebraut ist.

Allerdings gibt es für diese einzelstaatliche Regulierung keine ökonomische Rechtfertigung. Durch das Herkunftslandprinzips verlieren die Regeln ihre Schutzfunktion für die Abnehmer; deutsche Verbraucher bekommen nun auch

---

54 *Riesenhuber* (Fn. 16), S. 188f.

55 Zum folgenden grundlegend: *Kerber* (Fn. 10), S. 91–93; siehe auch *Kieninger* (Fn. 9), S. 352–356.

56 Zur Rechtfertigung staatlichen Eingreifens in die Marktfreiheit aufgrund von Marktversagen siehe etwa *Fritsch/Wein/Ewers*, Marktversagen und Wirtschaftspolitik (6. Aufl. 2005), S. 81–84, 219–249, 279–324; *Richter/Furubotn*, Neue Institutionenökonomik (2. Aufl. 1999), S. 299f.

57 *Grundmann*, Europäisches Schuldvertragsrecht (1999), 1. Teil Rn. 109.

Bier angeboten, daß nicht nach dem Reinheitsgebot gebraut ist. Diese Schutzfunktion übernehmen die zwingenden gemeinschaftsrechtlichen Standards bzw. – soweit es an gemeinschaftsrechtlichen Regelungen mangelt – die mitgliedstaatlichen Regelungen, die nach der *Cassis*-Rechtsprechung[58] in verhältnismäßiger Weise zwingenden Erfordernissen des Algemeininteresses dienen oder nach Art. 30 EG etc. gerechtfertigt sind. Im Fall des deutschen Reinheitsgebotes für Bier etwa verwies der EuGH darauf, daß es für den Abnehmerschutz ausreichend sei, auf den Etiketten über die Inhaltsstoffe des Bieres zu informieren.[59] Das für die deutschen Anbieter weiter verbindliche Reinheitsgebot wird so zu einem Element einzelstaatlicher Industriepolitik.

Diese Einsicht ist wichtig für die gedankliche Klarheit: Soweit durch ein Herkunftslandprinzip die generelle Verbindlichkeit inländischer Regulierung aufgegeben wird, bleibt aus Sicht der ökonomischen Theorie grundsätzlich auch keine Begründung dafür, daß die Regelung für inländische Produzenten verbindlich bleiben soll. Die Signalfunktion an die Abnehmer, die etwa das Label „Made in Germany" auf deutschem Bier erfüllt, kann in gleicher Weise ein privates, geschütztes Qualitätszertifikat „Gebraut nach dem deutschen Reinheitsgebot" gewährleisten. Eine solche Lösung wäre auch sachgerechter für die Binnenmarktintegration, weil sich alle Anbieter eines solchen Zertifikats bedienen könnten.

Dies zeigt, daß das Herkunftslandprinzip zwar ein wirkungsvolles Instrument sein kann, um verkrustete nationale Regulierungsstrukturen aufzubrechen und die Marktöffnung auf Gebieten voranzutreiben, wo die Rechtsharmonisierung ins Stocken geraten ist. Es kann jedoch keine Überzeugungskraft aus dem Konzept eines Regulierungswettbewerbs schöpfen. Der Wettbewerb zwischen mitgliedstaatlichen Regelungen, der durch ein Herkunftslandprinzip entsteht, gewährleistet nicht die beschriebenen positiven Effekte, die sich Ökonomen von einem Regulierungswettbewerb erwarten.

Ökonomisch überzeugend ist deshalb nur eine Lösung, bei der nicht nur die Abnehmer, sondern auch die Unternehmer unabhängig von ihrem Standort das Set von Regeln frei wählen können, nachdem sie ihre Produkte herstellen wollen. Nur eine solche freie Regulierungswählbarkeit sowohl von Produzenten wie von Abnehmern gewährleistet einen freien Wettbewerb zwischen mitgliedstaatlichen Regulierungen, wie ihn etwa auch ein von den Parteien wählbarer optionaler Vertragsrechtskodex eröffnen würde. Zu betonen ist, daß optionales Recht und Regulierung sich nicht gegenseitig ausschließen: Wird ein bestimmtes Maß an Regulierung zur Bekämpfung von Marktversagen für notwendig erachtet, dann muß sichergestellt sein, daß dieses auch Bestandteil jeder wählbaren „Option" ist.

---

58 EuGH v. 20. 2. 1979 – Rs. 120/78 *REWE ./. Bundesmonopolverwaltung für Branntwein,* Slg. 1979, 649 Rn. 8 – Cassis de Dijon.

59 EuGH v. 12. 3. 1987 – Rs. 178/84 *Kommission ./. BRD,* Slg. 1987, 1227 Rn. 35.

VI. Produktvielfalt und Entscheidungsfreiheit der Abnehmer trotz Rechtsharmonisierung

Steht im Ausgangspunkt fest, daß ein bestimmter Sachverhalt zentral reguliert werden soll, so ist aus dem ökonomischen Diskurs um die Vorteile dezentraler Lösungen die Erkenntnis mitzunehmen, daß auch einheitliches Recht so viel Freiraum wie möglich für divergierende Lösungen am Markt lassen sollte. Dies kann durch eine Beschränkung auf sog. marktunterstützende Regeln im Gegensatz zu marktkorrigierenden Regeln erreicht werden.

Diese Differenzierung knüpft daran an, wie intensiv der Regelgeber in die Entscheidungsfreiheit der Marktteilnehmer eingreift.[60] Sollen etwa die Abnehmer vor den typischen Risiken von Haustürgeschäften geschützt werden, besteht eine gesetzgeberische Option darin, den Haustürvertrieb zu untersagen.[61] Hierin bestünde ein marktkorrigierendes Eingreifen. Alternativ kann einem Abnehmer bei Haustürgeschäften ein Widerrufsrecht eingeräumt werden, das diesem die Möglichkeit gibt, Informationsdefizite zu kompensieren, die durch den unvorbereiteten Vertragsschluß bedingt sind, und sich unbeeindruckt von der Anwesenheit des Vertreters und dem Überraschungsmoment nochmals zu versichern, einen seinen Präferenzen entsprechenden Vertrag geschlossen zu haben. Die Regelung unterstützt so eine von Informationsdefiziten freie Entscheidungsfindung, ohne daß dem Markt eine Vertriebsalternative genommen wird. Das Schicksal des Haustürvertriebs bleibt den Entscheidungen der Marktakteure überlassen.[62]

Das Beispiel macht deutlich, daß marktunterstützende Regeln ihren Regulierungszweck erfüllen, ohne die Vielfalt der Angebote am Markt zu schmälern. Die Marktakteure erhalten die Freiheit, die Leistung in Anspruch zu nehmen, die ihren Präferenzen am besten entspricht. Dem Wettbewerb bleibt die Rolle als zentraler Steuerungsmechanismus des Wirtschaftssystems, als Entdeckungsverfahren, weitestgehend erhalten.

Eine Beschränkung auf marktunterstützende Eingriffe vermag u.U. auch die politische Einigung über die Rechtsharmonisierung zu erleichtern.[63] Können sich die Mitgliedstaaten etwa nicht darauf einigen, einen bestimmten Inhaltsstoff eines Produktes zu verbieten, so mag doch eine Verständigung darüber möglich sein, den

---

60 *Grundmann/Kerber,* Information Intermediaries and Party Autonomy, in: Grundmann/Kerber/Weatherill (Hrsg.), Party Autonomy and the Role of Information in the Internal Market (2001), S. 264, 281; *Wilhelmsson,* Social Contract Law (1994), S. 126, spricht von „market-rational regulation" im Gegensatz zu „market-rectifying regulation".

61 Ein gewerberechtliches Verbot des Direktmarketing besteht etwa in Dänemark, siehe *Rott,* Die Umsetzung der Haustürwiderrufsrichtlinie in den Mitgliedstaaten (2000), S. 33–35.

62 So das Konzept der Haustürgeschäfterichtlinie, Richtlinie 85/577/EWG des Rates vom 20.12. 1985 betreffend den Verbraucherschutz im Falle von außerhalb von Geschäftsräumen geschlossenen Verträgen, ABl. 1985 L 372/31.

63 Vgl. *Grundmann/Kerber/Weatherill,* Party Autonomy and the Role of Information in the Internal Market, in: Grundmann/Kerber/Weatherill, Party Autonomy and the Role of Information in the Internal Market (2001), S. 3, 36.

freien Verkehr im Binnenmarkt zu gewährleisten, wenn Produkte mit diesem Inhaltsstoff einen Warnhinweis tragen oder Absatzfördermaßnahmen für diese Produkte beschränkt sind.

In der Tat läßt sich für die auf der Basis der Binnenmarktkompetenz erlassenen privatrechtlichen Regeln konstatieren, daß marktunterstützende Regeln weit überwiegen, insbesondere Normen, die die Information der Märkte unterstützen:[64] Maßnahmen gegen Irreführung und Täuschung,[65] Regelungen zum Reputationsschutz,[66] zur Förderung des Einsatzes von Informationsintermediären,[67] unterschiedlichen Formen der Verpflichtung, die Marktgegenseite zu informieren (Prospekte,[68] individuelle Information[69]), Widerrufsrechte[70] usw.

Das Primat marktunterstützender Lösungen, die die Funktion von Markt und Wettbewerb gewährleisten, dabei aber auch Produktvielfalt und Entscheidungsfreiheit der Abnehmer absichern, ist nicht zuletzt auch ein Gebot der marktwirtschaftlichen Wirtschaftsverfassung. Erst wenn allein mit ihrer Hilfe eine Marktunvollkommenheit nicht behoben werden kann, ist der Rückgriff auf marktkorrigierende Regelungen legitimiert.[71]

---

64 *Grundmann*, Europäisches Schuldvertragsrecht, NJW 2000, 14, 18.

65 Siehe etwa Art. 5 Abs. 4 lit. a i.V.m. Art. 6 und 7 Richtlinie über unlautere Geschäftspraktiken (Fn. 45) oder Art. 2 Abs. 2 und Art. 3a Abs. 1 lit. a Richtlinie 84/450/EWG des Rates vom 10. 9. 1984 zur Angleichung der Rechts- und Verwaltungsvorschriften der Mitgliedstaaten über irreführende Werbung, ABl. 1984 L 250/17.

66 Siehe etwa die Schaffung einer Gemeinschaftsmarke durch die Verordnung 40/94, ABl. 1994 L 11/1, die teilweise Harmonisierung des Markenrechts durch die Erste Richtlinie 89/104/EWG, ABl. 1989 L 40/1 oder den Schutz geographischer Herkunftsangaben und Ursprungsbezeichnungen für Agrarerzeugnisse und Lebensmittel durch die Verordnung 2081/92, ABl. 1992 L 208/1.

67 Ausführlich regelt die Gemeinschaft das Recht der Wertpapierdienstleister in der Finanzmarktrichtlinie, Richtlinie 2004/39/EG des Europäischen Parlaments und des Rates vom 21. 4. 2004 über Märkte für Finanzinstrumente, ABl. 2004 L 145/1, und das Recht der Versicherungsvermittler in der Richtlinie 2002/92/EG des Europäischen Parlaments und des Rates vom 9. 12. 2002 über Versicherungsvermittlung, ABl. 2003 L 9/3.

68 Siehe Art. 3 Timesharingrichtlinie, Richtlinie 94/47/EG des Europäischen Parlaments und des Rates vom 26. 10. 1994 zum Schutz der Erwerber im Hinblick auf bestimmte Aspekte von Verträgen über den Erwerb von Teilnutzungsrechten an Immobilien, ABl. 1994 L 280/83; Art. 3 Abs. 2 Richtlinie 90/314/EWG des Rates vom 13. 6. 1990 über Pauschalreisen, ABl. 1990 L 158/59; Art. 27 bis 33, 35, 47 Investmentfondsrichtlinie, Richtlinie 85/611/EWG des Rates vom 20. 12. 1985 zur Koordinierung der Rechts- und Verwaltungsvorschriften betreffend bestimmte Organismen für gemeinsame Anlagen in Wertpapieren (OGAW), ABl. 1985 L 375/3.

69 Siehe etwa Art. 4, 5 Richtlinie 97/7/EG des Europäischen Parlaments und des Rates vom 20. 5. 1997 über den Verbraucherschutz bei Vertragsabschlüssen im Fernabsatz, ABl. 1997 L 144/19; Art. 3 Richtlinie 2002/65/EG des Europäischen Parlaments und des Rates vom 23. 9. 2002 über den Fernabsatz von Finanzdienstleistungen an Verbraucher, ABl. 2002 L 271/16; Art. 5, 10 E-Commerce-RL (Fn. 25) oder Art. 36 Abs. 1 i. V. m. Anhang III Richtlinie 2002/83/EG des Europäischen Parlaments und des Rates vom 5. 11. 2002 über Lebensversicherungen, ABl. 2002 L 345/1.

70 Siehe Art. 5, 7, Haustürgeschäfterichtlinie (Fn. 62); Art. 6 Fernabsatzrichtlinie (Fn. 69); Art. 6, 7 Fernabsatzrichtlinie für Finanzdienstleistungen (Fn. 69), Art. 5 Timesharingrichtlinie (Fn. 68).

71 *Franck*, Bessere Kreditkonditionen für Verbraucher durch mehr Regulierung?, ZBB 2003, 334, 339. Siehe auch *Canaris*, Verfassungs- und Europarechtliche Aspekte der Vertragsfreiheit in der Privatrechtsgesellschaft, in: Badura/Scholz (Hrsg.), Festschrift für Lerche (1993), S. 873, 879: „Verfassungsrechtlich besteht also ein Primat des Marktprinzips im Sinne eines Regel-Ausnahme-Verhältnisses mit der Konsequenz, daß dessen Durchbrechung der Legitimation bedarf".

VII. Ergebnis

Die Binnenmarktintegration ist nach wie vor ein zentrales Projekt der Europäischen Union. Die Bildung eines Gemeinsamen Marktes ist in erster Linie als eine Unternehmung zur Wohlstandsförderung in der Gemeinschaft zu begreifen. Deshalb sind für die Wahl der rechtlichen Mechanismen zur Förderung der Marktintegration die Argumente der ökonomischen Theorie beachtlich.

Diese liefert unterschiedliche Ansätze, um die Vorteilhaftigkeit zentraler oder dezentraler Regulierung zu begründen. Besondere Aufmerksamkeit findet das Konzept eines Wettbewerbs der Rechtsordnungen als Instrument zur Generierung von Wissen über die Wirkung rechtlicher Regeln. Freilich ist hierbei zu bedenken, daß auch ein Markt für rechtliche Lösungen eines institutionellen Rahmens bedarf um sein „Versagen“ zu verhindern. Angesichts der unterschiedlichen Argumente kann nur darauf verwiesen werden, daß nach einer sorgfältigen Abwägung die Rechtssetzungskompetenzen differenziert auf unterschiedliche Ebenen zuzuordnen sind. Deutlich wird jedenfalls, daß die gesetzgeberischen Optionen der Gemeinschaft zur Förderung der Binnenmarktintegration nicht vorschnell auf die Rechtsharmonisierung eingeengt werden dürfen.

Dem EG-Vertrag kann keine Wertung entnommen werden, wonach die Marktintegration letztlich auch auf ein einheitliches Recht abzielen müsse, um Wettbewerbsverzerrungen zu vermeiden. Im Gemeinschaftsrecht finden sich neben der Rechtsharmonisierung vielmehr unterschiedliche Ansätze für die Marktintegration, vor allem das Prinzip der gegenseitigen Anerkennung (Herkunftslandprinzip) auf Basis der Grundfreiheiten oder des Sekundärrechts.

Wichtig ist hierbei die Einsicht, daß die liberalisierende Wirkung des Herkunftslandprinzips zwar nützlich für die gegenseitige Öffnung von Märkten ist, jedoch nicht als Ordnungsprinzip für einen Wettbewerb der mitgliedstaatlichen Regelungen überzeugt. Hierfür ist notwendig, daß auch die Unternehmen das für sie geltende Regelungsregime frei wählen könnten. Theoretisch überzeugen kann deshalb der Ansatz eines optionalen gemeinschaftsrechtlichen Instruments, das in Konkurrenz zu den hergebrachten mitgliedstaatlichen Regelungen tritt.

Soll ein regulierungsbedürftiges Problem rechtseinheitlich gelöst werden, so können die typischen Nachteile zentraler Lösungen gemindert werden, wenn sich der Regelgeber so weit wie möglich auf marktunterstützende Regelungen beschränkt, d.h. auf Regeln, die ihren Regulierungszweck erfüllen, dabei aber die Vielfalt der Angebote am Markt erhalten.

§4 域内市場のための立法：法の同化と法秩序の競争の間で*

イェンス=ウーヴェ・フランク

目次

I. はじめに

経済統合を貫徹することはヨーロッパ法への大きな挑戦の一つを意味するものである。立法は、EU 加盟国の法律を広範囲にわたって同化していくガイドライン(Leitlinie) に沿ったものである。これによって物と役務の自由な流通が保証され、異なった条件下での競争は回避されるはずである。最低限のレベルでの（法の）同化や、原産地国主義あるいは基本的自由によって自由な流通を可能にするというように、この原則から離れることは、典型的な妥協案と見るべきであろう。それは、法の同化を政治的に成し遂げる（貫徹する）ことができなかったことからくるものである。

他方で、法の統一を放棄することは、経済理論の立場から見ると根本的な代替案のようにも見える。というのは、地方分権型の規則が持つ可能性は、統一的な法律にはない利点を約束するものであるからである。ここで前面に出てくるのは、法の多様性の維持は、諸立法の体系が競合しあう可能性を確保することになる、という考え方である。そうすれば法のイノベーションを生み出すメカニズムが保たれることとなる。

「グローバル化と法」という会議の全体的なテーマの背景には、域内市場の立法についての以下のような議論の影響があることは明白である。すなわち、現在も進

* 中野健一郎／髙山佳奈子訳。

行中のグローバル化は、企業に対し、これまで以上の適応能力とイノベーションを要求し続けるだけではない。グローバル化は、新たな挑戦を見据えた経済規則をも生み出すものである。法の領域においてもイノベーションは喫緊の課題である。

II. 出発点：域内市場統合の経済的利点

加盟国の市場の統合は、欧州連合の核心となる案件である。経済的側面の優位性は、欧州経済共同体や欧州核共同体（というレベルに統合が）制限されていたことからも分かるように、統合の初期から認識されていた[1]。欧州防衛共同体プロジェクトは、1954 年にフランスの国民議会で頓挫した。それゆえ、欧州政治共同体の構築という発想はここで一旦中断した[2]。

次に訪れた時代には、念願であった「spill over」をはじめ、様々な政治分野での、より深い統合が進んだ。しかし、共同の市場によって社会的福祉を向上させることは、依然として欧州連合の中心的課題のままであった。これに関する基準となる叙述（表現）は、EC 条約の 2 条から 4 条に基づく欧州連合の目標と行動指針のカタログに記されている。マーストリヒト条約による補完からも、市場統合を目指す目標設定が非経済問題に対して一定の優位性を持つものであることが伺い知れる[3]。このことは次の点からも認識することができる。市場統合を目指した EC 条約が、何にもまして EC 条約 95 条に基づく法の同化のための実行能力をもって、特に実施可能な手段を整えていること、これに対して潜在的に市場を危機に陥らせるような政策、例えば、産業政策（EC 条約 157 条 3 項 2 文）や、構造政策（同 161 条）、環境保護政策に基づく一定の措置（同 175 条 2 項）は、全加盟国の合意を求められることにより、実現が難しくなっている。欧州連合も、現在では達成度合に差があるとはいうものの、共同で外交・司法・文化に関する政策に取り組んでいると言えるのかもしれない。しかし、全ての加盟国の福祉分野での域内統合が、（経済）危機・（経済）停滞という様々な局面において共同体を窮地から救うのに役立ったという共通の確信があったことを見逃してはならないのである。

外部（非加盟国）での認識に基づくと、経済的要因に特別な意味があることは明らかである。非加盟国にとって、欧州連合の大きな魅力は、とにかく経済共同体として展開してきたものである。それは、富裕と快適な生活の保証人的存在として認識されている。東ヨーロッパや南ヨーロッパ諸国、およびトルコなどが連合への加盟を迫る 1 つの理由はここにある。政治的に見るとタイムリーとはいえない（時期尚早）かもしれないが、ノルウェーやスイスのような国々は、それでも、経済統合によるメリットを享受するよう努力している。欧州経済圏協定または 2 カ国間協定などがその例である。

---

1 *Craig/de Búrca,* EU Law (3. Aufl. 2003), S. 10.
2 *Streinz*, Europarecht (7. Aufl. 2005), Rn. 17.
3 詳細は、*Basedow*, Zielkonflikte und Zielhierarchien im Vertrag über die Europäische Gemeinschaft, in: Due/Lutter/Schwarze (Hrsg.), Festschrift für Everling (1995), Bd. 1, S. 49–68.

実際に経済統合の中心的関心事[4]は、欧州共同体の諸国における社会的福祉を向上させることである。巨大な自由経済圏は、競争圧力のいっそうの強化を意図したものであり、これはいっそう効率性を高めまた福祉を増大させていくものとされている[5]。域内市場が欧州連合内における経済的効率を促進する企図として理解されうるとすれば、この側面は、域内市場のための立法においてもまた反映されているはずである。共同体法の私法規範および経済法規範の大多数は、市場の統合へと強く義務づけられている。このことは、域内市場の権能を基礎とし、EC 条約 94 条もしくは 95 条に従って制定された諸立法において一目瞭然であるし、EC 条約 44 条 2 項 g 号に依拠するところの会社法に関する法的行為についてもまたそうなのである。そして、EC 条約 61 条 c 号と共にとりわけ抵触法および手続法についての権限を創設する EC 条約 65 条[6]もまた、域内市場のための立法の必要性と関連づけられている。最後に、EC の競争政策の主たる機能もまた、域内市場統合の促進と確保という点に見出される[7]。直接的に域内市場と結びついていないのは、EC 条約 137 条を基礎とする労働法上の諸立法、ならびに、EC 条約 153 条 3 項 b 号、および同条 4 項に基づく消費者保護諸規定である[8]。もちろんこれらの規定もまた、自由貿易および労働者の自由移動に対する矯正物として、域内市場との関連性を持つものである。

III. 統一型の立法 vs 地方分権型の立法

域内市場の統合を、福祉水準向上のための構想として理解すべきであるならば、法の同化の「是非」の問題は、経済学的理論に照らして検討されなければならないことになる[9]。

---

4 EC 条約 14 条 2 項の条文参照、「物、人、役務および資本の自由移動が確保されるところの、内部に境界のない地域」を作ること（Schaffung eines „Raumes ohne Binnengrenzen, in dem der freie Verkehr von Waren, Personen, Dienstleistungen, und Kapital [...] gewährleistet ist“）。

5 *Molle*, The Economics of European Integration (4. Aufl. 2005), S. 13–42 参照。経済統合のためのこの目標設定は、既に 1956 年の「スパーク（Spaak）報告書」から見てとることができる。この報告書は欧州経済共同体構想の基本的部分を先んじて規定することとなった。Regierungsausschuß, eingesetzt von der Konferenz von Messina, Bericht der Delegationsleiter an die Außenminister vom 21. April 1956（いわゆるスパーク報告書; Spaak-Bericht）, MAE 120d/56 (korr.), Erster Teil, Einleitung, S. 15 を参照。

6 これを基盤として、たとえば、民事および通商における裁判所の管轄と裁判所の判決の執行に関し、2000 年 12 月 22 日、欧州理事会により EC 規則（44/2001）が公布された（ABl.2001L12/1）。

7 この点に関してはヴェッセリングの分析が詳しい。*Wesseling*, The Modernisation of EC Antitrust Law (2000), S. 85–88. EC 諸条約が生まれるまでの経緯で分かるように、加盟国の市場を統合するための基本的自由と競争に関する規則は相互補完の関係にあるべきだとされていることから、この点は基本的には正当である。しかしながら、市場の競争力を確保するというあらゆる競争政策の本来の目標が隅に追いやられてしまうという危険性を、ここでは見落とさないようにしなければならない。

8 EC 条約 153 条 3 項 b 号、同条 4 項のみに基づく立法はこれまでなかった。その前身の諸立法、EC 条約 129a 条 1 項 b 号に基づく立法が 2 件あったのみである（*Streinz-Lurger*, EUV/EGV (2003), Art. 153 EGV Rn. 34）。「消費者保護の」立法の大半は EC 条約 94 条もしくは 95 条に基づくものである。

9 域内市場統合を背景とした法秩序相互間の競争という構想につき、包括的に検討するものとして、*Kieninger*, Wettbewerb der Privatrechtsordnungen im Europäischen Binnenmarkt (2002).

1.　統一型規制の利点

一市場において統一的な規制を行うメリットは、様々な議論によって根拠づけられている[10]。第 1 に、規制を統一することにより、個々の規制領域がもたらす外部効果を回避することができる。わかりやすい例として、環境規制をあげよう。統一的規制がないと、それぞれの立法者は自分の地域の環境規制を低く押さえることによって競争上有利な立場を得ようとすることになってしまう。ネガティヴな影響は風や水流に乗って「無料で」隣接領域に「運送」されるので、自分の領域内では全くあるいはほとんど発生しないですむからである。

第 2 に、統一的規制をすれば、規模の経済（*economies of scale and scope*）がよりよく達成され、取引費用を節約できることがある。統一的な立法的解決が一度与えられれば、それによって、他の立法や司法の判断等に際しての費用を減少させることができる。企業にとっても、現行法の内容やこれに具体的に適合する選択肢について情報を得たり、製品・マーケティング戦略を各国の法秩序に適合させたりする際に、より少ない支出ですむことになる。

最後に、特に EU 域内市場との関係では、もし規制が不統一であったならば発生したであろうはずの貿易障壁や競争の歪みが、統一的規制によって回避されうるということが主張される。ただこの議論については経済学的に争いがある[11]。法制度の相違は、立地の有利さに関する競争を成り立たせる自然的要素であるという理解もできる。法規制がその土地の住民の選好に合っているならば、その相違を「競争の歪み」だとみなすのは経済学的に見て誤っている。また、自由市場は、人、企業および生産要因の流動性を保障することで、不利な立地条件を回避する選択権をも保障することになろう。

2.　地方分権型立法の利点

単一の市場は、内部で法の適用を受ける住民の選好が地域的に相違し、また外部的条件も地域的に相違するという特徴を示すことが少なくない。これに対し、地域的によって相違する規制の下では、それぞれ異なる選好が正当に評価され、

さらに、法の同化の経済的利点を巡る議論につき、たとえば次の文献を参照。*Basedow,* Über Privatrechtsvereinheitlichung und Marktintegration, in: Immenga/Möschel/Reuter (Hrsg.), Festschrift für Mestmäcker (1996), S. 347–363; *Behrens,* Voraussetzungen und Grenzen der Rechtsfortbildung durch Rechtsvereinheitlichung, RabelsZ 50 (1986), S. 19–34; *Kirchner,* Europäisches Vertragsrecht, in: Weyers (Hrsg.), Europäisches Vertragsrecht (1997), S. 103, 118–121; *Kötz,* Rechtsvereinheitlichung – Nutzen, Kosten, Methoden, Ziele, RabelsZ 50 (1986), 1–18.

10　経済的観点から検討した場合に、統一的規制と分権的規制にいかなる長所と短所があるかにつき、たとえば次の文献を参照。*Gatsios/Holmes,* Regulatory competition, in: Newman (Hrsg.), The New Palgrave Dictionary of Economics and the Law, Bd. 3 (1998), S. 271, 273–275; *Kerber,* Rechtseinheit und Rechtsvielfalt aus rechtsökonomischer Sicht, in: Grundmann (Hrsg.), Systembildung und Systemlücken in Kerngebieten des Europäischen Privatrechts (2000), S. 67, 84–87; *Woolcock,* Competition among rules in the Single European Market, in: McCahery/Bratton/Picciotto/Scott (Hrsg.), International Regulatory Competition and Coordination (1996), S. 289, 298–301.

11　この点を詳しく論じるものとして、*Kerber* (Fn. 10), S. 67, 85.

それにより効率的な解決が与えられうる[12]。地方分権型の規制によるときはさらに、立法に際して地元の事情を活かすことも容易になる。立法に地域的・文化的な特質を反映させることができれば、法のあり方には説得性が増し、法が受容され遵守される見込みも高まる。

地方分権型立法は、いわゆる「レント・シーキング（*rent-seeking*）」問題のリスクも回避しうるのである。そもそも、法は代表者によって定立されるものであるから、できた法が本当に公共の利益と選好とに最もかなうことを目指す内容になっているかどうかは確かではない。利益団体が影響力を行使すれば、公共性を犠牲にして特定利益が優先されることになってしまうおそれがある。しかし、立法の単位が小さければ、個々の立法者の力と影響とは限定される。なぜなら、法的な状況を他の地方と比較することで、立法者の権力の濫用が見つかりやすくなり、権力濫用も難しくなるからである。

地方分権型立法のメリットに関する経済学的議論においては、しばしば、複数の法的解決の間で競争がはたらくことによってイノベーション力が高まるという論拠が前面に押し出される[13]。立法権力を地方分権化すれば、複数の立法による試行プロセスが同時並行的に可能になる。1 つの問題の解決策としても様々な法的アプローチが試行されうる。立法者が、知識不足のために同じ問題にいつまでも直面していることはよくあるのだから、このように様々に異なった法的解決が試行されるプロセスがあって、各地方が互いに学び合うことができるのならば望ましい[14]。「正解」がいまだ見つかっていない問題も多い一方で、さらなる新しい問題も次々に提起されており、これらについても解決策が開発されなければならない。中央集権的な立法機関だけに限ってしまうと、様々な立法のアイディアの間で競争がはたらくことで新たな知見が生み出され普及する契機も失われてしまう[15]。

地方分権的なシステムのイノベーション能力の強さは、実際問題として、変化する諸条件に対して小さい立法単位がより容易に、またより迅速に対処しうることと関係する。このことは、EU 加盟国内の立法手続を、加盟国間の法の同化の基礎となる EC 条約 251 条による手続と比較してみた場合に明らかである。EC の法改正においては、複雑な政治的妥協が必要となることが典型的である。なぜなら、ここでは、一方で EC の諸機関（議会、理事会、委員会）の間での、また他方では欧州議会内の、そして――理事会内での対立を通して――加盟国政府間での、様々な点で異なる利害や考え方が調整されなければならないからである。このために、法的に出されるべき回答が、刻々変化する諸事情の中で「化石化」してしまうおそれが出てくる[16]。

---

12 *Kieninger* (Fn. 9), S. 34–38.

13 *Kieninger* (Fn. 9), S. 25–34.

14 *v. Hayek*, Die Irrtümer des Konstruktivismus und die Grundlagen legitimer Kritik gesellschaftlicher Gebilde (1970).

15 この進化主義的市場過程理論・競争理論のアプローチにとって基本的な文献として、*v. Hayek*, Der Wettbewerb als Entdeckungsverfahren (1968)。複数の契約法秩序の間での競争による学習・探求の潜在的可能性の意義につき、*Kirchner* (Fn. 9), 118 f.。規制の多様性がなくなるという論拠の重要性に対して懐疑的なものとして、*Basedow*, FS-Mestmäcker, S. 360 f.。

16 *Kötz*, RabelsZ 50 (1986), 1, 12.「化石化の危険」について、*Riesenhuber*, System und Prinzipien des Europäischen Vertragsrechts (2003), S. 185–187。

ただし、「法的規制の提供者」として複数の立法者が単一の共同市場に現れ、競争するということになると、商品市場における企業間の競争の場合と同様に、市場の失敗に至ってしまう可能性がある。つまり、市場の相手方の選好に対応しなくなってしまうということである。論じられているのはたとえば、制度的な情報の非対称性などによって規制水準の「底辺への競争（*race to the bottom*）」が起こる危険や、租税制度相互の競争によって公共財の供給が制度的に不足し再分配効果が減殺されてしまうリスク、外部効果による技術的進歩の阻害、あるいは立法者による競争制限の可能性などである[17]。

市場の失敗の危険があるということは、法的解決の市場においても、国家間・法秩序間の競争プロセスを確保するために、制度的な、すなわち法的な枠組み条件が必要であることを明らかにする[18]。むろん、そうしたメタ競争秩序を適切に具体化することは難しい試みであり、実際にはたとえば規制権限を垂直的に分配したり、ミニマム・スタンダードを定めたりすることを含める必要が出てこよう。ここに至って、どうすればこれらのメタ規則のための法発見を最適化しうるのか、という問いが繰り返されることになるのである。

統一的な解決と地方分権的な解決とのいずれに利があるかを巡っては、どちらにも様々な理論的根拠が挙げられており、結局これについて一般的な言明を立てることはほとんどできない、ということが示されている。どのレベルで規制するのが最適かの選択については、それぞれの問題領域に応じて、統一的規制と分権的規制のメリットとデメリットを比較衡量すべきだというほかない[19]。いずれにしても、域内市場の統合を促進するための様々な権限を解釈・適用するにあたっては、法を統一するだけではなく、地方分権的規制の余地を残すための色々なメカニズムを用いるという選択肢も考慮に入れるべきだといえよう。

IV. 法統一によらずに域内市場を統合するための法的メカニズム

共同体法には、加盟国の国内法を同化することなく域内市場統合を促進するための様々なアプローチがみられる。

1. 基本的自由による市場開放

法の同化を行わない前提で、市場開放を進める有効な手段の1つとして、欧州司法裁判所が発見したのは基本的自由である。EC条約28条にいう、量に関する競争制限と同様の効果をもつ措置の禁止を巡る判例において、欧州司法裁判所は、

17　詳しくは*Kerber* (Fn. 10), S. 67, 81 f.。また*Kieninger* (Fn. 9), S. 65–74; 93–103; 201–221; 261 f.; 314 f., 329–332。

18　詳しくは*Kerber* (Fn. 10), S. 67, 82–84。

19　たとえば、法の統一と制度間の競争との間でのヨーロッパ会社法およびヨーロッパ契約法の展開の見込みに関する*Kieninger* (Fn. 9), S. 375–380の評価を参照。

加盟国による、国境を超える通商を魅力のないものにするような措置は、物の自由流通の制限とみなされ、特別の正当化を要するという原則を展開した。このことは、措置自体が国内の事実関係と国境を超える事実関係とを区別していない場合であってもあてはまるとされる[20]。これにより、欧州司法裁判所は、基本的自由に関する解釈論の出発点として相互承認の原則を採用したことになる。ある製品が加盟国内で適法に生産され、流通に置かれたならば、それは原則として域内市場で自由に取引する対象として認められる[21]。

ただし、欧州司法裁判所は、そうした措置について正当化ができればこの原則の適用が留保されることをも明言している。これには EC 条約上の明文による正当化事由[22]のほか、いずれの加盟国でも妥当すべき公共の福祉のやむをえない要請に基づく制限も含まれる[23]。もっとも、そのような要請があるかどうかの判断では、比例原則がより厳格に適用される。

したがって、基本的自由も、実定法による調整を無用のものにするわけではない。むろん、基本的自由によって法を同化させる措置の必要性は軽減される。しかし、やむをえない要請がある場合には自由流通の例外が認められることから、統一市場は、法の同化によってのみ成立しうることになる。裁判所自身も、自らの判例を、法が調和されていないことによる暫定的な解決であるとみなしており、法の調和を代替するものではないと考えている[24]。

2.　二次法における原産地国主義

原産地国主義は、正確に、二次法の中に位置づけられる。その範例となるのは、電子商取引指令[25]3 条とテレビ放送指令[26]2 条 2 項である。それらによれば、電子商取引の提供者およびテレビ放送の事業者は、その開業する加盟国の法規定にのみ従う義務を有する。この場合に、すべての加盟国の規制水準を相互承認すること（相互主義）によって市場を統合するというのでは、法政策的に見て破壊的な

20　物の自由流通についての基本的判断として EuGH v. 11.7.1974 – Rs. 8/74（*Dassonville* 事件）, Slg. 1974, 837 Rn. 5、就業の自由につき EuGH v. 3.12.1974 – Rs. 33/74 （*van Binsbergen* 事件）, Slg. 1974, 1291 Rn. 10/12、労働者の移転の自由につき EuGH v. 15.12.1995 – Rs. C-415/93 （*Bosman* 事件）, Slg. 1995, I-4921 Rn. 95。

21　EuGH v. 20.2.1979 – Rs. 120/78 *REWE ./. Bundesmonopolverwaltung für Branntwein,* Slg. 1979, 649 Rn. 14（Cassis de Dijon 事件）。

22　EC 条約 30 条、39 条 3 項、（55 条との対比でも）46 条。

23　基本的判断として EuGH v. 20.2.1979 – Rs. 120/78 *REWE ./. Bundesmonopolverwaltung für Branntwein,* Slg. 1979, 649 Rn. 8（Cassis de Dijon 事件）。

24　「共同体立法の欠如」に関する *Cassis* 判例の指摘を参照。EuGH v. 20.2.1979 – Rs. 120/78 *REWE ./. Bundesmonopolverwaltung für Branntwein,* Slg. 1979, 649 Rn. 8 （Cassis de Dijon 事件）。

25　Richtlinie 2000/31/EG des Europäischen Parlaments und des Rates vom 8.6.2000 über bestimmte rechtliche Aspekte der Dienste der Informationsgesellschaft, insbesondere des elektronischen Geschäftsverkehrs, im Binnenmarkt, ABl. 2000 L 178/1.

26　Richtlinie 89/552/EWG des Rates vom 3.10.1989 zur Koordinierung bestimmter Rechts- und Verwaltungsvorschriften der Mitgliedstaaten über die Ausübung der Fernsehtätigkeit, ABl. 1989 L 298/23.

ことになってしまう[27]。そこで、相互承認のメカニズムは、これまでのところ、狭く限定された枠内でのみ適用され、また、例外や制限も少なからず認められているのである。

相互承認の原則が妥当する範囲は、第一次的には、それぞれの指令が調整の対象とする領域に厳格に限定される[28]。したがって、たとえば欧州司法裁判所は、テレビ放送指令における発信国主義が問題となったデ・アゴスティーニ事件で、虚偽・誇大広告からの保護はこの指令によって図られているわけではないから、これに関する受信国の側の一般的法規制が適用されうるものと判示した[29]。他方で欧州司法裁判所は、同じ裁判において、テレビ番組に関する未成年者の保護についてはこの指令が包括的に規制することを明らかにし、それゆえ、受信国は未成年者に向けられたテレビ広告の内容を規制する自国の法令を適用することはできないものとされた[30]。原産地国主義あるいは発信国主義の例外は、分野に関する例外が電子商取引指令の 3 条 3 項、受信国が規制を及ぼしうる授権規定としての例外がテレビ放送指令の 2a 条 2 項に定められている。

法制策的には、二次法に定められた原産地国主義は、共同体法上、加盟国が公共あるいは消費者その他の利益保護のためのミニマム・スタンダードとして受け入れることのできる程度の統一的な規制が定められる場合にのみ、貫徹しうる。ここでもまた、相互承認が共同体法の実務に採り入れられても、法の統一が不要になるわけではないことが示されている。

3. オプションとしての共同体法上の法制度

共同体法の立法者にとってはさらに、私法的規制を統一法の形で定める可能性も開かれている。統一法が適用されるか否かは各加盟国の意思に任せられており、オプト・イン方式とオプト・アウト方式とがある[31]。このアプローチは、法の統一のメリットを巡る議論の中心に位置づけられるようになった。それというのも、

---

27 原産地国主義の導入を核とする就業指令に関する委員会提案は、政治的に大きな波を呼び起こした。Art. 16 Vorschlag für eine Richtlinie des Europäischen Parlaments und des Rates über Dienstleistungen im Binnenmarkt, KOM (2004) 2 endgültig/2. これについてはたとえば次の文献を参照。*Basedow,* Dienstleistungsrichtlinie, Herkunftslandprinzip und Internationales Privatrecht, EuZW 2004, 423–424; *Kugelmann,* Die Dienstleistungs-Richtlinie der EG zwischen der Liberalisierung von Wachstumsmärkten und europäischem Sozialmodell, EuZW 2005, 327–331; *Mankowski,* Wider ein Herkunftslandprinzip für Dienstleistungen im Binnenmarkt, IPrax 2004, 385–395; *Schlichting/Spelten,* Die Dienstleistungsrichtlinie, EuZW 2005, 238, 239 f.

28 電子商取引指令 3 条 2 項（Fn. 25）、テレビ放送指令 2a 条 1 項（Fn. 26）。

29 EuGH v. 9.7.1997 – verb. Rs. C-34/95, C-35/95 und C-36/95 （*De Agostini* 事件および *TV-Shop* 事件）, Slg. 1997, I-3843 Rn. 37 f.、すでに *Schricker,* Die europäische Angleichung des Rechts des unlauteren Wettbewerbs – ein aussichtsloses Unterfangen?, GRUR Int. 1990, 771, 775 がこの考え方を述べていた。

30 EuGH v. 9.7.1997 – verb. Rs. C-34/95, C-35/95 und C-36/95（*De Agostini* 事件および *TV-Shop* 事件）, Slg. 1997, I-3843 Rn. 55–62.

31 これに関し、*Kieninger* (Fn. 9), S. 368–374.

とりわけ、欧州委員会がヨーロッパ契約法[32]に関するコミュニケ、および統一的なヨーロッパ契約法のためのアクション・プラン[33]において、選択的に採用しうるヨーロッパ契約法典の作出が将来のヨーロッパ契約法の展開のために考えられるバリエーションの一つであって、法の調和に対する代替的な手段たりうるものだとしてこれに論及したからであった[34]。このような構想は、統一的な法規制のデメリットを背負い込むことなく域内市場の統合を促進しようという経済学的考慮に高度に合致したものである。これにより、各国が様々な立法的解決を試みる余地が残されることになる[35]。

「オプト・イン」方式の形態での選択的制度は、ヨーロッパ私法の他の領域においてはすでに実施されている。欧州会社（*Societas Europea*）は、一種の超国家的な法形態であって、少なくとも一定の条件が満たされる場合には、加盟国法で従来認められている資本会社の形態に代えて選択されうるものである[36]。職業上の権利保護に関しては、市場参加者は、1994 年の規則 40 号による共同体商標、および 2002 年の規則 6 号による共同体意匠が共同体法上の制度として利用可能である。

---

32 KOM (2001) 398 endg., ABl. 2001 C 255/1. 国際的議論につき、とりわけ論文集 *Grundmann / Stuyck* (Hrsg.), An Academic Greenpaper on European Contract Law (2002) および *Schulte-Nölke/Schulze* (Hrsg.), Europäisches Vertragsrecht im Gemeinschaftsrecht (2002)、さらに次の著作がある。*Grundmann*, Harmonisierung, Europäischer Kodex, Europäisches System der Vertragsrechte – Die Perspektiven der Kommissionsmitteilung zum Europäischen Vertragsrecht, NJW 2002, 393–396; *Leible,* Die Mitteilung der Kommission zum Europäischen Vertragsrecht – Startschuß für ein Europäisches Vertragsgesetzbuch?, EWS 2001, 474–481; *Schulte-Nölke,* Ein Vertragsgesetzbuch für Europa?, JZ 2001, 917–920.

33 KOM (2003) 68 endg.; ABl. EG 2003 C 63/1。これについてはたとえば次の文献がある。*Schmidt-Kessel,* Auf dem Weg zu einem Europäischen Vertragsrecht: Zur Einordnung des Aktionsplans der Kommission, RIW 2003, 481–489; *Staudenmayer,* The Commission Action Plan on European Contract Law, ERPL 2003, 113–127; *Zypries,* Der „Aktionsplan für ein kohärenteres europäisches Vertragsrecht" der Kommission – oder: Was ist zu tun im Europäischen Vertragsrecht?, ZEuP 2004, 225–233.

34 これに関して、たとえば、*Basedow,* Ein optionales Europäisches Vertragsgesetz – opt-in, opt-out, wozu überhaupt?, ZEuP 2004, 1–4; *Heiderhoff,* Gemeinschaftsprivatrecht (2005), S. 222–230; *Müller,* Gefahren einer optionalen europäischen Vertragsordnung – Aktionsplan der EG-Kommission zum Europäischen Vertragsrecht, EuZW 2003, 683–686; *Staudenmayer,* Ein optionelles Instrument im Europäischen Vertragsrecht?, ZEuP 2003, 828–846.

35 *Wagner,* The Economics of Harmonization: The Case of Contract Law, 39 CMLR 995–1023 (2002)などを参照。

36 各国の会社法と並ぶ欧州会社の役割を経済学的に考察したものとして、*Enriques,* Schweigen ist Gold: Die Europäische Aktiengesellschaft als Katalysator für regulative Arbitrage im Gesellschaftsrecht, ZGR 2004, 735–759; *Röpke/Heine,* Zur Rolle supranationaler Gesellschaftsfirmen im Regulierungswettbewerb – eine juristische und ökonomische Betrachtung, in: Tietze/ McGuire/ Bendel/ Kähler/ Nickel/ Reich/ Sachse/ Wehling (Hrsg.), Europäisches Privatrecht – Über die Verknüpfung von nationalem und Gemeinschaftsrecht, Jahrbuch Junger Zivilrechtswissenschaftler 2004 (2005), S. 265。

4. 地方分権型の問題解決の起点となる一般条項

場所によって相違する解決を展開し、その際に地域の知見をも採り入れることができるようにするオプションとしては、二次法における一般条項を利用することも考えられる[37]。そのすでに認知されている例として、バイオテクノロジー指令[38]6 条がある。これによれば、新たな発明を営業上利用すると公序良俗に反することとなる場合、そのような発明は特許権付与の対象から除外される。欧州司法裁判所は、EU の立法者が「特定の特許の使用によって各加盟国の社会的・文化的環境に生じうる特別の困難性を考慮するため」、この一般条項によって自覚的に、また正当にも、加盟国の裁量の余地を広範に認めたのだという前提に立っている。「こういった環境は、加盟国の行政・立法・私法のほうが、共同体の諸機関よりもよく把握できる[39]」ためである。

共同体法上の私法・経済法実務においては、一般条項が地方分権的な法的解決を可能にする目的でうち立てられることはほとんどない。一般条項が用いられるのはもっぱら、規制すべき対象に具体的な基準値がないという事情によるものである。そのため、一般条項が加盟国によって異なる形で運用されると中央集権的な規制のメリットが失われてしまう、という共同体の立法者の憂慮が前面に出ることがよくある。注目すべきものとして、たとえば、欧州委員会が競争制限違反に対する手続法の地方分権化の先行領域で講じている予防措置がある。これは、EC 条約 81 条の適用に際して、各加盟国の裁判所・競争法所轄機関の判断がまちまちになってしまうことを防ぐためのものである。すなわち、委員会は 2003 年の規則 1 号であるカルテル規則[40]の 10 条において、いわゆる積極判断の可能性を自らに留保した。これにより委員会は、「共同体の公共の利益を根拠として」、一定の合意または行為態様が EC 条約 81 条に反しないことを終局的に[41]確定しうるものとされる。欧州委員会の広範な「ガイドライン」は、拘束的なものではないが、EC 条約 81 条 3 項の適用に際して加盟国の裁判所や所轄官庁を指導することとなる[42]。

共同体の立法として定立されたルールの解釈が加盟国によって異なってしまうことに対する欧州委員会の懸念を示すもう一つのわかりやすい例として、不公正な取引方法に関する指令のための提案があげられる[43]。加盟国が指令の定める基

---

37 ヨーロッパ私法上の規範具体化における任務分配を包括的に扱ったものとして、*Röthel,* Normkonkretisierung im Privatrecht (2004), S. 344–408。

38 Richtlinie 98/44/EG des Europäischen Parlaments und des Rates vom 6.7.1998 über den rechtlichen Schutz biotechnologischer Erfindungen, ABl. 1998 L 213/13.

39 EuGH v. 9.10.2001 – Rs. C-377/98 *Niederlande ./. Europäisches Parlament und Rat,* Slg. 2001, I-7079 Rn. 38.

40 Verordnung (EG) Nr. 1/2003 des Rates vom 16. Dezember 2002 zur Durchführung der in den Artikeln 81 und 82 des Vertrags niedergelegten Wettbewerbsregeln, ABl. 2003 L 1/1.

41 2003 年規則 1 号 16 条参照。

42 Tz. 4 Bekanntmachung der Kommission, Leitlinien zur Anwendung von Artikel 81 Absatz 3 EG-Vertrag, ABl. 2004 C 101/8.

43 Vorschlag für eine Richtlinie des Europäischen Parlaments und des Rates über unlautere Geschäftspraktiken im binnenmarktinternen Geschäftsverkehr zwischen Unternehmen und Verbrauchern und zur Änderung der Richtlinien 84/450/EWG, 97/7/EG und 98/27/EG, KOM (2003) 356 endg.

準から逸脱することは認められないのだが、委員会提案は、指令の4条1項1文で原産地国主義を明文化しようとするものであった[44]。EC条約234条が、条約の解釈に関して欧州司法裁判所による先行判決手続の可能性を開いているにもかかわらず、指令の解釈や指令に基づく立法が加盟国によって異なってしまう、という事態を委員会がおそれていたことは明らかである。このような状況を想定して、委員会は、企業がその営業地の法秩序における標準を遵守すれば足りるということを規定しようとしたのである。しかしながら、指令の立法過程でこの原産地国主義は削除された。そのため、不公正な取引方法に関する指令[45]の現在の4条は、完全な統一を原則として定めるにとどまっている。

一般条項を通じて地域により異なる規制を可能にするという構想は、広告および表示に関する共同体法における、誤解を生じさせる行為の禁止に関する解釈についての欧州司法裁判所の判例にも、その端緒を認めることができる。同裁判所は、エスティローダー事件において、「肌に張りを与えるクリームについて用いられた『リフティング』という語が、ドイツ人の消費者に他の加盟国の消費者に対するのとは異なった理解を与えるという事実が、社会的、文化的または言語的な独自性によって正当化できるか否か」が検討されねばならないことを強調している[46]。これに対し、同裁判所は、それ以前のクリニーク事件判決においては、供給者が他の諸国において当該製品を同一の名称で販売し、その際「その名称の使用によって消費者に誤解が生じないことが明らかである」以上、ドイツにおける製品表示についても、誤解を生じる表示に該当するとは認められない、という立論を行っていた[47]。

しかし、虚偽・誇大広告からの消費者保護に関する判例もまた、一般条項の多様な具体化による地方分権化に限界のあることを明らかにしている。なぜなら、欧州司法裁判所の定式化によれば、誤解を生じるおそれがあるかどうかは、「通常程度に情報をもち、適度に注意深く分別のある平均的消費者」の期待に照らして判断されるべきだとされるので[48]、各加盟国の裁判所は、虚偽・誇大表示禁止

---

44 本指令、および、そこで当初想定されていた「源でのコントロール」が抵触法上の市場地原則との矛盾に至りかねなかったことにつき、*Veelken*, Kundenfang gegenüber dem Verbraucher, WRP 2004, 1, 11–14。

45 Richtlinie 2005/29/EG des Europäischen Parlaments und des Rates vom 11.5.2005 über unlautere Geschäftspraktiken im binnenmarktinternen Geschäftsverkehr zwischen Unternehmen und Verbrauchern, ABl. 2005 L 149/22.

46 EuGH v. 13.1.2000 – Rs. C-220/98, Slg. 2000, I-117（*Estée Lauder* 事件）Rn. 29——リフティングクリーム——同趣旨の指摘はすでに同裁判所の EuGH v. 26.11.1996 – Rs. C-313/94, Slg. 1996, I-6039（*Graffione* 事件）Rn. 22 にみられる。

47 EuGH v 2.2.1994 – Rs. C-315/92 *Verband Sozialer Wettbewerb*, Slg. 1994, I-317 Rn. 21 (Clinique 事件）。

48 欧州司法裁判所および第一審裁判所が用いている消費者像の定式化である。EuGH v. 16.9.2004 – Rs C-329/02 P, Slg. 2004, I-8317（*SAT.1* 事件）Rn. 34; EuG v. 4.11.2003 – Rs. T-85/02, Slg. 2003, II-4853（*Díaz* 事件）Rn. 30. かつては、判決のフランス語および英語バージョンと異なり、「平均程度に情報、注意深さ、および分別のある平均的消費者」という公式が用いられていた。EuGH v. 16.7.1998 – Rs. C-210/96, Slg. 1998, I-4657（*Gut Springenheide und Tusky* 事件）Rn. 37; EuGH v. 28.1.1999 – Rs. C-303/97, Slg. 1999, I-513（*Sektkellerei Kessler* 事件）Rn. 36; EuGH v. 22.6.1999 – Rs. C-342/97, Slg. 1999, I-3819（*Lloyd Schuhfabrik Meyer* 事件）Rn. 26; EuGH v. 13.1.2000 – Rs. C-220/98, Slg. 2000, I-117（*Estée Lauder* 事件）Rn. 27——リフティングク

を適用するための決定的な評価基準をすでに設定されていることになるためである。こうした規範的枠組みに優位性があることは、欧州司法裁判所が、判断資料となる記録書類が十分にあって特定の結論を出すべきことが明らかであるときは、誤解を生じるおそれの有無を自ら判断できるとしていることからもうかがえる[49]。

たとえ、共同体の立法者が、地方分権的で多様な規範具体化を可能にするために意図的に一般条項を用いたのではないとしても、一般条項はいずれも、各加盟国の裁判所や所轄官庁に法適用を具体化する事実上の裁量の余地を与えるものである。こうした加盟国の機関は、地域の諸事情に関する知見を用いることによって一般的なルールや規制目的を関係者の選好によりよく適合させ、中央集権的な規制の典型的なデメリットを緩和するのに適している。

V. 法の同化なしの市場統合は不十分か？

共同体の立法者が、域内市場統合のため、法の統一を放棄して代わりに他の制度によることとした場合、EC 条約が目標とする統合の程度に達しないのではないかという問題が生じる[50]。これを検討するための出発点となりうるのは EC 条約 3 条である。そこでは、域内市場によって、製品の自由な流通に障害のない空間を構築すること（3 条 1 項 c 号）、および、純正な競争のシステム（3 条 1 項 g 号）が目指されている。ここから、一部には、EC 条約が規範や法規、法制度の間の競争を目指しておらず、むしろ反対に、まちまちな法規制を通じて生じうる偽造や歪曲から企業や製品を保護することによってそれらの競争を目指す構想を基礎としているのだ、とする主張もみられる[51]。この説によれば、域内市場とは、原則として、製品および市場に関する規制がすべての競争参加者にとって同一であるような市場をいうと考えるべきだとされる。

しかし、域内市場統合のためにオプション的手段も用いられていることに鑑みれば、そのような批判は当を得ていない[52]。なぜなら、もし域内市場におけるアクターがみな、自己の業務のため共同体法上の制度に訴えることができるのであれば、加盟国法による差異を考慮する必要はないことになり、供給者が加盟国の様々に異なる法規制によって縛られていたとしても、そのことは競争に影響しないはずだからである。

したがって、そのような見解による批判は、基本的には原産地国主義と、そこから生じる加盟国の法規制の競合の問題のみを対象とするものに限定されよう。確かに、共同体の設立者たちが、共通市場への展望として、おそらく統一的な法

リーム——参照。類似の判断としてすでに EuGH v. 6.7.1995 – Rs. C-470/93, Slg. 1995, I-1923（*Mars* 事件）Rn. 24（「分別ある消費者に対して期待可能」）。

49 EuGH v. 12.9.2000 – Rs. C-366/98 *Geffroy*, Slg. 2000, I-6579 Rn. 19; EuGH v. 4.4.2000 – Rs. C-465/98, Slg. 2000, I-2297（*Darbo* 事件）Rn. 21–34.

50 法秩序間の競争と、域内市場の統合目的との緊張関係につき、*Kieninger* (Fn. 9), S. 350–375。

51 たとえば *Schwartz*, 30 Jahre EG-Rechtsangleichung, in: Mestmäcker/Möller/Schwarz (Hrsg.), Eine Ordnungspolitik für Europa, Festschrift für von der Groeben (1987), 333, 357 を参照。

52 これについて、*Kieninger* (Fn. 9), S. 372–374 を参照。

規制を特徴とする単一市場を念頭に置いていたであろう事実は認めざるをえない[53]。むろん、彼らは経済統合による効率性の利益を最も重視していたのである。流動性にとっての障壁を除去するには、法を統一することがなじむのであり、またシンプルな解決であるように思われた。そのため、それと異なるモデルについては議論に上らなかった。

他方、EC 条約 3 条 1 項 g 号からは、企業がそれぞれ異なった加盟国法上の規制に拘束されることが競争を歪めるものとみなされているともいえない。域内市場の統合が包括的な法の統一によって達成されなければならないとは決められていないのである。この規定はむしろ、競争という制度が私人によって制限されたり、国家の産業政策の枠組みを通じた意図的な介入によって制限されたりするのを防止すべきことを示唆していると見ることができる。EC 条約 3 条 1 項 g 条は少なくとも、加盟国の様々な法規制を立地の競争の自然的構成要素とみなしうるという理解と矛盾するものではない。

しかしながら、現存する加盟国間の法規制の相違を競争の歪みであるとする見方は、経済学的に核心をついており説得的である。加盟国がそれぞれの規制標準を相互に承認すれば、各加盟国の製品規制が競争関係に立つことになろう。市場で複数の製品の中からの選択を行う買い手は、原産地国で当該製品の生産の際に遵守された様々な規制標準の間での選択をも直接に行うことになる[54]。だが、このような形態での競争は、自由なルール定立の間での競争という理念に対応したものではない[55]。

加盟国による製品規制は、原産地国主義の効果によって機能喪失に至る。この帰結については、消費者保護のための最低水準の確保等といった経済学的な正当化がなされるが、それは情報の制度的な欠如や他の形態による市場の失敗が克服されたということにほかならない[56]。しかし、国内法の標準が拘束的でなくなれば、保護規定は、それぞれの規制領域に定着している生産者にとってのみ拘束的であり、また、それらの生産者を域内市場における競争でも拘束する生産規制に変わってしまうであろう。

法的にはこの状況をさして「内国人差別」と呼ぶ。これは、国内産業が域内市場における自己の競争能力を高めるために、ロビー活動によって国内の立法者に影響を及ぼして国内規制を最適化しようとする、との考慮から擁護されている[57]。これはもちろん、かつて国内の保護法規であったものが、原産地国主義の導入後は国家の分野別経済振興政策の要素として機能するということにほかならない。

---

53 スパーク報告（前掲注 5）16 頁を参照。「法規制の内容に相違があると、諸産業間の関係に強い影響が及ぶこととなるので……共通市場というものは、共通の法規制と共通の措置、またそうした規制や手続の遵守を確保するための制度システムなくしては考えられない」とされる。

54 *Riesenhuber* (Fn. 16), S. 188 f.

55 以下の叙述に関して基本的な検討を行うものとして、*Kerber* (Fn. 10), S. 91–93、また *Kieninger* (Fn. 9), S. 352–356 も参照。

56 市場の失敗を理由として国家が市場の自由に介入することの正当化につき、たとえば次の文献を参照。*Fritsch/Wein/Ewers*, Marktversagen und Wirtschaftspolitik (6. Aufl. 2005), S. 81–84, 219–249, 279–324; *Richter/Furubotn*, Neue Institutionenökonomik (2. Aufl. 1999), S. 299 f.

57 *Grundmann*, Europäisches Schuldvertragsrecht (1999), 1. Teil Rn. 109.

国内産業には、生産地が品質の徴表としてはたらくことなどによって、ヨーロッパ市場における競争のメリットが保障されねばならない。ヨーロッパの消費者は、「Made in Germany」のビールがすべてドイツのビール純粋令に従って製造されていることを知るべきである。

ただし、こうした個別国家的規制を経済学的に正当化することはできない。原産地国主義を通じて、規制の購買者保護機能は失われてしまう。ドイツの消費者はいまや、ビール純粋令に従うことなく造られたビールの供給をも受ける。代わって保護機能を担うのは、共同体法上の強行規定による標準、あるいは、——共同体法に規定のない場合——カシス事件判例[58]によれば比例原則に従った形で公共の利益のやむをえない要請に資する、または EC 条約 30 条等により正当化される、加盟国の法規制である。ドイツのビール純粋令についていえば、欧州司法裁判所は、消費者保護のためにはビールの原材料名がラベルに表示されていれば足りることを指摘している[59]。これにより、ドイツの生産者に依然として課される純粋性保持義務は、個別国家的な産業政策の一要素となる。

こうした洞察は、考察の明確化のために重要である。原産地国主義によって国内の規制が一般的拘束性を失うならば、経済理論的な観点からは、国内の生産者を対象とする規制がなお拘束的でなければならないとする理由も基本的に存在しない。ドイツビールに付された「Made in Germany」のラベルが持つような、消費者にとっての品質徴表機能は、「ドイツのビール純粋令に従って醸造されました」といった民間の保護された品質証明によっても同様に保障されうる。このような解決をすれば、国外の生産者も同じ証明を利用しうることになり、域内市場の統合にとってより適切であるともいえる。

このことが示すように、確かに原産地国主義は、国内規制の硬直した構造を打破し、法の統一が行き詰まっている領域にも市場開放を押し進めるための有効な手段たりうる。しかし、法規制の間の競争という構想からすると、この原則は説得力を得られない。原産地国主義によって、各加盟国の法規制の間に競争が生じても、それは、経済学者らが法規制間の競争に対して期待するような上述の積極的効果を保障するものではない。

したがって、経済学的に見て説得的な解決は 1 つしかない。それは、購買者だけでなく事業者にも選択権を与え、その立地のいかんにかかわらず、自己の製品を生産する際に従うべき法規制のセットを自由に選べるようにすることである。このように生産者にも消費者にも規制選択の自由を与えることによってのみ、加盟国の法規制の間での自由競争が保障される。それは、契約当事者が選択できるオプション的な契約法典もまた、自由競争の幕を開くものであるのと同様である。強調すべきなのは、オプション的な法と法規制とが、相互に排斥するものではないことである。市場の失敗を克服するために一定程度の規制が必要だと認められるならば、そういった規制もまた選択可能なあらゆる「オプション」の一部となることが確保されねばならない。

---

58 EuGH v. 20.2.1979 – Rs. 120/78 *REWE ./. Bundesmonopolverwaltung für Branntwein,* Slg. 1979, 649（Cassis de Dijon 事件）Rn. 8.
59 EuGH v. 12. 3. 1987 – Rs. 178/84 *Kommission / BRD,* Slg. 1987, 1227 Rn. 35.

VI. 法の同化と両立しうる製品の多様性と消費者の決定の自由

一定の事案は中央集権型で規制すべきであるということを、出発点において確定しておくならば、地方分権型のメリットを巡る経済的な議論をふまえて、次の認識を持っておくべきである。統一的な法も、市場で様々な解決法を得るために、できるだけ自由に判断できる範囲を確保しておくべきである。これは、市場を修正する規則とは逆に、市場をサポートする規則といわれているものに規制内容を限定することによって可能となる。

この区別（差別化）は、立法者が市場参加者の決定の自由にどこまで介入するかを出発点としている[60]。たとえば消費者を訪問販売の典型的なリスクから守らなければいけないとしたら、訪問販売を禁止する立法オプションという方法がある[61]。これが市場を修正する介入である。これに代わるのは、消費者に訪問販売の取消権を与える方法である。不意をつかれた契約の締結における情報不足を補う可能性を消費者に与えるという方法、つまり、自己の選好に合致した契約を結んだのかどうかを、販売者の存在や不意の訪問によるショックに威圧されることなく、いま一度確認する可能性を消費者に与えるという方法である。この規制は、市場から販売方法の選択肢を減らすことなく、情報不足のない自由な決定をサポートするものである。訪問販売の運命は、市場のアクターの決定に委ねられているというわけである[62]。

市場をサポートする規則は、市場に出回っている商品の多様性を妨げることなく規則としての目的を果たしていることが、この例で明らかになっている。市場での行為者は、自分の選好にベストマッチするサービスや製品を選ぶ自由を持っている。経済システムの中心的統制メカニズムとして、また発見の方法としての役割が、競争の仕組みにはなお広範に残されているのである。

介入を、市場をサポートするものに制限することは、場合により、法の同化に関する政治的な合意を容易にすることもありうる[63]。たとえば、特定のある素材を製品に用いることを禁止する案件で加盟国が合意できない場合には、この素材を含む製品に警告マークを表示したり、この製品の販促活動を制限したりすれば、域内市場での自由な流通を保障することで理解しあうことができるであろう。

---

60 *Grundmann/Kerber,* Information Intermediaries and Party Autonomy, in: Grundmann/Kerber/Weatherill (Hrsg.), Party Autonomy and the Role of Information in the Internal Market (2001), S. 264, 281. *Wilhelmsson,* Social Contract Law (1994), S. 126, spricht von "market-rational regulation" im Gegensatz zu "market-rectifying regulation" では、「市場を修正する規則」と対置して「市場を合理化する規則」が取り上げられている。

61 営業的な直接販売を禁じる営業法がデンマークにはある。*Rott,* Die Umsetzung der Haustürwiderrufsrichtlinie in den Mitgliedstaaten (2000), S. 33–35 を参照。

62 訪問販売指令の構想はこのようなものである。So das Konzept der Haustürgeschäfterichtlinie, Richtlinie 85/577/EWG des Rates vom 20. 12.1985 betreffend den Verbraucherschutz im Falle von außerhalb von Geschäftsräumen geschlossenen Verträgen, ABl. 1985 L 372/31.

63 *Grundmann/Kerber/Weatherill,* Party Autonomy and the Role of Information in the Internal Market, in: Grundmann/Kerber/Weatherill, Party Autonomy and the Role of Information in the Internal Market (2001), S. 3, 36 を参照。

実際にも、域内市場の権能を基盤に公布された私法上のルールとしては、市場をサポートする規則が明らかに優勢であることが確認できる。中でも、特に市場情報をサポートする次のような規範がこれにあたる[64]。誤解を招く紛らわしい広告や欺罔の防止策[65]、名望を保護する規則[66]、情報媒介者の動員を促進する規則[67]や、市場の相手方に情報を伝える様々な形態（パンフレット[68]や個別の情報伝達[69]）の義務づけを促進する規則、取消権[70]などである。

市場と競争の機能を保障し、同時にまた製品の多様性と消費者の決定の自由も確保する、市場サポートのための解決法で最優先されるものとして、何といっても市場経済的な経済構造の要請をあげねばならない。これだけでは市場の不完全性を払拭できない場合に初めて、市場を修正する規制を投入することが正統化されるのである[71]。

---

64 *Grundmann*, Europäisches Schuldvertragsrecht, NJW 2000, 14, 18.

65 たとえば不公正な取引方法に関する指令（前掲注 45）5 条 4 項 a 号を同 6 条・7 条と比較しながら参照。また、紛らわしい広告に関する加盟国の法・行政規則の同化のための 1984 年 9 月 10 日の理事会規則 450 号（EWG）の 2 条 2 項および 3a 条 1 項 a 号を参照。ABl. 1984 L 250/17.

66 たとえば、1994 年の規則 40 号を通じた共同体商標の創出（ABl. 1994 L 11/1）、第一の指令（89/104/EWG, ABl. 1989 L 40/1）による商標法の部分的な同化、あるいは、1992 年の規則 2081 号（ABl. 1992 L 208/1）による農産品および食料品の地理的な生産地・採取地表示の保護を参照。

67 共同体は証券業者の権利について金融市場指令の中で、また保険代理業者の権利については保険代理指令の中で詳しく定めている。Richtlinie 2004/39/EG des Europäischen Parlaments und des Rates vom 21.4.2004 über Märkte für Finanzinstrumente, ABl. 2004 L 145/1; Richtlinie 2002/92/EG des Europäischen Parlaments und des Rates vom 9.12.2002 über Versicherungsvermittlung, ABl. 2003 L 9/3.

68 タイムシェアリング指令 3 条、パック旅行に関する指令 3 条 2 項、投資ファンド指令 27 条ないし 33 条、35 条、47 条を参照。Richtlinie 94/47/EG des Europäischen Parlaments und des Rates vom 26.10.1994 zum Schutz der Erwerber im Hinblick auf bestimmte Aspekte von Verträgen über den Erwerb von Teilnutzungsrechten an Immobilien, ABl. 1994 L 280/83; Richtlinie 90/314/EWG des Rates vom 13.6.1990 über Pauschalreisen, ABl. 1990 L 158/59; Richtlinie 85/611/EWG des Rates vom 20.12.1985 zur Koordinierung der Rechts- und Verwaltungsvorschriften betreffend bestimmte Organismen für gemeinsame Anlagen in Wertpapieren (OGAW), ABl. 1985 L 375/3.

69 たとえば、通信販売における消費者保護に関する以下の指令を参照。Art. 4, 5 Richtlinie 97/7/EG des Europäischen Parlaments und des Rates vom 20.5.1997 über den Verbraucherschutz bei Vertragsabschlüssen im Fernabsatz, ABl. 1997 L 144/19; Art. 3 Richtlinie 2002/65/EG des Europäischen Parlaments und des Rates vom 23.9.2002 über den Fernabsatz von Finanzdienstleistungen an Verbraucher, ABl. 2002 L 271/16; Art. 5, 10 E-Commerce-RL (Fn. 25). あるいは、生命保険に関する 2002 年 11 月 5 日の議会・理事会指令 83 号（EC）の附則 III との関連での 36 条 1 項を参照（ABl. 2002 L 345/1）。

70 訪問販売指令（前掲注 62）5 条および 7 条、通信販売指令（前掲注 69）6 条、金融サービスの通信販売に関する指令（前掲注 69）6 条および 7 条、タイムシェアリング指令（前掲注 68）5 条を参照。

71 *Franck,* Bessere Kreditkonditionen für Verbraucher durch mehr Regulierung?, ZBB 2003, 334, 339. また *Canaris,* Verfassungs- und Europarechtliche Aspekte der Vertragsfreiheit in der Privatrechtsgesellschaft, in: Badura/Scholz (Hrsg.), Festschrift für Lerche (1993), S. 873, 879 も参照。「憲法上は市場原理が、原則・例外関係という意味で最優先されるので、これを破るためには正統性を必要とする」とされる。

VII. 結論

域内市場統合が、依然として欧州連合の中心プロジェクトであることに変わりはない。共通の市場を形成することは、第一次的には共同体の中で福祉を推進する企てであると理解することができる。それゆえに、市場統合促進のための法的メカニズムの選択では、経済理論による立論が顕著に行われている。

経済理論は、統一型と地方分権型の規則の利点を根拠付けるために、様々なアプローチを提供している。法的規則の効用に関する知識を生み出す手段としての法秩序の競争というコンセプトは、特に注目を浴びている。もちろんここで、市場もまた、「機能不全」という状況を回避するには、法的解決のために機構的枠組みを必要とすることを考えておかなくてはならない。様々な論拠が出されていることに鑑みれば、1 つだけ指摘できるのは、細心の注意を払って十分に考慮した上で立法の権能を様々なレベルで使い分けるべきであるということである。いずれにしても明確なのは、域内市場統合促進を急ぐあまり共同体の立法オプションを法の同化だけに狭めてしまってはいけないということである。

競争の歪みを避けるため、市場統合において最終的に統一型の法の実現を目指すべきであるという評価を EC 条約から読みとることはできない。共同体の法では、法の同化と並行して市場統合への様々なアプローチが見られる。中でも基本的自由もしくは二次法を基盤にした相互承認の原則（原産地国主義）をあげることができる。

ここで重要なのは、原産地国主義が持つ自由化の効果は市場の相互開放に有益であるとはいうものの、加盟国同士のルールの競争のための秩序原則としては説得力がない点を認識することである。このような競争を実現するには、企業も（自らに対して）拘束力のある規制体制を自由に選ぶことができるということが必然的な条件である。したがって、理論的に説得力があるのは、加盟国の従来からの規則との競争関係に立つ共同体の法的手段をオプションとするアプローチである。

規制を要する問題を統一型の法で解決しようとした場合には、立法者はできる限り市場をサポートする規制を行うにとどめ、つまり、統制目的を満たしつつも市場に出回る製品とサービスの多様性を保持するような規制だけに絞りこめば、統一型解決法の典型的なデメリットを軽減することができるのである。

§ 5 Die Auflösung des Staatsbegriffs in internationalen Rechtsverhältnissen

Marc André Wiegand

Übersicht

I. Einleitung

Daß das Recht der Nationalstaaten sich auflöse zugunsten einer Vorherrschaft supranationaler Neuregelungen und internationaler Rechtsangleichung, ist eine gängige Aussage, die in der wissenschaftlichen Diskussion teils deskriptiv, teils normativ auftritt: Zum einen als Feststellung, daß das Recht der Nationalstaaten – und zwar in der doppelsinnigen Bedeutung von „Rechtsordnung" einerseits und „Legitimation" andererseits – aufgrund zunehmender Internationalisierung von Rechtsverhältnissen einen zu engen Rahmen zur Bewältigung sozialer Konflikte darstelle; zum anderen aber auch als Forderung, daß das Recht nationalstaatliche Begrenztheit und Partikularität ablegen und sich allgemeinen, universalistischen Grundsätzen öffnen sollte.

Nun sind Aussagen im Recht und über das Recht niemals nur rein faktisch oder rein normativ, sondern stets beides, insofern „faktische" Aussagen stets auf ein vorausgesetztes, wenn auch nicht immer offen ausgesprochenes Rechtsverständnis verweisen, und „normative" Aussagen immer auf einen faktisch vorhandenen Regelungsgegenstand, d.h. eine soziale Ordnung, bezogen sind.

Wenn von Internationalisierung des Rechts und von der Angleichung nationalstaatlicher Rechtsordnungen zugunsten staatsübergreifender Regelungsmechanismen die Rede ist, dann wird in diesem Zusammenhang nicht nur auf unterschiedliche Arten und Methoden der Rechtsangleichung Bezug genommen, sondern zugleich – ohne daß dies explizit gemacht würde – auf wechselnde Rechtsbegriffe rekurriert. Der Gebrauch wechselnder Rechtsbegriffe erschwert die Diskussion um die Internationalisierung des Rechts und die Rechtsangleichung indes nicht unerheblich. Es erscheint daher angezeigt, sich zunächst einmal über die verschiedenen Rechtsbegriffe, die in der wissenschaftlichen Diskussion auftauchen, Klarheit zu verschaffen (II.), um sodann deren jeweilige Strukturmängel aufzuzeigen (III.) und schließlich anhand des Befundes einen Rechtsbegriff zu entwickeln, der die angesprochenen Mängel vermeidet und ein tragfähiges Fundament in der Behandlung der Frage der Internationalisierung des Rechts bieten kann (IV.). Ohne eine solche begriffliche Grundlage bleibt die Diskussion um Internationalisierung und Angleichung des Rechts insofern substanzlos, als ungeklärt bleibt, worin denn letztlich der Inhalt von Internationalisierung und Angleichung auf juristischem Gebiet liegen soll, und es besteht die Gefahr, daß außerrechtliche Phänomene einbezogen werden oder aber wesentliche rechtliche Aspekte unberücksichtigt bleiben. Insofern verstehen sich die folgenden Ausführungen als rechtsphilosophische Vorbemerkungen zu dem in allen Rechtsgebieten anzutreffenden Phänomen der Internationalisierung.

II. Die verschiedenen Rechtsbegriffe

Hauptsächlich können in der gegenwärtigen Diskussion zwei Richtungen unterschieden werden, die man schlagwortartig als die positivistische und die moralische bezeichnen kann. Beiden gemeinsam ist ein normativistisches Grundverständnis von Recht, das seit *Kelsen* eine nicht zu unterschätzende Geläufigkeit erfahren hat.

1. Positivistische Richtung

a) Grundannahmen

Als „positivistisch" läßt sich diejenige Auffassung bezeichnen, die „Recht" als eine Summe staatlich gesetzter Normen, d.h. als ein Regelwerk betrachtet und die sich letztlich auf diejenigen Aspekte der kelsenianische Tradition zurückführen läßt, nach welchen für die Beurteilung, ob einer Regel Rechtscharakter zukommt, deren „Erzeugungszusammenhang"[1] entscheidend ist: Regeln sind dann – und nur

1 Hierzu *Kelsen*, Reine Rechtslehre (1934), S. 63ff.

dann – Recht, wenn sie sich letztlich auf dem verfassungsmäßig vorgeschriebenen Prozeß des Inkraftsetzens von Gesetzen zurückführen lassen: ein Vertrag bindet die Vertragsparteien etwa nur, weil es eine entsprechende Norm im bürgerlichen Recht gibt, wonach durch Verträge Rechtsverhältnisse mit entsprechenden Rechtspflichten begründet werden, und diese Norm ist nur deshalb „Recht", weil sie wiederum auf dem verfassungsmäßig vorgesehen Wege zustande gekommen ist. Eine Norm läßt sich aufgrund der gebotenen strikten Unterscheidung von Sein und Sollen immer nur auf eine andere Norm zurückführen, und da das Recht normativ konstituiert ist, bleiben Seinsaussagen bei der Rede über das Recht außer Betracht. Die Norm fungiert hier als allein rechtlich relevante Form der Deutung sozialer Wirklichkeit, an die sie herangetragen wird[2]: Auslegung der Norm[3], praktisches Verhalten der „Rechtsunterworfenen" oder Gerechtigkeitserwägungen[4] sind rechtlich nicht beachtlich, da sie selbst nicht Teil des Normerzeugungszusammenhangs sind. Recht ist also nur die durch die Norm gedeckte staatlich sanktionierte Deutung der tatsächlichen Verhältnisse. Erst die Norm strukturiert das Chaos der sozialen Wirklichkeit zu einer rechtlichen Ordnung.

Eine solche Auffassung scheint zunächst in einigen Bereichen des Europarechts vorzuliegen, das aufgrund seiner starken Kodifizierung (zusammen mit dem Prinzip der begrenzten Einzelermächtigung[5]) und nicht zuletzt wegen des vertraglich vorbestimmten Instruments der Rechtsangleichung[6] den gesamten Prozeß der europäischen Rechtsangleichung und -vereinheitlichung auf eine in hohem Maße positivrechtliche Basis stellen. Trotz der Schaffung supranationaler Strukturen wird doch immer wieder die Gebundenheit des Europarechts an das nationale Normstrukturen betont, so etwa nicht zuletzt in der hinlänglich bekannten „Solange"-Rechtsprechung des deutschen Bundesverfassungsgerichts.[7]

b) *Folgen für die Rechtsinternationalisierung und Rechtsangleichung*

Ein solches positivistisches Verständnis von Recht führt zwangsläufig (nimmt man das Völkerrecht vorerst einmal aus) zu einer bestimmten Konzeption von Rechtsinternationalisierung und Rechtsangleichung: beides kann hier immer nur durch staatliche oder auf den Staat rückführbare Normsetzung erfolgen, etwa dadurch, daß Staaten inhaltsgleiche Gesetze verabschieden oder Vereinbarungen schließen oder aber – wie etwa im Falle des europäischen Gemeinschaftsrechts –

---

2 Zur Norm als Deutungsschema *Kelsen* (Fn. 1), S. 4. Zum Kelsen'schen Normverständnis grundlegend *Paulson/Litschewski/Paulson* (Hrsg.), Normativity and Norms, Critical Perspectives on Kelsenian Themes (1998), *Schild*, Die Reinen Rechtslehren (1975).

3 Zur Rechtsinterpretation als Willens-, nicht als Erkenntnisakt *Kelsen* (Fn. 1), S. 97ff.

4 Wobei Gerechtigkeitsfragen in der Theorie der Reinen Rechtslehre ohnehin als wissenschaftlich unbeantwortbar gelten; hierzu *Kelsen*, Was ist Gerechtigkeit? (2000), S. 49ff.

5 Art. 5 Abs. 1 EGV.

6 Art. 94 EGV.

7 BVerfGE 37, 271 – Solange I, 73, 339 – Solange II. Bemerkbar wird dieser die Mitgliedstaaten berücksichtigende Ansatz auch etwa dadurch, daß der EuGH die nationale Methodik der Gesetzesauslegung respektiert und nicht durch eine eigene ersetzt, hierzu *Riesenhuber/Domröse*, Richtlinienkonforme Rechtsfindung und nationale Methodenlehre, RIW 2005, 47, 51 m. w. N.

dadurch, daß Staaten auf verfassungsmäßigem Wege Teilregelungskompetenzen an überstaatliche Institutionen übertragen, die dann wiederum normsetzend tätig werden. Voraussetzung ist stets, daß bereits – im Sinne der „Grundnorm“[8] – eine *Ordnung* besteht, die aufgrund ihrer Effektivität (d.h. dadurch, daß sie im Großen und Ganzen wirksam ist)[9] als normsetzungsbefugt erscheint. Im Hintergrund muß also stets eine souveräne Macht, eine Autorität stehen, die die von ihr eingesetzte Normenordnung durchsetzt, wobei diese Macht nicht mit dem Recht in eins gesetzt werden darf: Recht ist nicht Macht, sondern „eine bestimmte Ordnung (oder Organisation) der Macht“[10], und Rechtsangleichung oder Internationalisierung ist demnach die *gesetzesförmig* erreichte Harmonisierung von Macht.

2. Moralische Richtung

Demgegenüber hat in jüngerer Zeit eine Denkrichtung Aufwind erfahren, die den Grund für die Herausbildung internationaler Regelungen und die Überwindung von Nationalstaatlichkeit im Recht nicht in der staatlichen Autorität erblickt, sondern – generell gesprochen – in einem Zurücktreten der Rolle des Staates erblickt. Hier können wiederum zwei Richtungen unterschieden werden, die zwar im Detail recht unterschiedlich erscheinen mögen, denen aber doch die Abwendung vom Staat und die Hinwendung zu den Rechtssubjekten als maßgeblichen Akteuren in internationalen Rechtsverhältnissen gemein ist. Hinter diesen Konzepten stehen teils Rücksichtnahmen auf wirtschaftliche Interessen, teils Gerechtigkeitsüberzeugungen mit universellem Geltungsanspruch.

a) *Wirtschaftsgemeinschaft und staatliche Gemeinschaft*

Anhand der Topoi „Wirtschaftsgemeinschaft“ und „staatliche Gemeinschaft“ läßt sich gut die Stoßrichtung verdeutlichen, mit der die wirtschaftlich ausgerichteten Vertreter der moralischen Richtung ihre Argumentation vortragen: Rechtssubjekte, die sich im internationalen Maßstab wirtschaftlich betätigen, mögen sich durch ihre Geschäftskontakte weit stärker mit ebenfalls international agierenden Marktteilnehmern verbunden fühlen als mit Kaufleuten und Unternehmen der eigenen Rechtsordnung. Die wirtschaftlichen Beziehungen drängen in den Vordergrund, allerdings im Gegensatz zu innerstaatlichen Wirtschaftsbeziehungen in der Weise, daß Konflikte nicht mehr auf der Grundlage des nationalen Rechts gelöst werden können. Je dichter die grenzüberschreitenden Wirtschaftsbeziehungen nun werden, um so mehr verstehen sich die Marktteilnehmer als Teil einer internationalen Wirtschaftsgemeinschaft und immer weniger als durch ihre Zugehörigkeit zu einer Staatsgemeinschaft charakterisiert. Damit einher

---

8 Zur Konstruktion der Grundnorm *Kelsen* (Fn. 1), S. 62ff. Zur Kritik an dieser Konstruktion jüngst *Potacs*, Objektive Rechtswissenschaft ohne Grundnorm, Rechtstheorie 36 (2005), S. 5, 11.

9 Zum Problem der Wirksamkeit als Bedingung der Geltung einer Rechtsordnung *Kelsen*, (Fn. 1), S. 70.

10 *Kelsen* (Fn. 1), S. 70.

geht das Bedürfnis, die Rechtsbeziehungen nicht mehr allein vor dem Hintergrund des Internationalen Privatrechts als des staatlichen Kollisionsrechts zu regeln, sondern die international eingespielten Handelsbräuche und Usancen zu verbindlichen und verbindenden Handlungsnormen zu erheben und damit dem staatlichen Recht zu entheben. Ein zentrales Argument dafür, das internationale Privatrecht als zur Konfliktlösung unzureichend zu erachten, ist hierbei offenbar, daß die Mitglieder einer internationalen Wirtschaftsgemeinschaft die Regeln ihrer Rechtsbeziehungen weitaus besser zu formulieren in der Lage sind als der staatliche Gesetzgeber und sie deshalb zu angemesseneren und somit gerechteren Lösungen gelangen.[11] Vor allem im internationalen Zivil- und Handelsrecht, etwa durch die Konstruktion einer lex mercatoria[12], ist diese Denkrichtung wirkungsmächtig geworden.

b) *Universelle Gerechtigkeit*

Wenn die soeben genannte Position die Internationalität des Privatrechts reflektiert, so läßt sich der nun zu nennende Ansatz als die internationale Konzeption des Öffentlichen Rechts bezeichnen. Hier geht es nicht um wirtschaftliche Interessen, die im Hintergrund stehen, sondern um universalistische Gerechtigkeitskonzeptionen, die den Anspruch verfolgen, unabhängig von ihrer einzelstaatlichen Anerkennung Geltung beanspruchen können.[13] Man könnte sagen, daß die Internationalisierung des Rechts hier insbesondere mit dem Bestreben auftritt, einzelstaatlichen Ungerechtigkeiten zu begegnen, etwa durch humanitäre Interventionen[14] oder die Verfolgung von Regierungsmitgliedern für den Fall, daß diese im Verdacht stehen, sich gegenüber ihren Bürgern strafwürdig verhalten zu haben.[15] Gerade diese Position zeigt, in welch starkem Maße eine Abwendung von staatlichen Strukturen intendiert ist: Daß im Bereich des Zivil- und Handelsrechts den Üblichkeiten des Geschäftsverkehrs ein gewisses Recht eingeräumt wird, ist bereits im nationalen Recht nichts Neues; insofern ist die neuere Diskussion zwar nicht einfach eine Verlängerung nationaler Rechtsfiguren ins Überstaatliche hinein, doch kann sie durchaus auf gewisse Parallelen zum innerstaatlichen Recht verweisen. So ist es für Juristen eine gängige Argumentationsfigur, zur Begründung dogmatischer Lösungen auf Verkehrssitten oder Handelsbräu-

---

11 Zu dieser Argumentation *v. Bar/Mankowski*, Internationales Privatrecht (2. Aufl. 2003) § 2, Rn. 72.

12 Begründet v.a. durch *Fouchard*, L'arbitrage commercial internationale (1965), *Goldmann*, Frontières du droit et lex mercatoria, Archives de philosophie du droit et de philosophie sociale 9 (1964), 177, *Kahn*, La vente commerciale internationale (1961). Aus der Sekundärliteratur *Highet*, The Enigma of the Lex Mercatoria, Tulane Law Review 63 (1989), 613; *Stein*, Lex mercatoria: Realität und Theorie (1995), *Zumbansen*, Lex mercatoria: Zum Geltungsanspruch transnationalen Rechts, RabelsZ 67 (2003), 637.

13 Programmatisch ist hierfür etwa das Buch von *Verdross/Simma*, Universelles Völkerrecht (1984), S. 19, wo unmittelbar auf das aristotelische Naturrecht rekurriert wird.

14 So in den Resolutionen des Sicherheitsrates 746 (1992) sowie 940 (1994).

15 Gerade letzteres Beispiel zeigt, wie stark mit der Annahme, daß auch Individuen Völkerrechtssubjekte sein können, eine Abkehr von staatlichen Rechtsstrukturen einhergeht. Zur Völkerrechtssubjektivität von Individuen *Doehring*, Völkerrecht (2004), Rn. 245ff.

che zu verweisen. Daß hingegen auch im Völkerrecht der Staat beiseitegeschoben wird, ist eine Entwicklung, die die bislang geltenden Paradigmen in starker Weise verändert.

III. Strukturmängel

Beide Ansätze beinhalten Teilrichtigkeiten, die für einen sinnvollen Rechtsbegriff zwar wesentlich, aber nicht erschöpfend, vielmehr in einem schlechten Sinne abstrakt sind. Ihre jeweilige Verabsolutierung führt nicht nur zu fehlerhaften Rechtskonzepten, sondern auch zu praktischen Verwerfungen, die einer mangelnden begrifflichen Durchdringung des Problems der Internationalisierung und Angleichung des Rechts geschuldet sind.

1. Strukturmängel der positivistischen Richtung

Die grundlegende Fehlannahme der positivistischen Richtung besteht darin, daß „Norm" (i. S. einer gesetzlich positivierten Rechtsnorm) und Recht gleichgesetzt werden. Dieser Ansatz könnte nur dann überzeugen, wenn man annähme, ein Regelungsgegenstand sei durch eine Norm erschöpfend, d.h. vollständig erfaßt: Erst dann, wenn eine Norm nicht mehr die geringste Möglichkeit der Auslegung und Interpretation läßt, der zur Entscheidung berufene Richter also tatsächlich nur als „Subsumtionsapparat" fungiert, ließe sich mit Fug behaupten, daß durch Normangleichung zugleich Rechtsangleichung erreicht sei. Diese Fälle erschöpfender Normgestaltung sind aber evidentermaßen bestenfalls Ausnahmen. Normalerweise bedarf es zur Interpretation und Auslegung einer Norm bestimmter Methoden und einer entwickelten Dogmatik[16], ja mehr noch: damit bestimmte dogmatische Lösungen wirklichkeitsgestaltend werden können, bedürfen sie einer institutionellen Verfestigung durch die Spruchpraxis von Gerichten.[17] Zur Illustration mag ein Hinweis auf das japanische Zivilgesetzbuch dienen: obgleich seinem Inhalt, d.h. der „Norm" nach vom code civil inspiriert, ist der Normenkomplex des japanischen ZGB doch dogmatisch durch deutsches Recht überformt, und erst dieses Amalgam von französischem und deutschem Zivilrecht macht die japanische Zivilrechtspraxis aus. Zudem ist das Bild der Rechtsangleichung durch Normangleichung allein von der Tradition des kodifizierten Rechts geprägt; für das gesamte case law – das eine Theorie der Rechtsangleichung mitreflektieren muß – ist es wenig tauglich.[18]

---

16 Für das sog. „europäische Strafrecht" hat *Zabel*, KritV 2003, 340, sehr zu recht darauf hingewiesen, daß von der Existenz eines solchen noch gar nicht sinnvoll gesprochen werden kann, da es einer entsprechenden Dogmatik fehlt.

17 Ähnlich bereits *Zitelmann*, Möglichkeit eines Weltrechts (1916), S. 46, sowie im Anschluß hieran *Linhart*, Internationales Einheitsrecht und einheitliche Auslegung (2005), S. 2.

18 Vgl. im Zusammenhang mit diesem Problem *Melin*, Gesetzesauslegung in den USA und Deutschland, Historische Entwicklung, moderne Methodendiskussion und die Auswirkungen von Divergenzen für das internationale Einheitskaufrecht (CISG) (2005).

Das wiederum macht deutlich, wie wenig „international", wie wenig allgemein dieser Rechtsbegriff ist: vom Kodifizierungsdenken des 18. und 19. Jahrhunderts getragen, erhebt er eine *Erscheinung* der kontinentaleuropäischen Rechtsentwicklung zum *Wesen* des Rechts überhaupt.

2. Strukturmängel der moralischen Richtung

Die hier zu nennenden Strukturmängel sollen erklären, weshalb diese Denkrichtung als „moralisch" bezeichnet werden kann:[19] Es ist zwar keineswegs so, daß sich die Vertreter dieses Ansatzes auf völlig unrechtliche Annahmen berufen, es sind jedoch vorrangig nur Rechts*prinzipien* oder aber durch eine Gruppe von Rechtssubjekten eingeübte Praktiken, mithin Bereiche, die innerstaatlich eine Ausformung durch Gesetzesnormen und Gesetzesanwendung erfahren. Der wesentliche Mangel solcher Prinzipien oder Teilpraktiken ist ihre Unbestimmtheit: Prinzipien sind verschiedener Ausgestaltungen fähig, Teilpraktiken vermögen aus sich heraus nicht zu erklären, weshalb sie staatlichem Recht – aus Rechts- und nicht nur aus Praktikabilitätsgründen – vorzuziehen sein sollen; insbesondere ist bei der Anerkennung von Teilpraktiken als „Recht" nicht ersichtlich, weshalb sich Dritte unter die Herrschaft einer von Privaten kreierten Normenordnung fügen sollten. Im Hintergrund steht wohl die Überzeugung, daß im internationalen Rechtsverkehr die Marktteilnehmer besser einschätzen könnten, welche Art von Regeln und Konfliktlösungsmechanismen ihrer wirtschaftlichen Tätigkeit am ehesten angemessen ist. Allein: die Verallgemeinerung dieses Prinzips würde zu dem Satz führen, daß sich Einzelne immer dann von der Verbindlichkeit staatlichen Rechts lösen könnten, wenn sie „bessere" Regeln gefunden haben und diese Regeln unter sich praktizieren. Damit ist aber jedes Verbindlichmachen, das ja gerade ein Merkmal von Recht ist, aufgehoben: eine Verbindlichkeit wäre immer dann beseitigt, wenn die Regel, auf der sie fußt, einer anderen Regel zu weichen hätte, und das Kriterium, wonach die neue Regel Verbindlichkeit hätte, wäre die bloße Versicherung, daß diese Regel die bessere ist. Gerade aber dieses Sich-Auflehnen gegen eine Verbindlichkeit im Namen des eigenen besseren Wissens ist das Kennzeichen einer gegen das Recht argumentierenden Moralität, für die Geltenlassen und Aufheben im eigenen Belieben steht.[20]

19 Bisweilen wird – insbesondere bei der Diskussion um die Menschenrechte – offen ausgesprochen, daß die Menschenrechtsidee über eine „universelle moralische Autorität" verfüge, woraus dann die universelle Geltung der Menschenrechte abgeleitet wird, so etwa *Kotzur*, Theorieelemente des internationalen Menschenrechtsschutzes (2001), S. 328f. Zum Teil wird auch in erschreckend naiver Weise schlicht an die „Natur des Menschen" erinnert, um die Universalität der Menschenrechte zu begründen, so etwa *Weber*, Menschenrechte (2004), S. 1.

20 Insofern hat dieser Ansatz etwas Romantisches an sich. Vgl. in diesem Zusammenhang die Kritik *Hegels* an der Romantik in Vorlesungen über die Ästhetik I, Werke Bd. 13 (4. Aufl. 1994) S. 92 f.; Grundlinien der Philosophie des Rechts, Werke Bd. 7 (5. Aufl. 1996) § 140.

3. Auflösung der Strukturmängel durch die Kombination von Positivität und Moralität?

Eine interessante Kombination beider Richtungen ist im Völkerstrafrecht zu diagnostizieren, wo nicht nur durch die Errichtung des Internationalen Strafgerichtshof (IStGH) eine universelle Strafgerechtigkeit intendiert ist[21], sondern nun (ausgehend vom „Weltrechtsprinzip"[22]) auch auf *nationaler Ebene* der Versuch gemacht wird, universelle Rechtsprinzipien in nationale Gesetze zu transformieren, und zwar mit dem Anspruch, Verletzungen des Völkerrechts (insbesondere durch Regierende gegenüber Regierten) einem nationalen justiziellen Verfahren zuzuführen (so etwa im deutschen Völkerstrafgesetzbuch[23]). Hier scheint auf den ersten Blick eine Lösung gefunden, die die Mängel beider Ansätze ausscheidet und zu einer Verbindung von Positivität und Verwirklichung von Rechtsprinzipien gelangt. Gleichwohl bleibt auch diese Kombination abstrakt: die Institutionalisierungspraxis (wovon die Gesetzgebung ein Teil ist) bleibt nämlich auch hier hinter dem Geltungsanspruch zurück. Das Problem ist dabei keineswegs nur das, daß außerstaatliche Vorgänge einer innerstaatlichen Jurisdiktion unterworfen werden – dergleichen gibt es ohnehin bezüglich der Frage der internationalen Zuständigkeit bei Taten mit Auslandsbezug.[24] Die Schwierigkeit im nationalen Völkerstrafrecht besteht vielmehr darin, daß so getan wird, als sei eine bestimmte *nationale* Rechtspraxis eine *internationale* Praxis, wohingegen sie in Wirklichkeit abstrakt, unpraktisch, eine Forderung wird, wo sie die staatlichen Grenzen überschreitet: Es mag zwar etwa sein, daß die Tötung von Menschen in allen westlich-modernen Zivilisationen als Unrecht angesehen wird; daraus folgt aber noch nicht gesetzmäßig (und gesetzmäßig heißt notwendig und allgemein), daß ein bestimmtes Unrecht auf diese oder jene Weise zu ahnden oder zu bestrafen sei. Man kann dies relativ einfach an folgendem (gerade bei politischen Verbrechen wichtigem) Problem deutlich machen: Wenn mehrere Staaten Völkerstrafgesetzbücher erlassen, dann können darin etwa jeweils unterschiedliche Täterlehren zum Tragen kommen: Einheitstätersystem, Trennung von Täterschaft und Teilnahme, Differenzierungen im Bereich von Beihilfe und Anstiftung, all dies wiederum ausdifferenziert durch dogmatisch entwickelte Argumentationsmuster (etwa dem des „Täters hinter dem Täter"[25]).[26] Stellt man nun die Frage, wie sich jemand nach Völkerstrafrecht strafbar gemacht habe, so ist darauf nur die Antwort möglich: es kommt darauf an, nach welchem Völkerstrafrecht; ein Täter kann gar nicht wissen, welchen Regeln (nach denen sich bei gleichem Sachverhalt unter Umständen

21 *Cassese/Gaeta/Jones* (Hrsg.), The Rome Statute of the International Criminal Court: A Commentary (2002).

22 *Dahm/Delbrück/Wolfrum*, Völkerrecht, Bd. I/3 (2. Aufl. 2002), § 189 IV. 4.

23 BGBl. 2002 I, S. 2254; hierzu *Werle/Jeßberger*, Das Völkerstrafgesetzbuch, JZ 2002, 725.

24 Für das deutsche Strafrecht § 6 StGB.

25 *Schroeder*, Der Täter hinter dem Täter (1965).

26 Da § 2 VStGB schlicht auf die Regeln des AT des StGB verweist, sofern nicht das VStGB Sonderregelungen bereithält, ist deutlich, daß eine eigentliche Internationalisierung des *Strafrechts* gar nicht stattfindet, sondern lediglich eine staatsübergreifende *Verfolgung*.

sogar – etwa aufgrund unterschiedlicher Akzessorietätsgrundsätze – Strafbarkeit oder Straflosigkeit ergeben kann) unterworfen wird, wenn er zur Rechenschaft gezogen wird. Daher ist auch hier der wesentliche Mangel das Unterschätzen und Fehlen einer einheitlichen, durch Spruchpraxis institutionalisierten Dogmatik.

Daß Verbrechen mit Strafe geahndet werden sollen, ist freilich eine Forderung der Gerechtigkeit, und das Unterbleiben der Bestrafung von Verbrechen ist eine Verletzung der Gerechtigkeit. Doch es ist eben eine Forderung – und damit letztlich abstrakt. Daß ein Täter auf diese oder jene *Weise* zu bestrafen sei, geht aus dem Prinzip der Verbrechensbestrafung nicht hervor. Die dogmatische Verankerung eines Völkerstrafgesetzbuches im nationalen Recht und die Festsetzung bestimmter Strafrahmen nehmen an dieser Stelle zwar eine Konkretisierung des Prinzips vor, doch ist diese Konkretisierung beliebig, und neben ihr sind ebenso gut andere dogmatische Lösungen und andere Strafrahmen denkbar. Hinter einem solchen nationalen Völkerstrafgesetzbuch steht kein allgemeiner Wille, unter dem sich Strafende und Bestrafte zusammenfinden können. Vielmehr wird so getan, als sei der zu Strafende Teil desjenigen Gemeinwesens, das ihn straft: in Wirklichkeit stehen sich Willen eines Gemeinwesens und Willen eines mit diesem Gemeinwesen rechtlich nicht verbundenen Subjekts unversöhnt gegenüber. Der Strafanspruch, der sinnvoll nur im Zusammenhang mit einem Strafverfahren artikuliert werden kann, bedarf aufgrund dieses prozeduralen Bezuges einer vorgängigen Institutionalisierung, die jedoch – soll sie den Angeklagten als Prozeßsubjekt respektieren[27] – diesen bereits als Glied einer institutionalisierten Praxis ansehen muß, gegen die sich der Angeklagte überhaupt vergehen kann. Anders formuliert: Die Praxis, gegen die sich der Verbrecher mit seinem Handeln auflehnt, muß bereits die Regeln enthalten, mit der sie auf diesen Verstoß reagiert. Nur so ist gewährleistet, daß ein Rechtssubjekt sich nicht als bloßes Exempel einer Strafgewalt, als der „Hund, gegen den man den Stock erhebt"[28] wiederfindet, sondern als Subjekt, das in seiner Freiheit von einer freiheitlichen Ordnung ernstgenommen wird. Diese Ordnung aber ist der Staat.[29]

---

27 Zu diesem Topos *Kahlo*, Der Begriff der Prozeßsubjektivität und seine Bedeutung im reformierten Strafverfahren, besonders für die Rechtsstellung des Beschuldigten, KritV 1997, 183.

28 So die bekannte Formulierung *Hegels* in seinen Grundlinien der Philosophie des Rechts (Fn. 20). § 99, Zusatz.

29 Zur Auffassung, daß Strafe nur als staatliche Strafe denkbar ist, insbesondere *Schild*, Die staatliche Strafmaßnahme als Symbol der Strafwürdigkeit, in: Kahlo/Köhler/Zaczyk (Hrsg.), Festschrift für E. A. Wolff (1998), S. 429. Hierzu auch *Gierhake*, Begründung des Völkerstrafrechts auf der Grundlage der Kantischen Rechtslehre (2004), S. 148ff., wobei m.E. die von *Gierhake* vorgetragenen Bedenken gegenüber dem Ansatz *Schilds* diesem nicht gerecht werden. Zwar weist *Gierhake* auf die positive Rolle des Staates bei der Strafbegründung hin, doch ist dieser Zusammenhang bei *Gierhake* nicht konstitutiv, vielmehr „bleibt es bei der abstrakt rechtlich herausgearbeiteten Vernunftnotwendigkeit, daß auf materielles (strafrechtsrelevantes) Unrecht Strafe zu folgen hat, und zwar im gedanklich ersten Schritt auch unabhängig von jeglicher staatlichen Verfestigung der Rechtsverhältnisse." (aaO S. 166). Mir erscheint zweifelhaft, daß man eine vorstaatlich gedachte Verbrechensreaktion sinnvoll mit dem Begriff „Strafe" belegen kann.

IV. Mängelursachen

1. Reduktion des Staatsbegriffs

Die zuletzt genannten Mängel tragen schon den Hinweis auf Ursachen der oben dargestellten Fehlkonzeptionen in sich: Die Unterschätzung des Staates als einer Institution, die die von den Rechtssubjekten gelebten Regeln institutionalisiert und prozedural so verankert, daß sie für die Rechtssubjekte gleichzeitig Ausdruck ihrer freiheitlichen Praxis sind und Orientierungsregeln für den Fall bereitstellen, daß die geltende Praxis Brüche dadurch erleidet, daß einzelne oder mehrere Rechtssubjekte sich gegen diese Praxis stellen.

Wenn freilich „Staat" nur mit „Autorität" gleichgesetzt oder auf Fragen demokratischer Legitimation verkürzt wird, gerät seine positive Rolle aus dem Blick: Eine „Autorität" muß nicht zwangsläufig bessere Regeln des Zusammenlebens erzeugen, der Topos der demokratischen Legitimation ist für sich genommen noch nicht hinreichend, wenn es darum geht, soziale Konflikte auf sinnvolle Weise aufzuarbeiten. Überhaupt geht es nicht primär um die Frage der Generierung sozialer Regeln (die immer auf die Frage zurückgeht, warum es sich der einzelne gefallen lassen muß, *Einschränkungen* hinzunehmen), sondern darum, daß Recht als Ausdruck von Freiheit sicherstellen muß, daß Rechtssubjekte im Sozialen ihre eigene Freiheit und Vernunft wiedererkennen können, was einerseits bedeutet, daß der Regelungszusammenhang diese Freiheit widerspiegeln muß, andererseits aber eben auch, daß diese Freiheit zu ihrer Verwirklichung eines Regelungszusammenhanges bedarf.

2. Die Auflösung des Staatsbegriffs in der Reinen Rechtslehre

a) Moralität und Normativismus

Für die positivistische Richtung wurde bereits angedeutet, daß hier bestimmte Aspekte des Kelsenschen Rechtsverständnisses zum Tragen kommen. Indes läßt sich auch die moralische Richtung auf bestimmte Annahmen Kelsens zurückführen, indem sie dem Staat eine untergeordnete Rolle entweder gegenüber dem Rechtsbegriff oder aber gegenüber den Akteuren von Recht zuweist, wobei freilich auch zu bemerken ist, daß hier jeweils nur Teilaspekte wenn nicht gar Fehlinterpretationen des Kelsenschen Werkes zum Tragen kommen. Daß ein als „moralisch" bezeichnetes Rechtsverständnis als Folge bestimmter Aspekte der Reinen Rechtslehre verstanden wird, mag auf den ersten Blick befremdlich erscheinen, denn was soll eine Theorie des positiven Rechts mit Moralität zu schaffen haben, ja wo es sogar erklärtes Ziel der Reinen Rechtslehre ist, eine strikte Unterscheidung von Moral und Recht durchzuführen? Wo sich indes die positivistische und die moralische Richtung treffen, ist ihr Grundverständnis von Recht als einem Komplex von Normen, der an die Realität herangetragen wird; und da die Reine Rechtslehre in erster Linie eine Theorie des rechtlichen Sollens ist, erscheint es durchaus berechtigt, über den Topos des „Normativismus" eine Verbindung herzustellen zwischen der Reinen Rechtslehre sowie den gegenwärtigen positivistischen und moralischen Konzepten von Rechtsinternationalisierung und Rechtsangleichung.

b) Das Aufgeben des Staatsbegriffs im Rechtsbegriff

Den Staat als eine vom Recht verschiedene Entität zu begreifen, ist nach Kelsen eine rein ideologische, metaphysische Annahme: Der Staat muß als soziales Gebilde zur Ordnung menschlichen Verhaltens begriffen werden, genauer: als eine Zwangsordnung, die mit der Rechtsordnung identisch sein muß, da Recht und Staat durch dieselben Zwangsakte charakterisiert werden und „nicht ein und dieselbe soziale Gemeinschaft von zwei Ordnungen konstituiert werden kann"[30]. Die Folge hieraus ist, daß der Staat nichts anderes ist als die Rechtsordnung selbst. Dann aber ist die Annahme, die Staaten könnten nun wieder als selbständige Akteure behandelt und im Verhältnis zueinander wie Personen (eine Annahme, die sich etwa bei Kant findet[31]) angesehen werden, eine schlechte Fiktion: Der Staat handelt nur durch Individuen, und der Staat kann sich nur verpflichten, „indem er bestimmte Menschen verpflichtet, deren Verhalten als solches des ‚Staates' gedeutet, dem ‚Staate' zugerechnet wird."[32] Dies hat gravierende Konsequenzen im internationalen Verhältnis: Der Standpunkt, wonach nur Staaten, nicht aber Menschen Subjekte des Völkerrechts seien, wird nämlich hinfällig.[33] Zwar kann historisch-genetisch davon ausgegangen werden, daß das Völkerrecht aus Normen besteht, „die ursprünglich durch Akte von Staaten (...) zur Regelung der zwischenstaatlichen Beziehungen erzeugt wurden", nur: die historische darf nicht mit der normlogischen Beziehung verwechselt werden. Normlogisch ergibt sich nach Kelsen ein umgekehrter Befund: Die Möglichkeit, daß Staaten etwa Verträge abschließen und sich dadurch binden können, setzt normlogisch (und Norm heißt bei Kelsen immer auch: Deutungsschema) voraus, daß dieser Vertrag eben als Vertrag – und das heißt: rechtlich – gedeutet werden kann. Das heißt, es muß eine Norm gelten, „die die durch das gegenseitige Verhalten der Staaten konstituierte Gewohnheit als rechtserzeugenden Tatbestand einsetzt."[34] Die von Kelsen postulierte Einheit des Gegenstandes „Recht" führt dazu, eine prinzipielle Unterscheidung von internationalem und staatlichem Recht nicht anzuerkennen; das heißt, „man kann das Völkerrecht zusammen mit den einzelstaatlichen Rechtsordnungen ganz ebenso als ein einheitliches System von Normen begreifen, wie man die einzelstaatliche Rechtsordnung als Einheit anzusehen gewohnt ist."[35] Der Staat wird in einer sol-

---

30 *Kelsen* (Fn. 1), S. 117.
31 Vgl. *Kant*, Zum ewigen Frieden, Akademie-Ausgabe Bd. VIII (1968), S. 354, wo es in der Anmerkung zum zweiten Definitivartikel heißt: „Völker als Staaten können wie einzelne Menschen beurteilt werden (...)"; dazu *Höffe*, Kant als Theoretiker der internationalen Rechtsgemeinschaft, in: Hüning/Tuschling (Hrsg.), Recht, Staat und Völkerrecht bei Immanuel Kant (1998), S. 233, 235.
32 *Kelsen*, Das Problem der Souveränität und die Theorie des Völkerrechts (2. Aufl. 1928), S. 162f.
33 *Kelsen* (Fn. 32), S. 163.
34 *Kelsen* (Fn. 1), S. 130.
35 *Kelsen* (Fn. 1), S. 135.

chen Konzeption dann zum Organ der Völkerrechtsgemeinschaft[36], er wird letztlich zu einem bloßen Zurechnungspunkt unter anderen, wie etwa dem der Person oder des Vereins. So wie letzterer Ausdruck einer bestimmten Organisation von Personen ist, ist auch der Staat nur Ausdruck einer gewissen rechtlichen Institutionalisierung: „Aber nicht jede Rechtsordnung wird schon als Staat bezeichnet; dies erst dann, wenn die Rechtsordnung zur Erzeugung und Vollziehung der sie bildenden Normen gewisse arbeitsteilig funktionierende Organe einsetzt. Staat heißt die Rechtsordnung, wenn sie einen gewissen Grad von Zentralisation erreicht hat."[37]

Der Staat ist dann nicht mehr rechtskonstituierend, und staatliche Souveränität rechtlich unbeachtlich: „Die theoretische Auflösung des Souveränitätsdogmas, dieses Hauptinstrument der imperialistischen gegen das Völkerrecht gerichteten Ideologie, ist eines der wesentlichsten Ergebnisse der Reinen Rechtslehre. Obgleich durchaus nicht in politischer Absicht gewonnen, kann es dennoch politische Wirkung haben. Denn es beseitigt ein Hindernis, das sich schier unüberwindlich, jeder technischen Fortbildung des Völkerrechts, jedem Versuch einer weitergehenden Zentralisation der internationalen Rechtsordnung entgegenstellt. Die Reine Rechtslehre widersetzt sich einer Beweisführung, die eine derartige Entwicklung als mit der Natur des Völkerrechts oder dem Wesen des Staates, das heißt aber mit all dem für unvereinbar erklärt, was der Begriff der Souveränität ausdrücken soll."[38]

Freilich – und darauf hinzuweisen ist eminent wichtig – besteht für Kelsen hier nur eine erkenntnistheoretische, keine organisatorische Einheit.[39] Was Kelsen hier vornimmt, ist eine Konstruktion, die es erlaubt, Regelungen im internationalen Rechtsverhältnis überhaupt als Recht begreifen zu können, ohne zugleich zu postulieren, daß solche Regelungen Teil einer übergreifenden, universell gültigen Rechtsordnung sind. Was Kelsen intendiert, ist lediglich, die Bedingungen der Möglichkeit darzulegen, im internationalen Maßstab den Begriff „Recht" gebrauchen zu können.

c) *Folgen für das Verständnis von Völkerrecht*

Genau dies ist der Punkt, wo die gegenwärtige Diskussion um Internationalisierung und Angleichung des Rechts oft einem Fehlschluß unterliegt: Die begrifflichen Voraussetzungen dafür, um etwas als „Recht" ansehen zu können, sind etwas anderes als eine institutionalisierte Rechtsordnung selbst.

Man muß indes kritisch anmerken, daß die von Kelsen in Ansatz gebrachte Begriffswahl diese Unterscheidung nicht wirklich zum Ausdruck bringt, weshalb sie so leicht zur Quelle von Mißverständnissen werden kann. Unter „Recht" zugleich

---

36 *Kelsen* (Fn. 1), S. 150.
37 *Kelsen* (Fn. 1), S. 117.
38 *Kelsen* (Fn. 1), S. 153f. Interessant ist, daß der Souveränitätsaspekt nur allzu oft als „ideologisch" eingestuft wird, hierzu etwa *Kotzur* (Fn. 19), S. 322.
39 *Kelsen* (Fn. 1), S. 153f.

die Bedingungen der Möglichkeit von Recht und die einzelstaatlichen Rechtsordnungen zusammenzufassen, ist nur verständlich, wenn man von „Recht" in einem geradezu unwirklichen, abstrakten Sinne spricht, was freilich Kelsens Ansatz geschuldet ist, das Recht als ein reines Sollen, als bloße Normstruktur zu begreifen und die sozialen Verhältnisse als überhaupt nichts Rechtliches anzusehen.

Nun könnte man derlei Abstraktionen als juristische Begriffsbildung gelten lassen; das Problem ist jedoch, daß rechtliche Begriffsbildungen nicht unverbunden neben der rechtlichen Praxis stehen, rechtliche Praxis vielmehr immer schon begrifflich vorgeformte Praxis ist. In der Tat ist es so, daß unsere gesellschaftlichen Praktiken eine rationale Struktur aufweisen, „die sich gegenüber Fehldeutungen nicht indifferent verhält".[40] Die praktische Übertragung des von Kelsen vorgestellten Rechtsbegriffes auf internationale Rechtsverhältnisse verleitet dazu, Institutionalisierungen von Rechtsverhältnissen – d.h. Staatlichkeit, Gesellschaft, tatsächliche Durchsetzungsmechanismen – auszublenden und statt dessen bestimmte Normstrukturen für das Ganze des Rechts zu halten, die dann nun freilich nicht mehr auf die Frage der Erkenntnismöglichkeiten von Recht reduziert, sondern als tatsächlich geltendes Recht betrachtet werden. Es liegt in der Konsequenz eines solchen Ansatzes, entweder die Angleichung positiver Rechtsregeln oder aber den Anspruch, international zur Durchsetzung von Gerechtigkeit durch Stärkung und Schutz individueller Rechtspositionen beizutragen (wiewohl dieser Anspruch wohlmeinend vorgetragen ist), selbst als Inkraftsetzung von Recht zu begreifen, während es sich letztlich um die Verabsolutierung von teilrichtigen Positionen handelt, woraus technische Verkürzung des Rechts einerseits und eine Rechtswissenschaft des guten Herzens andererseits resultieren. Bei Hegel klingt diese Einsicht – auch wenn er nur ein rudimentäres Völkerrecht vor Augen hatte – bereits an, wenn er schreibt: „Das äußere Staatsrecht geht von dem Verhältnisse selbständiger Staaten aus; was an und für sich in demselben ist, erhält daher die Form des Sollens, weil, daß es wirklich ist, auf unterschiedenen souveränen Willen beruht."[41] Dabei läßt auch Hegel das Argument der vertraglichen Bindung im Völkerrecht nicht unberücksichtigt, das ja bei Kelsen – wie soeben erwähnt – als Beweis dafür dienen soll, daß eine über dem staatlichen Recht stehende Rechtsnorm existiert: „Der Grundsatz des Völkerrechts, als des allgemeinen, an und für sich zwischen den Staaten gelten sollenden Rechts, zum Unterschiede von dem besonderen Inhalt der positiven Traktate [d.h. der völkerrechtlichen Verträge], ist, daß die Traktate, als auf welchen die Verbindlichkeiten der Staaten gegeneinander beruhen, gehalten werden sollen. Weil aber deren Verhältnis ihre Souveränität zum Prinzip hat, so sind sie insofern im Naturzustande gegeneinander, und ihre Rechte haben nicht in einem allgemeinen zur Macht über sie konstituierten, sondern in ihrem besondern Willen ihre Wirklichkeit. Jene allgemeine Bestimmung bleibt daher beim Sollen, und der Zustand wird eine Abwechslung von dem den Traktaten gemäßen Ver-

---

40 *Honneth*, Leiden an Unbestimmtheit – Eine Reaktualisierung der Hegelschen Rechtsphilosophie (2001), S. 52.
41 *Hegel*, Grundlinien der Philosophie des Rechts (Fn. 20), § 330.

hältnisse und von der Aufhebung desselben."[42] Das hier von Hegel vorgetragene Argument dürfte auch heute trotz fortschreitender Institutionalisierungen im Völkerrecht – insbesondere der Einrichtung der Vereinten Nationen und ihrer Möglichkeit, gewisse Sanktionen gegen einzelne Staaten zu ergreifen – nicht erledigt sein. Inwieweit sich ein Staat in seinem Handeln den Regeln des Völkerrechts fügt, ist immer noch in erster Linie eine Frage der staatlichen Souveränität und damit der Bereitschaft eines Staates zur Integrierung in die Völkerrechtsgemeinschaft (weswegen man bei Staaten, die eine mit einem diktatorischen Regime verbundene aggressive Politik abgeschüttelt haben, bisweilen davon spricht, daß sie in die „Völkerrechtsgemeinschaft zurückgekehrt" seien). Daß viele Staaten die Regeln des Völkerrechts akzeptieren, darf nicht darüber hinwegtäuschen, daß diese Akzeptanz eine rein freiwillige ist[43], die unter veränderten Verhältnissen auch wieder entfallen kann. Daher steht das Völkerrecht unter der steten Möglichkeit des Auch-anders-Sein-Könnens. Das bedeutet nicht, daß der Rechtsbildung auf internationaler Ebene der Weg versperrt wäre; es bedeutet auch nicht, daß die gegenwärtigen Strukturen völlig „unrechtlich" wären, aber es bedeutet, daß das Völkerrecht zum jetzigen Zeitpunkt noch keine Vollform von Recht darstellt.

V. Lösungen

Aus dieser Diagnose ergibt sich zugleich, wie Internationalisierung und Angleichung von Recht nur zu bewerkstelligen sind: weder allein durch Regelangleichung noch allein durch die Überantwortung von Konfliktlösungsstrategien an Marktteilnehmer o.ä. Vielmehr fordert eine Rechtsangleichung eine gemeinsame Institutionalisierungspraxis, die auf gemeinsame Rechtsüberzeugungen aufbauen kann und in gemeinsamen gerichtlichen Spruchkörpern, Verfahrensordnungen, Rechtsprinzipien und deren dogmatische Ausformung ihren Ausdruck findet. Freilich zeigen sich hier Grund und Grenze von Internationalisierung und Rechtsangleichung: solange nicht gemeinsame Rechtsüberzeugungen, gemeinsame Rechtsbegriffe für die zu bewältigende soziale Wirklichkeit zur Verfügung stehen, solange kann es keine Internationalisierung geben. Kurz: Internationalisierung kann man nicht „machen". Zwar kann Institutionalisierung nur in Form einer Herstellung und Verbindlichmachung geschehen, aber eine „Formalinstitutionalisierung", die sich nicht auf gemeinsame Rechtsüberzeugungen und -begriffe stützen kann, bleibt wiederum im schlechten Sinne abstrakt.

---

42 *Hegel*, Grundlinien der Philosophie des Rechts (Fn. 20), § 333.

43 Auch hierzu wieder *Hegel* (Fn. 42), Anm.: „Es gibt keinen Prätor, höchsten Schiedsrichter und Vermittler zwischen Staaten, und auch diese nur zufälligerweise, d. i. nach besonderem Willen. Die Kantische Vorstellung eines ewigen Friedens durch einen Staatenbund, welcher jeden Streit schlichtete und als eine von jedem einzelnen Staate anerkannte Macht jede Mißhelligkeit beilegte und damit die Entscheidung durch Krieg unmöglich machte, setzt die Einstimmigkeit der Staaten voraus, welche auf moralischen, religiösen oder welchen Gründen und Rücksichten, überhaupt immer auf besonderen souveränen Willen beruhte und dadurch mit Zufälligkeiten behaftet bliebe."

Es mag zunächst paradox klingen, ist jedoch die einzig mögliche Lösung: Internationalisierung ist allein möglich nicht durch Abschaffung, sondern durch Entstehung (nicht: Herstellung) staatlicher Strukturen auf überstaatlicher Ebene. Das Paradoxon verschwindet freilich, wenn man sich von Bildern freimacht, mit denen der Staatsbegriff häufig belastet ist, und statt dessen den Staat als Ausdruck von „Sittlichkeit" versteht: als ein Ort, wo die Rechtsüberzeugungen und die Freiheit der Subjekte öffentlich Gestalt annehmen. Wie diese Gestalt beschaffen ist, ob die Überzeugungen etwa durch Richterrecht oder durch Gesetzesrecht artikuliert werden, ist dabei letztlich egal. Entscheidend ist, daß eine öffentliche allgemeine Form, d.h. eine Institution gefunden wird, die die Subjekte als Ausdruck ihrer Freiheit begreifen können. Dies geschieht noch nicht durch Angleichung von Regelwerken und auch noch nicht durch staatsübergreifende Marktmechanismen. Derlei Formen sind – um nicht dahingehend mißverstanden zu werden, daß damit eine pejorative Konnotation vorgenommen werden soll – durchaus nicht unwichtig für die Herausbildung einer „Weltgesellschaft", nur ist eine Weltgesellschaft noch kein Weltstaat und kein Weltrecht. Eher bildet eine Weltgesellschaft zur Lösung ihrer Konflikte einen „Not- und Verstandesstaat"[44]: von – wie wir heute vielleicht sagen würden – technischer Rationalität getragene Krisenstrategien. Das ist die Welt unserer Tage. Es mag sein, daß in der Folgerichtigkeit der Entwicklung das Erscheinen eines Weltrechts liegt, das im Augenblick vielleicht erahnt werden kann, aber noch keine Wirklichkeit hat.

---

44 Zu diesem Terminus *Hegel*, Grundlinien der Philosophie des Rechts (Fn. 20), § 183.

§5 国際的な法関係における国家概念の解消*

マルク＝アンドレ・ヴィーガント

目次

I. はじめに

国民国家の法は、超国家的になされる新たな規制や国際的な法の同化が優位となっていくように解消している——よくこうしたことが言われるが、これは学問的な議論においては、一部では記述的な形で、一部では規範的な形で立ち現れる。記述的な形でこれを言えば、それは、《国民国家の法は——「法秩序」という意味と「正統性」という意味の二重の意味において——、法関係の国際化がますます増大していることから、非常に狭い範囲でしか社会のコンフリクトを解決できていない》ということを確定するものである。他方で規範的な形でこうしたことをいえば、それは、《法は国民国家の限界性と部分性を捨て去るべきであり、一般的で普遍主義的な原則へと開かれるべきだ》との要求をしているのだ。

さて、法において述べられていること［法律や判例などに見られる言明（**Aussagen**）］や、法について述べられていること［法学や法哲学の言明］は、事実的にせよ規範的にせよ純粋にどちらか一方だけの形でなされているものでは決してなく、次のようである限りで、常に両側面を有している。即ち、「事実的

* 服部寛訳。

に」述べる場合であっても、そこでは、想定的で常には公然と述べられない法関係が、いつも示されている。また、「規範的に」述べるとしても、常にそれは、事実的に存在する規制の対象、即ち一つの社会秩序と関連しているのである。

《法の国際化や国民国家の法秩序の同化が国家を越えた規制のメカニズムに有利となるような形でなされている》と語る場合、こうした連関で引き合いに出されるのは、法の同化の種類や方法が多様であることだけではなく、同時に――これは明白なかたちでなされることはないように思われるが――法概念が変転していること（**wechselnd**）も引き合いに出される。しかし、この法概念が変転とした形で使用されていることから、法の国際化や法の同化の議論は著しく難しくなっているのである。それ故、以下の点が望ましいように思われる。まず、学問的な議論で登場する様々な法概念を明確にすること（**II.**）。それから、そうした法概念のそれぞれの構造上の欠陥を示すこと（**III.**）。最後に、これらの診断を基に、ここで述べた欠陥を回避しうるような、そして法の国際化という問題を取り扱うに耐え得る基礎を提供しうるような、法概念を展開することである（**IV.**）。そうした概念的な基盤がないと、法の国際化や同化の議論は、実体無きものであり続けるだろう。つまりそれは、《法律学の領域における国際化や同化の内実が、つまるところ、いったいどこに存在するべきなのか》ということがハッキリしないままである限り、そうあり続けるのである。そして、そこには、法外の現象が取り入れられるという危険が、あるいは本質的で法的な観点が考慮されないままになるという危険が存在している。それ故に、以下の論述は、全・法領域に出現しうる国際化の現象に関しての法哲学的な前置きという性格を有するものである。

II.　様々な法概念

主に、今日の議論においては、２つの見解を区別できるだろう。これは一般的には、決まり文句の形で、実証主義的見解・道徳的見解として呼ばれている。双方に共通しているのは、法の規範主義的な根本理解である。これはケルゼン以来過小評価しえないほど広まっている。

1.　実証主義的な見解

a)　根本にある想定

「実証主義的」とされる見解とは、「法」を国家により定立された規範の総体として、すなわちルールの集合体（**Regelwerk**）として理解する見解である。これは、最終的には、ケルゼニアンの伝統が採る次のような観点に立ち返ることができる。ケルゼニアンの伝統によれば、ルールに法の性格が与えられるかについての評定に決定的なのは、その「生成連関（**Erzeugungszusammenhang**）」[1]である。すなわち、ルールが法（**Recht**）であるのは、ルールが制定法の効力発生

1　これについては、*Kelsen*, Reine Rechtslehre (1934), S. 63ff.（邦訳：横田喜三郎訳『純粋法学』（1935）103頁以下。）

（Inkraftsetzen）についての憲法上定められたプロセスに最終的に帰されうる場合であり、そしてその場合に限られる。例えば、契約が契約当事者を拘束するのはただ、民法上に相応の規範が存在し、それによれば、相応の法義務を伴う法関係が契約によって根拠付けられているからである。そしてこの民法上の規範が「法」であるのは、ただ、それがまたもや憲法的に定められた方法で成立したからなのである。存在と当為の峻別の下では、ある規範は常に他の規範の元にのみ帰されうる。そして、法というものは規範的に構成されるのだから、存在についての言明（Seinsaussage）は、法について語る場合には考察の外に置かれる。ここで規範がなす機能とは、規範が適用される社会現実についての、法的にのみ関連している解釈形式としての機能のみである[2]。規範の解釈[3]や「法服従者」の実際の行動（Verhalten・行態とも）、正義についての考慮[4]は、法的には重要ではない。というのも、それら自体は規範の生成連関の一部ではないからである。即ち、法とはただ、規範によって覆われ国家によって是認されている（sanktioniert）、事実関係の解釈なのだ。まずは規範が、社会現実のカオスを法的秩序へと構造化するのである。

こうした見解は、手近なところではヨーロッパ法の領域にいくらか存在しているように思える。ヨーロッパ法は、強力な成文化に基づき（個別授権原則（das Prinzip der begrenzten Einzelermächtigung）[5]と共に）、また特に、法の同化に関して条約で前もって定められた手段を用いることにより[6]、ヨーロッパの法の同化・統一化のプロセス全体の基礎を、かなりの程度、実定法に置いている。超国家的な構造を造り出す代わりに再三強調されるのは、ヨーロッパ法が国内の規範構造に拘束されていることである。これは、特に例として言えば、ドイツの連邦憲法裁判所のよく知られている「ゾーランゲ（Solange）」判決[7]に見られる。

---

2 解釈図式（Deutungsschema）としての規範については、*Kelsen* (Fn. 1), S. 4.（邦訳 17 頁。）ケルゼンの規範の理解については、基本的に次の文献を参照。*Paulson/Litschewski/ Paulson* (Hrsg.), Normativity and Norms, Critical Perspectives on Kelsenian Themes (1998), *Schild*, Die Reinen Rechtslehren (1975).

3 法解釈を意思行為とし、認識行為とはしないことに関しては、*Kelsen* (Fn. 1), S. 97 ff.（邦訳 152 頁以下。）

4 ここで正義の問題は、純粋法学において、いずれにせよ学問的に答えられないものとされている。これについては、*Kelsen*, Was ist Gerechtigkeit? (2000), S. 49 ff.（邦訳：宮崎繁樹訳「正義とは何か」宮崎繁樹・上原行雄・森田寛二・長尾龍一訳『正義とは何か』（1975）45 頁以下、但し、訳の原本は 1953 年出版のもの。）

5 ヨーロッパ共同体設立条約（EGV）5 条 1 項参照。

6 ヨーロッパ共同体設立条約（EGV）94 条参照。

7 BVerfGE 37, 271 – Solange I, 73, 339 – Solange II.［訳者註：後者の Solange II 決定について、邦語文献では次のものがある。奥山亜喜子「欧州共同体の派生法に対する連邦憲法裁判所の裁判権――Solange II 決定――」ドイツ憲法判例研究会編『ドイツの憲法判例〔第 2 版〕』（2003）426 頁以下。］ 加盟国で考慮されているこのようなアプローチは、例えば、欧州司法裁判所（EuGH）が国内の法律解釈の方法を尊重し自らの独自の方法にとって替えてはいない、ということからも感じ取れ得るだろう。これについては、*Riesenhuber/Domröse*, Richtlinienkonforme Rechtsfindung und nationale Methodenlehre, RIW 2005, 47, 51 m. w. N.

b) 法の国際化と法の同化に関しての帰結

そうした実証主義的な法の理解では（国際法をとりあえずいったん除外した場合）、法の国際化・法の同化についての一定の構想が必然的に導かれる。それは次のような構想である――ここで法の国際化と法の同化がなされうるのは、常に、国家的な規範定立、または国家へと帰することができるような規範定立によってのみである。そのための手段としては、例えば、諸国家が同内容の法律を議決し協定を締結することが挙げられる。あるいは――ヨーロッパ共同体法の場合を例にみると――国家が憲法的な方法で統治権限の一部を超国家的な機関へと委譲することがここでのその手段であり、そしてその超国家的機関が再び規範の定立を行うようになるのである。このような構想で常に想定されているのは、《自らの実効性によって（即ち、自らが全体として実効的であるということによって）[8] 規範定立の権限を有するものとして見なされるような、そうした秩序（Ordnung）が――「根本規範」の意味で[9]――既に存在している》ということである。すなわち、背景には常に主権的な権力（souveräne Macht）が存在しなければならない。この主権的な権力が、その権力自らが設置した規範秩序を貫徹するのである。だが、ここでこの権力を、法と同一視してはならない。法とは権力ではなく、「権力の一定の秩序（または組織）」[10]なのだ。そして、それ故に、法の同化ないし国際化とは、権力の調和化を制定法の形態で（gesetzesförmig）達成することなのである。

2. 道徳的な見解

これに対して、最近、強く主張されている（Aufwind erfahren）のは、《法において、国際的な規制を形成し、国民国家性(であること)を克服するための基礎を、国家の権威にではなく――一般的に言えば――国家の役割を後退させることに見出す》と考える方向である。ここでまたも［後述 *a)* と *b)* の］２つの見方を区別することができる。この２つの見方は、詳細にみればかなり異なるものと見られうるけれども、国家から離れていく点、そして国際的な法関係における重要なアクターとしての法主体（Rechtssubjekt）へと視線を向けるという点では共通している。こうした考えの背後では、一方で経済的な利害関心が顧慮されており［*a)*］、他方で普遍的に妥当性を要求する正義が確信されている［*b)*］のである。

a) 経済共同体と国家的な共同体

道徳的見解を経済的な方向へ唱える主張者が論証する傾向（Stoßrichtung）は、「経済共同体」と「国家的な共同体」という問枠組みを基にすると、よく明らかにすることができるだろう。彼らによると――国際的な基準で経済活動をする

8　法秩序の妥当性の条件としての実効性の問題については、*Kelsen*, (Fn. 1), S. 70.（邦訳 112–113 頁。）

9　根本規範の構成については、*Kelsen* (Fn. 1), S. 62 ff.（邦訳 101 頁以下。）こうした構成に対する批判として、最近のものは、*Potacs*, Objektive Rechtswissenschaft ohne Grundnorm, Rechtstheorie 36 (2005), S. 5, 11.

10　*Kelsen* (Fn. 1), S. 70.（邦訳 113 頁。）

法主体が自己のビジネスでのコンタクトを通じて感じるのは、自分の［国の］法秩序における商人や企業とよりも、自分と同様に国際的に活動している市場参加者との結びつきのほうをはるかに強く感じているのである——という。ここで前面に出てくる経済的な関係は、《コンフリクトが国内法を基礎としてはもはや解決できない》という意味で、国内の経済関係と対立関係にある。今や国境を越えた経済関係がより緊密になってくるほど、市場の参加者は、一層に自己を国際的な経済共同体の一部であると理解するようになり、また自らの国家共同体への帰属を自分の特徴だとは一層感じなくなってくるのである。これに伴い必要とされるのが、もはや法関係を国家の抵触法としての国際私法を背景にするだけで規制するのではなく、国際的に根付いている商慣習（Handelsbräuche・Usancen）に拘束力をもたせ、拘束力ある行為規範へと格上げし、それによって商慣習を国家法から解放することである。《国際私法はコンフリクトの解決には不十分だ》という考えの中心的な論拠として、ここで明らかなものに、《国際的な経済共同体のメンバーは、国家の立法者よりも自分の法関係をはるかによく定式化できるのであり、だから、より適切で、従ってより正しい解決を達成するのである》という考えがある[11]。とりわけ国際民法・国際商法において、例えばレークス・メルカトーリア（lex mercatoria）の構築を通じて[12]、こうした考えの方向は強力な影響を有するように成った。

b) 普遍的な正義

上記に述べた立場が私法の国際性を反映しているとしたら、以下の本節であげるアプローチは、公法の国際的な構想として呼ぶことができよう。ここで経済的な利害関心は背後にあるものの問題ではない。肝要なのは、普遍的な正義の構想（Gerechtigkeitskonzeption）である。この普遍的正義の構想は、個々の国家によるその承認如何から独立した形で、妥当を要求できるよう主張する[13]。一般的には次のように言われるだろう——法の国際化は、ここで特に、個々の国家における不正に立ち向かう努力で以って立ち現れる。そうした努力の例としては、人道的介入[14]がその手段として挙げられるが、政府の構成員が自国の市民に罰すべき行動をしたと嫌疑をかけられている場合には、その構成員を訴追することがそのための手段である[15]—— と。まさにこうした立場から、《国家の構造からの離反がど

---

11 この論証に関しては、*v. Bar/Mankowski*, Internationales Privatrecht (2. Aufl. 2003) § 2, Rn. 72.

12 これを基礎付けたのは、特に次のものである。*Fouchard*, L'arbitrage commercial international (1965), *Goldmann*, Frontières du droit et lex mercatoria, Archives de philosophie du droit et de philosophie sociale 9 (1964), 177, *Kahn*, La vente commerciale internationale (1961). 二次文献は次を参照。*Highet*, The Enigma of the Lex Mercatoria, Tulane Law Review 63 (1989), 613; *Stein*, Lex mercatoria : Realität und Theorie (1995), *Zumbansen*, Lex mercatoria: Zum Geltungsanspruch transnationalen Rechts, RabelsZ 67 (2003), 637.

13 これに関しプログラム的なものとして、例えば次の著作がある。*Verdross/Simma*, Universelles Völkerrecht (1984), S. 19, 同所ではアリストテレス的な自然法が直接に引き合いに出されている。

14 例えば、国連の安保理の決議 746（1992 年）及び 940（1994 年）を参照。

15 後者の例は、国家の法構造からの離反が《個人も国際法の主体たりうる》という想定を如何に強力に伴っているか、ということをまさに示しているだろう。個人の国際法上の主体性については、*Doehring*, Völkerrecht (2004), Rn. 245 ff.

の程度強く意図されているのか》がわかる。つまり、民法や商法の領域を考えると、商取引の慣行性（**Üblichkeit**）がある程度で法と認められているということは、国内法においては別に目新しい事柄ではない。その限りでは、［この民商法領域での］新しい議論とは、確かに国内の法の像を超国家的なところへと単に伸張することではないにしても、それは国内の法との一定程度の類似を十分に示すことができる。例えば、法律家にとって、学説的な解決の根拠づけに商取引の慣習（**Verkehrssitten·Handelsbräuche**）を示すことは、よくなされる論拠の型であろう。これに対して、国際法においても国家が脇へと追いやられているという展開は、これまで妥当しているパラダイムを強力な仕方で変更しているのである。

III. 構造上の欠陥

実証主義的と道徳的の双方のアプローチは部分的には正しい。だが、これらは有意味な法概念にとって、確かに本質的ではあるものの、網羅的（**erschöpfend**）なものではなく、むしろ悪い意味で抽象的である。これらのそれぞれを絶対化してしまうと、誤った法の考え方がもたらされるだけではなく、実際上の齟齬（**Verwerfung**）を来す。これらの責任は、法の国際化と同化の問題が概念的に貫徹されていないことにある。

1. 実証主義的見解の構造上の欠陥

実証主義的な見解の根本的に誤っている想定は、《「規範」（法律に実定化された法規範の意味で）と法とを同視している》という点である。こうしたアプローチが説得的でありうるとしたら、それは、《規制の対象は、規範によって、網羅的に、すなわち完全に把握される》ということを想定する場合だけだろう。つまり、規範が解釈（**Auslegung·Interpretation**）される可能性がもはや極めて小さく、即ち、決定に任命された裁判官が事実上「自動包摂機械（**Subsumtionsapparat**）」としてのみ機能するにすぎない、という場合にはじめて、《規範の同化によって同時に法の同化が達成される》と当然のかたちで主張できるのである。しかし、明らかに、こういった網羅的な規範形成のケースは、せいぜい例外的なものである。通例は、規範の解釈のためには、一定の方法と、発展した法解釈学を必要とする[16]。さらには、一定の学説による解決は、現実を形成するようになりうるためには、裁判官の判決実践により制度的に確固にされなければならない[17]。この説明には、日本の民法典に言及することが有用だろう。日本民法典の規範複合体は、その内実、即ち「規範」によれば、フランス民法典（**code civil**）から影響を受けているのだが、学説的にはドイツ民法によって形成され、こうしたフランスとドイツの民法の合成物（アマルガム）がはじめて、日本の民法の実践を構成

---

16 いわゆる「ヨーロッパ刑法」については、ツァーベルが正鵠にも次の点を指摘している。それは、そうしたものの実在を有意味な形で語ることは、相応の法解釈学が欠けているから、未だ全くできない、ということである。*Zabel*, KritV 2003, 340.

17 類似の見解として既に次のものがある。*Zitelmann*, Möglichkeit eines Weltrechts (1916), S. 46. 及びこれに関連しては次を参照。*Linhart*, Internationales Einheitsrecht und einheitliche Auslegung (2005), S. 2.

しているのである。これに加えていえば、規範の同化を通じた法の同化というイメージは、成文法の伝統によってのみ形作られている。判例法全体にとっては——法の同化の理論はこれも共に反映しなければならない——これは殆ど役に立たないのである[18]。このことから、こうした実証主義的な法概念がいかに「国際的」でなく一般的でないか、ということが再度明らかとなろう。18・19 世紀の成文化の思考に影響され、この実証主義的法概念は、ヨーロッパ大陸における法の展開という現象（Erscheinung）を、法一般の本質へと高めているのである。

2. 道徳的な見解の構造上の欠陥

本節では、以下で述べる構造上の欠陥をもとに、《こうした道徳的な考え方をなぜ「道徳的」と呼ぶことができるのか》を明らかにしよう[19]。たしかに、こうしたアプローチの主張者が引き合いに出す想定は、完全に法でない（unrecht-lich）性質のものである、というわけではない。けれども、主に、法原理か、あるいは法主体のある集団によって習得されている実践（Praktik）か、このいずれか一方だけが、国内で制定法の規範や制定法の適用を通じて形成される、法の部分とされるのである。そういった原理や一部でなされている実践（Teilpraktik）の本質的な欠陥とは、それらの不確定性にある。すなわち、原理は多様な形態をとりうるものであるし、一部でなされている実践は、なぜそれを国家の法よりも——実用性の根拠からではなく法的な根拠から——優先すべきなのかについて、自ずから説明することができない。特に、一部での実践を「法」と承認する際には、《なぜ私人により新たに創り出された規範秩序の下に第三者が従わなければならないのか》が明らかではないのである。なるほど、この背景には、《国際的な法律上の取引においては、市場の参加者が、どういった種類のルールやコンフリクト解決のメカニズムが自分たちの経済活動に最も適しているかについて、よりよく評価できるのだ》という確信が存在する。だが、こうした原理を一般化すれば、《諸個人は、「よりよい」ルールを発見しそうしたルールを自分たちの間で実際に適用しているときに、常に国家法の拘束性から解放されうる》という命題が導かれるだろう。けれども、それによって、まさに法の指標である、拘束すること（Verbindlichmachen）というものがどれも廃棄（aufheben）されてしまう。そうなってしまえば、拘束性は、その基礎になっているルールが他のルールに席を譲らなければならない場合に、常に取り除かれるだろうし、新たなルールが拘束性を有する際に指標となる基準は、《このルールはよりいいルールだ》ということを単に保証するものでしかなくなるだろう。しかしまさしく、このように、己のより良き知識（eigenen besseren Wissens）の名

18 この問題に関しては、*Melin*, Gesetzesauslegung in den USA und Deutschland, Historische Entwicklung, moderne Methodendiskussion und die Auswirkungen von Divergenzen für das internationale Einheitskaufrecht (CISG) (2005) 参照。

19 時として——特に人権の議論に際して——、《人権の観念は「普遍的で道徳的な自律」を自由に使える》ということが公然と述べられている。ここから人権の普遍的な妥当性が導出されているのである。例えば *Kotzur*, Theorieelemente des internationalen Menschenrechtsschutzes (2001), S. 328 f. 一部では、驚くほど素朴なやり方で、単に「人間の本性」を想起して、人権の普遍性を根拠付けているものもある。例えば *Weber*, Menschenrechte (2004), S. 1.

において拘束性に対して反抗することは、法に対して反証しようとする道徳性のしるしである。道徳性にとっては妥当させることも失効させること（Aufhebung）も、己の意のままであるのだから[20]。

3. 実定性と道徳性の組み合わせによって構造上の欠陥を解消できるか？

双方の見解の興味深い組み合わせを、国際刑法（Völkerstrafrecht）においてみることができる。国際刑法では、国際刑事裁判所（IStGH）の設立によって普遍的な刑罰正義が目指されているが[21]、それだけでなく今や、国内のレベルでも（「世界（法）主義（Weltrechtsprinzip）」を出発点に[22]）、普遍的な法原則を国内の法律に変換することが試みられている。しかも、国内の司法手続に国際法の違反（特に被治者に対する統治者による違反）を引き込むべきだ（例えばドイツの国際刑法典（Völkerstrafgesetzbuch）のように[23]）との要求もなされているのである。ここで一見したところ、双方のアプローチに含まれている欠陥を取り除き、実定性との繋がり及び法原理の現実化の双方を達成できる解決を見出しうるように見える。にもかかわらず、こうした組み合わせは依然として抽象的でもある。即ち、制度化の実践（立法はその一部である）は、ここでも妥当の要求に達していない。そこでの問題は、《国家を超えた事件が服しているのは国内の司法権ではないか》ということだけではない——そういったことは、外国に関する正犯の国際的な管轄の問題に関して、どのみち存在するものだろう[24]。国内の国際刑法典における難点はむしろ次の点にある。それは、まるで一定の国内の法実践があたかも国際的な実践であるかのようになされる一方で、これに対して実のところは、そうした国内の実践は、国境を越える場合には、抽象的で非実際的な形で、要求となるのである。それは例えば、《すべての西側の近代的な市民国家において、殺人は不正と見なされる》というようなものだろう。だが、こうしたことから、猶も、法則的（gesetzmäßig）には（ここで法則的とは必然的・一般的であることを意味する）、《ある特定の不正があれこれの［具体的な］方法で処罰される（ahnden・bestrafen）べきである》ということは導かれない。このことは、次のような問題（政治的な犯罪においてはまさに重要である）を元にして、比較的に簡単に明らかとすることができよう——いくつかの国家で国際刑法典が公布されている場合、そこでは例えばその都度で異なった正犯の理論が用いられ得る。統一的正犯体系や正犯と共犯の区別、従犯（幇助）と教唆の領域における区別、こういったものはすべて、学説により展開された論証の型（例えば「正犯の背後の正犯（der Täter hinter

---

20 それ故、こうしたアプローチは、ロマン主義なものをそれ自体で有している。この関連で参照されたいのは、ヘーゲルの『美学講義』と『法哲学綱要』におけるロマン主義に対する批判である。*Hegel*, Vorlesungen über die Ästhetik I, Werke Bd. 13 (4. Aufl. 1994) S. 92 f（邦訳：竹内敏雄訳『美学（第一巻の上）』（1956）127 頁以下）; Grundlinien der Philosophie des Rechts, Werke Bd. 7 (5. Aufl. 1996) § 140.（邦訳：上妻精・佐藤康邦・山田忠彰訳『法の哲学 自然法と国家学の要綱（上・下）』（上：2000、下：2001）上巻 224 頁以下。）

21 *Cassese/Gaeta/Jones* (Hrsg.), The Rome Statute of the International Criminal Court: A Commentary (2002).

22 *Dahm/Delbrück/Wolfrum*, Völkerrecht, Bd. I/3 (2. Aufl. 2002), § 189 IV. 4.

23 BGBl. 2002 I, S. 2254; これについては、*Werle/Jeßberger*, Das Völkerstrafgesetzbuch, JZ 2002, 725.

24 ドイツ刑法（StGB）に関しては、第6条を参照。

dem Täter）」[25]のそれ）によって再度さらに区分されるのである[26]。そこで、《国際刑法に従い誰某がどのように罰せられたのか》という問題を立てた場合、考えられる回答は、《どの国際刑法なのか》次第である、ということに限られる。ある正犯は、自分が責任を問われる場合に、どのルールに服するのかについて（そのルールに従って、事実関係が同じであっても、場合によっては――例えば様々な共犯従属性の原則（Akzessorietätsgrundsätze）に基づいて――可罰的か不可罰的かが変わってきさえもする）、全く知ることができない。それ故、ここでも本質的な欠陥は、統一的で判決実践により制度化された法解釈学を過小評価していること・それが欠落していることなのである。

《犯罪は刑罰を持って処罰されるべきだ》ということは、もちろん、正義の要求である。そして、犯罪の処罰がなされないままであることは、正義の侵害であろう。しかし、それはまさにひとつの要求であり――それ故に、つまるところは抽象的なのである。《犯人をあれこれの方法によって処罰すべきだ》ということは、犯罪処罰の原則からは出てこないのだ。ここで、国内法における国際刑法典を学説でハッキリと定め、一定の刑罰の範囲を確定することは、確かに、原理を具体化するものではある。しかし、こうした具体化は任意的なものであり、ある具体化のほかにも、他の形での学説的な解決や刑罰の範囲で、同程度に良いものが考えられるものだ。そうした国内の国際刑法典の背後には、その下に罰する者と罰せられる者がまとまることができるような一般意志は存在しない。むしろ、あたかも罰せられるべき者（der zu Strafende）はそれを罰する公共体（Gemeinwesen）の一部であるかのようになされているが、実際には、共同体の意思と、その共同体と法的に結びついていない主体の意思とが、和解できない形で相対立しているのである。刑罰権（Strafanspruch）は刑事手続との関連でのみ有意味な形で示されうるものであるから、そうした刑罰権は、こうした手続的な関連を基に、制度化が前もって成されることを必要とする。けれども、この制度化は――被告人を手続の主体として尊重すべきならば[27]――、この被告人を、被告人一般により違反されうる、制度化された実践の成員として、既に見なさなければならない。換言すると、犯罪者が己の行為をして抗う対象である実践とは、こうした違反に反応する手段であるルールを既に有していなければならない。唯一そうした形でのみ、法主体が自己を、「杖を振り上げられる犬」[28]といわれるような刑罰権力（Strafgewalt）の単なる見せしめとしてではなく、自由を謳う（freiheitlich）秩序に自分の自由を真摯に受け取ってもらう主体として、再認することが保障されるのだ。しかし、この自由を謳う秩序とは、国家である[29]。

---

25 *Schroeder*, Der Täter hinter dem Täter (1965).
26 国際刑法典第 2 条は、単に形法典の総則のルールを示しているにすぎず、特別な規制を用意しているわけではない。であるから、刑法の本来的な国際化が起こっているのでは全くなくて、単に国家を超えた追求が起こっているにすぎない、ということは明らかであろう。
27 このトポスについては、*Kahlo*, Der Begriff der Prozeßsubjektivität und seine Bedeutung im reformierten Strafverfahren, besonders für die Rechtsstellung des Beschuldigten, KritV 1997, 183.
28 これはヘーゲルの『法哲学綱要』でよく知られている定式である。 *Hegel*, Grundlinien der Philosophie des Rechts (Fn. 20), § 99, Zusatz.（邦訳:上巻 164 頁。文脈の都合上、若干改訳した。）
29 刑罰は国家の刑罰としてのみ考えることができるという見解については、特に参照、*Schild*, Die staatliche Strafmaßnahme als Symbol der Strafwürdigkeit, in: Kahlo/Köhler/Zaczyk (Hrsg.),

IV. 欠陥の原因

1. 国家概念の縮減

最後に述べた欠陥は、上述の誤った考え方の原因がどこにあるのかを既にそれ自身で示唆している。それは、制度としての国家を過小評価していることである。――すなわち、制度としての国家は、法主体が実践しているルールを制度化する。そしてこのルールを手続的に固定し、そしてそうしたルールが法主体にとって同時にその自由主義的な（freiheitlich）実践の表現であり、また、妥当している実践が個々の法主体や複数の法主体に対抗されることによって崩壊を受ける場合に方向付けをするルール（Orientierungsregeln）を用意するのである。――こうしたところの制度としての国家を過小評価しているのが、欠陥の原因なのだ。

もちろん、「国家」を、単に「権威」と同視したり、民主主義的な正統性の問題へと切り詰めたりしてしまっては、国家の積極的な役割が視野から落ちてしまう。「権威」は共同生活のよりよきルールを必ずしも生み出すものではない。民主主義的正統性という論点（トポス）それだけでは、社会的なコンフリクトを有意味な方法で解決することが問題である場合には、なおも不十分なのである。そもそも第一に重要なのは、社会のルールを如何に生み出すかという問題ではない（この問題は、《なぜ個人が制約を受けることを甘受しなければならないのか》という問題に常に帰してしまう）。それよりも重要なのは、《法は、自由の表現として、法主体が社会的な領域において自分自身の自由と理性を再認識できることを、保障しなければならない》ということである。これは2つのことを意味している。一方では、《規制の連関はこうした自由を反映しなければならない》ということである。他方では、《この自由はその実現のために規制の連関を必要とする》ということをもまさに意味するのである。

2. 純粋法学における国家概念の解消

a) 道徳性と規範主義

実証主義的見解にとって既に示唆されていたのは、ここで定めたケルゼンの法の理解の観点を用いることであった。しかし、道徳的見解も、ケルゼンの一定の想定に帰することができる。というのも、道徳的見解は、国家の役割を、法概念に対して従属的に割り当てているか、あるいは法主体に対して従属的に割り当てているか、このどちらかであるからなのである。もちろん、《ここでその時々で用いられているのはケルゼンの著作の部分的な局面にすぎず、またしばしば誤っ

Festschrift für E. A. Wolff (1998), S. 429. これについては次も参照。*Gierbake*, Begründung des Völkerstrafrechts auf der Grundlage der Kantischen Rechtslehre (2004), S. 148 ff., ここで私見を述べると、ギールハケがシルトのアプローチに対して述べる懸念は的外れである。たしかにギールハケは国家が刑罰の根拠付けに際して成す積極的な役割を指摘している。しかしこうした連関はギールハケにおいては構成的（konstitutiv）ではない。むしろ、「抽象的に法的に展開したところ、理性的に必然であるのは、《実質的な（刑法に関連する）不正の後に刑罰が［論理的には］続くべきであり、しかも、観念的なかたちでその第一歩を踏み出すとき、それは、個々の国家が法関係を確固とすることから独立になされる》ということである (aaO S. 166)。」前国家的に考えられた《犯罪への作用》に「刑罰」という概念を有意味に当てることができるかについては、私には疑わしく思える。

た解釈もされている》ということにも同様に注意を要する。「道徳的」と呼ばれる法理解が純粋法学の一定の観点の帰結であると理解されるのは、一見したところ、奇異に思えるかもしれない。では、実定法の理論は道徳性とかかわりを持つべきなのだろうか？ 道徳と法との峻別を遂行することこそ、純粋法学の明確な目標はなのではないか？ それにも拘わらず、実証主義的見解と道徳的見解とが邂逅するところは、双方が法を規範の複合体として基本的に理解しているところであり、この規範複合体が現実へと適用されるのである。そして、純粋法学は第一に法の当為の理論であるから、「規範主義」という論点（トポス）について、純粋法学と、今日における法の国際化や同化に関する実証主義的・道徳的な考え方との間に結びつきを打ち立てることは、全く正しいように思える。

b) 国家概念の法概念への消滅

ケルゼンによれば、国家を法とは異なった存在（実在 Entität）として理解することは、純粋にイデオロギー的で形而上学的な想定である。つまり、国家は、人間の行動の秩序に関する社会的な構築物として理解されなければならない、とケルゼンはいう。より正確にいえば、国家は、法秩序と同一であるはずの強制秩序として理解されなければならないのである。というのも、法と国家とは同一の強制行為によって特徴付けられるからであって、「同一の社會的團體は二つの異なつた秩序によつて構成され得ないからである[30]。」ここから、《国家は法秩序そのものに他ならない》ということが帰結される。しかし、そこで《国家はここで再度自立的なアクターとして行為することができ、相互の関係をひと（Person）のように見なされうる（これは例えばカントに見られるような想定である[31]）》と想定しても、それは質の悪いフィクションでしかない。というのは、国家は個人を通じてのみ行動するからであり、また、国家が義務を負うことができるのは、ただ、「国家が一定の人間に義務付け、その行動を『国家』の行動として解し、『国家』に帰報させることによるのである[32]。」 これは国際関係においては重要な帰結を有する。つまり、《国際法の主体は国家のみであり人間ではない》と見る観点は間違いとなる[33]。 確かに、歴史的 - 発生論的には、出発点として、《国際法は「元々は国家の行為によって（……）国家間の関係を規制するために生み出された」規範によって構成される》と考えることができよう。ただ、歴史的な関係は、規範論理的な関係と混同されてはならない。ケルゼンによれば、規範論理的には、これとは逆の診断が生じるのである。つまり、国家が例えば条約を締結し

---

30 *Kelsen* (Fn. 1), S. 117.（邦訳 182 頁。）

31 Vgl. *Kant*, Zum ewigen Frieden, Akademie-Ausgabe Bd. VIII (1968), S. 354.（邦訳：土岐邦夫訳「永遠の平和のために」坂田徳男訳者代表『カント〈下〉（世界の大思想 11）』(1965) 418 頁。）同所の第二の確定条項（zweiter Definitivartikel）についての注釈では、次のように言っている。曰く、「国家としてのそれぞれの民族については、個々の人間と同じように考えてもよい（……）。」これについては、*Höffe*, Kant als Theoretiker der internationalen Rechtsgemeinschaft, in: Hüning/Tuschling (Hrsg.), Recht, Staat und Völkerrecht bei Immanuel Kant (1998), S. 233, 235.

32 *Kelsen*, Das Problem der Souveränität und die Theorie des Völkerrechts (2. Aufl. 1928), S. 162 f.

33 *Kelsen* (Fn. 32), S. 163.

それによって拘束されうる可能性は、規範論理的には（そしてケルゼンにおいては規範とは常に解釈図式を意味する）、《この条約がまさに条約として――それは即ち法的に――解釈されうる》 ということを前提としている。すなわち、「諸國家の相互的行動によつて構成された慣習をもつて法設定の構成事實とする」[34]規範が妥当しなければならない。ケルゼンは対象である「法」の統一を要請する。このことから、国際法と国家法の原則的な区別を承認しないことになる。曰く：「國内的法秩序が普通に統一體として見られているのと全く同様に、國際法が國内法秩序と合して統一的な規範體系を構成するものとして理解され得る[35]。」すると、そうした考えにおいては、国家は国際法共同体の機関となり[36]、最終的には、例えばひと（Person）や団体のような、帰報点［帰責・帰属する点（Zurechnungspunkt）］の数ある中のひとつとなるにすぎないのである。例えば団体がひとの一定の組織を表現しているように、国家も、ある法的な制度化の表現でしかなくなる。ケルゼン曰く：「ただし、いかなる法律秩序も、単に法律秩序であることだけで、既に國家と名ずけられるのではない。法律秩序を構成する規範の設定と執行のために、若干の分業的に活動する機關が設けられるときに、はじめて、そうである。法律秩序がある程度の中央集權を達成したときに、それは國家と稱されるのである[37]。」

そうなれば、国家は、もはや法を構成するもの（rechtskonstituierend）ではなくなり、国家主権は法的に顧みられなくなる。ケルゼンは言う：「帝國主義的な反國際法的イデオロギーの主要武器であるところの、主權説の理論的解消は純粋法學の最本質的な成果の一つである。それは決して政策的意圖の下に得られたものでないけれども、それでもやはり政策的影響をもち得る。なぜなら、國際法のいかなる技術的發達に對しても、國際法律秩序の中央集權化を進めるいかなる試みに對しても、全く打ち勝ちがたい抵抗を行う障害をそれは除去するからである。この種の發達をもって、國際法の性質と調和しないとか、國家の本質と調和しないとか、換言すれば、主權の概念が表示しようとする一切のものと調和しないと宣言する傳統的法律學の証明に對して、純粋法學は反對する[38]。」

もちろん――そしてこのことを示しておくのは非常に重要なのだが――ケルゼンにとってここで存在する統一（体）（Einheit）とは、ただ認識論的な統一であって、組織的な統一ではない[39]。ケルゼンがここで取り組んでいたのは、国際的な法関係における規制一般を法と理解することが可能となる構成をすることであった。またこの構成は、同時に、そうした規制が包括的で普遍的に妥当する法秩序の一部であるということを要請することがないようにしなければなかったのだ。ケルゼンの意図は、単に、どうすれば国際的な基準で「法」という概念を使用できるか、その可能性の条件を説明することだったのである。

---

34 *Kelsen* (Fn. 1), S. 130.（邦訳 200 頁。）
35 *Kelsen* (Fn. 1), S. 135.（邦訳 206 頁。）
36 *Kelsen* (Fn. 1), S. 150.（邦訳 227 頁。）
37 *Kelsen* (Fn. 1), S. 117.（邦訳 182 頁。）
38 *Kelsen* (Fn. 1), S. 153 f.（邦訳 231 頁以下。）主権の観点がただあまりにも頻繁に「イデオロギー的」と評価されているのは興味深い。これについては、例えば参照、*Kotzur* (Fn. 19), S. 322.
39 *Kelsen* (Fn. 1), S. 153 f.（邦訳 231 頁。）

c) 国際法についての理解にとっての帰結

今日行われている法の国際化や同化をめぐる議論がしばしば誤った推論に陥っているポイントは、まさに次の点にある。すなわち、あるものを「法」と見なすことを可能とするために必要な概念的前提は、制度化された法秩序そのものとは別個のものなのだ。

だが、次のことにも批判的に留意しなければならない。ケルゼンがそのアプローチでなした概念の選択は、上記の区別を実際には表現していない。それ故に、このケルゼンの概念の選択は、容易く誤解の源となってしまう可能性があるのである。「法」の下に法の可能性の条件と個々の国家の法秩序とを同時にまとめることがもっともだといえるのは、「法」をまさに非現実的・抽象的な意味で語る場合に限られる。これにはもちろん、ケルゼンのアプローチに責任がある。ケルゼンが法を純粋な当為として、また単に規範構造としてのみ理解し、社会的諸関係についてはそもそも法的なものではないと見ていたことに問題があるのである。

さて、そうした抽象化を法律学的概念形成として妥当させることはできよう。しかし、問題は、《法的な概念形成は法的な実践と結びついて存在するし、むしろ法的な実践は、常に、既に概念的な形で予め形成されている実践なのである》ということである。実際に、我々の社会の実践は、「誤った解釈に対しては無関心に振舞えない」[40]という合理的な構造を示している。ケルゼンが想像した法概念を実際に国際的な法関係に転用してしまうと、これに惑わされて、法的関係の制度化——即ち国家性、社会、事実的な貫徹のメカニズム——をフェードアウトし、その代わりに一定の規範構造を法全体と見なしてしまう。そうすれば当然に、この規範構造は、法の認識の可能性の問題にはもはや還元されず、実際に妥当する法として考察されることになるのである。そうしたアプローチの帰結にあるのは次のどちらかである。それは、実定法のルールの同化を図るか、あるいは、正義の貫徹のために個人の法的地位の強化や保護によって国際的に寄与していこうと要求し（この要求が善意からなされているとはいえ）、この要求そのものを法の効力を発生させるもの（Inkraftsetzung）として理解するか、このどちらかであろう。 だがその他方で、最終的に肝要なのは、部分的にしか正しくない立場を絶対化することである。これにより、一方では法の技術的な切り詰め（technische Verkürzung des Rechts［形式的な規範構造のみに縮減され、その内容については議論しない法思考のこと］）が、他方では善良な心の法学（eine Rechtswissenschaft des guten Herzens［道徳的にしか論証しない法学］）が生じてくる。 こうした洞察は、既にヘーゲルにおいて感じ取られていた——たとえ彼の眼前にあった国際法が未発達のものでしかなかったとしても——。彼は次のように記している：「国際法は独立諸国家間の関係にもとづいている。それゆえに、国際法において即自的かつ対自的であるものは、当為という形式をもっている。というのも、国際法が現実に存在することは、諸国家の異なった主権的意志

---

40 *Honneth*, Leiden an Unbestimmtheit – Eine Reaktualisierung der Hegelschen Rechtsphilosophie (2001), S. 52.

に依存するからである[41]。」ここでヘーゲルもまた、国際法における条約の拘束という論拠を顧慮しないままではない。この論拠はケルゼンにおいては——上述したように——、国家法の上に存在する法規範が実在するということの証左として仕えるべきものである。ヘーゲルは言う：「普遍的で、国家間において即自的かつ対自的に妥当すべき法としての国際法の根本原則は、実定的条約［（Wiegand 補足）すなわち国際法上の条約］の特殊的内容とは区別されて、諸国家相互間の拘束性がもとづくものとしての条約は遵守されなければならないということである。しかし、国家間の関係は、諸国家の主権をその原理とするがゆえに、そのかぎり、諸国家は自然状態において相対峙しており、また諸国家の権利はその現実性を、超国家的な力にまで構成された普遍的意志においてではなく、諸国家の特殊的意志においてもっている。先の普遍的規定は、したがって、当為にとどまり、そして実状は条約に従った関係の成立とこの関係の破棄とのくり返しとなる[42]。」ここでヘーゲルが述べた論拠は、今日でも、国際法における制度化が進歩した——特に国連が設立され、それが個々の国家に一定程度のサンクションを下すことが可能となった——にもかかわらず、やり込められてはいないだろう。国家が自らの行動において国際法のルールにどのくらい従うのかは、依然として、まず第一には、国家主権の問題であり、またそれ故、国家が国際法共同体へと統合していくことにどれくらいの用意があるかの問題なのである（そのため、独裁的な体制と結びついた乱暴な政治を払い落としていた国家のもとで、時おり、そうした国家が「国際法共同体へと逆戻りしている」ということが語られている）。《多くの国家が国際法のルールを受け容れている》といっても、このことを以って、《そうした受諾は純粋に自由意志によるもので[43]、状況が変われば再度また解消されうる》ということを思い誤ってはならない。それ故に、国際法は、別様でも在り得る（Auch-anders-Sein-Könnens）という可能性の下に常に在るのである。このことは、法形成が国際的な次元で通路をふさがれているのではないか、ということを意味するものではない。また、今日の構造がまったく「法でない（unrechtlich）」ものではないか、ということをも意味するものではない。このことの真意は、《国際法は、現時点では、法の完全な形式をとっていない》ということである。

---

41 *Hegel*, Grundlinien der Philosophie des Rechts (Fn. 20), § 330.（邦訳：下巻 543 頁以下。）
42 *Hegel*, Grundlinien der Philosophie des Rechts (Fn. 20), § 333.（邦訳：下巻 546 頁。）
43 これについても再度参照、*Hegel* (Fn. 42), § 333 Anm.（邦訳：下巻 546 頁以下）：「国家間には大法官は存在せず、せいぜい仲裁者と調停者が存在するだけであり、この仲裁者と調停者もまたただ偶然に、すなわち特殊的意志に従っているだけである。国際連盟による永遠の平和というカントの考えは、それによれば、この国際連盟があらゆる戦いを仲裁し、そして各国によって承認された力としてあらゆる不一致をかたづけて、戦争による決定を不可能にさせるものとなっているが、この考えは諸国家の同意を前提としている。ところが、この同意は、道徳的、宗教的、あるいはまたどのような根拠および考慮によるにせよ、一般につねに特殊的な主権的意志にもとづいており、そのためにつねに偶然性にまとわりつかれているのである。」

V. 解決策

これまでの診断から同時に、どのように法の国際化・同化を遂行しうるかが明らかとなろう。ルールの同化だけでは足りない。また、市場の参加者にコンフリクトを解決する戦略の責任を負わせたりするだけ、などといった形でも不可能である。むしろ、法の同化が必要とするのは、共通の制度化の実践である。即ち、共通の法確信に基づくことが可能であり、そして共通の裁判の合議体（部）や手続秩序、法原理や、その学説的な形においてその表現を見出すような、そうした共通の制度化の実践こそが、法の同化に必要なのである。もちろん、ここで法の同化・国際化の基礎と限界がハッキリする。つまり、克服されるべき社会現実についての共通の法確信・法概念が自在なものになること無くしては、法の国際化は存在しえないのだ。簡潔に言えば、国際化は「作り出す（machen）」ことができない。たしかに、制度化は、製造し（Herstellung）拘束する（Verbindlichmachung）という形だけでも起こりうるものではある。しかし他方で、共通の法確信や法概念に支えられ得ていない「形式的な制度化」は、悪い意味で抽象的なままではないか。

考えられる解決は次のようなものである。これは一聴したところではパラドックスに聞こえるかもしれない。しかしこれが唯一の解決なのである。つまり、国際化は、国家の構造を超国家的なレベルで撤廃すること（Abschaffung）ではなく、そこでそれが発生すること（Entstehung）によって（それを作り出すこと（Herstellung）ではない）、唯一可能となる。もちろん、このパラドックスは、国家概念にしばしば負わされるイメージから解放され、その代わりに国家を「人倫（Sittlichkeit）」の表現と理解する場合に、解消されよう。「人倫」の表現としての理解、それは、国家を、法確信と主体の自由が公的に具体的な形態をとる場所として理解することである。そうした形態がどのように調達されるか、例えば、確信が判例法により表現されるか制定法により表現されるかなどは、この際、つまるところはどうでもよい。決定的に重要なのは、《公的で一般的な形態を、言い換えると、主体が自らの自由の表現と理解することができる制度を、見出せるかどうか》ということなのである。これは、ルールの集合体の同化ではなされない。また、国家を超えた市場メカニズムによってもなされない。そうした形式は――それでネガティブな含意が想定されるべきであることを誤解されてはならない――「世界社会（Weltgesellschaft）」の彫琢形成にとっては、全く重要ではあろう。だが、世界社会はまだ世界国家（Weltstaat）でも世界法（Weltrecht）でもない。むしろ、世界社会は、そのコンフリクトを解決するために、「必要国家・悟性国家（Not- und Verstandesstaat）」[44]を形成するのである。これは――今日の我々はおそらく次のように言うだろう――、技術的合理性の影響を受けた、危機に対する戦略（Krisenstrategien）なのである。これが我々の現在ある世界なのだ。展開が首尾一貫した先には、世界法が登場するかもしれない。この登場は、おそらくは目下のところでは予感されうるも、しかし現実を有するものでは、まだ、ない。

---

44 この用語については、*Hegel*, Grundlinien der Philosophie des Rechts (Fn. 20), § 183.（邦訳：下巻 352 頁。）

§ 6 Weitgehende Übereinstimmung und laufendes Programm – Zur Legitimation von Privatrecht im Zeitalter der Globalisierung

Gralf-Peter Calliess

„We reject kings, presidents and voting.
We believe in rough consensus and running code."
David Clark

„Das staatliche Recht hat stets das letzte Wort;
was es nicht autorisiert, das hat – gerade auch im
demokratischen Staat – keine Geltungschance."
Christian von Bar

Übersicht

I. Globalisierung und Rechtsangleichung: drei Thesen

Unter Rechtsangleichung, die im europäischen Kontext auch als Harmonisierung bezeichnet wird, versteht man die inhaltliche Angleichung von Rechtsnormen der Nationalstaaten. Diese Begriffsbestimmung impliziert, daß mit Recht nur (national-) staatliches Recht gemeint sein kann, daß sich Recht wesentlich durch den Inhalt (geschriebener) Rechtsnormen definiert, und daß es in irgendeiner Weise von Vorteil ist, wenn sich die Rechtsnormen der Nationalstaaten mehr oder weniger ähneln. Rechtstheoretisch sind diese drei Implikationen meines Erachtens unzutreffend. Freilich müßte ein solcher Befund nicht weiter stören, wenn sich daraus nicht Denkblockaden ergeben würden, welche einer rechtswissenschaftlich begründeten Antwort auf die Herausforderungen der Globalisierung im Wege stünden. Ich möchte den genannten Implikationen deshalb in *drei Thesen* entgegentreten.

These 1: Aus Sicht der rechtssuchenden Bürger stehen nicht Rechtsnormen, sondern Billigkeit und effektiver Rechtsschutz im Vordergrund des Interesses. Im Falle einer behaupteten Rechtsverletzung kommt es darauf an, daß der Zugang zu einem Streitschlichtungssystem offensteht, in welchem über Rechtsfragen schnell, zu angemessenen Kosten und in einem fairen Verfahren entschieden wird. Zudem müssen attraktive Rechtsfolgen zur Verfügung stehen, die effektiv durchsetzbar sind. Normen haben gemäß der Logik des Erinnerns und Vergessens eine Realität nur insofern, als sie im Rechtsprozeß kondensiert und konfirmiert werden, Recht ist deshalb zwangsläufig und zuallererst immer Juristenrecht. Rechtseinheit wird innerhalb eines Rechtssystems vornehmlich im Instanzenzug gesichert.

These 2: Versteht man unter Globalisierung schlicht den Umstand, daß grenzüberschreitende Kommunikation, Interaktion und Transaktion aufgrund technischer und sozioökonomischer Innovationen zum Massenphänomen geworden ist, so erscheint Rechtsangleichung nicht als geeignetes Mittel, um auf den resultierenden Wandel der gesellschaftlichen Rechtsbedürfnisse zu reagieren. Unvollkommene Rechtsangleichung (i.e. Mindestharmonisierung) ist nur dann sinnvoll, wenn auf der Grundlage der so herbeigeführten Ähnlichkeit im Hinblick auf verbleibende Unterschiede zwischen den Rechtsordnungen der Nationalstaaten eine vollständige gegenseitige Anerkennung verbunden wird bzw. uneingeschränkte Rechtswahlfreiheit garantiert wird. Dies ist aber noch nicht einmal innerhalb der Europäischen Union gewährleistet, wo etwa grenzüberschreitende Verbraucherverträge trotz Harmonisierung des Verbrauchervertragsrecht nach dem Bestimmungslandprinzip angeknüpft werden und keine Rechtswahlfreiheit besteht. Aber auch eine vollkommene Rechtsangleichung wie im Falle des UN-Kaufrechts (CISG) erleichtert grenzüberschreitende Transaktionen nicht, solange eine einheitliche Auslegung im Instanzenzug nicht gesichert ist und soweit aufgrund der begrenzten sachlichen Reichweite des Einheitsrechts weite Teile einer Transaktion weiterhin der kollisionsrechtlichen Problematik unterliegen. Für grenzüberschreitende Transaktionen wird effektiver Rechtsschutz durch Maßnahmen der Rechtsangleichung in vielen Fällen sogar eher erschwert, etwa durch Herbeiführung überkomplexer materiellrechtlicher Kollisionslagen oder jahrelange Rechtsverzögerung aufgrund von Vorlagen an den EuGH.

These 3: Mit dem römischen *ius gentium* und dem englischen *Law Merchant* finden sich in der Rechtsgeschichte zwei Beispiele für die Bewältigung von mit der heutigen Situation vergleichbaren Vorgängen der territorialen Expansion von Gesellschaften und der damit einhergehenden Zunahme des Außenhandels. Beiden gemeinsam ist ihre Entwicklung außerhalb des etablierten Rechtssystems (*ius civile; Common Law*) durch Instanzen (*praetor pereginis; Admiralty* und *Staple Courts*), die auf der Grundlage von allgemeinen Rechtsgrundsätzen sowie Verkehrssitten und Handelsbräuchen nach Billigkeit entschieden, und dadurch eine transnationale Rechtsordnung schufen. Auch heute zeichnet sich die Entstehung autonomer Rechtsregimes ab, die auf der Grundlage von allgemeinen Prinzipien und sozialen Standards durch Billigkeitsentscheidungen für effektiven Rechtsschutz in transnationalen Handlungsräumen sorgen. Neue Lex Mercatoria sowie ICANN UDRP seien als Beispiele genannt. Da es den heute verantwortlichen politischen Akteuren aber an den römischen Kaisern und englischen Königen vergleichbarer Macht und Weisheit fehlt, werden solche Rechtsregimes häufig gar nicht oder nur rudimentär staatlich autorisiert und gefördert. Vielmehr entstehen sie unter allenfalls peripherer Beteiligung der Nationalstaaten im Zusammenwirken privater und hybrider, wirtschaftlicher und zivilgesellschaftlicher Akteure, weshalb sie als transnationale Zivilregimes bezeichnet werden sollen.

Diese drei Thesen können an dieser Stelle nicht umfassend erläutert und begründet werden. Sie entsprechen einem interdisziplinären *Common Sense* der in Theorie und Praxis der internationalen Beziehungen, in Soziologie und Institutionenökonomik geführten Debatte um *Global Governance*.[1] Im folgenden möchte ich mich auf die Untersuchung eines Teilaspekts beschränken, der die Legitimation eines Privatrechts betrifft, welches jenseits der Nationalstaaten und außerhalb des überkommenen völkerrechtlichen Multilateralismus geschaffen wird. In sachlicher Hinsicht möchte ich mich dabei auf das für die wirtschaftliche Globalisierung besonders relevante Verkehrs- und Geschäftsrecht beschränken.

II. Die Leiden des internationalen Privatrechts

Versteht man das internationale Privatrecht als den Teil einer Wirtschaftsverfassung, der den notwendigen Ordnungsrahmen zur Ermöglichung des grenzüberschreitenden Handels bildet,[2] so befindet es sich seit gut zwei Jahrhunderten auf Irrwegen, die den juristischen Laien zu folgendem Urteil verleiten: „Das IPR ist die Ursache von Problemen, für deren Lösung es sich hält."[3]

1. Verstaatlichung und Nationalisierung des Privatrechts

Im Rechtsstaat nach kontinentaleuropäischem Vorbild gilt es als selbstverständlich, daß Privatrecht – wie alles Recht – nur in Form des demokratisch legitimierten Parlamentsgesetzes denkbar ist. Auch im angloamerikanischen *Common Law* ist der Vorrang des Gesetzes vor dem Richterrecht anerkannt (*Supremacy of Parliament*). Nach über zwei Jahrhunderten einer zunächst kodifizierenden und später zunehmend auch interventionistischen Privatrechtsgesetzgebung fällt es schwer,

---

1 Ausführlich *Calliess*, Grenzüberschreitende Verbraucherverträge (2006), Kap. 5; *ders.*, Billigkeit und effektiver Rechtsschutz, ZfRSoz 2005, 35ff., jeweils m.w.N.

2 *Streit/Mangels*, Privatautonomes Recht und grenzüberschreitende Transaktionen, ORDO 47 (1996), 73ff.

3 *Schmidtchen*, Lex Mercatoria und die Evolution des Rechts, in: Ott/Schäfer (Hrsg.), Vereinheitlichung und Diversität des Zivilrechts in transnationalen Wirtschaftsräumen (2002), 1, 9; ausführlich *ders.*, Territorialität des Rechts, Internationales Privatrecht und die privatautonome Regelung internationaler Sachverhalte, RabelsZ 59 (1995), 56ff.; *Schmidt-Trenz*, Außenhandel und Territorialität des Rechts (1990).

sich einer Selbstgewißheit zu entziehen, die gleichsam als Tiefenstruktur in die Grammatik des Nationalstaats eingelassen ist. Vergessen ist nicht nur das blutige Fundament, auf welchem das staatliche Gewaltmonopol einst errichtet wurde; verblaßt erscheint auch die totalitäre Übertreibung, mit der die Gleichschaltung aller gesellschaftlichen Rechtsquellen durch Ausrichtung auf ein staatliches Rechtsetzungs- und Rechtsprechungsmonopol betrieben wurde. Dabei war es weniger der Vorrang, als vielmehr der Vorbehalt des Gesetzes,[4] der zur Verstaatlichung des Stände- und Verbandsrechts[5] ebenso wie zur Bedeutungslosigkeit des Gewohnheitsrechts führte.[6]

Die Auffassung von der Staatlichkeit allen Rechts in Verbindung mit der Blüte der Nationalstaatsidee brachte im Verlauf des 19. und frühen 20. Jahrhunderts die Nationalisierung des Verkehrs- und Geschäftsrechts mit sich.[7] Das universelle Handelsrecht der mittelalterlichen Lex Mercatoria bzw. des englischen Law Merchant wurde dabei zwar inhaltlich rezipiert. Neben der dadurch bewirkten Entformalisierung und Modernisierung des Privatrechts dienten die Kodifikationen des 19. Jahrhunderts auch dem Ziel der Rechtsvereinheitlichung. Dabei war man sich freilich nicht immer des Umstandes bewußt, daß die Rechtseinheit nach innen paradoxerweise um den Preis der Rechtsdivergenz nach außen erlangt wurde. Denn erst die Verabschiedung von der Tradition des gemeinsamen (Einheits-) Privatrechts machte ein Kollisionsrecht nötig, welches in der Konsequenz des „rechtsphilosophischen Etatismus"[8] seinerseits nicht mehr als universell gedacht werden konnte.

2. Völkerrechtlicher Multilateralismus

Bereits in der zweiten Hälfte des 19. Jahrhunderts entstand eine Gegenbewegung zu dieser Nationalisierung des Privatrechts, deren Vertreter vorschlugen, Rechtsvereinheitlichung über den Geltungsbereich der nationalen Privatrechtskodifika-

4 Dazu *Kloepfer*, Der Vorbehalt des Gesetzes im Wandel, JZ 1984, 685.

5 Vgl. am Beispiel medizinischer Ethikkommissionen *Schenke*, Rechtliche Grenzen der Rechtsetzungsbefugnisse von Ärztekammern, NJW 1991, 2313; kritisch *Calliess*, Prozedurales Recht (1999), S. 188ff., 217ff., 260ff.; vgl. im weiteren Kontext *Teubner*, Verrechtlichung – Begriffe, Merkmale, Grenzen, Auswege, in: Kübler (Hrsg.), Verrechtlichung (1984), S. 289ff.

6 *Larenz/Wolf*, Allgemeiner Teil des Bürgerlichen Rechts (9. Aufl. 2004), § 3 Rn. 31ff.; *Larenz*, Methodenlehre der Rechtswissenschaft – Studienausgabe (2. Aufl. 1992), S. 245: „Praktisch spielt das Gewohnheitsrecht ... heute so gut wie keine Rolle mehr." Ebenso *Engisch*, Einführung in das juristische Denken (8. Aufl. 1983), S. 44: „Von größerer Bedeutung ist es allenfalls im Völkerrecht".

7 Zum folgenden *v.Bar/Mankowski*, Internationales Privatrecht, Bd. I (2. Aufl. 2003), § 2 Rn. 17–20 m.w.N.

8 Dazu *Kähler*, Abschied vom rechtsphilosophischen Etatismus. Besteht ein notwendiger Zusammenhang von Recht und Staat?, in Calliess/Mahlmann (Hrsg.), Der Staat der Zukunft, ARSP Beiheft 83 (2002), S. 69ff. m.w.N.; *Schröder*, Recht als Wissenschaft (2001), § 22 und S. 194: „etatistische Rechtstheorie"; *Tietje*, Die Staatsrechtslehre und die Veränderung ihres Gegenstands: Konsequenzen von Europäisierung und Internationalisierung, DVBl 2003, 1081ff.

tionen hinaus durch den Abschluß von Staatsverträgen zu betreiben.[9] Mehr als hundert Jahre der Privatrechtsangleichung im Wege völkerrechtlicher Verträge haben allerdings gezeigt, daß dieser Weg wenig Erfolg verspricht, was im wesentlichen darauf zurück geführt wird, daß die punktuelle Ausrichtung, das Verfahren der multilateralen Aushandlung sowie die umständliche Ratifikation von Staatsverträgen einer sachlichen Diskussion und effizienten Regelung von Fragen des Vertragsrechts nicht dienlich ist. Die verantwortlichen internationalen Organisationen, von der Haager Konferenz für Internationales Privatrecht (1893) über UNIDROIT (1926) und UNCITRAL (1966), haben praktisch keine brauchbaren Ergebnisse vorzuweisen: Das UN-Kaufrecht von 1980 (CISG) ist Fragment geblieben und die Verhandlungen über ein weltweites Gerichtsstands- und Vollstreckungsübereinkommen in Zivil- und Handelssachen in Den Haag sind jüngst kläglich gescheitert, um nur einige Beispiele zu nennen.[10] Insgesamt steht man der Privatrechtsvereinheitlichung auf völkervertragsrechtlicher Grundlage heute ernüchtert bis kritisch gegenüber.[11]

3. Völkerrechtliches Soft-Law und Privatkodifikation

Als erfolgversprechendes Gegenmodell wird demgegenüber die Privatrechtsvereinheitlichung durch *Soft-Law* diskutiert.[12] Damit ist die Ausarbeitung von abstrakten Prinzipien oder von konkreten Grundregeln für ein bestimmtes Rechtsgebiet durch internationale Expertenkommissionen gemeint. Solche Kommissionen können unter dem Dach internationaler Organisationen oder auf private Initiative tätig werden. Im ersteren Falle verhandeln die Kommissionen zwar formell im Auftrag der Mitgliedstaaten der betreffenden internationalen Organisation, jedoch nicht mit dem Ziel des Abschlusses eines völkerrechtlichen Vertrages, sondern lediglich zur Ausarbeitung eines Textes, der den Mitgliedstaaten unverbindlich zur Umsetzung in nationales Recht empfohlen werden soll. Dadurch werden die Verhandlungen insoweit vereinfacht, als daß es nachfolgend jedem Staat offen bleibt, auf eine Umsetzung zu verzichten oder im Einzelfall von dem Vorschlag abzuweichen. Als besonders erfolgreiches Beispiel gilt diesbezüglich das UNCITRAL Modellgesetz zur internationalen Handelsschiedsgerichtsbarkeit von 1985,[13] welches von

9 Im Überblick *v.Bar/Mankowski* (Fn. 7), § 2, Rn. 20–32.

10 Zum Problem des fragmentarischen Einheitsrechts *Ferrari*, „Forum Shopping" Despite International Uniform Contract Law Conventions, 51 International and Comparative Law Quarterly (2002), 689ff; Zum Scheitern des Haager GVÜ *Calliess*, Value-added Norms, Local Litigation an Global Enforcement: why the Brussels-Philosophy failed in The Hague, 5 German Law Journal (2004) 1489ff. m.w.N.

11 *Kronke*, Ziele – Methoden, Kosten – Nutzen: Perspektiven der Privatrechtsharmonisierung nach 75 Jahren UNIDROIT, JZ 2001, 1149ff.; *Drobnig*, Vereinheitlichung von Zivilrecht durch soft law: neuere Erfahrungen und Einsichten, in: Basedow et al. (Hrsg.), Aufbruch nach Europa, 75 Jahre MPI Privatrecht (2001), S. 745ff.; *O'Hara*, Economics, Public Choice, and the Perennial Conflict of Laws, 90 Georgetown Law Journal (2002) 941ff.

12 *Drobnig* (Fn. 11).

13 „[T]he Model Law is designed to assist States in reforming and modernizing their laws on ar-

36 Staaten umgesetzt wurde und in zahlreichen anderen Staaten wie zum Beispiel 1998 in Deutschland oder 2003 in Japan als Vorbild für eine Reform der nationalen Schiedsgesetze diente.[14]

Privatkodifikationen werden hingegen ohne einen formellen Rechtsetzungsauftrag ausgearbeitet, so daß die Teilnehmer sich nicht als Staatenvertreter verstehen, sondern kraft Expertise und Interesse an der Sache argumentieren. Die formal unverbindlichen Ergebnisse verstehen sich auf der Grundlage einer funktionalen Rechtsvergleichung als Ausdruck universell gültiger allgemeiner Rechtsprinzipien, die den gemeinsamen Kern der verschiedenen nationalen Privatrechtsordnungen ausmachen (*Common Core*). Auf dem Gebiet des Vertragsrecht sind in den neunziger Jahren mit den „UNIDROIT Principles of International Commercial Contracts" und den „Principles of European Contract Law" der Lando-Kommission zwei Privatkodifikationen entstanden, die nicht nur als Modellgesetze dienen wollen, sondern den expliziten Anspruch erheben, als Formulierung allgemeiner Rechtsprinzipien von Vertragsparteien als geltendes Recht gewählt und von Gerichten bei der Auslegung von Verträgen und staatlichem Privatrecht herangezogen werden zu können.[15]

4. Transnationales Recht und Lex Mercatoria

Diese Prinzipienkataloge verstehen sich damit auch als Bestandteil der Lex Mercatoria, um deren Wiederbelebung bereits seit den 1960er Jahren eine lebhafte Debatte geführt wurde. Der Begriff des transnationalen Rechts wurde 1956 von *Jessup* als „all law which regulates actions or events that transcend national frontiers" mit dem Ziel definiert, unter Überwindung der traditionellen Schranken zwischen nationalem und internationalem, öffentlichem und Privatrecht eine gegenüber dem – in Zeiten des kalten Krieges zunehmend als statisch und irrelevant empfun-

---

bitral procedure so as to take into account the particular features and needs of international commercial arbitration. ... It reflects worldwide consensus on key aspects of international arbitration practice having been accepted by States of all regions and the different legal or economic systems of the world.": http://www.uncitral.org/uncitral/en/uncitral_texts/arbitration/1985Model_arbitration.html.

14 Insgesamt zum Modellgesetz und zu dessen Umsetzung in Deutschland *Sanders*, The Harmonising Influence of the Work of UNCITRAL on Arbitration and Conciliation, in: Berger (ed.), Understanding Transnational Commercial Arbitration (2000), S. 43, 48ff.; für Japan siehe *Nakamura*, Salient Features of the New Japanese Arbitration Law Based Upon the UNCITRAL Model Law on International Commercial Arbitration, in: JCAA Newsletter No. 17, April 2004, p. 1–6: http://jcaa.or.jp/e/arbitration-e/syuppan-e/newslet/news17.pdf.

15 *Bonell*, The UNIDROIT Principles and Transnational Law, in: Berger (ed.), The Practice of Transnational Law (2001), S. 23ff.; *Lando*, Salient Features of the Principles of European Contract Law: A Comparison with the UCC, 13 Pace Int'l L. Rev. (2001) 339; *Grundmann*, General Principles of Private Law and Ius Commune Modernum as Applicable Law?, in: Baums, Hopt, Horn (Hrsg.), Corporations, Capital Markets and Business in the Law, Liber Amicorum Richard Buxbaum (2000), 213ff.; *Berger*, Einheitliche Rechtsstrukturen durch außergesetzliche Rechtsvereinheitlichung, JZ 1999, 369ff.; *Michaels*, Privatautonomie und Privatkodifikation – Zu Anwendung und Geltung allgemeiner Vertragsprinzipien, RabelsZ 62 (1998), 580ff.

denen – Völkerrecht umfassendere Wissenschaft vom Recht der grenzüberschreitenden sozialen, insbesondere wirtschaftlichen Phänomene zu begründen.[16]

Während dieser Ansatz die Aufmerksamkeit von den Rechtsquellen weg in Richtung auf die zunehmende Transnationalität der Rechtstatsachen lenkte, wurde nahezu zeitgleich ein spezifisch nicht-staatliches Verständnis des Begriffs transnationalen Rechts von den europäischen Rechtsprofessoren *Goldman* und *Schmitthoff* entwickelt, die den Traum von einem globalen Recht der Handelsverträge durch eine Wiederbelebung der Lex Mercatoria in der Rechtsprechung der internationalen Handelsschiedsgerichtsbarkeit verwirklicht sehen wollten.[17] Transnationales (Handels-) Recht bezeichnet hier eine *dritte Kategorie* von Recht jenseits der traditionellen Dichotomie von nationalem und internationalem Recht.[18] Die neue Lex Mercatoria (*New Law Merchant*) wird als autonomes Rechtssystem jenseits des Nationalstaats verstanden, das sich auf allgemeine Rechtsprinzipien, d.h. im Wege der funktionalen Rechtsvergleichung aus dem *Common Core* der nationalen Privatrechtssysteme abgeleitete Grundregeln (z.B. die UNIDROIT Principles), sowie auf die Handelsbräuche und Gewohnheiten der internationalen Kaufmannschaft (z.B. standardisierte Vertragsbedingungen wie die Incoterms der ICC oder Formularverträge)[19] gründet, und dessen Anwendung, Interpretation und Fortbildung in den Händen der internationalen Schiedsgerichtsbarkeit liegt.[20]

III. Die Legitimation transnationalen Privatrechts

Um die Geltungsgrundlage transnationaler Zivilregimes wird eine hitzige Debatte geführt, insbesondere in Bezug auf die neue Lex Mercatoria wird dabei die Frage nach deren demokratischer Legitimation gestellt.[21] Relevant wird dies in jüngerer Zeit auch im Hinblick auf das Vertragsrechtsprojekt der Europäischen Kommission.[22] Ist transnationales Privatrecht also illegitim? Das läßt sich nur auf der Grundlage eines Vergleichs zum traditionell staatlichen Privatrecht beantworten.

---

16 *Slaughter*, Breaking Out: The Proliferation of Actors in the International System, in: Garth/Dezalay (eds.), Global Prescriptions (2002), S. 12ff., 20.

17 *Zumbansen*, Lex mercatoria: Zum Geltungsanspruch transnationalen Rechts, RabelsZ 67 (2003), 637ff. m.w.N.

18 *Berger*, The Creeping Codification of the Lex Mercatoria (1999), S. 40, 42.

19 *Garro*, Rule-Setting by Private Organizations, in: Fletcher/Mistelis/Cremona (Hrsg.), Foundations and Perspectives of International Trade Law (2001), S. 310ff.

20 *Derains*, Transnational Law in ICC Arbitration, in: Berger (Hrsg.), The Practice of Transnational Law (2001), S. 43ff.; *Gaillard*, Transnational Law: A Legal System or a Method of Decision Making? in: Berger (Hrsg.), The Practice of Transnational Law (2001), S. 53ff.

21 Sehr schöner Überblick bei *Zumbansen*, RabelsZ 67 (2003), 637ff.

22 Vgl. Mitteilung der Europäischen Kommission, Europäisches Vertragsrecht und Überarbeitung des gemeinschaftlichen Besitzstands – weiteres Vorgehen, KOM(2004) 651 endg.; Kritik zum Vertragsrechtsprojekt im Hinblick auf dessen demokratische Legitimation bei *Collins* et al., Social Justice in European Contract Law: A Manifesto, European Law Journal, 10 (2004), 653ff.

1. Denn Sie wissen nicht, was sie tun: zur Legitimation staatlichen Privatrechts

„Das staatliche Recht hat stets das letzte Wort; was es nicht autorisiert, das hat – gerade auch im demokratischen Staat – keine Geltungschance."[23] Dieses für die Debatte um transnationales Privatrecht durchaus typische Argument erscheint bei näherer Betrachtung als unverständlich: Denn die demokratische Legitimation staatlichen Privatrechts wird maßlos überschätzt. Zum einen leben trotz einiger erfreulicher Entwicklungen seit dem Fall des eisernen Vorhangs auch heute noch mehr als die Hälfte der Weltbevölkerung in unfreien oder nur bedingt freien Staaten, deren Privatrecht nicht ernsthaft als demokratisch legitimiert angesehen werden kann.[24] Zum anderen ist der Großteil des Privatrechts auch in den freien Staaten allenfalls formal demokratisch legitimiert. Das *Common Law* ist Richterrecht und gilt, solange das Parlament nicht im Einzelfall gesetzliche Regelungen trifft, also aufgrund eines gesetzgeberischen Unterlassens. Ähnlich fiktiv wurde die (Weiter-) Geltung des vorkonstitutionellen BGB unter dem deutschen Grundgesetz begründet. Die kontinentaleuropäischen Kodifikationen aber wurden von Experten aus Ministerialbürokratie und Wissenschaft vorbereitet und im Parlament inhaltlich nicht diskutiert, allenfalls an einigen Stellen um Vorschriften zum Schutz von Partikularinteressen (z.B. Bienenzüchter) ergänzt. Das gilt auch für das Schuldrechtsmodernisierungsgesetz, welches im Jahr 2001 in einem unwürdigen Verfahren unter größtem Zeitdruck praktisch ohne Diskussion durch den Bundestag gewunken wurde, weil die Umsetzungsfrist der Verbrauchsgüterkaufrichtlinie (1999/44/EG) auszulaufen drohte.

Mit dem Verweis auf das EG-Richtlinienrecht ist schließlich das entscheidende Legitimationsdefizit angesprochen. Denn der deutsche Gesetzgeber hat im Hinblick auf das Privatrecht praktisch keine Handlungsfreiheit, da Privatrechtsgesetzgebung seit Mitte der 1980er Jahre nahezu ausschließlich der Umsetzung von Richtlinienrecht dient. An dem Erlaß des Richtlinienrechts ist der deutsche Gesetzgeber aber praktisch nicht und auch theoretisch kaum beteiligt, häufig nimmt er ihm verbleibende Gestaltungsspielräume nicht wahr, weil er diese nicht erkennt oder über deren (Nicht-) Bestehen von interessierter Seite systematisch getäuscht wird; ein Zustand, den das Bundesverfassungsgericht kürzlich im Hinblick auf den Europäischen Haftbefehl problematisiert hat.[25]

Das Richtlinienrecht selbst entbehrt hingegen jeder Legitimation, soweit man an diese nur Mindestanforderungen im Hinblick auf ein die Rationalität der Ergebnisse förderndes Verfahren im Sinne „deliberativer Demokratie" anlegt.[26] Beispiel-

23 *v.Bar/Mankowski* (Fn. 7), § 2 Rn. 76.

24 *Karatnycky*, Liberty's Expansion in a Turbulent World: Thirty Years of the Survey of Freedom, in: Freedom House, Freedom in the World 2003: The Annual Survey of Political Rights and Civil Liberties, Lanham 2003: http://www.freedomhouse.org/research/freeworld/2003/akessay.htm.

25 BVerfG, 2 BvR 2236/04 vom 18. 7. 2005: http://www.bundesverfassungsgericht.de/. Siehe dazu den Beitrag von *Krebl*, in diesem Band, § 23 (S. 583).

26 Zur deliberativen Demokratie *Habermas*, Faktizität und Geltung, 1992; *Calliess* (Fn. 5), S. 106ff. m.w.N.

haft sei hier nur daran erinnert, daß sich die gesamte Bundesregierung einschließlich der amtierenden Justizministerin im Rahmen der deutschen Debatte um die Umsetzung der europäischen Antidiskriminierungsrichtlinien als für deren Inhalt nicht verantwortlich erklärte; diese seien gleichsam versehentlich „durchgerutscht". Die Schuld trage der (zwischenzeitlich entlassene) Arbeitsminister (sic!) *Riester*, der in Brüssel nichtsahnend und ohne Rücksprache zugestimmt habe.[27] Daß derart durchgreifende Eingriffe in die Grundlagen des Privatrechts (Kontrahierungszwang, Strafschadensersatz, etc.)[28] in einem demokratischen Staat auf solche Weise zustande kommen, führt das gegen transnationales Privatrecht in Stellung gebrachte Demokratieargument ad absurdum.

2. Weitgehende Übereinstimmung und laufendes Programm

Wenn im Hinblick auf die oben erwähnten Privatkodifikationen ausgeführt wird, deren Geltung ergebe sich „nicht ratione imperii, sondern imperio rationis"[29], so werden damit unnötig Ängste vor einer Expertenherrschaft geschürt.[30] Im Hinblick auf die Legitimation transnationaler Zivilregimes greift der Verweis auf Vernunft nämlich zu kurz, weil der Inhalt von Normtexten für deren Wirkweise nur eine ganz untergeordnete Bedeutung spielt. „Realitätswert haben Strukturen nur dadurch, daß sie zur Verknüpfung kommunikativer Ereignisse verwendet werden; Normen nur dadurch, daß sie, explizit oder implizit, zitiert werden."[31] Kataloge von allgemeinen Rechtsprinzipien als „Soft-Law" werden erst durch ihre Anwendung im konkreten Streitfalle mit Leben gefüllt und dadurch in respektablen „Hard-Code" transformiert. Im Rechtsprozeß fallen Schaffung (Kondensation) und Bestätigung (Konfirmation) der Norm zusammen. Dieser Transformationsprozeß ist aber in einer direkt legitimierenden Weise an die rechtssuchenden Bürger rückgebunden, welche traditionell etwas unpräzise unter dem Stichwort „Gewohnheitsrecht" abgehandelt wird. Das Zusammenwirken der Elemente „Bürgerrecht" und „Juristenrecht" bei der Entstehung von Gewohnheitsrecht hatte Savigny im 19. Jahrhundert dahingehend präzisiert, „daß alles Recht ... erst durch Sitte und Volksglaube ..., dann durch Jurisprudenz ... erzeugt wird, überall also durch innere stillwirkende Kräfte, nicht durch die Willkühr eines Gesetzgebers."[32] Freilich bedarf diese Formulierung aus heutiger Sicht der Aktualisierung, um den hier gemeinten Modus der Legitimation transnationaler Zivilregimes zu treffen.

---

27 Vgl. Berichterstattung in DER SPIEGEL 18/2005 vom 2. 05. 2005, Bürokratie: Weckruf für Prozeßhansel: http://www.spiegel.de/spiegel/0,1518,354178,00.html.

28 Kritisch *Picker*, Antidiskriminierung als Zivilrechtsprogramm?, JZ 2003, 540–545 = Anti-discrimination as a Program of Private Law?, 4 German Law Journal (2003) 771 ff.

29 So am Beispiel der Lando-Principles *Drobnig*, Ein Vertragsrecht für Europa, in: Baur/Hopt/Mailänder (Hrsg.), Festschrift für Steindorff 1990, S. 1141 ff., 1151 unter Verweis auf *Kötz*.

30 So etwa das Manifesto (Fn. 22).

31 *Luhmann*, Das Recht der Gesellschaft (1993), S. 46.

32 *v. Savigny*, Vom Beruf unserer Zeit für Gesetzgebung und Rechtswissenschaft (1814), S. 13.

a) *Internetgovernance: zur Legitimation offener technischer Standards*

„We reject kings, presidents and voting. We believe in rough consensus and running code."[33] Für seine Interoperabilität als Netz von Netzen bedarf das Internet globaler technischer Standards, für deren Entwicklung in den 1970er Jahren ein kalifornischer Universitätsassistent zuständig war. Um die Qualität der Standards und die Abnahmemotivation der weltweit verstreuten Netzwerkadministratoren für diese Standards zu gewährleisten, entwickelte dieser das *Request for Comments* (RFC) Verfahren. Zur Lösung eines bestimmten Problems wird ein Arbeitsgruppenleiter ernannt, der ein RFC ins Netz stellt. Jedermann kann sich online an der Diskussion um Lösungen beteiligen, wobei faktisch vornehmlich die interessierten Experten aus den betroffenen Kreisen teilhaben. Standards sollen grundsätzlich nicht nach dem Mehrheitsprinzip, sondern im Wege der deliberativen Überzeugung im Konsens festgelegt werden. Um jedoch zu verhindern, daß sich die Diskussion in unvereinbaren Alternativen festfährt oder immer wieder von vorne beginnt, kann der Gruppenleiter einen *Rough Consensus* zu Zwischen- oder Endergebnissen feststellen. Diese ungefähre bzw. „weitgehende Übereinstimmung" hat drei Implikationen: auf der sozialen Ebene wird eine Beinahe-Einstimmigkeit der Teilnehmer (i.S.v. ganz herrschende Meinung), auf der Sachebene ein gemeinsamer Nenner (i.S.v. Common Core) und auf der Zeitebene die Vorläufigkeit im Hinblick auf zukünftige Verbesserungen (i.S.v. Lernfähigkeit) bezeichnet. Wenn in der Arbeitsgruppe eine Einigung auf einen neuen Standard herbeigeführt wurde, beginnt die Implementationsphase, wobei *Running Code* wiederum drei Bedeutungen hat: Zunächst wird die Praxistauglichkeit des neuen Standards in kleinem Kreise erprobt (Testphase), bevor er weltweit zur Übernahme empfohlen wird. Sodann steht es der Internet Community frei, diese Empfehlung zu übernehmen oder eben nicht (Anerkennungsphase). Erst wenn sich der Standard auf so breiter Basis durchgesetzt hat, daß seine Nichtbeachtung zum Verlust der Interoperabilität führen würde, ist ein Netzwerkadministrator in seiner Entscheidung faktisch nicht mehr frei (Bindungsphase). Es handelt sich bei dem betreffenden Standard dann in Analogie zur Computersprache um ein Programm, das läuft, also in der Praxis funktioniert und weit verbreitet ist. Das „Rough Consensus and Running Code"-Verfahren wurde später von der Internet Engineering Task Force (IETF) und dem World Wide Web Consortium (W3C) übernommen und fortentwickelt.[34]

b) *Modernes Gewohnheitsrecht als offener sozialer Standard*

Dieses Verfahren ist nicht nur für technische Standards geeignet, sondern kann auch auf soziale und rechtliche Normen übertragen werden. *Weitgehende Überein-*

---

33 David *Clark* (MIT), zitiert nach *Reagle*, Why the Internet is Good, Community governance that works well, 1999: http://cyber.law.harvard.edu/people/reagle/regulation-19990326.html.

34 Ausführlich *Reagle* (Fn. 33) sowie allgemeiner auch *Mayer*, Selbstregulierung im Internet: Institutionen und Verfahren zur Setzung technischer Standards, K&R 2000, 13ff.; *Hutter*, Global Regulation of the Internet Domain Name System: Five Lessons from the ICANN Case, in: Ladeur (Hrsg.), Innovationsoffene Regulierung des Internet (2003), S. 39ff.

stimmung („Rough Consensus") steht dann für ein im diskurstheoretischen Sinne deliberatives, i.e. am Modell der wissenschaftlichen Wahrheitsfindung orientiertes Verfahren der Produktion von Normprojektionen auf der Angebotsseite der „Norm Entrepreneurs", *laufendes Programm* („Running Code") bezeichnet an den Konsens der Betroffenen auf der Nachfrageseite gebundene Anerkennung und Durchsetzung der Norm im – freilich durch Netzwerkeffekte gekennzeichneten – Ordnungswettbewerb.[35] Beide Elemente finden sich sowohl in der Produktion von völkerrechtlichem Soft-Law (UNCITRAL Modellgesetze) als auch bei der Ausarbeitung und Anwendung von Privatkodifikationen (UNIDROIT und Lando Principles). In den Privatkodifikationen niedergelegte Rechtsprinzipien und Grundregeln müssen in sozialer, sachlicher und zeitlicher Hinsicht auf eine weitgehende Übereinstimmung gegründet sein, wenn sie zu einem in der Praxis laufenden Programm werden wollen. Denn die in der Rechtswahl solcher Prinzipien zum Ausdruck kommende Zustimmung durch die Vertragsparteien gründet sich gerade auf deren Vertrauen, daß diese Prinzipien Ausdruck weitgehender Übereinstimmung sind.

Ein laufendes Programm unterscheidet sich im Ergebnis nicht von Gewohnheitsrecht. Auch Gewohnheitsrecht muß freilich einmal anfangen. Rough Consensus and Running Code können als zeitgemäße Interpretation der Entstehung von Gewohnheitsrecht verstanden werden. Im Kontext der Legitimation transnationaler Zivilregimes können sie als Elemente einer Theorie der *globalen Zivilrechtsgesellschaft* dienen, welche an die Stelle der „inneren stillwirkenden Kräfte" des 19. Jahrhunderts treten.[36] Jenseits eines bloß an *consuetudo* und *opinio necessitatis* gebundenen Gewohnheitsrechts und eines in formalen Gesetzgebungsverfahren per Mehrheitsbeschluß gesetzten staatlichen Rechts scheint sich hier insbesondere für supra- und transnationale Handlungsräume und Kommunikationssphären eine neue Form legitimer Recht-Fertigung zu etablieren.[37]

c) *Zur Legitimation des Europäischen Vertragsrechtsprojekts*

Ist der Blick für Innovationen erst einmal geschärft, so sind die Spuren des neuen Modells auch im Projekt des Europäischen Vertragsrechts unübersehbar: *Request for Comments, Rough Consensus, Running Code.* Mit der Mitteilung von 2001, dem Aktionsplan von 2003 sowie der Mitteilung vom Oktober 2004 hat die Kommission einen offenen und transparenten Diskussionsprozeß ausgelöst, an dem sich jeder Interessierte durch schriftliche Stellungnahmen beteiligen konnte und dessen Verlauf und Zwischenergebnisse durch Veröffentlichung sämtlicher Dokumente

35 Zu dem ökonomischen Wettbewerbsmodell sozialer Normierung *Aviram*, A Network Effects Analysis of Private Ordering, Berkeley Olin Program in Law & Economics, Working Paper 2003/80: http://repositories.cdlib.org/cgi/viewcontent.cgi?article=1079&context=blewp; vgl. auch *Engert*, Wettbewerb der Normen, in: Jb.J.ZivRWiss. 2002 (2003), S. 31ff.

36 *Calliess* (Fn. 1), Kap. 5.

37 Vgl. auch *Calliess*, Reflexive Transnational Law, The Privatisation of Civil Law and the Civilisation of Private Law, ZfRSoz 2002, 185ff.

im Internet frei zugänglich sind.[38] Die Grundregeln des europäischen Vertragsrechts sollen zunächst in einem unverbindlichen *Common Frame of Reference* (CFR) konsolidiert werden, dessen Ausarbeitung im Entwurf dem *Joint Network on European Private Law* übertragen wurde.[39] Dieses Netzwerk von Wissenschaftlern aus allen europäischen Ländern arbeitet auf der Grundlage des *Common Core Approach*, will also den inhaltlichen *Rough Consensus* des bestehenden Richtlinienrechts einerseits sowie andererseits der Vertragsrechte der Mitgliedstaaten durch funktionale Rechtsvergleichung ermitteln. Gleichzeitig gründet die Kommission ein Netzwerk von Praktikern (CFR-net), das in die Ausarbeitung des CFR eingebunden werden soll. Insgesamt wird der CFR auf der Grundlage einer breiten Beteiligung der Zivilgesellschaft und mit dem Ziel eines breiten Konsenses ausgearbeitet, wobei die Beteiligung der Praktiker auch auf die frühe Erkenntnis von Problemen bei der Umsetzung zielen soll.[40]

Ist ein *Rough Consensus* über den CFR erreicht, so könnte dieser in einem ersten Schritt als (unverbindliche) Empfehlung im Amtsblatt der EG veröffentlicht werden. Im kaufmännischen Verkehr könnten diese Regeln nach dem Vorbild der UNIDROIT Principles zunächst in Schiedsverfahren als von den Parteien gewähltes Recht Anwendung finden. Im Rahmen der Reform des EVÜ schlägt die Kommission zudem vor, den Vertragsparteien die Wahl bestimmter Privatkodifikationen als echte Rechtswahl zu erlauben, wozu neben den UNIDROIT Principles auch der CFR gehören soll.[41] Jedenfalls für den CFR wird erwogen, diesen zu einem späteren Zeitpunkt als „optionales Instrument" auszugestalten, das im Wege der Rechtswahl angewählt werden kann, so daß dann auch staatliche Gerichte den CFR als Recht anwenden würden. Erst wenn mit diesem Instrument genügend praktische Erfahrungen gesammelt wären, was vor allem von der durch Abstimmung per Rechtswahl ausgedrückten Zustimmung und Akzeptanz der Betroffenen abhängt, könnte der Grad der Verbindlichkeit durch Umstellung von *Opt-In* auf *Opt-Out* erhöht werden, so daß das Instrument wie staatliches Recht auch in Abwesenheit einer (abweichenden) Rechtswahl anwendbar wäre.[42] Dieser Bewährungstest in der Praxis entspricht der *„Running Code"*-Methode, also der schrittweisen, von der Legitimation durch die Normadressaten abhängigen Implementation von Recht.

---

38 Vgl. zuletzt Europäische Kommission, Erster jährlicher Fortschrittsbericht zum europäischen Vertragsrecht und zur Überprüfung des gemeinschaftlichen Besitzstands – 2005, KOM(2005) 456 endg. Alle Dokumente zum Vertragsrechtsprojekt im Internet erhältlich über: http://europa.eu.int/comm/consumers/cons_int/safe_shop/fair_bus_pract/cont_law/index_de.htm.

39 Koordinator des Netzwerks, das verschiedene Forschergruppen unter einem Dach vereinigt, ist Hans Schulte-Nölke aus Bielefeld. Details: http://www.jura.uni-bielefeld.de/Lehrstuehle/Schulte-Noelke/Inst itute_Projekte/ag/dms/copecl/dms.php.

40 Vgl. dazu auch die Erwägungen zu einem frühen „Practicability Test" für den CFR in der Mitteilung der Kommission (Fn. 22) unter 3.2.2.

41 Siehe Art. 3 Abs. 2 des Entwurfs der Kommission zu einer Rom I Verordnung, KOM (2005) 650 endg.; kritisch zur Wahl nichtstaatlichen Rechts *Mankowski*, Stillschweigende Rechtswahl und wählbares Recht, in: Leible (Hrsg.), Das Grünbuch zum Internationalen Vertragsrecht (2004), S. 63ff.

42 Vgl. Mitteilung der Europäischen Kommission (Fn. 22) Anhang II Nr. 2, S. 17ff. zu „opt in"- und „opt out"-Instrumenten sowie zu deren Verhältnis zur Rechtswahl in Art. 3 EVÜ.

§6 ラフ・コンセンサスとランニング・コード
——グローバル化時代における私法の正当化——*

グラルフ=ペーター・カリース

「われわれは国王も大統領も選挙も拒否する。ラフ・コンセンサスと現行のコードだけが頼りだ。」
デイヴィッド・クラーク
「最後にものを言うのは常に国家法である。国家法により権威を賦与されなかったものが、ほかならぬデモクラシー国家で、妥当することはありえない。」
クリスティアーン・フォン・バール

目次

I. グローバル化と法の同化（Rechtsangleichung）：3つのテーゼ

法の同化というのはヨーロッパにおいては調和化(Harmonisierung)とも言われる。いずれにせよ、それぞれの国民国家における法規範が相互に実質的に同化している、ということを示すものとされている。このような概念規定が示唆するのは次のことである。すなわち、（国民）国家の法だけが法でありうること、法の内容は（書かれた）法規範の定めによって基本的に決まること、そして国民国家の法規範が相互に似かよってくるのは何かしら有利なことなのだ、ということ。こうした見方は、私見によれば法理論的に適切ではない。とはいえ、グローバル化の挑戦に対して法学的に基礎付けられた対応をしようとする試みを邪魔するものにさえならなければ、こうした見解はとくに問題ではない。そういうわけで、この見解に対して私は次の3つのテーゼで応じることにしたい：

---

* 守矢健一訳。

テーゼ *1*：自分にどんな権利があるのかということが重要な市民の観点からすれば、法規範そのものより、衡平ということと効果的な権利保護ということにこそ主たる関心が寄せられる。権利侵害があると主張されている場合、重要なのは、紛争において法的な問題を迅速に、ほどほどのコストの範囲内で、フェアな手続を通じて、解決するような紛争解決システムがあって、それを利用することができる、ということである。さらに、効果的に執行でき、実質的にも魅力ある法的効果が伴わなければならない。記憶と忘却の理屈を考えれば、規範というのは訴訟を通じて濃縮化され確認される限りにおいて［この表現の意味するところについては III-2.を参照（訳者）］リアリティーを獲得する。だからこそ法といえばそれは要するにまず法曹法を意味する。法システムにおいて法の統一性は上訴手続により確保される。

テーゼ *2*：グローバル化というものを端的に、技術的・社会経済的革新によりコミュニケイション（相互交渉と相互取引）が国境を越えることが日常茶飯の現象になったこと、ととらえるとすれば、法の同化という考え方は、右のグローバル化に伴い法に対する社会の側からする需要が変化するのに応接するには、適切でない。法の不完全な同化（すなわち最低限度の調和化）が意味を持つとすれば、そうやって齎された国家法相互の相似を基礎として、なお残存する国民国家の法秩序相互に見られる相違について完璧な相互承認がなされている場合、つまりどのような法制度を選択するかの自由が無制限に認められている場合に限ってである。しかしこのことはヨーロッパ連合の中でさえ実現されていない。そのことがはっきりするのは、たとえば、国境を越える消費者契約各種が、消費者契約法の調和化が進められたにも関わらず、決定国原則(Bestimmungslandprinzip)[i] にしたがって法的な規制を受けるべきだとされたこと、つまり法選択の自由がないということ、においてである。しかしまた、国際連合売買法(CISG)のように法の完全な同化があっても、それが国境を越える取引を容易にするわけではない。上訴審における解釈の統一が図られているわけではないし、この統一法の事物管轄が限定されているために取引の多くの部分は抵触法上の問題に引き続き煩わされることになるから。国境を越える取引に関しては、法の同化のための措置によって、少なくない場合に、むしろ効果的な権利保護がしにくくさえなっている。法の同化のための措置によって実体法上の抵触状況があまりにややこしくなりすぎたり、ヨーロッパ裁判所(EuGH)への係属手続のために権利確定に要する時間が何年にも及ぶようになったりするからである。

テーゼ *3*：法制史上、古代ローマのいわゆる万民法(ius gentium) およびイギリスの商事法(Law Merchant) は、今日の状況に比較しうる状況、すなわちさまざまの自治体の領域拡張およびこのことと連動して増加する渉外取引といったものに対処した 2 つの例である。この 2 つの法には以下のことが共通している。すなわちこの 2 つの法の展開は、確立された法（市民法(ius civile)やコモン・ロー）の外側で、一般的な法原則および取引慣行商慣行を基礎として衡平の観念にもとづいて決定を下し、そしてそのゆえに国家を超える法秩序を創出した、裁判所(外人掛法務官(praetor pereginis)、海事裁判所(Admiralty)、ステイプル裁判所(Staple Courts))の主導で、実現されたこと。今日においても一般的な原則と社会的スタンダードを基礎として衡平の観点からする決定を行い、以て国際的取引空間における効果的な権利保護を目指す、自律的な法領域が生成しつつある。最近の Lex Mercatoria とか ICANN UDRP(= The Internet Corporation for Assigned Names and Numbers[ii] による統一ドメイン名紛争処理方針（Uniform Domain Name Dispute Resolution Policy））だけを例としてあげておこう。ただ、こんにち責任を有している政治的アクターたちにはローマの皇帝やイギリスの国王に比すべき権力も賢慮もないので、このような法体系は、国家によっては一顧だにされなかったり、わずかにそのかすかな痕跡のみが権威を付与され促進されるに過ぎない場合がしばしばである。というよりも、こうした規範形成には国民国家はせいぜい副次的に関与したに過ぎない。むしろ民間の雑多なアクター、経済的なアクターも居れば民間社会の担い手も居る、そういうアクターたちがわいわい集まってこうした規範を形成したのである。だからこうした規範をトランスナショナルな民間レジーム（Zivilregime）というべきなのである。

この 3 つのテーゼにここで包括的に説明をしたり基礎付けを行ったりすることはしない。「グローバル・ガバナンス」をめぐる、国際的な諸関係についての理論と実践において、社会学において、また制度経済学において、なされてきた議論に基づく専門を超えたコモン・センスだからである[1]。以下では、わたくしは、国民国家の枠を超えたところにあって、また従来の国際［公］法で語られていた多元主義の埒外で形成されてきた私法の正当化についてもっぱら考察を行いたい。実質的な観点からは、経済的グローバル化にとってとりわけ重要な取引法に的を絞ろうと思う。

II.　国際私法の悩み[iii]

国際私法を、国境を越える取引を可能にするために不可欠な秩序枠組を形成する経済基本構造の一部を為すものだと理解するならば[2]、すでに二百年来、国際私法は、法の素人をして「国際私法は、さまざまのトラブルの源である。しかも国際私法はといえば、こうした諸問題を解決していると思っている」[3]、と錯覚せしめるような誤った道を辿り続けてきた。

1.　私法の国家化・ナツィオーン化

大陸ヨーロッパの理念型に即して見るならば、法治国家においては、私法の名に値するのは（それはおよそすべての法について言えるように）デモクラシーという正当性の裏付けを持った議会が定めた法律という形式に合致するものだけで

1　より詳しくは *Calliess*, Grenzüberschreitende Verbraucherverträge (2006), Kap. 5; *ders.*, Billigkeit und effektiver Rechtsschutz, ZfRSoz 26 (2005), 35 ff.

2　*Streit/Mangels*, Privatautonomes Recht und grenzüberschreitende Transaktionen, ORDO 47 (1996), 73 ff.

3　*Schmidtchen*, Lex Mercatoria und die Evolution des Rechts, in: Ott/Schäfer (Hrsg.), Vereinheitlichung und Diversität des Zivilrechts in transnationalen Wirtschaftsräumen (2002), 1, 9; 詳細には *ders.*, Territorialität des Rechts, Internationales Privatrecht und die privatautonome Regelung internationaler Sachverhalte, RabelsZ 59 (1995), 56 ff.; *Schmidt-Trenz*, Außenhandel und Territorialität des Rechts (1990).

ある、と、こう考えるのが当然とされる。アングロアメリカにおけるコモン・ローにおいても裁判官法より法律が優位する（議会の優越 **Supremacy of Parliament**）と考えられている。はじめは法典化という形式によって、ついで次第に介入的な色彩を帯びた個別立法で続けられた私法領域の立法実務が 200 年以上継続した後で、いわば深層構造として国民国家の文法の一部になったところの確信めいたものから逃れるのは容易ではない。国家による権力独占がどれほどの血を流すことで達成されたか、などということを意に介する者はもはやない。がそれだけではない。国家による立法権限および司法権限の独占によって社会のありとあらゆる法源が等し並みにされる、その仕方が全体主義的に過剰であったということも、いまや色褪せた認識に過ぎない。その際、身分的特権および団体の特権の国家法化[4]および慣習法の地位低下[5]を導いたのは法律の優位よりは法律の留保[6]であった。

法の国家性という理解が、当時花盛りだった国民国家の観念と結びついていた 19 世紀から 20 世紀初頭にかけて、取引法の国家法化が齎された[7]。中世における **Lex Mercatoria** あるいはイギリスの商事法 **(Law Merchant)** の如き普遍的商法はなるほど実質的に継受された。そのことによって私法の脱形式化と現代化が齎されたし、それと並んで 19 世紀に為されたさまざまの法の法典化は法の統一化という目標に資したのは確かである。ただ、内部における法の統一性はパラドクシカルなことには外との関係では法の多岐化という代償を支払うことで獲得されたということが、当時、常に自覚されていたわけではない。共通の（統一的）私法の伝統[iv]からの訣別があって初めて抵触法というものが必要になったわけなのだが、「法哲学的国家主義」[8]がまかり通った結果、この抵触法が普遍的な観点から考察されることはなかったのである。

2. 国際法上の多元主義

19 世紀後半には、私法のこのような国家法化に拮抗する動きが起こってくる。国家間の条約によって、ナショナルなレヴェルで為された民事法典の妥当領域を超えた法の統一化を図るべきであるということが提唱されるにいたる[9]。国際法

---

4 医学における倫理委員会について *Schenke*, Rechtliche Grenzen der Rechtsetzungsbefugnisse von Ärztekammern, NJW 1991, 2313; *Calliess,* Prozedurales Recht (1999), S. 188 ff., 217 ff., 260 ff. はこの見解に批判的。さらに広い文脈で論ずるものとして *Teubner*, Verrechtlichung – Begriffe, Merkmale, Grenzen, Auswege, in: Kübler (Hrsg.), Verrechtlichung (1984), S. 289 ff.

5 *Larenz/Wolf*, Allgemeiner Teil des Bürgerlichen Rechts (9. Aufl. 2004), § 3 Rn. 31 ff.; *Larenz*, Methodenlehre der Rechtswissenschaft – Studienausgabe (2. Aufl. 1992), S. 245: 「今日では慣習法というのはざっくばらんに言って、ほとんど何の役割も果たしていない」。同じような見解を示すものとして *Engisch*, Einführung in das juristische Denken (8. Aufl. 1983), S. 44:「慣習法が語るに値する意味を持つのはせいぜい国際法だけである」。

6 *Kloepfer*, Der Vorbehalt des Gesetzes im Wandel, JZ 1984, 685.

7 以下の叙述について *v.Bar/Mankowski*, Internationales Privatrecht, Bd. I (2. Aufl. 2003), § 2 Rn. 17–20 により一層の裏づけがある。

8 *Kähler*, Abschied vom rechtsphilosophischen Etatismus. Besteht ein notwendiger Zusammenhang von Recht und Staat?, in: Calliess/Mahlmann (Hrsg.), Der Staat der Zukunft, ARSP Beiheft 83 (2002), S. 69 ff.; *Schröder*, Recht als Wissenschaft (2001), § 22 und S. 194: „etatistische Rechtstheorie"; *Tietje*, Die Staatsrechtslehre und die Veränderung ihres Gegenstands: Konsequenzen von Europäisierung und Internationalisierung, DVBl 2003, 1081 ff.

9 *v.Bar/Mankowski* (Fn. 7), § 2, Rn. 20–32 が概観を与える。

上の条約という手段での私法の同一化がこうして100年以上に亘って試みられてきた結果わかったのは、この手段は成功を約束するものではなかろうということである。条約は面ではなく点で捉えられた論点だけを扱い得ること、複数の国家による多元的交渉の手続、国家間条約につきものの面倒な批准手続——こうしたことは実質に即した討論を行ったり契約法の諸問題についての効果的な定めを設けるためには役に立たなかった、ということが根本的な原因である。ハーグ国際私法会議（1893）にはじまってUNIDROIT（1926）およびUNCITRAL（1966）にいたる、責任ある国際的組織は実質的に役に立つことはできなかった。1980年の国連売買法（CISG）は断片的なものに留まっているし、民商事事件に係る国際レヴェルでの裁判籍および強制執行に関するハーグ協定をめぐる交渉は最近残念なことに挫折した。こうした失敗例には事欠かない[10]。全体として、私法の統一化を国際条約を基礎として目指すことに対しては、こんにち、醒めた、さらには批判的な見方がなされている[11]。

3. 国際法上のソフト・ローと民間法典（Privatkodifikation）

これに対して成功を約束する対抗モデルとしてソフト・ローによる民事法統一化が議論されている[12]。ある特定の法領域について専門家からなる委員会が国際的に組織されることにより、抽象的な原則または具体的基礎規範を作成する、ということが念頭に置かれている。こうした委員会は国際組織の主導でも出来るし民間のイニシアティヴで行うことも可能である。前者の場合には委員会は、なるほど形式的には関係国際組織構成諸国の委託に基づいて活動するが、国際法上の条約の締結がここで目指されているわけではなく、構成国において国内法化されることが望ましいが、しかしそれを強制はしない、そういう規範テクストを作成するのが目的の活動が為されるのである。したがって、国内法化を放棄するのも個別のケイスについて委員会の提案から離れるのも国家の自由であるという限りにおいて、作業手続は簡素なものとなった。とくに成功した例としてこの関連で、1985年UNCITRAL国際商事仲裁裁判モデル法[13]を挙げることができる。この法は、36の国が国内法化し、国内法化しなかった国の多くも、たとえば1998年に

10 統一法が断片的なものに留まっているという問題について *Ferrari*, "Forum Shopping" Despite International Uniform Contract Law Conventions, 51 International and Comparative Law Quarterly (2002), 689 ff.; 民商事事件に係る国際レヴェルでの裁判籍および強制執行に関するハーグ協定の失敗について詳しくは *Calliess*, Value-added Norms, Local Litigation an Global Enforce-ment: why the Brussels-Philosophy failed in The Hague, 5 German Law Journal (2004) 1489 ff.

11 *Kronke*, Ziele – Methoden, Kosten – Nutzen: Perspektiven der Privatrechtsharmonisierung nach 75 Jahren UNIDROIT, JZ 2001, 1149 ff.; *Drobnig*, Vereinheitlichung von Zivilrecht durch soft law: neuere Erfahrungen und Einsichten, in: Basedow et al. (Hrsg.), Aufbruch nach Europa, 75 Jahre MPI Privatrecht (2001), S. 745 ff.; *O'Hara*, Economics, Public Choice, and the Perennial Conflict of Laws, 90 Georgetown Law Journal (2002) 941 ff.

12 *Drobnig* (Fn. 11).

13 「モデル法というのは、各国が、仲裁手続法の改正と現代化を図るにあたって国際商事仲裁に特有の性質とニーズを考慮に入れることができるように設計されたものである。……このモデル法は、国際仲裁実務のキーとなる観点について世界的に存し、世界のあらゆる地域の、そしてさまざまに異なった法制度および経済制度を持つ国によって認められてきた、コンセンサスを反映している」。
http://www.uncitral.org/uncitral/en/uncitral_texts/arbitration/1985Model_arbitration. html.

はドイツが、2003 年には日本が、国内仲裁法改正におけるモデルとして活用した[14]。

これに対して民間法典は、法の定立についての形式的な委任なしになされるものである。したがって、法典の作成にあたる者たちは、国家の代表ではなく、あつかう領域についての専門性と関心とを基礎として議論をたたかわせるわけである。その結論は、形式的に拘束力を持たないが、機能的法比較を基礎とするところの、普遍的に妥当する一般的法原則の表現と理解される。ここでいう一般的法原則というのは相互に異なる各国の民法秩序の共通の核（Common Core）を為すものである。契約法の領域については、1990 年代に、「UNIDROIT 国際商事契約原則（Principles of International Commercial Contracts）」と「ヨーロッパ契約法原則（Principles of European Contract Law）」という 2 つの民間法典が成立した。これは単にモデル法として役に立つことだけが目指されているのではない。この法典は、一般的な法原則の定式として、契約当事者が実際に妥当している法として選択し、裁判所も契約および国家実定私法の解釈に際して引照することを、明示で要求しているのである[15]。

4. トランスナショナルな法と Lex Mercatoria

こうしてこれら原則のカタログは Lex Mercatoria の構成要素と理解される。そして Lex Mercatoria の再活性化は既に 1960 年代から活気ある議論の的となってきたのであった。トランスナショナルな法という概念は 1956 年にジェサップ *Jessup* により次のようなものとして理解された。すなわち、国家法と国際法だとか公法と私法といった分離思考が持つ伝統的な足枷を克服し、冷戦時代を通じてスタティックでありまた重要でもないと次第に強く感ぜられるようになってきた国際法に対抗する、国境を越え、社会的な、しかしまずは経済的な現象についての（国際法よりも包括的な）法の学問的把握を基礎づける目的を持った、「国境を越える行為または事象を規律する法のすべて」である、と[16]。

右の如き見解に立てば、その注意力は法源から離れて、次第に強く、法事実の超国家性へ向けられるようになってくることになるが、これとほとんど機を一にしてトランスナショナルな法の非国家的把握がヨーロッパの法学教授であるゴー

---

14 モデル法とそのドイツ法への国内法化について包括的に *Sanders*, The Harmonising Influence of the Work of UNCITRAL on Arbitration and Conciliation, in: Berger (ed.), Understanding Transnational Commercial Arbitration (2000), S. 43, 48 ff.; 日本については *Nakamura*, Salient Features of the New Japanese Arbitration Law Based Upon the UNCITRAL Model Law on International Commercial Arbitration, in: JCAA Newsletter No. 17, April 2004, p. 1–6: http://jcaa.or.jp/e/arbitration-e/syuppan-e/newslet/news17.pdf.

15 *Bonell*, The UNIDROIT Principles and Transnational Law, in: Berger (ed.), The Practice of Transnational Law (2001), S. 23 ff.; *Lando*, Salient Features of the Principles of European Contract Law: A Comparison with the UCC, 13 Pace Int'l L. Rev. (2001) 339; *Grundmann*, General Principles of Private Law and Ius Commune Modernum as Applicable Law?, in: Baums, Hopt, Horn (Hrsg.), Corporations, Capital Markets and Business in the Law, Liber Amicorum Richard Buxbaum (2000), 213 ff.; *Berger*, Einheitliche Rechtsstrukturen durch außergesetzliche Rechtsvereinheitlichung, JZ 1999, 369 ff.; *Michaels*, Privatautonomie und Privatkodifikation – Zu Anwendung und Geltung allgemeiner Vertragsprinzipien, RabelsZ 62 (1998), 580 ff.

16 *Slaughter*, Breaking Out: The Proliferation of Actors in the International System, in: Garth/Dezalay (eds.), Global Prescriptions (2002), S. 12 ff., 20.

ルドマン *Goldman* および シュミットホフ *Schmitthoff* により展開された。この二人は、商事契約についてのグローバルな法という夢を、Lex Mercatoria の再生を国際商事仲裁裁判所における判例で実現する夢が現実化するのを見たかったのである[17]。トランスナショナルな（商）法とは、国内法と国際法という伝統的な二分法を超える、法の第三のカテゴリー[v]ということができる[18]。新たな Lex Mercatoria または Law Merchant は、国民国家とは別次元の自律的法システムと理解される。この法システムは一般的法原則、すなわち機能的法比較により各国の私法システムの共通の核から導き出された基礎規範（たとえば UNIDROIT の諸原則）および国際商人グループの商慣習（たとえば ICC の Incoterms[vi] や雛形契約のような、規格化された契約条件）に基礎を置くものであり[19]、こういった法システムの適用、解釈、展開というのは国際仲裁裁判所の手に任せられることとなる[20]。

III. トランスナショナルな私法の正当性

トランスナショナルな民間レジームの妥当根拠をめぐっては熱を帯びた議論がたたかわされている。とりわけ新たな Lex Mercatoria との関係ではそれがデモクラティックな正当性を具備しているかどうかが問われている[21]。この問題は最近ではヨーロッパ委員会の契約法制策定プロジェクトとの関連でも重要になってきている[22]。トランスナショナルな私法は詮ずる所、不当なものなのか？　この問いに答えるには伝統的に国家法である私法との比較を基礎としなければならない。

1. だってやるべきことをあなた知らないじゃないか：国家法としての私法の正当性について

「最後にものを言うのは常に国家法である。国家法により権威を賦与されなかったものが、ほかならぬデモクラシー国家で、妥当することはありえない。」[23] トランスナショナルな私法を巡る議論においてありがちなこの手の議論はよく考えるとぜんぜん理解できない。何故と云って、国家法としての私法がデモクラティックな正当性を持つということに際限なく高い評価を与えるというのだから。第一に、鉄のカーテンが切って落とされて以来のいくつかの歓迎すべき展開を別とすると、世界人口の半分以上が、自由を認められていないか限定的にのみ認められているに過

17　*Zumbansen*, Lex mercatoria: Zum Geltungsanspruch transnationalen Rechts, RabelsZ 67 (2003), 637 ff.
18　*Berger*, The Creeping Codification of the Lex Mercatoria (1999), S. 40, 42.
19　*Garro*, Rule-Setting by Private Organizations, in: Fletcher/Mistelis/Cremona (Hrsg.), Foundations and Perspectives of International Trade Law (2001), S. 310 ff.
20　*Derains*, Transnational Law in ICC Arbitration, in: Berger (Hrsg.), The Practice of Transnational Law (2001), S. 43 ff.; *Gaillard*, Transnational Law: A Legal System or a Method of Decision Making? in: Berger (Hrsg.), The Practice of Transnational Law (2001), S. 53 ff.
21　とてもよい概観を与えるのは *Zumbansen,* RabelsZ 67 (2003), 637 ff.
22　Vgl. Mitteilung der Europäischen Kommission, Europäisches Vertragsrecht und Überarbeitung des gemeinschaftlichen Besitzstands – weiteres Vorgehen, KOM (2004) 651 endg.; 契約法制策定プロジェクトをデモクラティックな正当性との関連で批判するものとして *Collins* et al., Social Justice in European Contract Law: A Manifesto, European Law Journal, 10 (2004), 653 ff.
23　*v.Bar/Mankowski* (Fn. 7), § 2 Rn. 76.

ぎない国家に生きているわけであるが、そういった国の私法はデモクラティックな正当性を与えられているなどとまじめに考えることはできない[24]。それに民法の大部分はリベラルな国においてもせいぜい形式的にデモクラティックな正当性が与えられたに過ぎない。コモン・ローは裁判官法であり、この裁判官法が、議会が個別に立法をしない限り、つまり立法に関する不作為が続く限り、妥当する。立憲主義以前の時代の所産である BGB が今日もなおドイツ基本法の下で妥当するのも、フィクションの為せる業である。大陸ヨーロッパの諸法典はだいたい行政官僚組織および学界から送られた専門家が準備するので、議会では内容的なことは議論されないか、せいぜいこまごました利益（たとえば養蜂家の）の保護に関する規律をめぐるいくつかの点が議論になるに過ぎない。債権法現代化法についても同様のことが言える。この債権法現代化法は大変な時間的制約の下で、ほとんど議論らしい議論もないという、まったく杜撰な手続を経て 2001 年に、消費財売買指令(1999/44/EG)の国内法化の期限が迫っていたからという理由で、議会をすいすい通過してしまった。

ヨーロッパ共同体の指令に触れるということは、要するに正当性の決定的な欠落に触れることを意味する。というのも、1980 年代中葉以降から、ドイツにおいては私法関連の立法といえば指令の国内法化にほぼ専ら携わっていたわけで、立法者には実際にはほとんど裁量の余地はなかった、という事情がある。ところが指令法の公布においてはドイツの立法者は実際にはぜんぜん、そして理論的にもほとんど参加をしていない。立法者にはときには立法形成に影響を与えるチャンスがあるのだが、それをみすみす見逃してしまうことも少なくない。立法者がそれにそもそも気づかないという場合もあるし、そういう機会があるということを、関係者がシステマティックに隠蔽してしまうこともある。こうした状況を、連邦憲法裁判所が最近、ヨーロッパ勾留法との関連で、問題にしている[25 vii]。

指令法それ自体は、これに結果の合理性を促進する「討議デモクラシー」[26]の意味での手続が伴っていれば、正当化は必要でない。例として次のエピソードにここでは触れておく。現在の司法大臣も含めた連邦政府の全体が、ヨーロッパ反差別指令の国内法化を巡るドイツの議論の枠組において、国内法化された法の実質について責任はない、政府はいわば、うっかり「嵌められたのだ」、責任を負うべきは（もう職を解かれた）労働大臣（！）リースター ***Riester*** である、彼こそは、国内関係者と相談することもなく漫然と賛成をしたのだから、と、そういう論が堂々となされたのである[27]。私法の基礎に対するこのように根本的な介入（契約強制や懲罰的損害賠償など）[28]がデモクラティックな国家において可能だ

---

24 *Karatnycky*, Liberty's Expansion in a Turbulent World: Thirty Years of the Survey of Freedom, in: Freedom House, Freedom in the World 2003: The Annual Survey of Political Rights and Civil Liberties, Lanham 2003: http://www.freedomhouse.org/research/freeworld/2003/akessay.htm.

25 BVerfG, 2 BvR 2236/04 vom 18.7.2005: http://www.bundesverfassungsgericht.de/. この判決については、本論集に所収のクレール論文をも参照せよ、*Krebl,* in diesem Band, § 23.

26 この観念については *Habermas*, Faktizität und Geltung, 1992; 詳しくは *Calliess* (Fn. 4), S. 106 ff.

27 Vgl. Berichterstattung in DER SPIEGEL 18/2005 vom 2.05.2005, Bürokratie: Weckruf für Prozeßhansel: http://www.spiegel.de/spiegel/0,1518,354178,00.html.

28 *Picker*, Antidiskriminierung als Zivilrechtsprogramm?, JZ 2003, 540–545 = Anti-discrimination as a Program of Private Law?, 4 German Law Journal (2003) 771 ff. はこれに批判的。

ということは、つまるところ、トランスナショナルな私法に対抗して持ち出される「デモクラシーの欠如」論に自己矛盾があるということなのである。

2. ラフ・コンセンサスとランニング・コード

民間法典の妥当は「帝国の理性によってではなく、理性の帝国によって(nicht ratione imperii, sondern imperio rationis)」[29]裏打ちされている、と言ってしまうと、専門家による支配に対して無用な心配を煽ることとなる[30]。トランスナショナルな民間レジームの正当化に関して理性を引き合いに出すのは単純すぎる。というのも民間法典の規範の実質はその有効性に照らして見るならば副次的な重要性しかもたないからである。「ある構造が現実性を獲得するにいたるのは、コミュニケイションの実践における素材相互を関連づけるためにその構造が利用されるからである。規範が現実性を獲得するのは、規範が、明示的にせよ暗黙裡にせよ、引用されるからである。」[31] ソフト・ローといわれる一般的法原則のカタログは、具体的な紛争において適用されて初めて生命を獲得するのであって、そうやって、尊重さるべき「ハード・コード」へと変形するのである。裁判においては規範の創造（濃縮化）と確認とが同時に起こる[viii]。これに対して「ハード・コード」へのこのような変形過程は、ある、直接に正当性を獲得する方法で、権利を求める市民に再結合しているのである。この方法というのは伝統的にはいささか不正確にも「慣習法」という用語によって扱われていた。「市民法」と「法曹法」とが相俟って慣習法を生み出すのだということを、サヴィニーは 19 世紀に次のような言い方で述べた：「すべての法はまずは習俗と民衆の確信によって成立するが……やがて法学によって生み出されることとなる、要するに、どの場合でも内的で密やかに動く力によって、生み出されるのであって、立法者の恣意によってではない」[32]。もとよりこうした定式はこんにちの視点からすれば現代化することが必要である。そのことによって、ここでわれわれが言おうとしている、トランスナショナルな民間レジームの正当化の方法を適切に捉えなければならない。

a) インターネット・ガヴァナンス：開かれた技術スタンダードの正当化に向けて

「われわれは国王も大統領も選挙も拒否する。ラフ・コンセンサスと現行のコードだけが頼りだ。」[33] 文字通り[ix]さまざまのネットを結びつけるネットとして、さまざまのオペレイションのあいだに位置するもの(Interoperabilität)であるためには、インターネットはグローバルな技術的基準を必要とする。そうした基準を構築するために、1970 年代に、あるカリフォルニアの大学助手がはりつけられていたのであった。基準の質と、それから世界中に散らばっているネットワーク

29 ヨーロッパ契約法に関するいわゆる Lando 原則に関連させて論ずる *Drobnig*, Ein Vertragsrecht für Europa, in: Baur/Hopt/Mailänder (Hrsg.), Festschrift für Steindorff 1990, S. 1141 ff., 1151. ここでは Kötz が参照されている。
30 たとえば Manifesto (Fn. 22).
31 *Luhmann*, Das Recht der Gesellschaft (1993), S. 46.
32 *v. Savigny*, Vom Beruf unsrer Zeit für Gesetzgebung und Rechtswissenschaft (1814), S. 13.
33 David *Clark* (MIT) *Reagle*, Why the Internet is Good, Community governance that works well, 1999: http://cyber.law.harvard.edu/people/reagle/regulation-19990326.html.の引用を参照した。

管理者の購買意欲とを、担保するために、この助手は、《コメント依頼(Request for Comments = RFC)》手続というものを作り上げていった。ある問題の解決のためにワーキンググループの長をまず決める。この長が RFC をネットに導入する。すると誰もがオンライン上で解決を目指す討論に参加できる。実際にはたいてい、当該の問題に直接関わる人たちの中から関心を寄せる専門家が出てきて議論に加わっていくことになる。基準は、原則的には多数決原理によってではなく、討議における説得という過程を経て合意へと確定されていく。ただ、ディスカッションが合意に達しない選択肢の中で身動きが取れなくなったり、あるいはまたいつもいつも最初から議論をやり直さなければならなくなったりすることを避けるため、ワーキンググループの長は中間報告および最終報告において《ラフ・コンセンサス(Rough Consensus)》を確定することが出来る。このような、大まかな同意すなわちラフ・コンセンサスには 3 つの含意がある：社会的水準においてはこれは参加者の蓋然的賛同（いわば強固な通説）が、実質的な水準においては共通分母（共通の核といってもよい）が、時間の水準で見れば将来の改善を織り込んだ暫定性（学習可能性）が、含意されているのである。あるワーキンググループで、合意により新しい基準が確立されたならば、次にこの基準の実施の局面が開始される。そのさい、このランニング・コードもまた 3 つの含意を持つのである。すなわちまず、テスト段階において、新たな基準は、その世界規模での受容を勧告する前に、まずは小さなサークルで実現可能か試される。次の段階では、インターネット社会にはこの新しい基準の勧告を受け入れたり受け入れなかったりする自由があるのであって、これは承認段階である。新たな基準がこうして広く定着して、基準を尊重しないことはさまざまの作動を結合しようというインターネットの機能の低下を導きかねないといえるに至った場合には、ネットワーク管理者はもはや判断の自由が実質的にはない、ということになり、これが拘束の段階である。こうして、当該基準というのは、コンピュータ言語の類推で言えば、要するにプログラムなのであり、このプログラムが、まずは走り始める、つまり実務で機能し、そして広く定着していく、ということなのである。このような《Rough Consensus and Running Code》の手続はのちに、インターネット技術者集団(Internet Engineering Task Force = IETF)およびワールドワイドウェヴコンソーシアム (World Wide Web Consortium =W3C)に継受されさらに展開していった[34]。

b) オープンな社会規範としての現代的慣習法

こうした手続は技術的基準にのみふさわしいものではなく、社会規範・法規範にも適用することが出来る。ラフ・コンセンサスという手法は、規範企画者の側において、規範の企画・策定手続が、対話的論証[x] 理論的 (diskurstheoretisch)な意味における討議的方法、つまり学問的真実探求に向けられた方法で行うのに適している。ランニング・コードは、受け手の側において、規範の承認と実行が関

---

34 詳しくは、*Reagle* (Fn. 33), 概括的には *Mayer*, Selbstregulierung im Internet: Institutionen und Verfahren zur Setzung technischer Standards, K&R 2000, 13 ff.; *Hutter*, Global Regulation of the Internet Domain Name System: Five Lessons from the ICANN Case, in: Ladeur (Hrsg.), Innovationsoffene Regulierung des Internet (2003), S. 39 ff.

係者の同意に裏打されて、しかも秩序破壊的でない競争の過程でなされる、ということを意味している[35]。この 2 つのエレメントは国際法におけるソフト・ロー（UNCITRAL モデル法）の策定の局面にも、また民間法典（UNIDROIT と Lando 原則）の作成と適用にも、存在する。民間法典を規定する法原則と基本規範が、実務におけるランニング・コードに成り得る為には、社会的、実質的、時間的観点についてラフ・コンセンサスに基づいていなければならない。なんとなれば、こうした原則を選択することによって契約当事者がこの原則に同意を与えるということは、この原則が広い合意を獲得していることに対する信頼に基礎づけられているのだから。

ランニング・コードは結論的に言って慣習法と異なるわけではない。慣習法の名誉もそろそろ回復させないといけない。ラフ・コンセンサスとランニング・コードは慣習法の成立の現代的な表現だと理解することができる。トランスナショナルな民間レジームの正当性の文脈で見れば、これらはグローバル私法社会（Globale Zivilrechtsgesellschaft）の理論のエレメントだと考えることができる。このグローバル私法社会の理論こそが、19 世紀にサヴィニーが言った「内的で密やかに動く力」の代わりに来るものなのである[36]。単なる慣行および必要性の観点に基礎づけられた慣習法と、多数決原理による形式的立法手続により定立される国家法と、という図式を超えて、ここでは特に国家を超えて国家を横断する行為空間およびコミュニケイション領域について正当性を持つ法形成(Recht-Fertigung)のあらたな形式が確立しているように思われる[37]。

c) ヨーロッパ契約法プロジェクトの正当性について

イノヴェイションへの視線が研ぎ澄まされてくれば、ヨーロッパ契約法プロジェクトにおいても、これまで述べてきたあらたなモデルの徴候もはっきりと見ることができる。すなわち、コメント依頼、ラフ・コンセンサス、ランニング・コードの考え方が、そこにも見られる。2001 年報告、2003 年行動計画、そして 2004 年 10 月報告において、委員会はオープンで透明性ある討論手続を設けた。そこにおいては関心を持つ誰もが文書による意見表明を通じて参加することが出来たのであり、またその経過と中間報告とはすべての文書をインターネット上で公開することによって、自由に参照することができる[38]。ヨーロッパ契約法の基本原則はまずは拘束力のない共通参照枠組（Common Frame of Reference = CFR）にまとめられる。その策定作業は起草の段階でヨーロッパ私法ネットワー

---

35 社会規範策定における経済的競争モデルについて *Aviram*, A Network Effects Analysis of Private Ordering, Berkeley Olin Program in Law & Economics, Working Paper 2003/80: http://repositories.cdlib.org/cgi/viewcontent.cgi?article=1079&context=blewp; さらに参照、*Engert*, Wettbewerb der Normen, in: Jb.J.ZivRWiss. 2002 (2003), S. 31 ff.

36 *Calliess* (Fn. 1), Kap. 5.

37 さらに参照、*Calliess*, Reflexive Transnational Law, The Privatisation of Civil Law and the Civilisation of Private Law, ZfRSoz 2002, 185 ff.

38 Vgl. Europäische Kommission, Erster jährlicher Fortschrittsbericht zum europäischen Vertragsrecht und zur Überprüfung des gemeinschaftlichen Besitzstands – 2005, KOM (2005) 456 endg. 契約法に関するドキュメントのすべてはインターネットで見ることができる: http://europa.eu.int/comm/consumers/cons_int/safe_shop/fair_bus_pract/cont_law/index_de.htm.

ク（Joint Network on European Private Law）に引き渡される[39]。このネットワークはヨーロッパ各国から集った学者からなり、共通の核を探るという方法で作業を行う。すなわち、すでに存在する指令法を一方に、ヨーロッパ構成諸国における多様な契約法を他方に睨みながら、機能的法比較の手法を通じて実質的なラフ・コンセンサスを獲得しようとするのである。同時に、委員会は実務家からなるネットワーク（CFR-net）も立ち上げた。これは上記 CFR の策定に関与することとなる。全体として CFR は民間社会(Zivilgesellschaft)からの広い参加を基礎として、また広範な合意を目標にして策定されている。そのさい実務家の関与により国内法化に際して生ずる問題の早期発見が目指されている[40]。

CFR についてのラフ・コンセンサスが得られたならば、この CFR は第一段階においては拘束力のない勧告（Empfehlung）としてヨーロッパ共同体官報に掲載される。商人間取引においてはこの CFR の原則は、UNIDROIT 原則の場合と同様、まずは仲裁手続において当事者により選択された法であると認められることで、適用された、ということになるだろう。さらに、EVÜ[xi] 改革の機会に委員会は、契約当事者による特定の民間法典の選択を真正の法選択として認めるべきであり、そのような法典には UNIDROIT 原則のほか CFR も含まれる、という提案を行った[41]。いずれにしても CFR については、これを将来的には「オプショナルな手段」として使えるようにすることが検討されている。「オプショナルな手段」としての CFR というのは、法選択の場において選択肢となり得、従って CFR が選択された場合には国内裁判所もまた CFR を法として適用する、ということを意味する。こうした「オプショナルな手段」としての CFR について実務上の経験が蓄積していくかどうかは、法選択の契機において関係者が同意と承認の意思表示をするかどうかにかかっているが、こうした経験が蓄積されたときに初めて、CFR を自覚的に選択すること（Opt-In）から、それを選択しない場合にこそその明示の表示が必要になること（Opt-Out）[xii]への転換がなされることにより、拘束力が高められることとなろう。そうすればこの［かつてのオプショナルな］手段は、それを選択しないという明示の意思表示がないに過ぎない場合でも国家法と同様に適用することが可能になるであろう[42]。実務においてこのように使えるかどうかが試されるという仕方は、まさにランニング・コードの考え方、すなわち規範の名宛人による正当性付与に依存する、段階的な法の実施という考え方、これに対応するものである。

---

39 さまざまの研究者グループをひとつにまとめるネットワークにまとめたのはビーレフェルトのハンス・シュルテ=ネルケである。詳しくは、 http://www.jura.uni-bielefeld.de/Lehrstuehle/Schulte-Noelke/Institute_Projekte/ag/dms/copecl/dms.php.

40 さらに、委員会報告における、CFR についてかつて行われた《実行可能性テスト（Practicability Test）》についての考察を参照せよ、Mitteilung der Kommission (Fn. 22) unter 3.2.2.

41 Art. 3 Abs. 2 des Entwurfs der Kommission zu einer Rom I Verordnung, KOM (2005) 650 endg.; 国家法でない法の選択に批判的なのは *Mankowski*, Stillschweigende Rechtswahl und wähl-bares Recht, in: Leible (Hrsg.), Das Grünbuch zum Internationalen Vertragsrecht (2004), S. 63 ff.

42 Mitteilung der Europäischen Kommission (Fn. 22) Anhang II Nr. 2, S. 17 ff. "opt in" と "opt out" という考え方、および法選択とこの考え方との関係については Art. 3 EVÜ を見よ。

＜訳注＞

I　決定国原則は出自国原則 (Herkunftlandprinzip) と対をなす概念である。サーヴィス供給主体の住所の（出自国の）法に従うことを出自国原則というのに対して、サーヴィス享受主体が居住する国の（決定国の）法に従うことを決定国原則という。
II　インターネット上で利用されるアドレス資源(IP アドレス、ドメイン名、ポート番号など)の標準化や割り当てを行なう組織。
III　これはクヌート・ネルの著作『私法の悩み』のパロディーである、*Nörr*, Die Leiden des Privatrechts, 1994.
IV　普通法の伝統のことである。
V　傍点は原文。
VI　Incoterm とは、International Commercial Term の略であり、Incoterms はその複数形。商業トレーダーが交渉の際に用いる一種の専門的共通言語であり、国際的に統一化されている。この共通言語により品物の価格、量および特性が示される。
VII　この判決で、連邦憲法裁判所は、指令を国内法化したところのヨーロッパ勾留法を無効と判断している。ヨーロッパ勾留命令の枠決定により認められていたドイツの立法者における裁量の余地を、立法者が基本権に最も適合的になるような仕方で国内法化するために活用しなかったために、同法が、基本法 16 条 2 項に定めるドイツ人の外国への引渡禁止を、比例原則に適さない仕方で侵害する、というのが、判決理由のもっとも重要なものになっている。
VIII 原文は Im Rechtsprozeß fallen Schaffung (Kondensation) und Bestätigung (Konfirmation) der Norm zusammen. である。Calliess の叙述は、やや簡略に過ぎよう。日本の読者のために必要最小限の解説を加える。Kondensation とか Konfirmation の語は、カリースも引用する *Luhmann*, Das Recht der Gesellschaft, 1993 に登場する。その 127 頁に見られるルーマン自身の解説を引用しよう：「コミュニケイトされた意味をもう一度利用するということは、次のような二重の要請に従うことである――この二重の要請の結果として、最終的に言語に固定された意味と、システムそれぞれの分離の進んだ社会のコミュニケイションとが存在する、ということになるのだが。コミュニケイトされた意味の再利用は、一面において、一度利用された記号を濃縮する(kondensieren)。そのようにして、新たな文脈においてもこの記号が同じものとして認識されうるものだということを確保するのである。こうして、改めて同定することが可能な記号的単位(re-identifizierbare Invarianz）というものが立ち現れる。他面において、コミュニケイトされた意味の再利用は、再度利用された意味を確認する(konfirmieren)。すなわり別の文脈においてもこの意味が適切であるということを示すのである。このようにすると、現象論的にこれだという ことができるところの、《相互参照の余剰(Verweisungsüberschuß)》が生じる。これが生じると、再利用された意味が、その利用された具体的局面で具体的に持っている意味というものの特定をすることができなくなり、さらに今後におけるこの意味の利用は、［必ずこの意味が持っているまさにその固定された意味において利用されることになりそれ以外の、利用されるべき状況が孕みうる別の意味は、まさに特定の意味がここで投入されるというまさにそのことのゆえに排除されるという］選別強制に曝されることとなる。われわれはここに、極端に抽象的なフォルムにおいて、意味の生成を描写した。このような濃縮化と確認の論理を追体験できる者だけが、言語によるコミュニケイションに参加することができ、またその者の意識を社会の作動［社会のさまざまのシステムの作動］に結びつけることができる。」ルーマンは本書において、Kondensation/Konfirmation の論理を司法に即して特殊的に展開してはいないが、裁判の機能の理解において、背後にこの論理が念頭においていることは明らかである。その限りでは、カリースの理解はルーマンに即したものである。
IX　インターネットが Inter-net と綴られることからくる言葉遊びも含意されている。
X　「対話的論証」の訳は村上淳一のものに従った。
XI　これは Übereinkommen über das auf vertragliche Schuldverhältnisse anzuwendende Recht すなわち「契約による債務関係に適用すべき法についての協定」の略称。
XII Opt-In / Opt-Out という用語は、最近では特に DM 関連で用いられる。たとえば DM の送信に事前の同意を必要とするという考え方が Opt-In 方式であり、DM の受信者が事後的に「メールは不要」である旨メッセージを送ることを必要とするという考え方を Opt-Out 方式と言う。事前に自覚的選択をしていることを重視するか、明示で拒否の意思表示がなければ承諾の黙示の意思があると考えるか、という違いであろう。

§ 7 Die Entwicklungen japanischer und deutscher juristischer Methodenlehren und ihre Differenzen in der frühen Nachkriegszeit *

Hiroshi Hattori

Übersicht

I. Einleitung

In diesem Aufsatz vergleiche und überprüfe ich die Entwicklungen japanischer und deutscher juristischer Methodenlehren hauptsächlich in der frühen Nachkriegszeit, und behandle sie *als eine Seite* der Rechtsangleichung. Genauer gesagt: nicht als Problem der Angleichung des Rechts als solchem, sondern vielmehr als Problem der Angleichung des Rechtsdenkens.

Neuerdings verstärkt sich in Japan das Interesse an der Wertungsjurisprudenz, die in Deutschland sehr einflußreich ist. Dabei ist es wichtig, diese aktuelle Situation im Zusammenhang mit den Entwicklungen und Differenzen der japanischen und deutschen juristischen Methodenlehren zu begreifen. Im vorliegenden Aufsatz versuche ich, diese Aufgabe unter dem Gesichtspunkt „des Problems der Angleichung auf der Ebene der juristischen Methodenlehre" zu bewältigen.

* Ich danke *Marc André Wiegand* herzlich für seine sehr sorgfältige sprachliche Überprüfung und Verbesserung meines Aufsatzes.

Aus Platzmangel konzentriere ich mich hier hauptsächlich auf die Diskussionen in Japan[1], wobei ich zuerst einen Überblick über die Entwicklung der Strömungen des Rechtsdenkens in Japan gebe und im Anschluß daran die Differenz zwischen Japan und Deutschland durch „das Nicht-Vorhandensein (oder Fehlen) der Interessenjurisprudenz“[2] in Japan bestimme (II.). Darauf folgend werfe ich einen Blick auf die Diskussionen in der Periode der frühen Nachkriegszeit (III.), zuerst in Deutschland (1.), dann in Japan (2.). Danach äußere ich mich über die bestehenden Ähnlichkeiten und Unterschiede zwischen beiden Ländern, vorwiegend in bezug auf diese Periode (3.). Im Vordergrund steht dabei die Interessenabwägungstheorie, welche die Grundlage des juristischen Denkens in Japan (vor allem im Hinblick auf das Zivilrecht) ist.[3] Zum Schluß schlage ich anhand dieser Überlegungen zwei Punkte zur künftigen Entwicklung der japanischen juristischen Methodenlehre vor (IV.).

II. Die Entwicklung der Strömungen des Rechtsdenkens in Japan

Zuerst möchte ich einen Überblick über die Entwicklung der Strömungen des Rechtsdenkens in Japan geben.[4]

In der Meiji-Zeit (gegen 1900) stand die japanische Rechtswissenschaft im Zuge der Ausarbeitung der modernen Gesetzbücher unter großem Einfluß der deutschen Rechtswissenschaft. Die Begriffsjurisprudenz in Deutschland wurde in Japan (durch Otoshiro Ishizaka, Hideo Hatoyama u.a.) stark rezipiert. In der Taisho-Zeit wurde diese japanische Begriffsjurisprudenz kritisiert, repräsentativ von Izutaro Suehiro, der unter deutlichem Einfluß der Freirechtslehre stand. Zugleich wurde die richterliche freie Rechtsschöpfung laut eingefordert. In der Freirechtslehre wurde der Lehre von Eugen Ehrlich Aufmerksamkeit geschenkt, und auch der

---

1 Da die Diskussionen in der juristischen Methodenlehre in Japan vorwiegend von Zivilrechtlern geführt werden, behandle ich in diesem Aufsatz hauptsächlich die zivilrechtlich geprägten Diskussionen der juristischen Methodenlehre. Statt des Ausdruckes „Houritsugaku houhou ron (juristische Methodenlehre)“ ist häufig in Japan die Wendung „Houkaishaku houhou ron (Methodenlehre der Rechtsauslegung)“ im Gebrauch, jedoch verwende ich hier einheitlich den erstgenannten Ausdruck.

2 Unter „Interessenjurisprudenz“ verstehe ich hier die Ansicht ihres Hauptvertreters *Philipp Heck*.

3 Vgl. *Segawa*, Minpou kaishaku ron no konnichiteki isou (Der derzeitige Stand der Auslegungslehren im Zivilrecht), in: ders. (Hrsg.), Shihougaku no sai kouchiku (Wiederaufbau der Zivilrechtsdogmatik) (1999), S. 4.

4 Zu diesem Thema existiert eine große Menge an Literatur, wobei ich mich hier mit der folgenden begnüge: *Segawa*, Minpou no kaishaku (Auslegung des Zivilrechts), in: Hoshino (Hrsg.), Minpou kouza bekkan 1 (Vorlesungen über Zivilrecht, Sonderband 1) (1990), S. 1ff., *Yamamoto*, Houteki shikou no kouzou to tokushitsu (Struktur und Eigenart des Rechtsdenkens), in: Tanaka (Hrsg.), gendai hougaku no shisou to houhou (Iwanami kouza gendai no hou 15) (Gedanken und Methoden der gegenwärtigen Rechtswissenschaft (Iwanami-Vorlesungen: Gegenwärtiges Recht, Bd. 15)) (1997), S. 231ff. Einen bedeutenden Beitrag aus deutscher Sicht hat *Guntram Rahn* geliefert, dessen Werk allerdings zu umfangreich ist, um hier diskutiert zu werden. Vgl. *Rahn*, Rechtsdenken und Rechtsauffassung in Japan, 1990.

Einfluß des amerikanischen Rechtsrealismus wurde allmählich größer.[5] Aufgrund dieser Diskussion in der Taisho-Zeit entwickelten sich in der Nachkriegszeit der Rechtsauslegungsstreit (Hou-Kaishaku-Ronsou) und die Interessenabwägungstheorie (Rieki-Kouryou-ron) (vgl. dazu unten III. 2.). Die Kehrseite dieser Umstände war, daß das Interesse für die deutsche juristische Methodenlehre trotz einiger Ausnahmen[6] schwächer wurde. Aber in den letzten Jahren ist das Interesse für die deutsche juristische Methodenlehre wieder erstarkt, vor allem das für die in Deutschland führende Wertungsjurisprudenz (besonders für die Theorien von Karl Larenz oder Franz Bydlinski).[7] Der Hintergrund hiervon ist m.E. vor allem Folgendes: nachdem sich der Streit um 1990[8] beruhigt hatte, diente er als Anregung dazu, wieder stärker die geschichtlichen Entwicklungen der bisherigen japanischen juristischen Methodenlehre zu überprüfen und dadurch die heutigen Lehren in Deutschland, dessen juristische Methodenlehre fortgeschrittener ist als die Japans, noch einmal zu beachten. Und ferner: unter den gegenwärtigen Umständen der Justizreform, insbesondere unter dem Gesichtspunkt der juristischen Denkweise in der Juristenausbildung, scheint dieses Interesse für Deutschland als Gegenstand des Vergleichs oder als eine Alternative künftig wieder zu erstarken.

Nun, als ein wichtiger Unterschied zwischen den Entwicklungen der japanischen und deutschen juristischen Methodenlehren soll „das Nicht-Vorhandensein der Interessenjurisprudenz" in Japan aufgezeigt werden.[9] Der Grund dafür ist anscheinend, daß in Japan, wie oben erwähnt, der Einfluß der Freirechtslehre sehr groß

---

5 Zum Einfluß des amerikanischen Rechtsrealismus vgl. etwa *Yoshida*, Realism hougaku to rieki kouryouron ni kansuru „kiso riron" teki kousatsu („Basistheoretisches" Nachdenken über den Rechtsrealismus und die Interessenabwägungstheorie) in: Segawa (Fn. 3), S. 101ff.

6 Z.B. *Kitagawa*, Nihon hougaku no rekishi to riron (Geschichte und Theorien der japanischen Rechtswissenschaft) (1968), *Isomura*, Hou kaishaku houhou ron no shomondai (Probleme der Methodenlehre der Rechtsauslegung), in: ders. (Hrsg.), Gendai hougaku kougi (Vorlesungen zur Rechtswissenschaft der Gegenwart) (1978), S. 85ff.

7 Z.B. *Yamamoto*, Minpou ni okeru douteki shisutemu ron no kentou – houteki hyouka no kouzou to houhou ni kansuru joshouteki kousatsu (Die Lehre vom Beweglichen System im Zivilrecht – Einleitende Betrachtungen zur Struktur und Methode der juristischen Wertungen), Hougaku Ronsou 138 (1995), S. 208ff., *Noumi*, Houritsugaku houkaishaku no kisokenkyuu (Grundlagenforschung in der Jurisprudenz und Rechtsauslegung), in: Nakagawa/Hirai/Nomura/Katou/Segawa/Hirose/Uchida et. al. (Hrsg.), Festschrift für Hoshino (1996), 2. Band, S. 41ff., *Fujiwara*, Hou dogumathiku no dentou to hatten – Doitsu hougaku houhouron oboegaki (Tradition und Entwicklung der Rechtsdogmatik – Memorandum der deutschen Methodenlehren der Rechtswissenschaft), in: Segawa (Fn. 3), S. 35ff.

8 Um 1990 begann in Japan durch den Vorschlag *Yoshio Hirais* zu einer juristischen Argumentationslehre eine neue Auseinandersetzung. Darauf gehe ich in diesem Aufsatz nicht ein. Vgl. *Segawa* (Fn. 4), S. 74ff., *Yamamoto* (Fn. 4), S. 243ff.

9 Diesen Punkt verdanke ich der Anregung *Hideo Aois*. Vgl. hierzu auch *Mizumoto*, Minpougaku ni okeru rieki kouryou ron no seiritsu to sono seika (Entstehung und Ertrag der Interessenabwägungstheorie in der Zivilrechtswissenschaft), in: *ders.* Gendai minpougaku no houhou to taikei (Methoden und Systeme der gegenwärtigen Zivilrechtsdogmatik) (1996), S. 89ff. und 97ff. (erstmals abgedruckt in: Minshouhou Zasshi 62 Nr. 6 (1970); 63 Nr. 2 (1970); 63 Nr. 4 (1971); 64 Nr. 2 (1971). Als japanische Übersetzungen gibt es folgende Hauptwerke *Hecks*: Das Problem der Rechtsgewinnung (1. Aufl. 1912), Gesetzesauslegung und Interessenjurisprudenz (1914) und Begriffsbildung und Interessenjurisprudenz (1932). Die Übersetzungen erschienen zusammen in einem Band und wurden von Tsuda herausgegeben und übersetzt: *Tsuda*, rieki hougaku (Interessenjurisprudenz) (1985). Im Fazit dieses Aufsatzes komme ich hierauf zurück.

und beherrschend ist.[10] In der Tat wurde in Japan die Interessenjurisprudenz sozusagen von der Freirechtslehre in die Ecke getrieben, und ist bisweilen als ihr untergeordnet behandelt worden.[11] Die daraus sich ergebende Folge ist, daß die Gesetzgeberwillenstheorie, welche die Interessenjurisprudenz annimmt[12], und die Gesetzesbindung, welche die Interessenjurisprudenz als sehr wichtig betrachtet, in Japan unterschätzt werden.[13]

III. Die japanischen und deutschen juristischen Methodenlehren in der Periode der frühen Nachkriegszeit (1945 – gegen 1960)

Sodann beobachte ich die Entwicklungen der japanischen und deutschen juristischen Methodenlehren in der Periode von 1945 bis ca. 1960, um daran anschließend die Ähnlichkeiten und Differenzen zwischen Japan und Deutschland hauptsächlich in diesem Zeitraum zu untersuchen. Die damalige Zeit war in Deutschland die Formierungsperiode der Wertungsjurisprudenz und in Japan die Entstehungszeit des Rechtsauslegungsstreits und der Interessenabwägungstheorie, d.h. sowohl in Deutschland als auch in Japan gab es einen Wendepunkt in der juristischen Methodenlehre. Dabei erfolgt die Untersuchung zugleich in der Weise, daß ich vor allem den Bezug auf die Interessenjurisprudenz im Hinterkopf behalte. Ich meine, daß in einer hier aufgezeigten wichtigen Differenz – nämlich der zwischen den Grundbegriffen, „Interesse" und „ri-eki" – „das Problem der Übersetzung" auftaucht, das wahrscheinlich ein bei der Rechtsangleichung allgemein zu beachtendes wichtiges Moment ist.

---

10 Vgl. z.B. *Mizumoto* (Fn. 9), S. 98.

11 Vgl. z.B. *Aomi*, Houtetsugaku gairon (Einleitung in die Rechtsphilosophie) (2. Aufl. 2000), S. 155ff.

12 Hierbei zu beachten, daß für die Interessenjurisprudenz genau gesagt nicht nur der Gesetzgeberwille, sondern auch das Zurückgehen auf die für das Gesetz kausalen Interessen (historische Interessenforschung) wichtig ist. Vgl. *Heck*, Gesetzesauslegung und Interessenjurisprudenz (1914), S. 8ff., 59ff., *Isomura* (Fn. 6), S. 91ff. *Heck* bezeichnet dies auch als „objektiv historische Theorie". Vgl. dazu *Heck*, a.a.O., S. 65.

13 Nur wenige Autoren schätzen die Gesetzgeberwillenstheorie (etwa *Sumio Ookawa*, *Minori Ishida*). Dabei ist es interessant, daß *Saburou Kurusu*, der Initiator des Rechtsauslegungsstreits, in seinem Aufsatz Hou no kaishaku ni okeru seiteihou no igi – sonol Hou to Hougen (Die Bedeutung des Gesetzes bei der Rechtsauslegung – erster Teil: Recht und Rechtsquelle), Hougaku Kyoukai Zasshi 73 (1956), S. 121ff., folgendes angeführt hat: Zuerst erwähnt er den Gegensatz zwischen der Gesetzgeberwillenstheorie (hier nimmt er auf *Heck* Bezug) und der Gesetzeswillenstheorie, danach weist er, trotz der Anerkennung der Bedeutung beider Theorien, auf deren „Überschätzung des Gesetzes" und „Fetischismus des Gesetzes" hin, und erblickt ihr Problem in dem „Noch-nicht-unterschieden-Sein von Recht (Rechtsprechung) und Rechtsquelle (wie Gesetz und Gewohnheit)". Schließlich kommt *Kurusu*, sozusagen in der Form der Aufhebung dieses Gegensatzes, zu der Verneinung der Bindungskraft des Gesetzes (es ist nicht mehr als eine Rechtsquelle; hier orientiert er sich an dem Rechtsrealisten *Jerome Frank*). Allerdings verfolgte er beim Problem der Bedeutung des Gesetzes in der Rechtsauslegung ein dreiteiliges Konzept: (1) „Recht und Rechtsquelle", (2) „Funktionen der Fiktion", (3) „Bedeutung der Freirechtslehre und der Interessenjurisprudenz", und entwickelte diesen Aufsatz als ersten Teil. Danach hat er, wie bekannt, den zweiten Teil (2), die Fiktionslehre, entwickelt, während der dritte Teil (3) nachher nicht sonderlich tief ausgearbeitet wurde.

1. Deutschland

Zuerst gebe ich einen Überblick über die damaligen Diskussionen in Deutschland. Wie bekannt, bestand damals eine Hauptströmung in der Renaissance des Naturrechts. Was die juristische Methodenlehre angeht, so wird, wenn auch die damaligen Überlegungen in Deutschland noch kein einheitliches Bild abgaben[14], diese Zeit im Allgemeinen als Übergangsperiode von der Interessenjurisprudenz zur Wertungsjurisprudenz angesehen.[15] Hier beschäftige ich mich mit der Ansicht eines wichtigen Autors, Harry Westermann (der auch in Japan als Meister des Sachenrechts gilt).[16]

Nach Westermann ist die Norm dreistufig[17]: Die erste Stufe ist „die Rechtsfolgeanordnung", die zweite ist „die sie ergebende Interessenbewertung im Gesetz", und die dritte „die Konkretisierung der Gerechtigkeitsidee".

Die erste Stufe, die Rechtsfolgeanordnung wird auf den konkreten Fall angewandt und ergibt den Urteilsinhalt. Was diese Rechtsfolgeanordnung erzeugt, ist die zweite Stufe, die vom Gesetzgeber vorgenommene Interessenbewertung.[18] An dieser Stelle kritisiert Westermann, daß bisher das Interesse (die Begehrensvorstellungen, welche die Beteiligten verfolgen müssen, wenn sie die ihnen günstige Rechtslage anstreben) sowohl als Bewertungsgegenstand als auch als Bewertungsmaßstab aufgefaßt wurde.[19] Zum Beispiel § 932 BGB: das Beharrungsinteresse des Eigentü-

---

14 Zu bestimmen, welche Beziehung zwischen der Renaissance des Naturrechts und der juristischen Methodenlehre besteht, ist überaus schwierig, und zwar wegen der Schwierigkeit, die Renaissance des Naturrechts selbst zu bestimmen. Darauf muß ich hier verzichten. Während man sagen kann, daß die Methodendiskussion überhaupt die damalige Hauptströmung der Renaissance des Naturrechts darstellte, meint z.B. *Neumann*, daß der überwiegende Teil der juristischen Methodenlehre in nüchternem Positivismus bestand (er benennt *Theodor Viehweg* und *Josef Esser*), und stellt sie als Gegensatz zu der naturrechtlichen Konzeption des Rechtsbegriffs dar. Nach dem Schema *Neumanns* verschiebt sich dieser Fortgang der juristischen Methodenlehre über die juristische Hermeneutik usw. von axiologischen (wie in der Zeit der Renaissance des Naturrechts) zu analytischen Fragestellungen (Verschiebung von der Rechtsphilosophie zur Rechtstheorie), vgl. *Neumann*, Rechtsphilosophie in Deutschland seit 1945, in: Simon (Hrsg.), Rechtswissenschaft in der Bonner Republik (1994), S. 160ff. Dazu sind weitere Diskussionen einschließlich der Überprüfung seiner Auffassung zu erwarten. Vgl. auch unten Fn. 32.

15 Vgl. *Yoshimi*, Sengo no minpou no hensen (Bürgerliches Recht in Deutschland seit 1945) Hikakuhou kenkyuu 58 (1996), S. 41ff.

16 *Westermann*, Wesen und Grenzen der richterlichen Streitentscheidung im Zivilrecht (1955). Vgl. hierzu etwa *Yoshimi* (Fn. 15), S. 41, *Rüthers*, Rechtstheorie (1999), S. 308ff., *Schoppmeyer*, Juristische Methode als Lebensaufgabe (2001), S 232ff., *Aoi*, Jisshousyugi densetsu no nazo – sengo houtetsugaku no genjitsu to kadai (Das Rätsel der Positivismustradition – Realität und Aufgaben der Rechtsphilosophie nach dem Zweiten Weltkrieg), in: Okamoto/Odanaka/Kawabata/Tanaka (Hrsg.), Festschrift für Abe (2004), S. 23 und 25. Die Arbeit *Schoppmeyers* ist als jüngste Monographie über *Heck* sehr wichtig. Außer *Westermann* sind hier freilich noch weitere bedeutende Vertreter zu nennen, z.B., wie oben erwähnt, *Viehweg* und *Esser* sowie *Heinrich Hubmann*. Diese kann ich hier nicht behandeln. Als diejenigen, die in der Nähe von *Westermann* stehen, seien die Gebrüder *Reinicke* (*Dietrich* und *Gerhard Reinicke*), *Theo Zimmermann* und *Hans Brox* genannt.

17 *Westermann* (Fn. 16), S. 13.

18 *Westermann* (Fn. 16), S. 14ff.

19 Daran kritisiert *Schoppmeyer*, daß der Unterschied zwischen Bewertungsmaßstab und Bewertungsgegenstand auch relativ ist. Vgl. *Schoppmeyer* (Fn. 16), S. 233, 264ff. Aber will, wie *Westermann* sagt, der Beteiligte die Bewertungsmaßstäbe selbst überhaupt verfolgen?

mers und das Erwerbsinteresse des Gutgläubigen stehen sich gegenüber, und als Bewertungsmaßstäbe dafür lassen sich Rechtsschein und Veranlassung, Verkehrsschutz und Eigentumssicherung betrachten. Diese Bewertungsmaßstäbe *als solche* kann man nicht für die Interessen der Beteiligten halten. Um die Bewertungsgegenstände und die Bewertungsmaßstäbe deswegen zu unterscheiden, gebraucht Westermann den Begriff des Interesses nur im Sinne des Bewertungsgegenstandes.

Die dritte Stufe, die hinter der gesetzlichen Interessenbewertung liegt, ist nach Westermann die Konkretisierung der Gerechtigkeitsidee.[20] Die richterliche Urteilsfindung ist nicht bloße Interessenbewertung (wie in der zweiten Stufe), die bloßer Machtspruch bliebe. Was die hohe Würde der Entscheidung des Richters begründet, ist die tiefere Stufe der Konkretisierung der Gerechtigkeitsidee. Die Norm behauptet stillschweigend, die in ihr enthaltene Interessenbewertung sei gerecht. Hier bedeutet die Norm eine situationsgebundene Konkretisierung der Gerechtigkeitsidee. Alle Umstände, unter denen das Gesetz die widerstreitenden Interessen wertet, sind Folgerungen aus der Gerechtigkeitsidee.

Dem Richter – so Westermann weiter – tritt die konkretisierte Gerechtigkeitsidee als fertiges Ergebnis in der Norm entgegen. Durch die Bindung dieser Gerechtigkeitsidee hat das Urteil seine hohe Autorität und seine Würde.[21] Hier wird der Richter an die in der Norm konkretisierte Gerechtigkeitsidee, d.h. an das Gesetz und – so Westermann weiter – an die (vom Gesetzgeber getroffene) Wertung des Gesetzes gebunden. Die Rechtsprechung ist dem Wesen nach Anwendung der gesetzlichen Wertungen, nicht selbständige Bewertung. Westermann verhält sich skeptisch zu der Frage, ob in ungerechten Verhältnissen das Sittengesetz oder eine überpositive Wertskala anwendbar sind, und betont statt dessen stark die Bindung an die gesetzliche Bewertung.[22]

Durch diese Kritik und Darlegung Westermanns trat das Problem der Bewertungsmaßstäbe und der Wertung in den Vordergrund der juristischen Methodenlehre. Hierin kann man den ersten Schritt von der Interessenjurisprudenz zur Wertungsjurisprudenz sehen.[23] Seine Abweichung von der Interessenjurisprudenz liegt zunächst darin, daß Westermann die Gerechtigkeitsidee, die die Interessenjurispru-

---

20 *Westermann* (Fn. 16), S. 16ff.

21 Vgl. dazu auch *Westermann* (Fn. 16), S. 39.

22 *Westermann* (Fn. 16), S. 25ff. Interessant ist, daß *Westermann* die richterliche Tätigkeit, trotz der Anerkennung eines in ihr enthaltenen Willenselementes, grundsätzlich als „Erkenntnis" ansieht. *Westermann* (Fn. 16), S. 32.

23 Vgl. *Schoppmeyer* (Fn. 16), S. 234. Zu den Unterscheidungsmerkmalen zwischen der Interessen- und der Wertungsjurisprudenz – die aufgrund der Schwierigkeit der Bestimmung des Charakters der Wertungsjurisprudenz schwer zu benennen sind – erwähne ich hier nur zwei Punkte: (1) Differenz auf der Ebene des Rechtsdenkens: die Interessenjurisprudenz nimmt ein kausales Rechtsdenken an, die Wertungsjurisprudenz hingegen ein teleologisches. (2) Ziel der Auslegung: die Interessenjurisprudenz vertritt die Gesetzgeberwillenstheorie (vgl. allerdings Fn. 12), die Wertungsjurisprudenz orientiert sich ausdrücklich an der Gesetzeswillenstheorie. Was diese zwei Punkte bei *Westermann* betrifft, so ergibt sich m.E. folgendes: in Bezug auf (1) – auf der Ebene des Rechtsdenkens – kann man bei ihm noch den Bodensatz des kausalen Rechtsdenkens erkennen, in Bezug auf (2) scheint er zur Gesetzeswillenstheorie zu neigen.

denz außer Betracht läßt, in die juristische Methodenlehre eingeführt hat. An diesem Punkt kann man den Einfluß der Naturrechtsrenaissance erkennen, aber Westermann selbst bleibt bei einer nur formellen Bestimmung der Gerechtigkeitsidee, statt ihre konkreten Inhalte anzugeben. Seine Auffassung, wonach die Tatsache, daß der Gesetzgeber eine Wertung getroffen hat, fast direkt an die Konkretisierung der Gerechtigkeitsidee anschließt, und er daraus die Bindung des Richters an die Wertung des Gesetzgebers folgt, ist gewissermaßen eine Reminiszenz der positivistischen Lehre. Zweitens nähert er sich, was die Stellung der Auslegung angeht, der objektiven Theorie (Gesetzeswillenstheorie).[24] Wichtiger als die Ansicht der an der Gesetzgebung beteiligten Personen ist es für ihn, die möglichen Bewertungsfaktoren durch Vergleich mit ähnlichen Institutionen oder durch Analyse der historischen Entwicklung und objektiven Situationen zur Zeit des Gesetzeserlasses usw. analysierend herauszuschälen und den objektiven Gehalt einer Norm in ihrer systematischen Stellung klarzustellen.[25] Dadurch, daß die Methodenlehre Westermanns andere beeinflußt hat und daß seine Theorie kritisiert wurde[26], hat sich die Wertungsjurisprudenz allmählich formiert. Allerdings gilt es darauf hinzuweisen, daß in der Entwicklung der Wertungsjurisprudenz die Bedeutung der Interessenjurisprudenz als gering eingeschätzt wurde.[27]

2. Japan

Im Folgenden richte ich meinen Blick auf die damaligen Diskussionen in Japan. Charakteristisch für die damalige japanische Rechtsphilosophie waren, obwohl man sich mit der Renaissance der Naturrechts beschäftigte, der Souveränitätsstreit (syuken-ronsou: der Streit zwischen Tomoo Odaka und Toshiyoshi Miyazawa um die Beziehung zwischen dem in der neuen japanischen Verfassung (nihonkokukenpou) eingeführten Grundsatz der Volkssouveränität und der alten japanischen Verfassung (dainippon-teikoku-kenpou)) und der Rechtsauslegungsstreit.[28] Hier befasse ich mich nur mit letzterem.[29]

---

24 Vgl. *Schoppmeyer* (Fn. 16), S. 234ff. Ihm zufolge stand *Westermann* der historisch-objektiven Auslegung nahe.

25 *Westermann* (Fn. 16), S. 21ff.

26 Vgl. z.B. *Larenz*, Methodenlehre der Rechtswissenschaft (1. Aufl. 1960), S. 123ff.

27 Vgl. *Rüthers* (Fn. 16), S. 315ff., *Schoppmeyer* (Fn. 16), S. 239ff., *Aoi* (Fn. 16), S. 23ff.

28 Vgl. *Uehara*, Houtetsugaku (sengo) – gakusetsu 100nen shi (Rechtsphilosophie (Nachkriegszeit) – 100 Jahre Theoriegeschichte), Jurisuto Nr. 400 (1968), S. 251ff. Diejenigen, die sich zur Renaissance des Naturrechts bekannten, waren etwa *Koutarou Tanaka* und *Teruo Minemura*. Diese Diskussion wurde von den Vertretern der thomistischen Naturrechtslehre entwickelt, jedoch gab es auch in Japan relativ früh ablehnende Haltungen gegenüber der Renaissance des Naturrechts. Vgl. etwa *Yazaki*, Shizenhou (Naturrecht) (1953), S. 106ff., und *ders.*, Houjisshousyugi (Rechtspositivismus) (1963), *Odaka*, Hougaku no houhou (Methoden der Rechtswissenschaft), in: Odaka/Minemura/Kato (Hrsg.), Houtetsugaku kouza dai 1 kan (Vorlesungen über Rechtsphilosophie, Bd. 1) (1956), S. 170ff.

29 Vgl. dazu z.B. *Aomi*, Sengo Nihon ni okeru hou kaishaku ron no kentou (Untersuchung der Rechtsauslegungslehren im Nachkriegsjapan), in: ders. (Hrsg.), Hougaku ni okeru riron to jissen (Theorie und Praxis in der Rechtswissenschaft) (1975), S. 135ff. (erstmals abgedruckt in: Ishimoto/Taniguchi/Katou (Hrsg.), Festschrift für Tsunetou (1960)), *Segawa* (Fn. 4), S. 21ff., *Yamamoto* (Fn. 4), S. 237ff.

Die Hauptstreitpunkte waren folgende: die Frage nach dem Einfluß des Werturteils des Auslegungssubjekts, ob die Rechtsauslegung Erkenntnis oder Praxis (Werturteil) ist (angefangen mit der Problemstellung von Saburou Kurusu), und das Problem der Wissenschaftlichkeit und Objektivität der Rechtswissenschaft (besonders der Rechtsdogmatik) (angeregt und entwickelt hauptsächlich von Takeyoshi Kawashima). Die herrschende Meinung erkannte an, daß ein Auslegungssubjekt sich in die Rechtsauslegung mischt, hielt die Natur der Rechtsauslegung für Praxis und meinte deshalb, daß in der Rechtsdogmatik keine Wissenschaftlichkeit zustande komme. In dem Bestreben, in der Rechtswissenschaft Wissenschaftlichkeit zu gewinnen und zu erhalten, gewann die Rechtssoziologie an Interesse.

Aufgrund dieser Diskussionen des Rechtsauslegungsstreits, insbesondere der dortigen Mehrheitsmeinung, wurde um 1965 die Interessenabwägungstheorie aufgestellt.[30] Als deren Hintergrund wird angeführt[31], daß seit dem Rechtsauslegungsstreit die Präjudizienforschung boomte, daß in den 1960er Jahren neue Problemen entstanden (wie die Leistung an Erfüllungs statt, der Kunstfehler (malpractice) und das Verkehrsunglück), die nur mit dem bestehenden Gesetz nicht gelöst werden konnten, und daß sich die Wertvorstellungen in der Gesellschaft auseinanderentwickelten. Die Eigenart der Interessenabwägungstheorie besteht grundsätzlich in der Geringschätzung der formal-juristischen Konstruktion (wie des juristischen Syllogismus) und der Hochschätzung der materiellen Begründung durch Interessenabwägung oder Werturteil, wodurch der Weg zur Überwindung der Begriffsjurisprudenz weiterverfolgt wurde.

---

30 *Segawa* (Fn. 4), S. 53ff. Die Hauptvertreter der Interessenabwägungstheorie sind *Eiichi Hoshino* und *Ichirou Katou*. Vgl. *Hoshino*, Minpou kaishaku ron josetsu (Einleitung zu einer Auslegungslehre des Bürgerlichen Rechts), Houtetsugaku nenpou 1967, S. 75ff., *Katou*, Hou kaishaku ni okeru riron to riekikoryo (Theorie und Interessenabwägung in der Rechtsauslegungswissenschaft), in: Aomi (Hrsg.), gendai hougaku no houhou (Iwanami kouza gendai hou 15) (Methoden der gegenwärtigen Rechtswissenschaft (Iwanami-Vorlesungen: Gegenwärtiges Recht, Bd. 15)) (1966), S. 25ff. Wie bekannt, verwenden beide das Wort „kou-ryou" mit unterschiedlichen Kanji-Schreibungen (der chinesischen Wortschrift), nämlich einerseits (so *Hoshino*) im Sinne von „Überlegung, Erwägung", anderseits (so *Kato*) im Sinne von „Abwägung". Hier verwende ich für beide einheitlich „kou-ryou" im letzteren Sinne.
Ferner wird in der Verfassungslehre die Interessenabwägungstheorie oder nur Abwägungstheorie (als Methode der Auslegung der Verfassung oder als Prüfungsmaßstab der Verfassungsmäßigkeit) über den Topos des Allgemeinwohls diskutiert. Darauf verzichte ich hier. Nur ein Punkt sei angemerkt: Der Ursprung des Einflusses der Interessenabwägungstheorie liegt in der US-amerikanischen Verfassungslehre. Vgl. etwa *Itou*, Kenpou kaishaku to riekikouryou ron (Auslegung der Verfassung und Interessenabwägungstheorie), Jurisuto Nr. 638 (1977), S. 198ff., *Ashibe*, Kenpougaku II jinken souron (Verfassungslehre Bd. 2, Allgemeine Grundrechtslehren) (1994), S. 200ff. u. 208ff. Mit Bezug hierauf finden neuerdings die Abwägungstheorie von *Robert Alexy* in Deutschland und die damit verbundene Auseinandersetzung Beachtung, was ich hier auch außer Betracht lassen muß. Vgl. *Kamemoto*, Hou ni okeru ruru to genri (Rules and Principles in Law), Hougaku ronsou 122 (1987) S. 18 ff; 123 (1988) S. 95ff. Vgl. ferner auch *Yamamoto* (Fn. 4), S. 247ff.

31 Vgl. z.B. *Mizumoto*, Gendai no houshisou toshite no riekikouryou ron (Interessenabwägungstheorie als gegenwärtiges Rechtsdenken), in: *ders.* (Fn. 9), S. 51ff. (erstmals abgedruckt in: Kobayashi/Mizumoto (Hrsg.), Gendai nihon no hou shisou (Rechtsdenken im heutigen Japan) (1976)).

Wie in der Einleitung erwähnt, ist diese Interessenabwägungstheorie die Grundlage des juristischen Denkens in Japan. Allerdings gibt es hinsichtlich der einzelnen Vertreter einige Unterschiede; daher möchte ich im nächsten Abschnitt (3.) im Zusammenhang mit den Differenzen der Interessenjurisprudenz noch einige Ausführungen zu diesem Thema machen.

3. Anschlußüberlegung

Vor allem in bezug auf die frühe Nachkriegszeit soll es nun um die Ähnlichkeiten und Differenzen zwischen der japanischen und deutschen Diskussion gehen.

a) Das Problem des Auslegungssubjekts – Beziehung zur Philosophiefreiheit

Im Rechtsauslegungsstreit handelte es sich um die Wissenschaftlichkeit der Rechtsdogmatik, deshalb neigte er dazu, sich der allgemeinen Diskussion um die Methodenlehre der Wissenschaft zu widmen, wo die juristische Methodenlehre nachrangig erschien. Da das Diskussionsfeld in Deutschland die juristische Methodenlehre war, liegt der Unterschied zwischen Japan und Deutschland zunächst in „der Dimension des Problems".[32] Was jedoch etwa das japanische Problem der Objektivität der Auslegung in bezug auf Deutschland angeht, so läßt sich an „das Problem der Philosophiefreiheit oder Wertgebundenheit der juristischen Methodenlehre" erinnern, worüber die Interessenjurisprudenz diskutiert hat.[33]

Die von der Interessenjurisprudenz behauptete Philosophiefreiheit der juristischen Methodenlehre[34] unterschied scharf die juristische Methodenlehre (wie wird Recht richtig angewendet?) von der Rechtsphilosophie (welches Recht ist

32 In Deutschland kam die Wissenschaftstheorie der Rechtswissenschaft in den 1960er Jahren auf, wo die Verschiebung von der Rechtsphilosophie zur Rechtstheorie (vgl. Fn. 14) stattfand (wie bei *Eike von Savigny* unter dem starken Einfluß des kritischen Rationalismus), vgl. *Neumann* (Fn. 14), S. 171ff. Über den Unterschied zur japanischen Diskussion sind weitere Betrachtungen zu erhoffen.

33 Am Rande sei bemerkt: Was diese Ähnlichkeit angeht, erscheint es auch wichtig, die Einflüsse von *Max Weber* auf die japanische Rechtswissenschaft und die Interessenjurisprudenz und die dort liegenden Gemeinsamkeiten oder Differenzen zu überprüfen. Bekanntlich haben die Lehren *Webers* (sowohl seine Wissenschaftslehre als auch seine Rechtssoziologie) die japanische Rechtswissenschaft vor allem in der Zeit des Rechtsauslegungsstreits beeinflußt. Vgl. z.B. *Aomi*, Gendai houkaishakugaku ni okeru kyakkansei no mondai (Das Problem der Objektivität in der gegenwärtigen Rechtsdogmatik), in: ders. (Fn. 30), S. 3ff.
Auch im Hinblick auf die Auslegungslehre der Heckschen Interessenjurisprudenz wird neuerdings auf den Einfluß der Wissenschaftslehre von *Weber* (oder *Heinrich Rickert*) hingewiesen. Vgl. *Dorndolf*, Zu den theoretischen Grundlagen der Interessenjurisprudenz: Die Beziehungen von Philipp Hecks allgemeiner Auslegungstheorie zu Max Weber und Heinrich Rickert, ARSP 81 (1995), S. 542ff., *Schoppmeyer* (Fn. 16), S. 160ff. Als Hintergrund der Diskussion um die Philosophiefreiheit der Interessenjurisprudenz ist der Einfluß von *Webers* Wissenschaftslehre erkennbar. Vgl. *Schoppmeyer* (Fn. 16), S. 145ff. Mir scheint, daß in der Tat die Philosophiefreiheit der Interessenjurisprudenz letztlich einer Aufforderung zur intellektuellen Rechtschaffenheit in der juristischen Methodenlehre gleichkommt.

34 Vgl. dazu etwa *Rüthers* (Fn. 16), S. 309ff.

richtig?)[35], und versuchte die reine und praktische Methodenlehre festzulegen. In der Nazi-Zeit ist diese Wertgebundenheit der juristischen Methodenlehre als ein Grundproblem diskutiert worden.

Diese beiden Probleme, d.h. einerseits das Problem des „Auslegungssubjekts", anderseits das Problem „des Zusammenhangs der juristischen Methodenlehre mit den Werten oder der Philosophie", sehen zwar im Ansatz unterschiedlich aus. Aber ich meine, daß die Methodenlehre von dem Menschen, der sie anwendet, nicht getrennt werden kann. Ich habe den Eindruck, daß sich beide in Wirklichkeit auf die gleiche Sache, nämlich auf „das Problem von Wert und Philosophie in der Methodenlehre", von unterschiedlichen Seiten aus richten, einerseits ausgehend vom Problem des Auslegungssubjekts, anderseits von dem der Methodenlehre. Sowohl in Japan als auch in Deutschland kann man hinsichtlich dieses Problems die Neigung zur Anerkennung der Wertgebundenheit in der Methodenlehre sowie der Subjektivität oder Vermischung des Werturteils feststellen. Hideo Aoi weist darauf hin, daß es sich in der Wertungsjurisprudenz ähnlich verhält, daß nämlich in Japan das Problem der Wertung in der Auslegung in den Mittelpunkt der Diskussion gestellt wird.[36] Gleichwohl nennt er als Differenz, daß die Wertungsjurisprudenz aus der Interessenjurisprudenz hervorgegangen ist und eine umfangreiche Theorie der juristischen Methodenlehre entwickelt hat, ohne dabei (wie in Japan) einfach in die rechtsphilosophische Diskussion zu verfallen.

Diesbezüglich ist es interessant, daß die Interessenabwägungstheorie in Japan „die Ideologiefreiheit", die mit der Philosophiefreiheit der Interessenjurisprudenz zusammenhängt, aufzeigt.[37] Ich widme mich im folgenden kurz der Beziehung zwischen der Interessenjurisprudenz und der Interessenabwägungstheorie, wobei ich das unter II. erwähnte „Fehlen der Interessenjurisprudenz" im Hinterkopf behalte.

b) *Interessenabwägungstheorie und Interessenjurisprudenz*

Oben unter II. habe ich bereits erwähnt, daß die Interessenabwägungstheorie (besonders die Ansicht Katous) sich wesentlich auf der Grundlage der Einflüsse der Freirechtslehre und des amerikanischen Rechtsrealismus entwickelte. Gibt es auch einen Zusammenhang mit der Interessenjurisprudenz?[38] Dies ist aus verschiedenen Geschichtspunkten heraus zu verneinen. Zunächst: was die unter II. „Fehlen der Interessenjurisprudenz" angesprochene Gesetzesbindung und die Stellung der Auslegung (die Theorie des Gesetzgeberwillens oder die des Gesetzeswillens) betrifft, bildet die Interessenabwägungstheorie zur Interessenjurisprudenz *einen Gegensatz*, und zwar insofern, als die Interessenabwägungstheorie die Gesetzesbindung

---

35 Zur „Arbeitsteilung zwischen Wissenschaft und Philosophie in der Rechtswissenschaft" in der japanischen Literatur *Odaka* (Fn. 28), S. 145ff., vor allem 169ff.

36 *Aoi*, Houshikou to patan (Rechtsdenken und Pattern) (2000), S. 430ff.

37 Vgl. *Mizumoto* (Fn. 9), S. 190, *Harashima*, Minpougaku ni okeru shisou no mondai (Das Problem des Denkens in der Zivilrechtswissenschaft), Hougaku seminar Nr. 145 (1968), S. 17ff.

38 Vgl. z.B. *Hirowatari*, Riekikouryou ron no mondai seikaku (Die Natur des Problems der Interessenabwägungstheorie), Kikan gendai hou 9 (1976), S. 10ff.

wegen der Skepsis gegenüber der formal-juristischen Konstruktion geringschätzt und sich grundsätzlich an der Theorie der Gesetzeswillens orientiert. Außerdem gibt es eine Differenz hinsichtlich des Richterbildes: die Interessenjurisprudenz erfaßt den Richter als Diener des Gesetzgebers; seine eigene Wertung und Rechtsschöpfung werden wegen der Gesetzestreue geleugnet. Andererseits erwartet die Interessenabwägungstheorie, daß der Richter aufgrund seines eigenen Verantwortungsgefühls positiv Rechtsschöpfung betreibt und damit die konkrete Gültigkeit des Urteils sicherstellt. Sie vertraut grundlegend auf die richterliche Fähigkeit (die positive Anerkennung der richterlichen Wertung (= Interessenabwägung)).

Wie ist nun der oben genannte Zusammenhang mit der Philosophiefreiheit der Interessenjurisprudenz? Das hängt davon ab, wie man über die Begriffe „Werturteil" und „Maßstab des Werturteils" oder der Interessenabwägung (die Unklarheit zwischen den Begriffen Werturteil und Interessenabwägung wird nachfolgend erwähnt) denkt.[39]

Die eine Ansicht (Ichirou Katou) orientiert sich wegen der Durchsetzung der Subjektivität des Werturteils am Wertrelativismus, und nimmt als Maßstäbe utilitaristische Kriterien wie das größte Glück der größten Zahl und den Willen der Mehrheit des Volks an, jedoch wird die Untersuchung des „richtigen" Werturteils im Grunde aufgegeben.[40] Hier kommt, wie in der Interessenjurisprudenz, der Hinweis auf die Ideologiefreiheit zur Geltung.

Die andere Ansicht (Eiichi Hoshino) orientiert sich über den Dualismus von Sein und Sollen weiter an der Axiologie.[41] Sie erkennt mit Blick auf das Maßstabsproblem des Werturteils an, daß es letztgültige Werte gibt, und sagt, daß auch ein universal gültiger Maßstab für Werturteile existiert. Hier tritt das Problem des Werturteils (etwa im Hinblick auf seine Geltung) in den Vordergrund. Aber wenn man von diesem Standpunkt aus das Werturteil wegen der Unterschätzung der formal-juristischen Konstruktion vom Gesetz getrennt denkt, dann kann man, wie erwähnt, die Ähnlichkeit mit der Theorie der Rechtsidee in der Nazi-Zeit (wie bei Julius Binder) erkennen.[42] Wenn andererseits durchaus in bezug auf das Gesetz die Prinzipien im Privatrecht, die Menschenwürde, Gleichheit und Menschenrechte für Wertmaßstäbe gehalten werden, dann nähert man sich der Stellung der Wertungsjurisprudenz.[43]

---

39 Dieses Problem der Maßstäbe der Interessenabwägung ähnelt der Kritik *Westermanns* an der Interessenjurisprudenz, wonach der Bewertungsmaßstab vom Bewertungsgegenstand unterschieden werden muß. Während jedoch, wie unten erwähnt, *Westermann* das Maßstabsproblem mittels des Begriffs des Interesses kritisiert, geschieht dies in Japan nicht durch den Begriff „ri-eki", worin man eine deutliche Differenz erkennen kann.

40 Als Hintergrund hiervon werden der Agnostizismus und das pragmatische Denken genannt. Vgl. *Harashima* (Fn. 37), S. 17.

41 *Hirowatari* (Fn. 38), S. 9ff., *Segawa* (Fn. 4), S. 70.

42 *Hirowatari* (Fn. 37), S. 10, 13.

43 *Hoshino* hat seine Position geändert: neuerdings sieht er sich in Nähe zur neuen Naturrechtslehre und Wertungsjurisprudenz (bes. Hubmann). *Hoshino*, Minpou kaishaku no shikata to sono haikei (Die Auslegungsweise des Zivilrechts und ihr Hintergrund), in: ders., Minpou ronsyuu dai 8

c) *Differenz zwischen „Interesse" und „ri-eki"*

Mir geht es nunmehr um die Unterschiede zwischen der Interessenjurisprudenz und der Interessenabwägungstheorie. Da die historischen Entwicklungen in Japan und Deutschland unterschiedlich sind, kann man natürlich auf mehr Ebenen Differenzen ausmachen als dies hier in Kürze geschieht. Aber gibt es nicht in der Tat einen Unterschied zwischen den Grundbegriffen der beiden Theorien, d.h. „Interesse (Interessenjurisprudenz)" und „ri-eki (Interessenabwägungstheorie)"? Darüber möchte ich anhand der Differenz der Diskussionslage über diese zwei Begriffe in der juristischen Methodenlehre nachdenken.

aa) *Deutschland – der Begriff des „Interesses"*

Zunächst betrachte ich Deutschland. Um es gleich vorwegzunehmen: der Begriff „Interesse" steht in der Interessenjurisprudenz im Mittelpunkt der Diskussion.

Der repräsentative Vertreter der Interessenjurisprudenz, Philipp Heck, geht vom Begriff des Interesses im gewöhnlichen Leben aus, d.h. „diejenige Bedeutung, die Lebensgüter für die Menschen haben, und daher das Begehren nach Lebensgütern"[44] (kürzer: „die Lebensforderung"[45]); er verwendet ihn umfassend als juristischen Arbeitsbegriff, ohne sein Attribut (z.B. des Subjekts: öffentlich oder privat, Individuum, Gruppe oder Gesellschaft; was das Objekt angeht: materielles oder ideelles Interesse) zu bestimmen.[46]

In einer solchen Interessenjurisprudenz wird, wie der Name sagt, die Theorie um den Begriff des Interesses, der gleichsam ihren Kern darstellt, herum gebildet.[47] Beispielsweise können wir die rechtsphilosophisch wichtige Diskussion über das Verhältnis von „Sein und Sollen (Wert und Faktum)" mit Rücksicht auf Hecks Rechtsbegriff betrachten.[48] Hecks Rechtsbegriff hebt Schopp-

---

kan (Gesammelte Abhandlungen zum Bürgerlichen Recht, Bd. 8) (1996), S. 193 (erstmals abgedruckt in Hougaku kyoushitsu, Nr. 95 (1988); Nr. 97 (1988).

44 Hier folge ich dem Spätwerk von *Heck*, Begriffsbildung und Interessenjurisprudenz (1932), S. 36ff. Dieser Begriff des Interesses steht in Beziehung zu dem als Eigentümlichkeit der Interessenjurisprudenz angesehen Naturalismus (Psychologismus, Empirismus). Vgl. *Wieacker,* Privatrechtsgeschichte der Neuzeit (1952), S. 341. Die oben erwähnte Ansicht (Fn. 33), die die Beziehung zwischen *Heck* und *Weber* als wichtig erachtet, widersetzt sich dem (einfachen) Schema, das die Interessenjurisprudenz mit dem Naturalismus gleichsetzt. Vgl. *Dorndolf* (Fn. 33), S. 542ff., *Schoppmeyer* (Fn. 16), S. 162, u. S. 58f., 87.

45 *Heck*, Interessenjurisprudenz (1933) S. 10.

46 *Heck* (Fn. 39), S. 38.

47 Diese wird – aus Platzmangel hier etwas verkürzt dargestellt – eingeteilt in die genetische Interessentheorie, welche die Entstehung und die Aufgabe des positiven Rechts behandelt, und die produktive Interessentheorie, welche die Gesamtheit der methodischen Schlußfolgerungen für die richterliche Fallentscheidung sowie die Gestaltung der wissenschaftlichen Arbeit behandelt. Vgl. *Heck* (Fn. 44), S. 30f. Als kurze und gute Zusammenfassung dieses Punktes vgl. *Oldag*, Methode und Zivilrecht bei Philipp Heck (1858–1943), in: Rückert (Hrsg.), Fälle und Fallen in der neueren Methodik des Zivilrechts seit Savigny (1997), S. 77ff.

48 Genauer gesagt besteht die Unterscheidung zwischen Wert und Interesse in der Frage nach deren Angemessenheit als Arbeitsbegriff, was eine von diesem rechtsphilosophischen Problem verschiedene Ebene darstellt. Vgl. *Heck* (Fn. 44), S. 43. Wenn man jedoch mit Nachdruck die Frage stellt, „ob das Interesse Wert ist oder Faktum ist", könnte man auch vertreten, daß *Heck* das Interesse als meyer[49] zufolge das normative Element hervor. Das Recht gehöre wie Bitte und Moral der Welt des Sollens an, nicht des Seins. Der Rechtsbegriff weise aber auch Bezüge zur Wirklichkeit auf. Das „Interessenschema" bilde die Brücke zwischen der Welt des Sollens und der des Seins. Das Rechtsgebot solle die menschlichen Interessen gegeneinander abwägen und abgrenzen, Interessen schützen und Begehrungen befriedigen. Das zu der Welt des Sollens gehörende Recht wird durch die Beziehung auf das reale Interesse mit der Wirklichkeit verbunden.

Dieser Begriff des Interesses bei Heck wurde auch noch in der Nazi-Zeit diskutiert.[50] Und wie oben erwähnt behauptete Westermann hinsichtlich des Unterschiedes von Bewertungsmaßstäben und Bewertungsgegenständen, den Begriff des Interesses nur für die Bewertungsgegenstände zu benutzen[51], was man als Kritik an der Interessenjurisprudenz bei der Weiterentwicklung zur Wertungsjurisprudenz mittels des Begriffs des Interesses lesen kann.

An diesen Punkten wird schon deutlich, daß der Begriff des Interesses in der Diskussion der juristischen Methodenlehre in Deutschland im Mittelpunkt stand. Das liegt schlicht daran, daß es die große Strömung der Interessenjurisprudenz gibt und das Interesse den Kern dieser Theorie bildet, was als natürliche Folge die dargestellten Diskussionen mit sich brachte.

bb) Japan – der Begriff „ri-eki"

Nun, wie ist in Japan die Diskussionslage beim Begriff „ri-eki", der dem deutschen Begriff des Interesses entspricht? Was bedeutet es für uns, wenn es in Japan mit der Interessenabwägungstheorie (rieki-kouryou-ron) auch eine Theorie gibt, die in ihrem Namen den Begriff des Interesses – „ri-eki" – enthält?

Es ist interessant, daß in der juristischen Methodenlehre in Japan der Begriff „Interesse", der dort ein Grundbegriff ist, bisher fast nie diskutiert wird.[52]

Faktum ansieht. Außerdem ist hinzuzufügen, daß in der englischsprachigen Rechtsphilosophie „Interest" im Sinne eines „Faktums" verwendet wird (etwa bei *Roscoe Pound*).

49 *Schoppmeyer* (Fn. 16), S. 84ff.

50 Zur Diskussion im Allgemeinen in der Nazizeit *Hirowatari*, nachisu to riekihougaku – „nachisushihougaku" kennkyuu nohto (1) (Nationalsozialismus und Interessenjurisprudenz, Eine Erforschung der nationalsozialistischen Privatrechtswissenschaft), Hougaku ronsou 91 Nr. 3 (1972) S. 1ff.; Nr. 5 (1972) S. 1ff. Die damaligen Diskussionen sind zusammen mit dem Mißverständnis des Interessenbegriffs bei *Heck* (besonders hinsichtlich seines umfassenden Charakters) zu vielschichtig, um hier erörtert zu werden.

51 Was den Begriff des Interesses bei *Westermann* angeht (vgl. III. 1.), so begreift er es unter Einschluß sowohl von Wünschen in Bezug auf materielle Vorteile als auch von ideellen Bestrebungen. In diesem umfassenden Interessenverständnis folgt er Heck. Vgl. *Westermann* (Fn. 16), S. 14.

52 Es bedarf dazu selbstverständlich einer ausführlichen Untersuchung der Literatur. Es gibt einige Veröffentlichungen, die diesen Punkt berühren. Z.B. zum Begriff des Interesses bei Heck selbst *Nobuyuki Yoshida*, rieki gainen no houkatsusei ni tsuite – Heck no riekihougaku wo baikai ni shite (Vom umfassenden Charakter des Interessenbegriffs – mittels Hecks Interessenjurisprudenz betrachtet), Hougaku shinpou 90 Nr. 5–6 (1983) S. 75ff. In Bezug auf die japanische juristische Methodenlehre wird sie selten vor allem bei der Prüfung der Differenz von der Interessenjurisprudenz behandelt. *Mizumoto* (Fn. 9), S. 100 (zu *Sakae Wagatsuma*), *Kitagawa* (Fn. 6), S. 319 (zu *Otoshirou Ishi-*

In Japan kann man, wie bei der „Interessen-"abwägungstheorie zu sehen war, sagen, daß der Begriff „ri-eki" in der juristischen Methodenlehre ein wichtiger Grundbegriff ist. Aber die Vertreter der Interessenabwägungstheorie und auch die Kritiker stellen den Begriff und die Definition „ri-eki" fast nie zur Diskussion, was im Vergleich mit den deutschen Diskussionsumständen überraschend erscheint. Woraus ergibt sich diese Situation?

Als eine Ursache dafür läßt sich „das Nicht-Vorhandensein der Interessenjurisprudenz" in Japan, wie oben gesehen, anführen. Das heißt, daß man Folgendes annehmen kann: Hätte die Interessenjurisprudenz in Japan eine hinreichende Rezeption erfahren, hätte ein Nachdenken über den das Mark dieser Theorie bildenden Begriff des Interesses stattgefunden.

Für wichtiger als das Nichtvorhandensein der Interessenjurisprudenz möchte ich jedoch „das Problem der Übersetzung" des Wortes „Interesse" mit „ri-eki" erachten.[53] Ich möchte die folgende Hypothese aufstellen: In den Diskussionen der juristischen Methodenlehren in Japan allgemein, insbesondere aber freilich denjenigen über die Interessenjurisprudenz und die Interessenabwägungstheorie, wird „ri-eki" nur in seiner sehr alltäglichen Bedeutung von „Gewinn (mou-ke) oder Ertrag (toku)" anerkannt und verwendet.[54] Dieses „ri-eki" in seinem gewöhnlichen

---

saka). Indes gibt es bislang keine Veröffentlichungen, die sich aus der von mir aufgeworfenen Fragestellung speisen.
Trotz des kontextuellen Unterschiedes ist es besonders interessant, daß *Zentarou Kitagawa* für den Begriff des Schadens im Schadenersatzrecht darauf hingewiesen hat, daß der in Deutschland wichtige Begriff des Interesses in Japan nicht grundsätzlich diskutiert wird. *Kitagawa* (Fn. 6), S. 76. Seine Untersuchungen in diesem Bereich beinhalten auch viele bedenkenswerte Vorschläge zum Begriff des Interesses selbst. Vgl. auch *ders.*, Songai baishou ron no shiteki hensen (Historical Change of the Theory of Damages (Geschichtlicher Wandel der Schadenersatzlehre), Hougaku ronsou 73 Nr. 4 (1963), S. 1ff. Mir scheint, daß sich hierauf auch „das Problem der Übersetzung" bezieht, das in diesem Aufsatz weiter unten erwähnt wird.

53 In diesem Zusammenhang ist die Auffassung von *Taiji Sugimoto* interessant. *Sugimoto*, Houritsu no honyaku – Amerikahou to nihongo no kiken na kankei (Übersetzung von Gesetzen – die gefährliche Beziehung zwischen dem amerikanischen Recht und der japanischen Sprache) (1997), S. 223ff. Dort überprüft er Sinn und Gebrauchsweise der amerikanischen Wörter, die in Japan mit „ri-eki" übersetzt werden, vom Gesichtspunkt der amerikanischen Rechtspraxis aus und behauptet schließlich, interest sei mit „rigai-kankei (Interessenbeziehung)" zu übersetzen. Ebenso interessant ist, daß *Rin'itsu Kawakami*, in seinem Nachwort zur japanischen Übersetzung von *Ehrlich*, Juristische Logik (1. Aufl. 1918), übersetzt von Kawakami/Hubricht (1987), S. 321ff., sagt, „das Wort ‚Interesse' heißt eigentlich materielle und geistige *kan-shin* [Teilnahme], *yoku-bou* [Bedürfnis], *kan-kei* [Beziehung, Verhältnis] (Hervorhebung vom Verfasser), behält sich aber vor, „Interesse" wegen *Ehrlichs* theoretischem und historischem Hintergrund mit „ri-gai" [Belang, oder Vor- und Nachteil] zu übersetzen. Außerdem besteht das Bedenken, daß man mit der Übersetzung von „Interesse" durch ri-eki (mouke, toku) die Subjektivität, die bei „kan-shin, yoku-bou" gedacht wird, aus den Augen verliert. Natürlich habe ich nicht die Absicht, die Wichtigkeit des Sinns von „mou-ke, to-ku(Gewinn, Ertrag)", den das Wort „Interesse" ursprünglich selbst hat, zu leugnen. Am Rande bemerkt, erscheint es notwendig, in ähnlicher Weise über die Interessentheorie des subjektiven Rechts nachzudenken.
Den Überlegungen zu den Begriffen Interesse, interest und ri-eki selbst und zur Theorie des subjektiven Rechts (genau gesagt: zur *Wesenslehre* des subjektiven Rechts) möchte ich mich zukünftig widmen.

54 Beispielsweise erwähnt Yuhikaku houritsu yougo jiten (Yuhikaku Rechtswörterbuch) (2. Aufl. 2000), S. 1394, Artikel „rieki", zuerst: „als gewöhnliches Wort, im weiten Sinne, tame ni naru koto, yaku ni tatsu koto [nützlich sein, vorteilhaft sein], mouke": dann werden Beispiele mit ökonomi-

Sinne von „mou-ke oder toku“ ist sehr eindeutig. Wenn das, was „ri-eki“ ist, gemeinsam von den Vertretern und Kritikern nur in dieser Bedeutung anerkannt und verstanden wird, dann bedarf es wegen der Klarheit keiner Diskussion. Deswegen war der Begriff „ri-eki“ selbst bislang nie in den Fokus der Diskussionen gerückt.

Im Zusammenhang mit der Interessenabwägungstheorie und (dem Fehlen) der Interessenjurisprudenz sei Folgendes konkret gesagt: Da das Wort „Interesse“, wenn man es aus dem Kontext der Interessenjurisprudenz *herauslöst* und es so *den Zusammenhang hiermit verliert,* im Japanischen schlicht mit dem Begriff „ri-eki“ *übersetzt* wird, der eine sehr klare Bedeutung enthält und in dieser klaren Bedeutung auch alltäglich benutzt wird[55], bleibt die Kompliziertheit der Diskussion um den Begriff des Interesses in der Interessenjurisprudenz noch unverstanden und undiskutiert. Und es scheint so, als ob die Interessenabwägungstheorie, anders als die Interessenjurisprudenz, auch ohne den Begriff „ri-eki“ als theoretischem Kern auskommt. Während bspw. in der Interessenjurisprudenz, wie oben gesehen, das Interesse in dem Problem der Unterscheidung von Sein und Sollen oder Wert und Faktum eine wichtige Stellung besitzt, findet in der Interessenabwägungstheorie, die die beiden Begriffe „ri-eki“ und „ka-chi (Wert)“ sowie „Interessenabwägung“ und „Werturteil“ zugleich gebraucht[56], kaum die Diskussion statt, „ob ri-eki Wert oder Faktum ist oder unter die Kategorie von Sein oder Sollen fällt“.

Wenn diese Hypothese richtig ist, würde dies dazu führen, daß die Interessenjurisprudenz und die Interessenabwägungstheorie sich in den beiden Grundbegriffen, Interesse und ri-eki, voneinander *unterscheiden.*[57] Ich füge hinzu, daß dieser Punkt als beider Differenz kaum berührt wurde. Gleichwohl hebe ich hervor, daß es hinsichtlich dieses „Übersetzungsproblems“ durchaus bei der hier vorgestellten Hypothese bleibt. Es bleibt zu hoffen, daß sich weitere Überlegungen zu den *konkreten* Implikationen dieser Hypothese anschließen, ebenso wie eine nochmalige Diskussion der Interessentheorie des subjektiven Rechts; in diesem Kontext ist auch der

---

schen und materiellen Interessen angeführt sowie mit den umfassenden gegenständlichen und ungegenständlichen Interessen.

55 Wenn das so ist, dann können wir an diesem Punkt den Einfluß der Interessenjurisprudenz – obgleich er hier etwas eigenartig hervortritt – erkennen. Denn wie oben erwähnt denkt die Interessenjurisprudenz daran, das alltägliche Wort Interesse als juristischen Begriff zu benützen. Freilich soll hier daran erinnert werden, daß *Hoshino* zufolge die Konzeption der Interessenabwägungstheorie aus der Interessenjurisprudenz hervorgegangen ist. Vgl. *Hoshino*, Hashigaki (Vorwort), in: *ders.* Minpou ronsyuu (Gesammelte Abhandlungen zum Bürgerlichen Recht, Bd. 1) (1970), S. 5.

56 Hinweis von *Mizumoto* (Fn. 31), S. 55. Er verweist auf die Synonymie von rieki-kouryou (Interessenabwägung) und kachi-handan (Werturteil). Ferner erwähnt er dort über die Beziehung von rieki und ka-chi, daß „der Begriff ri-eki derjenige sei, der die werthafte Seite des zu schützenden Gegenstands begreift.“ Wenn das so ist, müsste dann „ri-eki“ in unserem Maßstab nicht als Faktum, sondern vielmehr als Wert zählen?

57 Jedoch kann man m.E. „Interesse“ in diesem Kontext nicht anders übersetzen als mit „ri-eki“, weil die Übersetzung „ri-eki“ zu tief wurzelt, um von Grund auf geändert zu werden. Deswegen ist es nötig, daß wir in der Diskussion etwa um die Interessenjurisprudenz dieses Problem der Übersetzung in vollem Bewußtsein erfassen.

im Jahr 2004 geänderte § 709 des japanischen ZGB zu sehen (§ 709 lautet auf Deutsch[58]: „Wer vorsätzlich oder fahrlässig Rechte *beziehungsweise gesetzlich geschützte Interessen* eines anderen verletzt, ist zum Ersatz des daraus entstandenen Schadens verpflichtet.“).[59]

IV. Fazit

Zum Schluß möchte ich anhand dieser Überlegung, indem ich zum Thema „Rechtsangleichung“ zurückkehre, zwei Punkte erwähnen: Erstens den in der Einleitung dargelegten Gesichtspunkt „des Angleichungsproblems auf der Ebene des Rechtsdenkens“, der bei den Überlegungen zur künftigen Entwicklung der japanischen juristischen Methodenlehre zu berücksichtigen ist, und zweitens „das Problem der Übersetzung“ bei der Rechtsangleichung im Allgemeinen.

1. Überlegung zur künftigen Entwicklung der japanischen juristischen Methodenlehre

Am Anfang dieses Aufsatzes erwähnte ich als heutige Tendenz der juristischen Methodenlehren in Japan, daß das Interesse für die Wertungsjurisprudenz stärker wird, worin man auch eine Rezeption der Wertungsjurisprudenz erblicken kann. Im Verlauf der Untersuchung ergab sich als große Differenz zwischen Japan und Deutschland „das Nicht-Vorhandensein der Interessenjurisprudenz“. Was soll man hiervon halten? Man hat die Wahl, entweder die Diskussionen des Rechtsauslegungsstreits und der Interessenabwägungstheorie – als Vorstufen einer Wertungsjurisprudenz verstanden – unter Umgehung der Interessenjurisprudenz mit der Wertungsjurisprudenz zu verknüpfen, oder aber durch die Interessenjurisprudenz als dem Fundament der juristischen Methodenlehre hindurchzugehen; diese Wahl bedeutet aber wegen des Nicht-Vorhandenseins der Interessenjurisprudenz und

58 Hervorhebung vom Verf. Der hervorgehobene Satzteil wurde erst vor kurzem in § 709 ZGB eingefügt. Ich habe *Yuko Nishitani* für ihre Hilfe bei der Übersetzung des § 709 des japanischen ZGB zu danken.

59 Natürlich bedarf es dazu einer breit angelegten Untersuchung einschließlich der Texte in der Rechtsdogmatik. Einen Anhaltspunkt scheint der Begriff des Interesses in der oben erwähnten (Fn. 52) Diskussion des Schadensbegriffs zu bieten. Man muß aufgrund dieses Ansatzes die Zusammenhänge zwischen der Diskussion in der Rechtsdogmatik und der in der juristischen Methodenlehre erfassen und dabei aufmerksam die Differenz der Diskussionsdimension beobachten. Z.B. ist diejenige Richtung der Interessenabwägungstheorie, die sich am Dualismus von Sollen und Sein orientiert und für die „ri-eki“ auf der gleichen Ebene wie der Wert (d.h. in der Dimension des Sollens oder Wertes) angesiedelt ist, theoretisch konsequent. Aber gehören, wie in diesem Aufsatz, „ri-eki“ im Sinne von „mouke (Gewinn), toku (Ertrag)“ oder „das Interesse“ in der Schadenslehre im dualen Schema nicht vielmehr zur Ebene des Seins oder der Faktizität?
Ferner, obgleich davon wenig die Rede ist, ist es auch wichtig, daß „der Konflikt der Interessen“ auf einer anderen Ebene behandelt wird als „der Konflikt der Werte“ selbst, der zur reinen Wertebene gehört. *Hironaka*, Minpou kouyou (Grundriß des Bürgerlichen Rechts) (1989), S. 63, (Fn. 2), *Inoue*, Tasha heno jiyuu (Freiheit gegenüber Anderen) (1999), S. 5ff., 89ff.

der damit verbundenen Hintergründe[60] und Folgen ein schwieriges Problem. Als ein möglicher Weg würde es sich anbieten, die unter dem Einfluß der Interessenjurisprudenz stehende Minderheitsmeinung in der Wertungsjurisprudenz (oder sogenannte wertende Interessenjurisprudenz, zu der auch Westermann gehört), erneut zu diskutieren, wie dies in Japan Hideo Aoi vertritt.[61]

Als Voraussetzung einer solchen Überprüfung ist es natürlich notwendig, die historische Entwicklung der juristischen Methodenlehre in den einzelnen Staaten einzuordnen. Es ist zu hoffen, daß insbesondere über die Zeit nach dem Zweiten Weltkrieg noch weitere Untersuchungen erscheinen. Was etwa den Vergleich zwischen Deutschland und Japan angeht, so ist es nötig, die damaligen Konstellationen aufzuklären, die freilich nicht nur die gedankliche Ausgangslage, sondern auch eine Systemanalyse enthalten, etwa wie die Aufarbeitung der Niederlage, die Besatzungs- und Regierungssysteme, den Prozeß der Entstehung der Verfassung (des Grundgesetzes) und den Wiederaufbau der Rechtsordnung.

Außerdem gilt es hinsichtlich des „Nichtvorhandenseins der Interessenjurisprudenz" darauf zu achten, daß, wie vereinzelt bemerkt wurde[62], im Unterschied zum geläufigen Verständnis die Interessenjurisprudenz – wenn auch in geringem Umfang – bereits *vor* und *während* der Zeit des Zweiten Weltkriegs behandelt wurde.

2. Das Problem der Übersetzung

Im letzten Teil dieses Aufsatzes habe ich anhand des Unterschieds der japanischen und deutschen Diskussionen die Differenz zwischen den Grundbegriffen der Interessenjurisprudenz und Interessenabwägungstheorie, „Interesse" und „ri-eki", behandelt. Und ich habe die Hypothese aufgestellt, daß dort „das Problem der Übersetzung" auftaucht, woraus sich eine Kluft in der Diskussion ergibt. Dieses Übersetzungsmoment wird unweigerlich nicht nur in der juristischen Methodenlehre, sondern auch auf der Ebene der Rechtsangleichung *allgemein* zum Problem. Es bedarf bei der Behandlung der Rechtsangleichung – natürlich zusammen mit dem Problem, „was eine Übersetzung ist" – noch einmal der Erörterung.

---

60 Hinzuzufügen ist, daß die bisherigen japanischen Diskussionen nicht nur über die Freirechtslehre sondern auch über die Begriffsjurisprudenz derzeit zu erneuten Überlegungen führen. Vgl. etwa *Harashima*, Houtekihandan toha nani ka (Was ist das rechtliche Urteil?) (2002), S. 117ff.

61 *Aoi* (Fn. 16), S. 23ff. Über seine Bewertung der (Spät-)Intereressenjurisprudenz in der juristischen Methodenlehre vgl. *Aoi* (Fn. 36), S. 425ff.

62 Vgl. *Ookawa*, Philipp Heck no zougaku hyouka seikyuuken ron – riekihougaku kenkyuu no hitotsu no tegakari (Philipp Hecks Aufwertungsanspruchslehre), Hougaku ronsou 93 Nr. 3 (1973) S. 30 ff, (Fn. 4). Erwähnenswert ist vor allem auch die umfassende Literaturliste von *Keiichi Matsuo*. *Matsuo*, Houriron to shakai no hensen (Rechtstheorie und die Wandel der Gesellschaft) (1963), S. 189ff. Danach wird deutlich, daß wir schon vor dem Zweiten Weltkrieg die Materialien zur Interessenjurisprudenz, wie *Hecks* „Das Problem der Rechtsgewinnung" und „Begriffsbildung und Interessenjurisprudenz", in der Hand hatten. Dieser Punkt wurde, wie *Ookawa* bemerkt, in der japanischen Rechtswissenschaft nicht erkannt.

§7 戦後初期の日独の法律学方法論の展開と差異

服部　寛

目次

I.　はじめに

本稿は、法の同化の一側面として、即ち、法そのものの同化の問題ではなく、法思想の同化の問題として、主に第二次大戦後初期における日独の法律学方法論の展開を対比し、その差異を検討する。

近年、日本では、ドイツにおいて非常に有力な立場である評価法学への関心が高まってきている。そこで重要なのは、こうしたアクチュアルな状況を、日独のこれまでの法律学方法論の展開および差異との関係で捉えてみる作業である。本稿は、「法律学方法論レベルの同化の問題」という視角に照らし、この作業に取り組んでみるものである。

以下では、紙幅の都合から日本の議論を軸に[1]、まず、日本の法思潮の展開を概観して、日独の差異を日本における「利益法学[2]の不存在」という点に定位する（**II.**）。次に（**III.**）、第二次大戦後初期の議論をドイツ（**1.**）、日本（**2.**）の順に概観した後に、この時期を中心に、特に日本における今日の法的思考（民法に

1　尚、日本の法律学方法論の議論は、民法学者が中心になって行われている。このため、本稿における議論も、民法学における法律学方法論の議論を中心に取り扱うことになることを断っておく。また、法律学方法論について、日本では法解釈方法論と呼ばれることが多いが、本稿では統一的に法律学方法論とする。

2　以下、本稿においては、利益法学とは、主たる代表者であるフィリップ・ヘックの立場とする。

おけるものだが）のベースになっている[3]利益衡量論を意識して、日独の議論の類似点・相違点について管見を述べる（**3.**）。最後に、これらの考察から、日本の法律学方法論の今後の展開に際して、2点ほど提言する（**IV.**）。

II. 日本の法思潮の展開

まず、日本の法思潮の展開を概観したい[4]。

明治期においては、近代法典の整備段階とも相俟って、日本法学はドイツ法学から非常に大きな影響を受けた。ドイツの概念法学が日本でも大きく受け容れられた（石坂音四郎・鳩山秀夫など）。これが大正期に入ると、自由法論の影響を強く受けた末弘厳太郎を筆頭に、概念法学に対して批判が加えられ、裁判官による自由な法創造が声高に唱えられた。自由法論ではとりわけエールリッヒの理論が注目され、アメリカのリアリズム法学の影響も次第に強くなった[5]。こうした大正期の議論を素地・下敷きとして、戦後には、法解釈論争や利益衡量論が展開された（これについては**III. 2.**で後述する）。この状況の裏返しとして、ドイツの法律学方法論への関心は、例外はあるものの[6]、下火になっていった。しかし近年になって、ドイツの法律学方法論、とりわけドイツで有力な評価法学（中でもカール・ラーレンツやフランツ・ビドリンスキーなどの理論）への関心が再燃している[7]。この背景には、管見では、1990年頃に起こった論争[8]が落ち着きをみせたことにより（あるいはそれに触発される形で）、これまでの日本における法律学的方法論の史的展開の見直しが図られる中で、法律学方法論先進国であるドイツの近年の理論に改めてスポットが当てられるに至っている、ということがまず指摘できる。また、昨今の司法制度改革という事情からは、特に法曹養成における法的思考の在り方につき、比較の対象として、あるいは新たなオルターナティブとして、こうしたドイツへの関心は今後もより高くなるものと思われる。

---

3 参照、瀬川信久「民法解釈論の今日的位相」同編『私法学の再構築』（1999）4頁。

4 この主題については文献も多いが、ここでは次の文献を挙げておく。瀬川信久「民法の解釈」星野英一編集代表『民法講座 別巻1』（1990）1頁以下、山本敬三「法的思考の構造と特質」田中成明編『現代法学の思想と方法（岩波講座 現代の法15）』（1997）231頁以下。なお、この主題についてのドイツ側からの重要な寄与として、ラーン（*Guntram Rahn*）による研究があるが、本稿ではこの大作を視野に入れることができない。*Rahn*, Rechtsdenken und Rechtsauffassung in Japan, (1990).

5 リアリズム法学の影響については、例えば参照、吉田邦彦「リアリズム法学と利益考量論に関する「基礎理論」的考察」瀬川（前掲注3）101頁以下。

6 例えば、北川善太郎『日本法学の歴史と理論』（1968）、磯村哲「法解釈方法論の諸問題」同編『現代法学講義』（1978）85頁以下。

7 例えば、山本敬三「民法における動的システム論の検討――法的評価の構造と方法に関する序章的考察――」法学論叢138巻1･2･3号（1995）208頁以下、能見善久「法律学・法解釈の基礎研究」中川良延･平井宜雄･野村豊弘･加藤雅信･瀬川信久･廣瀬久和･内田貴編『日本民法学の形成と課題 上（星野英一古希）』（1996）41頁以下、藤原正則「法ドグマーティクの伝統と発展――ドイツ法学方法論覚え書き」瀬川編（前掲注3）35頁以下。

8 日本では1990年頃に、平井宜雄による法的議論理論の提唱から新たに論争が起きた。本稿では割愛する。参照、瀬川（前掲注4）74頁以下、山本（前掲注4）243頁以下。

さて、日独の法律学方法論の展開における相違点として指摘されるうち重要なのは、日本における「利益法学の不存在」である[9]。この背景には、先に述べたように、我が国において自由法論の影響が非常に強く、支配的であることが言える[10]。事実、日本においては、利益法学はいわば自由法論により隅に追いやられ、時には自由法論に従属的なかたちで取り扱われていた[11]。これらの帰結として、利益法学で採用されている立法者意思説[12]や重視されている制定法の拘束力が、日本法学では軽視されている[13]、ということが考えられる。

III. 戦後初期（1945～1960 年頃）の日独の方法論の一側面

次に、戦後初期（1945 年～1960 年頃）の時期における日独の法律学方法論の展開を見て、この時期を軸として双方の類似点・相違点を検討する。この時期は、ドイツでは評価法学の醸成期であり、日本では法解釈論争と利益衡量論が起こり、両国共に法律学方法論の転換期であったといえよう。この両現象を特に利益法学との関連を念頭において、見てみることにしたい。また、管見では、ここで提示する一つの重要な相違点――根本概念である「Interesse」と「利益」との相違――において、法の同化に一般的に関わってくるであろう重要なモメントである《翻訳の問題》が浮き上がるように思われる。

9　この点は青井秀夫教授の師事による。他にも例えば参照、水本浩「民法学における利益衡量論の成立とその成果」同『現代民法学の方法と体系』（1996）89 頁以下、97 頁以下（初出：民商法雑誌 62 巻 6 号（1970）、63 巻 2 号（1970）、63 巻 4 号（1971）、64 巻 2 号（1971））。ただし、ヘックの主著である『法獲得の問題』『法律解釈と利益法学』『概念形成と利益法学』については邦訳がある。津田利治訳『利益法学』（1985）。これについては本稿のむすびで再度言及する。

10　例えば参照、水本（前掲注 9）98 頁。

11　例えば参照、碧海純一『法哲学概論〔全訂第 2 版補正版〕』（2000）155 頁以下。

12　尤も、利益法学でここにおいて重視されるのは、正確にいえば、立法者意思だけではなく、法律にとって因果的である利益（Interesse）へと遡ること（歴史的利益探求）であることに注意が必要である。Vgl. *Heck*, Gesetzesauslegung und Interessenjurisprudenz (1914), S. 8 ff, 59 ff.（邦訳 84 頁以下、136 頁以下），磯村（前掲注 6）91 頁以下。これをヘックは「客観的歴史説」といってもよいとも述べている。Dazu vgl. *Heck*, ibid., S. 65.（邦訳 143 頁。）

13　立法者意思説を重視する論者は少ない（大河純夫、石田穣など）。この点について興味深いのは、法解釈論争の火付け役である来栖三郎の論稿「法の解釋における制定法の意義――その 1 法と法源――」（法学協会雑誌 73 巻 2 号（1956）121 頁以下）における検討である。来栖は同稿において、まず、立法者意思説（ヘックが注に挙げられている）と法律意思説の対立について述べ、両説それぞれの意義を認めつつも、双方いずれをも「制定法の過大評価」「制定法の物神崇拝」と指摘して、その問題点を「法（判決）と法源（制定法や慣習など）との未区別」に見出す。そして、いわばその対立を止揚する形で、制定法（法源の一つに過ぎない）の拘束力を否定するに至った（ここでリアリズム法学のフランクを高く評価している）。なお、来栖は同稿において、法の解釈における制定法の意義の問題につき、(1)「法と法源」、(2)「擬制の機能」、(3)「自由法學及び利益法學の意義」の三部を構想し、同稿を表題のようにその第一部とし、以後は周知のように(2)のフィクション論を展開していくが、(3)の第三部目については、同稿において触れられてはいるものの、以降の論稿ではどうやら本格的には展開されなかったようである。

1. ドイツ

まず、ドイツにおける戦後初期の議論を概観することにしたい。この戦後初期では、周知のとおり、自然法ルネッサンスが趨勢であった。法律学方法論については、管見ではドイツ本国でもこの時期の検討は未整理の点が多いように思われるが[14]、一般的には、利益法学から評価法学への移行期にあると言われている[15]。この項では、ここでの重要な論者のひとりである、ハリー・ヴェスターマン（***Harry Westermann***・物権法の大家として我が国でも知られている）の見解について言及しよう[16]。

ヴェスターマンは、規範を次の三つの階層から成ると考える[17]。即ち、第一の階層として「法効果指令」、それを生み出す第二の階層として「制定法における利益（Interesse）の評価」の層、第三の層として「正義理念の具体化」の層があるとする。

第一階層の法効果指令は、具体的なケースに適用され、判決の内実を生みだすものである。この法効果指令を生み出すのが、第二階層の、立法者がなすInteresse の評価である[18]。ここでヴェスターマンは、これまで Interesse（：当事者が自己に有利な法的地位に到達せんとするときに追求している欲求の表象（Begehrensvorstellung））が評価対象と評価基準の双方に用いられていたことを批判する[19]。例えば、BGB の 932 条でみれば、財産所有者の保持の Interesse と、善意取得者の取得の Interesse が対抗にあるところ、これを評価する基準としては、権利外観や原因主義（誘因 Veranlassung）・取引保護・所有権保護などが考えられる。この後者の評価基準そのものは、当事者の Interesse だとは考えられない。そこで、評価対象と評価基準を区別するために、Interesse 概念を評

---

14 自然法ルネッサンスと法律学方法論との関係如何は、自然法ルネッサンス自体の規定の難しさもあり非常に複雑である。これについての考察を本稿は断念せざるを得ない。自然法ルネッサンスという同時代的趨勢を法律学方法論の議論が一般的に受けていると言い得る一方で、例えば、ノイマンは、法律学方法論の圧倒的な部分が冷静な実証主義にあり（フィーヴェクとエッサーを挙げる）、これが自然法ルネッサンス的な法概念の考え方に対立するものと位置づけている。ノイマンの図式に拠れば、こうした法律学方法論の流れが法律学的ヘルメノイティクなどを経て、（自然法ルネッサンス時に見られたような）価値論的な問題定立から分析的な問題定立へとシフトしていく（法哲学から法理論へのシフト）。Vgl. *Neumann*, Rechtsphilosophie in Deutschland seit 1945, in: Simon (Hrsg.), Rechtswissenschaft in der Bonner Republik (1994), S. 160 ff. その当否を含め、今後のさらなる議論が望まれる。尚、後述注 32 も参照されたい。

15 参照、好美清光「戦後の民法の変遷」比較法研究 58 号（1996）41 頁以下。

16 *Westermann*, Wesen und Grenzen der richterlichen Streitentscheidung im Zivilrecht (1955). この点については、例えば参照、好美（前掲注 15）41 頁、*Rüthers*, Rechtstheorie (1999), S. 308 ff.; *Schoppmeyer*, Juristische Methode als Lebensaufgabe (2001), S 232 ff., 青井秀夫「実証主義伝説の謎――戦後法哲学の現実と課題」岡本勝・小田中聡樹・川端博・田中輝和編『刑事法学の現代的課題（阿部純二古希）』（2004）23 頁、25 頁。ショップマイヤーの研究は、近年のヘック研究のモノグラフィーとして非常に重要である。他にも、先にあげたフィーヴェクやエッサーをはじめ、フープマンなど重要な人間がいるが、割愛せざるをえない。ヴェスターマンに近い論者に、ライニッケ兄弟やツィンマーマン、ブロークスなどが挙げられている。

17 *Westermann* (Fn. 16), S. 13.

18 *Westermann* (Fn. 16), S. 14 ff.

19 この点について、ショップマイヤーは、評価基準と評価対象の区別もまた相対的であると批判する。Vgl. *Schoppmeyer* (Fn. 16), S. 233, 264 ff. しかし、ヴェスターマンが言うように、当事者は評価基準そのものについて欲求したりするものだろうか。

価対象に限定して用いるわけである。

その制定法における利益評価の奥にある第三階層は、正義理念の具体化の層である[20]。裁判官が判決を下すといっても、それは（第二階層におけるような）裸の利益衡量ではない。裸の利益衡量ならばそれは権力の鶴の一声のままに他ならない。裁判官の判決が有する高度な尊厳を基礎付けるのが、より深い、正義理念の具体化の層である。規範は「自らになされた諸利益の評価は正しいものだ」と暗黙に主張する。ここで規範は、正義理念を状況に結びつけた形で具体化していることを意味している。対立している諸利益を制定法が評価しているすべての状況は、正義理念から導かれたものなのである。

裁判官にとっては、この具体的な正義理念が、規範において完成した結果として、立ち現れる。裁判官がこうした正義理念と結び付けられることによって、その判決は高い権威や尊厳を持つのである[21]。ここで裁判官は、規範に具体化された正義理念へと拘束され、制定法に拘束される。ヴェスターマンはこれをさらに、［立法者が下した］制定法の評価に拘束されるといっている。判決とは、その本質では、制定法における評価を適用することであり、裁判官の自己評価ではない。ヴェスターマンは不正な状況を眼前とした場合にも、道徳法則や超実定的な価値規準の使用が可能であるかにつき懐疑的となっており、あくまで制定法の評価に拘束されることを非常に強く要請している[22]。

このようなヴェスターマンの批判および展開によって、評価基準の問題、また評価という問題が法律学方法論の中心に据えられることとなった。ここに、利益法学から評価法学への第一歩を確認できる[23]。彼の利益法学との相違は、第一に、利益法学では考慮の外に置かれていた正義理念というものを方法論に導入してきたところである。ここに自然法ルネッサンスの影響を看取できる。だが、他方でヴェスターマン自身は正義理念についても具体的内容に踏み込まず形式的な規定に留まっている。また、立法者が評価を下したということが正義理念の具体化にほとんど直結しており、その結果として立法者の評価が裁判官を拘束すると考えている点には、実証主義的な見方の残滓を窺わせる。第二に、解釈の立場については、利益法学よりも客観説（法律意思説）に近寄っている[24]。立法関与者の見解よりも、類似する制度の比較や法律公布時の歴史的展開や客観的状況の分析な

20　*Westermann* (Fn. 16), S. 16 ff.

21　これについては、*Westermann* (Fn. 16), S. 39 も参照。

22　*Westermann* (Fn. 16), S. 25 ff. 興味深い点として、ヴェスターマンは、裁判官の営為を、意思的要素が入ることを認めつつも、基本的に「認識」としていることが挙げられる。*Westermann* (Fn. 16), S. 32.

23　Vgl. *Schoppmeyer* (Fn. 16), S. 234. 尚、利益法学と評価法学の相違のメルクマールについては、評価法学の性質規定の難しさから非常に困難であるが、ここでは次の 2 点について言及しておこう。(1)法思考レベルでの相違：利益法学は因果的法思考を採用していた。これに対して評価法学の論者が採用するのは目的論的思考である。(2)解釈の目標につき：利益法学では立法者意思説（尤も前掲注 12 参照）であったのに対して、評価法学では明確に法律意思説への傾向が見られる。この２点をヴェスターマンについて見れば、管見では、(1)の法思考レベルでは尚も因果的法思考の残滓を看取することができ、(2)については、法律意思説へのシフトをより見せているところがある。

24　Vgl. *Schoppmeyer* (Fn. 16), S. 234 ff. ショップマイヤーは歴史的―客観的解釈に近いと述べている。

どによって、立法者の評価づけのファクターを分析的に明らかにすることや、また規範の客観的な内容をその体系的な位置において明確にすることが重視される[25]。こうしたヴェスターマンの方法論は、他の論者に対しても影響を与えあるいは彼の理論を批判することによって[26]、それらを通じて次第に評価法学が形成されていくのである。但し、評価法学の展開のなかで、利益法学の意義が軽視されるに至る流れが指摘されていることにも留意が必要である[27]。

2. 日本

次に、日本のこの時期の議論に目を移そう。当時の日本の法哲学では、自然法ルネッサンスの問題へもコミットはあったが、特徴的であったのが、主権論争（尾高＝宮沢論争：日本国憲法の国民主権原理と戦前の大日本帝国憲法との関係如何をめぐる）や法解釈論争であった[28]。ここでは法解釈論争についてのみ言及しよう[29]。

法解釈論争における主な争点は、解釈者の価値判断の混入如何、法解釈は認識なのかそれとも実践（価値判断）なのか（来栖三郎による問題提起に端を発する）、法学（特に法解釈学）の科学性・客観性の問題（主に川島武宜の問題提起・展開による）、といった諸問題であった。このうち大勢を占めたのが、法解釈に解釈者の主観が混入することを認め、法解釈の性質を実践としつつ、法解釈学における科学性の成立に消極的となる立場であり、法学における科学性を獲得・確保せんとして、法社会学への関心が非常に高まった。

この法解釈論争の議論で特に多数説的立場をベースとして、1965 年ごろから唱えられたのが、利益衡量論である[30]。この背景には、法解釈論争期からの判例

---

25 *Westermann* (Fn. 16), S. 21 ff.

26 Vgl. etwa *Larenz*, Methodenlehre der Rechtswissenschaft, 1. Aufl., 1960, S. 123 ff.

27 Vgl. *Rüthers*, (Fn. 16), S. 315 ff., *Schoppmeyer* (Fn. 16), S. 239 ff., 青井（前掲注 16）23 頁以下。

28 参照、上原行雄「法哲学（戦後）〔学説 100 年史〕」ジュリスト 400 号（1968）251 頁以下。自然法ルネッサンスを担った者としては、例えば、田中耕太郎や峯村光郎などがおり、トミズム的自然法論者も議論を展開したものの、日本においても、割と早い時期から、自然法ルネッサンスに対して消極的な見方が存在した。例えば参照、矢崎光圀『自然法』（1953）106 頁以下、『法実証主義』（1963）、尾高朝雄「法学の方法」尾高朝雄・峯村光郎・加藤新平編『法哲学講座 第 1 巻』（1956）170 頁以下。

29 これについては、例えば参照、碧海純一「戦後日本における法解釈論の検討」同編『法学における理論と実践』（1975）135 頁以下（初出：石本雅男・谷口知平・加藤新平編『法解釈の理論（恒藤古稀）』（1960））、瀬川（前掲注 4）21 頁以下、山本（前掲注 4）237 頁以下。

30 瀬川（前掲注 4）53 頁以下。主な代表者は星野英一と加藤一郎である。星野英一「民法解釈論序説」法哲学年報 1967 年号 75 頁以下、加藤一郎「法解釈学における論理と利益衡量」碧海純一編『岩波講座 現代法 15』（1966）25 頁以下。周知のとおり両者は「こうりょう」に「考量（星野）」と「衡量（加藤）」と異なった字を当てているが、本稿では「衡量」として双方の理論を述べることにする。

尚、憲法学においても公共の福祉論（憲法解釈の方法として、ないしは違憲審査の基準として）で利益衡量論（比較衡量論）が論じられているが、これについて本稿は取り扱うことができない。一点だけ付言すれば、憲法学上の利益衡量論の影響元はアメリカとされる。例えば参照、伊藤正己「憲法解釈と利益衡量論」ジュリスト 638 号（1977）198 頁以下、芦部信喜『憲法学Ⅱ 人権総論』（1994）200 頁以下、208 頁以下。この件では近年、ドイツのロベルト・アレクシー

研究ブームや、1960 年代から既存の制定法のみでは解決できないような新たな問題（代物弁済・医療過誤・交通事故）が登場したこと、社会における価値観の多様化などが挙げられている[31]。この利益衡量論の特徴を第一義的にいえば、概念法学の克服という路線を踏襲・徹底して形式的法的構成（法律的三段論法など）を軽視し、利益衡量ないし価値判断による実質的理由付けを重視する点にある。冒頭で述べたように、この利益衡量論は日本の今日の法的思考のベースとなっているといわれている。とはいえ、論者によっても相違があるので、項を改めて（3.）、利益法学との相違で、もう少しこの理論について触れることにしたい。

3. 考察

では、この戦後初期の時期を中心に、日独の議論の類似点・相違点を考えたい。

a) 解釈者の主観の問題について——没哲学性との関連性

日本の法解釈論争では、法解釈学の科学性が焦点となったことから、科学方法論に傾倒していった嫌いがあり、法律学方法論の色彩は稀薄であったといえよう。ドイツの土俵が法律学方法論であることを鑑みると、日独ではまず「問題の次元」の相違を指摘できる[32]。ただ、日本における解釈の客観性をめぐる問題などをドイツの文脈で考えると、利益法学をめぐって問題とされた《法律学方法論の没哲学性または価値拘束性》の問題が想起される[33]。

利益法学が唱えた法律学方法論の没哲学性（Philosophiefreiheit）とは[34]、法律学方法論（どのように法を正しく適用するか）と法哲学（どの法が正しいの

の衡量理論（ならびにそれをめぐる議論）が注目されているが、これについても省略せざるを得ない。さしあたり参照、亀本洋「法におけるルールと原理(1)･(2)」法学論叢 122 巻 2 号（1987）18 頁以下・123 巻 3 号（1988）95 頁以下。尚、山本（前掲注 4）247 頁以下も参照されたい。

31 例えば参照、水本浩「現代の法思想としての利益衡量論」同（前掲注 9）51 頁以下（初出：小林直樹・水本浩編『現代日本の法思想』（1976））。

32 ドイツにおいては、法学の科学論は、法哲学から法理論（Rechtstheorie）への移行（前掲注 14）が見られる 1960 年代に現れた（Eike von Savigny など。批判的合理主義の影響を強く受けている）。Vgl. *Neumann* (Fn. 14), S. 171 ff. ここにおける日本の議論との相違については今後の検討が望まれる。

33 尚、この類似点に関しては、マックス・ヴェーバーの日本法学ならびに利益法学への影響ないしその同異という検討も重要であろう。ヴェーバーの理論（科学方法論と法社会学の双方ともに）が、特に法解釈論争期に日本法学へ大きな影響を与えていたことは周知のとおりである。例えば参照、碧海純一「現代法解釈学における客観性の問題」同編（前掲注 30）3 頁以下。

ヘックの利益法学についても、近年、彼の解釈理論について、ヴェーバー（ないしリッカート）の科学方法論の影響が指摘されている。Vgl. *Dorndolf*, Zu den theoretischen Grundlagen der Interessenjurisprudenz: Die Beziehungen von Philpp Hecks allgemeiner Auslegungstheorie zu Max Weber und Heinrich Rickert, ARSP Bd. 81, 1995, S. 542 ff.; *Schoppmeyer* (Fn. 16), S. 160 ff. また、さらに、利益法学の没哲学性の議論の背景にも、ヴェーバーの科学方法論の影響を看取できるだろう。Vgl. *Schoppmeyer* (Fn. 16), S. 145 ff. 実に、利益法学の没哲学性とは、つまるところは、法律学方法論における知的廉直（intellektuelle Rechtschaffenheit）の要請なのではないだろうか。

34 これについては、例えば、vgl. *Rüthers* (Fn. 16), S. 309 ff.

か）を峻別し[35]、純粋方法論・実用方法論の確立を目指すものであった。ナチ期において、こうした法律学方法論の価値拘束性如何の問題が根本問題として議論された。

この双方は、確かに、一方は《解釈者の主観性》という問題であり、他方は《法律学方法論における価値・哲学との関係》という問題であって、次元が違うように思える。しかし、方法論そのものと、それを使用する人間とは、切っても切れないものではないだろうか。実は両者は、「方法論における価値・哲学の問題」という同じ一つの事柄を、片や解釈者の問題、片や方法論の問題といった形で、異なった側面から向かっているのではないか、という印象を受ける。日独ともにこの問題については、方法論における価値拘束性を承認し、あるいは価値判断の主観性・混入を認める傾向にあるといえる。この点、青井秀夫は、日本で解釈において評価（価値判断 Wertung）の問題が中心に据えられている点を評価法学との類似性として指摘している[36]。尤も、評価法学においては利益法学の洗礼を受けており、（日本のように）安易な法哲学議論への短絡に堕することなく方法論として厚みのある理論を展開していることを相違に挙げているが。

こうした点に関連して、興味深いことに、我が国の利益衡量論に対して、利益法学の没哲学性と関連した《没イデオロギー性》が指摘されているのである[37]。これを含めて、利益法学と利益衡量論の関連性を、**II.** で述べた「利益法学の不存在」を念頭に、簡単に見てみよう。

b) 利益衡量論と利益法学

先に **II.** で、利益衡量論は基本的に自由法論・リアリズム法学の影響が下敷きにあると述べた（特に加藤の立場）。それでは、名称で似ている利益法学の影響はどうか[38]。これについては、色々な点から否定的に見られている。まず、先に **II.** の「利益法学の不存在」で触れた制定法の拘束力と解釈の立場（立法者意思説／法律意思説の如何）については、双方は対照的であり、利益衡量論では先に述べたように形式的法的構成の軽視から制定法の拘束力を軽視し、また解釈についても、基本的には法律意思説に傾倒している。また、裁判官像についても相違がある。利益法学は、裁判官をあくまで立法者の侍従として捉えるため、法律への忠誠（Gesetzestreue）のもと、裁判官の自己評価や法創造は厳しく否定される。他方の利益衡量論は、裁判官が自らの利益衡量と価値判断に基づき責任感を持って積極的な法創造活動をすることによって、判決の具体的妥当性を確保することを期待し、そこでの裁判官の能力を基本的に信頼する（裁判官の自己評価（＝利益衡量）の積極的承認）。

---

35 この点につき、日本で「法学における科学と哲学の分業」を説いたものに、次の文献がある。尾高（前掲注 28）145 頁以下、特に 169 頁以下参照。
36 青井秀夫『法思考とパタン』（2000）430 頁以下。
37 参照、水本（前掲注 9）190 頁、原島重義「民法学における思想の問題」法学セミナー145 号（1968）17 頁以下。
38 参照、例えば、広渡清吾「利益衡量論の問題性格」季刊現代法 9 号（1976）10 頁以下。

また、先に述べた利益法学の没哲学性との関連はどうか。これは、利益衡量論の中で、価値判断についての考え方や、価値判断ないし利益衡量（双方の区別の不明確性については後述）の基準をどう考えるかによって分かれてくる[39]。

一方の立場は（加藤一郎）、価値判断の主観性の貫徹から価値相対主義を志向し、規準としては最大多数の最大幸福や国民多数の意思など功利主義的な基準を採るも、基本的に「正しい」価値判断の探求を断念する[40]。ここでは、利益法学と類似した、没イデオロギー性の指摘が妥当してくるだろう。

他方の立場では（星野英一）、存在と当為の二元論をさらに価値論へと志向し[41]、価値規準の問題について究極的には正しい価値が存在することを認め、価値判断に普遍妥当な基準があるとする。ここでは価値判断の問題（妥当性如何など）が前面に出てくることになる。ただ、ここでこの形式的法的構成を軽視するために価値判断を制定法とは切り離された形で考えていく場合には、指摘されているように、ナチ期における法イデー論（ビンダーなど）との類似性を窺うことができよう[42]。あるいは、あくまで制定法に関連する形で私法上の原理や人間の尊厳・平等・人権といったものを価値規準として考えていく場合には、この立場は評価法学の立場に近寄ってくるだろう[43]。

c) 相違点：*Interesse*／利益

利益法学と利益衡量論につき、簡単に相違を指摘した。日独の歴史的展開がそれぞれ異なるが故に、当然、ここで簡単に検討したよりも他の多くの次元で相違点を見出すことができよう。だが、実は、双方の理論の根本概念である「Interesse（利益法学）」と「利益（利益衡量論）」には、差異はないだろうか。これを、この２つの概念についての法律学方法論上の議論状況の差異にスポットを当てることを通じて、考えてみたい。

aa) ドイツ――「*Interesse*」概念

まず、ドイツのほうを見てみよう。結論を先に述べると、当然のことだが、利益法学をめぐって、Interesse 概念が議論の大きな焦点になっている。

利益法学の代表的主張者であるヘックは、日常の生活における Interesse 概念、即ち「生活財貨が人間に対して持つ意味とそれを求める人間の欲求」[44]（より簡

39　この利益衡量の基準の問題は、ヴェスターマンによる評価対象／評価基準の区別という利益法学批判と重なるところがある。しかし、後述するように、ヴェスターマンは Interesse 概念をテコにこの基準問題を批判したが、日本では「利益」概念そのものが議論のテコにはなってこないところに相違がある。

40　この背景に認識論的不可知論やプラグマティズム的思考が指摘されている。原島（前掲注37）17 頁。

41　参照、広渡（前掲注 38）9 頁以下、瀬川（前掲注 4）70 頁。

42　広渡（前掲注 38）10 頁、13 頁。

43　星野英一の立場は変動があり、近年では新自然法論や評価法学（特にフープマン）に近いことを述べている。星野英一「民法解釈のしかたとその背景」同『民法論集 第 8 巻』（1996）193 頁（初出：法学教室 95 号・97 号（1988））。

44　ここではヘックの後期の著作『概念形成と利益法学』に従った。Vgl. *Heck*, Begriffsbildung und Interessenjurisprudenz, 1932, S. 36 ff.（邦訳 446 頁以下。） こうした Interesse 概念は、利益

潔には、「生活の要求（Lebensforderung）」[45]）から出発し、主体の公／私や個人・集団・社会などや、客体の物質的／理念的などを問わず包括的なかたちで[46]、法学的作業概念として使用する。

こうした利益法学においては、その名に冠されているように、まさに Interesse という概念が中心となり、理論が構築されていくわけである[47]。例えば、「存在と当為（価値と事実）」という法哲学的に重要な議論をヘックの法概念に照らしつつ見てみよう[48]。ヘックの法概念では、ショップマイヤーによれば[49]、規範の要素がまず強調される。法が属するのは習俗や道徳のように当為の世界であり、存在の世界ではない。とはいえ、法概念は現実への関連も示している。《Interessenschema（利益図式）》が、当為の世界と存在の世界との間を架橋するのだ。法命令とは、人間の Interesse を相互に衡量・境界付けし、Interesse を保護し、欲求を満足させるべきものなのである。当為の世界に属する法は、現実の Interesse と関わってくることによって、現実へと結びつけられるのである。

このヘックの Interesse 概念は、ナチ期を通じ議論された[50]。また、先述した通り、ヴェスターマンは、評価基準／評価対象をめぐり、Interesse を評価対象に限定して使用することを唱えた[51]。これは評価法学への展開において、Interesse 概念を梃子に利益法学へと批判を加えたものということができる。

これらの点からだけでも既に明らかなように、ドイツの法律学方法論の議論では、Interesse 概念は中心にあったといえる。それは偏に、利益法学という大きな思潮

法学の特徴とされる自然主義（心理主義・経験主義）と関連してくる。Vgl. *Wieacker*, Privatrechtsgeschichte der Neuzeit, 1952, S. 341.（邦訳：鈴木禄弥訳『近世私法史』（1961）684 頁以下。）先に述べた（前掲注 33）ヘックとヴェーバーとの関係性を重視する立場は、利益法学、即、自然主義という（単純な）図式に反対するものである。*Dorndolf* (Fn. 33)., S. 542 ff., *Schoppmeyer* (Fn. 16), S. 162, u. S. 58–59, 87.

45 *Heck*, Interessenjurisprudenz, 1933, S. 10.

46 *Heck*, (Fn. 44), S. 38（邦訳 448 頁以下。）

47 紙幅の都合から詳述できないが、大まかには、実定法の生成・課題に関する「発生的利益論（genetische Interessentheorie）」と、裁判官のケース決定や学問的作業の形成に関する方法論的な推論の総体を取り扱う「生産的利益論（produktive Interessentheorie）」という形で整理されている。Vgl. *Heck* (Fn. 44), S. 30 f.（邦訳 438 頁以下。） この点を簡潔にまとめているものに、次の文献がある。*Oldag*, Methode und Zivilrecht bei Philipp Heck (1858–1943), in: Rückert (Hg.), Fälle und Fallen in der neueren Methodik des Zivilrechts seit Savigny, 1997, S. 77 ff.

48 厳密にいえば、ヘックにおける価値と利益との区別は、作業概念としての適切性をめぐってなされるものであり、こうした法哲学上の問題とは次元を一応異にする。Vgl. *Heck* (Fn. 44), S. 43.（邦訳 455 頁。）しかしながら、あえて「利益は価値か事実か？」という問題設定をした場合には、ヘックにおいても、基本的に Interesse を事実の概念として用いていると首肯してよいだろう。尚、法哲学の領域では、英語の Interest は「事実」として取り扱われている（ロスコウ・パウンドなど）ことを付言しておく。

49 *Schoppmeyer* (Fn. 16), S. 84 ff.

50 ナチ期における議論全般については、さしあたり参照、広渡清吾「ナチスと利益法学――「ナチス私法学」研究ノート (1) ――」(1)･(2･完) 法学論叢 91 巻 3 号 1 頁以下･5 号 1 頁以下（1972）。この時期の議論は、ヘックの Interesse 概念の誤解（特に包括性をめぐる）もあり、非常に複雑なため省略せざるをえない。

51 ヴェスターマン自身の Interesse 概念（先述：**III. 1.** 基本的にヘックを踏襲していると見てよい）につき補足すると、彼は、Interesse には物質的な利点への願望や理念的な努力も含むとしており、ヘックのような包括性もまた受け継いでいるといえよう。Vgl. *Westermann* (Fn. 16), S. 14.

が歴史的にあり、そこでの理論の中核をなしていたのが **Interesse** であって、これをめぐって議論が行われているわけであるから、ごく自然な結論であるといえよう。

bb) 日本——「利益」概念

では、日本において、ドイツの **Interesse** 概念に対応する「利益」概念の議論状況はどうであろうか。日本でも、「利益」を名に有する理論——利益衡量論——があるが、特にこれを意識するとどうか。

興味深いことに、日本の法律学方法論においては、その根本概念たる「利益」概念については、今日に至るまで、全くといっていいほど議論となっていない[52]。日本においても、「利益」衡量論に見受けられるように、「利益」概念は法律学方法論上、重要な根本概念の一つであるといえる。しかし、利益衡量論の主張者はもとより批判者からも「利益」概念の意味や定義についてほとんど議論されていないのは、上述のドイツにおける議論状況と比べると意外である。このような状況はなぜ生じたのだろうか。

その原因のひとつには、先に見たように、日本における「利益法学の不存在」が挙げられる。すなわち——利益法学が日本において理論的にしっかりと受容されていたとすれば、その理論の髄をなす **Interesse** なるものに対しても行き届いた考察が行われていたのではないか——こう想定することができるだろう。

しかし、管見としては、ここで「利益法学の不存在」より重視したいのは、**Interesse** の《翻訳の問題》、即ち、**Interesse** の翻訳語としての「利益」の問題である[53]。次のような仮説を立ててみたい：利益法学や利益衡量論についてはもとより、日本における法律学方法論の議論でおよそ一般的に、「利益」は、「も

---

52 この点についてさらなる文献の精査が必要であるのは言うまでもない。この点に触れる文献は若干だが存在する。例えば、ヘックの **Interesse** 概念そのものについては、吉田宣之「利益概念の「包括性」について ——**Heck** の利益法学を媒介にして—— 」法学新報 **90** 巻 5・6 号（**1983**）**75** 頁以下。日本の法解釈方法論関連では、特に利益法学との理論の異同の検討の際で稀に触れられる。水本（前掲注 **9**）**100** 頁（我妻栄について）、北川（前掲注 **6**）**319** 頁（石坂音四郎について）。しかし、本稿のような問題関心から接近する論稿はほとんど存在しないといってよい。

また、文脈は異なるが極めて興味深いのは、北川善太郎が、損害賠償法の損害概念に関する件で、ドイツでは重要な利益（**das Interesse**）概念について日本では正面から論じられていない旨を指摘している。北川（前掲注 **6**）**76** 頁。北川のこの分野における検討は利益概念そのものを考える上でも示唆に富む。同「損害賠償論の史的変遷」法学論叢 **73** 巻 **4** 号（**1963**）**1** 頁以下も参照されたい。本稿が後に展開する《翻訳の問題》は、ここにも絡んでいるように思われる。

53 この点に関しては、杉本泰治の見解が興味深い。杉本泰治『法律の翻訳 ——アメリカ法と日本語の危険な関係——』（**1997**）**223** 頁以下。同所で杉本は、「利益」の原語の意味・用法をアメリカの法実務的観点から検討し、**interest** の訳語の結論としては「利害関係」とすべし、と説く。また、河上倫逸は、エールリッヒ『法律的論理』（河上倫逸、**M**・フーブリヒト訳（**1987**）の「訳者あとがき」（**321** 頁以下）において、「**Interesse** とは、物的かつ精神的な関心・欲望・関係を本来意味する語」（傍点服部）と述べつつも、エールリッヒの理論的・歴史的背景を考慮し、「利害」と訳出する旨留保している点で興味深い。これらからすると、少なくとも、**Interesse** を利益（もうけ・とく）と訳することで、「関心・欲望」というところで考えられる「主体性」が見損なわれる恐れがあるといえよう。もちろん、原語の **Interesse** じたいに「もうけ・とく **Gewinn, Ertrag**」という意味があり、その重要性を否定するわけではないが。この件で付言すれば、権利—利益説についても同様の考察が必要ではないだろうか。

利益（**Interesse**・**interest**）概念自体について、また権利論（正確には権利本質論）についての検討は他日に期したい。

うけ・とく（Gewinn, Ertrag）」といったごく日常的な意味程度にしか認識され・用いられていないのではないか[54]。このような「もうけ・とく」といった日常的な意味の「利益」は、極めて明確である。もし、「利益」なるものがその程度の意味として主張者・批判者に共通して認識・理解されているとすれば、それは明確なために特に議論は必要ない。であるから、一連の議論のなかで、「利益」概念そのものが焦点にあたることがなかった（今も尚ない）のではないか。

この点を利益衡量論や利益法学（の不存在）との関連で具体的に言うと：Interesse という語が、利益法学の文脈における Interesse の関連から切断され無関係な形で、日本語で「もうけ・とく」という極めて明確な意味を持つ「利益」と翻訳され、そうした日常的意味で使用され続けている[55]ために、利益法学における（をめぐる）Interesse の議論の複雑さが理解されない・議論されないままになっているのではないか。また、利益衡量論の理論の構成については、利益法学とは異なり、理論が「利益」概念そのものを中心に据えて組み立てられていない、と思われる。例えば、先に見たように、利益法学においては Interesse が存在／当為ないし価値／事実の問題で重要な位置を占めていたが、利益衡量論においては、利益と価値ないし利益衡量と価値判断とが併用されており[56]、明確な区別がなされておらず、「利益が価値なのか事実なのか、それが存在の概念なのか当為の概念なのか」といった議論は非常に乏しい。

もし、こうした仮説が正しいとすれば、利益法学と利益衡量論とは、双方の根本概念である Interesse と「利益」とにおいて差異がある、ということになるだろう[57]。この点は両者の差異としてはほとんど触れられることがないことも付言しておこう。尤も、この《翻訳の問題》はあくまで仮説の域を出るものではないことを強調しておく。また、この差異から具体的な形でどのような更なるインプリケーションが見込めるかについては、日本における権利 - 利益説の議論の再検討などを含め——ここには 2004 年に改正された民法 709 条の文言：「故意又は過失によって他人の権利<u>又は法律上保護される利益</u>を侵害した者は、これによっ

54　例えば、『有斐閣 法律用語辞典〔第2版〕』（2000）1394 頁の「利益」の項では、まず、「一般用語としては、広く、ためになること、役に立つこと、もうけ」と説明され、次いで、経済的・物質的利益で用いた例や、有形・無形の利益を包括的に含んだ意味で用いた例が挙げられている。

55　もしそうならば、この点において、利益法学の影響を——妙な形であるが——看取することができよう。本文で見たように、利益法学は、日常用語における Interesse を法学の用語としても使用することを念頭においたのだから。もちろん、ここで想起されたいのは、星野英一が利益衡量論の着想を利益法学から得ていたと告白していることである。参照、星野英一「はしがき」同『民法論集 第1巻』（1970 年）5 頁。

56　水本浩の指摘による。水本（前掲注 31）55 頁。利益衡量と価値判断についても双方の同義性を指摘している。なお、水本は同所で、利益と価値との関係につき、「利益は保護されるべき対象の価値的側面を捉えた概念」と述べている。もしそうだとしたら、本稿の検討における軸でいえば、「利益」はむしろ事実よりも価値に属するものとなるだろうか。

57　とはいえ、こうした文脈における Interesse の訳語については、管見では、もはや「利益」という訳語が定着しすぎていることもあり、これを根本から変更するのは非常に難しいために、「利益」とするほかないと考えている。であるから、利益法学などをめぐる議論においては、この翻訳の問題があることを十分に認識して対応する必要がある。

て生じた損害を賠償する責任を負う。」（下線部が改正により挿入、下線ならびに傍点は服部）における「利益」もこの文脈に含まれてよい——今後のさらなる検討が見込まれるだろう[58]。

IV. むすびに

最後に、本稿のこれまでの考察から、「法の同化」という主題に立ち返り、次の2点を述べることにする。まず1点目は、冒頭で提示した「法思想レベルでの同化の問題」という視点から、日本における法律学方法論の今後の展開を考えるに際しての留意すべき点について、そして2点目は、法の同化一般の問題における《翻訳の問題》についてである。

1. 日本における法律学方法論の今後の展開に際して

本稿の最初のほうで、日本における法律学方法論の今日の動向として、評価法学への関心が高まっていることを述べた。これは評価法学の受容という形で語ることもできよう。その他方で、日独の大きな差異に、「利益法学の不存在」を確認した。この2つの事柄をどのように考えていけばよいだろうか。法解釈論争の議論や利益衡量論の方向を評価法学への下ごしらえとして捉えて利益法学を迂回する形で評価法学へと接合するか、それとも法律学方法論の礎である利益法学を通過すべきか、これは、「利益法学の不存在」やその背景[59]・帰結の評定とも関わってくる難問である。一つの途として考えられるのは、日本においては青井秀夫が呼応し重要性を指摘しているように[60]、評価法学の中でも、利益法学の影響を色濃く受けた少数説的な立場（評価法学少数説・評価的利益法学とも：その一人がヴェスターマンである）を見直すことだろう。

そして、こうした検討の前提として、各国の法律学方法論の歴史的展開を整理する必要があることは言うまでもない。特に第二次大戦後については、今後のさ

58　言うまでもないが、これについては実定法学上のテクストも広範に射程に入れた検討が必要である。一つの手がかりは、先述した（注52参照）損害概念における Interesse 概念だろう。こうしたところから、実定法学上の議論と法律学方法論上の議論との連関を、議論の位相に注意を払いつつ図っていくことが重要となる。例えば、利益衡量論のうち、当為と存在の二元論を志向する方向において、「利益」が価値と同位にある（即ち当為・価値の次元のもの）とされるならば、理論的には一貫しよう。しかし、本稿がいうように、「もうけ・とく」である「利益」や、損害論における「利益（das Interesse）」は、単純な二分法の図式でいえば、やはり「存在・事実」の平面に属するのではなかろうか。

さらにいえば、論じられることは少ないが、「利益対立」が、純粋な価値レベルに属する「価値の対立」そのものとは別の次元で語られていることも重要である。参照、広中俊雄『民法綱要』（1989）63頁以下注(2)、井上達夫『他者への自由』（1999）5頁以下、89頁以下。

59　この点につき、自由法論のみならず、概念法学についても日本のこれまでの議論に近年再考が迫られていることも付言しておこう。例えば参照、原島重義『法的判断とは何か』（2002）117頁以下。

60　青井（前掲注16）23頁以下。尚、青井の法律学方法論上の利益法学（後期）評価については参照、青井（前掲注36）425頁以下。

らなる検討が望まれるだろう。例えば、日独の比較であれば、思想状況はもとより、敗戦後の戦後処理や占領・統治体制、憲法（基本法）制定プロセスおよび法秩序の建て直しといった制度面の分析をも射程に含め、当時の布置連関（コンステラツィオン）を明らかにしていく作業が必要である。

尚、「利益法学の不存在」に際しては、幾らかの論者が指摘するように[61]——一般的な理解とは異なり——第二次大戦前期・戦間期においても利益法学は少ないながらも紹介されていたことにも併せて注意する必要がある、ということを付言しておこう。

2. 翻訳の問題

本稿の後半では、利益法学と利益衡量論の基本概念である「Interesse」と「利益」の相違を、双方の議論状況の相違を手がかりに検討した。そこに介在するのが Interesse の《翻訳の問題》であり、そこから両国間の議論のギャップが生じている、との仮説を立てた。こうした翻訳のモメントは、法律学方法論のレベルにとどまらず、およそ法の同化一般のレベルで必然的に介在するはずである。この点は法の同化を取り扱うにあたり——もちろん、《翻訳とは何か》という問題をも併せつつ——いま一度検討されてよいだろう。

61　参照、大河純夫「フィリップ・ヘックの増額評価請求権論 ——利益法学研究の一つの手掛り——」(1)法学論叢 93 巻 3 号（1973）30 頁以下注 4。また、それに先立っては松尾敬一による網羅的な文献のリストも重要である。松尾敬一『法理論と社会の変遷』（1963）189 頁以下。これらによれば、例えば、我々は戦前において既にヘックの『法獲得の問題』や『概念形成と利益法学』をはじめ、利益法学についての資料を手にしていた、ということが明らかになる。大河が指摘するように、この点は日本法学の中でも認識されることがない。

2. Teil: Methoden

§ 8 Squeeze-out Regelungen in Deutschland und in Japan – Ein Beispiel für Rechtsangleichung durch Gesetzgebung?*

Maki Saito

Übersicht

I. Einleitung

In diesem Beitrag werden jüngste deutsche und japanische Rechtsentwicklungen im Bereich des Gesellschaftsrechts experimentell gegenübergestellt, um zu erkennen, ob und wie Rechte in verschiedenen Ländern durch Gesetzgebung angeglichen werden können, wenn es dort keine harmonisierenden Richtlinien gibt wie im europäischen Gemeinschaftsrecht.

Sowohl im deutschen als auch im japanischen Gesellschaftsrecht bestanden lange Zeit rechtlich nur beschränkte Möglichkeiten, Minderheitsaktionäre gegen ihren Willen aus einer Gesellschaft auszuschließen. In der Praxis beider Länder aber wurde der Ausschluß durch den Einsatz eigentlich für andere Zwecke gedachter Rechtsinstrumente verwirklicht. Neuerdings ist in Deutschland die Regelung des

---

* Dieser Beitrag umfaßt einen Teil der Ergebnisse meines Forschungsaufenthalts in Deutschland, der von der Japan Society for the Promotion of Science gefördert wurde (Postdoctoral Fellowship for Research Abroad 2003). Ich bedanke mich bei Frau Maren Gräfe, Herrn Florian Möslein und Herrn Dr. Philipp Rühland für immer wieder neue wissenschaftliche Anregungen und ihre Hilfe bei der Erstattung und Übersetzung dieses Beitrags. Herrn Priv.-Doz. Dr. Harald Baum bin ich auch für seine Hilfestellung bei der Sammlung deutscher Materialien sehr verbunden. Verbleibende Fehler oder Unrichtigkeiten bei der Darstellung des deutschen Rechtes fallen jedoch ausschließlich in den Verantwortungsbereich der Verfasserin.

Ausschlußrechts (sog. Squeeze-out) durch Gesetzesänderung eingeführt, und in Japan wird auch auf Grund der neuesten Reform des Gesellschaftsrechts bald die Möglichkeit für cash-out merger eröffnet. Insoweit weisen die Entwicklungen in beiden Ländern in die gleiche Richtung.

Im Folgenden wird zunächst die Rechtslage in Japan dargestellt (II), und dann ein kurzer Überblick über die deutsche Squeeze-out Regelung gegeben (III). Im Anschluß werden diese Entwicklungen einander gegenübergestellt und ihre Tauglichkeit als ein Beispiel für Rechtsangleichung überprüft (IV). Wenn die eine Gesellschaft sämtliche von der anderen Gesellschaft ausgegebenen Aktien hält, wird die erstere im Folgenden als hundertprozentige Muttergesellschaft, die andere als hundertprozentige Tochtergesellschaft bezeichnet.

II. Das japanische Recht

1. Die bisherige Rechtslage

Im japanischen Gesellschaftsrecht, das in Gesetzen mit den Bezeichnungen *Shôhô* (japanisches Handelsgesetz, nachfolgend jHG) und *Kabushiki kaisha no kansa-tô ni kansuru shôhô no tokurei ni kansuru hôritsu* bzw. *shôhô tokurei-hô* (Gesetz über die Ausnahme von den Vorschriften des Handelsgesetzes über die Rechnungsprüfung etc. der Aktiengesellschaft, nachfolgend PrüfungsG) kodifiziert ist,[1] gab es bisher kein Recht des Mehrheitsaktionärs, Minderheitsaktionäre gegen Zahlung einer Abfindung aus einer Aktiengesellschaft auszuschließen. Bei einer Umstrukturierung, wie Verschmelzung und Spaltung, sollten nach der herrschenden Meinung als Gegenleistung im Grundsatz nur Anteile der aufnehmenden bzw. neu gegründeten Gesellschaft ausgegeben werden können.[2] Eine Barabfindung war nur insoweit erlaubt, wie es zum Ausgleich des Tauschverhältnisses nötig war, oder wenn die Abrechnungszeiträume der beteiligten Gesellschaften, um im Rahmen der Gewinnverteilung Geld auszuschütten, differierten. *Shibata* hat die Herkunft dieser Auslegung untersucht und klargestellt, daß die Regelung im japanischen Handelsgesetz über Verschmelzungen, nach der man später auch Regelungen über andere Umwandlungen entworfen hat, von Italien übernommen worden ist. Nach ihm gäbe es keinen zwingenden Grund dafür, die Gegenleistung in einer solchen Umwandlung auf Anteile der aufnehmenden oder der neu gegründeten Gesellschaft zu beschränken, wie dies die bisherige herrschende Meinung vertrat.[3] Diese nahm hauptsächlich auf das deutsche Recht Bezug. Die Meinung von *Shibata* blieb aber in der Minderheit.

---

1 Gesetz Nr. 48/1899 und Gesetz Nr. 22/1974; dt. Übers. (in der Fassung vor der zweiten Gesetzänderung von 2001) bei *Kliesow/Eisele/Bälz*, Das japanische Handelsgesetz (2002), S. 29ff. und 261ff.

2 Vgl. *Nakahigashi*, Kigyô Soshiki Saihen Hôsei no Seibi [Bedürfnis zur Anordnung der Umstrukturierungsregelung], in Shôjihômu Nr. 1671 (2003), 20, 26 (Fn. 3) m.w.N.

3 *Shibata*, Gappeihôri no Saikôsei [Restrukturierung der Lehre von der Verschmelzung], Teil 1, in Hôgakukyôkaizasshi Vol. 104 Nr. 12 (1987), 34; sowie Teil 6, in: Hôgakukyôkaizasshi Vol. 107 Nr. 1 (1990), 60.

Das japanische Handelsgesetz sieht noch zwei weitere Formen der Umwandlungen vor, nämlich den Aktientausch und die Aktienübertragung. Bei einem Aktientausch schließen mehrere Aktiengesellschaften einen Aktientauschvertrag (Art. 353 Abs. 1 jHG a.F.). Hierbei werden sämtliche Aktien, die die Aktionäre an der oder den „zu hundertprozentigen Töchtern werdenden" Gesellschaften halten, auf die „zur hundertprozentigen Muttergesellschaft werdende" Gesellschaft übertragen. Gleichzeitig werden den Aktionären jener Gesellschaften die von dieser Gesellschaft ausgegebenen neuen Aktien (bzw. „aufbewahrten" eigenen Aktien)[4] zugeteilt (Art. 352 Abs. 2, 356 jHG a.F.). Bei einer Aktienübertragung stellen eine oder mehrere Aktiengesellschaften einen Aktienübertragungsplan auf (Art. 365 Abs. 1 jHG a.F.). Es wird eine als hundertprozentige Muttergesellschaft fungierende Gesellschaft gegründet, die alle Anteile der beteiligten Gesellschaften von deren Aktionären erwirbt. Diesen Aktionären werden neu ausgegebene Aktien der neu gegründeten Gesellschaft zugeteilt (Art. 364 Abs. 2 jHG a.F.). Bei beiden Umstrukturierungen soll in der Regel ein Hauptversammlungsbeschluß eingeholt werden, der einer qualifizierter Mehrheit von mindestens zwei Dritteln der Stimmrechte der anwesenden Aktionäre bedarf (Artt. 353 Abs. 1 und 5, 365 Abs. 1 und 3 jHG a.F.; zu vereinfachten Umwandlungen siehe unten). Nach der bisher herrschenden Meinung ist eine Barabfindung, ebenso wie bei der Verschmelzung oder Spaltung, auch beim Aktientausch und der Aktienübertragung unzulässig.

Die Praxis hat einige Methoden entwickelt, mit denen der Mehrheitsaktionär die Minderaktionäre faktisch ausschließen kann. Nachfolgend werden drei dieser Methoden aufgezeigt. In allen Fällen erwirbt die X AG, die schon über eine qualifizierte Mehrheit der Stimmrechte von der Y AG verfügt, dadurch alle außenstehenden Aktien.[5]

a) *Mit Aktienübertragung*

Durch Aktienübertragung gründet die Y AG ihre hundertprozentige Muttergesellschaft Z AG, deren Aktien die X AG und die anderen außenstehenden Aktionäre von Y erwerben. Die Z AG verkauft der X AG sämtliche Aktien ihrer hundertprozentigen Tochtergesellschaft Y AG; anschließend wird die Z AG aufgelöst. Diese Methode entspricht der sogenannten übertragenden Auflösung in Deutschland (siehe unten). Der Unterschied liegt darin, daß hierbei nicht von einer Vermögensübertragung, sondern von einem Aktienkauf Gebrauch gemacht wird.

4 In Japan ist es zulässig, anstatt anläßlich der Umwandlung neue Aktien auszugeben, auf die Aktionäre der aufzulösenden Gesellschaft von der aufnehmenden Gesellschaft gehaltene eigene Aktien zu übertragen, vgl. Artt. 356 Satz 1, 374–19 Satz 1, 409–2 Satz 1 jHG a.F., *Kanda*, Kaishahô [Gesellschaftsrecht] (7. Aufl. 2005), S. 86

5 Die ausführlichen Informationen über die Praxis verdanke ich dem Vortrag vom 5. November 2005, den Herr Rechtanwalt Hiroki Inoue von Nagashima Ohno & Tsunematsu an der Universität Kyoto gehalten hat. Siehe auch *Fujinawa*, Kigyo Saihen ni okeru Jitsumujô no Kadai to Torikumi (Ge) [Probleme und Maßnahmen in der Praxis bei Umstrukturierungen (Teil II)], in Shôjihômu Nr. 1656 (2003), 79; *Uchima/Noda*, Gôingu Puraibêto no Hôtekishuhô to Ryûiten [Rechtsmethode und Bemerkungen zu einer Going Private Umstrukturierung], in Shôjihômu 1675 (2003), 81.

b) *Beseitigung der Bruchteilsaktien*

X AG gründet eine Tochtergesellschaft Z AG, die nur eine geringere Anzahl von Aktien ausgibt, damit jede Aktie einen höheren wirtschaftlichen Wert trägt. Vor der Umstrukturierung wird die Satzung der Z AG geändert, damit Bruchteile von weniger als einer Aktie nicht mehr als Bruchteilsaktien in das Bruchteilsaktienbuch eingetragen werden dürfen (Art. 220–2 Abs. 3 jHG a.F.). Im Anschluß daran wird der Aktientausch zwischen Y AG und Z AG vollzogen und die außenstehenden Aktionäre der Y AG, deren Aktien nicht den wirtschaftlichen Wert von einer Aktie der Z AG erreichen, erhalten nur eine Barabfindung (Art. 220 jHG a.F.). Diese Methode gilt faktisch als Zusammenlegung der Aktien der Y AG, obwohl die Rechtsmäßigkeit einer direkten Zusammenlegung zum Ausschluß der Minderheitsaktionäre fragwürdig ist.[6] Die Bruchteilsaktie wurde durch die letzte Reform abgeschafft.

c) *Sondergesetzgebung*

Ein Sondergesetz *Sangyôkatsuryoku Saisei Tokubetsu Sochihô* (Gesetz zu den Sondermaßnahmen für die Wiedergewinnung industriellen Schwungs)[7]sieht einige Abweichungen der gesellschaftlichen Regelungen für Umstrukturierungen vor, die in Durchführung eines von der jeweils zuständigen Behörde genehmigten Plans, der für ein bestimmtes Ziel wie die Verstärkung des Kerngeschäftsbereichs entworfen ist, vollzogen werden. Bei solchen Umstrukturierungen ist es unter bestimmten Voraussetzungen zulässig, eine Barleistung oder Aktien irgendeiner anderen Gesellschaft (z.B. Aktien der Muttergesellschaft der aufnehmenden Gesellschaft) als Gegenleistung anzubieten oder Umstrukturierungen durchzuführen, ohne den sonst erforderlichen Hauptversammlungsbeschluß einzuholen (Artt. 12–2ff).[8]

Weil die Rechtmäßigkeit der Methoden 1 und 2 angezweifelt wurde, verlangte die Industrie, die Einführung eines Cash-out merger in das Programm zur damals anstehenden Gesetzesänderung aufzunehmen.

2. Novellierung des japanischen Gesellschaftsrechts von 2005

Teilweise als Reaktion auf die wiederholte Forderung von Seiten der Industrie[9] hat der japanische Gesetzgeber entschieden, durch Gesetzesänderung die Möglichkeit der Barabfindung bei Umwandlungen, die wie oben erwähnt durch Sondergesetzgebung beschränkt schon eingeführt war, allgemein zu eröffnen. Nachfolgend

---

6 *Egashira*, Kabushikigaisha Yugengaisha hô [Recht der AG und der GmbH] (4. Aufl. 2005), S. 256.
7 Gesetz Nr.131/1999, geändert durch Gesetz Nr.26/2003.
8 Zu näheren siehe *Wakatsuki*, Sangyôkatsuryoku saisei hô no kaisei no gaiyô [Überblick über die Reform vom Gesetz zu den Sondermaßnahmen für Wiedergewinnung industriellen Schwungs], in Shôjihômu 1661 (2003), 4, 8ff.
9 *Aizawa/Hosokawa*, Shin Kaishahô no Kaisetsu [Kommentar zum neuen Gesellschaftsgesetz] (XIV) – Soshiki Saihen Kôi [Umwandlungen] (Teil I), in: Shôjiômu 1752 (2005), 8 Fn 5.

wird die Regel für die „aufnehmende" Umwandlung (die aufnehmende Verschmelzung, aufnehmende Spaltung oder der Aktientausch) dargestellt, wenn zwei Aktiengesellschaften, deren Satzungen nur eine Gattung von Aktien vorsehen, beteiligt sind und die Gegenleistung in Form von entweder nicht vinkulierten Aktien der aufnehmenden Gesellschaft oder einer Barabfindung besteht.

Das im Jahr 2005 verabschiedete japanische Gesellschaftsgesetz (jGesellschaftsG)[10] erlaubt, bei einer „aufnehmenden" Umwandlung als Gegenleistung eine Barzahlung oder andere Vermögenswerte zuzuteilen (Artt. 749 Abs. 1 Ziff. 2, 758 Ziff. 4, 768 Abs. 1 Ziff. 2 jGesellschaftsG). Der Betrag oder die Menge zuzuteilender Gegenleistungen soll im Verhältnis der Anzahl der Aktien, die jeder Aktionär der aufzulösenden Gesellschaft bei der Verschmelzung, der spaltenden Gesellschaft bei der Spaltung, oder der zur hundertprozentigen Tochtergesellschaft werdenden Gesellschaft beim Aktientausch (im folgenden einfach als aufzulösende Gesellschaft u.a. bezeichnet) hält, bestimmt werden (Artt. 749 Abs. 3, 751 Abs. 3, 768 Abs. 3 jGesellschaftsG). Dieser Teil des neuen Gesetzes, der die Gegenleistung einer Umwandlung betrifft, tritt ein Jahr später in Kraft als der Rest des Gesetzes (Abs. 4 der Nebenvorschrift des Gesetzes). Der Rest tritt am 01. 05. 2006 in Kraft.[11]

Bei aufnehmenden Umwandlungen sollen die beteiligten Gesellschaften einen Vertrag abschließen, der jeweils als Verschmelzungs-, Aktientausch- oder Spaltungsvertrag bezeichnet wird, und die Zustimmung ihrer Hauptversammlungen einholen (bei der aufzulösenden Gesellschaft: Artt. 783 Abs. 1, 309 Abs. 2 Ziff. 12; bei der aufnehmenden Gesellschaft: Artt. 795 Abs. 1, 309 Abs. 2 Ziff. 12; siehe auch Artt. 309 Abs. 3 Ziff. 2, 783 Abs. 2 jGesellschaftsG). Dieser Zustimmungsbeschluß hat in der Regel mit qualifizierter Mehrheit zu erfolgen. Schon nach dem alten Gesetz muß aber die Zustimmung der Hauptversammlung seitens der aufnehmenden Gesellschaft nicht eingeholt werden,[12] wenn die Anzahl der anläßlich der Umwandlung ausgegebenen neuen Aktien (bzw. zu übertragenden eigenen Aktien) im Verhältnis der gesamten Anzahl der Aktien der aufnehmenden Gesellschaft klein ist und der Betrag des Vermögens, der an die Aktionäre der aufzulösenden Gesellschaft u.a. gezahlt werden muß, gering ist, es sei denn, daß Aktionäre, die über eine bestimmte Anzahl der Stimmrechte verfügen, widersprochen haben (*kan'i soshikisaihen* [vereinfachte Umwandlung] Artt. 413–3 Abs. 1,2 und 8, 358 Abs. 1,2 und 8, 374–23 Abs. 1,2 und 8 jHG a. F. Art. 796 Abs. 3 und 4 jGesellschaftsG).[13]

---

10 Gesetz Nr. 86/2005.

11 *Kaishahô no shikô kijitsu wo sadameru seirei* [Verordnung Nr.77/2006].

12 Ebenso bei der spaltenden Gesellschaft in einer Spaltung, je nach Verhältnis zwischen zu übertragendem Unternehmen bzw. Vermögen der spaltenden Gesellschaft und Größe (bei einer aufnehmenden Spaltung Art. 374–22 Abs. 1 jHG a. F., Art. 784 Abs. 3 jGesellschaftsG). Zur Unternehmensübertragung siehe Art. 467 Abs. 1. Ziff. 2. jGesellschaftsG.

13 Nach der neuen Gesetzesregel, wenn der gesamte „Wert" der ausgegebenen Gegenleistungen im Verhältnis des Betrages des Nettovermögens der aufnehmenden Gesellschaft klein ist (Art. 796 Abs. 3 und 4 jGesellschaftsG).

Die neu geschaffene Regel reicht aber weiter. Ist die aufnehmende Gesellschaft eine qualifiziert herrschende Gesellschaft (*tokubetsu shihai kaisha*) der aufzulösenden Gesellschaft u.a. oder umgekehrt, dann ist zukünftig die Zustimmung der Hauptversammlung seitens der qualifiziert beherrschten Gesellschaft in der Regel nicht nötig (*ryakushiki soshikisaihen* [formlose Umwandlung] Artt. 784 Abs. 1 Satz 1, 796 Abs. 1 Satz 1 jGesellschaftsG). Eine Gesellschaft ist dann eine qualifiziert herrschende Gesellschaft, wenn sie z.B. neun Zehntel oder mehr der Stimmrechte der anderen Gesellschaft hält (Art. 468 Abs. 1 jGesellschaftsG). Verstößt die Gesellschaft bei einer formlosen Umwandlung gegen Gesetze, Verordnungen oder die Satzung oder ist die Gegenleistung nach der wirtschaftlichen Lage u.a. der beteiligten Gesellschaft grob unangemessen, und ist aufgrund dessen zu befürchten, daß den Aktionären dadurch ein Nachteil entsteht, so können diese Aktionäre gegenüber ihrer Gesellschaft die Unterlassung der Umwandlung verlangen (Artt. 784 Abs. 2, 796 Abs. 2 jGesellschaftsG).

Durch diese Änderung soll der Cash-out merger ermöglicht werden, in manchen Fällen sogar ohne Zustimmung der Hauptversammlung der aufzulösenden Gesellschaft u.a. oder/und der aufnehmenden Gesellschaft. Allerdings ist noch nicht genau abzusehen, wieweit es zulässig ist, die außenstehenden Minderheitsaktionäre gegen Barabfindung im Rahmen einer solchen Umwandlung von der zukünftigen Beteiligung an der aufnehmenden Gesellschaft auszuschließen. Manche sprechen sich für eine materielle Rechtfertigung aus.[14] Andere meinen, daß das Erfordernis einer materiellen Rechtfertigung die Reform zunichte machen und unnötigen Streit verursachen würde.[15]

Eine andere Änderung, die dieses Thema betrifft, findet sich im Wortlaut der Vorschrift zum auszuzahlenden Betrag bei Inanspruchnahme des sogenannten appraisal rights. Bei einer Umstrukturierung steht dem Minderheitsaktionär, der nicht zustimmt, allgemein ein solches appraisal right zu (Artt. 408–3 Abs. 1, 355 Abs. 1, 371 Abs. 2, 374–3 Abs. 1, 374–31 Abs. 3 jHG a.F., 785 Abs. 1, 797 Abs. 1 jGesellschaftsG).[16] Der ehemalige Gesetztext lautete: „Aktionäre ... können von der Gesellschaft verlangen, daß diese ihnen ihre Aktien zu dem Preis abkauft, der angemessen wäre, wenn ein zustimmender Beschluß nicht gefaßt worden wäre" (z.B. Art. 408–3 Abs. 1 jHG a.F.). Der neue entsprechende Gesetztext lautet jetzt einfach „zu dem angemessenen Preis", und soll nach Meinung von *Egashira*, der Vorsitzen-

14 *Tanaga*, Legal Mind Kaishahô [Legal Mind Gesellschaftsrecht] (9. Aufl. 2005), S. 376 (Fn. 8).

15 *Tanaka*, Soshiki Saihen to Taika Jûnanka [Umstrukturierungen und Lockerung der Regelung für Gegenleistungen], in: Hôgakukyôshitsu 304 (2006), 75, 81.

16 Bei einer vereinfachten Spaltung wird den Aktionären der spaltenden Gesellschaft kein appraisal right zuerkannt (Artt. 374–22 Abs. 3 jHG a.F., 785 Abs. 1 Ziff. 2 jGesellschaftsG für den Fall der aufnehmenden vereinfachten Spaltung). Als nicht zustimmende Aktionäre gelten nach dem neuen Recht (a) diejenigen, die in der betreffenden Hauptversammlung Stimmrecht haben, vor der Hauptversammlung ihre Absicht mitgeteilt haben, daß sie der Umwandlung in der Hauptversammlung widersprechen werden, und tatsächlich widersprochen haben, (b) diejenigen, die in der Hauptversammlung kein Stimmrecht haben, oder (c) wenn kein Hauptversammlungsbeschluss nötig ist, alle Aktionäre (Artt. 785 Abs. 2, 797 Abs. 2 jGesellschaftsG).

der der Kommission zu dieser Gesetzesänderung war,[17] zur Folge haben, daß bei der Berechung des Preises auch Synergieeffekte aus der betroffenen Umstrukturierung zu berücksichtigen sind[18]. Auch der Betrag der Gegenleistung in Form einer Barleistung oder in anderen Vermögenswerten solle einen wirtschaftlichen Wert tragen, der Synergieeffekte aus der Umstrukturierung umfaßt, was der oben genannte Gesetztext indirekt verlange.[19] Schließlich werde den ausgeschlossenen Aktionären die Gelegenheit genommen, Synergieeffekte durch Steigerung im Wert der Beteiligung an der aufnehmenden Gesellschaft zugeteilt zu bekommen.

III. Das deutsche Recht

In Deutschland wurde das Ausschlußrecht des Mehrheitsaktionärs (Squeeze-out) durch das Gesetz zur Regelung von öffentlichen Angeboten zum Erweb von Wertpapieren und von Unternehmensübernahmen vom 20. Dezember 2001 (WpÜG)[20] eingeführt.

1. Die Rechtslage vor der Reform

In Deutschland sind bei einer übernehmenden Umwandlung (Verschmelzung und Spaltung) oder einer Mehrheitseingliederung nur die Anteile der übernehmenden Gesellschaft als Gegenleistung zulässig (§§ 20 Abs. 1 Ziff. 3, 123 Abs. 1 und 2, 131 Abs. 1 Ziff. 3 UmwG, 320b Abs. 1 Satz 2 AktG). Die Höhe der zulässigen baren Zuzahlung ist beschränkt (§§ 5 Abs. 1 Ziff. 3, 54 Abs. 4, 68 Abs. 3 UmwG).[21] Bei einer Mehrheitseingliederung besteht die Gegenleistung grundsätzlich in Aktien der Hauptgesellschaft (§ 320b Abs. 1 Satz 2 AktG). Nur wenn es sich bei der Hauptgesellschaft um eine abhängige Gesellschaft handelt, können den ausscheidenden Aktionären nach deren Wahl eigene Aktien der Hauptgesellschaft oder eine Barabfindung gewährt werden (§ 320b Abs. 1 Satz 3 AktG). Die Aktienzusammenlegung gemäß § 222 Abs. 4 Satz 2 AktG ist für den Ausschluß der Minderheitsaktionäre nicht geeignet.[22]

---

17 Die Unterkommission zur Modernisierung des Gesellschaftsrechts [*Kaisha-hô [Gendaika Kankei] Bukai*] innerhalb der Beratungskommission des Justizministeriums [*Hôsei Shingi-kai*]. In der Unterkommission hat am 8. Dezember 2004 der Vorentwurf des Berichtes zur Modernisierung des Gesellschaftsrechts (sog. Yôkô-an) Übereinstimmung erzielt. Dazu *Saito*, Zur anstehenden Novellierung des Gesellschaftsrechts, ZJapanR 2004, 210ff. Der Bericht wurde am 9. Februar 2005 in der Generalversammlung verabschiedet und anschließend im Justizministerium beraten. Die letzte Reform beruht auf diesem Bericht.

18 *Egashira*, „Kaishahôsei no Gendaika ni kansuru Yôkô-an" no Kaisetsu [Kommentar zum Vorentwurf des Berichtes zur Modernisierung des Gesellschaftsrechts] [V], in: Shôjiômu 1725 (2005), 8.

19 *Egashira* (Fn. 18), S. 8.

20 BGBl. I 2001, S. 3822.

21 *Priester*, in Lutter (Hrsg.), Umwandlungsgesetz Kommentar (2. Aufl. 2000), § 5 Rn. 24.

22 BGHZ 138, 71, 77; BGHZ 142, 167, 170; *Rühland*, Der Ausschluß von Minderheitsaktionären aus der Aktiengesellschaft (Squeeze-out), S, 47ff.

Bis 1994 gab es in Deutschland die Möglichkeit der Mehrheitsumwandlung gemäß § 15 i.V.m. § 9 UmwG,[23] die den Ausschluß einer Aktionärsminderheit von bis zu 10% des Grundkapitals erlaubte. Diese Möglichkeit aber wurde mit der Reform 1994 abgeschafft. Die einzige Methode, von der vor der Einführung des Squeeze-out in der Praxis Gebrauch gemacht werden konnte, war die übertragende Auflösung.[24] Bei einer übertragenden Auflösung wird das gesamte Vermögen einer Aktiengesellschaft auf den Mehrheitsaktionär oder auf eine von ihm abhängige Tochtergesellschaft übertragen (§ 179 a Abs. 1 Satz 1 AktG). Im Anschluß wird die Aktiengesellschaft aufgelöst (§ 262 Abs. 1 Ziff. 2 AktG) und der Liquidationserlös an die Aktionäre ausgeschüttet. Die übertragende Auflösung verstößt nicht gegen den Eigentumsschutz des Grundgesetzes (Art. 14 Abs. 1 GG), solange die volle wirtschaftlich Entschädigung der Minderheitsaktionäre für den Verlust ihres Aktieneigentums und wirksame Rechtsbehelfe – bei der übertragenden Auflösung besteht jedenfalls die Möglichkeit einer Anfechtungsklage gegen den Beschluß der Hauptversammlung – gewährleistet sind.[25]

2. Das Squeeze-out

Bei dem neu eingeführten Squeeze-out kann der Hauptaktionär, dem Aktien der Gesellschaft in Höhe von 95% des Grundkapitals gehören, die Übertragung der Aktien der übrigen Aktionäre auf ihn gegen eine angemessene Barabfindung verlangen (§ 327a Abs. 1 Satz 1 AktG). Erforderlich ist ein Hauptversammlungsbeschluß (§ 327a Abs. 1 Satz 1 AktG). Die Höhe der Barabfindung wird vom Hauptaktionär festgelegt. Sie muß die Verhältnisse der Gesellschaft im Zeitpunkt des Hauptversammlungsbeschlusses berücksichtigen (§ 327b Abs. 1 Satz 1 AktG). Der Hauptaktionär muß einen schriftlichen Bericht erstatten, in dem er die Voraussetzungen für den Ausschluß darlegt und die Angemessenheit der Barabfindung erläutert und begründet (§ 327c Abs. 2 Satz 1 AktG). Die Angemessenheit wird von einem oder mehreren Prüfer, die vom Gericht ausgewählt und bestellt werden, geprüft (§ 327c Abs. 2 Satz 2–4 AktG). Die Berichte des Hauptaktionärs sowie der Prüfer sind in der Hauptversammlung auszulegen (§ 327d Satz 1 AktG).

Der Squeeze-out wird mit der Eintragung des Hauptversammlungsbeschlusses in das Handelsregister wirksam (§ 327e Abs. 3 AktG). Wenn eine Anfechtungsklage

---

23 Gesetz über die Umwandlung von Kapitalgesellschaft und bergrechtlichen Gewerkschaften vom 12. November 1956, BGBl. 1956 I S. 844, geändert durch § 39 EGAktG vom 6. September 1965, BGBl. 1965, I S. 1185.

24 *Lutter/Drygala*, Die übertragende Auflösung: Liquidation der Aktiengesellschaft oder Liquidation des Minderheitenschutzes?, in: Forster (Hrsg.), Festschrift für Kropff (1997), S. 191, 193. Ob sie in der Praxis die wichtigste Methode war, ist eher zweifelhaft, denn dadurch, daß die eine Gesellschaft ihr ganzes Vermögen auf eine andere Gesellschaft überträgt, werden stille Reserven aufgedeckt und müssen versteuert werden, *Rühland* (Fn. 22), S. 104.

25 BVerGE 14, 263 (Feldmühle) zur Mehrheitsumwandlung im UmwG; BVerfG, AG 2000, 42 (Moto-Meter) zur übertragenden Auflösung. Zur vollen wirtschaftlichen Entschädigung: BVerfGE 100, 289, 302ff. (DAT/Altana).

erhoben wird, darf der Beschluß nicht eingetragen werden (Registersperre, §§ 327e Abs. 2, 319 Abs. 5 AktG). Die Ausübung des Anfechtungsrechts wirkt also in Deutschland wie der Unterlassungsanspruch der Minderheitsaktionäre bei der formlosen Umwandlung in Japan. Das Gericht kann jedoch auf Antrag der Gesellschaft die Eintragung erlauben, wenn die Klage unzulässig oder offensichtlich unbegründet ist oder wenn das kurzfristige Wirksamwerden der Maßnahme vorrangig erscheint (Unbedenklichkeitsverfahren, § 327e Abs. 2, 319 Abs. 6 AktG). Auf die Unangemessenheit der Barabfindung kann die Anfechtung des Hauptversammlungsbeschlusses nicht gestützt werden (§ 327f Satz 1 AktG). Ob die vom Hauptaktionär festgelegte Barabfindung angemessen ist, wird im Spruchverfahren bestimmt (§ 327f Satz 2 AktG). Damit soll vermieden werden, daß die Durchführung der Umstrukturierung durch eine Anfechtungsklage blockiert wird.

Am 15. 02. 2006 wurde der Regierungsentwurf eines Übernahmerichtlinie-Umsetzungsgesetzes vorgelegt.[26] Danach soll in Umsetzung der EU-Übernahmerichtlinie eine neue Regelung für den Ausschluß von Minderheitsaktionären, der im Anschluß an ein Übernahmeangebot durchgeführt wird, eingeführt werden. Dort ist eine gerichtliche Überprüfung der Squeeze-out-Voraussetzungen vorgesehen, die statt der formalisierten Information im Squeeze-out-Verfahren nach dem AktG dem Schutz der ausgeschiedenen Aktionäre dienen soll.

IV. Ein Beispiel für Rechtsangleichung?

Man kann hier einige Ähnlichkeiten zwischen den Entwicklungen in den beiden Ländern erkennen.[27]

Erstens war in beiden Ländern die Möglichkeit des Ausschlusses von Minderheitsaktionären rechtlich sehr beschränkt. Die Praxis beider Länder hat *de facto* Methoden entwickelt, um ihre Bedürfnisse zu befriedigen.

Der Gesetzgeber hat bei den Reformen in beiden Ländern darauf verwiesen, daß es auch im Ausland Rechtsinstitute gibt, die den Ausschluß der Minderheitsaktionäre ermöglichen.[28] Wie *Rühland* geklärt hat, dient das Ausschlußrecht der Lösung des Free-Riding- und Hold-out-Problems.[29] Die weite internationale Verbreitung

---

26 Entwurf eines Gesetzes zur Umsetzung der Richtlinie 2004/25/EG des Europäischen Parlaments und des Rates vom 21. April 2004 betreffend Übernahmeangebote (Übernahmerichtlinie-Umsetzungsgesetz) vom 15. Februar 2006. Das Übernahmerichtlinien-Umsetzungsgesetz wurde (nach Drucklegung) am 8. 7. 2006 verabschiedet und trat am 14. 7. 2006 in Kraft, BGBl. 2006 I, S. 1426. Die hier diskutierten Vorschriften blieben jedoch im Gesetzgebungsverfahren unverändert.

27 Zur internationalen Konvergenz der verschiedenen Gesellschaftsrechtes: Kraakman et al., The Anatomy of Corporate Law (2004), S. 215ff.

28 *Kaishahôsei no Gendaika ni kansuru Yôkôshian Hosoku Setsumei* [Erklärung zum Diskussionsentwurf des Berichtes zur Modernisierung des Gesellschaftsrechts], in: Shôjihômu 1678 (2003), 129ff; Begründung zum Entwurf eines Gesetzes zur Regelung von öffentlichen Angeboten zum Erwerbs von Wertpapieren und von Unternehmensübernahmen [zit.: RegE-WpÜG], Allg. Teil, S. 32.

29 *Rühland* (Fn. 22), S. 124ff., S. 166ff. und S. 179.

von Squeeze-out-Rechten deutet auf das gemeinsame ökonomische Problem und eine grundsätzlich bestehende Notwendigkeit eines Ausschlußrechtes hin. Ein international verbreitetes Rechtsinstitut, das von der Praxis freundlich aufgenommen ist, hat das Potential, sich in anderen Ländern noch weiter durchzusetzen. Der Gesetzgeber einer Rechtsordnung sieht sich dem Druck der Industrie ausgesetzt, inländische Unternehmen und das inländische Gesellschaftsrecht international wettbewerbsfähig zu halten. Hier stellt sich aber die Frage, welche Interessen diese „Praxis" vertritt, auf die man hier nicht eingehen kann. Der deutsche Gesetzgeber hat das Bedürfnis seitens der Wirtschaft nach einem zügigeren, kostengünstigeren Verfahren jedenfalls mit der Einführung eines neuen Squeeze-out in das Übernahmerecht abgeholfen[30].

Drittens wird angesichts dieser Reform deutlich, daß nur noch die Interessen eines Aktionärs an dem wirtschaftlichen Wert seiner Aktien, aber nicht das Interesse an der Beteiligung selbst gewährleistet sind. „Bestandsschutz weicht verstärktem Vermögensschutz".[31] Das hat die deutsche verfassungsgerichtliche Rechtsprechung schon im Fall *Feldmühle* und danach im Fall *Moto Meter* festgestellt. Diesen verfassungsrechtlichen Vorgaben folgt die Squeeze-out-Regelung in den §§ 327a ff. AktG: Kein Ausschluß ohne angemessene Abfindung.

Es erscheint aber zu voreilig, daraus den Schluß zu ziehen, diese Entwicklungen als eine Rechtsangleichung zu bezeichnen. Neuere Rechtsentwicklungen durch Gesetzgebung gründen sich in der Regel auf die ältere Rechtslage; der Gesetzgeber berücksichtigt die Konsistenz und Kohärenz im Rechtssystem. Er greift deshalb auf vorhandene rechtliche Institutionen zurück. Im Folgenden werden einige „Unterschiede" aufgezählt. Eine vollständige Rechtsangleichung scheint noch nicht erzielt worden zu sein, und es ist auch fragwürdig, ob eine solche Angleichung notwendig und sinnvoll ist.

Der deutsche Gesetzgeber hat die Reform damit begründet, daß der Squeeze-out als eine Lösung für den Mißbrauch des Aktienrechtes seitens „räuberischer" Aktionäre (z.B. im Fall der mißbräuchlichen Anfechtungsklage) dienen solle.[32] In Japan aber wird dieser Aspekt nicht so stark betont, obwohl es auch bei uns solche Aktionäre gibt. Dies liegt vielleicht daran, daß dieses Problem in Japan mit anderen gesetzlichen Maßnahmen behandelt wird.[33]

---

30 Begründung zum Regierungsentwurf eines Übernahmerichtlinie-Umsetzungsgesetzes, Allg. Teil, S. 5. Tatsächlich ist das Ausschlußrecht der §§ 327a ff. AktG wohl etwas langwierig, insbesondere wenn man sich vergegenwärtigt, daß seit seinem Inkrafttreten vor vier Jahren bereits über 60 Gerichtsentscheidungen ergangen sind: *Rühland*, persönliche Mitteilung.

31 Auf diesen Ausdruck wurde ich von Frau Gräfe hingewiesen.

32 Begründung zum RegE-WpÜG, Allg. Teil, S. 31f.

33 In Japan ist es der Gesellschaft verboten, jemandem auf eigene Rechnung oder auf Rechnung einer Tochtergesellschaft im Zusammenhang mit der Ausübung vom Aktionärsrechten Vermögensvorteile zu gewähren (Artt. 294–2 Abs. 1 jHG a.F., 120 Abs. 1 jGesellschaftsG). Hat die Gesellschaft Vermögensvorteile entgegen den Vorschriften gewährt, so hat der Empfänger diesen der Gesellschaft beziehungsweise der Tochtergesellschaft zurückzugeben; die Verwaltungsratmitglieder haften in diesem Fall auf Schadensersatz (Artt. 294–2 Abs. 3 Satz 1, 266 Abs. 1 Ziff. 2 jHG a.F., 21–20

In Deutschland ist die Regelung des Squeeze-out nach dem Vorbild der Eingliederung entworfen. In der Literatur stößt dies auf Kritik, da der Squeeze-out und dessen Durchführung weder für eine Umstrukturierung noch für eine Umwandlung wie die Eingliederung, Verschmelzung oder Spaltung gehalten wird. Aus diesem Grund wird auch das Erfordernis des Hauptversammlungsbeschlusses kritisiert.[34] In Japan hat der Gesetzgeber kein ausdrückliches Ausschlußrecht des herrschenden Aktionärs eingeführt, sondern nur die Barleistung und andere Vermögenswerte auf die Liste der zulässigen Formen der Gegenleistung gesetzt. Der so ermöglichte Ausschluß soll aber nur im Zusammenhang mit einer Umstrukturierung möglich sein. Es gibt im Gegensatz zum deutschen Recht Fälle, in denen man eine Zustimmung der Hauptversammlung weder seitens der aufnehmenden noch seitens der aufzulösenden Gesellschaft einholen muß. Dies ist insbesondere dann der Fall, wenn ein Aktionär über eine Anzahl von Aktien verfügt, mit denen er in Deutschland als Hauptaktionär im Sinne von § 327 a Abs. 1 AktG bezeichnet werden könnte.[35]

Die Bedeutung des Hauptversammlungsbeschlusses bei Squeeze-outs in Deutschland scheint darin zu liegen, daß außenstehende Aktionäre durch formalisierte Information geschützt sind, und daß rechtlich fragwürdige Durchführungen des Ausschlusses durch Registersperre gehemmt werden sollen. Das japanische Gesellschaftsrecht kennt weder den sachverständigen Prüfer, der bei einer Umwandlung bestellt werden soll, noch die Registersperre mit dem Unbedenklichkeitsverfahren bei einer Klage auf Anfechtung des Zustimmungsbeschlusses bzw. der Umwandlung selbst. Für die Information der Aktionäre sind die Unterlagen in der Hauptniederlassung aufzubewahren und jeder Aktionär kann Einsicht in diese sowie die Aushändigung einer Abschrift oder eines Auszugs verlangen, wenn er sich zum Ort der Niederlassung bemüht (Artt. 782, 794 jGesellschaftsG). Die Unterlagen, die in der Hauptniederlassung aufbewahrt werden sollen, umfassen den Gegenstand der Gegenleistung, ihren Umfang oder den Betrag oder die Art und Weise, nach der sie ermittelt wird, und die Erklärung, aus welchen Gründen die Gegenleistung angemessen ist (seitens der aufzulösenden Gesellschaft Artt. 749 Abs. 1 Ziff. 2, 758 Ziff. 4, 768 Abs. 1 Ziff. 2, 782 Abs. 1, Verordnung-jGesellschaftsG[36] Artt. 182 Abs. 1 Ziff. 1–3, 183 Abs. 1 Ziff. 1, 184 Ziff. 1–3). In der Praxis werden oft Gutachten sachverständiger Dritter zugefügt, wenn die beteiligte Gesellschaft eine Publikumgesellschaft ist. Die Gesellschaft hat zwanzig Tage vor dem Wirksamwerden der Umwandlung

---

Abs. 2 PrüfungsG, 120 Abs. 3 und 4 jHG). Ein Verstoß gegen diese Vorschriften hat auch strafrechtlichen Folgen für die Verwaltungsratsmitglieder und für die Empfänger zur Folge (auch für diejenigen, die die Gewährung eines Vermögensvorteils verlangt haben, vgl. Artt. 497 Abs. 1–4 jHG a. F., 29–10 Abs. 1–4 PrüfungsG, 970 Abs. 1–4 jGesellschaftsG). Zur strafrechtlichen Haftung für Bestechlichkeit im Zusammenhang mit der Ausübung von Rechten (oft unwirksam) siehe Artt. 494 jHG a.F., 29–8 PrüfungsG, 968 jGesellschaftsG.

34 *Habersack*, Der Finanzplatz Deutschland und die Rechte der Aktionäre, ZIP 2001, 1230, 1236.

35 Abgesehen von der Tatsache, daß es in Japan viele Abweichungen von der one share one vote Regel gibt, und daß der „Hauptaktionär“ eine Gesellschaft sein muß.

36 *Kaishahô shikô kisoku* [Verordnung des Justizministeriums Nr. 12/ 2006].

den Aktionären mitzuteilen, daß eine Umwandlung vollzogen wird, sowie die Firma und die Adresse der anderen Partei (Art. 785 Abs. 3 jGesellschaftsG).[37] Handelt ein Verwaltungsratsmitglied in nicht vom Gesellschaftszweck gedeckter Weise oder verstößt es gegen Gesetze, Verordnungen oder die Satzung und droht der Gesellschaft dadurch ein erheblicher bzw. nicht wieder gut zu machender Schaden, so kann ein Aktionär gegenüber dem Verwaltungsratsmitglied die Unterlassung der Handlung verlangen (Artt. 272 jHG a.F., 360, 422 jGesellschaftsG). Die Unangemessenheit einer Gegenleistung verursacht aber nicht einen Schaden seitens der Gesellschaft, sondern seitens der Aktionäre. Für diesen Fall haben die Aktionäre, wie schon erwähnt, bei einer formlosen Umwandlung den besonderen Unterlassungsanspruch (Art. 784 Abs. 2 jGesellschaftsG).

Angesichts der Tatsache, daß in Deutschland eine Anfechtungsklage auf unrichtige, unvollständige oder unzureichende Information in der Hauptversammlung über die Angemessenheit nicht gestützt werden kann, sondern ein Spruchverfahren vorgesehen ist (§ 327f Satz 1 AktG), ergibt sich in Bezug auf den Schutz der Aktionäre kein großer Unterschied, wenn auch die Hauptversammlung nicht einberufen wird, abgesehen davon, daß in Deutschland die Prüfer vom Gericht ausgewählt und bestellt werden (§ 327c Abs. 2 Satz 3 AktG).[38]

In Deutschland sind die Frage nach der Angemessenheit der Barabfindung und der Anfechtbarkeit des Beschlusses, also dessen Durchführbarkeit, endgültig voneinander getrennt. Die Entscheidung des Spruchverfahrens wirkt für und gegen alle Aktionäre. In Japan haben die mit dem Betrag der Abfindung unzufriedenen Aktionäre ein *appraisal right*, bei einer formlosen Umwandlung auch einen Unterlassungsanspruch (siehe oben). In der Literatur wird das *appraisal right* allerdings als Rechtschutz für unzureichend gehalten. Nach einer Meinung führt die Unangemessenheit der Abfindung zur Nichtigkeit der Umwandlung.[39] Nach anderer Ansicht ist der betroffene Hauptversammlungsbeschluß, der einer grob unangemessenen Abfindung zustimmt, anfechtbar, wenn der Beschluß wegen der Ausübung der Stimmrechte von der herrschenden Gesellschaft gefaßt worden ist.[40]

---

37 Bei einer Publikumgesellschaft kann die Mitteilungen durch eine öffentliche Bekanntmachung ersetzt werden (Artt. 785 Abs. 4 Ziff. 1 jGesellschaftsG); Das gleiche gilt wenn der Hauptversammlungsbeschluss eingeholt wird.

38 Der sachverständige Prüfer im deutschen Recht dürfte wohl dasselbe sein wie der sachverständige Dritte im japanischen Recht. In der Praxis sieht es in Deutschland bei einem Squeeze-out so aus, daß im Vorfeld dieses Squeeze-out ein Wirtschaftsprüfer wie Deloitte/Touch, KPMG, etc. damit beauftragt wird, den Wert zu ermitteln, den der Hauptaktionär für die Aktien der außenstehenden Aktionäre zahlen muß. Dieser Wirtschaftsprüfer wird dann dem Gericht vom Hauptaktionär als sachverständiger Prüfer vorgeschlagen und vom Gericht in der Regel auch akzeptiert, es sei denn, es liegen Ablehnungsgründe vor. *Rühland*, persönliche Mitteilung.

39 *Suzuki/Takeuchi*, Kaishahô [Gesellschaftsrecht] (3. Aufl. 1994), S. 509 (Fn. 6).

40 *Egashira* (Fn. 6), S. 325, *Maeda*, Kaishahô Nyûmon [Einführung zum Gesellschaftsrecht] (10. Aufl. 2005), S. 358ff., *Tanaka* (Fn. 15), S. 81. Wenn der Beschluß grob unangemessen ist, weil ein Aktionär, der an dem Beschluß ein besonderes Interesse hatte, sein Stimmrecht ausgeübt hat, können einzelne Aktionäre eine Anfechtungsklage erheben (Artt. 247 Abs. 1 Ziff. 3 jHG a.F., 831 Abs. 1 Ziff.3 jGesellschaftsG).

Nach der h.M. in der deutschen Rechtswissenschaft (anders die h.M. in der Ökonomie) wird die Berücksichtigung von Synergie-Effekten bei der Berechnung der Abfindung abgelehnt;[41] dagegen scheint die Angemessenheit im Sinne von Art. 15 Abs. 5 der EU-Übernahmerichtlinie sowie von § 39a Abs. 3 des Regierungsentwurfes eines Übernahmerichtlinie-Umsetzungsgesetzes sich einem Preis, der auch Synergieeffekte beinhaltet, anzunähern. Denn der Bieter, der sich eventuell um eine erfolgreiche Übernahme bemüht, wird den Wert der Gegenleistung erhöhen, soweit sich das angesichts der nach seiner Bewertung zu erwartenden Synergieeffekte lohnt. In Japan sollte zukünftig der Betrag der Barabfindung Synergie-Effekte berücksichtigen. Ob und wie aber die Praxis oder das Gericht einen solchen Preis einer Aktie ausrechnen kann, bleibt noch unklar.

41 Vgl. *Hüffer*, AktG (6. Aufl. 2004), § 305 Rn. 22; *Rühland* (Fn. 22), S. 212f., Fn. 1414, S. 238.

第2部：方法

§8 立法による法の同化？
——日本とドイツにおける少数株主締め出し規整の比較——*

斉藤真紀

目次

I. 本稿の目的

本稿は、日本とドイツの会社法における展開の一例として少数株主締め出し規整を取り上げ、それを実験的に比較対照することにより、EU の指令のような共通の指針が存在しない法制の間における、立法による法の同化の可能性と限界を論じるものである。

日本においてもドイツにおいても、株式会社から一部の株主をその意思に反して締め出す法的可能性は制限されていた。他方、いずれの国においても、実務は、別の目的のために設けられた既存の他の制度を組み合わせることにより、事実上それを可能とする手法を考案し、利用していた。その後、ドイツにおいては、少数株主を締め出すための正規の手続きが導入され、日本においても、いわゆる現金交付合併等を可能とする法改正がなされた。したがって、一見すると両法制は同じ方向に進んでいるようである。

---

* 本稿の執筆・翻訳においては、マーレン・グレフェ女史、フローリアン・メースライン氏およびフィリップ・リューラント博士に多大な助力を得た。また文献調査においてはハラルド・バウム博士に大変お世話になった。この場を借りて各氏に心から御礼を申し上げたい。文中の誤りは言うまでもなくすべて筆者の責任である。本稿は、日本学術振興会海外特別研究員（平成15年派遣）として従事した研究の成果の一部である。

以下においては、まず、**II** において日本における組織再編規整の現状および平成 17 年改正を紹介し、**III** においてドイツの法状況を概観する。続いて、**IV** において両国の法制の展開と新規整を比較し、立法による法の同化の可能性と限界を考えてみたい。以下では、ある会社が他の会社の発行済株式のすべてを保有している場合、前者を完全親会社、後者を完全子会社と呼ぶこととする。

II. 日本法

1. 従来の規整

日本においては、従来、一定の補償の支払いと引き換えに少数株主を資本参加関係から締め出す正規の手続きは存在しなかった。組織再編行為としての合併および会社分割における株主に対する反対給付は、原則として吸収会社ないし新設会社の株式であった。現金は、割当比率の調整に必要な限りで、または配当に代えて給付され得たにすぎない[1]。柴田教授は、我が国の商法上の合併制度はイタリアから継受されたにもかかわらず、その後、学説がドイツの合併法理の影響を受けて形成されたことを明らかにした上で、我が国においても現金交付合併を認めて差し支えないと論じた[2]。しかし、平成 17 年改正前商法の解釈としてこの見解を支持するものは少数に留まっていた。

日本には、組織法上の行為による組織再編の手法がさらに 2 つ存在する。株式交換及び株式移転である。株式交換は、複数の株式会社が株式交換契約を締結することにより行われる（改正前商法 353 条 1 項）。株式交換の効力が発生すると、完全子会社となる会社の株主の有する当該会社の株式は、完全親会社となる会社に移転し、後者の会社は前者の会社の旧株主に新株を発行しまたは自己株式を交付する[3]（同 352 条 2 項、356 条前段）。株式移転においては、一つのまたは複数の株式会社が株式移転計画を作成する（同 365 条 1 項）。完全親会社の設立の登記と同時に株式移転の効力が発生すると、完全子会社となる会社の株主の有する当該会社の株式は完全親会社に移転し、これらの株主は完全親会社の新株の割当てを受ける（同 364 条 2 項）。いずれの行為においても、原則として、当事会社の株主総会の特別決議による承認が必要である（同 353 条 1 項、5 項、365 条 1 項、3 項。簡易組織再編については後述）。従来の合併に関する多数説によれば、これらの行為においても、反対給付として許容されるのは、原則として完全親会社となる会社の株式ということになる。

---

1 中東正文「企業組織再編法制の整備」商事 1671 号 20 頁、26 頁注 3 参照。

2 柴田和史「合併法理の再構成（一）」法協 104 巻 12 号 24 頁（1987）、「同（六・完）」法協 107 巻 1 号（1990）52 頁。

3 日本においては、自己株式を組織再編行為における対価として新株に代えて交付することが許されている。改正前商法 356 条前段、374 条ノ 19 前段、409 条ノ 2 前段、神田秀樹『会社法（第 7 版）』（2005）86 頁参照。

そこで、実務は、既存の制度を組み合わせて少数株主を事実上締め出す方法を考え出した[4]。ここでは、そのうち 3 つの方法を挙げる。いずれの場合も、X 社が Y 社において特別決議を可決できる多数の議決権を保有している場合に、X 社が Y 社の少数株主を締め出すというものである。

a) 株式移転を利用する方法

Y 社は、株式移転により、完全親会社 Z 社を設立する。Z 社の株式は、Y 社の株主である X 社およびそれ以外の少数株主に割り当てられる。Z 社は Y 社の全株式を X 社に譲渡し、引き続いて Z 社は解散する。この手法はドイツの財産譲渡方式による解散（die übertragende Auflösung）（後述）に対応する。相違は、事業譲渡ではなく、株式移転が利用される点にある。

b) 端株を利用「しない」方法

X 社は子会社 Z 社を設立するが、その際に発行する株式数を少なくすることなどにより、Z 社の出資単位が大きくなるようにする。組織再編行為を行うに先立って、Z 社の定款を変更し、端株制度の適用を排除しておく（改正前商法 220 条ノ 2 第 3 項）。引き続いて、Y 社と Z 社との間で株式交換を行うが、持株の経済的価値が Z 社一株の経済的価値に満たない Y 社の少数株主は、端数の売得金の分配を受けるにすぎない（改正前商法 220 条）。少数株主を締め出すことを目的とする株式併合の適法性には疑義が唱えられている[5]。しかし、この方法は、Y 社における事実上の株式併合である。なお端株制度は、平成 17 年商法改正において廃止された。

c) 特別法

また、平成 11 年に産業活力再生特別措置法が制定されたが（平成 11 年法 131 号）、平成 15 年の改正により、同法に商法の特則が設けられた（産活法 12 条ノ 2 以下）。これらの特則は、中核的事業の強化による企業の生産性の向上など一定の目的のために策定され、主務大臣の認定を受けた事業計画を実施する場合に適用される。株式会社の合併等においては、消滅会社株主等に金銭または他の株式会社の株式を交付することができる。また、一定の要件を満たせば、会社と、当該会社が議決権の 3 分の 2 以上を保有する子会社による組織再編行為、あるいは子会社同士の組織再編行為については、子会社における株主総会決議による承認が不要となる[6]。

しかしながら、上記 *a)* および *b)* の手法の適法性についての疑義もあり、産業界は、現金交付合併の導入を商法改正のアジェンダに入れるよう要求していた。

---

4 以下は、長島・大野・常松法律事務所の井上広樹弁護士が 2005 年 11 月 5 日に京都大学において行った講演に負うところが多い。また、藤縄憲一「企業再編における実務上の課題と取組み（下）」商事 1656 号（2003）79 頁、内間裕・野田昌毅「ゴーイング・プライベートの法的手法と留意点」商事 1675 号（2003）81 頁参照。

5 江頭憲治郎『株式会社・有限会社法（第 4 版）』（2005）256 頁注 1。

6 若槻一泰「産業活力再生法の改正の概要」商事 1661 号（2003）4 頁、8 頁。

2. 2005年の商法改正（会社法の制定）

上記のように特別法における特例として認められていた組織再編行為における対価の柔軟化は、とりわけ経済界からの強い要望に応えて[7]、平成17年の商法改正（会社法の制定）により一般的な形で導入された。以下では、いわゆる「吸収型再編」（吸収合併、吸収分割および株式交換）について、当事会社が株式会社であり、種類株式発行会社ではなく、組織再編において交付される対価が存続会社等の（譲渡制限株式ではない）株式または現金である場合の規整について概観する。

制定された会社法においては、いわゆる吸収型再編において消滅会社等（ここでは吸収合併消滅株式会社、吸収分割株式会社および株式交換完全子会社を指す）の株主に、存続会社等（ここでは吸収合併存続株式会社、吸収分割承継株式会社、株式交換完全親株式会社を指す）の株式を交付せず、金銭その他の財産を交付することを認められた（会社法749条1項2号、758条4号、768条1項2号、いわゆる合併等対価の柔軟化）[8]。ただし、対価は、消滅会社等の株主の保有する株式の数に応じて交付されなければならない（同749条3項、751条3項、768条3項）。合併等対価の柔軟化に関する部分の施行は、会社法のその他の部分の施行より一年遅れる（同附則4項）。会社法は2006年5月1日に施行される（平成18年政令77号）。

これらの組織再編行為は、原則として、消滅会社等の側においても存続会社等の側においても、株主総会の特別決議による承認が必要である（消滅会社等の側について、会社法783条1項、309条2項12号。存続会社等の側について、同795条1項、309条2項12号。また、同309条3項2号、783条2項も参照のこと。）。改正前商法において、既に、行為に際して発行する新株ないし交付する自己株式の数が存続会社側の発行済株式総数に比して小さく、かつ消滅会社等の株主に交付する財産の総額が会社規模に比して小さい場合には、反対の意思を通知する株主が一定数に達しない限り、存続会社側の株主総会決議を省略することが認められていた[9]（簡易組織再編、改正前商法413条ノ3第1項2項8項、358条1項2項8項、374条ノ23第1項1項8項、会社法796条3項4項）[10]。

新法においては、存続会社等が消滅会社等の特別支配会社である場合またはその逆である場合、たとえば存続会社等が消滅会社等の総株主の議決権の10分の9以上（特別支配会社の定義については会社法468条1項）を有している場合、「支配されている」側において（同784条1項本文、796条1項本文）、原則として株主総会決議による承認は不要となる（略式組織再編）。ただし、当該組織再編行為が法令又は定款に違反する場合またはその条件が著しく不当である場合であって、株主が不利益を受けるおそれがあるときは、株主は差止請求権を有する（消滅会社等について、同784条2項、存続会社等について、同796条2項）。

---

7 相澤哲＝細川充「組織再編行為［上］」商事1752号（2005）8頁注5参照。

8 相澤＝細川（前掲注7）8頁。

9 新法においては、存続会社等の純資産額に対する対価総額の割合が基準とされる（会社法796条3項4項）。

10 会社分割における分割会社側においても、承継させる財産が会社の規模に照らして小さい場合には、株主総会の承認決議の省略が認められる（改正前商法374条ノ22第1項、会社法784条3項（吸収分割について））。なお、事業譲渡について、会社法467条1号2項参照。

このような改正の結果、会社の親子関係が存在する場合において、組織再編行為の際に（場合によっては消滅会社側もしくは存続会社側またはその両方の株主総会決議による承認を経ずに）子会社の少数株主に存続会社等の株式以外の財産を対価として給付することによって、彼らを資本参加関係より切り離すことが形式的には可能になった。そこで、少数株主の締め出しそれ自体を目的として行われる現金交付合併、現金交付株式交換等を行うことは実質的にも許容されるのか、すなわち合併等の決議取消原因ないし差止原因に該当しないのが問題となる。現在のところ、正当化事由が必要であるとする見解[11]とこれに反対する見解[12]がみられる。

本稿のテーマに関連してもう一つ重要な改正点は、株式買取請求権に関するものである。我が国においては、一般に、組織再編行為の当事会社の反対株主には株式買取請求権が付与されている（改正前商法 408 条ノ 3 第 1 項、355 条 1 項、371 条 2 項、374 ノ 3 第 1 項、374 条ノ 31 第 3 項、会社法 785 条 1 項、797 条 1 項）[13]。株式買取請求権が行使された場合の買取価格について、旧法は「承認ノ決議ナカリセバ其ノ有スベカリシ公正ナル価格」と規定していた。これに対して、新法は、単に「公正な価格」という文言を用いる。法制審議会の会社法（現代化関係）部会[14]の部会長であった江頭教授は、要綱案に関する解説において、この文言の変更は、公正な買取価格とはシナジーを加味した価格であるべきことを明らかにする趣旨であると述べる[15]。また、合併対価として存続会社の株式以外の財産が交付される場合、消滅会社の株主は、存続会社の株式の価値の上昇という形でシナジーの分配を受ける機会を有しない。したがって、これらの財産は合併によるシナジーの効果を加味した経済的価値を有するべきであり、上記の「公正な価格」はこのことをも含意するものである、という[16]。

III. ドイツ法

2001 年に制定された「有価証券取得のための公開買付および企業買収を規制するための法律」[17]（以下、買収法と呼ぶ）により、ドイツでは、少数株主の意思にかかわらず金銭の支払いと引換えにその保有株式を多数株主に移転させる「スクィーズ・アウト（Squeeze-out）」が導入された。

---

11 弥永真生『リーガルマインド会社法（第 9 版）』（2005）376 頁注 8。
12 田中亘「組織再編と対価柔軟化」法教 304 号（2006）75 頁、81 頁。
13 簡易分割における分割会社の株主には株式買取請求権は付与されていない（改正前商法 374 条ノ 22 第 3 項、会社法 785 条 1 項 2 号（吸収分割の場合））。反対株主とは、新法においては、1)当該株主総会において議決権を行使できる株主であって、あらかじめ反対の旨を通知し、実際に反対した株主、2)当該株主総会で議決権を行使できない株主、3)株主総会決議が不要の場合には、すべての株主である（会社法 785 条 2 項、797 条 2 項）。
14 同部会は、平成 16 年 12 月 8 日に改正の基礎となる「会社法制の現代化に関する要綱案」を決定した。「『会社法制の現代化に関する要綱案』の概要」商事 1717 号（2004）4 頁。
15 江頭憲治郎「『会社法制の現代化に関する要綱案』の解説〔V〕」商事 1725 号（2005）8 頁。
16 江頭（前掲注 15）8 頁。
17 Gesetz zur Regelung von öffentlichen Angeboten zum Erweb von Wertpapieren und von Unternehmensübernahmen vom 20. Dezember 2001 (WpÜG), BGBl. I 2001, S. 3822.

1. 買収法の制定前

ドイツにおいては、合併および分割における反対給付は原則として株式であることとされ（組織変更法 20 条 1 項 3 号、123 条 1 項 2 項、131 条 1 項 3 号）、許容される交付金の総額は制限されている（同 5 条 1 項 3 号、54 条 4 項、68 条 3 項）[18]。多数決による編入（Mehrheitseingliederung）においても、代償は原則として主会社の株式であり（株式法 320b 条 1 項 2 文）、主会社が他の会社の従属会社である場合に、少数株主が主株主の株式か金銭による代償のいずれかを選択できるにすぎない（同条同項 3 文）。株式法 222 条 4 項 2 文による株式併合も、締め出すために利用することはできない[19]。

1994 年まで、ドイツにおいては、1956 年組織変更法[20]15 条が規定する「多数決による組織変更（Mehrheitsumwandlung）」によって、持株の額面総額が基本資本の 10 パーセント以下である少数株主を締め出すことが可能であった。しかし、これは、1994 年の改正で廃止された。それ以降、実務上利用可能な唯一の手法は、財産譲渡方式による解散（die übertragende Auflösung）である[21]。これは、会社の全財産を多数株主である親会社又はその子会社に譲渡する決議をなし（株式法 179a 条 1 項 1 文）、引き続いて会社を解散し（同 262 条 1 項 2 号）、残余財産として金銭等を分配することにより少数株主を締め出す方法である。ドイツにおいては、株式の所有は、基本法 14 条 1 項によって保障される財産権であり、この憲法上の保障は社員資格と財産法上の請求権の双方に及ぶとされるが、このような方法による少数株主の締め出しは、株主総会決議の無効または取消の訴えによる救済の可能性があり、株式の経済的価値に対する完全な補償の支払いがなされる限り、合憲である[22]。

2. スクィーズ・アウト

2001 年の法改正により、株式法 327a 条以下にスクィーズ・アウトに関する規定が挿入された。

基本資本の 95 パーセント以上の株式が帰属する株主（主要株主）は、株主総

18 *Priester*, in Lutter(Hrsg.), Umwandlungsgesetz Kommentar, 2. Aufl., 2000, § 5 Rn 24.

19 BGHZ 138, 71, 77; BGHZ 142, 167, 170; *Rühland*, Der Ausschluß von Minderheitsaktionären aus der Aktiengesellschaft (Squeeze-out), S. 47 ff.

20 Gesetz über die Umwandlung von Kapitalgesellschaft und bergrechtlichen Gewerkschaften vom 12. November 1956, BGBl. 1956 I S. 844, geändert durch § 39 EGAktG vom 6.9. 1965, BGBl. 1965, I S. 1185.

21 *Lutter/Drygala*, Die Übertragende Auflösung: Liquidation der Aktiengesellschaft oder Liquidation des Minderheitenschutzes?, FS Kropff. 1997, S. 191, S. 193. 実務上重要な手法であったといえるかどうかは、疑わしい。というのも、秘密準備金が取り崩され、課税されることになるからである。*Rühland*, aaO (Fn. 21) S. 104.

22 BVerfGE 14, 263, 283f.（フェルトミューレ判決、1956 年組織変更法上の多数決による組織変更について）；BVerfG Beschluss v. 23. 8. 2000, AG 2000, 42, 42ff（モートー・メーテル判決、財産譲渡方式による解散について）.株式の経済的価値に対する完全な補償については、BVerfGE 100, 289, 302 ff（ダート・アルタナ判決）。

会の決議を経て、他の株主の保有する株式を現金代償の支払いと引換えに取得することができる（株式法 327a 条 1 項 1 文）。現金代償額は主要株主が提示するが、その額は株主総会の決議の時点における会社の状態を顧慮したものでなければならない（同 327b 条 1 項 1 文）。主要株主は、株主総会にスクィーズ・アウトの要件を充足していることを示し、現金代償の金額の適正さを解説し理由付ける説明書を提出しなければならない（同 327c 条 2 項 1 文）。また、現金代償の額は、裁判所により選任される検査役によって調査され、検査役の検査報告書も株主総会に提出される（同 327c 条 2 項 2 文ないし 4 文、327d 条 1 文）。

他の株主が保有する株式は、株主総会決議の登記と同時に自動的に主要株主に移転し（株式法 327e 条 3 項 2 項 1 文）、登記の日に他の株主は主要株主に対して現金代償の請求権を取得する（同 327b 条 2 項前段）。決議に瑕疵がある場合、株主は同決議の取消しの訴えを提起することができ、その場合には、登記申請手続は停止する（登記阻止効、同 327e 条 2 項、319 条 5 項）。したがって、ドイツにおいて、決議の取消権は、日本の略式組織再編における少数株主の差止請求権と同じ機能を果たす。訴えが不適法である場合、理由がないことが明らかである場合、又は理由があると思われるときであっても、行為の効力を即時に発生させることが優先されるべきであると思われる場合には、裁判所は、会社の申立てにより、登記を許可することができる（登記許可手続、同 327e 条 2 項、319 条 6 項）。現金代償が適正な額でないことは株主総会決議の取消原因とはならない（同 327f 条 1 文）。代償額に不服のある株主は、非訟手続の一種である審査手続（Spruchverfahren）において争うことになる（同条 2 文）。これにより、組織再編の実行が決議取消の訴えによって妨げられることが回避されることが予定されているのである。

2006 年 2 月 15 日に、EU 公開買付指令を国内法化するための買収法改正に関する政府草案が公表された[23]。それによれば、指令の国内法化に伴い、公開買付に引き続いて行われる少数株主の締め出しについて、新しい規整が創設される。この新制度においては、株式法におけるスクィーズ・アウト手続きにおける株主総会の開催を通じた株主への情報提供（後述参照）に代わって、裁判所による審査が締め出される少数株主を保護することになる。

IV. 立法による同化？

冒頭で述べたように、日本とドイツにおける立法的展開にはいくつかの類似点がある[24]。

---

23 Der Entwurf eines Gesetzes zur Umsetzung der Richtlinie 2004/25/EG des Europäischen Parlaments und des Rates vom 21. April 2004 betreffend Übernahmeangebote (Übernahmerichtlinie-Umsetzungsgesetz) vom 15. 02. 2006. 脱稿後、同法は、2006 年 7 月 8 日に成立し、7 月 14 日に施行された。BGBl. 2006 I, S. 1426. 本文で論じられている規定に関しては、立法過程で変更はされていない。

24 主要諸国の会社法の国際的な収束については、Kraakman et al., The Anatomy of Corporate Law (Oxford University Press) 2004, S. 215 ff.

第一に、いずれの国においても、従来、少数株主を締め出す正規の手続きがなく、合併等において少数株主を締め出すことも許容されていなかったにもかかわらず、実務において、実質的にそれを可能とする手法が編みだされて実際に利用されていた。

いずれの国においても、他の国においても許されている、ということが立法を後押ししたといえる[25]。リューラントも指摘するように、多数株主の「締出権」は、多数株主による企業運営に少数株主がただ乗りすることと、および少数株主が売渡しに応じないことにより効率的な企業運営が阻害されることという問題を解決するのに役に立つ[26]。諸外国に少数株主を締め出すための何らかの規整があるというのは、このような経済的な問題が共通しており、締出権に対する否定しがたい必要性を示唆する。自国企業（そして、自国の会社法）の国際的競争力の強化を望む各国の立法者が経済界の意向を無視しえない結果、国際的に普及した法制度のうち、「実務」から好意的に受け入れられているものは、その制度が存在しない国においても何らかの形で導入される潜在的可能性を有することとなるのではないか。「実務」が誰の利益を代表しているのかという問題があるが、それについてはここでは立ち入らない。ドイツの立法者は、迅速で費用のかからない手続を求める経済界の声に対して、買収法に新規整を創設することによって応えた[27]。

第三に、これらの改正により、株主の株式所有に対する経済的利益は保障されても、資本参加関係の維持に対する利益は必ずしも保障されないことが明らかにされた。「資本参加関係の維持に対する保護は強化された財産的利益に対する保護に屈服する」といえる[28]。ただし、第三の点は、ドイツにおいては、すでに連邦憲法裁判所による「フェルト・ミューレ」判決により改正前から認められており、「モートー・メーテル」判決において確認されている。株式法の新規整は、これらの判決法理に従い、スクィーズ・アウトの要件の一つが適切な代償の支払いであることを明記している。

しかし、上記の類似点から直ちに日独のこの領域における規整が同化していると結論づけることはできない。一つひとつの立法的展開は、ある法秩序内の既存の他の制度との整合性に配慮して行われるのが常である。実質的には同じ結果をもたらす変化にあっても、立法は、その法秩序において既存の制度の上に、場合によっては既存の制度を利用することにより展開されるものであるから、同じ変化の形をとるとは限らない。以下においては、両制度の相違点をいくつか指摘する。それによって明らかにされるように、両国の法規整が完全に同化しているとはいえず、またそのような同化が望ましいのか、意味があるのかはうたがわしい。

25　「会社法制の現代化に関する要綱試案補足説明」商事 1678 号（2003）129 頁以下。Begründung zum Entwurf eines Gesetzes zur Regelung von öffentlichen Angeboten zum Erwerbs von Wertpapieren und von Unternehmensübernahmen [zitiert :RegE-WpÜG], All. Teil.S. 32.

26　Rühland, aaO (Fn. 21) S. 124 ff., S. 166 ff., S. 179.

27　Begründung zum Regierungsentwurf eines Übernahmerichtlinie-Umsetzungsgesetzes. All. Teil., S. 5. 実際、株式法 327a 条以下のスクィーズ・アウトは、時間がかかるものである。とりわけ、買収法の施行から 4 年が経過したが、その間に 60 件以上の裁判が下されていることが、それを物語っている。*Rühland*, persönliche Mitteilung.

28　この表現は、グレフェ女史の示唆による。

まず、ドイツにおいては、スクィーズ・アウト導入の意義の一つとして、株主権（たとえば株主総会の決議取消の訴えの提起）を濫用する問題株主の排除が挙げられる[29]が、日本においては、この点はあまり指摘されない。その理由は、少なくとも部分的には、我が国においては、いわゆる総会屋対策として別の立法的手当てが講じられているためであると推察される[30]。

少数株主が締め出される場合に、ドイツでは株主総会決議が必要とされる。その直接の理由は編入規整をモデルに設計されたからである。しかし、スクィーズ・アウトは、編入をはじめとする他の組織再編行為のように会社の収益構造や会社の目的に変更をもたらすものではないとして、この点は批判されている[31]。我が国においては、支配株主の株式売渡請求権が創設されたわけではなく、組織再編行為において交付されうる反対給付の範囲が拡充されただけである。したがって、締め出しは組織再編の一環として行われる。しかし、ドイツとは異なり、株主総会決議が、存続会社だけでなく、消滅会社においても不要とされる場合があることは前述の通りである。とりわけ、ドイツでスクィーズ・アウトが可能となるような株式所有関係は、我が国における略式組織再編が可能な場面の典型例である[32]。

ドイツのスクィーズ・アウトにおいて、株主総会決議が要求される実質的意義は、株主に十分な情報提供を保障すること、および登記許可手続きと結びついた株主総会決議の取消・無効の訴えの制度により、一定の場合にスクィーズ・アウトを差し止めることが可能になる点に求められると思われる。日本には、従来から、組織再編行為における検査役調査の義務づけも、ドイツの登記阻止効・登記許可手続に対応するものも存在しない。日本の規整においては、組織再編行為にかかる契約の内容その他の情報は、事前に会社の本店において株主らの閲覧に供される（会社法782条、794条）。開示される情報には、対価の内容、その数若しくは額又はこれらの算定方法、およびその相当性の説明が含まれる（消滅会社等の側について同749条1項2号、758条4号、768条1項2号、782条1項、会社法施行規則182条1項1号ないし3号、183条1項1号、184条1号ないし3号）。その際、当事会社が公開会社であるときは、第三者機関の意見をとることが奨励されている。さらに、組織再編をする旨および相手方の商号および住所が株主に事前に通知される（会社法785条3項）[33]。一般に、取締役の行為が株式会社の目的の範囲外の行為その他法令又は定款に違反し、又はこれらの行為を違反するおそれがある場合において、それにより会社に回復することができない（監査役設置会社・委員会設置会社の場

29 Begründung zum RegE-WpÜG, All. Teil, S. 31f.

30 株主の権利行使に関する利益供与に関する民事責任（改正前商法294条ノ2第3項前段、266条1項2号、商特21条の20第1項前段、会社法120条3項4項）、刑事責任（改正前商法497条1項ないし4項、商特29条の10第1項ないし4項、会社法970条1項ないし4項）、総会荒らし等に関する贈収賄罪（改正前商法494条、商特29条の8、会社法968条）。

31 たとえば、Habersack, ZIP 2001, 1230, 1236.

32 無議決権株式の存在、およびドイツとは異なり、我が国においては「主要株主」は会社でなければならないことはひとまず置いておく。

33 株主総会の承認決議がある場合、または公開会社においては、公告をもって通知に代えることができる（会社法785条4項）。

合）又は著しい（それ以外の会社の場合）損害が生じるおそれがあるときは、取締役の行為を差し止めることができる（会社法 360 条、422 条。改正前商法 272 条参照）。しかし、対価が適正でないとしても会社に損害が生じなければ、株主の一般の差止請求権は行使できない。そこで、上述の通り、略式組織再編の場合には、株主に特別の差止請求権が付与されている。

株主総会が開催されない場合、株主が会社に質問する機会を奪われることになるが、ドイツにおいても、対価の適正さに対する株主の質問権の侵害および対価が適正でないことが決議取消原因からはずされており（株式法 327f 条 1 文）、審査手続によるものとされていることに鑑みると、株主総会の開催の有無が株主の保護にもたらす実質的な差異はほとんどないといえる。ただし、ドイツにおいて、検査役が裁判所によって選任されること（同 327e 条 2 項 3 文）が、検査の実効性をどの程度担保しているかについて検討の余地がある[34]。

上記の通り、ドイツにおいては、対価が適正でないことは、決議取消原因にならず、対価に不満な株主は、適正な価格の対価を求めて審査手続を申し立てることができる。そして、この決定の効果はすべての少数株主に及ぶ。我が国においては、対価の内容に不満の株主は株式買取請求権を行使する。略式組織再編により、株主総会が開催されない場合に、株主に差止請求権が与えられているのは上述の通りである。しかし、株式買取請求権は救済として十分でないことを根拠に、学説は割当比率の公正さに行為の有効性をかからしめる。割当比率の不公正は合併等の無効原因になるという見解と[35]、会社の親子関係において親会社の議決権行使により割当比率が「著しく」不公正な組織再編にかかる決議が可決した場合には、特別利害関係人による議決権行使による著しく不当な決議がされたとして決議取消原因（改正前商法 247 条 1 項 3 号、会社法 831 条 1 項 3 号）となるという見解[36]がある。

ドイツにおいては、法学界の多数説は、（経済学界の多数説とは異なり）代償額の算定において、シナジーを顧慮する必要はないとする[37]。これに対して、EU 公開買付指令 15 条 4 項および（その国内法化に伴い挿入される）ドイツ買収法改正草案 39a 条 3 項が規定する価額は、シナジーを含んだものに近づく場合もあると思われる。というのは、買収の成功を望む買収者は、自己の算定により見込まれるシナジーを考慮に入れてなお割に合う限り、買付価格を引き上げるであろうからである。日本においては、今後、組織再編において給付される対価の価値は、シナジーを加味したものでなければならなくなる。しかし、実務がそれを算定できるか、またいかに算定するべきかについては未だ明らかでない部分が多い。

---

34 ドイツ法における検査役による調査は、日本法における独立の第三者機関による評価とあまり異ならないように思われる。ドイツのスクィーズ・アウト実務においては、スクィーズ・アウトに先立って Deloitte/Touch や KPMG のような経済監査士に、主要株主が少数株主の株式に支払わなければならない価値を調査するよう依頼がなされる。これらの経済監査士は、主要株主によって裁判所に対して検査役の候補者として推薦され、特に忌避すべき事由がない限り、通例、裁判所によってこの推薦は受け入れられる。*Rühland*, persönliche Mitteilung.

35 鈴木竹雄＝竹内昭夫『会社法〔第 3 版〕』（1994）509 頁注 6。

36 江頭（前掲注 5）325 頁、前田庸『会社法入門〔第 10 版〕』（2005）358 頁以下、田中（前掲注 12）81 頁。

37 vgl *Hüffer*, AktG, 6. Aufl. 2004, § 305 Rz. 22; *Rühland*, aaO (Fn. 21) S. 212 f. Fn. 1414, S. 238.

§ 9 Rechtsangleichung bei der Anerkennung ausländischer Insolvenzverfahren – Japanisches „Shônin'enjohô"

Manabu Iwamoto

Übersicht

I. Einleitung

Normalerweise werden in Japan zwei Formen der Anerkennung privatrechtlicher Rechtsverhältnisse, die im Ausland durch Rechtsgeschäft oder gerichtliche Entscheidung zustande gekommen sind, unterschieden.

Einmal kann die Anerkennung auf Basis des Anwendungsrechts erfolgen. Es wird beurteilt, ob die Voraussetzungen des nach inländischem IPR berufenen ausländischen Rechts vorliegen. So wird beispielsweise bei der Frage der Wirksamkeit einer im Ausland vorgenommenen einverständlichen Privatscheidung gemäß Art. 16 Hôrei nur geprüft, ob die Voraussetzungen des maßgeblichen Rechts vorliegen. Ist dies der Fall, so wird die Wirkung der Ehescheidung in Japan anerkannt, soweit nicht das Ergebnis der Anwendung des ausländischen Rechts im Widerspruch zum japanischen ordre public steht (Art. 33 Hôrei).[1]

Daneben kommt eine Anerkennung von Entscheidungen und Urteilen ausländischer Gerichte durch ein gerichtliches Verfahren gemäß § 118 JZPO in Betracht. Nach dieser Vorschrift werden ausländische Urteile anerkannt, wenn die internationale Zuständigkeit des Urteilsgerichts gegeben ist, alle Schriftstücke des Verfahrens ordnungsgemäß zugestellt worden sind, kein Verstoß gegen den japanischen ordre public vorliegt und schließlich auch die Gegenseitigkeit der Anerkennung verbürgt ist. Liegen diese Voraussetzungen vor, wird das Urteil

1 *Nakanishi*, Gaikoku tôsan shônin ron no riron teki sai kentô [Theoretische Nachprüfung des Systems der Anerkennung ausländischer Insolvenz], in: Kyoto daigaku hôgakubu souritsu hyaku syû nen kinen ron bun syû – dai san kan (2001), S. 763ff.; *Homann*, System der Anerkennung eines ausländischen Insolvenzverfahrens, KTS 2000, 346ff.

oder die Entscheidung ohne inhaltliche Überprüfung (revision au fond) anerkannt.[2]

Der genaue Umfang und der Anwendungsbereich dieser Anerkennungsformen ist im Einzelnen umstritten.[3] Es läßt sich aber festhalten, daß das Konzept beider Formen, die inländische Rechtssituation mit der ausländischen gleichzusetzen, zu einer begrüßenswerten Rechtsangleichung beiträgt.

In diesem Kontext stellt sich die Frage, ob und in welcher Form ausländische Insolvenzverfahren in Japan Anerkennung finden können. In Japan ist diese Frage lange Zeit weitgehend verneint worden, eine Anerkennung ausländischer Insolvenzverfahren fand aufgrund der Betonung des Territorialitätsprinzips nicht statt. Im Jahre 2000 trat in Japan jedoch das dem „UNCITRAL Model Law on Cross-Border Insolvency" vom 30. Mai 1997[4] nachgebildete „Gesetz zur Anerkennung und Unterstützung ausländischer Insolvenzverfahren" in Kraft.[5] Dieses Gesetz sieht nunmehr ausdrücklich eine Möglichkeit für die Anerkennung ausländischer Insolvenzverfahren vor.

Das System der Anerkennung ausländischer Entscheidungen beruht auf politischen Erwägungen. Die Anerkennung von Entscheidungen dient dem in vielen Ländern anerkannten Zweck, die Entstehung hinkender Rechtsverhältnisse zu verhindern und einheitliche Lösungen von internationalen Streitigkeiten zu ermöglichen, obwohl das materielle Recht bzw. das IPR der beteiligten Staaten unterschiedlich ist.[6] Es ist erwünscht, daß die in einem Staat getroffene Entscheidung unter einheitlichen Voraussetzungen anerkannt wird. Ferner könnte ein einheitliches System der Anerkennung den oben erwähnten politischen Zweck verwirklichen.[7]

---

2 Siehe beispielsweise *Yamada,* Kokusai shihô [Internationales Privatrecht], (3. Aufl. 2004), S. 472. Allerdings wird vertreten, daß bei der Anerkennung der betreffenden ausländischen Entscheidung über die Ehescheidung die Voraussetzungen des Rechts, auf welches das Internationale Privatrecht Japans verweisen würde, vorliegen müssen (sog. Statutvoraussetzung); vgl. z.B. *Egawa,* Gaikoku hanketsu no shônin [Anerkennung ausländischer Entscheidungen], Hôgaku kyôkai Zasshi 50 (1932), 2054ff.

3 Gegenstand des Streits ist die Frage, mit welchem Ansatz das Problem fremdstaatlicher Akte wie z.B. die Enteignung behandelt werden soll; *Yokomizo,* Gaikoku kokuyuuka-syûyôsochi no wagakuni ni okeru kôka [Die Wirkung fremdstaatlicher Enteignungen in Japan] Hôgaku Kyôkai Zasshi 113–2 (1996), 326ff.; *Dogauchi,* Kokusai tôsan ni okeru saikensya byôdô [Gläubigergleichheit in der Internationalen Insolvenz], Kinyû shôji hanrei 1112 (2001), 118. Siehe zum Meinungsstand: *Motonaga,* Gaikoku ni okeru kokuyûka no kôryoku [Die Wirkung fremdstaatlicher Enteignungen], in: Kokusai shihô hanrei hyakusen (2005), S. 32.

4 Nachweis der Annahmestaaten bzw. -regionen unter: <http://www.uncitral.org/uncitral/en/uncitral_texts/insolvency/1997Model_status.html>
Stand: 2. 5. 2006. Im vergangenen Jahr wurde das Insolvency Model Law auch von den USA angenommen.

5 *Matsushita,* in: Miyama, <Zadankai> Aratana kokusai tousan Hôsei ka no shôronten (3), [<Meinungsforum> Probleme des neuen internationalen Insolvenzrechts (3)] Kin'yû hômu, jijyô 1611 (2001) S. 81f.

6 *Takakuwa,* Gaikoku hanketsu no syonin oyobi shikkô [Anerkennung und Vollstreckung ausländischer Entscheidungen], in: Suzuki/Mikaduk; (Herg.), Shin-Zitsumu minzi sosyo hô kouza (1982), S. 126.

7 *Takakuwa* (Fn. 6), S. 128f.

Die Anerkennung ausländischer Insolvenzverfahren ließe sich demnach auf verschiedene Arten verwirklichen. Durch ein Anerkennungssystem (i.S.d. Anerkennung von Hoheitsakten) würde eine einheitliche Entscheidung desselben Sachverhalts in verschiedenen Staaten gewährleistet. Auf der anderen Seite könnte durch die „milde" Vereinheitlichung mittels Modellgesetzen eine echte Rechtsgleichheit erreicht werden. Vor diesem Hintergrund soll im Folgenden untersucht werden, wie die Anerkennung im Shônin´enjohô zur Rechtsangleichung beiträgt.

Zunächst sollen die Regeln des Shônin´enjohô im Vergleich zum UNCITRAL Insolvency Model Law vorgestellt werden. Anschließend wird die Neuregelung mit der „Verordnung des Rates Nr. 1346/2000/EG vom 29. Mai 2000 über Insolvenzverfahren" (EUInsVO)[8] sowie mit der im Jahr 2003 geänderten deutschen Insolvenzordnung (InsO), die das System der EUInsVO übernommen hat, verglichen (II). Vor dem Hintergrund dieses Vergleichs soll der Charakter des Anerkennungsverfahrens im Shônin´enjohô herausgearbeitet werden (III). Abschließend wird auf die Bedeutung des Shônin´enjohô für den Prozeß der Rechtsvereinheitlichung in Japan eingegangen (IV).

II. Anerkennungsbegriff im Shônin´enjohô

1. Universalitätsprinzip und Territorialitätsprinzip

Die obengenannten politischen Erwägungen haben dazu geführt, daß in vielen Staaten ein System der Anerkennung im beschriebenen Sinne implementiert wurde.[9] Die Anerkennung erfolgt regelmäßig dann, wenn die im nationalen Recht bestimmten Voraussetzungen vorliegen.

Bei der Behandlung internationaler Insolvenzverfahren ist diese normale Anerkennung aufgrund der besonderen Situation aber nicht ohne weiteres durchführbar. Die Diskussion über die Durchführung der Anerkennung ist im Rahmen dieser Verfahren insbesondere vor dem Hintergrund zweier widerstreitender Prinzipien geführt worden, dem „Universalitätsprinzip" und dem „Territorialitätsprinzip". Vor der eigentlichen Überprüfung der Anerkennungsproblematik internationaler Insolvenzverfahren ist zunächst kurz auf diese beiden Prinzipien einzugehen, die im Rahmen des internationalen Insolvenzrechts eine große Rolle spielen.

Universalitätsprinzip und Territorialitätsprinzip beschreiben unterschiedliche Konzepte der Wirkung nationaler Entscheidungen auf andere Staaten.

Das Universalitätsprinzip bezeichnet die Idee, daß ein Verfahren, das im international zuständigen Staat eröffnet wurde, unmittelbare Wirkung auch in anderen Staa-

8 Als Einführung in Japan; *Kaise*, EU kisoku tono hikaku [Vergleich mit der EU-Verordnung], Kinyû shôji hanrei 1112 (2001), S. 77ff.
9 *Aoyama*, in: Suzuki/Mikazuki (Hrsg.), Tyukai minji sikkô hô kôza (1974), S. 364.

ten besitzt. Demgegenüber sind auf Grundlage des Territorialitätsprinzips Wirkungen eines Verfahrens nur in dem Staat gegeben, in dem das Verfahren eröffnet wurde. In einem Insolvenzverfahren würde somit das im Ausland belegene Vermögen nicht erreicht.[10] Umgekehrt kann unter Annahme des Territorialitätsprinzips den im Ausland eröffneten Verfahren im Inland keine Wirkung beigemessen werden.

In Japan existierten bis zur Neuregelung Bestimmungen, nach denen ein in Japan eröffnetes Insolvenzverfahren im Ausland belegenes Vermögen nicht erfaßt und umgekehrt ein im Ausland eröffnetes Verfahren das in Japan belegene Vermögen nicht erfaßt (§ 3 Hasanhô[11], § 4 Kaishakosei hô). Diese Regelungen waren Ausdruck des in Japan geltenden Territorialitätsprinzips. Dogmatisch wurde diese Einordnung u.a. damit begründet, daß die Insolvenz zum Bereich der öffentlichen Ordnung zählt. Als eine besondere Form der Zwangsvollstreckung sei sie in ihrer Wirkung auf den jeweiligen Souveränitätsbereich beschränkt.[12] Neben einigen Stimmen in der Lehre, die diese theoretischen Begründungen in Zweifel gezogen haben, wurden vor allem aus der Praxis Rufe nach einer sachgerechteren Lösung laut. Denn die Anwendung des Territorialitätsprinzips führte angesichts der fortschreitenden Globalisierung von Unternehmen zu ganz praktischen Problemen, die nicht mehr zufriedenstellend gelöst werden konnten. Würde jeder Staat Insolvenzverfahren nur im Inland, also territorial begrenzt durchführen, stellt sich die Frage, ob beispielsweise ein internationales Unternehmen in jedem Land, in dem es tätig ist, Insolvenz anmelden muß, obwohl bei einer globalen Betrachtung in einem einheitlichen Insolvenzverfahren das Unternehmen vielleicht zu retten wäre. Ungerechtigkeiten können durch das Territorialitätsprinzip aber auch bei der Abwicklung entstehen. So besteht die Gefahr, daß nur solche Gläubiger, die über die notwendigen finanziellen und logistischen Ressourcen verfügen, um bei den Insolvenzverfahren in verschiedenen Staaten bestimmend eingreifen zu können, ihre Interessen durchsetzen können, während kleinere Gläubiger, denen entsprechende Möglichkeiten fehlen, leer ausgehen. Im Hinblick auf die erwähnten Umstände sind die Bestimmungen in § 3 Hasanhô und § 4 Kaishakoseihô etwas weiter ausgelegt worden.[13] Auch in der Gerichtspraxis wurde versucht, ein Prozeßführungsrecht der ausländischen Insolvenzverwalter über das in Japan belegene Vermögen des Schuldners anzuerkennen.[14] Diese Versuche konnten jedoch nicht überzeugen, da das Territorialitäts-

10 Zu beiden Prinzipien vgl. *Aoyama*, Tôsan tetsuzuki ni okeru Zokuchi-shûgi no genkai [Überprüfung des Territorialitätsprinzips im Insolvenzverfahren], Minso-hô Zasshi (1979), 128ff.

11 § 3 Hasanhô ist im Jahr 2000 durch Gesetz Nr. 129 (Heisei 12 nenhô 129) aufgehoben worden. Das alte Hasanhô ist im Übrigen mit dem Erlaß des neuen Hasanhô (in Kraft getreten am 1. 1. 2005) ganz abgeschafft worden. Jedoch wurden die Bestimmungen des neuen Gesetzes im Hinblick auf die internationale Insolvenz im Vergleich mit dem alten Gesetz nicht wesentlich verändert.

12 *Yamato*, Hasan [Konkurs], in: Kokusaihô gakkai, Kokusai shihô Kôza (1964), S. 899ff.; dagegen aber *Aoyama*, Minso-hô Zasshi (1979), 151f.

13 *Takeshita*, Kokusai hasan eno shiron [Vorschläge zum internationalen Konkurs unter Berücksichtigung des Territorialitätsprinzips und der internationalen Konkurszuständigkeit], Hôgaku shirin 76–2 (1978), 80ff.; *Aoyama*, Minso-hô Zasshi (1979), 125ff.

14 Urteil des Distriktgerichts Tokyo vom 30. 1. 1981 (Kaminshû 1–4, 10ff.). Siehe zu anderen Urteilen über die Einschränkung des Territorialitätsprinzips, *Takeuchi/Kato*, Tôsan hanrei gaido [Leitfaden der Entscheidungen zur Insolvenz] (1996), S. 346ff.

prinzip immer noch die Grenze bildete. Eine Neuregelung wurde daher dringend erwartet.

In anderen Ländern sind neue Gesetze über das internationale Insolvenzverfahren verabschiedet worden, die bereits früher das Territorialitätsprinzip korrigiert haben, so z.B. in den USA (1978), Österreich (1982), Großbritannien (1986) und der Schweiz (1987).[15] In Deutschland stand man wegen der Anwendung des Territorialitätsprinzips ausländischen Insolvenzverfahren zunächst ähnlich zurückhaltend gegenüber wie in Japan. Durch eine Entscheidung des BGH vom 11. Juli 1985[16] erfolgte schließlich aber doch die Anerkennung eines ausländischen Insolvenzverfahrens. Dadurch konnte man sich dort zumindest in Ansätzen den fortschrittlicheren Ländern annähern, die bereits den Wechsel vom Territorialitäts- zum Universalitätsprinzip vollzogen hatten.

Unter dem Eindruck der Veränderungen in den genannten Staaten wurde schließlich auch in Japan reagiert. Im Jahre 1999 wurde das Gesetz über das Internationale Insolvenzrecht verabschiedet, welches im Jahr 2000 in Kraft trat.[17] Darin hat man Abschied vom Territorialprinzip genommen und ein System errichtet, nach dem die Wirkungen eines im Ausland eröffneten Insolvenzverfahrens unter bestimmten Voraussetzungen anerkannt werden können, ebenso wie dies in anderen Staaten der Fall ist.

2. Anerkennung in anderen Rechtssystemen

Das neue System weist im Vergleich zu der Anerkennung ausländischer Entscheidungen einige Besonderheiten auf. Um diese Besonderheiten aufzuzeigen, ist es sinnvoll, das System mit anderen internationalen Insolvenzrechtsregeln zu vergleichen. Als Vergleichsgegenstand sollen dabei vorliegend die Anerkennungsregeln des Insolvency Model Law, der EUInsO und der deutschen InsO herangezogen werden.

Das dritte Kapitel des Insolvency Model Law behandelt in den §§ 15–24 die Anerkennung ausländischer Insolvenzverfahren. In § 15 Abs. 1 heißt es, daß ein ausländischer Insolvenzverwalter vor Gericht die Anerkennung eines ausländischen Verfahrens beantragen kann, bei dem er bestellt wurde. Als weiterer Verfahrensschritt ist bestimmt, daß eine Entscheidung im Anerkennungsstaat erforderlich ist. Der

15 Eine Einführung zu den damaligen verschiedenen nationalen Rechtsordnungen auf dem Gebiet des Insolvenzrechts findet sich bei *Kaise*, Kokusai tôsanhô Jyosetsu [Einführung in das internationale Insolvenzrecht] (1989), S. 59ff. Zur aktuellen Situation siehe *Momô*, Shin kokusai tôsan hô no zitsumu [Praxis im neuen Internationalen Insolvenzrecht] (2001), S. 147ff.

16 BGH, BGHZ 95, 256ff.

17 Zunächst wurde im Jahr 1999 das „Zivilsanierungsgesetz“ (Minji-saisei hô) erlassen, in dem eine Bestimmung enthalten war, wonach Wirkungen ausländischer Insolvenzverfahren anerkannt wurden. Dies bedeutete erstmals eine Abweichung vom Territorialitätsprinzip in Japan. Zur Einführung in das neue japanische internationale Insolvenzrecht in deutscher Sprache: *Uematsu*, Das neue Internationale Insolvenzrecht in Japan, ZZPInt. 2004, 311ff.

Grund, warum das Insolvency Model Law nicht – wie es normalerweise bei ausländischen Entscheidungen der Fall ist – ein System der „automatischen“ Anerkennung von Entscheidungen implementiert, sondern eine Entscheidung im Anerkennungsverfahren für notwendig erklärt, liegt darin, daß durch ein solches Verfahren Entscheidungseinklang und Rechtssicherheit gefördert werden.[18]

Die allgemeinen Voraussetzungen der Anerkennung werden in § 17 Abs. 1 bestimmt. Danach muß das Verfahren als Anerkennungsgegenstand ein ausländisches Insolvenzverfahren haben (a), der Kläger muß die Zulassung als Insolvenzverwalter im Ausland haben (b), es müssen die in § 15 Abs. 2 bestimmten Unterlagen vorgelegt werden und schließlich muß der Staat, in dem das Insolvenzverfahren eröffnet wurde, zuständig sein. Als weitere Voraussetzung ist sicherzustellen, daß kein Verstoß gegen den ordre public vorliegt.

Wenn die Voraussetzungen vorliegen und die Anerkennungsentscheidung getroffen wird, entstehen die weiteren Wirkungen der Insolvenz automatisch. Dazu gehören insbesondere Vollstreckungsbeschränkungen und Verfügungsverbote. Allerdings können Umfang und Reichweite der Maßnahmen durch das Recht des Anerkennungsstaates geregelt werden (im Hauptverfahren: § 20 Abs. 1 und 2). Maßnahmen, die von § 20 nicht geregelt werden, können vom Richter nach eigenem Ermessen getroffen werden (im Haupt- und Nebenverfahren, § 21).

Die EuInsVO, welche die Behandlung von Insolvenzverfahren zwischen den Mitgliedsstaaten der EU regelt, ist am 29. Mai 2000 zustande gekommen. Sie entspricht in vielen Teilen dem EG-Insolvenzabkommen vom 23. November 1995. Die Anerkennung ausländischer Insolvenzverfahren ist in den §§ 16ff. EuInsVO geregelt. Das in einem international zuständigen Staat eröffnete Insolvenzverfahren wird automatisch in den anderen Mitgliedsstaaten anerkannt (§ 16), soweit kein Widerspruch mit dem inländischen ordre public vorliegt (§ 26). Die Eröffnung des Insolvenzverfahrens in einem anderen Mitgliedsstaat hat zur Folge, daß unmittelbar diejenigen Wirkungen eintreten, die das Recht des Staates vorsieht, in dem das Verfahren eröffnet wurde. Dieses Verfahren entspricht also dem Ansatz der „automatischen“ Anerkennung wie er auch bei der Anerkennung sonstiger ausländischer Entscheidungen normalerweise verfolgt wird.

In Deutschland wurden ausführliche Bestimmungen zur internationalen Insolvenz durch die Insolvenzrechtsreform von 2003 geschaffen. Bis dahin fand sich eine ausdrückliche Bestimmung über die internationale Insolvenz lediglich in § 102 EGInsO von 1993.[19] Mit der Verabschiedung der EuInsVO wurde die InsO umfassend revidiert.[20] Die Bestimmungen zum Insolvenzverfahren wurden in das 11. Kapitel der InsO (§§ 335ff.) eingefügt. Als Voraussetzungen für die Anerkennung

---

18 *Yamamoto*, Kokusai tousan hôsei [Internationales Insolvenzrecht] (2002), S. 248.

19 *Trunk* (zitiert nach der Übersetzung von Kono), Shin tôsan hô ka ni okeru doitsu kokusai tôsan hô-keizoku sei to hatten sei [Deutsches internationales Insolvenzrecht unter der neuen Insolvenzordnung: Fortsetzungs- und Entwicklungsmöglichkeiten], Minshô hô Zasshi 121 4/5, 500ff.

20 Vgl. dazu BT-Drucks. 15/16, S. 5.

eines ausländischen Insolvenzverfahrens sieht § 343 Abs. 1 die Zuständigkeit des Insolvenzgerichts und die Beachtung des ordre public vor. Die Wirkung einer ausländischen Insolvenz wird regelmäßig vom Recht des Staates der Verfahrenseröffnung geregelt (vgl. § 335).[21] Die internationale Insolvenzzuständigkeit der InsO unterscheidet sich allerdings von der EuInsVO: In der InsO wird die „indirekte" Zuständigkeit nach deutschem Recht als Voraussetzung verlangt, vgl. § 343 Abs. 1 Nr. 1 InsO.

3. Shônin´enjohô

Im Gegensatz zum deutschen Recht, in dem das Anerkennungsverfahren Bestandteil der Insolvenzordnung ist, ist das Shônin´enjohô ein spezielles Gesetz, welches sich ausschließlich mit der Frage der Anerkennung und Unterstützung des ausländischen Insolvenzverfahrens befaßt.[22] Das Gesetz setzt die Anerkennung gem. § 2 Abs. 1 Nr. 5 als Grundlage voraus, damit ausländische Insolvenzverfahren in Japan nach Maßgabe des dritten Kapitels unterstützt werden können.[23] Voraussetzung für die Anerkennung ist die Zuständigkeit des Insolvenzgerichts (sogenannte „indirekte Zuständigkeit") sowie das Fehlen von Ausschließungsgründen. Die indirekte Zuständigkeit ist gemäß § 17 gegeben, wenn in dem Staat, in dem das Insolvenzverfahren eröffnet wurde, der Wohnsitz, der Aufenthalt, der Sitz der Niederlassung oder Geschäftsräume des Schuldners zu finden sind. Interessant ist dabei festzustellen, daß das Shônin´enjohô im Unterschied zu § 4 Hasanhô, welches eine direkte Zuständigkeit bestimmt, keinen Gerichtsstand des Vermögens anerkennt. Das Fehlen von Ausschließungsgründen bedeutet, daß die in § 21 aufgezählten Merkmale nicht zutreffen. Wenn also aus Sicht des Anerkennungsgerichts klar ist, daß das ausländische Verfahren das in Japan belegene Vermögen nicht erfassen kann, weil beispielsweise das ausländische Insolvenzverfahren auf Grundlage des Territorialitätsprinzips erfolgt und somit Wirkungen im Eröffnungsstaat ohnehin ausgeschlossen sind, wird das Gericht die Anerkennung ablehnen. Des weiteren darf das Verfahren nicht gegen den ordre public verstoßen. Ein typisches Beispiel eines Verstoßes gegen den ordre public bildet in diesem Zusammenhang die diskriminierende Behandlung fremder Gläubiger durch das ausländische Insolvenzverfahren.[24] Allerdings sind die Grundsätze des ordre public nur mit der notwendigen Zurückhaltung anzuwenden.

---

21 *Liersch*, Insolvenzordnung (2. Aufl. 2004), vor §§ 335–358 Rn. 1.

22 Davon abgesehen gibt es weitere Vorschriften betreffend das internationale Insolvenzrecht im Hasanhô, Minzisaisei hô, Kaisha kosê hô u.s.w. Eigentlich war geplant, diese Bestimmungen in das neue Gesetz aufzunehmen. Davon wurde jedoch Abstand genommen, da die Diskussion zu kompliziert und die Zeit zur Vorbereitung der Änderungen zu knapp bemessen war. Vgl. *Yamamoto*, UNCITRAL moderu hô to waga kuni no kokusai tôsan hôsei [Modellgesetz der UNCITRAL und Internationales Insolvenzrecht in Japan], Kinyû shôji hanrei 1112 (2001), S. 63 ff.

23 Vgl. zu den Einzelheiten: *Yamamoto*, Shônin no yôken-tetsuzuki [Voraussetzung und Verfahren der Anerkennung], Kinyû shôji hanrei 1112 (2001), S. 126 ff., *Matsushita*, Shônin no kôka [Wirkung der Anerkennung], Kinyû shôji hanrei 1112 (2001), S. 133 ff.

24 *Yamamoto*, Kinyû shôzi hanrei 1112 (2001), S. 127.

Wenn die Voraussetzungen für die Anerkennung vorliegen, trifft das Gericht eine Entscheidung nach § 22 Abs. 1. Dabei ist zu beachten, daß durch die Entscheidung über die Anerkennung allein noch keine insolvenzrechtlichen Wirkungen in Japan entstehen. Die Anerkennung bildet lediglich die Grundlage, um insolvenzrechtliche Maßnahmen in Japan anregen zu können. Allerdings können entsprechende Anträge bereits mit dem Anerkennungsverfahren verbunden werden.[25]

Wie man aus dieser Beschreibung des Anerkennungsverfahrens entnehmen kann, ist das System des Shônin´enjohô kein System der „automatischen“ Anerkennung, wie es z.B. in der EuInsVO oder der deutschen InsO verwendet wird. Vielmehr handelt es sich um ein System, in dem das Gericht auf Antrag des Insolvenzverwalters oder anderer Interessierter die im Shônin´enjohô bestimmten Voraussetzungen untersucht und bei deren Vorliegen die Anerkennungsentscheidung trifft. Im Gegensatz zum Insolvency Model Law entstehen in Japan die verfahrensrechtlichen Wirkungen erst, indem das Gericht aufgrund eigenen Ermessens die Bestellung von Sicherheiten oder andere Maßnahmen anordnet (§ 25). Trotz dieser Unterschiede hat der Gesetzgeber den Begriff der „Anerkennung“ parallel zu den Regelungen der EuInsVO und des Insolvency Model Law verwandt. Maßgeblich dafür war der Umstand, daß auch nach den Regeln des Shônin´enjohô bei ausländischen Insolvenzverfahren das Anerkennungsgericht die Inhalte der Entscheidung des ausländischen Gerichts nicht noch einmal überprüft.[26] Dabei ist aber erneut zu betonen, daß die Anerkennung nach Maßgabe des Shônin´enjohô lediglich die Beurteilung des Gerichts enthält, daß dem ausländischen Insolvenzverfahren die nach japanischem Recht bestimmten Insolvenzmaßnahmen in Bezug auf die inländischen Geschäfte und das Vermögen des Schuldners zustehen können.[27]

III. Anerkennung im Shônin´enjohô

Allerdings ist gerade auch im Insolvenzrecht eine rasche und vor allem einheitliche Behandlung des Verfahrens wünschenswert. Die Implementierung eines Systems der „automatischen“ Anerkennung wie es die EuInsVO oder die deutsche InsO verwenden, wäre daher vernünftigerweise vorzuziehen. Der Grund, weshalb das Insolvency Model Law einem solchen Ansatz der „automatischen“ Anerkennung nicht gefolgt ist, lag aber in der Befürchtung, die Wirkungen ausländischen Rechts, welche naturgemäß in jedem Staat unterschiedlich sind, könnten unkontrolliert in die inländische Rechtsordnung „eindringen“.[28] Dieser Gedanke

---

25 *Matsushita* (Fn. 23), S. 134, gibt als Grund dafür die Flexibilität an, die es dem Gericht ermöglicht, die im Einzelfall geeigneten Maßnahmen zur Beschränkung bzw. Sicherung der Rechte des Schuldners bzw. der Gläubiger zu treffen.

26 *Miyama*, in: Miyama, Kin´yû hômu jijyô 1611 (2001) S. 81f.

27 *Matsushita*, Gaikoku tousan tetsuduki no naikoku deno kôryoku [Die Wirkung des ausländischen Insolvenzverfahrens in Japan], in: Takakuwa/Dôgauchi, Kokusai minzi soshôhô (Zaisanhô Kankê) [Internationales Zivilprozeßrecht-Bereich des Vermögensrechts], S. 486.

28 *Yamamoto* (Fn. 18), S. 62.

spielte auch bei der Übernahme des Insolvency Model Law in Japan eben durch das Shônin'enjohô eine Rolle. Ebenfalls von Bedeutung war der Umstand, dass in Japan – im Unterschied zur EUInsVO, in der nur die Verfahren der Mitgliedsstaaten geregelt werden – theoretisch die insolvenzverfahrensrechtlichen Regelungen *aller* Staaten weltweit zu berücksichtigen sind. Aufgrund dieses Umstandes und der beschriebenen Befürchtungen ist die Einrichtung eines Systems der „automatischen" Anerkennung zum gegenwärtigen Zeitpunkt für Japan als ausgeschlossen zu betrachten. Angesichts der Tatsache, daß bis vor kurzem noch das Territorialitätsprinzip galt, muß man mit dem nun vorhandenen Anerkennungssystem des Shônin'enjohô als einem ersten Schritt in die richtige Richtung zufrieden sein.[29]

Wie lässt sich der Anerkennungsbegriff des Shônin'enjohô einordnen? Wenn man für Hoheitsakte außerhalb rein privatrechtlicher Entscheidungen, wie z.B. bei Enteignungen, das herkömmliche Anerkennungssystem verwendet, sind insoweit dieselben Voraussetzungen zu beachten wie bei anderen ausländischen Entscheidungen.[30] Deshalb käme derartigen Hoheitsakten – bei Vorliegen der Anerkennungsvoraussetzungen – auch automatisch die entsprechende Wirkung zu.[31]

Die Anerkennung im Shônin'enjohô folgt daher, wie oben beschrieben, einem zweistufigen System. Auf der ersten Stufe erfolgt die abstrakte Anerkennung, der aber noch keine insolvenzrechtlichen Wirkungen beigemessen werden. Diese entstehen erst in einem weiteren Schritt durch die Anordnung des japanischen Gerichts auf Grundlage des nationalen Insolvenzrechts.

---

29 Weil das Shônin'enjohô im Unterschied zu der EuInsVO oder der deutschen InsO keine umfassende Anerkennung des Insolvenzverfahrens voraussetzt, ist man in den Bereichen des Insolvenzverfahrens, für die das Shônin'enjohô eine Anerkennung von Maßnahmen in der Insolvenz nicht vorsieht, auf die herkömmlichen Möglichkeiten der Anerkennung angewiesen. Beispielsweise sei hier die Außenwirkung der Entscheidung über die Schuldbefreiung angesprochen, über die das Shônin'enjohô keine Regelung trifft. Daher ist eine Behandlung außerhalb des Rahmens des Shônin'enjohô notwendig. Zu dieser Problematik entschied der Oberste Gerichtshof in einem Urteil vom 17. 6 1901 (Minroku 8–6, S. 85ff.), daß eine Bankrotterklärung des Schuldners im Insolvenzverfahren auf Hawaii und die damit verbundene Schuldbefreiung keine Wirkung in Japan habe. Der Gerichtshof erklärte ausdrücklich, daß die Entscheidung der Schuldbefreiung in einem anderen Staat nicht wirke. Angesichts des heutigen Verständnisses, nach dem grundsätzlich die Wirkungen ausländischer Insolvenzverfahren in Japan anerkannt werden, ist jedoch davon auszugehen, daß diesem Urteil, welches noch auf Grundlage des Territorialitätsprinzips zustande gekommen ist, keine Präzedenzwirkung mehr zukommt. Die Anerkennung im Shônin'enjohô ist die Vorbedingung, um die in § 21 aufgezählten Wirkungen herbeiführen zu können. Weil die Schuldbefreiung in dieser Aufzählung nicht enthalten ist, ist daraus zu schließen, daß sie nicht Gegenstand dieses Gesetzes ist. Dies legt nahe, die allgemeine Regelung des § 118 JZPO heranzuziehen und somit eine automatische Anerkennung der Schuldbefreiung zu erreichen, sofern die Voraussetzungen der Anerkennung im Übrigen erfüllt werden. Vgl. dazu *Dogauchi*, Menseki saiban no syogai teki kôryoku [Die Außenwirkung der Entscheidung der „Schuldbefreiung"], juristo 986 (1991), 78ff.; *Komuro*, Shôgai ziken ni okeru kozin hasan no mondai [Problem des persönlichen Konkurses in grenzüberschreitenden Fällen], in: Kono/Nakajima, Tôsanhô Taikei [Konperdium des Insolvenzrechts], S. 626ff.

30 *Dôgauchi*, Pointo kokusai shihô (kakuron) [Streitpunkte im Internationalen Privatrecht (besonderer Teil)] (2000), S. 191ff.

31 *Nakanishi* (Fn. 1), S. 766f.

Die Unterschiede zwischen beiden Konzeptionen, der herkömmlichen „automatischen“ Anerkennung einerseits und dem zweistufigen System des Shônin´enjohô andererseits, sind daher sowohl auf der Seite der Voraussetzungen als auch auf der Rechtsfolgenseite groß.[32]

Neben dieser Einordnung im Rahmen der klassischen Anerkennungssysteme kommt auch eine Einordnung der Anerkennung im Shônin´enjohô als ein Fall der internationalen Rechtshilfe in Betracht.[33] Internationale Rechtshilfe bedeutet, daß ausländische Gerichte im Verlauf eines Prozesses, der in einem anderen Land anhängig ist, bestimmte Maßnahmen zur Förderung des Prozesses unterstützen, wie z.B. durch die Zustellung von Dokumenten oder sogar die Durchführung einer Beweisaufnahme.[34] Dies beinhaltet in gewisser Weise ebenfalls zumindest indirekt eine Anerkennung ausländischer Entscheidungen.[35] Wenn man die internationale Rechtshilfe in diesem Sinn auslegen würde, so ließe sich auch die Anerkennung im Shônin´enjohô als ein Institut der internationalen Rechtshilfe auffassen. Inwieweit ein solches Verständnis des Anerkennungsbegriffs im Shônin´enjohô zulässig ist, bedarf einer genaueren Analyse, die den Rahmen der vorliegenden Untersuchung allerdings sprengen würde.

Die Ausführungen verdeutlichen die Schwierigkeit, den Begriff der Anerkennung im Shônin´enjohô mit den herkömmlichen Instituten in Einklang zu bringen. Unabhängig von den oben dargestellten Einordnungsvarianten ist jedoch festzuhalten, daß die Anerkennung im Shônin´enjohô jedenfalls zur Rechtsangleichung beiträgt. Die neue Anerkennungsmethode führt – wenn auch nicht unmittelbar wie bei der „automatischen“ Anerkennung – dazu, daß einem ausländischen Hoheitsakt in Japan Wirkung beigemessen werden kann.

IV. Fazit

Wie im Vorstehenden ausgeführt, ist der Ansatz der „automatischen“ Anerkennung ein zweckmäßiges Mittel, die Rechtssituation in jedem Staat zu sichern. Je mehr dieser Ansatz international einheitlich ausgestaltet wird, um so mehr kann dadurch zu einer Rechtsangleichung beigetragen werden.

---

32 *Nakanishi*, Shônin no riron teki seikaku [Theoretischer Charakter der Anerkennung], Kinyû shôji hanrei 1112 (2001), S. 122ff.

33 *Nakanishi* (Fn. 32) weist darüber hinaus auf die Ähnlichkeit mit der Eröffnungsentscheidung des Insolvenzverfahrens hin.

34 *Kobayashi*, Kokusai shihô kyôjo [Internationale Rechtshilfe], in: Sawaki/Aoyama (Hrsg.), Kokusai Minzi soshô hô no riron (1987), S. 285.

35 *Yamamoto*, Atarashii kokusai tôsan hôsei ni okeru shônin gainen to sono syûhen [Begriff der „Anerkennung“ im neuem internationalen Insolvenzrecht und damit in Zusammenhang stehende Probleme], in: Kono/Nakajima, (Fn. 29), S. 148ff.; *Kono*, Yôroppa ni okeru kokusai tôsan jôyaku nado – UNCITRAL kokusai tôsan moderu hô to waga kuni no kokusai tôsan hô [Europäisches Internationales Insolvenzrecht, Japanisches Internationales Insolvenzrecht, UNCITRAL-Modellgesetz und Neuregelung des Internationalen Insolvenzrechts in Japan], Kokusai shiô nenpô 3 (2001), S. 72. Zur gegenteiligen Auffassung vgl. *Nakanishi* (Fn. 32), S. 122.

Einen fortschrittlicheren Weg wählt die EU. Durch eine Vielzahl von Verordnungen ist dort ein Einheitsrecht geschaffen worden, welches ein einheitliches System der Anerkennung von Entscheidungen ermöglicht und damit deren Wirkung in allen EU-Mitgliedsstaaten sicherstellt.[36] Insbesondere wird dies durch die EUInsVO bzw. die umgesetzten nationalen Gesetze, wie z.B. die deutsche InsO gewährleistet.

Auf internationaler Ebene wurde ein einheitliches System der Anerkennung bislang noch nicht entwickelt.[37]

Eine international noch effektvollere Methode zur Rechtsangleichung läge in der Schaffung international einheitlicher Staatsverträge. Aber für die Verwirklichung der Rechtseinheit auf Grundlage eines Staatsvertrages bedarf es im Allgemeinen großer Anstrengungen bei der Beratung des Entwurfs. Auch nimmt der Vorgang der Ratifikation in den Unterzeichnerstaaten in der Regel viel Zeit in Anspruch. Daneben ist erfahrungsgemäß davon auszugehen, daß viele der gemeinsamen Bemühungen durch einzelne Staaten, die den Vertrag am Ende doch nicht ratifizieren, konterkariert werden. Ein weiteres Problem stellt nach dem Zustandekommen eines solchen Staatsvertrages der Umstand dar, daß die Auslegung der Regelungen von Staat zu Staat unterschiedlich erfolgt, solange es keine zur einheitlichen Auslegung berechtigten Organisationen bzw. Gerichte gibt. Mit dieser Erkenntnis der begrenzten Möglichkeiten zur Rechtsvereinheitlichung auf Grund von Staatsverträgen neigen in letzter Zeit internationale Organisation wie UNCITRAL oder UNIDROIT dazu, Vorbildregelungen als Modellgesetz oder UNIDROIT-Prinzipien zu formulieren. Derartige Regelungsmodelle zielen dabei nicht auf die Verwirklichung einer vollständigen Rechtseinheit, sondern sollen den Staaten als Vorlage für eigene, innerstaatliche Regelungen dienen. Zwar gibt es dadurch keine Garantie, daß eine vollständige Rechtseinheit verwirklicht wird, da es

---

36 Vgl. beispielsweise die „Verordnung Nr. 44/2001/EG des Rates vom 22. 12. 2000 über die gerichtliche Zuständigkeit und die Anerkennung und Vollstreckung von Entscheidungen in Zivil- und Handelssachen“, ABl. EG 2001, Nr. L 12, S. 1; „Verordnung Nr. 1347/2000/EG des Rates vom 29. 5. 2000 über die Zuständigkeit und Anerkennung und Vollstreckung von Entscheidungen in Ehesachen und in Verfahren betreffend die elterliche Verantwortung für die gemeinsamen Kinder der Ehegatten“, ABl. EG 2000, Nr. L 160, S. 19. Im Verhältnis zu den EFTA-Staaten siehe ferner das „Luganer Übereinkommen vom 16. 9. 1988 über die gerichtliche Zuständigkeit und die Vollstrekkung gerichtlicher Entscheidungen in Zivil- und Handelssachen“, BGBl. 1994 II, S. 2660. Vgl. darüber hinaus die „Verordnung Nr. 805/2004/EG des Europäischen Parlaments und des Rates vom 21. April 2004 zur Einführung eines Europäischen Vollstreckungstitels für unbestrittene Forderungen“, ABl. EU Nr. L 143 S. 15. Hier wird eine Möglichkeit geschaffen, bei Vorliegen der in der Verordnung bezeichneten Voraussetzungen ohne zwischengeschaltetes Verfahren eine Vollstreckung in einem anderen EU-Mitgliedsstaat durchzuführen. Dieses System geht über die bisherigen Formen der Anerkennung noch hinaus. Die Vorteile bestehen in einer noch schnelleren Durchführung der Vollstreckung und Erledigung der Streitigkeit ohne die bürokratischen Hürden eines Anerkennungsverfahrens.

37 Die Schaffung internationaler Regeln wurde im Hinblick auf ein „Übereinkommen über die gerichtliche Zuständigkeit und die Anerkennung und Vollstreckung von Entscheidungen“ bei der Haager Konferenz für IPR beraten. Dieses Übereinkommen wurde aber nur in sehr viel kleinerem Umfang als „Staatsvertrag über Gerichtsstandsvereinbarungen“ im Jahr 2005 umgesetzt. Der Vertrag erstreckt sich damit nur auf die Anerkennung in diesem Bereich.

im Belieben eines jeden Staates liegt, von dem Modell abweichende Bestimmungen zu gestalten. Trotz dieser Nachteile können diese Modellregelungen aber im Vergleich zum Staatsvertrag deutlich einfacher die Rechtsvereinheitlichung fördern. Als Mittel der langsamen oder „weichen" Rechtsangleichung ist ihnen jedenfalls große Bedeutung beizumessen.

Das Insolvency Model Law ist ein Modellgesetz im oben dargestellten Sinne. Aufgrund der Vielzahl der nationalen Lösungen zur Behandlung internationaler Insolvenzverfahren, welche die Rechtsangleichung in erheblichem Maße behindern, kommt dieser Modellregelung eine besondere Bedeutung im Hinblick auf die Herbeiführung der Rechtsvereinheitlichung zu. Wie gezeigt werden konnte, ist diese neuere Form der „weichen" Rechtsvereinheitlichung dem herkömmlichen starren System der Staatsverträge in vielerlei Hinsicht überlegen. Mit der Aufnahme dieses Modellgesetzes in Japan durch das Shônin´enjohô hat das japanische internationale Insolvenzrecht einen wichtigen Schritt zur Anerkennung ausländischer Insolvenzverfahren in Japan getan.

Das in diesem Gesetz verwirklichte System der Anerkennung ist, wie gezeigt, nur ein Verfahren für den Erwerb der „Eintrittskarte" für die innerstaatliche Behandlung des Insolvenzverfahrens. Darin spiegelt sich die Besonderheit des Insolvenzverfahrens wider, welches eine einheitliche Betrachtungsweise benötigt. Ob sich ein derartiges System daher auch auf andere Bereiche ausdehnen läßt oder vielleicht sogar Allgemeingültigkeit beanspruchen kann, erscheint zum jetzigen Zeitpunkt jedoch fraglich.

Unabhängig von den spezifischen Besonderheiten des Insolvenzrechts ist aber festzuhalten, daß das System der Anerkennung im Shônin´enjohô sich grundsätzlich dem bislang in Japan bekannten Ansatz der „normalen" Anerkennung zuordnen läßt.

Die künftige Aufgabe muß es sein, die Erfahrungen aus der Anwendung bzw. Umsetzung von Modellgesetzen, wie z.B. des Insolvency Model Law, und die damit verbundenen neuen Formen der Anerkennung auszuwerten und die Ergebnisse dann auf andere Rechtssituationen oder Verfahren zu übertragen, um auch dort eine weitergehende Rechtsvereinheitlichung bzw. eine Rechtsharmonisierung zu erreichen.

§9 外国倒産手続の承認と法の同化
——わが国承認援助法を素材として——

岩本　学

目次

I.　序

一般に、外国で判決又は法律行為によって成立した法律関係の私法上の効力を内国においても承認する際には、次の2つの方法があるとされている[1]。

すなわち、その一つは、内国の国際私法が指定する準拠法上の要件が満たされているか否かを判断するという「準拠法アプローチ」である。例えば、外国でなされた協議離婚の有効性が問題となる場合には、法例16条によって準拠法となるべき法に定めている離婚の要件が満たされているか否かが判断される。それが満たされている場合、当該外国法の適用結果が内国公序に反しない限り(法例33条)、その協議離婚の効力はわが国で承認される。

もう一つの手法は、外国裁判所による公権的な判断である判決等につき、民事訴訟法118条等手続に固有の承認要件を満たすことで、その内国での効力を承認するという「承認アプローチ」である。この場合の承認要件は、国際裁判管轄、適正な送達等の手続的保障、公序、相互の保障が規定されており、それらが満たされる場合には、当該外国判決は、実質的な再審査を経ずに自動的にその効力がわが国で承認される[2]。この両アプローチの各々の適用領域については議論が未成熟の分野も残っている[3]。しかしながら、これらのアプローチは、いずれも、

1　この2つのアプローチについては、以下参照。中西康「外国倒産承認論の理論的再検討」京都大学法学部創立百周年記念論文集・第3巻（2001）763頁以下、*Homann*, System der Anerkennung eines ausländischen Insolvenzverfahrens, KTS 2000, 346 ff.

2　例えば、山田鐐一『国際私法〔第3版〕』（2004）469頁。なお、非訟裁判の承認の場合につき、わが国国際私法により指定される法においてなされたかという要件（準拠法要件）も承認の要件とすべき、とする見解もある。例えば、江川英文「外国判決の承認」法協50巻11号（1932）2054頁以下。

3　国有化措置等の外国国家行為の効力を内国で認めるかといった問題については、いずれのアプローチで処理すべきかといった問題が提示されている。横溝大「外国国有化・収容措置の我が

外国で生じた法律関係を内国においても認めるものであり、内外国での法状態を同一にするという「法の同化」に資する。

わが国においては、外国倒産手続について、外国判決とは異なり、後述する属地主義の原則により、その承認は認められて来なかった。しかし、 2000 年に至り、大部分を UNCITRAL 作成にかかる倒産モデル法（A Model law on Cross-Border Insolvency , 30th May 1997, 以下、「倒産モデル法」）[4]を参考とした、「外国倒産処理手続の承認援助に関する法律」 （以下、「承認援助法」）が成立した[5]。同法には、外国でなされた倒産手続のわが国における承認につき、それを認める規定が明文でおかれた。

このようなわが国の国際倒産法制をめぐる動きは、「法の同化」を導く一端となった。前述の承認アプローチの根幹をなす外国判決の承認の制度は、各国で実質法や国際私法が異なる現状においては、跛行的法律関係の発生を防止し、紛争の国際規模での単一的な解決といった政策目的により、多くの国において認められている制度である[6]。一国で下された判決は、同様の要件下において各国で承認されることが望ましく、承認制度の統一化は前述の政策目的をより実現するものとなる[7]。

外国判決の承認によること自体も、各国での法状態を同一にすることに寄与しているが、進んで、承認制度自体が各国で同一なものとなることが今後、望ましいだろう。それを実現しうる法的枠組として、承認援助法が採用したモデル法にここでは注目したい。このような関心から、本稿においては、承認援助法における「承認」につき、「法の同化」にいかに資するものであるかについて検討を加えたい。

そこで第一に、わが国の承認援助法における「承認」について、その内容を、承認援助法が参考とした倒産モデル法、それとは異なる枠組みをもつ EU 倒産規則[8]、さらに域外の第三国との関係も EU 倒産規則類似の枠組みを採用している 2003 年改正のドイツ倒産法における承認制度と比較し、明らかにする（II）。その検討を踏まえた上で、わが国の承認援助法の「承認」の性質について理論的観点からの考察を試み（III）、最後にわが国における法の同化のプロセスに対する承認援助法の意義について提示したい（IV）。

国における効果」法協 113 巻 2 号（1996）321 頁以下、道垣内正人「国際倒産における債権者平等」山本克己=山本和彦=坂井秀行編『国際倒産法制の新展開――理論と実務――』金商 1112 号（2001）118 頁等。学説の状況については、元永和彦「外国における国有化の効力」国際私法判例百選（2005）32 頁参照。

4 2006 年 5 月 30 日現在。採用国については、以下の URL を参照。
http://www.uncitral.org/uncitral/en/uncitral_texts/insolvency/1997Model_status.html
最近ではアメリカ合衆国が倒産モデル法を採用している（2005 年改正倒産法）。

5 深山卓也他「〈座談会〉新たな国際倒産法制下の諸論点(3)」金融法務事情 1611 号（2001）81 頁以下〔松下発言〕。

6 高桑昭「外国判決の承認及び執行」鈴木忠一・三ヶ月章編『新・実務民事訴訟法講座〔7〕』（1982）126 頁。

7 高桑（前掲注 6）128 頁以下。

8 同規則を紹介するものとして、貝瀬幸雄「EU 規則(regulation)との比較」山本他（前掲注 3）77 頁以下。

II. 承認援助法における承認概念

1. 普及主義と属地主義

前述の外国判決の承認制度は、国家主権の一作用であり判決国の領域に限られるはずの判決の効力が、他国においても、その国において規定された承認要件を満たすことで、承認されるものである[9]。

しかし、外国倒産手続の承認の場合、単純に前述の通常の承認制度が用いられていたわけではなく、2 つの相対立する原則——普及主義と属地主義——の中でそれは論じられてきた。そこで、まずは国際倒産法において重要な役割を果たしてきたこの両原則について述べておく必要があるだろう。

「普及主義」とは、倒産手続について国際的管轄権を有する国において行われた手続は、外国にその効力を及ぼすという考え方である。これに対し、「属地主義」とは、倒産手続は開始地国においてのみ効力を有し、外国に所在する倒産者の財産には及ばないとの考えである[10]。つまり、属地主義を採用する場合、外国で開始された倒産手続の効力を内国で認めることはできない。

わが国では長い間、日本国内で開始された破産・更正手続の効力は外国にある財産には及ばず、また、外国で開始された破産手続および更正手続の効力は日本国内の財産には及ばないという規定（旧破産法 3 条・旧会社更生法 4 条）[11]があった。これらの規定によりわが国では属地主義が妥当していることは明らかであった。この属地主義は理論的には、破産が公序に属すること、破産が一種の強制執行手続であることから当然に効力はその国の主権が及ぶ範囲に限られること、などが根拠とするものであった[12]。しかし、その理論的な根拠は、属地主義の正当化根拠としては絶対的なものではないの批判がなされ[13]、さらに、時代とともに、属地主義は、実務上の要請にそぐわないものとなってきた。つまり、各国が個別的かつ属地的に、国内で倒産処理手続を行うならば、例えば国際的な事業活動を行ってきた企業が、各国に所在している財産を集約した総体的な倒産処理によれば再建できるような場合にも、各国毎の倒産処理手続において清算を迫られるといった問題が生じる。また倒産手続において、各国毎に配当がなされる場合には、多くの国の手続に参加する資力のあるものだけが多くの配当を取得するという不均衡も生むこととなる。むしろ、各国で開始された倒産手続を一括して配分を行うことができれば、債権者の公平な満足を図ることができるのである。以上のような状況において、学説上は同条を修正しできるだけ承認を認めようとす

9　鈴木忠一・三ヶ月章編『注解民事執行法(1)』（1974）364 頁〔青山〕。

10　両主義については、青山善充「倒産手続における属地主義の再検討」民訴法雑誌 25 巻（1979）128 頁以下。

11　旧破産法 3 条は 2000 年（平成 12 法 129 号により）に削除された。なお、旧破産法自体は新破産法の制定（平成 17 年 1 月 1 日施行）に伴い廃止されたが、新法における外国倒産に関する規定は表記の変更を除いて、旧法から実質的な変更はない。

12　山戸嘉一「破産」国際法学会編『国際私法講座(第 3 巻)』（1964）899 頁以下。

13　青山（前掲注 10）151 頁以下。

る動きが見られ[14]、また、裁判実務においても、例えば、外国破産管財人のわが財産に対する訴訟追行権については認めるといった修正が図られた[15]。しかし、制定法上は、属地主義はなお維持され続けていたため、改正が待たれていたのである。

他方、諸外国では、属地主義に修正を加えた 1978 年のアメリカ倒産法改正を嚆矢として、国際倒産に関する新たな立法が、オーストリア (1982 年)、イギリス (1986 年)、スイス (1987 年)、などで相次いでなされ[16]、また、ドイツは、外国倒産手続の承認に対しては、わが国と同様、属地主義を根拠として否定的であったが、ついに 1985 年 7 月 11 日の BGH 判決[17]において、承認可能性を認めるに至った。このように少なくとも先進国においては国際倒産法制について、属地主義から普及主義へと移行する一般的な動向を看取することができる。

このような状況下において、わが国ではようやく 1999 年に国際倒産規定が整備されるとともに[18]、2000 年に「承認援助法」が制定され、それによって従来の厳格な属地主義とは決別し、各国と同様に、外国で開始された倒産手続の効力を一定範囲で認める制度が作られることとなったのである。

2. 他の法制における承認の概要

このようにわが国においても、外国倒産手続に一定の効力を認める制度が正面から認められたのであるが、その承認制度は、外国判決の承認と比べると、特殊なものである。まずその特徴を明らかにするために、他の国際倒産法制と比較するのが有益であろう。そこで、倒産モデル法、EU 倒産規則、近時改正されたドイツ倒産法のそれぞれの承認規則を比較対象として検討する。

UNCITRAL 倒産モデル法は、第 3 章を「外国手続の承認及び救済」とし、15 条から 24 条までにその規定を置く。15 条 1 項において「外国管財人は、自らが任命された外国手続の承認を裁判所に申し立てることができる」と規定し、承認の要件として、承認国での裁判を必要とする旨が規定されている。倒産モデル法が、原則として、このような決定型の承認手続を採用し、外国判決の承認において一般に採用されている、自動承認制度をとらなかった理由としては、判断の統

---

14 竹下康二「国際破産への試論——属地主義、国際破産管轄を中心として」法学志林 76 巻 2 号 (1978) 80 頁以下、青山 (前掲注 10) 125 頁以下等。

15 東京高決昭和 56 年 1 月 30 日下民 1～4 号 10 頁以下等。その他明示では無いが、属地主義の修正を認めたと思われる裁判例については、竹内康二・加藤哲夫『倒産判例ガイド』(1996) 346 頁以下参照。

16 当時の各国法について紹介したものとして、貝瀬幸雄『国際倒産法序説』(1989) 59 頁以下。近時のものを紹介したものとして、桃尾重明編『新国際倒産法の実務』(2001) 147 頁以下がある。

17 BGHZ 95, 256 ff.

18 まず 1999 年に民事再生法が成立し、再生手続の対外効を認めるなどの規定が置かれ、属地主義への修正がなされた。改正後のわが国の国際倒産法を概括的に紹介する独語文献としては、*Uematsu*, Das neue Internationale Insolvenzrecht in Japan, ZZPint. 2004, 311 ff.

一性と法的安定性が要求されることが指摘されている[19]。承認の要件は、17 条 1 項に規定が置かれており、それによれば、公序に反しないこと（6 条）、承認対象手続が外国倒産手続であること（17 条 1 項 a 号）、申立人が外国で管財人の資格を有していること（b 号）、15 条 2 項所定の文書の提出（c 号）、倒産手続を開始した国に倒産管轄があること（d 号）が挙げられている。

他方で、個別手続の中止という承認の効果については、決定によって自動的に発生するとされる。ただしその効果が及ぶ範囲、そしてそれに対する制限は承認国法が規律するとされている（外国主手続の承認の場合。20 条 1 項 2 項）。そして、20 条に規律されない承認の効果については、裁判所の裁量に基づく裁判によって付与される（外国主手続き及び外国従手続の承認の場合。21 条）。

これに対し、欧州では長い議論の末に 1995 年 11 月 23 日に成立した EC 国際倒産条約の内容を受ける形で、2000 年 5 月 29 日に欧州域内における各国間の倒産の調整を果たした EU 倒産規則（Verordnung des Rate (EG) Nr. 1346/2000 vom 29. Mai 2000 über Insolvenzverfahren）が成立しており、欧州域内における各国間の倒産手続の調整を果たしている。この倒産規則においては、外国倒産の承認について、16 条以下に規定がある。16 条によれば、国際倒産管轄を有する国で開始した倒産手続は、国内での執行が公序に反しない限り（26 条）、自動的に他の構成国において承認される。承認の効果については、17 条によって、原則として、手続開始地国法で与えられた効果が承認される。これは外国判決の承認と同様に、自動承認制度を採用するものである。

ドイツでは 2003 年改正により破産法の第 11 章に国際倒産についての仔細な規定が置かれた。これまで、国際倒産法に関する明文規定は、1993 年に成立した倒産法施行法 102 条にのみ置かれていたが[20]、EU 倒産規則の制定に伴い包括的な立法がなされたものである[21]。現在、外国倒産手続の承認に関する規定は破産法 343 条以下に置かれている。破産法 343 条 1 項では、外国倒産の承認の要件として国際倒産管轄と公序について規定している。外国倒産の効力は原則として、手続開始地国法により規律される(335 条参照)[22]。国際裁判管轄については、EC 国際倒産規則とは異なり、承認の要件にドイツ法上の間接管轄を要求している(343 条 1 項)。

3. わが国の承認援助法

承認規則を倒産法の一部としているドイツ法とは異なり、わが国の承認援助法は外国倒産手続の承認援助を規律する単行法である[23]。承認援助法は「承認」の

---

19 山本和彦『国際倒産法制』(2002)248 頁。

20 アレクサンダー・トルンク(河野俊行訳)「新倒産法下におけるドイツ国際倒産法——継続性と発展性——」民商法雑誌 121 巻 4・5 号（2000）500 頁以下。

21 この点については BT-Drucks. 15/16 S. 5.

22 *Liersch*, Insolvenzordnung Kommentar (2. Aufl., München), vor § 335–358 Rn. 1.

23 その他の国際倒産に関する規定は、破産法、民事再生法、会社更生法に取り入れられている。なお、渉外的な否認権や取戻権を規律する倒産国際私法についての規定についての立法化は、こ

定義につき、2 条 1 項 5 号において、「外国倒産処理手続について、これを日本国内において第 3 章の規定による援助の処分をすることができる基礎としての承認をいう」としている。そして、その承認の要件[24]として、国際倒産管轄(間接管轄)と承認申立棄却事由の不存在を規定する。間接管轄は「外国倒産処理手続が申し立てられている国に債務者の住所、居所、営業所又は事務所があること」と規定している（17 条 1 項）。直接管轄を規律する破産法 4 条とは異なり、財産所在地に管轄を認めていない点は注意が必要である。承認申立棄却事由の不存在とは、21 条に列挙された事由に該当しないことを意味する。例えば、外国手続の効力が日本国内の財産に及ばないことが明らかであること（2 号）、つまり、承認対象とされる外国手続が属地主義を採用していることが明らかな場合には承認申立を却下する。さらには公序に反しないこと（3 号）が規定されている。公序については、当該外国手続が外国債権者に差別的な取り扱いをしている場合などが典型であろうが、その発動には慎重であるべきである[25]。承認要件を満たす場合には、裁判所は承認の決定をなす（22 条 1 項）。その決定によっては何ら効力を生じず、あくまで各種の援助処分を行う際の前提となるに過ぎない[26]。

このように、倒産モデル法を参考に制定されたわが国承認援助法は、EU 倒産規則やドイツ倒産法が前提とする自動承認制度とは異なり、外国管財人を始めとする利害関係人からの外国倒産手続の承認の申立を受けて、裁判所が承認援助法の定める要件を審査し、それが具備されていれば承認決定を下すというものである。また、倒産モデル法とも異なり、承認決定それ自体に独立の効力があるわけではなく、裁判所が裁量権に基づき個別の保全処分・援助処分を発令することによって、わが国での手続法上の効果が発生するとしている（25 条以下）。

このような差異があるにも関わらず、承認援助法が「承認」という文言を採用した理由としては、外国倒産手続についても、その判断の中身を再審査することなく受け入れることから、外国判決の承認と同様の概念を用いることが可能であると解されたとの説明がなされている[27]。このように、同法での「承認」とは、外国倒産処理手続について、その援助のために、日本法が定める債務者の国内の業務や財産に関連する各種の援助処分を日本の裁判所が行うに値する手続であるという判断[28]ということになる。

れらの議論が錯綜しており、また本改正については準備期間が不十分であったこともあり、見送られた。山本和彦「UNCITRAL モデル法とわが国の国際倒産法制」山本他（前掲注 3）63 頁以下。

24 詳細については、山本和彦「承認の要件・手続」山本他（前掲注 3）126 頁以下、松下淳一「承認の効果」山本他（前掲注 3）133 頁以下参照。

25 山本（前掲注 24）127 頁。

26 この理由につき、松下（前掲注 24）134 頁は、個別の事件において国際的に協調のとれた倒産処理に必要な限りで、債権者や債務者の権利を制限できるという柔軟性があること、承認の迅速さの確保などを挙げている。

27 深山他（前掲注 5）81 頁以下〔深山発言〕。

28 松下淳一「外国倒産手続の内国での効力」高桑昭・道垣内正人編『国際民事訴訟法(財産法関係)』（2002）486 頁。

III. 承認援助法の「承認」と承認アプローチ

とりわけ倒産法制においては、迅速かつ統一的な処理が望まれる以上、将来的にはわが国においても、EU 倒産規則や、ドイツ倒産法のような自動承認の採用が望ましいといえる。一方で、倒産モデル法が自動承認を選択しなかった論拠は、現在のところ各国法上の倒産手続の効果が区々に異なっている以上、外国法上の効果をそのまま国内に及ぼすことへの懸念からであった[29]。この倒産モデル法の論拠は、EU 倒産規則のように限られた数の構成国の倒産手続を対象とするのではなく、すべての国の倒産手続を念頭に置かねばならないわが国において、承認援助法が自動承認を採用しなかった根拠としても、同様に妥当しよう。近時まで属地主義が妥当していたことに鑑みれば、国際的な承認の枠組の発展の過渡期にあるような領域においては、わが国承認援助法が置いたこのような「承認」制度も、現状においては、法状態の同一化の一つの手段として評価できるものであろう[30]。

では、このような承認援助法における「承認」は従来の承認アプローチとの関係においてどのように位置づけられるのであろうか。純然たる判決以外の国家行為で承認アプローチを用いる場合、その承認の要件については外国判決の承認と類似のものであるという理解がなされている[31]。そして、要件を満たした場合にはその効力が自動的に付与されるものとしている[32]。

承認援助法の「承認」は、前述のように、2 段階の構造を有している。すなわち、まず倒産法上の効力を生じさせない形式的な「承認」があり、それを経て、わが国裁判所が当該承認対象となる外国倒産手続に対し、わが国での効力を個別的に与えていくものである。このように、従来の自動承認制と、2 段階システムを持つ承認援助法は、要件効果の側面からは、その差異が見出される[33]。

29　山本（前掲注 19）62 頁。

30　他方、わが国の承認援助法は EC 国際倒産規則やドイツ倒産法とは異なり、倒産手続の包括的な承認を前提としていないため、承認援助法において援助の対象とならなかった倒産処理手続に関する事項については、別途準拠法アプローチや承認アプローチを用いる余地が考えられる。例えば、免責裁判の対外的効力については、承認援助法は沈黙したままであり検討を要する。免責裁判が倒産手続の一環をなして行われ、その承認がわが国で問題となった場合には、承認援助法の枠組とは別の処理をなす必要がある。この点については、旧破産法 3 条下の判例として、大判明治 35 年 6 月 17 日民録 8 輯 6 巻 85 頁以下がある。同判決は外国でなされた免責決定は他国に及ばないとし、ハワイ国での破産宣告で得た免責決定のわが国での効力を否定したものである。属地主義に立脚したこの判例については、外国倒産手続のわが国での効力を認めるとする現在の解釈においては、先例的価値は失われたものと解すべきであろう。学説では、旧法下においても、免責裁判の承認を論じたものがあり、解釈によって肯定する方向を示していたといえるのであるが、現状ではいかに解すべきか問題となる。承認援助法の「承認」が前述のごとく、効力付与の前提にすぎないものである以上、列挙事由（承認援助法 21 条以下）とされていない免責裁判については、同法の範囲外と解される。とするならば、免責裁判については、外国判決の承認に関する民訴法 118 条の要件を満たすことで、自動承認すると解するのが妥当であろうか。この点を論ずるものとして、道垣内正人「免責裁判の渉外的効力」ジュリスト 78 頁以下、小室百合「渉外事件における個人破産の問題」河野正憲・中島弘雅『倒産法大系』（2001）626 頁以下等参照。

31　道垣内正人『ポイント国際私法(各論)』（2000）191 頁以下。

32　中西（前掲注 1）118 頁。

33　中西康「承認の理論的性格」山本他（前掲注 3）122 頁以下。

従来の承認アプローチとの関係で理解する考えのほか、承認援助法における「承認」が、国際司法共助と同様の性格を持つことを指摘する見解もある[34]。国際司法共助とは送達や証拠収集など、ある国で行われている裁判の進行・審理のために他国の裁判機関が国際的に協力する活動をいうが、広義には外国判決の承認を含むものとされている[35]。司法共助をこのように理解するならば、自動承認と承認援助法の「承認」の差異について、司法共助の枠内で捉えることも可能ともいえる[36]。但し、この理解の是非については、承認アプローチの明確化と、特に、広義の司法共助と承認アプローチの関係についてより詳細な検討を要しよう。この点については今後の検討課題としたい。

現状では、承認援助法の「承認」と既存の法的枠組との関係では完全な合致は見出せないと思われる。しかしながら、外国国家行為につき内国でその効力を認めるという結果に着目すれば、既存の承認アプローチが齎してきた「法の同化」への寄与が、承認援助法における「承認」においても看取できよう。

IV. おわりに

このように、外国判決の承認を始めとした、承認アプローチの手法は、各国での法状態を安定させる手段としては有用なものであり、またそれが国際的に統一的であるほどに、「法の同化」に資するものといえる。この点、EU では、「規則」を制定することにより、構成国内での判決の「自動承認」のシステムを構築し、さらに構成国内での効力を同一にする統一法が形成されている[37,38]。またドイツについて既に見たように、EU 倒産規則を参考に国内法化がなされている例もある。

しかし、国際レベルでは、承認の統一的なシステムはこれまでのところまだ未成熟である[39]。法の同化のための最も実効的な手法は、国際的な条約を形成する

34　さらに、倒産開始手続決定との類似点を指摘するものもある。中西（前掲注 33）122 頁以下。

35　小林秀之「国際司法共助」澤木敬郎・青山善充編『国際民事訴訟法の理論』（1987）285 頁。

36　山本克己「新しい国際倒産法制における「承認」概念とその周辺」河野他（前掲注 30）148 頁以下。また、河野俊行「ヨーロッパにおける国際倒産関連条約等・UNCITRAL 国際倒産モデル法とわが国の国際倒産法」国際私法年報 3 巻（2001）72 頁は、「自動承認か否かは倒産の承認の本質に関係するのではなく、司法共助を与える場合の難易度の差にすぎないのではないだろうか」としている。これに対し、「承認」と司法共助との差異を強調する見解として、中西（前掲注 33）122 頁以下。

37　例えば、欧州共同体構成国間においては「民事・商事の裁判管轄及び判決承認に関するブリュッセル I 規則（2000 年）」（ABl. EG 2001, Nr. L 12, S. 1）、「婚姻・親子関係事件の裁判管轄及び執行管轄及び判決承認に関するブリュッセル II 規則（2000 年、II a 規則により 2003 年改正）」（ABl. EG 2000, Nr. L 160, S. 19）、EFTA 諸国との間では「ルガノ条約（1988 年）」（BGBl. 1994 II, S. 2660）がある。

38　また「争いのない債権に関する欧州債務創設規則（2004 年）」（ABl. EU Nr. L 143 S. 15）においては、一定要件を満たす判決については、他の欧州共同体構成国で執行を行う場合にも、執行を許可手続廃止することによって、執行の利便性を高める形で外国判決の承認執行制度を統一している。

39　ハーグ国際私法会議で「国際裁判管轄及び外国判決に関する条約」の審議がされていたが、承認に関する部分はごく限られた範囲でのみ規律される形で「管轄合意に関する条約」として成立した。条約成文については、下記 URL 参照。
http://www.hcch.net/

ことであろう。しかし条約による法統一の実現は、一般には、条約交渉に多大な労力を要し、各国が批准するまで時間がかかるうえ、そもそも批准をしない国も多く存在する。しかも、条約成立後も、統一的な解釈権限をもつ機関がないため、解釈が各国で分かれるといった問題点が指摘されてきた。このような条約による法統一の限界が認識されるにつれて、UNCITRAL や UNIDROIT 等の国際機関が主体となって、模範となるルールをモデル法あるいはユニドロワ契約法原則として作成する傾向がみられるようになった。これらは、完全な法統一を実現するものではなく、あくまで各国が国内法を制定する際に参考となるようなモデルを提示するものである。確かに、各国が、モデル法とは異なる規定を自由に置くことができることから完全な法統一が実現される保証は無いとはいえ、条約に比して簡便に一定程度の調和を実現することができることは、「緩やかな」法の同化を実現する手段といえる。

倒産モデル法は前述の意味での「モデル法」である。国際倒産法における法の同化においてその阻害要因となってきた、倒産処理手続については各国において様々である点に鑑みれば、モデル法が果たす役割は大きい。前述したように、「緩やかな」法の統一化のこの新たな形は、従来の硬直的な条約に比して多くの点で有用である。そして「承認援助法」の制定に際し倒産モデル法を参考にしたことで、わが国の国際倒産法は、外国倒産手続の承認に関して大きな発展を遂げたといえよう。

確かに、承認援助法が採用する承認のシステムは、前述のとおり国際倒産手続の内国での処理の前提手続に過ぎない。ここには、総体的な処理を要する倒産手続の特殊性が反映されており、このシステムが他の法分野に応用されうるかどうかの判断は現時点では難しい。とはいえ、承認援助法の承認システムは、法の同一化をもたらす手続としては適切なものといえ、承認アプローチの一環として評価しうる。

法状態や手続の結果の同一化をより促進するためには、このような国際的なモデルとなる規範をいかに活用していくべきかが、今後の課題の一つとなると思われる。

§ 10 Offenlegungspflicht für Managergehälter – Ein Beispiel für Rechtsvereinheitlichung durch Soft Law

Christian Förster

Übersicht

I. Einleitung

„Die kriegen ja vielmehr als sie verdienen!" So oder ähnlich klingt es in der Regel, wenn in Deutschland über die Gehälter von Vorständen großer Unternehmen gesprochen wird. Spätestens seit dem Bekanntwerden der hohen Prämienzahlungen im Zuge der Übernahme der Mannesmann AG durch die britische Vodafone plc. und dem nicht immer taktvollen Verhalten der wegen Untreue angeklagten Mannesmann-Manager nach ihren Freisprüchen im strafrechtlichen Verfahren vor dem Landgericht Düsseldorf[1], schlagen die Wellen in der deutschen Presse hoch.[2] Die Frage, in welcher Höhe die Bezüge von Vorstandsmitgliedern angemessen sind, bewegt viele Gemüter.[3]

1 LG Düsseldorf, NZG 2004, 1057 = NJW 2004, 3275 = ZIP 2004, 2044. Siehe auch unten Fn. 14.
2 Vgl. die Äußerung von Verbraucherschutzministerin Renate *Künast* in der „Bild am Sonntag", wiedergegeben auf manager-magazin.de vom 1. 8. 2004 („Vorstandsbezüge an Arbeitergehälter koppeln"): „Die Millionenbezüge und Abfindungen in den Vorstandsetagen sind unmoralisch."
3 Aus der Fachpresse siehe lediglich den Appell von *Bernhardt*, Corporate Governance statt Unternehmensführung?, RIW 2004, 401, 404f.: „Es geht nicht oder nicht nur um das Gesetz (§ 87 AktG), sondern um Fairneß oder Anstand, mit anderen Worten um das, was recht und billig ist. Maß statt Maßlosigkeit, Vergütung statt ungerechtfertigter (Selbst-)Bereicherung."

Dieses inhaltliche, und letztlich im Grundsatz kaum zu lösende Problem bietet aber auch genügend Anlaß, um auf der methodischen Ebene die Wirkungsweise von Soft Law genauer unter die Lupe zu nehmen. Während die bisherige deutsche Rechtslage nur wenige Anhaltspunkte enthält, um die Frage der Angemessenheit konkret beantworten zu können (II.), hat sich der Deutsche Corporate Governance Kodex als Regelwerk auf der Grundlage einer freiwilligen Selbstverpflichtung börsennotierter Unternehmen bereits für den Weg gesteigerter Transparenz in Form einer empfohlenen individuellen Offenlegung der Managergehälter entschieden, um angemessenen Gehältern näher zu kommen (III.). Auf supranationaler, europäischer Ebene hat sich die Kommission im Großen und Ganzen in dieselbe Richtung bewegt, mit einer für sich allein genommen auch rechtlich unverbindlichen Empfehlung (IV.). Den momentanen Schlußpunkt dieser Entwicklung aber bildet nun doch wieder eine gesetzliche Regelung, das jüngst in Deutschland erlassene „Vorstandsvergütungs-Offenlegungsgesetz" (V.).

II. Die ursprüngliche deutsche Rechtslage

Tatsächlich sind die Vorstände der großen deutschen Unternehmen – auch und gerade im europäischen Vergleich – nicht wirklich unterbezahlt.[4] Dies gilt insbesondere für die hier besonders relevanten DAX 30 Unternehmen, d.h. die nach Marktkapitalisierung und Umsatz bedeutendsten Gesellschaften an der Frankfurter Wertpapierbörse.[5] Der Zusammenhang zwischen der Größe eines Unternehmens, klassisch gemessen an der Mitarbeiterzahl, der Bilanzsumme und dem Umsatz,[6] und den Bezügen seiner Geschäftsleiter ist offensichtlich, bei kleineren Gesellschaften wird in der Regel weit weniger gezahlt.[7] Dennoch käme wohl kaum jemand auf die Idee, für die Gehälter gesetzliche Höchstgrenzen festzulegen, weil dies bereits wegen der großen Unterschiede zwischen den einzelnen Unternehmen nicht praktikabel wäre[8] und zudem eklatant dem System einer marktgesteuerten

---

4 Vgl. nur die Schlagzeile auf spiegel-online von 26. 11. 2004: „Deutsche Bosse Spitzenreiter in Europa"; ebenso kritisch *Baums* im Interview bei manager-magazin.de vom 24. 6. 2004 (Von gierigen Vorständen und albernen Vergleichen): Ein Vergleich der Bezüge von der weit überwiegenden Zahl deutscher Manager, die lediglich auf dem heimischen Markt tätig sind, mit anglo-amerikanischen Vergütungsstandards sei „einfach albern".

5 Siehe die tabellarische Übersicht der Beträge für 2003 und 2004 im Anschluß an den Bericht über die Pressekonferenz zur Studie der *Deutschen Schutzvereinigung für Wertpapierbesitz* (DSW) über Vorstandsvergütung am 20. 9. 2005 in Frankfurt, im Internet unter http://www.dsw-info.de/Vorstandsverguetung_2005.570.98.html. Danach verdiente ein Vorstandsmitglied eines DAX 30 Unternehmens 2004 im Durchschnitt knapp 1,6 Millionen Euro.

6 Zur Bestimmung der Unternehmensgröße vgl. *Förster*, Die Dimension des Unternehmens (2003), S. 7ff.

7 Nochmals *Baums* (Fn. 4): Der Zusammenhang „je größer das Unternehmen, desto höher die Bezahlung der Topmanager" sei „empirisch belegt". Ebenso *Hetzer/Papendick*, Fette Katzen [4], manager-magazin.de vom 28. 7. 2004.

8 Vgl. *Lücke*, Die Angemessenheit von Vorstandsbezügen – Der erste unbestimmbare unbestimmte Rechtsbegriff?, NZG 2005, 692, 693.

Preisbildung durch Angebot und Nachfrage widerspräche. Dementsprechend zurückhaltend war bisher auch die gesetzliche Regelung in Deutschland. Zu differenzieren ist dabei nach Vorschriften, die materielle Vorgaben für Vorstandsbezüge enthalten, und solchen, die möglicherweise dazu dienen können, daß diese inhaltlich anvisierten Ziele auch tatsächlich erreicht werden können oder zumindest nachprüfbar sind.

1. Angemessenheit gem. § 87 Abs. 1 S. 1 AktG

Die einzige hier einschlägige materielle Regelung enthält § 87 Abs. 1 Satz 1 AktG. Dort heißt es: „Der Aufsichtsrat hat bei der Festsetzung der Gesamtbezüge des einzelnen Vorstandsmitglieds [...] dafür zu sorgen, daß die Gesamtbezüge in einem angemessenen Verhältnis zu den Aufgaben des Vorstandsmitglieds und zur Lage der Gesellschaft stehen." Damit wird zunächst einmal klargestellt, daß es Aufgabe des Aufsichtsrats ist, die Gehälter der einzelnen Vorstände festzulegen. Dabei besitzt er gewissen Entscheidungsspielraum, wo er kumulativ zwei Faktoren berücksichtigen muß: Die konkreten Tätigkeiten der betreffenden Person und die momentane wirtschaftliche Situation der Gesellschaft als Ganzes. Zu diesen beiden Parametern hat sich das Gehalt in einem „angemessenen Verhältnis" zu bewegen. Was aber bedeutet dies konkret?

Hintergrund der Norm ist der Schutz der Aktiengesellschaft selbst, sowie ihrer Gläubiger, Aktionäre und Arbeitnehmer vor „übermäßigen Bezügen"[9] der einzelnen Vorstandsmitglieder. Damit gibt die Vorschrift aber nur einen Rahmen vor, der erst im konkreten Fall auszufüllen ist. Die beiden im Text der Norm genannten Faktoren sind insoweit nicht abschließend, sondern nur als Konkretisierung des primär maßgeblichen Unternehmensinteresses zu verstehen.[10] Die Vorschrift gibt einem Vorstand weder einen Anspruch auf bestimmte Bezüge, noch verbietet oder sanktioniert sie ein etwa „unangemessenes" Gehalt.[11]

Welche einzelnen Kriterien im einzelnen zu berücksichtigen sind, läßt sich allgemein kaum bestimmen. Neben der in praxi augenscheinlich maßgeblichen Unternehmensgröße[12] ist beispielsweise an Leistung, Qualifikation, Unternehmenszugehörigkeit oder Marktwert – soweit überhaupt feststellbar – eines Vorstandsmitglieds zu denken.[13] Inwiefern auf dieser bereits wackeligen Grundlage gerichtlich die „Angemessenheit" festgestellt werden soll, ist schwer zu beantworten. Soweit ersichtlich, fehlt es deshalb auch vollständig an entsprechenden Entscheidungen. Auch das Landgericht Düsseldorf hat sich im eingangs erwähnten

---

9 *Hüffer*, Aktiengesetz (5. Aufl. 2002), § 87 Rn. 1.; *Fonk*, Die Zulässigkeit von Vorstandsbezügen dem Grunde nach, NZG 2005, 248.

10 *Fonk*, NZG 2005, 248, 252; vgl. *Lücke*, NZG 2005, 692, 693.

11 Vgl. *Hüffer* (Fn. 9), § 87 Rn. 5.

12 Hier noch mal *Fonk*, NZG 2005, 248, 249.

13 Vgl. *Hüffer* (Fn. 9), § 87 Rn. 2.

Fall Mannesmann/Vodafone leider nur mit der – hier und allgemein wohl weniger bedeutsamen – Frage des „Ob überhaupt" und nicht des „angemessenen Wieviel" von Vorstandsbezügen beschäftigt.[14]

Um das andernorts bereits vieldiskutierte Angemessenheitsproblem in materieller Hinsicht hier nicht zu sehr ausufern zu lassen, sei insoweit abschließend konstatiert, daß eine gesetzliche Konkretisierung in jedem Fall außerordentlich schwierig scheint.[15] Als inhaltlicher Anknüpfungspunkt möge der Problemaufriß genügen. Erfolgversprechender ist nun aus methodischer Sicht und im Hinblick auf den Einfluß des Soft Law die Überlegung, ob nicht auf anderem Wege eine „Angemessenheit" der Bezüge erreicht werden kann. Der üblicherweise propagierte Ansatz, dem auch hier nachgespürt werden soll, ist verstärkte Transparenz, mit anderen Worten eine möglichst detaillierte Veröffentlichung der Vergütungsdaten, welche die Geschäftsleitung betreffen.[16] Im Idealfall würden sich hier „angemessene" Beträge nach einer gewissen Zeit von selbst ergeben, sofern sich die vielbeschworenen Kräfte des Marktes bzw. des gesellschaftlichen Umfelds auch entsprechend entfalten könnten.

2. Offenlegungspflicht gem. § 285 S. 1 Nr. 9 a) HGB a.F.

§ 285 S. 1 Nr. 9 a) des deutschen Handelsgesetzbuchs in der bis Anfang August 2005 geltenden Fassung verlangte allgemein von Kapitalgesellschaften, im Anhang zum Jahresabschluß für alle Mitglieder des Geschäftsführungsorgans, des Aufsichtsrats und ähnlicher Gremien die Gesamtbezüge anzugeben, welche die betreffenden Personen einer Gruppe für ihre Tätigkeit im Geschäftsjahr erhalten haben.[17] Damit waren zwar die Bezüge als solche offenzulegen, aber konzentriert auf nur eine Zahl pro Gremium. Dies bedeutete eine doppelte Bündelung: Auf sachlicher Ebene gab die Zahl nur die Summe aller unterschiedlichen Vergütungsbestandteile an, wie beispielsweise Festgehalt, Aktienoptionen oder Provisionen. Auf persönlicher Ebene wurden alle Mitglieder eines Gremiums zusammengefaßt, die einer einzelnen Person gewährte Summe war also nicht erkennbar. Als Kontrollinstrument für die Angemessenheit, egal ob im Sinne des § 87 Abs. 1 S. 1 AktG oder auch darüber hinaus, war § 285 S. 1 Nr. 9 a) HGB a.F. damit noch etwas „zahnlos".

---

14 LG Düsseldorf, NZG 2004, 1057, 1059ff. Auch wenn die Angeklagten in strafrechtlicher Hinsicht freigesprochen wurden, so nahm das Gericht bei den Zahlungen jeweils einen Verstoß gegen § 87 Abs. 1 S. 1 AktG an, weil im Unternehmensinteresse kein Ermessensspielraum mehr bestand. Sehr kritisch *Fonk*, NZG 2005, 248, 249ff.; ebenso *Lücke*, NZG 2005, 692, 693f.

15 Vgl. hierzu aus rechtsvergleichender, insbesondere schweizerischer Sicht *Daeniker*, Vergütung von Verwaltungsrat und Geschäftsleitung schweizerischer Publikumsgesellschaften, SJZ 101 (2005), 381ff.

16 Kritisch *Lücke*, NZG 2005, 692, 693f.

17 § 314 Abs. 1 Nr. 6 a) HGB a.F. enthielt eine entsprechende Regelung für Kapitalgesellschaften im Konzernverbund.

Ausländische Regelungen, beispielsweise in den USA, Großbritannien oder Frankreich sind hier mittlerweile schon erheblich schärfer.[18] In Japan werden die Bezüge der Verwaltungsratsmitglieder grundsätzlich von der Hauptversammlung festgesetzt, § 269 des japanisches Handelsgesetzes, weil hier dem einstufigen Aufbau ohne getrennten Vorstand und Aufsichtsrat gefolgt wird. Bei großen Aktiengesellschaften, die nach amerikanischem Vorbild verschiedene Ausschüsse eingerichtet haben,[19] ist dafür allerdings der Vergütungsausschuß zuständig, für den nach § 21–11 des Rechnungsprüfungsgesetzes genauere Bestimmungen vorgesehen sind als in Deutschland allgemein üblich.[20]

III. Soft Law auf nationaler Ebene

Im Interesse größerer Transparenz und mit dem Ziel vor Augen, das aufgrund verschiedener Unternehmensskandale in der Vergangenheit (Stichwort: Enron) stark gesunkene Vertrauen der Anleger wieder zu stärken, wurden in den letzten Jahren in zahlreichen Staaten von unterschiedlichsten privaten Stellen Regelwerke erlassen, sogenannte Corporate Governance Kodizes, welche die vorhandenen gesetzlichen Regelungen ergänzen sollten, indem sie in der Praxis weitgehend anerkannte Grundsätze guter Unternehmensleitung und -kontrolle propagieren. Bei aller unterschiedlichen Gestaltung im Detail ist ihnen gemeinsam, daß sie auf der Grundlage einer freiwilligen Selbstverpflichtung der Unternehmen arbeiten. Kernstück der externen Kontrolle ist bei nahezu allen Kodizes die sogenannte „comply or explain"-Erklärung, d.h. die Unternehmen müssen in regelmäßigen Abständen entweder angeben, daß sie den Empfehlungen des jeweiligen nationalen Regelwerks folgen, oder aber erklären, inwiefern sie davon abweichen.

1. Deutscher Corporate Governance Kodex

Auch der von einer Regierungskommission erarbeitete Deutsche Corporate Governance Kodex (DCGK) von 2002, in der aktuellen Fassung vom 2. Juni 2005,[21] verwendet das „comply or explain"-Prinzip für seine Empfehlungen, die neben der

---

18 Vgl. Ringleb/Kremer/Lutter/v.Werder-*Ringleb*, Kommentar zum Deutschen Corporate Governance Kodex (2. Aufl. 2005), Ziffer 4.2.4 Rn. 778; *Cromme,* Ausführungen bei der Pressekonferenz am 11. 3. 2005, S. 4, http://www.corporate-governance-code.de/ger/download/Cr_Redefass ung_Pressemappe_11_03_2005.pdf; *Fleischer*, Das Vorstandsvergütungs-Offenlegungsgesetz, DB 2005, 1611f.; *Thüsing*, Das Gesetz über die Offenlegung von Vorstandsvergütungen, ZIP 2005, 1389.

19 So wie dies mittlerweile auch von der Kommission generell empfohlen wird, vgl. die Empfehlung der Kommission 2005/162/EG vom 15. 2. 2005 zu den Aufgaben nicht geschäftsführender Direktoren und der Bildung von Ausschüssen, ABl. 2005 L 52/ 51, und in den meisten nationalen Kodizes vorgesehen ist, vgl. *Förster*, Europäische Corporate Governance – Tatsächliche Konvergenz der neuen Kodizes?, ZIP 2006, 162, 167.

20 Vgl. *Kawamoto/Kishida/Morita/Kawaguchi*, Gesellschaftsrecht in Japan (2003), S. 185 und 212.

21 *Regierungskommission DCGK*, Deutscher Corporate Governance Kodex vom 2. 6. 2005, unter http://www.corporate-governance-code.de/ger/download/D_CorpGov_Endfassung2005.pdf. Der Kodex wurde am 12. 7. 2005 im elektronischen Bundesanzeiger veröffentlicht.

Wiedergabe maßgeblichen Gesetzesrechts und bloßen Anregungen den Großteil des Regelwerks ausmachen. Über § 161 des deutschen Aktiengesetzes sind börsennotierte Gesellschaften mittlerweile aber auch gesetzlich verpflichtet, die entsprechende Erklärung im Bezug auf die an sich unverbindlichen Empfehlungen des Kodex abzugeben. Mit anderen Worten, das „Ob" ist nunmehr zwingend vorgeschrieben, das „Wie", der Inhalt aber, bleibt auf freiwilliger Basis.

Während der Kodex in Ziffer 4.2.2 Abs. 2 weitgehend die Regelung des § 87 Abs. 1 AktG wiedergibt und dort lediglich die Angemessenheit um einige weitere Kriterien, wie beispielsweise die Leistungsbezogenheit der Vergütung, ergänzt, enthält er in Ziffer 4.2.4 nun eben jene Empfehlungen, die in der gesetzlichen Regelung des § 285 S. 1 Nr. 9 a) HGB a.F. bisher vermißt wurden. Nach Satz 1 ist auf sachlicher Ebene im Anhang des Jahresabschlusses die Vergütung der Vorstandsmitglieder aufgeteilt wiederzugeben, getrennt nach Festgehalt, erfolgsbezogenen Bestandteilen und solchen Komponenten, die auf finanziellem Weg eine langfristige Motivation der Vorstände bewirken sollen. Gemäß Satz 2 sind diese Angaben auf persönlicher Ebene auch für jedes Vorstandsmitglied einzeln auszuweisen.[22] Die gesamte Regelung unterfällt damit der Erklärungspflicht in § 161 AktG.

In der ursprünglichen Fassung des Kodex war Satz 2, d.h. die Bekanntgabe der Bezüge der einzelnen Vorstandsmitglieder, noch als bloße Anregung formuliert, von der ein Unternehmen abweichen konnte, ohne dies erklären zu müssen. Weil in der Vergangenheit gerade diese Bestimmung des Kodex aber am stärksten von den Unternehmen abgelehnt worden war,[23] hat die Kodex-Kommission im Zuge einer Revision Mitte 2003 aus der Anregung eine erklärungspflichtige Empfehlung gemacht. Hintergrund war auch hier der Versuch, mit mehr Transparenz im Bereich der Vergütung die öffentliche Diskussion um Managergehälter zu dämpfen, das Vertrauen in die Unternehmen zu steigern und letztlich einem Eingreifen des Gesetzgebers zuvorzukommen,[24] der zur gleichen Zeit bereits gewissen Druck auszuüben begann.[25] Der Kodex als Ganzes und die besprochene Regelung im Besonderen stellen sich damit als Versuch dar, auf nationaler Ebene mit Mitteln des Soft Law eine „Rechts"-Vereinheitlichung zu erreichen, d.h. die börsennotierten Unternehmen zu einem möglichst übereinstimmenden Verhalten zu bewegen in einem Bereich, der bisher von gesetzlichen Regelungen frei ist.

---

22 Ziffer 5.4.7 Abs. 3 S. 1 des Kodex enthält eine entsprechende Regelung für die Vergütung der Aufsichtsratsmitglieder, für die allerdings die Hauptversammlung zuständig ist, vgl. Ziffer 5.4.7 Abs. 1 S. 1.

23 Vgl. Ringleb/Kremer/Lutter/v.Werder-*Ringleb* (Fn. 18), Ziffer 4.2.4 Rn. 775ff.

24 Siehe die Presseerklärung der Regierungskommission Deutscher Corporate Governance Kodex vom 21. 5. 2003, im Internet unter http://www.corporate-governance-code.de/ger/news/presse-20030521.html.

25 Vgl. nur das sogenannte „10-Punkte-Papier" der *Bundesregierung*, Presseerklärung vom 25. 2. 2003 zum Maßnahmenkatalog der Bundesregierung zur Stärkung der Unternehmensintegrität und des Anlegerschutzes, unter 3., Weiterentwicklung des Deutschen Corporate Governance Kodex: „Die Angabe der Einzelvergütung der Organmitglieder im Anhang könnte verpflichtend formuliert werden." Nachweis auf der Internetseite des Bundesjustizministeriums, http://www.bmj.de.

Parallelen zeigen sich auf europäischer Ebene: In vielen Regelwerken anderer Mitgliedsstaaten der EU – die fast alle mittlerweile ihren eigenen Kodex besitzen –, finden sich Empfehlungen, die der deutschen Fassung zumindest inhaltlich ähneln, auch dort sind die individuellen Bezüge der einzelnen Geschäftsleiter offenzulegen. Damit ist eine inhaltliche Konvergenz nicht nur im Allgemeinen, sondern auch im Besonderen sichtbar.[26] Und so läßt sich durchaus bereits hier von einer „Rechtsvereinheitlichung" durch Soft Law auch auf supranationaler Ebene sprechen.

In Japan dagegen fehlt es an entsprechenden Vorgaben außerhalb des Gesetzes. Weder die „Revised Corporate Governance Principles" des Japan Corporate Governance Committee von 2001,[27] noch die auf den OECD-Principles[28] beruhenden „Principles of Corporate Governance for Listed Companies" der Tokyo Stock Exchange von 2004[29] enthalten solche Empfehlungen. Sie sind beide im Grundsatz eher vage und unspezifisch gehalten.

2. Empirische Untersuchung der Akzeptanz

Es fragt sich aber, ob dort, wo eine Vereinheitlichung versucht wurde, dieser Versuch auch geglückt ist, mit anderen Worten, ob die Unternehmen die nicht-zwingenden Vorgaben des Kodex tatsächlich befolgen, so daß von einem „einheitlichen" Verhalten gesprochen werden kann. Das Verhalten, genauer die „comply or explain"-Erklärungen der deutschen Unternehmen sind in den letzten Jahren regelmäßig untersucht worden. Erfreulicherweise zeigt sich dabei insgesamt eine hohe Akzeptanz der Kodex-Empfehlungen, die zudem seit 2002 stetig zugenommen hat und mittlerweile insgesamt bei über 80% liegt.[30]

Allerdings war die Regelung zur individuellen Offenlegung der Managergehälter immer ein besonderes Sorgenkind. Leider sind keine empirische Daten für den Anfangszeitraum verfügbar, wo Ziffer 4.2.4. S. 2 noch eine bloße Anregung war und nicht von der Entsprechungserklärung erfaßt wurde. Nach einer Studie von 2004, wo die Regelung bereits als Empfehlung formuliert war, wollten jedoch nicht einmal 25% der dort befragten Unternehmen künftig die Vergütung individualisiert

---

26 Vgl. *Förster*, ZIP 2006, 162, 168.

27 *Japan Corporate Governance Committee*, Revised Corporate Governance Principles vom 26. 10. 2001, siehe http://www.ecgi.org/codes/documents/revised_corporate_governance_principles.pdf.

28 *OECD*, Principles of Corporate Governance, 2004, http://www.oecd.org/dataoecd/32/18/31557724.pdf.

29 *Tokyo Stock Exchange*, Principles of Corporate Governance for Listed Companies vom 16. 3. 2004, http://www.tse.or.jp/english/listing/cg/principles.pdf.

30 *v. Werder/Talaulicar*, Kodex Report 2005: Die Akzeptanz der Empfehlungen und Anregungen des Deutschen Corporate Governance Kodex, DB 2005, 841, 842, kommen auf eine allgemeine Zustimmungsrate von 81,5%, d.h. dieser Prozentsatz aller Kodex-Empfehlungen wurde im Durchschnitt sämtlicher untersuchter 210 Unternehmen eingehalten. Auch hier zeigte sich wieder, daß mit zunehmender Größe eines Unternehmens die Zustimmungsrate stieg. *Cromme* (Fn. 18), S. 2, geht davon aus, daß bis Ende 2005 von den DAX 30, d.h. den bedeutendsten deutschen Unternehmen, 97,3% der Empfehlungen befolgt werden.

offenlegen.[31] Gemäß der Folgestudie von 2005 hat sich diese Zahl auch nur leicht auf knapp 35 % erhöht. Bei den bedeutendsten DAX 30 Unternehmen zeigt sich allerdings mehr als eine Verdopplung von gut 30 auf jetzt knapp 70 %.[32] Im Vergleich zu der ansonsten durchgehend großen Akzeptanz der übrigen Empfehlungen bildet diese Regelung damit dennoch eindeutig das Schlußlicht.[33]

IV. Soft Law auf supranationaler Ebene

Auch auf supranationaler, europäischer Ebene sind einige Meilensteine zu nennen, die letztlich zu einer weiteren Rechtsvereinheitlichung im Bereich der Corporate Governance führen sollten. Im Interesse der Anleger wurde auch hier eine genauere Offenlegung der Managergehälter vorgeschlagen.

1. Report der Winter-Gruppe

Im November 2002 erstattete eine von der Kommission eingesetzte Expertengruppe unter Vorsitz von *Jaap Winter* ihren Bericht über Empfehlungen für moderne gesellschaftsrechtliche Rahmenbedingungen in Europa.[34] Nach Punkt III.11 sollte künftig bei der Vergütung der Direktoren in viererlei Hinsicht genauer differenziert werden: Einerseits sollten die Vergütungspolitik, etwaige Aktienoptionen und deren Kosten detailliert behandelt, andererseits aber auch die Bezüge der einzelnen Direktoren im Unternehmensabschluß individuell offengelegt werden. Letzteres sei für die Aktionäre wichtig, um die Beziehung zwischen dem Erfolg eines Unternehmens und der Höhe der Bezüge beurteilen zu können. Eine übermäßige, unangemessene Vergütung sei so auch leichter zu verhindern, weil einzelne Vergütungsbestandteile nicht mehr in zusammengefaßten Beträgen versteckt werden könnten. Zwar wurde durchaus die Gefahr gesehen, daß auf diese Weise sich die Bezüge eher erhöhten, weil die Direktoren ihr eigenes Gehalt mit dem ihrer Kollegen vergleichen würden. Die Information der Anleger, mit der diese letztlich die Direktoren wegen ihrer Vergütungen zur Rechenschaft ziehen könnten, erschien aber wichtiger.[35]

---

31 *v. Werder/Talaulicar*, Kodex Report 2004 – Die Akzeptanz der Empfehlungen und Anregungen des Deutschen Corporate Governance Kodex, DB 2004, 1377, 1381 (Tabelle S. 1379).

32 *v. Werder/Talaulicar*, DB 2005, 841, 845 (Tabelle S. 844); vgl. *Cromme* (Fn. 18), S. 4.

33 Platz zwei auf der Liste unbeliebter Empfehlungen nimmt mit lediglich 40–45 % allgemeiner Akzeptanz die entsprechende Regelung für die Publizität der Aufsichtsratvergütungen in Ziffer 5.4.7 Abs. 3 S. 1 ein, vgl. *v. Werder/Talaulicar*, DB 2004, 1377 (Tabelle S. 1379); *dies.*, DB 2005, 841, 845 (Tabelle S. 844) (in beiden Studien noch als Ziffer 5.4.5 Abs. 3 S. 1).

34 *Winter-Gruppe*, Bericht der hochrangigen Gruppe von Experten auf dem Gebiet des Gesellschaftsrechts über moderne gesellschaftsrechtliche Rahmenbedingungen in Europa vom 4. 11. 2002, http://europa.eu.int/comm/internal_market/en/company/company/modern/consult/report_de.pdf.

35 *Winter-Gruppe* (Fn. 34), S. 70. Ausdrücklich begrüßt wurde die Initiative von der *Group of German Experts on Corporate Law*, Zur Entwicklung des Europäischen Gesellschaftsrechts: Stellungnahme der Arbeitsgruppe Europäisches Gesellschaftsrecht, ZIP 2003, 863, 870.

2. Aktionsplan der Kommission

Am 21. Mai 2003 veröffentlichte die Kommission einen sogenannten „Aktionsplan", um Gesellschaftsrecht und Corporate Governance auf europäischer Ebene zu verbessern.[36] Die Kommission wiederholte dort noch einmal knapp die Begründung der Winter-Gruppe und schloß sich dann ohne weitere eigene Ergänzungen den obengenannten Vorschlägen an.[37] In einer parallelen Anmerkung fügte die Kommission aber hinzu, daß die Aktionäre „erheblichen moralischen Druck" ausüben könnten, wenn eine entsprechende Veröffentlichung vorgeschrieben sei. Es sei nämlich sehr schwierig für die Geschäftsleitung, Vergütungsregelungen gegen den eindeutig erklärten Willen der Aktionäre einzuführen.[38]

3. Empfehlung der Kommission

Am 14. Dezember 2004 erließ die Kommission eine an sich rechtsunverbindliche „Empfehlung zur Einführung einer angemessenen Regelung für die Vergütung von Mitgliedern der Unternehmensleitung börsennotierter Gesellschaften".[39] In der Begründung hieß es allgemein, daß durch das Offenlegen genauer Informationen der Unternehmen das Anlegervertrauen dauerhaft gesteigert und eine gute Corporate Governance europaweit gefördert werden könnte.[40] Insbesondere sei die Veröffentlichung der Bezüge der einzelnen Direktoren[41] für die Aktionäre wichtig, damit sie diese – wie gehabt – zum Gesamterfolg der Gesellschaft in Beziehung setzen könnten.[42]

Die Empfehlung selbst sah nun all die oben bereits erwähnten Präzisierungen bei der Managervergütung vor. Nach Ziffer 5.1. sollte zunächst die Gesamtvergütung der einzelnen Direktoren ausgewiesen, nach Ziffer 5.2. aber um weitere Einzelinformationen ergänzt werden. Letztere ergeben sich aus den Ziffern 5.3. bis 5.6. und bilden einen ausgesprochen detaillierten Katalog zu veröffentlichender Daten, der über die Regelung des DCGK in Ziffer 4.2.4 weit hinausgeht. Nach Ziffer 8.1 der EU-Empfehlung wird von den Mitgliedsstaaten schließlich verlangt, dafür zu sor-

---

36 Mitteilung der Kommission an den Rat und das Europäische Parlament, KOM(2003) 284 endg. vom 21. 5. 2003, Modernisierung des Gesellschaftsrechts und Verbesserung der Corporate Governance in der Europäischen Union – Aktionsplan, im Internet unter http://europa.eu.int/eur-lex/de/com/cnc/2003/com2003_0284de01.pdf. Zum Hintergrund der Mitteilung siehe dort S. 3ff.

37 Mitteilung der Kommission v. 21. 5. 2003, KOM(2003) 284 endg., S. 19.

38 *Kommission*, Aktionsplan der Kommission zur „Modernisierung des Gesellschaftsrechts und zur Verbesserung der Corporate Governance in der Europäischen Union" – häufig gestellte Fragen, MEMO/03/112, S. 6.

39 Empfehlung 2004/913/EG der Kommission v. 14. 12. 2004 zur Einführung einer angemessenen Regelung für die Vergütung von Mitgliedern der Unternehmensleitung börsennotierter Gesellschaften, ABl. 2004 L 385/55.

40 Empfehlung 2004/913/EG v. 14. 12. 2004 (Fn. 39), Begründungserwägung 3.

41 Sowohl geschäftsführende wie nicht-geschäftsführende, in deutsche Terminologie übertragen heißt dies nicht nur Vorstände, sondern auch Aufsichtsräte.

42 Empfehlung 2004/913/EG v. 14. 12. 2004 (Fn. 39), Begründungserwägung 9.

gen, daß bei ihnen niedergelassene Unternehmen spätestens ab dem 30. Juni 2006 den Vorgaben nachkommen.

Alle in diesem Abschnitt behandelten Maßnahmen bewegen sich noch auf dem Boden des – nun supranationalen – Soft Law, sie haben sämtlich nur Vorschlagscharakter und keine rechtlich bindende Wirkung. Allerdings deutet sich mit der zuletzt vorgestellten EU-Empfehlung bereits am Horizont eine zwingende gesetzliche Regelung an. So heißt es auch etwas mehrdeutig schon in der erwähnten Anmerkung der Kommission zum Aktionsplan: „Die Kommission ist zuversichtlich, daß die Mitgliedstaaten die Empfehlungen in nationales Recht umsetzen werden und daß die Verbreitung des Wohlverhaltenskodexes eine eigene Dynamik entfalten wird."[43] Hier verschwimmen bereits die Grenzen zwischen freiwilliger Selbstregulierung und staatlichem Zwang. Letzterer überwiegt, wenn selbst die Kommission abschließend im Falle mangelhafter Wirkung der Empfehlungen bereits eigene, verbindliche Rechtsvorschriften – dann wohl in Form einer Richtlinie – ankündigt.[44] Je nach Standpunkt hätten damit die vorigen Bemühungen auf der Ebene des Soft Law ihr Ziel erreicht – oder eben gerade verfehlt.

V. Hard Law: Das Vorstandsvergütungs-Offenlegungsgesetz

Das zur Zeit letzte Glied in der Kette bisheriger Regelungsanstrengungen bildet nun schließlich doch ein nationales Gesetz, das Gesetz über die Offenlegung der Vorstandsvergütungen (VorstOG) vom 3. August 2005.[45] Die Zeichen an der Wand waren kaum zu übersehen, bereits mehrfach war von Regierungsseite „angedroht" worden, daß ein entsprechendes Gesetz erlassen würde, befolgten nicht mehr Unternehmen die Offenlegungs-Empfehlung des DCGK.[46]

1. Inhalt des Gesetzes

Mit dem Gesetz kam die Bundesregierung weitgehend den Wünschen der Kommission nach, wobei der Katalog nunmehr auszuweisender Gehaltsinformationen nicht so ausführlich gestaltet wurde wie in der Vorgabe, sondern sich eher am DCGK orientierte. Auch hinsichtlich etwaiger Aktienoptionsprogramme und der Vergütungspolitik der Unternehmen gab es entsprechende Veränderungen.

Wir wollen uns hier beschränken auf die Offenlegungspflicht, wo sich im neuen § 285 S. 1 Nr. 9 a) S. 5 HGB nahezu wörtlich die Regelung aus Ziffer 4.2.4 des DCGK

---

43 *Kommission* (Fn. 38), S. 5.
44 Nochmals *Kommission* (Fn. 38), S. 5.
45 BGBl. I 2005, S. 2267.
46 Siehe nochmals das „10-Punkte-Papier" der *Bundesregierung* (Fn. 25), unter 3.; weiter *Cromme* (Fn. 18), S. 4; *ders.*, Statement zum angekündigten Gesetzesentwurf, http://www.corporate-governance-code.de/ger/download/11_03_2005_14_Uhr_PM_Zypries.pdf; Ringleb/Kremer/Lutter/v. Werder-*Ringleb* (Fn. 18), Ziffer 4.2.4 Rn. 783; *Baums* (Fn. 5).

wiederfindet: „Bei einer börsennotierten Aktiengesellschaft sind zusätzlich unter Namensnennung die Bezüge des einzelnen Vorstandsmitglieds, aufgeteilt nach erfolgsunabhängigen und erfolgsbezogenen Komponenten sowie Komponenten mit langfristiger Anreizwirkung, gesondert anzugeben.“[47] § 286 Abs. 5 HGB erlaubt jetzt aber mit einer sogenannten „opting-out“-Regelung, durch einen Beschluß der Hauptversammlung mit 3/4-Mehrheit des vertretenen Grundkapitals für maximal fünf Jahre von dieser Veröffentlichung abzusehen.[48] Schließlich wurde der Betrag, der bei Zuwiderhandlung pro Vorstandsmitglied als Sanktion verhängt werden kann, auf 50000 Euro verdoppelt,[49] im hiesigen Zusammenhang freilich nach wie vor „Peanuts“.[50]

In der Begründung des Regierungsentwurfs heißt es dazu, bisher entziehe sich nach wie vor eine „nicht unbeachtliche Zahl“ von Unternehmen der entsprechenden Regelung des DCGK. Die Pflicht zur Offenlegung diene der Information der Aktionäre, sie verbessere den Schutz gegenwärtiger und potentieller Anleger. Es sei so auch leichter festzustellen, ob die Bezüge der einzelnen Vorstandsmitglieder im Sinne des § 87 Abs. 1 AktG in einem angemessenen Verhältnis zu ihren Aufgaben und der Lage der Gesellschaft stehen. Man müsse die neue Regelung vor dem Hintergrund der Kontrollstruktur der deutschen Aktiengesellschaft sehen: Der Aufsichtsrat bestimmt die Vergütung des Vorstands, wobei ihn die Hauptversammlung der Aktionäre überwacht. Sie hat daher einen Rechenschaftsanspruch, dem nicht vollständig nachgekommen werde, wenn lediglich die Gesamtvergütung des Vorstands offengelegt wird. Mit der nun eingeführten Pflicht solle also nicht ein Informationswunsch der allgemeinen Öffentlichkeit, „nicht Neid oder Neugier“ befriedigt werden, sondern es werde an die – auch eventuell zukünftig – als Eigentümer Beteiligten gedacht.[51] In den Ausführungen zur Beschlußempfehlung des bei der anschließenen Beratung federführenden Rechtsausschusses wurde diese Begründung noch einmal wiederholt.[52]

---

47 Aufsichtsräte wurden, anders als in der EU-Empfehlung, bewußt nicht miteinbezogen, weil ihre Gehälter ohnehin bereits von der Hauptversammlung beschlossen werden und hier weitere Informationen als weniger wichtig angesehen wurden, Begründung des Entwurfs eines Gesetzes über die Offenlegung der Vorstandsvergütungen vom 31. 5. 2005, Bundestags-Drucksache 15/5577, S. 6f. Für Konzerne wurde inhaltsgleich eine neuer § 314 Abs. 1 Nr. 6 a) S. 5 HGB eingefügt.

48 Was dann wiederum im Rahmen der Entsprechenserklärung gem. § 161 AktG anzugeben ist, vgl. die Begründung des Gesetzentwurfs (Fn. 47), S. 8. Dieser Hinweis trifft aber nicht zu, da eine Rechtsvorschrift nicht als Empfehlung des Kodex behandelt werden kann, so zu Recht bereits kritisiert vom *Bundesverband der Deutschen Industrie* (BDI) *u. a.*, Stellungnahme zum Referentenentwurf eines Gesetzes über die Offenlegung der Vorstandsvergütungen vom 27. 4. 2005, S. 13, auf http://www.bdi-online.de; *Spindler*, Das Gesetz über die Offenlegung von Vorstandsvergütungen, NZG 2005, 689, 691.

49 Siehe §§ 334, 340n und 341n HGB.

50 Vgl. *Thüsing*, ZIP 2005, 1389, 1394.

51 Begründung des Gesetzentwurfs (Fn. 47), S. 5f.

52 Beschlußfassung des *Rechtsausschusses* (6. Ausschuß) vom 29. 6. 2005, Bundestags-Drucksache 15/5860, S. 8f. Die hier neu eingefügten Sätze 7 und 8 in § 285 S. 1 Nr. 9 a) betreffen weitere sachliche Einzelkomponenten der Vorstandsvergütung, Altersbezüge und Zahlungen von Dritten.

2. Materielle Diskussion

Das neue Gesetz hat die Debatte um die Angemessenheit von Managergehältern wieder neu entfacht, Befürworter wie Gegner der Offenlegungspflicht haben dabei bereits eine Fülle von Argumenten vorgebracht, die hier deshalb nur in geraffter Form wiedergegeben werden.

Neben dem internationalen Trend, der oben bereits erwähnt wurde, spricht für eine individuelle Veröffentlichung der Bezüge sicherlich, daß erst dadurch tatsächlich die Angemessenheit der Vergütung beurteilt werden kann.[53] Gemessen an ihren Erklärungen kommen auch praktisch alle Unternehmen der entsprechenden materiellen Regelung des DCGK in Ziffer 4.2.2 Abs. 2, die Vergütung angemessen zu gestalten, nach. Naheliegend also, den weiteren Schritt zu gehen, und dies auch publik zu machen.[54] Zwar soll die Offenlegungspflicht primär den Aktionären dienen, aber es wird es durchaus als „nicht unerwünschter Nebeneffekt" betrachtet, wenn die allgemeine öffentliche Meinung sich mäßigend auf das Vergütungsniveau auswirken würde. Die mediale Kontrolle mit ihrer „generalpräventiven Wirkung" könnte damit die „schärfste Waffe" des neuen Gesetzes sein.[55]

Gerade diesen Punkt aber greifen die Gegner der nun gesetzlich festgeschriebenen individuellen Offenlegung an, denn es werde eben trotz anderslautender offizieller Begründung nicht an das Eigentümerinteresse der Aktionäre gedacht, das selbst ohnehin bereits zweifelhaft sei, sondern primär an Informationsinteresse der Öffentlichkeit, welches aber einen solch weitreichenden Zwang nicht rechtfertigen könne. Vielmehr würde weiterer Neid geschürt, das wirtschaftliche Klima vergiftet und damit letztlich dem Standort Deutschland geschadet.[56] Auch wird die Gefahr einer unternehmensübergreifenden Angleichung der Vorstandsbezüge – und zwar im Zweifelsfall nach oben – gesehen, was einer leistungsorientierten Vergütung widerspreche.[57] Der internationale Trend zu strengeren Offenlegungspflichten gründe vor allem auf dem einstufigen Board-System der betreffenden Staaten, wo kein dem deutschen Aufsichtsrat direkt entsprechendes Organ existiere, sondern das Board selbst die Vergütung festlege. Dort sei eine entsprechend erhöhte Transparenz sinnvoll, auf Deutschland übertragen ließe sich diese Überlegung aber nicht.[58] Schließlich werden gegen das neue Gesetz meistens im Zusammenhang mit der Pri-

---

53 Vgl. *Cromme*, Vortrag anläßlich der 4. Konferenz Deutscher Corporate Governance Kodex am 24. 6. 2005 in Berlin, S. 18, http://www.corporate-governance-code.de/ger/download/CGC_Konferenz_Berlin_2005_Dr_Cromme_de.pdf; vgl. *Fleischer*, DB 2005, 1611, 1612f.

54 Vgl. Ringleb/Kremer/Lutter/v.Werder-*Ringleb* (Fn. 18), Ziffer 4.2.4 Rn. 784.

55 *Fleischer*, DB 2005, 1611, 1612; ähnlich *Thüsing*, ZIP 2005, 1389, 1390.

56 *FDP-Fraktion*, Bundestags-Drucksache 15/5582, S. 4; *Deutsches Aktieninstitut* (DAI), Stellungnahme zum Entwurf eines Gesetzes über die Offenlegung der Vorstandsvergütungen vom 28. 4. 2005, S. 3.

57 *BDI* (Fn. 48), S. 3f.; vgl. *Thüsing*, ZIP 2005, 1389, 1390f.; *Daeniker*, SJZ 101 (2005), 381, 389. Das Beispiel der USA zeige zudem, daß die erhoffte Mäßigung bei den Gehältern trotz strenger Publizitätsvorschriften ausgeblieben sei. Differenzierend wegen der besonderen Situation dort hingegen *Fleischer*, DB 2005, 1611, 1612.

58 *FDP-Fraktion* (Fn. 56), S. 4; *DAI* (Fn. 56), S. 3.

vilegierung für kleinere bzw. nicht börsennotierte Unternehmen in § 286 Abs. 4 HGB verschiedene verfassungsrechtliche Bedenken erhoben, die aber bisher nicht abschließend geklärt sind und hier nicht weiter verfolgt werden sollen.[59]

Läßt man diese komprimiert dargestellten Argumente Revue passieren, läuft in materieller Hinsicht doch alles wieder auf die entscheidende Frage hinaus, wer schlußendlich darüber entscheiden soll, ob die Bezüge eines Vorstandsmitglieds angemessen sind oder nicht. Nach dem deutschen Aktienrecht ist dies zunächst der Aufsichtsrat, § 87 Abs. 1 AktG. Er muß sich wiederum gegenüber den Aktionären verantworten, §§ 119 Abs. 1 Nr. 3, 116, 93 Abs. 1 AktG. Rechtlich gesehen ist damit angemessen, was die Aktionäre als Eigentümer des Unternehmens akzeptieren.[60] Ob sie dabei durch die öffentliche Meinung beeinflußt werden sollten, wie es jetzt durch das neue Gesetz zumindest möglich ist, bleibt letzten Endes eine politische Frage, die sich danach bemißt, ob den Unternehmen und damit ihren Eigentümern neben dem Ziel, den Shareholder Value zu erhöhen, auch eine soziale, im Zusammenhang mit den umstrittenen Managergehältern genauer eine „sozialfriedenstiftende" Verantwortung auferlegt wird.

3. Methodische Bedenken

Ist das inhaltliche Für und Wider des Gesetzes durchaus ambivalent, so finden sich hinsichtlich der Methode zurecht fast ausschließlich kritische Stimmen. Es wird „Bedauern" geäußert, daß ein Gesetz ergehen mußte:[61] „Die Chance zur Selbstregulierung wurde in diesem Punkt vertan." „Die Freiwilligkeit wird nun zur Pflicht."[62] Mit diesen Ausdrücken wird allerdings der Eindruck erweckt, bei dem hier nachgezeichneten Vorgang handele es sich nachgerade um eine zwangsläufige Entwicklung.[63] Bei näherer Betrachtung erscheint dies jedoch fraglich und es ist vielmehr zu konstatieren, daß hier nicht nur im Besonderen, sondern sogar Allgemeinen ein bisher ausgesprochen erfolgreiches Produkt des Soft Law empfindlich geschwächt wird. Der Deutsche Corporate Governance Kodex hat innerhalb von nur drei Jahren eine enorme Akzeptanz bei den Unternehmen gefunden, und es widerspricht einer angemessenen Würdigung, wenn wegen einer einzelnen besonders virulenten Empfehlung der gesamte Rest in den Hintergrund gedrängt wird.[64]

---

59 Die Begründung des Gesetzentwurfs (Fn. 47) nimmt nur knapp dazu Stellung, S. 5f. Insgesamt die Verfassungsmäßigkeit vorsichtig bejahend *Fleischer*, DB 2005, 1611, 1614f.; ebenso *Thüsing*, ZIP 2005, 1389, 1394ff.; Ringleb/Kremer/Lutter/v.Werder-*Ringleb* (Fn. 18), Ziffer 4.2.4, Rn. 789ff.; *Spindler*, NZG 2005, 689, 691f. Kritisch dagegen *BDI* (Fn. 48), S. 5ff.; für verfassungswidrig hält es das *DAI* (Fn. 56), S. 4ff.

60 So zutreffend *Thüsing*, ZIP 2005, 1389, 1390.

61 *Deutsche Schutzvereinigung für Wertpapierbesitz* (DSW), Stellungnahme zum Referentenentwurf eines Vorstandsvergütungs-Offenlegungs-Gesetzes vom 25. 4. 2005, http://www.dsw-info.de/Stellungnahme_zum_VorstOG.509.98.html.

62 *Cromme* (Fn. 46).

63 Vgl. aber *DSW* (Fn. 5), S. 1.

64 *Cromme* (Fn. 18), S. 3f.; *BDI* (Fn. 48), S. 2.

Den Charme des Kodex macht gerade sein freiwilliger Charakter aus, er ist eine Ergänzung des Rechts in vielerlei Hinsicht und in einem Ausmaß, wie es durch reine Gesetzesvorschriften alleine wohl kaum zu erreichen wäre, denn bereits psychologisch ist jeweils eine andere „Motivation" am Werk.[65] Wenn aber nun die Unternehmen den Eindruck gewinnen (müssen), daß immer dann, wenn einer Empfehlung nicht in einem von außen bestimmten Umfang nachgekommen wird, schließlich gesetzlicher Zwang droht, verliert der Kodex schnell seine Attraktivität. Ihm liegt bisher das weitverbreitete Prinzip des „comply or explain" zugrunde, welches es den Unternehmen überläßt, wie sie sich letztlich entscheiden wollen, und dem Markt, wie er mit der Entscheidung umgeht. Dieses Verfahren ist aber nicht mehr aufrechtzuerhalten, wenn doch der Gesetzgeber die zunächst lockeren Zügel wieder anzieht, so ihm das Ergebnis nicht paßt.[66] Damit sind wir aber wieder zurück auf der materiellen Seite und bei einer politischen Entscheidung, die hier darin bestand, bei der individuellen Gehälterveröffentlichung eine Quote von 80–90% der Unternehmen erreichen zu wollen. Die Freude darüber, daß zumindest eine Kodex-Empfehlung zum Gesetz „erhoben"[67] wurde, vermag dann nicht mehr wirklich anzustecken. Umgekehrt hätte man schließlich auch aus Sicht der Normadressaten überlegen können, ob eine Regelung, der sich ausnahmsweise so viele Unternehmen verweigern, vielleicht einfach ungeeignet ist.

---

65 Vgl. *BDI* (Fn. 48), S. 4; *DAI* (Fn. 56), S. 2.

66 Vgl. *DAI* (Fn. 56), S. 2. Beispielsweise hätte das Vorstandsvergütungs-Offenlegungsgesetz auch zunächst einmal nur befristet ergehen können, um seine Auswirkungen zu beobachten, vgl. *Thüsing*, ZIP 2005, 1389, 1396f. Davon wurde aber bewußt abgesehen, weil „davon auszugehen ist", daß nach Ablauf der Frist sich viele Unternehmen der Pflicht wieder „entziehen" würden, so die Begründung des Gesetzentwurfs (Fn. 47), S. 5.

67 *Cromme* (Fn. 46).

§10 経営者報酬の開示義務
——ソフトローによる法の同化の一例——*

クリスチャン・フェルスター

目次

I. 序

「かれらは貰い過ぎである」。ドイツにおいて大企業の取締役の報酬について語られるとき、このように、あるいはこれと似たことが言われるのが通常である。遅くとも、英ボーダフォン社によるマンネスマン株式会社の買収に際して多額の特別賞与が支払われたことが明らかになり、背任罪のかどで起訴された同社の経営者に対してデュッセルドルフ地方裁判所における刑事手続において無罪判決が言い渡されたが[1]、その後の彼らのふるまいが必ずしも礼儀正しいとはいえなかったこと以来、ドイツ報道機関の論調は厳しい[2]。取締役報酬の適正額はいくらかという問題が、多くの人々の関心事となっている[3]。

---

* 斉藤真紀訳。

1 LG Düsseldorf, NZG 2004, 1057=NJW 2004, 3275 = ZIP 2004, 2044. 後掲注 15 も参照。

2 消費者保護大臣のレナーテ・キュナスト（Renate Künast）による 2004 年 8 月 1 日付「ビルト紙日曜版」（「取締役報酬を労働者の給与と連動させる」。この記事は manager-magazin.de にも転載された）における以下のコメント参照。「取締役階層における何百万ユーロもの報酬や退職金は道徳に反する。」

3 専門誌からは、とりあえず *Bernhardt*, Corporate Governance statt Unternehmensführung?, RIW 2004, 401, 404 f.における以下の呼び掛け参照。「法律（株式法 87 条）の問題ではない、あるいはそれだけが問題となっているのではない。公平または礼節、言い換えれば、何が正当であるのか、が問題なのである。過度ではなく節度を、不当なお手盛り（unterechtgertigter (Selbst)Bereicherung（不当（自己）利得））ではなく報酬を。」

これは、実質的で、しかも結局のところ根本的にはほとんど解決できない問題ではあるが、しかし、方法論のレベルでソフトローの作用の仕方をより綿密に吟味するよい機会をも提供する。これまでのドイツ法には、報酬の適正さの問題に具体的な解決を与えるよりどころがほとんど存在しなかったが（**II**）、上場企業による任意の自己規律（**Selbstverpflichtung**）に基づく規整であるところのドイツ・コーポレート・ガバナンス・コードが、取締役報酬の個人別開示を勧告するという形で透明性を高めることを決意し、もって取締役の報酬を適正なものに近づけようとしている（**III**）。国境を越えた欧州レベルでは、**EU** の委員会が、単独でみればこれもまた法的拘束力がないと理解される勧告によって、大体において同じ方向性を打ち出している（**IV**）。しかし、そのような展開の現時点における帰結として、再び法律による規制がなされるにいたった。すなわち、近時、ドイツで、「取締役報酬の開示に関する法律」が公布された（**V**）。

II.　これまでのドイツ法

事実、ドイツの大企業の取締役は、他の欧州諸国の取締役と比較しても、高額な報酬を受け取ってきたという事実は否定できない[4]。このことは、とりわけ、本稿において特に重要な **DAX 30** に属する企業、すなわち、フランクフルト証券取引所に上場している、資金調達および売上高の規模においてもっとも重要な会社について当てはまる[5]。企業の規模は古典的には従業員数、資産総額および売上高によって測定されるが[6]、それとその業務指揮者の報酬との間の関連性は明白であり、より小規模な会社における報酬は通常はるかに少ない[7]。しかしながら、報酬の最高限度額を法定しようといった考えに至った者はいなかったようである。その理由は、個別企業間の隔たりの大きさを考慮すれば、法定された最高限度額は実務的に機能しないであろうし[8]、需要と供給による市場を通じた価格形成のシステムに真っ向から反することになるであろうからである。これに対応して、ドイツにおける法規制もこれまで消極的であった。このことを論じる際、次の２つの規定群を区別する必要がある。すなわち、一つは、取締役報酬の実質的な基準を示す規定群であり、もう一つは、内容として目標とされているものが

4　2004 年 11 月 26 日の spiegel-online の見出し「ドイツのボスたちはヨーロッパにおけるトップランナーである」のみ参照のこと。同様に、2004 年 6 月 24 日付 manager-magazin.de のインタビューにおけるバウムス（*Baums*）も批判的である。「国内市場においてのみ活動しているドイツの経営者の大多数の報酬を、英米の報酬基準と比較することは『まったくばかげている』。」

5　ドイツ証券保有保護協会（Deutsche Schutzvereinigung für Wertpapierbesitz, DSW）による取締役報酬の調査について 2005 年 9 月 20 日にフランクフルトで行われた記者会見に関する報告書に付された 2003 年および 2004 年における報酬額の一覧表を参照。インターネットでは、下記のサイトにて閲覧可能である。http://www.dsw-info.de/Vorstandsverguetung_2005.570.98.html。それによれば、DAX 30 に属する企業の取締役員は、2004 年には、平均で 160 万ユーロ近く稼いでいる。

6　企業規模の確定については、*Förster*, Die Dimension des Unternehmens (2003), S. 7 ff. 参照。

7　再び、*Baums* (Fn. 4) によれば、「企業の規模が大きくなるにつれて、トップの経営者の報酬も高くなること」は、「実証的に裏付けられている」。*Hetzer/Papendick*, Fette Katzen [4], manager-magazin.de（2004 年 7 月 28 日付）。

8　*Lücke*, Die Angemessenheit von Vorstandsbezügen – Der erste unbestimmbare unbestimmte Rechtsbegriff? , NZG 2005, 692, 693 参照。

実際にも達成されうる、または達成されたかどうかが少なくとも確認しうるようにすることに役立つ可能性のある規定群である。

1. 株式法87条1項1文による適正さ

本稿に関連する唯一の実質的な規制は、株式法87条1項1文にある。それは以下のように規定する。「監査役会は、個々の取締役員の報酬総額を決定する際に、当該報酬総額が、取締役の職務および会社の状況と適切な関係に（in einem angemessenen Verhältnis）あるよう注意しなければならない」。これにより、第一に、取締役一人ひとりの報酬を決定することが監査役会の職務であることが明らかにされる。その際、監査役会は、一定の裁量を有するが、裁量の行使においては2つの要素を重畳的に顧慮しなければならない。すなわち、当該人物の具体的な活動および会社の目下の全体的な経済状況である。報酬は、この両パラメータと「適切な関係」になるように変更されなければならない。しかし、これは具体的には何を意味するのであろうか。

この規定の立法趣旨は、個々の取締役が「過度の報酬」[9]を受け取ることから、株式会社それ自体ならびにその債権者、株主および被用者を保護することにある。しかし、同規定は、具体的なケースにおいてはじめてその内容が決まるべき枠組みを設定しているにすぎない。規定の文言に挙げられている2つの要素は、いずれもその限りにおいて一義的なものではなく、第一次的に決定的な企業利益の具体化として理解されなければならない[10]。同規定は、取締役に一定の額の報酬に対する請求権を付与するものでも、「適正ではない」報酬を禁止ないし制裁するものでもない[11]。

個々の具体的なケースにおいて、いかなる基準を顧慮するべきかを一般的に決定することは困難である。実務において見たところ重要であると思われる企業規模[12]のほか、例えば、取締役員の業績、資格、当該企業への帰属または（それが確定可能であるとすればその限りで）市場価値を考慮するべきことになる[13]。このようなそれ自体既に不確実な根拠に基づいて、裁判所が、「適正さ」をどの範囲で決定しなければならないのかという問いに答えるのは困難である。これまでに明らかになっている限りでは、関係する裁判も全く存在しない。前述のマンネスマン＝ヴォーダフォン事件において、デュッセルドルフ地方裁判所は、残念ながら、(本稿においても、また一般的にも、おそらくあまり意味をもたない)取締役報酬が「そもそも適正な額であったかどうか」という問題を取り扱ったのみであって、「適正な額はいくらか」という問題を取り扱ったのではないのである[14]。

---

9 *Hüffer*, Aktiengesetz (5. Aufl. 2002), § 87 Rn. 1.; *Fonk*, Die Zulässigkeit von Vorstandsbezügen dem Grunde nach, NZG 2005, 248.

10 *Fonk*, NZG 2005, 248, 252; *Lücke*, NZG 2005, 692, 693 参照。

11 Vgl. *Hüffer* (Fn. 9), § 87 Rn. 5.

12 この点について再び *Fonk*, NZG 2005, 248, 249.

13 Vgl. *Hüffer* (Fn. 9), § 87 Rn. 2.

14 LG Düsseldorf, NZG 2004, 1057, 1059 ff. 被告人に刑法の観点から無罪判決が下されたとしても、裁判所は、企業の利益において裁量の余地がもはや存在していなかったことを理由に、支給他のところで既に十分に論じられている（報酬額の）実質的な適正さに関する問題にここであまり拘泥しないよう、とりあえず、法律による具体化はいずれにしても非常に難しいようである、ということを確認することで足りよう[15]。実質的な糸口としては、問題の所在を明らかにすることで十分であろう。有益であると思われるのは、方法論的な観点からみれば、そしてソフトローの影響に鑑みるならば、それとは異なる方法で、報酬額の「適正さ」を達成することができないかを検討することである。通常よくいわれる解決の糸口であって本稿においても検証されるべきものは、透明性の強化、別の表現によれば、経営陣に関係する報酬に関する情報の可能な限り詳細な開示である[16]。（透明性の強化により）理念的には「適正な額」の報酬が、しばらくたつと自ずから明らかになる、というのである。もっとも、いつも引き合いにだされる市場ないし社会環境の力が、相応な程度に発揮されうる限りであるが。

2. 改正前商法典 285 条 1 文 9 号 a)

2005 年 8 月初頭まで効力を有していた（改正前）ドイツ商法典 285 条 1 文 9 号 a) は、一般的に、資本会社に対して、年次決算書の附属明細書に、業務執行機関、監査役会および類似の委員会の全構成員について、各グループの構成員が当該事業年度の活動の対価として受領した総報酬額を記載することを義務づけていた[17]。これにより、報酬自体は開示されることになっていたが、会議体ごとに一つの数値に凝縮されていた。これは、二重の意味でまとめられていること（**Bündelung**）を意味する。すなわち、実体的なレベルでは、数値が、異なる報酬構成要素のすべて、例えば、固定給、ストック・オプション、賞与を区別することなく総額を示すにすぎなかった。人的なレベルでは、ある会議体の全構成員はひとまとめにされ、おのおのの人物に給付された額は分からなかった。株式法 87 条 1 項 1 文の意味における適正さであれ、それを超えるものであれ、その適正さを規律する道具として、旧 285 条 1 文 9 号 a) はそれゆえまだ幾分実効性がなかった（**zahnlos**）。

諸外国、たとえば、アメリカ合衆国、英国又はフランスの規制は、この間にすでに相当に厳しくなった[18]。日本においては、取締役の報酬は原則として株主総

について株式法 87 条 1 項違反があったことは認めた。非常に批判的な見解として *Fonk*, NZG 2005, 248, 249 ff.; *Lücke*, NZG 2005, 692, 693 f. も同様。

15 比較法的な、とりわけスイス人の視点から論じるものとして、*Daeniker*, Vergütung von Verwaltungsrat und Geschäftsleitung schweizerischer Publikumsgesellschaften, SJZ 101 (2005), 381 ff.

16 批判的な見解として、*Lücke*, NZG 2005, 692, 693 f.

17 改正前商法典 314 条 1 項 6 号 a) は、コンツェルンに属する資本会社について同様の規制を有していた。

18 Vgl. Ringleb/Kremer/Lutter/v.Werder-*Ringleb*, Kommentar zum Deutschen Corporate Governance Kodex (2. Aufl. 2005), Ziffer 4.2.4 Rn. 778; *Cromme,* Ausführungen bei der Pressekonferenz am 11.3.2005, S. 4, http://www.corporate-governance-code.de/ger/download/Cr_Redefassung_Pressemappe_11_03_2005.pdf; *Fleischer*, Das Vorstandsvergütungs-Offenlegungsgesetz, DB 2005, 1611 f.; *Thüsing*, Das Gesetz über die Offenlegung von Vorstandsvergütungen, ZIP 2005, 1389.

会が定める（商法 269 条（(訳注)平成 17 年改正前））。なぜなら、日本においては（ドイツの）取締役と監査役会のような分離がなく、一層制の取締役会構造が採用されているからである。もっとも、アメリカの模範にしたがって異なる委員会を設けた大会社においては[19]、報酬の決定は報酬委員会の権限であり、商法特例法 21 条の 11（(訳注)平成 17 年改正前）によれば報酬委員会はドイツで一般的にみられるより詳細な事項を決定しなければならないとされる[20]。

III. 国家的なレベルにおけるソフトロー

透明性の強化のため、そして、（エンロンに代表される）過去の様々な企業不祥事のために大幅に低下した投資家の信頼を取り戻すという目の前の目標のため、ここ数年、多数の国家において、様々な私的な立場で、いわゆるコーポレート・ガバナンス・コードが策定された。これらは、実務において広く認知されたよき企業指揮及び監督についての原則を宣伝する(propagieren)ことにより、既存の法律による規制を補充するべきものである。細かい点においてその内容は異なるが、共通するのは、これらのコードが企業による自主的な遵守を基盤として機能する点である。外部コントロールの核心は、ほとんどすべてのコードについて、いわゆる「遵守せよ、さもなければ説明せよ」にかかる開示である。すなわち、企業は、定期的に、それぞれの国のコードの勧告にしたがっていると（関係書類に）記載するか、あるいは、なぜそれにしたがっていないのかを説明しなければならないのである。

1. ドイツ・コーポレート・ガバナンス・コード

2002 年に政府委員会はドイツ・コーポレート・ガバナンス・コード（Deutscher Corporate Governance Kodex (DCGK)）を策定し、現在適用されているものは 2005 年 6 月 2 日版[21]であるが、そこにおいても「遵守せよ、さもなければ説明せよ」の原則がその勧告（Empfehlung）について採用されている。勧告は、法律規定の再掲及び単なる提案（Anregung）と並んでこの規範集（Regelwerk）の大きな部分を構成している。この間、取引所上場会社は、ドイツの株式法 161 条を通して、法律によってもまた、コードにおけるそれ自体としては法的拘束力を有しない勧告に関連して、上述の説明をなすことを義務づけられた。つまり、「（遵守しているか）どうか」は今や強行法的に規定されているが、「いかに（乖離しているか）」、すなわちその内容は各企業に委ねられている。

---

19 同様のことは、EU の委員会から一般的に勧告されている。 vgl. die Empfehlung der Kommission 2005/162/EG vom 15.2.2005 zu den Aufgaben nicht geschäftsführender Direktoren und der Bildung von Ausschüssen, ABl. 2005 L 52/ 51。また、大部分の国のコード（Kodex）に規定がある。 vgl. *Förster*, Europäische Corporate Governance – Tatsächliche Konvergenz der neuen Kodizes?, ZIP 2006, 162, 167.

20 Vgl. *Kawamoto/Kishida/Morita/Kawaguchi*, Gesellschaftsrecht in Japan (2003), S. 185 und 212.

21 *Regierungskommission DCGK*, Deutscher Corporate Governance Kodex vom 2.6.2005, unter http://www.corporate-governance-code.de/ger/download/D_CorpGov_Endfassung2005.pdf. コードは 2005 年 7 月 12 日に電子官報に公表された。

コードは、4.2.2 第 2 項において株式法 87 条 1 項のルールを広範囲にわたって再掲し、さらなる基準、たとえば報酬の業績との関連性などを追加して適正さを補充するにすぎないが、他方で、4.2.4 において、法律上の規制である改正前商法典 285 条 1 文 9 号 a) にこれまで欠けていた内容の勧告を含んでいる。第 1 文によれば、実体的なレベルにおいて、年次決算書の附属明細書に取締役員の報酬を、固定給、業績連動型報酬、および財務的な方法により取締役の長期的な動機付けとして機能すべき報酬の構成要素（長期インセンティブ報酬）を区分して記載されなければならない。第 2 文によれば、人的なレベルにおいて、各取締役員ごとに上記の事項が記載されなければならない[22]。よって、これらのルールは株式法 161 条の説明義務の適用範囲に含まれる。

当初、前述の第 2 文、すなわち個別の取締役員の報酬の開示は、企業が遵守しなくても説明する必要のない単なる提案として規定されているにすぎなかった。しかし、過去においてまさにこの規定が企業のもっとも強固な拒否に遭ったため[23]、政府委員会は、2003 年半ばの改訂において、提案から説明義務の課される勧告に格上げした。その背景には、経営者の報酬に関する公的議論を報酬に関する透明性の強化によって沈静化させ、企業に対する信頼を向上させ、立法の動きの機先を制するというねらいが存在したのである[24]。立法者は当時において既に圧力を加え始めていたのであった[25]。コード全体及びとりわけ上述のルールは、国家的なレベルにおいて、ソフトローという手段をつかって「法」の統一を達成しようとする、すなわち、これまで法的規制の存在しなかった領域において上場企業に可能な限り同一の行動をとらせるようにする試みということができる。

ヨーロッパレベルにおいてもこれと並行する動きがある。EU の構成国のほとんどすべては、この間に固有のコードを有するようになったが、これらの他の構成国の多くの規範集において、ドイツ版コードが少なくともその内容において類似する勧告が存在し、そこにおいても、業務指揮者の個別の報酬が開示されるべきことになっている。これにより、一般的のみならず、個々の領域においても、内容の収斂（Konvergenz）が認識できる[26]。このように、ここにおいて、超国家的レベルにおいてもソフトローによる「法の統一」が語りうるのである。

---

22 コード 5.4.7 第 3 項 1 文は、監査役員の報酬について同様のルールを有している。ただし、監査役員の報酬の決定は株主総会の権限である。Vgl. Ziffer 5.4.7 Abs. 1 S. 1.

23 Vgl. Ringleb/Kremer/Lutter/v.Werder-*Ringleb* (Fn. 18), Ziffer 4.2.4 Rn. 775 ff.

24 ドイツ・コーポレート・ガバナンス・コード政府員会の 2003 年 5 月 21 日のプレスリリース参照。以下のサイトにおいて閲覧可能である。 http://www.corporate-governance-code.de/ger/news/presse-20030521.html.

25 Vgl. とりあえず、連邦政府のいわゆる「10 項目文書（10-Punkte-Papier）」参照。企業の誠実さ及び投資家保護の強化に関する連邦政府の措置のカタログ（Maßnahmenkatalog der Bundesregierung zur Stärkung der Unternehmensintegrität und des Anlegerschutzes）に関する 2003 年 2 月 25 日のプレスリリース。第 3 項目の「ドイツ・コーポレート・ガバナンス・コードのさらなる改正」において、「機関構成員の報酬の附属明細書における個別開示は法的義務づけとして規制することも可能であろう」。連邦法務省の以下のウェブサイトを参照のこと。http://www.bmj.de.

26 Vgl. *Förster*, ZIP 2006, 162, 167.

これに対して、日本では、法律以外に関連する準則がない。2001 年の日本コーポレート・ガバナンス・フォーラムの「改訂コーポレート・ガバナンス原則」[27]も、OECD のコーポレート・ガバナンス原則[28]に基づいた 2004 年の東京証券取引所の「上場会社コーポレート・ガバナンス原則」[29]も、そのような勧告を有していない。これらは、いずれも基本的に漠然として特定性にかけるものである。

2. 遵守状況に関する実態調査

しかし、そのような統一が試みられた場合に、この試みが成功したかどうかが問題となる。別の表現によれば、企業が強行法ではないコードの準則に実際に従うことによって、統一的な行動がなされているといえるかどうかという問題である。この行動、より正確には「遵守せよ、さもなければ説明せよ」にかかる説明はここ数年定期的に調査されてきた。喜ばしいことに、コードの勧告の高い受容割合が示されており、さらに 2002 年から受容割合は絶えず増加しており、コードの勧告の 80%超が受容されている[30]。

もっとも、経営者報酬の個別開示に関するルールは常にとりわけ世話のかかる子供である。残念なことに、4.2.4 第 2 文がまだ単なる提案であり、説明義務が課されていなかった初期の実証的なデータはない。このルールが勧告として規定された後の 2004 年の調査によれば、将来報酬を個別開示する予定であると答えたのは調査対象となった企業の 25%足らずにすぎない[31]。2005 年の続行調査によれば、この数値はわずかに 35%ぎりぎりにまで増加したにすぎない。もっとも、重要な DAX 30 企業については、優に 30 の倍以上である 70%弱である[32]。よって、他の勧告の一貫して高い割合の受容と比べて、このルールは、明らかにビリを走っているのである[33]。

27　日本コーポレート・ガバナンス・フォーラム「改訂コーポレート・ガバナンス原則」(2001 年 10 月 26 日)。以下のサイトを参照。http://www.ecgi.org/codes/documents/revised_corporate_governance_principles.pdf.

28　*OECD*, Principles of Corporate Governance, 2004, http://www.oecd.org/dataoecd/32/18/31557724.pdf.

29　東京証券取引所「上場会社コーポレート・ガバナンス原則」(英語版)(2004 年 3 月 16 日), http://www.tse.or.jp/english/listing/cg/principles.pdf.

30　*v. Werder/Talaulicar*, Kodex Report 2005: Die Akzeptanz der Empfehlungen und Anregungen des Deutschen Corporate Governance Kodex, DB 2005, 841, 842 は ドイツ・コーポレート・ガバナンス・コードの勧告および提案の受容は一般的に 81.6%に達している、すなわち、調査対象となった 210 企業は、平均して、全ての勧告の当該割合を遵守しているという。ここにおいても、企業の規模が大きくなるほど受容割合も増加することが示されている。*Cromme* (Fn. 18), S. 2 は、2005 年末までに DAX 30 の企業、すなわちもっとも重要なドイツ企業は、勧告の 97.3%に従うことを前提に話を進める。

31　*v. Werder/Talaulicar*, Kodex Report 2004 – Die Akzeptanz der Empfehlungen und Anregungen des Deutschen Corporate Governance Kodex, DB 2004, 1377, 1381 (Tabelle S. 1379).

32　*v. Werder/Talaulicar*, DB 2005, 841, 845 (Tabelle S. 844); vgl. *Cromme* (Fn. 18), S. 4.

33　もっとも人気のない勧告のリストにおけるビリから 2 番目は、5.4.7 第 3 項の監査役員の報酬開示であり、一般的な受容は 40–45%にすぎない。Vgl. *v. Werder/Talaulicar*, DB 2004, 1377 (Tabelle S. 1379); *dies.*, DB 2005, 841, 845 (Tabelle S. 844) (in beiden Studien noch als Ziffer 5.4.5 Abs. 3 S. 1).

IV. 超国家的なレベルにおけるソフトロー

超国家的な、ヨーロッパレベルにおいても、コーポレート・ガバナンスの領域におけるさらなる法統一につながるいくつかの里程標の存在が指摘できる。投資家の利益保護のために、ここにおいても、経営陣の報酬の詳細な開示が提案された。

1. ウィンター・グループの報告書

2002 年 11 月、EU の委員会が設置した専門家グループはヤープ・ウィンター（Jaap Winter）座長の下でヨーロッパにおける現代的な会社法の枠組み規制についての勧告を報告した[34]。III. 11 によれば、将来的には取締役の報酬は多様な観点からより詳細に区分されなければならないとされる。すなわち、一方で、報酬政策、ストック・オプションが支給される場合にはその内容およびコストが区別して開示されなければならず、他方で、企業の決算書において各取締役の報酬が個別に開示されなければならない。後者は、企業の業績と報酬額の関係の判断を可能とするために、株主にとって重要である。個別の報酬構成要素が、総額記載の中にもはや隠蔽されることがないから、報酬の超過支給、不適切な支給は容易に防止されうる。このようにすると、取締役が自己の報酬を同僚と比較するために報酬が高騰するのではないかという懸念もあった。しかし、投資家が情報を得て、それにより取締役らに対して報酬を理由に責任を問いうるようにすることのほうが、重要だと考えられたのである[35]。

2. EU の委員会による行動計画（Aktionsplan）

2003 年 5 月 21 日、EU の委員会は、ヨーロッパレベルにおける会社法およびコーポレート・ガバナンスの向上を目的としていわゆる「行動計画（Aktionplan）」を公表した[36]。委員会はそこにおいて再度ウィンター・グループによる理由付けを簡潔に再掲した後、なんら独自の補充を加えることなく前述の提案に従った[37]。しかし、並行して公表されたコメントにおいて、委員会は、そのような開示の義務づけにより、株主は「相当な道徳的な圧力」を加えることが可能になるだろう、と

---

34 *Winter-Gruppe*, Bericht der hochrangigen Gruppe von Experten auf dem Gebiet des Gesellschaftsrechts über moderne gesellschaftsrechtliche Rahmenbedingungen in Europa vom 4. 11. 2002, http://europa.eu.int/comm/internal_market/en/company/company/modern/consult/report_de.pdf.

35 *Winter-Gruppe* (Fn. 34), S. 70. 明示的に、ドイツ版会社法専門家グループの以下の活動は好意的に受け止められた。 *Group of German Experts on Corporate Law*, Zur Entwicklung des Europäischen Gesellschaftsrechts: Stellungnahme der Arbeitsgruppe Europäisches Gesellschaftsrecht, ZIP 2003, 863, 870.

36 Mitteilung der Kommission an den Rat und das Europäische Parlament, KOM (2003) 284 endg. vom 21. 5. 2003, Modernisierung des Gesellschaftsrechts und Verbesserung der Corporate Governance in der Europäischen Union – Aktionsplan, インターネットでは以下のサイトで入手可能である。 http://europa.eu.int/eur-lex/de/com/cnc/2003/com2003_0284de01.pdf. この通知の背景については同文書の 3 頁以下を参照せよ。

37 Mitteilung der Kommission v. 21.5.2003, KOM (2003) 284 endg., S. 19.

付け加えた。（委員会によれば、）その理由は、株主が明示的に表明した意思に反する報酬ルールの導入は、経営陣にとって著しく困難になるであろうからである[38]。

3. EUの委員会の勧告

2004年12月14日、委員会は、それ自体では法的拘束力のない「上場会社の企業経営者の報酬についての適正な規制の導入についての勧告」を公布した[39]。理由付けにおいて、企業に関するより正確な情報の開示により投資家の信頼が長期的に向上し、良きコーポレート・ガバナンスがヨーロッパ全体において促進されうるであろうと述べられている[40]。とりわけ、個別の取締役[41]ごとの報酬の開示は、取締役らを会社の全体的な成果に関連づけることができるので、株主にとって重要であるという[42]。

勧告が規定しているのは、既に述べた経営者報酬のより詳細な開示である。5.1.によれば、まず個別の取締役の報酬総額が開示されなければならないが、さらに、5.2により、より詳細な情報によって補完されなければならないとされる。後者の具体的内容は5.3ないし5.6.に規定されており、ドイツ・コーポレート・ガバナンス・コードの規制を遙かに凌ぐ開示情報の非常に詳細なカタログをなしている。最後に、勧告の8.1.は、各構成国に対して、各国における企業が遅くとも2006年6月30日より規制に従うべく措置を講ずるよう要求する。

本節で扱われた措置はいずれも（超国家的なレベルではあるが）ソフトローの土俵における措置である。すなわち、これらはすべて提案という性質を有するに過ぎず、法的拘束力がない。もっとも、最後に挙げたEUの勧告については強行法的な法律による規制のきざしが見える。前述した委員会の行動計画に対するコメントにおいて、多義的ではあるが以下のような記述が見受けられる。すなわち、「委員会は、構成国が勧告を国内法化し、良き慣行に関するコードの普及に独自の弾みがつくことを確信している[43]。」ここにおいて任意の自主規制と国家による強制の境界がぼやける。勧告が十分な効力を有しない場合には最終的に独自の法的拘束力のある規制（この場合にはもちろん指令の形式となろう）に移行すると委員会が脅している場合には、国家による強制という要素が優勢となる[44]。上述したソフトローのレベルにおける努力が目標を達したのか、それとも失敗に終わったのかは、どの観点に立つかによることになろう。

---

38 *Kommission*, Aktionsplan der Kommission zur „Modernisierung des Gesellschaftsrechts und zur Verbesserung der Corporate Governance in der Europäischen Union" – häufig gestellte Fragen, MEMO/03/112, S. 6.

39 Empfehlung 2004/913/EG der Kommission v. 14.12.2004 zur Einführung einer angemessenen Regelung für die Vergütung von Mitgliedern der Unternehmensleitung börsennotierter Gesellschaften, ABl. 2004 L 385/55.

40 Empfehlung 2004/913/EG v. 14.12.2004 (Fn. 39), Begründungserwägung 3.

41 業務執行取締役だけでなく、非業務執行取締役も含まれる。ドイツにおける用語法によれば、取締役だけでなく監査役会も含まれる。

42 Empfehlung 2004/913/EG v. 14.12.2004 (Fn. 39), Begründungserwägung 9.

43 *Kommission* (Fn. 38), S. 5

44 再度以下の文献参照。*Kommission* (Fn. 38), S. 5.

V. ハードロー：取締役報酬開示法

これまでのソフトローをめぐる努力の環における目下の最後の構成要素は、国内の法律、すなわち、2005 年 8 月 3 日の取締役報酬の開示に関する法律（VorstOG）である[45]。壁上の合図は見逃されるはずはなく、政府は、既に何度も、これ以上企業がドイツ・コーポレート・ガバナンス・コードの開示に関する勧告に従わない場合にはそれに対応する法律が公布されることになると脅していた[46]。

1. 法律の内容

法律によって連邦政府は委員会の要望に広く応えたが、開示されるべき報酬に関する情報のカタログは、委員会の示した基準ほど詳細ではなく、むしろドイツ・コーポレート・ガバナンス・コードを範とするものであった。ストック・オプションが付与される場合の当該報酬プログラムおよび企業の報酬政策についても同様の変更がみられた。

本稿においては、開示義務に限って論じることとする。当該開示義務は、改正後の商法典 285 条 1 文 9 号 a) 第 5 文にドイツコーポレート・ガバナンス・コード 4.2.4 がほぼ文言通りに再掲されている。すなわち、「さらに、上場株式会社においては、個別の取締役の報酬を、名前を挙げて、固定給、業績連動型報酬、長期インセンティブ報酬に区別して記載しなければならない[47]」。商法典 286 条 5 項は、いわゆるオプトアウト条項によって、代表された基本資本の 4 分の 3 による株主総会の決議により、最長 5 年間開示義務を免除する余地をみとめる[48]。最後に、違反した場合に取締役員ごとに科され得る過料の額がこれまでの額の倍にあたる 5 万ユーロに引き上げられた[49]が、我が国における状況に照らせば、これは相変わらず「ピーナッツ」のような額である[50]。

---

45 BGBl. I 2005, S. 2267.

46 再び連邦政府の「10 項目文書」（前掲注 25）の第 3 項目参照。さらに以下の文献参照。*Cromme* (Fn. 18), S. 4; *ders.*, Statement zum angekündigten Gesetzesentwurf, http://www.corporate-governance-code.de/ger/download/11_03_2005_14_Uhr_PM_Zypries.pdf; Ringleb/Kremer/Lutter/v. Werder-*Ringleb* (Fn. 18), Ziffer 4.2.4 Rn. 783; *Baums* (Fn. 5).

47 監査役会は、EU の勧告とは異なり、意識的に適用対象から外された。その理由は、彼らの報酬は株主総会の決議によるのであり、また彼らについてはより詳細な情報は取締役についてほど重要ではないと考えられたからである。法案の理由書参照。Begründung des Entwurfs eines Gesetzes über die Offenlegung der Vorstandsvergütungen vom 31.5.2005, Bundestags-Drucksache 15/5577, S. 6 f. コンツェルンについては、同様の内容が商法典 314 条 1 項 6 号 a) 第 5 文に挿入された。

48 その場合には株式法 161 条によりルールから逸脱していることを説明しなければならない。vgl. die Begründung des Gesetzentwurfs (Fn. 47), S. 8. しかしこの考え方は正しくない。なぜなら、法規定はコードの勧告と同視することはできないからである。したがって、以下の批判は正当である。*Bundesverband der Deutschen Industrie* (BDI) *u.a.*, Stellungnahme zum Referentenentwurf eines Gesetzes über die Offenlegung der Vorstandsvergütungen vom 27.4.2005, S. 13, auf http://www.bdi-online.de; *Spindler*, Das Gesetz über die Offenlegung von Vorstandsvergütungen, NZG 2005, 689, 691.

49 商法典 334 条、340n 条、341n 条参照。

50 Vgl. *Thüsing*, ZIP 2005, 1389, 1394.

これに関して、政府草案の理由書には以下のように述べられている。すなわち、これまで、「無視しえない数」の企業がドイツ・コーポレート・ガバナンス・コードにおける同様のルールに従っていない。開示義務は株主への情報提供に資するのであり、現在の、そして将来の投資家の保護を向上させる。また、それにより、個々の取締役員の報酬が株式法 87 条 1 項の意味において彼らの職務及び会社の状況と適正な関係にあるかどうかを確認することがより容易になる。新しいルールは、ドイツの株式会社の監督構造に照らして理解されなければならない。すなわち、監査役会は取締役の報酬を決定し、その監査役会は株主総会によって監視される。それゆえ、株主総会には一種の説明請求権（Rechenschaftsanspruch）があるのであり、この請求権は、単に取締役の報酬総額が開示されているのみでは完全に履行されることはない。したがって、これから創設される義務によって、一般大衆の情報に対する要望が満たされるべきではない、すなわち「妬みをあおったり好奇心を満たしたり」されるべきではない。むしろ、所有者として資本参加している（あるいは場合によっては将来参加する）者の利益が考慮されているのである[51]。本法案の管轄を有する法務委員会は、決議勧告において上述の理由書の内容を繰り返した[52]。

2.　実質論

新法は、経営者報酬の適正さをめぐる議論を再燃させ、開示義務の賛成論者も反対論者も既に大量の議論をもたらした。ここでは、それゆえ、要約した形で紹介するにとどめる。

報酬の個別開示への賛成論の論拠としては、上述の国際的な潮流のほか、個別に開示されることで初めて報酬の適正さが判断可能になるという点が挙げられるはずである[53]。各企業の説明によれば、ほとんど全ての企業が、ドイツ・コーポレート・ガバナンス・コード 4.2.2 第 2 項における報酬を適正な内容にするという実体的な義務を遵守している。そうすると、自然の帰結として、一歩先に進み、これらを開示することが思いつく[54]。開示義務は一義的には株主に資するものであるが、世論が節度をもって報酬水準に影響を与えるようであれば、それは一貫して「都合の良い副次的効果」と考えられる。それゆえ、「一般的・事前的効果」を有するメディアによる監視は新法の「もっとも強い武器」となりうるのである[55]。

51　Begründung des Gesetzentwurfs (Fn. 47), S. 5 f.

52　Beschlußfassung des *Rechtsausschusses* (6. Ausschuß) vom 29.6.2005, Bundestags-Drucksache 15/5860, S. 8 f. これにより挿入された 285 条 1 文 9 号 a)の第 7 文及び第 8 文は、取締役報酬のさらなる構成要素、すなわち年金及び第三者からの支払いについて規定する。

53　Vgl. *Cromme*, Vortrag anläßlich der 4. Konferenz Deutscher Corporate Governance Kodex am 24.6.2005 in Berlin, S. 18, http://www.corporate-governance-code.de/ger/download/CGC_Konferenz_Berlin_2005_Dr_Cromme_de.pdf; vgl. *Fleischer*, DB 2005, 1611, 1612 f.

54　Vgl. Ringleb/Kremer/Lutter/v.Werder-*Ringleb* (Fn. 18), Ziffer 4.2.4 Rn. 784.

55　*Fleischer*, DB 2005, 1611, 1612; ähnlich *Thüsing*, ZIP 2005, 1389, 1390.

今や法律により明記された個別開示に対する反対論者は、まさにこの第二の点を非難する。というのも、表向きには別の意味に理解される理由書の言い回しにかかわらず、（それ自体すでに疑わしい）株主の所有者としての利益が考慮されているのではなく、公衆の情報に対する利益が一次的に考慮されているのである。しかし、後者はこのような広範囲におよぶ強制を正当化しうるものではない。むしろ、妬みがますます煽られ、景気には悪影響がおよび、最終的には企業立地としてのドイツの地位が脅かされるという[56]。さらに、企業横断的な取締役報酬の同一化、しかも、疑わしい場合には上向きの同一化がおこり、これは業績に報酬を連動させるという考え方と反するものである[57]。開示義務の強化という国際的な潮流は、そのような制度を有する国が採用している一層制の取締役会システムに基づいているのである。そこにおいては、ドイツの監査役会に直接該当する機関はなく、取締役会がみずからその構成員の報酬を決定する。そのような国においては、対応して透明性をより一層向上させることが意味をもつのであるが、この考え方はドイツにそのまま取り入れられ得るものではないというのである[58]。最後に、新法に対しては、たいていは商法典 286 条 4 項における中小企業ないし非上場企業に関する特則との関連で、さまざまな憲法上の疑義が唱えられている。しかし、これらは今のところ完結した形でその内容が明らかにされているわけではないので、ここでさらに掘り下げて論じるべきではない[59]。

要約して紹介したこれらの議論を次々と思い浮かべてみると、実体的な観点からは、すべて、取締役員の報酬が適正であるかどうかを誰が最終的に判断するべきかという決定的な問題に再び帰着するのである。ドイツの株式法によれば、それはまず監査役会である（株式法 87 条 1 項）。監査役会は、翻って株主に対して責任を負う（同法 119 条 1 項 3 号、116 条、93 条 1 項）。したがって、法的に見ると、株主が所有者として受容するものが適正であるということになる[60]。今や新法によって少なくとも可能になったように公衆の見解によって株主が影響を受けるべきかどうかは、結局のところ政治的な問題である。その答えは、企業、およびそれによりその所有者に対して、株主価値を高めるという目標に加えて、社会的な責任、議論の多い経営陣報酬との関係においてより正確に言えば「社会に平和をもたらすような」責任が課されているかどうかによって導かれるのである。

---

56 *FDP-Fraktion*, Bundestags-Drucksache 15/5582, S. 4; *Deutsches Aktieninstitut* (DAI), Stellungnahme zum Entwurf eines Gesetzes über die Offenlegung der Vorstandsvergütungen vom 28.4.2005, S. 3.

57 *BDI* (Fn. 48), S. 3 f.; vgl. *Thüsing*, ZIP 2005, 1389, 1390 f.; *Daeniker*, SJZ 101 (2005), 381, 389. アメリカ合衆国の例は、さらに、より厳格な開示義務にもかかわらず、期待された報酬支給の抑制はみられなかった、という。それに対して、状況により異なると指摘するものとして、*Fleischer*, DB 2005, 1611, 1612.

58 *FDP-Fraktion* (Fn. 56), S. 4; *DAI* (Fn. 56), S. 3.

59 法案における理由書（前掲注 47）はそれについて簡潔にしかコメントを述べていない。S. 5 f. 結論として合憲性を慎重に肯定するものとして、*Fleischer*, DB 2005, 1611, 1614 f.; ebenso *Thüsing*, ZIP 2005, 1389, 1394 ff.; Ringleb/Kremer/Lutter/v.Werder-*Ringleb* (Fn. 18), Ziffer 4.2.4, Rn. 789 ff.; *Spindler*, NZG 2005, 689, 691 f. Kritisch dagegen *BDI* (Fn. 48), S. 5 ff.; für verfassungswidrig hält es das *DAI* (Fn. 56), S. 4 ff.

60 同様の見解として、*Thüsing*, ZIP 2005, 1389, 1390.

3. 方法論的な疑義

規制の内容に関しては賛否両論あるが、方法論に関しては、ほとんど一貫して批判されている。法律が公布されなければならなかったのは「遺憾である」とされる。すなわち、「今や自主規制の機会を逃してしまった[61]。」「任意は今や義務になってしまった[62]。」　これらの表現は、上述の経過がまさに必然的な展開であったかのような印象を惹起する[63]。しかしながら、より詳細に検討するとそれは疑わしく、むしろ、特定の問題についてだけでなく、一般的にも、これまで論じてきた高い成果を収めているソフトローの生産物が著しく弱体化されることが確認されるべきである。ドイツ・コーポレート・ガバナンス・コードはたった3年間の間に広範に受容されたのであり、いくつかのとりわけ問題のある勧告のために残り全体が背後に押しやられるとすれば、それは、コードの適正な評価に反する[64]。

コードの魅力はまさにその任意性にある。それは法を多方面から補完し、また、心理的にまったく異なる「動機付け」が作用していることから、純粋な法律の規定のみによっては全く達成しえない程度で法を補完する[65]。しかしながら、もし、遵守状況が外部から決定された一定程度に達しない場合にはいつも最終的に法律によって強制されるおそれがあるという印象を企業が持つ（あるいは持たなければならない）のであれば、コードはその魅力を瞬く間に失う。コードの基礎には「遵守せよ、さもなければ説明せよ」の原則があるが、これは、企業にどのように決定するかの最終判断を、そして市場に企業の当該決定をどのように扱うかの判断を委ねる。しかしながら、立法者が、結果が気に入らない場合には当初緩めていた手綱を再び引き締めるのであれば、前述のような手続きはもはや維持され得ない[66]。これにより、我々は、再び実体的な側面に、そして企業の80-90%の割合に報酬の個別開示をさせたいという政治的な決定に立ち戻るのである。したがって、コードの勧告が法律に「格上げされた」[67]という喜びは、実際にはこれ以上広がることとはできない。むしろ、反対に、規範の名宛人の目からも、例外的にこれほど多くの企業が拒否したルールはひょっとしたら単に不適切なだけかもしれないと検討し得たのではなかったか。

---

61 *Deutsche Schutzvereinigung für Wertpapierbesitz* (DSW), Stellungnahme zum Referentenentwurf eines Vorstandsvergütungs-Offenlegungs-Gesetzes vom 25.4.2005, http://www.dsw-info.de/Stellungnahme_zum_ VorstOG.509.98.html.

62 *Cromme* (Fn. 46).

63 Vgl. aber *DSW* (Fn. 5), S. 1.

64 *Cromme* (Fn. 18), S. 3 f.; *BDI* (Fn. 48), S. 2.

65 Vgl. *BDI* (Fn. 48), S. 4; *DAI* (Fn. 56), S. 2.

66 Vgl. *DAI* (Fn. 56), S. 2. 例えば、取締役報酬開示法は、その効果を観察するために、まずはとりあえず限時法として公布するということも可能だったのではないか。Vgl. *Thüsing*, ZIP 2005, 1389, 1396f. しかし、理由書によれば、期間経過後再び企業は義務から「身をひく」ことが「予想されるため」、限時法という選択肢は意識的にはずされたとのことである。Die Begründung des Gesetzentwurfs (Fn. 47), S. 5.

67 *Cromme* (Fn. 46).

§ 11 Rechtsangleichung durch allgemeine Rechtsgrundsätze? – Europäisches Gemeinschaftsrecht und Völkerrecht im Vergleich

Andreas von Arnauld

Übersicht

I. Problemaufriß

Der Weg zu einem *ius commune*, sei es im Sinne eines gemeineuropäischen Rechts, eines anderen regionalen „gemeinen Rechts" oder eines gemeinen Weltrechts, führt idealtypisch in zwei Richtungen: Einmal läßt sich retrospektiv nach Gemeinsamkeiten fahnden, um bereits vorhandene gemeinsame Elemente verschiedener Rechtsordnungen freizulegen; das andere Mal geht es um die prospektive Herstellung von Rechtsgemeinsamkeit, um Harmonisierung und um Rechtsangleichung.[1] Auf den ersten Blick weisen allgemeine Rechtsgrundsätze, die Art. 38 Abs. 1 lit. c) des Statuts des IGH als „von allen Kulturvölkern anerkannt" näher qualifiziert, in die erste dieser beiden Richtungen und lenken den Blick auf die bereits vorhandenen Übereinstimmungen. Bei näherer Betrachtung aber können diese Rechtsgrundsätze auch einen Beitrag zur Rechtsangleichung und damit zur Herausbildung eines *ius commune* leisten.

---

1 Vgl. die Unterscheidung bei *Häberle*, Gemeineuropäisches Verfassungsrecht, EuGRZ 1991, 261, 270ff., zwischen dem „rechtspolitischen Weg der Rechtssetzung" und dem „interpretatorischen Weg der Rechtsfindung".

Dabei lassen sich zwei Funktionen unterscheiden, die allgemeine Rechtsgrundsätze bei der Herausbildung gemeinsamer Rechtsregime erfüllen. Indem sie für die Aushandlung völkerrechtlicher Verträge oder von Sekundärrechtsakten der EG die gemeinsame Basis markieren und für den Verhandlungsprozeß als normative Bezugspunkte zur Verfügung stehen, erfüllen sie eine Art „Stützungs- und Hilfsfunktion" (*Auxiliarfunktion*) im Prozeß der Rechtsangleichung.[2] Daß die gemeinsame Basis ebenfalls erst aufgefunden werden muß und damit das Auffinden der Gemeinsamkeiten kaum merklich in die Herstellung von Gemeinsamkeit umschlägt,[3] erhält zugleich den Impuls zur weiteren Annäherung aufrecht. Hiervon läßt sich eine *Integrationsfunktion* allgemeiner Rechtsgrundsätze unterscheiden, ihr einheitsstiftender Charakter, der im folgenden näher betrachtet werden soll.

II. Begriff und Eigenart allgemeiner Rechtsgrundsätze

Allgemeine Rechtsgrundsätze sind Bauprinzipien, die in ihrer Allgemeinheit grundlegende Konturierungen der jeweils von ihnen bestimmten Rechtsordnungen leisten.[4] Einteilungen können nach verschiedenen Kriterien vorgenommen werden; wichtig ist vor allem die Unterscheidung von formalen und axiologischen Rechtsgrundsätzen.[5] In die erste Kategorie fallen z.B. der Grundsatz *lex superior derogat legi generali*, der *lex-specialis*-Grundsatz oder der der Idee von Rechtsverbindlichkeit immanente Grundsatz *pacta sunt servanda*, in die zweite z.B. der Grundsatz von Treu und Glauben, das Willkürverbot, Rechtssicherheit, Vertrauensschutz oder grund- und menschenrechtliche Grundsätze wie die Gewährung rechtlichen Gehörs. Eine Zwischenstellung nimmt der Grundsatz der Verhältnismäßigkeit ein. Dieser ist zwar für sich genommen ein rechtsformaler Grundsatz der Rechtsgewinnung;[6] er ist aber zumeist in werthaltig geprägte Kontexte eingebettet (v.a. in den Kontext der Menschenrechte) und eng mit der gerichtlichen Kontrolle von Staatshandeln verbunden, was auf bestimmte Konzeptionen der Gewaltenteilung verweist.[7]

---

2 Ähnlich *Bassiouni*, A Functional Approach to „General Principles of International Law", MichJIL 11 (1989/90), 768, 777f.; *Häberle*, EuGRZ 1991, 261, 270f.

3 So zutreffend *Schulze*, Pluralismus der Rechte und Konvergenz des Rechtsdenkens – Zur geschichtlichen Rolle allgemeiner Rechtsgrundsätze, in: Assmann/Brüggemeier/Sethe (Hrsg.), Unterschiedliche Rechtskulturen – Konvergenz des Rechtsdenkens (2001), S. 9, 28.

4 Zu Begriff und Charakter *Bassiouni*, MichJIL 11 (1989/90), 768, 770ff.; *Weiß*, Allgemeine Rechtsgrundsätze des Völkerrechts, AVR 39 (2001), 394, 411; *Lecheler*, Der Beitrag der allgemeinen Rechtsgrundsätze zur Europäischen Integration, ZEuS 2003, 337, 339.

5 Ähnlich *Degan*, General Principles of Law, FinnYBIL 3 (1992), 1, 91f. Meist wird indes nach der Quelle der Rechtsgrundsätze (abgeleitet aus nationalem Recht oder originär internationalrechtlich) differenziert: *Bassiouni*, MichJIL 11 (1989/90), 768, 772, *Weiß*, AVR 39 (2001), 394, 398ff.

6 *von Arnauld*, Die normtheoretische Begründung des Verhältnismäßigkeitsgrundsatzes, JZ 2000, 276, 278ff.

7 Vgl. die Kritik bei *Irvine of Lairg*, Judges and Decision-Makers, Pub.L. 41 (1996), 59, 74f. Zu den Vorbehalten von Rechtsordnungen mit einer starken Stellung des Parlaments gegenüber Abwägungsmodellen der Rechtsfindung *von Arnauld*, Rechtssicherheit (2006), S. 627ff., 633f.

Axiologische Rechtsgrundsätze sind ihres allgemeinen Charakters wegen offen angelegt und dienen so zugleich zur Verklammerung bestehender Rechtsinstitute wie auch zur Generierung neuer Rechtssätze.[8] Die Rechtssicherheit beispielsweise, in der Rechtsprechung des EuGH seit langem als allgemeiner Grundsatz des Gemeinschaftsrechts anerkannt, faßt untergeordnete Prinzipien und Institute wie die Pflicht zur Bekanntgabe von Rechtsakten, die Gebote der Klarheit und Bestimmtheit des Rechts, die Endgültigkeit von Rechtsakten, die Beschränkung der Rückwirkung und den Vertrauensschutz zusammen.[9] Zugleich sind die meisten dieser Subprinzipien durch den EuGH erst in Anknüpfung an den Grundsatz der Rechtssicherheit entwickelt worden. Der Rückgriff auf einen allgemeinen Grundsatz ermöglicht die Schließung von Lücken durch Ableitung von untergeordneten Rechtssätzen.[10] In dieser „Matrizenfunktion" allgemeiner Rechtsgrundsätze liegt ihr beträchtliches Dynamisierungspotential.[11]

III. Die Rolle der allgemeinen Rechtsgrundsätze im Europäischen Gemeinschaftsrecht

1. Allgemeine Rechtsgrundsätze und Stiftung der Gemeinschaftsrechtsordnung

Den allgemeinen Rechtsgrundsätzen hat *Lecheler* für das Europäische Gemeinschaftsrecht bescheinigt, einen „spektakulären" Beitrag zur Entstehung der Gemeinschaftsrechtsordnung geleistet zu haben.[12] In der Tat hat der EuGH das soeben umrissene Dynamisierungspotential der allgemeinen Rechtsgrundsätze zur Integration der Gemeinschaftsrechtsordnung nutzbar gemacht. Die Integration von Systemen im Sinne eines einheitsstiftenden Prozesses bedarf zunächst der Verklammerung verstreuter Einzelbestimmungen durch übergeordnete Prinzipien und – im Bereich des rechtlichen Systems – Werte.[13] Systemintegration ist aber kein Akt, der je an ein Ende gelangt: Solange eine Rechtsordnung existiert, ist ihre Integration eine Aufgabe, ein

---

8 Vgl., *mutatis mutandis*, *Mathieu*, Constitution et sécurité juridique: France, AIJC 15 (1999), 155, 156: „principe fédérateur" und „principe matriciel".

9 Überblick bei *Naômé*, La notion de sécurité juridique dans la jurisprudence de la Cour de justice et du Tribunal de première instance des Communautés européennes, RivDE 1993, S. 223ff.; *Puissochet/Legal*, Le principe de sécurité juridique dans la jurisprudence de la Cour de justice des Communautés européennes, Cahiers du CC 11 (2001), 98, 101ff.; *von Arnauld* (Fn. 7), S. 497ff.

10 Zur Funktion allgemeiner Rechtsgrundsätze *Bassiouni*, MichJIL 11 (1989/90), 768, 775ff.; *Degan*, FinnYBIL 3 (1992), 1, 33; *Mosler*, General Principles of Law, EPIL II (1995), 511, 516; *Weiß*, AVR 39 (2001), 394, 412f. Zur vergleichbaren Funktion von Verfassungsprinzipien *von Arnauld* (Fn. 7), S. 688ff.

11 Vgl. *von Arnauld* (Fn. 7), S. 629ff. Ähnlich *Weiß*, AVR 39 (2001), 394, 413f.; *Lecheler*, ZEuS 2003, 337, 346f., 348ff.

12 *Lecheler*, ZEuS 2003, 337, 338.

13 Vgl. *Parsons*, Das System moderner Gesellschaften (1972), S. 12, 20ff.; *Luhmann*, Das Recht der Gesellschaft (1993), S. 190ff.; *von Arnauld* (Fn. 7), S. 629f.

Prozeß.[14] Hier kommt die dynamische Komponente der allgemeinen Rechtsgrundsätze ins Spiel. Durch die Nutzung beider Facetten der allgemeinen Grundsätze des Gemeinschaftsrechts ist es dem EuGH gelungen, die lückenhaften Regelungen der Gründungsverträge zu sinnhafter Einheit zu führen. „Das Gemeinschaftsrecht" ist zu einem guten Teil ein Werk der Gemeinschaftsrechtsprechung, das nur mit Hilfe kohärenzstiftender allgemeiner Rechtsgrundsätze gelingen konnte und kann.[15]

2. Rahmenbedingungen der Integrationsleistung allgemeiner Rechtsgrundsätze

Dieser Integrationserfolg wurde im Europäischen Gemeinschaftsrecht durch eine Reihe von Faktoren begünstigt: Zunächst ist in *materieller* Hinsicht die hohe inhaltliche Dichte der europäischen Rechtsgrundsätze zu nennen, die ihre Ursache in der relativ großen Homogenität der europäischen Rechtsordnungen findet.[16] Gerade axiologisch eingefärbte allgemeine Grundsätze des Rechts verweisen auf Wertideen, die nur soweit gemeinsame sind, wie man von einer Wertegemeinschaft sprechen kann.[17] In *institutioneller* Hinsicht ist die starke Stellung des EuGH zu betonen. Dieser besitzt obligatorische Zuständigkeiten und ist durch Art. 220 Abs. 1 EG (ex Art. 164 EWGV) im umfassenden Sinne zur „Wahrung des (Gemeinschafts-)Rechts" ermächtigt. Der EuGH hat sich frühzeitig die Aufgabe gestellt, das Gemeinschaftsrecht über die Vertragsbestimmungen hinaus zu entwickeln und fortzubilden, und damit eine aktiv gestaltende Rolle angenommen.[18] In *methodischer* Hinsicht schließlich hat die Methode der wertenden Rechtsvergleichung[19] die Integration in nicht zu unterschätzendem Maße gefördert. Zwar entnimmt der EuGH die allgemeinen Grundsätze des Gemeinschaftsrechts denjenigen Prinzipien, die allen Mitgliedstaaten in ihren nationalen Rechtsordnungen gemeinsam sind; er legt dabei jedoch nicht den kleinsten gemeinsamen Nenner zugrunde, son-

---

14 Zum autopoietischen Prozeß systemischer Selbstfortschreibung *Luhmann*, Soziale Systeme (2. Aufl. 1984), S. 60ff.; *von Arnauld*, Recht und Spiel als soziale Systeme, in: ders. (Hrsg.), Recht und Spielregeln (2003), S. 37, 43ff. Natürlich liegt hier auch der Gedanke an die Integrationslehre von *Smend* nahe.

15 *Lecheler*, Der Europäische Gerichtshof und die allgemeinen Rechtsgrundsätze (1971), S. 185ff.; ders., ZEuS 2003, S. 337, 346ff.; *Everling*, Rechtsvereinheitlichung durch Richterrecht in der Europäischen Gemeinschaft, RabelsZ 50 (1986), 193, 206f.; *Häberle*, EuGRZ 1991, 261, 264ff.; *Schiemann*, The Application of General Principles of Community Law by English Courts, in: Andenas/Jacobs (Hrsg.), European Community Law in English Courts (1998), S. 137, 138f.; *Schilling*, Bestand und allgemeine Lehren der bürgerschützenden allgemeinen Rechtsgrundsätze des Gemeinschaftsrechts, EuGRZ 2000, 3, 6ff., 40f.

16 *Zweigert*, Der Einfluß des Europäischen Gemeinschaftsrechts auf die Rechtsordnungen der Mitgliedstaaten, RabelsZ 28 (1964), 601, 609; *Häberle*, EuGRZ 1991, 261, 262.

17 Vgl. *Lücke*, Universales Verfassungsrecht, Völkerrecht und der Schutz der Umwelt, AVR 35 (1997), 1, 8ff. Zum Verhältnis von Werten und Gemeinschaftsideologie mwN *von Arnauld* (Fn. 7), S. 481ff., 485ff., 489ff.

18 *Lecheler* (Fn. 15), S. 185ff.; *ders.*, ZEuS 2003, 337,339; *Everling*, RabelsZ 50 (1986), 193, 197ff., 214ff.; *Schilling*, EuGRZ 2000, 3, 7.

19 Grundlegend *Zweigert*, RabelsZ 28 (1964), 601, 610f.

dern sucht nach der Lösung, die den Zielen der Gemeinschaft am ehesten angemessen erscheint.[20] Diese Methode überspielt die auch in einer relativ homogenen Gruppe von Rechtsordnungen immer noch bestehenden Unterschiede.[21]

3. Die Prägung mitgliedstaatlicher Rechtsordnungen durch Gemeinschaftsrecht

Diese Integrationsfunktion der allgemeinen Rechtsgrundsätze auf Ebene des Gemeinschaftsrechts kann schon an sich als Beitrag zu einer Rechtsangleichung angesehen werden. Schließlich geht es darum, im Rahmen eines gemeinsam verfolgten Projekts gemeinsame Regeln und Maßstäbe zu finden. So verstanden, steckt in jedem Vertrag bereits ein Stück Rechtsangleichung:[22] Jede Vertragspartei verzichtet auf ein Stück eigene Bewirkungsmacht, um im Einklang mit gemeinsam vereinbarten Regeln ein gemeinsames Vertragsziel zu verfolgen. Zwischenstaatliche Verträge haben aber auch Rückwirkungen auf die nationalen Rechtsordnungen und befördern hierdurch eine Angleichung auch der innerstaatlichen Regeln.[23] Hier lassen sich eine „vertragsvermittelte" und eine „vertragsinspirierte" Dimension unterscheiden, bzw. terminologisch auf das Gemeinschaftsrecht bezogen, eine „gemeinschaftsrechtsvermittelte" und eine „gemeinschaftsrechtsinspirierte"[24].

a) *Gemeinschaftsrechtsvermittelte Rückwirkungen*

Aufbauend auf den mit Vorrang ausgestatteten allgemeinen Rechtsgrundsätzen erlassen die Organe der Europäischen Gemeinschaft Rechtsakte, insbesondere Verordnungen und Richtlinien, die unmittelbar auf die Rechtsordnungen der Mitgliedstaaten einwirken. Ohne weiteren Umsetzungsakt wirken EG-Verordnungen gleichmäßig und mit gleichem Inhalt in allen Mitgliedstaaten; Richtlinien dagegen bedürfen zwar der mitgliedstaatlichen Umsetzung, erteilen den Mitgliedstaaten aber konkrete Regelungsaufträge zur weiteren Harmonisierung der nationalen Rechtsordnungen. Der Vorrang des Gemeinschaftsrechts vor dem nationalen Recht und der Vorrang der dem Primärrecht zugehörigen allgemeinen Rechtsgrundsätze vor den Sekundärrechtsakten der Gemeinschaftsorgane sichern auch in diesen Rechtsbeziehungen die steuernde Funktion der allgemeinen Rechtsgrundsätze.[25]

---

20 Statt vieler *Pescatore*, Le recours, dans la jurisprudence de la Cour de justice des Communautés européennes, à des normes déduites de la comparaison des droits des états membres, RIDC 1980, 337, 352ff.

21 Sie ermöglicht, nach *Häberle*, EuGRZ 1991, 261, 272, daß an einem bestimmten Punkt Quantität (die Zahl der Rechtsordnungen, die einen solchen Grundsatz kennen) in Qualität umschlägt.

22 Hier wird Rechtsangleichung als Interessenangleichung verstanden: vgl. *Börner*, Rechtsangleichung als Interessenangleichung, in: Lüderitz (Hrsg.), Festschrift für Kegel (1977), S. 381ff.

23 Zu den Wechselwirkungen allgemein *van Gerven*, Comparative Law in a Texture of Communitarization of National Laws and Europeanization of Community Law, in: Assmann/Brüggemeier/Sethe (Fn. 3), S. 49ff.

24 Ähnlich wohl *Zweigert*, RabelsZ 28 (1964), 601, 611f. („Ausstrahlung", „Impulse").

25 Zu normativen Vorrangbeziehungen im Gemeinschaftsrecht *Hofmann*, Normenhierarchien

b) *Gemeinschaftsrechtsinspirierte Rückwirkungen*

Überall dort, wo die Mitgliedstaaten Gemeinschaftsrecht vollziehen oder umsetzen, sind sie zur Beachtung der allgemeinen Grundsätze des Gemeinschaftsrechts verpflichtet, auch dann, wenn diese ihrer heimischen Rechtsordnung fremd sein sollten.[26] So gibt es beispielsweise nach wie vor erhebliche Vorbehalte gegenüber dem Grundsatz des Vertrauensschutzes in Frankreich und in England. Für den gemeinschaftsrechtlichen Grundsatz, daß das berechtigte Vertrauen der Bürger in eine bestehende Rechtslage oder in eine ihnen erteilte Zusage grundsätzlich geeignet ist, den Staat bzw. die Gemeinschaft und ihre Organe zu binden, war vor allem das deutsche Recht Inspirationsquelle – auch wenn sich der EuGH in der Handhabung restriktiver zeigt als die deutschen Gerichte.[27] Während ein solcher subjektiv-rechtlich aufgeladener Grundsatz, der auch dem Gesetzgeber weitreichende Bindungen auferlegen kann, in Frankreich auf generelle Skepsis stößt,[28] ist in England der Vertrauensschutz zwar schon seit längerem bekannt; allerdings hat er hier nur eine prozedurale Dimension. Ein Betroffener hat das Recht angehört zu werden, bevor ein Rechtsakt, auf den er vertraut hat, aufgehoben oder geändert wird; eine Aufrechterhaltung des Rechtsakts, eine übergangsweise Fortgeltung oder die Erfüllung einer Zusage aber kommt nicht in Betracht.[29]

---

im europäischen Gemeinschaftsrecht (2000). Weitere Nachweise bei *von Arnauld*, Normenhierarchien innerhalb des primären Gemeinschaftsrechts, EuR 38 (2003), 191ff. Speziell zum Rang der allgemeinen Rechtsgrundsätze *Schilling*, EuGRZ 2000, 3, 29ff.

26 Statt vieler EuGH v. 25. 11. 1986 – Rs. 201/85 u.a. *Klensch*, Slg. 1986, 3477 Rn. 10; v. 20. 6. 2002 – Rs. C-313/99 *Mulligan u. a.*, Slg. 2002, I-5719 Rn. 35f.; *Everling*, RabelsZ 50 (1986), 193, 223.

27 Zum Vertrauensschutz im Gemeinschaftsrecht *Borchardt*, Der Grundsatz des Vertrauensschutzes im Europäischen Gemeinschaftsrecht (1988); *Naômé*, RivDE 1993, 223, 244ff.; *Craig*, Substantive Legitimate Expectations in Domestic and Community Law, Cambr.L.J. 55 (1996), 289, 304ff.; *Triantafyllou*, La confiance légitime en tant qu'instrument de cohésion en droit communautaire, RFDA 2000, S. 246ff.; *Schwarz*, Vertrauensschutz als Verfassungsprinzip (2002), S. 376ff.; *Altmeyer*, Vertrauensschutz im Recht der Europäischen Union und im deutschen Recht (2003), S. 16ff.; *von Arnauld* (Fn.7), S. 529ff. Aus der umfangreichen Rechtsprechung EuGH v. 13. 7. 1965 – Rs. 111/63 *Lemmerz-Werke*, Slg. 1965, 893, 911; v. 5. 7. 1973 – Rs. 1/73 *Westzucker III*, Slg. 1973, 723 Rn. 8, 13; v. 14. 5. 1975 – Rs. 74/74 *CNTA*, Slg. 1975, 533 Rn. 41ff.; v. 11. 5. 1983 – Rs. 303/81 u.a. *Klöckner*, Slg. 1983, 1507, Rn. 33; v. 28. 4. 1988 – Rs. 120/86 *Mulder*, Slg. 1988, 2321 Rn. 24; v. 11. 7. 1991 – Rs. C-368/89 *Crispoltoni*, Slg. 1991, I-3695 Rn. 21; v. 15. 2. 1996 – Rs. C-63/93 *Duff u. a.*, Slg. 1996, I-569 Rn. 20; v. 18. 5. 2000 – Rs. C-107/97 *Rombi und Arkopharma*, Slg. 2000, I-3367 Rn. 66f.

28 *Fromont*, Le principe de sécurité juridique, AJDA 1996, N° spécial, 178, 179f.; *Vincent*, Le faible impact du principe de confiance légitime en droit administratif français, RFDA 2000, 254, 254f., 259; *Woehrling*, La France peut-elle se passer du principe de confiance légitime?, in: Liber amicorum Waline (2002), S. 749, 767ff.; *Moderne*, À la recherche d'un fondement constitutionnel du principe de protection de la confiance légitime, in: Mélanges en l'honneur de Dubouis (2002), S. 595, 615f.; *von Arnauld* (Fn. 7), Rechtssicherheit, S. 548f.

29 *Lord Denning* in *Schmidt v. Home Secretary* [1969] 2 Ch. 149, 170f., und in *Regina v. Liverpool Corporation, Ex parte Liverpool Taxi Fleet Operators' Association* [1972] 2 Q.B. 299, 307f.; *Lord Fraser* in *Attorney General of Hong Kong v. Ng Yuen Shiu* [1983] 2 A.C. 629, 636ff.; *Lord Diplock* in *Council of Civil Service Unions v. Minister for the Civil Service* [1985] 1 A.C. 374, 408, 412. Aus neuerer Zeit *Laws J.* in *Regina v. Secretary of State for Transport, Ex parte Richmond-upon-Thames London Borough Council* [1994] 1 W.L.R., 74, 92ff. Hierzu *Mackenzie Stuart*, Legitimate Expectations and Estoppel in Community Law and in English Administrative Law, LIEI 10 (1983/1), 53, 66ff.; *Craig*, Cambr.L.J. 55 (1996), 289ff.; *von Arnauld* (Fn. 7), S. 591ff.

Ein solcher Einbruch „fremden" Rechtsdenkens in die nationale Rechtsordnung bewirkt zunächst eine Spaltung des innerstaatlichen Rechts in einen gemeinschaftsrechtlich bestimmten Bereich, in dem gemeinschaftsrechtliche Grundsätze Anwendung finden müssen, und einen vom Gemeinschaftsrecht unabhängigen Bereich, der diese Grundsätze – einstweilen – ausklammert. Dieser zweite Bereich jedoch gerät unter dem Druck der *persuasive authority* des Gemeinschaftsrechts immer stärker unter Anpassungszwang.[30] So werden, um beim Beispiel des Vertrauensschutzes zu bleiben, in Frankreich die Stimmen im juristischen Schrifttum vernehmlicher, die eine Anerkennung dieses Grundsatzes auch außerhalb der vom Gemeinschaftsrecht geformten Rechtsmaterien fordern;[31] vereinzelte instanzgerichtliche Rechtsprechung[32] verstärkt diesen Druck auch institutionell. Noch erhalten *Conseil d'Etat* und *Conseil constitutionnel* die Trennung aufrecht.[33] Es erscheint aber eher als Frage der Zeit, wann der gemeinschaftsrechtliche Grundsatz das französische Recht insgesamt zur Angleichung bringen wird. Nämliches läßt sich in England beobachten, wo ebenfalls im Schrifttum zunehmend die Anerkennung eines auch materiellen Vertrauensschutzes gefordert wird, der in vereinzelten Gerichtsentscheidungen bereits Niederschlag gefunden hat.[34] Angesichts der Präjudizienorientierung des englischen Rechts- und Gerichtssystems und angesichts der prinzipiellen Anerkennung eines – wenn auch nur prozeduralen – Vertrauensschutzes könnte der Schritt zur Übernahme eines auch materiell gedeuteten Vertrauensschutzes in England schneller erfolgen als in Frankreich. Diese Verwischung der Grenzen zwischen gemeinschaftsrechtlich bestimmten und rein innerstaatlichen Sachverhalten kennzeichnet *Lord Justice Schiemann* so:

„What has happened over the years is, first, that the field of Community activities has expanded with the result that the general principles are directly applicable over a wider area. Secondly, lawyers have become more familiar with Community law and so a Community point is more frequently argued. Thirdly, those who have be-

---

30 Hierzu aus französischer Sicht *Fromont*, AJDA 1996, N° spécial, 178, 180ff.; *Mathieu*, AIJC 15 (1999), 155; aus englischer Sicht *Irvine of Lairg*, Judges and Decision-Makers, Pub.L.41 (1996), 59, 73ff.; *Lewis*, L'influence du droit communautaire sur le droit administratif anglais, in: AJDA 52 (1996), N° spécial, 124, 125ff.; *Baum*, Der Schutz verfassungsmäßiger Rechte im englischen common law (2004), S. 126ff., 261ff., 382ff.; *von Arnauld* (Fn. 7), S. 591ff. – Zu dem insoweit wichtigen Fall *M. v. Home Office* [1994] 1 A.C. 377 auch *Sydow*, Parlamentssuprematie und *Rule of Law* (2005), S. 80f.

31 Siehe etwa *Pacteau*, La sécurité juridique, un principe qui nous manque?, AJDA 1995, N° spécial, 151, 154; *Vincent*, RFDA 2000, 254ff.

32 Tribunal administratif de Strasbourg v. 8. 12. 1994 – Rs. 931085 *Entreprise Freymuth*, AJDA 1995, 555, 560.

33 Conseil d'Etat v. 9. 5. 2001 – Rs. 210944 *Entreprise Freymuth*, Dalloz 2001, 2090; Conseil constitutionnel v. 7. 11. 1997 – Rs. 97–391, http://www.conseil-constitutionnel.fr/ (Aufruf: Nov. 2005).

34 Zu nennen sind hier vor allem *Sedley J.* in *Regina v. Ministry of Agriculture, Fisheries and Food, Ex parte Hamble (Offshore) Fisheries* [1995] 2 All E.R. 714, 723ff., sowie *Lord Woolf M.R.* in *Regina v. North and East Devon Health Authority, Ex parte Coughlan* [2000] 2 W.L.R. 622, S. 644ff. (§§ 55ff.), insbes. 649ff. (§§ 71ff.). Aus der Literatur *Craig*, Cambr.L.J. 55 (1996), S. 289, 295ff.; *Schønberg*, Legitimate Expectations in Administrative Law (2000), S. 64ff., 106ff.; *Roberts*, Public Law Representations and Substantive Legitimate Expectations, MLR 64 (2001), 112ff.

come familiar with the general principles have obtained inspiration from them in solving problems which have no Community law element."[35]

Eine *persuasive authority* kann das Gemeinschaftsrecht natürlich nur dort erlangen, wo jemand bereit ist, sich überzeugen zu lassen. Dies wird ebenfalls durch mehrere Faktoren begünstigt. Unerläßlich ist zunächst gewiß die Einsicht, daß die autochthone Regelung verbesserungsbedürftig ist. Mit zunehmender Öffnung der nationalen Rechtsordnung für transnationales Recht und durch zunehmenden Kontakt mit fremden Rechtsordnungen wird diese Einsicht vielfältig befördert werden, sofern diese Kontakte behutsam erfolgen und nicht durch plötzliche Konfrontationen Überfremdungsängste auslösen. Die zu beobachtenden allmählichen Wandlungen im englischen und französischen Rechtssystem sind im Kern darauf zurückzuführen, daß die heimischen Rechtsinstitute als in Teilen unzureichend empfunden werden.[36] Die Rezeption ausländischer bzw. transnationaler Rechtsgrundsätze kann nun dadurch erleichtert werden, daß das innerstaatliche Recht im Ansatz verwandte Rechtsinstitute (wie zum Beispiel einen prozeduralen Vertrauensschutz) kennt, an die der importierte Grundsatz anschließen kann.[37] Schließlich ist der Druck zu bedenken, der von einem spannungsreichen Nebeneinander verschiedener Rechtsregime innerhalb einer Rechtsordnung ausgeht. Auf Dauer sind die Kosten des Spagats zwischen gemeinschaftsrechtlich bestimmtem und autochthon determiniertem Recht zu hoch.[38]

IV. Die Rolle der allgemeinen Rechtsgrundsätze im Völkerrecht

Auf das Völkerrecht scheinen diese Überlegungen auf erste Sicht nicht bzw. nicht ohne weiteres übertragbar, sind doch die Eingangsvoraussetzungen weniger günstig als für die europäische Integrationsgemeinschaft.[39] Als Beispiel für das Poten-

35 *Schiemann* (Fn. 15), S. 140.

36 *Pacteau*, AJDA 1995, N° spécial, S. 152; *Lewis*, AJDA 52 (1996), N° spécial, 124, 127f.; *Mathieu*, AIJC 15 (1999), 155f.; *Sydow* (Fn. 30), S. 111ff.; *von Arnauld* (Fn. 7), S. 558, 595, 635f.

37 Hier kann auf verwandte Legitimitätsvorstellungen zurückgegriffen werden: vgl. *Franck*, The Emerging Right to Democratic Governance, AJIL 86 (1992), 46; *Mertus*, From Legal Transplants to Transformative Justice, Am. Univ. Int'l L. Rev. 14 (1999), 1335, 1364f. Die Debatte um *legal transplants*, *legal translations* oder *legal irritants* kann und soll hier nicht geführt werden. Statt vieler: *Kahn-Freund*, On Uses and Misuses of Comparative Law, MLR 37 (1974), 1ff.; *Watson*, Legal Transplants (2. Aufl. 1993); *Legrand*, The Impossibility of „Legal Transplants", MJ 4 (1997), 111ff.; *Teubner*, Legal Irritants, MLR 61 (1998), 11ff.; *Langer*, From Legal Transplants to Legal Translations, Harv.Int.L.J. 45 (2004), 1ff.

38 Vgl., *mutatis mutandis*, *Byers*, Custom, Power and the Power of Rules (1999), S. 102ff., 181f., sowie *Fon/Parisi*, Stability and Change in International Customary Law, Berkeley Program in Law & Economics, Working Paper 96 (2003), http://repositories.cdlib.org/blewp/art96 (Aufruf: Nov. 2005), zu den Kosten des *persistent objector* im Völkergewohnheitsrecht. Wie dort geht es auch hier um zwei parallele Rechtsregime, von denen das eine auf das andere einen Anpassungsdruck ausübt, indem es mittelfristig die Gewähr bietet, „mitspielen" zu können. Vgl. insoweit auch die Überlegungen von *Durner*, Normakzeptanz, in: von Arnauld (Fn. 14), S. 245, 253f. („Normakzeptanz als Zugangsbedingung und Eintrittspreis").

39 *Zweigert*, RabelsZ 28 (1964), 601, 608f.; *Everling*, RabelsZ 50 (1986), 193, 231; *Schulze* (Fn. 3), S. 9, 23f.

tial, das auch außerhalb supranationaler Integrationsverbände in allgemeinen Rechtsgrundsätzen stecken kann, sei jedoch zunächst ein Blick auf das Regime der Europäischen Menschenrechtskonvention (EMRK) geworfen, bevor auf das allgemeine Völkerrecht eingegangen wird.

1. Die Rechtsprechung des EGMR

Hinsichtlich einer Ausbildung der EMRK zu einer integrierten Menschenrechtsordnung für Europa sind die Voraussetzungen günstig. *Materiell* ist eine relativ große Homogenität der Wertvorstellungen zu verzeichnen, wenn auch der Kreis der beteiligten Staaten größer und in sich heterogener ist als im Fall der Europäischen Union. *Institutionell* ist seit der Einführung der Individualbeschwerde zum EGMR eine obligatorische Gerichtsbarkeit errichtet, der sich kein Mitgliedstaat des Europarats entziehen kann. Zwar ist der Gerichtshof nur beauftragt, einen völkerrechtlichen Vertrag auszulegen, und kann – im Gegensatz zum EuGH – einen Rechtsfortbildungsauftrag nicht aus einem vertraglichen Integrationsziel ableiten; allerdings stellt sich der EGMR in ständiger Rechtsprechung die Aufgabe, die Konventionsbestimmungen dynamisch und entsprechend den Grundsätzen des *effet utile* auszulegen.[40] Auf dieser Linie liegt es, wenn in den letzten Jahren verstärkt eine Tendenz in der Rechtsprechung zu beobachten ist, einzelne Vertragsbestimmungen durch Hinzuziehung allgemeiner Rechtsgrundsätze zu einer ideellen Einheit zu verklammern.[41] So hat etwa der EGMR den Grundsatz der Bestimmtheit von Rechtsnormen, den er zunächst nur an einzelnen konkreten Vertragsbestimmungen festgemacht hat, inzwischen als einen übergreifenden Gedanken herausgestellt und dem Überprinzip der Rechtssicherheit zugeordnet.[42] Man wird in solchen Tendenzen ein Bestreben des Gerichtshofs sehen können, die EMRK ungeachtet ihrer Verwurzelung im klassischen Völkerrecht der zwischenstaatlichen Kooperation zu einer kohärenten europäischen Grundrechtsverfassung auszubauen.[43] Was schließlich die *Methode* der Auffindung solcher Rechtsgrund-

---

40 Hierzu mwN *Peters*, Einführung in die Europäische Menschenrechtskonvention (2003), S. 12ff.; *Grabenwarter*, Europäische Menschenrechtskonvention (2. Aufl. 2005), Rn. 12ff.

41 Zu dieser Entwicklung *Wachsmann*, La prééminence du droit dans la jurisprudence de la Cour européenne des droits de l'homme, in: Flauss/Wachsmann (Hrsg.), Recueil d'études à la mémoire de Schwob (1997), S. 241, 253f.; *Cohen-Jonathan*, Le rôle des principes généraux dans l'interpretation et l'application de la Convention européenne des droits de l'homme, in: Flécheux (Hrsg.), Mélanges en hommage à Pettiti (1998), S. 165ff.; *de Salvia*, La place de la notion de sécurité juridique dans la jurisprudence de la Cour européenne des droits de l'homme, in: Cahiers du CC 11 (2001), 93, 94ff.; *von Arnauld* (Fn. 7), S. 534ff.

42 EGMR v. 24. 4. 1990 – Rs. 11801/85 *Kruslin ./. Frankreich*, § 34; Rs. 11105/84 *Huvig ./. Frankreich*, § 33; v. 28. 3. 2000 – Rs. 28358/95 *Baranowski ./. Polen*, § 52, alle in der Datenbank (HUDOC) des Gerichtshofs: http://cmiskp.echr.coe.int/tkp197/default.htm (Aufruf: Nov. 2005).

43 *Flauss*, La Cour européenne est-elle une Cour constitutionnelle?, in: Flauss/de Salvia (Hrsg.), La Convention européenne des droits de l'homme (1997), S. 69, 78ff., 91; *Hoffmeister*, Die Europäische Menschenrechtskonvention als Grundrechtsverfassung und ihre Bedeutung in Deutschland, Staat 40 (2001), 349, 353ff.; *von Arnauld* (Fn. 7), S. 540ff.

sätze betrifft, so folgt auch der EGMR, obgleich meist unausgesprochen, einer wertenden Rechtsvergleichung, bezieht seine Inspiration aus den innerstaatlichen Rechtsordnungen der Mitglieder des Europarates, ohne sich dabei auf einen Minimalkonsens zu beschränken.[44]

Auch eine Rückwirkung der auf solche Weise angeglichenen Rechtsvorstellungen auf die nationalen Rechtsordnungen läßt sich beobachten. Obgleich es der EMRK und den Urteilen des EGMR jenseits monistischer Konzeptionen vom Verhältnis zwischen Völkerrecht und nationalem Recht an unmittelbarer und vorrangiger Geltung im nationalen Recht fehlt, so genießt doch die EMRK die Verbindlichkeit eines völkerrechtlichen Vertrages; auch existiert eine völkerrechtliche Pflicht zur Umsetzung der Urteile des EGMR (Art. 46 EMRK). Wo ein Organ zur Interpretation eines völkerrechtlichen Vertrages berufen ist, entspricht es ferner der Logik einer solchen Institutionalisierung der Vertragsauslegung, daß die Vertragsstaaten ihren Rechtshandlungen diese Interpretationen auch unabhängig vom entschiedenen Einzelfall zugrunde legen. Dies hat jüngst das deutsche Bundesverfassungsgericht in seiner *Görgülü*-Entscheidung bestätigt.[45] Hiermit stimmt die Beobachtung überein, daß die Rechtsprechung des EGMR und die Grundsätze, welche diese Rechtsprechung anleiten, auch auf die Rechtsordnungen von Frankreich (hier genießt die EMRK gemäß Art. 55 der Verfassung von 1958 Vorrang vor den Gesetzen) und England (hier hat der *Human Rights Act 1998* einen verfassungsähnlichen Status der EMRK begründet[46]) einwirken. So hat z.B. die *Cour de cassation* im Jahre 2003 das französische Zivilprozeßgesetz an Art. 6 Abs. 1 EMRK und den in dieser Vorschrift verkörperten allgemeinen „Prinzipien der Rechtssicherheit und der ordnungsgemäßen Rechtspflege" (*principes de sécurité juridique et de bonne administration de la justice*) gemessen, die im nationalen französischen Recht keineswegs anerkannt sind.[47] In England kann der Fall *Ex parte Anufrijeva* (ebenfalls 2003) angeführt werden:[48] Hier hat das *House of Lords* unter Bezugnahme auf Grundsätze der EMRK und des Gemeinschaftsrechts aus dem Anspruch auf rechtliches Gehör abgeleitet, daß dem Einzelnen nachteilige Entscheidungen erst mit Mitteilung gegenüber dem Betroffenen wirksam werden. Dieses Eindringen zunächst fremder Rechtsgrundsätze in die innerstaatliche Rechtsordnung erzeugt erneut einen Anpassungsdruck. Die oben zu den Bedingungen einer *persuasive authority* des importierten Rechts angestellten Betrachtungen können auf die Wirkungen der EMRK sinngemäß übertragen werden, auch wenn der Anpassungsdruck supranationalen Rechts grundsätzlich stärker

---

44 Vgl. als seltenen Fall einer Offenlegung der Inspirationsquellen EGMR v. 13. 6. 1979 – Rs. 6833/74 *Marckx ./. Belgien*, § 58, in welcher der Gerichtshof sich die Befugnis zuspricht, im Interesse der Rechtssicherheit über die zeitlichen Wirkungen seiner Urteile selbst zu entscheiden.

45 BVerfGE 111, 307, 315ff. – *Görgülü*.

46 Hierzu *Baum* (Fn. 30), S. 358ff., 366ff., passim; *Sydow* (Fn. 30), S. 52ff.; *von Arnauld* (Fn. 7), S. 601ff.

47 Cour de cassation (2. Zivilkammer) v. 30. 1. 2003 – Rs. 99–19.488, Dalloz 2003, 2722.

48 *Regina v. Home Secretary, Ex parte Anufrijeva* [2003] UKHL 36, §§ 27ff., [2003] 3 All E.R. 827, 840ff.

sein dürfte als der „nur" internationalen Rechts. Dies jedoch ist weitgehend von dem Rang abhängig, den das nationale Recht dem Völkerrecht innerstaatlich zuweist.[49]

2. Die Integrationsfunktion von Rechtsgrundsätzen im allgemeinen Völkerrecht

a) *Das Koordinationsvölkerrecht als Ausgangskonstellation*

Die EMRK kann im Völkerrecht gewiß als ein Sonderfall gelten, da sie auf eine größere Geschlossenheit der Rechtstraditionen bauen kann und da die Justitialisierung hier in besonderer Weise fortgeschritten ist. Demgegenüber fehlt es im allgemeinen Völkerrecht nach wie vor an einer obligatorischen internationalen Gerichtsbarkeit, die das Dynamisierungspotential allgemeiner Rechtsgrundsätze zur stärkeren Konturierung der Völkerrechtsordnung nutzen könnte. In materieller Hinsicht ist im universellen Völkerrecht eine stärkere Heterogenität der Rechtskulturen zu verzeichnen, als wenn man die gemeinsame Wertebasis regional bestimmt. Dies hat zur Folge, daß allgemeine Rechtsgrundsätze im Völkerrecht vielfach bloß formal oder in hohem Maße abstrakt und ausfüllungsbedürftig sind, wie etwa der Grundsatz von Treu und Glauben.[50] Die Suche nach Übereinstimmung zwischen verschiedenen Rechtskulturen wird umso erfolgreicher sein, je allgemeiner der Grundsatz gefaßt ist, nach dem man sucht.[51] Dies leitet über zur Methode der Gewinnung allgemeiner Rechtsgrundsätze Auch wenn die Bezugnahme auf die „Kulturvölker" in Art. 38 Abs. 1 lit. c) IGH-Statut, was nach heutiger Lesart auf sämtliche Rechtsordnungen der UN-Mitgliedstaaten verweist,[52] nicht dazu zwingt, sämtliche UN-Mitglieder im Rechtsvergleich zu berücksichtigen, so ist doch zumindest auf eine Heranziehung „der großen Kulturkreise und der hauptsächlichen Rechtssysteme der Welt" zu achten (vgl. Art. 9 IGH-Statut zur Zusammensetzung des Gerichtshofs). Dies verstärkt die Tendenz zum „kleinsten gemeinsamen Nenner". Dieser eher nüchternen Bestandsaufnahme entspricht, daß in der Rechtsprechung des StIGH und des IGH die allgemeinen Rechtsgrundsätze bislang eine eher untergeordnete Rolle gespielt haben.[53]

b) *Tendenzen eines Wandels im Prozeß der Konstitutionalisierung*

Und doch: Auf allen der soeben angesprochenen Ebenen ist ein, wenn auch behutsamer und allmählicher, Wandel zu verzeichnen. So ist die internationale Gerichtsbarkeit in Expansion begriffen.[54] Die Entstehung spezialisierter Gerichtshöfe

---

49 Zum Anpassungsdruck seitens der EMRK in Frankreich *Mathieu*, Remarques sur un conflit de légitimité entre le juge et le législateur dans la détermination de l'intérêt général et la protection de la sécurité juridique, RFDA 19 (2003), 470ff.

50 Überblick bei *Cheng*, General Principles of Law as applied by International Courts and Tribunals (1953, Nachdruck 1987); *Mosler*, EPIL II (1995), 511, 518ff.

51 *Bassiouni*, MichJIL 11 (1989/90), 768, 809; *Weiß*, AVR 39 (2001), 394, 411.

52 *Bassiouni*, MichJIL 11 (1989/90), 768, 783f.; *Degan*, FinnYBIL 3 (1992), 1, 54ff.; *Mosler*, EPIL II (1995), 511, 517; *Weiß*, AVR 39 (2001), 394, 405ff.

53 *Bassiouni*, MichJIL 11 (1989/90), 768, 787ff.; *Degan*, FinnYBIL 3 (1992), 1, 41ff.

54 *Weiß*, AVR 39 (2001), 394, 415.

wie des Seegerichtshofs oder des Internationalen Strafgerichtshofs mögen als Beispiele einer allmählich zunehmenden Justitialisierung auch des Völkerrechts dienen. Das Modell des EGMR hat für andere regionale Menschenrechtssysteme Vorbildcharakter gewonnen und wird deren Fortentwicklung möglicherweise noch stärker anleiten.

In *materieller* Hinsicht ist die im Rahmen des völkerrechtlichen Konstitutionalisierungsprozesses zu beobachtende Herausbildung universeller Gemeinschaftsstrukturen[55] nicht zu unterschätzen. Auch wenn es regional nicht unbeträchtliche Differenzen gibt, so ist doch durch die Allgemeine Erklärung der Menschenrechte von 1948 das Völkerrecht vom bloßen Zwischenstaatenrecht „auf den Schutz des einzelnen hin zentriert"[56] worden. Die menschenrechtliche Fundierung eines universellen Wertekanons, aufbauend auf die Gedanken von Freiheit, Gleichheit und Brüderlichkeit (Solidarität), fördert insoweit die Kohärenz des Völkerrechts. Es handelt sich ohne Zweifel um einen langsamen Prozeß; ein menschenrechtlich grundiertes Verständnis des Verhältnisses von Hoheitsgewalt und Individuum aber wird langfristig bestimmte Strukturanpassungen des Rechts zur Folge haben,[57] etwa mit Blick auf Grundsätze wie Rechtssicherheit und Vertrauensschutz.[58] Die Verhältnismäßigkeit als „zwischen" den formalen und axiologischen Rechtsgrundsätzen angesiedeltes Prinzip könnte sich hier als in besonderem Maße rezeptionstauglich erweisen.

Was schließlich die *Methode* betrifft, so zeigt schon eine Analyse der bisherigen Rechtsprechung, daß Anspruch und Wirklichkeit auseinanderklaffen,[59] daß internationale Gerichte auch in der Vergangenheit allgemeine Rechtsgrundsätze keineswegs nach einem umfassenden universellen Rechtsvergleich auf einem kleinsten gemeinsamen Nenner angesetzt haben.[60] Unter der Hand tendiert auch die

---

55 Hierzu vor allem *Paulus*, Die internationale Gemeinschaft im Völkerrecht (2001); ferner *Simma*, From Bilateralism to Community Interest in International Law, RdC 250 (1994), VI, 217ff.; *Tomuschat*, Die internationale Gemeinschaft, AVR 33 (1995), 1ff.; *Simma/Paulus*, The „International Community", EJIL 9 (1998), 266ff.

56 *Kunig*, Nachbarrechtliche Staatenverpflichtungen bei Gefährdungen und Schädigungen der Umwelt, BDGV 32 (1992), 9, 37. In diesem Sinne auch *ders.*, Das Völkerrecht als Recht der Weltbevölkerung, AVR 41 (2003), 327ff. Siehe ferner und mwN *von Arnauld*, Völkerrechtliche Informationspflichten bei Naturkatastrophen, AVR 42 (2005), 279, 299f.

57 So auch die Einschätzung von *Weiß*, AVR 39 (2001), 394, 394f., 415ff.

58 Die Anerkennung des Vertrauensschutzes als universell verbindlichen Rechtsgrundsatz befürwortet *Orrego Vicuña*, Regulatory Authority and Legitimate Expectations, Int'l L. Forum 5 (2003), 188ff.

59 Vgl. die kritische Dokumentation bei *Weiß*, AVR 39 (2001), 394, 408, 426ff. Siehe auch *Bassiouni*, MichJIL 11 (1989/90), 768, 809ff.

60 Beispielhaft sei das nicht leicht entwirrbare Zusammenspiel von angelsächsischem Rechtsdenken, deutsch-schweizerischem Vertrauensschutz und römischrechtlichem *venire contra factum proprium* in der Rechtsprechung zum völkerrechtlichen *estoppel*-Grundsatz angeführt, Hierzu *Cheng*, General Principles, S. 141ff.; *Müller*, Vertrauensschutz im Völkerrecht (1971), S. 5ff., passim; *Martin*, L'estoppel en droit international public (1979), S. 233–236; *Byers* (Fn. 38), S. 106ff.; *Cooke*, The Modern Law of Estoppel (1999), S. 150ff.; *Kuusikko*, Advice, Good Administration and Legitimate Expectations, EPL 7 (2001), 455, 469ff.

völkerrechtliche Judikatur zu einem funktional-wertenden Ansatz. Wenn durch ein immer engeres Zusammenrücken der Staaten im Zuge der Globalisierung der Bedarf nach Gerichtsentscheidungen auf internationaler Ebene zunimmt,[61] steht zu vermuten, daß eine wertende Methode nicht nur aus Gründen wachsenden richterlichen Selbstbewußtseins, sondern auch aus pragmatischen Gründen verstärkt angewandt werden wird.[62]

c) *Einwirkungen von Völkerrechtsprechung auf das nationale Recht*

Soweit Entscheidungen internationaler Gerichte verbindlich sind, verpflichten sie die am Streit beteiligten Staaten dazu, ihnen innerstaatlich Wirksamkeit zu verleihen. Einwirkungen des Völkerrechts in das nationale Recht finden auch dort statt, wo es staatliche Gerichte sind, die am Maßstab des Völkerrechts entscheiden. Hier liegt ein *spill-over* der Rechtsmaßstäbe sogar in besonderem Maße nahe. Auch wenn die Bindungswirkung der Entscheidungen nur *inter partes* und nur in bezug auf die entschiedene Sache besteht (vgl. Art. 59 IGH-Statut), geht von dem Präjudiz gleichwohl eine Orientierungswirkung für andere Gerichte aus.[63] Subkutan kann hier die *persuasive authority* des völkerrechtlichen Präjudizes weiterwirken. Freilich wird dies nur dann eine Umorientierung der nationalen Rechtsprechung zur Folge haben, wenn die völkerrechtlichen Maßstäbe durch einen substantiellen Korpus von Judikatur hinreichend konturiert sind, was derzeit kaum der Fall ist. Gespannt wird man insoweit auf die Entwicklung des Völkerstrafrechts sein dürfen: Hier steht zu erwarten, daß sowohl der IStGH als auch die Gerichte der Vertragsstaaten auf Basis des Römischen Statuts[64] Rechtsprechungsmaximen gerade zu den allgemeinen Regeln des Strafrechts und der Strafbarkeit entwickeln werden[65], die auf die Strafrechtspflege der Vertragsstaaten insgesamt inspirierende Wirkung haben und so die Rechtsangleichung in diesem Bereich voranbringen können.[66]

---

61 Hierzu sowie zur dadurch zunehmenden Bedeutung allgemeiner Rechtsgrundsätze *Bassiouni*, MichJIL 11 (1989/90), 768, 769, 783.

62 Vgl. *Ambos*, Der allgemeine Teil des Völkerstrafrechts (2002), S. 44ff. Zur funktionalwertenden Methode der Rechtsvergleichung im Völkerrecht auch *Zweigert*, Rechtsvergleichung, in: Strupp/Schlochauer (Hrsg.), Wörterbuch des Völkerrechts, Band III (2. Aufl. 1962), S. 79, 81.

63 Hierzu und mwN *von Arnauld* (Fn. 7), S. 472ff.

64 Bzw. auf Basis der nationalen Strafgesetze, die das Römische Statut in innerstaatliches Recht umsetzen. Vgl. in Deutschland das Völkerstrafgesetzbuch v. 26. 6. 2002, BGBl. 2002 I S. 2254.

65 Vgl. *Weiß*, AVR 39 (2001), 394, 420ff.; *Ambos* (Fn. 62), S. 42ff. Daß diese allgemeinen Rechtsgrundsätze vor allem den Allgemeinen Teil des Strafrechts betreffen, betont *Werle*, Völkerstrafrecht (2003), Rn. 136.

66 *Ambos* (Fn. 62), S. 874. Ähnlich *Kreß*, Völkerstrafrecht in Deutschland, NStZ 2000, 617, 618.

d) *Vertragsvermittelte und vertragsinspirierte Rückwirkungen*

Der Beitrag der allgemeinen Rechtsgrundsätze zur Rechtsangleichung wird im Völkerrecht aber nicht allein durch die noch immer schwach ausgeprägte Rechtsprechung vermittelt. Von größerer praktischer Bedeutung sind derzeit noch die Rückwirkungen vertraglicher Bestimmungen auf die nationalen Rechtsordnungen. Dies gilt zunächst für die vertragsvermittelten Rückwirkungen: Eine Vielzahl völkerrechtlicher Verträge dient gerade dazu, die Vertragsparteien zu verpflichten, in ihrem nationalen Recht bestimmte Regelungen zu treffen.[67] Soweit diese Regelungen bestimmte grundlegende Bausteine des Rechts transportieren, finden diese, vermittelt durch den Vertrag, Eingang in das nationale Recht. Beispielhaft sei hier das umweltrechtliche Vorsorgeprinzip als allgemeiner Grundsatz des Umweltrechts genannt: Dieses hat sich, dem deutschen Recht entstammend, im vertraglichen Umweltvölkerrecht inzwischen weitgehend durchgesetzt und die bis dahin anerkannten Maßstäbe der *diligence* im Umweltrecht verändert.[68] Auch wenn der Streit über eine vertragsunabhängige gewohnheitsrechtliche Geltung noch andauert[69] und die völkerrechtliche Judikatur noch zur Zurückhaltung tendiert,[70] hat der Grundsatz doch inzwischen Einzug in das Europäische Gemeinschaftsrecht[71] (im Primärrecht verankert in Art. 174 II EGV) und die nationalen Rechtsordnungen zahlreicher Staaten gehalten[72] – außer-

---

67 Zum völkerrechtlichen Vertrag als dem „über lange Zeit wichtigsten Regelungsinstrument" im Prozeß der Rechtsangleichung *Schneider/Mietsch*, Internationale Rechtsangleichung, in: Mansel/Pfeiffer/Kronke (Hrsg.), Festschrift für Jayme (2004), Band II, S. 1361.

68 Neben dem (nicht rechtsverbindlichen) Grundsatz 15 der Rio-Erklärung zu Umwelt und Entwicklung vom 14. 6. 1992 (A/CONF.151/26, Vol. I, Annex I) etwa: Montrealer Protokoll über Stoffe, die zu einem Abbau der Ozonschicht führen, v. 16. 9. 1987, BGBl. 2003 II 346: Präambel; Bamako-Konvention über den Verbot des Imports gefährlicher Abfälle nach Afrika und die Kontrolle der grenzüberschreitenden Verbringung und Behandlung gefährlicher Abfälle innerhalb Afrikas v. 29. 1. 1991, ILM 30 (1991), 773: Art. 4 Abs. 3 lit. f) und g); Helsinki-Konvention zum Schutz und zur Nutzung grenzüberschreitender Wasserläufe und internationaler Seen v. 17. 3. 1992, ILM 31 (1992), 1312: Art. 2 Abs. 5 lit. a); UN-Rahmenübereinkommen über Klimaänderungen v. 9. 5. 1992, BGBl. 1993 II 1784, ILM 31 (1992), 849: Art. 3 Abs. 3. Weitere Nachweise bei *Barton*, The Status of the Precautionary Principle in Australia, Harv.Envtl.L.Rev. 22 (1998), 509, 515ff.; *Unger*, Brandishing the Precautionary Principle Through the Alien Tort Claims Act, NYU Envtl.L.J. 9 (2001), 638, 649ff.; *Van Dyke*, The Evolution and International Acceptance of the Precautionary Principle, in: Caron/Scheiber (Hrsg.), Bringing New Law to the Ocean Waters (2004), S. 357, 360ff.

69 *Trouwborst*, Evolution and Status of the Precautionary Principle in International Law (2002), S. 244ff., 260ff.; *Sands*, Principles of International Environmental Law (2. Aufl. 2003), S. 266ff.

70 *Unger*, NYU Envtl.L.J. 9 (2001), 638, 653ff.; *Van Dyke* (Fn. 68), S. 357, 370ff.

71 EuG v. 28. 1. 2003 – Rs. T-147/00 *Laboratoires Servier*, Slg. 2003, II-85 Rn. 52 (allgemeiner Grundsatz des Gemeinschaftsrechts). Siehe auch *Backes/Verschuuren*, The Precautionary Principle In International, European, And Dutch Wildlife Law, CJIELP 9 (1998), 43, 47ff., 59ff.

72 Überblick bei *Unger*, NYU Envtl.L.J. 9 (2001), 638, 660ff., 664f.; *Van Dyke* (Fn. 68), 357, 375ff. Die Haltung Japans ist ambivalent (*Unger*, *op. cit.*, S. 667f.). Zum internationalen Siegeszug des Grundsatzes *Clark*, What is ... the Precautionary Principle?, The Times, 15. 1. 2005, http://www.timesonline.co.uk/article/0,,1072-1440820,00.html (Aufruf: Nov. 2005): „The precautionary principle is an invention of recent times: translated, some believe, from the expression *Vorsorgeprinzip* (foresight principle) coined by German lawyers in the 1970s. Since the early 1990s it has become a stock phrase of public administrators around the world."

halb des Kreises der Mitglieder der Europäischen Union[73] z.B. in Australien[74], Kanada[75], USA[76], Indien, Pakistan und Bangladesch[77].

Hieran anknüpfend kann ein fremder Rechtsgrundsatz unter denselben Bedingungen wie oben genannt seine *persuasive authority* entfalten. Da im Zuge des Prozesses der Globalisierung der Kontakt mit fremden Rechtsordnungen ebenso zunimmt wie das Bedürfnis, die eigene Rechtsordnung den globalisierten Bedingungen anzupassen, stehen die Chancen für eine Bereitschaft zur Rezeption fremder Rechtsgrundsätze gut. Auch hier wird die Rezeption von dem Vorhandensein ähnlicher (und darum weniger irritationsanfälliger) Strukturen begünstigt. Ob bestehende Spannungen zwischen einem völkerrechtlich geprägten Regelungsbereich, der teilweise fremde Gedanken transportiert, und dem übrigen nationalen Recht nennenswerten Anpassungsdruck erzeugen, läßt sich kaum generalisieren. Dies dürfte vor allem von dem Verhältnis der Bereiche zueinander abhängen, insbesondere davon, ob die „importierten" Grundsätze bereits zentrale Materien des Rechts erfassen oder nicht.

V. Zusammenfassung

Allgemeine Rechtsgrundsätze markieren nicht nur den *status quo* einer bereits vorhandenen Übereinstimmung von Rechtsordnungen. Axiologische Rechtsgrundsätze besitzen vielmehr ein Dynamisierungspotential, das zur Stiftung von Konvergenz und damit zur Rechtsangleichung beitragen kann. Dies läßt sich an der eminenten Rolle ablesen, welche die allgemeinen Grundsätze des Europäischen Gemeinschaftsrechts bei der Integration der Gründungsverträge zu einer kohärenten Gemeinschaftsrechtsordnung gespielt haben und noch spielen. Diese Integrationsfunktion wurde materiell durch eine relativ große Verwandtschaft der beteiligten Rechtskulturen, institutionell durch die starke Stellung des EuGH und methodisch durch eine wertende Rechtsvergleichung begünstigt. Diese integrierenden Rechtsgrundsätze wirken nun ihrerseits auf die mitgliedstaatlichen Rechtsordnungen zurück: unmittelbar im gemeinschaftsrechtlich überformten

73 Hier ist der zusätzliche Anpassungsdruck des Gemeinschaftsrechts in Rechnung zu stellen. Zu den Niederlanden siehe *Backes/Verschuuren*, CJIELP 9 (1998), 43, 64 ff. Zu Belgien und Frankreich siehe *Larmuseau*, The Precautionary Principle Introduced in Belgian Jurisprudence, EELRev. 9 (2000), 40 ff.; *de Sadeleer*, The Enforcement of the Precautionary Principle by German, French and Belgian Courts. RECIEL 9 (2000), 144 ff.

74 Und zwar sowohl über die Gesetzgebung als auch als Prinzip des *common law*: *Barton*, Harv. Envtl.L.Rev. 22 (1998), 509, 531 ff., 535 ff.

75 *VanderZwaag*, The Precautionary Principle in Environmental Law and Policy, JELP 8 (1999), 355 ff.; *VanderZwaag/Fuller/Myers*, Canada and the Precautionary Principle/Approach in Ocean and Coastal Management, Ottawa L.R. 34 (2002/03), 117 ff.

76 In der Gesetzgebung allerdings eher implizit: *Unger*, NYU Envtl.L.J. 9 (2001), 638, 663. Siehe auch *Goldstein/Carruth*, Implications of the Precautionary Principle for Environmental Regulation in the United States, LCP 66 (2003), 247, 253 ff. (die dem Vorsorgeprinzip selbst skeptisch gegenüberstehen).

77 *Razzaque*, Human Rights and the Environment, Envtl. Pol'y & L. 32 (2002), 99, 100 f., 103, 105 ff.

Bereich, mittelbar in den anderen Bereichen des Rechts durch die *persuasive authority* des Gemeinschaftsrechts und den Anpassungsdruck, der von den gemeinschaftsrechtlichen „Implantaten" auf das mitgliedstaatliche Recht insgesamt ausgeht.

Auch wenn das Völkerrecht weniger günstige Voraussetzungen aufweist, ist die Integrationsfunktion allgemeiner Rechtsgrundsätze nicht zu unterschätzen. Das Beispiel des EGMR zeigt, daß auch außerhalb eines supranationalen Integrationsverbandes Rechtsgrundsätze in der Hand von Gerichten eine Rechtsvereinheitlichung mit Rückwirkung auf nationale Rechtsordnungen befördern können. Über den europäischen Raum hinaus zeichnet sich im Zuge der Konstitutionalisierungsprozesse eine zunehmende materielle Konvergenz der Rechtskulturen ab wie auch eine Stärkung der internationalen Gerichtsbarkeit. Auch der wertende Rechtsvergleich als bislang klandestine Methode der Auffindung allgemeiner Rechtsgrundsätze im Völkerrecht wird künftig vermutlich eine größere Rolle spielen. Hier wird vor allem auf die Entwicklung im Völkerstrafrecht zu achten sein. Schließlich finden allgemeine Rechtsgrundsätze Eingang in völkerrechtliche Verträge und wirken auch über diese vermittelt auf das nationale Recht zurück. Auch wenn man nicht zuviel wird erwarten dürfen: Die zunehmende Notwendigkeit, in einer zusammenrückenden Welt gemeinsame Grundsätze auf internationaler Ebene zu vereinbaren, dürfte die beschriebenen Prozesse in Zukunft noch verstärken.

§11 法の一般原則を通じた法の同化？ ——国際法と欧州共同体法との比較——*

アンドレアス・フォン・アルノー

目次

I. 問題の概要

共通法への道のりは、これが欧州共通法という意味であれ、他の地域での「共通法規」という意味であれ、あるいは、世界共通法という意味であれ、理念型的には 2 つの方向性を有している。一方は、共通性の経験的な探求である。これは、現に存在する様々な法秩序の共通要素を取り出すためになされうるものである。他方は、法の共通性の先験的な創出である。これは、調和や法の同化を問題とするものである[1]。国際司法裁判所規程 38 条 1 項 c)号は、法の一般原則を「全ての文明国が認めた」ものとして具体的に位置づけるが、この法の一般原則は、一見したところ、これら 2 つの方向の前者を指し、現に存在している同意に関心を向けるものである。しかし、よくよく考えてみた場合、このような法原則は、法の同化や共通法の創出に貢献することもあるのではなかろうか。

ここでは、共通の法体制を創出する際に法の一般原則が果たす 2 つの機能を区別することができる。法の一般原則は、国際法上の条約や欧州共同体の第二次法

---

* 丸山敦裕訳。

1 「法定立における法政策的手法」と「法発見における解釈的手法」との区別につき、*Häberle*, Gemeineuropäisches Verfassungsrecht, EuGRZ 1991, 261, 271 ff.を参照。

を取り決めるにあたり共通の基盤を示し、交渉過程では規範的な基点として利用可能であることから、これは、法の同化の過程においては「支援・援助機能」（補助的機能）の性質をもつこととなる[2]。この共通の基盤は、まさしく最初に発見される必要があるため、共通性の発見が共通性の創出へと露骨に転化することはまずないが[3]、だからこそ同時に、さらに一歩進んだ同化への推進力が維持されるのである。こういったものとは区別されうるものとして、法の一般原則の**統合機能**というのがある。この機能が有する統一の創出という性質について、以下、詳しくみていくこととしたい。

II. 法の一般原則の概念及び性質

法の一般原則は、現にある各法秩序を輪郭づける構成原理であって、その一般性に定位しつつこれを行うもののことをいう[4]。これは様々な基準により分類されうるが、重要なのは、特に、形式的法原則と価値論的法原則との区別である[5]。前者のカテゴリーに入るものの例としては、上位法は下位法を廃すの原則や特別法優位の原則、あるいは法的拘束力の思想に内在する合意遵守の原則がある。後者のカテゴリーに入るものの例としては、信義誠実の原則、恣意の禁止、法的安定性、信頼保護、あるいは、法的審問の保障のような基本権及び人権上の諸原則がある。比例原則はこの両者の中間に位置づけられる。たしかに比例原則は、それだけを考えれば、法の獲得における法形式上の原則である[6]。しかし、比例原則は、価値的に刻印づけられた文脈の中に（とりわけ、人権の文脈の中に）挿入され、国家行為の裁判的統制と密接に結びついていることがほとんどである。ここでは、特定の権力分立構想が提示されているのである[7]。

価値論的法原則は、その一般的性格ゆえ開かれたものとされており、既存の法制度の安定化とともに新たな法原則の創出にも仕える[8]。例えば、法的安定性は、

---

2 同様のことにつき、*Bassiouni*, A Functional Approach to "General Principles of International Law", MichJIL 11 (1989/90), 768, 777 f.; *Häberle*, EuGRZ 1991, 261, 270 f.

3 これに関し、*Schulze*, Pluralismus der Rechte und Konvergenz des Rechtsdenkens – Zur geschichtlichen Rolle allgemeiner Rechtsgrundsätze, in: Assmann/Brüggemeier/Sethe (Hrsg.), Unterschiedliche Rechtskulturen – Konvergenz des Rechtsdenkens (2001), S. 9, 28.

4 概念と性質については、*Bassiouni*, MichJIL 11 (1989/90), 768, 770 ff.; *Weiß*, Allgemeine Rechtsgrundsätze des Völkerrechts, AVR 39 (2001), 394, 411; *Lecheler*, Der Beitrag der allgemeinen Rechtsgrundsätze zur Europäischen Integration, ZEuS 2003, 337, 339.

5 同様のことにつき、*Degan*, General Principles of Law, FinnYBIL 3 (1992), 1, 91 f. Meist wird indes nach der Quelle der Rechtsgrundsätze (abgeleitet aus nationalem Recht oder originär internationalrechtlich) differenziert: *Bassiouni*, MichJIL 11 (1989/90), 768, 772, *Weiß*, AVR 39 (2001), 394, 398 ff.

6 *von Arnauld*, Die normtheoretische Begründung des Verhältnismäßigkeitsgrundsatzes, JZ 2000, 276, 278 ff.

7 *Irvine of Lairg*, Judges and Decision-Makers, Pub.L. 41 (1996), 59, 74 f.の批判を参照。法発見の比較衡量モデルに対しては強力な議会の地位を伴う法秩序という留保が存在することにつき、*von Arnauld*, Rechtssicherheit (2006) [im Erscheinen], S. 627 ff., 633 f.

8 同趣旨のものとして、*Mathieu*, Constitution et sécurité juridique: France, AIJC 15 (1999), 155, 156: „principe fédérateur" und „principe matriciel" を参照。

欧州司法裁判所の判例で長年、共同体法の一般原則として承認されてきたものであるが、これは、法令の公布義務、法の明確性及び特定性の命令、法行為の終局性、遡及効の制限、信頼保護といった下位の原理及び制度をまとめたものである[9]。しかもまた、これらの下位原理のほとんどは、欧州司法裁判所によって法的安定性の原則と結びつけられることではじめて発展してきたものでもある。一般原則に立ち返ることにより、演繹的に下位の法原則の不備を埋め合わせることが可能となるのである[10]。法の一般原則が有するこのような「母胎的機能（Matrizenfunktion）」のなかには、顕著な同化推進力が備わっているのである[11]。

III. 欧州共同体における法の一般原則の役割

1. 法の一般原則と共同体秩序の創設

欧州共同体に関する *Lecheler* の説明によれば、法の一般原則は、共同体法秩序の成立にとって「目を見張るほどの」貢献をしたものであったという[12]。実際、欧州司法裁判所は、今まさに粗描した法の一般原則の同化推進力を、共同体法秩序の統合のために利用可能なものへと仕立てあげた。統一を創り出すプロセスという意味でのシステム統合が何にもまして必要としているのは、上位の諸原理を通じて、――法システムの領域においては――諸価値を通じて、バラバラに存在する個別の諸規定をつなぎ合わせることである[13]。しかし、システム統合は、いずれは完結に至るという活動ではない。法秩序が存在している限りは、その統合は課題であり過程なのである[14]。ここでは、法の一般原則に備わる同化推進的要素が関係してくる。欧州司法裁判所は、法の一般原則の両側面の利用を通じて、不備を残す設立条約の諸規定の有意義な統一をなし遂げてきた。「共同体法」の特長は、それが共同体判例の成果であり、首尾一貫性を創出する法の一般原則を

---

9 概観するものとして、*Naômé*, La notion de sécurité juridique dans la jurisprudence de la Cour de justice et du Tribunal de première instance des Communautés européennes, RivDE 1993, S. 223 ff.; *Puissochet/Legal*, Le principe de sécurité juridique dans la jurisprudence de la Cour de justice des Communautés européennes, Cahiers du CC 11 (2001), 98, 101 ff.; *von Arnauld* (Fn. 7), S. 497 ff.

10 法の一般原則につき、*Bassiouni*, MichJIL 11 (1989/90), 768, 775 ff.; *Degan*, FinnYBIL 3 (1992), 1, 33; *Mosler*, General Principles of Law, EPIL II (1995), 511, 516; *Weiß*, AVR 39 (2001), 394, 412 f. を参照。憲法原理に匹敵する機能につき、*von Arnauld* (Fn. 7), S. 688 ff.を参照。

11 *von Arnauld* (Fn. 7), S. 629 ff. Ähnlich *Weiß*, AVR 39 (2001), 394, 413 f.; *Lecheler*, ZEuS 2003, 337, 346 f., 348 ff.参照。

12 *Lecheler*, ZEuS 2003, 337, 338.

13 *Parsons*, Das System moderner Gesellschaften (1972), S. 12, 20 ff.; *Luhmann*, Das Recht der Gesellschaft (1993), S. 190 ff.; *von Arnauld* (Fn. 7), S. 629 f.を参照。

14 自生的な、システムの自己更新プロセス(autopoietischen Prozeß systemischer Selbstfortschreibung)については、*Luhmann*, Soziale Systeme (2. Aufl. 1984), S. 60 ff.; *von Arnauld*, Recht und Spiel als soziale Systeme, in: ders. (Hrsg.), Recht und Spielregeln (2003), S. 37, 43 ff. ここではスメントの統合学説の思考も当然に想起されよう。

介してしか得られなかった、あるいは、得られない成果である、という点に存するのである[15]。

2. 法の一般原則が有する統合機能の枠条件

このような統合の成功を助けたのは、欧州共同体法においては以下の一連の諸要因である。まず、**実体的**な観点でいえば、欧州法の諸原則は欧州法秩序が有する比較的高い同質性の中にその根拠を有するが、ここでは、この欧州法の諸原則の内容的な密度の高さを挙げることができる[16]。まさに価値論的に一定の色に染められた法の一般原則は価値理念を示すものであり、価値共同体を論じうる限りで、その価値理念は共通するものである[17]。**制度的**な観点では、欧州司法裁判所の強力な地位を強調する必要がある。欧州司法裁判所は、義務的な管轄権を有し、かつ、欧州共同体設立条約 220 条 1 段（旧 欧州経済共同体設立条約 164 条）により「（共同体）法の遵守」のための包括的な権限が付与されている。欧州司法裁判所は当初、共同体法を条約規定を越えて発展させ、継続形成を行うことをその任務とし、そうすることで積極的な法形成の役割を担ったのである[18]。最後に、**方法論的**な観点でいえば、評価を伴う法比較[19]という手法を通じて統合は促進されてきたが、これを過小評価することは許されない。たしかに、欧州司法裁判所は、共同体法上の法の一般原則を、全加盟国の国内法秩序に共通する諸原理から引き出してはいる。しかしながら、欧州司法裁判所はその際、最小公倍数を基礎におくことはしない。共同体の目標にとって最も適切と思われる解決策の追究を行うのである[20]。このような方法をとることにより、比較的同質の法秩序集団であってもなお存在し続ける差異というものがカバーされるのである[21]。

---

15 *Lecheler*, Der Europäische Gerichtshof und die allgemeinen Rechtsgrundsätze (1971), S. 185 ff.; ders., ZEuS 2003, S. 337, 346 ff.; *Everling*, Rechtsvereinheitlichung durch Richterrecht in der Europäischen Gemeinschaft, RabelsZ 50 (1986), 193, 206 f.; *Häberle*, EuGRZ 1991, 261, 264 ff.; *Schiemann*, The Application of General Principles of Community Law by English Courts, in: Andenas/Jacobs (Hrsg.), European Community Law in English Courts (1998), S. 137, 138 f.; *Schilling*, Bestand und allgemeine Lehren der bürgerschützenden allgemeinen Rechtsgrundsätze des Gemeinschaftsrechts, EuGRZ 2000, 3, 6 ff., 40 f.

16 *Zweigert*, Der Einfluß des Europäischen Gemeinschaftsrechts auf die Rechtsordnungen der Mitgliedstaaten, RabelsZ 28 (1964), 601, 609; *Häberle*, EuGRZ 1991, 261, 262.

17 *Lücke*, Universales Verfassungsrecht, Völkerrecht und der Schutz der Umwelt, AVR 35 (1997), 1, 8 ff. を参照。諸価値と共同体イデオロギーとの関係をより詳細に説明するものとして、*von Arnauld* (Fn. 7), S. 481 ff., 485 ff., 489 ff.

18 *Lecheler* (Fn. 15), S. 185 ff.; *ders.*, ZEuS 2003, 337,339; *Everling*, RabelsZ 50 (1986), 193, 197 ff., 214 ff.; *Schilling*, EuGRZ 2000, 3, 7.

19 基本的なことについては、*Zweigert*, RabelsZ 28 (1964), 601, 610 f.

20 代表的なものとして、*Pescatore*, Le recours, dans la jurisprudence de la Cour de justice des Communautés européennes, à des normes déduites de la comparaison des droits des états membres, RIDC 1980, 337, 352 ff.

21 *Häberle*, EuGRZ 1991, 261, 272 によれば、このような方法は、ある特定の論点においては、量（その論点に関する原則を含めた法秩序の数）が質へと転化することを可能にする。

3. 共同体法を通じた加盟国内の法秩序形成

法の一般原則が有する共同体法レベルでのこのような統合作用は、それ自体すでに、法の同化への貢献とみなしうるものである。結局重要なのは、共通に遂行している構想の枠内で、共通する規定と基準とを見つけ出すことである。このように理解すれば、いかなる条約においても、すでに部分的には法の同化がなされていることになる[22]。すなわち、いかなる条約当事国も、共通の条約目的を共同合意した規定と調和する範囲で遂行するため、自国の影響力の一部を放棄しているのである。ただ、国家間条約は、国内法秩序への遡行的効果を同時に有しているため、これにより、国家間条約は国内法規定についても同化を促進する[23]。ここでは、「条約の援用による」次元と「条約の感化による」次元とが区別されうる。あるいは、共同体法に関連づけた用語法でいうなら、「共同体法の援用による」次元と「共同体法の感化による」次元とが区別されうるのである[24]。

a) 共同体法の援用による遡行的効果

欧州共同体の諸機関は、優越性を備えた法の一般原則をふまえつつ、特に規則や指令といった加盟国の法秩序に直接効力を有する法令を公布する。欧州共同体規則は、ことさらの置換がなくとも、全加盟国に対して同程度かつ同一内容で効力を有する。これに対して、指令は、たしかに加盟国による置換を必要とはするが、しかし、国内法秩序とのより一層の調和のため、具体的な規律内容の指示については加盟国に委ねている。国内法に対する共同体法の優位、並びに、共同体諸機関の第二次法に対する第一次法たる法の一般原則の優位により、法の一般原則が有する制御機能は、このような法関係においても確保されている[25]。

b) 共同体法の感化による遡行的効果

加盟国が共同体法の実施または置換を行う場合、加盟国は常に、共同体法の一般原則の遵守が義務づけられている。これは、かりに、その一般原則が自国の法秩序にとって未知のものであったとしても同様である[26]。だからこそ、例えばフランスやイギリスでは、依然として信頼保護の原則に対して強い留保がなされているのである。次のような共同体法上の原則、すなわち、現に存在する法状況に

---

22 ここでは、法の同化は利害の同化として理解される。*Börner*, Rechtsangleichung als Interessenangleichung, in: Lüderitz (Hrsg.), Festschrift für Kegel (1977), S. 381 ff. 参照。

23 相互作用一般については、*van Gerven*, Comparative Law in a Texture of Communitarization of National Laws and Europeanization of Community Law, in: Assmann/Brüggemeier/ Sethe (Fn 3), S. 49 ff.

24 おそらく同様のものとして、*Zweigert*, RabelsZ 28 (1964), 601, 611 f.（「放射：Ausstrahlung」，「刺激：Impulse」）.

25 共同体法上の規範的な優劣関係については、*Hofmann*, Normenhierarchien im europäischen Gemeinschaftsrecht (2000)を参照。*von Arnauld*, Normenhierarchien innerhalb des primären Gemeinschaftsrechts, EuR 38 (2003), 191 ff.では、さらに踏み込んだ説明がなされている。特に、法の一般原則の位置づけについては、*Schilling*, EuGRZ 2000, 3, 29 ff.を参照。

26 代表的なものとして、EuGH v. 25.11.1986 – Rs. 201/85 u.a. *Klensch*, Slg. 1986, 3477 Rn. 10; v. 20.6.2002 – Rs. C-313/99 *Mulligan u.a.*, Slg. 2002, I-5719 Rn. 35 f.; *Everling*, RabelsZ 50 (1986), 193, 223.

対して市民が当然の信頼を及ぼすことや、国家や共同体並びにそれらの諸機関を拘束するとの確約に対して市民が当然の信頼を及ぼすことは原則として適切である、とする共同体法上の原則があるが、これはなかんずくドイツ法を感化の淵源とするものであった。たとえ欧州司法裁判所がその取扱いにおいてドイツの裁判所以上に厳格な態度を示しているとしても、そのことにかわりはない[27]。このような立法者に対しても広汎な拘束を命じうる主観法的な原則は、フランスにおいては一般に懐疑的に受け止められている[28]。これに対してイギリスでは、信頼保護はたしかにある程度前から既知のものではあるが、とはいえ、その保護は手続的な次元だけにしか存在しない。関係当事者は、本人が信頼してきた法行為が廃止または変更されるのに先立って、その法・権利についての聴聞がなされなければならない。だが、法行為の維持、暫定的な継続適用、確約の履行については、問題とされることがないのである[29]。

このような「未知の」法思考の国内法秩序への浸透は、さしあたり、共同体法により定められる領域と共同体法の影響を受けない領域とに国内法を分裂させる。すなわち、共同体法の諸原則の適用を免れない領域とこの諸原則を——とりあえず——排除する領域とに国内法を分裂させるのである。しかしながら、この後者の領域は、共同体法が有する説得的基準という圧力が及ぶことで、適合への強制力に次第に強く服することとなる[30]。この点、フランスでは、信頼保護という手

---

27 共同体法における信頼保護については、*Borchardt*, Der Grundsatz des Vertrauensschutzes im Europäischen Gemeinschaftsrecht (1988); *Naômé*, RivDE 1993, 223, 244 ff.; *Craig*, Substantive Legitimate Expectations in Domestic and Community Law, Cambr.L.J. 55 (1996), 289, 304 ff.; *Triantafyllou*, La confiance légitime en tant qu'instrument de cohésion en droit communautaire, RFDA 2000, S. 246 ff.; *Schwarz*, Vertrauensschutz als Verfassungsprinzip (2002), S. 376 ff.; *Altmeyer*, Vertrauensschutz im Recht der Europäischen Union und im deutschen Recht (2003), S. 16 ff.; *von Arnauld* (Fn. 7), S. 529 ff. Aus der umfangreichen Rechtsprechung EuGH v. 13.7.1965 – Rs. 111/63 *Lemmerz-Werke*, Slg. 1965, 893, 911; v. 5.7.1973 – Rs. 1/73 *Westzucker III*, Slg. 1973, 723 Rn. 8, 13; v. 14.5.1975 – Rs. 74/74 *CNTA*, Slg. 1975, 533 Rn. 41 ff.; v. 11.5.1983 – Rs. 303/81 u.a. *Klöckner*, Slg. 1983, 1507, Rn. 33; v. 28.4.1988 – Rs. 120/86 *Mulder*, Slg. 1988, 2321 Rn. 24; v. 11.7.1991 – Rs. C-368/89 *Crispoltoni*, Slg. 1991, I-3695 Rn. 21; v. 15.2.1996 – Rs. C-63/93 *Duff u.a.*, Slg. 1996, I-569 Rn. 20; v. 18.5.2000 – Rs. C-107/97 *Rombi und Arkopharma*, Slg. 2000, I-3367 Rn. 66 f.

28 *Fromont*, Le principe de sécurité juridique, AJDA 1996, N° spécial, 178, 179 f.; *Vincent*, Le faible impact du principe de confiance légitime en droit administratif français, RFDA 2000, 254, 254 f., 259; *Woehrling*, La France peut-elle se passer du principe de confiance légitime?, in: Liber amicorum Waline (2002), S. 749, 767 ff.; *Moderne*, À la recherche d'un fondement constitutionnel du principe de protection de la confiance légitime, in: Mélanges en l'honneur de Dubouis (2002), S. 595, 615 f.; *von Arnauld* (Fn. 7), Rechtssicherheit, S. 548 f.

29 *Lord Denning* in *Schmidt v. Home Secretary* [1969] 2 Ch. 149, 170 f., und in *Regina v. Liverpool Corporation, Ex parte Liverpool Taxi Fleet Operators' Association* [1972] 2 Q.B. 299, 307 f.; *Lord Fraser* in *Attorney General of Hong Kong v. Ng Yuen Shiu* [1983] 2 A.C. 629, 636 ff.; *Lord Diplock* in *Council of Civil Service Unions v. Minister for the Civil Service* [1985] 1 A.C. 374, 408, 412. Aus neuerer Zeit *Laws J.* in *Regina v. Secretary of State for Transport, Ex parte Richmond-upon-Thames London Borough Council* [1994] 1 W.L.R., 74, 92 ff. これに加えて、*Mackenzie Stuart*, Legitimate Expectations and Estoppel in Community Law and in English Administrative Law, LIEI 10 (1983/1), 53, 66 ff.; *Craig*, Cambr.L.J. 55 (1996), 289 ff.; *von Arnauld* (Fn. 7), S. 591 ff.

30 これに関してフランスの観点から、*Fromont*, AJDA 1996, N° spécial, 178, 180 ff.; *Mathieu*, AIJC 15 (1999), 155。イギリスの観点から、*Irvine of Lairg*, Judges and Decision-Makers, Pub.L.41 (1996), 59, 73 ff.; *Lewis*, L'influence du droit communautaire sur le droit administratif anglais, in: AJDA 52 (1996), N° spécial, 124, 125 ff.; *Baum*, Der Schutz verfassungsmäßiger Rechte im eng-

本からかけ離れることのないよう、共同体法により形成された法内容以外でも信頼保護の原則を要求する声が、法律文献においてより一層鮮明になっている[31]。また、ときおりみられる下級審判例により、この圧力は制度的にも後押しされている[32]。ただ、コンセイユ・デタと憲法院は、いまだなお、この 2 つの領域の区別に固執している[33]。しかし、これは、いつになったら共同体法上の原則がフランス法全体に同化をもたらすのかという時間の問題ではなさそうである。同様のことは、イギリスにおいても認めることができる。イギリスでは、同じく文献上ではあるが、実体的な信頼保護についてもその要求の高まりがみられ、すでにいくつかの裁判所の判決においてはこれに関する言及もなされている[34]。イギリスの法及び裁判所システムの先例指向や——手続的にのみではあるが——信頼保護の原則的な承認に鑑みれば、実体的意味での信頼保護の承認に向けてはフランスよりもイギリスの方が速く進捗しうるであろう。共同体法により定められる事実関係と純粋に国内法的な事実関係との境界線のこうした相対化を、***Schiemann*** 裁判官は、次のように特徴づける。曰く、

「長年の間に何が起こったのかというと、まず第一は、共同体の活動範囲が拡大した結果、より広汎に一般原則が直接適用可能となったこと。第二は、法律家が共同体法に一層習熟したことで、共同体に関する論点がより頻繁に議論されるようになったこと。第三は、一般原則に習熟した者が、共同体法的な要素を含まない問題の解決に際して一般原則からの感化を得るに至ったこと、である[35]」。

共同体法は、当然ではあるが、説得的に受け入れられる準備が整っている場合にのみ説得的基準を獲得しうる。また同様に、様々な諸要因がこれを後押しする。さしあたり必要不可欠なのは、当地に定着している規定に改善の必要があるとの認識であろう。このような認識は、超国家法に対して国内法秩序が徐々に開放され、未知の法秩序との接触が徐々に増加することによって様々な形でもたらされるものであるが、これには、このような接触が慎重を期して行われ、かつ、未知の法秩序との突然の対峙においても未知に対する過剰不安を惹起しない、という限定がつく。イギリスとフランスの法システムにおいて認めることのできる漸進

---

lischen common law (2004), S. 126 ff., 261 ff., 382 ff.; *von Arnauld* (Fn. 7), S. 591 ff. – この点で重要な事件は、*M. v. Home Office* [1994] 1 A.C. 377 である。なお、*Sydow*, Parlamentssuprematie und *Rule of Law* (2005), S. 80 f. も参照。

31 同趣旨のものとして、例えば、*Pacteau*, La sécurité juridique, un principe qui nous manque?, AJDA 1995, N° spécial, 151, 154; *Vincent*, RFDA 2000, 254 ff. を見よ。

32 Tribunal administratif de Strasbourg v. 8.12.1994 – Rs. 931085 *Entreprise Freymuth*, AJDA 1995, 555, 560.

33 Conseil d'Etat v. 9.5.2001 – Rs. 210944 *Entreprise Freymuth*, Dalloz 2001, 2090; Conseil constitutionnel v. 7.11.1997 – Rs. 97–391, http://www.conseil-constitutionnel.fr/ (Aufruf: Nov. 2005).

34 ここで取り上げるべきは、とりわけ *Sedley J.* in *Regina v. Ministry of Agriculture, Fisheries and Food, Ex parte Hamble (Offshore) Fisheries* [1995] 2 All E.R. 714, 723 ff. ならびに、*Lord Woolf M.R.* in *Regina v. North and East Devon Health Authority, Ex parte Coughlan* [2000] 2 W.L.R. 622, S. 644 ff. (§§ 55 ff.), insbes. 649 ff. (§§ 71 ff.). 文献からでは、*Craig*, Cambr.L.J. 55 (1996), S. 289, 295 ff.; *Schønberg*, Legitimate Expectations in Administrative Law (2000), S. 64 ff., 106 ff.; *Roberts*, Public Law Representations and Substantive Legitimate Expectations, MLR 64 (2001), 112 ff.

35 *Schiemann* (Fn. 15), S. 140.

的な変化の核心を求めていくと、自国の法制度には不十分の箇所があるという自覚に帰着する[36]。外国の法原則ないし超国家的法原則の受容についていえば、やはり編入される原則との接点をもちうる類似の法制度が（手続的な信頼保護の例のように）徴候として国内法上承認されることにより、その受容は容易となりうる[37]。こういったことからすれば、一つの法秩序内において多分に相互緊張を含む様々な法体制を並存させるような強制圧力については、改めて考え直してみる必要があろう。共同体法上規定された法と当地に根ざして決定された法とをつなぎ合わせ結びつけることは、いつの時代においても極めてコストのかかるものである[38]。

IV. 国際法における法の一般原則の役割

以上のような考察を国際法にあてはめることは、一見したところ不可能ないし困難であるように思われる。それに加入条件というのも、欧州統合共同体の場合のようには有用でない[39]。超国家的な統合連合体以外の場合で同様に法の一般原則の援用が可能であるような例を考える際には、一般国際法について検討を行うよりも、むしろ、まず欧州人権条約体制に目を向けた方がよいとされているのである。

1. 欧州人権裁判所の判例

欧州人権条約がヨーロッパ統合的人権秩序へと発展することに対しては、好都合な前提が存在している。実体面についていえば、価値観について存在する比較的広汎な同質性を挙げることができる。これは、たとえ加盟国の範囲が欧州連合

---

36 *Pacteau*, AJDA 1995, N° spécial, S. 152; *Lewis*, AJDA 52 (1996), N° spécial, 124, 127 f.; *Mathieu*, AIJC 15 (1999), 155 f.; *Sydow* (Fn. 30), S. 111 ff.; *von Arnauld* (Fn. 7), S. 558, 595, 635 f.

37 これについては、類似の正統性観へと遡ることができる。*Franck*, The Emerging Right to Democratic Governance, AJIL 86 (1992), 46; *Mertus*, From Legal Transplants to Transformative Justice, Am. Univ. Int'l L. Rev. 14 (1999), 1335, 1364 f. 参照。法移植*(legal transplants)*や法刺激*(legal irritants)*をめぐる議論をここで展開することはできないし、また、すべきではない。代表的なものとしては、*Kahn-Freund*, On Uses and Misuses of Comparative Law, MLR 37 (1974), 1 ff.; *Watson*, Legal Transplants (2. Aufl. 1993); *Legrand*, The Impossibility of „Legal Transplants", MJ 4 (1997), 111 ff.; *Teubner*, Legal Irritants, MLR 61 (1998), 11 ff.; *Langer*, From Legal Transplants to Legal Translations, Harv.Int.L.J. 45 (2004), 1 ff.

38 同趣旨のものとして、*Byers*, Custom, Power and the Power of Rules (1999), S. 102 ff., 181 f. 参照。また、*Fon/Parisi*, Stability and Change in International Customary Law, Berkeley Program in Law & Economics, Working Paper 96 (2003), http://repositories.cdlib.org/blewp/art96 (Aufruf: Nov. 2005)を参照。こちらは、国際慣習法において反旗を翻し続けること*(persistent objector)*のコストに関するものである。国際慣習法においても、共同体法においても、2つの法体制の並立が問題となっている。並立的な法体制では、一方の法体制が他方の法体制に対して適合を強いることになるが、そこでは、両法体制の「協働」可能性を中期的に保障するという方法がとられる。これに関しては、*Durner*, Normakzeptanz, in: von Arnauld (Fn. 14), S. 245, 253 f.による考察も参照されたい（「入場条件及び加入料としての規範受容(Normakzeptanz als Zugangsbedingung und Eintrittspreis)」）。

39 *Zweigert*, RabelsZ 28 (1964), 601, 608 f.; *Everling*, RabelsZ 50 (1986), 193, 231; *Schulze* (Fn. 3), S. 9, 23 f.

の時よりも大きく、その内部がより一層種々雑多であるとしても、そうである。制度面についていえば、欧州人権裁判所に個人異議申立てが導入されて以降は、いかなる欧州評議会加盟国も免除されない義務的裁判権というものが確立している。たしかに、欧州人権裁判所に任されているのは、国際法上の条約解釈だけである。そして、欧州人権裁判所は——欧州司法裁判所とは反対に——、法の継続形成という任務を EU 条約の統合目的から演繹することができない。とはいえ、確立した判例では、欧州人権裁判所は条約の規定を動態的に解釈しかつ実効性の諸原則に適合するよう解釈する任務を有する、とされている[40]。かりに、近年の判例において、理念を統一するために法の一般原則の援用を通じて個別の条約規定を相互に関連づける傾向をみてとることが可能であるなら、それはこれと軌を一にするものである[41]。例えば、欧州人権裁判所は、当初、法規範の明確性の原則を個別具体的な条約規定において定めるだけであったが、今となっては、全体に及ぶ思想としてこれを強調し、法的安定性の上位原則と位置づけている[42]。欧州人権条約が国家間協力という古典的国際法の形で根付いているにもかかわらず、これを統一的欧州基本権憲法へとつくりかえようとする欧州人権裁判所の努力は、こうした傾向の中にみてとることができるだろう[43]。このような法原則発見の手法に関しては、これはあまり言及されることはないが、欧州人権裁判所も同様に評価を伴う法比較に与しており、欧州評議会加盟国の国内法秩序からの感化を得ているのである。そして、ここではミニマム・コンセンサスに限定されることはない[44]。

ここでもまた、このような手法で同化された法観念の国内法秩序への遡行的効果をみてとることができる。国際法と国内法との関係につき一元論に与しない場合、欧州人権条約並びに欧州人権裁判所の諸判決には国内法上の直接的かつ優越的な効力が欠けることになるが、それでもなお欧州人権条約には、国際条約としての拘束力が備わる。それに、欧州人権裁判所の判決を置換する国際法上の義務

---

40 これに関しては、管見によれば、*Peters*, Einführung in die Europäische Menschenrechtskonvention (2003), S. 12 ff.; *Grabenwarter*, Europäische Menschenrechtskonvention (2. Aufl. 2005), Rn. 12 ff.

41 こうした展開につき、*Wachsmann*, La prééminence du droit dans la jurisprudence de la Cour européenne des droits de l'homme, in: Flauss/Wachsmann (Hrsg.), Recueil d'études à la mémoire de Schwob (1997), S. 241, 253 f.; *Cohen-Jonathan*, Le rôle des principes généraux dans l'interpretation et l'application de la Convention européenne des droits de l'homme, in: Flécheux (Hrsg.), Mélanges en hommage à Pettiti (1998), S. 165 ff.; *de Salvia*, La place de la notion de sécurité juridique dans la jurisprudence de la Cour européenne des droits de l'homme, in: Cahiers du CC 11 (2001), 93, 94 ff.; *von Arnauld* (Fn. 7), S. 534 ff.

42 EGMR v. 24.4.1990 – Rs. 11801/85 *Kruslin ./. Frankreich*, § 34; Rs. 11105/84 *Huvig ./. Frankreich*, § 33; v. 28.3.2000 – Rs. 28358/95 *Baranowski ./. Polen*, § 52, alle in der Datenbank (HUDOC) des Gerichtshofs: http://cmiskp.echr.coe.int/tkp197/default.htm (Aufruf: Nov. 2005).

43 *Flauss*, La Cour européenne est-elle une Cour constitutionnelle?, in: *Flauss/de Salvia* (Hrsg.), La Convention européenne des droits de l'homme (1997), S. 69, 78 ff., 91; *Hoffmeister*, Die Europäische Menschenrechtskonvention als Grundrechtsverfassung und ihre Bedeutung in Deutschland, Staat 40 (2001), 349, 353 ff.; *von Arnauld* (Fn. 7), S. 540 ff.

44 感化 (Inspiration)の出所を明示した希有な事例として、EGMR v. 13.6.1979 – Rs. 6833/74 *Marckx ./. Belgien*, § 58 参照。ここでは裁判所は、法的安定性という関心のもと、自己の判決自体の時間的影響について判断する権能を自らが有していると認めている。

も存在する（欧州人権条約 46 条）。さらにいえば、国際条約の解釈をある機関の任務とする場合には、すでに個別事例での判断があったとしてもこれとは無関係に締約国の法行為をこの機関の解釈に定位させるといった方法をとることが、条約解釈の制度化の方法としてこの機関にとっては適切である。ドイツ連邦憲法裁判所は最近、Görgülü 決定においてこのことを確認した[45]。これは、欧州人権裁判所の判例及びこの判例が導く諸原則がフランスの法秩序（フランスおいて、欧州人権条約は 1958 年憲法 55 条により法律に対する優位を獲得している）やイギリスの法秩序（イギリスでは、1998 年人権法が欧州人権条約に憲法類似の地位を根拠づけた[46]）にも影響を及ぼしている、との認識と合致するものである。例えば 2003 年に破毀院は、欧州人権条約 6 条と、この規定において具現されフランス国内法では一切承認されてこなかった一般原則である「法的安定性の原則及び秩序適合的な司法の原則」（法的安定性の原則及び良き司法行政の原則）とに従って、フランス民事訴訟法を審査した[47]。イギリスでは、*Anufrijeva* が訴えた事件（同じく 2003 年）が挙げられる[48]。ここでは、貴族院が、個人に不利益となる決定は本人への通知があってはじめて効力を有するとし、これを、欧州人権条約の諸原則や共同体法の諸原則と関連づけつつ法的審問請求権から導き出した。このような当初未知であった原則の国内法秩序への浸透は、再度適合を強いることになる。導入される法が説得的基準たりうるための条件に関する上記考察は、その意味内容を変更せずに欧州人権条約の効力の話へと転用することができる。そしてこれは、かりに超国家的な法の適合強制が「単なる」国家間法の適合強制よりも強力でありうるとしても、かわることはない。しかし、こうしたことは、国内法が国際法に対して国内的に与えた地位に、かなりの程度で左右される[49]。

2.　一般国際法において法原則が有する統合作用

a)　国際法の協調性という前提

欧州人権条約は国際法において、たしかに特殊事例であると評価することができる。なぜならば、欧州人権条約は法伝統が有する高度の完結性を基礎としうるものであり、そこにおいて独自の手法で司法化が進行していったからである。これに対して、一般国際法には依然として義務的国際裁判権が存在しない。義務的国際裁判権があれば、国際法秩序をより鮮明に輪郭づけるために法の一般原則が有する同化推進力を活用することができたかもしれない。実体的な観点からいえ

45 BVerfGE 111, 307, 315 ff. – *Görgülü.*
46 これについては、*Baum* (Fn. 30), S. 358 ff., 366 ff., passim; *Sydow* (Fn. 30), S. 52 ff.; *von Arnauld* (Fn. 7), S. 601 ff.
47 Cour de cassation (2. Zivilkammer) v. 30.1.2003 – Rs. 99–19.488, Dalloz 2003, 2722.
48 *Regina v. Home Secretary, Ex parte Anufrijeva* [2003] UKHL 36, §§ 27 ff., [2003] 3 All E.R. 827, 840 ff.
49 フランスにおける欧州人権条約の適合強制圧力(Anpassungsdruck)については、 *Mathieu*, Remarques sur un conflit de légitimité entre le juge et le législateur dans la détermination de l'intérêt général et la protection de la sécurité juridique, RFDA 19 (2003), 470 ff.

ることは、共通の価値基盤が地域的に確定されるものだとしたところで、あまねく及ぶ国際法の場合にはかなりの法文化の異質性が存在するということである。その結果、国際法において法の一般原則は単に形式的に存在するだけであったり、抽象性や補充の必要性が極めて高かったりするなど様々な形で存在することになる。信義誠実の原則のようなものがその一例である[50]。別々の法文化間で一致を追求することは、追求される原則が一般的であればあるほど、それだけ成果多きものとなる[51]。こうした理解は、法の一般原則の獲得方法へと引き継がれる。すなわち、国際司法裁判所規程は法比較の際に国連加盟国の全法秩序の参照を求めるが[52]、この 38 条 1 項 c 号において「文明国」を引き合いに出すにあたり、かりに国連の全加盟国を念頭におく必要がないとしても、やはり少なくとも「世界の大部分の文化圏や世界の主要な法システム」を考慮するよう注意が払われなければならない（国際司法裁判所の構成については国際司法裁判所規程 9 条を参照）。これは、「最小公倍数」志向を推し進めるものである。この点、ありのままの現状に即して評価した場合、国際刑事裁判所や国際司法裁判所のこれまでの判例においては、法の一般原則はむしろ副次的な役割しか果たしてこなかった、とみるのが適切である[53]。

b) 憲法化プロセスにおける変遷傾向

とはいえ、今まさに言及した全ての次元において、慎重にであったり徐々にではあるにせよ、一つの変遷というものを認めることができる。例えば、国際裁判権の継続的な拡大がそれである[54]。海洋法裁判所や国際刑事裁判所のような特別裁判所の創設により国際法においても司法化が次第に進展していったのが一例である。欧州人権裁判所のモデルは、他の地域的人権保障システムにとって模範的性格を有するに至ったのである。そして、これがより一層強力に継続発展するということもありえよう。

実体的な観点からいえることは、国際法の憲法化プロセスの枠内において普遍的な共同体構造[55]の形成をみてとることができ、これは過小評価されるべきではない、ということである。些細とはいえない差異が地域的に存在するとしても、1948 年の世界人権宣言により国際法は、単なる国家間の法という存在から、「個人を保護することにその中心をおく[56]」ものとなったのである。その限りで

50 概観するものとして、*Cheng*, General Principles of Law as applied by International Courts and Tribunals (1953, Nachdruck 1987); *Mosler*, EPIL II (1995), 511, 518 ff.
51 *Bassiouni*, MichJIL 11 (1989/90), 768, 809; *Weiß*, AVR 39 (2001), 394, 411.
52 *Bassiouni*, MichJIL 11 (1989/90), 768, 783 f.; *Degan*, FinnYBIL 3 (1992), 1, 54 ff.; *Mosler*, EPIL II (1995), 511, 517; *Weiß*, AVR 39 (2001), 394, 405 ff.
53 *Bassiouni*, MichJIL 11 (1989/90), 768, 787 ff.; *Degan*, FinnYBIL 3 (1992), 1, 41 ff.
54 *Weiß*, AVR 39 (2001), 394, 415.
55 これに関しては、とりわけ、*Paulus*, Die internationale Gemeinschaft im Völkerrecht (2001); ferner *Simma*, From Bilateralism to Community Interest in International Law, RdC 250 (1994), VI, 217 ff.; *Tomuschat*, Die internationale Gemeinschaft, AVR 33 (1995), 1 ff.; *Simma/Paulus*, The „International Community“, EJIL 9 (1998), 266 ff.を参照。
56 *Kunig*, Nachbarrechtliche Staatenverpflichtungen bei Gefährdungen und Schädigungen der Umwelt, BDGV 32 (1992), 9, 37. また同様に *ders.*, Das Völkerrecht als Recht der Welt-

いえば、自由、平等、博愛（連帯）の思想に基づいて普遍的な価値規範を人権的に基礎づけることは、国際法の統合の促進につながる。ここで論じているのは、いうまでもないが、ゆっくりとしたプロセスについてである。公権力と個人との関係を人権を基礎として理解する場合、やはり長期的にみれば法構造の適合が結果としてもたらされることになる[57]。例えば、法的安定性や信頼保護といった諸原則に目を向けた場合がそうであろう[58]。形式的な法原則と価値論的な法原則との「中間」に位置づけられた原則としての比例原則がかなりの程度で受容されていることは、こういったことからも理解できると思われる。

では、手法としては一体どのようなものがあるのか。この問いについては、これまでの判例を分析するだけでも、次のことがわかる。すなわち、要求と現実とは全く一致していないということ[59]。そして、国際的な裁判所は過去においてさえも、包括的な全世界的法比較に基づいて法の一般原則を最小公倍数的に理解したことは一度もなかった、ということである[60]。あまり知られてはいないが、国際法の判例も、機能面の評価を伴うアプローチをとる傾向がある。グローバル化の過程で諸国家が次第に緊密になることで国際法レベルの判決需要が増加した場合には[61]、評価を伴う手法の利用の活発化には裁判官自身の意識の高まりという要因があるだけでなく、プラグマティックな要因もまた存在している[62]、ということが推定されうる。

c) 国際法判例の国内法への影響

国際裁判所の裁定に拘束力が備わる限りで、その裁定は紛争当事国に対して国内法上の実現を義務づけるものである。国際法の国内法への影響は、国内裁判所が国際法の基準で裁判を行う場合にもみられる。ここでは、法的基準の溢出があるのが当然で、しかもそれは高い程度においてである。たとえ裁判の拘束力が当事者間においてのみ存在し、そして、裁判された事柄との関連でのみ存在するとしても(国際司法裁判所規程59条参照)、先例からは他の裁判所に対する指針的効

---

bevölkerung, AVR 41 (2003), 327 ff. なお管見については、*von Arnauld*, Völkerrechtliche Informationspflichten bei Naturkatastrophen, AVR 42 (2005), 279, 299 f.を見よ。

57 例えば、*Weiß*, AVR 39 (2001), 394, 394 f., 415 ff.による評価を参照。

58 普遍的拘束力を有する原則としての信頼保護の承認を擁護するものとして、*Orrego Vicuña*, Regulatory Authority and Legitimate Expectations, Int'l L. Forum 5 (2003), 188 ff.

59 批判するものとして、*Weiß*, AVR 39 (2001), 394, 408, 426 ff.を参照。また、*Bassiouni*, MichJIL 11 (1989/90), 768, 809 ff.も見よ。

60 典型的なところでいえば、アングロサクソン的法思想、ドイツ・スイス的信頼保護、ローマ法的 *venire contra factum proprium*（自己の行動に反した振る舞い）の協働には収拾の困難さが伴うが、判例はここでは禁反言原則を援用しているという。これに関しては、*Cheng*, General Principles, S. 141 ff.; *Müller*, Vertrauensschutz im Völkerrecht (1971), S. 5 ff., passim; *Martin*, L'estoppel en droit international public (1979), S. 233–236; *Byers* (Fn. 38), S. 106 ff.; *Cooke*, The Modern Law of Estoppel (1999), S. 150 ff.; *Kuusikko*, Advice, Good Administration and Legitimate Expectations, EPL 7 (2001), 455, 469 ff.

61 国際法レベルでの判決の需要の増加と、それによる法の一般原則の意義の拡大については、*Bassiouni*, MichJIL 11 (1989/90), 768, 769, 783.

62 *Ambos*, Der allgemeine Teil des Völkerstrafrechts (2002), S. 44 ff.参照。国際法上の法比較における機能的・評価的手法については、*Zweigert*, Rechtsvergleichung, in: Strupp/ Schlochauer (Hrsg.), Wörterbuch des Völkerrechts, Band III (2. Aufl. 1962), S. 79, 81.も参照。

果が生じるのである[63]。ここでは、国際法の先例が説得的基準として、底流において引き続き効力を及ぼしうる。もっとも、国際法の先例が国内の判決を方向づける結果に至るのは、実質的な裁判資料により国際法上の基準が十分に明確化されており、それにつき現在ではほとんど問題となることがないという場合だけである。この点、国際刑法の発展が待たれてしかるべきであろう。ここで期待されているのは、国際刑事裁判所においてであれ締約国の裁判所においてであれ、ローマ規程に基づいて[64]裁判上の格率を刑法や加罰性の一般準則へと高めることであり[65]、締約国の刑事司法全体への感化的効果を有するがゆえにこの領域での法の同化の促進を可能とするところの一般準則へと高めることなのである[66]。

d) 条約の援用及び感化による遡行的効果

しかし、国際法において、法の一般原則が法の同化に貢献する際の仲介役を果たしているのは、依然不明確さを残しているところの判例だけというわけではない。それ以上の実践的意義を有しているのは、今日でもなお、条約規定の国内法秩序への遡行的効果である。これは、まず第一に、条約を通じた遡行的効果として理解される。数多くの国際条約は、まさに、一定の規定につき国内で法制定することを条約当事国に義務づけるものとなっている[67]。この規定が、法に備わる一定の本質的構成要素を持ち込むものである限りで、これは条約援用的であり、ここでは国内法への受容が認められる。この点、典型的なのは、環境法上の予防原則が環境法の一般原則とみなされていることである。これは、ドイツ法に由来するものではあるが、条約で認められた国際環境法において今や幅広く定着しているし、また、環境法においてこれまで承認されてきた注意という基準の変更をもたらした[68]。たとえ、条約に拠らない慣習法の妥当性に関する争いがいまだ存在し[69]、国際法に関

---

63 これに関し、管見については、*von Arnauld* (Fn. 7), S. 472 ff.
64 または、ローマ条約を国内法に置換する国内の刑法典に基づいて、である。ドイツにおけるものとしては、2002 年 6 月 26 日の国際刑法典（BGBl. 2002 I S. 2254）を参照。
65 *Weiß*, AVR 39 (2001), 394, 420 ff.; *Ambos* (Fn. 62), S. 42 ff. を参照。このような法の一般原則が特に刑法の総論部をなしていることを強調するものとして、*Werle*, Völkerstrafrecht (2003), Rn. 136.
66 *Ambos* (Fn. 62), S. 874. Ähnlich *Kreß*, Völkerstrafrecht in Deutschland, NStZ 2000, 617, 618.
67 法の同化プロセスにおける「長期的な最重要規律道具」としての国際法条約については、*Schneider/Mietsch*, Internationale Rechtsangleichung, in: Mansel/Pfeiffer/Kronke (Hrsg.), Festschrift für Jayme (2004), Band II, S. 1361.
68 1992 年 6 月 14 日の環境と開発に関するリオ宣言〈A/CONF.151/26, Vol. I, Annex I〉第 15 原則（法的拘束力はない）と並んで、例えば、1987 年 9 月 16 日のオゾン層を破壊する物質に関するモントリオール議定書〈BGBl. 2003 II 346: Präambel〉、1991 年 1 月 29 日の有害廃棄物のアフリカへの輸入の禁止及びアフリカ内の有害廃棄物の越境移動及び管理の規制に関するバマコ会議〈ILM 30 (1991), 773: Art. 4 Abs. 3 lit. f) und g)〉、1992 年 3 月 17 日の越境河川及び国際湖沼の保護と使用に関するヘルシンキ会議〈ILM 31 (1992), 1312: Art. 2 Abs. 5 lit. a)〉1992 年 5 月 9 日の国連気候変動枠組条約〈BGBl. 1993 II 1784, ILM 31 (1992), 849: Art. 3 Abs. 3〉。その他の解説は、*Barton*, The Status of the Precautionary Principle in Australia, Harv.Envtl.L.Rev. 22 (1998), 509, 515 ff.; *Unger*, Brandishing the Precautionary Principle Through the Alien Tort Claims Act, NYU Envtl. L.J. 9 (2001), 638, 649 ff.; *Van Dyke*, The Evolution and International Acceptance of the Precautionary Principle, in: Caron/Scheiber (Hrsg.), Bringing New Law to the Ocean Waters (2004), S. 357, 360 ff.を参照。
69 *Trouwborst*, Evolution and Status of the Precautionary Principle in International Law (2002), S. 244 ff., 260 ff.; *Sands*, Principles of International Environmental Law (2. Aufl. 2003), S. 266 ff.

する裁判がいまだ謙抑的傾向を示すものであるとしても[70]、予防原則は、何であれ今となっては、欧州共同体法[71]（第一次法では欧州共同体設立条約 174 条 2 項に規定されている）や数多くの国々の国内法秩序に入り込んできているのである[72]。なお、この数多くの国々とは、欧州連合加盟国[73]の域外にある例えばオーストラリア[74]やカナダ[75]、アメリカ[76]、インド、パキスタン、バングラディッシュ[77]といった国々のことである。

これを踏まえた場合、未知の法原則が、上述の説得的基準と同じ諸条件の下で発展するということがありうる。グローバル化の過程においては、未知の法秩序との接触は増加するし、また同様に、自国の法秩序をグローバル化された諸条件に適合させる必要性も増加するので、未知の法原則を受容する準備の機会が不可避的に生ずることとなる。ここでも、現在する類似の（ではあるが、あまり紛らわしくはない）構造の受容が促進される。国際法上形成された規律領域には一部未知の思想が持ち込まれているが、この規律領域とその他の国内法との間に存在する緊張関係が論ずるに値するほどの適合強制力を創出しているか否かについて一般論として語ることは、おおむね不可能である。これは、特に領域相互の関係で左右され、なかでも、「輸入された」原則がすでに法の中心的内容となっているかどうかで左右されるのではないだろうか。

---

70 *Unger*, NYU Envtl.L.J. 9 (2001), 638, 653 ff.; *Van Dyke* (Fn. 68), S. 357, 370 ff.

71 EuG v. 28.1.2003 – Rs. T-147/00 *Laboratoires Servier*, Slg. 2003, II-85 Rn. 52（共同体法の一般原則）を参照。*Backes/Verschuuren*, The Precautionary Principle In International, European, And Dutch Wildlife Law, CJIELP 9 (1998), 43, 47 ff., 59 ff.も見よ。

72 概観するものとして、*Unger*, NYU Envtl.L.J. 9 (2001), 638, 660 ff., 664 f.; *Van Dyke* (Fn. 68), 357, 375 ff. Die Haltung Japans ist ambivalent (*Unger*, *op. cit.*, S. 667 f.)を参照。予防原則の国際的な大成果に関しては、*Clark*, What is ... the Precautionary Principle?, The Times, 15.1.2005, http://www.timesonline.co.uk/article/0,,1072-1440820,00.html（2005 年 11 月現在）。「予防原則は現代の発明である。これは、知られているように、1970 年代にドイツの法律家が造り出した *Vorsorgeprinzip*（事前配慮原則）という表現を翻訳したものである。1990 年代初頭以降、これは世界中で、行政官の標準的用語法となった」。

73 ここでは、共同体法の追加的な適合圧力が想定されうる。オランダに関しては、*Backes/Verschuuren*, CJIELP 9 (1998), 43, 64 ff.を見よ。ベルギーとフランスに関しては、*Larmuseau*, The Precautionary Principle Introduced in Belgian Jurisprudence, EELRev. 9 (2000), 40 ff.; *de Sadeleer*, The Enforcement of the Precautionary Principle by German, French and Belgian Courts, RECIEL 9 (2000), 144 ff.を見よ。

74 それも、立法に関してだけではなく、コモン・ロー上の原則としてもである。*Barton*, Harv. Envtl. L. Rev. 22 (1998), 509, 531 ff., 535 ff.

75 *VanderZwaag*, The Precautionary Principle in Environmental Law and Policy, JELP 8 (1999), 355 ff.; *VanderZwaag/Fuller/Myers*, Canada and the Precautionary Principle/ Approach in Ocean and Coastal Management, Ottawa L.R. 34 (2002/03), 117 ff.

76 とはいえ、立法上はもっと前から暗に示されていた。*Unger*, NYU Envtl.L.J. 9 (2001), 638, 663. *Goldstein/Carruth*, Implications of the Precautionary Principle for Environmental Regulation in the United States, LCP 66 (2003), 247, 253 ff.（ここでは、事前配慮原則自体に対しては懐疑的な態度がとられている）も見よ。

77 *Razzaque*, Human Rights and the Environment, Envtl. Pol'y & L. 32 (2002), 99, 100 f., 103, 105 ff.

V.　まとめ

法の一般原則は、法秩序に関する既存の合意があるという現状を明示するだけのものではない。価値論的な法原則には、むしろ、収斂を創り出すことで法の同化に寄与しうる同化推進力が備わっているのである。これには、極めて重要な役割を認めることができる。この役割とは、諸々の設立条約を統合する際に、欧州共同体法の諸原則によって担われてきたもので、いまだに担われているところの役割のことである。このような統合機能は、実体的には当該法文化に関するより高度の親和性によって促進され、制度的には欧州司法裁判所の強力な地位によって、また方法論的には評価を伴う法比較によって、促進された。このような統合的な法原則は、今度は、加盟国の法秩序に対して遡行的効果を及ぼす。これは、直接的には、共同体法により形作られた領域において作用し、間接的には、他の法領域において共同体法の説得的基準と適合強制力とを通じて作用する。そして、この適合強制力は、共同体法の「移植組織（Implantaten）」を起点として加盟国法全体へと及んでいくのである。

国際法が備える前提条件がそれほど好都合なものではないということがあるとしても、法の一般原則が有する統合機能は過小評価されるべきものではない。欧州人権条約の例が示すように、超国家的な統合連合体の外部にあっても、法の一般原則は、国内法秩序への遡行的効果による法統一を裁判所の手において促進させうるのである。憲法化の過程においては、法文化の実質的収斂の増大がヨーロッパの枠を越えて鮮明に描きだされる。国際法における法の一般原則の発見手法としての評価を伴う法比較は、これまであまり表に出ることのなかったものであるが、将来的には、この手法が果たす役割もまたより一層大きくなると思われる。ここでは、国際刑事法における発展が注目されるべきものとなろう。まとめれば、法の一般原則は、国際法上の諸条約へと浸入し、そして、条約を通じて国内法に対しても遡行的効果を及ぼすのである。そして、あまり過度の期待をすることは許されないのかもしれないが、緊密さを増す世界においては国際レベルで統一的な共通原則をたてる必要性が高まり、この必要性こそが、これまで説明してきた諸々のプロセスを将来的により一層強化することになると思われるのである。

§ 12 Rechtsangleichung durch Richterrecht – Eine Darstellung am Beispiel der Geschäftsleiterpflichten *

Florian Möslein

Übersicht

Rechtsangleichung wird traditionell als Akt des Gesetzgebers und Ausfluß völkerrechtlicher Vereinbarungen verstanden. Der folgende Beitrag zeigt, daß dieser Blick zu eng ist und unter anderem auch die Gerichte einen wesentlichen Beitrag zur Rechtsangleichung leisten. Methodische Voraussetzungen und Grenzen dieser richterlichen Rechtsangleichung werden ausgelotet und an einem schillernden Beispiel, der Konkretisierung der Geschäftsleiterpflichten, illustriert.

* Frau Anja Raden, LL.M. Eur. danke ich herzlich für kritische Anregungen und Hinweise, Frau Maki Saito für die hilfreiche Durchsicht der Ausführungen zum japanischen Recht.

I. Legislative vs. richterliche Rechtsangleichung

Nach klassischem Verständnis fußt Rechtsangleichung in zwischenstaatlichen Vereinbarungen oder supranationalen Vorgaben und wird regelmäßig durch den Gesetzgeber in innerstaatliches Recht umgesetzt.[1] Solche Rechtsangleichung wurde bereits Anfang des letzten Jahrhunderts betrieben und findet sich heute auf der Grundlage US-amerikanischer Modellgesetze oder der Richtlinien der Europäischen Gemeinschaft.[2] In einer zunehmend globalisierten Welt funktioniert Rechtsangleichung ungleich facettenreicher.[3] Die Diskussion um die Konvergenz von Rechtssystemen und die Verbreitung sog. *legal transplants* deutet dieses Phänomen an.[4] Verhaltensstandards gleichen sich durch grenzüberschreitende Zusammenarbeit international an und entspringen praktischer Übung, werden aber immer häufiger in freiwilligen Verhaltenskodizes schriftlich fixiert.[5] Die Rechtswissenschaft leistet ihren Konvergenzbeitrag, indem sie fremde Rechte unter die Lupe nimmt und neuerdings nicht mehr nur nach Unterschieden, sondern vor allem nach Gemeinsamkeiten sucht, eine einheitliche Problemsprache entwickelt und gemeinsame Rechtsgrundsätze herausarbeitet.[6] Nicht zuletzt berücksichtigen immer stärker auch die Gerichte Regelungskonzepte und Lösungsansätze ausländischer Rechte. Für die Rechtsentwicklung ist diese letzte Form der Rechtsangleichung wegen der zumindest faktischen Präjudizienwirkung von Gerichtsurteilen von besonderer Bedeutung. Sie soll deshalb schwerpunktmäßig untersucht werden.

Der Beitrag der Gerichte zur Rechtsangleichung fällt bisher weniger in kodifizierten Rechten, sondern vor allem in *common-law*-Rechtssystemen ins Auge. Die Gerichte Englands, Australiens, Kanadas und der USA nehmen seit jeher bei der Rechtsprechung der jeweils anderen Länder Anleihen.[7] Das mag durch gemein-

---

1 In diesem Sinne beispielsweise *Schmeder*, Die Rechtsangleichung als Integrationsmittel der Europäischen Gemeinschaft (1978), S. 7–9; etwas weiter: *Kronke*, Ziele – Methoden, Kosten – Nutzen: Perspektiven der Privatrechtsharmonisierung nach 75 Jahren UNIDROIT, JZ 2001, 1149, 1152–1154.

2 *Kronstein*, Erfahrungen aus amerikanischer Rechtsangleichung, in: von Caemmerer/Schlochauer/Steindorff (Hrsg.), Festschrift für Hallstein (1966), S. 275, 278–286; *Franzen*, Privatrechtsangleichung durch die Europäische Gemeinschaft (1999), bes. S. 244–261.

3 Ähnlich *Kötz*, Alternativen zur legislatorischen Rechtsvereinheitlichung, RabelsZ 56 (1992), 215, 216.

4 Grundlegend *Watson*, Legal Transplants – An Approach to Comparative Law (1. Auflage 1974); spezifisch für das Gesellschaftsrecht: *Fleischer*, Legal Transplants im Europäischen Gesellschaftsrecht, in: Söllner (Hrsg.), Gedächtnisschrift für Heinze (2005), S. 177; zur Konvergenzdebatte vgl. außerdem *Hansmann/Kraakman*, The End of History for Corporate Law, 89 Georgetown Law Journal 439 (2001).

5 *Kronke*, JZ 2001, 1149, 1154; *Mertens*, Nichtlegislatorische Rechtsvereinheitlichung durch transnationales Wirtschaftsrecht und Rechtsbegriff, RabelsZ 56 (1992), 219.

6 *Kötz*, Rechtsvereinheitlichung – Nutzen, Kosten, Methoden, Ziele, RabelsZ 50 (1986), 1, 13–17; *Flessner*, Rechtsvereinheitlichung durch Rechtswissenschaft und Juristenausbildung, RabelsZ 56 (1992), 243, 244–249. Für das Gesellschaftsrecht vgl. beispielsweise den globalen Ansatz bei *Kraakman u. a.* (Hrsg.), The Anatomy of Corporate Law (2004), bes. S. 1–5.

7 Exemplarisch für Australien: *Hofmann*, Australisches Vertragsrecht: Eine Einführung unter besonderer Berücksichtigung der Rechtsquellenlehre, ZVglRWiss 104 (2005), 395, bes. 426.

same Wurzeln der Rechtsordnungen und durch die gemeinsame Sprache erleichtert und durch einen gemeinsamen institutionellen Rahmen teils sogar erzwungen worden sein, sorgte der englische *privy council* doch lange Zeit als oberste Instanz für eine gleichförmige Rechtsentwicklung in weiten Teilen des Commonwealth.[8] Auch dürfte die intensivere Wahrnehmung richterlicher Rechtsangleichung in *common-law*-Systemen mit der Stellung der Gerichte zusammenhängen, die durch Präjudizien mit weit reichender Bindungswirkung wesentliche Impulse der Rechtsentwicklung geben und zwar gesetzgeberische Einzelregeln, aber keinen umfassenden kodifikatorischen Rahmen zu beachten haben.[9] Dies alles sollte allerdings umgekehrt nicht dazu verleiten, den potentiellen Rechtsangleichungsbeitrag der Rechtsprechung in kodifizierten Rechten gering zu schätzen. Bekanntlich spielen die Gerichte in diesen Rechtssystemen ebenfalls eine tragende Rolle für die Rechtsentwicklung, sei es im Rahmen der Auslegung gesetzlicher Vorschriften, sei es durch Rechtsfortbildung. Auch die praktischen Rahmenbedingungen für richterliche Rechtsangleichung verbessern sich stetig, weil technische Vernetzung und wissenschaftliche Vorarbeit den Zugriff auf ausländische Rechtsentwicklungen erleichtern und auch sprachliche Barrieren immer besser überwunden werden können. Auf einigen Rechtsgebieten finden sich überdies supranationale Institutionen, die intensiv zur Entwicklung gemeinsamer Konzepte beitragen, etwa die internationalen Schiedsgerichte.[10] Nicht zuletzt dient der häufig rechtsvergleichende Ansatz des EuGH nationalen Gerichten als Vorbild.[11] Während sich demnach also die praktischen Vorzeichen richterlicher Rechtsangleichung drastisch verbessern, sind die methodischen Voraussetzungen, die in kodifizierten Rechten den Rahmen für richterliche Rechtsangleichung vorgeben und dieser zugleich Grenzen setzen, bislang wenig geklärt.[12]

II. Voraussetzungen nach nationaler Methodenlehre

Die Grenzen richterlicher Rechtsangleichung ergeben sich letztlich aus der Bindung der Gerichte an (nationales) Recht und Gesetz. Rechtsanwendung erfolgt bekanntlich in erster Linie durch Gesetzesauslegung, deren Grenzen durch die klassischen Auslegungskanones ermittelt werden.

---

8 Monographisch: *Bruzzone*, Das Privy Council als oberstes Gericht des Commonwealth of Nations (1990). Seit 1986 bzw. 2003 besteht in Australien und Neuseeland keine Möglichkeit mehr, den *Privy Council* als oberste Rechtmittelinstanz anzurufen.

9 *Vogenauer*, Die Auslegung von Gesetzen in England und auf dem Kontinent (2001), S. 1236–1244; *Pilny*, Präjudizienrecht im anglo-amerikanischen und im deutschen Recht (1993), S 18–118.

10 Näher: *Kötz*, RabelsZ 56 (1992), 215, 216f.; *Remien*, Rechtseinheit ohne Einheitsgesetze?, RabelsZ 56 (1992), 300, 311.

11 Zu diesem Ansatz zuletzt etwa: *Schwartze*, Die Bedeutung der Rechtsvergleichung, in: Riesenhuber (Hrsg.), Europäische Methodenlehre (2006), 15–17.

12 Ansatzweise (aus österreichischer Sicht): *Posch*, Judikative Rechtsangleichung – ein Weg zur Europäisierung des Privatrechts?, ZEuP 1998, 521, 520–526; mit Blick auf den Europäischen Gerichtshof vgl. außerdem *Everling*, Rechtsvereinheitlichung durch Richterrecht in der Europäischen Gemeinschaft, RabelsZ 50 (1986), 193.

1. Auslegung

a) *Wortlaut*

Weil der Wortlaut der Norm als Ausgangspunkt der Auslegung dient, können sich Gerichte tendenziell umso leichter an ausländischen Rechtskonzepten orientieren, je weiter der Wortlaut einer innerstaatlichen Norm gefaßt ist. Unbestimmte Rechtsbegriffe und Generalklauseln eignen sich deshalb besonders gut als Einfallstore richterlicher Rechtsangleichung, können allerdings durch inländische Rechtssprechung und Wissenschaft bereits so stark konkretisiert sein, daß der Blick in ausländische Rechte nicht erforderlich scheinen mag.[13] Im Gegensatz zu den *common-law*-Gerichten ist es dem Richter in kodifizierten Rechtssystemen allerdings in diesem Fall nicht von vorneherein untersagt, die hergebrachten Konzepte der inländischen Rechtsprechung nach dem Vorbild ausländischer Rechte zu modifizieren, weil und soweit ihn keine strikte Präjudizienwirkung an Entscheidungen höherrangiger Gerichte bindet.[14] Insofern ist der Spielraum für richterliche Rechtsangleichung in kodifizierten Rechten sogar größer.

b) *Entstehungsgeschichte und Gesetzesmaterialien*

Auch bei konkreterem Gesetzeswortlaut ist richterliche Rechtsangleichung nicht ausgeschlossen, sondern im Rahmen dieses Wortlauts zumindest zulässig, wenn Entstehungsgeschichte und Gesetzesmaterialien Indizien liefern, daß der Blick auf ausländische Rechte dem Willen des Gesetzgebers entspricht. Diese Vermutung liegt beispielsweise nahe, wenn Begründungen zahlreicher neuerer Gesetze im Gesellschafts- und Kapitalmarktrecht auf internationale Entwicklungen oder ausländische Vorbilder verweisen. Solche Anhaltspunkte dürften den Richter sogar zur Berücksichtigung rechtsvergleichender Erkenntnisse verpflichten.[15] Zu überlegen bleibt, ob der Verweis auf das ausländische Recht dynamischer Natur ist. Jedenfalls wenn Gesetzesbegründungen erkennen lassen, daß nicht nur möglichst internationale, sondern auch moderne und zukunftsorientierte Regelungen beabsichtigt waren, braucht der Rechtsanwender nicht veraltetes ausländisches Recht zum Vorbild nehmen, sondern darf selbst solche Entwicklungen des ausländischen Rechts berücksichtigen, die erst nach Erlaß der inländischen Norm einsetzen.

c) *Normkontext*

Die vielleicht höchste Hürde für richterliche Rechtsangleichung durch Richterrecht liegt schließlich in der Gesetzessystematik. Aus der Diskussion um legal transplants ist bekannt, daß ausländische Regelungskonzepte mitunter schlecht zum

---

13 Daß die richterliche Konkretisierung von Fallgruppen eine zulässige und zweckmäßige Form der Rechtssetzung ist, bezweifelt allerdings *Weber*, Einige Gedanken zur Konkretisierung von Generalklauseln durch Fallgruppen, AcP 192 (1992), 516, 535–560; vgl. andererseits: *Beater*, Generalklauseln und Fallgruppen, AcP 194 (1994), 82.

14 Zur Reichweite der Bindungswirkung von Präjudizien im deutschem Recht: *Langenbucher*, Die Entwicklung und Auslegung von Richterrecht (1996), S. 105–147; *Pilny* (Fn. 9), S. 120–139.

15 Dazu exemplarisch unter III.2.c).

innerstaatlichen Normengefüge passen und entweder als *legal irritants* Fremdkörper bleiben oder durch autonome Fortentwicklung paßgenau in dieses Gefüge eingefügt werden.[16] Ob letzteres tatsächlich möglich ist, kann nur die systematische Auslegung des geltenden nationalen Rechts erweisen. Ein logischer Widerspruch zu höherrangigen Normen ist jedenfalls zu vermeiden.[17] Der Grundsatz der Einheitlichkeit der Terminologie legt außerdem nahe, die Auslegung eines bestimmten Gesetzeswortlauts an der Auslegung des gleichen Wortes in einer anderen innerstaatlichen Norm auszurichten. Jedoch wiegt dieses letztere Auslegungsargument nach allgemeiner Ansicht nicht allzu schwer.[18] Eine gewisse „Relativität der Rechtsbegriffe"[19] ist deshalb zulässig und ermöglicht, wie sich noch zeigen wird, mitunter erst die Normauslegung nach dem Vorbild eines ausländischen Rechts.[20]

Teleologische Erwägungen streiten umgekehrt tendenziell eher für die Übernahme zumindest derjenigen ausländischen Regelungsmuster, die sich in vielen Referenzrechtsordnungen finden. Internationale Verbreitung läßt nämlich positive Anreizwirkungen und ökonomische Effizienzvorteile vermuten.[21] Weil Gesetzgeber jedenfalls auf dem Gebiet des Wirtschaftsrechts regelmäßig effiziente Lösungen bezwecken,[22] bietet breite rechtsvergleichende Konsistenz in einer konkreten Frage deshalb ein teleologisches Argument für eine möglichst weitgehende richterrechtliche Angleichung des nationalen Rechts an diesen internationalen Standard.

2. Rechtsfortbildung

Schwieriger hat es Rechtsangleichung durch Richterrecht, die nicht im Wege der Auslegung erreichbar ist. Denn Rechtsfortbildung insbesondere durch Analogieschluß setzt eine regelwidrige Gesetzeslücke voraus, die grundsätzlich durch Blick ausschließlich auf das innerstaatliche Recht zu ermitteln ist.[23] Daß eine Rechts-

---

16 Skeptisch vor allem *Teubner*, Rechtsirritationen: Zur Koevolution von Rechtsnormen und Produktionsregimes, in: Gux/Welz (Hrsg.), Moral und Recht im Diskurs der Moderne (2001), S. 351, 353: „‚Rechtsirritationen' sind nicht einfach domestizierbar, sie verwandeln sich nicht von Fremdem in Vertrautes, sie passen sich nicht dem neuen kulturellen Kontext einfach an, sondern lösen eine prinzipiell nicht beherrschbare evolutionäre Dynamik aus, in der sowohl die Bedeutung der externen Norm als auch der interne Kontext grundlegend verändert wird."

17 *Zippelius*, Juristische Methodenlehre (9. Aufl. 2005), S. 53.

18 *Wank*, Die juristische Begriffsbildung (1985), S. 110–122; *Zippelius* (Fn. 17), S. 11 und 53.

19 Dazu näher *Engisch*, Einführung in das juristische Denken, (10. Aufl. 2005), S. 95 und 211f.

20 Vgl. unter III.2.b)

21 *Fleischer*, Die „Business Judgment Rule" im Spiegel von Rechtsvergleichung und Rechtsökonomie, in: Wank (Hrsg.), Festschrift für Wiedemann (2002), S. 827, 848, spricht deshalb von der Rechtsvergleichung als „Lackmustest für die Überzeugungskraft ökonomischer Theorien".

22 Näher *Eidenmüller*, Effizienz als Rechtsprinzip (3. Aufl. 2005), S. 414–449.

23 *Canaris*, Die Feststellung von Lücken im Gesetz (2. Aufl. 1983), S. 55–128 (Lückenfeststellung grundsätzlich unter Rückgriff auf [innerstaatliches] positives Recht). Etwas anderes mag gelten, wenn ein Rechtssatz europäisch vorgegeben ist, in diesem Sinne *Flessner*, Juristische Methodenlehre und Europäisches Privatrecht, JZ 2002, 14, 16–21.

figur im Ausland existiert, rechtfertigt jedenfalls dann keine Analogie, wenn der Gesetzgeber eine abschließende Regelung traf, ohne die entsprechende Figur vorzusehen. Dem nationalen Gesetzgeber darf auch mit Blick auf ausländische Regelungen nicht vorschnell unterstellt werden, er habe einen bestimmten Regelungsbedarf übersehen, wenn er statt dessen bewußt abweichende Lösungen gesucht haben könnte.[24] Liegt tatsächlich eine Lücke vor, kann auch bei der Frage nach dem vergleichbaren Schutzbedürfnis nicht entscheidend mit ausländischen Schutzniveaus argumentiert werden, sondern dürfen grundsätzlich ausschließlich Vergleichsregelungen des eigenen nationalen Rechts herangezogen werden.[25] Insgesamt besteht auf Ebene der Rechtsfortbildung wenig Raum für richterliche Rechtsangleichung, weil Rechtsfortbildung über die systemkonforme Entwicklung des innerstaatlichen Regelungszusammenhangs nicht hinausgreifen darf, um nicht gegen nationales Recht und Gesetz zu verstoßen.

III. Geschäftsleiterpflichten als Paradebeispiel

Die Voraussetzungen für richterliche Rechtsangleichung sind demnach ideal, wenn eine Regelung konkretisierungsbedürftig ist, der Gesetzgeber international dachte und dem Rechtsgebiet ökonomische Effizienzüberlegungen zu Grunde liegen. Der Pflichtenkanon der Geschäftsleiter erweist sich insofern als Paradebeispiel richterlicher Rechtsangleichung. Die Verhaltensstandards sind ersichtlich in keiner Rechtsordnung konkret vorgegeben, sondern allenfalls in unbestimmten Rechtsbegriffen gesetzlich verankert;[26] ein weit reichendes unternehmerisches Ermessen des Managements wird vor allem ökonomisch begründet.[27] Der Blick auf angloamerikanische *fiduciary duties* und die US-amerikanische *Business Judgment Rule* prägt die aktienrechtliche Reformdiskussion, nicht nur in Deutschland.

1. Interessenwahrungspflicht im japanischen Recht

Hideki Kanda und *Curtis Milhaupt* haben unlängst gezeigt, daß die organschaftliche Interessenwahrungspflicht, die 1950 in Art. 254–3 des japanischen Handelsgesetzbuches auf Druck der damaligen Besatzungsbehörde in Anlehnung an das US-amerikanische Recht eingefügt wurde (heute wortgleich: Art. 355 jGesell-

---

24 Abzulehnen ist eine Lücke bereits, wenn der Gesetzgeber eine Frage bewußt ungeregelt lassen wollte: *Larenz*, Methodenlehre der Rechtswissenschaften (6. Aufl. 1991), S. 371.

25 *Larenz*, (Fn. 24), S. 381; *Zippelius* (Fn. 17), S. 68f. (jeweils implizit).

26 *Hansmann/Kraakman*, The Basic Governance Structure, in: Kraakman u.a. (Fn. 6), S. 33, 52; *Kalss/Eckert*, Generalbericht, in: Kalss (Hrsg.), Vorstandshaftung in 15 europäischen Ländern (2005), S. 25, 36f.

27 Vgl. vor allem: *Easterbrook/Fischel*, The Economic Structure of Corporate Law (1991), S. 90–108; *Fleischer*, FS Wiedemann (2002), S. 829–832; *M. Roth*, Unternehmerisches Ermessen und Haftung des Vorstands (2001), S. 21–23 und 90–93; *Ruffner*, Die ökonomischen Grundlagen eines Rechts der Publikumsgesellschaft (2000), S. 229–233.

schaftsG), erst neuerdings von den japanischen Gerichten nach US-amerikanischem Vorbild mit Leben erfüllt wird.[28] Der oberste japanische Gerichtshof hatte noch 1970 ausdrücklich geurteilt, diese Interessenwahrungspflicht sei keine eigenständige Geschäftsleiterpflicht, sondern lediglich eine gesetzgeberische Klarstellung und Verdeutlichung der Sorgfaltspflicht.[29] Entsprechend fand die Interessenwahrungspflicht vor den Instanzgerichten bis vor kurzem nicht eigenständig, sondern immer nur zusammen mit der Sorgfaltspflicht Anwendung. Im Schrifttum stellte man die Notwendigkeit einer eigenständigen Interessenwahrungspflicht in Frage, weil Wettbewerbshandlungen, Eigengeschäfte und Vergütung als wichtigste Fälle eigeninteressierter Geschäftsleiterhandlungen bereits anderweitig im japanischen Handelsgesetzbuch geregelt sind.[30] Erst im Jahr 1989 fand die Interessenwahrungspflicht in einer Entscheidung des Tokioter Bezirksgerichts eigenständig Anwendung, und zwar in einem Fall, der die eigennützige Wahrnehmung von Geschäftschancen durch die Geschäftsleiter zum Gegenstand hatte und nicht unter die Spezialvorschrift zu Wettbewerbshandlungen subsumiert werden konnte.[31] Seit dieser Grundsatzentscheidung findet die Interessenwahrungspflicht vor japanischen Gerichten immer häufiger eigenständige Anwendung, selbst in Fällen, die sich eigentlich über speziellere Regeln lösen ließen.[32]

Eine entscheidende Überlegung, mit der *Kanda* und *Milhaupt* diese Entwicklung erklären, liegt darin, daß japanische Gerichte zunächst keine Erfahrung mit nachträglichen Überprüfungsregeln („standards") hatten, die eine flexible ex-post-Kontrolle des Einzelfalls ermöglichen, und deshalb ausschließlich präventive Verbotsregeln („rules") wie das speziellere Wettbewerbsverbot in Anwendung brachten.[33] Erst die Rückgriffsmöglichkeit auf Präzedenzfälle verhalf insofern der Interessenwahrungspflicht im japanischen Recht zum Durchbruch. Es ist sicher kein Zufall, daß diese Entwicklung eng mit der Geschäftschancenlehre verbunden ist, bei der sich allzu schematische Präventivregeln als ungeeignet erweisen und für die die US-amerikanische Rechtsprechung besonders reiches Anschauungsmaterial liefert, auf das man auch in Deutschland intensiv zurückgreift.[34]

---

28 *Kanda/Milhaupt*, Re-examining Legal Transplants: The Director's Fiduciary Duty in Japanese Corporate Law, 51 Am. J. Comp. L. 887 (2003).

29 24 Minshu 625 (Urteil vom 24. 6. 1970, sog. Yahata Seitetsu Fall), zit. nach *Kanda/Milhaupt*, 51 Am. J. Comp. L. 887, 894 (2003) (dort Fn. 25).

30 Zusammenfassung der japanischen Diskussion bei *Kanda/Milhaupt*, 51 Am. J. Comp. L. 887, 893–896 (2003). Siehe nunmehr auch Art. 356 und 361 des neuen Gesellschaftsgesetzes.

31 835 Kinyu shoji hanrei 23 (Urteil vom 26. 10. 1989), zit. nach *Kanda/Milhaupt*, 51 Am. J. Comp. L. 887, 895 (2003) (dort Fn. 29).

32 Für einzelne Nachweise vgl. *Kanda/Milhaupt*, 51 Am. J. Comp. L. 887, 896 (2003) (dort Fn. 30–33).

33 *Kanda/Milhaupt*, 51 Am. J. Comp. L. 887, 897 f. (2003); allgemein zu dieser Unterscheidung: *Kaplow*, Rules Versus Standards: An Economic Analysis, 42 Duke L.J. 557 (1992).

34 Monographisch: *Weisser*, Corporate Opportunities (1991); *Polley*, Wettbewerbsverbot und Geschäftschancenlehre (1993); neuerdings etwa: *Fleischer*, Gelöste und ungelöste Probleme der gesellschaftsrechtlichen Geschäftschancenlehre, NZG 2003, 985.

Die japanische Rechtsentwicklung bestätigt die methodischen Überlegungen des vorangegangenen Abschnitts, weil sich die unbestimmte nachträgliche Überprüfungsregel des Art. 254–3 des japanischen Handelsgesetzbuches (heute: Art. 355 jGesellschaftsG) als in hohem Maße konkretisierungsbedürftig erweist, ohne daß das japanische Recht selbst zunächst Anhaltspunkte für eine solche Konkretisierung liefern konnte. Weitere Argumente für die Orientierung am US-amerikanischen Recht liefern die Entstehungsgeschichte der Regelung, die der Gesetzgeber nach diesem Vorbild einfügte, und der Normzweck, der gerade in jenen Fällen Gewähr vor eigennützigem Geschäftsleiterhandeln bieten sollte, die nicht von spezielleren Verbotsregeln erfaßt sind.

2. Unternehmerische Vernunft im deutschen Recht

In Deutschland ist ein ähnlicher Import zu beobachten, ebenfalls im Zusammenhang mit den Geschäftsleiterpflichten. Die Rede ist von der Rechtsfigur des unternehmerischen Ermessenspielraums, die Vorständen von Aktiengesellschaften Gewähr bieten soll, daß nicht jede Fehlentscheidung von den Gerichten überprüft und als pflichtwidrig verworfen werden kann.[35] Einen solchen Haftungsfreiraum hatte der BGH bereits 1997 im sog. ARAG-Urteil in Anlehnung an das US-amerikanische Vorbild anerkannt.[36] Der Gesetzgeber inkorporierte die *Business Judgment Rule* mit Wirkung zum 1. 11. 2005 in § 93 Abs. 1 S. 2 des deutschen Aktiengesetzes, und zwar mit folgendem Wortlaut: „Eine Pflichtverletzung liegt nicht vor, wenn das Vorstandsmitglied bei einer unternehmerischen Entscheidung vernünftigerweise annehmen durfte, auf der Grundlage angemessener Information zum Wohle der Gesellschaft zu handeln".[37] Bei der Auslegung und Konkretisierung dieser gesetzlichen Regelung wird der deutsche Rechtsanwender künftig ebenfalls vor der Frage stehen, in welchem Umfang auf US-amerikanische Präjudizien rekurriert werden kann oder vielleicht sogar muß.

Der Begriff „vernünftigerweise" wird bei der Gesetzesauslegung eine entscheidende Rolle spielen. Denn der im deutschen Recht bisher wenig gewohnte Maßstab der Vernunft fixiert den Umfang des Ermessensspielraums und entscheidet deshalb

---

35 Ausführlich zum unternehmerischen Ermessen vor allem: *M. Roth* (Fn. 27), bes. S. 8–148; *Paefgen*, Unternehmerische Entscheidungen und Rechtsbindung der Organe in der AG (2002), bes. S. 35–256; *Oltmanns*, Geschäftsleiterhaftung und unternehmerisches Ermessen (2001), S. 19–109 und zuletzt *Lohse*, Unternehmerisches Ermessen (2005).

36 BGHZ 135, 244.

37 Zur Neuregelung etwa: *Schäfer*, Die Binnenhaftung von Vorstand und Aufsichtsrat nach der Renovierung durch das UMAG, ZIP 2005, 1253. Für einen Überblick zur aktuellen Reform des Aktiengesetzes vgl. *Seibert*, Das Gesetz zur Unternehmensintegrität und Modernisierung des Anfechtungsrechts (UMAG) kommt zum 1. 11. 2005, DB 2005, 1457; zum Regierungsentwurf: *Holzborn/Bunnemann*, Änderungen im AktG durch den Regierungsentwurf für das UMAG, BKR 2005, 51; *Schütz*, UMAG Reloaded, NZG 2005, 5; zum Referentenentwurf etwa: *Meilicke/Heidel*, „Modernisierung" des Aktienrechts durch Beschränkung des Eigentumsschutzes der Aktionäre, DB 2004, 1479; *Seibert/Schütz*, Der Referentenentwurf eines Gesetzes zur Unternehmensintegrität und Modernisierung des Anfechtungsrechts – UMAG, ZIP 2004, 252.

letztlich über die Funktionsfähigkeit der Regelung. Insofern lautet die Schlüsselfrage, ob die deutschen Gerichte bei der Konkretisierung dieses Vernunft-Maßstabes Anleihen bei der US-amerikanischen Rechtssprechung nehmen dürfen oder sogar müssen. Diese Frage läßt sich nur unter Rückgriff auf die oben ausgeführten methodischen Überlegungen beantworten.

a) *Konkretisierungsbedarf*

Der Begriff der Vernunft, den der Gesetzgeber als Verhaltensmaßstab erstmals an zentraler Stelle in das Aktienrecht einführt, liefert geradezu ein Paradebeispiel für hohen Konkretisierungsbedarf. Umgangssprachlich und auch philosophiegeschichtlich hat Vernunft mehrere, sich teils überlagernde Bedeutungen; selbst im Sinne eines ethisch vernünftigen Handelns beschränkt sich der Begriffsinhalt im wesentlichen auf die Aussage, daß zur Beurteilung ein höherrangiger Beurteilungsmaßstab erforderlich ist, etwa das aristotelische „rechte Maß“ oder der Kant'sche kategorische Imperativ.[38] Rechtlich ist der Begriff der Vernunft zumindest als unbestimmter Rechtsbegriff, wohl aber sogar als Generalklausel zu qualifizieren, die sich nämlich selbst im Begriffskern durch ein hohes Maß an Präzisierungsbedürftigkeit auszeichnet und durch die der Gesetzgeber lediglich eine grobe Richtlinie vorgibt, ohne für den konkreten Einzelfall eine trennscharfe Anwendung vorzugeben.[39] Hinzu kommt, daß eine richterliche Präzisierung dieses unternehmerischen Vernunftbegriffs fast völlig fehlt, im Gegensatz zu anderen Verhaltensmaßstäben wie grober Fahrlässigkeit, Lauterkeit oder Treuwidrigkeit, für die die Rechtsprechung seit langem facettenreiche Anhaltspunkte für eine vielgliedrige Fallgruppenbildung liefert.[40] Der Maßstab vernünftigen Handelns findet sich nämlich bisher überhaupt nur an einer einzigen, etwas versteckten Stelle im Aktienrecht (§ 131 Abs. 3 Nr. 1 AktG), außerdem vor allem im Bilanzrecht. Selbst die dortigen, eher spärlichen Auslegungsergebnisse können, wie sich gleich zeigen wird, für die Auslegung des § 93 Abs. 1 S. 2 AktG kaum fruchtbar gemacht werden. Der Begriff der unternehmerischen Vernunft, den der aktienrechtliche Reformgesetzgeber vielleicht etwas unbedacht in die Regelung zum unternehmerischen Ermessen eingefügt hat, ist deshalb ein weitgehend unbeschriebenes Blatt und erfordert insofern Anhaltspunkte für eine Präzisierung durch die Rechtsprechung.

b) *Relativität des Vernunftbegriffs*

Bevor geprüft werden kann, ob sich ausländisches Erfahrungsmaterial für die Begriffspräzisierung als Vorbild eignet, sind die systematischen Grenzen einer solchen richterrechtlichen Rechtsangleichung auszuloten, die sich aus der Verwendung des Vernunftbegriffs in anderem Zusammenhang ergeben könnten.

---

38 *Aristoteles*, Nikomachische Ethik (um 300 v.Chr., dt. Übersetzung, 7. Aufl. 1979), S. 35–43; *Kant*, Kritik der praktischen Vernunft (1788, Nachdruck 1984), S. 54–58.

39 Zur Abgrenzung und m.w.N.: *Weber*, AcP 192 (1992), 516, 522–525.

40 Neuerdings zur Bedeutung der Fallgruppenbildung für die Konkretisierung von Generalklauseln: *Ohly*, Generalklausel und Richterrecht, AcP 201 (2001), 1 (9–39); *Kamababrou*, Die Interpretation zivilrechtlicher Generalklauseln, AcP 202 (2002), 662 (673–675); zur rechtstheoretischen Kritik vgl. bereits Nachweise Fn. 13.

aa) „Vernunft" im Wirtschaftsrecht

Der Maßstab „vernünftiger" Beurteilung wirtschaftlicher Sachverhalte findet sich lediglich im Recht der Rechnungslegung an zentraler Stelle. Zahlreiche Rechnungslegungsvorschriften betonen das Erfordernis einer „vernünftigen kaufmännischen Beurteilung" und verweisen damit auf kaufmännische Handelsbräuche.[41] Auch soweit sich der Begriff ansonsten im Wirtschaftsrecht findet, übernimmt er die Funktion einer Verweisungsnorm auf kaufmännische Gepflogenheiten und Usancen oder allgemeiner auf Marktpraktiken.[42] Die einschlägigen Regelungen zählen allerdings nicht unbedingt zu den Kerngebieten des Wirtschaftsrechts. So wird im Seehandelsrecht in den Bergungsvorschriften auf den Verhaltensmaßstab der Vernunft rekurriert, während sich der Begriff im Kauf- und Produkthaftungsrecht nur ganz vereinzelt und lediglich auf supranationaler Ebene findet.[43] Ein prominentes Beispiel liefert hingegen neuerdings das Kapitalmarktrecht, das zulässige Marktpraktiken in § 20a Abs. 2 WpHG als „Gepflogenheiten, die auf dem jeweiligen Markt nach vernünftigem Ermessen erwartet werden können" definiert.[44]

bb) „Vernunft" im Aktienrecht

Im Aktiengesetz findet sich der Begriff der Vernunft außerhalb der Rechnungslegungsregeln bislang nur ein einziges Mal, und zwar als Maßstab der Zulässigkeit einer Auskunftsverweigerung in § 131 Abs. 3 Nr. 1 AktG. Nach dieser Regelung darf der Vorstand die Beantwortung des Auskunftsverlangens von Aktionären auf der Hauptversammlung verweigern, „soweit die Erteilung der Auskunft nach vernünftiger kaufmännischer Beurteilung geeignet ist, der Gesellschaft oder einem verbundenen Unternehmen einen nicht unerheblichen Nachteil zuzufügen". Die Norm schützt letztlich legitime Geheimhaltungsinteressen der AG, ermöglicht sie doch dem Vorstand, Informationen, deren Verbreitung das Gesellschaftsinteresse erheblich beeinträchtigen könnte, nicht auf der Hauptversammlung preiszugeben.[45]

---

41 Vgl. §§ 253 Abs. 3 und 4, 286 Abs. 3 Nr. 2, 313 Abs. 3 HGB, § 26 Abs. 2 BBankG, § 14 Abs. 1 Nr. 4 KStG 1977, auch § 254 Abs. 1 AktG; ausführlich: *Raab*, Die ‚vernünftige kaufmännische Beurteilung' als Bewertungstechnologie bei der Erstellung handelsrechtlicher Jahresabschlüsse (1991).

42 Allgemein zur Funktion von Generalklauseln als Verweisungsnormen vgl., mit zahlreichen weiteren Beispielen, *Ohly*, AcP 201 (2001), 1, 11–15.

43 Für das Seehandelsrecht vgl. §§ 740 Abs. 1 und 2, 745 Abs. 1, 748 Abs. 2 HGB; für das Kaufrecht Art. 72 Abs. 2 CISG; für das Produkthaftungsrecht: Begründungserwägung 6 Produkthaftungsrichtlinie (Richtlinie 85/374/EWG des Rates vom 25. Juli 1985 zur Angleichung der Rechts- und Verwaltungsvorschriften der Mitgliedstaaten über die Haftung für fehlerhafte Produkte, ABl. 1985 L 210/29).

44 Zur Neuregelung: *Bisson/Kunz*, Die Kurs- und Marktpreismanipulation nach In-Kraft-Treten des Gesetzes zur Verbesserung des Anlegerschutzes vom 28. 10. 2004 und der Verordnung zur Konkretisierung des Verbots der Marktmanipulation vom 1. 3. 2005, BKR 2005, 186; *Kutzner*, Das Verbot der Kurs- und Marktpreismanipulation nach § 20a WpHG, WM 2005, 1401. Zulässige Marktpraktiken werden durch aufsichtliche Anerkennung konkretisiert, vgl. die Ausführungsregelung in § 7 der Verordnung zur Konkretisierung des Verbotes der Marktmanipulation (Marktmanipulations-Konkretisierungsverordnung – MaKonV).

45 Näher: *Hefermehl*, Umfang und Grenzen des Auskunftsrecht des Aktionärs in der Hauptversammlung, in: Pawlowski/Wiese/Wüst (Hrsg.), Festschrift für Duden (1977), S. 110, 114–116; *Meilike/Heidel*, Das Auskunftsrecht des Aktionärs in der Hauptversammlung, DStR 1992, 113, 115f.

Die Rechtssprechung zu § 131 Abs. 3 Nr. 1 AktG ist für die Auslegung des Vernunftbegriffes in § 93 Abs. 1 S. 2 AktG vor allem im Hinblick auf die Intensität der gerichtlichen Inhaltskontrolle von Interesse. Denn die Funktion der *Business Judgment Rule* besteht vor allem in der partiellen Einschränkung der Justiziabilität der Verhaltensanforderungen an Geschäftsleiter, die sich aus Sorgfalts- und Interessenwahrungspflichten ergeben: Nicht jede unternehmerische Entscheidung, die sich im Nachhinein als nachteilig herausstellt, soll sanktioniert werden, weil ansonsten nicht die Anteilseigner, sondern der Vorstand das unternehmerische Risiko zu tragen hätte und deshalb ineffiziente Anreizstrukturen entstünden.[46] Auch soll die Gewichtung der einzelnen Interessen, die im Unternehmensinteresse aufgehen, dem Vorstand überlassen bleiben, der gem. § 76 Abs. 1 AktG das Unternehmen „in eigener Verantwortung" zu leiten hat.[47]

In der Tat stellt sich im Rahmen des § 131 Abs. 3 Nr. 1 AktG ebenfalls die Frage, ob eine Interessenabwägung des Vorstands, hier zwischen Informationsinteresse der Aktionäre und Geheimhaltungsinteresse der Gesellschaft, gerichtlich überprüft werden kann. Allerdings entspricht es im Rahmen dieser Norm der heute einhelligen Meinung, daß der Maßstab der vernünftigen kaufmännischen Beurteilung objektiv zu verstehen ist und voller richterlicher Nachprüfung zugänglich ist.[48] Die Gesellschaft hat die Plausibilität der getroffenen Entscheidung darzulegen und darf sich dabei nicht auf Allgemeinplätze beschränken; ordnungsgemäßes Geschäftsleiterhandeln wird insoweit also nicht vermutet.[49] Fraglich ist indessen, ob dieser Vernunftmaßstab des § 131 Abs. 3 Nr. 1 AktG auf die neue Regelung des § 93 Abs. 1 S. 2 AktG übertragen werden kann. Unternehmerische Entscheidungen unterlägen bei einheitlicher Auslegung des aktienrechtlichen Vernunftmaßstabes ganz allgemein einer gerichtlichen Plausibilitätskontrolle. Gleichzeitig wäre eine Auslegung am Vorbild der US-amerikanischen *Business Judgment Rule*, die Unternehmensleitern einen gerichtlich nicht überprüfbaren Entscheidungsspielraum gewährt, *a limine* ausgeschlossen.

cc) Argumente für eine eigenständige Auslegung

Daß die einheitliche Wortwahl des Gesetzgebers systematisch grundsätzlich für ein einheitliches Begriffsverständnis streitet, wurde bereits dargelegt. Gleichzeitig wurde allerdings erwähnt, daß umgekehrt eine gewisse Relativität des einheitlichen Rechtsbegriffs zulässig sein kann, wenn stärkere Argumente für eine je-

46 *Fleischer*, FS Wiedemann, S. 829f.; *M. Roth* (Fn. 27), S. 21–23.

47 *M. Roth* (Fn. 27), S. 23–29.

48 Übereinstimmend OLG Düsseldorf WM 1991, 2148, 2152; OLG Karlsruhe AG 1990, 82, 82f.; Münchener Kommentar-*Kubis*, AktG (2. Aufl. 2004), § 131, Rn. 94; *Hüffer*, Aktiengesetz (7. Aufl. 2006), § 131, Rdn. 25; *Hefermehl*, FS Duden, 110, 114; *Meilicke/Heidel*, DStR 1992, 113, 116; vgl. auch schon BGHZ 36, 121, 132 zu § 112 AktG 1937.

49 OLG Düsseldorf WM 1991, 2148, 2152; LG Koblenz AG 2001, 205, 206; *Hüffer*, Aktiengesetz (Fn. 48), § 131, Rdn. 25; *Meilicke/Heidel*, DStR 1992, 113, 116; im Grundsatz auch: Münchener Kommentar-*Kubis*, AktG (Fn. 48), § 131, Rn. 102; a.A. LG Heilbronn, NJW 1967, 1715, 1717.

weils eigenständige Auslegung streiten.[50] Eine solch' eigenständige Auslegung des Vernunftbegriffs in § 93 Abs. 1 S. 2 AktG erscheint aus verschiedenen Gründen vorzugswürdig.

Einerseits entspricht die Begriffsverwendung nicht den Regelungen, die auf handelsrechtliche Usancen und Marktpraktiken verweisen. Zwar können betriebswirtschaftliche Grundsätze guter Unternehmensführung ebenfalls normative Anhaltspunkte für ein Wohlverhalten bei der unternehmerischen Entscheidungsfindung liefern.[51] Jedoch unterscheidet sich § 93 Abs. 1 S. 2 AktG in funktionaler Hinsicht grundlegend von den genannten wirtschaftsrechtlichen Normen, weil die aktienrechtliche Regel selbst keine neue Verhaltensregel statuiert, sondern auf dem geltenden Pflichtenkanon für Vorstandsmitglieder (Sorgfalts- und Interessenwahrungspflicht) basiert und statt dessen die Intensität der richterlichen Überprüfung regelt und fixiert. Ein Verweis auf betriebswirtschaftliche Wohlverhaltensregeln hilft insoweit nicht weiter und wäre sogar zirkulär.

Andererseits betrifft der Vernunftbegriff in § 131 Abs. 3 Nr. 1 AktG zwar ebenso wie § 93 Abs. 1 S. 2 AktG den richterlichen Überprüfungsmaßstab, erweist sich aber für die Auslegung dieser Norm ebenfalls als untaugliches und sogar irreführendes Vorbild. Gegen eine Übertragung sprechen vor allem teleologische Überlegungen, weil eine volle richterliche Plausibilitätskontrolle dem Regelungszweck eines unternehmerischen Ermessensspielraums widerspräche.[52] Die Neuregelung würde überflüssig oder sogar in ihr Gegenteil verkehrt. Als der Reformgesetzgeber die Formulierung im bereits fortgeschrittenen Stadium des Gesetzgebungsverfahrens einfügte,[53] hat er die grammatikalische Parallele zu § 131 Abs. 3 Nr. 1 AktG offenbar übersehen oder zumindest nicht ausreichend bedacht. Eine gespaltene Auslegung des aktienrechtlichen Vernunftbegriffs rechtfertigt sich überdies aus funktionalen Erwägungen. Denn während § 93 Abs. 1 S. 2 AktG unternehmerische Entscheidungen betrifft, geht es in § 131 Abs. 3 Nr. 1 AktG – ähnlich wie in den Rechnungslegungsvorschriften – um die nachträgliche Rechenschaftserteilung der Geschäftsleiter gegenüber Anteilseignern. Gerade auf den Eigenheiten des planend-zukunftsgerichteten Eingehens unternehmerischer Risiken unter Unsicherheit fußt aber die Begründung des unternehmerischen Ermessensspielraums. In diesem Punkt liegt der diametrale Unterschied zwischen unternehmerischen Entscheidungen und der Abwägung, ob und auf welche Weise Rechenschaft über solche Entscheidungen in der Vergangenheit erteilt wird. Anders als im Zusammenhang mit nachträglicher Berichterstattung und Informationserteilung ist deshalb im Rahmen von § 93 Abs. 1

---

50 Dazu bereits unter II.1.c).

51 Vgl. etwa *von Werder* (Hrsg.), Grundsätze ordnungsmäßiger Unternehmensführung – Zusammenhang, Grundlagen und Systemstruktur von Führungsgrundsätzen für die Unternehmensleitung (GoU), Überwachung (GoÜ) und Abschlussprüfung (GoA), Zeitschrift für betriebswirtschaftliche Forschung, Sonderheft 36/1996; *Theisen/von Werder*, Grundsätze ordnungsmäßiger Unternehmensführung, in: Schreyögg/von Werder (Hrsg.), Handwörterbuch Unternehmensführung und Organisation (4. Aufl. 2004), Sp. 369–379.

52 Vgl. Nachweise Fn. 46 f.

53 Zur Entstehungsgeschichte sogleich noch bei Fn. 61.

S. 2 AktG eine volle gerichtliche Plausibilitätskontrolle unternehmerischer Entscheidungen nicht angezeigt. Der dort verwendete Begriff der (sozusagen unternehmerischen) Vernunft bedarf also einer eigenständigen Auslegung.

c) *Orientierungspunkte für die Konkretisierung*

aa) *Unverantwortlichkeit*

Als Orientierungspunkte für die Konkretisierung des Maßstabes unternehmerischer Vernunft werden bisher vor allem Parallelen im deutschen Recht vorgeschlagen. Nahe läge die Anleihe beim Maßstab des verantwortungsbewußten unternehmerischen Handelns, den der BGH in der ARAG-Entscheidung formulierte.[54] Diese Meßlatte würde den Eigenheiten der unternehmerischen Entscheidung (Übernahme von Risiken und Interessenabwägung)[55] gerecht, weil sie begrifflich auf die Verantwortung der Unternehmensleiter als zentrale Anforderung des § 76 Abs. 1 AktG Bezug nimmt. Überdies erwähnt der Gesetzgeber in den Motiven ausdrücklich die Parallele zur höchstrichterlichen Rechtsprechung, ohne allerdings die Formulierung des Bundesgerichtshofes in den Gesetzestext zu übernehmen.[56] Ob die Motive gleichwohl den Ausschlag zu geben vermögen, kann dahingestellt bleiben. Es ist nämlich müßig, über Parallelen oder Unterschiede zwischen den Maßstäben „vernünftigen" bzw. „verantwortlichen" unternehmerischen Handelns nachzudenken, weil die Rechtsprechung bisher nicht ausreichend Gelegenheit hatte, die Meßlatte des ARAG-Urteils näher zu konkretisieren.[57] Der Maßstab verantwortungsbewußten unternehmerischen Handelns erweist sich deshalb von vorneherein als unergiebig.

bb) *Fahrlässigkeitsmaßstab*

In der Diskussion sind statt dessen Anleihen beim Fahrlässigkeitsmaßstab.[58] Allerdings ist der Erkenntnisgewinn auch insoweit eingeschränkt, weil die herkömmlichen Fallgruppen im Rahmen des § 276 Abs. 1 BGB den Eigenheiten unternehmerischer Entscheidungen nicht gerecht werden. Am Maßstab der Fahrlässigkeit werden zumeist Ausführungshandlungen gemessen; soweit Entscheidungen auf dem Prüfstand stehen, unterliegen die betreffenden Entscheidungsträger regelmäßig sehr konkreten Zielvorgaben.[59] Unternehmerische Entscheidungen sind demgegenüber durch ein breites Entscheidungsfeld mit in der Regel mehreren Hand-

---

54 BGHZ 135, 244, 253.

55 Zu diesen Eigenheiten sogleich noch bei Fn. 60.

56 Begründung des Regierungsentwurfs für ein Gesetz zur Unternehmensintegrität und Modernisierung des Anfechtungsrechts (UMAG), Bundestags-Drucksache 15/5092, S. 22.

57 Einzelne Urteile nehmen auf die ARAG-Entscheidung Bezug, ohne allerdings den fraglichen Maßstab zu konkretisieren: Vgl. vor allem BGH NJW 2003, 358 (vor allem zu Beweisfragen); BGH NJW-RR 1998, 1409 (zur Substantiierungspflicht); BGH NJW 2002, 1585 (strafrechtliche Wertung im Rahmen von § 266 StGB); LG Düsseldorf, NJW 2004, 3275 (zu § 266 StGB).

58 *Schäfer*, ZIP 2005, 1253, 1258; *Schütz*, NZG 2005, 5, 6; differenzierend: *Holzborn/Bunnemann*, BKR 2005, 51, 51f.

59 Vgl. *Gevurtz*, Corporation Law (2000), S. 281f. (Parallelen zur Arzt- oder Anwaltshaftung).

lungsmöglichkeiten gekennzeichnet und vor allem durch die Abwägung bzw. Gewichtung verschiedener Einzelinteressen geprägt.[60] Die Entstehungsgeschichte weckt überdies grundsätzliche Zweifel an der Übertragbarkeit des Fahrlässigkeitsmaßstabes, weil der Gesetzgeber den Begriff der (groben) Fahrlässigkeit, der noch im Referentenentwurf Verwendung fand, ganz bewußt durch die Formulierung „vernünftigerweise" ersetzt hat. Nachweislich der Gesetzesmaterialien sollte eine Vermengung von Pflichten- und Sorgfaltsmaßstab vermieden werden.[61] Zumindest entsprechend, nämlich auf Ebene der Pflichtverletzung, dürften sich Konkretisierungen des Fahrlässigkeitsmaßstabes, soweit vorhanden, gleichwohl übertragen lassen. Nicht zuletzt wirft ein solches Vorgehen allerdings die Schwierigkeit auf, daß bisher keine Einigkeit erzielt werden konnte, ob einfache oder qualifizierte Fahrlässigkeit als Vergleichsmaßstab dienen soll.[62] Weil die Motive pauschal gegen die Anwendung des Fahrlässigkeitsmaßstabes Position beziehen, wird man diese Unklarheit im Wege der Auslegung nicht abschließend klären können. Hilfestellung bietet insoweit aber ein Blick in das US-amerikanische Recht, das sich darüber hinaus als reichhaltige Quelle für eine Konkretisierung des Vernunftbegriffs erweisen kann.

cc) US-amerikanische Rechtsprechung

Die US-amerikanische Rechtsprechung bietet umfangreiches Entscheidungsmaterial als Anhaltspunkt für die künftige Auslegung des § 93 Abs. 1 S. 2 AktG: Das Standardkompendium zur *Business Judgment Rule*, das die ergangenen Urteile jeweils knapp komprimiert, umfaßt (einschließlich der Aktualisierung) über 3500 Seiten.[63] Die Parallelen liegen auf der Hand, weil jeweils unternehmerische Entscheidungen auf dem Prüfstand stehen und sich der Überprüfungsmaßstab sogar terminologisch weitgehend entspricht. Denn der *Revised Business Corporation Act* von 1998 – das Modellgesetz, das in vielen US-amerikanischen Einzelstaaten als kodifikatorisches Vorbild dient – entspricht in der Formulierung seines § 8.31 der Wortwahl der deutschen Vorschrift (*„reasonably"*).[64] Bemerkenswert ist demgegenüber, daß die praktisch zeitgleich entstandenen, weit verbreiteten und von den

---

60 *Fleischer*, FS Wiedemann (2002), S. 830f.

61 Begründung des Regierungsentwurfs für ein Gesetz zur Unternehmensintegrität und Modernisierung des Anfechtungsrechts (UMAG), Bundestags-Drucksache 15/5092, S. 22; im gleichen Sinne zuvor schon: *Fleischer*, Die „Business Judgment Rule": Vom Richterrecht zur Kodifizierung, ZIP 2004, 685, 689; *Ihrig*, Reformbedarf beim Haftungstatbestand des § 93 AktG, WM 2004, 2098, 2106; *M. Roth*, Das unternehmerische Ermessen des Vorstands – Neuerungen durch den Referentenentwurf eines Gesetzes zur Unternehmensintegrität und zur Modernisierung des Anfechtungsrechts (UMAG)?, DB 2004, 1066, 1068.

62 Für eine Heranziehung des Maßstabs grober Fahrlässigkeit: *Schütz*, NZG 2005, 5, 6; *Holzborn/Bunnemann*, BKR 2005, 51, 51f. (zumindest im Grundsatz); strenger: *Schäfer*, ZIP 2005, 1253, 1258 (Gleichsetzung mit „ohne Fahrlässigkeit"); ebenso im Vorfeld: *Ulmer*, Haftungsfreistellung bis zur Grenze grober Fahrlässigkeit bei unternehmerischen Fehlentscheidungen von Vorstand und Aufsichtsrat? – Kritische Bemerkungen zur geplanten Kodifizierung der business judgment rule im UMAG-Entwurf (§ 93 Abs. 1 Satz 2 AktG), DB 2004, 859, 862; *Ihrig*, WM 2004, 2098, 2106.

63 *Block/Barton/Radin*, The Business Judgment Rule – Fiduciary Duties of Corporate Directors, (5. Aufl. 1998, Ergänzungsband 2002).

64 Näher *Block/Barton/Radin* (Fn. 63), S. 101–104.

US-amerikanischen Gerichten ebenfalls häufig herangezogenen *American Principles of Corporate Governance* des renommierten *American Law Institute* genauer differenzieren: Soweit es um das Verfahren der Entscheidungsfindung geht, lautet der Maßstab in § 4.01 (c) der Principles wiederum *„reasonably"*; soweit der Inhalt der Geschäftsleiterentscheidung in Frage steht, ist hingegen von *„rationally"* die Rede.[65] Die Kommentierung zu der Vorschrift zeigt, daß die Unterscheidung durchaus beabsichtigt ist, weil für Verfahrensfragen, insbesondere in Sachen Informationsbeschaffung, ein strengerer Maßstab gelten soll als für die inhaltliche Überprüfung der eigentlichen Sachentscheidung der Geschäftsleiter.[66] Teils wird im US-amerikanischen Schrifttum in diesem Zusammenhang denn auch die Parallele zur Unterscheidung grober und einfacher Fahrlässigkeit gezogen.[67] Der einheitliche Vernunftmaßstab in § 93 Abs. 1 S. 2 AktG dürfte einer vergleichbaren Differenzierung nicht entgegenstehen, zumal auch die US-amerikanischen Gerichte meist entsprechend unterscheiden, ohne immer den feinsinnigen Formulierungsunterschied zu übernehmen.[68] Die Differenzierung hätte sich im deutschen Gesetzeswortlaut terminologisch ohnehin nur schwer zum Ausdruck bringen lassen, liefert aber sachgerechte Ergebnisse, weil sie Geschäftsleiter dazu anhält, Entscheidungen sorgfältig vorzubereiten, ohne sie allzu engen inhaltlichen Grenzen zu unterwerfen.

Die Zulässigkeit des Rückgriffs auf den reichhaltigen rechtsvergleichenden Erfahrungsschatz ergibt sich aus der Weite des Begriffs „vernünftigerweise", der nach dem Gesagten auch aus systematischer Warte grundsätzlich keiner Eingrenzung bedarf. Entstehungsgeschichte und Gesetzesmaterialien stützen darüber hinaus grundsätzlich sogar eine Verpflichtung der Gerichte, die Vorschrift in diesem Sinne auszulegen. Denn der Ersetzung des Fahrlässigkeitsmaßstabes durch den Ausdruck „vernünftigerweise" liegt ein Vorschlag von *Fleischer* zu Grunde, der seinerseits ausdrücklich der Formulierung des US-amerikanischen Rechts entlehnt ist.[69] Die angesprochenen terminologischen Differenzierungen ließ *Fleischer* übrigens unerwähnt. Der Gesetzgeber hat seinen Vorschlag jedenfalls in den Regierungsentwurf übernommen und betont in den Gesetzesmotiven sogar dezidiert, daß § 93 Abs. 1 S. 2 AktG „Vorbildern der *Business Judgment Rule* aus dem angelsächsischen Rechtskreis" entspricht.[70] Der unbestimmte Begriff „vernünftigerweise" dient insofern als Verweisung, und zwar nicht auf inländische Vorschriften oder Usancen, sondern auf die US-amerikanische Entscheidungspraxis. Die Gerichte haben deshalb fortan bei Entscheidungen über die aktienrechtliche Organhaftung rechtvergleichende Überlegungen an den Ausgangspunkt zu stellen. Umfangreiche rechtsver-

65 Dazu etwa *Gevurtz* (Fn. 59), S. 287.

66 *American Law Institute*, Principles of Corporate Governance: Analysis and Recommendations (1994), zu § 4.01 (c), S. 141f.

67 *Gevurtz* (Fn. 59), S. 287; andeutungsweise auch *American Law Institute*, Principles of Corporate Governance: Analysis and Recommendations (1994), zu § 4.01 (c), S. 179–181.

68 Vgl. einerseits Litwin v. Allen, 25 N.Y.S. 2d 667 (Sup. Ct. 1940); Rabkin v. Philip A. Hunt Chemical Corp., 547 A.2d 963 (Del. Ch. 1986); andererseits Smith v. van Gorkom, 488 A.2d 858 (Del. 1985).

69 *Fleischer*, ZIP 2004, 685, 689.

70 Begründung des Regierungsentwurfs für ein Gesetz zur Unternehmensintegrität und Modernisierung des Anfechtungsrechts (UMAG), Bundestags-Drucksache 15/5092, S. 22

gleichende Untersuchungen, die inzwischen in deutscher Sprache verfügbar sind, mögen dabei als Hilfsmittel dienen.[71] (Nur) wenn im Einzelfall systematische Überlegungen des deutschen Rechts gegen eine „Rechtsangleichung durch Richterrecht" sprechen, sind abweichende Entscheidungen gerechtfertigt. Entstehungsgeschichte und Gesetzesmaterialien, die für die Orientierung am ausländischen Recht sprechen, verlieren nämlich, wie auch ansonsten, an Bedeutung, wenn gewichtige anderweitige Auslegungserwägungen entgegenstehen.[72]

IV. Zusammenfassung

Rechtsangleichung kann nicht nur durch Gesetzgeber, sondern auch durch Gerichte erfolgen. Auf Grund der Bindung an Recht und Gesetz ergeben sich zwar aus Wortlaut und Systematik kodifizierter Rechte Grenzen für richterliche Rechtsangleichung. Umgekehrt sprechen allerdings teleologische Gründe (Suche nach effizienten Lösungen) zuweilen für eine solche Rechtsangleichung, die in Gesetzesmaterialien und Entstehungsgeschichte häufig ihre Stütze findet. Während rechtsvergleichende Erwägungen deshalb eine große Rolle bei der Auslegung von unbestimmten Rechtsbegriffen und Generalklauseln spielen können, gelten für die richterliche Rechtsfortbildung engere Grenzen, weil Lückenfeststellung und -ausfüllung grundsätzlich auf die Vorgaben des positiven innerstaatlichen Rechts zu stützen sind.

Ein Paradebeispiel für die Möglichkeit richterlicher Rechtsangleichung sind Geschäftsleiterpflichten, die von den nationalen Gesetzgebern häufig nur unbestimmt und in Anlehnung an das US-amerikanische Recht umrissen werden und deren Konturen letztlich auf ökonomischen Effizienzerwägungen fußen. Das Phänomen läßt sich an der Interessenwahrungspflicht im japanischen Recht illustrieren und für die neue Regelung des § 93 Abs. 1 S. 2 des deutschen Aktiengesetzes fruchtbar machen. Der dort maßgebliche Begriff der unternehmerischen Vernunft ist eigenständig auszulegen, kann aber nach dem Vorbild innerstaatlicher Vergleichsmaßstäbe (Unverantwortlichkeit, Fahrlässigkeit) nicht hinreichend konkretisiert werden. Umfangreiches Anschauungsmaterial bietet demgegenüber die US-amerikanische Rechtsprechung, die auf terminologisch ähnlicher Grundlage basiert (*reasonably* bzw. *rationally*). Sie mag beispielsweise als Vorbild für eine Abstufung des Vernunftmaßstabes dienen, je nachdem, ob Verfahren oder Inhalt der unternehmerischen Entscheidungsfindung auf dem Prüfstand stehen. Weil die Entstehungsgeschichte der Norm und der in den Materialien manifestierte Gesetzgeberwille den Rückgriff auf den US-amerikanischen Erfahrungsschatz nahe legen, ist Rechtsangleichung durch Richterrecht in diesem Fall nicht nur zulässig, sondern grundsätzlich sogar geboten.

---

71 Vor allem *Abeltshauser*, Leitungshaftung im Kapitalgesellschaftsrecht (1998); *M. Roth* (Fn. 27), S. 44 f. *et passim; Paefgen* (Fn. 35), S. 151–170.
72 Sinngemäß *Larenz* (Fn. 24), S. 345 f.

§ 12 裁判官法による法の同化
——業務指揮者の注意義務を手がかりとして——* **

フローリアン・メースライン

目次

法の同化は伝統的には立法者の行為および国際協定の結果であると考えられている。本稿においては、このような見方は狭すぎること、および裁判所も法の同化に本質的な寄与をすることが示される。以下において、この裁判官による法の同化の方法論上の要件および限界を慎重に検証し、業務指揮者の義務の具体化という多様な色彩をもつ手がかりを使って説明する。

* 斉藤真紀訳。
** アニヤ・ラーデン(Anja Raden)氏 (LL.M. Eur.)に批判的な示唆およびアドヴァイスについて、斉藤真紀氏に日本法に関する記述の校閲について心から感謝する。

I. 立法による法の同化 対 裁判官による法の同化

古典的な理解によれば、法の同化は国家間の協定または超国家的な基準に基礎を置いており、通例、立法者によって国内法化される[1]。このような法の同化は既に前世紀初頭において行われており、今日においてはアメリカ合衆国における模範法律案および欧州共同体における指令にその基礎が見いだされる[2]。グローバル化が進む世界において、法の同化は前例がないほど多彩に作用する[3]。法システムの収斂およびいわゆる「法の移植 (legal transplant)」の拡大をめぐる議論は、この現象の徴候である[4]。行為規準は国境を越えた共同作業を通じて国際的に同化してきており、 実務慣行に由来するが、行動に関する任意のコードとして成文化されて固定されることがますます頻繁に行われるようになっている[5]。法学は、外国法を丹念に調査することにより、また最近ではもはや相違点だけではなくとりわけ共通点をも探求し、統一的な問題を語る言語 (Problemsprache) を発展させ、共通の法的原則を作り上げることにより、前述の収斂に独自の寄与をなす[6]。さらに、とりわけ裁判所は、外国法における規制の仕方 (Regelungskonzepte) および解決の糸口 (Lösungsansätze) をいっそう顧慮するようになってきている。裁判所の判決が少なくとも事実上先例としての効果を有することに鑑みれば、法の発展には、この最後に挙げた法の同化の形態がとりわけ重要である。したがって、重点的に検討されるべきである。

法の同化に対する裁判所の寄与は、成文法主義の国々においてはこれまではあまり注意を引かず、むしろとりわけコモン・ローの法システムにおいてより注目されてきた。イングランド、オーストラリア、カナダおよびアメリカ合衆国の裁判所は、昔からお互いの判例を借用してきた[7]。これは、法秩序の共通の由来および共通の言語によって容易であったのかもしれない。それどころか、「枢密院

---

1 この意味において、例えば *Schmeder*, Die Rechtsangleichung als Integrationsmittel der Europäischen Gemeinschaft (1978), S. 7–9 を参照; より詳しいものとして *Kronke*, Ziele – Methoden, Kosten – Nutzen: Perspektiven der Privatrechtsharmonisierung nach 75 Jahren UNIDROIT, JZ 2001, 1149, 1152–1154。

2 *Kronstein*, Erfahrungen aus amerikanischer Rechtsangleichung, in: von Caemmerer/Schlochauer/Steindorff (Hrsg.), Festschrift für Hallstein (1966), S. 275, 278–286; *Franzen*, Privatrechtsangleichung durch die Europäische Gemeinschaft (1999), bes. S. 244–261.

3 同様に述べるものとして *Kötz*, Alternativen zur legislatorischen Rechtsvereinheitlichung, RabelsZ 56 (1992), 215, 216。

4 基本文献として、 *Watson*, Legal Transplants – An Approach to Comparative Law (1. Auflage 1974); 会社法に特定して述べるものとして、*Fleischer*, Legal Transplants im Europäischen Gesellschaftsrecht, in: Söllner (Hrsg.), Gedächtnisschrift für Heinze (2005), S. 177; 法システムの収斂について、さらに以下の文献参照。 *Hansmann/Kraakman*, The End of History for Corporate Law, 89 Georgetown Law Journal 439 (2001).

5 *Kronke*, JZ 2001, 1149, 1154; *Mertens*, Nichtlegislatorische Rechtsvereinheitlichung durch transnationales Wirtschaftsrecht und Rechtsbegriff, RabelsZ 56 (1992), 219.

6 *Kötz*, Rechtsvereinheitlichung – Nutzen, Kosten, Methoden, Ziele, RabelsZ 50 (1986), 1, 13–17; *Flessner*, Rechtsvereinheitlichung durch Rechtswissenschaft und Juristenausbildung, RabelsZ 56 (1992), 243, 244–249. 会社法について、グローバルな萌芽的視点として *Kraakman u.a.* (Hrsg.), The Anatomy of Corporate Law (2004), bes. S. 1–5。

7 例として、オーストラリアについて、*Hofmann*, Australisches Vertragsrecht: Eine Einführung unter besonderer Berücksichtigung der Rechtsquellenlehre, ZVglRWiss 104 (2005), 395, bes. 426。

(privy council)」が、長年、最上級審として英連合の広範な構成国における一様な法の発展をもたらしたことに照らすと、共通の制度的枠組みによって部分的には強制されていたのかもしれない[8]。また、裁判官による法の同化がコモン・ローの法システムにおいて集中的に行われたのは、裁判所の地位とも関連するかもしれない。かの法システムにおける裁判所は、広範囲の法的拘束力を有する裁判上の先例により法発展に本質的な刺激を与え、個別の制定法はともかくとして、包括的な成文法上の枠組みを顧慮する必要がないのである[9]。もっとも、これらすべてによって、成文法主義の国々における判例による潜在的な法の同化への寄与が過小評価されることがあってはならない。周知のごとく、これらの法システムにおける裁判所も、法規の解釈の枠組みにおいてであれ、法形成を通じてであれ、同様に法の発展において根本的な役割を果たす。 裁判官による法の同化に関する実務上の枠組み条件も絶えず向上している。なぜなら、情報交換の技術としてネットワークの形成および内容面における学術的な準備作業のおかげで外国の法の発展を知ることがより容易になり、また言語上の障壁も常によりうまく克服され得るようになってきているからである。さらに、一定の法領域においては、たとえば国際的な仲裁裁判所のような、共通の概念の発展に集中的に寄与する超国家的な機関が存在する[10]。とりわけ、欧州裁判所がしばしば用いる比較法的な手法が各国の裁判所においてモデルとして機能する[11]。したがって、裁判官による法の同化として実務に現れている徴候は劇的に進歩しているのであるが、成文法主義の国において、裁判官による法の同化に枠組みを設定し同時に限界を画する方法論上の要件は、これまでのところあまり明らかにされていない[12]。

II. 国内の方法論に関する教義による要件

裁判官による法の同化の限界は、結局のところ裁判所が (国内) 法および法律に拘束されることから生じる。周知のごとく、法の適用は、第一に、法律の解釈により行われるのであり、その限界は古典的な解釈に関する一連のルールによって突き止められるべきものである。

---

8 個別研究として、***Bruzzone***, Das Privy Council als oberstes Gericht des Commonwealth of Nations (1990)。オーストラリアおよびニュージーランドにおいては、それぞれ 1986 年、2003 年より、枢密院に最上級審として上告することができなくなった。

9 ***Vogenauer***, Die Auslegung von Gesetzen in England und auf dem Kontinent (2001), S. 1236–1244; ***Pilny***, Präjudizienrecht im anglo-amerikanischen und im deutschen Recht (1993), S 18–118.

10 より詳細については、***Kötz***, RabelsZ 56 (1992), 215, 216 f.; ***Remien,*** Rechtseinheit ohne Einheitsgesetze?, RabelsZ 56 (1992), 300, 311.

11 この解決手法について、とりわけ、例えば、以下の文献を参照。***Schwartze***, Die Bedeutung der Rechtsvergleichung, in: Riesenhuber (Hrsg.), Europäische Methodenlehre (2006), 15–17.

12 (オーストリアにおける観点からの) 萌芽的な研究として、***Posch***, Judikative Rechtsangleichung – ein Weg zur Europäisierung des Privatrechts?, ZEuP 1998, 521, 520–526; さらに、欧州裁判所を取り上げたものとして以下の文献を参照。 ***Everling***, Rechtsvereinheitlichung durch Richterrecht in der Europäischen Gemeinschaft, RabelsZ 50 (1986), 193.

1. 解釈

a) 文言

規範の文言は解釈の出発点として働くので、裁判所は国内の規範の文言の範囲が広く把握されていればいるほど、容易に外国の法のやり方にそって判示することが可能となる。不確定な法概念および一般条項は、裁判官による法の同化にとりわけふさわしいが、国内の判例および学説により既にかなりの程度具体化されているので、外国法を参照する必要はないように思われるかもしれない[13]。もっとも、コモン・ローの裁判所とは異なり、成文法主義の国における裁判官は より上級の裁判所の裁判への厳格な拘束に服していないため、その限りで、国内の判例の従来の考え方を外国法を範として修正することがはじめから禁止されているわけではない[14]。その限りにおいて、成文法主義の国における裁判官による法の同化の余地のほうが大きいとさえいえる。

b) 立法過程および立法資料

法律の文言がより具体的な場合であっても、裁判官による法の同化は排除されておらず、少なくとも立法過程および立法資料から外国法を参照することが立法者の意思にかなう場合には、少なくとも当該文言の枠内で許容される。例えば、会社法および資本市場法における最近の多くの法案理由書が国際的な展開または外国のモデルを参照している場合には、このような推定が働く。このような手がかりがある場合には、それどころか比較法的な知見を顧慮することが裁判官に義務づけられるとさえいえるかもしれない[15]。ただし、外国法の参照が動的な (dynamisch) 性質のものかどうかは検討の余地がある。いずれにしても、理由書から、可能な限り国際的であるのみならず、現代的で将来指向の規制が企図されていたことが分かる場合、法を適用する者は時代遅れの外国法をモデルにする必要はなく、国内の規範が公布された後に始まった当該外国法の展開を顧慮してよい。

c) 規範の関連性 *(Normkontext)*

最後に、おそらく裁判官による法の同化に対するもっとも大きな障害は、法律の体系学 (Gesetzessystematik) に見いだされるであろう。法の移植を巡る議論によりよく知られていることには、外国の規制の仕方は場合によっては国内の規範構造 (Normengefüge) に うまく適合しないこともあり、法的刺激剤 (*legal irritants*)として異物のまま存在し続けるか、自律的な発展によりこの構造の中にぴったりとはめ込まれていくかのいずれかである[16]。

---

13 事案類型を裁判官が具体化することが適法で目的にもかなう法設定 (Rechtssetzung) であることに異議を唱える見解として、*Weber*, Einige Gedanken zur Konkretisierung von Generalklauseln durch Fallgruppen, AcP 192 (1992), 516, 535–560; 反対の見解として、以下の文献を参照。*Beater*, Generalklauseln und Fallgruppen, AcP 194 (1994), 82.

14 ドイツ法における先例の拘束力の範囲について、*Langenbucher*, Die Entwicklung und Auslegung von Richterrecht (1996), S. 105–147; *Pilny* (Fn. 9), S. 120–139.

15 これについての例は後 III.2.c) 参照。

16 懐疑的な見解として、とりわけ、*Teubner*, Rechtsirritationen: Zur Koevolution von Rechts-

後者が実際に可能であるかどうかは、現行の国内法の体系的な解釈によってのみ明らかにされ得る[17]。さらに、用語の統一性という原則から、ある特定の法律用語の解釈は、ほかの国内規範における同じ用語の解釈にならうべきであるという考え方が容易に思いつく。しかしながら、この最後に述べた解釈に関する議論は、一般的な理解によればあまり重要ではない[18]。それゆえ、一定の「法概念の相対性」[19]は許容されるのであり、後に明らかになるように、場合によってはそれによって初めて外国法をモデルとして設けられた規範の解釈が可能となるのである[20]。

目的論的考察を唱える立場は、反対に、少なくとも多くの参照対象となった法秩序 (Referenzrechtsordnungen) に見いだされる外国の規制モデル (Regelungsmuster) についてはそれを踏襲するべきであると主張する傾向にある。国際的に普及していることは、プラスの促進効果をもつことおよび経済的に効率性の面で有利であることを推測させる[21]。いずれにしても立法者は経済法の分野においては通例効率的な解決方法を目指すのであるから[22]、ある具体的な問題において比較法的にみて広く一致が見られる場合、それによって、裁判官の手で国内法をこの国際標準に可能な限り同化させていくべきであるという目的論的な見解が唱えられることになる。

2. 法形成

解釈という方法によらないで実現可能な裁判官による法の同化というのは、よりやっかいな問題である。というのも、類推は、原則に反する法律の欠缺を要件としており、この欠缺は基本的にはもっぱら国内法を調査することによってのみ解明されるべきものであるからである[23]。外国にある法の形をしたもの (Rechtsfigur) が存在しているという事実は、立法者が、それに対応する法を企図することなしに閉じた規制をなした場合には、いずれにしてもいかなる類推をも正当化することはない。国内の立法者が一定の規制の必要性を見過ごすことなく意識的に異なる解決方法を探求したかもしれない場合、立法者が見過ごしたといって、

---

normen und Produktionsregimes, in: Gux/Welz (Hrsg.), Moral und Recht im Diskurs der Moderne (2001), S. 351, 353 は以下のように述べる。「『法的刺激剤 (Rechtsirritationen)』は簡単に国内にとりこむことはできない。これらは、みなれないもの (Fremdes) から使い慣れたもの (Vertrautes) に変わることはなく、簡単に新しい文化的な背景 (Kontext) に 適合することはない。むしろ、根本的に制御不可能な進化の動力 (eine evolutionäre Dynamik) を作動させ、その中で外部の規範だけでなく内部の背景にあたるものも根本的に変更されるのである。」

17 *Zippelius*, Juristische Methodenlehre (9. Aufl. 2005), S. 53.

18 *Wank*, Die juristische Begriffsbildung (1985), S. 110–122; *Zippelius* (Fn. 17), S. 11 und 53.

19 より詳細については、*Engisch*, Einführung in das juristische Denken, (10. Aufl. 2005), S. 95 und 211 f.。

20 後述 III.2.b) 参照。

21 *Fleischer*, Die „Business Judgment Rule" im Spiegel von Rechtsvergleichung und Rechtsökonomie, in: Wank (Hrsg.), Festschrift für Wiedemann (2002), S. 827, 848 はそれゆえ、比較法は、「経済学理論の説得力に関するリトマス・テスト」であるという。

22 詳細については、*Eidenmüller*, Effizienz als Rechtsprinzip (3. Aufl. 2005), S. 414–449.

23 *Canaris*, Die Feststellung von Lücken im Gesetz (2. Aufl. 1983), S. 55–128 (欠缺の確認は基本的には［国内の］実定法に立ち戻ってなされる). 法規がＥＵ法によって定まっている場合には、事情が異なる可能性がある。この意味において、*Flessner*, Juristische Methodenlehre und Europäisches Privatrecht, JZ 2002, 14, 16–21.。

外国の規制を持ち出すことによって早まって言いがかりをつけてはならない[24]。実際に欠缺が存在した場合、それを埋める保護の必要はどの程度かという問いは、外国における保護水準を決定的な根拠として議論することはできず、 もっぱら固有の国内法における比較対象となる規制のみ援用されうる[25]。総じて、法形成のレベルにおいては、裁判官による法の同化の余地はあまりない。なぜなら、国内の法および法律に反しないためには、体系整合的な国内の規制の関連性を超えて法形成がなされてはならないからである。

III. 典型例としての業務指揮者の義務

したがって、裁判官による法の同化の要件は、以下の場合に理想的に満たされているといえる。すなわち、ある規制が具体化を必要としており、立法者は国際的な状況を顧慮したという事実があり、当該法領域の根底に経済的効率性に対する配慮がある場合である。業務指揮者の義務に関する規準はこの限りで裁判官による法の同化の典型例であるといえる。行為基準は、いかなる法秩序においても具体的な形で定められていないことは明らかであり、せいぜい不確定な法概念の形で法律によって保証されているにすぎない[26]。経営陣に与えられた広範な企業家的裁量はとりわけ経済的な観点から理由づけられる[27]。英米法の信認義務 (fiduciary duties) およびアメリカ合衆国における経営判断原則 (Business Judgment Rule) は、株式会社法の改正に関する議論に大きな影響を与えており、これはドイツに限られない。

1. 日本法における忠実義務

神田秀樹およびカーティス・ミルハウプト(Curtis Milhaupt) は、近時、1950 年に GHQ からの圧力によりアメリカ法に倣って設けられた (改正前) 商法 254 条ノ 3 (現会社法 355 条。文言は変わっていない) の取締役の忠実義務は、最近になってようやく日本の裁判所によりアメリカを範として息吹が吹き込まれたことを示す[28]。日本の最高裁判所は、1970 年には、まだ、当該忠実義務は独自の取締役の義務ではなく、単に善管注意義務を敷衍し、一層明確にしたにとどまるとはっきりと判示していた[29]。これに対応して、最近まで、下級審においても、

---

24 立法者がある問題を意識的に規制しないことを望んでいた場合には、それをもって欠缺がないとするのに十分である。 *Larenz*, Methodenlehre der Rechtswissenschaften (6. Aufl. 1991), S. 371.

25 *Larenz*, (Fn. 24), S. 381; *Zippelius* (Fn. 17), S. 68 f. (いずれもどちらかというと黙示的にではあるが).

26 *Hansmann/Kraakman*, The Basic Governance Structure, in: Kraakman u.a. (Fn. 6), S. 33, 52; *Kalss/Eckert*, Generalbericht, in: Kalss (Hrsg.), Vorstandshaftung in 15 europäischen Ländern (2005), S. 25, 36 f.

27 とりわけ以下の文献を参照。*Easterbrook/Fischel*, The Economic Structure of Corporate Law (1991), S. 90–108; *Fleischer*, FS Wiedemann (2002), S. 829–832; *M. Roth,* Unternehmerisches Ermessen und Haftung des Vorstands (2001), S. 21–23 und 90–93; *Ruffner,* Die ökonomischen Grundlagen eines Rechts der Publikumsgesellschaft (2000), S. 229–233.

28 *Kanda/Milhaupt*, Re-examining Legal Transplants: The Director's Fiduciary Duty in Japanese Corporate Law, 51 Am. J. Comp. L. 887 (2003).

29 最判昭和 45 年 6 月 24 日民集 24 巻 6 号 625 頁 (いわゆる八幡製鉄事件判決) 。以下の文献から引用。 *Kanda/Milhaupt*, 51 Am. J. Comp. L. 887, 894 (2003) (その注 25).

忠実義務が独自の意義をもつことはなく、常に善管注意義務とともに適用されていた。学説においては、取締役の競業行為、利益相反取引および報酬が取締役のもっとも重大な自己の利益を図る行為として既に商法においてほかの方法で規律されていることから、独自の忠実義務の必要性が疑問視されていた[30]。1989 年に初めて東京高等裁判所の裁判において単独で適用されたのであるが、それは、取締役による会社の機会の奪取が問題となった事案であり、競業避止義務に関する特則には包摂されえないものであった[31]。このリーディングケース (Grundsatzentscheidung) 以来、忠実義務はより頻繁に単独で適用されるようになり、本来 (取締役の行為に関する) 特則によって解決されうる事案においても適用されている[32]。

神田およびミルハウプトがこの展開の説明に用いた決め手となる考察は、以下の点にある。すなわち、日本の裁判所は、当初、個別の事案の柔軟な事後的コントロール (ex-post-Kontrolle) を可能とする事後的な審査基準 (「スタンダード (standards)」) に関する経験がなく、それゆえ、もっぱら、競業行為の禁止という特則のような事前予防的な禁止ルール (「ルール (rules)」) を適用していたというものである[33]。先例となる事案に立ち戻ることができるようになったことが、日本における忠実義務の打開を手助けしたといえる。 この展開は会社の機会に関する理論と密接に結びついており、その理論においては型にはまった予防規制は不適切であることが明らかになっており、この理論のためにアメリカの判例がとりわけ豊富な題材を提供してくれていることは偶然ではない。ドイツにおいてもこれらの題材は集中的に引き合いに出されている[34]。

日本の法的展開をみることにより、前節における方法論的考察が再確認される。なぜなら、商法 254 条ノ 3 (現会社法 355 条) における不確定な事後的な審査基準は、高度な具体化を必要としていることは明らかであり、日本法自体は当初そのような具体化の手がかりを提供することができなかったのである。アメリカ法をモデルとすることの根拠は、アメリカ法に倣って当該規整が設けられたという立法過程、およびまさに上記のような事案において特則たる禁止ルールによっては把握されない、自己の利益を図る取締役の行為からの保護を提供すべき規範目的 (Normzweck) に見いだされる。

---

30 日本における議論の総括については、*Kanda/Milhaupt*, 51 Am. J. Comp. L. 887, 893–896 (2003)。また、現会社法 356 条および 361 条参照。

31 東京高判平成元年 10 月 26 日金判 835 号 23 頁。以下の文献から引用。 *Kanda/Milhaupt*, 51 Am. J. Comp. L. 887, 895 (2003) (その注 29).

32 個別の事案については以下を参照。*Kanda/Milhaupt*, 51 Am. J. Comp. L. 887, 896 (2003) (その注 30 ないし 33).

33 *Kanda/Milhaupt*, 51 Am. J. Comp. L. 887, 897 f. (2003); この区別に関する一般的なことについては、*Kaplow*, Rules Versus Standards: An Economic Analysis, 42 Duke L.J. 557 (1992).

34 個別研究としては、*Weisser*, Corporate Opportunities (1991); *Polley*, Wettbewerbsverbot und Geschäftschancenlehre (1993); 最近のものでは例えば、*Fleischer*, Gelöste und ungelöste Probleme der gesellschaftsrechtlichen Geschäftschancenlehre, NZG 2003, 985。

2. ドイツにおける企業家的理性* (Unternehmerische Vernunft)

ドイツにおいても類似の輸入が観察されうる。しかも同じように業務指揮者の義務との関連においてである。ここで問題となっているのは、企業家的な裁量についての法の形で、これは、株式会社の取締役に、意思決定の誤りのすべてが裁判所に審査され、違法であると非難され得るわけではないという保証を与えるべきものである[35]。連邦通常裁判所は、このような責任から免れている範囲 (Haftungsfreiraum) を既に 1997 年にいわゆる「アラーク」判決においてアメリカ法にならって認めていた[36]。 立法者は、「経営判断原則 (Business Judgment Rule)」をドイツ株式法 93 条 1 項 2 文に挿入し、これは 2005 年 11 月 1 日から施行されている。この規定は以下のような文言である。「取締役員が企業家的な意思決定をするにあたり、自らが適切な (angemessen) 情報に基づいて会社の利益のために (zum Wohle der Gesellschaft) 行動していると合理的に (vernünftigerweise) 考えることが許される場合、義務違反は存在しない[37]。」この法規制の解釈および具体化において、ドイツの法適用者は、今後 (日本と) 同様に、いかなる範囲でアメリカの先例に立ち戻ることができるか、またそれどころか立ち戻らなければならないのか、という問題に直面することになる。

「合理的に (vernünftigerweise)」という概念は、法律の解釈において決定的な役割を果たすであろう。というのも、従来のドイツ法にはあまりなじみのない理性という物差しが、裁量の範囲を設定し、それゆえ最終的には当該規制の実効性を決定するのである。それゆえ、ドイツの裁判所がこの理性という物差しの具体化に当たってアメリカの判例を借用することが許されるか、あるいはそれどころか義務づけられるか、というのが、鍵となる問いである。 この問いは、前に詳しく述べた方法論的考察を持ち出すことによってのみ解答が与えられ得る。

a) 具体化の必要性

立法者が行為基準として初めて中心的な地位を与えて株式法に導入した理性という概念は、まさに具体化の必要性が高い場合についての典型例である。日常用

---

* 以下において Vernunft は「理性」と訳すが、著者が vernünftigerweise は英語の reasonably に対応すると述べていることから、同単語は「合理的に」と、vernünftig も「合理的な」と訳し、必要に応じてドイツ語を添えることとする。

35 企業家的裁量について詳しく述べるものとしては、とりわけ、*M. Roth* (Fn. 27), bes. S. 8–148; *Paefgen*, Unternehmerische Entscheidungen und Rechtsbindung der Organe in der AG (2002), bes. S. 35–256; *Oltmanns*, Geschäftsleiterhaftung und unternehmerisches Ermessen (2001), S. 19–109. また最近のものとして、*Lohse*, Unternehmerisches Ermessen (2005).

36 BGHZ 135, 244.

37 新しい規制について、例えば、*Schäfer*, Die Binnenhaftung von Vorstand und Aufsichtsrat nach der Renovierung durch das UMAG, ZIP 2005, 1253. 目下の株式法改正の概要については、以下の文献を参照。*Seibert*, Das Gesetz zur Unternehmensintegrität und Modernisierung des Anfechtungsrechts (UMAG) kommt zum 1.11.2005, DB 2005, 1457; 政府草案については、*Holzborn/Bunnemann*, Änderungen im AktG durch den Regierungsentwurf für das UMAG, BKR 2005, 51; *Schütz*, UMAG Reloaded, NZG 2005, 5; 参事官草案については、*Meilicke/Heidel*, „Modernisierung“ des Aktienrechts durch Beschränkung des Eigentumsschutzes der Aktionäre, DB 2004, 1479; *Seibert/Schütz*, Der Referentenentwurf eines Gesetzes zur Unternehmensintegrität und Modernisierung des Anfechtungsrechts – UMAG, ZIP 2004, 252.

語としておよび哲学史上、理性は、複数の、部分的には重なり合う意味を持つ。倫理上合理的 (vernünftig) な行動という意味にしてみたところで、この概念の内容は本質的には「その判断のためには、たとえばアリストテレスの『適正さの基準 (das rechte Maß)』またはカントの定言命法のようなより上位の判断基準が必要である」と述べることしかできない[38]。法的には、理性という概念は少なくとも不確定な法概念であるが、それよりむしろ一般条項と理解されるべきである。この一般条項は、概念の中核において高い程度の具体化の必要性という面で傑出しており、立法者によって単に大まかなガイドラインは与えられているものの、個別の具体的事案のための区別が精密な適用範囲は与えられていない[39]。さらに、例えば重過失、誠実さ (Lauterkeit)、信義違反 (Treuwidrigkeit) のように長年判例が多層の事案の類型化のための多彩な手がかりを提供してきた他の行動規準とは異なり、この企業家的な理性という概念には裁判官による具体化がこれまで全くないといってよい[40]。合理的な (vernünftig) 行為の基準は、これまで、株式法においてはたったの一カ所、それもあまり目立たない場所 (株式法 131 条 3 項 1 号) にのみ存在し、このほかとりわけ決算法に存在する。以下ですぐに明らかになるように、これらの既存の規定における、どちらかというと貧弱な解釈の成果は、株式法 93 条 1 項 2 文の解釈との関係で全く役に立たない。企業家的理性という概念は、もしかしたら株式法の改正を行った立法者がいささか軽率に企業家的裁量の規制に入れたものかもしれず、それゆえ、かなりの程度白紙の状態にあり、判例による具体化への手がかりが必要なのである。

b) 理性という概念の相対性

外国の経験という材料が、概念の明確化において模範としてふさわしいかどうかを検証する前に、他の関連における理性という概念の用途からもたらされる、裁判官による法の同化の体系的な限界が突き止められるべきである。

aa) 経済法における「理性」

経済的な事実関係における「合理的な (vernünftig)」判断という基準は、計算に関する法において中心的な地位を占めている。多数の計算に関する規定は、「合理的な商人の判断 (vernünftige kaufmännische Beurteilung)」の必要性を強調しており、それによって商人の慣習 (Handelsbräuche) を援用する[41]。また、

---

38 *Aristoteles*, Nikomachische Ethik (um 300 v. Chr., dt. Übersetzung, 7. Aufl. 1979), S. 35–43; *Kant*, Kritik der praktischen Vernunft (1788, Nachdruck 1984), S. 54–58.

39 境界の画定については、以下の文献およびそこにおける引用文献を参照。*Weber*, AcP 1992, 516, 522–525.

40 一般条項の具体化における事案類型の意義に関する最近の文献として、*Ohly*, Generalklausel und Richterrecht, AcP 201 (2001), 1 (9–39); *Kamababrou*, Die Interpretation zivilrechtlicher Generalklauseln, AcP 202 (2002), 662 (673–675); 法理論的な批判として、前述の注 13 における文献を参照。

41 Vgl. §§ 253 Abs. 3 und 4, 286 Abs. 3 Nr. 2, 313 Abs. 3 HGB, § 26 Abs. 2 BBankG, § 14 Abs. 1 Nr. 4 KStG 1977, auch § 254 Abs. 1 AktG; ausführlich: *Raab*, Die ‚vernünftige kaufmännische Beurteilung' als Bewertungstechnologie bei der Erstellung handelsrechtlicher Jahresabschlüsse (1991).

この概念が経済法の他の箇所に存在する場合においても、この概念は、商人の慣習 (Gepflogenheiten) およびしきたり (Usancen) またはより一般的に市場の実務 (Marktpraktiken) を援用する規範としての機能を果たす[42]。関係する規制は、しかし経済法の中核となる領域には必ずしも属さない。同様に、海商法においても、海難救助の規定において理性という行動規準が引き合いに出されており、他方でこの概念は売買法および製造物責任法においてはまったくばらばらに存在し、超国家的レベルにおいてのみ見いだされるにすぎない[43]。これに対して、資本市場法は重要な例を提供する。すなわち、資本市場法は、証券取引法 20a 条 2 項における許容される市場の実務 (Marktpraktiken) を「当該市場において合理的な裁量に照らして (nach vernünftigem Ermessen) 期待されうる慣習 (Gepflogenheiten)」と定義する[44]。

bb) 株式法における「理性」

株式法においては、理性という概念は、計算に関するルールを除きこれまでたったの一カ所にしか見いだされず、それは、株式法 131 条 3 項 1 号における株主への説明拒否の許容性の基準として存在する。この規制によれば、取締役は株主総会における株主からの説明請求への回答を「説明をすることが合理的な商人の判断によれば会社または結合企業に少なからぬ不利益を与えるおそれがある限り」拒否することができる。この規範は、つまりは株式会社の秘密保持に対する正当な利益を保護しており、この規範により、取締役は会社の利益を著しく害するおそれのある情報を株主総会で明かさないことが可能になる[45]。株式法 131 条 3 項 1 号にかかる判例は、とりわけ、同法 93 条 1 項 2 文における理性という概念の解釈との関係で、とりわけ裁判所による内容コントロールの強さという観点から関心がもたれる。というのも、経営判断原則の機能は、とりわけ、善管注意義務および忠実義務から生じる業務指揮者に対する行為の要求 (Verhaltensanforderungen) が裁判の対象になることを部分的に制限することにあるからである。すなわち、後から (会社に) 不利益であることが明らかになった企業家的意思決定のすべてに制裁が加えられるべきではない。というのも、そうでなければ、持分

---

42 援用規範としての一般条項の機能一般について、以下の文献およびそこに挙げられている多くの例を参照。*Ohly*, AcP 201 (2001), 1, 11–15.

43 海商法について、商法 740 条 1 項および 2 項。売買法について国際連合国際物品売買契約条約 72 条 2 項。製造物責任法については、製造物責任指令 (Richtlinie 85/374/EWG des Rates vom 25. Juli 1985 zur Angleichung der Rechts- und Verwaltungsvorschriften der Mitgliedstaaten über die Haftung für fehlerhafte Produkte, ABl. 1985 L 210/29) 理由書第 6 項.

44 新規制について、*Bisson/Kunz*, Die Kurs- und Marktpreismanipulation nach In-Kraft-Treten des Gesetzes zur Verbesserung des Anlegerschutzes vom 28.10.2004 und der Verordnung zur Konkretisierung des Verbots der Marktmanipulation vom 1.3.2005, BKR 2005, 186; *Kutzner*, Das Verbot der Kurs- und Marktpreismanipulation nach § 20a WpHG, WM 2005, 1401. 許容される市場の実務は、監督当局に認められることによって具体化される。相場操縦禁止の具体化に関する規則 (Marktmanipulations-Konkretisierungsverordnung – MaKonV) 7 条の執行規制参照。

45 より詳細は *Hefermehl*, Umfang und Grenzen des Auskunftsrecht des Aktionärs in der Hauptversammlung, in: Pawlowski/Wiese/Wüst (Hrsg.), Festschrift für Duden (1977), S. 110, 114–116; *Meilicke/Heidel*, Das Auskunftsrecht des Aktionärs in der Hauptversammlung, DStR 1992, 113, 115 f.

保有者ではなく、取締役が企業家的リスクを負担せねばならなくなり、そのために不効率な誘因構造ができあがってしまうであろうからである[46]。企業の利益の中に埋没している個々の利益にそれぞれどの程度の重みを与えるかも、株式法76条1項により「自己の責任において」企業を指揮しなければならない取締役に委ねられるべきである[47]。

事実、株式法131条3項1号の枠内において、取締役による利益の衡量 (Interessenabwägung)、ここにおいては株主の情報獲得に対する利益と会社の機密保持に対する利益の衡量であるが、それは、裁判所によって審査可能であるか、という問題が同様に生じる。無論、この規範の枠内においては、今日に学説が一致して認める見解、すなわち、合理的な商人の判断の基準は客観的に理解されるべきであり、裁判所による完全な審査が可能であるという見解が適当である[48]。会社は、なされた意思決定の妥当性 (Plausibilität) を主張しなければならず、その場合において単なる決まり文句を述べることでは足りない。すなわち、業務指揮者の行為が規範にかなっていたことは推定されないのである[49]。問題なのは、株式法131条3項1号における理性の基準が同法93条1項2文における新しい規制に応用できるかどうかである。株式法上の理性の基準に関する統一的な解釈を尊重する立場に立てば、企業家的意思決定は全く一般的に裁判所による妥当性コントロール (Plausibilitätskontrolle) に服することになろう。アメリカ合衆国の経営判断原則は企業指揮者に裁判所が審査できない裁量の余地を認めるが、それにならった解釈は、即座に排除されることになろう。

cc) 独自の解釈を指示する論拠

立法者が同じ文言を用いた場合、体系的には基本的に概念を統一的に理解するべきであることは既に述べた。同時に、独自の解釈を支持するより説得力のある論拠がある場合には、反対に、統一的な法概念という考え方に一定の相対性が認められることにも言及した[50]。株式法93条1項2文における理性の概念については、そのような独自の解釈が様々な理由から優先されるべきである。

一方では、当該概念の利用のされ方は、商法上のしきたりや市場の実務を援用する規制には対応しない。確かに、企業経営に関する経営学上の原則は、同様に企業家的な意思決定においても望ましい行為の規範的な手がかりを与えるかもし

---

46 *Fleischer*, FS Wiedemann, S. 829 f.; *M. Roth* (Fn. 27), S. 21–23.
47 *M. Roth* (Fn. 27), S. 23–29.
48 以下のものはすべて同じ見解に立つ。OLG Düsseldorf WM 1991, 2148, 2152; OLG Karlsruhe AG 1990, 82, 82 f.; Münchener Kommentar-*Kubis*, AktG (2. Aufl. 2004), § 131, Rn. 94; *Hüffer*, Aktiengesetz (6. Aufl. 2004), § 131, Rdn. 25; *Hefermehl*, FS Duden, 110, 114; *Meilicke/Heidel*, DStR 1992, 113, 116; 1937年株式112条について、以下の判決において既に判示されていたことを参照。BGHZ 36, 121, 132 zu § 112 AktG 1937.
49 OLG Düsseldorf WM 1991, 2148, 2152; LG Koblenz AG 2001, 205, 206; *Hüffer*, Aktiengesetz (Fn. 48), § 131, Rdn. 25; *Meilicke/Heidel*, DStR 1992, 113, 116; 基本的には以下の文献も同様である。Münchener Kommentar-*Kubis*, AktG (Fn. 48), § 131, Rn. 102; 異なる見解として LG Heilbronn, NJW 1967, 1715, 1717。
50 これについては既に以下の箇所で述べた。II.1.c).

れない[51]。しかし、株式法 93 条 1 項 2 文は、その機能的な意義において前述の経済法上の規範とは根本的に異なる。なぜなら、株式法の当該ルールは新しい行動ルールを創設するものではなく、既存の取締役員の義務に関するルール (善管注意義務および忠実義務) に基づいて、裁判官による審査の強度 (Intensität) を規律し確定するものであるからである。それゆえ、経営学の望ましい行為に関するルールを援用することは助けにはならず、かえって循環論に陥る可能性すらある。

他方、株式法 131 条 3 項 1 号は同法 93 条 1 項 2 文と同様に裁判所による審査の基準に関する規定であるが、前者の規範の解釈は、モデルとしては役に立たず、かえって混乱を引き起こすものである。目的論的考察からも (前者の解釈を) 応用することは支持され得ない。なぜなら、裁判官による完全な妥当性コントロールは、企業家的な裁量の余地という規制趣旨に反するからである[52]。もしそうであれば、新規制は、無駄であるか、むしろ間違っていることになろう。改正において、立法者は、当該文言を手続きが進んだ段階で挿入したのであるが[53]、その折、立法者は株式法 93 条 1 項 2 文と文法的に対応するものを明らかに見落としたか、少なくとも十分に検討しなかったのである。さらに、機能的な検討からも、株式法上の理性の概念をそれぞれ別に解釈すべきことが正当化される。というのも、131 条 3 項 1 文は企業家的な意思決定にかかわるが、同法 131 条 3 項 1 文は、計算に関する規定と同様に、業務指揮者の持分権者に対する事後的な説明の付与にかかわる。しかしながら、企業家的な裁量の理由付けは、不確実な状況の下で企業家的なリスクを冒すことの特異性に基づく。この点において、企業家的な意思決定と過去になされた意思決定に対する説明をするかどうか、およびいかにするかに関する考慮は、全く反対の問題といえよう。事後的な報告書の作成および情報の提供とは異なり、株式法 93 条 1 項 2 文の枠組みにおいては、企業家的な意思決定に対する裁判所による完全な妥当性コントロールは予告されていない。したがって、そこにおいて用いられている (いわば企業家的な) 理性という概念は独自の解釈を必要とするのである。

c) 具体化の目印になるもの

aa) 無責任 (*Unverantwortlichkeit*)

企業家的な理性の基準の具体化について目印となるものとして、これまでとりわけドイツ法における対応するものが候補としてあげられてきた。考えられるのは、アラーク判決において連邦裁判所が定式化した、責任意識をもってなされた

51 例えば以下の文献参照。*von Werder* (Hrsg.), Grundsätze ordnungsmäßiger Unternehmensführung – Zusammenhang, Grundlagen und Systemstruktur von Führungsgrundsätzen für die Unternehmensleitung (GoU), Überwachung (GoÜ) und Abschlussprüfung (GoA), Zeitschrift für betriebswirtschaftliche Forschung, Sonderheft 36/1996; *Theisen/von Werder*, Grundsätze ordnungsmäßiger Unternehmensführung, in: Schreyögg/von Werder (Hrsg.), Handwörterbuch Unternehmensführung und Organisation (4. Aufl. 2004), Sp. 369–379.

52 注 46 以下の引用文献参照。

53 立法過程については注 61 において触れる。

企業家的行動 (verantwortungsbewußtes unternehmerisches Handeln) という基準である[54]。この尺度は、企業家的な意思決定の特異性 (リスク負担および利害関係の調整[55]) にとって適当であろう。というのも、この尺度は概念として株式法 76 条 1 項の中心的な要求である企業指揮者の責任を引き合いに出すからである。さらに、立法者は、理由書において明示的に当該連邦通常裁判所の判例との対比を持ち出している。ただし、連邦通常裁判所によって定式化された文言を法律の文言として採用はしなかった[56]。理由書が解釈に決定的な影響を有するかという問題は、ここではそのままにしておく。「合理的な (vernünftig)」企業家的行動という基準と「責任感をもってなされた (verantwortlich)」企業家的行動という基準が同じものか違うものかを論じることは無意味であろう。なぜなら、判例はこれまでアラーク判決の尺度をより精密に具体化する十分な機会を有しなかったからである[57]。したがって、責任意識をもってなされた企業家的行動という基準は初めからあまり役に立つものではないことが明らかになる。

bb) 過失の基準 (*Fahrlässigkeitsmaßstab*)

議論になっているのは、アラーク判決の定式ではなく過失の基準の借用である[58]。もっとも民法典 276 条 1 項の枠組みにおける従来の事案類型は企業家的な意思決定には適合的ではないので、その限りで得られる知見は限られる。たいていの場合、履行行為 (Ausführungshandlungen) は過失の基準に照らして測られる。何らかの意思決定 (における過失) が問題になっている限りにおいては、通例、意思決定を行った者は非常に具体的な目標値 (Zielvorgaben) に拘束される[59]。これに対して、企業家的な意思決定は、通例、複数の行為可能性を含む広範な意思決定領域によって特徴づけられるのであり、とりわけさまざまな個別の利益の衡量によって形作られるのである[60]。さらに、立法過程をみると、過失の基準を応用することに根本的な疑問が生じる。なぜなら、立法者は、参事官草案においてはまだ残っていた (重) 過失という概念を意識的に「合理的に (vernünftigerweise)」という表現に置き換えたからである。立法資料から証明されるように、義務 (Pflicht) の基準と注意 (Sorgfalt) の基準は混同されるべきではなかろう[61]。

---

54 BGHZ 135, 244, 253.

55 この特異性については注 60 において触れる。

56 Begründung des Regierungsentwurfs für ein Gesetz zur Unternehmensintegrität und Modernisierung des Anfechtungsrechts (UMAG), Bundestags-Drucksache 15/5092, S. 22.

57 個々の判決はアラーク判決を引き合いに出すが、問題となる基準を具体化していない。とりわけ以下の判決参照。BGH NJW 2003, 358 (とりわけ立証に関する問題について); BGH NJW-RR 1998, 1409 (主張を具体的に説明する義務について); BGH NJW 2002, 1585 (刑法典 266 条の枠組みにおいて刑法上の評価について); LG Düsseldorf, NJW 2004, 3275 (刑法典 266 条について).

58 *Schäfer*, ZIP 2005, 1253, 1258; *Schütz*, NZG 2005, 5, 6; differenzierend: *Holzborn/ Bunnemann*, BKR 2005, 51, 51 f.

59 以下の文献を参照。 *Gevurtz*, Corporation Law (2000), S. 281 f. (医師および弁護士の責任との対比).

60 *Fleischer*, FS Wiedemann (2002), S. 830 f.

61 Begründung des Regierungsentwurfs für ein Gesetz zur Unternehmensintegrität und Modernisierung des Anfechtungsrechts (UMAG), Bundestags-Drucksache 15/5092, S. 22; 同じ意味において、既に以下の文献で指摘されていた。*Fleischer*, Die „Business Judgment Rule“: Vom

しかしながら、少なくとも対応する限りでは、すなわち義務違反があったかどうかのレベルにおいては、具体化された過失の基準が手元にある限り、それを利用してもよいであろう。もっとも、とりわけそのような取扱いは、対応する基準として用いられるのは単なる過失でよいのか、特別の過失であるべきかについていまだ一致が得られていないという問題点を投げかけるのではあるが[62]。理由書は、総じて過失の基準を適用することに反対する立場をとったので、この不明確な点は解釈という方法によっては最終的な解決は得られないであろう。その限りで、アメリカ法を見てみることにより手助けを得られる。アメリカ法は、それにとどまらず、理性概念の具体化について豊富な情報源であることが分かるであろう。

cc) アメリカの判例

アメリカの判例は、株式法 93 条 1 項 2 文の今後の解釈に対する手がかりとして豊富な裁判資料を提供する。すなわち、経営判断原則に関する標準的なガイドブックは、これまで出された判決をそれぞれ簡潔に要約しているが、これは (アップデートされた分も含めると) 3500 頁を超える[63]。比較対象は手元にあるといえる。というのは、いずれにおいても企業家的な意思決定が問題となっており、審査基準はその文言においてさえ高い程度で一致しているからである。 1998 年の改正模範事業会社法 (これは、多くのアメリカの州において成文化のモデルとなる模範法律案であるが) は、その 8.31 条の文言において (「合理的に (*reasonably*)」) ドイツ語の文言と一致する[64]。これに対して、注目すべきは、名高いアメリカ法律協会の「コーポレート・ガバナンスの原理」である。同原理は、ほぼ同時期に作成され、広く普及し、アメリカの裁判所においてしばしば引用されるが、以下のようにより細かく区別する。すなわち、意思決定の過程が問題となっている場合、原理の 4.01 条 (c) の基準はここでも「合理的に (*reasonably*)」 である。これに対して、企業指揮者の意思決定の内容が問題となっている場合、「理性的に (*rationally*)」かどうかが問題となる[65]。この規定にかかるコメントは、この区別は意図的なものであり、その理由は、手続上の問題、とりわけ情報収集については、企業指揮者本来の意思決定の内容についてより厳格な基準が適用され

Richterrecht zur Kodifizierung, ZIP 2004, 685, 689; *Ibrig*, Reformbedarf beim Haftungstatbestand des § 93 AktG, WM 2004, 2098, 2106; *M. Roth*, Das unternehmerische Ermessen des Vorstands – Neuerungen durch den Referentenentwurf eines Gesetzes zur Unternehmensintegrität und zur Modernisierung des Anfechtungsrechts (UMAG)?, DB 2004, 1066, 1068.

62 重過失の基準を利用することについて、*Schütz*, NZG 2005, 5, 6; *Holzborn/Bunnemann*, BKR 2005, 51, 51 f. (少なくとも基本的には); より厳格な見解として *Schäfer*, ZIP 2005, 1253, 1258 (「無過失」と同視); 改正前の段階において同様に述べるものとして、*Ulmer*, Haftungsfreistellung bis zur Grenze grober Fahrlässigkeit bei unternehmerischen Fehlentscheidungen von Vorstand und Aufsichtsrat? – Kritische Bemerkungen zur geplanten Kodifizierung der business judgment rule im UMAG-Entwurf (§ 93 Abs. 1 Satz 2 AktG), DB 2004, 859, 862; *Ibrig*, WM 2004, 2098, 2106.

63 *Block/Barton/Radin*, The Business Judgment Rule – Fiduciary Duties of Corporate Directors, (5. Aufl. 1998, Ergänzungsband 2002).

64 より詳しくは、*Block/Barton/Radin* (Fn. 63), S. 101–104。

65 これについて、例えば、*Gevurtz* (Fn. 59), S. 287。

るべきであると述べる[66]。アメリカの学説の一部には、事実、この関連において重過失と軽過失の区別に対応するものを引き合いに出すものもある[67]。とりわけアメリカの裁判所がこの細やかな定式化における区別を必ずしも引用することなく、たいていそれに対応した区別をしていることに照らせば、株式法 93 条 1 項 2 文が理性という基準のみを用いていることは、アメリカ法と同様な区別を設けることの妨げとはならないであろう[68]。ドイツの法律の文言において用語法上このような区別を表現しようとすると難しいのだが、この区別は正当な成果をもたらす。なぜなら、それは、業務指揮者の意思決定の領域を狭めることなく、慎重に準備するよう彼らに仕向けるからである。

比較法的な知識の宝庫を利用することの許容性は、「合理的に (vernünftigerweise) 」という概念の幅広さから生じる。この概念は、既に述べたことに従えば体系的な考察からも基本的にはいかなる限定も必要としない。立法過程および立法資料からは、それ以上に、根本的に、当該規定を上記の趣旨に解釈することが義務づけられるとすら言える。というのも、過失の基準を「合理的に (vernünftigerweise) 」という表現で置き換えたのは、フライシャー (Fleischer) の提案が基礎になっているが、その提案は明示的にアメリカ法の定式化を借用したものである[69]。もっとも、上記で述べた用語上の区別についてフライシャーは言及していない。立法者は、いずれにしても彼の提案を政府草案において採用し、それどころか理由書において断固とした調子で、株式法 93 条 1 項 2 文は「アングロ・サクソンの法域における『経営判断原則』というモデル」に対応すると強調する[70]。「合理的に (vernünftigerweise) 」という不確定な概念はそれゆえ、国内の規定またはしきたりではなく、アメリカの裁判実務の援用という役割を果たす。したがって、裁判所は、今後、株式法上の機関責任に関する裁判においては比較法的な検討から出発せねばならない。最近ドイツ語で入手可能となった広範囲の比較法的調査結果は、その際に補助資料として役立つかもしれない[71]。個別の事案において、ドイツ法の体系的な考察の結果が「裁判官による法の同化」と矛盾する場合 (にのみ) 、そこから逸脱する裁判が許される。外国法を目印とするべきことを支持する立法過程および立法資料は、ほかの場面でそうであるように、ここにおいても、他の方向に導くような重要な解釈上の考慮と矛盾する場合には意味を失う[72]。

---

66 *American Law Institute*, Principles of Corporate Governance: Analysis and Recommendations (1994), zu § 4.01 (c), S. 141 f.

67 *Gevurtz* (Fn. 59), S. 287; *American Law Institute*, Principles of Corporate Governance: Analysis and Recommendations (1994), zu § 4.01 (c), S. 179–181 も同様の考え方を暗示する。

68 一方で、 Litwin v. Allen, 25 N.Y.S. 2d 667 (Sup. Ct. 1940); Rabkin v. Philip A. Hunt Chemical Corp., 547 A.2d 963 (Del. Ch. 1986); 他方で Smith v. van Gorkom, 488 A.2d 858 (Del. 1985).

69 *Fleischer*, ZIP 2004, 685, 689。

70 Begründung des Regierungsentwurfs für ein Gesetz zur Unternehmensintegrität und Modernisierung des Anfechtungsrechts (UMAG), Bundestags-Drucksache 15/5092, S. 22

71 とりわけ、*Abeltshauser*, Leitungshaftung im Kapitalgesellschaftsrecht (1998); *M. Roth*, (Fn. 27), S. 44 f. およびほかのいたるところ; *Paefgen* (Fn. 35), S. 151–170.

72 *Larenz* (Fn. 24), S. 345 f.に即して述べる。

IV. 総括

法の同化は、立法者によってだけではなく、裁判所によっても行われる。確かに、法および法律への拘束に基づき、成文化された法の文言および体系から裁判官による法の同化の限界が生じる。もっとも、時折、目的論的な理由付け (効率的な解決法の探求) がそのような法の同化を支持することがあり、立法資料および立法過程においてそれを支える論拠が存在することがしばしばある。不確定な法概念および一般条項の解釈において、比較法的な考慮は大きな役割を果たす可能性があるが、裁判官による法形成についてはその余地が少ない。なぜなら、法の欠缺を確認しそれを充填するのは、基本的には国内実定法によって与えられた基準に基づかなければならないからである。

業務指揮者の義務の内容は、通常は国内の立法者によってしばしば確定されないままであり、アメリカ法にならってその輪郭が描かれるが、それは最終的には経済的な効率性への配慮を基礎とする。業務指揮者の義務は、裁判官による法の同化の典型例である。この現象は、日本法における忠実義務を例にとって説明することができ、またドイツ株式法の 93 条 1 項 2 文という新規制に役に立つ。後者において決定的な企業家的な理性という概念は独自に解釈されるべきであるが、国内の対応する基準 (無責任、過失) によっては十分に具体化することができない。これに対して、アメリカの判例は豊富な題材を提供してくれ、また用語として同じような基礎に基づいている (合理的な (*reasonably*) ないし理性的な (*rationally*))。これは、例えば、問題となっているのが企業家的な意思決定の手続きか内容かにより、それに応じて、理性という基準を段階に分ける模範となり得る。立法過程および立法資料に表れる立法者の意思は、アメリカの知識の宝庫を利用するべきであるという理解を容易に生じさせるため、この場合には、裁判官による法の同化は許容されるだけでなく、基本的には義務づけられるといえるのである。

§ 13 Ist das Kollisionsrecht für den internationalen Rechts- und Wirtschaftsverkehr ein ausreichendes Instrumentarium? – Unter besonderer Berücksichtigung der „lex mercatoria“

Yuko Nishitani

Übersicht

I. Einleitung

Mit der Globalisierung ist ein reger grenzüberschreitender Wirtschaftsverkehr wie nie zuvor entstanden. Da im Bereich des internationalen Rechts- und Wirtschaftsverkehrs auf Rationalität und Schnelligkeit großer Wert gelegt wird, haben die betreffenden rechtlichen Regelungen unverkennbar einen technischen Charakter. Welche Instrumente sind vorhanden, um die Rechtsverhältnisse von Parteien im internationalen Wirtschaftsverkehr zu regeln?

Kommt ein grenzüberschreitendes Rechtsverhältnis zwischen Privatpersonen im Wirtschaftsverkehr zustande, prallen die am Rechtsverhältnis beteiligten Rechte aufeinander. Um diese Gesetzeskollision zu lösen, wird traditionell auf internationales Privatrecht bzw. Kollisionsrecht[1] zurückgegriffen, das das eine maßgebende Recht aus den kollidierenden Rechten auswählt. Diese kollisionsrechtliche Methode setzt die Gleichwertigkeit und Austauschbarkeit in- und ausländischer Rechte voraus und verweist je nach der Kategorie des Rechtsverhältnisses wertneutral auf das Recht, das mit dem Rechtsverhältnis am engsten verbunden ist. Internationales Privatrecht setzt als Ziel, daß dasselbe Rechtsverhältnis unabhängig da-

1 Die beiden Begriffe „internationales Privatrecht“ und „Kollisionsrecht“ werden im folgenden als Synonym verwendet.

von, in welchem Staat darüber entschieden wird, demselben Recht unterliegt und somit Entscheidungseinklang bzw. Entscheidungsharmonie erreicht wird. Dieser kollisionsrechtliche Grundgedanke, der auf *Friedrich Carl von Savigny* zurückgeht,[2] bildet heute noch die Grundlage des modernen internationalen Privatrechts des *Civil Law* Systems.

Diese kollisionsrechtliche Methode geht freilich davon aus, daß der Inhalt einzelner staatlicher Rechte unterschiedlich ausgestaltet ist und damit in einem grenzüberschreitenden Rechtsverhältnis eine „Gesetzeskollision" entsteht. Mit anderen Worten endet die Aufgabe des internationalen Privatrechts, wenn ein weltweites Einheitsrecht entsteht, das nationale Rechte vollständig ersetzt, oder wenn das auf den internationalen Wirtschaftsverkehr anzuwendende Recht vereinheitlicht wird, auch wenn nationale Rechtsordnungen voneinander abweichen. In dieser Hinsicht ergänzen sich internationales Privatrecht und Einheitsrecht gegenseitig und der Anwendungsbereich des ersteren schrumpft mit Fortschreiten der Rechtsangleichung allmählich zusammen.[3]

Die Bewegung zur Rechtsvereinheitlichung durch Staatsverträge begann am Ende des 19. Jahrhunderts. Heute wird jedoch nicht mehr auf diese Rechtsvereinheitlichung durch *hard law*, sondern vielmehr auf die Rechtsangleichung durch *soft law* (z.B. *model law*) Wert gelegt. Ferner ist es bemerkenswert, daß *lex mercatoria,* nämlich kaufmännisches Gewohnheitsrecht und Handelsbräuche als *soft law* im internationalen Wirtschaftsverkehr weit entwickelt ist. *Lex mercatoria* ist zwar von Autor zu Autor unterschiedlich definiert, aber generell werden unter diesem Begriff die von Kaufleuten entwickelten einheitlichen Regelungen, allgemeine Geschäftsbedingungen, internationale Handelsbräuche und allgemeine Rechtsprinzipien verstanden.[4] Was ist die Rechtsnatur der *lex mercatoria*? Wird sie kollisionsrechtlich als maßgebendes Recht angesehen oder lediglich materiellrechtlich durch die Parteien in den Vertrag einbezogen? Es ist allgemein anerkannt, daß sich die internationale Schiedsgerichtsbarkeit in Form der *amiable composition* bei dem Schiedsspruch auf *lex mercatoria* stützen kann.[5] Ob aber *lex mercatoria* auch im staatlichen Gerichtsverfahren als Rechtsquelle dient, ist in der Lehre noch vielfach umstritten.[6]

In Ansehung der Vielfalt an materiellrechtlichen Regelungen hinsichtlich des internationalen Wirtschaftsverkehrs, erscheint es sinnvoll, das Verhältnis zwischen internationalem Privatrecht und Einheitsrecht sowie der *lex mercatoria* erneut auf

---

2 *v. Savigny,* System des heutigen römischen Rechts, Bd. 8 (1849).

3 Zum Verhältnis zwischen internationalem Privatrecht und Einheitsrecht, siehe *Sawaki,* Kokusaishihô to Tôitsu Hô, in: Matsui/Kidana/Katô (Hrsg.), Kokusai Torihiki to Hô (1988), S. 127–146.

4 Zur Definition der *lex mercatoria* siehe unten IV 1.

5 Zur Anwendung der *lex mercatoria* in der internationalen Schiedsgerichtsbarkeit siehe u.a. *Taki,* Kokusai Chûsai to Kokusai Torihiki Hô (1999), S. 49–156. Es ist allerdings strittig, ob die Schiedsrichter sich auf die *lex mercatoria* berufen können, auch wenn die Parteien keine Erklärung in dem Sinne abgegeben haben. *Lando,* Some Features of The Law of Contract in the Third Millennium, Scandinavian Studies in Law 40 (2000), 343, 377–379 (*http://frontpage.cbs.dk/law/commision_on_european_contract_law/literture/landol.doc*).

6 Zu Einzelheiten siehe unten IV 2 und 3.

den Prüfstand zu stellen. Im folgenden werden zunächst die Funktion des internationalen Privatrechts im internationalen Wirtschaftsverkehr sowie die der kollisionsrechtlichen Methode immanenten Grenzen aufgezeigt (II). Darauf folgend wird untersucht, inwieweit die weltweite Rechtsvereinheitlichung durch Staatsverträge sowie die regionale Rechtsvereinheitlichung in der Europäischen Gemeinschaft fortgeschritten sind und welche Grenzen sie beinhalten (III). Ferner werden die Bedeutung der *lex mercatoria* und ihr rechtlicher Charakter in Ansehung der Rechtsangleichung durch *soft law* anstelle der Staatsverträge analysiert. Dabei wird die Kardinalfrage, ob *lex mercatoria* auch im staatlichen Gerichtsverfahren als Rechtsquelle anzusehen ist, im Hinblick auf die gegenwärtigen Diskussionen in der Europäischen Gemeinschaft überprüft (IV). Am Ende stehen einige Schlußfolgerungen (V).

II. Die kollisionsrechtliche Methode und ihre Grenzen

Wie oben (I) dargelegt, liegt der Kernpunkt der kollisionsrechtlichen Methode darin, für ein grenzüberschreitendes Rechtsverhältnis ausgehend von der Gleichwertigkeit in- und ausländischer Rechte aus den kollidierenden Rechten das eine maßgebende Recht auszuwählen. Die Bestimmung des Vertragsstatuts unterliegt heutzutage weltweit der Parteiautonomie, wonach die Parteien das auf ihr Vertragsverhältnis anzuwendende Recht selbst bestimmen können. In Japan schreibt Art. 7 Abs. 1 des *Hôrei* (Gesetz über die Rechtsanwendung) von 1898 die Parteiautonomie vor. Diese Regelung wird auf Art. 7 des *„Hô no Tekiyô ni kansuru Tsûsoku Hô"* (Allgemein regelndes Gesetz betreffend die Anwendung von Gesetzen) überführt, das am 15. Juni 2006 vom Parlament verabschiedet worden ist und voraussichtlich im Januar 2007 in Kraft treten und damit das *Hôrei* ablösen wird.[7] Auch Art. 3 Abs. 1 des Römischen Übereinkommens über das auf vertragliche Schuldverhältnisse anzuwendende Recht (EVÜ) von 1980[8] sowie seine Umsetzungsregelung in Deutschland, Art. 27 Abs. 1 EGBGB, sehen die kollisionsrechtliche Rechtswahlfreiheit vor.

Auf der anderen Seite sind die U.S.A. gegenüber der kollisionsrechtlichen Rechtswahlfreiheit traditionell zurückhaltend gewesen und § 187 des *Restatement (Second) of Conflict of Laws* (1971) sowie § 1–105 des *Uniform Commercial Code* [UCC] vor der Reform von 2001 beschränkten die wählbaren Rechte auf diejenigen, die mit dem Vertragsverhältnis sachliche Verbindung (*substantial relationship*) aufweisen. Mit der Entwicklung der Internet-Transaktionen wird jedoch allmählich diese Beschränkung aufgehoben. So sieht § 1–301 UCC nach der Reform von 2001 grund-

7 Zur Reform des *Hôrei* und der Verabschiedung des *„Hô no Tekiyô ni kansuru Tsûsoku Hô"*, siehe *Nishitani,* Die Reform des *Horei*, ZJapanR/J. Jap. L. 15 (2003), 263–264; *dies.*, Die Reform des *Horei* (2) – Der Vorentwurf vom 22. März 2005 –, ZJapanR/J. Jap. L. 19 (2005), 251–263; *dies.*, Die Reform des *Horei* (3) – Das Gesetz *„Hô no Tekiyô ni kansuru Tsûsoku Hô"* vom 15. Juni 2006 –, ZJapanR/J. Jap. L. 21 (2006), 229–230. Eine Übersetzung des neuen Gesetzes wird in ZJapanR/J.Jap.L. 22 (2006) veröffentlicht.

8 Römisches EWG-Übereinkommen über das auf vertragliche Schuldverhältnisse anzuwendende Recht vom 19. 6. 1980 (EVÜ), BGBl 1986 II, 810.

sätzlich die vollständige Rechtswahlfreiheit vor, solange der Vertrag zwischen Kaufleuten abgeschlossen wird. Auch § 109 (a) des *Uniform Computer Information Transactions Act* (UCITA) von 1999 schreibt die Parteiautonomie ohne Einschränkung der wählbaren Rechte vor. Selbst die lateinamerikanischen Staaten, die traditionell im allgemeinen die Parteiautonomie ablehnten, haben in Art. 7 Abs. 1 der Inter-Amerikanischen Konvention über das auf internationale Verträge anzuwendende Recht von Mexiko (1994) die Parteiautonomie aufgenommen[9].

Auf diese Weise ist heute die Parteiautonomie im internationalen Vertragsrecht weltweit anerkannt. Damit kann der internationale Entscheidungseinklang einfacher erreicht werden. Auf der anderen Seite müssen jedoch die Grenzen der kollisionsrechtlichen Methode wahrgenommen werden[10].

Erstens muß das Vertragsverhältnis der Parteien bei der Bestimmung des anzuwendenden Rechts in einer staatlichen Rechtsordnung „lokalisiert" werden. Und auch wenn die Parteiautonomie in zahlreichen Staaten anerkannt ist, muß objektiv – z.B. mit Hilfe der „charakteristischen Leistung" (Art. 4 Abs. 2 EVÜ, Art. 28 Abs. 2 EGBGB) – angeknüpft werden, solange die Parteien weder ausdrücklich noch stillschweigend das anzuwendende Recht bestimmt haben. Da grenzüberschreitende Vertragsverhältnisse naturgemäß mit mehreren Staaten verbunden sind, kann es künstlich und manchmal sogar willkürlich vorkommen, sie an eine einzige staatliche Rechtsordnung anzuknüpfen.[11]

Zweitens wurden im traditionellen internationalen Privatrecht lediglich diejenigen Rechtsnormen als wählbar angesehen, die aufgrund der legitimen legislativen Gewalt vom Souveränitätsstaat erlassen worden sind oder deren Geltung von einem solchen Staat gewährleistet ist. Die staatlichen Rechtsnormen spiegeln jedoch in der Regel den sozialen und Wirtschaftszustand des betreffenden Staates wi-

---

9 Inter-American Convention on the Law Applicable to International Contracts signed at Mexico, D.F., Mexico, on March 17, 1994, at the Fifth Inter-American Specialized Conference on Private International Law (CIDIP-V). Diese Konvention ist bereits in Kraft getreten, doch ist sie nur von Mexiko und Venezuela ratifiziert und von Bolivien, Brasilien und Uruguay unterzeichnet worden (*http://www.oas.org/main/main.asp?sLang=S&sLink=http://www.oas.org/DIL/treaties_and_agreements.htm*). Zu dieser Konvention sowie der Rechtszustand in Latein-Amerika siehe *Juenger,* The Inter-American Convention on the Law Applicable to International Contracts: Some Highlights and Comparisons, Am. J. Comp. L. 42 (1994), 381, 386–393; *ders.,* Contract Choice of Law in the Americas, Am. J. Comp. L. 45 (1997), 195–208.

10 Zu den Grenzen der kollisionsrechtlichen Methode siehe *Lando/v. Bar,* Communication on European Contract Law – Joint Response of the Commission on European Contract Law and the Study Group on a European Civil Code vom 25. 10. 2001, Rn. 52–60 (*http://www.sgecc.net/media/downloads/stellungnahme_kommission_5_finall.pdf*); *Kuwahara,* Kokusai Torihiki Hô ni okeru Lex Mercatoria no Riron – Bonell-Shi no Shosetsu wo Taishô to shite –, Shôgaku Tôkyû 39–1 (1991), 115–116; *K. Sono,* Sôgo Shintô no Jidai ni okeru „Kokusai" Chitsujo no Suitai – Lex Mercatoria Shutsugen no Hitsuzensei mo fukume –, Hokudai Hôgaku Ronshû 39–5/6 (II) (1989) 1721, 1739–1757.

11 In Anlehnung an Art. 4 EVÜ schreibt Art. 8 Abs. 1 des neuen japanischen IPR-Gesetzes (siehe oben Fn. 7) vor, daß in Ermangelung einer Rechtswahl durch die Parteien das Recht, das mit dem Rechtsverhältnis am engsten verbunden ist, objektiv zur Anwendung berufen wird. Als Vermutung der engsten Verbindung stützt sich Art. 8 Abs. 2 auf den gewöhnlichen Aufenthalt des Schuldners, der die charakteristische Leistung erbringen soll.

der und können nicht immer den Besonderheiten des internationalen Wirtschaftsverkehrs gerecht werden. Auch im Vertragsrecht, das verhältnismäßig weitgehend von einem technischen Charakter geprägt ist, sind die Modalitäten sowie die Form des Vertragsabschlusses und die Art und Weise der Vertragserfüllung ausgehend vom nationalen Rechtssystem des betreffenden Staates konzipiert, so daß durchaus Regelungen vorhanden sein können, die für den internationalen Wirtschaftsverkehr nicht geeignet sind oder vom Gericht eines anderen Staates schwerlich angewendet werden können.

Drittens erzeugt die Anwendung eines ausländischen Rechts Transaktions- sowie Informationskosten. Gilt die Parteiautonomie zur Bestimmung des Vertragsstatuts, so besteht die Gefahr, daß die in Verhandlungen überlegene Partei ein für sie günstigeres Recht, meistens das Recht ihres Sitzes, zur Anwendung beruft und die schwächere Partei die kostspielige Anwendung eines ausländischen Rechts in Kauf nehmen muß. Wenn dagegen die beiden Parteien in Verhandlungen gleich stark sind, müssen sie sich im Endeffekt mit einem neutralen Recht eines Drittstaates zufriedengeben und beide tragen die Kosten für die Anwendung des ausländischen Rechts.

Viertens belastet es den Richter, den Inhalt eines ausländischen Rechts genau zu untersuchen, festzustellen und anzuwenden; das ist zeit- und kostenaufwendig. Vor allem ist es schwierig, dem ausländischen Recht die ursprünglich vorgesehene Wirkung zu erteilen, wenn es eigene Rechtsinstitutionen des betreffenden Staates voraussetzt oder mit dem Verfahrensrecht des betreffenden Staates verbunden ist. Ferner geht internationales Privatrecht von der Gleichwertigkeit in- und ausländischer Rechte aus, doch versuchen Richter und Anwälte tendenziell das inländische Recht vorzuziehen und möglicherweise die Anwendung eines ausländischen Rechts zu vermeiden („Heimwärtsstreben"). Dies bedeutet für die Parteien, daß das von ihnen als maßgebend festgelegte ausländische Recht gegebenenfalls nicht mehr zur Anwendung berufen wird.

Es ist also unverkennbar, daß die kollisionsrechtliche Methode, auf ein staatliches Recht als maßgebendes Recht zu verweisen und damit den internationalen Wirtschaftsverkehr zu regeln, gewisse Schwierigkeiten und Grenzen aufweist. Infolge dessen hat man sich seit dem Ende des 19. Jahrhunderts darum bemüht, durch die Vereinbarung von Staatsverträgen zwischen den Nationalstaaten eine Rechtsvereinheitlichung zu veranlassen, um den grenzüberschreitenden Wirtschaftsverkehr zu erleichtern.

III. Die Rechtsvereinheitlichung

1. Weltweite Rechtsvereinheitlichung

Im internationalen Wirtschaftsverkehr bemühte man sich insbesondere auf wichtigen Rechtsgebieten um Rechtsvereinheitlichung. Beispiele eines weltweiten Einheitsrechts, das innerstaatliche Rechte ersetzt, sind das Genfer Einheitliche

Wechselrecht (1930)[12] und das Scheckrecht (1931)[13]. Als internationales Einheitsrecht hinsichtlich grenzüberschreitender Rechtsverhältnisse sind im Bereich des Transportrechts vor allem das Brüsseler Konnossement-Übereinkommen (1924)[14] und die Zusatzprotokolle (1968 und 1979; *Hague-Visby Regeln*),[15] das Warschauer Abkommen (1929)[16] nebst Zusatzprotokollen[17] sowie das Übereinkommen von Montreal (1999)[18] zu nennen, und im Bereich des internationalen Kaufrechts das Haager Einheitskaufrecht (1964)[19] und das Wiener UN-Kaufrecht (1980)[20]. Weitere Beispiele dazu sind die New Yorker Konvention über die Verjährung (1974),[21] die UNIDROIT-Konvention über das internationale Factoring (1988)[22] sowie die UNIDROIT-Konvention über das internationale Financial Leasing[23] und die UN-Konvention über die Forderungsabtretung[24].

Es ist jedoch anzumerken, daß bis heute weder ein umfassendes Einheitsrecht geschaffen worden ist, das alle Branchen des internationalen Wirtschaftsverkehrs abdeckt, noch ein solches, das von allen Staaten der Welt ratifiziert worden wäre. Selbst das UN-Kaufrecht von 1980, das als ein gelungenes Instrument zur Rechtsvereinheitlichung angesehen wird, hat lediglich 67 Mitgliedstaaten (zum 5. Juli 2006) und Japan, das Vereinigte Königreich und Irland haben es noch nicht ratifiziert. Weiter ist zu berücksichtigen, daß Art. 6 des UN-Kaufrechts eine *opt-out* Regelung enthält, wonach die Parteien durch eine entsprechende Vereinbarung die

12 Convention Providing a Uniform Law For Bills of Exchange and Promissory Notes, Geneva, 7. 6. 1930 (von Japan ratifiziert und im *Tegata Hô* vom 15. 7. 1932 umgesetzt).

13 Convention Providing a Uniform Law for Cheques, Geneva, 19. 3. 1931 (von Japan ratifiziert und im *Kogitte Hô* vom 29. 7. 1933 umgesetzt).

14 International Convention for the Unification of Certain Rules of Law Relating to Bills of Lading (Hague Rules), Brussels, 25. 8. 1924 (von Japan ratifiziert und im *Kokusai Kaijô Buppin Unsô Hô* vom 13. 6. 1957 umgesetzt).

15 Von Japan ratifiziert und durch die Reform des *Kokusai Kaijô Buppin Unsô Hô* vom 3. 6. 1992 umgesetzt.

16 Convention for the Unification of Certain Rules relating to International Carriage by Air, Warsaw, 12. 10. 1929 (von Japan ratifiziert, Staatsvertrag Nr. 17 vom 18. 8. 1953).

17 The Hague Protocol (1955) (von Japan ratifiziert, Staatsvertrag Nr. 11 vom 30. 8. 1967); the Guatemala Protocol (1971); the Montreal Protocols No. 1–4 (1975) (das Protokoll Nr. 4 ist von Japan ratifiziert, Staatsvertrag Nr. 6 vom 30. 6. 2000).

18 Convention for the Unification of Certain Rules for International Carriage by Air, Montreal, 28. 5. 1999 (Inkrafttreten 4. 11. 2003; von Japan ratifiziert, Staatsvertrag Nr. 6 vom 29. 10. 2003).

19 Convention relating to a Uniform Law on the International Sale of Goods, The Hague, 1. 7. 1964; Convention relating to a Uniform Law on the Formation of Contracts for the International Sale of Goods, The Hague 1. 7. 1964 (von Japan nicht ratifiziert).

20 United Nations Convention on Contracts for the International Sale of Goods, Vienna, 11. 4. 1980 (CISG) (Inkrafttreten 1. 1. 1988; von Japan nicht ratifiziert).

21 Convention on the Limitation Period in the International Sale of Goods, New York, 12. 6. 1974 (von Japan nicht ratifiziert).

22 UNIDROIT Convention on International Factoring, Ottawa, 28. 5. 1988 (von Japan nicht ratifiziert).

23 UNIDROIT Convention on International Financial Leasing, Ottawa, 28. 5. 1988 (von Japan nicht ratifiziert).

24 United Nations Convention on the Assignment of Receivables in International Trade, New York, 12. 12. 2001 (von Japan nicht ratifiziert).

Anwendung des UN-Kaufrechts ausschließen können.[25] In der deutschen Praxis wird in der Tat diese Regelung regelmäßig in Anspruch genommen, weil der Inhalt des UN-Kaufrechts wenig bekannt ist und das Anwendungsergebnis durch ein nationales Gericht in Ermangelung eines übernationalen Gerichts, das die Auslegung der Konvention vereinheitlicht, nicht vorauszusehen ist.[26]

Die Rechtsvereinheitlichung durch Staatsverträge weist aber auch generelle Probleme auf. Erstens ist die Ratifikation eines Staatsvertrags langwierig und hängt von den politischen und wirtschaftlichen Umständen des betreffenden Staates ab. Auch ein in einer Versammlung angenommener Staatsvertrag endet nicht selten ohne in Kraft zu treten.

Zweitens sind Staatsverträge nicht leicht zu ändern, nachdem sie einmal zustande gekommen sind, sie können daher nicht genügend an die sich schnell verändernde Wirtschaftspraxis angepaßt werden. Manche Staatsverträge sind durch Zusatzprotokolle geändert worden, doch entsteht in dem Fall sofort ein rechtliches *„patchwork"*, wenn – wie oftmals der Fall – nicht alle Mitgliedstaaten sogleich das neueste Zusatzprotokoll ratifizieren. So z.B. sind die Mitgliedstaaten des Warschauer Abkommens von 1929, seiner Zusatzprotokolle und des Übereinkommens von Montreal, das das Warschauer Abkommen abgelöst hat, jeweils verschieden und die anwendbaren Rechtsnormen sind je nach den betreffenden Staaten zersplittert.

Drittens ist für Staatsverträge in der Regel kein übernationales Gericht vorhanden, das ihre Auslegung vereinheitlicht. Ihre Anwendung und Durchführung in den Mitgliedstaaten können daher voneinander abweichen. Dieser Vorgang wird als *„re-nationalisation of once unified law"* genannt und vermindert die Bedeutung der Rechtsvereinheitlichung.[27] Auf diese Weise stößt die Rechtsvereinheitlichung durch Staatsverträge auf gewisse Grenzen.

2. Rechtsvereinheitlichung in der Europäischen Union

Mit der Globalisierung entsteht auf der einen Seite reger Wirtschaftsverkehr in der ganzen Welt. Auf der anderen Seite entwickelt sich zugleich die regionale wirtschaftliche Integration wie die Europäische Union/Europäische Gemeinschaft

---

25 Art. 6: „Die Parteien können die Anwendung dieses Übereinkommens ausschließen oder, vorbehaltlich des Artikels 12, von seinen Bestimmungen abweichen oder deren Wirkung ändern."

26 *v. Bar/Schulte-Nölke,* Gemeinsamer Referenzrahmen für europäisches Schuld- und Sachenrecht, ZRP 2005, 165, 168.

27 *Basedow,* International Uniform Law Conventions, lex mercatoria and UNIDROIT Principles, Unif. L. Rev. 2000–1, 129–130 (japanische Übersetzung dieses Artikels bei: *Nishitani,* Tôitsu Hô Jôyaku to Kokusai Shôji Keiyaku ni kansuru UNIDROIT Gensoku, Minshôhô Zasshi 132–6 (2005), 727–745); *Gebauer,* Uniform Law, General Principles and Autonomous Interpretation, Unif. L. Rev. 2000–1, 683, 684. Unter Bezugnahme auf diese Probleme der Staatsverträge weist Kronke darauf hin, daß die Staatsverträge generell der Rechtssicherheit dienen und für gewisse Rechtsgebiete doch geeigneter sind als *soft law. Kronke,* International uniform commercial law Conventions: advantages, disadvantages, criteria for choice, Unif. L. Rev. 2000–1, 13, 16–21.

und MERCOSUR (*Mercado Común del Sur*). Insbesondere betreibt die Europäische Gemeinschaft die Rechtsangleichung, um das Funktionieren des internen Marktes zu gewährleisten und Handelshindernisse abzubauen. Die Rechtsangleichung in der Europäischen Gemeinschaft wurde jedoch bisher aufgrund der Art. 94, 95 EG-Vertrag weitgehend in Form von EG-Richtlinien verwirklicht. Als natürliche Folge differieren die Umsetzungsformen in jeweiligen Mitgliedstaaten. Deshalb besteht heute noch keine vollständige Rechtsvereinheitlichung im Privatrecht und bleibt es vorerst bei einer losen Rechtsangleichung, die die rechtlichen Unterschiede einzelner Mitgliedstaaten voraussetzt.

Neuerdings ist aber die Vereinheitlichung des Vertragsrechts in der Europäischen Gemeinschaft zur Diskussion gestellt. Das Europäische Parlament unterstützt die Kodifikation eines einheitlichen Europäischen Zivilgesetzbuches seit seiner Entschließung von 1989[28] und erklärte weiter im Jahre 1994, daß die Rechtsvereinheitlichung zur Bildung eines einheitlichen Marktes unerläßlich ist.[29] Auch der Europäische Rat erklärte 1999 in seiner Entschließung in Tampere, einen Bericht über die Frage zu erstatten, ob für das reibungslose Funktionieren von zivilrechtlichen Verfahren die zivilrechtlichen Vorschriften der Mitgliedstaaten angeglichen werden müssen.[30]

Demgegenüber nahm die Europäische Kommission zunächst eine zurückhaltende Stellung ein. Im Jahre 2001 veröffentlichte sie aber eine Mitteilung zum europäischen Vertragsrecht und erwähnte zum ersten Mal die Möglichkeit der Kodifizierung eines Europäischen Zivilgesetzbuches.[31] Ferner erwog die Kommission im Aktionsplan von 2003, ob eine weitere Stufe der Rechtsvereinheitlichung durch einen „Gemeinsamen Referenzrahmen", EU-weite Standard-Vertragsklauseln oder ein „Optionales Instrument" des Vertragsrechts erreicht werden solle.[32] Auch die Mitteilung der Europäischen Kommission von 2004 steht auf dieser Linie.[33] Der Gemeinsame Referenzrahmen ist als ein Modellgesetz konzipiert, das die Qualität und die Kohärenz des geltenden Gemeinschaftsrechts garantieren soll. Dafür wird voraussichtlich bis Ende 2007 ein von Wissenschaftlergruppen bearbeiteter Vor-

---

28 Entschließung des Europäischen Parlaments zu den Bemühungen um eine Angleichung des Privatrechts der Mitgliedstaaten vom 26. 5. 1989, ABl. C 158 vom 26. 6. 1989, 400.

29 Entschließung des Europäischen Parlaments zur Angleichung bestimmter Bereiche des Privatrechts der Mitgliedstaaten vom 6. 5. 1994, ABl. C 205 vom 25. 7. 1994, 518.

30 Europäischer Rat, Tampere 15. und 16. 10. 1999 – Schlußfolgerungen des Vorsitzes: „39. Im Bereich des materiellen Zivilrechts bedarf es einer allgemeinen Studie über die Frage, ob zur Beseitigung von Hindernissen für das reibungslose Funktionieren von zivilrechtlichen Verfahren, die zivilrechtlichen Vorschriften der Mitgliedstaaten angeglichen werden müssen. Der Rat sollte bis 2001 Bericht erstatten." (*http://www.europarl.europa.eu/summits/tam_de.htm*).

31 Mitteilung der Kommission an den Rat und das Europäische Parlament zum europäischen Vertragsrecht vom 11. 7. 2001, KOM (2001) 398 endg. Vgl. *Hondius,* Towards a European Civil Code, in: Hartkamp/Hesselink usw. (Hrsg.), Towards a European Civil Code (3. Aufl., 2004), S. 3, 4 (note 13).

32 Mitteilung der Kommission an das Europäische Parlament und den Rat – Ein kohärenteres Europäisches Vertragsrecht – Ein Aktionsplan vom 12. 2. 2003, KOM (2003) 68 endg.

33 Mitteilung der Kommission an das Europäische Parlament und den Rat – Europäisches Vertragsrecht und Überarbeitung des gemeinschaftlichen Besitzstands – weiteres Vorgehen vom 11. 10. 2004, KOM (2004) 651 endg.

entwurf vorgelegt; auf dieser Grundlage soll der Gemeinsame Referenzrahmen bis Ende 2009 erlassen werden.[34]

Nach überwiegender Auffassung hat allerdings die Europäische Gemeinschaft nach dem gegenwärtigen EG-Vertrag keine Gesetzgebungskompetenz, ein verbindliches Europäisches Zivilgesetzbuch zu erlassen, das innerstaatliche Rechte der Mitgliedstaaten ersetzt.[35] Deshalb wird der Gemeinsame Referenzrahmen voraussichtlich lediglich eine sekundäre Rechtsquelle parallel zu den innerstaatlichen Rechten und wird vermutlich in Form einer *opt in*-Regelung erlassen, die erst mit der Berufung durch die Parteien zur Anwendung gelangt. Es wird also selbst in Europa noch eine Weile dauern, bis das Vertragsrecht vollständig vereinheitlicht wird. Bis dahin bleibt die Rechtszersplitterung der Vertragsrechte aller Mitgliedstaaten bestehen. Es gilt auch zu bedenken, daß es nicht an Stimmen fehlt, die den Sinn und die Zweckmäßigkeit der Kodifizierung eines einheitlichen Vertragsrechts bezweifeln.[36] Es bleibt abzuwarten, inwieweit die Rechtsvereinheitlichung in der Europäischen Gemeinschaft fortschreiten wird. Freilich erscheint es in gewisser Hinsicht in Einklang mit dem Subsidiaritäts- und Verhältnismäßigkeitsprinzip, die Unterschiede der Rechte einzelner Mitgliedstaaten zu respektieren und grundsätzlich auf der Grundlage der EG-Richtlinien lediglich die Rechtsangleichung zu veranlassen.

3. Zwischenergebnis

Wie oben (1) angeführt, hat die Rechtsvereinheitlichung durch Staatsverträge bestimmte Grenzen. Selbst in der Europäischen Gemeinschaft hat die Vereinheitlichung des Vertragsrechts, das einen verhältnismäßig technischen Charakter hat, noch einen langen Weg vor sich. Neuerdings ist eine Tendenz zu beobachten, durch Modellgesetze (*model laws*), die den jeweiligen Staaten bei der Gesetzgebung als Vorbild bzw. Anweisung dienen sollen, die weltweite Rechtsangleichung zu veranlassen.[37] Solange aber innerstaatliche Rechte einzelner Staaten unterschiedlich bleiben, muß notwendigerweise auf die kollisionsrechtliche Methode zurückgegriffen und auf das Recht eines Staates als Vertragsstatut verwiesen werden. Andererseits weist die kollisionsrechtliche Methode, wie oben angeführt, für die Rege-

---

34 Dieser Zeitplan ist auch im Bericht der Kommission – Erster jährlicher Fortschrittsbericht zum europäischen Vertragsrecht und zur Überprüfung des gemeinschaftlichen Besitzstandes vom 23. 9. 2005, KOM (2005) 456 endg., bestätigt.

35 Es ist in erster Linie die Auslegungsfrage des Art. 95 EG-Vertrag. Siehe u.a. *Basedow*, Grundlagen des europäischen Privatrechts, JuS 2004, 89, 92–93; *Riesenhuber*, Europäisches Vertragsrecht (2003), S. 60–70.

36 So z.B. *Kronke*, Brauchen wir ein europäisches Zivilgesetzbuch?, 3, 12–17 (*http://www.irp.uni-trier.de/11_Kronke.pdf*).

37 Als Beispiele von Modellgesetzen sind das UNCITRAL Model Law on Electronic Commerce with Guide to Enactment, 12. 6. 1996 (with additional article 5bis as adopted in 1998) und das UNCITRAL Model Law on Electronic Signatures with Guide to Enactment, 5. 7. 2001 zu nennen. Zu sonstigen Modelgesetzen im Bereich der Schiedsgerichtsbarkeit und des Insolvenzverfahrens siehe *http://www.uncitral.org/uncitral/en/uncitral_texts.html*.

lung des internationalen Wirtschaftsverkehrs gewisse Grenzen auf. Es ist daher sinnvoll zu untersuchen, ob noch eine andere alternative Regelungsmethode vorhanden ist. Im folgenden Abschnitt wird die Bedeutung der *lex mercatoria* im internationalen Wirtschaftsverkehr und die Möglichkeit, sie als eine Rechtsquelle anzusehen, untersucht.

IV. „*Lex mercatoria*“ und ihre Rechtsnatur

1. Die Definition der „*lex mercatoria*“

Im internationalen Wirtschaftsverkehr hat *lex mercatoria* seit jeher eine wichtige Rolle gespielt. *Lex mercatoria* umfaßt generell die von Kaufleuten entwickelten einheitlichen Regelungen, allgemeine Geschäftsbedingungen, internationale Handelsbräuche und allgemeine Rechtsprinzipien (wie *pacta sunt servanda* und Treu und Glauben). Als einheitliche berufbare Regelungen sind die von der Internationalen Handelskammer in Paris (ICC) entwickelten „Internationalen Handelsklauseln“ (INCOTERMS; 1936 i.d.F. von 2000) sowie die „Einheitlichen Richtlinien und Gebräuche für Dokumentenakkreditive“ (ERA; 1933 i.d.F. von 2003) zu nennen. In Japan werden ferner die UNIDROIT-Prinzipien für Internationale Handelsverträge (1994 i.d.F. von 2004)[38] und die Europäischen Vertragsprinzipien der *Lando*-Kommission (1999 und 2003)[39], in denen vertragsrechtliche Rechtsnormen systematisch wie ein Kodex geordnet sind, auch unter dem Begriff der *lex mercatoria* subsumiert.[40] Im folgenden wird dieser weiten Definition der *lex mercatoria* gefolgt. Es ist allerdings anzumerken, daß in Europa generell die *lex mercatoria* lediglich internationale Handelsbräuche bezeichnet und von den UNIDROIT-Prinzipien und den Europäischen Vertragsprinzipien unterschieden wird.[41]

---

38 Zu weiteren Informationen siehe *http://www.unidroit.org/english/principles/contracts/main.htm*. Zur japanischen Übersetzung der UNIDROIT Principles (1994) siehe *Sono/Hirose/Uchida/Sono*, UNIDROIT Kokusai Shôji Keiyaku Gensoku (2004). Die UNIDROIT-Prinzipien sind von Wissenschaftlern als Sammlung allgemeiner vertragsrechtlicher Rechtsgrundsätze einzelner Staaten herausgearbeitet. Auf die UNIDROIT-Prinzipien sich berufen häufig die Vertragsparteien und auch die Schiedsrichter. Ferner dienten sie als Model in der nationalen Gesetzgebung in Ungarn und China. Siehe dazu *Bonell*, UNIDROIT Principles 2004 – The New Edition of the Principles of International Commercial Contracts adopted by the International Institute for the Unification of Private Law, Unif. L. Rev. 2004, 5, 6–17. Insbesondere Basedow ist der Auffassung, daß die UNIDROIT-Prinzipien zur Auslegung und Lückenfüllung einheitsrechtlicher Staatsverträge herangezogen werden können. *Basedow*, Unif. L. Rev. 2000–1, 133–138.

39 *Lando/Beale* (Hrsg.), Principles of European Contract Law, Part I & II (2000); *Lando/Clive/Prüm/Zimmermann*, Principles of European Contract Law, Part III (2003). Die deutsche Übersetzung: *v. Bar/Zimmermann*, Grundregeln des Europäischen Vertragsrechts, Teile I und II (2002), Teil III (2005). Die japanische Übersetzung wird bald veröffentlicht. Zu den Europäischen Vertragsprinzipien siehe *Takasugi*, Yôroppa Keiyakuhô Gensoku ni tsuite, Kagawa Hôgaku 16–1 (1996), 108–132; *Shiomi*, Keiyaku Sekinin no Taikei (2000), S. 86–119.

40 Siehe dazu *Takakuwa*, Kokusai Torihiki Hô (2003), S. 42–43; *Yamate*, Lex mercatoria ni tsuite no Ichi Kôsatsu (1) – Sono Seisei to Tenkai oyobi Tekiyô Purosesu, Hôgaku Zasshi 33–3 (1987), 343, 344–349.

41 Siehe dazu unten IV 3.

Die weiteste Definition der *lex mercatoria* umfaßt auch die einheitsrechtlichen Staatsverträge wie das UN-Kaufrecht von 1980. Es gilt aber zu bedenken, daß Staatsverträge durch die Vereinbarung von Souveränitätsstaaten abgeschlossen werden und ins nationale Rechtssystem inkorporiert sind, so daß sie ohne weiteres als Rechtsquelle angesehen werden können. Es ist zwar eine wichtige Frage, ob einheitsrechtliche Staatsverträge über ihren eigentlichen territorialen Anwendungsbereich hinaus als Vertragsstatut angewendet werden können oder nicht, aber dieser Punkt kann zum Zweck der folgenden Untersuchung dahingestellt bleiben. Im folgenden wird unter der *lex mercatoria* lediglich nichtstaatliches Recht verstanden.

2. „*Lex mercatoria*" und Vertragsstatut

Lex mercatoria als nichtstaatliches Recht regelt materiellrechtlich das Vertragsverhältnis, wenn sie durch die Vereinbarung der Parteien in den Vertragsinhalt inkorporiert worden ist. Die Verweisung auf *lex mercatoria* bedeutet in diesem Fall lediglich eine materiellrechtliche und keine kollisionsrechtliche Verweisung und dient nicht zur Bestimmung des Vertragsstatuts. Im Gegensatz dazu ist strittig, ob die Parteien sich auf nichtstaatliches Recht als kollisionsrechtliche Verweisung berufen können. In der Schiedsgerichtsbarkeit kann *lex mercatoria* als Entscheidungsnorm dem Schiedsspruch zugrunde gelegt werden. Die Frage ist aber, ob dasselbe auch für staatliche Gerichtsverfahren gilt.

Rechtsvergleichend fehlt es nicht an Stimmen, *lex mercatoria* als wählbare Rechtsquelle anzusehen.[42, 43] Nach dieser Auffassung wird allgemein als Begründung angeführt, daß sich *lex mercatoria* durch die Praxis des internationalen Wirtschaftsverkehrs als Handelsbrauch gebildet hat und deshalb unabhängig vom staatlichen Recht als autonome, für die internationale Handelsgemeinschaft eigene Rechtsquelle angesehen werden kann.[44] Manche Autoren stützen sich darauf, daß die Handelsbräuche und die allgemeinen Geschäftsbedingungen, die von der Internationalen Handelskammer oder einer vergleichbaren Organisation systematisch

42 Die Theorie der *lex mercatoria* wurde seit den 1950er Jahren von englischen und französischen Autoren in Diskussion gestellt. Zu Einzelheiten siehe *De Ly*, International Business Law and Lex Mercatoria (1992), S. 207–248. Auch Teubner schreibt der modernen *lex mercatoria*, die durch die Dialoge aufgrund des Dualkodes von Recht und Unrecht in der globalen Rechtsordnung zustande kommt, rechtlichen Charakter zu. *Teubner*, ‚Global Bukowina': Legal Pluralism in the World Society, in: Teubner (Hrsg.), Global Law Without a State (1997), S. 3, 8–22.

43 Auch Art. 9 Abs. 2 und Art. 10 der Inter-Amerikanischen Konvention von 1994 (siehe oben Fn. 9) schreiben die Berücksichtigung der *lex mercatoria* vor. Diese Vorschriften sind als Kompromiß zwischen den Befürwortern der Anwendbarkeit der *lex mercatoria* und deren Gegnern zustande gekommen. Siehe dazu *Takasugi*, Beishû no Tôitsu Kokusashihô Jôyaku, Kokusaishihô Nenpô 3 (2001), 119, 127–128; *Juenger*, Am. J. Comp. L. 42 (1994), 391–392. Zur Auffassung Juengers, der die Anwendbarkeit der *lex mercatoria* befürwortet, siehe *Juenger*, The *lex mercatoria* and private international law, Unif. L. Rev. 2000, 171, 182–187; *ders.*, Am. J. Comp. L. 45 (1997), 204–205.

44 *Schmitthoff*, International Business Law: A New Law Merchant, in: Cheng (Hrsg.), Selected Essays on International Trade Law (1988), S. 20–37.

niedergelegt worden sind, allgemeine Geltung beanspruchen können und als von einer legitimen Organisation erlassene Privatgesetzgebung die notwendige Bindungskraft besitzen.[45] Eine Mindermeinung in Japan, wonach *lex mercatoria* als maßgebendes Recht wählbar sein soll, stützt sich entweder darauf, daß der Parteiwille als Rechtfertigungsgrund der Rechtsquelle heranzuziehen sei (a)[46], oder daß zwar nur staatliche Rechte als Vertragsstatut berufen werden könnten, doch der *lex mercatoria* als Gewohnheitsrecht die normative Wirkung aufgrund des im staatlichen Recht verankerten Parteiwillens zugeschrieben werde (b).[47]

Dazu ist zunächst anzumerken, daß das Vertragsstatut als Entscheidungsnorm vor dem staatlichen Gericht die Legitimität als Rechtsquelle haben muß. *Lex mercatoria* sind Handelsbräuche einer internationalen Handelsgemeinschaft als „Teilgesellschaft". Dies begründet aber nicht unmittelbar die Rechtsqualität der *lex mercatoria.* Die oben genannte Auffassung (a) stützt sich zu dieser Begründung auf den Parteiwillen. Nach dieser Auffassung wird jedoch zu Unrecht den Parteien die Position des Gesetzgebers erteilt, die selbst bestimmen können, „was Recht ist". Verträge, die jeglichen staatlichen Regelungen ausweichen (*contrat sans loi*), kann es nicht geben.

Zweitens müssen der Inhalt und die Wirkung eines nichtstaatlichen Rechts feststehen, um als Vertragsstatut angewendet zu werden. *Lex mercatoria* umfaßt aber nicht nur systematisch geordnete Regelungen wie ERA und UNIDROIT-Prinzipien, die die Befürworter der *lex mercatoria* heranziehen. Nicht selten mangelt es ihr an benötigten Rechtsnormen in dem betreffenden Fall. Die Lückenfüllung durch allgemeine Rechtsgrundsätze hilft nicht weiter, so daß die Entscheidung schließlich dem Richter überlassen werden muß, falls die Parteien sich nicht auf den Inhalt der *lex mercatoria* einigen können. Es ist aber eine schwierige, zeit- und kostenaufwendige Aufgabe für den Richter, da regelmäßig keine sachlichen Kriterien vorhanden sind. Wenn die Entscheidung im Endeffekt auf ein staatliches Recht gestützt werden muß, werden die Besonderheiten des internationalen Wirtschaftsverkehrs außer acht gelassen und es entstehen dieselben Probleme wie bei der Anwendung eines ausländischen Rechts folgend der kollisionsrechtlichen Methode.[48] Andererseits wird die Grenzziehung ein Problem, wenn nur eine international anerkannte, systematisch gegliederte *lex mercatoria* als Vertragsstatut angewendet werden kann.

---

45 *Goldman,* Frontière du droit et „lex mercatoria", Arch. phil. dr. 9 (1964), 177, 187–192; vgl. auch *Taki* (Fn. 5), S. 108–114.

46 *Takasugi,* Kokusaishihô ni okeru Shin-yôjô Tôitsu Kisoku no Toriatsukai, Tezukayama Hôgaku 5 (2001), 75, 111–119; siehe auch *ders.,* Kokusai Kaihatsu-Keiyaku to Kokusaishihô – Anteika Jôkô no Yûkôsei to Hi-Kokkahô no Junkyohô Tekikausei –, Handai Hôgaku 52–3/4 (2002), 1007, 1022–1023.

47 *Yamate,* Lex mercatoria ni tsuite – Kokusai Torihiki Keiyaku Kisei Kihan no Dokujisei to sono Hôteki Seishitsu –, Tôhoku Gakuin Daigaku Ronshû 34 (1989), 121, 131–141; auch *ders.,* Hôgaku Zasshi 33–3 (1987), 539–568. Ähnlich argumentiert auch *Schmitthoff,* The Law of International Trade, Its Growth, Formulation and Operation, in: Cheng (Hrsg.), Selected Essays on International Trade Law (1988), S. 137, 165–167.

48 Siehe dazu oben II.

Drittens ist zu bedenken, daß die nationalen Regelungen im Bereich des Wirtschaftsverkehrs regelmäßig aus fakultativen Rechtsnormen bestehen. Auch wenn also ein staatliches Recht als Vertragsstatut gelten sollte, können die Parteien *lex mercatoria* durch eine materiellrechtliche Verweisung in den Vertragsinhalt inkorporieren. Die Notwendigkeit und Nützlichkeit, *lex mercatoria* als solche maßgebend zu erklären, ist deshalb fraglich.[49] Die oben genannte Auffassung (b) will die *lex mercatoria* im Rahmen des maßgebenden staatlichen Rechts angewendet wissen. Der Kernpunkt dieser Auffassung liegt darin, daß *lex mercatoria* selbst dann zur Anwendung kommt, wenn die Parteien sich nicht ausdrücklich darauf berufen haben. Wenn aber das Vertragsstatut die betreffende *lex mercatoria* als Gewohnheitsrecht und somit materiellrechtlich als sekundäre Rechtsquelle ansieht, kann sie in diesem Rahmen auch in Ermangelung der Berufung durch die Parteien angewendet werden. Außerdem gelangt man zu demselben Ergebnis wie die kollisionsrechtliche Methode, solange nach der Auffassung (b) die Anwendung der *lex mercatoria* nicht über die im Vertragsstatut vorgesehenen zwingenden Rechtsnormen hinausgehen kann.[50]

Aus diesen Gründen ist m. E. die Auffassung, die die Wählbarkeit der *lex mercatoria* anerkennt, nicht hinreichend fundiert. In der Schiedsgerichtsbarkeit kann der Schiedsspruch als eine Entscheidung aufgrund der Gerechtigkeit und Billigkeit auf *lex mercatoria* gestützt werden. Im Gegensatz dazu gilt in staatlichen Gerichtsverfahren im Rahmen des traditionellen internationalen Privatrechts nur staatliches Recht, das durch die legislative Gewalt des Souveränitätsstaates getragen wird, als Entscheidungsnorm.[51] In dem oben angeführten Reformvorhaben des *Hôrei* wurde zwar während der Vorbereitungsarbeiten zur Diskussion gestellt, ob die Wählbarkeit der *lex mercatoria* anerkannt werden sollte[52]. In der Gesetzgebungskommission wurde dieser Punkt jedoch nicht mehr aufgegriffen.

---

49 Siehe dazu *Mankowski,* Stillschweigende Rechtswahl und wählbares Recht, in: Leible (Hrsg.), Das Grünbuch zum Internationalen Vertragsrecht – Beiträge zur Fortentwicklung des Europäischen Kollisionsrechts der vertraglichen Schuldverhältnisse (2004), S. 63, 92–94.

50 Zu dieser Kritik gegen die Auffassung (b) siehe *Taki* (Fn. 5), S. 162–165.

51 Lando führt aus, daß bezüglich der Anwendbarkeit der *lex mercatoria* das staatliche Gerichtsverfahren mit der Schiedsgerichtsbarkeit gleichgesetzt werden könne. *Lando,* Scandinavian Studies in Law 40 (2000), 379–382; *ders.,* The Principles of European Contract Law and the *lex mercatoria,* in: Basedow (Hrsg.), FS Siehr (2000), S. 403–404. Die Schiedsgerichtsbarkeit dient aber in erster Linie einer autonomen Streitbeilegung durch die Parteien und ist vom staatlichen Gerichtsverfahren, das als Ausfluß der justiziellen Gewalt des Souveränitätsstaates durchgeführt wird, strikt zu unterscheiden. Nach *Lowenfeld* soll die *lex mercatoria* nicht nationales Recht ersetzen, sondern es lediglich ergänzen und vervollständigen, wenn es nicht funktioniert. *Lowenfeld,* Lex Mercatoria: An Arbitrator's View, in: Carboneau (Hrsg.), Lex Mercatoria and Arbitration – A Discussion of the New Law Merchant (1990), S. 37, 49–57.

52 *Hôrei Kenkyûkai* (Hrsg.), Hôrei no Minaoshi ni kansuru Shomongai (1) – Keiyaku, Saiken Jôto tô no Junkyo-hô ni tsuite (2003), S. 34–36; zur Reform des *Hôrei* siehe oben II.

3. Vorschlag der Europäischen Kommission für die Rom I-Verordnung

In der Europäischen Gemeinschaft wird im Moment die Überführung des EVÜ in eine EG-Verordnung („Rom I") vorbereitet. Die Europäische Kommission veröffentlichte zu diesem Zweck im Dezember 2005 den Vorschlag für Rom I. Art. 3 Abs. 2 dieses Vorschlags schreibt die Wählbarkeit des nichtstaatlichen Rechts vor, wonach die Parteien „auf internationaler oder Gemeinschaftsebene anerkannte Grundsätze und Regeln des materiellen Vertragsrechts" wählen können.[53] Die nach dieser Vorschrift wählbaren materiellrechtlichen Regelungen sind beispielsweise die UNIDROIT-Prinzipien, die Europäischen Vertragsprinzipien, und der weiter oben angeführte künftige „Gemeinsame Referenzrahmen" in Form einer *opt in*-Regelung. Andererseits ist in der Begründung der Europäischen Kommission die Wahl der *lex mercatoria* im Sinne der Handelsbräuche ausdrücklich ausgeschlossen, weil ihr Gegenstand nicht eindeutig zu definieren sei. Ferner könnten auch nicht die Vertragsprinzipien, die von einer international nicht anerkannten Privatorganisation entworfen sind, als Vertragsstatut gewählt werden.[54] Der Hauptzweck dieses Art. 3 Abs. 2 des Kommissionsvorschlags liegt darin, die rechtliche Grundlage für den künftigen Gemeinsamen Referenzrahmen in Form einer *opt in*-Regelung zu schaffen, damit er als Vertragsstatut maßgebend sein wird.[55]

Eigentlich bedarf diese Problematik einer sorgfältigen Untersuchung aus dem Blickwinkel, welche Normen als maßgebendes Recht qualifiziert werden können. Der künftige Gemeinsame Referenzrahmen, der als Rechtsakt der Europäischen Gemeinschaft erlassen wird, ist ohne weiteres eine „Rechtsnorm" und kann in erster Linie als „staatliches Recht" angesehen werden, weil diese Gesetzgebung auf der Ermächtigung einzelner Mitgliedstaaten beruht. Daß der Gemeinsame Referenzrahmen keine verbindliche Rechtsnorm, sondern lediglich eine *opt in*-Regelung sein wird, ändert nichts an seiner Rechtsnatur. Deshalb kann ein solcher Rechtsakt ohne im Art. 3 Abs. 2 des Kommissionsvorschlags vorgesehene Regelung

---

53 Vorschlag für eine Verordnung des Europäischen Parlaments und des Rates über das auf vertragliche Schuldverhältnis anzuwendende Recht (Rom I) vom 15. 12. 2005, KOM (2005) 650 endg. Dieser Punkt wurde bereits im Grünbuch über die Umwandlung des Übereinkommens von Rom aus dem Jahr 1980 über das auf vertragliche Schuldverhältnisse anzuwendende Recht in ein Gemeinschaftsinstrument sowie über seine Aktualisierung vom 14. 1. 2003, KOM (2002), 654 endg., S. 27–28 und im Discussion paper for the expert meeting on the conversion of the rome convention of 1980 into a community instrument and its modernisation („Rome I") – Brussels, 17 February 2005 (nicht veröffentlicht), S. 3 zur Diskussion gestellt. Es ist allerdings anzumerken, daß Art. 1.4 der UNIDROIT-Prinzipien die zwingenden Rechtsnormen des maßgebenden Rechts (sei es nationales Recht, sei es Völkerrecht oder supranationales Recht) vorenthalten. Je nach Auslegung dieser Vorschrift kommt der Wahl der UNIDROIT-Principles jedenfalls lediglich die Bedeutung einer materiellrechtlichen Verweisung zu. Siehe dazu *Bonell,* Unif. L. Rev. 2004, 30–31.

54 Vorschlag der Kommission von 2005 (Fn. 53), S. 5.

55 Bereits der Aktionsplan von 2003 führte aus, daß sich das Europäische Vertragsrecht in Form von *opt in* und das Grünbuch für Rom I gegenseitig ergänzen, und daß mit Hilfe der Kollisionsnormen sichergestellt werden kann, daß das Europäische Vertragsrecht durch die Wahl der Parteien als Vertragsstatut zur Anwendung berufen wird. Aktionsplan von 2003 (Fn. 32), Rn. 13. Dieser Punkt ist in der Mitteilung von 2004 (Fn. 33), S. 19 noch deutlicher ausgeführt.

als Vertragsstatut angewendet werden.[56] Solange die Anwendung des Gemeinsamen Referenzrahmens auf Art. 3 Abs. 2 des Kommissionsvorschlags gestützt wird, besteht ferner das Problem, daß die Wahl des Gemeinsamen Referenzrahmens den in Art. 5, 6 und 8 des Kommissionsvorschlags vorgesehenen Einschränkungen der Parteiautonomie unterliegt und somit den betreffenden nationalen Rechten der Mitgliedstaaten nachgeben muß. Da der Gemeinsame Referenzrahmen als Rechtsakt der Gemeinschaft nationalen Gesetzgebungen vorgehen sollte, ist diese Gesetzesgrundlage nicht widerspruchsfrei.[57]

Außerdem ist zu bedenken, daß die UNIDROIT-Prinzipien und die Europäischen Vertragsprinzipien, auch wenn sie inhaltlich hervorragen, nicht als Handelsbräuche zustande gekommen sind, sondern von den Wissenschaftlern verschiedener Staaten als wünschenswerte Vertragsprinzipien ausgearbeitet worden sind. Deshalb können sie ihre Rechtsnatur nicht als Gewohnheitsrecht rechtfertigen lassen. Ihre Legitimität muß vielmehr an anderen Stellen gesucht werden. Tatsächlich ist es auch problematisch, Grenzen zu ziehen, welches nichtstaatliche Recht als „auf internationaler oder Gemeinschaftsebene anerkannte Grundsätze und Regeln des materiellen Vertragsrechts" zur Anwendung berufen werden kann, und welches nicht.[58] Können die Vertragsprinzipien der von *Gandolfi* geleiteten Pavia-Gruppe[59] als Vertragsstatut gewählt werden, während es für die von der Industrie oder von einem Verbraucherverband entwickelten Vertragsregelungen nicht der Fall ist? Wenn diese Kriterien lediglich in der Anerkennung auf internationaler oder Gemeinschaftsebene gesucht werden sollten, besteht die Gefahr, daß sie nach Ermessen des Richters vielfach voneinander abweichen. Wenn Art. 3 Abs. 2 des Kommissionsvorschlags in der jetzigen Form in der Rom I-Verordnung zustande kommen sollte, müssen solche Auslegungsfragen schließlich der weiteren Entwicklung der Rechtsprechung des Europäischen Gerichtshofs überlassen werden.

---

56 *Mankowski* (Fn. 49), S. 86–87; *ders.*, Der Vorschlag für die Rom-I Verordnung, IPRax 2006, 101, 102. Auch *Martiny* nimmt eine zurückhaltende Stellung gegenüber der Wählbarkeit des nichtstaatlichen Rechts, doch meint er, daß der künftige Gemeinsame Referenzrahmen ohne weiteres als Vertragsstatut angewendet werden könne. *Martiny*, Neue Impulse im Europäischen Internationalen Vertragsrecht, ZEuP 2006, 60, 68–69.

57 Zu diesem Punkt siehe *Max Planck Institute for Comparative and International Private Law*, Comments on the European Commission's Proposal for a Regulation of the European Parliament and the Council of the law applicable to contractual obligations (Rome I), S. 5, 17–18 (*http://www.mpipriv-hh.mpg.de/deutsch/main/Pressemitteilungen/Comments_RomI/Comments_RomeI_proposal.pdf*). Nach diesem Gutachten des MPI soll Art. 22 Nr. b, der den Vorrang des Gemeinschaftsrechts bezüglich des vertraglichen Schuldverhältnisses vorschreibt, solange die Parteien es gewählt haben, als Grundlage der Anwendbarkeit des künftigen Gemeinsamen Referenzrahmens dienen. Es ist allerdings anzumerken, daß dieses Gutachten die in Art. 3 Abs. 2 des Vorschlags vorgesehene Wählbarkeit des nichtstaatlichen Rechts unterstützt und daher auf einer anderen Auffassung als die des vorliegenden Beitrags beruht.

58 Zu diesem Punkt siehe *Mankowski*, IPRax 2006, 102.

59 Academie des privatistes européens (coordinateur *Giuseppe Gandolfi*), Code européen des contrats – Avant-projet, Livre 1 (2004).

4. Zwischenergebnis

Wie in diesem Abschnitt ausgeführt wurde, ist m.E. die Wählbarkeit der *lex mercatoria* als Vertragsstatut abzulehnen. Auch wenn die traditionelle kollisionsrechtliche Methode gewisse Grenzen aufweist, kann nur staatliches Recht, das auf der Grundlage der legitimen legislativen Gewalt eines Souveränitätsstaates erlassen wird, vor dem staatlichen Gericht als maßgebendes Recht angewendet werden.

V. Schlußfolgerung

Dieser Beitrag hatte zum Zweck, in Ansehung der Vervielfältigung materiellrechtlicher Regelungen im internationalen Wirtschaftsverkehr, das Verhältnis zwischen Kollisionsrecht und Einheitsrecht sowie der *lex mercatoria* zu untersuchen. Die rechtlichen Regelungen hinsichtlich des internationalen Wirtschaftsverkehrs haben im Vergleich zu anderen Rechtsgebieten weithin technischen Charakter, so daß seit langem um die Rechtsvereinheitlichung gerungen wurde. Wie aufgezeigt, hat aber die Rechtsvereinheitlichung durch Staatsverträge gewisse Grenzen. Selbst in der Europäischen Gemeinschaft ist die Kodifizierung eines einheitlichen Europäischen Vertragsrechts, das die nationalen Rechte der Mitgliedstaaten ersetzen soll, eine langwierige Prozedur. Es gilt zu fragen, ob und inwieweit eine funktionale Rechtsvereinheitlichung im Hinblick auf die wirtschaftliche Rationalität sinnvoll und zweckmäßig ist. Vielmehr kann eine lose Rechtsangleichung durch EG-Richtlinien durchaus ausreichen. Es sei daran erinnert, daß unter den Mitgliedstaaten der Europäischen Gemeinschaft insbesondere in Frankreich die Stimmen vorherrschend sind, wonach die Vereinheitlichung des Vertragsrechts den Grundideen der Europäischen Gemeinschaft widerspricht, die Vielfalt der Tradition und Kultur einzelner Mitgliedstaaten zu respektieren.[60]

Im Art. 3 Abs. 2 des Kommissionsvorschlags für die Rom I-Verordnung ist die Wählbarkeit des nichtstaatlichen Rechts vorgesehen. Kommen wir aber auf das japanische internationale Privatrecht zurück, so ist eine solche Regelung nicht ohne weiteres zu befürworten. Ausgehend von der gegenwärtigen Systematik des internationalen Privatrechts ist es der logische Schluß, daß die Entscheidungsnormen im staatlichen Gerichtsverfahren auf die staatlichen Rechte beschränkt werden sollten.

In der Europäischen Gemeinschaft ist nach heutigem Stand zu erwarten, daß eine Art. 3 Abs. 2 des Kommissionsvorschlags entsprechende Vorschrift in der künftigen Rom I-Verordnung erlassen wird. Hinsichtlich dieser Regelung bleiben aber die oben angeführten Fragen, wie dem Vorrang des künftigen Gemeinsamen Referenzrahmens gegenüber nationalen Rechten der Mitgliedstaaten

---

60 *Lequette/Baba* (Übersetzer), Wareware ha Yôroppa Minpôten he to mukau beki ka, Shakaikagaku Kenkyû Nenpô 35 (2004), 96–115 (das Original ist in: *Lequette,* Vers un code civil européen?, Pouvoirs 107 (2003) veröffentlicht).

durch angemessene Kollisionsnormen Rechnung zu tragen ist und wie eine klare Linie zwischen wählbaren und nicht-wählbaren nichtstaatlichen Rechten zu ziehen ist.

Die weiteren Entwicklungen in der Europäischen Gemeinschaft mögen neue Wege im internationalen Privatrecht aufzeigen. Es ist abzuwarten, inwieweit sie in Zukunft eventuell für die weitere Ausgestaltung des japanischen internationalen Privatrechts aufschlußreich sein werden.

§13 国際的法交通及び国際取引における国際私法の存在意義 ——特に「レークス・メルカトーリア」との関係から——

西谷祐子

目次

I. はじめに

グローバル化が進展するに伴い、かつてないほど国境を越えた取引が活発化している。国際取引においては、迅速性かつ経済的合理性が要求されるため、その規律に関する法規範も技術的性格が強いといえる。国際取引における当事者間の法律関係を規律するには、どのような手法があるだろうか。

国際取引において、私人間で渉外的な法律関係が発生すると、その法律関係には、あたかも複数の法が関与し、相互に抵触しているかのような様相を呈する。このような法の抵触を解決する手段として、伝統的には、国際私法（抵触法）[1]によって、関係する複数国の法の中から基準となるものを準拠法として選択する方法がとられてきた。このような国際私法の手法は、内外私法の平等を前提としたうえで、各法律関係ごとに、価値中立的に最も密接な関係をもつ国の法を選択指定するものである。国際私法は、このような手法をとることによって、同じ法律関係であるかぎり、いかなる国で問題となろうとも準拠法が一致し、各国の判決調和が達成されることを理想としている。この考え方は、19 世紀半ばにサヴィニーによって確立されて以来[2]、今日でも、大陸法系諸国の国際私法の基礎をなしている。

---

1 本稿の欧文タイトルにおいては、「Kollisionsrecht」という概念を用いている。この概念は、通常は「抵触法」と翻訳されるが、わが国においては、むしろその同義語である「国際私法」（Internationales Privatrecht）という概念のほうが一般的に用いられている。そのため、邦語論文では、「国際私法」という概念で統一することとした。

2 Friedrich Karl von Savigny, System des heutigen römischen Rechts, Bd. 8 (1849).

このような国際私法の手法は、各国法の内容が相違しており、渉外的法律関係について「法の抵触」が発生することを前提としている。換言すれば、各国の国内法が完全に統一された場合（世界法型統一法）、あるいは、各国において国内法が異なっていても、国際取引に適用される法が統一された場合には（万民法型統一法）、国際私法はその役割を終えることになる。その意味では、国際私法と統一法とは、相互補完関係にあり、各国実質法の同化が進展するにつれて、国際私法の適用領域が限定されることになる[3]。

条約による法統一の動きは、19世紀末から活発化したが、今日では、新たにモデル法などのソフト・ローによって、法の同化が進展してきている。また、国際取引におけるソフト・ローとしては、商人間の慣習法ないし取引慣行として「レークス・メルカトーリア」（*lex mercatoria*）（商人法）が発展してきている。「レークス・メルカトーリア」の定義は、必ずしも論者によって一致しないが、一般には、国際取引に従事する者が作成した統一規則、標準契約条件、国際的商慣習、法の一般原則などの国際取引を対象とする法規範を指す[4]。この「レークス・メルカトーリア」は、法源性をもつのであろうか、あるいは当事者の援用によって契約内容に組み込まれるに過ぎないのであろうか。国際商事仲裁としての友誼的仲裁（*amiable composition*）においては、判断に際して「レークス・メルカトーリア」によることが認められているが[5]、国家裁判所による裁判手続においても、「レークス・メルカトーリア」の法源性を認めることができるか否かについては、学説上活発な議論がなされている[6]。

国際取引に関する実体法上の規律が多様化する中で、改めて国際私法と統一法、そして「レークス・メルカトーリア」との関係について検討することは有益であろう。本稿においては、まず第一に、国際取引における規律について、国際私法がいかなる機能を果たしているか、そして同時にいかなる問題点を内包しているかについて考察する（**II**）。ついで、国際私法による規律に代替しうる手法として、条約による世界的レベルでの法統一、そして地域的経済共同体、特に欧州共同体における法統一がどこまで進展しており、またいかなる限界があるかについて述べる（**III**）。そして、国際取引において、条約に代わってソフト・ローによる法の同化が進展する中で、「レークス・メルカトーリア」が果たしている役割及びその法的性質、そして国家裁判所による裁判手続においてその法源性を認める可能性について、近時の欧州共同体の動向を視野に入れながら検討する（**IV**）。最後に、今後の展望について述べたうえで（**V**）、本稿を閉じることにしたい。

---

3 国際私法と統一法の適用関係については、とりわけ澤木敬郎「国際私法と統一法」松井芳郎・木棚照一・加藤雅信編『国際取引と法』（1988）127–146頁参照。

4 「レークス・メルカトーリア」の定義については、IV 1参照。

5 商事仲裁における「レークス・メルカトーリア」の適用については、特に多喜寛『国際仲裁と国際取引法』（1999）49頁以下参照。仲裁手続において、当事者が「レークス・メルカトーリア」による意思を明確にしていない場合にも、仲裁人がそれを適用できるか否かについては、立場が分かれている。*Lando*, Some Features of The Law of Contract in the Third Millennium, Scandinavian Studies in Law 40 (2000), 343, 377–379. (http://frontpage.cbs.dk/law/commission_on_european_contract_law/literature/lando1.doc)

6 詳細は、IV 3参照。

II. 国際私法の方法論とその限界

前述のごとく、国際私法の方法論とは、渉外的な私法関係について、内外法の平等を前提としたうえで、関係する複数の国の法の中から基準となる法を準拠法として適用するというものである。契約準拠法の決定については、ほぼ世界中の国で、「当事者自治」の原則が認められており、当事者が自ら準拠法を選択できることとされている。わが国においては、1898年に制定された法例7条1項が当事者自治を定めており、この原則は、2006年6月15日に成立した「法の適用に関する通則法」7条においても維持されている[7]。また、欧州共同体各国が締結した1980年契約債務の準拠法に関するローマ条約[8]（以下、「ローマ条約」という）3条1項及びそれを国内法化したドイツ民法施行法27条1項においても、当事者自治が認められている。

他方、アメリカ合衆国は、伝統的に当事者自治を認めることに慎重であり、抵触法第2リステイトメント(Restatement (Second) of Conflict of Laws (1971)) 187条及び統一商事法典（Uniform Commercial Code [UCC]）第1–105条においては、当事者が選択しうる法の範囲を当該契約関係と実質的な関係をもつ法に限定していた。しかし、近時のインターネット取引の活発化に伴い、このような制限をはずす方向で動いてきており、2001年改正後の統一商事法典第1–301条では、商人間の取引について、原則として量的制限を課していない。また、1999年統一コンピューター情報取引法典（Uniform Computer Information Transactions Act [UCITA]）第109条a項も、量的制限を課さない形での当事者自治を認めている。同様に、南米諸国も、従来は当事者自治に対して否定的態度をとってきたが、1994年国際契約の準拠法に関する米州メキシコ条約7条1項においては、当事者自治が採用されるに至っている[9]。

このように、各国国際私法においては、契約について当事者自治が認められてきており、それに伴って、国際的な判決調和の達成も容易になりつつあるといえる。しかし、その一方で、国際私法の手法に内在する問題点にも目を向ける必要がある[10]。

---

7 わが国の「法の適用に関する通則法」の紹介として、*Nishitani,* Die Reform des *Horei,* ZJapanR/J. Jap. L. 15 (2003), 263–264; *dies.,* Die Reform des Horei (2) – Der Vorentwurf vom 22. März 2005 –, ZJapanR/J. Jap. L. 19 (2005), 251–263; *dies.,* Die Reform des Horei (3) – Das Gesetz „Hô no Tekiyô ni kansuru Tsûsoku Hô“ vom 15. Juni 2006 –, ZJapanR/J. Jap. L. 21 (2006) (im Druck)を参照。

8 Römisches EWG-Übereinkommen über das auf vertragliche Schuldverhältnisse anzuwendende Recht vom 19.6.1980 (EVÜ), BGBl 1986 II, 810.

9 Inter-American Convention on the Law Applicable to International Contracts signed at Mexico, D.F., Mexico, on March 17, 1994, at the Fifth Inter-American Specialized Conference on Private International Law (CIDIP-V). 同条約は発効しているが、批准したのはメキシコ及びベネズエラ、署名したのはボリビア、ブラジル、ウルグアイにとどまっている（http://www.oas.org/main/main.asp?sLang=S&sLink=http://www.oas.org/legal/introsp.htm）。同条約及び南米の状況については、*Juenger,* The Inter-American Convention on the Law Applicable to International Contracts: Some Highlights and Comparisons, Am. J. Comp. L. 42 (1994), 381, 386–393; *ders.,* Contract Choice of Law in the Americas, Am. J. Comp. L. 45 (1997), 195–208 参照。

10 国際私法による規律の限界については、*Lando/von Bar,* Communication on European Contract Law – Joint Response of the Commission on European Contract Law and the Study Group on a European Civil Code vom 25.10.2001, Rn. 52–60 (http://www.sgecc.net/media/downloads/

まず第一に、国際私法の手法によれば、契約準拠法を決定する際には、当該契約関係をいずれかの国家法秩序に「場所付け」（localisieren）なければならない。現在、各国で当事者自治が認められていても、当事者が明示又は黙示に準拠法を選択しなかった場合には、「特徴的給付の理論」などを基礎として客観的連結によらねばならない[11]。その際に、複数国と同等の結び付きをもつような国際的な契約関係については、当該契約をいずれか一つの法秩序に「場所付ける」という構成は、技巧的であり、判断が恣意的になる可能性もある。

第二に、国際私法においては、伝統的に、正統な立法権限をもつ国家によって制定され又は法としての効力を担保された規範だけが準拠法適格性をもつものとされてきた。しかし、各国の国内法は通常、国内の社会・経済状況を反映したものであり、国際取引の特殊性には対応できないことがある。技術的性格の強い契約法においても、契約締結の態様・方式、債務の履行方法などは、各国の国内法を前提として制度設計されており、国際取引には相応しくない準則、あるいは他国の裁判所では適用できない準則が存在しうる。

第三に、外国法の適用には、取引コスト及び情報コストがかかることが挙げられる。契約準拠法の決定について当事者自治が妥当する場合、実際に準拠法を決定する際には、契約当事者間で交渉力に勝るものが自己に有利となる法、多くの場合は自らが本拠を置く国の法を準拠法とする可能性が高く、交渉力に劣る当事者は、コストのかかる外国法の適用を甘受しなければならない。また、両当事者の交渉力が均衡している場合には、中立的な第三国法を選択することになり、当事者双方にコストがかかる。

第四に、外国法の内容を正確に調査・確定したうえで、それを適用することは、裁判所にとっても負担となり、多くの時間とコストを費やすことになる。特に、外国法が当該国に固有の法制度を前提としていたり、当該国の手続法と密接に結びついている場合には、その外国法に本来予定されている効果を与えることは難しい。また、国際私法は、内外法平等を理念として掲げているが、現実には、裁判官及び弁護士には、一般に、内国法を優先させ、可能であれば外国法の適用を回避しようとする傾向が見られる（内国法志向［Heimwärtsstreben］）。このことは、当事者にとってみれば、契約準拠法として選択したはずの外国法が、裁判所によって適用されえない場合があることを意味する。

このように、国際私法によっていずれかの国家の法を契約準拠法とし、それを適用することで国際取引を規律するという手法に一定の問題があることは確かである。そこで、国際取引については、19 世紀末以来、主権国家間の合意に基づく条約によって法を統一し、取引の円滑化を図る努力がなされてきた。

---

stellungnahme_kommission_5_finall.pdf)、桑原康行「国際取引法における Lex Mercatoria の理論——Bonell 氏の所説を対象として——」商学討究 39 巻 1 号（1991）115–116 頁、曽野和明「相互浸透の時代における『国際』秩序の衰退——Lex Mercatoria 出現の必然性も含め——」北大法学論集 39 巻 5·6 号（II）（1989）1721、1739–1757 頁を参照。

11　わが国の「法の適用に関する通則法」8 条 1 項も、契約準拠法の決定について、当事者による準拠法の選択がなかった場合には、客観的連結として最密接関係地法によるとしているが、2 項において、特徴的給付を行う債務者の常居所地法が最密接関係地法であると推定している。

III. 法統一の現状

1. 世界的な法統一の努力

国際取引においては、特に重要性の高い分野について法統一の努力がなされてきた。特に、世界法型統一法としては、1930 年手形法統一条約[12]及び 1931 年小切手法統一条約[13]などがある。また、万民法型統一法として、運送法の領域では 1924 年船荷証券統一条約[14]及び 1968 年・1979 年議定書[15]（ヘーグ・ヴィスビー・ルールズ）、1929 年国際航空運送に関するワルソー条約[16]及び追加議定書[17]並びに 1999 年モントリオール条約[18]があり、売買法の領域では 1964 年ハーグ統一売買法条約[19]、1980 年ウィーン統一売買法条約[20]がある。さらに、1974 年国際動産売買における時効に関するニューヨーク条約[21]、1988 年にオタワで締結された国際ファクタリング条約[22]及び国際ファイナンス・リース条約[23]、そして 2001 年国際取引における債権譲渡に関するニューヨーク条約[24]などもある。

しかしながら、現在のところ、国際取引に関するすべての分野をカヴァーする包括的な統一法条約があるわけではなく、また世界中の国が批准しているような条約が存在するわけではない。成功例として知られる 1980 年ウィーン統一売買法条約ですら、締約国は 67 カ国に過ぎず（2006 年 7 月 5 日現在）、わが国及びイギリス、アイルランド、ポルトガルなどは未批准である。また、同条約 6 条は、当事者が合意によって条約の適用を排除できるとしており（オプト・アウト型）[25]、

---

12 Convention Providing a Uniform Law For Bills of Exchange and Promissory Notes, Geneva, 7.6.1930（昭和 7 年 7 月 15 日手形法制定）.

13 Convention Providing a Uniform Law for Cheques, Geneva, 19.3.1931（昭和 8 年 7 月 29 日小切手法制定）.

14 International Convention for the Unification of Certain Rules of Law Relating to Bills of Lading (Hague Rules), Brussels, 25.8.1924（昭和 32 年 6 月 13 日国際海上物品運送法制定、同年 12 月 12 日公布・条約 12 号）.

15 平成 4 年 6 月 3 日国際海上物品運送法改正、平成 5 年 3 月 12 日公布・条約 3 号。

16 Convention for the Unification of Certain Rules relating to International Carriage by Air, Warsaw, 12.10.1929（昭和 28 年 8 月 18 日公布・条約 17 号）.

17 The Hague Protocol (1955) (昭和 42 年 8 月 30 日公布・条約 11 号); the Guatemala Protocol (1971); the Montreal Protocols No. 1–4 (1975) (モントリオール第四議定書のみ平成 12 年 6 月 30 日公布・条約 6 号).

18 Convention for the Unification of Certain Rules for International Carriage by Air, Montreal, 28.5.1999（2003 年 11 月 4 日発効）（平成 15 年 10 月 29 日公布・条約 6 号）.

19 Convention relating to a Uniform Law on the International Sale of Goods, The Hague, 1.7.1964; Convention relating to a Uniform Law on the Formation of Contracts for the International Sale of Goods, The Hague 1.7.1964（日本未批准）.

20 United Nations Convention on Contracts for the International Sale of Goods, Vienna, 11.4.1980 (CISG)（1988 年 1 月 1 日発効）（日本未批准）.

21 Convention on the Limitation Period in the International Sale of Goods, New York, 12.6.1974（日本未批准）.

22 UNIDROIT Convention on International Factoring, Ottawa, 28.5.1988（日本未批准）.

23 UNIDROIT Convention on International Financial Leasing, Ottawa, 28.5.1988（日本未批准）.

24 United Nations Convention on the Assignment of Receivables in International Trade, New York, 12.12.2001（日本未批准）.

25 Art. 6: „Die Parteien können die Anwendung dieses Übereinkommens ausschließen oder, vorbehaltlich des Artikels 12, von seinen Bestimmungen abweichen oder deren Wirkung ändern."

実際にも、ドイツでは、条約の内容があまり知られていないこと、そして条約の解釈を統一する超国家的な裁判所が存在せず、国内裁判所による条約の適用結果を予測できないことを理由に、しばしば適用除外されていることが知られている[26]。

一般に、条約による法統一については、次のような限界が指摘されてきている。第一に、条約の批准は、時間がかかるうえ、各国の国内事情に左右され、成立した条約が発効しないで終わることも多いことが挙げられる。第二に、条約は、一旦成立した後には、改正することが難しく、実務のすばやい変化に対応できないことが挙げられる。条約によっては、個別の議定書を定めることで、改正をしてきているものもあるが、その場合には、締約国のすべてが直ちに最新の議定書を批准するわけではないため、締約国ごとに「法のパッチワーク状態」が生じうることが問題となる。たとえば 1929 年国際航空運送に関するワルソー条約と諸議定書、そして同条約を全面改正した 1999 年モントリオール条約を批准している国は、それぞれ区々に分かれており、関係国ごとに適用される規範が異なっている。さらに、第三に、条約については通常、統一的な解釈権限をもつ裁判所が存在しないため、条約の解釈及び運用が各国ごとに相違することが挙げられる。このような状況は、「統一法の再国内法化」（"re-nationalisation of once unified law"）と呼ばれ、法統一本来の意義を減殺するものである[27]。このように、条約による法統一には限界があるといわざるをえない。

2. 欧州共同体における法統一

グローバル化が進展し、国際取引が活発化する一方で、各地域ごとに、欧州連合／欧州共同体、そしてメルコスルのような地域的経済共同体が生成・発展しつつある。特に、欧州共同体は、域内市場の統一と取引の円滑化を図るため、法の平準化を進めつつある。しかし、欧州共同体における私法の平準化は、主として欧州共同体設立条約 94 条に基づく EC 指令の制定によって進行してきているのが現状であり、その各構成国における国内法化の態様は異なっている。それゆえ、私法に関する完全な法統一が達成されているわけではなく、各国法の相違を前提とした緩やかな法の同化の段階にある。

その一方で、最近の欧州共同体においては、契約法の統一に向けた動きが活発化している。欧州議会は、1989 年の決議以来、積極的にヨーロッパ統一民法典

---

26 *von Bar/Schulte-Nölke,* Gemeinsamer Referenzrahmen für europäisches Schuld- und Sachenrecht, ZRP 2005, 165, 168.

27 *Basedow,* International Uniform Law Conventions, lex mercatoria and Unidroit Principles, Unif. L. Rev. 2000-1, 129–130(同論文の邦語訳は、ユルゲン・バーゼドー／西谷祐子・訳「統一法条約と国際商事契約に関するユニドロワ原則」民商法雑誌 132 巻 6 号（2005）727–745 頁); *Gebauer,* Uniform Law, General Principles and Autonomous Interpretation, Unif. L. Rev. 2000-1, 683, 684. 条約におけるこれらの問題点を指摘しつつも、条約は法的安定性の点で優れていること、条約による統一に適した法領域とソフト・ローによるのが望ましい法領域（契約法など）を区別することを提唱するのは、*Kronke,* International uniform commercial law conventions: advantages, disadvantages, criteria for choice, Unif. L. Rev. 2000-1, 13, 16–21.

の制定作業を支持しており[28]、1994 年には、欧州共同体内での法統一が統一市場の形成に不可欠であることを表明している[29]。また、欧州理事会も 1999 年タンペレ決議において、「加盟各国の民事法制を接近させることの必要性」について検討するよう求めた[30]。

それに対して、欧州委員会は、伝統的に契約法の統一に慎重な立場をとってきたが、2001 年 7 月 11 日に「ヨーロッパ契約法典に関する報告書（Kommunikation）」を発表し、ヨーロッパ契約法典の制定の可能性に初めて言及した[31]。さらに、2003 年 2 月 12 日の契約法統一のためのアクション・プランにおいては、(a)「共通の参照枠」（Gemeinsamer Referenzrahmen）及び(b)域内市場で妥当する標準的契約条項を作成すること、そして(c)契約法の準則を体系化した「オプショナルなルール」（Optionales Instrument）の制定の可能性について検討することを掲げており[32]、2004 年 10 月 11 日の報告書[33]にも引き継がれている。「共通の参照枠」は、現行の共同体法の質と一貫性を保障するためのモデル法典であり、2007 年末までに学者グループからの原案が提示された後、2009 年末までに作成される予定である[34]。

しかし、一般に、欧州共同体には、現行の欧州共同体設立条約上、各国法に代替する拘束力をもつヨーロッパ契約法典を制定する権限はないものと解されている[35]。そのため、前述の「共通の参照枠」は、各国の国内法と並立する法源となるに過ぎず、おそらくは当事者による援用があって初めて適用されるオプト・イン型の準則となる。そうなると、ヨーロッパにおいてすら、契約法を完全に統一するまでには、まだ長い道のりがあり、当面は各構成国の契約法が区々に分かれている状態が続くことになる。また、そもそも統一契約法典を制定すること自体

---

28 Entschließung des Europäischen Parlaments zu den Bemühungen um eine Angleichung des Privatrechts der Mitgliedstaaten vom 26.5.1989, ABl. C 158 vom 26.6.1989, 400.

29 Entschließung des Europäischen Parlaments zur Angleichung bestimmter Bereiche des Privatrechts der Mitgliedstaaten vom 6.5.1994, ABl. C 205 vom 25.7.1994, 518.

30 Europäischer Rat, Tampere 15. und 16.10.1999 – Schlussfolgerungen des Vorsitzes: „39. Im Bereich des materiellen Zivilrechts bedarf es einer allgemeinen Studie über die Frage, ob zur Beseitigung von Hindernissen für das reibungslose Funktionieren von zivilrechtlichen Verfahren, die zivilrechtlichen Vorschriften der Mitgliedstaaten angeglichen werden müssen. Der Rat sollte bis 2001 Bericht erstatten." (http://www.europarl.europa.eu/summits/tam_de.htm).

31 Mitteilung der Kommission an den Rat und das Europäische Parlament zum europäischen Vertragsrecht vom 11.7.2001, KOM (2001) 398 endg. Vgl. *Hondius,* Towards a European Civil Code, in: Hartkamp/Hesselink/et. al. (Hrsg.), Towards a European Civil Code (3. Aufl., 2004), S. 3, 4 (note 13).

32 Mitteilung der Kommission an das Europäische Parlament und den Rat – Ein kohärenteres Europäisches vertragsrecht – Ein Aktionsplan vom 12.2.2003, KOM (2003) 68 endg.

33 Mitteilung der Kommission an das Europäische Parlament und den Rat – Europäisches Vertragsrecht und Überarbeitung des gemeinschaftlichen Besitzstands – weiteres Vorgehen vom 11.10.2004, KOM (2004) 651 endg.

34 2005 年 9 月 23 日の本計画に関する年次報告書でも、この点が明らかにされている。Bericht der Kommission – Erster jährlicher Fortschrittsbericht zum europäischen Vertragsrecht und zur Überprüfung des gemeinschaftlichen Besitzstandes vom 23.9.2005, KOM (2005) 456 endg.

35 特に、欧州共同体設立条約 95 条の解釈問題となる。Siehe u.a. *Basedow,* Grundlagen des europäischen Privatrechts, JuS 2004, 89, 92–93; *Riesenhuber,* Europäisches Vertragsrecht (2003), S. 60–70.

に疑問を呈する学説もある[36]。欧州における今後の動向は流動的であるが、ある意味では、各国法の相違を尊重しながら、EC 指令によって緩やかな法の同化を図ることこそが、欧州共同体の基本理念である「補充性の原則（Subsidiaritäts-prinzip）」及び「相当性の原則（Verhältnismäßigkeitsprinzip）」に合致しているともいえよう。

3. 小括

以上のように、従来の条約による法統一には限界があり、欧州共同体においても、技術的性格の強い契約法についてすら完全な法統一を達成できずにいる。最近では、各国で採用すべき標準的内容の規定をもつモデル法などによって、法の同化を進める傾向も見られるが[37]、各国法の内容が相違しているという前提が覆らないかぎりは、国際私法によって、いずれかの国の法を契約準拠法として適用するという手法によらざるを得ない。他方で、国際私法による国際取引の規律にも、前述のような問題点があることは確かであり、国際取引の円滑化を図るためには、別の手法を探求する必要がある。そこで、次に検討されるべきは、国際取引における「レークス・メルカトーリア」の意義とその法源性についてである。

IV. レークス・メルカトーリアとその法源性

1. レークス・メルカトーリアの定義

国際取引においては、「レークス・メルカトーリア」と呼ばれる商人法が重要な役割を果たしてきた。「レークス・メルカトーリア」とは、一般に、国際取引に従事する者が作成した統一規則、標準契約条件、国際的商慣習、そして法の一般原則（「契約は守られねばならない（pacta sunt servanda）」という原則、信義誠実の原則（Treu und Glauben）など）という国際取引を対象とする規範を指す。いわゆる援用可能統一規則としては、国際商業会議所（International Chamber of Commerce [ICC]）が作成した「インコタームズ（INCOTERMS）」（1936 年及びその後数次の改訂。最終改訂は 2000 年）及び「荷為替信用状に関する統一規則」（1933 年及びその後数次の改訂。最終改訂は 2003 年）が挙げられる。わが国においては、一般に、ユニドロワ

36 So z.B. *Kronke,* Brauchen wir ein europäischen Zivilgesetzbuch?, 3, 12–17 (http://www.irp.uni-trier.de/ 11_Kronke.pdf).

37 国連商取引委員会（UNCITRAL）が作成したモデル法として、1996 年電子商取引に関するモデル法（UNCITRAL Model Law on Electronic Commerce with Guide to Enactment, 12 June 1996, with additional article 5 bis as adopted in 1998）、2001 年電子署名に関するモデル法(UNCITRAL Model Law on Electronic Signatures with Guide to Enactment, 5 July 2001）などがある。また、仲裁手続及び倒産手続に関する各々の UNCITRAL モデル法については、http://www.uncitral.org/uncitral/en/uncitral_texts.html を参照。

（UNIDROIT）が作成した1994年「ユニドロワ商事契約原則」（2004年に改訂）(以下、「ユニドロワ原則」という)[38]、そしてヨーロッパ契約法委員会（別名ランドー委員会）が作成した「ヨーロッパ契約法原則」（1999年に第1・第2部が完成、2003年に第3部が完成）[39]などの体系性のある契約法原則も「レークス・メルカトーリア」の概念に包摂される[40]。本稿では、この広義の「レークス・メルカトーリア」の定義に従うこととする。ただし、ヨーロッパでは、一般に「レークス・メルカトーリア」は商慣習法を指し、ユニドロワ原則やヨーロッパ契約法原則とは区別されていることに注意する必要がある[41]。

なお、最広義の「レークス・メルカトーリア」には、1980年ウィーン統一売買法条約などの統一法条約も含まれる。しかし、条約は、主権国家が合意によって締結し、各々の国内法体系の中に組み込んでいる法規範であり、端的にその法源性を認めることができる。もとより、統一法条約を、その本来の場所的適用範囲を超えて、契約準拠法として適用することができるか否かは、別の重要な論点であるが、以下の考察においては、非国家法としての「レークス・メルカトーリア」の準拠法適格性に限定して検討することとする。

2. レークス・メルカトーリアの準拠法適格性

非国家法としての「レークス・メルカトーリア」が、国際取引の当事者間の合意によって契約内容に組み込まれた場合には、その契約関係を実質法的に規律する。その場合の当事者による「レークス・メルカトーリア」の指定は、国際私法上の準拠法決定のための「抵触法的指定」ではなく、いわゆる「実質法的指定」に過ぎない。それに対して、従来から議論されてきたのは、当事者が抵触法的指定として、端的に非国家法を契約準拠法として選択することができるかという点で

---

38 ユニドロワ原則の原文及び関連情報については、http://www.unidroit.org/english/principles/contracts/main. htm を参照。ユニドロワ原則（1994年版）の邦語訳については、曽野和明=廣瀬久和=内田貴=曽野裕夫『UNIDROIT 国際商事契約原則』（2004）参照。ユニドロワ原則は、契約法における重要なソフト・ローであり、学者によって各国契約法の一般原則を集約する形で作成された。ユニドロワ原則は、当事者間の契約において頻繁に援用され、国際商事仲裁でも適用されているほか、ハンガリーや中国などの国内立法のモデルともなっている。ユニドロワ原則の意義については、*Bonell,* UNIDROIT Principles 2004 – The New Edition of the Principles of International Commercial Contracts adopted by the International Institute for the Unification of Private Law, Unif. L. Rev. 2004, 5, 6–17 などを参照。特に、*Basedow,* Unif. L. Rev. 2000-1, 133–138 は、ユニドロワ原則が統一法条約の解釈及び欠缺補充にも援用されうるとしている。

39 *Lando/Beale* (Hrsg.), Principles of European Contract Law, Part I & II (2000); *Lando/Clive/Prüm/Zimmermann,* Principles of European Contract Law, Part III (2003). ドイツ語訳は、*von Bar/Zimmermann,* Grundregeln des Europäischen Vertragsrechts, Teile I und II (2002), Teil III (2005). このヨーロッパ契約法原則（解説付）の邦語訳は、まもなく単行本として法律文化社から出版される予定である。ヨーロッパ契約法原則については、高杉直「ヨーロッパ契約法原則について」香川法学16巻1号（1996）108–132頁、潮見佳男『契約責任の体系』（2000）86–119頁などを参照。

40 高桑昭『国際商取引法』（2003）42–43頁、山手正史「lex mercatoria についての一考察（一）——その生成と展開および適用プロセス——」法学雑誌33巻3号（1987）343、344–349頁などを参照。

41 後掲注53参照。

ある。特に、仲裁においては、「レークス・メルカトーリア」が紛争解決のための基本準則として適用されうるが、問題は、その法理が国家裁判所による裁判手続にも妥当するか否かである。

比較法的に見ると、非国家法である「レークス・メルカトーリア」の準拠法適格性を肯定する立場は、少なからず存在する[42, 43]。この立場によれば、一般に、「レークス・メルカトーリア」は、国際取引実務から発展してきた商慣習であり、国家法とは異なる、国際取引社会に固有の自律的な法規範として、法源性をもつとされる[44]。とりわけ、国際商業会議所などによって成文化された商慣習や標準契約条件は、汎用性があり、正統性をもつ機関によって定められたものとして、法としての拘束力をもつことを根拠とする立場もある[45]。わが国の少数説として、「レークス・メルカトーリア」の準拠法適格性を認める学説は、(a)端的に当事者の意思を規範的根拠とする立場[46]と、(b)準拠法適格性をもつのは国家法だけであるとしながらも、その国家法に基づく当事者の意思によって、「レークス・メルカトーリア」に慣習としての規範的効力が発生するという立場に分かれる[47]。

しかしながら、まず第一に、国家裁判所が裁判規範として適用する準拠法については、法源としての正統性（Legitimität）が認められなければならない。「レークス・メルカトーリア」は、国家とは切り離された、一種の「部分社会」としての国際取引社会における商慣習ではあるが、それが直ちにその法源性を基礎付けるわけではない。また、上記の(a)の立場は、当事者の意思を「レークス・メルカトーリア」の法源性の根拠とするが、これは当事者にいわば立法者に代わって「何が法であるか」を定める権限を与えるものであり、妥当ではない。あらゆる国家の強行法規の適用を免れる「法のない契約」（*contrat sans loi*）の存在は、認めるべきではないであろう。

---

42 「レークス・メルカトーリア」論は、1950 年代以降、イギリス及びフランスの学者によって論じられてきた。詳細については、*De Ly,* International Business Law and Lex Mercatoria (1992), S. 207–248 参照。また、現代において、法と非法の二分律（*binary code of law/non-law*）というグローバル法秩序における対話を基礎として成立してきた、契約の自律的規範としての「レークス・メルカトーリア」に法源性を認めるのは、*Teubner,* 'Global Bukowina': Legal Pluralism in the World Society, in: Teubner (Hrsg.), Global Law Without a State (1997), S. 3, 8–22 である。

43 1994 年米州メキシコ条約 9 条 2 項及び 10 条も、一定範囲で「レークス・メルカトーリア」を考慮に入れることを定めている。これらの規定は、非国家法の準拠法適格性を認める立場と認めない立場との妥協によって成立したものである。高杉直「米州の統一国際私法条約」国際私法年報 3 号（2001）119、127–128 頁、*Juenger,* Am. J. Comp. L. 42 (1994), 391–392 参照。非国家法の準拠法適格性を認める主唱者であったユンガーの見解については、*Juenger,* The *lex mercatoria* and private international law, Unif. L. Rev. 2000, 171, 182–187; *ders.,* Am. J. Comp. L. 45 (1997), 204–205 参照。

44 *Schmitthoff,* International Business Law: A New Law Merchant, in: Cheng (Hrsg.), Selected Essays on International Trade Law (1988), S. 20–37.

45 *Goldman,* Frontière du droit et «lex mercatoria», Arch. phil. dr. 9 (1964), 177, 187–192. ゴールドマンの理論をわが国に紹介するものとして、多喜・前掲書 108–114 頁参照。

46 高杉直「国際私法における信用状統一規則の取扱い」帝塚山法学 5 号（2001）75, 111–119 頁。また、高杉直「国際開発契約と国際私法——安定化条項の有効性と非国家法の準拠法適格性——」阪大法学 52 巻 3·4 号（2002）1007, 1022–1023 頁参照。

47 山手正史「lex mercatoria について——国際取引契約規制規範の独自性とその法的性質——」東北学院大学論集（法律学）34 号（1989）121, 131–141 頁。山手・前掲論文 539–568 頁も参照。*Schmitthoff,* The Law of International Trade, Its Growth, Formulation and Operation, in: Cheng (Hrsg.), Selected Essays on International Trade Law (1988), S. 137, 165–167 も同様の発想による。

第二に、非国家法の準拠法適格性を認めるためには、その規範としての内容及び効力が明確でなければならない。しかし、「レークス・メルカトーリア」は、その準拠法適格性を認める論者が念頭に置く前述の「荷為替信用状に関する統一規則」やユニドロワ原則のように、体系性をもつ準則ばかりではなく、そもそも法規範が欠缺している場合も多い。その欠缺補充を「法の一般原則」によって行うことは難しく、当事者間で争いが生じた場合には、裁判官にその判断をゆだねざるをえない。しかし、通常は、明確な判断基準がない以上、裁判官には多くの時間とコストがかかるうえ、最終的に国家法によって欠缺補充をするのであれば、国際取引の特殊性は十分に考慮されない。結局は、従来の国際私法の手法によって外国法を適用する場合と同じ問題が出てくることになろう[48]。他方で、国際的に承認された体系性のある「レークス・メルカトーリア」の準拠法適格性だけを認めるとすると、それ以外の「レークス・メルカトーリア」との線引きが問題となる。

第三に、各国法上の商取引に関する規律は、通常、任意法規である。そのため、国家法が準拠法であっても、当事者は、実質法的指定によって「レークス・メルカトーリア」を契約内容に取り込むことができるのであり、その準拠法適格性を認める実益は、必ずしも明らかではない[49]。上記(b)の立場は、契約準拠法たる国家法の枠内で「レークス・メルカトーリア」の適用を認めるものであり、当事者による明示の援用がない場合にも、「レークス・メルカトーリア」の適用を導く点に主眼がある。しかし、従来の国際私法の手法によっても、契約準拠法上、「レークス・メルカトーリア」が商慣習法として認められていれば、当事者による援用がなくても適用されうる。また、(b)の立場が、国家法たる契約準拠法上の強行法規の適用を認める以上は、結論には差が出ないものと解される[50]。

以上の点に鑑みれば、非国家法の準拠法適格性を認める立場は説得力に欠けるといわざるをえない。仲裁手続においては、正義と衡平に基づく判断として、「レークス・メルカトーリア」を適用できるが、国家裁判所が適用する裁判規範としては、従来の国際私法の枠組みに従い、主権国家による立法権によって担保された国家法だけが準拠法適格性をもつと考えるべきであろう[51]。前述の「法の

---

48 上述 II 参照。

49 *Siebe dazu Mankowski,* Stillschweigende Rechtswahl und wählbares Recht, in: Leible (Hrsg.), Das Grünbuch zum Internationalen Vertragsrecht – Beiträge zur Fortentwicklung des Europäischen Kollisionsrechts der vertraglichen Schuldverhältnisse (2004), S. 63, 92–94.

50 この点については、多喜・前掲書 162–165 頁における山手説に対する批判を参照。

51 ランドーは、仲裁手続と同様に、国家裁判所による裁判手続においても「レークス・メルカトーリア」が適用されうるとする。*Lando,* Scandinavian Studies in Law 40 (2000), 379–382; *ders.,* The Principles of European Contract Law and the *lex mercatoria,* in: Basedow (Hrsg.), FS Siehr (2000), S. 403–404. しかし、仲裁手続はあくまで当事者による自主的な紛争解決手段であり、国家主権の一つである司法権の発動として行われる国家裁判所による裁判手続とは区別して考えるべきである。なお、*Lowenfeld,* Lex Mercatoria: An Arbitrator's View, in: Carboneau (Hrsg.), Lex Mercatoria and Arbitration – A Discussion of the New Law Merchant (1990), S. 37, 49–57 は、仲裁手続において、「レークス・メルカトーリア」が国内法に代替するのではなく、それが機能しない場合に補完するものと捉えている。

適用に関する通則法」の制定の準備作業において、非国家法の準拠法適格性を認める案も検討されたが[52]、法制審議会では取り上げられずに終わっている。

3. ローマ I 規則のための欧州委員会提案

欧州共同体においては現在、1980 年ローマ条約を EC 規則化する作業が進んでいる。そのために欧州委員会が 2005 年 12 月に発表した「契約債務の準拠法に関する EC 規則（ローマ I 規則）のための委員会提案」3 条 2 項においては、非国家法の準拠法適格性が認められている。それによれば、当事者は、「国際的又は欧州共同体レベルにおいて承認された実質法上の原則及び準則」（"auf internationaler oder Gemeinschaftsebene anerkannte Grundsätze und Regeln des materiellen Vertragsrechts"）を選択することができる[53]。この選択の対象となる実質法上の原則とは、ユニドロワ原則やヨーロッパ契約法原則、さらには将来、欧州共同体において作成される前述のオプト・イン型の契約法典としての「共通の参照枠」を指す。他方、通常の商慣習法としての「レークス・メルカトーリア」は、その対象が不明確であることを理由に、準拠法適格性を否定されており、国際的に十分に認知されていない私的団体による契約法原則の選択も認められない[54]。今回の欧州委員会提案の主たる目的は、オプト・イン型の「共通の参照枠」が制定されたときに、端的にそれが契約準拠法として選択されうるための受け皿を用意するという点にあったようである[55]。

しかし、この問題は、そもそも準拠法として適用される「法とは何か」という法源論から慎重に検討すべきものである。共同体立法として制定される契約法典としての「共通の参照枠」は、各構成国の授権に基づいて欧州共同体によって制定

---

52 法例研究会『法例の見直しに関する諸問題(1) ——契約・債権譲渡等の準拠法について——』別冊 NBL80 号（2003）34–36 頁。

53 Vorschlag für eine Verordnung des Europäischen Parlaments und des Rates über das auf vertragliche Schuldverhältnis anzuwendende Recht (Rom I) vom 15.12.2005, KOM (2005) 650 endg. すでに、Grünbuch über die Umwandlung des Übereinkommens von Rom aus dem Jahr 1980 über das auf vertragliche Schuldverhältnisse anzuwendende Recht in ein Gemeinschaftsinstrument sowie über seine Aktualisierung vom 14.1.2003, KOM (2002), 654 endg., S. 27–28 及び Discussion paper for the expert meeting on the conversion of the Rome Convention of 1980 into a community instrument and its modernisation (" Rome I ") – Brussels, 17 February 2005 (nicht veröffentlicht), S. 3 も、ユニドロワ原則やヨーロッパ契約法原則などの準拠法適格性を認める可能性を考慮していた。ただし、ユニドロワ原則 1.4 条については、国際私法のルールによれば契約準拠法となる法（国内法、国際法、超国家法のいずれであるかを問わない）の強行法規の適用を留保しているため、その解釈が問題となろう。この点については、*Bonell,* Unif. L. Rev. 2004, 30–31 を参照。

54 Vorschlag der Kommission von 2005 (Fn. 53), S. 5.

55 すでに 2003 年の欧州委員会のアクション・プランは、オプト・イン型のヨーロッパ契約法典とローマ I 規則のグリーン・ペーパーが相互補完的であること、そして国際私法のルールによって、当事者がヨーロッパ契約法典を選択した場合にそれが契約準拠法として適用されることを確保できることを指摘している。Aktionsplan von 2003 (Fn. 32), Rn. 13. この点は、2004 年の欧州委員会報告書によって、より明確に示されている。Mitteilung von 2004 (Fn. 33), S. 19.

される法規範であって、一種の「国家法」であるともいえる。それが拘束力のある準則ではなく、オプト・イン型の準則であっても、その法的性質が変わるわけではない。それゆえ、欧州委員会提案3条2項のような規定がなくても、端的に準拠法として選択されうると解される[56]。また、「共通の参照枠」が準拠法となるための根拠規定が委員会提案3条2項であるとすると、同5・6・8条における当事者自治の制限に服し、構成国の国内法に劣後するが、この契約法典は本来、当事者の選択があれば、国内法に優先して適用されるべき準則であり、矛盾することになろう[57]。

他方で、ユニドロワ原則やヨーロッパ契約法原則は、その内容が優れているとしても、商慣習法として成立したものではなく、あくまで各国の学者が、あるべき契約法原則を集成したものである。したがって、国際的な商慣習法としての法源性を認めることはできず、その法源としての正統性をどこに求めるのかが問題となろう。また、現実には、どのような非国家法であれば、「国際的又は欧州共同体レベルにおいて承認された実質法上の原則及び準則」として準拠法適格性が認められるのか、その線引きが問題となる[58]。たとえば、ガンドルフィを代表者とするパヴィア・グループが作成した契約法原則[59]には準拠法適格性を認め、欧州の事業者団体又は消費者団体等が作成した契約法原則については否定するのであろうか。その判断基準を「国際的又は欧州共同体レベルでの承認」だけに求めるのであれば、裁判官の裁量で判断が区々に分かれうる。欧州委員会提案3条2項がローマI規則として成立した場合、このような解釈論上の問題は、最終的には欧州司法裁判所の判例の展開にゆだねられることになろう。

4. 小括

本節で論じてきたように、従来の国際私法の手法によって国家法を契約準拠法として指定し、適用するという手法に一定の限界があるとしても、非国家法としての「レークス・メルカトーリア」の準拠法適格性は否定すべきである。つまり、

---

56 *Mankowski* (Fn. 49), S. 86–87; *ders.*, Der Vorschlag für die Rom-I Verordnung, IPRax 2006, 101, 102. マルティーニも、非国家法の準拠法適格性を認めることには慎重であるが、共通の参照枠が明確なルールとして制定されれば、契約準拠法とすることに問題はないとしている。*Martiny*, Neue Impulse im Europäischen Internationalen Vertragsrecht, ZEuP 2006, 60, 68–69.

57 この点を指摘するものとして、*Max Planck Institute for Comparative and International Private Law*, Comments on the European Commission's Proposal for a Regulation of the European Parliament and the Council of the law applicable to contractual obligations (Rome I), S. 5, 17–18 (http://www.mpipriv-hh.mpg.de/deutsch/main/Pressemitteilungen/Comments_RomI/Comments_RomeI_proposal.pdf). このマックス・プランク国際私法及び比較私法研究所の意見書は、欧州委員会提案22条b項[契約債務関係を規律する準則であって、当事者がその適用を予定している共同体法の優先的適用を定める]を端的に根拠規定とすべきであるとしている。もっとも、この意見書は、非国家法の準拠法適格性を認める立場を支持しているため、本稿の見解とは前提が異なることに注意が必要である。

58 この点については、*Mankowski*, IPRax 2006, 102 を参照。

59 Academie des privatistes européens (coordinateur *Giuseppe Gandolfi*), Code européen des contrats – Avant-projet, Livre 1 (2004).

国家裁判所による裁判手続においては、主権国家による立法権によって担保された国家法だけを準拠法とすべきであると解される。

V. おわりに

本稿では、国際取引に関する実体法上の規律が多様化する中で、国際私法と統一法、そして「レークス・メルカトーリア」がどのような関係に立つかについて、特に国際私法の存在意義という観点から論じてきた。国際取引に関する法的規律は、他の法領域と比較して、技術的性格が強いため、早くから法統一のための努力がなされてきた。しかし、本稿で論じたように、条約による世界的レベルでの法統一には限界があるうえ、欧州共同体においてすら、各構成国の国内法に代替する統一契約法典を制定できるか否かは不明であり、実現するとしても多くの時間がかかることが予想される。そもそも、経済的合理性を重視した機能的な法の統一がどこまで有益なのかは、改めて検討すべき課題である。むしろ、EC 指令による緩やかな法の平準化によって、域内市場の円滑な機能という目的を十分に達成できるとも考えられる。欧州共同体構成国の中でも、特にフランスにおいては、契約法の統一が、各構成国の伝統・文化の多様性を尊重するという欧州共同体の基本理念と矛盾すると強く批判されていることが想起されよう[60]。

ローマ I 規則のための欧州委員会提案においては、国際的に承認された非国家法の準拠法適格性を認めている。しかし、わが国の国際私法の問題としてみた場合には、それを安易に受容すべきではない。これは、非国家法としての「レークス・メルカトーリア」の法源性をめぐる問題であり、現在の国際私法の体系としては、国家裁判所が裁判規範として適用する法を国家法に限定するのもやむをえないものと思われる。欧州では、将来のローマ I 規則において非国家法の準拠法適格性を認める規定が入ることが予想されるが、まだ課題も山積している。欧州における今後の議論の展開に注目したい。

---

60 イヴ・ルケット／馬場圭太・訳「我々はヨーロッパ民法典へと向かうべきか」社会科学研究年報 35 号（2004）96–115 頁以下参照(原文は、*Yves Lequette,* Vers un code civil européen?, in: Pouvoirs 107 (2003))。

3. Teil: Inhalte – Einzelfragen

§ 14 Notwendigkeit und Tragweite der Heranziehung des deutschen Rechts bei der Auslegung des japanischen Forderungsabtretungssystems *

Soichi Furuya

Übersicht

I. Einführung

§ 467 des japanischen BGB (jpBGB) lautet wie folgt:

> § 467 (1) Die Abtretung einer auf einen bestimmten Namen lautenden Forderung kann dem Schuldner oder einem anderen Dritten nur dann entgegengesetzt werden, wenn der bisherige Gläubiger dem Schuldner davon Anzeige gemacht oder der Schuldner seine Annahme erteilt hat.
> (2) Die nach obigem Absatz erfolgte Anzeige oder Annahme kann einem anderen Dritten als dem Schuldner nur entgegengesetzt werden, soweit eine beglaubigte Urkunde vorliegt.[1]

§ 467 jpBGB wird gemeinhin als französischrechtlich angesehen, da er das in Art. 1690 Code Civil (CC) formulierte Prinzip rezipiert hat. Art. 1690 CC sei hier angegeben:

> Art. 1690 Le cessionaire n'est saisi à l'égard des tiers que par la signification du transport faite au débiteur.
> Néanmoins le cessionnaire peut être également saisi par l'acceptation du transport faite par le débiteur dans un acte authentique.

Die Mehrheit der Gesetzgebungskommission des jpBGB verstand dieses französische Gesetz wie folgt: Die Abtretung der Forderung von einem Zedenten an den Zessionar sei nur nach der Anzeige an den Schuldner wirksam. Der Sinn dieses Ge-

* Übersetzung von *Kô Watari/Kenichi Moriya.*

setzes liege darin, den gutgläubigen Schuldner vor einer Leistung an den Nichtberechtigten zu schützen. Durch die Abhängigmachung der Wirksamkeit der Abtretung von der Anzeige (Denunziation) werde, so die herrschende Meinung (h.M.), dem Schuldner gem. Art. 1690 CC gewissermaßen die Funktion eines Publizitätsorgans zugeschrieben, um somit die Verkehrssicherheit zu gewährleisten.[1] Der so skizzierte französische Gedanke wurde dann mit notwendigen Modifikationen in den § 467 jpBGB aufgenommen.[2] Daher verstehen die japanischen Juristen § 467 jpBGB im Sinne der Opposabilität des Schuldners gemäß Art. 1690 CC.

Diese Auslegungspraxis dürfte als auffällig bezeichnet werden, wenn man von jener allgemein verbreiteten Auffassung ausgeht, das japanische Vermögensrecht sei im allgemeinen[3] nach dem deutschen Zivilrecht gestaltet. Dennoch wird in den letzten Jahren gelegentlich angedeutet, daß der Versuch, im Bereich der Forderungsabtretung deutschrechtliche Auslegungen heranzuziehen, kaum praktische Bedeutung haben könne, soweit § 467 jpBGB explizite das Prinzip der französischrechtlichen Opposabilität vertreten habe, zumal noch keine Gesetzesänderung auf dem Plan stehe.[4] Aus einem solchen Verständnis von § 467 jpBGB würde allerdings folgen, daß dem Vergleich der japanischen Forderungsabtretung mit der deutschen kaum Bedeutung zukäme. Hält diese gängige Ansicht aber eingehenden analytischen Prüfungen stand? Der Vergleich zwischen § 467 jpBGB und Art. 1690 CC basiert doch lediglich auf dem rezeptionsgeschichtlichen Zusammenhang.

Nicht zu vergessen ist, daß das deutsche BGB etwa um 100 Jahre später als der französische Code Civil entstanden ist. Die Gesetzgebungskommission des BGB hatte selbstverständlich den französischen Code civil berücksichtigt. Es ist jedoch anzunehmen, daß sie zugleich versucht haben muß, ein Forderungsabtretungssystem zu etablieren, das der inzwischen entwickelten Wirtschaftssituation gerechter sein soll als dasjenige beim Code Civil. Es ist durchaus möglich, zu sagen, daß das deutsche Forderungsabtretungssystem fortgeschrittener ist als das französische Gegenstück. Folglich müssen wir nicht unbedingt auf dem rezeptionsgeschichtlichen Umstand verharren. Wir sollten vielmehr den französischrechtlich gefärbten § 467 jpBGB unbefangener auslegen. Dann ist es durchaus möglich, auch aus den deutschrechtlichen Regelungen über die Forderungsabtretung einige

---

1 Vgl. *Mugdan* (Hrsg.), Die gesamten Materialien zum Bürgerlichen Gesetzbuch für das deutsche Reich, Bd. 2. Recht der Schuldverhältnisse, 1899, bes. S. 571f.; eine eingehendere Analyse findet sich in *Furuya*, Doitsu Saikenjôto Seido ni okeru Jôto Keiyaku no Kôryoku (Die Wirkung des Abtretungsvertrages im deutschen BGB), in: Hiroshima Hôgaku Bd. 26 (2003), Nr. 3, S. 297ff.

2 Minpô Gijisokkiroku 3 (Protokolle der Gesetzgebungskommission für jpBGB), *Hôten Chôsa Kai* (Hrsg.), S. 523; Boasonâdo shi Kikô, Chûshaku Minpô Sôan Zaisanhen (Kommentar zum Entwurf zu jpBGB, Vermögensrecht, verfaßt von Herrn Boissonade), *Bozasonâdo Minpôten Kenkyû Kai* (Hrsg.), 1999, S. 582ff.; *Ume*, Minpô Yôgi, Bd., Saiken Hen, 24. Aufl. (1906), 208ff. Zur Entstehungsgeschichte von § 467 jpBGB s. *Ikeda*, Saiken Jôto no Kenkyû (Über die Forderungsabtretung), 2. verbesserte Aufl. (2004), S. 56ff.

3 Versteht sich mit einigen bedeutenden Ausnahmen wie: Übertragung des Sachenrechts nur durch die Willenserklärung, also ohne Modus der Tradition gem. § 176 jpBGB; das Opposabilitätsprinzip in § 177 und 178 jpBGB.

4 *Ikeda* (Fn. 2) S. 109 Fn. 4.

Anregungen für das japanische Recht zu gewinnen.[5] Im folgenden wird sich zeigen, daß es für das eingehendere Verständnis des § 467 jpBGB notwendig ist, auch die deutschrechtlichen Regelungen über die Forderungsabtretung heranzuziehen.

Gleichzeitig muß aber auch die Tragweite dieser Heranziehung des deutschen Rechts gezeigt werden, da § 467 jpBGB das Opposabilitätsprinzip enthält. Es handelt sich, genauer gesagt, eben darum, die Notwendigkeit einer Rechtsvergleichung zwischen Deutschland und Japan auch über das Thema „Forderungsabtretung" aufzuzeigen und deren Tragweite zu messen.

Wir wollen nun im 2. Abschnitt die gängige Auslegung des § 467 jpBGB beschreiben und dann ihre Probleme aufzeigen. Im 3. Abschnitt wird dann erörtert, ob aus den Bestimmungen der Forderungsabtretung im deutschen BGB Anregungen für die Auslegung des § 467 Abs. 1 jpBGB gewonnen werden können. Mit anderen Worten: Es gibt einige Problembereiche, wo auch japanische Juristen aus den deutschrechtlichen Regelungen über die Abtretung einige Früchte ernten können. Darüber hinaus wird im 4. Abschnitt auf die Grenze dieses deutsch-japanischen Rechtsvergleichs hingewiesen, insbesondere bei der Fallgruppe, wie die Forderungsabtretung gegenüber den Dritten – also nicht gegenüber dem Schuldner – wirksam werden kann. Im 5. Abschnitt wird näher auf die Parallelität zwischen § 467 jpBGB und den Bestimmungen des deutschen BGB über die Forderungsabtretung, die bis heute kaum Berücksichtigung gefunden hat, eingegangen.

II. Die traditionelle Auslegung des § 467 jpBGB und deren Probleme

Nach h.M. regelt § 467 jpBGB das Opposabilitätsprinzip bei der Forderungsabtretung[6]. Dabei wird oft auf seinen französischrechtlichen Ursprung[7] hingewiesen. Der Schuldner soll vor der Gefahr geschützt werden, dem Zedenten sowie dem Dritten, der sich als Gläubiger angibt, gutgläubig zu bezahlen. Deshalb soll die abgetretene Forderung im Verhältnis zum Schuldner dem Zedenten zustehen, soweit weder die Anzeige der Forderungsabtretung an den Schuldner noch die Annahme durch den Schuldner (im folgenden der Einfachheit halber nur „Anzeige" bzw. „Annahme") erfolgt.

---

5 Die Forderungsabtretung im deutschen BGB ist auch nach dem Opposabilitätsprinzip geregelt, ist aber von derjenigen im französischen Recht sehr verschieden.

6 *Furuya* (Fn. 1), S. 297ff.

7 Während Art. 1690 Code Civile systematisch im Titel über „Kauf" („De la Vente") plaziert ist, wird die Forderungsabtretung in der japanischen Zivilrechtsdogmatik als Quasi-dingliches Rechtsgeschäft verstanden. Daher wäre es nicht ganz konsistent, dass man § 467 aus Art. 1690 CC heraus zu verstehen sucht, da diese Auslegung die Unterscheidung zwischen zugurndeliegendem kausalem Rechtsvorgang und der Verfügung selbst relativiert, s. A.Moriizumi/M.Handa (Hrsg.), Minpô Fukudokuhon (Saiken Souron und Kakuron, Lehrbuch des Zivilrechts, Schuldrecht, AT und BT), 1976, S. 107ff. (*Hirai*). Dies erweckt eine gewisse Skepsis gegenüber der tradierten, französisch gefärbten Auslegungsweise.

Diese französischrechtlich gefärbte Ansicht bringt jedoch ein beachtliches logisches[II] Problem mit sich. Denn nach dieser Auffassung ist vor einer Anzeige bzw. Annahme die Frage, wer der wahre Gläubiger ist, nicht eindeutig zu beantworten, denn die Wirkung der Einigung über die Forderungsabtretung ist eben von relativer Art und ist daher den Dritten gegenüber nicht ohne weiteres durchsetzbar. Dies ist als logischer Widerspruch zu bezeichnen.[8]

Neben dieser logischen Schwäche besteht noch ein konkret exegetisches Problem. § 468 Abs. 2 jpBGB regelt nämlich, dass die Leistung des Schuldners an den Zedenten nach dem Abschluß des Vertrags über die Forderungsabtretung und vor der Anzeige bzw. Annahme als Erfüllung der Schuld angesehen wird. Mit dieser Bestimmung ist der Schuldner bereits hinlänglich geschützt. Es ist nicht notwendig, der japanischen Forderungsabtretung nach dem französischrechtlichen Vorbild nur die relative Wirkung zuzuschreiben.

Also muss § 467 jpBGB erstens, wenn das Vorhandensein von § 468 Abs. 2 jpBGB berücksichtigt wird, nicht im Sinne von Art. 1690 CC interpretiert werden. Zweitens wäre das französische Opposabilitätsprinzip auch sachlich wegen seiner logischen Unstimmigkeit für die Auslegung des japanischen Rechts nicht instruktiv.

Warum hat die h.M. der Abtretung der Forderung traditionell die nur relative Wirkung zugeschrieben? Warum hat sie die Anzeige bzw. Annahme gem. § 467 Abs. 2 jpBGB für unerläßlich gehalten, damit die Abtretung der Forderung auch gegenüber Dritten (also anderen als dem Schuldner) Wirkung erlangt?

Nach h.M. zielt das Anzeige- bzw. Annahmeerfordernis darauf ab, dem Schuldner die Funktion als Publizitätsorgan (Infomation Center) über die Zuordnung der abgetretenen Forderung zuzuweisen, damit die Übertragung der Forderung an den Zessionar sichergestellt wird.[9] § 467 Abs. 1 jpBGB sorge dafür, daß der Schuldner über die Änderung[III] in der Forderungszuordnung informiert werde. Dann könnten sich Dritte bei dem Schuldner über die neueste Rechtslage informieren, um zu wissen, ob sie die Forderung noch vom Zedenten erwerben könnten. Damit werde die Verkehrssicherheit gewährleistet. Daher kann bei einer sog. mehrfachen Übertragung der Forderung ein Zessionar gegen die anderen Dritten, die sich jeweils als Zessionar angeben, nur dann opponieren, wenn eine Anzeige bzw. eine Annahme bereits vorhanden ist.

Nach h.M. werden im übrigen „andere Dritte" gem. § 467 Abs. 1 jpBGB als gleichbedeutend mit „Dritte(n) außer dem Schuldner" gem. § 467 Abs. 2 jpBGB verstanden. Demzufolge wird § 467 Abs. 2 zu § 467 Abs. 1 wie lex specialis zu lex generalis verstanden, da § 467 Abs. 2, die Bestimmung von § 467 Abs. 1 voraussetzend, zu-

8 Die Gesetzgebungskommission des deutschen BGB erkannte schon dieses logische Problem, vgl. Schubert (Hrsg.), Die Vorlagen der Redaktoren für die erste Kommission zur Ausarbeitung des Entwurfs eines Bürgerlichen Gesetzbuches. Recht der Schuldverhältnisse, Teil I. Allgemeiner Teil (*Kübel*), 1980, S. 937f. Auch vgl. *Furuya* (Fn. 1), S. 282f.

9 Chûshaku Minpô (Kommentar zum Bürgerlichen Gesetzbuch), 11. Bd. (1965), Nishimura (Hrsg.), S. 371 (*Akashi*).

sätzlich eine nähere Regelung über die Anzeige bzw. Annahme (Notwendigkeit der Beurkundung und Datierung) enthält.[10] Damit werde bezweckt, die Verfälschung der Datierung unter den Beteiligten im Interesse der Erlangung der günstigeren Position bei der Frage der Wirksamkeit der Forderungsabtretung zu verhindern.[11] Daher, so die h.M., regeln § 467 Abs. 1 und 2 jpBGB gemeinsam Normen für die Opposabilität zwischen den sich als Zessionar angebenden, miteinander konkurrierenden Dritten.[12]

Diese Auffassung ist problematisch. Erstens wäre die Wirksamkeit des Vertrags über die Forderungsabtretung zwischen dem Zedenten und dem Zessionar dann von der Anzeige bzw. Annahme abhängig. Damit entsteht der bereits erwähnte logische Widerspruch, daß diese Abtretung gegenüber dem Schuldner nicht durchsetzbar ist.[IV]

Zweitens ist es zweifelhaft, ob es legitimierbar ist, den Schuldner rechtlich dazu zu verpflichten, demjenigen anderen Dritten als dem Schuldner, an den die Forderung zu übertragen ist, genaue Information zu geben, wer der jetzige richtige Gläubiger ist.[13] Das jpBGB trifft hierzu keine Regelung. Wenn eine solche Pflicht des Schuldners bejaht würde, dann hieße es, den Schuldner durch die Einigung der Forderungsabtretung zwischen Zedenten und Zessionar, an der der Schuldner eben nicht beteiligt ist, mit einer zusätzlichen Pflicht der Informationsangabe zu belasten. Diese Konsequenz erscheint als nicht gerecht.[14] Wäre dem Schuldner die Pflicht der Informationsangabe nicht zuzuschreiben, würde ihm konsequenterweise auch jene Funktion der „Information Center" nicht zuerkannt. Daraus folgt, daß § 467 jpBGB nicht im Sinne von Art. 1690 CC auszulegen ist.

III. § 467 Abs. 1 jpBGB im Vergleich zu § 410 BGB

Das wesentliche Problem der herkömmlichen Auffassung des § 467 Abs. 1 jpBGB liegt also darin, daß die Wirkung der Forderungsabtretung nicht einheitlich, sondern je nach der Position der fraglichen Person anders geregelt ist. Auf diesen logischen Widerspruch hat, wie gesehen, bereits auch die Gesetzgebungskommission des BGB hingewiesen.

---

10 *Akashi* (Fn. 9), S. 379.

11 *Akashi* (Fn. 9), S. 380.

12 Dies ist angedeutet auch im jap. OGH Urteil vom 7. 3. 1974, Minshû 28–2, S. 174.

13 Die Auffassung, den Schuldner als „Infomation Center" zu bezeichnen, kritisiert etwa *Toriyabe*, Shûgô Saiken no Jôto Tanpo to Dairijuryô, Furikomishitei (Verschiedene Typen der Sicherungsabtretung von Forderungen), in: Hôritsu Jihô 57–1 (1985), S. 102.

14 Diese Ansicht ist aus § 468 Abs. 2 zu ziehen. § 468 Abs. 2 hat das Ziel, den Schuldner wegen der Einigung der Forderungsabtretung zwischen Zedenten und Zessionar nicht in den nachteiligen Zustand zu versetzen, was für das ganze Forderungsabtretungssystem gelten muß, vgl. *Wagatsuma*, Minpôkôgi (Handbuch zum Zivilrecht) IV (1964), S. 516; *Okuda*, Saiken Sôron (Schuldrecht. AT) (1992), S. 440.

Dagegen enthält § 398 BGB die folgende Regelung:

> § 398. Eine Forderung kann von dem Gläubiger durch Vertrag mit einem anderen auf diesen übertragen werden (Abtretung). Mit dem Abschluss des Vertrags tritt der neue Gläubiger an die Stelle des bisherigen Gläubigers.

Nach § 398 BGB erstreckt sich die Wirkung der Abtretung durch den bloßen Vertragsschluß zwischen dem Zedenten und dem Zessionar auch auf den Schuldner und andere Dritte. In Deutschland bezeichnet man diese Wirkung der Abtretung als das „Prinzip der Sondernachfolge in die Forderung"[15]. Mit dieser Bestimmung ist jener logische, durch das französischrechtliche Opposabilitätsprinzip verursachte Widerspruch konsequenterweise ausgeräumt.

Das Prinzip der Sondernachfolge in die Forderung birgt die Gefahr in sich, daß der gutgläubige Schuldner einem Nichtberechtigten (dem bisherigen Gläubiger) die Leistung erbringt und dadurch dem Zessionar (dem neuen Gläubiger) gegenüber zur Leistung verpflichtet bleibt.

§ 407 Abs. 1 BGB erklärt jedoch bekanntlich die Leistung eines gutgläubigen Schuldners gegenüber dem Zedenten als wirksam und wägt somit die Interessen zwischen dem Zedenten, dem Zessionar und dem Schuldner ab. Auch das japanische Abtretungsrecht kennt den Schutz desjenigen Schuldners, der bezüglich der Abtretung gutgläubig ist und eine Leistung an den Zedenten erbracht hat, § 468 Abs. 1 jpBGB.

Zudem trägt § 410 BGB einem anderen Risiko des Schuldners Rechnung. Diese Bestimmung beugt nämlich der Gefahr vor, daß der Schuldner dem vermeintlichen Zessionar eine unwirksame Leistung erbringt und gegenüber dem wahren Gläubiger noch schuldig bleibt. So wird entweder der Zessionar dazu verpflichtet, dem Schuldner eine von dem Zedenten über die Abtretung ausgestellte Urkunde auszuhändigen, oder der Zedent dazu, ebenfalls dem Schuldner die Abtretung schriftlich anzuzeigen. Man könnte sagen, daß § 410 BGB regelt, wie der Zessionar dem Schuldner gegenüber sein abgetretenes Recht auf Forderung geltend machen kann. So gesehen ist diese Vorschrift als Bestimmung über das Opposabilitätsprinzip im Bereich der deutschen Forderungsabtretung zu interpretieren.

Wenn man § 467 Abs. 1 jpBGB im Sinne der Sondernachfolge in die Forderung verstünde, so könnte man das Problem jenes logischen Widerspruchs überwinden, das in der tradierten japanischen, aus dem französischen Recht übernommenen Auffassung besteht. Da § 468 Abs. 2 jpBGB die Leistung des gutgläubigen Schuldners an den Zedenten nicht unwirksam bleiben läßt, könnte man weiter meinen, daß § 467 Abs. 1 jpBGB unter Heranziehung von § 410 BGB besser vertanden werden kann. Um zu verhindern, daß ein gutgläubiger Schuldner, weil er dem vermeintlichen Zessionar eine Leistung ohne befreiende Wirkung erbracht hat, an den wahren Gläubiger nochmals leisten muss oder möglicherweise in Verzug ge-

---

15 Motive zu dem Entwurfe eines Bürgerlichen Gesetzbuches für das Deutsche Reich, Bd. II, Recht der Schuldverhältnisse, 1888, S. 118.

rät, verlangt § 467 Abs. 1 jpBGB, daß der Zessionar sich als Gläubiger nachweist, indem er entweder die Anzeigepflicht erfüllt oder die Akzeptanz des Schuldners über die Abtretung einholt. Daher sollte man annehmen, daß § 467 Abs. 1 jpBGB, insoweit ganz im Sinne von § 410 BGB, regelt, wie der Zessionar sein durch die Abtretung erworbenes Recht dem Schuldner einwandfrei durchsetzen kann.[16] Daher ist die Heranziehung von § 410 BGB bei der Auslegung von § 467 Abs. 1 jpBGB unerläßlich, um die dogmatische Konstruktion von jenem logischen Widerspruch befreien zu können.

IV. Die Tragweite der Heranziehung von § 408 Abs. 1 BGB bei der Auslegung von § 467 Abs. 2 jpBGB

Damit sind aber nicht alle Probleme gelöst. Nach § 398 BGB ist die Abtretung der Forderung uneingeschränkt wirksam, wobei das Prinzip der Sondernachfolge in die Forderung gilt. Kann man auch das Prinzip der Sondernachfolge in die Forderung auf das japanische Recht anwenden?

Diese Frage ist negativ zu beantworten. Gemäß dem Prinzip der Sondernachfolge in die Forderung sollte konsequenterweise nur derjenige, dem der Zedent zuerst sein Recht übertragen hat, zum neuen Gläubiger werden. Dafür spricht § 408 Abs. 1 BGB. Man könnte daher diese Bestimmung so paraphrasieren, daß der Zessionar dem Dritten gegenüber, dem die gleiche Forderung vom früheren Gläubiger nochmals abgetreten wird, sein Recht behaupten kann, wenn er beweist, daß zuerst ihm die Forderung abgetreten worden ist. Das so verstandene Prinzip der Sondernachfolge in die Forderung kann aber auf die japanischen Verhältnisse nicht angewendet werden. Denn § 467 Abs. 2 jpBGB regelt, daß auch derjenige, dem der (frühere) Gläubiger die Forderung nach der ersten Abtretung an einen Anderen nochmals überträgt, dem anderen Dritten, an den die Forderung eben zuerst abgetreten worden ist, sein Recht auf Forderung geltend machen kann, wenn eine datierte beurkundete Anzeige bzw. eine datierte beurkundete Annahme dafür spricht, daß er der wahre Gläubiger sei. Dies widerspricht dem deutschen Prinzip der Sondernachfolge in die Forderung im Sinne von § 398 BGB. Also sind die deutschen Bestimmungen über die Rechtsverhältnisse zwischen denjenigen, denen die gleiche Forderung mehrfach abgetreten wird, nicht instruktiv für das japansiche Recht. Insofern stößt die Heranziehung des deutschen Rechts bei der Auslegung der japanischen Forderungsabtretung auf eine gewisse Grenze.

Wie kann man die japanischen Bestimmungen über die Rechtsverhältnisse zwischen denjenigen, denen die gleiche Forderung mehrfach abgetreten wird, auffassen?

---

16 Dazu eingehender s. *Furuya*, Doitsu Saikenjôto Seido ni okeru Saimusha ni taisuru Taikô Yôken (Der Gesetzgebungsprozess des § 410 im deutschen BGB), in: Hiroshima Hôgaku Bd. 26 (2003), Nr. 4, S. 213ff., Bd. 27 (2004), Nr. 1, S. 87ff.

§ 466 Abs. 1 jpBGB schließt faktisch die Möglichkeit nicht aus, daß der Zedent die eine Forderung mehrfach an verschiedene Personen abtritt. Daher muß es eine Vorschrift geben, um etwaige Auseinandersetzungen zwischen ihnen zu regeln. Diesen Zweck erfüllt § 467 Abs. 2 jpBGB. Diese Bestimmung schützt nicht notwendig die Person, an die die Forderung faktisch zuerst abgetreten worden ist. Jedenfalls wird derjenige, den die authentische Anzeige bzw. Annahme als wahren Gläubiger verzeichnet, gegenüber jedem Dritten juristisch bevorzugt.[17] § 467 Abs. 2 jpBGB ist insoweit vergleichbar mit § 176 und § 177 jpBGB, wonach der Eigentümer sein Eigentum faktisch an verschiedene Personen mehrfach übertragen kann, wobei das Rangverhältnis zwischen ihnen durch den Zeitpunkt der Eintragung ins Register geregelt wird. § 467 Abs. 2 jpBGB beinhaltet nämlich das rein formale Opposabilitätsprinzip, das die durch die mehrfachen Forderungsabtretungen verursachten verwickelten Rechtsverhältnisse zwischen den um das vom Zedenten mehrfach abgetretene, aber gleiche Forderungsrecht konkurrierenden Personen gleichsam mit einem Schlag regelt. Dabei hat der Schuldner im Unterschied zum Register bei der Eigentumsübertragung keine Funktion des Publizitätsorgans, denn er ist nicht dazu verpflichtet, auf die Frage zu antworten, wer der wahre Gläubiger ist. Wie erwähnt, ist die Auffassung, der Schuldner sei als Information Center zu bezeichnen, nicht haltbar. Hier möchte ich die h.M., nach der wegen der Anzeige bzw. Annahme dem Schuldner die Pflicht zugeschrieben wird, auf die Frage zu antworten, wem die jetzige Forderung zugehört, bestreiten, und behaupte ferner, daß § 467 Abs. 1 jpBGB als Opposabilitätsprinzip beim Fall der mehrfachen Forderungsabtretung eben *nicht* zu verstehen ist. Bei dieser Fallgruppe ist *nur* § 467 Abs. 2 jpBGB relevant, weil er allein das Opposabilitätsprinzip trägt.[18]

Das japanische Rechtssystem über die Forderungsabtretung ist also mit dem deutschen nicht vollständig vergleichbar. Dennoch ist der bereits ausgesprochene logische Widerspruch in der herkömmlichen Auslegung stets in Erinnerung gebracht worden. Die hier näher ausgeführte Auffassung, die der h.M. gegenübergestellt wird, geht davon aus, daß die Wirkung der Forderungsabtretung nicht vom Vorhandensein der Anzeige bzw. Annahme abhängt.

Hier setzt aber ein spezifisch japanisches Problem an. Im Unterschied zum deutschen Recht kennt das japanische Recht das Prinzip der Sondernachfolge in die Forderung eben nicht. Daher gilt bei der mehrfachen Forderungsabtretung das rein formal verstandene Opposabilitätsprinzip entscheidend. Das Konkurrenzverhältnis zwischen mehreren Personen, an die dieselbe Forderung mehrmals abgetreten wird, wird nämlich durch das Opposabilitätsprinzip von § 467 Abs. 2 jpBGB geregelt. Damit kann das bereits in der Gesetzgebungskommission des deutschen

---

17 Bei § 467 Abs. 2 jpBGB sind nicht nur die Erfordernis der Datierung entscheidend, sondern auch die öffentliche Beurkundung, so daß die Schrift nicht unter den Beteiligten heimlich verfälscht werden kann.

18 Der Wortlaut in § 467 Abs. 1 jpBGB, „der Schudner oder ein anderer Dritte", ist als Schudner bzw. die auf der mit diesem gleichen Rechtsposition stehende Person wie etwa Bürge.

BGB erkannte Problem der Unstimmigkeit der Wirkung der Forderungsabtretung im französichen Recht auch im japanischen Recht jedenfalls beseitigt werden.

V. Schlußbemerkung

Damit sollte die Notwendigkeit der Heranziehung der deutschen Bestimmungen bei der Auslegung des japanischen Forderungsabtretungssystems hinreichend erklärt worden sein. Während Art. 1690 CC beabsichtigt, den gutgläubigen Schuldner vor der Gefahr der mehrfachen Zahlung zu schützen, findet sich die entsprechende Bestimmung nach unserer Auffassung deutschrechtlich in § 407 Abs. 1 BGB und japanischrechtlich in § 468 Abs. 2 jpBGB. Das wahre praktische Problem liegt darin, daß es im japanischen Recht keine Regel gibt, nach der der Schuldner vor der Gefahr geschützt würde, dem vermeintlichen Zessionar ohne befreiende Wirkung zu leisten.

Um diese Schwierigkeit zu lösen, ist es zunächst wichtig, § 467 Abs. 1 jpBGB im Sinne von § 410 BGB zu interpretieren. Darauf hat *Ariizumi* bereits im Jahre 1937 hingewiesen. Dieser Hinweis hat bislang aber in der Literatur wenig Resonanz gefunden, vermutlich weil Ariizumi die deutschrechtliche Regel aus verschiedenen Gründen nicht eingehend geklärt hat.[19] Hier wird daher versucht, *Ariizumis* Ansätze wieder aufzunehmen und weiter in der rechtsvergleichenden Methode zu entwickeln.

Es ist darauf hingewiesen worden, daß § 467 Abs. 2 jpBGB nicht im Sinne von § 408 Abs. 1 BGB verstanden werden kann, weil das deutsche Prinzip der Sondernachfolge in die Forderung im japanischen Recht nicht geregelt ist. Statt dieses Prinzips regelt § 467 Abs. 2 jpBGB das rein formale Opposabilitätsprinzip, das den mehrfachen Übertragungen der einen Forderung gilt. Hier besteht ein deutlicher Unterschied zwischen dem deutschen und dem japanischen Rechtssystem.

Der Versuch, das japanische Forderungsabtretungssystem im Vergleich mit demjenigen in Deutschland zu analysieren, ist noch an der Anfangsphase. Uns ist künftig aufgegeben, die einzelnen Bestimmungen konkret und mit rechtsvergleichendem Blick zu überprüfen.

19 *Ariizumi*, Saiken Jôto no Taikôyôken (Opposabilität bei der Forderungsabtretung), in: Hanrei Minji hô shôwa 8 nendo (1937), S. 191.

Anmerkungen des Übersetzers

I Diese Übersetzung ist entnommen aus: *Ishikawa/ Lettsch*, Das japanische BGB in deutscher Sprache, 1985, wobei aus pragmatischen Gründen „Mitteilung" durch „Anzeige", „Zustimmung" durch „Annahme" jeweils ersetzt werden.
II Zu diesem Ausdruck näheres in der Fn. IV.
III Das Wort „Änderung" widerspiegelt den japanischen Ausdruck „hendô", der nicht nur „Übertragung", sondern im Allgemeinen das Verändern bedeutet.
IV Dieser immer wieder auftauchende Gedanke Furuyas mag für den deutschen Juristen beim ersten Blick irritierend wirken. Furuyas Argument kann dennoch als konsistent verstanden werden. Ein Rechtssystem, in dem die Abtretung der Forderung unabhängig von der Anzeige bzw. Annahme dem Schuldner gegenüber wirksam ist, bezeichnet er als ‚logisch'. Dieses System ist in BGB tatsächlich verwirklicht, § 398 BGB. Nun ist diese Bestimmung dogmatisch unter anderem auch durch sog. Sondernachfolge in die Forderung und das Abstraktionsprinzip institutionell abgesichert. Endemann hat einmal den Abtretungsvertrag prägnant als „Veräußerungsgeschäft von obligatorischer Natur mit dinglicher Wirkung" bezeichnet, *Endemann*, Lehrbuch des bürgerlichen Rechts, 6. Aufl. (1899), S. 669. Furuya will aber aus diesen dogmatischen Verbindungen nur die Unabhängigkeit der Wirkung des Abtretungsvertrags dem Schuldner gegenüber von der Anzeige bzw. Annahme herausnehmen, obwohl das japanische Recht weder die Sondernachfolge in die Forderung noch das Abstraktionsprinzip beim Abtretungsvertrag kennt; Furuya lehnt die Rezeption der Sondernachfolge in die Forderung entschieden ab, s. seine Ausführungen in IV. Diese Haltung mag als all' zu eklektistisch erscheinen. Im japanischen Kontext verhält es sich etwas anders. Beginnen wir nochmals mit dem Begriff „Opposabilitätsprinzip" (Taikô Yôken Shugi). Das Opposabilitätsprinzip will eigentlich über die folgende Rechtslage entscheiden, daß mehrere mit einander um ein Recht konkurrieren. Diese Situation ist im deutschen Recht beim Sachenrecht schon von vorneherein ausgeschlossen, denn das Sachenrecht zielt auf die Eindeutigkeit des sachenrechtlichen Verhältnisses. Um dieses Ziel kreisen sich Grundsätze wie Absolutheit, Publizität, Spezialität, Übertragbarkeit und schließlich Abstraktheit. Erst durch sie bekommt die bekannte Dichotomie zwischen Sachenrecht und Obligationenrecht institutionelle Konturen. Dagegen ist in Japan die Dichotomielehre in die Rechtsdogmatik eingeführt worden, ohne damit auch die Publizität oder das Abstraktionsprinzip beim dinglichen Geschäft mit rezipiert zu haben. Sie ist institutionell nicht gesichert, ist juristisch leer. Diese diskursive Situation in Japan spiegelt sich etwa darin wider, daß man in Japan auch in Bezug auf das dingliche Geschäft unbekümmert vom Opposabilitätsprinzip spricht, ohne sich dabei gezwungen zu fühlen, die Strenge des Trennungsprinzips zu relativieren oder dessen Beibehaltung wenigstens als Problem zu sehen. (Es ist eine völlig andere Frage, ob man die Trennung zwischen Sachen- und Schuldrecht festhalten muß. Über diese grundsätzliche, ja ‚abstrakte' Frage wird auch in Japan heftig und mit immer lauter werdenden negativen Untertönen diskutiert. Aber hier handelt es sich einzig um die Frage, ob *der dogmatische Zusammenhang* etwa zwischen der Dichotomielehre, dem Abstraktionsprinzip und Publizität erkannt wird. Es stellt sich die Frage: Hat das japanische Recht wirklich die Dichotomielehre rezipiert?) Deshalb ist es im japanischen juristischen Diskurs auch möglich, den Abtretungsvertrag nicht nur dem Zedenten und Zessionar, sondern auch dem Schuldner geltend zu machen, ohne dabei den Vertrag mit den Grundsätzen wie Abstraktionsprinzip oder Sondernachfolge in die Forderung institutionell untermauert zu haben. Diese Ansicht erscheint Furuya als logisch. Diese ‚Logik' wird nach ihm auch dann nicht widerlegbar, wenn durch mehrfache Abtretungen mehrere Zessionare entstehen. Denn dann entscheidet das vom jeglichen dogmatischen Kontext abgelöste, durch und durch technisch verstandene (japanische) Opposabilitätsprinzip.

第3部: 内容

§14 ドイツ民法と日本民法の同化の必要性とその限界 ——債権譲渡を例として——

古屋壮一

目次

I. 総説

1　指名債権譲渡の対抗要件について定めた日本民法 467 条は、判例・通説によれば、フランス民法 1690 条の対抗要件主義を採用した規定であるとされている。フランス民法1690条は、以下のような規定である。

フランス民法1690条
「① 譲受人は、債務者に対してなされる移転の送達によってでなければ、第三者に対抗しえない。
「② ただし、譲受人は、債務者によって公正証書においてなされる移転の承諾によっても同様に〔第三者に〕対抗しうる。」[1]

ドイツ民法の立法担当者によれば、フランス民法 1690 条は、譲渡人・譲受人間の債権譲渡契約の効力は債務者に対する通知又は債務者による承諾がなければ債務者及び債務者以外の第三者には及ばないとしており、その趣旨は、債権譲渡契約の債務者及び債務者以外の第三者に対する効力を通知又は承諾にかからしめることにより、債権譲渡につき善意の債務者が無権利者に無効な弁済をなすことを防止するところにあり、また、債務者に債権帰属についての公示機関（インフォメーション・センター）としての役割を果たさせ、債権取引の安全を図ろうとするところにあるとされている[2]。このフランス民法 1690 条の対抗要件主義は、条文の文言こそ異なるものの、日本民法の起草者によって日本民法 467 条に継受さ

1　このフランス民法の条文訳は、池田真朗『債権譲渡の研究』〔増補 2 版〕（2004）350 頁から引用した。
2　拙稿「ドイツ債権譲渡制度における譲渡契約の効力——ドイツ民法 398 条の立法過程を中心として——」広島法学 26 巻 3 号（2003）297 頁以下。

れた[3]。したがって、通説・判例は、日本民法467条をフランス民法1690条の対抗要件主義によって理解しようとするのである[4]。

2　このように日本民法467条をフランス民法1690条によって理解することは、日本民法における財産法がある種の例外（たとえば、物権変動に関する、日本民法176条の意思主義、及び同法177条ならびに同法178条の対抗要件主義など）を除いてドイツ民法を継受しているとされていることとは、大きく異なるものであるといえよう。今日では、ドイツ民法における債権譲渡制度と日本民法のそれとを比較し、前者から後者に対する示唆を得ることは、「わが国において債権譲渡の分野に独法的解釈を持ち込むことは、四六七条が明瞭に対抗要件主義を採る以上、それを改廃する立法論が承認されない限り、積極的な意味を持ちえないであろう。」とさえ、指摘されている[5]。このような判例・通説の日本民法467条に対する理解によれば、ドイツ民法における債権譲渡制度と日本民法におけるそれとの同化は不可能であるという帰結が導かれることになろう。

3　しかし、判例・通説による「日本民法467条は、フランス民法1690条によって理解されるべきである」という理解は、果たして十分な論理的検討の結果もたらされたものなのであろうか。これまでの日本民法467条とフランス民法1690条との同化は、あくまでも「日本民法467条がフランス民法1690条を母法としている」という立法上の沿革のみによってなされてきた。ここで指摘しておきたいことは、ドイツ民法はフランス民法よりも約100年後に編纂されたものであるということである。そうであるならば、ドイツ民法の立法担当者は、フランス民法1690条を参照しなかったはずはなく、約100年のうちに変化した経済状況に対応した債権譲渡制度を構築しようとしたはずである。すなわち、見方によっては、ドイツ債権譲渡制度は、フランス民法におけるそれよりも進化したものであるということができるであろう。したがって、我々は、「日本民法467条は、フランス民法1690条を母法としている」という立法上の沿革に拘泥することなく、フランス民法1690条に基づく日本民法467条を再度検証し、ドイツ民法の債権譲渡における対抗要件制度から解釈論上の示唆を受けることができる領域があれば[6]、

3　法典調査会『民法議事速記録三』（日本近代立法資料叢書3）（1984）523頁、ボアソナード氏起稿『註釈民法草案財産編』（ボワソナード民法典研究会編『ボワソナード民法典資料集成』（1999）582頁以下、梅謙次郎『民法要義巻之三債権編』〔訂正増補第24版〕（1906）208頁以下。なお、日本民法467条の立法過程については、池田（前掲注1）56頁以下、同「民法四六七条・四六八条（指名債権の譲渡）」広中俊雄＝星野英一編『民法典の百年III　個別的観察(2)債権編』（1998）101頁以下において、簡潔に分析されている。

4　日本民法467条がフランス民法1690条の対抗要件主義を採用していることを明確に述べた最高裁判例として一番有名なものが、最判昭和49年3月7日民集28巻2号174頁である。しかし、判例は、債務者に対する対抗要件（日本民法467条1項）に関して、フランス民法1690条の対抗要件主義を貫徹するかしないかで動揺している面もあることを指摘しておく（最判昭和56年10月13日判時1023号45頁は、債権譲渡契約の効力に関して、譲渡人・譲受人間の債権譲渡契約締結のみによって、同契約の効力が債務者に及ぶというように解される判例である）。

5　池田（前掲注1）109頁の注(4)。

6　ドイツ債権譲渡制度において「対抗要件制度」が存在することについては、後述する。ただ一言付言するならば、もちろんそれは、フランス民法1690条が規定する債務者及び債務者以外の第三者に対する対抗要件制度とは大いに異なる。

それを日本民法 467 条の解釈論に採り入れるべきではなかろうか。本稿は、このような視点に立って、ドイツ民法の債権譲渡における対抗要件制度と日本民法467 条との同化の必要性を検討することを試みるものである。

ただし、重複するが、日本民法 467 条がその立法上の沿革をフランス民法1690 条に有する限り、ドイツ民法の債権譲渡における対抗要件制度から前者に対する示唆を得ることはできないか検討すれば、両者の同化について、やはり一定の限界が、明らかになってくるであろう。したがって、正確に言い直すならば、本稿は、その点も視野に入れて、ドイツ民法の債権譲渡における対抗要件制度と日本民法 467 条の同化の必要性を検討するとともに、その同化の限界を明確にすることを目的とするものであるといえよう。

4 本章の最後に、本稿の構成を示しておこう。まず、本稿は、**II**「日本民法467 条の伝統的解釈とその問題点」において、フランス民法 1690 条を母法とするとされている日本民法 467 条の伝統的解釈とその問題点について指摘する。次に、**III**「ドイツ民法 410 条と日本民法 467 条 1 項の同化の可能性と必要性」において、**II** で明らかになった、日本民法 467 条 1 項の債務者に対する対抗要件に関する伝統的解釈論の問題点を踏まえて、ドイツ民法の債権譲渡制度における債務者に対する対抗要件から、日本民法 467 条 1 項の債務者に対する対抗要件の解釈について何らかの示唆をえることができないか検討する。つまり、**III** は、ドイツ民法の債権譲渡制度と日本民法のそれが同化できる可能性がある領域を示し、その必要性について論じるものである。さらに、**IV**「ドイツ民法 408 条 1 項と日本民法 467 条 2 項の同化の不可能性」において、日本民法 467 条 2 項の債務者以外の第三者に対する対抗要件について、その検証の結果、問題点は存在するものの、ドイツ民法の債権譲渡制度における債務者以外の第三者に対する対抗要件から解釈論上の示唆を受けることができないことを指摘する。いわば、ドイツ民法の債権譲渡における対抗要件制度と日本民法 467 条の同化の限界を示すことになる。最後に、**V**「まとめにかえて」において、ドイツ民法の債権譲渡における対抗要件制度と日本民法 467 条の同化が今まさに始まり、同条について法継受がなされるに至ったことの意義とその内容を簡潔に述べ、まとめとすることにしたい。

II. 日本民法 467 条の伝統的解釈とその問題点

1 上述したように、日本民法 467 条は、フランス民法 1690 条がその母法であるとされている関係上[7]、その趣旨について次のように理解されている。譲渡

---

7 なお、フランス民法 1690 条は、売買の規定の中に存在しているが、わが国においては、債権譲渡は、準物権行為とされ、このことにつき異論は見当たらない。したがって、フランス民法1690 条から日本民法 467 条を理解することは、原因行為と処分行為の区別を無にするものであり（森泉章＝半田正夫編『民法副読本（債権総論・各論）』（1976）107 頁〔平井一雄執筆〕）、この点から、フランス民法 1690 条によって日本民法 467 条を理解するべきではないともいえ、日本民法 467 条の伝統的解釈論に問題があるともいえるのである。

人・譲受人間における債権譲渡契約の効力は、同契約締結によって譲渡人・譲受人間では生じるが、債務者及び債務者以外の第三者に対する関係では、譲渡人から債務者に対してなされる譲渡についての通知又は債務者による譲渡についての承諾がなければ彼らに及ばない[8]。

2 それでは、なぜ、債権譲渡契約の効力は、譲渡人・譲受人間の同契約締結のみによっては債務者に及ばないとされるのであろうか。なぜ、債務者に対する関係で債権譲渡契約の効力が及ぶためには、譲渡人による同契約締結についての債務者に対する通知又は債務者による同契約についての承諾が必要とされるのであろうか（日本民法 467 条 1 項）。この趣旨は、譲渡につき善意の債務者が譲渡人を債権者と誤信して無効な弁済を譲渡人に対してなし、二重弁済の危険を負うから、通知又は承諾があるまでは、譲渡債権を債務者との関係で譲渡人に帰属させて、かかる債務者の弁済を有効にするものであるという[9]。

しかしながら、このように日本民法 467 条 1 項の債務者に対する対抗要件をフランス民法 1690 条によって理解することについては、重大な論理的な問題が存在する。債権譲渡契約の効果である債権移転は、譲渡人・譲受人間の同契約締結によって譲渡人・譲受人間では生じるが、債務者との関係では通知又は承諾がなければ譲渡による債権移転が生じないとすると、譲渡人・譲受人間では「当該債権は、譲渡人から譲受人へと移転した」といえるが、譲受人・債務者間では「当該債権は、譲渡人から譲受人へと移転しておらず、依然として譲渡人に帰属する」ということになる。これは、明らかに論理的に矛盾した結果を生じているといえよう[10]。

さらに、日本民法には、譲渡人・譲受人間の債権譲渡契約締結後、譲渡人から譲渡についての通知がなされるまでの間に、債務者が譲渡人との間でした弁済等を有効とする規定が存在しており（日本民法 468 条 2 項）、日本民法をフランス民法 1690 条と同様に解さなくても、譲渡につき善意の債務者が二重弁済の危険を負うことを回避できるのである。

以上に述べたところからすれば、債権譲渡につき善意の債務者が無権利者たる譲渡人に無効な弁済をしないために、これまでの日本民法 467 条 1 項のフランス民法 1690 条に基づく解釈論に固執する必要はなく（日本民法 468 条 2 項の存在）、むしろ、その解釈論に先に述べたような債権譲渡契約の効力をめぐる論理的矛盾があるならば、その解釈論は、採用されるべきではないということになるであろう。

3 次に、フランス民法 1690 条によって基礎づけられてきた日本民法 467 条の伝統的な解釈論が、債権譲渡契約の効力が譲渡人・譲受人間の同契約締結のみに

---

8 古屋（前掲注 2）297 頁以下。
9 古屋（前掲注 2）300 頁以下。
10 ドイツ民法の立法担当者は、既に部分草案の段階からこの論理的な問題について指摘していた（*v. Kübel*, in: Schubert (Hrsg.), Die Vorlagen der Redaktoren für die erste Kommission zur Ausarbeitung des Entwurfs eines Bürgerlichen Gesetzbuches, Recht der Schuldverhältnisse, Teil I, Allgemeiner Teil, 1980, S. 937f.）。なお、古屋（前掲注 2）282 頁以下を参照。

よっては債務者以外の第三者に及ばないとするのはなぜであろうか。債権譲渡契約の効力が譲渡人・譲受人間の同契約締結のみによっては債務者以外の第三者に対して及ばず、彼にその効力が及ぶためには、譲受人が確定日付ある証書による債務者に対する譲渡についての通知又は確定日付ある証書による譲渡についての債務者による承諾を具備しなければならない理由は何か、という問題である（日本民法 467 条 2 項）[11]。本稿は債権譲渡を例としてドイツ民法と日本民法との同化の可能性・必要性とその限界について論じているので、とりあえず債務者以外の第三者を、多重譲渡の場合における他の譲受人とすることにしよう。

フランス民法 1690 条の対抗要件主義によって日本民法 467 条を理解する判例・通説の伝統的な理解は、譲渡人・譲受人間の債権譲渡契約の効力が債務者以外の第三者に及ぶために通知又は承諾を要求すること（467 条 1 項）について、債務者を指名債権の帰属に関する公示機関（インフォメーション・センター）として、当該指名債権を譲渡人から譲り受けようとする者が確実にその債権を取得する趣旨であるとする[12]。すなわち、日本民法 467 条 1 項は、譲受人が譲渡人から指名債権を譲り受けた場合に、譲渡人が債務者に対してその事実を通知するか、譲受人がその事実を債務者に認識させる（承諾）ことにより、譲渡債権の帰属に変動があったことを知らせ、他の譲受人が債務者に譲渡債権の帰属を問い合わせることにより、その他の譲受人が譲渡人から譲渡債権を取得できないという事態を防止すること（指名債権取引の安全）を目的としているのである。したがって、この目的を達成するため、同条は、多重譲渡の場合において同条の通知又は承諾を具備しなければ、指名債権の譲受人は他の譲受人に当該指名債権の帰属を対抗できないとするのである[13]。

なお、通説は、日本民法 467 条 1 項の「その他の第三者」と同条 2 項の「債務者以外の第三者」を同視し、同条 2 項が同条 1 項の趣旨にしたがった上で通知又は承諾に「確定日付ある証書」を要求した、債務者以外の第三者に対する対抗要件に関する「特別規定」としている[14]。この同条 2 項の趣旨は、指名債権の多重譲渡があった場合に、たとえば、第一譲受人が日本民法 467 条 1 項所定の通知又は承諾を具備したにもかかわらず、第二譲受人が譲渡人又は債務者と通謀して、第一譲受人の通知書又は承諾書の日付よりも早い日付を通知書又は承諾書に記載して、真実、第二譲受人に当該指名債権の帰属を対抗できる第一譲受人の真正な権利が害されることを防止するところにある[15]。それゆえ、日本民法 467 条における債務者以外の第三者に対する対抗要件は、同条 1 項及び 2 項をあわせたものであるといえよう[16]。

11　日本民法 467 条 2 項が債権譲渡契約の効力が債務者以外の第三者に及ぶための要件である通知又は承諾に確定日付ある証書を要求している趣旨については、注 15 を参照。

12　西村信雄編『注釈民法（11）』（1965）371 頁〔明石三郎執筆〕。

13　ここで、私があえて日本民法 467 条全体を債務者以外の第三者に対する対抗要件規定であるとしたのは、通説・判例の理解によれば、同条 2 項も債務者以外の第三者に対する対抗要件規定の一部であるとしているからである。以下、本文においてこのことに触れることにしよう。

14　明石（前掲注 12）379 頁。

15　明石（前掲注 12）380 頁。

16　判例もこのことを明示している（最判昭和 49 年 3 月 7 日民集 28 巻 2 号 174 頁）。

しかしながら、判例・通説の説く、日本民法 467 条 1 項をもって債務者を指名債権の帰属に関する公示機関（インフォメーション・センター）とし、指名債権取引の安全を図るという理解は、問題を包含している。まず、判例・通説がフランス民法 1690 条の対抗要件主義を採用している以上、債権譲渡契約の効力は譲渡人・譲受人に対しては及ぶのであるが、譲渡人・債務者以外の第三者との関係では及ばない。ここにおいて、指名債権が譲渡人から譲受人に移転したとされる一方で、譲渡人と債務者以外の第三者との間では、指名債権は、譲渡人から譲受人に移転していないことになり、論理的矛盾を露出させることになろう。

次に、債務者には、指名債権の帰属先を譲渡人から当該債権を譲り受けようとする譲受人に回答する法的義務があるのであろうか[17]。日本民法は、これについて規定を置いておらず、仮に債務者にこのような義務を肯定するのであれば、譲渡人・譲受人が勝手にした債権譲渡契約締結の結果、債務者に債務者以外の第三者に対する回答義務という新たな負担を課すことになり、譲渡人・譲受人・債務者間の公平を害することになるであろう（日本民法 468 条 2 項）[18]。したがって、債務者には指名債権帰属について回答義務が法的に認められない以上、債務者以外の第三者に当該指名債権の帰属先を回答する場合もあるが、回答しない場合もあるのであって、その観点からすると、債務者を確実に権利義務関係についての情報を提供する公示機関（インフォメーション・センター）とすることはできない。このことは、債務者以外の第三者対する対抗要件規定とされている日本民法 467 条をフランス民法 1690 条の対抗要件主義で理解することが困難であることを意味している。

III. ドイツ民法 410 条と日本民法 467 条 1 項の同化の可能性

1　債務者に対する対抗要件である日本民法 467 条 1 項についての判例・通説の理解の前提は、債権譲渡契約の効力は譲渡人・譲受人による同契約締結によって譲渡人・譲受人に対しては及ぶけれども、債務者に対する関係では日本民法 467 条 1 項所定の通知又は承諾を具備しなければ及ばないというところにある。しかし、既に述べたように、債権譲渡契約の効果たる債権移転が同契約締結のみにより譲渡人・譲受人間では生じているものの、譲受人が同条同項所定の通知又は承諾を具備しなければ譲渡人・債務者間では生じないという説明は、いくらその趣旨が善意の債務者が無権利者たる譲渡人にした弁済を有効にするためであっても、ドイツ民法の立法担当者が指摘するように、論理的矛盾に耐えられるものではない。

ところで、ドイツ民法 398 条は、次のように規定する。

17　この視角から、債務者を指名債権帰属についてのインフォメーション・センターとみることができないと指摘するものとして、鳥谷部茂「集合債権の譲渡担保と代理受領・振込指定（下）——担保構造の比較を中心に」法律時報 57 巻 1 号（1985）102 頁がある。

18　日本民法 468 条 2 項は、譲渡人・譲受人間の債権譲渡契約締結によって債権移転を認める以上、債務者を不利益な立場においてはならないという趣旨に基づいており、このことは、債権譲渡制度全体についていえることである（我妻栄『新訂債権総論（民法講義 IV）』（1964）516 頁、奥田昌道『債権総論』〔増補版〕（1992）440 頁等）。

「債権は、債権者と他の者との契約によって、債権者からその者に移転することができる（債権譲渡）。新債権者は、その契約の締結によって、旧債権者と交代する。」

このドイツ民法 398 条の規定によれば、債権譲渡契約の効力は、譲渡人・譲受人間の同契約締結のみによって、債務者及び債務者以外の第三者に対しても及ぶことになる。ドイツでは、この債権譲渡契約の効力を「債権の特定承継の原則（das Prinzip der Sondernachfolge in die Forderung）」とよんでいる[19]。これによれば、フランス民法 1690 条の対抗要件主義に基づく上述したような論理的矛盾は、生じないことになる。

2　ドイツ債権譲渡制度における債権の特定承継の原則は、債権譲渡につき善意の債務者が無権利者（旧債権者）に対して無効な弁済をしてしまい、譲受人（新債権者）に対して二重弁済・履行遅滞の危険を負う可能性を含む。しかし、ドイツ民法 407 条 1 項は、このような善意の債務者の譲渡人に対する弁済を特別に有効なものとし、譲渡人・譲受人・債務者間の公平を図っている[20]。日本の債権譲渡制度もまた、債権譲渡につき善意で譲渡人に弁済をした債務者を保護する規定を置いている（日本民法 468 条 2 項）。

3　さらに、ドイツ民法 410 条は、債務者が譲渡人・譲受人間の債権譲渡契約締結によって負う可能性がある別の危険に配慮している。すなわち、債権譲渡に関与しない債務者が表見譲受人に無効な弁済をして、真正な債権者（原債権者又は新債権者（譲受人））に対して二重弁済・履行遅滞の危険を負うことを防止している。そのため、ドイツ民法 410 条は、譲受人が譲渡債権を行使するための要件として、譲受人による債務者に対する譲渡証書の交付、又は譲渡人から債務者に対する譲渡についての書面による通知を法定する[21]。ここで、「対抗」を「相手方当事者に自らの主張を認めさせること」と定義するならば、ドイツ民法 410 条は、譲受人が債務者という相手方当事者に譲渡債権の行使という自らの主張を認めさせるための要件について規定した条文であり、ドイツ債権譲渡制度における債務者に対する対抗要件規定といえるであろう。

4　日本民法 467 条 1 項が債権の特定承継の原則を採用した規定であると考えることは、債権譲渡契約の効力をめぐるフランス民法 1690 条の論理的問題点を

19　Motive zu dem Entwurfe eines Bürgerlichen Gesetzbuches für das Deutsche Reich, Band II, Recht der Schuldverhältnisse (1888), S. 118.

20　ドイツ民法 407 条 1 項は、次のように規定する。
「新債権者は、債務者が債権の譲渡後に旧債権者に対してなした給付、及び債権の譲渡後に債務者と旧債権者との間でその債権に関してなされた各法律行為が有効であることを認めなければならない。ただし、債務者が給付又は法律行為をなした時に債権譲渡があったことを知っていたときは、この限りではない。」

21　ドイツ民法 410 条は、次のような規定である。
「① 債務者は、旧債権者が交付した債権譲渡に関する証書の交付と引き換えでなければ、新債権者に対して給付義務を負わない。新債権者が告知又は催告をその証書の呈示なくしてなし、かつ、そのために債務者が遅滞なくこれを拒絶したときは、新債権者の告知又は催告は、無効である。
② 前項の規定は、旧債権者が債務者に対して債権譲渡があったことを書面で通知したときは、これを適用しない。」

克服することができる。また、日本民法468条2項によって債権譲渡につき善意の債務者が譲渡人に無効な弁済をすることを防止できることからすれば[22]、日本民法467条1項もまた、ドイツ民法410条の債務者に対する対抗要件と同化できるものと考えられる。すなわち、債権譲渡につき善意の債務者が表見譲受人に無効な弁済をして、真正な債権者（原債権者又は譲受人）に対して二重弁済・履行遅滞の危険を負担することを回避するために、日本民法467条1項は、同条同項所定の通知又は承諾を譲受人に具備させることにより、譲受人に新債権者としての資格（Legitimation）を証明させる。したがって、日本民法467条1項は、譲受人が相手方当事者である債務者に譲渡債権の行使という主張を認めさせるための「債務者に対する対抗要件規定」と位置づけることができる。ここにおいて、ドイツ民法410条と日本民法467条1項は、同じ趣旨を有する「債務者に対する対抗要件」として同化することができるのである[23]。また、このように両規定を同化させることは、上述したフランス民法1690条の債権譲渡契約の効力をめぐる論理的な問題点を克服するためにどうしても必要なのである。

IV.　ドイツ民法408条1項と日本民法467条2項の同化の不可能性

1　本稿は、II 3において、フランス民法1690条の対抗要件主義が通知又は承諾によって債務者を債権帰属の公示機関（インフォメーション・センター）とし、当該債権を譲渡人から譲り受けようとする者が債務者に「当該債権が譲渡人に帰属しているか」ということを照会し、債務者がこれに回答することにより、当該債権の譲受人が当該債権を取得できないということを防止したものであることを指摘した。また、同条がこのような法制度を実効あるものにさせ、債権取引の安全を図るために、債権譲渡契約の効力は譲渡人・譲受人間においては同契約締結のみによって生じるが、債務者以外の第三者に対する関係でこの効力が及ぶためには、譲受人が通知又は承諾を具備しなければならないとし、さもないと、その譲受人は債務者以外の第三者に譲渡債権の帰属を対抗できないとしていることについて触れた。判例・通説は、債務者以外の第三者に対する対抗要件規定でもある日本民法467条はこのようなフランス民法1690条の対抗要件主義の趣旨を踏襲したものであると理解している。

このように譲受人が日本民法467条1項所定の通知又は承諾を具備しなければ、債権譲渡契約の効力は譲渡人・譲受人間の同契約締結によって譲受人に対して生じるが、債務者以外の第三者に対して及ばないという理解は、債権譲渡契約の効力をめぐって論理的な矛盾を生じさせること、上述の通りである。これに対して、ドイツ民法398条は、債権譲渡契約の効力は譲渡人・譲受人間の同契約締結のみによって債務者以外の第三者に対しても及ぶとするのであるから、このような論

22　古屋（前掲注2）302頁を参照。

23　この同化の可能性と必要性について詳しくは、拙稿「ドイツ債権譲渡制度における債務者に対する対抗要件（一～二・完）――ドイツ民法410条の立法過程を中心として――」広島法学26巻4号（2003）213頁以下、同27巻1号（2003）87頁以下を参照。

理的矛盾を生じさせない。そうであるならば、ドイツ債権譲渡制度における債権の特定承継の原則は、日本民法の債権譲渡制度における債務者以外の第三者に対する対抗要件に一定の示唆を与えうるのであろうか。

2　結論を先に述べるならば、その答えは、「否」である。なぜならば、ドイツ債権譲渡制度における債権の特定承継の原則を採用するのであれば、第一譲受人のみが常に新債権者となるはずである。ドイツ民法 408 条 1 項は、そのことを示した規定でもある[24]。したがって、**III 3** で述べた「対抗」の定義にしたがえば、ドイツ民法 408 条 1 項は、第一譲受人が他の譲受人よりも一番早く債権譲渡契約を譲渡人と締結したことを要件として、相手方当事者である他の譲受人（債務者以外の第三者）に譲渡債権が自らに帰属しているという主張を認めさせることができるという、ドイツ債権譲渡制度における債務者以外の第三者に対する対抗要件規定であるといえる。しかしながら、日本民法 467 条 2 項は、第一譲受人に遅れて譲渡人と債権譲渡契約を締結した第二譲受人であっても、同条同項の「確定日付ある証書による譲渡人から債務者に対してなされる譲渡についての通知」又は「確定日付ある証書による債務者の譲渡についての承諾」を第一譲受人よりも先に具備した場合、その第二譲受人は譲渡債権の帰属を第一譲受人に対して対抗できるとしているのである。これは、ドイツ民法 398 条が明示する債権の特定承継の原則に反する。したがって、ドイツ債権譲渡制度における債権の特定承継の原則とそれに裏打ちされたドイツ民法 408 条 1 項は、日本民法の債権譲渡制度における債務者以外の第三者に対する対抗要件規定に示唆を与えることができない。ここにおいて、ドイツ民法における債権譲渡制度における債務者以外の第三者に対する対抗要件規定（同法 408 条 1 項）と日本民法における債権譲渡制度におけるそれ（同法 467 条 2 項）との同化が不可能であることが明らかとなる。

3　以上における考察を踏まえて、我々は、日本民法における債務者以外の第三者に対する対抗要件をどのように理解するべきか。日本民法 466 条 1 項本文は、譲渡人が同一指名債権を多重に複数の譲受人に譲渡することを禁じてはいない。しかし、譲渡債権の帰属を決定し、譲受人間の紛争を防止するためには、譲受人間の優劣を決定する基準が必要となる。そこで、日本民法 467 条 2 項が登場することになる。同条同項の所定の通知又は承諾を一番先に具備した譲受人（当然のことながら第一譲受人に限定されない）が、新債権者となり、譲渡債権の帰属を債務者以外の第三者である他の譲受人に対抗できるのである[25]。このような債務者以外の第三者に対する対抗要件規定である日本民法 467 条 2 項の理解は、不動

24　ドイツ民法 408 条 1 項は、次のような規定である。
「既に譲渡した債権を旧債権者が再度第三者に譲渡した場合において、債務者がその第三者に給付をなし、又は、債務者とその第三者との間で法律行為があり、若しくは、訴訟が係属しているときは、債務者の利益のために、第 407 条の規定を準用する。」

25　日本民法 467 条 2 項の「確定日付ある証書による通知又は承諾」の意義は、単なる通知書又は承諾書の日付で譲受人間の優劣が決定されるとすると、第一譲受人が他の譲受人よりも一番早く通知書又は承諾書を作成したにもかかわらず、第二譲受人が譲渡人や債務者と通謀して第一譲受人のそれにおける日付よりも早い日付を通知書又は承諾書に記入し、真正な新債権者である第一譲受人の権利を第二譲受人が不当に奪うことになるから、これを防止するところにある。

産物権の譲渡人もまた同一物権を複数の譲受人に譲渡できるが（日本民法 176 条）、その複数の譲受人間の優劣は登記の先後によって定まること（日本民法 177 条）とパラレルであるといえよう。ただし、債権譲渡の場合においては、債務者は、登記のように公示の機能を果たさない。なぜならば、債務者には指名債権の帰属先について回答する法的義務がなく、当該指名債権を譲渡人から譲り受けようとする者に当該指名債権の帰属先を回答する場合もあるが、ない場合もあるからである。このように債務者を公示機関（インフォメーション・センター）と捉えることは、真実の権利義務関係を確実に何人にも明らかにする公示の性質上、不可能であるといえる。したがって、本稿は、譲受人が日本民法 467 条 1 項所定の通知又は承諾を具備することにより、債務者に譲渡債権の帰属を公示させるという判例・通説の理解を支持しえず、日本民法 467 条 1 項を債務者以外の第三者に対する対抗要件と理解することはできないと考える。多重譲渡の場合における複数譲受人間の優劣を形式的に決定する日本民法 467 条 2 項こそが、日本民法の債権譲渡制度における債務者以外の第三者に対する対抗要件規定である[26]。

4　このように、債権の特定承継の原則に裏打ちされたドイツ民法 408 条 1 項と日本民法 467 条 2 項の同化は不可能であるとしても、債権の特定承継の原則から導かれる債権譲渡契約の効力をめぐる論理的な矛盾に関する問題は、意識されておかなければならない。本稿のように、債務者以外の第三者に対する対抗要件規定（日本民法 467 条 2 項）を形式的に対抗要件主義を採用した規定であると理解したとしても（すなわち、フランス民法 1690 条の対抗要件主義に基づいて日本民法 467 条 2 項を理解するのではないということ）、債権譲渡契約の効力は、譲渡人・第一譲受人間の同契約締結によって不完全ながら、譲渡人及び債務者以外の第三者に対する関係で譲渡人から第一譲受人へと移転することになる。もちろん、債務者以外の第三者も譲渡人と債権譲渡契約を締結することにより、譲渡人及び第一譲受人との関係でも不完全に同一譲渡債権を取得する。後は、第一譲受人と第二譲受人のどちらが新債権者となるかという問題であって、その優劣は、日本民法 467 条 2 項によって決せられる。したがって、債権譲渡契約の効力は、譲渡人・譲受人間の同契約締結によって、誰に対する関係でも及ぶことになり、ドイツ民法の立法担当者の提出した批判をクリアすることができると考えるものである。

V.　まとめにかえて

1　本稿は、ドイツ民法と日本民法の同化の必要性とその可能性について、債権譲渡を例として論じてきた。第 4 章までで述べてきたところから、ドイツ債権譲渡制度における債務者に対する対抗要件規定（ドイツ民法 410 条）と日本の債権譲渡制度におけるそれ（日本民法 467 条 1 項）が同化しうること、及びフラン

26　したがって、日本民法 467 条 1 項の「債務者その他の第三者」とは、債務者と同一の法的地位に立つ保証人等をいうものと考えられる。

ス民法 1690 条の対抗要件主義を採用した日本民法起草者が予測していなかった、債権譲渡について知りうる立場にない債務者が表見譲受人に無効な弁済をしてしまい、真正な債権者（原債権者又は譲受人）に対して二重弁済・履行遅滞の危険を負うことから債務者を保護するという、ドイツ民法 410 条の趣旨を日本民法 467 条 1 項の解釈論に導入すべき必要性があることが、明瞭に認識しえた。フランス民法 1690 条は、譲渡につき善意の債務者が譲渡人に対して弁済してしまい、債務者が譲受人に対して負う二重弁済・履行遅滞の危険を回避しようとしたものであるが、ドイツ民法は、407 条 1 項において、日本民法は、468 条 2 項においてこのような債務者の危険を除去している。ところが、日本の債権譲渡制度には、債務者が表見譲受人に無効な弁済をする危険についてこれを防止する規定が存在しない。ここにおいて、ドイツ民法 410 条を日本民法 467 条 1 項の解釈論に同化させることは、大変意義深いことと思われる。このことは、1937 年に有泉亨博士が示唆されていたところであったのであるが[27]、ドイツ民法 410 条の趣旨を何らかの事情で明確にされなかったため、この同化への試みは、異説として扱われてきた。本稿は、この同化への試みに比較法学的手法を用いて論理的に挑んだものである。

2　その一方で、本稿は、ドイツ民法の債権譲渡制度における債務者以外の第三者に対する対抗要件規定（ドイツ民法 408 条 1 項）と日本民法の債権譲渡制度におけるそれ（日本民法 467 条 2 項）との同化は、不可能であることを指摘した。日本民法 467 条全体を債務者以外の第三者に対する対抗要件規定であると理解するのが判例・通説であるところ、債務者を指名債権の帰属先に関する公示機関（インフォメーション・センター）とみることができないことを考慮すると、日本民法 467 条 2 項こそが、債務者以外の第三者に対する対抗要件規定であるといえる。問題は、ドイツ民法 408 条 1 項と日本民法 467 条 2 項との同化が可能であるかである。ドイツ債権譲渡制度が債権の特定承継の原則を採用し、譲渡人と一番早く債権譲渡契約を締結した第一譲受人のみを新債権者とするのに対し（ドイツ民法 408 条 1 項）、日本民法 467 条 2 項は、第二譲受人であっても、日本民法 467 条 2 項所定の通知又は承諾を第一譲受人よりも先に具備すれば、新債権者となるのである。したがって、日本民法 467 条 2 項は、指名債権の多重譲渡の場合における複数譲受人間の優劣を決定する、あくまでも実質的な意味を有しない（形式的な）対抗要件主義の規定であるといえるであろう。ここにおいて、我々は、ドイツ民法 408 条 1 項を日本民法 467 条 2 項の解釈論に同化させることを断念せざるをえないのである。

3　本稿のようなドイツ債権譲渡制度と日本民法の指名債権譲渡制度の同化は、今まさに始まったばかりである。今後、両制度の同化の必要性・可能性とその限界を明らかにしていく丹念な作業こそ、残された大いなる課題であるといえよう。

27　有泉亨「債権譲渡の対抗要件――民法第四六七条二項の第三者――」民事法判例研究会『判例民事法昭和 8 年度』（1937）191 頁

§ 15 Die Harmonisierung des europäischen Privatrechts und ihre Auswirkungen auf das japanische BGB

Klaus Richter

Übersicht

I. Einleitung und Problemstellung

Im Zuge der Meji-Restauration, mit der die Geschichte des japanischen BGB beginnt, sollte Japan in der zweiten Hälfte des 19. Jahrhunderts von einem feudalen, mittelalterlichen zu einem modernen zentralistischen Staatswesen umgewandelt werden. Dazu gehörte neben dem Aufbau eines am westlichen Vorbild orientierten Heeres und einer Flotte die Reform des Wirtschafts- und Bildungssystems sowie eines Rechtssystems nach westlichem Muster.[1] Da in den siebziger Jahren das französische Recht als das modernste westliche Rechtssystem galt, wurde der französische Jurist Gustave-Emile *Boissonade de Fontarabie*, Professor an der Rechtsfakultät der Universität Paris, nach Japan eingeladen, um die japanische Regierung bei der Gesetzgebung zu instruieren. *Boissonade* entwarf zunächst ein weitgehend auf dem Code pénal basierendes Strafgesetzbuch, das 1882 in Kraft trat.[2] Weniger erfolgreich war sein Entwurf eines japanischen Zivilgesetzbuches, der weitgehend auf französischem Recht basierte und der am 1. Januar 1893 in Kraft treten sollte.[3] Der Entwurf geriet in die Mühlen des sogenannten „Kodifikationenstreits." Dieser war weniger eine Auseinandersetzung zwischen der damaligen „französischen Schule" und der zur ihr in Opposition stehenden „englischen Schule" des Rechts in Japan, sondern drückte die Spannungen aus, die im sehr schnell ablaufenden Modernisierungsprozess zwischen einem liberal und progressiv eingestellten Lager auf der

1 *Sanders*, Einführung in das japanische Recht, HFR 6/2005 (http://www.humboldt-forum-recht.de/6–2005/index.html).
2 *Marutschke*, Einführung in das japanische Recht (1999), S. 37; *Eubel*, Bürgerliches Recht, in: Eubel (Hrsg.), Das japanische Rechtssystem (1979), S. 100.
3 *Kitagawa*, Rezeption und Fortbildung des europäischen Rechts in Japan (1970), S. 30f.

einen und einem national konservativ eingestellten Lager auf der anderen Seite zu Tage traten.[4] Den Sieg im „Kodifikationenstreit“ errang die „englische Schule“, die im japanischen Reichstag 1893 eine Aufschiebung des Inkrafttretens des japanischen Zivilgesetzbuches und seine weitere Überarbeitung erreichen konnte.[5] Das Ergebnis dieser Überarbeitung war das japanische BGB, das am 16. Juli 1898 in Kraft trat. Im Unterschied zum Entwurf *Boissonades* hatte neben dem französischen Recht jetzt vor allem auch das deutsche BGB erheblichen Einfluß auf die Ausgestaltung des japanischen BGB genommen.[6]

Es existieren also hybride Regelungen im japanischen BGB, sowohl durch die Einbeziehung des französischen Code Civil als auch durch das deutschen BGB in das japanische BGB.[7] So gehen §§ 415, 570, 709 des japanischen BGB in Herkunft und Struktur auf den französischen Code Civil zurück, während sich der Einfluß des deutschen BGB besonders im Allgemeinen Teil des japanischen BGB bemerkbar macht.[8] Das japanische BGB zeigt sich so als Beispiel für einen gemischten Typus der Rezeption fremder Rechte.[9]

Von großer Bedeutung für das japanische BGB ist nach wie vor die Rezeption der deutschen Zivilrechtsdogmatik, die sogenannte „Theorienrezeption.“[10] Diese trat im frühen zwanzigsten Jahrhundert an die Stelle der ursprünglich dominierenden englischen und französischen Rechtsdogmatik und nimmt seitdem im japanischen Zivilrecht eine vorherrschende Stellung ein.[11] Dies geht sogar so weit, daß durch sie die Aussage gesetzlicher Regelungen des japanischen BGB überlagert wird.[12] Allerdings darf unter der Rezeption der deutschen Zivilrechtsdogmatik in Japan kein Vorgang verstanden werden, bei dem die deutsche Dogmatik unverändert übernommen und angewendet wurde. Vielmehr wurde auf ihrer Grundlage das japanische Zivilrecht weiterentwickelt, wobei die Dogmatik nicht statisch blieb, sondern durch richterliche und rechtswissenschaftliche Fortbildung maßgeblich beeinflusst wurde.[13]

---

4 *Eubel* (Fn. 2), S. 100.

5 Zum „Kodifikationenstreit“ vgl. auch *Yoshida*, Die Rezeption des japanischen BGB und der sogenannte „Kodifikationenstreit“, in: Müller-Freienfels/Schlechtriem/Stoll/Arens (Hrsg.), Recht in Japan (1986), S. 7. Die „französische Schule“ orientierte sich weitgehend am französischen Recht, wohingegen die „englische Schule“ die Gesetzgebung anderer westlicher Länder, unter anderem Deutschlands, stärker berücksichtigen wollte.

6 *Eubel* (Fn. 2), S. 101.

7 *Kitagawa* (Fn. 3), S. 34 ff; Sanders, Die japanische Rezeption europäischen Zivilrechts – Ein Modell für die europäische Rechtsvereinheitlichung?, ZEuP 2002, 96.

8 *Marutschke* (Fn. 2), S. 37 ff; *Sanders*, ZEuP 2002, 96, 107.

9 Sogar englischer Einfluß macht sich bemerkbar, und zwar in § 416 jap. BGB, der auf die Entscheidung *Haxley* v. *Baxendale* (1854) zurückgeht. *Kitagawa* (Fn. 3), S. 39.

10 *Kitagawa* (Fn. 3), S. 67 ff; Kitagawa prägte den Begriff „Theorienrezeption“; *Sanders*, ZEuP 2002, 96, 117ff.

11 *Kitagawa* (Fn. 3), S. 67f.

12 *Sanders*, ZEuP 2002, 96, 118. Für die Japaner lag der Vorteil der deutschen Dogmatik in ihrer zwingenden juristischen Logik und ihrem Anspruch, aus einem lückenlosen System von Gesetz und Dogmatik die richtige Lösung für jedes Problem zu finden.

13 Einzelheiten bei *Kitagawa* (Fn. 3), S. 86ff. und 93ff.

Ein erstes Beispiel für die Überlagerung des japanischen Gesetzestextes durch die deutsche Zivilrechtsdogmatik ist die Regelung der Nichterfüllung in § 415 des japanischen BGB, die der japanische Gesetzgeber in Anlehnung an Art. 1147 Code Civil formulierte. Es handelt sich dabei nicht einfach nur um eine Kopie der entsprechenden Regelung im Code Civil, sondern um eine eigene Schöpfung des japanischen Gesetzgebers, die sich an das französische Recht anlehnt und es modifiziert.[14]

Zu Beginn des 20. Jahrhunderts wurde diese Konzeption durch die deutsche Lehre von der positiven Forderungsverletzung überlagert. Damit fand auch das deutsche System der Leistungsstörungen – Verzug, Unmöglichkeit, Schlechterfüllung – Eingang in die japanische Rechtswissenschaft, obgleich es sich nicht aus § 415 des japanischen BGB herleiten ließ. Die japanische Privatrechtswissenschaft hat hier gewissermaßen einen „gesetzes-untreuen" Weg eingeschlagen.[15] Gleiches gilt für das Dogma, ein auf eine unmögliche Leistung gerichteter Vertrag sei nichtig. Eine vergleichbare Regelung enthält das japanische BGB nicht, dennoch konnte sich auf der Grundlage der deutschen Zivilrechtsdogmatik auch in Japan der Gedanke durchsetzen, daß ein auf die Erbringung einer anfänglich objektiv unmöglichen Leistung gerichteter Vertrag nichtig ist.[16]

Ein zweites Beispiel betrifft die Rechtsnatur der Sachmängelhaftung. Der Entwurf von *Boissonade* regelte die Sachmängelhaftung sehr ausführlich in zehn Paragraphen.[17] Bei der Ausarbeitung des zweiten Entwurfes wurde die Regelung der Sachmängelhaftung hingegen stark vereinfacht: die Vorschrift über die Rechtsmängelhaftung, § 566 des japanischen BGB, wird bei der Sachmängelhaftung entsprechend angewendet (§ 570 des japanischen BGB). Daraus folgt, daß der Käufer wegen eines ihm unbekannten Mangels vom Vertrag zurücktreten kann, wenn der Vertragszweck unerreichbar geworden ist. Ansonsten kann er nur Schadensersatz verlangen. Einen weitergehenden Schutz, wie ihn Ansprüche auf Wandelung oder Minderung gewähren, bietet das japanische BGB dem Käufer nicht. Der japanische Gesetzgeber war der Auffassung, daß die Haftung wegen Sach- und Rechtsmängeln keine selbständige, besondere Haftung sei, sondern den Verkäufer die Pflicht treffe, die Sache mangelfrei zu übertragen[18] Diese Regelung der Sachmängelgewährleistung wird seit der Theorien-Rezeption durch die deutsche Zivilrechtsdogmatik überlagert.[19] Das bedingte einerseits die Trennung zwischen Stück- und Gattungskauf, andererseits die Zuordnung der Sachmängelhaftung zu einer besonderen gesetzlichen Haftung, die streng von der Erfüllungspflicht unterschieden wurde. Auf diese Weise wurde die Sachmängelhaftung, entgegen dem Gesetzeswortlaut, als eine selbständige, dem Verkäufer besonders auferlegte Haftung abgesondert.[20]

---

14 *Kitagawa* (Fn. 3), S. 36.
15 *Kitagawa* (Fn. 3), S. 37, 69; *Igarashi*, Einführung in das japanische Recht (1990), S. 5.
16 *Kitagawa* (Fn. 3), S. 70.
17 *Kitagawa* (Fn. 3), S. 41.
18 *Kitagawa* (Fn. 3), S. 76.
19 *Igarashi* (Fn. 15), S. 6.
20 *Kitagawa* (Fn.3), S. 77; *Igarashi* (Fn. 15), S. 5.

Als drittes Beispiel läßt sich das Abstraktionsprinzip heranziehen, dem der japanische Gesetzgeber nicht gefolgt war. Dieses wurde über die von der deutschen Dogmatik beeinflusste herrschende Lehre in Japan in das japanische Recht eingeführt, die in § 176 des japanischen BGB den vom obligatorischen Vertrag abstrakten dinglichen Übereignungsvertrag sah.[21]

Obgleich der Einfluß der deutschen Zivilrechtsdogmatik seit 1945 zunehmend durch das amerikanische Recht verdrängt wurde, ist er immer noch spürbar. Auch heute noch wird die hybriden Gesetzesrezeption in Japan durch die Theorienrezeption überlagert. Aus der Existenz hybrider Regelungen auf der Grundlage französischen, deutschen und englischen Privatrechts einerseits und der Überlagerung geschriebenen Rechts durch die deutsche Zivilrechtsdogmatik andererseits ergibt sich somit eine doppelte Struktur des japanischen bürgerlichen Rechts.[22]

Aus dieser Grundkonstellation im japanischen Zivilrecht ergibt sich folgende Fragestellung: Wird es eine Änderung in der Überlagerung der hybriden Gesetzesrezeption in Japan durch die deutsche Zivilrechtsdogmatik geben, wenn die deutsche Zivilrechtsdogmatik ihrerseits durch eine Harmonisierung des Zivilrechts auf europäischer Ebene einem Änderungsprozeß unterworfen wird?

II. Die Harmonisierung europäischen Vertragsrechts: Gemeinsamer Referenzrahmen und Europäisches Zivilgesetzbuch

Die Harmonisierung des europäischen Vertragsrechts beginnt nicht erst mit den Mitteilungen der europäischen Kommission vom 11. Juli 2001 und vom 12. Februar 2003, erhielt durch sie aber maßgebliche Impulse.[23] In der Mitteilung vom 11. Juli 2001 wurden umfassende Rechtsetzungsmaßnahmen auf dem Gebiet des Vertragsrechts erwogen. Dabei entwickelte die Kommission vier Optionen für ein künftiges europäisches Vertragsrecht:

- Option 1: Keine Ausarbeitung von EG-Maßnahmen.
- Option 2: Ausarbeitung gemeinsamer Vertragsgrundsätze mit dem Ziel der Annährung nationaler Rechtsordnungen.
- Option 3: Verbesserung der Qualität bestehender Rechtsvorschriften des Gemeinschaftsrechts.
- Option 4: Erlaß neuer, umfassender Rechtsvorschriften auf EG-Ebene.[24]

---

21 *Sanders*, ZEuP 2002, 96, 117

22 Nicht vertieft werden soll hier die Frage, welchem Rechtskreis das japanische Recht angehört. Vgl. dazu *Sanders*, ZEuP 2002, 96, 119 m.w.N.

23 Mitteilung der Kommission an den Rat und das Europäische Parlament zum Europäischen Vertragsrecht, KOM (2001) 398; KOM (2003) 68. Zur Harmonisierung vgl. u.a. *Kirchner*, Europäisches Vertragsrecht, in: Weyers (Hrsg.), Europäisches Vertragsrecht (1997), S. 105; *Wiesner*, Ist das Europäische Zivilgesetzbuch noch zu stoppen?, DB 2005, 871.

24 KOM (2001) 398, S. 15; Vgl. dazu auch: *Schulte-Nölke*, Ein Vertragsgesetzbuch für Europa?, JZ 2001, 917; *Grundmann*, Harmonisierung, Europäischer Kodex, Europäisches System der Vertragsrechte – Die Perspektiven der Kommissionsmitteilung zum Europäischen Vertragsrecht, NJW 2002, 393. Grundmann diskutiert insbesondere Option 4.

Der mit dieser Mitteilung ausgelöste Diskussionsprozeß wurde mit der Mitteilung „Ein kohärentes europäisches Vertragsrecht – ein Aktionsplan" vom 12. Februar 2003 aufgegriffen und fortgesetzt.[25] Der Aktionsplan faßt die im Diskussionsprozess festgestellten Probleme zusammen, die die Notwendigkeit einer einheitlichen Anwendung des EG-Vertragsrechts und das reibungslose Funktionieren des Binnenmarktes betreffen und schlägt eine Mischung aus nichtgesetzgeberischen und gesetzgeberischen Maßnahmen zur Lösung dieser Probleme vor. Dabei ist das Ziel ein in hohem Maße kohärentes, also in sich stimmiges und zusammenhängendes europäisches Vertragsrecht. Das bringt es unter anderem mit sich, widersprüchliches Richtlinienrecht zu harmonisieren, um so eine widerspruchsfreie Anwendung europäischen Vertragsrechts zu ermöglichen. Nach der bisherigen Rechtslage ist es beispielsweise möglich, unter bestimmten Umständen sowohl die Richtlinie über Haustürgeschäfte als auch die Timesharing-Richtlinie anzuwenden.[26] Beide Richtlinien geben dem Verbraucher ein Widerrufsrecht, jedoch sind die Fristen für seine Ausübung je nach Richtlinie unterschiedlich lang. Während Art. 5 Abs. 1 der Haustürgeschäftrichtlinie eine Frist von sieben Tagen gewährt, räumt Art. 5 Nr. 1 der Timesharing-Richtlinie dem Verbraucher eine Frist von zehn Tagen ein.[27]

Von erheblicher Bedeutung ist die Anregung zur Schaffung eines Gemeinsamen Referenzrahmens zur Ausarbeitung eines kohärenten Vertragsrechts.[28] Nach Vorstellung der europäischen Kommission handelte es sich dabei um eine „Tool Box", die Gemeinschaftsorganen folgende Möglichkeit geben sollte:[29]

- Zurückgreifen auf den Gemeinsamen Referenzrahmen bei der Überarbeitung und Ausarbeitung geltender Vorschriften im Bereich des Vertragsrechts.
- Annährung der Vertragsrechte der einzelnen EU-Mitgliedsstaaten.
- Unterstützung der Kommission bei der Prüfung der Frage, ob zur Harmonisierung des europäischen Vertragsrechts nichtsektorspezifische Ansätze wie beispielsweise ein optionelles Instrument in Betracht kommt.

Um sicherzustellen, daß der Gemeinsame Referenzrahmen den Bedürfnissen der Wirtschaftsteilnehmer in Europa entspricht und ein brauchbares Modell für ein kohärentes europäisches Vertragsrecht darstellt, beabsichtigte die Kommission die Finanzierung umfassender Forschungsarbeiten. Als Basisquellen sollten die gel-

---

25 Zum Aktionsplan vgl. auch *Dauner-Lieb*, Auf dem Weg zu einem europäischen Schuldrecht?, NJW 2004, 1431, 1432.

26 Richtline 85/577/EWG betreffend den Verbraucherschutz im Falle von außerhalb von Geschäftsräumen geschlossenen Verträgen, ABl. 1985 L 372/31; Richtlinie 94/47/EG zum Schutz der Erwerber im Hinblick auf bestimmte Aspekte von Verträgen über den Erwerb von Teilzeitnutzungsrechten an Immobilien, ABl. 1994 L 280/83.

27 KOM (2001) 398, S. 12; siehe auch EuGH v. 15. 12. 1997 – Rs. C-423/97 *Travel-Vac ./. Sanchis*, Slg. 1999, I-2195

28 KOM (2003) 68, S. 19f.; Zum Referenzrahmen vgl. auch *Dauner-Lieb*, NJW 2004, 1431; *Staudenmayer*, Ein optionelles Instrument im Europäischen Vertragsrecht?, ZEuP 2003, 828; *Schulte-Nölke*, Mission Impossible?, ZGS 2005, 201; *Zypris*, Der „Aktionsplan für ein kohärentes europäisches Vertragsrecht" der Kommission – oder: Was ist zu tun im Europäischen Vertragsrecht?, ZEuP 2004, 225.

29 KOM (2003) 68, S. 19ff.

tenden nationalen Rechtsordnungen, die Rechtsprechung der nationalen Gerichte, die Berücksichtigung der bestehenden Vertragspraxis und der vorhandene EG-Besitzstand dienen. Zu letzterem gehören beispielsweise auch die europäischen Richtlinien zum Verbraucherschutz.[30]

Im Jahr 2003 nahm die Kommission Vertragsverhandlungen mit einem Konsortium aus drei internationalen Forschergruppen auf, die 2005 in die Gründung eines „Exzellenznetzwerkes“ mündeten, an dem 150 Rechtswissenschaftler aus allen EU-Mitgliedsstaaten beteiligt sind.[31] Es ist die Aufgabe dieses Netzwerkes, bis Ende 2007 einen ersten Entwurf für einen Gemeinsamen Referenzrahmen vorzulegen, auf dessen Grundlage ein optionelles Instrument ausgearbeitet werden soll.[32] Dabei wird das Netzwerk durch ein „Stakeholder-Network,“ bestehend aus 160 Praktikern, unterstützt.[33]

Auch wenn die Kommission bislang ausgeschlossen hat, daß es sich bei dem optionellen Instrument, das mit dem Gemeinsamen Referenzrahmen anvisiert wird, um ein Europäisches Zivilgesetzbuch handeln wird, wird von Seiten der Befürworter und Kritiker genau damit gerechnet.[34] Und in der Tat soll es sich bei dem Gemeinsamen Referenzrahmen bereits zugleich um einen ersten Entwurf zu einem Europäischen Zivilgesetzbuch handeln.[35] Dieses soll als ein optionales Regelwerk des europäischen Vertragsrechts die nationalen Vertragsrechtsordnungen nicht verdrängen, sondern in Konkurrenz dazu treten. Allerdings sind hier noch viele Fragen offen, beispielsweise die Frage, ob europäisches Vertragsrecht nur bei grenzüberschreitenden oder auch bei innerstaatlichen Verträgen gewählt werden kann oder die Frage nach der Klärung der Gesetzgebungskompetenz für ein solches Gesetzbuch.[36] Zudem stehen die Mitgliedsstaaten einem solchen Gesetzbuch bislang eher ablehnend gegenüber.[37]

---

30 KOM (2003) 68, S. 20. Zum Inhalt des Gemeinsamen Referenzrahmens vgl. auch die Mitteilung der Kommission „Europäisches Vertragsrecht und Überarbeitung des gemeinschaftlichen Besitzstands – weiteres Vorgehen“, KOM (2004) 651.

31 Einzelheiten bei *Schulte-Nölke*, ZGS 2005, 201; *v. Bar/Schulte-Nölke*, Gemeinsamer Referenzrahmen für ein europäisches Schuld- und Sachenrecht, ZRP 2005, 165.

32 *Schulte-Nölke*, ZGS 2005, 201.

33 Aus Deutschland sind dies Vertreter der Anwaltskammern, des Anwaltsvereins, Notare, Richter, Unternehmensjuristen und Verbraucherschützer; *Schulte-Nölke*, ZGS 2005, 201.

34 Vgl. die gegensätzlichen Positionen bei *Schulte-Nölke*, ZGS 2005, S: 201 und *Wiesner*, DB 2005, 873.

35 *Schulte-Nölke*, ZGS 2005, 201.

36 Vgl. dazu *Wiesner*, DB 2005, 873.; *Staudenmayer*, ZEuP 2003, 841 ff; *Dauner-Lieb*, NJW 2004, 1432.

37 So auch der Rat, der auf dem EU-Gipfel im November 2004 aber einen Gemeinsamen Referenzrahmen für wünschenswert erachtete; *Wiesner*, DB 2005, 872.

III. BGB und Europäisches Zivilgesetzbuch im Wettbewerb: Das Beispiel des Letztverkäuferregresses

Angenommen, ein solches Europäisches Zivilgesetzbuch liegt, wie Optimisten vermuten, bereits zu Beginn des nächsten Jahrzehnts als optionale Vertragsrechtskodifikation vor, dann wird es in einem vertikalen Regulierungswettbewerb zum deutschen BGB treten.[38] Das BGB und mit ihm die deutsche Zivilrechtsdogmatik wird sich dann der Herausforderung durch das Europäische Zivilgesetzbuch stellen müssen, um wettbewerbsfähig zu bleiben.

Dies zeigt sich am Beispiel des Letztverkäuferregresses, geregelt in §§ 478, 479 BGB. Zum Zwecke der Umsetzung der Kaufgewährleistungsrichtlinie (KGRL) wurde der Letztverkäuferregreß durch das Schuldrechtsmodernisierungsgesetz in das BGB aufgenommen.[39] Hintergrund der Regelung sind die strengen Vorgaben, die von der Kaufgewährleistungsrichtlinie für den Verbrauchsgüterkauf vorgegeben werden. Diese wirken sich nicht nur auf die Gewährleistungsansprüche aus, sondern schränken auch die Vertragsfreiheit in erheblichem Maße ein, soweit es sich bei einer Vertragspartei um einen Verbraucher handelt (§ 475 Abs. 1 BGB).[40] Hintergrund für den Regreßanspruch des Letztverkäufers ist diese strenge Haftung im Verbrauchsgüterkauf, die nicht vertraglich abdingbar ist und der ein Verkäufer somit nicht entgehen kann.[41] §§ 478, 479 BGB geben als Konsequenz daraus einem Unternehmer, der den Gewährleistungsansprüchen eines Verbrauchers ausgesetzt ist, entsprechende Ansprüche gegen seinen Verkäufer. Dieser Regreßanspruch setzt sich in der Lieferkette bis zum Hersteller fort, der damit letztlich das Gewährleistungsrisiko trägt (§ 478 Abs. 5 BGB). Der intensive Verbraucherschutz des neuen Kaufrechts soll also nicht zu Lasten des Letztverkäufers und der Zwischenhändler gehen, sondern allein vom Hersteller getragen werden, da er die Lieferkette durch seine Konstruktions-, Produktions- und Qualitätshoheit regiert.[42]

---

38 Zum Regulierungswettbewerb zwischen Rechtsordnungen vgl. *Kerber/Heine*, Zur Gestaltung von Mehr-Ebenen-Rechtssystemen aus ökonomischer Sicht – Beispiel Europäische Union, in: Ott/Schäfer (Hrsg.), Vereinheitlichung und Diversität des Zivilrechts in transnationalen Wirtschaftsräumen (2002), S. 167 – 194, hier S. 174. Vertikal ist ein Regulierungswettbewerb, wenn er zwischen einer supranationalen und einer nationalen Rechtsordnung stattfindet.

39 Richtlinie 1999/44/EG des Europäischen Parlaments und des Rates vom 25. Mai 1999 zu bestimmten Aspekten des Verbrauchsgüterkaufs und der Garantien für Verbrauchsgüter, ABl. 1999 L 171/12. Hier Art. 4 KGRL; vgl. dazu *Riesenhuber*, Europäisches Vertragsrecht (2003), Rn. 761ff.

40 Zu den Gewährleistungsrechten vgl. §§ 476, 477 BGB. Die Einschränkung der Vertragsfreiheit im Verbrauchsgüterkauf (Art. 7 KGRL) hat Eingang gefunden in § 475 Abs. 1 BGB. Einzelheiten bei *Lorenz/Riehm*, Lehrbuch zum neuen Schuldrecht (2002), Rn. 588ff.

41 Zum Letztverkäuferregreß vgl. u.a. *Böhle*, Der Rückgriff in der Lieferkette gemäß der §§ 478, 479 BGB nach dem Schuldrechtsmodernisierungsgesetz (2004); *Lorenz/Riehm* (Fn. 40), S. 588ff.; *Lorenz*, Schuldrechtsreform 2002: Problemschwerpunkte drei Jahre danach, NJW 2005, 1895.; *Matthes*, Der Herstellerregreß nach § 478 BGB in Allgemeinen Geschäftsbedingungen, NJW 2002, 2507.

42 *Wagner/Neuenhahn*, Die Anwendbarkeit der §§ 478 und 479 BGB auf die „Beschaffungskette" des Herstellers, ZGS 2002, 395, 399.

Die BGB-Regelung stützt sich auf Art. 4 KGRL, ist jedoch wesentlich strenger, da sie in § 478 Abs. 4 BGB die vertragliche Abdingbarkeit des Regreßanspruches im unternehmerischen Geschäftsverkehr erheblich einschränkt. § 478 Abs. 4 BGB gleicht § 475 BGB, allerdings mit dem Unterschied, daß dem unternehmerischen Geschäftsverkehr eine vertragliche Abdingbarkeit der Gewährleistung gestattet ist, wenn ein „gleichwertiger Ausgleich" eingeräumt wird. Wie dieses Tatbestandsmerkmal auszulegen ist, ist derzeit allerdings noch ungeklärt.[43] Über § 478 Abs. 5 wird die Vertragsfreiheit zugleich in der Lieferkette eingeschränkt, so daß Letztverkäufer und Lieferanten gegenüber dem Hersteller praktisch wie Verbraucher behandelt werden, obgleich sie keine sind.[44] Damit ist der BGB-Gesetzgeber weit über die Anforderungen hinausgegangen, die Art. 4 KGRL gesetzt hat. Im Unterschied zum BGB räumt die Richtlinie der Vertragsfreiheit nämlich Vorrang ein. Dies betont insbesondere Begründungserwägung 9 zur Verbrauchsgüterkaufrichtlinie:

> „Diese Richtlinie berührt nicht den Grundsatz der Vertragsfreiheit zwischen dem Verkäufer, dem Hersteller, einem früheren Verkäufer oder einer anderen Zwischenperson."

Bei der Gestaltung eines Gemeinsamen Referenzrahmens – und damit auch eines Europäischen Zivilgesetzbuches – wird durch die an dem Netzwerk beteiligten Wissenschaftler über die Anregungen in der Kommissionsmitteilung vom 11. Oktober 2004 hinausgehend ein umfassendes Modellgesetz entworfen, das nicht nur die in den ersten drei Büchern des BGB geregelten Materien enthalten wird, sondern zudem eine Terminologie-Liste mit Definitionen und Rechtsätze, die durch Kommentare mit Anwendungsbeispielen erläutert und durch umfangreiche rechtsvergleichende Hinweise ergänzt werden.[45] Wenn auf der Grundlage eines solchen Gemeinsamen Referenzrahmens ein Europäisches Zivilgesetzbuch entsteht, ist mit einer wesentlich liberaleren Regreßregelung als im BGB zu rechnen. Darauf wird der BGB-Gesetzgeber spätestens bei Inkrafttreten eines Europäischen Zivilgesetzbuches reagieren müssen, wenn er sich nicht schon vorher von den §§ 478, 479 BGB verabschiedet oder zumindest die Regelung in § 478 Abs. 4 S. 1 BGB durch eine Öffnungsklausel ersetzt. Die bisherige Regelung kann zu einer Diskriminierung inländischer Hersteller und Zwischenhändler führen. Diese müssen den umfassenden Zwischenhändlerschutz, den § 478 Abs. 4 S. 1 BGB gewährt, beachten, während im Ausland ansässige Verkäufer hier einen Vorteil haben. So findet sich in der Literatur folgendes Beispiel:[46]

---

43 *Lorenz*, NJW 2005, 1895; *Matthes*, NJW 2002, 2507.

44 Ein Verbraucher ist nach § 13 BGB eine natürliche Person, „die ein Rechtsgeschäft zu einem Zwecke abschließt, der weder ihrer gewerblichen noch ihrer selbständigen beruflichen Tätigkeit zugerechnet werden kann." Letztverkäufer und Lieferanten schließen die betreffenden Geschäfte aber regelmäßig im Rahmen ihrer gewerblichen Tätigkeit ab, so daß sie Unternehmer sind (§ 14 BGB).

45 *v.Bar/Schulte-Nölke*, ZRP 2005, 166; nicht mit aufgenommen werden das Immobiliarsachen- und Personenrecht. Als Grundlage für die Rechtsätze bieten sich die von der Lando-Kommission ausgearbeiteten „Principles of European Contract Law" an.

46 *Gruber*, Das neue deutsche Zwischenhändler-Schutzrecht – eine Benachteiligung inländischer Hersteller und Großhändler?, NJW 2002, 1180f.; *Matthes*, Der Herstellerregreß nach § 478 BGB in Allgemeinen Geschäftsbedingungen – ausgewählte Probleme, NJW 2002, 2505, 2508.

Ein Verkäufer, der seine Niederlassung nicht in Deutschland, sondern in einem anderen Mitgliedsstaat der Wiener Konvention über das auf Kaufverträge anwendbare Recht (UN-Kaufrecht, CISG) hat, schließt einen Kaufvertrag mit einem Zwischenhändler in Deutschland. Treffen die Vertragsparteien keine Vereinbarung über das anzuwendende Vertragsrecht, ist nach Art. 1 Abs. 1 lit. a CISG nicht das BGB, sondern UN-Kaufrecht anwendbar. Für den Verkäufer ist das UN-Kaufrecht vorteilhafter als das BGB, da es zwar in Art. 35ff. CISG Gewährleistungsrechte enthält, jedoch keine Regelung, die einem Letzt- oder Zwischenverkäufer einen Regreßanspruch einräumt.

Bei funktionaler Betrachtung veranlaßt diese Benachteiligung inländische Hersteller und Zwischenhändler zum Abschluß von suboptimalen Verträgen, da sie durch die Einschränkung der Vertragsfreiheit in § 478 Abs. 4 S. 1 BGB ihren individuellen Nutzen nicht wie gewünscht mehren können und so keine optimalen Resultate erreichen. Als Konsequenz daraus sind zwei mögliche Folgen denkbar: Entweder wird es nicht mehr zum Abschluß von Verträgen kommen, oder Hersteller und Zwischenhändler werden versuchen, die §§ 478, 479 BGB zu umgehen. In der Literatur wird zum Beispiel als Lösung vorgeschlagen, daß multinational tätige Hersteller und Großhändler mit Hauptsitz in Deutschland über eine im Ausland ansässige Zweigniederlassung mit Zwischenhändlern in Deutschland in Kontakt treten, um so den durch das BGB bewirkten Wettbewerbsnachteil abzuwenden.[47] Eine Gewährung umfassender Vertragsfreiheit durch das BGB würde eine solches Vorgehen obsolet machen und die Position des BGB in einem späteren Regulierungswettbewerb mit einem Europäischen Zivilgesetzbuch stärken.

IV. Konsequenzen einer europäischen Vertragsrechtsharmonisierung für das japanische BGB

Insgesamt sind einschneidende Veränderungen in der deutschen Zivilrechtsdogmatik zu erwarten. Einen ersten Eindruck dafür lieferte bereits die Schuldrechtsreform.[48] Mit Bezug auf die oben genannten Beispiele des Einflusses deutscher Zivilrechtsdogmatik auf das japanische BGB seien hier folgende Änderungen des BGB beispielhaft genannt:

Vor der Schuldrechtsmodernisierung bestimmte § 306 BGB, daß ein auf eine unmögliche Leistung gerichteter Vertrag nichtig ist. Über § 307 BGB wurde allenfalls ein Vertrauensschaden gewährt. Beide Vorschriften wurden im Zuge der Schuldrechtsreform ersatzlos gestrichen. An ihre Stelle ist § 311a Abs. 1 BGB getreten.

---

47 So *Gruber*, NJW 2002, 1181. Eine Umgehung der in § 478 Abs. 4 S. 1 BGB bezeichneten Vorschriften, die nach § 478 Abs. 4 S. 3 BGB dennoch zu ihrer Anwendung führen würde, stellt ein solches Vorgehen nicht dar, da das deutsche Recht von vornherein durch CISG verdrängt wird. Siehe dazu auch *Matthes*, NJW 2002, 2508; kritisch *Böhle* (Fn. 41), S. 134.

48 Hintergrund der Schuldrechtsreform war die Umsetzung der Kaufgewährleistungsrichtlinie in nationales Recht. Der deutsche Gesetzgeber entschied sich für eine „große Lösung:“ Es wurden nicht nur die von der Richtlinie vorgegebenen kaufrechtlichen Regelungen in das BGB eingeführt, sondern das gesamte allgemeine Schuldrecht und große Teile des besonderen Schuldrechts wurden umfassend geändert. Vgl. dazu *Lorenz/Riehm* (Fn. 40), Rn. 6ff.

Danach ist ein Vertrag wirksam zustanden gekommen, gleichgültig ob es sich um eine subjektive oder objektive anfängliche Unmöglichkeit handelt.[49] § 311a Abs. 2 BGB gewährt dem Gläubiger einen Anspruch auf Schadensersatz statt der Leistung.[50]

Das zweite Beispiel findet sich im Kaufrecht. Dieses wurde mit dem Ziel, die Vorgaben der Kaufgewährleistungsrichtlinie in nationales Recht umzusetzen, vollständig neu geregelt.[51] Die Neufassung des § 433 Abs. 1 BGB gibt die eindeutige Vorgabe, daß die Verschaffung der Sache in mangelfreiem Zustand Teil der Erfüllungspflicht des Verkäufers beim Stückkauf ist. Damit ist der Streit zwischen der „Gewährleistungstheorie" und der „Erfüllungstheorie" in der deutschen Zivilrechtsdogmatik hinfällig geworden.[52]

Angesichts der bereits eingetretenen Veränderungen im deutschen BGB stellt sich die Frage, wie sich die Harmonisierung des europäischen Vertragsrechts auf die deutsche Zivilrechtsdogmatik weiterhin auswirken wird und welchen Einfluß diese Veränderungen ihrerseits auf japanisches Zivilrecht nehmen werden.[53] Daß europäisches Recht die Ausarbeitung japanischer Gesetze beeinflussen kann, zeigt die Berücksichtigung der Richtlinie über mißbräuchliche Klauseln in Verbraucherverträgen im japanischen Gesetz über Verbraucherverträge.[54]

Es ist daher gut vorstellbar, daß ein Gemeinsamer Referenzrahmen und ihm – möglicherweise – folgend ein Europäisches Zivilgesetzbuch auch auf die gesetzliche wie dogmatische Gestaltung des japanischen Zivilrechts Einfluß nimmt.

In die umgekehrte Richtung geht eine von Anne *Sanders* aufgestellte These, die danach fragt, ob das japanische Zivilrecht ein Vorbild für die Harmonisierung des europäischen Vertragsrechts sein kann.[55] Das heutige japanische Rechtssystem verfüge über eine eigenständige Rechtskultur, habe seine Wurzeln aber in Europa, die meisten japanischen Gesetze fußten zudem auf europäischen Grundlagen. Die Kodifikation des japanischen BGB und die dabei erfolgte Rezeption europäischen Rechts könne dazu beitragen, Erkenntnisse für die europäische Rechtsvereinheitlichung zu gewinnen. Insbesondere werde dadurch die Möglichkeit von Kompromissen verdeutlicht. *Sanders* schwebt dabei keineswegs ein Rückimport des japani-

49 Vgl. dazu den Überblick bei *Lorenz/Riehm*, (Fn. 40), Rn. 328ff.
50 Die Bezeichnung „Schadensersatz statt der Leistung" ist im Zuge der Schuldrechtsreform an die Stelle des Begriffes „Erfüllungsschaden" getreten. Alternativ gewährt § 311a Abs. 2 dem Gläubiger einen Aufwendungsersatzanspruch (vgl. auch § 284 BGB).
51 Siehe dazu auch *Riesenhuber* (Fn. 39), Rn. 729ff.
52 *Lorenz/Riehm* (Fn. 40), Rn. 427. Nach der in der Literatur überwiegend vertretenen „Gewährleistungstheorie" bestand eine Pflicht zur sachmangelfreien Leistung beim Stückkauf nicht: Der Verkäufer schuldete die Sache, wie sie war, woran das BGB die spezifischen Folgen des Gewährleistungsrechts knüpfte. Die „Erfüllungstheorie" hat Eingang in § 433 Abs. 1 S. 2 BGB gefunden.
53 Vgl. auch *Kirchner* (Fn. 23), S. 104.
54 *Ikeda/Okuda*, Japanisches Verbraucherschutzrecht und Einflüsse des europäischen Rechts, ZJapanR 7/14, 118. Der Beitrag nimmt Bezug auf Richtlinie 1993/13/EWG des Rates vom 5. April 1993 über mißbräuchliche Klauseln in Verbraucherverträgen, ABl. 1993 L 95/29.
55 *Sanders*, ZEuP 2002, 96, 119ff.

schen Zivilgesetzbuches in seiner heutigen Form und Anwendung nach Europa vor, jedoch könne der europäisch geschulte japanische Blick des späten 19. und frühen 20. Jahrhunderts die eigene innereuropäische Sicht wirkungsvoll ergänzen und bereichern:[56]

> „Haben sich japanische Juristen vor über hundert Jahren das in ihren Augen Beste aus einer einzigartigen Vielfalt europäischer Zivilrechtsordnungen herausgesucht, so können wir heute ihre Wahl für die Vereinheitlichung unserer Rechte berücksichtigen."

Hier bietet sich sicherlich ein großer Forschungsbedarf für japanische und deutsche Rechtswissenschaftler in den nächsten Jahren an.

---

56 *Sanders*, ZEuP 2002, 96, 121.

§15 ヨーロッパ私法の統一とそれが日本民法典に与える影響*

クラウス・リヒター

目次

I. 序論と問題提起

日本民法典の歴史が始まるきっかけとなった明治維新の展開によって、日本は、19 世紀の下半期において、中世の封建制をとる国家から現代の中央集権国家へと変貌をとげることになった。西欧を模範とした軍隊及び艦隊の構造を構築することに加えて、経済制度並びに教育制度、及び法制度を西欧を見本として改革することもまた、中央集権国家への変貌をとげる過程に組み入れられた[1]。1870 年代においては、フランス法が最も近代的な法制度をとっているとみなされていたため、日本政府に立法に関して教示する目的で、パリ大学法学部教授であった、フランス法学者ギュスタブ・エミール・ボアソナードが招聘された。ボアソナードは、まず、広範囲にわたってフランス刑法典によっている、1882 年に施行された日本刑法典を起草した[2]。しかし、ボアソナード教授は、大部分をフランス法に依り、1893 年 1 月 1 日から施行されるはずであった日本民法典の草案については、ほとんど成功したとはいえない[3]。この草案は、いわゆる「民法典論争」に巻き込まれた。この法典論争は、当時の「仏法派」とこれに対して反対の立場をとる「英法派」間における日本の法律に関する論争の様相をほんのわずかしか呈さず、その対立関係は、急速に進行している近代化の過程において、自由主義的で進歩的な立場にある陣営と、他方で国家主義的で保守的な立場をとり民法施行を延期するべきという陣営間におけるそれであった[4]。「英法派」は、帝国議会において 1893 年に日本民法典を施行することにつき、これを延期し、さらにあ

---

* 古屋壮一訳。
1 *Sanders*: Einführung in das japanische Recht, HFR 6/2005 (http://www.humboldt-forum-recht.de./6-2005/index.html).
2 *Marutschke*, Einführung in das japanische Recht (1999), S. 37; *Eubel*, Bürgerliches Recht, in: ders. (Hrsg.), Das japanische Rechtssystem (1979), S. 100.
3 *Kitagawa*, Rezeption und Fortbildung des europäischen Rechts in Japan (1970), S. 30f.
4 *Eubel* (Fn. 2), S. 100.

らためて草案を編纂することができるとされたことで、勝利を得ることになった[5]。あらためて草案を編纂した結果、日本民法典は、1898年7月16日に施行された。ボアソナード草案と異なり、その民法典は、フランス民法以外に何よりもまずドイツ法による、この形態に対する多大な影響を受けているのである[6]。

日本民法典は、フランス民法典もドイツ民法典もとり入れることによって、複合的な規定を有している[7]。たとえば、日本民法415条、570条及び709条は、構造の点でフランス民法典に由来し、他方、ドイツ民法典の影響は、日本民法典の特に総則においてみとめうる[8]。日本民法典は、複数の外国法を継受した混合的なタイプの法典として典型的なものである[9]。

日本民法典に関するさらに大きな意義に、相変わらずドイツ民法におけるドグマ、いわゆる「理論継受（Theorienrezeption）」ということがある[10]。この理論継受は、もともと優位であったイギリス法及びフランス法の法律におけるドグマに20世紀初頭にとって代わったものであり、それ以来、日本民法において優勢な地位を占めている[11]。それどころか、このドイツ民法のドグマは、これによって日本民法典の規定が覆われているといえるほど、広く日本民法典に行きわたっている[12]。しかしながら、ドイツのドグマが変更なく借用され、適用される際に、ドイツ民法のドグマを日本民法に継受して理解するべきではないこともある。もしかすると、日本民法は、ドイツ民法のドグマが及んでいるところではなくて、裁判官や法律学の教育上そのドグマが決定的に影響を与える場合において、そのドグマを基礎としてさらに発展することになるのかもしれない[13]。

ドイツ民法のドグマによって日本の法律学が発展してきたその最初の例は、日本の立法者がフランス民法1147条に依拠して表現した、日本民法415条における債務不履行の規定である。それに関して、日本の立法者は、フランス民法中のふさわしい規定を丸写しにしたにすぎないのではなく、フランス法を見本とし、それを修正しながら特有の規定を創設したのである[14]。

20世紀のはじめに、この債務不履行に対する考え方は、積極的債権侵害（不完全履行）についてのドイツ学説によって支配されることになった。未完了給付

---

5 「法典論争」については、*Yoshida*, Die Rezeption des japanischen BGB und der sogenannte „Kodifikationenstreit“, in: Müller-Freienfels/Schlechtriem/Stoll/Arens (Hrsg.), Recht in Japan (1986), S. 7 もまた参照。「仏法派」は、大幅にフランス法をもとに態度を決定したのに対して、「英法派」は、他の西欧諸国の立法、とりわけドイツの立法をかなり考慮に入れようとした。

6 *Eubel* (Fn. 2), S. 101.

7 *Kitagawa* (Fn. 3), S. 34 ff.; *Sanders*, Die japanische Rezeption europäischen Zivilrechts – Ein Modell für die europäische Rechtsvereinheitlichung?, ZEuP 2002, 96.

8 *Marutschke* (Fn. 2), S. 37 ff.; *Sanders*, ZEuP 2002, 96, 107.

9 それどころか、日本民法416条においては、イギリス法の影響さえもみとめられるが、この影響は、*Haxley v. Baxendale* (1854) に由来するものである。*Kitagawa* (Fn. 3), S. 39.

10 *Kitagawa* (Fn. 3), S. 67 ff.; 北川教授が「理論継受」という概念を創造した。*Sanders*, ZEuP 2002, 96, 117 ff.

11 *Kitagawa* (Fn. 3), S. 67f.

12 *Sanders*, ZEuP 2002, 96, 118. 日本人にとって、法律やドグマの完璧な法制度から人を納得させる法論理を見い出し、それぞれの問題に対して適切に解決したいという要請に関して、ドイツのドグマには利点があったのである。

13 詳細については、*Kitagawa* (Fn. 3), S. 86 ff. und 93 ff.

14 *Kitagawa* (Fn. 3), S. 36.

（履行遅滞、履行不能及び不完全履行）というドイツの制度は、日本民法 415 条から導くことができないにもかかわらず、日本の法律学に受け入れられた。日本の私法学は、ここにおいて、いわば「法律に忠実ではない道」を選んだのである[15]。同じことは、ドグマについてもあてはまり、たとえば、不能な給付を目的とする契約は無効であるというようなことが、受け入れられた。日本民法典が比較可能な規定を有していない場合であっても、それでもやはり、日本においてもまた、ドイツ民法のドグマに基づいて、原始的客観的不能である給付を目的とする契約は無効であるという概念が通用しうるのである[16]。

2 番目の例は、物の瑕疵に対する責任の法的性質と関係する。ボアソナードの草案は、物の瑕疵に対する責任について、10 の条文をもって非常に詳しく規定していた[17]。ところが、第二草案の完成の時点では、物の瑕疵に対する責任の規定が、たとえば、権利の瑕疵の責任に関する日本民法 566 条の規定が物の瑕疵に対する責任について準用される（日本民法 570 条）といったように、きわめて単純化された。このことから、買主は瑕疵について知らないことを理由として、売買契約の目的を達成できない場合は、売買契約を解除することができる、ということが導かれる。その他の場合には、買主は、損害賠償の請求のみをすることができる。後者の場合において、日本民法典は、買主に解除又は代価減額に対する請求権を与えるような進化した保護を買主に認めていないのである。日本民法典の立法者は、物及び権利の瑕疵について、売主に独立した特別な責任を負わせず、売主に目的物を瑕疵のない状態で譲渡する義務を認めたのである[18]。この物の瑕疵担保の規定は、理論継受以来、ドイツ民法のドグマによって支配されている[19]。このことは、一方では、特定物売買と種類物売買の区別を前提とし、他方では、物の瑕疵に対する責任を履行義務とは厳格に異なる、特別な法定責任であることを前提としている。このように、物の瑕疵に対する責任は、法律の文言に反して、独立して、売主に特別に責任を負わせるものとして区別されている[20]。

3 番目の例として、日本の立法者が採用しなかった無因主義を挙げることができる。この無因主義は、ドイツのドグマによって影響を受けた日本の支配的な学説を経由して採用され、この学説は、日本民法 176 条を債権契約とは分離した無因の物権である所有権譲渡契約に関する規定であると捉えている[21]。

1945 年以来、ドイツ民法のドグマの影響がアメリカ法によって次第に排除されたにもかかわらず、その影響は、依然として著しいものがある。今日でもなお、日本においては、様々な法の継受が、理論継受によって行われている。一方では、フランス私法、ドイツ私法及びイギリス私法に基づく多層的な規定の存在によっ

---

15 *Kitagawa* (Fn. 3), S. 37, 69; *Igarashi*, Einführung in das japanische Recht (1990), S. 5.
16 *Kitagawa* (Fn. 3), S. 70.
17 *Kitagawa* (Fn. 3), S. 41.
18 *Kitagawa* (Fn. 3), S. 76.
19 *Igarashi* (Fn. 15), S. 6.
20 *Kitagawa* (Fn. 3), S. 77; *Igarashi* (Fn. 15), S. 5.
21 *Sanders*, ZEuP 2002, 96, 117.

て、そして、他方では、ドイツ民法のドグマで成文法が多義的なものとなっていることによって、日本民法典の二重構造が生じている[22]。

このような日本民法の状況から、次のような問題提起が導かれる。すなわち、ドイツ民法のドグマがヨーロッパにおける民法の統一によって克服されたときに、日本において、ドイツ民法のドグマによって様々な法継受が多層的になされていることに変更は生じるのか、ということである。

II. ヨーロッパ契約法の統一——共通の照会大綱とヨーロッパ民法典——

ヨーロッパ契約法の統一は、2001年7月11日及び2003年2月のヨーロッパ委員会の通知（Mitteilungen）によってはじめてはじまったのではないけれども、これらの通知によって、ヨーロッパ契約法の統一に対して決定的な刺激が与えられたのは事実である[23]。2001年7月11日の通知においては、契約法の領域において包括的な法律を制定するという措置を講ずることが検討された。その際に、ヨーロッパ委員会は、将来のヨーロッパ契約法に関して**4**つの選択肢を示した。その**4**つの選択肢は、以下の通りである。

第1の選択肢　ヨーロッパ共同体の措置を完成しないこと。
第2の選択肢　国内の法秩序との融和を図りつつ、共通の契約原則を完成させること。
第3の選択肢　共通法に存在している法律の規定の質を改良すること。
第4の選択肢　ヨーロッパ共同体加盟国間で共通する、新しく包括的な法律の規定を布告すること[24]。

この通知によって引き起こされた、統一性のあるヨーロッパ契約法の通知についての議論の経過は、2003年2月12日の行動計画においてとりあげられ、その議論は、なお続けられた[25]。その行動計画は、議論の経過の中でみとめられた、ヨーロッパ共同体の契約法を均一に適用すべき必要性に関係する問題、及び国内市場を円滑に機能させるという問題についてまとめており、立法によらない措置と立法による措置を混合させることによってこの問題について解決することを提

22　ここでは、日本法がどの領域に属するのか、という問題については論じるべきではない。これについて、詳しくは、*Sanders*, ZEuP 2002, 96, 119を参照されたい。

23　ヨーロッパ委員会のヨーロッパ共同体の理事会に対する通知、及びヨーロッパ契約法に対するヨーロッパ議会の対応については、KOM (2001) 398; KOM (2003) 68を参照。ヨーロッパ契約法の統一については、とりわけ、以下の文献を参照されたい。*Kirchner*, Europäische Vertragsrecht, in: Weyers (Hrsg.), Europäisches Vertragsrecht (1997), S. 105; *Wiesner*, Ist das Europäische Zivilgesetzbuch noch zu stoppen?, DB 2005, 871.

24　KOM (2001) 398, S. 15.　これに加えて、以下の文献も参照されたい。*Schulte-Nöike*, Ein Vertragsgesetzbuch für Europa?, JZ 2001, 917; *Grundmann*, Harmonisierung, Europäischer Kodex, Europäisches System der Vertragsrechte – Die Perspektiven der Kommissionsmitteilung zum Europäischen Vertragsrecht, NJW 2002, 393. グルントマンは、特に、本文で述べた第4の選択肢について検討している。

25　行動計画については、以下の文献も参照されたい。*Dauner-Lieb*, Auf dem Weg zu einem europäischen Schuldrecht?, NJW 2004, 1431, 1432.

案している。そのうえ、この行動計画の目的は、高い程度において統一性がある、すなわち、それ自体に調和のとれた、規定どうしに関連性のあるヨーロッパ契約法を制定することであるとされた。その目的は、とりわけ、ヨーロッパ契約法を矛盾なく適用することを可能にするために、矛盾した指令を統一しようとする。かつての法状況によれば、特定の事情によって、たとえば、訪問販売に関する指令もタイムシェア方式で不動産を利用する権利の購入契約のある側面における購入者保護に関する指令（Timesharing-Richtlinie）もまた、適用されることが可能である[26]。両原則は、消費者に撤回権を与えるものであったが、しかし、その撤回権行使の期間は、その指令ごとに、それぞれ違った長さを有している。訪問販売法指令 5 条 1 項が、撤回権の期間を 7 日間としている一方で、タイムシェアで不動産を利用する権利の購入契約のある側面における購入者保護に関する指令 5 条 1 号は、消費者に撤回権の期間を 10 日認めている[27]。

統一性のある契約法を完成させるために、照会大綱を作成するべきであるという提案は、重大な意義を有するものである[28]。ヨーロッパ委員会のイメージによれば、照会大綱は、ヨーロッパ共同体の各機関に次のような可能性を与えることになる「道具箱」である[29]。

– 契約法の領域における現行の規定を修正し、統一化を完成する場合に、照会大綱を参照する可能性。
– 個々のヨーロッパ連合加盟国の契約法をヨーロッパ契約法に適合させる可能性
– ヨーロッパ委員会が委員会固有の領域ではない、ヨーロッパ契約法の統一のために判断することについて、その判断を援助する可能性。

照会大綱がヨーロッパの経済人（Wirtschaftsteilnehmer）の要求を満たし、統一性のあるヨーロッパ契約法の使用できるひな型を示すということを保障するために、ヨーロッパ委員会は、包括的に照会大綱を研究する活動に融資（助成）することを計画した。現行の各国内の法秩序、各国内の裁判所による裁判、通用している契約に関する実務を考慮すること、及び現存するヨーロッパ共同体の経済力（Besitzstand）が、照会大綱の基礎の形成に役立っていたのである。たとえば、最終的には、ヨーロッパの紹介大綱は、消費者保護を目的としているものであるといえる[30]。

26　ヨーロッパ経済共同体 1985 年指令 577 号は、店舗外（事務所以外）で契約が締結された場合における消費者保護に関係している（ABl. 1985 L 372/31）。ヨーロッパ共同体 1994 年指令 47 号は、不動産を一定期間利用する権利の取得に関して、その権利を取得する契約の特定条項を顧慮して、その取得者を保護しようとするものである（ABl. 1994 L 280/83）。

27　KOM (2001) 398, S. 12. EuGH v. 15.12.1997 – Rs. C-423/97 Travel-Vac ./. Sanchis, Slg. 1999, I-2195.も参照。

28　KOM (2003) 68, S. 19 f.　照会大綱については、以下の文献も参照されたい。*Dauner-Lieb*, NJW 2004, 1431; *Staudenmayer*, Ein optionelles Instrument im Europäischen Vertragsrecht?, ZEuP 2003, 828; *Schulte-Nölke*, Mission Impossible?, ZGS 2005, 201; *Zypris*, Der „Aktionsplan für ein kohärentes europäisches Vertragsrecht“ der Kommission – oder: Was ist zu tun im Europäischen Vertragsrecht?, ZEuP 2004, 225.

29　KOM (2003) 68, S. 19 ff.

30　KOM (2003) 68, S. 20.共通の照会大綱の内容については、ヨーロッパ委員会による「ヨーロッパ契約法及び共有財産の修正とこれ以外の措置」についての通知も参照（KOM (2004) 651.）。

2003年には、ヨーロッパ委員会は、2005年現在、ヨーロッパ連合のあらゆる加盟国の150名の法学者が関与している、すばらしいネットワークの創設に合流することになる、3つの国際的な研究者のグループからなる一時的組合との契約法に関する討議を開始した[31]。このネットワークに課された課題は、2007年の終わりまでに、共通の照会大綱に関する第一草案を提示することであり、共通の照会大綱に基づいて、1つの選択の道具をまとめることである[32]。その際に、いわば「賭け金の保管人のネットワーク（Stakeholder-Network）」である160名の実務家のネットワークが、これを援助する[33]。

たとえヨーロッパ委員会がこれまでに共通の照会大綱が目指す選択の道具についてヨーロッパ民法典のことであるということを問題にしてこなかったとしても、ヨーロッパ民法典の支持者と批判者の双方が、そのことを正確に理解するであろう[34]。そして、事実、共通の照会大綱については、すでに同時に、ヨーロッパ民法典の第一草案のことであると分かる[35]。ヨーロッパ民法典は、その法典中のヨーロッパ契約法について、各国内の契約法秩序から規定を抽出し、選択した産物であって、各国内の契約法秩序を排除するものではなく、それと競合するものである。ただし、ここにおいて、まだ多くの問題が未解決のままであることに注意するべきである。たとえば、ヨーロッパ契約法は国境を越えた（国際取引上の）契約についてのみ適用されうるのか、それとも、国内の契約についてもまた適用されうるのか、という問題がそうであり、ヨーロッパ契約法に対する関係で立法権限があるのか明らかではないという問題もそうである[36]。それに加えて、ヨーロッパ連合加盟国は、今まで、より早く、このヨーロッパ民法典を拒絶しているのである[37]。

III. ドイツ民法典とヨーロッパ民法典の競合 ——終局的な売主の償還を例として——

楽観論者が推測するように、このようなヨーロッパ民法典が契約当事者が選択しうる契約法に関する法典として2010年のはじめに既に存在していると仮定するならば、ヨーロッパ民法典は、契約法上の規律という点で、ドイツ民法典と真

---

31 この詳細については、以下の文献を参照。*Schulte-Nölke*, ZGS 2005, 201; *v. Bar/Schulte-Nölke*, Gemeinsamer Referenzrahmen für ein Europäisches Schuld- und Sachenrecht, ZRP 2005, 165.

32 *Schulte-Nölke*, ZGS 2005, 201.

33 ドイツからは、弁護士会、公証人、裁判官、企業の法務担当者及び消費者保護団体の各代表が、このネットワークに参加している。*Schulte-Nölke*, ZGS 2005, 201.

34 ヨーロッパ民法典に反対の立場をとるものとして、以下のような文献がある。*Schulte-Nölke*, ZGS 2005, 201. さらに *Wiesner*, DB 2005, 873.

35 *Schulte-Nölke*, ZGS 2005, 201.

36 これについては、以下の文献を参照。*Wiesner*, DB 2005, 873; *Staudenmayer*, ZEuP 2003, 841 ff.; *Dauner-Lieb*, NJW 2004, 1432.

37 しかし、ヨーロッパ連合の最高機関である、ヨーロッパ連合理事会は、共通の照会大綱を好ましいものであると判断した。*Wiesner*, DB 2005, 872.

正面から競合し始めることになるであろう[38]。そうであるとすると、ドイツ民法典とそれに関するドイツ民法のドグマは、ヨーロッパ民法典と競合するために、ヨーロッパ民法典に挑戦をいどまなければならなくなるだろう。

上述したことは、ドイツ民法 478 条及び同法 479 条に規定されている終局的な売主の償還に関する例にみてとれる。売買の瑕疵担保責任指令（KGRL）を移動する目的で、債務法現代化法によって、終局的な売主の償還が、ドイツ民法典に規定されるに至った[39]。この調整の背景にあるものは、消費財の売買に関して、売買の瑕疵担保責任指令によって与えられた、かなり有利なハンデである。売買の瑕疵担保責任指令を国内法化するという調整は、ただ単に瑕疵担保責任に影響を及ぼすだけではなく、契約当事者が消費者である限りにおいて（ドイツ民法 475 条 1 項）、契約自由もまた著しく制限することになるのである[40]。契約上の特約によって排除しえず、それゆえに、売主が免れることができない、この消費財の売買における厳格な責任が、終局的な売主の償還請求権の背景にある[41]。ドイツ民法 478 条及び同法 479 条は、その結果として、消費者によって瑕疵担保責任に関する請求権を行使されている事業者に、それに相当する売主に対する請求権を与えるものである。この償還請求権は、瑕疵担保責任の危険を最終的に負担する製造業者まで、供給の鎖においてさかのぼって効力を有する（ドイツ民法 478 条 5 項）。したがって、新売買法の徹底的な消費者保護は、終局的な売主や仲買人に負担を負わせることになるのではなく、製造業者が製造、製品及び品質についてイニシアチブを握っていることを通して供給の鎖を支配しているのであるから、ただ製造業者の負担のみによって支えられているのである[42]。

ドイツ民法の規定は、売買の瑕疵担保責任指令 4 条に依拠しているけれども、本質的には、売買の瑕疵担保責任指令 4 条よりも厳格であるといえる。なぜならば、ドイツ民法の規定は、478 条 4 項において、企業との取引上の契約中、償還請求権を排除する特約をつけることを著しく制限しているからである。ドイツ民

---

38 法秩序間の競合については、以下の文献を参照。*Kerber/Heine*, Zur Gestaltung von Mehr-Ebenen-Rechtssystemen aus ökonomischer Sicht – Beispiel Europäische Union, in: Ott/Schäfer (Hrsg.), Vereinheitlichung und Diversität des Zivilrechts in transnationalen Wirtschaftsräumen (2002), S. 167–194, hier S. 174. 競合は、まさに真正面からの法秩序の対立であるが、それは、超国家的法秩序と国内の法秩序との間で生じるのである。

39 消費財売買と消費財の保証という特定の点に関するヨーロッパ議会とヨーロッパ共同体理事会の 1999 年 5 月 25 日の 1999 年ヨーロッパ共同体指令 44 号については、ABl. 1999 L 171/12.を参照。また、ここでは、KGRL 4 条を参照。これに加えて、*Riesenhuber*, Europäisches Vertragsrecht (2003), Rn. 761 ff.も参照されたい。

40 瑕疵担保責任に関しては、ドイツ民法 476 条及び 477 条を参照。消費財の売買における契約自由（売買の瑕疵担保責任指令 7 条）の制限は、ドイツ民法 475 条 1 項において規定されている。この詳細については、以下の文献を参照。*Lorenz/Riehm*, Lehrbuch zum neuen Schuldrecht (2002), Rn. 588 ff.

41 終局的な売主の償還については、とりわけ、以下の文献を参照されたい。*Böhle*, Der Rückgriff in der Lieferkette gemäß der §§ 478, 479 BGB nach dem Schuldrechtsmodernisierungsgesetz (2004); *Lorenz/Riehm* (Fn. 40), S. 588 ff.; *Lorenz*, Schuldrechtsreform 2002: Problemschwerpunkte drei Jahre danach, NJW 2005, 1895; *Matthes*, Der Herstellerregreß nach § 478 BGB in Allgemeinen Geschäftsbedingungen, NJW 2002, 2507.

42 *Wagner/Neuenhahn*, Die Anwendbarkeit der §§ 478 und 479 BGB auf die „Beschaffungskette" des Herstellers, ZGS 2002, 395, 399.

法 478 条 4 項は、同法 475 条と一致するところもあるが、「同価値の賠償」が認められているときは、企業との取引において、企業の瑕疵担保責任を排除しうる特約を結ぶことが許されている、という同法 475 条との相違もまた有している。ただし、このようにドイツ民法 478 条 4 項と同法 475 条の特徴や相違を説明することは、現在のところ、まだ難しいところがある[43]。さらに、ドイツ民法 478 条 5 項に関していえば、供給の鎖の中では契約自由が制限されており、その結果、終局的な売主や供給者は、消費者ではないにもかかわらず、実際には製造業者との関係では消費者のように扱われるのである[44]。これに関して、ドイツ民法典の立法者は、売買の瑕疵担保責任指令 4 条が規定して要求したところをはるかに越えた立法をしたといえる。すなわち、ドイツ民法典と異なり、売買の瑕疵担保責任指令は、契約自由の原則に優先権を認めているのである。このことは、特に消費財の売買指令について検討したことを明示している。

> 消費財の売買指令
> 「この指令は、売主、製造業者、かつての売主、又はその他の当事者間における契約を支配する、契約自由の原則に抵触するものではない。」

照会大綱（とそれを用いたヨーロッパ民法典）の具体化について、ネットワークに参加した学者によって、ただ単にドイツ民法典の最初の 3 つの編に規定された内容が含まれているだけではなく、加えて、適用例を付した注釈に基づいて説明され、膨大な、どの規定を参照するべきなのかを指摘したものを用いて補足された、定義や法律における主義に関する専門的なリストが含まれた、2004 年 10 月 11 日のヨーロッパ委員会による通知における提案を越えた、広範囲に及ぶモデルとなる法律の草案が完成した[45]。もし、この共通の照会大綱に基づいてヨーロッパ民法典が編纂されるならば、現在のドイツ民法典における償還規定よりも本質的にもっと進歩した償還規定が、考慮に入れられるべきである。ドイツ民法典の立法者がヨーロッパ民法典の施行以前にまだドイツ民法 478 条及び同法 479 条を削除せず、又は、少なくとも、ドイツ民法 478 条 4 項 1 文の規定を任意規定にしていないときは、ドイツ民法典の立法者は、遅くともヨーロッパ民法典の施行のときまでに、このことについて何らかの対応をしなければならなくなるであろう。ドイツ民法の旧規定（ドイツ民法 478 条 4 項 1 文）は、国内の製造業者及び仲買人を差別することにつながりうる。このことは、外国に居住している売主は、そこでは利益を得る一方で、ドイツ民法 478 条 4 項 1 文が与える広範囲に及ぶ仲買人の保護を顧慮しなければならない

---

43 *Lorenz*, NJW 2005, 1895; *Matthes*, NJW 2002,2507.

44 消費者は、ドイツ民法 13 条によれば、「営業上の行為にも独立した職業上の行為にも分類されえない、ある目的でなされた法律行為をする」自然人である。終局的な売主及び供給者は、当該行為をするが、その行為は、法律上は営業上の行為であって、その結果、彼らは、事業者となるのである（ドイツ民法 14 条）。

45 *v.Bar/Schulte-Nölke*, ZRP 2005,166.ドイツ民法典中、不動産法と人事法については、共にヨーロッパ民法典の草案にとり入れられなかった。ヨーロッパ民法典の草案における主義に対する基礎は、ランドー委員会によって練り上げられた「ヨーロッパ契約法諸原則」にある。

ということを意味する。たとえば、文献においては、次のような例が紹介されている[46]。

ドイツに居住地を有しておらず、売買契約において適用されうる法律に関するウィーン条約（1980 年 11 月 4 日の国際動産売買契約に関する国際連合のウィーン条約（CISG））の加盟国に居住地を有しているある売主が、ドイツにおけるある仲買人と売買契約を締結したとする。その売買契約当事者が適用されるべき契約法について合意をしていなかったときは、CISG 1 条 1 項 a 文によって、ドイツ民法典ではなく、CISG が適用されうる。売主にとっては、国際動産売買契約に関する国際連合のウィーン条約（CISG）が適用される方が、ドイツ民法典が適用されるよりも有利である。なぜならば、前者は確かに CISG 35 条以下において瑕疵担保責任について規定しているが、しかし、終局的な売主や中間の売主に売主に対する償還請求権を認める規定を置いていないからである。

機能的な観点から考察してみると、このように終局的な売主や中間の売主を不利に扱うことは、ドイツ国内の製造業者と仲買人が妥当でない契約を締結するきっかけとなる。なぜならば、製造業者はドイツ民法 478 条 4 項 1 文における契約自由の制限によって、製造業者の個々の利益を望んだように増加させることができず、それゆえ、製造業者が最善の成果を達成することができないからである。このことから、結論として、2 つの結果を想定することができる。すなわち、もはや売買契約が締結されないか、又は、製造業者や仲買人がドイツ民法 478 条及び 479 条を回避するように試みるであろう、ということである。文献の中には、たとえば、解決策として、多国家で営業している製造業者やドイツに本店を有する卸売商人が外国の支店でドイツの仲買人と売買契約を締結し、ドイツ民法典によってもたらされる不利益を回避することを提案するものがある[47]。ドイツ民法によって広範囲に及ぶ契約自由を認めるならば、このような方法は、時代遅れのものとなり、ヨーロッパ民法典とこれに遅れた規制が競合するならば、ドイツ民法典の地位は、高められることになるかもしれない。

IV. ヨーロッパ契約法の統一が日本民法典にもたらす影響

ドイツ民法のドグマ全体について、徹底的な変革が期待されうる。債務法の改革が、そのドグマの徹底的な変革がなされたという最初の印象を与えることにな

---

46 *Gruber*, Das neue deutsche Zwischenhändler-Schutzrecht – eine Benachteiligung inländischer Hersteller und Großhändler?, NJW 2002, 1180f.; *Matthes*, Der Herstellerregreß nach § 478 BGB in Allgemeinen Geschäftsbedingungen – ausgewählte Probleme, NJW 2002, 2505, 2508.

47 たとえば、*Gruber*, NJW 2002, 1181.ドイツ民法 478 条 4 項 1 文において指示された、同法同条同項 3 文によっても適用されることになる規定を回避することは、それらの規定に当事者間の合意が優先することを意味するものではない。なぜならば、ドイツ法は、CISG によって最初から排除されているからである。これについては、*Matthes*, NJW 2002, 2508.もまた参照。これに批判的なものとして、*Böhle* (Fn. 41), S. 134 がある。

った[48]。上述したドイツ民法のドグマが日本民法典に与える影響の例に関して、次のようなドイツ民法典の変更は、模範的なものといわれる。

債務法現代化の前に、ドイツ民法 306 条は、不能な給付を目的とする契約は無効であるということを規定していた。ドイツ民法 307 条については、せいぜい信頼利益の喪失による損害の賠償が認められていた。両規定は、債務法改革の経過の中で、代用規定が置かれることなく削除された。ドイツ民法 311a 条 1 項の規定が、同法 306 条にとって代わった。それによると、主観的不能であろうと、客観的不能であとうと、原始的不能であろうと、それは問題ではなく、契約は、有効に成立するのである[49]。ドイツ民法 311a 条 2 項は、その不能となった給付の代わりに、債権者に対して損害賠償請求権を与えている[50]。

2 番目の例は、売買法の中に存在する。この売買法は、売買の瑕疵担保責任指令を国内法においてハンデとする目的で全く新しく規定されたものである[51]。再起草されたドイツ民法 433 条 1 項は、特定物売買において売主に瑕疵のない状態で特定物を買主に取得させるという履行義務があるという、明確なハンデを買主に与えている。これによって、「瑕疵担保論」と「履行論」の争いは、不要なものとなったのである[52]。

既に生じたドイツ民法典における変革を考慮に入れるとき、ヨーロッパ契約法の統一が今後どのようにドイツ民法のドグマに作用を及ぼすのか、という問題、及びこのドイツ民法典における変革が日本民法にいかなる影響を与えるのか、という問題が生じる[53]。日本の消費者契約に関する法律において、消費者契約の濫用条項に関する指令が考慮されたことは、ヨーロッパ法が日本の法律の草案に影響を与えうることを示している[54]。

以上のことから、共通の照会大綱と場合によってはこれにしたがうことになるヨーロッパ民法典もまた日本民法のドグマを法律上具体化するというかたちで日本民法に影響を与えることは、十分に考えられることである。

---

48 債務法の改革の背景には、売買の瑕疵担保責任指令を国内法にとり入れることにあった。ドイツの立法者は、「重大な処理」をすることに決めた。ドイツの立法者は、その指令によって定められた売買法上の規定をドイツ民法典にただ単にとり入れるだけではなく、債務法総論全体と債務法各論の大部分を広範囲にわたって変更した。これについては、以下の文献を参照。*Lorenz/Riehm* (Fn. 40), Rn. 6 ff.

49 この概観については、以下の文献を参照。*Lorenz/Riehm* (Fn. 40), Rn. 328 ff.

50 「給付の代わりとしての損害賠償」という記述は、債務法の改革の過程において、「履行利益の賠償」の概念から変わったことを意味している。ドイツ民法 311a 条 2 項は、給付と二者択一として、債権者に費用の損害賠償請求権を与えている（ドイツ民法 284 条もまた参照）。

51 これについては、*Riesenhuber* (Fn. 39), Rn. 729 ff. も参照。

52 *Lorenz/Riehm* (Fn. 40), Rn. 427. この文献によれば、優勢に主張された「瑕疵担保論」にしたがうと、特定物売買の場合においては、物の瑕疵のない給付をする義務は、売主に存しないことになったという。すなわち、売主は、特定物の現状につき、ドイツ民法が瑕疵担保責任の特別な効果を認めることにより、その特定物に対して義務を負っていたのである。「履行論」は、ドイツ民法 433 条 1 項 2 文に組み入れられている。

53 *Kirchner* (Fn. 23), S. 104. もまた、参照されたい。

54 *Ikeda/Okuda*, Japanisches Verbraucherschutzrecht und Einflüsse des europäischen Rechts, ZJapanR 7/14, 118. この寄稿論文は、ヨーロッパ経済共同体の 1993 年 4 月 5 日の消費者契約における濫用条項に関する理事会指令 13 条（ABl. 1993 L 95/29）を引き合いに出す。

アンネ・サンダースによってなされた、日本民法はヨーロッパ契約法の統一に対する見本となりうるかどうかを検討するべきであるという主張は、これまで述べてきたこととは反対の方向に向かうものである[55]。今日の日本の法制度は、独自の法文化を有しており、その基礎をヨーロッパに置いていて、加えて、大部分の日本の法律がヨーロッパに由来しているという。また、日本民法典の法典編纂とその際に行われたヨーロッパ法の継受は、ヨーロッパ法の統一のために必要な知識を得ることに寄与しうるという。特に、日本民法典によって譲歩の可能性が、明確になるというのである。サンダースは、日本民法典の今日の形態や適用に関して、日本民法典をヨーロッパへと逆輸入することを念頭に置いているのでは決してないけれども、ヨーロッパに影響を受けた 19 世紀の終わり及び 20 世紀初頭における日本の法に対する視点は、ヨーロッパ自体の中の法に対する視点を効果的に補い、それを広げるものであるといっている[56]。

> すなわち、サンダースは、「日本の法律家が 100 年前に、そして、100 年を超えて自分達の視点でヨーロッパの民法秩序の他に例をみない多様性から最善のものを選択してきたというのであれば、我々は、今日、我々の法の統一に関して、日本の法律家の選択を参考にすることができるというものである。」というのである。

日本とドイツの法学者が近い将来このことにつき研究する必要性は、きっと大きくなると考えられる。

＜訳者追記＞　本稿の 367 頁における、「タイムシェア方式で不動産を利用する権利の購入契約のある側面における購入者保護に関する指令」の日本語訳については、横浜国立大学大学院国際社会科学研究科法曹実務専攻助教授角田美穂子先生からご示唆をいただきました。ここに、厚く御礼申し上げます。

---

55 *Sanders*, ZEuP 2002, 96, 119 ff.
56 *Sanders*, ZEuP 2002, 96, 121.

§ 16 Absolut zwingende Rechtsnormen im internationalen Privatrecht und die Grenzen der Rechtsangleichung

Tomoko Shinkawa

Übersicht

I. Einleitung

„Rechtsangleichung" bedeutet im Normalfall die Angleichung des materiellen Rechts. Wenn die materiellen Privatrechte aller Staaten angeglichen wären[1], hätten alle Staaten dieselben Privatrechtsnormen und kämen stets zu derselben Entscheidung über ein grenzüberschreitendes privatrechtliches Rechtsverhältnis. Tatsächlich bestehen aber in der gegenwärtigen Situation verschiedene Rechtsordnungen sowie unterschiedliche Sitten, Traditionen und Religionen nebeneinander. Auch wenn die Rechtsvereinheitlichung im See- und Handelsrecht teilweise weit fortgeschritten ist[2],

---

1 Es gibt zwei Arten des Einheitsrechts, *ius gentium* und Weltrecht. Ein grenzüberschreitendes privatrechtliches Rechtsverhältnis unterliegt ersterem; dagegen gilt das Weltrecht für alle Sachverhalte, gleichgültig, ob diese grenzüberschreitende oder nur inländische privatrechtliche Rechtsverhältnisse sind. Ausführlich dazu *Sakurada*, Kokusai-shihô kara mita tôitsu-hô [Einheitsrecht vom Standpunkt des IPR aus], Nihon kokusai keizai-hô gakkai nenpô 14 (2005), S. 178ff.

2 Vgl. z.B. *ius gentium*: Übereinkommen vom 23. 9. 1910 zur einheitlichen Feststellung von Regeln über den Zusammenstoß von Schiffen, Übereinkommen vom 23. 9. 1910 zur einheitlichen Feststellung von Regeln über die Hilfsleistung und Bergung in Seenot, Internationales Abkommen vom 25. 8. 1924 zur Vereinheitlichung von Regeln über Konnossemente sowie die dazugehörigen Protokolle von 1986 und 1979, Abkommen zur Vereinheitlichung von Regeln über die Beförderung im internationalen Luftverkehr vom 12. 10. 1929, Wiener UN-Übereinkommen über den internationalen Warenkauf vom 11. 4. 1980. *Weltrecht:* Verbandsübereinkunft zum Schutz des gewerblichen Eigentums vom 20. 3. 1883 in Paris, Übereinkunft zum Schutz von Werken der Literatur und Kunst vom 9. 9. 1886, Genfer Abkommen über Bestimmungen auf dem Gebiet des internationalen Wech-

ist sie im allgemeinen Privatrecht nach wie vor außerordentlich schwierig, und zwar insbesondere im Familienrecht, das auf die jeweilige Nation und Tradition bezogen ist und deshalb zwangsläufig je nach Staat unterschiedlich ausgestaltet ist[3].

Daher wird das internationale Privatrecht (Kollisionsrecht) herangezogen, um die Gesetzeskollisionen, die in grenzüberschreitenden privatrechtlichen Rechtsverhältnissen entstehen, zu lösen, solange der Inhalt des Privatrechts der am Rechtverhältnis beteiligten Staaten verschieden ist. Die Aufgabe des internationalen Privatrechts liegt darin, das auf ein grenzüberschreitendes privatrechtliches Rechtsverhältnis anzuwendende Recht zu bestimmen. Zu diesem Zweck wird ausgehend von der Gleichheit in- und ausländischer Rechte auf dasjenige Recht verwiesen, das mit dem betreffenden Rechtsverhältnis am engsten verbunden ist[4]. Diese Methode des internationalen Privatrechts spielt nach wie vor eine wichtige Rolle, um den Parteiinteressen in grenzüberschreitenden Fällen gerecht zu werden und die Rechtssicherheit im internationalen Privatrechtsverkehr zu wahren[5].

Das internationale Privatrecht wählt das jeweilige maßgebende Recht aus denjenigen Rechten aus, die mit dem betreffenden grenzüberschreitenden Rechtsverhältnis in Berührung stehen. Dies gewährleistet die internationale Entscheidungsharmonie sowie die „Rechtsangleichung" *im weiteren Sinne*, wonach dasselbe Rechtsverhältnis überall nach demselben Recht beurteilt wird. Das bedeutet auch, daß das internationale Privatrecht die Dissonanz nationaler Rechte auf den Rechtsgebieten, in denen die Rechtsangleichung noch nicht erreicht worden ist, zu beseitigen vermag[6] und durch die „internationale Entscheidungsharmonie" die Rechtsangleichung auf eine andere Art als durch Angleichung der materiellen Rechte verwirklicht.

Es ist anzumerken, daß im internationalen Schuldvertragsrecht die Parteiautonomie weltweit anerkannt ist, wonach die Parteien eines Schuldvertrages selbst das auf ihr Rechtsverhältnis anzuwendende Recht bestimmen können[7]. Man kann deshalb davon ausgehen, daß in verschiedenen Staaten dasselbe Recht zur Anwendung berufen wird, solange die Parteien eine Rechtswahl getroffen haben. Auf diese

---

selprivatrechts vom 7. 6. 1930, Genfer Abkommen über Bestimmungen auf dem Gebiet des internationalen Scheckprivatrechts vom 19. 3. 1931. Ausführlich zum Einheitsrecht z.B. *Takakuwa*, Kokusaitorihiki ni okeru shihô no tôitu to kokusaishihô [Einheit des Privatrechts im internationalen Handel und IPR] (2005), S. 2ff.; *ders.*, Tôitu shihô to sono tekiyô [Einheitliches Privatrecht und seine Anwendung], Nihon kokusai keizai-hô gakkai nenpô 14 (2005), S. 151ff.

3 *Tanaka*, Sekaihô no riron [Theorie des Weltrechts] (3. Bd. 1934), S. 446ff.; *Ikehara*, Kokusai shihô (Sôron) [Internationales Privatrecht (Allgemeiner Teil)] (1973) S. 6; *Yamada*, Kokusai shihô [Internationales Privatrecht] (3. Aufl. 2004), S. 6; *Tameike*, Kokusai shihô kôgi [IPR Vorlesung] (3. Aufl. 2005), S. 9.

4 Zur Funktion des IPR, siehe z.B. *Yamada* (Fn. 3), S. 1ff.; *Tameike* (Fn. 3), S. 3ff.; *Sakurada*, Kokusai shihô [Internationales Privatrecht] (4. Aufl. 2005), S. 14ff.

5 Über das Verhältnis zwischen IPR und Einheitsrecht vgl. z.B. *Taki*, Kokusai shihô to touituhô jouyaku no kankei ni tsuite [Über das Verhältnis zwischen dem Übereinkommen zum Einheitsrecht und dem IPR], Nihon kokusai keizai-hô gakkai nenpô 14 (2005), S. 187ff.

6 *Sakurada* (Fn. 4), S. 163.

7 Vgl. dazu z.B. Art. 3 Übereinkommen über das auf vertragliche Schuldverhältnisse anzuwendende Recht vom 19. 6. 1980 (im Folgenden: „EVÜ") (Japanische Übersetzung: *Nomura/Fujikawa/Moriyama*, Handai hôgaku 48–2 (1998), S. 567ff.); Art. 187 Restatement, Second, Conflict of Laws (USA); Art. 116 des schweizerischen IPR-Gesetzes; Art. 25. des koreanischen IPR-Gesetzes.

Weise kann man sich mit Hilfe des Kollisionsrechts der „Rechtsangleichung“ *in weiteren Sinne* annähern.

Die Parteiautonomie kann aber nicht uneingeschränkt Geltung beanspruchen. Auch wenn die Vertragsparteien das maßgebende Recht gewählt haben, muß die Anwendung bestimmter Rechtsnormen gesichert werden, deren Anwendung wegen ihrer grundlegenden Bedeutung für den betreffenden Staat nicht ausgeschlossen werden kann. Dies ist der Fall, wenn ein wirtschaftlich Schwächerer, wie z.B. ein Verbraucher oder ein Arbeitnehmer, am Vertragsverhältnis beteiligt ist, oder wenn grundlegende wirtschaftliche Interessen eines Staates, wie z.B. Ein- und Ausfuhr sowie Devisen, berührt werden. In Japan werden solche zwingenden Rechtsnormen als „absolut zwingende Rechtsnormen“ bezeichnet[8]; in Deutschland werden für derartige Normen die Begriffe „international zwingende Rechtsnormen“ oder „Eingriffsnormen“ verwendet[9].

Durch die zwingende Anwendung dieser Normen wird die Gleichheit der beteiligten Rechtsordnungen gestört. Das zwingende Recht eines Staates wird dem nach den allgemeinen Prinzipien anwendbaren Recht vorgezogen. Die „Rechtsangleichung“ stößt daher hinsichtlich der absolut zwingenden Rechtsnormen auf Grenzen. Es geht also um die Frage, inwieweit die Anwendung der absolut zwingenden Rechtsnormen, die sich für die „Rechtsangleichung“ als ein störendes Faktor erweist, anerkannt werden sollte.

Im Folgenden soll die Anwendung absolut zwingender Rechtsnormen im Hinblick auf deren Konsequenzen für die Rechtsangleichung untersucht werden.

Die *Ingmar*-Entscheidung des Europäischen Gerichtshofs (EuGH) bietet dabei die interessante Grundlage für die folgenden Untersuchungen. In dieser Entscheidung wurde die Rechtsnorm in der EG-Handelsvertreterrichtlinie, die im Fall eines nicht vorgesehenen Vertragsabbruchs dem Handelsvertreter Ansprüche auf einen Ausgleich und Ersatz des Schadens zuerkennt, als absolut zwingende Rechtsnormen qualifiziert und entgegen dem nach der Parteivereinbarung für den Vertrag eigentlich maßgebenden kalifornischen Recht durchgesetzt[10]. Die Entscheidung hat bisher Aufmerksamkeit und Diskussion in Europa erregt, weil der EuGH zum ersten Mal eine Norm in einer EG-Richtlinie, die als solche keine direkte Gültigkeit in den EG-

8 Vgl. *Nishitani*, Doitsu kokusai shôhisha-hô jô no shomondai: „Kyôkô hôki no tokubetsu renketsu“ ni kansuru ichi kôsatsu [Die Strukturfragen des deutschen internationalen Verbraucherschutzrechts: Zugleich eine Untersuchung über die „Sonderanknüpfung zwingender Rechtsnormen“], Hôgaku 63–5 (1999), S. 618ff., 641; *Satô*, Kyôkô-hôki no tokubetu renketsu-ron [Theorie der Sonderanknüpfung absolut zwingender Rechtsnormen], in: Watanabe/Nomura (Hrsg.), Ronten kaisetsu kokusai-torihiki-hô (2002), S. 11ff.; *Hôrei Kenkyû-kai*, Hôrei no minaoshi ni kansuru shomondai(1) [Aufgaben zur Reform des Hôrei(1)], Bessatsu NBL 80 (2003), S. 66ff.; *Satô*, Kyôkô-hôki no tokubetsu renketsu [Sonderanknüpfung absolut zwingender Rechtsnormen], in: Kokusai-hô gakkai (Hrsg.), Kokusai-kankei-hô jiten [Rechtswörterbuch der Internationalen Beziehungen] (2. Aufl. 2005), S. 181ff.

9 *Kropholler*, Internationales Privatrecht (4. Aufl. 2004), S. 19; Münchener Kommentar-*Martiny*, EGBGB (4. Aufl. 2006), Art. 34 Rn. 10.

10 EuGH v. 9. 11. 2000 – Rs. C-381/98 *Ingmar GB Ltd. ./. Eaton Leonard Technologies Inc.*, Slg. 2000, I-9325; ausführlich zu diesem Fall siehe unten III.

Mitgliedstaaten hat, als absolut zwingende Rechtsnorm angesehen hat. Im Gegensatz dazu fehlt jedoch in Japan eine solche Diskussionsgrundlage, und die Kriterien für die Qualifikation absolut zwingender Rechtsnormen schwanken nach wie vor. Auch die Zahl der Gerichtsentscheidungen, in denen die Anwendbarkeit absolut zwingender Rechtsnormen tatsächlich in Frage kommt, ist beschränkt. Daher ist die *Ingmar*-Entscheidung, in der die betreffende Rechtsnorm aufgrund anderer Kriterien als absolut zwingende Rechtsnorm qualifiziert worden ist, aus rechtsvergleichender Sicht für weitere Diskussionen in Japan von Bedeutung. Ferner ist in Ansehung des regen wirtschaftlichen Verkehrs zwischen Europa und Japan von Interesse, daß Japan, ein Drittstaat für die EG, überprüft, inwieweit die EG-Richtlinie vor Gerichten der EG-Mitgliedstaaten als absolut zwingende Rechtsnorm durchgesetzt wird.

Im Folgenden werden zunächst die bisherigen Theorien bezüglich absolut zwingender Rechtsnormen sowie die Diskussionen anlässlich der Reform des *Hôrei* (japanisches IPR-Gesetz) dargelegt (II). Anschließend wird die *Ingmar*-Entscheidung dargestellt und einer kritischen Analyse unterzogen (III). Am Ende werden die in den Ausführungen gefundenen Ergebnisse erläutert (IV).

II. Der Stand der Diskussion um absolut zwingende Rechtsnormen in Japan

1. Die bisherigen Theorien

Im internationalen Schuldvertragsrecht steht die Parteiautonomie auch in Japan im Vordergrund. Die Parteien eines Schuldvertrages können nämlich in erster Linie das maßgebende Recht selbst bestimmen (Art. 7 Abs. 1 *Hôrei*, Art. 7 Reformgesetz *„Hô no tekiyô ni kansuru tsûsoku-hô“* [japanische Übersetzung: *Sakurada/Nishitani/Schwittek*, ZJapanR/J.Jap.L. Vol 22 (2006) (imDruck)]). Wenn aber die Parteiautonomie ohne jegliche Einschränkungen in Anspruch genommen würde, würden, wie bereits oben angespochen, besonders wichtige, grundlegende Regelungen, die die Interessen des Staates verwirklichen, durch eine bloße Rechtswahl der Parteien beiseite geschoben werden können.

In dieser Hinsicht kommt eine Sonderanknüpfung der absolut zwingenden Rechtsnormen in Betracht, die eine Durchsetzung der Interessen des Staates ermöglicht. Die Theorie der „Sonderanknüpfung zwingender Rechtsnormen“ begründet die Anwendbarkeit von bestimmten zwingenden Rechtsnormen, die ohne Rücksicht auf das in erster Linie maßgebende Recht des betreffenden Rechtsverhältnisses einseitig eingreifen, allein gestützt auf ihren „Anwendungswillen“[11]. Diese absolut zwingenden Rechtsnormen unterscheiden sich von „relativ zwingenden Rechtsnormen“, die nur zur Anwendung gelangen, wenn sie zum Vertragsstatut gehören[12]. Wenn also z.B. ein Arbeitsvertrag New Yorker Recht unterliegt, aber

11 *Hôrei Kenkyû-kai*, Bessatsu NBL 80 (2003), S. 65.
12 *Hôrei Kenkyû-kai*, Bessatsu NBL 80 (2003), S. 67.

die Arbeit gewöhnlich in Japan verrichtet wird, greifen die japanischen Rechte zum Arbeitnehmerschutz, wie z.B. Arbeitnehmerstandardgesetz und Gewerkschaftsgesetz, als absolut zwingende Rechtsnormen ein.

Die Theorie der „Sonderanknüpfung zwingender Rechtsnormen" wurde im Jahre 1941 von *Wilhelm Wengler* begründet[13]. In Japan wurde sie 1951 zum ersten Mal von *Saburo Kuwata* dargestellt[14]. Seitdem entstand die Debatte, ob diese Theorie mit dem geltenden japanischen IPR-Gesetz (*Hôrei*) vereinbar ist[15]. Unter den heutigen Autoren besteht zwar Einigkeit darüber, daß absolut zwingende Rechtsnormen des *Forumstaates* stets anzuwenden sind, auch wenn ein ausländisches Recht auf das betreffende Rechtsverhältnis anwendbar ist[16], doch ist die Anwendbarkeit absolut zwingender Rechtsnormen *dritter Staaten* immer noch umstritten[17].

---

13 *Wengler*, Die Anknüpfung des zwingenden Schuldrechts im internationalen Privatrecht, ZvglRW 54 (1941), 168ff.

14 *Kuwata*, Kokusai-shihô ni okeru kyôkôteki-saimu-hô no renketsu mondai [Aufgabe der Anknüpfung des zwingenden Schuldrechts in IPR], Hôgaku shinpô 59–11 (1952), S. 1024ff.

15 Vgl. *Sawaki*, Kokusai-kêyaku no junkyo-hô to kyôkôhôki no tekiyô [maßgebendes Recht des internationalen Vertrags und Anwendung zwingender Rechtsnormen], Jurisuto 500 (1972), S. 582ff.; *Yokoyama*, Gaikoku kôhô no tekiyô to „kôryo" [Anwendung des fremden öffentlichen Rechts und „Beachtung"], Kokusai gaikô hô zasshi 82–6 (1983), S. 681ff.; *ders.*, Kokusai keiyaku to kanchô no kyoka [Internationaler Vertrag und behördliche Genehmigung], in: Gendai keiyaku-hô taikei vol. 8 (1983), S. 145ff.; *Yamamoto*, Kokusai keiyaku to kyôkô-hôki [Internationaler Vertrag und zwingende Rechtsnorm], in: Gendai keiyaku hô taikei vol. 8 (1983), S. 112ff.; *Sano*, Kokusai torihiki no kôhôteki kisei [Öffentliche Regelung des internationalen Handels und IPR], in: Matsui/Kidana/Katou (Hrsg.), Kokusai torihiki to hô (1988), S. 167ff.; *Inoue*, Kokusai-shihô ni okeru tokubetsu renketsu-ron ni tsuite [Zur Sonderanknüpfungstheorie im Internationalen Privatrecht], Takaoka hôgaku 1–1 (1990), S. 67ff.; *ders.*, Kokusai-shihô ni okeru naikoku kainyû-kihan no tekiyô ni tsuite [Zur Anwendung inländischer Eingriffsnormen im Internationalen Privatrecht], Takaoka hôgaku 2–1 (1991), S. 193ff.; *Yokoyama*, Gaikoku no yushutsu kanri to kokusai-shihô [Ausfuhrkontrolle und IPR], Kokusai-hô gaikô zasshi 91–5 (1992), S. 551ff.; *Satô*, Shôgai teki saiken kêyaku ni okeru toujisha jichi no gensoku to kyôkô-hôki no tokubetsu renketsu ron [Parteiautonomie und Theorie der Sonderanknüpfung absolut zwingender Rechtsnormen im internationalem Schuldvertrag], in: Keiyaku sekinin no gendai teki shosô jôkan (1996), S. 361ff.; *dies.*, Wengler no „kyôkô-hôki no tokubetsu renketsu ron" ni tsuite [Über die Theorie der Sonderanknüpfung des zwingenden Rechts von W. Wengler], Kônan hôgaku (1997), S. 489ff.; *dies.*, Wengler no „kyôkô-hôki no tokubetsu renketsu ron" no riron kôzô [Die Struktur von Wenglers Theorie der Sonderanknüpfung des zwingenden Rechts], Kokusai-hô gaikô zasshi 97–3 (1998), S. 301ff.; *Nakano*, Hôrei 7 jô wo meguru kaishakuron no genjô to rippôronteki kadai [Jetziger Stand der Interpretation und legislative Aufgabe des Art. 7 *Hôrei*], Jurisuto 1143 (1998), S. 36ff.; *Nomura*, Kokusaiteki shasai kankei to kyôkô-hôki no tekiyô riron [Internationale Anleihen und Anwendungstheorie der zwingenden Rechtsnorm], Kokusai-hô gaikô zasshi 102–3 (2003), S. 401ff.; *Hayakawa*, Junkyo-hô no sentaku to „Kô-hô" no tekiyô [Rechtswahl und Anwendung des „Öffentlichen Rechts"], Kokusai-shihô nenpô 5 (2003), S. 206ff.; *Yokomizo*, Kokusai-shihô hanrei hyakusen (2004), S. 30ff.; *Takeshita*, Zitelmann kokusai-shihô ron no „jisshôsei" (2) [Zitelmanns „positive" Theorie des Internationalen Privatrechts(2)], Hôgaku kyôkai zasshi 122–11 (2005), S. 1720ff.

16 Zur theoretischen Begründung absolut zwingender Rechtsnormen werden folgende Lehren vertreten: die Theorie der Sonderanknüpfung, die Theorie der territorialen Anwendung des öffentlichen Rechts und die Theorie des *ordre public*. Diese Lehren führen allerdings weitgehend zu gleichen Ergebnissen. Vgl. *Nakano*, Jurisuto 1143 (1998), S. 40ff.; *Hôrei Kenkyû-kai*, Bessatsu NBL 80 (2003), S. 67ff.; *Chin*, Kokusai-shihô hanrei hyakusen (2004), S. 28ff.; *Kidana/Matsuoka/Watanabe*, Kokusai-shihô gairon [Einführung in das IPR], (4. Aufl. 2005), S. 124ff.

17 Nach einer Auffassung ist Voraussetzung für die „Anwendung" der absolut zwingenden Rechtsnormen, daß der Geltungswille der Norm sowie eine enge Beziehung zum Sachverhalt vor-

In der Lehre werden als Beispiele dieser Normen z.B. das Gesetz gegen Wettbewerbsbeschränkungen, das Devisengesetz, das Arbeitsstandardgesetz, das Gewerkschaftsgesetz, das Mindestlohngesetz, das Arbeitsunfallversicherungsgesetz, das Zinseneinschränkungsgesetz, das Mieterschutzgesetz und Verbraucherschutzgesetze genannt[18].

In Japan sind noch keine Gerichtsentscheidungen vorhanden, die eine Vorschrift ausdrücklich als absolut zwingende Rechtsnorm qualifiziert hätten. Das Distriktsgericht Tokio hat allerdings in seinem Urteil vom 26. 4. 1965 (sog. *„International Air Service*-Entscheidung")[19] das japanische Gewerkschaftsgesetz territorial und einseitig angewendet. In diesem Fall war der Kläger ein amerikanischer Pilot und die beklagte Gesellschaft ein kalifornisches Unternehmen, das Fluggesellschaften Piloten und Personal entsendet. Der Kläger war zunächst von der Beklagten eingestellt. Er wurde später an eine japanische Fluggesellschaft entsandt und mit Inlandsflügen in Japan beschäftigt, doch wurde er bald entlassen, nachdem er sich mit gewerkschaftlichen Aktivitäten beschäftigt hat. Daraufhin klagte er auf die Feststellung der Nichtigkeit der Entlassung sowie auf eine vorläufige Maßnahme zur Sicherung seiner Stelle. Das Gericht erklärte, daß der Arbeitsvertrag zwar kalifornischem Recht oder amerikanischem Bundesrecht unterliege, doch hielt es die Entlassung aufgrund des Art. 7 Abs. 1 des japanischen Gewerkschaftsgesetzes für nichtig. Das Gericht urteilte, das diese Vorschrift als „*ordre public* mit territorial beschränkter Wirkung" auf den vorliegenden Fall anzuwenden war, weil der Kläger gewöhnlich seine Arbeit in Japan verrichtet hatte.

Nicht wenige Autoren verstehen dieses Urteil dahingehend, daß das Gewerkschaftsgesetz als absolut zwingende Rechtsnorm angewendet worden ist[20]; die Meinungen über eine derartige Einschätzung gehen jedoch in Japan auseinander.

---

liegen müssen und daneben kein Verstoß gegen den ordre public vorliegen dürfe (vgl. z.B. *Hôrei Kenkyû-kai*, Bessatsu NBL 80 (2003), S. 68ff.; *Kidana/Matsuoka/Watanabe* (Fn. 16), S. 126ff.). Nach anderer Auffassung sind diese Normen im Rahmen der Generalklauseln zu berücksichtigen, vgl. z.B. *Yokoyama*, Kokusai-hô gaikô zasshi 82–6 (1983), S. 681ff.; *Sano*, in: Kokusai torihiki to hô (1988), S. 167ff. Schließlich hat *Nishitani* in Hôgaku 63–5 (1999), S. 629; *Hôrei Kenkyû-kai*, Bessatsu NBL 80 (2003), S. 69, eine Anwendung der in Deutschland und der Schweiz vertretenen Lehre befürwortet. Danach ist jede absolut zwingende Rechtsnorm des Forumstaates, des Vertragsstatuts oder eines dritten Staates gleichmäßig nach eigener Regelung anzuwenden.

18 *Hôrei Kenkyû-kai*, Bessatsu NBL 80 (2003), S. 69. Vgl. zu den Kriterien auch *Ishiguro*, Kokusai shihô no kiki [Krise des IPR] (2004), S. 46f.

19 Distriktsgericht Tokio v. 26. 4. 1965: Rôdô kankei minji saiban hanrei-shû 16–2 (1965), S. 308ff.; Hanrei jihô 408 (1965), S. 14ff.; Hanrei taimuzu 178 (1965), S. 172ff. Zur Auslegung *Sawaki*, Hanrei hyôron 85 (1965), S. 7ff.; *Yasuya/Tamura*, Hô to seiji 7 (1966), S. 69ff.; *Kitagawa*, Jurisuto 349 (1966), S. 120ff.; *Kuwata*, Shôgai hanrei hyakusen (ergänzte Aufl. 1976), S. 76ff.; *Ozaki*, Rôdô hanrei hyakusen (3. Aufl. 1995), S. 260ff.

20 Z.B. *Orimo*, Kokusai-shihô (Kakuron) [Internationales Privatrecht (Besonderer Teil)] (neue Aufl. 1972), S. 141ff.; *Sawaki*, Rôdô keiyaku ni okeru toujisha jichi no gensoku to kyôkô hôki no renketsu mondai [Parteiautonomie und Problem der Anknüpfung der zwingenden Rechtsnorm in Arbeitsverträgen], Rikkyô hôgaku 9 (1967), S. 160ff.; *Yamamoto* (Fn. 15), S. 120f.; *Dôgauchi*, Pointo Kokusai-shihô (Sôron) [Punkte des IPR (Allgemeiner Teil)] (1999), S. 77ff.; *Yamada* (Fn. 3), S. 324ff.

2. Die Reform des Hôrei

Das *Hôrei* wird gerade einer grundlegenden Reform unterzogen. Der Entwurf für ein Reformgesetz ist dem Unterhaus des Parlaments am 14. Februar 2006 in der 164. ordentlichen Sitzung vorgelegt worden. Am 15. Juni 2006 wurde das Reformgesetz verabschiedet und der Name Hôrei zu „Hô no tekiyô ni kansuru tsûsoku-hô" geändert[21].

Das jetzige *Hôrei* enthält keine Vorschrift über absolut zwingende Rechtsnormen. Außerdem ist es zu bedauern, daß nach einer langen Diskussion in der Beratungskommission für die Modernisierung des IPR in dem Entwurf des Reformgesetzes von einer eigenen Vorschrift über absolut zwingende Rechtsnormen abgesehen worden ist. Zur Begründung heißt es, daß man absolut zwingende Rechtsnormen auch ohne gesetzliche Grundlage zur Anwendung bringen könne. Außerdem wurde argumentiert, daß eine Regelung, die alleine die Anwendbarkeit absolut zwingender Rechtsnormen des *Forumstaates* vorschreibt, zu einer Gegeninterpretation führen würde, daß solche Rechtsnormen *dritter Staaten* überhaupt nicht anzuwenden seien. Ferner wurde bemängelt, daß absolut zwingenden Rechtsnormen keine eindeutige, einheitliche Definition erteilt werden könne. Schließlich wurde auch vertreten, daß eine Vorschrift bezüglich absolut zwingender Rechtsnormen, die aufgrund ihres „Anwendungswillens" zur Anwendung berufen würden, für ein IPR-Gesetz unnötig sei[22].

In Bezug auf Verbraucher- und Arbeitsverträge enthält das noch geltende *Hôrei*, anders als Artt. 5 und 6 EVÜ, keine Sonderregelungen zum Schutz des Verbrauchers oder Arbeitnehmers. Ganz im Gegensatz zu dem Entwurf des Reformgesetzes, welches derartige Schutzvorschriften zum Schutz des Schwächeren ausdrücklich vorsieht[23]. Nach diesen Vorschriften können die Parteien eines Verbraucher- oder Arbeitsvertrages zwar grundsätzlich das maßgebende Recht bestimmen. Der Schutz des Verbrauchers oder Arbeitnehmers wird jedoch dadurch realisiert, daß die Wirkungen zwingender Rechtsnormen, die nach dem objektiven Recht zur Anwendung kämen, berücksichtigt werden können[24]. Die objektive Anknüpfung

---

21 Der Entwurf steht im Internet unter http://www.moj.go.jp/HOUAN/TSUSOKU/refer02.pdf (Homepage des japanischen Justizministeriums) zum Download bereit. Das Datum der Veröffentlichung wird im Januar 2007 sein. Der Bericht in der Beratungskommission: „Kokusai-shihô no gendaika ni kansuru yôkô [Überblick über die Modernisierung des IPR]", NBL 817 (2005), S. 51ff. Vorstellung der japanischen Reform in deutscher Sprache von *Nishitani*, „Die Reform des Horei", ZJapanR/J. Jap.L., Vol. 15 (2003) 263ff.; *dies.*, „Die Reform of Horei (2) – Der Vorentwurf vom 22. März 2005 –", ZJapanR/J. Jap. L. Vol. 19 (2005) 251ff.

22 Sitzungsberichte der Beratungskommission für die Modernisierung des IPR, 1st. S. 6. und 3th. S. 10. HP: http://www.moj.go.jp/

23 „Kokusai-shihô no gendaika ni kansuru yôkô [Überblick über die Modernisierung des IPR]", NBL 817 (2005), S. 52ff.

24 Die Definition des „Verbrauchers" in diesen Vorschriften erfolgte nach dem Vorschlag der *Groupe européen de droit international privé*; die Vorschriften haben nur den Schutz des passiven Verbrauchers zum Gegenstand (Groupe européen de droit international privé: http://www.drt.ucl.ac.be/gedip/documents/gedip-documents-11ccf.html, Stand: 21. 04. 2006). Die Grundkonzeption des verweist im Falle des Verbrauchervertrags, und zwar bei passiven Verbrauchern, auf das Recht des Staates, in dem der Verbraucher seinen gewöhnlichen Aufenthalt hat, und im Falle des Arbeitsvertrags auf das Recht des Staates, in dem gewöhnlich die Arbeit verrichtet wird (Art. 11 und 12 *Hô no tekiyô ni kansuru tsûsoku-hô*).

3. Zwischenergebnis

Es ist festzustellen, daß das *Hôrei* bis heute keine Sonderregelungen zum Schutz des Verbrauchers sowie Arbeitnehmers vorsieht; solche sind erst im Entwurf eines Reformgesetzes enthalten. In Ermangelung solcher besonderer Kollisionsnormen suchte man Zuflucht in der Theorie der absolut zwingenden Rechtsnormen und legte sie weit aus, um den Schutz des Verbrauchers sowie des Arbeitnehmers zu verwirklichen. Dieser spezielle Hintergrund ist einer der Gründe, warum der Begriff „absolut zwingende Rechtsnormen" von Autor zu Autor sehr unterschiedlich definiert wurde, was die Diskussion um ihre Anwendbarkeit in Japan unnötigerweise kompliziert hat.

Wie oben erwähnt hat jede Rechtsordnung „relativ zwingende Rechtsnormen", die nur dann zur Anwendung gelangen, wenn sie zum Vertragsstatut gehören. Die Anwendung relativ zwingender Rechtsnormen beruht nicht auf ihrem Geltungswillens an sich, sondern auf der Verweisung auf sie durch die Kollisionsnormen[25]. Relativ zwingende Rechtsnormen sind also von absolut zwingenden Rechtsnormen, die einseitig aufgrund ihres „Anwendungswillens" eingreifen, strikt zu unterscheiden.

Nach der Reform des *Hôrei* sind die o. g. Sondervorschriften zum Schutz des Verbrauchers sowie des Arbeitnehmers vorgesehen. Dies wird die Unterscheidung zwischen absolut zwingenden Rechtsnormen und relativ zwingenden Rechtsnormen erheblich erleichtern und die Qualifikation als absolut zwingende Rechtsnormen auf diejenigen Rechtsnormen beschränken, die gestützt auf ihren „Anwendungswillen" einseitig Anwendung beanspruchen[26].

Ausgehend von diesen Grundlagen sollten die Anwendungsfragen absolut zwingender Rechtsnormen, die die Grenzen der „Rechtsangleichung" bilden, erneut auf den Prüfstand gestellt werden. Im nächsten Abschnitt wird diese Problematik anhand der *Ingmar*-Entscheidung des EuGH näher untersucht.

Schutzes, nämlich das Günstigkeitsprinizip, ist mit Art. 5 und 6 EVÜ vergleichbar, doch hat nach diesen japanischen Regelungen der Schwächere selbst den Schutz in Anspruch zu nehmen, während unter dem EVÜ der Richter von Amts wegen zu überprüfen hat, welches Recht für den Verbraucher oder Arbeitnehmer günstiger ist.

25 *Hôrei Kenkyû-kai*, Bessatsu NBL 80 (2003), S. 67.

26 Es gibt noch die Frage, ob eine Rechtsnorm zum Verbraucher- oder Arbeitnehmerschutz, die nicht in diesen neuen besonderen Vorschriften enthalten ist, absolut zwingend ist, *Koide,* Ichimon ittô atarashî kokusai-shihô [Neues IPR] (2006), S. 74, 84 f. Die Frage ist mit der Situation der so genannten *Gran Canaria-Fälle* vergleichbar (ausführlich dazu *Nishitani*, Hôgaku 63–5 (1999), S. 632ff.; *dies*., Ôshû ni okeru kokusai shouhisha keiyaku hô [Internationales Verbrauchervertragsrecht in Europa], NBL 744 (2002), S. 46ff.).

III. Die Anwendungsfragen absolut zwingender Rechtsnormen

1. Die „Ingmar"-Entscheidung des EuGH und die Handelsvertreterrichtlinie

Der *Ingmar*-Entscheidung des EuGH[27] lag der folgende Sachverhalt zugrunde: Im Jahre 1989 schlossen die Klägerin *Ingmar GB Ltd*, eine Gesellschaft mit Sitz im Vereinigten Königreich, und die beklagte *Eaton Leonhard Technologies Inc* mit Sitz in Kalifornien, USA, einen Vertrag ab, in welchem die Klägerin zur Handelsvertreterin der Beklagten bestellt wurde. Das Tätigkeitsfeld der Klägerin war auf das Territorium des Vereinigten Königreichs beschränkt. Der Vertrag enthielt eine Rechtswahlklausel zu Gunsten kalifornischen Rechts. Der Vertrag wurde von der Beklagten 1996 beendet und die Klägerin erhob daraufhin Klage vor dem *High Court of Justice (England and Wales), Queen's Bench Division*, auf Zahlung einer Entschädigung für die Beendigung ihres Vertragsverhältnisses.

In Bezug auf derartige Entschädigungen ist in der EU die Handelsvertreterrichtlinie[28] erlassen worden, die bereits von allen Mitgliedstaaten in nationales Recht umgesetzt wurde[29]. In Artt. 17 und 18 der Richtlinie sind die Bedingungen festgelegt, unter denen der Handelsvertreter Anspruch auf einen Ausgleich (Art. 17 Abs. 2 (a)) oder Ersatz des Schadens (Art. 17 Abs. 3) hat, der ihm durch die Beendigung des Vertragsverhältnisses durch das Unternehmen entstanden ist. Ferner können die Parteien nach Art. 19 der Handelsvertreterrichtlinie vor Ablauf des Vertrags keine Vereinbarungen treffen, die von Artikel 17 und 18 der Richtlinie zu Lasten des Handelsvertreters abweichen.

Die Klägerin berief sich auf die im Vereinigten Königreich zur Umsetzung der Handelsvertreterrichtlinie erlassenen *Commercial Agents Regulations 1993*. In seinem Urteil entschied jedoch der *High Court*, daß die Regulations auf den vorliegenden Fall nicht anzuwenden seien, da der Vertrag kalifornischem Recht unterliege.

Die Klägerin legte gegen diese Entscheidung bei dem *Court of Appeals (England and Wales) (Civil Division)* Berufung ein. Dieses Gericht hat das Verfahren ausgesetzt und dem EuGH zur Vorabentscheidung vorgelegt.

---

27 EuGH v. 9. 11. 2000 – Rs. C-381/98 *Ingmar GB Ltd. ./. Eaton Leonard Technologies Inc.*, Slg. 2000, 1-9325; ZIP 2000, 2108ff.; EWS 2000, 550ff.; NJW 2001, 2007ff.; IPRax 2001, 225ff.; Rev.crit.dr.Int.pr. 90 (2001), 107ff. Aus dem japanischen Schrifttum: *Kuwata*, Dairishô shirei no kokusai kyôkô hôkisei [Natur der internationalen zwingenden Rechtsnormen in der Handelsvertreterrichtlinie], Kokusai shôji hômu 32–11 (2004), S. 1530ff.; *Kim*, Yôroppa kokusai-shihô ni okeru shôjidairimin kêyaku no junkyohô ni tsuite [Maßgebendes Recht vom Handelsvertetervertrag im europäischen IPR], Chûô daigaku daigakuin kenkyû nenpô 35 (2006), S. 251 ff.

28 Richtlinie 86/653/EWG des Rates vom 18. 12. 1986 zur Koordinierung der Rechtsvorschriften der Mitgliedstaaten betreffend die selbstständigen Handelsvertreter, ABl. 1986 L 382/17. In japanischer Übersetzung abgedruckt in: *Shibata/Fujihira*, Kokusai shôji hômu 18–10 (1990), S. 1078ff.

29 Siehe dazu aus dem japanischen Schrifttum, welches das in Frankreich umgesetzte Recht der EG-Richtlinie vorgestellt hat: Dairishô-Dairishô ni kansuru 1991 nen 6 gatsu 25 nichi no hôritsu dai 91–593 gô [Gesetz über Handelsvertreter vom 25. 6. 1991 Nr. 91–593], Nichifutsu hôgaku 19 (1993–1994), S. 104ff.

Der EuGH entschied, daß Artt. 17 und 18 Handelsvertreterrichtlinie auf den vorliegenden Fall anzuwenden seien, solange der Handelsvertreter in einem der EG-Mitgliedstaaten tätig war, obwohl der beauftragende Unternehmer außerhalb der EU errichtet und registriert war, und der betreffende Vertrag dem Recht eines Nicht-EG-Mitgliedstaates unterlag. Die betreffende Regelung der Handelsvertreterrichtlinie habe zwingende Wirkung und bezwecke die Gewährleistung der Niederlassungsfreiheit des Handelsvertreters sowie einen einheitlichen und fairen Wettbewerb im Binnenmarkt. Daher sei diese Regelung anzuwenden, wenn der Sachverhalt einen engen Gemeinschaftsbezug aufweist[30].

2. Kritische Würdigung

Im Folgenden soll überprüft werden, ob man die Handelsvertreterrichtlinie als absolut zwingende Rechtsnorm auslegen kann, und ob die Zwecke der Handelsvertreterrichtlinie – Schutz des Handelsverteters sowie der faire Wettbewerb – die Eigenschaft der Artt. 17 und 18 als absolut zwingende Rechtsnormen begründen.

a) Auslegung der EG-Richtlinie

Zahlreiche EG-Richtlinien, insbesondere im Bereich des Verbraucherschutzes enthalten ausdrückliche kollisionsrechtliche Regelungen, die den räumlichen Anwendungsbereich und den Geltungsanspruch der jeweiligen Bestimmungen klarstellen. Zu diesen Regelungen gehören beispielsweise Art. 6 Abs. 2 der Klauselrichtlinie[31] oder Art.9 der Timesharing-Richtlinie[32]. So sind diese Richtlinien anzuwenden, wenn der Sachverhalt einen engen Gemeinschaftsbezug aufweist, obwohl ein Vertrag auf Grund einer Rechtswahl nicht dem Recht eines Mitgliedstaats der EU unterliegt[33].

Jedoch darf aus dem Fehlen derartiger ausdrücklicher Bestimmungen nicht darauf geschlossen werden, daß Bestimmungen in einer Richtlinie nur sachlich-rechtlichen Charakter haben und vollständig der Disposition der Parteien durch Wahl einer anderen Rechtsordnung unterliegen. Vielmehr ist jeweils im Einzelfall zu überprüfen, ob sich nicht durch Auslegung der Richtlinie nach deren Sinn und

---

30 Zu dem entgegengesetzten Ergebnis gelangte kurze Zeit später der französische Kassationshof in einem Urteil vom 28. 10. 2000 in einem ähnlichen Fall: Ein französischer Handelsvertreter könne sich gegenüber einem Vertragspartner mit Sitz in New York nicht auf die französische Schutzregelung des Handelsvertreters, wie sie nach Artt. 17–19 Handelsvertreterrichtlinie umgesetzt ist, berufen, wenn die Parteien das Recht von New York gewählt haben. Dieses Ergebnis steht im krassen Widerspruch zur *Ingmar*-Entscheidung. Cour de Cassation v. 28. 11. 2000, JCP 2001, 947ff.

31 Richtlinie 93/13/EWG des Rates vom 5. 4. 1993 über mißbäuchliche Klauseln in Verbraucherverträgen, ABl. 1993 L 95/29.

32 Richtlinie 94/47/EG des Rates vom 26. 10. 1994 zum Schutz der Erwerber im Hinblick auf bestimme Aspekte von Verträgen über den Erwerb von Teilzeitnutzungsrechten, ABl. 1994 L 280/83.

33 Vgl. *Nishitani*, NBL 744 (2002), S. 49.

Zweck oder durch die Eigenart bestimmter Regelungen weitergehende Schlussfolgerungen im Hinblick auf eine kollisionsrechtliche Wirkung der jeweiligen Regelungen ziehen lassen[34].

Da die EG-Richtlinien in den meisten Fällen von einer eigenen Regelung über ihren räumlichen Anwendungsbereich bzw. Geltungsanspruch absehen, muß regelmäßig durch Auslegung geklärt werden, ob eine Vorschrift unter Berücksichtigung des Zwecks der Richtlinie als absolut zwingend zu qualifizieren ist[35]. Eine Qualifikation allein aufgrund der Einordnung als sachlich-rechtliche Norm oder als Kollisionsnorm kann dafür nicht genügen.[36]

Auch die Handelsvertreterrichtlinie enthält keine ausdrückliche Vorschrift über ihren räumlichen Anwendungsbereich oder Geltungsanspruch; auch hier ist es daher notwendig, die Handelsvertreterrichtlinie nach ihrem Zweck auszulegen.

Im Abs. 3 der Erwägungsgründe zur Handelsvertreterrichtlinie heisst es: „der Warenverkehr zwischen den Mitgliedstaaten muß unter Bedingungen erfolgen, die denen eines Binnenmarktes entsprechen, weswegen die Rechtsordnungen der Mitgliedstaaten in dem zum guten Funktionieren des Gemeinsamen Marktes erforderlichen Umfang angeglichen werden müssen. Selbst vereinheitlichte Kollisionsnormen auf dem Gebiet der Handelsvertretung können die erwähnten Nachteile nicht beseitigen und lassen daher einen Verzicht auf die vorgeschlagene Harmonisierung nicht zu“[37]. Das verdeutlicht, daß die Handelsvertreterrichtlinie vor allem auf die Harmonisierung der materiellen Rechte gerichtet ist. Sie beinhaltet dagegen gerade keine Vorschrift, die ihren räumlichen Anwendungsbereich regelt[38]. Obwohl der EuGH sich nicht auf Abs. 3 der Erwägungsgründe der Handelsvertreterrichtlinie berufen hat, kann man nicht kategorisch sagen, daß sie absolut zwingende Wirkung beansprucht, wenn man den Zweck der Handelsvertreterrichtlinie beachtet.

Der Generalanwalt *Léger* vertrat in den Schlussanträgen zur *Ingmar*-Entscheidung die Meinung[39], daß Art. 19 der Handelsvertreterrichtlinie absolut zwingende Rechtsnorm im Sinne des Art. 7 Abs. 2 EVÜ sei, die den Parteien verbiete, von Artt. 17 und 18 der Handelsvertreterrichtlinie abzuweichen. Art. 19 der Handelsvertreterrichtlinie sei das Zeichen dafür, daß Art. 17 und 18 als absolut zwingende Rechtsnormen zu qualifizieren seien[40]. Dem ist zuzugeben, daß Art. 19 den Regelungen der Artt. 17 und 18 zwingenden Charakter zuschreibt. Damit ist aber noch nichts

---

34 *Staudinger*, Die ungeschriebenen kollisionsrechtlichen Regelungsgebote der Handelsvertreter-, Haustürwiderrufs- und Produkthaftungsrichtlinie, NJW 2001, 1975f.; *Verhagen*, The Tension between Party Autonomy and European Union Law: Some Observations on Ingmar GB Ltd V Eaton Leonard Technologies Inc., ICLQ 2002, 139.

35 Staudinger-*Magnus*, EGBGB (13. Aufl. 2002), Art. 34 Rn. 42; Münchener Kommentar-*Martiny* (Fn. 9), Art. 34 Rn. 33.

36 *Verhagen*, ICLQ 2002, 139.

37 Japanische Übersetzung: *Shibazaki/Fujihira*, Kokusai shôji hômu 18–10 (1990), S. 1078ff.

38 *Roth*, CMLRev. 2002, 380.

39 Dieser Auffassung hat sich der EuGH in seiner Entscheidung weitgehend angeschlossen, vgl. Rn. 22 der Entscheidungsgründe.

40 Rn. 86–88 der Schlussanträge des Generalanwalts *Philippe Léger* v. 11. 5. 2000.

über deren Charakter als absolut zwingende Norm ausgesagt. Bei Art. 19 handelt es sich zunächst lediglich um eine sachlich-rechtliche Norm, die aus sich selbst heraus keinen Charakter als absolut zwingende Norm aufweist. Sie muß also nicht unbedingt international bzw. absolut zwingend sein; sie könnte genausogut auch lediglich als national bzw. relativ zwingend einzuordnen sein, wenn man ihr denn überhaupt eine zwingende Bedeutung beimessen will.[41]

Ferner gibt die Entscheidung des BGH vom 30. 1. 1961 einen Anhaltspunkt gegen die vom Generalanwalt *Léger* vorgenommene Qualifikation als absolut zwingende Norm[42]. Der BGH hat in dieser Entscheidung dargelegt, daß der damalige § 89 b HGB nur national zwingenden Charakter[43] habe, so daß diese Vorschrift nicht anzuwenden sei, solange der betreffende Vertrag dem Recht eines anderen Staates unterliege. Es ist beachtenswert, daß der BGH diese Vorschrift, die sogar als Modell für Art. 17 der Handelsvertreterrichtlinie diente, nicht für absolut zwingend hielt[44].

b) Schutz des Handelsvertreters

Der EuGH hat die Regelung bezüglich des Ausgleichs- und Schadensersatzes zugunsten des Handelsvertreters mit der Begründung als absolut zwingende Rechtsnorm qualifiziert, daß nach Abs. 2 der Erwägungsgründe der Handelsvertreterrichtlinie der Schutz eines in EG-Mitgliedstaaten tätigen Handelsvertreters eine soziale Notwendigkeit sei[45]. Generalanwalt *Léger* legte auch dar, daß die Schutzregelungen zugunsten eines in EG-Mitgliedstaaten tätigen Handelsvertreters der Harmonisierung der nationalen Rechte im Binnenmarkt dienen, um die Niederlassungsfreiheit zu gewährleisten, einen unausgewogenen Wettbewerb zwischen Handelsvertretern im Binnenmarkt zu vermeiden und ihre gleiche Stellung zu fördern[46].

---

41 *Schurig*, „Ingmar" und die „international zwingende" Handelsvertreterrichtlinie oder: Die Urzeugung einer Kollisionsnorm, in: Mansel/Pfeiffer/Kronke/Kohler/Hausmann (Hrsg.), Festschrift für Jayme Band 1 (2004), S. 839; *Schwarz*, Das internationale Handelsvertreterrecht im Lichte von „Ingmar" – Droht das Ende der Parteiautonomie im Gemeinschaftsprivatrecht?, ZvglRWiss 101 (2002), 54f.

42 BGH, NJW 1961, 1061ff.

43 Zum Anspruch des Handelsvertreters auf einen Ausgleich nach materiellen Recht siehe z.B. *Yamada*, Doitsu shôhô ni okeru dairishô no hoshô seikyû-ken [Der Ausgleichsanspruch des Handelsvertreters im deutschen Handelsrecht], Seikei hôgaku 8 (1975), S. 35ff.; *Kashiwagi*, Furansu no dairishô [Handelsvertreter in Frankreich], Kokusai shoji hômu 5 (1977), S. 459ff.; *Fukutaki*, Doitsu shôhô ni okeru dairishô no hoshô seikyûken [Der Ausgleichsanspruch des Handelsvertreters im deutschen Handelsrecht], Hôgaku ronsyû 38–1 (1988), S. 307ff.; *Hattori*, Nishi doitsu ni okeru dairishô kêyaku [Handelsvertretervertrag im HGB], Hôsei ronjû 128 (1989), S. 183ff.; *Takada*, Tokuyakuten kêyaku oyobi furanchaizu kêyaku no tokuchô to sono kaishô ni tsuite(2) [Charakteristikum von Vertragshändler- und Franchisevertrag und Ihre Beendigung(2)], Hôgaku shinpô 105–10.11 (1999), S. 89ff.

44 Siehe dazu *Kindler*, Rechtswahlfestigkeit des Handelsvertreterausgleichs bei Tätigkeitsausübung in Mitgliedstaat, aber Sitz des Unternehmens in Drittstaat, BB 2001, 10ff.; *Staudinger*, NJW 2001, 1974, 1976; *Mankowski*, Der Ausgleichsanspruch des international tätigen Handelsvertreters, MDR 2002, 1352ff.; *Roth*, CML Rev. 2002, 375; *Bälz*, Der Ausschluss des Ausgleichsanspruchs in internationalen Handelsvertreterverträgen, NJW 2003, 1559ff.; *Schurig*, FS Jayme (2004), S. 842.

45 Rn. 21, 23, 24 der Entscheidungsgründe.

46 Rn. 65 der Schlussanträge.

Daher muß man überprüfen, ob die Wichtigkeit des Schutzes eines Handelsvertreters die Einordnung der oben genannten Vorschriften der Handelsvertreterrichtlinie als absolut zwingende Rechtsnormen rechtfertigt.

In dem vom EuGH zur Begründung herangezogenen Abs. 2 der Erwägungsgründe der Handelsvertreterrichtlinie[47], findet sich zunächst lediglich die Aussage, daß die Unterschiede zwischen den einzelstaatlichen Rechtsvorschriften den Abschluß und die Durchführung von Handelsvertreterverträgen für die Parteien erheblich behindern und dadurch einen negativen Einfluss auf die Berufsausübung der Handelsvertreter haben. Es findet sich dort aber keine Beschreibung, die zur Annahme von absolut zwingenden Rechtsnormen führen müsste. Die Beseitigung von Handelshemmnissen durch die Vereinheitlichung von Regelungen und der damit verbundenen Beseitigung der Unterschiede einzelstaatlicher Rechtsvorschriften ist das Ziel jeder EG-Richtlinie[48]. Damit ist aber noch nichts darüber gesagt, daß derartige Regelungen stets anzuwenden seien, d.h. auch dann, wenn das Recht eines Drittstaates auf das betreffende Rechtsverhältnis anwendbar ist. Somit lässt sich auch aus Abs. 2 der Erwägungsgründe der Handelsvertreterrichtlinie keine zwingende Wirkung der in Frage stehenden Regelungen entnehmen.

Daneben lassen sich weder aus den Begründungen des EuGH oder des Generalanwalts *Léger* Anhaltspunkte dafür ableiten, warum Artt. 17 und 18 auf alle Handelsvertreter, die in EG-Mitgliedstaaten tätig sind, unabhängig vom Vertragsstatut anzuwenden sein sollten[49]. Zu kritisieren ist, daß der EuGH sein Augenmerk allein auf das Interesse der in den EG-Mitgliedstaaten tätigen Handelsvertreter gerichtet hat, obwohl der betreffende Vertrag dem Recht eines Nicht-EG-Mitgliedstaates unterlag. Dabei ist es im internationalen Rechtsverkehr üblich, daß die eine Vertragspartei einseitig das für sie günstige Recht als Vertragsstatut auswählt[50]. So hat z.B. ein multinationaler Unternehmer, der zahlreiche Verträge in verschiedenen Ländern abschließt, ein großes Interesse daran, die gesamten Verträge einheitlich dem Recht eines bestimmten Staates zu unterwerfen. Trotzdem hat der EuGH ein solches Interesse des Unternehmers nicht berücksichtigt, während er das Interesse des Handelsvertreters einseitig zu schützen versucht[51]. Allein der Hinweis auf einen nicht näher definierten „Schutz des Handelsvertreters" darf m.E. jedoch nicht ausreichen, die Handelsvertreterrichtlinie als absolut zwingende Rechtsnorm zu qualifizieren[52].

---

47 Abs. 2 Erwägungsgründe der Handelsvertreterrichtlinie: „Die Unterschiede zwischen den einzelstaatlichen Rechtsvorschriften auf dem Gebiet der Handelsvertretungen beeinflussen die Wettbewerbsbedingungen und die Berufsausübung innerhalb der Gemeinschaft spürbar und beeinträchtigen den Umfang des Schutzes der Handelsvertreter in ihren Beziehungen zu ihren Unternehmen sowie die Sicherheit im Handelsverkehr. Diese Unterschiede erschweren im übrigen auch erheblich den Abschluß und die Durchführung von Handelsvertreterverträgen zwischen einem Unternehmer und einem Handelsvertreter, die in verschiedenen Mitgliedstaaten niedergelassen sind."

48 Vgl. Art. 94 (ex 100) EG.

49 *Freitag/Leible*, Internationaler Anwendungsbereich der Handelsvertreterrichtlinie – Europäisches Handelsvertreterrecht weltweit?, RIW 2001, 29ff.; *Verhagen*, ICLQ 2002, 146.

50 *Verhagen*, ICLQ 2002, 149 f.

51 *Freitag*, EWiR 2000, 1062.

52 *Schwarz*, ZvglRWiss 101 (2002), 56.

Allenfalls ließe sich noch in Erwägung ziehen, den Handelsvertreter als strukturell schwächere Partei anzusehen, dem wie Verbrauchern und Arbeitnehmern im geltenden Kollisionsrecht Europas ein besonderer Schutz eingeräumt werden müsste.

Wie Artt. 5 und 6 EVÜ zeigen, gelten Verbraucher und Arbeitnehmer als strukturell oder wirtschaftlich „schwächere Partei"; ihre Interessen werden daher durch verschiedene Regelungen besonders geschützt[53]. Im Gegensatz dazu zielt die Handelsvertreterrichtlinie lediglich darauf ab, die Rechtsunterschiede zwischen den EG-Mitgliedstaaten abzubauen sowie die Sicherheit des Handels zu gewährleisten[54]. Zwar ist Gegenstand der Richtlinie mittelbar auch der Schutz der Handelsvertreter. Dieser Schutz beruht aber auf einer Verbesserung der Bedingungen der Berufsausübung sowie des Wettbewerbs, nicht aber auf der Stellung des Handelsvertreters als „strukturell schwächere Partei". Vielmehr sind Handelsvertreter selbst Gewerbetreibende und stehen in keinerlei Abhängigkeitsverhältnis zum Unternehmer. Eine Einordnung der Handelsvertreter in dieselbe Kategorie wie Verbraucher und Arbeitnehmer als „strukturell schwächere Partei" verbietet sich daher[55].

Schließlich ist anzumerken, daß der EuGH keinerlei Argumente vorgebracht hat, warum die Handelsvertreter auf kollisionsrechtlicher Ebene besonderen Schutz verdienen. Dies wäre aber erforderlich gewesen, wenn er die Handelsvertreter genauso wie Verbraucher und Arbeitnehmer, bei denen der Schutz auf kollisionsrechtlicher Ebene erfolgt, hätte behandeln wollen[56].

Es lässt sich daher festhalten, daß die Handelsvertreter – im Gegensatz zu Verbrauchern oder Arbeitnehmern – keine wirtschaftlich schwächeren Vertragspartner sind. Die Interessen der Handelsvertreter fallen nicht derart schwerwiegend ins Gewicht, als daß ein Verzicht auf kollisionsrechtlichen Schutz die Grundordnung Europas berühren würde.[57]

---

53 Zum Verbrauchervertrag ausführlich *Deguchi*, Kokusai-shihô jô ni okeru shôhisha keiyaku (1)(2) [Verbrauchervertrag im IPR(1)(2)], Minshôhô zasshi 92–4 (1985), S. 476ff., –5 (1985), S. 595ff.; *Nishitani*, Hôgaku 63–5 (1999), S. 1ff.; dies, NBL 744 (2002), S. 43ff.; *Deguchi*, Yôroppa kokusai shôhisha keiyaku-hô no konmei [Verwirrung über das Europäische Internationale Verbrauchervertragsrecht], Kokusai-shihô nenpô 6 (2004), S. 116ff.

54 Japanische Übersetzung: *Shibazaki/Fujihira*, Kokusai shôji hômu 18–10 (1990), S. 1078ff.

55 Soergel-*von Hoffmann*, EGBGB (12. Aufl. 1996), Art. 34 Rn. 65; *Freitag*, EuGH EWiR 2000, 1062; *Freitag/Leible*, RIW 2001, 291; Roth, CML Rev. 2002, 379; *Verhagen*, ICLQ 2002, 144 f.; *Schawarz*, ZvglRWiss 101 (2002), 56ff.

56 *Roth*, CML Rev. 2002, 379.

57 Zur Kollisionsproblematik ist abschließend noch anzumerken, daß eigentlich das Kollisionsrecht des Forumstaates bestimmt, ob eine Rechtsnorm als absolut zwingend anzusehen ist (Münchener Kommentar-*Martiny* (Fn. 9), Art. 34 Rn. 10). Jedoch hat hier der EuGH den Vorrang der Handelsvertreterrichtlinie nicht auf Artt. 5, 6 oder 7 EVÜ, sondern auf den Vorrang des Gemeinschaftsrechts nach Art. 20 EVÜ gestützt (Münchener Kommentar-*Martiny* (Fn. 9), Art. 34 Rn. 32). Den Mitgliedstaaten, welche das EVÜ umgesetzt haben, ist daher von verschiedenen Seiten empfohlen worden, im Hinblick auf das zwingende Recht noch einmal die entsprechenden EG-Richtlinien zu überprüfen (*Nemeth/Rudisch*, EuGH 9. 11. 2000 Rs C-381/98 „Ingmar" – wichtige Klä-

c) *Fairer Wettbewerb*

Nach Auffassung des EuGH und des Generalanwalts *Léger* soll auch einer der Hauptzwecke der Handelsvertreterrichtlinie, nämlich der „faire Wettbewerb" eine Einordnung der Artt. 17 und 18 der Handelsvertreterrichtlinie als absolut zwingende Rechtsnormen begründen[58]. Wären die Unternehmer der Gemeinschaft im Gegensatz zu den Unternehmern aus Drittstaaten verpflichtet, ihren in der Gemeinschaft tätigen Handelsvertretern nach Beendigung des Vertragsverhältnisses einen Ausgleich zu leisten wären die Unternehmer in der Europäischen Gemeinschaft benachteiligt[59]. Daher erscheint die Einhaltung der Artt. 17 und 18 der Handelsvertreterrichtlinie innerhalb der Gemeinschaft für die Verwirklichung des fairen Wettbewerbs zwischen den Unternehmern der Gemeinschaft und Unternehmern aus Drittstaaten notwendig.

Hier bleibt noch die Frage, ob der faire Wettbewerb auch so wichtig ist, daß er darüberhinaus die Eigenschaft der Artt. 17 und 18 der Handelsvertreterrichtlinie als absolut zwingende Rechtsnormen begründen kann und alle Handelsvertreter, die in einem der EG-Mitgliedstaaten tätig sind, einen Anspruch auf einen Ausgleich oder Ersatz des Schadens haben.

Hierbei ist zu berücksichtigen, daß – eine absolut zwingende Wirkung der Art. 17 und 18 der Richtlinie vorausgesetzt – die Handelsvertreter weltweit gezwungen wären, ihre Vertragsbedingungen den europäischen Standards anzupassen, um überhaupt einen Zugang zum Europäischen Markt zu erhalten. Eine solche Beschränkung widerspricht aber gerade dem Gedanken des fairen Wettbewerbs[60]. Darüberhinaus lassen sich zahlreiche Beispiele dafür finden, daß EG-Richtlinien einen fairen Wettbewerb bezwecken; es wäre nicht auszudenken, welche Konseqeunzen es hätte, wenn man alle diese EG-Richtlinien als absolut zwingende Rechtsnormen ansehen müsste[61]. Allein der faire Wettbewerb kann daher die Eigenschaft der Artt. 17 und 18 der Handelsvertreterrichtlinie als absolut zwingende Rechtsnorm nicht begründen[62].

---

rungen im europäischen IPR, ZfRV 2001, 181ff.; *Martiny*, Internationales Vertragsrecht im Schatten des Europäischen Gemeinschaftsrechts, ZEuP 2001, 330ff.; *Michaels/Kamann*, Grundlagen eines allgemeinen gemeinschaftlichen Richtlinienkollisionsrechts – „Amerikanisierung" des Gemeinschafts-IPR?, EWS 2001, 301f.; *Jayme*, Zum internationalen Geltungswillen der europäischen Regeln über den Handelsvertreterausgleich, IPRax 2001, 191).

58 Rn. 23, 24 der Entscheidungsgründe; Rn. 31–33 der Schlussanträge.

59 *Freitag/Leible*, RIW 2001, 292; *Schawarz*, ZvglRWiss 101 (2002), 60.

60 Plastisch kritisieren *Freitag/Leible*, RIW 2001, 292, und *Roth*, CML Rev. 2002, 379, die Bevorzugung der Interessen des Binnenmarktes als die Schaffung einer „Festung Europa" bzw. „fortress Europe".

61 *Freitag/Leible*, RIW 2001, 292f.

62 *Michaels/Kamann*, EWS 2001, 305; *Schawarz*, ZvglRWiss 101 (2002), 65.

3. Zwischenergebnis

Die Problematik der absolut zwingenden Rechtsnormen hat mit der *Ingmar*-Entscheidung des EuGH einen neuen Höhepunkt in der Diskussion[63] erreicht. Die Einordnung der EG-Richtlinie zum Handelsvertretervertrag als absolut zwingende Rechtsnorm durch den EuGH wirft zahlreiche Probleme auf, deren Bedeutung – insbesondere außerhalb des Europäischen Binnenmarktes – noch gar nicht abzusehen ist.

Selbstverständlich bewirkt die Einordnung der Handelsvertreterrichtlinie als absolut zwingende Rechtsnorm mit der dadurch verbindlichen Ausgleichs- und Entschädigungspflicht zugunsten des Handelsvertreters einen Schutz desselben. Und entsprechend führt die einheitliche, zwingende Anwendung der Richtlinie auch bei Fällen mit den so genannten Drittstaaten auch eine Harmonisierung des Rechts innerhalb des Binnenmarktes. Auf dieser Grundlage ließe sich die EuGH-Entscheidung sogar als folgerichtig ansehen.

Diese Sichtweise gibt aber nur ein unvollständiges Bild wieder. Zum einen fehlt es bei den beteiligten Handelsvertretern, die ihrerseits im internationalen Handel regelmäßig selbst als Handelsgesellschaften auftreten, an der Schutzbedürftigkeit. Insbesondere der Vergleich zu den tatsächlich aufgrund ihrer strukturellen Unterlegenheit schutzbedürftigen Verbrauchern und Arbeitnehmern zeigt, daß hier der Schutzgedanke keine überragende Rolle spielen kann. Nur ein wirklich berechtigtes Schutzinteresse vermag aber die Einordnung einer Norm als absolut zwingende Rechtsnorm zu rechtfertigen.

Die Einordnung der Handelsvertreterrichtlinie als absolut zwingende Rechtsnorm durch den EuGH geht daher zu weit. Sie führt zu einer einseitigen Bevorzugung des EU-Rechts auch wenn das Vertragsverhältnis dem Recht eines Drittstaates unterliegt, auf das das IPR des Forumstaates verweist. Damit werden zugleich die Interessen der Handelspartner aus Drittstaaten, wie z.B. Japan, die mit den in der EU ansässigen Unternehmen ins Vertragsverhältnis eintreten, beeinträchtigt.

---

63 Die Zahl der Veröffentlichungen zu dieser Entscheidung ist unüberschaubar. Aus der Vielzahl der Anmerkungen seien außer den bereits genannten noch folgende besonders erwähnt: Münchner Kommentar-*Sonnenberger*, Einl. IPR, Rn. 62, 69; *Idot*, Rev. crit. dr. pr. 2001, 112 pp. et suiv.; *Sonnenberger*, Eingriffsrecht – Das trojanische Pferd im IPR oder notwendige Ergänzung?, IPRax 2003, 112; *Kühne*, Die Entsavignysierung des Internationalen Privatrechts insbesondere durch sog. Eingriffsnormen, in: Lorenz/Trunk/Eidenmüller/Wendehorst/Adolff (Hrsg.), Festschrift für Heldrich (2005), S. 821f.; *Martiny*, Neue Impulse im Europäischen Internationalen Vertragsrecht, ZEuP (2006) 87f.

IV. Fazit

Die Anwendung zwingender Rechtsnormen ist in gewissem Umfang unerlässlich; sie ist jedoch von der üblichen Methode des internationalen Privatrechts weit entfernt, da diese Normen kraft ihres Anwendungswillens das maßgebende Recht überragen. Sie verdrängen nicht nur das eigentlich maßgebende Recht, sondern greifen auch in die Bereiche, in denen eine materiell-rechtliche Rechtsangleichung erreicht worden ist, ein, um staatlichen Interessen gerecht zu werden. Absolut zwingende Rechtsnormen brechen somit mit dem Ausgangspunkt der Gleichheit in- und ausländischer Rechte im internationalen Privatrecht und setzen die internationale Entscheidungsharmonie sowie die Rechtsangleichung aufs Spiel. In dieser Hinsicht widerspricht die Anwendung zwingender Normen der Rechtsangleichung. Die Einordnung von Rechtsnormen als absolut zwingende Rechtsnormen muß daher auf ein Minimum beschränkt bleiben. Diesen Grundsatz hat der EuGH bei seiner *Ingmar*-Entscheidung nicht hinreichend berücksichtigt.

Die Einordnung der Handelsvertreterrichtlinie als absolut zwingende Norm erscheint daher zweifelhaft. Zwar ist auf der einen Seite zuzugeben, daß diese Richtlinie einen einheitlichen Rechtsstandard im Binnenmarkt schafft und damit zur Rechtsangleichung beiträgt. Wenn man sich aber das Verhältnis zu Drittstaaten wie Japan vor Augen führt, werden die nachteiligen Konsequenzen der Entscheidung sichtbar: die – unvorhersehbare – Qualifikation von EU-Richtlinien als absolut zwingende Rechtsnormen kann nämlich dazu führen, daß die Rechtsangleichung mit Drittstaaten verhindert wird.

Zur Vermeidung derartiger überraschender Entscheidungen und zur Schaffung von mehr Rechtssicherheit gilt es daher, verlässliche Maßstäbe für die Einordnung von Normen als absolut zwingende Rechtsnormen zu schaffen.

Auch wenn der Schutz individueller Interessen zum Auftrag des Staates gehört, so ist doch zu berücksichtigen, daß ein individueller Schutz in erster Linie zum individuellen und grundsätzlich nicht zum öffentlichen Interesse zu zählen ist. Ist aus Sicht des Staates ein Individualinteresse besonders zu schützen, so kann dies jedoch allenfalls durch eine relativ zwingende Rechtsnorm verwirklicht werden. Die *absolut* zwingende Rechtsnorm muß dagegen solchen Fällen vorbehalten bleiben, in denen nicht nur ein materiellrechtliches, sondern auch ein kollisionsrechtliches Schutzinteresse im Hinblick auf überindividuelle, politische, soziale oder wirtschaftliche Grundlagen der Rechtordnung eines Staates vorhanden ist. Daher ist es wichtig, eine Einordnung vorzunehmen, welche Normen dem Schutzinteresse Privater dienen und welche der Verwirklichung übergeordneter Interessen eines Staates[64].

Die Definition der Europäischen Kommission, nach der zwingende Rechtsnormen solche wichtigen Normen sind, die „die politische, soziale und wirtschaftliche

---

64 Vgl. *Mankowski*, Der Vorschlag für die Rom I-Verordnung, IPRax 2006, 110.

Ordnung eines Staates ausmachen und zum Schutz staatlicher Interessen erlassen werden"[65] bildet diesbezüglich einen begrüßenswerten Ausgangspunkt, sofern man den Begriff „ausmachen" hinreichend präzisiert und eng auslegt. Diese Definition könnte auch aus japanischer Sicht eine Grundlage für die Diskussion über den Begriff der absolut zwingenden Rechtsnorm bieten[66].

In der EU verdichtet sich die allmähliche „Europäisierung" des Privatrechts zunehmend zu einem regionalen Einheitsrecht.[67] Auf dem Weg dorthin bilden sich durch das Nebeneinander von nationalen Rechten und EU-Recht aber besondere Schwierigkeiten für die Rechtsvergleichung. Dies gilt insbesondere vor dem Hintergrund der *Ingmar*-Entscheidung, die es zukünftig in noch größerem Maße als bisher notwendig macht, nicht nur die nationalen Rechte, sondern auch bereits die EU-Richtlinien in ihrer Wirkung zu berücksichtigen, bevor sie in nationales Recht umgesetzt sind.

---

65 In der EU wurde im Jahr 2003 ein Grünbuch (Grünbuch über die Umwandlung des Übereinkommens von Rom aus dem Jahr 1980 über das auf vertragliche Schuldverhältnisse anzuwendende Recht in ein Gemeinschaftsinstrument sowie über seine Aktualisierung (von der Kommission vorgelegt), Brüssel, 14. 1. 2003, KOM(2002) 654 endgültig) veröffentlicht, dessen Inhalte eifrig diskutiert wurden. Das Ergebnis dieser Diskussionen mündete im Jahr 2005 in einem Vorschlag der Kommission (Vorschlag für eine Verordnung des Europäischen Parlaments und des Rates über das auf vertragliche Schuldverhältnis anzuwendende Recht (Rom I) (von der Kommission vorgelegt), Brüssel, den 15. 12. 2005, KOM(2005) 650 endgültig). Art. 8 Abs. 1 des Vorschlags der Kommission enthält eine Definition der absolut zwingenden Rechtsnorm: „Eine Eingriffsnorm ist eine zwingende Vorschrift, deren Einhaltung als so entscheidend für die Wahrung der politischen, sozialen oder wirtschaftlichen Organisation eines Staates angesehen wird, daß ihre Anwendung auf alle Sachverhalte, die in ihren Anwendungsbereich fallen, vorgeschrieben ist, ungeachtet des nach Maßgabe dieser Verordnung auf den Vertrag anzuwendenden Rechts."

66 In Bezug auf den japanischen Handelsvertreterschutz des materiellen Rechts billigt das japanische Gesellschaftsrechtsgesetz „Kaisha-hô" dem Handelsvertreter keinen Anspruch auf einen Ausgleich oder Ersatz des Schadens aufgrund der Beendigung des Vertragsverhältnisses zu. Das Gesetz bestimmt nur eine zweimonatige Kündigungsfrist in Art. 19 Abs. 1, die allerdings freiwillig ist (Distriktsgericht Yokohama v. 28. 5. 1975: Hanrei taimuzu 327, S. 313ff.). Diese Regelung ist jedoch nicht frei von Kritik, vgl. z.B. *Egashira*, Shô-torihiki-hô [Handelsrecht] (4. Aufl. 2005), S. 248ff.; *Hattori*, Hôsei ronjû 128 (1989), S. 185ff. Daher kann der Anspruch des Handelsvertreters auf einen Ausgleich oder Ersatz des Schadens in Japan nicht als absolut zwingende Rechtsnorm qualifiziert werden.

67 Vgl. z.B. *Basedow*, Grundlagen des europäischen Privatrechts, JuS 2004, 89ff.

§16　国際私法における絶対的強行法規と「法の同化」の限界

新川量子

目次

I.　序

「法の同化（Rechtsangleichung）」といった場合、通常は、各国の実質法の同化を指すものと考えられよう。そこで、各法域の実質法が完全に同化された場合[1]、全ての法域の私法の内容が一致することになり、渉外的要素を含む国際的な私法関係について、いずれの国の法を適用しても同じ結果が得られるだろう。しかしながら、世界には、様々な慣習・伝統・宗教等を基礎とした法域が並存しており、その内容は様々に異なっている。私法に関していえば、取引法や海商法などの分野においては一定の法統一が進められているものの[2]、それも部分的にすぎず、民族や伝統に根ざす家族法の分野は、統一が特に困難であろうとされている[3]。

1　国際的私法関係に関する法のみを統一する万民法型統一法と、国際的私法関係のみならず国内的私法関係に関する法も統一する世界法型統一法の二種類がある。詳細につき、櫻田嘉章「国際私法から見た統一法」日本国際経済法学会年報 14 号(2005) 178 頁以下参照。

2　万民法型統一法としては、船舶の衝突に関する条約(1910)、海難救助に関する条約(1910)、船荷証券に関するある規則の統一のための国際条約(ヘーグ・ルール、1924)、国際航空運送についてのある規則の統一に関する条約(ワルソー条約、1929)、動産の国際的売買契約に関するウィーン条約(1980)など。世界法型統一法としては、工業所有権の保護に関するパリ条約(1883)、文化的及び美術的著作物の保護に関するベルヌ条約(1886)、為替手形及び約束手形に関し統一法を制定する条約(1930)、小切手に関し統一法を制定する条約(1931)など。それぞれの統一法の詳細につき、高桑昭『国際取引における私法の統一と国際私法』(2005) 2 頁以下、高桑昭「統一私法とその適用」日本国際経済法学会年報 14 号(2005) 151 頁以下等参照。

3 田中耕太郎『世界法の理論(三)』(1934) 446 頁以下、池原季雄『国際私法(総論)』(1973) 6 頁、山田鐐一『国際私法[第 3 版]』(2004) 6 頁、溜池良夫『国際私法講義[第 3 版]』(2005) 9 頁。

そこで、各法域の私法の内容が異なることを前提に、私人間の渉外的法律関係において発生する法抵触を解決するのが国際私法である。国際私法は、なんらかの渉外的要素を含む国際的な私法関係に、いずれの国の法を準拠法として適用すべきかを決定する法であると定義され、当該関係が最も密接な関係を有する地の法を準拠法として選び出すという手法を採っている[4]。この国際私法の手法は、国境を越えて活動を行う当事者の利益を守り、国際的私法交通の円滑と安全を図るうえで、重要な役割を果たしているといえよう[5]。

国際私法に従い、渉外的法律関係に規律すべき準拠法を選ぶという手法をとることによって、当該法律関係がどこで問題となっても、同一の法が準拠法として適用されうる。それによって、国際的判決調和が達成され、広い意味での「法の同化」が実現される。換言すれば、各国の国内法の「同化」が不完全である領域についても、国際私法は、各国法の内容の不調和を補っていること[6]、さらには、国際的判決調和を実現することによって、一種の「法の同化」を実現しているといえよう。

とりわけ契約準拠法の決定については、各国の国際私法において、「当事者自治の原則」が認められており、契約当事者自身が準拠法を選択することができる[7]。それによって、契約当事者が準拠法を指定しさえすれば、後にいずれの国で当事者間に紛争が生じようとも、通常は同じ準拠法が適用されることが期待できるであろう。このように、国際私法の手法を採ることによって、広い意味での「法の同化」に近づくことができるといえる。

もっとも、このような当事者自治の原則は、無制限に認められるものではない。むしろ、消費者・労働者などの経済的弱者が問題となる場合、あるいは当該契約関係が輸出入管理や為替管理のような国家の基本的経済政策にかかわる場合には、その渉外的法律関係を規律する準拠法にかかわらず、常に一方的に適用されるべき強行法規の適用は、確保されなければならないと解されている。わが国では、このような法規は「絶対的強行法規」[8]、ドイツでは「国際的強行法規」あるいは「介入規範」と呼ばれている[9]。「法の同化」は、この絶対的強行法規に関するか

---

4 国際私法の意義について、山田(前掲注 3) 1 頁以下、溜池(前掲注 3) 3 頁以下、櫻田嘉章『国際私法[第 4 版]』(2005) 14 頁以下等参照。

5 国際私法と統一法の適用関係につき、多喜寛「国際私法と統一法条約の関係について」日本国際経済法学会年報 14 号(2005) 187 頁以下等参照。

6 櫻田(前掲注 4) 163 頁。

7 「当事者自治の原則」は、例えば、欧州では 1980 年の「契約債務の準拠法に関する条約」(以下「ローマ条約」とする) 3 条において(ローマ条約の邦語訳に関しては、野村=藤川=森山共訳「契約債務の準拠法に関する条約についての報告書(九)」阪大法学 48 巻 2 号(1998) 567 頁以下参照)、アメリカでは抵触法第 2 リステイトメント 187 条において、スイスでは国際私法 116 条において、韓国では国際私法 25 条において認められている。

8 西谷祐子「ドイツ国際消費者法上の諸問題――強行法規の特別連結に関する一考察――」法学 63 巻 5 号(1999) 618 頁以下及び 641 頁、佐藤やよひ「強行法規の特別連結論」渡辺=野村編『論点解説 国際取引法』(2002) 11 頁以下、法例研究会「法例の見直しに関する諸問題(1)」別冊NBL80 号(2003) 66 頁以下、佐藤やよひ「強行法規の特別連結」国際法学会編『国際法関係法辞典[第 2 版]』(2005) 181 頁以下参照。

9 *Kropholler*, Internationales Privatrecht (4. Aufl. 2004), S. 19; Münchener Kommentar-*Martiny*, EGBGB (4. Aufl. 2006), § 34 Rn. 10.

ぎり、制限されざるをえないという関係にある。問題は、「法の同化」を妨げる要因となる絶対的強行法規の適用をどのような範囲で認めるかという点にある。

本稿においては、「法の同化」の限界を示す絶対的強行法規の適用問題について、検討することとしたい。

本稿における検討にあたって、欧州司法裁判所のイングマー事件判決を素材とする。本件は、EC指令上の代理商による補償請求権及び損害賠償請求権に関する規定が絶対的強行法規に当たるか否かが問題となったものである[10]。EC指令そのものを絶対的強行法規として性質決定した点で注目されており、欧州では多くの論議を呼んでいる。他方、わが国においては、いかなる法規を絶対的強行法規と性質決定するかについて、欧州の考え方が参考にされ、学説上議論はあるものの、いまだにその規準は曖昧である。また、絶対的強行法規の適用問題が実際に問題となった裁判例もまだ限られている。そこで、欧州における、従来とは異なる性質をもつ絶対的強行法規の適用をめぐる議論を検討することによって、日本法への示唆を得ようとすることは、比較法的な観点から意味があるように思われる。また、わが国と欧州の間で、取引が盛んになり、それに起因する紛争が増加していることに鑑みると、欧州からみた第三国であるわが国においても、EC指令が絶対的強行法規であるか否かを検討する価値は、高いということができるであろう。

そこで、以下では、わが国における絶対的強行法規の考え方を示し、法例改正をめぐる議論について紹介する（**II**）。そのうえで、イングマー事件の概要について述べ、判決に対する批判的考察をおこなう（**III**）。最後に私見を示して（**IV**）、本稿を終えることとしたい。

II. わが国の絶対的強行法規の考え方

1. 従来の考え方

わが国では、上記のとおり、渉外的要素を含む国際契約に関しては、「当事者自治の原則」が認められており、当事者の意思に従って準拠法が決定される（法例7条1項、改正法「法の適用に関する通則法」7条（本法のドイツ語訳：***Sakurada/Nishitani/Schwittek,*** Allgemein regelndes Gesetz betreffend die Anwendung von Gesetzen (Rechtsanwendungsgesetz) [Hô no tekiyô ni kansuru tsûsoku-hô, Gesetz Nr. 78 vom 21. Juni 2006], in: ZJapanR/J. Jap. L. 22 (2006) (im Druck)））。しかし、無制限に当事者自治を認めたのでは、国家の利益にかかわる重大事項の規律が潜脱される可能性がある。

そこで、絶対的強行法規の特別連結が問題となるのであるが、この絶対的強行法規とは、たとえ外国法が準拠法となる場合であっても、それを凌駕する形で適用されるべき強行法規の適用を——その法規固有の効力に基づいて——確保するという考え方である[11]。よって絶対的強行法規は、抵触規則によって契約準拠法として指定されなければ適用対象とはならない「相対的強行法規」[12]とは区別される。

---

10 この事案については後掲 **III.** 参照。
11 法例研究会(前掲注 8) 65 頁。
12 法例研究会(前掲注 8) 67 頁。

絶対的強行法規の考え方によれば、たとえば、労働契約の準拠法がアメリカの NY 州法であったとしても、労務給付がわが国で行われる場合には、わが国の労働基準法・労働組合法などの労働者保護法規が絶対的強行法規として適用される、と説明される。この理論は、1941 年にドイツのヴェングラーによって理論的に精緻化されており[13]、わが国では 1951 年に桑田教授によってヴェングラー理論が紹介[14]されて以来、現行法の解釈論上、この考え方を導入すべきか否かが論じられてきた[15]。現在の学説においては、法廷地の絶対的強行法規を、準拠法が外国法である場合にも適用すべきことについて争いはないが[16]、第三国の絶対的強行法規の適用を認めるか否かについては争いがあり、見解が分かれている[17]。

わが国において、学説上、絶対的強行法規の例として挙げられるのは、独占禁止法・外国為替管理法・労働基準法・労働組合法・最低賃金法・労災保険法・利息制限法・借地借家法・消費者保護関連法規等の規定である[18]。

また裁判例としては、ある法規が絶対的強行法規であることを正面から認めたものはないが、東京地裁昭和 40 年 4 月 26 日判決（いわゆるインターナショナル・エア・サービス事件）[19]は、法廷地であるわが国の労働保護法規の属地的適用

---

13 *Wengler*, Die Anknüpfung des zwigenden Schuldrechts im internationalen Privatrecht, ZvglRW 54, 1941, S. 168 ff.

14 桑田三郎「國際私法における強行的債務法の連結問題」法學新報 59 巻 11 号(1952) 1024 頁以下。

15 澤木敬郎「国際契約の準拠法と強行法規の適用」ジュリ 500 号(1972) 582 頁以下、横山潤「外国公法の適用と“考慮”」国際法外交雑誌 82 巻 6 号(1983) 681 頁以下、同「国際契約と官庁の許可」『現代契約法体系[第 8 巻]』(1983) 145 頁以下、山本敬三「国際契約と強行法規」『現代契約法体系[第 8 巻]』(1983) 112 頁以下、佐野寛「国際取引の公法的規制と国際私法」松井=木棚=加藤編『国際取引と法』(1988) 167 頁以下、井之上宜信「国際私法における特別連結論について」高岡法学 1 巻 1 号(1990) 67 頁以下、同「国際私法における内国介入規範の適用について」高岡法学 2 巻 1 号(1991) 193 頁以下、横山潤「外国の輸出管理と国際私法」国際法外交雑誌 91 巻 5 号(1992) 551 頁以下、佐藤やよひ「渉外的債権契約における当事者自治の原則と強行法規の特別連結論」『契約責任の現代的諸相[上巻]』(1996) 361 頁以下、同「ヴェングラーの『強行法規の特別連結論』について」甲南法学 37 巻 4 号(1997) 489 頁以下、同「ヴェングラーの『強行法規の特別連結論』の理論構造」国際法外交雑誌 97 巻 3 号(1998) 301 頁以下、中野俊一郎「法例 7 条をめぐる解釈論の現状と立法論的課題」ジュリ 1143 号(1998) 36 頁以下、野村美明「国際的社債関係と強行法規の適用理論」国際法外交雑誌 102 号 3 号(2003) 401 頁以下、早川吉尚「準拠法の選択と『公法』の適用」国際私法年報 5 号(2003) 206 頁以下、横溝大・国際私法判例百選・別ジュリ 172 号(2004) 30 頁以下、竹下啓介「Zitelmann 国際私法理論の『実証性』(2)」法学協会雑誌 122 巻 11 号(2005) 1720 頁以下等参照。

16 結論的には必ずしも大きく異なるわけではないが、絶対的強行法規の理論的根拠については、1) 特別連結論、2) 公法の属地的適用、3) 公序論等の諸説がある。中野(前掲注 15) 40 頁、法例研究会(前掲注 8) 67 頁、陳一・国際私法判例百選・別ジュリ 172 号(2004) 28 頁以下、木棚=松岡=渡辺『国際私法概論[第 4 版]』(2005) 124 頁以下参照。

17 1) 当該法規が妥当意思をもつこと、2) 事案と密接関連性があること、3) 内国公序に反しないことを要件に、絶対的強行法規の「適用」を認める立場（法例研究会(前掲注 8) 68 頁、木棚=松岡=渡辺(前掲注 15) 126 頁以下等参照）と、欧州の判例が示すように、契約準拠法の一般条項の枠内で「考慮」する立場（横山・考慮(前掲注 15) 41 頁以下、佐野(前掲注 15) 167 頁等参照）がある。その他に、西谷(前掲注 8) 629 頁及び法例研究会(前掲注 8) 69 頁においては、ドイツ・スイスの有力説が紹介されている。それによれば、法廷地、準拠法所属国、第三国の各絶対的強行法規は、一律にその固有の法理にしたがって「適用」されると解される。

18 法例研究会(前掲注 8) 69 頁。また、石黒一憲『国際私法の危機』(2004) 46 頁以下も参照のこと。

19 東京地決昭和 40 年 4 月 26 日：労判集 16 巻 2 号 308 頁以下、判時 408 号 14 頁以下、判タ 178 号 172 頁以下。評釈として、安屋和人・田村精一・法と政治 17 巻 69 頁以下、喜多川篤典・ジュリ 349 号 120 頁以下、澤木敬郎・判例評論 85 号 7 頁以下、尾崎正利・労働判百[第 3 版](別ジュリ 134 号) 260 頁以下、桑田三郎・渉外判百[増補版](別ジュリ 16 号) 76 頁以下。

が認められた事件である。この事件において、原告はアメリカ人、被告は航空会社への飛行要員の供給を業務としていたアメリカ合衆国カリフォルニア州法人であった。原告は、被告にカリフォルニア州において雇い入れられ、のちにわが国の航空会社に派遣され、わが国の国内線にて勤務していたところ、原告の組合活動を理由に解雇された。そこで、原告が解雇の有効性を争い、地位保全の仮処分申請をなしたというものである。裁判所は、労働契約の準拠法がアメリカ合衆国連邦法あるいは同国カリフォルニア州法になるとしたうえで、その契約準拠法の適用は、現実の労務給付が継続してわが国で行われているような場合には、「属地的に限定された効力をもつ公序」として、わが国の労働法による制約を受けるとし、結論的には、本件解雇はわが国の労働組合法 7 条 1 項に反して無効であると判示した。この判決については、わが国の労働組合法を絶対的強行法規として適用したものと解することができる、と指摘する学説もある[20]。

2.　法例の改正

わが国では、国際私法典である「法例」の改正作業が進み、「法の適用に関する通則法」と名称が変えられて、2006 年 2 月 14 日、164 回通常国会に法案が提出され、6 月 15 日に可決・成立した[21]。

しかしながら、絶対的強行法規に関しては、法制審議会国際私法現代化部会において議論がなされたが、最終的に明文規定は置かれないこととなった。その理由としては、法廷地の絶対的強行法規の適用は明文規定がなくとも実現できること、法廷地の絶対的強行法規に関する規定を置くと第三国の絶対的強行法規は適用できないとの反対解釈を導く恐れのあること、日本法上の絶対的強行法規について一般的な定義規定を置くことが困難であること、絶対的強行法規はその適用意思に基づいて適用されるのだから規定を置くことが不適当であること、が挙げられている[22]。

ただし、消費者契約・労働契約については、弱者保護のための特則が置かれた[23]。その内容は、消費者契約及び労働契約について、原則として当事者が選択した法が準拠法となるが、客観的連結によった場合に準拠法となるべき法によって与えられる強行法規の特定の効果を消費者または労働者は主張できる、というものである[24]。客観的連

20　折茂豊『国際私法(各論)[新版]』(1972) 141 頁、澤木敬郎「労働契約における当事者自治の原則と強行法規の連結問題」立教法学 9 号(1967) 160 頁以下、山本敬三(前掲注 15) 120 頁以下、道垣内正人『ポイント国際私法(総論)』(1999) 77 頁以下、山田(前掲注 3) 324 頁以下等参照。

21　法案は法務省の HP http://www.moj.go.jp/HOUAN/TSUSOKU/refer02.pdf を参照。公布日は 2007 年 1 月が予定されている。また、法制審議会の答申は、「国際私法の現代化に関する要綱」として NBL 817 号(2005) 51 頁以下に掲載されている。わが国の法例改正をドイツ語で紹介するものとして、*Nishitani*, „Die Reform des Horei,“ in: ZJapanR/J. Jap.L., Vol. 15 (2003), S. 263 ff.; *dies.*, „Die Reform of Horei (2) – Der Vorentwurf vom 22. März 2005 –“ in: ZJapanR/J. Jap. L. Vol. 19 (2005), S. 251 ff.

22　法制審議会国際私法(現代化関係)部会第一回議事録 6 頁、第三回議事録 10 頁。議事録は、http://www.moj.go.jp/参照。

23　「国際私法の現代化に関する要綱」(前掲注 21) 52 頁以下参照。

24　なお、消費者契約について、保護の対象となるのは、いわゆる受動的消費者だけであるが、その定義はヨーロッパ国際私法グループの提案に従っている(*Groupe européen de droit international privé*, http://www.drt.ucl.ac.be/gedip/documents/gedip-documents-11ccf.html)。この規定は、基本的にローマ条約の 5 条及び 6 条に範をとったものであるが、裁判官による優遇性の比較という負担を軽減するため、当事者自身に主張責任を課したものである。

結によった場合に準拠法となるべき法とは、消費者契約については、消費者の常居所地法であり、労働契約については、原則として労務給付地法であるが、他により密接な関係をもつ法があれば、それによる（法の適用に関する通則法 11 条・12 条）。

3. 小括

これまでわが国には、ローマ条約 5 条・6 条のように、抵触法上消費者及び労働者を保護する規定が存在していなかった。したがって、当事者によって選択された消費者契約あるいは労働契約の準拠法が、消費者や労働者の保護に欠ける場合に、抵触法上保護を与えるために、絶対的強行法規の考え方を援用することによって、消費者や労働者の保護を実現してきたことは否めない。このような特殊な背景が、わが国における絶対的強行法規の定義を論者によって異ならせしめる一因となり、議論を錯綜させていたようにも思われる。

しかしながら前記のとおり、本来、抵触規則によって契約準拠法として指定されなければ適用対象とはならない強行法規の適用は、法規固有の効力ではなく、特別の抵触規則による指定に根拠をもつものである[25]。したがって、そのような相対的強行法規は、当該法規自体の適用意思に基づいて、渉外的法律関係にも一方的に適用される絶対的強行法規とは、完全に区別されなければならない。

今度の法例改正において、消費者及び労働者を保護するための特則が置かれることにより、今後は、絶対的強行法規を相対的強行法規とを明確に区別し、絶対的強行法規があくまでも法規の「適用意思」に基づいて適用される規範として、捉えることができるように思われる[26]。それを踏まえて、「法の同化」の限界を示す絶対的強行法規の適用問題について、改めて検討する必要がある。

III. 強行法規の適用問題

そこで以下では、これまで絶対的強行法規と考えられてきたものとは異なる、代理商に関する EC 指令が、絶対的強行法規か否かが問題となった、イングマー事件の概要、欧州司法裁判所の判旨と根拠付け、そしてその検討を行う。

1. イングマー事件と代理商に関する EC 指令

1989 年、英国法人 X とアメリカ合衆国カリフォルニア州法人 Y は、X が英国及びアイルランドにおいて Y の代理商として活動する内容の代理商契約を締結した。その契約においては、カリフォルニア州法を準拠法とすることが合意されていた。1996 年に代理商契約が終了したのち、X は代理商契約の終了によって被った損害の賠償を求め、イングランド・ウェールズ高等法院女王座部に提訴した。

---

25 法例研究会(前掲注 8) 67 頁。

26 ドイツのグラン・カナリア事件において問題になったように（グラン・カナリア事件に関しては、西谷(前掲注 8) 632 頁以下、同「欧州における国際消費者契約法」NBL744 号(2002) 46 頁以下参照）、わが国の改正法例の消費者契約・労働者契約の保護の特則の範囲に含まれない強行法規が、絶対的強行法規となるかが問題となることは、依然想定できる(小出邦夫『一問一答・新しい国際私法』(2006) 74 頁、84 頁以下)。

EU においては、1986 年に代理商に関する法の調和を図る指令 86/653/EC[27]（以下「代理商指令」とする）が施行され、各構成国において国内法化されている[28]。この代理商指令 17 条及び 18 条は、一定の場合に代理商に対して、代理商契約の終了に伴う補償請求権[29]あるいは損害賠償請求権[30]を認めている。また 19 条は、当事者が 17 条及び 18 条の規定を、代理商契約の終了前の代理商に不利になるように、逸脱してはならない旨を定めている。

X が、本件について、本指令を国内法化したイギリスの代理商規則(the Commercial Agents regulations 1993)の適用を主張したのに対し、イングランド・ウェールズ高等法院女王座部は、本件の代理商契約の準拠法がカリフォルニア州法となることから、代理商規則は適用されないとし、X の請求を棄却した。

それに対して X は、イングランド・ウェールズ控訴院に控訴した。そこで同裁判所が、代理商指令の解釈に関する先決的判決を求め、欧州司法裁判所へ付託したのが本件である。

欧州司法裁判所は、本人[31]が共同体外で設立され、代理商契約の準拠法がその国の法であった場合であっても、代理商が共同体内で活動している限り、同指令 17 条及び 18 条は適用されるとした。同条は、強行的な性質をもつものであって、域内市場における代理商の保護、競争条件の統一と衡平な競争の確保に資するため、共同体と密接関連性がある場合に適用されなければならないからである[32,33]。

---

27 Council Directive 86/653/EC of 18 December 1986 on the co-ordination of the laws of the Member States relating to self-employed commercial agent, OJ 1986 L 382/17. 条文の邦訳は、柴田洋一=藤平克彦「自営業代理人に関する EC 閣僚理事会の指令」国際商事法務 18 巻 10 号(1990) 1078 頁以下参照。

28 代理商指令を国内法化したフランス法を紹介する邦語文献として、「代理商――代理商に関する一九九一年六月二五日の法律第九一－五九三号」日仏法学 19 号(1993-1994) 104 頁以下参照。

29 代理商指令 17 条 2 項(a)によれば、代理商が本人に新規の顧客をもたらす場合、または代理商が既存の顧客との間の取引量を著しく増大させ、しかも本人がかかる顧客との取引から引き続き相当な利益を得ている場合、代理商が失ったかかる顧客との間の取引に関する手数料の額等すべての事情を考慮したうえで、衡平にかなうならば、代理商は補償請求権を得る。柴田=藤平(前掲注 27) 1082 頁参照。

30 代理商指令 17 条 3 項によれば、代理商から、適切に代理商契約を履行すれば得られたであろう手数料を奪う一方で、本人に対し、代理商の活動と結びついた相当な利益を与える場合、そして代理商が、本人の助言に従い代理商契約の履行のために支出した費用を償却しうるに至らなかった場合、代理商は損害賠償請求権を得る。柴田=藤平(前掲注 27) 1082 頁参照。

31 代理商（commercial agent(英)、Handelsvertreter(独)）を雇う、本人（agent(英)、Unternehmer(独)）のこと。

32 Case C-381/98, Ingmer GB Ltd v. Eaton Leonard Technologies Inc., Judgment of the ECJ of 9 November 2000, ECR 2000 I -9325; ZIP 47, 2000, S. 2108 ff.; EWS 2000, S. 550 ff.; NJW 2001, S. 2007 ff.; IPRax 2001, S. 225 ff.; Rev. crit. Internat. Privé 90(1), 2001, 107 pp. et suiv. また、わが国においてイングマー事件を紹介するものとして、桑原康行「代理商指令の国際強行法規性」国際商事法務 32 巻 11 号(2004) 1530 頁以下、金美和「ヨーロッパ国際私法における商事代理人契約の準拠法について」中央大学大学院研究年報 35 号(2006) 251 頁以下がある。

33 その後 2000 年 10 月 28 日、フランス破毀院判決は、フランス法人とアメリカ法人の間で締結された代理商契約において、準拠法がニューヨーク州法であったことから、代理商指令 17 条-19 条を絶対的強行法規とはせずに、同指令の国内法化された法の適用を認めなかった。欧州司法裁判所のイングマー事件判決と正反対の結論である。Cour de Cassation 28.11. 2000, JCP 2001, 947 pp. et suiv.

2.　イングマー事件に対する批判的考察

以下では、まずECの代理商指令の解釈から、同指令17条及び18条が絶対的強行法規であると導くことができるか、次に、欧州司法裁判所が挙げた、代理商の保護と衡平な競争の確保という代理商指令の目的が、同条を絶対的強行法規と性質決定する根拠となり得るのか検討する。

a)　EC指令の解釈

多くのEC指令は、たとえば不当条項に関するEEC指令6条2項[34]やタイムシェアリングに関するEC指令9条[35]等の消費者保護に関する指令のように、場所的適用範囲を示す明文上の抵触規則を置いている。よって、それらの指令は、欧州域外の法が契約準拠法と指定される場合であっても、事案が共同体と密接な関連性を持つ場合には適用されることとなる[36]。

他方、場所的適用範囲を示す明文上の抵触規則が置かれていないEC指令に関しては、ただちに、その指令が実質法的な規定であり、当事者が準拠法として他の法秩序を選択する場合はその規定は適用されない、と解すべきではない。その規定が本来の契約準拠法を凌駕する形で適用されうるのか、適用されうるとしたらどの範囲か、そのつどその規定を解釈せねばならないとされている[37]。

そこで、EC指令がその場所的適用範囲を定めていない場合、指令の目的に応じてその規定が絶対的強行法規か否かを判断しなければならないが[38]、その解釈は必ずしも容易ではないのである[39]。

本稿で問題とする代理商指令には、その規定が本来の契約準拠法を凌駕する形で適用されうるか，適用されうるとしたらどの範囲か示す明文規定がない。そこで、代理商指令の目的に鑑みて、この点を解釈によって導かなければならない。

まず、代理商指令の前文第3段落によれば、「加盟国間の商品流通は単一市場におけるものと類似の条件のもとに進められるべきであり、このため、共通市場が適切に機能するために必要な範囲で、加盟国において法令を近似のものにすることを必要とする。この点につき、商業代理の事案においては、抵触法に関する規範はそれが仮に一律のものになったとしても上述の不統一を解消するものではなく、したがってそれらの〔抵触法に関する〕規範にかかわらず、提案されてい

34　Council Directive 93/13/EEC of 5 April 1993 on unfair terms in consumer contracts, OJ 1993 L 95/29.

35　Directive 94/47/EC of 26 October 1994 on the protection of purchasers in respect of certain aspects of contracts relating to the purchase of the right to use immovable properties on time-share basis, OJ 1994 L 280/83.

36 EGBGB 29条aも参照。また消費者保護関連のEC指令に関して、西谷(前掲注26) 49頁参照。

37　*Staudinger*, Die ungeschriebenen kollisionsrechtlichen Regelungsgebote der Handelsvertreter-, Haustürwiderrufs- und Producthaftungsrichtlinie, NJW 2001, S. 1975 f.; *Verhagen*, The Tension between Party Autonomy and European Union Law: Some Observations on Ingmar GB Ltd V Eaton Leonard Technologies Inc., ICLQ, 2002, p. 139.

38　Staudinger-*Magnus*, EGBGB (13. Aufl. 2002), § 34 Rn. 42; Münchener Kommentar-*Martiny* (Fn. 11), § 34, Rn. 33.

39　*Verhagen*, ICLQ, 2002, p. 139.

る〔商業代理に関する法令の〕統一化が必要である」[40]とされている。これに鑑みれば、代理商指令がとりわけ域内における実質法の調和を進めることを目的としており、場所的適用範囲に関する規定を置いていないことが明らかである[41]。本件において、欧州司法裁判所は、代理商指令の前文第 3 段落になんら言及していないが、この前文第 3 段落から導き出される代理商指令の目的に鑑みれば、抵触規則を置いて指令の規定を絶対的強行法規とする目的は見出せない。

イングマー事件の法務官は、代理商指令 19 条が、ローマ条約 7 条 2 項でいうところの絶対的強行法規であって、当事者が 17 条及び 18 条から逸脱することを禁止するものであると述べており[42]、判決も同旨である[43]。確かに 19 条は、17 条及び 18 条が強行的な性質をもつことを定めたものであるが、当事者が 17 条及び 18 条を逸脱してはならない旨を規定しているにすぎない。19 条が 17 条及び 18 条は強行法規であると認めたものであっても、通常それは内国的な、つまり「相対的」強行法規と解されるのであって、本来の契約準拠法を凌駕する「絶対的」強行法規であるとまで認めているとはいえないと考えられる[44]。

なお、この点に関しては、1961 年のドイツ連邦通常裁判所判決[45]が、代理商指令 17 条のモデルとされる当時のドイツ商法 89 条 b は実質法上の強行規定[46]について、当事者が他の国の法を準拠法として選択した場合に、同条は適用されないと判示しており、この規定が絶対的強行法規ではないとしていることは注目に値するであろう[47]。

b) 代理商の保護

本判決は、前文第 2 段落において認められる代理商指令の目的が、代理商保護のために代理商の制限を排して域内における競争条件を統一し、商業上の取引の安全に資することであるから、代理商の補償請求権及び損害賠償請求権について

---

40 代理商指令の邦訳につき、柴崎=藤平(前掲注 27) 1078 頁以下。

41 *Roth*, CML Rev. 2002, p. 380.

42 Opinion of Advocate General *Léger* delivered on 11.5.2000, paras. 86–88

43 Judgment, para. 22.

44 *Schurig*, „Ingmer“ und die „international zwigende“ Handelsvertreter-richtlinie oder: Die Urzeugung einer Kollisionsnorm, in: Mansel/Pfeiffer/Kronke/Kohler/Hausmann (Hrsg.), Festschrift für Jayme Band 1 (2004), S. 839; *Schwarz*, Das internationale Handelsvertreterrecht im Lichte von „Ingmer“-Droht das Ende der Parteiautonomie im Gemeinschaftsprivatrecht?, ZvglRWiss 101, 2002, S. 54 f.

45 BGH, NJW 1961, S. 1061 ff.

46 実質法上の代理商の補償請求権につき、山田晟「ドイツ商法における代理商の補償請求権」成蹊法学 8 号(1975) 35 頁以下、柏木昇「フランスの代理商」国際商事法務 5 号(1977) 459 頁以下、福瀧博之「ドイツ商法における代理商の補償請求権」法学論集 38 巻 1 号(1988) 307 頁以下、服部育生「西ドイツにおける代理商契約」法政論集 128 号(1989) 183 頁以下、高田淳「特約店契約およびフランチャイズ契約の特徴とその解消について(二)」法学新報 105 巻 10·11 号(1999) 89 頁以下等参照。

47 代理商指令が絶対的強行法規ではないとする根拠として BGH を引用するものは、*Kindler*, Rechtswahlfestigkeit des Handelsvertreterausgleichs bei Tätigkeitsausübung in Mitgliedstaat, aber Sitz des Unternehmens in Drittstaat, BB 2001, S. 10 ff. ; Staudinger-*Magnus*, (Fn. 32) §34 S. 1976; *Mankowski*, Der Ausgleichsanspruch des internatinal tätigen Handelsvertreters, MDR 2002, S. 1352 ff.; *Roth*, CML Rev. 2002, p. 375; *Bälz*, Der Ausschluss des Ausgleichsanspruchs in international Handelsvertreterverträgen, NJW 2003, S. 1559 ff.; *Schurig*, FS Jayme (2004), S. 842.

定める代理商指令は絶対的強行法規であると導いている[48]。また法務官意見によれば、人と物とサービスの自由移動を認める EU の域内市場において、域内で活動する代理商の保護を保障することは、同指令の目的である代理商に関する法の調和に適うものであること、そして同指令を適用することによって域内市場の競争の歪みを回避し、代理商間の衡平を保つとされている[49]。

そこで、代理商保護の重要性から、代理商指令が絶対的強行法規と性質決定できると導くことができるか否かを検討しなければならない。

まず、本判決において代理商指令 17 条及び 18 条を絶対的強行法規とする根拠として引用された、前文第 2 段落[50]についてみてみる。そこでは、代理商指令が絶対的強行法規であることを導くような記載は一切なく、国内法の相違によって代理商や取引自体にもたらす弊害が明らかにされているにすぎない。各構成国の規定を統一して取引の障害を取り除くことは、通常の EC 指令の目的である[51]。しかしながら、このように弊害を明らかにするのみでは、第三国の法を準拠法として適用されるような場合にまでも、そのような EC 指令の規定が常に絶対的強行法規として適用されるとまではいえない。よってこの文言からは、代理商保護が極めて重要であるから、当事者が欧州以外の第三国の法を準拠法としていた場合にも必ず適用されなければならない絶対的強行法規として、代理商指令が適用されるとの解釈までをも、導くことはできないであろう。

つぎに、判決及び法務官意見はどちらも、代理商指令 17 条及び 18 条が、域内で活動する代理商全てに対して絶対的強行法規として適用される理由を、具体的には明示していないという点が指摘される[52]。国際的な取引において、一方当事者が自分に有利な法を選択するのは当然のことである[53]。たとえば、世界的に事業を展開している本人が各国で締結した代理商契約に、一つの法域の法を準拠法として指定する準拠法条項を組み込むことも、想像に難くない。そのような本人の利益について何ら言及することなく、EU の域内で活動する代理商の利益保護のみを図ろうとすることは不均衡であろう。本判決は、EU の域外で設立され、契約準拠法を EU 域外の法域の法とした当事者の利益には一切着目せずに、EU の域内で活動する代理商の保護という利益のみを強調して、代理商指令を絶対的強行法規であると性質決定したものと解される[54]。したがって本判決のように、代理商

48 Judgment, paras. 21, 23, 24.

49 Opinion, para 65.

50 代理商指令前文第 2 段落「商業上の代理に関する国内法の相違により、共同体内での競争条件とかかる活動の遂行に影響があり、かつ、本人との関係で商業代理人に与えられた保護および商業取引の安全の双方に対して悪影響を与える。さらに、本人と商業代理人とが異なる加盟国に存在する場合には、商業代理人契約の締結と運用をかかる相違が実質的に抑制するほどである」柴崎=藤平(前掲注 27) 1078 頁。

51 欧州共同体を設立する条約 94 条(1958 年発効、アムステルダム条約による改正前は 100 条)参照。

52 *Freitag/Leible*, Internationaler Anwendungsbereich der Handelsvertreterrichtlinie – Europäisches Handelsvertreterrecht weltweit?, RIW 2001, S. 29 ff.; *Verhagen*, ICLQ 2002, p. 146.

53 *Verhagen*, ICLQ 2002, pp. 149–150.

54 *Freitag*, EuGH EwiR § 89b HGB 2000, S. 1062; *Verhagen*, ICLQ 2002, p. 148.

の保護の重要性を強調することで、代理商指令を絶対的強行法規とすることは、根拠が不十分であるといわざるをえない[55]。

ただし、消費者や労働者のように、代理商を経済的弱者と捉え、抵触法上の保護を認めるべき可能性を検討する余地はあるだろう。

消費者や労働者は、ローマ条約5条及び6条においても認められているように、制度的な「弱者」であるとみなされ、その利益が優先的に保護される[56]。他方代理商指令は、あくまでもEUの域内市場における国内法の相違を是正するためのものである。代理商の保護と取引の安全に資するものであるが[57]、代理商を「弱者」として捉えて保護するものではない。また代理商は、その者自身が「営業主」であり、本人に従属しているとは見なされていない。よって通常、代理商は制度的な「弱者」とはみなされず、代理商を消費者や労働者と同じカテゴリーに組み入れることはできないものと解される[58]。

また、仮に裁判所が代理商を、消費者や労働者のように扱おうとするのであれば、実質法上の保護利益から直接に代理商指令の適用理由を導くのではなく、国際私法上の保護の必要性から根拠付けなければならない[59]。しかしながら、裁判所は一切それを行っていない。

したがって、イングマー事件における代理商を、消費者や労働者のような制度的な「弱者」と捉えて、抵触法上の保護を与えることはできないというべきであろう[60]。

---

55 *Schwarz*, ZvglRWiss 101, 2002, S. 56.

56 欧州の消費者契約に関して、出口耕自「国際私法上における消費者契約(1)(2・完)」民商法雑誌92巻4号(1985) 476頁以下、同5号595頁以下、西谷(前掲注8) 1頁以下、西谷(前掲注26) 43頁以下、出口耕自「ヨーロッパ国際消費者契約法の混迷」国際私法年報6号(2004) 116頁以下等参照。

57 指令の邦訳につき、柴崎=藤平(前掲注27) 1078頁以下。

58 Soergel-*von Hoffmann*, EGBGB (12. Aufl. 1996), § 34, Rn. 65; *Freitag*, EuGH EwiR § 89b HGB 2000, S. 1052; *Freitag/Leible*, RIW 2001, S. 291; *Roth*, CML Rev. 2002, p. 379; *Verhagen*, ICLQ 2002, pp. 144-145; *Schawarz*, ZvglRWiss 101 2002, S. 56 ff.

59 *Roth*, CML Rev. 2002, p. 379.

60 そもそも、ある規範が絶対的強行法規となるか否かは、法廷地の国際私法によって決せられるべきものと考えられてきた(Münchener Kommentar-*Martiny* (Fn. 11), § 34, Rn. 10)。しかしながら、ローマ条約の20条によれば、欧州共同体法がローマ条約よりも優先することが定められている(Münchener Kommentar-*Martiny* (Fn. 11), § 34, Rn. 32)。ローマ条約が渉外的な契約関係の準拠法に関して規律するものであって、その7条2項に法廷地の絶対的強行法規に関する規定を置いていることは、周知の通りであるが、ローマ条約を国内法化している欧州諸国は、イングマー事件判決が出されたことにより、EC指令との整合性に関連して、絶対的強行法規に関するローマ条約の国内法化された規定を、改めて検討する必要に迫られるだろう(*Nemeth/Rudisch*, EuGH9.11.2000 Rs C-381/98 „Ingmar“ - wichtige Klärungen im europäischen IPR, ZfRV 2001, S. 181 ff.; *Martiny*, Internatinonales Vertragsrecht im Schatten des Europäischen Gemeinschaftsrechts, ZEuP 2001, S. 330 ff.; *Michaels/Kamann*, Grundlagen eines allgemeinen gemeinschaftlichen Richtlinienkollisionsrechts – „Amerikanisierung“ des Gemeinschafts – IPR?, EWS 2001, S. 301 f.; *Jayme*, Zum internationalen Geltungswillen der europäischen Regeln über den Handelsvertreterausgleich, IPRax 2001, S. 191)。

c) 衡平な競争の確保

本判決と法務官意見は、代理商指令 17 条及び 18 条が絶対的強行法規であるとする根拠として、前節で述べた代理商の保護のほかに、域内における競争条件の統一という代理商指令の目的を挙げている[61]。たしかに、代理商が欧州域内で活動する場合、欧州域内の法人である本人は、契約の終了の際に代理商の補償請求権あるいは損害賠償請求権に対する義務を負うのに対して、欧州域外の法人である本人は、契約準拠法を域外の法域の法と指定すれば、その義務を負わないこととなり、両者間には不均衡が生じることは否めない[62]。そこで域内で活動する代理商すべてに、代理商指令 17 条及び 18 条の適用を認めることは、欧州域内の本人と欧州域外の本人との間に衡平な競争を実現するようにも思われる。

ただし、この衡平な競争の確保は、代理商指令 17 条及び 18 条を絶対的強行法規であることを根拠付けるほどに重要であり、欧州域内で活動する代理商すべてが、補償請求権あるいは損害賠償請求権をもつのか、との問いが残る。

代理商指令 17 条及び 18 条を絶対的強行法規と性質決定した場合、欧州市場において活動する代理商と代理商契約を締結する第三国の本人は、契約準拠法が第三国法であった場合にも補償請求権あるいは損害賠償請求権に対する義務を負うこととなる。そのような制限は、欧州的な規準の押し付けであって、まさに衡平な競争の理念に反するものとも表されている[63]。加えて、衡平な競争の確保を目的とする EC 指令は多くみられる。衡平な競争の確保を絶対的強行法規性の根拠とするならば、それらの指令が全て絶対的強行法規であるとの解釈を導きかねない、という点も指摘されている[64]。したがって、衡平な競争の確保という目的は、代理商指令 17 条及び 18 条を絶対的強行法規として性質決定する根拠として、十分な合理性は見出せないと考えられる[65]。

3. 小括

欧州司法裁判所のイングマー事件判決を契機として、欧州において、絶対的強行法規をめぐる議論が進展してきていることは確かである。しかしこの判決は、上記のとおり様々な問題点を孕んでいる。EC 指令を絶対的強行法規であると性質決定したこの判決により、絶対的強行法規の性質が変わってきたとみることも可能ではあろう。しかし、この判決に対して数多くの論文が公表され[66]、批判が

---

61 Judgment, paras. 23, 24; Opinion, para. 31–33.

62 *Freitag/Leible*, RIW 2001, S. 292; *Schawarz*, ZvglRWiss 101 2002, S. 60.

63 *Freitag/Leible*, RIW 2001, S. 292; *Roth*, CML Rev. 2002, p. 379. 彼らによれば、このような現象は「要塞化するヨーロッパ Festung Europa」あるいは「fortress Europe」と表される。

64 *Freitag/Leible*, RIW 2001, S. 292 f.

65 *Michaels/Kamann*, EWS 2001, S. 305; *Schawarz*, ZvglRWiss 101 2002, S. 65.

66 既に引用したもののほかに、Münchner Kommentar-*Sonnenberger*, Einl.IPR, Rn. 62, 69; *Sonnenberger*, Eingriffsrecht-Das trojanische Pferd im IPR oder notwendige Ergänzung?, IPRax 2003, S. 112.; *Kühne*, Die Entsavignysierung des Internationalen Privatrechts insbesondere durch sog. Eingriffsnormen, in: Lorenz/Trunk/Eidenmükker/Wendehorst/Adorff (Hrsg.), Festschrift für Heldrich (2005), S. 821 f.; *Martiny*, Neue Impluse im Europäischen Internationalen Vertragsrecht, ZEuP (2006) S. 87 f. も参照のこと。

加えられていることに鑑みれば、このような評価は、現段階ではできないというべきである。

もちろん、代理商の補償請求権・損害賠償請求権を保障する EC 指令を絶対的強行法規と性質決定することは、欧州域内で活動する代理商の保護に資するといえ、また第三国との取引においても、EC 指令を統一的かつ強行的に適用することができる。その意味で、欧州の域内の問題としては、一定の意義は認められよう。

しかしながら前節までに述べてきたように、代理商指令は、その文言上絶対的強行法規であるとの解釈を導くことができないばかりか、国際取引における代理商は、通常自身も法人であり、経済的弱者とはいえず、特に消費者や労働者と比較した場合、特別の保護を与える必然性は見出されない。また、衡平な競争の確保という目的に関しても、代理商指令を絶対的強行法規と性質決定する根拠としては不十分である。

したがって本判決のように、代理商指令を絶対的強行法規として性質決定することは、法廷地の国際私法に従った契約準拠法である第三国の法を凌駕して、欧州域内の法を一方的に適用するという事態を招くものであって、欧州の法人と取引をする、日本等の第三国の当事者の利益を過分に損なうものであるといわざるをえないであろう。

IV.　結論

以上、本稿においては、代理商の補償請求権及び損害賠償請求権を認める EC 指令を素材に、絶対的強行法規の適用について論じてきた。絶対的強行法規の適用は、法規の適用意思を実現するものであって一定範囲では必要なものではあるが、通常の国際私法の方法論とは全く異質であり、私人間の法律関係を規律する準拠法の適用を破るものである。そして、この絶対的強行法規は、内外法平等の理念を破って本来の準拠法の適用自体を排除するのみならず、国際的判決調和を損ない、実質法上の「法の同化」が実現している領域にさえ食い込んで、一国の国家的利益の実現を優先させる。その意味では、絶対的強行法規の適用は、通常、「法の同化」現象と相反する方向に向かうものであり、その適用に際しては、慎重さが要求されるべきである。

欧州が域内における「法の同化」を目指すことに鑑みれば、代理商の保護に資する代理商の補償請求権・損害賠償請求権を保障する EC 指令を絶対的強行法規と性質決定することは、欧州域内の問題としては、欧州の統一的な基準を設けることを意味し、欧州の域内での「法の同化」を促進するという評価をすることも可能かもしれない。しかしながら、欧州以外のわが国を含む第三国との関係でいうならば、代理商指令を絶対的強行法規とすることは、「法の同化」の妨げになるといわざるをえない。

イングマー事件判決のように、不明確な根拠のままに絶対的強行法規を導くことを避け、国際取引における法的安定性を図るうえで、いかなる規範が絶対的強行法規となるのかを定める明確な基準の創設が望まれる。

本稿において検討したイングマー事件に鑑みると、以下の点が指摘し得る。すなわち、一定の私人の保護をなすことが、ある法域の政策上重要であるとしても、それはあくまで、一義的には私人の利益に資するものである。その利益保護の重要性を強調するだけでは、相対的強行法規であることを示すものでしかない。ある規範が絶対的強行法規であるためには、実質法上の利益を超えて、抵触法上も実現すべき保護利益のある規範、すなわち国家の政治的・社会的・経済的秩序の根幹に関わる重要な規範であるということが示されなければならない。そこで、私人の利益を保護する規範と、ある法域上の利益を保護する規範とを、明確に区別することが必要であろう[67]。

なお、2005 年 12 月に公表された欧州委員会の委員会提案において、絶対的強行法規の定義付けがなされた[68]。この定義付けは、欧州において、今後絶対的強行法規を明確に定めるうえで、一つの出発点となるのみならず、この定義とそれに基づいて展開されるであろう欧州の議論は、わが国の国際私法における比較法の見地から、示唆が得られるものと思われる[69]。

欧州においては、地域的な統一法の成立へ向けて、私法の「欧州化」が徐々に進展している[70]。そのような事情に鑑みれば、絶対的強行法規の適用問題を検討するうえで、EC 指令などの EU 法と欧州の国内法との関係についても視野に入れる必要があると思われる。本稿において、EC 指令自体をその検討対象としたため論ずることはできなかったが、その点を視野に入れた考察は、今後の課題としたい。

---

67 *Mankowski*, Der Vorschlag für die Rom I -Verordnung, IPRax 2006, S. 110.
68 なお、ローマ条約に関して、2003 年に欧州委員会によるグリーン・ペーパー (Green Paper on the conversion of the Rome Convention of 1980 on the law applicable to contractual obligations into a Community instrument and its modernization (presented by the Commission), Brussels, 14.1.2003, COM (2002) 654 final)が公表されて議論が進み、2005 年 12 月に委員会提案 (Regulation of the European Parliament and the Council on the law applicable to contractual obligations (Rome I) (presented by the Commission), Brussels, 15.12.2005, COM (2005) 650 final)が発表された。その委員会提案 8 条 1 項においてなされた定義付けによれば、絶対的強行法規とは「この規則に従って当該契約に適用されるその他の法にかかわらず、その適用範囲において法律関係全体に適用が予定されている国の、政治的、社会的あるいは経済的組織の維持に決定的であるとみなされ、遵守されるべき法である」(筆者試訳)。
69 わが国の実質法上の代理商保護について付言すれば、わが国の会社法は、代理商契約の解除につき、相手方に損害が生じても賠償責任は生じないとし、代理商の保護のためには、会社法 19 条 1 項に 2 か月の予告期間を定めているのみであって、その規定は任意法規とされる(横浜地裁昭和 50 年 5 月 28 日・判タ 327 号 313 頁以下)。立法論的には問題が指摘されるものの(江頭憲治郎『商取引法[第 4 版]』(2005) 248 頁、服部(前掲注 46) 185 頁以下等)、現段階において成文法上代理商の補償請求権及び損害賠償請求権をわが国において認めるルールは一切ない。したがって、わが国における代理商の補償請求権と損害賠償請求権は、法廷地としてのわが国の絶対的強行法規となりえないだろう。
70 Vgl. z.B. *Basedow*, Grundlagen des europäichen Privatrechts, JuS 2004, S. 89 ff.

§ 17 Die japanischen Regeln für die Spaltung von Gesellschaften „kaisha bunkatsu" – Ein Beispiel der Rechtsangleichung im Zeitalter der Globalisierung

Moritz Bälz

Übersicht

I. Die Reform des japanischen Handelsgesetzes im Mai 2000

Anfang der Neunzigerjahre hat der japanische Gesetzgeber vor dem Hintergrund einer anhaltenden wirtschaftlichen Krise einen rasanten Reformprozeß auf dem Gebiet des Gesellschaftsrechts eingeleitet.[1] Um die japanischen Unternehmen, die vielfach noch immer unter dem Zusammenbruch der sogenannten Blasenwirtschaft (*baburu keizai*) leiden,[2] dabei zu unterstützen, ihre geschwundene internationale Wettbewerbsfähigkeit wiederzugewinnen, wurden die gesellschaftsrechtlichen Rahmenbedingungen in vielfacher Hinsicht flexibilisiert. Als Leitgedanke läßt sich dabei ausmachen, durch eine Deregulierung des Gesellschaftsrechts den Unternehmen zu ermöglichen, sich den Bedürfnissen des verschärften globalen Wettbewerbs leichter anzupassen.[3] Schwerpunkte der

1 Überblick bei *Hashimoto*, Commercial Code Revisions: Promoting the Evolution of Japanese Companies (NRI Papers No. 48 2002), S. 1ff.; *Kawamoto/Kishida/Morita/Kawaguchi*, Gesellschaftsrecht in Japan (2004), Rn. 84ff.

2 Zusammenfassend zur jüngeren wirtschaftlichen Entwicklung Japans *Waldenberger*, Die japanische Wirtschaft in den 1990er Jahren: Vom Wirtschaftswunderland zum Problemfall der Weltwirtschaft, in: Kauffmann (Hrsg.), Risutora – Japans Weg in die globale Gesellschaft (2001), S. 49ff.

3 *Baum*, Entstehung, Strukturen und Bedeutung des japanischen Handelsgesetzes – eine Einführung, in: Kliesow/Eisele/Bälz (Hrsg.), Das japanische Handelsgesetz (2002), S. 1, 16ff.

wiederholten Reformen des japanischen Handelsgesetzes (im folgenden jpHGB)[4], des bislang zentralen gesellschaftsrechtlichen Regelwerks in Japan, waren dabei insbesondere erweiterte Möglichkeiten der Unternehmensfinanzierung, eine verbesserte Unternehmensführung (*corporate goverance*) sowie erleichterte Strukturänderungen. Ihren vorläufigen Höhepunkt werden diese beispiellosen Reformanstrengungen im Inkrafttreten eines neuen Gesellschaftsgesetzes (*Kaisha-hô*) am 1. Mai 2006 finden.[5]

Aus diesem breit angelegten Prozess soll hier die Reform durch das Handelsgesetzänderungsgesetz vom Mai 2000 herausgegriffen werden,[6] das mit Wirkung zum 1. April 2001 neue Regeln für die Spaltung von Gesellschaften (*kaisha bunkatsu*) geschaffen hat (Artt. 373ff. jpHGB).[7] Erstmals wurde es japanischen Aktiengesellschaften und Gesellschaften mit beschränkter Haftung ermöglicht, in einem einzigen Schritt Teile ihres Vermögens als Gesamtheit auf eine oder mehrere andere Gesellschaften gegen Ausgabe von Anteilen zu übertragen.

Aus deutscher Sicht ist die Einführung der neuen Spaltungsregeln besonders interessant. Dies nicht allein deshalb, weil sie auf umfassenden rechtsvergleichenden Vorarbeiten beruht.[8] Insoweit besteht in Japan eine lange Tradition. Bemerkenswert ist vielmehr, daß man sich im Falle der Spaltungsnovelle letztlich – anders als bei den meisten Reformen des japanischen Gesellschaftsrechts in den Neunziger-

---

4 *Shôhô*, Gesetz Nr. 48/1898. Deutsche Übersetzung in *Kliesow/Eisele/Bälz* (Fn. 3), S. 29ff.

5 Der Entwurf ist erhältlich auf der Homepage des Justizministeriums unter <http://www.moj.go.jp/HOUAN/KAISYAHOU/refer04-01.pdf>. Erste umfassende Darstellungen des neuen Rechts bei *Kanda*, Kaisha-hô [Gesellschaftsrecht] (7. Auflage 2005); *Tanaga*, Kaisha-hô (9. Auflage 2005). Siehe in westlicher Sprache auch *Saito*, Zur anstehenden Novellierung des japanischen Gesellschaftsrechtes, ZJapanR 18 (2004), 210ff.; *Takahashi/Shimizu*, The Future of Japanese Corporate Governance: The 2005 Reform, ZJapanR 19 (2005), 35ff. Das neue Gesellschaftsgesetz wird auch die Regeln für Strukturänderungen (Formwechsel, Verschmelzung, Spaltung, Aktientausch und Aktienübertragung) systematisch neu ordnen und in modernes Japanisch fassen (Art. 743ff. Gesellschaftsgesetz). Inhaltlich bringt das Gesellschaftsgesetz für die Spaltung nur wenige wesentliche Änderungen, auf die im Folgenden nur knapp hingewiesen werden kann. Siehe insoweit *Aizawa/Hosokawa*, Soshiki saihen kôi [Strukturänderungen], Teil I Shôji Hômu 1752 (2005), 4ff.; Teil II Shôji Hômu 1753 (2005), 37ff.; *Kanda*, Soshiki saihen [Strukturänderung], Jurisuto 1295 (2005) 128ff.; in westlicher Sprache *Bälz*, Liberalized Rules for the Restructuring of Japanese Companies – Mergers, Demergers and Share Exchanges under the New Company Law, ZJapanR / J.Japan.L 21 (2006), 19ff.

6 Gesetz zur teilweisen Änderung des Handelsgesetzes und anderer Gesetze, *Shôhô-tô no ichibu wo kaisei suru hôritsu*, Gesetz Nr. 90/2000.

7 Siehe in japanischer Sprache etwa *Egashira*, Kabushiki kaisha yûgen kaisha-hô, [Recht der Aktiengesellschaft und der Gesellschaft mit beschränkter Haftung] (4. Auflage 2005), S. 745ff.; *Takei/Hirabayashi*, Kaisha bunkatsu no jitsumu [Praxis der Gesellschaftsspaltung] (2000). Zusammenfassend in deutscher Sprache *Hayakawa*, Neue Regeln für die Gesellschaftsspaltung: Reform des japanischen Handelsgesetzes vom Mai 2000, ZJapanR 11 (2001), 37ff.; ausführlich *Bälz*, Die Spaltung im japanischen Gesellschaftsrecht (2005), 1ff.

8 Diese Vorarbeiten sind nur teilweise veröffentlicht. Siehe zum Vergleich mit dem US-amerikanischen Recht etwa *Egashira*, Kaisha bunkatsu [Gesellschaftsspaltung], in: *Hikaku kaisha-hô kenkyû* [Studien zum vergleichenden Gesellschaftsrecht] Komitee Festschrift Okushima (Hrsg.), S. 185ff.; *Takei/Hirabayashi* (Fn. 7), S. 195ff. (Nachdruck einer fünfteiligen Artikelserie in der Zeitschrift Shôji Hômu aus dem Jahre 1999).

jahren[9] – gegen eine Orientierung am US-amerikanischen Vorbild entschied. Stattdessen schuf man dem Muster der französischen *scission*, der europäischen Spaltungsrichtlinie[10] und nicht zuletzt des deutschen Umwandlungsgesetzes folgend ein spezielles, der Verschmelzung nachgebildetes Verfahren, das auf den Ausgleich der Interessen der Gesellschafter, der Gläubiger und der Arbeitnehmer gerichtet ist.[11] Attraktiv schien dem japanischen Gesetzgeber dabei offensichtlich v.a. die kontinentaleuropäische Figur der partiellen Universalsukzession (*bubunteki na hôkatsu shôkei*), die auf diese Weise Eingang ins japanische Recht fand.[12]

Zugleich liefert die Spaltungsreform ein anschauliches Beispiel für die Triebkräfte und Motive für die Angleichung nationalen Rechts an internationale Vorbilder im Zeitalter der Globalisierung.

Im folgenden wird zunächst ein Abriß der neuen Spaltungsregeln gegeben (sogleich II.). In einem zweiten Schritt wird der Hintergrund der Spaltungsreform untersucht und gezeigt, warum gerade Ende der Neunzigerjahre in Japan ein starkes Bedürfnis für die Einführung dieses Umstrukturierungsinstruments entstanden ist (III.). In einem dritten Schritt wird der Frage nachgegangen, ob die Spaltungsreform die These bestätigt, daß für die Zukunft eine weltweite Konvergenz der gesellschaftsrechtlichen Systeme erwartet werden kann (IV). Die Ergebnisse werden schließlich knapp zusammengefaßt (V.).

II. Das neue Spaltungsrecht

1. Grundtypen der Spaltung nach japanischem Recht

Bisher konnten japanische Gesellschaften ihr Vermögen nur im Wege der Einzelrechtsnachfolge auf mehrere Gesellschaften aufteilen, sei es durch einen schlichten *asset deal*, sei es im Wege der Sachgründung oder Sachkapitalerhöhung.[13] Die

---

9 Beispiele für US-amerikanisch inspirierte Reformen aus jüngerer Zeit sind etwa die Effektivierung der Aktionärsklage 1993, die Einführung von Aktienoptionen und der Instrumente des Aktientauschs (*kabushiki kôkan*) und der Aktienübertragung (*kabushiki iten*) 1997 sowie das 2002 geschaffene Alternativmodell für die Unternehmensführung.

10 Sechste Richtlinie 82/891/EWG des Rates vom 17.12.1982 betreffend die Spaltung von Aktiengesellschaften, ABl. 1982 L 378/47.

11 Siehe zu verschiedenen Regelungsmodellen für *corporate separation transactions* aus rechtsvergleichender Sicht *Conard*, Fundamental Changes in Marketable Share Companies, Int. Enc. Comp. L., Volume XIII Chapter 6 (1972), S. 90ff.

12 Zu diesem Grundsatz im japanischen Recht *Harada*, Kaisha bunkatsu no sôsetsu ni tsuite [Über die Einführung der Regeln für die Gesellschaftsspaltung] (Teil 3), Shôji Hômu Nr. 1566 (2000), 4f.; ferner der Diskussionsbeitrag von *Ochiai* in: Ochiai/Fujita/Tanaka/Karatsu, Kaisha bunkatsu ni kan suru Shôhô jô no ronten [Fragen des Handelsgesetzes betreffend die Gesellschaftsspaltung], 28, 38. Grundlegend zur Figur der partiellen Universalsukzession im deutschen Recht *K. Schmidt*, Universalsukzession kraft Rechtsgeschäft – Bewährungsproben eines zivilrechtsdogmatischen Rechtsinstituts im Unternehmensrecht, AcP 191 (1991), 495, 512ff.

13 Zur alten Rechtslage und den damit verbundenen praktischen Schwierigkeiten für Spaltungsvorgänge *Harada*, Kaisha bunkatsu no sôsetsu ni tsuite [Über die Einführung der Regeln für die Gesellschaftsspaltung] (Teil 1), Shôji Hômu Nr. 1563 (2000), 9; *Takei/Hirabayashi* (Fn. 7), S. 4f.

neuen Spaltungsregen ermöglichen demgegenüber japanischen Aktiengesellschaften[14] erstmals Aktiva und Passiva als Ganzes auf eine oder mehrere andere Gesellschaften zu übertragen. Wie bei der Verschmelzung (*gappei*) vollzieht sich der Vermögensübergang im Wege der Universalsukzession. Der Übergang ist bei der Spaltung freilich nur ein partieller, da nicht notwendig das gesamte Vermögen der übertragenden Gesellschaft auf eine andere Gesellschaft übergeht.[15]

Bei der Spaltung kann – insoweit parallel der Verschmelzung – die Übertragung entweder auf eine zugleich gegründete „neue Gesellschaft" erfolgen (Spaltung zur Neugründung, *shinsetsu bunkatsu*, Art. 373 jpHGB) oder aber auf eine bereits bestehende „übernehmende Gesellschaft" (Spaltung zur Aufnahme, *kyûshû bunkatsu*, Art.374–16 jpHGB). Im Gegenzug gibt die neue bzw. die übernehmende Gesellschaft Anteile aus. Erfolgt die Ausgabe dieser Anteile an die übertragende Gesellschaft selbst, wird also beispielsweise Vermögen zu einer Tochtergesellschaft der übertragenden Gesellschaft verselbständigt, liegt in der Sprache des deutschen Umwandlungsgesetzes eine Ausgliederung vor (japanisch *butteki bunkatsu*). Werden die Aktien dagegen den Aktionären der übertragenden Gesellschaft zugeteilt, etwa um eine Schwestergesellschaft der übertragenden Gesellschaft zu schaffen, handelt es sich um eine Abspaltung (*jinteki bunkatsu*).[16] Eine Aufspaltung, bei welcher die übertragende Gesellschaft ihr gesamtes Vermögen auf mehrere andere Gesellschaften verteilt und zugleich selbst erlischt, ist vom japanischen Gesetzgeber anders als in § 123 Abs. 1 des deutschen Umwandlungsgesetzes (UmwG) nicht vorgesehen worden. Enger als das deutsche Recht ist das japanische Recht auch insoweit, als eine Gesellschaft durch Spaltung nur „ihre gesamten Geschäfte oder einen Teil davon" (*eigyô no zenbu matawa ichibu*) übertragen kann. Dies wird, auch wenn dies sprachlich nicht zwingend scheint, allgemein dahingehend verstanden, daß nur organische Einheiten, nicht dagegen einzelne Vermögensgegenstände abgespalten oder ausgegliedert werden können.[17] Trotz des Wortlauts des § 123 UmwG („Übertragung ... als Gesamtheit") ist dagegen nach deutschem Recht auch die

14 Ähnliche Regeln wurden zugleich auch für Gesellschaften mit beschränkter Haftung eingeführt. In der sozialen Wirklichkeit Japans dominiert jedoch anders als in Deutschland die Aktiengesellschaft. Das neue Gesellschaftsgesetz wird die Gesellschaft mit beschränkter Haftung für neue Gesellschaften gänzlich abschaffen; siehe *Dernauer*, Die japanische Gesellschaftsrechtsreform 2005/2006, ZJapanR/J.Japan.L 20 (2005), 123, 127f. Der vorliegende Beitrag beschränkt sich aus diesen Gründen auf die Regeln für Aktiengesellschaften.

15 Ähnlich wie das deutsche Umwandlungsgesetz erlaubt das Handelsgesetz freilich auch die Übertragung aller Aktiva und Passiva einer Gesellschaft. So kann sich eine Gesellschaft beispielsweise durch eine Totalausgliederung in eine reine Holdinggesellschaft verwandeln.

16 Das neue Gesellschaftsgesetz wird die praktisch seltene Abspaltung (*jinteki bunkatsu*) ersetzen durch die erleichterte Möglichkeit, im Wege der Ausgliederung erhaltene Tochteranteile als Sachdividende an die Aktionäre der Muttergesellschaft weiterzugeben.

17 *Harada*, Shôji Hômu Nr. 1563, 4, 11f.; *Hayakawa*, ZJapanR Nr. 11 (2001), 37, 44; *Takei/Hirabayashi* (Fn. 7), S. 49. Zur Kritik ausführlich *Kansaku*, Kaisha bunkatsu ni okeru ‚eigyô' no igi [Der Begriff des „Geschäfts" bei der Gesellschaftsspaltung], Hôgaku Kyôshitsu Nr. 243 (2000), 24, 25ff. Die Formulierung für den möglichen Gegenstand einer Spaltung in Art. 2 Nr. 29 und 30 des neuen Gesellschaftsgesetzes dürfte künftig auch die Ausgliederung von Vermögenswerten zulassen, welche kein „Geschäft" bilden. *Aizawa/Hosokawa*, Shôji Hômu 1752 (2005), 5.

Übertragung einzelner Vermögensgegenstände im Wege der Spaltung zulässig.[18] Um steuerlich neutral zu sein, muß der übertragenen Vermögensteil nach deutschem Recht allerdings die Qualität eines Teilbetriebs aufweisen (§ 15 Abs. 1 S. 1 Umwandlungssteuergesetz). Dadurch relativiert sich der Unterschied zwischen dem japanischen und dem deutschen Recht aus Sicht der Praxis erheblich.[19]

2. Das Spaltungsverfahren im Überblick

a) *Spaltungsplan und Spaltungsvertrag*

Das Spaltungsverfahren ist für die Spaltung zur Neugründung und die Spaltung zur Aufnahme weitgehend parallel geregelt (Artt. 373ff. jpHGB bzw. Artt. 374–16ff. jpHGB). Zentrales Dokument ist bei der Spaltung zur Neugründung der Spaltungsplan. In diesem hat das Management der übertragenden Gesellschaft festzulegen, welche Aktiva und Passiva auf die neue Gesellschaft übertragen werden sollen und wieviele Aktien die neue Gesellschaft im Gegenzug an die übertragende Gesellschaft bzw. an deren Aktionäre ausgeben soll.[20] Ferner ist die Satzung der durch die Spaltung gegründeten neuen Gesellschaft, ggf. eine Kapitalherabsetzung der übertragenden Gesellschaft sowie der Spaltungstermin zu bestimmen. Dem Spaltungsplan entspricht bei der Spaltung zur Aufnahme der zwischen der übertragenden und der übernehmenden Gesellschaft geschlossene Spaltungsvertrag. An die Stelle der Gründung der neuen Gesellschaft tritt dabei eine Kapitalerhöhung der übernehmenden Gesellschaft.

b) *Ausgleich der Interessen der Beteiligten*

Das Management einer Gesellschaft, welche eine Spaltung vornehmen möchte, hat regelmäßig ein Interesse daran, bei deren Vornahme über ein Maximum an Flexibilität zu verfügen. Zentraler Zweck des Spaltungsverfahrens ist es, dies mit den Interessen der übrigen Beteiligten, insbesondere der Aktionäre, der Gläubiger und der Arbeitnehmer, zu einem angemessenen Ausgleich zu bringen. Gleichzeitig hat ein Gesetzgeber ein Höchstmaß an Effektivität und Rechtsklarheit zu wahren.[21]

Eine Spaltung greift tief in die Mitgliedschaftsrechte der Gesellschafter ein. Bei der Abspaltung verlieren die Aktionäre der übertragenden Gesellschaft zumindest wirtschaftlich einen Teil ihrer Beteiligung an der übertragenden Gesellschaft und sind dafür künftig an der neuen bzw. der übernehmenden Gesellschaft beteiligt.

---

18 Ganz h.M. Siehe etwa Kallmeyer-*Kallmeyer*, UmwG (2. Auflage 2001) § 123 Rn.123; Lutter-*Teichmann*, UmwG (3. Auflage 2004) § 123 Rn. 8; Semler/Stengel-*Stengel/Schwanna*, UmwG (2003), § 123 Rn. 6.

19 *Ködderitzsch*, Rechtsvergleichende Anmerkungen zum japanischen Verschmelzungs- und Spaltungsrecht, ZJapanR 11 (2001), 65, 88.

20 Ob die Aktien an die übertragende Gesellschaft oder an deren Aktionäre ausgegeben werden entscheidet, wie bereits oben (II.1) erwähnt, darüber, ob eine Ausgliederung oder eine Abspaltung vorliegt.

21 Vgl. zum deutschen Recht *K. Schmidt*, Gesellschaftsrecht (3. Auflage 2002) § 12 III.

Bei der Übertragung auf eine bestehende Gesellschaft ist das Umtauschverhältnis, d.h. die Frage wieviele Aktien der übernehmenden Gesellschaft die Aktionäre der übertragenden Gesellschaft erhalten, von überragender Bedeutung. Denn keine der beiden Gesellschaftergruppen darf durch die Spaltung auf Kosten der anderen einen Vorteil erlangen. Eine Ausgliederung betrifft die Aktionäre der übertragenden Gesellschaft zwar nicht unmittelbar. Sie kann jedoch, wie deutschen Juristen seit der Holzmüller-Entscheidung des BGH[22] geläufig ist, eine Mediatisierung der Aktionärsrecht mit sich bringen.

Das japanische Recht schützt die Aktionäre in erster Linie durch Zustimmungserfordernisse, Abfindungsrechte und die Möglichkeit der Nichtigkeitsklage. Der Spaltungsplan bzw. -vertrag bedarf grundsätzlich der Billigung durch die Hauptversammlungen der beteiligten Gesellschaften mit satzungsändernder Mehrheit.[23] Im Vergleich zum deutschen Recht sind nicht nur die flankierenden Informationspflichten weniger umfassend, es entfallen insbesondere auch der Spaltungsbericht und die Spaltungsprüfung. Ob die umfangreiche Gewährung von Abfindungsrechten (*kaitori seikyû-ken*) dies kompensieren kann, muß angesichts der bestehenden Defizite des Abfindungsverfahrens bezweifelt werden.[24] Nichtigkeitsklagen haben keine aufschiebende Wirkung.

Als zweite Gruppe sind die Gläubiger der beteiligten Gesellschaften in besonderem Maße betroffen. Denn bei der Spaltung können – anders als bei der Verschmelzung – Aktiva und Passiva grundsätzlich frei auf die beteiligten Gesellschaften verteilt werden (sog. Spaltungsfreiheit). Gläubiger der übertragenden Gesellschaften müssen deshalb mit einer Zersplitterung der Haftungsmasse rechnen. Den Gläubigern einer übernehmenden Gesellschaft droht Konkurrenz durch das Hinzutreten neuer Gläubiger.

Außer durch die allgemeinen Kapitalschutzgrundsätze schützt das japanische Recht die Gläubiger daher durch ein spezielles, den Regeln der Kapitalherabsetzung nachgebildetes Gläubigerschutzverfahren (Artt. 374-4, 374-20 jpHGB). Außer denjenigen Gläubigern, die nach einer Ausgliederung weiterhin Erfüllung von der übertragenden Gesellschaft verlangen können,[25] hat die Gesellschaft

---

22 BGHZ 83, 122.

23 In bestimmten Fällen, u.a. bei Bagatellausgliederungen, erlaubt das japanische Recht eine Spaltung auch ohne Zustimmung der Hauptversammlung (sog. vereinfachten Spaltung, *kan'i bunkatsu*). Das neue Gesellschaftsgesetz wird vereinfachte Ausgliederungen in erweitertem Maße zulassen und zudem konzerninterne Spaltungen erleichtern.

24 Bislang haben sich keine klaren Maßstäbe für die Bewertung des Minderheitsanteils herausgebildet. Zudem hat der Minderheitsaktionär grundsätzlich auch im Falle eines Obsiegens seine eigenen Kosten zu tragen. Kritisch zur Effektivität des Abfindungsverfahrens daher *Bälz*, Appraisal Rights in Japanese Corporate Law, ZJapanR 13 (2002), 152, 177; *Kimata*, Kabushiki kaitori seikyû tetsuzuki no sai-kentô [Neue Untersuchung zum Verfahren der Abfindung von Aktionären] (Teil 2), Shôji Hômu Nr. 1464 (1997), 30ff.

25 Diesen Gläubigern droht durch die Spaltung keine Gefahr, da sich das Vermögen der übertragenden Gesellschaft durch die Ausgliederung nicht ändert, sondern lediglich an die Stelle des übertragenen Vermögens die im Gegenzug ausgegebenen Aktien treten (reiner Aktiventausch).

grundsätzlich jeden ihr bekannten Gläubiger individuell zu benachrichtigen.[26] Erhebt ein Gläubiger daraufhin Einspruch, hat die übertragende Gesellschaft den Gläubiger vorab zu befriedigen oder angemessen zu sichern. Eine gesamtschuldnerische Mithaftung wie im deutschen Recht (§ 133 UmwG) ist dagegen nur ausnahmsweise vorgesehen, wo eine individuelle Benachrichtigung unterblieben ist.

Schließlich sind zumindest in einer Rechtsordnung, in welcher Arbeitsverhältnisse nicht ohnehin jederzeit kündbar sind, die Auswirkungen einer Spaltung auf die Arbeitnehmer zu regeln. Der Arbeitnehmerschutz erwies sich bei der Entstehung des neuen japanischen Spaltungsrechts als der Hauptstreitpunkt im Parlament.[27] Um die Arbeitsverhältnisse in ihrem Bestand und Inhalt zu schützen ohne die Flexibilität der Unternehmen bei Spaltungen zu sehr einzuschränken, wurde schließlich als politischer Kompromiß das Arbeitsverträgeübergangsgesetz geschaffen. Dieses sieht, anders als das deutsche Recht (§ 613a BGB) und die europäische Betriebsübergangsrichtlinie[28] keinen gesetzlichen Vertragsübergang vor, verleiht aber denjenigen Arbeitnehmern ein Widerspruchsrecht, die durch die Spaltung von ihrem angestammten Unternehmensteil getrennt würden.[29]

c) *Folgen der Spaltung*

Mit Eintragung der Spaltung im Handelsregister am Sitz der übertragenden Gesellschaft wird die Spaltung wirksam.[30] Das im Spaltungsplan bzw. -vertrag bestimmte Vermögen geht ohne weiteres kraft Gesetzes auf die neue bzw. die übernehmende Gesellschaft über (partielle Gesamtrechtsnachfolge). Zugleich wird bei der Ausgliederung die übertragende Gesellschaft, bei der Abspaltung werden die Aktionäre der übertragenden Gesellschaft Gesellschafter der neuen bzw. der übernehmenden Gesellschaft.[31] Die Nichtigkeit einer Spaltung kann nur im Wege der Klage geltend gemacht werden, die jedoch – anders als nach deutschem Recht – keine Registersperre bewirkt. Daß ein Urteil, das eine Spaltung für nichtig erklärt,

---

26 Diese für die beteiligten Gesellschaften mit erheblichen Aufwand verbundene Benachrichtigungspflicht ist inzwischen für Gläubiger, die keine Deliktsgläubiger sind, entfallen, sofern die Gesellschaft ihre Bekanntmachungen außer im Amtsblatt in einer Tageszeitung oder elektronisch vornimmt (Art. 374–4 Abs. 1, Art. 374–20 Abs. 1 jpHGB).

27 Umfassende Dokumentation in einer Veröffentlichung des Arbeitsministeriums: *Kôsei Rôdô-shô*, Rôdô keiyaku shôkei-hô no riron to jitsumu [Theorie und Praxis des Arbeitsverträgeübergangsgesetzes] (2001).

28 RL 77/187/EWG v. 14. 2. 1977 zur Angleichung der Rechtsvorschriften der Mitgliedstaaten über die Wahrung von Ansprüchen der Arbeitnehmer beim Übergang von Unternehmen, Betrieben oder Betriebsteilen, ABl. 1977 L 61/26, neugefaßt durch die gleichnamige RL 2001/23/EG vom 12. 3. 2001, ABl. 2001 L 82/16.

29 *Yamakawa*, Corporate Restructuring and the Role of Labour Law: Japan, Bulletin of Comparative Labour Relations No. 47 (2003), 103, 106ff. Ferner *Bälz* (Fn. 7), S. 202ff.

30 Nach deutschem Recht kommt es insoweit auf die Eintragung am Sitz des übertragenden Rechtsträgers an (§ 125 S. 1 i.V.m. § 20 Abs. 1 UmwG).

31 Während gegenwärtig im Gegenzug für das übertragene Vermögen grundsätzlich Anteile an der übernehmenden Gesellschaft gewährt werden müssen, sollen ab 1. Mai 2007 auch Abfindungen in bar oder mit Wertpapieren einer anderen Gesellschaft möglich sein. Siehe *Satô/Matsubara*, Cash-out option means more flexibility, IFLR Guide to Japan (2006), 29ff.

eine praktisch kaum durchführbare Rückabwicklung zur Folge hätte, dürfte ein Grund sein, weshalb Spaltungsnichtigkeitsklagen ebenso wie Verschmelzungsnichtigkeitsklagen in Japan äußerst selten sind.[32]

Praktisch von großer Bedeutung ist, daß dieser Vorgang unter bestimmten Voraussetzungen steuerneutral erfolgen kann. Dies wird dadurch bewerkstelligt, daß das übertragene Vermögen bei einer sog. qualifizierten Spaltung als zum Buchwert übertragen angesehen wird, so daß bei der übertragenden Gesellschaft kein steuerbarer Spaltungsgewinn entsteht (Artt. 62–2 62–3 KöStG[33]). Nach japanischem Recht können Spaltungen dabei nur steuerneutral sein, wenn sie innerhalb der Unternehmensgruppe oder zur Bildung eines Gemeinschaftsunternehmens erfolgen.[34]

III. Die Spaltungsnovelle als Reaktion auf die Globalisierung des Wettbewerbs

1. Kontext der japanischen Reform

Erklärtes Ziel der Reform im Jahre 2000 war es, den japanischen Unternehmen ein weiteres Instrument an die Hand zu geben, ihre Organisation den veränderten Marktbedingungen des globalen Wettbewerbs rasch und flexibel anzupassen.[35] Dies ist vor dem Hintergrund zu sehen, daß Japan nach dem Boom der Achtzigerjahre fast die gesamten Neunzigerjahre über mit einer anhaltenden wirtschaftlichen Krise (sog. *Heisei*-Rezession) zu kämpfen hatte. Eingeleitet wurde diese Krise im Jahre 1991 durch das Platzen der Spekulationsblase und den sich anschließenden Verfall der Immobilienpreise. Seitdem sah sich der einstige Musterschüler des Westens mit einer anhaltenden Wachstumsschwäche seiner Volkswirtschaft, ungewohnt hoher Arbeitslosigkeit, einer rasant steigenden Staatsverschuldung und einem unter der Last notleidender Kredite ächzenden Finanzsektor konfrontiert. Deshalb hatte nicht zuletzt der japanische Unternehmerverband *Keidanren* darauf gedrängt, durch die Einführung von Spaltungsregeln die überfällige Umstrukturierung und Neuausrichtung vieler japanischer Unternehmen zu erleichtern.[36] Es wurde darauf hingewiesen, daß Unternehmen anderer Länder dieses Instrument schon länger zur Verfügung stehe und das geltende japanische Recht daher einen Standortnachteil darstelle.[37]

---

32 In den ersten zweieinhalb Jahren seit Inkrafttreten des neuen Gesetzes ist gerade einmal ein Fall einer Spaltungsnichtigkeitsklage bekannt geworden. Hierzu *Bälz* (Fn. 7), S. 200.

33 Körperschaftsteuergesetz, *Hôjin-zei hô*, Gesetz Nr. 34/1965.

34 Zu den Voraussetzungen einer steuerneutralen Spaltung *Lintveld/Sekiya/Nagy*, Tax and Legal Regime of Corporate Reorganizations, Derivatives and Financial Instruments, March/April 2003, 34, 38ff. Ferner *Bälz* (Fn. 7), S. 228ff.

35 *Harada*, Shôji Hômu Nr. 1563 (2000), 4, 6.

36 Siehe den Programmpunkt I.1 in der Stellungnahme des Unternehmensverbandes *Keidanren* vom 18. 5. 1999 erhältlich online unter <http://www.keidanren.or.jp/japanese/policy/pol228/part1.html> Ferner *Hayakawa*, ZJapanR 11 (2001), 37, 38.

37 *Harada*, Shôji Hômu Nr. 1563 (2000), 4, 6.

2. Gesteigertes Bedürfnis für Spaltungsvorgänge und Hindernisse im bestehenden Recht

Das Instrument der Spaltung kann Unternehmen eine notwendige Umstrukturierung in unterschiedlicher Weise erleichtern. Häufig soll das Unternehmens durch Konzentration auf Kerngeschäftsfelder (sog. *core competencies*) neu ausgerichtet werden. Weniger rentable Randaktivitäten sollen abgestoßen und Ressourcen gebündelt werden. Zugleich wird mit einer Spaltung nicht selten eine Straffung der Führungsstrukturen bezweckt. Ferner erhoffen sich Unternehmen von einer organisatorischen Trennung verschiedener Geschäftsbereiche eine positive Wirkung auf den Aktienkurs. Sie begegnen damit der Tendenz bei Analysten und Investoren, stark diversifizierte Unternehmen bei der Bewertung mit einem Diversifikationsabschlag (*conglomerate discount*) zu belegen. Häufig sind Spaltungen auch im Rahmen umfassenderer Transaktionen, etwa als Ausgliederung eines Unternehmensteils auf eine neue Gesellschaft mit dem Ziel, diese zu veräußern oder an der Börse zu notieren.

Gegenüber der bisherigen Rechtslage bringen die neuen Spaltungsregeln für die Unternehmen entscheidende praktische Vorteile.[38] Zu den wichtigsten gehören, daß bei einer Vermögensübertragung im Wege der Einzelrechtsnachfolge bislang eine aufwendige Prüfung der Werthaltigkeit des übertragenen Vermögens durch einen gerichtlich bestellten Prüfer vorgeschrieben war. Dieses Erfordernis ist bei der Spaltung verzichtbar, inzwischen freilich auch für die Einzelrechtsnachfolge gelockert worden.[39] Ferner erfordert eine Übertragung im Wege der Einzelrechtsnachfolge, daß für jeden Vermögensgegenstand der entsprechende Übertragungsakt vorgenommen und bei der Übertragung von Verbindlichkeiten und Vertragsverhältnissen die Zustimmung des Gläubigers bzw. Vertragspartners eingeholt wird. Demgegenüber gehen die Aktiva und Passiva bei einer Spaltung grundsätzlich mit deren Eintragung ohne weiteres auf die neue bzw. die übernehmende Gesellschaft über. Eine befreiende Übertragung von Verbindlichkeiten und Vertragsverhältnissen ohne Zustimmung des anderen Teils ist möglich, da der Schutz der Gläubiger und Vertragspartner durch die speziellen Gläubigerschutzvorschriften des Spaltungsverfahrens sichergestellt ist.[40] Auf die steuerlichen Vorteile der Spaltung ist schon hingewiesen worden (II.2.c) a.E.). Bei den japanischen Unternehmen ist das neue Instrument der Spaltung so beliebt, daß allein in der ersten Hälfte des Geschäftsjahres 2005 (April bis September) über 546 Spaltungen gezählt worden sind.[41]

---

38 Einzelheiten bei *Bälz* (Fn. 7), S. 36; *Takei/Hirabayashi* (Fn. 7), S. 4 ff.

39 Das japanische Recht kennt keine obligatorische Spaltungsprüfung, üblich sind jedoch zumindest bei börsennotierten Gesellschaften *fairness opinions* von Wirtschaftsprüfungsgesellschaften oder Investmentbanken.

40 Siehe oben II.2.b).

41 Vgl. die Statistik von Tokyo Shôkô Research unter <http://www.tsr-net.co.jp/new/data/1174979_818.html>.

3. Globalisierung als Triebfeder der Rechtsangleichung

Während die japanische Krise durchaus ihre eigenen Züge aufweist, gehören zu ihren tieferen Ursachen auch internationale Entwicklungen, die häufig unter dem Schlagwort „Globalisierung" zusammengefaßt werden. Die Einführung der Spaltung nach dem kontinentaleuropäischen Modell, gedacht als ein Beitrag zur Überwindung der wirtschaftlichen Krise, kann daher als ein Stück Rechtsangleichung aufgefaßt werden, mit dem der japanische Gesetzgeber auf die Herausforderungen der Globalisierung reagiert hat.

Ein Faktor, der den Druck auf die japanischen Unternehmen, sich durch Spaltungen unprofitabler Unternehmensteile zu entledigen und ihre Leitungsstruktur zu straffen, zweifellos erhöht hat, ist der zunehmend globale Wettbewerb um Absatzmärkte. Der Abbau von Handelsbarrieren und das Aufkommen des *e-commerce* stellen dabei Entwicklungen dar, die weltweit den Wettbewerbsdruck erhöhen.[42] Das traditionell exportstarke Japan trägt diesen Kampf wesentlich auch auf Drittmärkten aus. Der Wettbewerbsdruck wird für Japan verstärkt durch die geographische Nähe zur boomenden Wirtschaft der Volksrepublik China und die Ähnlichkeit in der Industriestruktur mit den rasch aufstrebenden Staaten Südostasiens. Dies macht es für japanische Unternehmen unerläßlich, ihre Strukturen rasch und kostengünstig an veränderte Marktbedingungen anpassen zu können.

Erheblich zugenommen hat für viele japanische Aktiengesellschaften auch der Druck, der von den globalen Kapitalmärkten ausgeht. Investoren, insbesondere institutionelle Anleger, legen ihr Geld längst weltweit an und sind bereit ein Investment in kürzester Zeit umzuschichten, sobald eine anderes eine höhere Rendite verspricht. In Japan ist nicht zuletzt aufgrund der Schwäche der krisengeschüttelten Banken, aber auch aufgrund weitreichender Deregulierungen des Finanzsektors[43] zugleich eine Verlagerung von einer einseitigen Finanzierung durch Bankkredite hin zu verstärkter Finanzierung über den Kapitalmarkt zu beobachten (sog. „Verlassen der Banken", *ginkô banare*). Auch zwingen neue Bilanzierungsstandards japanische Unternehmen zu mehr Transparenz. Zumindest nach traditioneller Auffassung fühlten sich japanische Manager in der Vergangenheit in erster Linie ihrer Belegschaft und erst in zweiter oder dritter Linie ihren Anlegern verpflichtet.[44] Nunmehr ändert sich bei vielen die Aktionärsstruktur. An die Stelle stabiler Überkreuzbeteiligungen treten verstärkt internationale Investoren und

---

42 Mit Blick auf Japan *Harada*, Shôji Hômu Nr. 1563 (2000), 4, 6.

43 *Baum*, Der japanische „Big Bang" 2001 und das tradierte Regulierungsmodell: ein regulatorischer Paradigmenwechsel?, RabelsZ 64 (2000), 633 ff; *Kanda*, Regulation of Exchanges and Investment Services: A Japanese Perspective, in: Basedow/Baum/Hopt/Kanda/Kono (Hrsg.), Economic Regulation and Competition: Regulation of Services in the EU, Germany and Japan (2002), S. 151, 153ff.

44 Zu diesem Deutungsmuster *Takahashi*, Corporate Governance und die Reform des Gesellschaftsrechts in Japan, ZJapanR 16 (2003), 121, 126f. Radikale Ablehnung dieser Sichtweise bei *Kaplan/Ramseyer*, Those Japanese Firms with their Disdain for Shareholders: Another Fable for the Academy, Wash. U.L.Q. 74 (1996), 403ff.

auch japanische Anleger spielen ihre Rolle zunehmend aktiver.[45] All dies läßt aus Sicht der japanischen Unternehmen dem Aktienkurs und der Rendite ihrer Anleger einen größeren Stellenwert zukommen. Spaltungsvorgänge können dazu dienen, zu diesem Zweck die Leitungsstrukturen zu effektivieren, den Aktienkurs zu steigern oder Unternehmensteile an die Börse zu bringen.

Ein verstärktes Bedürfnis japanischer Unternehmen, Spaltungsvorgänge vorzunehmen rührt schließlich auch von neuen Managementstrategien her. Aus dem angelsächsischen Raum ausgehend hat auch in Japan die Idee der Konzentration und Selektion (japanisch *shûchû to sentaku*) Einkehr gehalten.[46] Statt durch Bildung stark diversifizierter Konglomerate ein Maximum an Marktmacht und eine Risikostreuung auf der Ebene des Unternehmens anzustreben, werden unprofitable Unternehmensteile abgestoßen und die vorhandenen Ressourcen auf wenige Kerngeschäftsfelder konzentriert.

IV. Weltweite Konvergenz der Systeme?

Wenn also nicht zuletzt globale Trends den japanischen Gesetzgeber dazu bewogen haben, das Instrument der Spaltung aus dem kontinentaleuropäischen Recht zu importieren, kann man die Frage aufwerfen, ob dies die These von der globalen Konvergenz der gesellschaftsrechtlichen Systeme bestätigt. Die Vertreter dieser Theorie prophezeien eine maßgeblich durch den Wettbewerb auf den globalisierten Produkt- und Kapitalmärkten getriebene Evolution der verschiedenen Gesellschaftsrechte hin zu einem System angelsächsischer Prägung, welches die Interessen der Aktionäre in den Mittelpunkt stellt.[47] Ein solcher *shareholder value*-Ansatz sei langfristig effizienter als ein *stakeholder*-Ansatz, der auch die Interessen anderer Beteiligter, insbesondere der Gläubiger und Arbeitnehmer, durch das Gesellschaftsrecht zu schützen sucht. Daraus wird normativ die Folgerung gezogen, das Gesellschaftsrecht sei weitestgehend auf den Schutz der Aktionäre zu beschränken.[48]

Das neue japanische Spaltungsrecht fügt sich in diesen behaupteten globalen Trend indes nur teilweise ein. Zwar illustriert die Spaltungsreform den Einfluß der globalen Märkte auf das Recht und paßt zudem zu dem globalen Trend der Deregulierung des Gesellschaftsrechts. Blickt man auf die Substanz der neuen Regeln, ist indes kein klares Bekenntnis zum *shareholder value*-Prinzip erkennbar. Zweifelsohne eröffnen die neuen Regeln den Unternehmen zusätzliche Möglichkeit, Anlegerinteressen stärker zu berücksichtigen, indem durch eine Spaltung eine Konzentration auf Kernkompetenzen oder eine Straffung der Konzernstruktur ins Werk gesetzt

---

45 Zum Abbau der Überkreuzbeteiligungen *Kawamoto/Kishida/Morita/Kawaguchi* (Fn. 1), Rn. 45. Ein Beispiel für erstarkten Aktionärsaktivismus ist die Bürgerinitiative *Kabunushi Ombuzuman* (*Shareholder Ombudsman*).

46 Repräsentativ etwa *Watanabe*, The Pure Company (NRI Papers No. 50 2000), S. 1ff.

47 Repräsentativ *Hansmann/Kraakman,* The End of History for Corporate Law, Georgetown L.J. 89 (2001), 439ff.

48 *Hansmann/Kraakman*, Georgetown L.J. 89 (2001), 439, 442.

werden. Wenn jedoch überhaupt den Interessen einer Gruppe von Beteiligten Vorrang eingeräumt wird, dann am ehesten denen des Managements der beteiligten Gesellschaften. Diese dürften verglichen mit dem deutschen Recht insgesamt mehr Freiheiten bei der Gestaltung eines Spaltungsvorgangs haben. Minderheitsaktionäre, die nach der *shareholder value*-Philosophie im Mittelpunkt stehen müßten, haben demgegenüber aufgrund des Verzichts auf eine Spaltungsprüfung, die zurückgenommenen Informationspflichten und die fehlende aufschiebende Wirkung einer Nichtigkeitsklage eher stumpfe Waffen in die Hand bekommen, um ihre Interessen zu behaupten. Gläubigern kommt ein gesamtschuldnerische Mithaftung anders als im deutschen Recht nur ausnahmsweise zugute. Arbeitnehmer können einer Übertragung ihres Arbeitsverhältnisses mit ihrem angestammten Unternehmensteil nicht widersprechen.

Wirklich überraschen kann dieses Ergebnis gleichwohl nicht. Globale Entwicklungen mögen die Spaltungsreform maßgeblich motiviert haben. Vermittelt werden derlei Triebkräfte jedoch durch den politischen Prozeß. Selbst wenn ein am *shareholder value* orientiertes Gesellschaftsrecht tatsächlich effizienter sein sollte, ist das geltende Recht doch auch immer Ausdruck der jeweiligen politischen Kräfteverhältnisse. Der politische Prozeß in Japan ist jedoch seit jeher stark auf Konsens ausgerichtet.[49] Die Interessenvertreter des Managements der großen japanischen Unternehmen, insbesondere der Unternehmensverband *Keidanren*, ist dabei besonders einflußreich, während sich Anleger im politischen Prozeß erst allmählich stärker artikulieren. Vielleicht erklärt aber auch die historische Situation Japans Ende der Neunzigerjahre, als die *Heisei*-Rezession schon fast ein Jahrzehnt andauerte, weshalb man der Erweiterung der Freiräume für die Unternehmen bei der Abwägung der Interessen besonders stark gewichtet hat.

V. Zusammenfassung

Japan hat durch eine Reform des Handelsgesetzes im Mai 2000 neue Regeln für die Spaltung von Gesellschaften geschaffen. Nach umfangreichen rechtsvergleichenden Vorarbeiten orientierte man sich dabei am kontinentaleuropäischen Modell einer Vermögensübertragung im Wege der partiellen Gesamtrechtsnachfolge. Die Reform ist zu sehen vor dem Hintergrund einer anhaltenden wirtschaftlichen Krise in Japan, zu deren Überwindung der japanische Gesetzgeber einen rasanten Reformprozeß auf dem Gebiet des Gesellschaftsrechts begonnen hat. Das Fehlen effizienter Regeln für Spaltungsvorgänge wurde dabei zunehmend als ein Standortnachteil angesehen. Die neuen Regeln helfen den japanischen Unternehmen nunmehr, sich durch Strukturänderungen den gewandelten Anforderungen des

---

49 Dies spiegelt sich etwa in der Bedeutung der Gesetzgebungskommissionen (*shingi-kai*), in denen regelmäßig ein breites Spektrum von Interessen vertreten ist. Eine solche Kommission hat auch das neue Spaltungsrecht entworfen. Zu den *shingi-kai* allgemein *Schwartz*, Advice and Consent (1998), S. 1ff.

globalen Wettbewerbs künftig wieder besser stellen zu können. Die Spaltungsreform illustriert damit zugleich, wie weltweiter Wettbewerb, zunehmender Druck der internationalen Kapitalmärkte aber auch die grenzüberschreitende Verbreitung neuer Managementphilosophien die Angleichung nationalen Rechts an internationale Vorbilder anstoßen können. Soweit sich die Erfahrungen mit den neuen japanischen Spaltungsregeln verallgemeinern lassen, bleibt das konkrete Ergebnis einer solchen Rechtsangleichung freilich von der spezifischen Situation und den politischen Kräfteverhältnissen des jeweiligen Landes geprägt.

§ 17 日本の会社分割規整
——グローバル化時代における法の同化の一例——*

モーリッツ・ベルツ

目次

I. 2000 年 5 月の日本商法改正

90 年代の初め、日本の立法者は、長期化する経済危機を背景として、会社法の分野での急激な改革のプロセスを開始させた[1]。バブル経済崩壊の重荷に苦しむ日本企業を支援し[2]、その低下した国際競争力を回復させるため、会社法の規制枠組は、様々な点で柔軟化されることとなった。その基本的発想は、会社法における規制緩和を通じて、企業が、激化する世界規模の競争のニーズに対してより容易に適応することを可能にする、という点に見出すことができる[3]。これまで会社法上の規律の中核をなしてきた商法典[4]の再三にわたる改正の重点は、とり

---

* 垣内秀介訳。翻訳にあたっては、会社法関係の専門用語及びドイツ語読解上の問題点について、斉藤真紀京都大学助教授から懇切なご教示を賜った。特に記して感謝申し上げたい。もちろん、それにもかかわらず残されている誤訳 、不適切訳についての責任は、すべて翻訳者にある。

1 概観として、*Hashimoto*, Commercial Code Revisions: Promoting the Evolution of Japanese Companies (NRI Papers No. 48 2002), S. 1 ff.; *Kawamoto/Kishida/Morita/Kawaguchi*, Gesellschaftsrecht in Japan (2004), Rn. 84 ff. を参照。

2 近時の日本経済の動向の概観としては、*Waldenberger*, Die japanische Wirtschaft in den 1990er Jahren: Vom Wirtschaftswunderland zum Problemfall der Weltwirtschaft, in: Kauffmann (Hrsg.), Risutora – Japans Weg in die globale Gesellschaft (2001), S. 49 ff. を参照。

3 *Baum*, Entstehung, Strukturen und Bedeutung des japanischen Handelsgesetzes – eine Einführung, in: Kliesow/Eisele/Bälz (Hrsg.), Das japanische Handelsgesetz (2002), S. 1, 16 ff.

4 商法(明治 32 年法律第 48 号)。ドイツ語訳として、*Kliesow/Eisele/Bälz* (Fn. 3), S. 29 ff. がある。

わけ、企業の資金調達手段の拡大、企業統治（コーポレート・ガバナンス）の改善及び会社の組織再編の容易化という点にあった。こうした類例を見ない改革の努力は、2006 年 5 月 1 日施行の新会社法に、その現時点における到達点を見出すこととなった[5]。

以上に大まかに述べたプロセスの中から、ここでは、2001 年 4 月 1 日に施行され、会社分割に関して新たな規律を導入することとなった 2000 年 5 月の商法改正法[6]（商法 373 条以下）[7]を取り上げることにしよう。日本の株式会社及び有限会社は、これによって初めて、単一の手続で、新株ないし持分の割当てと引き換えにして、その財産の一部を総体として他の一つまたは複数の会社に移転することができるようになったのである。

分割に関する新たな規律の導入は、ドイツ法の視点から見て特に興味深いものであるといえる。それは、単に、同改正が広汎な比較法的準備作業を基礎としたものである、ということだけによるものではない[8]。その点ではすでに日本では長い伝統が存在するからである。注目すべきなのはむしろ、分割法制改正に際しては、——90 年代における他の会社法改正の多くと異なり[9]——結局アメリカ法の示す方向に反する形で決断がなされた、ということである。そこでは、アメリカ法ではなく、むしろフランス法の scission や、分割に関する EU 指令[10]、そしてとりわけドイツの組織変更法（Umwandlungsgesetz）をモデルとして、社員、債権者及び労働者の利害の調整を目的とする、合併に準じた特別の手続が創設さ

---

5 会社法の草案は、法務省のホームページで見ることができる（http://www.moj.go.jp/HOUAN/KAISYAHOU/refer04-01.pdf）。現時点での新法の解説としては、神田秀樹『会社法（第 7 版）』（2005）、弥永真生『会社法（第 9 版）』（2005）がある。また、欧文文献として、*Saito*, Zur anstehenden Novellierung des japanischen Gesellschaftsrechtes, ZJapanR 18 (2004), 210 ff.; *Takahashi/Shimizu*, The Future of Japanese Corporate Governance: The 2005 Reform, ZJapanR 19 (2005), 35 ff. も参照。新会社法においては、組織再編行為（組織変更、合併、会社分割、株式交換及び株式移転）に関する規律についても体系的に整理し直され、現代語化されることになる（会社法 743 条以下）。会社分割との関係における内容面での本質的な変更点は、以下で簡潔に述べるように、わずかなものにすぎない。以上の点に関しては、相澤哲＝細川充「組織再編行為(上)(下)」商事 1752 号 4 頁以下、1753 号 37 頁以下（2005）、神田秀樹「組織再編」ジュリ 1295 号 128 頁以下（2005）を参照。また欧文の文献としては、*Bälz*, Liberalized Rules for the Restructuring of Japanese Companies – Mergers, Demergers and Share Exchanges under the New Company Law, ZJapanR / J.Japan.L 21 (2006), 19 ff.

6 商法等の一部を改正する法律（平成 12 年法律第 90 号）。

7 例えば、江頭憲次郎『株式会社・有限会社法（第 4 版）』（2005）745 頁以下、武井一浩＝平林素子『会社分割の実務』（2000）を参照。ドイツ語による概観として、*Hayakawa*, Neue Regeln für die Gesellschaftsspaltung: Reform des japanischen Handelsgesetzes vom Mai 2000, ZJapanR 11 (2001), 37 ff. より詳細には、*Bälz*, Die Spaltung im japanischen Gesellschaftsrecht (2005)。

8 この準備作業の内容は、部分的にしか公表されていない。アメリカ法との比較として、例えば、江頭「会社分割」奥島還暦第 1 巻『比較会社法研究』（1999）185 頁以下、武井＝平林（前掲注 7）195 頁以下（1999 年に商事法務に 5 回連載された論文を収録したもの）を参照。

9 アメリカ法の示唆を受けた近時の改革の例としては、代表訴訟を活性化した平成 5 年改正、ストックオプション制度を導入した平成 9 年改正、株式交換・株式移転の制度を創設した平成 11 年改正、そして新たな取締役会制度を選択肢として導入した平成 14 年改正が挙げられる。

10 株式会社の分割に関する第 6 指令（82/891/EWG des Rates vom 17.12.1982, ABl. 1982 L 378/47）。

れたのである[11]。何より「部分的な包括承継」という大陸法的な観念が日本の立法者にとって魅力的なものと映り、こうして日本法に導入されることとなったわけである[12]。

それと同時に、この分割法制の改革は、グローバル化時代において、国家法の国際的モデルへの同化へと働きかける原動力や動機がどのようなものであるかを示す分かりやすい事例を提供するものでもある。

そこで以下では、はじめに新たな分割法制の概略を示したうえで（**II**）、第二のステップとして、分割法制改革の背景を検討し、なぜまさに 90 年代末の日本においてこうした組織再編の手段を導入する必要性が高まったのかを明らかにするとともに（**III**）、第三のステップとして、分割法制改革の事例が、世界的規模における会社法制の収斂が将来的に見込まれるという命題を裏付けるものであるかどうか、という問題を検討する（**IV**）。最後に、以上の検討の結果を簡単に要約することにしたい（**V**）。

II. 新たな会社分割法制

1. 日本法における分割の基本的類型

従来、日本の会社がその財産を複数の会社に分割するには、単純な資産の譲渡（asset deal）や、設立時ないし設立後における現物出資という形で、いずれにせよ特定承継の方法によるしかなかった[13]。これに対して、新たな分割法制は、日本の株式会社[14]が資産と負債を一体として他の一つまたは複数の会社に譲渡することを、初めて可能にしたものである。そこでは、財産移転は、合併の場合と同様、包括承継の形式で行われる。もちろん、分割の場合には、必ず分割会社の全財産が他の会社に移転するというわけではないから、移転は部分的なものとなる[15]。

---

11 会社分割手続（corporate separation transactions）に関する多様な規律モデルの比較法的概観としては、*Conard*, Fundamental Changes in Marketable Share Companies, Int. Enc. Comp. L., Volume XIII Chapter 6 (1972), S. 90 ff. を参照。

12 日本法における包括承継の原則に関しては、原田晃治「会社分割の創設について（3）」商事法務 1566 号（2000）4 頁以下、また、落合誠一ほか「会社分割に関する商法上の論点（パネル・ディスカッション）」菅野和夫＝落合誠一編『会社分割をめぐる商法と労働法』（東京大学法律プロフェッショナル・セミナー）別冊商事法務 236 号（2001）28、38 頁（落合発言）を参照。ドイツ法における部分的な包括承継の観念に関する基本文献としては、*K. Schmidt*, Universalsukzession kraft Rechtsgeschäft – Bewährungsproben eines zivilrechtsdogmatischen Rechtsinstituts im Unternehmensrecht, AcP 191 (1991), 495, 512 ff. を参照。

13 旧法下の状況とそれによって生じていた実務上の困難については、原田晃治「会社分割の創設について（1）」商事法務 1563 号（2000）9 頁、武井＝平林（前掲注 7）4 頁以下を参照。

14 有限会社についても、同様の規律が同時に導入されたが、日本においてはドイツと異なって、株式会社のほうが社会実態上支配的な形態となっている。新会社法は、今後設立される会社に関しては、有限会社を廃止することにしている。*Dernauer*, Die japanische Gesellschaftsrechtsreform 2005/2006, ZJapanR/J.Japan.L 20 (2005), 123, 127 f.　本稿がもっぱら株式会社の規律を対象としているのも、これらの理由による。

15 もちろん、ドイツの組織変更法と同様、日本の分割法は会社の全資産及び負債の移転も認めている。したがって、例えばある会社がその営業すべてを子会社に移転することにより純粋持株会社に移行するということも、可能である。

分割においては――その点では合併とパラレルに――、移転は、分割と同時に設立される「新設会社」に対して（商法 373 条の新設分割）、またはすでに存在する「承継会社」に対して（商法 374 条の 16 の吸収分割）、行うことができる。その対価として、新設ないし承継会社は、その株式を交付することになる。これらの株式が分割会社自身に対して割り当てられる場合、例えば分割会社がその財産を自己の子会社へと分離する場合には、ドイツの組織変更法の用語で言えば「分社化（Ausgliederung）」、日本法的には「物的分割」が行われることになる。これに対して、例えば分割会社の姉妹会社を設立するために株式が分割会社の株主に対して交付される場合には、ドイツ法上の「存続分割（Abspaltung）」、日本法的には「人的分割」が問題となる[16]。ドイツ組織変更法 123 条 1 項と異なって、分割会社が自己の全財産を他の複数の会社に分配するとともに自らは解散する「消滅分割（Aufspaltung）」は、日本法では予定されていない。また、日本法では、分割によって会社は「営業の全部または一部」を移転することができるにすぎないのも、ドイツ法に比べて狭い点である。このことは、文言上はそう解する必然性はないようにもみえるものの、一般には、分割による移転の対象となり得るのは有機的な一体だけであって、個別財産はその対象となり得ないという意味に理解されている[17]。逆にドイツでは、組織変更法 123 条の文言（「総体としての……移転」（Übertragung ... als Gesamtheit））にもかかわらず、分割の方法による個別財産の移転も適法とされる[18]。もっとも、ドイツ法においても、非課税扱いとされるためには、移転対象財産は営業の一部たる性質を有しなければならない（§ 15 Abs. 1 S. 1 Umwandlungssteuergesetz）。このことにより、日本法とドイツ法との違いは、著しく相対化されることになろう[19]。

2. 分割手続の概要

a) 分割計画書と分割契約書

分割手続は、新設分割、吸収分割の両場合について、パラレルに規定されている（商法 373 条以下及び 374 条の 16 以下）。新設分割の場合における中心的な

---

16 新会社法においては、実務において利用されることの少ない人的分割は、より簡易な方法、すなわち、分社化により取得した子会社株式を（今や親会社となった）会社の株主に現物配当として分配するという方法によって、取って代わられることになる。

17 原田（前掲注 13）商事法務 1563 号 4、11-12 頁、武井＝平林（前掲注 7）49 頁、*Hayakawa*, ZJapanR 11 (2001), 37, 44。これに対する批判の詳細は、神作裕之「会社分割における「営業」の意義」法教 243 号（2000）24、25 頁以下を参照。会社分割において移転することのできる目的物に関する新会社法 2 条 29 号及び 30 号の規定ぶりからすれば、今後は、「営業（新法においては事業）」を構成しない財産を会社分割により移転することも、可能になりそうである。相澤＝細川（前掲注 5）商事法務 1752 号 5 頁。

18 異論のない通説である。例えば、Kallmeyer-*Kallmeyer*, UmwG (2. Auflage 2001) § 123 Rn. 123; Lutter-*Teichmann*, UmwG (3. Auflage 2004) § 123 Rn. 8; Semler/Stengel-*Stengel/Schwanna*, UmwG (2003), § 123 Rn. 6.

19 *Ködderitzsch*, Rechtsvergleichende Anmerkungen zum japanischen Verschmelzungs- und Spaltungsrecht, ZJapanR 11 (2001), 65, 88.

書類は、分割計画書である。分割計画書において、分割会社の経営者は、いずれの資産及び負債が新設会社に移転されることになるか、また、新設会社は何株の株式を対価として分割会社ないしその株主に対して交付することになるかを定めなければならない[20]。さらに、分割により新設される会社の定款や、場合によっては分割会社による資本減少の内容、また分割期日も定めなければならない。吸収分割の場合において、この分割計画書に対応するのが、分割会社と承継会社との間で取り交わされる分割契約書である。ここでは、新会社の設立の代わりに、承継会社の増資が行われることになる。

b) 関係人の利害調整

分割を行おうとする会社の経営者は、その実行に際して最大限の柔軟性を確保することに利益を有するのが通常である。分割手続の主要な目的は、そうした利益を、他の関係人、とりわけ株主、債権者及び労働者の利益と適切に調整するという点に存する。それと同時に、立法者は、制度の実効性と法的明確性とを最大限に保障しなければならない[21]。

会社分割は、社員のもつ社員権に著しい影響を及ぼす。人的分割の場合には、分割会社の株主は少なくとも経済的には分割会社に対する持分の一部を失い、それと引き換えに以後新設会社ないし承継会社に資本参加することとなる。既存会社への移転に際しては、分割比率、すなわち分割会社の株主が承継会社の株式をどれだけ取得できるかが、最重要の意味をもつ。両会社の株主群いずれも、相手方会社の株主の負担において利益を得ることは許されないからである。これに対して、物的分割は、分割会社の株主に直接の影響を与えるものではない。とはいえ、ドイツの法律家にはBGHのHolzmüller判決[22]以来知られているように、物的分割もまた、株主権の縮減を伴い得るものである。

日本法は、何より株主総会による承認決議の要求、株式買取請求権、そして無効の訴えの可能性によって、株主を保護している。分割計画書ないし契約書は、定款変更と同様の特別決議によって、当事会社の株主総会の承認を受けなければならない[23]。ドイツ法と比較すると、日本法は、補充的な情報提供の義務の範囲が狭いばかりでなく、とりわけ分割報告書及び検査役の調査を欠いていることになる。買取請求権の一般的な保障によってこうした欠缺を埋め合わせることができるかについては、買取請求手続制度に欠陥がある現状に鑑みれば、疑わしいものといわなければならない[24]。また、無効の訴えは分割の効力発生を停止するものではない。

---

20 前述したように（**II.1**）、株式が分割会社に交付されるかその株主に交付されるかによって、分社化（物的分割）か存続分割（人的分割）かが決まることになる。

21 ドイツ法に関し、*K. Schmidt*, Gesellschaftsrecht (3. Auflage 2002) § 12 III を参照。

22 BGHZ 83, 122.

23 一定の場合、特に小規模の分社化などの場合については、日本法は株主総会決議による承認を要しない分割をも認めている（いわゆる簡易分割）。新会社法においては、簡易分割が許容される範囲が拡張され、さらに企業グループ内部における会社分割の手続も簡易化された。

24 少数派株主の持つ株式の評価については、これまでのところ、明確な基準が形成されていない。くわえて、買取請求が認められる場合であっても、価格決定手続に要する費用は、少数派株主が自ら負担しなければならない。これらの点から買取請求手続の実効性を批判する見解として、

2番目のグループとしては、当事会社の債権者が、とりわけ影響を受ける。というのも、分割においては――合併の場合と異なり――、資産及び負債を、原則として自由に当事会社に分配し得るからである（いわゆる分割の自由）。したがって分割会社の債権者は、責任財産の細分化を覚悟しておかなければならない。また、承継会社の債権者は、新債権者の参入による競合にさらされることになる。

日本法はそれゆえ、資本確保のための一般的な諸原則に加えて、減資に関する規律に準じた特別の債権者保護手続によって、債権者を保護するものとしている（商法374条の4、374条の20）。物的分割において分割会社に引続き履行を請求できる債権者を除き[25]、分割会社［及び承継会社］は、原則としてすべての債権者に対して催告を行わなければならない[26]。債権者がそれに対して異議を述べた場合には、分割会社［及び承継会社］は、債権者に弁済をし、または相当の担保を提供しなければならない。これに対してドイツ法のような重畳的債務引受は（組織変更法133条）、個別の催告がなされなかった場合に、例外的に予定されているにすぎない。

最後に、少なくとも労働関係をいつでも解約可能とはしていない法制の下においては、分割が労働者に対して与える影響を規律しておく必要がある。労働者保護は、日本の新たな分割法制定に際しては、国会における主要な争点となった[27]。分割における企業の柔軟性を過度に制約することなく労働関係の存続及びその内容を保護するため、最終的には政治的妥協として労働契約承継法が制定されることとなった。同法は、ドイツ法（BGB 613a条）及び欧州営業譲渡指令と異なり[28]、契約の当然承継を予定するものではなく、むしろ従前の営業部門から切り離されることになる労働者に対して異議権を付与するものとしている[29]。

c) 分割の効果

分割は、分割会社の本店所在地において分割の登記が行われることによって、その効力を生じる[30]。分割計画書ないし契約書に記載した財産は、法律上当然に新設会社ないし承継会社に移転する（部分的包括承継）。同時に、物的分割の場

木俣由美「株式買取請求手続の再検討(下)」商事法務1464号（1997）30頁以下、*Bälz*, Appraisal Rights in Japanese Corporate Law, ZJapanR 13 (2002), 152, 177。

25 物的分割が行われても、移転した財産に対して対価として株式が交付されるだけで（単なる資産の交換）、分割会社の資産総額に変動はないから、これらの債権者は分割によって危険にさらされることはない。

26 会社にとって著しく費用のかかるこの催告は、会社が官報に加えて日刊新聞紙または電子公告により公告を行う場合には、不法行為債権者を除く債権者に対しては、省略される（商法374条の4第1項、374条の20第1項）。

27 厚生労働省『労働契約承継法の理論と実務』（2001）が、広範な資料を収録する。

28 企業、営業または営業所の譲渡における労働者の請求権の保障にかかる加盟国法規整の同化に関する指令（RL 77/187/EWG v. 14.2.1977, ABl. 1977 L 61/26）（同名の指令RL 2001/23/EG vom 12.3.2001, ABl. 2001 L 82/16により改正）。

29 *Yamakawa*, Corporate Restructuring and the Role of Labour Law: Japan, Bulletin of Comparative Labour Relations No. 47 (2003), 103, 106 ff. 詳細は、*Bälz* (Fn. 7), S. 202 ff.

30 ドイツ法では、この点に関しては分割権利主体の所在地での登記が基準となる（変更法125条1文、20条1項）。

合には分割会社が、人的分割の場合には分割会社の株主が、新設会社ないし承継会社の株主となる[31]。分割無効は訴えをもってのみ主張することができるが、この訴えの提起は——ドイツ法と異なり——、登記を妨げる事由とはならない。分割無効判決がなされたとしても、それにしたがった原状回復は実際上ほとんど不可能であることが、日本では、合併無効の訴えと同様分割無効の訴えが極めて稀にしかみられないということの理由であろう[32]。

実務上重要な意味を持つのは、この手続が一定の要件の下に非課税扱いで行われ得るということである。これは、いわゆる適格分割の場合には移転財産が帳簿価額で譲渡されたものとみなされ、したがって分割会社に課税対象となる譲渡益が発生しないものとされることによって、可能となる（法人税法[33]62 条の 2、62 条の 3）。日本法では、分割は、企業グループ内でなされる場合、または共同事業を行うためになされる場合に限って、非課税扱いとされる［法人税法 2 条 12 号の 11］[34]。

III. 競争のグローバル化への対応としての分割法改正

1. 日本での改革がおかれた文脈

2000 年の法改正の目的は、日本の企業が、その組織をグローバルな競争市場の変化に迅速かつ柔軟に対応することができるようにするためのさらなる手段を整備するという点にあった、と説明されている[35]。このことは、日本が、80 年代の好景気の後、90 年代のほぼすべてを通じて、長引く経済危機（いわゆる平成不況）と闘わなければならなかった、という背景を踏まえて理解されなければならない。この危機は、1991 年のバブル崩壊とそれに引続く不動産価格の下落によってもたらされた。以来、かつての欧米諸国の模範的生徒は、国民経済の成長の鈍化、経験したことのない高失業率、急増する財政赤字、そして不良貸付の負担にあえぐ金融部門に直面することになった。そのため、誰よりも日本の経営者団体である経団連が、分割法制の導入により、多くの日本企業の再編と再構築を容易にするよう迫ったのである[36]。そこでは、諸外国の企業はすでに古くからこう

---

31 現行法においては、移転される財産の対価として、基本的には承継会社の株式が交付されなければならない。しかし、2007 年 5 月 1 日からは、現金または他の会社の発行する有価証券も、対価として交付することが可能となる。*Satô/Matsubara*, Cash-out option means more flexibility, IFLR Guide to Japan (2006), 29 ff.

32 新法施行後 2 年半の間、分割無効の訴えの例は 1 件しか知られていない。この点については、*Bälz* (Fn. 7), S. 200 を参照。

33 昭和 40 年法律 34 号。

34 適格分割の要件については、*Lintveld/Sekiya/Nagy*, Tax and Legal Regime of Corporate Reorganizations, Derivatives and Financial Instruments, March/April 2003, 34, 38 ff. また、*Bälz* (Fn. 7), S. 228 ff. を参照。

35 原田（前掲注 13）商事法務 1563 号 4、6 頁。

36 1999 年 5 月 18 日の経団連提言 I. 1 を参照（http://www.keidanren.or.jp/japanese/policy/po1228/part1.html）。また、*Hayakawa*, ZJapanR 11 (2001), 37, 38.

した手段を利用しており、したがって日本の現行法は競争上の足枷を意味することになる、と指摘されていた[37]。

2. 分割手続に対する需要の増大と旧法の問題点

分割の仕組みは、企業に不可欠な再編を様々な点で容易にすることを可能にするものである。しばしば企業はその中核事業部門（いわゆるコア・コンピタンス）への集中という形で事業の再構築を図る必要がある。収益性の低い周辺部門を分離し、リソースを集中する必要があるのである。それと同時に、分割によって経営構造の引締めが行われることも少なくない。また、企業は、雑多な事業部門を組織的に分離することによって、株価によい影響がもたらされることを期待している。これにより、極度に多角化した企業に対しては評価を割り引く（いわゆるコングロマリット・ディスカウント）、というアナリストや投資家の傾向に対処するわけである。さらに分割は、例えばある事業部門を譲渡ないし上場する目的で新設会社に分社する、というような包括的な取引枠組の一環として行われることも、多い。

旧法に比較して、新たな分割規整は企業に対して決定的な実務上の利点をもたらすものである[38]。最も重要な点として、従来特定承継による場合には、移転対象財産の評価の相当性について裁判所の選任した検査役による詳細な調査が要求されていた、という点が挙げられる。その後特定承継に関する規律自体も緩和されたが、分割の場合には、この要件はそもそも不要である[39]。さらに、特定承継の方法による移転の場合には、個別の財産につき所要の移転行為が必要であるし債務及び契約関係の移転については、債権者ないし契約相手方の承諾を得る必要がある。これに対して分割の場合には、資産及び負債は、分割登記によって原則として当然に新設ないし承継会社に移転する。債権者及び契約相手方の保護が分割手続内の特別の債権者保護手続によって確保されているために[40]、同意を要することなく免責的な債務及び契約関係の移転が可能になるのである。分割の税法上の利点については、すでに指摘した（**II.2.c** 末尾）。新たな分割手続は日本の企業に大いに歓迎されており、2005 年上半期（4—9 月）のみで 546 件に上る分割が報告されているほどである[41]。

---

37 原田（前掲注 13）商事法務 1563 号 4、6 頁。

38 詳細は、武井＝平林（前掲注 7）4 頁以下、*Bälz* (Fn. 7), S. 36 を参照。

39 日本法は、分割について必要的審査を課していない。もっとも、少なくとも上場会社については、監査法人や投資銀行から第三者としての意見（いわゆる fairness opinions）を徴するのが通常である。

40 前述 **II.2.*b*** 参照。

41 東京商工リサーチの統計を参照（http://www.tsr-net.co.jp/new/data/1174979_818.html）。

3. 法の同化の原動力としてのグローバル化

日本の経済危機は、日本独自の展開を見せたものではあるが、そのより根底的な原因としては、しばしば「グローバル化」というキーワードで括られる国際的な展開が存在する。したがって、大陸法のモデルに従った分割制度の導入もまた、経済危機への打開策の一つとしてみれば、日本の立法者がグローバル化の要求への対応として行った法の同化の一例としてとらえることができる。

日本企業に対して、分割による不採算部門の整理と経営構造の引締めを求める圧力を疑いなく増大させた一つの要因は、販売市場をめぐるグローバルな競争の激化である。貿易障壁の除去や *e-commerce* の出現は、世界的規模で競争圧力が高まるという事態を意味する[42]。伝統的な輸出大国である日本は、主として第三国市場においてこの闘いに直面することとなった。日本に対する競争の圧力は、急成長する中国経済との地理的近接や、躍進著しい東南アジア諸国との産業構造の類似といった事情により、強められている。これらの事情によって、日本企業にとって、その構造を、変化した市場の条件に迅速かつ安価に適合させることができるということが、不可欠になっているのである。

多くの日本の株式会社にとっては、グローバルな資本市場に由来する圧力もまた、著しく増大している。投資家、とりわけ機関投資家は、その資金をすでに長年にわたって世界規模で投資しており、他により利回りの高い投資先があれば、即座に投資を移し替えることが可能である。加えて日本においては、何より経済危機の直撃を受けた銀行の弱体化、そして金融部門における広範な規制緩和[43]の影響により、銀行与信一辺倒の資金調達から資本市場を通じた資金調達の強化への動きが見られる（いわゆる「銀行離れ」）。新たな会計基準もまた、日本企業に対していっそうの透明性を要求している。少なくとも伝統的な理解による限り、日本の経営者は、かつては従業員の利益を最優先に考え、投資家に対する考慮は二の次三の次であったとされる[44]。今や多くの場合、株主構成は異なったものとなっている。安定した持合株主に代わって、より国際的となった投資家、そして日本の投資家もまた、次第に積極的な役割を果たすようになってきている[45]。これらはすべて、日本の企業に、株価や投資家に対する利回りに対していっそう大きな重要性を認めさせることになる。そうした意味で分割手続は、経営構造の効率化、株価の上昇あるいは事業部門の取引所への上場といった役割を果たし得るのである。

---

42 日本との関係については、原田（前掲注 13）商事法務 1563 号 4、6 頁参照。

43 *Baum*, Der japanische „Big Bang" 2001 und das tradierte Regulierungsmodell: ein regulatorischer Paradigmenwechsel?, RabelsZ 64 (2000), 633 ff; *Kanda*, Regulation of Exchanges and Investment Services: A Japanese Perspective, in: Basedow/Baum/Hopt/Kanda/Kono (Hrsg.), Economic Regulation and Competition: Regulation of Services in the EU, Germany and Japan (2002), S. 151, 153 ff.

44 この解釈モデルについては、*Takahashi*, Corporate Governance und die Reform des Gesellschaftsrechts in Japan, ZJapanR 16 (2003), 121, 126 f. を参照。こうした見方を根本的に否定するものとして、*Kaplan/Ramseyer*, Those Japanese Firms with their Disdain for Shareholders: Another Fable for the Academy, Wash. U.L.Q. 74 (1996), 403 ff.

45 株式持合の解体については、*Kawamoto/Kishida/Morita/Kawaguchi* (Fn. 1), Rn. 46 を参照。株主の積極性強化の一例として、市民のイニシアティヴによる株主オンブズマンが挙げられる。

最後に、日本企業が分割手続を利用する必要性の増大は、新たな経営戦略からも由来するものである。日本もまた、アングロサクソン世界で生まれた「集中と選択」の観念の洗礼を受けた[46]。それによれば、極度に多角化した複合企業を形成して一企業のレベルで市場支配力の最大化とリスク分散に努める代わりに、むしろ不採算事業部門を整理し、既存のリソースを限られた中核事業部門に集中するということになる。

IV. 世界的な会社法制の収斂？

以上のように、何より世界的な趨勢が日本の立法者をして大陸法の分割制度を導入せしめたのだとして、問題となるのは、そのことが、グローバルな会社法制の収斂という命題を裏付けるものであるのかどうか、である。この理論の支持者は、グローバル化した商品・資本市場における競争が決定的な原因となって、多様な会社法制からアングロサクソン的色彩を帯びた、株主の利益を中核にすえた法制への移行が促される、と予言する[47]。そうした *shareholder value* アプローチのほうが、他の関係人、とりわけ債権者及び労働者の利益をも会社法によって保護しようとする *stakeholder* アプローチよりも、長期的にみればより効率的である、というのである。そこから、規範的には、会社法はできる限り株主の保護に徹するべきである、との帰結が導かれることになる[48]。

とはいえ、新たな日本の分割法制は、主張されるこうしたグローバルな趨勢には部分的にしか適合しない。たしかに、分割法制改革は、法に対するグローバルな市場の影響を物語るものであり、また会社法の規制緩和というグローバルな趨勢に適合したものではある。しかし、新法の実体をみれば、そこに *shareholder value* 原則が明確に認められるというわけではない。もちろん、新法は、分割によって中核事業部門への集中やコンツェルン構造の引締めを実現するという形で、投資家の利益をよりいっそう考慮するためのさらなる手段を企業に与えるものではある。しかし、仮にそこである関係人グループの利益に優位が与えられているとすれば、それは誰よりも当事会社の経営者の利益である。経営者は、分割手続の形成において、ドイツ法と比べて総じてより大きな自由を与えられているようにみえる。これに対して、*shareholder value* の哲学からすれば中核的地位を占めるべきはずの少数株主は、検査役による調査の欠如、脆弱な情報提供義務、執行停止効をもたない無効の訴えといった形で、どちらかといえば無力な利益主張手段を与えられているにすぎない。債権者は、ドイツ法と異なり、例外的にしか重畳的債務引受による保護を認められていない。労働者は、従前の営業部門に付随して行われる労働関係の移転に対しては、異議を述べることができない。

---

46 代表的なものとして例えば、*Watanabe*, The Pure Company (NRI Papers No. 50 2000), S. 1ff.
47 代表的なものとして、*Hansmann/Kraakman,* The End of History for Corporate Law, Georgetown L.J. 89 (2001), 439 ff.
48 *Hansmann/Kraakman*, Georgetown L.J. 89 (2001), 439, 442.

にもかかわらず、これらの帰結は、実際には驚くに値しない。グローバルな展開は、分割法制改革を決定的に動機付けたかもしれない。しかし政治的プロセスが、そうした原動力に対して介入したのである。たとえ ***shareholder value*** を志向した会社法が事実効率的であるとしたところで、実定法というものは、やはり常にその時々の政治的力関係の表現なのである。ところが日本の政治的プロセスは、昔から合意を強く志向したものであった[49]。日本の大企業の経営者の利益代弁者、とりわけ企業団体である経団連が、そこでは大きな影響力を有するのに対して、投資家は、政治的プロセスにおいては、ようやくその姿を現しつつあるにすぎない。もっとも、関係人間の利益調整に際して企業の側の自由裁量の拡大が特に強調された理由は、平成不況がすでに10年近く続いていた、という90年代終わりの日本の歴史的状況によってもまた、説明することができるかもしれない。

V.　まとめ

日本は、2000年5月の商法改正により、新たな会社分割規整を導入した。そこでは、広範にわたる比較法的準備作業を経て、部分的包括承継による財産移転という大陸法のモデルが志向されることとなった。この改革は、日本における長引く経済危機という背景を踏まえて理解されなければならない。日本の立法者が会社法分野における急激な改革のプロセスを始めたのも、この危機を打開するためだったのである。分割手続のための実効的な規整の欠如は、その点、競走上の足枷となりつつあった。新法は、組織再編によって、変化したグローバルな競争のニーズに再びよりよく適応することが可能になるよう、日本企業を支援するものである。同時に分割法制改革は、世界規模の競争や強まる国際資本市場の圧力、そしてまた新たな経営哲学の国境を越えた浸透が、どのように国家法を国際的モデルとの同化へと突き動かし得るか、を物語るものでもある。もっとも、日本の新たな分割規整の経験から一般化し得る限度で言うならば、そうした法の同化の具体的な帰結は、当然のことながら、個別の状況やその国の政治的力関係の影響を、なお免れないのである。

49　このことは、例えば、通常広範囲に及ぶ利益が代表される審議会がもつ重要性に、反映されている。新たな分割法制もまた、そうした審議会によって起草されたのである。審議会一般については、*Schwartz*, Advice and Consent (1998), S. 1 ff. を参照。

§ 18 Die Rolle der nationalen Rechtsordnung für die Entwicklung moderner Kapitalmarktinstrumente – dargestellt am Beispiel von Spartenbeteiligungen („Tracking Stocks")

Martin Tonner

Übersicht

I. Was sind Spartenbeteiligungen?

Spartenbeteiligungen sind bisher bekannt als ein in Gestalt sog. „Tracking Stocks" („Spartenaktien" oder „Geschäftsbereichsaktien") herausgebildetes US-amerikanisches Kapitalmarktinstrument, das vor allem für börsennotierte Aktiengesellschaften von Interesse ist, aber auch bei anderen Gesellschaftsformen wie der englischen Limited oder der deutschen GmbH[1] praktiziert werden kann. Spartenbeteiligungen vermitteln ihren Inhabern eine Beteiligung an rechtlich unselbständigen, jedoch wirtschaftlich selbständigen Unternehmensteilen. Dieser Unternehmensteil (sog. „Tracked Unit" oder „Referenzeinheit") kann statt einem rechtlich unselbständigen Geschäftsbereich auch eine Tochtergesellschaft sein.[2] Spartenbeteili-

1 Vgl. dazu etwa *Görnemanns*, Tracking Stocks bei der Joint Venture GmbH, GmbHR 2004, 170; *Fox/Hüttche/Lechner*, Mitarbeiterbeteiligung an der GmbH – Aktuelle Entwicklung, steuerliche Aspekte, Gestaltungsmöglichkeiten, GmbHR 2000, 521; *R. Müller*, „Tracking Stock" und seine Realisierbarkeit im deutschen Gesellschaftsrecht, WiB 1997, 57, 60f.; *Seibt*, in: Römermann (Hrsg.), Münchener Anwaltshandbuch GmbH-Recht (2002), § 2 Rn. 308.

2 Die Spartengesellschaft wird dann zur Holding. Die Gesellschafter der Spartengesellschaft sind rechtlich ausschließlich an der Konzernmutter beteiligt, während sie wirtschaftlich am Ergebnis der Tochtergesellschaft partizipieren.

gungen an rechtlich ungeteilten Unternehmen können eine betriebswirtschaftlich sinnvolle Alternative zur Konzernbildung darstellen, weil man sich von ihnen verspricht, unter Wahrung von Synergieeffekten den für Mehrspartenunternehmen typischen Diversifikationsabschlag auf den Börsenkurs zu beseitigen und die steuerlichen Nachteile einer Spaltung zu vermeiden.[3] Entscheidendes Gestaltungsmerkmal des Modells ist die Ausrichtung der quotalen Ergebnisbeteiligung (Gewinnbeteiligung und Anteil am Liquidationserlös) an den verschiedenen Sparten der Gesellschaft. Während nun die Realisierung bei Aktiengesellschaften in Deutschland aufgrund der Formenstrenge des deutschen Aktienrechts auf erhebliche Schwierigkeiten stößt[4] und noch kein deutsches Unternehmen bereit war, die Pionierrolle zu übernehmen,[5] sind in anderen Rechtsordnungen außerhalb der USA, insbesondere auch in Japan, Tracking Stocks bereits realisiert und an die Börse gebracht worden.[6]

Gegenstand dieses Beitrags soll anhand des Beispiels von Spartenbeteiligungen als einem neuartigen Finanzierungsinstrument die Frage sein, welche Rolle die nationale Rechtsordnung bei der Entwicklung und Realisierbarkeit moderner Kapitalmarktinstrumente spielt und inwiefern hieraus Wettbewerbsvor- oder nachteile in einer globalisierten Wirtschaftswelt resultieren. Dabei wird sich zeigen, daß die traditionellen Rechtssysteme Deutschlands und Japans trotz z.T. nicht unerheblicher technischer Schwierigkeiten durchaus wettbewerbsfähig mit dem häufig als vorbildhaft gelobten, weil weitgehend deregulierten US-amerikanischen Gesellschaftsrecht sind.

---

3 Eingehend zu den ökonomischen Gründen für Tracking Stocks *Natusch*, „Tracking Stock" als Instrument der Beteiligungsfinanzierung diversifizierter Unternehmen (2. Aufl. 2000); *Jaeger*, Targeted Stock als Restrukturierungsinstrument (1999); *Bauer*, Targeted Stock als Alternative zu Desinvestitionen (2000); *Friedl*, Ein Plädoyer für Tracking Stocks, BB 2002, 1157.

4 Eingehend dazu *Baums*, Spartenorganisation, „Tracking Stock" und deutsches Aktienrecht, in: Ebenroth/Hesselberger/Rinne (Hrsg.), Festschrift für Boujong (1996), S. 19; *ders.* (Hrsg.), Unternehmensführung – Unternehmenskontrolle – Modernisierung des Aktienrechts, Bericht der Regierungskommission „Corporate Governance" (2001), Rn. 237ff.; *Brauer*, Die Zulässigkeit der Ausgabe von „Tracking Stocks" nach deutschem Aktienrecht, AG 1993, 324; *Breuninger/Krüger*, Tracking Stocks als Gestaltungsmittel im Spannungsfeld von Aktien- und Steuerrecht, in: Hommelhoff/Zätzsch/Erle (Hrsg.), Festschrift für Welf Müller (2001), S. 527; *Fuchs*, Tracking Stock – Spartenaktien als Finanzierungsinstrument für deutsche Aktiengesellschaften, ZGR 2003, 167; *R. Müller*, WiB 1997, 57; *ders.*, Tracking Stock – Gestaltungsoptionen im Bereich M&A/Corporate Finance, M&A Review 1997, 479; *Sieger/Hasselbach*, „Tracking Stock" im deutschen Aktienrecht – Praktische Überlegungen zur Einführung von „subsidiary"/„divisional shares", BB 1999, 1277; *dies.*, „Tracking Stock" im deutschen Aktien- und Kapitalmarktrecht, AG 2001, 391; *dies.*, „Tracking Stocks" im deutschen Aktienrecht, M&A Review 2001, 381; *Thiel*, Spartenaktien für deutsche Aktiengesellschaften (2001); *Tonner*, Tracking Stocks (2002); *ders.*, Zulässigkeit und Gestaltungsmöglichkeiten von Tracking Stocks nach deutschem Aktienrecht, IStR 2002, 317; *Wunsch*, Tracking Stocks – Geschäftsbereichsbezogene Gewinnbeteiligungen bei Aktiengesellschaften (2002).

5 Anders sieht dies bei der GmbH aus, vgl. etwa *Görnemanns*, GmbHR 2004, 170; *Fox/Hüttche/Lechner*, GmbHR 2000, 521; *R. Müller*, WiB 1997, 57, 60f.; *Seibt*, in: Römermann (Hrsg.), Münchener Anwaltshandbuch GmbH-Recht (2002), § 2 Rn. 308.

6 So haben die japanischen Unternehmen Sony und Fujitsu Tracking Stocks an der Tokyo Stock Exchange (TSE) platziert, nachdem diese Standards für die Notierung von Tracking Stocks bekanntgegeben hatte.

II. Realisierbarkeit von Spartenbeteiligungen nach deutschem Aktienrecht

Ein Hauptgrund dafür, daß Tracking Stocks von deutschen Unternehmen bislang noch nicht eingesetzt wurden, ist neben der in den letzten Jahren allgemein vorhandenen Zurückhaltung bei Aktienemissionen die nach wie vor bestehende Unsicherheit über die aktienrechtliche Zulässigkeit des Tracking Stock-Konzepts. Gleichwohl hatten nach Aussage von Investmentbankern eine Reihe von DAX-Gesellschaften durchaus Interesse am Einsatz einer solchen Struktur.[7] So hatte seinerzeit etwa die Hoechst AG im Zusammenhang mit ihrer Zergliederung und der Fusion der Pharma-Sparte mit der französischen Rhône Poulenc Überlegungen hinsichtlich einer Einführung von Tracking Stocks angestellt, diese aber – u.a. wegen des bestehenden Zeitdrucks und der Komplexität der Struktur – wieder verworfen.[8]

Das traditionelle deutsche Aktienrecht wirft in der Tat nicht geringe Probleme bei der Schaffung einer Tracking Stock-Struktur auf. Es ist in diesem Rahmen unmöglich, alle Fragen, die sich im Zusammenhang mit der Schaffung einer Trakking Stock-Struktur stellen, zu erörtern.[9] Es soll daher exemplarisch anhand einzelner Aktionärsrechte sowie der Möglichkeiten der Einführung und Beendigung des Tracking Stock-Konzepts gezeigt werden, inwiefern das deutsche Recht der Gestaltungsfreiheit der Unternehmen Grenzen setzt.

1. Gewinnbeteiligung und Anteil am Liquidationserlös

Bei der für das Tracking Stock-Modell konstitutiven vermögensmäßigen Beteiligung der Aktionäre an den verschiedenen Sparten der Gesellschaft erweist sich das deutsche Aktienrecht noch als erstaunlich flexibel. Die gewünschte Beteiligung der Aktionäre am Ergebnis „ihrer“ Sparte kann im deutschen Recht – nach insoweit einhelliger Ansicht – über eine entsprechende vom Aktiennennbetrag abweichende Ausgestaltung der Dividendenrechte gemäß §§ 11 S. 1, 60 Abs. 3 AktG und der Ansprüche auf einen Anteil am Liquidationserlös gemäß § 271 Abs. 2 AktG erreicht werden. Es handelt sich bei Tracking Stocks allerdings nicht um Vorzugsaktien i.S.d. §§ 139ff. AktG, da der Vorzug dort als Ausgleich für den Ausschluß des Stimmrechts gewährt wird, während Tracking Stocks typischerweise ein Stimmrecht haben sollen. Man kann jedoch von „bereichsbezogenen Vorzugsaktien“ sprechen, weil den Aktionären zwar – in Bezug auf das Unternehmen –

---

7 Vgl. *Natusch*, Handelsblatt vom 12. 4. 1999, S. 45; zuvor bereits *Steiner/Natusch*, Handelsblatt vom 13. 8. 1996, S. 40.

8 Vgl. Frankfurter Rundschau vom 19. 3. 1999. Die Vielzahl von Publikationen von Wirtschaftsanwälten zu diesem Thema zeigt eindrucksvoll, daß zahlreiche deutsche Unternehmen über die Einführung von Tracking Stocks intensiv nachgedacht haben und sich rechtlich haben beraten lassen.

9 Dazu eingehend *Tonner* (Fn. 4).

nicht in horizontaler, wohl aber in vertikaler Hinsicht ein Vorzug bei der Gewinnverteilung gewährt wird. Diskutiert wird die Frage, wie sich der Verlust einer Sparte auf die Dividendenansprüche der Aktionäre auswirkt. Die Aktie gewährt nämlich kein direktes Recht auf den Gewinn einer Sparte, sondern nur ein Recht auf besonders bemessene Teilhabe am einheitlichen Bilanzgewinn der Gesellschaft gemäß § 57 Abs. 3 AktG. Daraus folgt, daß das besondere Gewinnbezugsrecht der Tracking Stocks ins Leere geht, wenn zwar der betreffende Unternehmensbereich ein positives Ergebnis erwirtschaftet hat, die Gesellschaft insgesamt aber keinen ausreichenden Bilanzgewinn zur Bedienung der Tracking Stocks ausweist. Teilweise Abhilfe kann hier ein in der Satzung zu regelnder Nachzahlungsanspruch schaffen. Nach dem Vorbild stimmrechtsloser Vorzugsaktien ist danach in den Folgejahren, in denen die Gesellschaft wieder Gewinne erzielt, zunächst der aufgrund des nicht ausreichenden Ergebnisses der Gesamtgesellschaft ausgefallene Spartengewinn zu bedienen, bevor an die Aktionäre der zuvor defizitär arbeitenden Sparte eine Dividendenausschüttung stattfinden kann. Ein solcher Nachzahlungsanspruch dürfte sich wirtschaftlich empfehlen, da nur auf diesem Weg ein „quasie pure play" der Bereichsaktien und damit eine Ausschöpfung des Kurspotentials erreicht werden kann. Die im Schrifttum geäußerten Bedenken[10] hinsichtlich der Kompliziertheit eines solchen Rechts überzeugen nicht. Es ist ausreichend, die Höhe des aufgrund der modellimmanenten Restriktionen nicht ausgeschütteten Bilanzgewinns eines Unternehmenssegments festzustellen und diesen Betrag im folgenden Jahr aus dem dann entstandenen Bilanzgewinn vorweg zu bedienen. § 60 Abs. 3 AktG läßt eine derartige Vorwegverteilung zu.[11] Das Nachzahlungsrecht ist dabei Bestandteil des Gewinnanteils des Geschäftsjahrs, aus dessen Bilanzgewinn die Nachzahlung geleistet wird. Da Nachzahlungsansprüche theoretisch in verschiedene Richtungen – in Abhängigkeit von der Ertragslage der Sparten – bestehen können, sollte die Satzung vorsehen, daß sie in streng historischer Reihenfolge befriedigt werden.

Die geschilderte Gestaltung vermag einen ein- oder zweimalig entstandenen Verlust auszugleichen. Dennoch liegt die Schwäche des Nachzahlungsanspruchs auf der Hand: Entsteht auch in den Folgejahren kein Bilanzgewinn des Gesamtunternehmens, so nützt die Beteiligung an der eigentlich positiv arbeitenden Sparte nichts. Eine Veräußerung der Anteile am Gesamtunternehmen ist dadurch erschwert, daß sich die Bewertung auch an der verlustbringenden Sparte orientiert. Dieser unvermeidbare Umstand dürfte vom Kapitalmarkt mit einem – u.U. erheblichen – Bewertungsabschlag gegenüber regulären Stammaktien bestraft werden. Es ist mit dem hier geschilderten Nachzahlungsanspruch aber jedenfalls möglich, jeden auf Gesamtunternehmensebene überhaupt entstandenen Gewinn an die Aktionäre der positiv arbeitenden Sparte auszuschütten. Die Aktionäre der verlustbringenden Sparte wären so lange vom Gewinn ausgeschlossen, bis die Aktionäre der erfolgreichen Sparte in voller Höhe befriedigt sind. Die spartenbezogene Ge-

---

10 *Baums*, FS Boujong (1996), S. 19, 30.
11 So auch *Baums*, FS Boujong (1996), S. 19, 29.

winnbeteiligung der Tracking Stocks dürfte auf diesem Wege bei Gesellschaften mit zwei oder mehr positiv arbeitenden Geschäftsbereichen in der Praxis weitgehend realisierbar sein.[12] Soweit die Verluste eines Bereichs nicht durch einen in der Satzung geregelten Nachzahlungsanspruch oder einen Rückgriff auf die Rücklagen des Unternehmens ausgeglichen werden können, muß die Gefahr eines den eigenen Gewinn „auffressenden" Verlusts einer anderen Sparte von den Tracking Stock-Aktionären dagegen als modellimmanenter Nachteil in Kauf genommen werden.

2. Stimmrecht und Sonderbeschlußerfordernisse

a) *Stimmrecht*

Eine Tracking Stock-Struktur erfordert eigentlich entsprechend der in den USA üblichen Praxis sog. variable Stimmrechte. Variable Stimmrechte richten sich nicht entsprechend einem formal verstandenen Grundsatz „one share, one vote" nach dem Aktiennennbetrag bzw. bei Stückaktien nach der Anzahl von Aktien, sondern nach dem Börsenkurs der jeweiligen Geschäftsbereichsaktie als einem flexiblen Parameter. Würde man nicht auf diese Weise verfahren und die verschiedenen Gattungen von Tracking Stocks mit einem fixen Stimmrecht ausstatten, müßte dies dazu führen, daß gleiche Stimmrechte zu unterschiedlichen Preisen an der Börse gehandelt würden. Die Übernahme – und ggf. anschließende Zerschlagung – der Gesellschaft wäre durch die Möglichkeit des Aufkaufs der an der Börse niedriger bewerteten Aktien u.U. erheblich erleichtert.[13]

In Deutschland sind variable Stimmrechte *de lege lata* unzulässig. Gemäß § 134 Abs. 1 S. 1 AktG richtet sich die Stimmkraft einer Aktie nach dem Nennbetrag, bei Stückaktien nach der Zahl der Aktien. Dieser Grundsatz wird insbesondere durch die Abschaffung von Mehr- und Höchststimmrechten durch das KonTraG vom 27. 4. 1998 noch gestärkt. Das Ziel des Grundsatzes „one share, one vote", den Aktionären bei gleichem wirtschaftlichen Risiko gleichen Einfluß auf die Geschicke der Gesellschaft zu gewähren, kann jedoch mit dem Nennbetrag als Maßstab für das Stimmrecht bei Tracking Stock-Gesellschaften nicht erreicht werden, weil er die unterschiedliche Wertentwicklung der verschiedenen Unternehmensteile und damit auch das unterschiedliche wirtschaftliche Risiko der Aktionäre unberücksichtigt läßt. Damit Tracking Stocks sinnvoll realisiert werden können, müßte an die Stelle des somit für die vorliegenden Zwecke versagenden Nennbetrags *de lege ferenda* der Börsenkurs treten, denn er vermag den Unternehmenswert in der Regel wahrheitsgetreu abzubilden. Die Maßgeblichkeit des Börsenkurses für die Unternehmensbewertung – und um nichts anderes geht es insoweit bei der Bemessung der Stimmkraft verschiedener Geschäftsbereichsaktien – ist durch das Bundesverfassungsgericht in seinem aufsehenerregenden Beschluß

12 *Sieger/Hasselbach*, M&A Review 2001, S. 381, 383; *Thiel* (Fn. 4), S. 234.
13 Vgl. *Natusch* (Fn. 3), S. 85ff.

vom 27. 4. 1999[14] anerkannt worden, in dem es um einen Fall der Eingliederung eines Unternehmens sowie um den Abschluß eines Beherrschungs- und Gewinnabführungsvertrags ging. Das BVerfG hat entschieden, daß den außenstehenden Aktionären ein Abfindungsangebot unterbreitet werden müsse, das auch den Börsenkurs der Anteilsscheine berücksichtigt.[15] Es widerspreche der Eigentumsgarantie des Grundgesetzes, wenn die Höhe der Entschädigung ermittelt werde, ohne den Börsenkurs der Aktien zu berücksichtigen. Die Wertung dieser Entscheidung, der inzwischen auch der BGH gefolgt ist,[16] läßt sich durchaus auf die Bemessung der Stimmkraft verschiedener Geschäftsbereichsaktien übertragen. Es ist daher rechtspolitisch eine Ergänzung des Aktiengesetzes zu fordern, in der vom Nennbetrag abweichende Stimmrechte zugelassen werden.[17] Allerdings kann die Zugrundelegung des Börsenkurses durchaus mit Manipulationsrisiken verbunden sein. Daher sollte anstelle des in den USA herrschenden Stichtagsprinzips stets ein Jahresmittel der unterschiedlichen Börsenkurse gebildet und der Berechnung des Stimmrechts zugrundegelegt werden.

Unterbleibt die vorgeschlagene Gesetzesänderung, besteht für Tracking Stock-Emittenten die durchaus ernst zu nehmende Gefahr einer Anfechtungsklage gegen den Beschluß über die Schaffung von Tracking Stocks wegen eines Verstoßes gegen den Grundsatz „one share, one vote“, der trotz der Einhaltung des Wortlauts des § 134 Abs. 1 S. 1 AktG verletzt wäre. Ein Ausweg bestünde dann allenfalls darin, stimmrechtslose Tracking Stocks zu begeben.[18] Mit diesen könnten dann auch weitere Probleme umgangen werden, die sich aus dem Vorhandensein mindestens zweier Gruppen stimmberechtigter Aktionäre ergeben.

b) Sonderbeschlußerfordernisse

In einer Tracking Stock-AG können aufgrund der unterschiedlichen wirtschaftlichen Interessen der Aktionäre in gesteigertem Maße Interessenkonflikte entstehen. Hierfür müssen Lösungsmöglichkeiten entwickelt werden. Dies ist zwar grundsätzlich ein von der jeweiligen nationalen Rechtsordnung unabhängiges modellimmanentes Problem, im deutschen Recht besteht jedoch die Besonderheit, daß an zahlreichen Stellen des Aktiengesetzes Sonderbeschlußerfordernisse für den Fall bestehen, daß eine Gesellschaft mehrere Aktiengattungen hat.

---

14 BVerfGE 100, 289 = ZIP 1999, 1436 mit Anm. *Wilken* = JZ 1999, 942 mit Anm. *Luttermann;* bestätigt durch BVerfG, AG 2000, 40, 41 und BVerfG, AG 2000, 178; eingehend dazu *Vetter,* Die Entschädigung der Minderheitsaktionäre im Vertragskonzern erneut vor dem Bundesverfassungsgericht, ZIP 2000, 561ff.; *Großfeld,* Börsenkurs und Unternehmenswert, BB 2000, 261ff.; *Wilm,* Abfindung zum Börsenkurs – Konsequenzen der Entscheidung des BVerfG, NZG 2000, 234ff.

15 BVerfGE 100, 289, 307ff.; zustimmend *Wilken,* ZIP 1999, 1443.

16 BGH, NJW 2001, 2080.

17 Zu rechtspolitischen Forderungen eingehend *Tonner* (Fn. 4), S. 108ff.; für die Zulassung variabler Stimmrechte durch den Gesetzgeber jetzt auch *Sieger/Hasselbach,* AG 2001, 391, 396; dagegen aber beispielsweise die Vorschläge der Regierungskommission Corporate Governance, vgl. Bericht (Fn. 4), Rn. 240.

18 Eingehend dazu *Sieger/Hasselbach,* AG 2001, 391, 393ff.; zu den Nachteilen stimmrechtsloser Vorzugsaktien am Kapitalmarkt aber *Pellens/Hillebrandt,* Vorzugsaktien vor dem Hintergrund der Corporate Governance-Diskussion, AG 2001, 57ff.

Eine theoretisch denkbare Lösung für die modellimmanenten Interessenkonflikte wäre, durch die Satzung ein generelles Sonderbeschlußerfordernis zu begründen, also die im Aktiengesetz vorgesehenen Sonderbeschlußerfordernisse sogar noch statutarisch zu erweitern. Auf diese Weise könnten keine Hauptversammlungsbeschlüsse ohne die gesonderte Zustimmung der Aktionäre aller in der Gesellschaft vorhandenen Aktiengattungen zustande kommen. Die Aktionäre genössen so einen effektiven Schutz vor für ihre Sparte nachteiligen Maßnahmen. Dies könnte den „quasie pure play“ der Tracking Stocks erhöhen. Dennoch stellt ein generelles Sonderbeschlußerfordernis für eine Tracking Stock-AG kein praktikables Vorgehen dar, weil auf diese Weise die erforderliche Flexibilität der Gesellschaft erheblich beeinträchtigt wäre. Eine u.U. sehr kleine Gruppe von Aktionären könnte wichtige unternehmerische Entscheidungen blockieren, so daß die Gesellschaft in ständigen Blockaden gefangen wäre.[19] Dies könnte ebenfalls in erheblichem Maße beschränkend auf das Kurspotential der Aktien wirken. Letztlich muß es nach geltender Rechtslage eine Frage der Interessenlage im Einzelfall und damit der konkreten Satzungsgestaltung bleiben, ob und bei welchen Beschlußgegenständen Sonderbeschlußerfordernisse geschaffen werden. Dort, wo diese bereits durch das Gesetz vorgesehen sind, wie z.B. bei Kapitalerhöhungen (§ 182 Abs. 2 AktG), können sie jedenfalls nur in sehr engen Grenzen abbedungen werden. Diese Beschränkung stellt nun aber gerade wieder einen Nachteil des deutschen Rechts gegenüber dem US-amerikanischen Recht hinsichtlich der Schaffung von Spartenaktien dar, weil sie die Entscheidungsfreiheit der Unternehmen behindert, ob und wenn ja, bei welchen Beschlußgegenständen sie Sonderbeschlußerfordernisse für sinnvoll halten. Allerdings sollten *de lege ferenda* Sonderbeschlußerfordernisse bei solchen Beschlußgegenständen vorgesehen werden, die nachteilige Auswirkungen auf die Aktionäre nur einzelner Sparten haben können.

3. Kapitalmaßnahmen

Auch bei Kapitalmaßnahmen (Kapitalerhöhungen und Kapitalherabsetzungen) stellt das Aktiengesetz Gesellschaften, die die Schaffung von Tracking Stocks erwägen, vor große Schwierigkeiten. Dies sei exemplarisch an einer einfachen Barkapitalerhöhung gezeigt.

Bei einer Barkapitalerhöhung im Rahmen einer bestehenden Tracking Stock-Struktur mit zwei Sparten hat jeder Aktionär im Ausgangspunkt ein Bezugsrecht gemäß § 186 Abs. 1 AktG sowohl auf Aktien der eigenen Sparte als auch auf Aktien der jeweils anderen Sparte. Bei einer *pari passu*-Emission in beiden Sparten, also einer Kapitalerhöhung entsprechend dem bisherigen Anteil der Sparten am Gesamtgrundkapital, ist ein „gekreuzter Bezugsrechtsausschluß“ entsprechend der Praxis beim Vorhandensein von Stamm- und Vorzugsaktien[20] zulässig. Auf

---

19 Vgl. *Sieger/Hasselbach*, AG 2001, 391, 392.
20 Vgl. zu diesem Problemkreis eingehend *Frey/Hirte*, Vorzugsaktionäre und Kapitalerhöhung, DB 1989, 2465ff.; *Groß*, Der Inhalt des Bezugsrechts nach § 186 AktG, AG 1993, 449ff.

diesem Wege kann erreicht werden, daß, wenn eine Tracking Stock-Gesellschaft zwei Aktiengattungen A und B hat, die A-Aktionäre nur junge A-Aktien, die B-Aktionäre nur junge B-Aktien erhalten und damit die bisherige Beteiligungsstruktur erhalten bleibt.

Eine *pari passu*-Kapitalerhöhung dürfte jedoch nur in den seltensten Fällen dem Finanzierungsinteresse der Gesellschaft entsprechen, da Kapitalbedarf zumeist jeweils nur in einer Sparte bestehen wird. Von Interesse ist daher insbesondere der Fall, in dem eine Kapitalerhöhung nur in einer Sparte durchgeführt wird. Ein Bezugsrechtsausschluß nur für die Aktionäre der ihr Kapital nicht erhöhenden Sparte führt zu einem Stimmrechtsverlust der ausgeschlossenen Aktionäre und damit zu einer Ungleichbehandlung. Diese ist indes sachlich gerechtfertigt. Denn auch wenn das Bezugsrecht allen Aktionären gewährt würde, käme es – und dies stellt eine einmalige Besonderheit von Tracking Stocks dar – zu einer Verschiebung der Beteiligungsverhältnisse. Die Aktionäre der ihr Kapital nicht erhöhenden Sparte könnten nämlich durch Ausübung ihres Bezugsrechts gewissermaßen in die – u.U. bessere – Rechtsstellung der Aktionäre der erhöhenden Sparte „einbrechen". Dies gilt jedenfalls für den gemäß § 60 Abs. 3 AktG vom Maßstab des Nennbetrags losgelösten Gewinnanspruch, aber auch für das Stimmrecht, wenn dieses – die oben geforderte Gesetzesänderung vorausgesetzt – variabel ausgestaltet ist. Die Aktionäre der emittierenden Sparte können selbst bei Ausübung des Bezugsrechts ihre Beteiligungsquote bezogen auf ihre Sparte nicht aufrechterhalten. Ihre Situation ähnelt der beim Bezugsrechtsausschluß. Es ist daher bei Tracking Stock-Aktiengesellschaften stets ein teilweiser Bezugsrechtsausschluß für die Aktionäre der ihr Kapital nicht erhöhenden Sparte geboten. Die daraus resultierende Stimmrechtsverschiebung innerhalb der Gesamtgesellschaft ist als modellimmanent hinzunehmen und insbesondere dann für die vom Bezugsrecht ausgeschlossenen Aktionäre nicht allzu gravierend, wenn der Ausgabepreis der neuen Aktien nahe am Börsenkurs liegt. In diesem Fall tritt eine Verwässerung der bisherigen Beteiligung kaum ein und es ist jedem Aktionär möglich, durch einen Erwerb über die Börse seine bisherige Beteiligungsquote aufrecht zu erhalten. *De lege lata* wird auf diese Weise ein Gattungsbezugsrecht geschaffen, wobei natürlich derzeit unklar ist, wie die Rechtsprechung einen solchen Fall beurteilen würde, insbesondere ob sie den teilweisen Bezugsrechtsausschluß für sachlich gerechtfertigt hielte. Ein Gattungsbezugsrecht im obigen Sinne ist daher aus Gründen der Rechtssicherheit *de lege ferenda* durch eine entsprechende Ergänzung des § 186 Abs. 1 AktG zu fordern.

4. Einführung und Beendigung des Tracking Stock-Modells

Neben den Schwierigkeiten bei der Ausgestaltung der Aktionärsrechte in einer Tracking Stock-AG bereiten auch die Einführung und insbesondere die Beendigung des Modells nach deutschem Aktienrecht erhebliche Schwierigkeiten. Gerade die Rückabwicklung ist von großer Bedeutung, weil die Attraktivität des Finanzierungsinstruments Tracking Stocks wesentlich davon abhängt, daß es etwaige künftige Restrukturierungen nicht behindert.[21]

a) Die Einführung des Tracking Stock-Modells

Tracking Stocks können im Wege der Unternehmensakquisition (Sachkapitalerhöhung gemäß § 183 AktG), der Bezugsrechtskapitalerhöhung gegen Einlagen, der Kapitalerhöhung aus Gesellschaftsmitteln (allerdings sehr problematisch im Hinblick auf den Inhalt des § 216 Abs. 1 S. 1 AktG)[22] und insbesondere des Aktiensplits bei einer bislang konventionell strukturierten AG eingeführt werden.[23] Die Absenkung des Mindestnennbetrags von Aktien auf einen Euro und die Einführung der Stückaktie im Jahr 1998 erleichtern vor allem die Einführung im Wege des Aktiensplits erheblich. Möglich ist auch die Verschmelzung auf eine 100%ige Tochtergesellschaft, die zuvor mit einer Tracking Stock-Struktur ausgestattet wurde (sog. „down stream merger"). Bei allen Methoden der Einführung ist eine Satzungsänderung erforderlich, die gemäß §§ 133 Abs. 1, 179 Abs. 2 AktG der Zustimmung einer qualifizierten Mehrheit der Aktionäre bedarf. Die Zustimmung aller Aktionäre, die insbesondere bei börsennotierten Gesellschaften praktisch nie zu erlangen ist, ist dagegen bei Beachtung des Gleichbehandlungsgrundsatzes nach richtiger Ansicht nicht erforderlich.[24]

b) Die Beseitigung der Struktur (sog. „exit strategies")

Das Aktiengesetz stellt nur sehr eingeschränkte Möglichkeiten für die Rückabwicklung einer einmal eingeführten Tracking Stock-Struktur zur Verfügung. Soll die Struktur spiegelbildlich zu ihrer Einführung beendet werden, so sind hierfür Sonderbeschlüsse aller vorhandenen Aktiengattungen erforderlich, mittels derer die jeweiligen bereichsspezifischen Vorzugsrechte beseitigt werden. Soll hierbei die Börsenkursrelation berücksichtigt werden, muß ein bedingtes Kapital gemäß § 192 AktG zur Verfügung gestellt werden, um den Inhabern der höher bewerteten Aktien mehr Anteile an der dann wieder herkömmlich strukturierten Gesellschaft gewähren zu können. Wegen der Schwierigkeit, diese Sonderbeschlüsse zu erlangen, handelt es sich hierbei um eine sehr unrealistische Variante der Beendigung. Gleiches gilt für die gestattete Zwangseinziehung gemäß § 237 Abs. 1 S. 2 Alt. 2 AktG. Der praktisch sicherste Weg zur Beendigung von Tracking Stocks im deutschen Recht ist daher der über eine in der Satzung angeordnete Zwangseinziehung gemäß § 237 Abs. 1 S. 2 Alt. 1 AktG. Danach ist es möglich, eine ganze Aktiengattung bei Eintritt bestimmter Ereignisse einzuziehen. Die Gründe für die Rückabwicklung müssen dabei allerdings bereits bei Einführung der Struktur

---

21 Dies gilt besonders vor dem Hintergrund, daß ein Bedürfnis für eine gesonderte Abbildung einzelner Unternehmenssparten häufig nur vorübergehend in einer spezifischen Situation der Unternehmensentwicklung besteht.

22 Dazu *Tonner* (Fn. 4), S. 157.

23 Ausführlich zur Einführung von Tracking Stocks *Sieger/Hasselbach*, BB 1999, 1277; *Tonner* (Fn. 4), S. 247ff.

24 Anders *Breuninger/Krüger*, FS Welf Müller (2001), S. 527ff.

detailliert in der Satzung geregelt sein, was dem Vorstand viel Flexibilität nimmt. Eine Entschädigung der Aktionäre kann entweder in bar oder in Aktien geschehen. Voraussetzung ist, daß ausreichende Gewinnrücklagen vorhanden sind, da andernfalls die unpraktikable Gläubigerschutzvorschrift des § 225 Abs. 2 AktG zu beachten ist. Weiterhin zu beachten ist, daß diese Rückabwicklungsvariante etwa dann ausscheidet, wenn Tracking Stocks im Wege des Aktiensplits eingeführt wurden, da der Aktiensplit nicht als Schaffung neuer Aktienrechte angesehen wird und insofern die Einziehungsmöglichkeit nicht bereits vor Schaffung der Aktien in der Satzung vorgesehen war.

Die Beseitigung der Tracking Stocks ist auch im Wege einer Verschmelzung auf eine regulär strukturierte „NewCo" oder einer endgültigen Spaltung möglich. Jedenfalls die Verschmelzung ist jedoch eine technisch sehr komplizierte und daher unpraktikable Variante der Rückabwicklung. Gleichwohl wird es sich rechtlich – zumindest *de lege lata* – häufig um die einzig mögliche exit-Variante handeln.

De lege ferenda sollte die Möglichkeit geschaffen werden, Aktien nach dem Ermessen des Vorstands gegen eine angemessene Entschädigung einzuziehen (sog. „redeemable shares").[25] Anders als in den USA kann den Inhabern der Tracking Stocks aber selbst bei einer solchen Neuregelung nach deutschem Recht nicht garantiert werden, daß ihnen im Rahmen der Beendigung der Struktur der Verkehrswert ihrer Aktien gewährt wird. Grund hierfür ist das deutsche System der Kapitalerhaltung. Aus dieser Beschränkung bei der Rückabwicklung resultiert vielleicht der größte Nachteil des deutschen Rechts bei der Realisierung von Tracking Stocks gegenüber der Rechtslage in den USA.

III. Tracking Stocks in Japan

Anders als in Deutschland sind Tracking Stocks in Japan bereits realisiert worden. So haben die japanischen Unternehmen Sony und Fujitsu im Jahr 2000 die Emission von Aktien auf Konzernteilbereiche angekündigt, nachdem zuvor die Tokyo Stock Exchange (TSE) Standards für die Notierung von Tracking Stocks bekanntgegeben hatte.[26] Die Aktionäre von Sony haben der Schaffung von Tracking Stocks im Wege eines genehmigten Kapitals auf einer außerordentlichen Hauptversammlung am 25. 1. 2001 zugestimmt. Im November 2001 hat der japanische Gesetzgeber, nachdem es bereits 1997 eine große Aktienrechtsreform in Japan gegeben hatte,[27] Tracking Stocks durch eine punktuelle Gesetzesänderung ausdrücklich anerkannt. Im Jahr 2005 ist der japanische Gesetzgeber dann einen gro-

25 Vgl. dazu den rechtspolitischen Vorschlag von *Habersack,* Rückerwerbbare Aktien auch für deutsche Gesellschaften!, in: U.H. Schneider/Hommelhoff/K. Schmidt (Hrsg.), Festschrift für Lutter (2000), S. 1329, 1338.

26 Frankfurter Allgemeine Zeitung vom 28. 11. 2000, S. 35.

27 Dazu eingehend *Takahashi/Rudo,* Bestandsaufnahme: Die japanische Aktienrechtsreform des Jahres 1997, RIW 1998, 615ff.

ßen Schritt weiter gegangen und hat das in das „kaisha ho" (Gesellschaftsgesetz; jpGesellschaftsG) überführte japanische Aktienrecht nach US-amerikanischem Vorbild weitgehend dereguliert. Insbesondere zwei Änderungen im japanischen Handelsgesetz (jpHG), in dem das japanische Aktienrecht bis zur Reform des Jahres 2005 geregelt war, sind für die erfolgreiche Schaffung von Tracking Stocks von Bedeutung gewesen: Zum einen sah Art. 222 Abs. 3 jpHG vor, daß Aktien mit unterschiedlichen Gewinnbeteiligungsrechten geschaffen werden können. Gerade das an einen bloßen Unternehmensteil anknüpfende Gewinnbezugsrecht ist das konstitutive Merkmal von Sparten- oder Geschäftsbereichsaktien, weshalb in der geschilderten Neuregelung die ausdrückliche rechtliche Anerkennung des Tracking Stock-Modells zu sehen ist. Der aktuell zu verteilende Bilanzgewinn kann dabei durch eine Entscheidung des *board* festgesetzt werden, in der Satzung ist lediglich eine Angabe der zugrundezulegenden Berechnungsmethode erforderlich. Zum zweiten sah Art. 222 Abs. 1 jpHG in der Neufassung vor, daß eine Gesellschaft verschiedene Aktiengattungen mit unterschiedlichen Stimmrechten schaffen kann. Zudem war bereits vor der Reform des Jahres 2001, wenn eine Gesellschaft mehrere Aktiengattungen hat, ein Sonderbeschluß der Inhaber der Aktiengattung erforderlich, auf die ein Beschlußgegenstand (negative) Auswirkungen haben kann (Artt. 345, 346 jpHG). Mit diesen Maßnahmen waren sicherlich nicht alle Schwierigkeiten, die bei der Schaffung einer Tracking Stock-Struktur auftreten können, gelöst. Viel wichtiger war aus Unternehmenssicht aber, daß der japanische Gesetzgeber mit seinen punktuellen Eingriffen in das geltende Aktienrecht Spartenaktien ausdrücklich legalisiert und damit Rechtssicherheit geschaffen hat. Rechtstechnisch fällt auf, daß der japanische Gesetzgeber in einem ersten Schritt punktuellen Eingriffen einer vollständigen Liberalisierung des Aktienrechts den Vorzug eingeräumt hat,[28] diese dann aber in einem weiteren Schritt nachgeholt hat. Mit diesen beiden Schritten liegen auch zwei Varianten für eine Realisierung von Tracking Stocks in Deutschland auf dem Tisch.

IV. Die Bedeutung der Rechtsordnung für die Realisierbarkeit von Tracking Stocks

Bei einer Realisierung des US-Kapitalmarktprodukts Tracking Stocks durch eine deutsche Gesellschaft sind – das haben die unter II angesprochenen Einzelfragen gezeigt – anders als im flexiblen und weitgehend deregulierten amerikanischen Gesellschaftsrecht strikte gesetzliche Vorgaben zu beachten. Bei dieser „Zeitreise" zurück in ein sehr traditionelles Rechtssystem, das sich zwar im Aufbruch befindet, aber noch längst nicht den Entwicklungsstand des amerikanischen Rechts erreicht hat,[29] muß es zwangsläufig zu Problemen kommen, die negative Auswirkungen auf die Bewertung der Bereichsaktien haben.

---

28 So bereits das Vorgehen des japanischen Gesetzgebers bei der Aktienrechtsreform des Jahres 1997, vgl. *Takahashi/Rudo*, RIW 1998, 615ff.

29 Eingehend dazu *Spindler*, Deregulierung des Aktienrechts?, AG 1998, 53ff.

1. Flexibilität versus Satzungsstrenge

US-amerikanischen Unternehmen wird durch die – häufig als „Delaware-Effekt" bezeichnete – Aufweichung der ehemals strengen Regeln des traditionellen amerikanischen Aktienrechts weitaus mehr Handlungsspielraum bei Finanzierungsgestaltungen und Restrukturierungen zugestanden als deutschen Unternehmen.[30] Es ist nicht zu bezweifeln, daß diese Entwicklung eine stimulierende Wirkung auf den Aktien- und Kapitalmarkt auch im Hinblick auf die Entwicklung von Finanzinnovationen wie Tracking Stocks hat.[31] Daß das Finanzierungsinstrument Trakking Stocks bislang von deutschen Unternehmen noch nicht realisiert worden ist, liegt zu einem erheblichen Teil an der Fülle ungeklärter Rechtsfragen, die sich bei einer Einführung von Tracking Stocks nach deutschem Aktienrecht stellen und die oben unter II nur teilweise angesprochen werden konnten. Der allen Einzelschwierigkeiten gemeinsame Grund ist die durch § 23 Abs. 5 AktG zementierte Satzungsstrenge des deutschen Aktienrechts, die das ansonsten im Gesellschaftsrecht herrschende Prinzip der Privatautonomie zurückdrängt.[32] Insbesondere das Anknüpfen praktisch aller Aktionärsrechte an einen festen Nennbetrag der Aktie erweist sich bei der Schaffung von Spartenaktien als hinderlich, weil der Nennbetrag, der immer ein Bruchteil des Grundkapitals der Gesamtgesellschaft ist, als Maßstab für die Bemessung des Beteiligungsumfangs in einer Spartenaktiengesellschaft versagt. Das liberale US-amerikanische Gesellschaftsrecht eröffnet den Gesellschaften dagegen eine fast schrankenlose Freiheit bei der Schaffung anderer Maßstäbe zur Bemessung des Beteiligungsumfangs. Die geschilderten Probleme und Restriktionen des deutschen Rechts bestehen im US-amerikanischen Gesellschaftsrecht nicht, da sich dieses im Laufe der Zeit vom gesetzlichen Erfordernis eines in der Satzung fixierten Grundkapitals befreit hat[33] und zum System einer „echten"[34] nennwertlosen Aktie übergegangen ist. Hierbei lassen die in der Aktie enthaltenen Angaben keinen Rückschluß auf den Umfang der durch sie verbrieften Beteiligung zu, erforderlich ist vielmehr die Kenntnis der Zahl der insgesamt ausgegebenen Aktien. Die Mitgliedschaft des Aktionärs wird zwar durch die Angabe eines Bruchteils ausgedrückt, damit ist aber nicht die Zerlegung des Grundkapitals, sondern das Verhältnis des einzelnen Mitgliedschaftsrechts zur Gesamtzahl der Mitgliedschaftsrechte gemeint. Das hat logischerweise zur Folge, daß

30 Vgl. auch *Jaeger* (Fn. 3), S. 210.

31 *Baums*, FS Boujong (1996), S. 19, 35; *Jaeger* (Fn. 3), S. 210; *Kübler*, Kapitalmarktgerechte Aktien?, WM 1990, 1853, 1857f.

32 Großkommentar-*Brändel*, AktG (4. Aufl. 1992), § 1 Rn. 8; Großkommentar-*Röhricht*, AktG (4. Aufl. 1992), § 23 Rn. 167ff.; Kölner Kommentar-*Kraft*, AktG (2. Aufl. 1988), § 23 Rn. 82ff.; Kölner Kommentar-*Mertens*, AktG (2. Aufl. 1996), Vor § 76 Rn. 11ff.; *ders.*, Satzungs- und Organisationsautonomie im Aktien- und Konzernrecht, ZGR 1994, 426, 427ff.

33 *Raiser*, Recht der Kapitalgesellschaften (2. Aufl. 1992), § 8 Rn. 10; *Kübler*, Aktie, Unternehmensfinanzierung und Kapitalmarkt (1989), S. 29f.; *ders.*, WM 1990, 1853, 1854ff.

34 Die Terminologie ist uneinheitlich, vgl. nur *Hüffer*, AktG (7. Aufl. 2006), § 8 Rn. 2; hier wird sie verwendet wie bei *Kübler*, Gesellschaftsrecht (5. Aufl. 1998), S. 156; *ders.* (Fn. 33), S. 10; *Escher-Weingart*, Reform durch Deregulierung im Kapitalgesellschaftsrecht (2001), S. 255.

keine Koppelung der Aktionärsrechte an einen bestimmten Anteil des Grundkapitals mehr besteht.[35] Die Flexibilität des US-amerikanischen Gesellschaftsrechts ist damit erheblich größer als die des deutschen Rechts.

2. Überlegenheit einer deregulierten Rechtsordnung?

Es ließe sich trefflich darüber streiten, welches gesetzliche Regelungsmodell dem anderen überlegen ist. Die Innovationsfähigkeit des US-amerikanischen Kapitalmarkts mag ein Indiz dafür sein, daß das amerikanische Recht dem deutschen überlegen ist.[36] Es sprechen aber auch gute Gründe für eine Beibehaltung des deutschen Systems, das durch die engen Grenzen, die der Privatautonomie bei der Gestaltung der Verfassung einer Aktiengesellschaft gesetzt sind, einen Schutz vor der Verwässerung des Leitbilds der AG gewährt, womit letztlich auch den Interessen des Kapitalmarkts gedient ist.[37] Ein Vergleich der verschiedenen Regelungssysteme oder gar eine Stellungnahme ist im Rahmen dieses Beitrags weder möglich noch gewollt. Es kann aber – ganz wertneutral – festgestellt werden, daß das US-amerikanische Prinzip der fast vollständigen Satzungsautonomie das Entstehen von Finanzierungsinstrumenten wie Tracking Stocks erleichtert, während die Einpassung derartiger Innovationen in das Regelungsgefüge des deutschen Aktienrechts mit Schwierigkeiten verbunden ist. Zwar hat auch der deutsche Gesetzgeber in jüngster Zeit Maßnahmen eingeleitet, der Selbstorganisation der Unternehmen den Vorzug vor zwingenden gesetzlichen Regeln und Verboten zu geben.[38] Gleichwohl ist eine Aufweichung des § 23 Abs. 5 AktG – insbesondere im Bereich der für Tracking Stocks primär in Betracht kommenden börsennotierten AG – nicht in Sicht. Auch des Finanzierungsinstruments Tracking Stocks hat sich der deutsche Gesetzgeber bislang nicht angenommen.[39] Die Klärung der offenen rechtlichen Fragen erfährt eine besondere Notwendigkeit vor dem Hintergrund der Nachteile für die internationale Wettbewerbsfähigkeit deutscher Unternehmen, die sich ergeben, wenn sich das deutsche Gesellschaftsrecht den dynamischen Prozessen auf

---

35 *Kübler* (Fn. 33), S. 10.

36 Eingehend zum Einfluß des Kapitalmarktrechts auch auf das deutsche Aktienrecht *Lutter*, Gesellschaftsrecht und Kapitalmarkt, in: Lieb/Noack/Westermann (Hrsg.), Festschrift für Zöllner (1998), Band I, S. 363ff.; *Hommelhoff*, Anlegerinformation im Aktien-, Bilanz- und Kapitalmarktrecht, ZGR 2000, 748ff.; *Schiessl*, Ist das deutsche Aktienrecht kapitalmarkttauglich?, AG 1999, 442ff.; *Spindler*, AG 1998, 53ff.; Großkommentar-*Assmann*, AktG (4. Aufl. 1992), Einleitung, Rn. 343ff.; *Weber*, Die Entwicklung des Kapitalmarktrechts 1998–2000, NJW 2000, 3461, 3470ff.

37 Münchener Kommentar-*Pentz*, AktG (2. Aufl. 2000), § 23 Rn. 150; Großkommentar-*Brändel*, AktG (4. Aufl. 1992), § 1 Rn. 27; *Raiser* (Fn. 33), § 13 Rn. 6; eingehend dazu *Hirte*, Die aktienrechtliche Satzungsstrenge: Kapitalmarkt und sonstige Legitimation versus Gestaltungsfreiheit, ZGR-Sonderheft 13 (1997), S. 61, 63ff.

38 Vgl. bereits die allgemeine Begründung zum RegE eines Gesetzes zur Kontrolle und Transparenz im Unternehmensbereich, BT-Drucks. 13/9712, S. 11.

39 Rechtspolitische Vorschläge jetzt aber im Bericht der Regierungskommission „Corporate Governance“, Unternehmensführung – Unternehmenskontrolle – Modernisierung des Aktienrechts, vom 10. 7. 2001, Rn. 237ff., die allerdings vom Gesetzgeber bislang noch nicht aufgegriffen wurden.

den internationalen Finanzmärkten – zu denen auch Tracking Stocks gehören – verschließt.[40]

Kübler hat 1989 in der oben bereits zitierten rechtsvergleichenden Untersuchung, gestützt auf Vorarbeiten im Schrifttum,[41] den Vorschlag zur Abschaffung des in Deutschland herrschenden Nennbetragssystems gemacht.[42] Dieser rechtspolitische Vorschlag würde, setzte man ihn in geltendes Recht um, zu einer grundlegenden Änderung des deutschen Aktienrechts führen.[43] Die Loslösung der Aktienrechte von einem bestimmten Anteil am Grundkapital wäre auch durch die bloße Streichung des § 23 Abs. 5 AktG zu bewirken, ohne daß die Institution eines die Gläubiger schützenden festen Grundkapitals angetastet werden müßte. Für die Belange von Tracking Stocks würde die generelle Beseitigung der Abhängigkeit der Aktionärsrechte vom Nennbetrag eine Radikallösung darstellen. Wie in den USA, deren bundesstaatliche Regelungen und praktischen Erfahrungen *Kübler* als Vorbild gedient haben, wäre es dann möglich, Aktien auszugeben, deren Rechte an der Gesamtgesellschaft sich nach einem vom Satzungsgeber frei zu bestimmenden Maßstab richten. Man würde es sich aber zu einfach machen, wollte man den Vorschlag *Küblers* oder eine Streichung des § 23 Abs. 5 AktG als Lösung für die mit der Realisierung von Tracking Stocks in Deutschland verbundenen Probleme einfach übernehmen. Zum einen haben beide Ansätze – dies stellt allerdings nur ein pragmatisches Argument dar – auf absehbare Zeit keine realistische Chance, in geltendes Recht umgesetzt zu werden. Schon das Vorgehen des Gesetzgebers im Zusammenhang mit der Aktienrechtsreform 1998 und den sich anschließenden Reformgesetzen[44] zeigt, daß vielmehr auch in Zukunft eine Liberalisierung in kleinen Schritten geplant ist, um das deutsche Aktienrecht weltweit wettbewerbsfähig zu machen.[45]

---

40 *Jaeger* (Fn. 3), S. 229; auch der deutsche Gesetzgeber strebt eine aktive Begleitung deutscher Publikumsgesellschaften bei der Ausrichtung auf die Bedürfnisse und Erwartungen der internationalen Finanzmärkte an, so die allgemeine Begründung zum RegE eines Gesetzes zur Kontrolle und Transparenz im Unternehmensbereich, BT-Drucks. 13/9712, S. 11.

41 *Jahr/Stützel*, Aktien ohne Nennbetrag (1963), S. 62ff.; *Coing/Kronstein*, Die nennwertlose Aktie als Rechtsproblem (2. Aufl. 1962), S. 114f.; *Boesebeck*, Die nennwertlose Aktie, BB 1960, 71; weitere Nachweise bei *Kübler* (Fn. 33), S. 10f.

42 *Kübler* (Fn. 33), S. 59ff., allerdings unter dem Vorbehalt einer europäischen Harmonisierung von Gesellschaftsrecht und Kapitalmarkt; zusammengefaßt in WM 1990, 1853ff.; vgl. jetzt auch *Escher-Weingart*, (Fn. 34), S. 255ff.

43 Auch *Kübler* wollte es daher vorerst bei einer Streichung des § 8 Abs. 1 und 2 AktG a. F. belassen, vgl. (Fn. 33), S. 60.

44 Hier ist insbesondere das Transparenz- und Publizitätsgesetz vom 19. 7. 2002 (BGBl. I S. 2681) zu nennen, mit dem zahlreiche Vorschläge aus dem Bericht der Regierungskommission „Corporate Governance“ umgesetzt wurden.

45 Nach *Hüffer* (Fn. 34), § 8 Rn. 3 hat sich die Diskussion um die zweckmäßige Aktienform hierdurch erledigt. Die Beseitigung eines festen Grundkapitals stößt auch wegen der Zweiten Richtlinie (Richtlinie 77/91/EWG des Rates v. 13. 12. 1976 zur Koordinierung der Schutzbestimmungen, die in den Mitgliedstaaten den Gesellschaften im Sinne des Artikels 58 Abs. 2 des Vertrages im Interesse der Gesellschafter sowie Dritter für die Gründung der Aktiengesellschaft sowie für die Erhaltung und Änderung ihres Kapitals vorgeschrieben sind, um diese Bestimmungen gleichwertig zu gestalten, Abl. 1977 Nr. L 26/1 [Kapitalrichtlinie]) auf Bedenken, vgl. RegBegr. zum Stückaktiengesetz, BT-Drucks. 13/9573, S. 11; *Ekkenga*, Vorzüge und Nachteile der nennwertlosen Aktie, WM 1997, 1645, 1648; *Schröer*, Zur Einführung der unechten nennwertlosen Aktie aus Anlaß der Europäi-

Zum anderen aber – und das sind die inhaltlich bedeutenderen Argumente – hatte einerseits *Kübler* für seinen weitreichenden Vorschlag ganz andere und viel grundlegendere Motive, wie etwa die Erkenntnis, daß ein effektiver Gläubigerschutz statt durch ein festes Grundkapital auch durch Kapitalmarkttransparenz gewährleistet werden kann.[46] Die ersatzlose Streichung des § 23 Abs. 5 AktG wiederum wäre nur durch eine grundlegende Neuorientierung des deutschen Aktienrechts und einen flankierenden Ausbau des Anlegerschutzes durch kapitalmarktrechtliche Instrumente, insbesondere Maßnahmen zur Gewährleistung einer effektiven Information der Kapitalmärkte, zu rechtfertigen.

Das geltende deutsche Aktienrecht mag also in der Tat ein gewisses Hemmnis für die Schaffung von Kapitalmarktinnovationen wie Tracking Stocks sein. Gleichwohl zeigt das japanische Beispiel, daß eine völlige Aufweichung herkömmlicher Rechtsstrukturen nicht unbedingt erforderlich ist, um einheimischen Unternehmen die Schaffung moderner Finanzierungsinstrumente wie Tracking Stocks zu ermöglichen. Allerdings sollte sich der deutsche Gesetzgeber das japanische Vorgehen jedenfalls der ersten „kleinen“ Reform aus dem Jahr 2001 jetzt auch wirklich als Vorbild nehmen und durch punktuelle Änderungen im Aktiengesetz deutschen Unternehmen die Schaffung von Spartenaktien ermöglichen. An anderer Stelle[47] wurden Vorschläge für einen behutsamen Eingriff des Gesetzgebers gemacht, der es deutschen Unternehmen ermöglichen müßte, Tracking Stocks wirkungsvoll einzusetzen und der sich in die in den letzten Jahren geübte Praxis einer schrittweisen Liberalisierung des Aktienrechts[48] einfügt. Die Regierungskommission „Corporate Governance“ hat in ihrem Abschlußbericht ebenfalls derartige Vorschläge gemacht, die der Gesetzgeber jedoch bislang nicht umgesetzt hat. Es soll hier nicht verkannt werden, daß andere Themen derzeit vordringlicher sind als Tracking Stocks, da auch in Ländern mit weitgehend liberalisiertem Aktienrecht das Interesse an diesem Modell gegenwärtig nicht überschwenglich ist. Das Beispiel Japan aber zeigt, daß bereits behutsame Korrekturen des Gesetzgebers geeignet sind, Unternehmen ein neuartiges Finanzierungsinstrument zu ermöglichen und das Investorenvertrauen in den einheimischen Kapitalmarkt zu stärken, auch wenn dort später – freilich aus anderen Gründen – eine Deregulierung nach dem amerikanischen Beispiel vorgenommen wurde.

---

schen Währungsunion, ZIP 1997, 221, 223; auch die Regierungskommission „Corporate Governance“ hat in ihrem Bericht vom 10. 7. 2001 keine Vorschläge zur Beseitigung eines festen Grundkapitals gemacht.

46 Vgl. *Kübler*, ZHR 159 (1995), 550ff.; Zweifel daran, daß ein festes Nennkapital einen effektiven Schutz vor Vermögensminderungen bewirken kann, auch bei *Hirte*, Kapitalgesellschaftsrecht (3. Aufl. 2001), Rn. 615ff. m.w.N.

47 *Tonner* (Fn. 4), S. 376ff.

48 *Zöllner*, Aktienrechtsreform in Permanenz – Was wird aus den Rechten des Aktionärs?, AG 1994, 336, spricht von einer „permanenten Reform“; vgl. zur gesetzlichen Entwicklung im Aktienrecht auch *K. Schmidt*, Gesellschaftsrecht (4. Aufl. 2002), § 26 II 2.

V. Ergebnis

Tracking Stocks sind eine US-amerikanische Kapitalmarktinnovation, auf die das formenstrenge deutsche Aktienrecht nicht vorbereitet ist, und auf die auch das japanische Aktienrecht vor den Änderungen des Jahres 2001 nicht vorbereitet war. Der wesentliche Grund für die Schwierigkeiten von Tracking Stocks in Deutschland ist das bestehende Nennbetragssystem. Der Gesetzgeber könnte durch einen Federstrich – Abschaffung des Nennbetragssystems durch Beseitigung des Erfordernisses eines festen Grundkapitals oder durch Streichung von § 23 Abs. 5 AktG – die problemlose Realisierbarkeit von Tracking Stocks ermöglichen. Dieser Federstrich ist aus Anlaß der Diskussion um Tracking Stocks jedoch nicht zu fordern, da hierfür gewichtigere Gründe als der Wunsch nach einer Realisierbarkeit eines einzelnen Kapitalmarktinstruments erforderlich sind. Das Beispiel Japan zeigt aber, daß bereits punktuelle Eingriffe in das geltende Aktienrecht ausreichen, Spartenbeteiligungen zu legalisieren und interessierten Unternehmen das erforderliche Vertrauen zu geben. Vorschläge für entsprechende Änderungen des deutschen Aktiengesetzes liegen auf dem Tisch. Jetzt ist der Gesetzgeber am Zug.

§18 投資手段の発展のために国家の法秩序が果たす役割
――「トラッキング・ストック」を例として――*

マルティン・トナー

目次

I. トラッキング・ストックとは何か?

いわゆる「トラッキング・ストック(Tracking Stocks)」は、アメリカ合衆国の投資手段として知られており、とくに上場された株式会社にとってメリットのあるものであるが、イギリス私会社やドイツの有限会社[1]のような、その他の会社形態においても、実用化は可能である。トラッキング・ストックは、その所有者に、法的には独立していないものの経済的に独立している企業の一部への参加を認めるものである。かかる企業の一部(いわゆる「トラックト・ユニット(Tracked Unit)」または「参照単位(Referenzeinheit)」)は、法的に非独立的な会社内の一企業部門だけでなく、子会社である場合もある[2]。法的に分けら

* 橋本陽子訳。斉藤真紀助教授(京都大学)に、翻訳にあたり、多大なご助力をいただいた。

1 Vgl. dazu etwa *Görnemanns*, Tracking Stocks bei der Joint Venture GmbH, GmbHR 2004, 170; *Fox/Hüttche/Lechner*, Mitarbeiterbeteiligung an der GmbH – Aktuelle Entwicklung, steuerliche Aspekte, Gestaltungsmöglichkeiten, GmbHR 2000, 521; *R. Müller*, „Tracking Stock" und seine Realisierbarkeit im deutschen Gesellschaftsrecht, WiB 1997, 57, 60 f.; *Seibt*, in: Römermann (Hrsg.), Münchener Anwaltshandbuch GmbH-Recht (2002), § 2 Rn. 308.

2 したがって、子会社をトラッキング・ストックの対象とする親会社は、持株会社になる。かかる親会社の社員は、経済的には子会社の成果に預かりながら、法的にはもっぱら親会社にのみ参加する。

れていない企業への部門参加は、経営学的には意味のある、コンツェルン形成に代わる手段である。なぜならば、シナジー効果を確保しつつ、市場価格における、複数部門から成る企業に典型的な事業多角化にともなうディスカウント（**Diversifikationsabschlag**）を排除し、分割に伴う税法上の不利益を回避できることが期待できるからである[3]。このモデルの決定的な構成要素は、会社の異なる部門への割合的利益参加（**quotalen Ergebnisbeteiligung**）（利益参加及び残余財産に対する持分）の構築である。今や、ドイツの株式会社においては、ドイツ株式法の形式強制ゆえに実現が著しく困難であり[4]、その先駆者にならんとするドイツ企業はまだ存在しないものの[5]、アメリカ合衆国以外の他の法秩序においては、とくに日本において、トラッキング・ストックは、すでに実現され、証券取引所に上場されている[6]。

本稿の検討対象は、新しい資金調達手段であるトラッキング・ストックを例として、国家の法秩序が、現代的資本市場の発展と実現可能性においていかなる役割を果たすのか、そして、このことからどの程度のグローバル化された経済世界における競争上のメリットとデメリットが生じるのか、という問題である。ここでは、伝統的なドイツと日本の法制度は、一部には著しく技術的な困難があるものの、しばしば理想的であると賞賛されている、広範に規制緩和されたアメリカ合衆国の会社法に対抗しうるものであることがわかる。

---

3 トラッキング・ストック（Tracking Stock）を用いる経済的理由について詳しくは、*Natusch*, „Tracking Stock“ als Instrument der Beteiligungsfinanzierung diversifizierter Unternehmen (2. Aufl. 2000); *Jaeger*, Targeted Stock als Restrukturierungsinstrument (1999); *Bauer*, Targeted Stock als Alternative zu Desinvestitionen (2000); *Friedl*, Ein Plädoyer für Tracking Stocks, BB 2002, 1157.

4 詳しくは、*Baums*, Spartenorganisation, „Tracking Stock“ und deutsches Aktienrecht, in: Ebenroth/Hesselberger/Rinne (Hrsg.), Festschrift für Boujong (1996), S. 19; *ders.* (Hrsg.), Unternehmensführung – Unternehmenskontrolle – Modernisierung des Aktienrechts, Bericht der Regierungskommission „Corporate Governance“ (2001), Rn. 237 ff.; *Brauer*, Die Zulässigkeit der Ausgabe von „Tracking Stocks“ nach deutschem Aktienrecht, AG 1993, 324; *Breuninger/Krüger*, Tracking Stocks als Gestaltungsmittel im Spannungsfeld von Aktien- und Steuerrecht, in: Hommelhoff/Zätzsch/Erle (Hrsg.), Festschrift für Welf Müller (2001), S. 527; *Fuchs*, Tracking Stock – Spartenaktien als Finanzierungsinstrument für deutsche Aktiengesellschaften, ZGR 2003, 167; *R. Müller*, WiB 1997, 57; *ders.*, Tracking Stock – Gestaltungsoptionen im Bereich M&A/Corporate Finance, M&A Review 1997, 479; *Sieger/Hasselbach*, „Tracking Stock“ im deutschen Aktienrecht – Praktische Überlegungen zur Einführung von „subsidiary“/„divisional shares“, BB 1999, 1277; *dies.*, „Tracking Stock“ im deutschen Aktien- und Kapitalmarktrecht, AG 2001, 391; *dies.*, „Tracking Stocks“ im deutschen Aktienrecht, M&A Review 2001, 381; *Thiel*, Spartenaktien für deutsche Aktiengesellschaften (2001); *Tonner*, Tracking Stocks (2002); *ders.*, Zulässigkeit und Gestaltungsmöglichkeiten von Tracking Stocks nach deutschem Aktienrecht, IStR 2002, 317; *Wunsch*, Tracking Stocks – Geschäftsbereichsbezogene Gewinnbeteiligungen bei Aktiengesellschaften (2002).

5 有限会社においては、これは異なって考えられている。例えば、*Görnemanns*, GmbHR 2004, 170; *Fox/Hüttche/Lechner*, GmbHR 2000, 521; *R. Müller*, WiB 1997, 57, 60 f.; *Seibt*, in: Römermann (Hrsg.), Münchener Anwaltshandbuch GmbH-Recht (2002), § 2 Rn. 308.

6 例えば、上記のトラッキング・ストックの上場基準が告示された後で、日本企業のソニーと富士通は、トラッキング・ストックを東京証券取引所に上場した。

II. ドイツ株式法に基づくトラッキング・ストックの実現可能性

トラッキング・ストックが、ドイツ企業でこれまで利用されてこなかった主な理由は、ここ数年間、一般的に認められる株式発行の消極的姿勢に加えて、トラッキング・ストックという考え方が株式法上許容されるのかが依然としてはっきりしていないからである。それにもかかわらず、投資銀行によれば、一連のダックス銘柄の企業（DAX-Gesellschaften)は、かかる手段を利用することに関心を抱き続けている[7]。例えば、当時、ヘキスト株式会社（Hoechst AG）は、自社を解体し、医薬部門をフランスのローヌ・プラン社（Rhône Poulenc）に合併させるにあたり、トラッキング・ストックの導入を考えていることも披露したが、これは、——とくに時間が足りず、また複雑な手段であったことから——断念された[8]。

実際にトラッキング・ストック制度を導入しようとすると、伝統的なドイツ株式法上多くの問題が生じる。本稿では、トラッキング・ストック制度の創設に関して生じるすべての問題を解明することはできない[9]。それゆえ、個々の株主の権利並びにトラッキング・ストックの導入及び終了の可能性を例として、どこまでドイツ法が企業の形成の自由に限界を設定しているのかについて検討することとする。

1. 利益参加及び残余財産に対する持分

トラッキング・ストックモデルにおいて決定的な株主の多様な会社部門への財産的参加において、ドイツ株式法は驚くほどの柔軟性を示している。「その」部門の成果への株主のもっとも望ましい参加は、ドイツ法において——この限りで一致した見解によれば——それに対応した株式法 11 条 1 文及び 60 条 3 項に基づく株式の券面額と異なる配当権、及び株式法 271 条 2 項に基づく残余財産（Liquidationserlös）に対する分配請求権の創設によって達成される。しかし、優先権は議決権の排除の補償として付与されるものであるに対し、トラッキング・ストックにおいては通常、議決権が保持されるので、トラッキング・ストックは、株式法 139 条以下にいう優先株にはあたらない。ただし、「部門に関連した優先株」ということはできよう。なぜなら、株主には確かに——企業に関して——水平的ではないが、垂直的な観点において、利益分配における優先権が付与されているからである。部門の損失が株主の配当請求権にいかなる影響を及ぼすのかが議論されている。すなわち、株式は、部門の利益に対する直接的な権利ではなく、株式法 57 条 3 項に基づき、会社の統一的な、貸借対照表上の利益（Bilanzgewinn）に対する特別に算定される関与権を付与するにすぎない。ここから、当該企業部門が積極的な成果を挙げたにもかかわらず、会社は全体とし

7 Vgl. *Natusch*, Handelsblatt vom 12.4.1999, S. 45; zuvor bereits *Steiner/Natusch*, Handelsblatt vom 13.8.1996, S. 40.

8 Vgl. Frankfurter Rundschau vom 19.3.1999. このテーマに関する企業法務弁護士の多くの論考は、多くのドイツ企業がトラッキング・ストックの導入を熱心に検討し、法的問題点について相談を受けたことを印象深く叙述している。

9 詳しくは、*Tonner* (Fn. 4).

てトラッキンブ・ストックに配当を出すために十分な貸借対照表上の利益をあげない場合には、トラッキング・ストックの特別の利益参加権（Gewinnbezugs-recht）が無に帰してしまう、という帰結が生じる。これは、部分的には、定款において規制されうる追徴権（Nachzahlungsanspruch）によって救済される。無議決権優先株のモデルによると、その後、会社が再び利益をあげる数年間に、まずは、以前赤字を計上した部門の株主に対して、配当支払を行う前に、会社全体の不十分な成果に基づき失われた部門利益（Spartengewinn）のために配当がなされなければならない。かかる追徴権は、この方法による場合にのみトラッキング・ストックの「擬似的純プレイ（quasie pure play）」が実現でき、そしてそれにより流通可能性（Kurspotentials）を使い尽くすことができるので、経済的に推奨できる。かかる権利の複雑さに関する学説で指摘されている懸念[10]は説得的ではない。モデルに本質的な限界ゆえに配当されない、会社の部門における貸借対照表上の利益を確定し、翌年度以降は、この金額をその後生じた貸借対照表上の利益からあらかじめ支払うことで足りる。株式法60条3項は、かかる先行配当（Vorwegverteilung）を許容する[11]。この場合は、追徴権（Nachzahlungsrecht）は、その貸借対照表上の利益から事後的支払が行われることになる、事業年度の利益部分の一部となる。追徴権は、理論上は、様々な方向で——部門の収益状況に依存しながら——存在しうるので、定款は、かかる請求権が厳密に時系列に沿って満足されるとを規定しなければならない。

上述のモデルによれば、一、二度生じた損失を補償することができる。それにもかかわらず、追徴権の弱点は明白である。すなわち、翌年以降も企業全体で貸借対照表上の利益が生じないとすると、実際には積極的に利益をあげた部門への参加は生きてこない。企業全体における持分（Anteile）の譲渡は、評価もまた損失を生んだ部門を基準とすることによって困難となる。このような避けられない状況は、通常の普通株（Stammaktien）に対する——場合によっては著しい——ディスカウント（Bewertungsabschlag）によって資本市場から制裁を受けることになるだろう。しかし、ここで述べた追徴権によって、少なくとも、企業全体で利益が生じているのであれば、積極的に利益をあげた部門の株主に配当することは可能である。損失を生じた部門の株主は、成功した部門の株主が全額について満足を受けるまでは利益からは排除されることになろう。トラッキング・ストックによる部門に関連した利益参加は、このような方法で、複数の積極的な利益を上げる営業部門を有する会社においては、実務上広く実現可能であろう[12]。これに対して、部門の損失が、定款に規定された追徴権又は企業の準備金（Rücklagen）の取崩しによって補償されうる限り、独自の利益を「食い尽くす（auffressenden）」他部門の損失という危険は、モデルに内在する不利益として、トラッキング・ストックの株主は甘受しなければならない。

---

10 *Baums*, FS Boujong (1996), S. 19, 30.
11 So auch *Baums*, FS Boujong (1996), S. 19, 29.
12 *Sieger/Hasselbach*, M&A Review 2001, S. 381, 383; *Thiel* (Fn. 4), S. 234.

2. 議決権、及び特別決議の必要性

a) 議決権

トラッキング・ストックの構造は、アメリカ合衆国における実務慣行に対応して、いわゆる変動議決権（variable Stimmrechte）を必要とする。変動議決権は、券面額もしくは無額面株においては株の数に基づいて、形式的に理解される「1株1議決権」原則によるのではなく、柔軟なパラメーターとして各々のトラッキング・ストックの市場価格（Börsenkurs）を基準とする。このような方法ではなく、固定議決権を有するトラッキング・ストックの様々な種類を準備するのであれば、これは、同一の議決権が、証券取引所では、異なる価格で取引されることになってしまう。会社の買収――場合によっては、それに引き続く解体――は、証券取引所でより安く評価される株を買占めることによって、場合によっては著しく容易に行われることになろう[13]。

ドイツでは、変動議決権は、解釈論上許容されない。株式法134条1項1文によれば、1株の議決権は、券面額, 無額面株においては株の数によって定められる。この原則に、とりわけ1998年4月27日のKonTraGによって、多数議決権及び最高議決権が廃止されたので、ますます強化されている。「1株1議決権」の原則の目的は、同じ経済的リスクを有する株主には、会社の運命に対して同じ影響力を保障することであるが、券面額をトラッキング・ストックの会社における議決権の基準とすることによっては達成できない。なぜならば、券面額によっては、異なる企業部門の異なる価値の展開、すなわち株主によって異なる経済的リスクが考慮されないからである。トラッキング・システムを有意義に実現するためには、この目的を否定するような券面額に代えて、立法論として、市場価格を採用しなければならない。というのも、企業価値が常時、実際の価値を忠実に反映するものであるからである。市場価格を企業価値の基準とすることは、――異なるトラッキング・ストックの議決権の評価についてもその限りで何ら異なるところはない――、企業の編入、並びに支配及び利益拠出支払契約（Beherrschungs- und Gewinnabführungsvertrags）の締結が争われた、連邦憲法裁判所のセンセーショナルな1999年4月27日決定[14]によって承認された。連邦憲法裁判所は、外部の株主には、持分証書（Anteilsscheine）の市場価格を考慮した代償金の提供が行われなければならない、と判断した[15]。株の市場価格を考慮することなく補償金の額を算定するならば、それは基本法の財産権の保障に反する、と述べる。現在、連邦通常裁判所[16]も従っているこの裁判の評価は、異なるトラッキング・

---

13 Vgl *Natusch* (Fn. 3), S. 85 ff.

14 BVerfGE 100, 289 = ZIP 1999, 1436 mit Anm. *Wilken* = JZ 1999, 942 mit Anm. *Luttermann;* bestätigt durch BVerfG, AG 2000, 40, 41 und BVerfG, AG 2000, 178; 詳しくは、*Vetter,* Die Entschädigung der Minderheitsaktionäre im Vertragskonzern erneut vor dem Bundesverfassungsgericht, ZIP 2000, 561 ff.; *Großfeld,* Börsenkurs und Unternehmenswert, BB 2000, 261 ff.; *Wilm,* Abfindung zum Börsenkurs – Konsequenzen der Entscheidung des BVerfG, NZG 2000, 234 ff.

15 BVerfGE 100, 289, 307 ff.; 連邦憲法裁判所を支持する見解として、*Wilken*, ZIP 1999, 1443.

16 BGH, NJW 2001, 2080.

ストックの議決権をいかに算定するか、という問題にも応用可能である。したがって、立法政策上は、券面額と異なる議決権が許容されるよう、株式法を改正することが要請される[17]。しかし、市場価格を基準とすることは、操作の危険性に結びつく。したがって、アメリカ合衆国において支配的な基準日原則ではなく、異なる市場価格の年間平均額に基づいて、議決権が算定されるべきである。

提案された法改正が行われなければ、トラッキング・ストックの発行には、トラッキング・ストック創設決議に対して、株式法 134 条 1 項 1 文の文言を守ってもなお違反することになる「1 株 1 議決権」原則違反を理由とする取消訴訟が提起される危険を考慮しなければならない。解決は、結局、議決権のないトラッキング・ストックを創設することである[18]。これにより、少なくとも 2 つの議決権を有する株主集団が存在することから生じる他の問題も回避することができる。

b) 特別決議の必要性

トラッキング・ストックを導入した企業においては、株主の異なる経済的利益ゆえに、利害対立が増大する可能性がある。この解決策を考える必要がある。これは、原則的には、各々の各国の法秩序とは関係なく、モデルに内在する問題であるが、ドイツ法では、株式法の多くの箇所で、会社が複数の種類の株式をもつ場合に種類株主総会決議が要請される、という点で、特殊性を有する。

モデルに内在するこのような利害対立の理論的に考えられる解決策は、定款によって一般的な種類株主総会決議の必要性を基礎付けること、すなわち、株式法において規定されている種類株主総会決議の必要性を定款によって拡充することである。この方法によると、当該会社に存在するすべての種類株式の株主らによる格別の承認がない限り、いかなる株主総会決議も成立しない。株主は、自己の企業部門に不利益な措置から有効な保護を享受できよう。これは、トラッキング・ストックの「擬似的純プレイ（quasie pure play）」を高める。それにもかかわらず、トラッキング・ストックを発行する株式会社にとって、種類株主総会決議が常に必要となれば、会社にとって不可欠の柔軟性が著しく阻害されるという理由で、実際的な方法とはいえない。場合によっては、非常に少数の株主集団が、重要な企業家的決定を妨げ、会社が常にデッドロック状態に陥ってしまいかねない[19]。これは、いずれにせよ、株式の流通可能性を著しく制約するという影響を及ぼしうるだろう。 最終的に、現行法上は、具体的なケースにおける利益状況の問題、そしてそれによって生じる具体的な定款の形成の問題、すなわち、種類株主総会決議の要件をそもそも創設するのか、そしていかなる決議事項について特別決議を創設するのか、という問題が残ることになる。これが既に法律によっ

---

17 法政策上の要請について詳しくは、*Tonner* (Fn. 4), S. 108 ff.; 立法者による変動議決権の許容性については、さらに *Sieger/Hasselbach*, AG 2001, 391, 396; しかし、これに反対する見解として、例えば、コーポレート・ガバナンス政府委員会報告書 (Fn. 4), Rn. 240.

18 詳しくは、*Sieger/Hasselbach*, AG 2001, 391, 393 ff.; これに対して、議決権のない優先株の資本市場における危険性については、*Pellens/Hillebrandt*, Vorzugsaktien vor dem Hintergrund der Corporate Governance-Diskussion, AG 2001, 57 ff.

19 Vgl. *Sieger/Hasselbach*, AG 2001, 391, 392.

て規定されている場合（例えば、株式法182条2項）、それは、いずれにしても、非常に狭い限定においてのみ定款で別段の定めができる。このような制約によって、種類株主総会決議が必要なのか、これが肯定される場合、いかなる決議事項について必要なのか、について、企業が自由に決定することができなくなるので、トラッキング・ストックの創設に関する、アメリカ法に対するドイツ法のデメリットがここでも明らかになる。しかし、立法論としては、個々の部門の株主に不利益な影響を及ぼしうるような決議事項についてのみ種類株主総会決議が必要であることが規定されるべきである。

3. 資本措置 (Kapitalmaßnahmen)

資本措置 (増資及び減資)においても、株式法は、トラッキング・ストックの創設を考慮する会社にとっては、難問である。 ここでは、単純な金銭による増資（Barkapitalerhöhung）を例に説明しよう。

既存のトラッキング・ストック制度の枠内での金銭による増資においては、いかなる株主も、出発点において、株式法 186 条 1 項に基づく新株引受権（Bezugsrecht）を、自己の部門の株についても、また他の部門の株についても有する。 両部門における按分発行（*pari passu*-Emission）において、すなわち、基本資本総額に対する部門のこれまでの割合に対応した資本の額の引き上げにおいて、普通株及び優先株がある場合の実務[20]に対応する「新株引受権の交差的排除（gekreuzter Bezugsrechtsausschluß）」が許容される。このような方法で、トラッキング・システムを導入した株式会社が、A と B という 2 種類の株式を有する場合、A 株の株主は A 株の新株のみを、B 株の株主は B 株の新株のみを取得し、すなわち従来の参加構成の維持が達成される。

しかし、按分での増資（*pari passu*-Kapitalerhöhung）が会社の資金調達上の利益に合致する場合はまれである。というのは、資本需要（Kapitalbedarf）はたいていの場合、1 つの部門にのみ存在するからである。したがって、とりわけ、1 つの部門においてのみ増資が行われる場合にメリットがある。増資がなされなかった部門の株主にのみ新株引受権を排除することは、排除された株主の議決権の喪失、すなわち不平等な取扱をもたらす。しかし、これは、実質的に正当化される。というのは、新株引受権が株主全員に付与されるとすると、――これがまさにトラッキング・ストックの他にはみられない特性である――参加関係が変わってしまうことになるからである。すなわち、増資が行われなかった部門の株主は、自己の新株引受権を行使することによって、――場合によっては、より良い――増資が行われた部門の株主の法的地位を「侵害（einbrechen）」しうる。これは、とりわけ、株式法 60 条 3 項に基づき、券面額の基準から離れた利益配当請求権（Gewinnanspruch）に、さらに、議決権が――上述した法改正が前提であるが――変動的に形成されている場合には、議決権にも妥当する。発行された部門の株主が、自ら、新株引受権の行使において、自己の部門に関する自己の参

20　この問題について詳しくは、*Frey/Hirte*, Vorzugsaktionäre und Kapitalerhöhung, DB 1989, 2465 ff.; *Groß*, Der Inhalt des Bezugsrechts nach § 186 AktG, AG 1993, 449 ff.

加割合を維持することができない。彼らの状況は、新株引受権が除外される場合に似ている。したがって、トラッキング・ストックを導入した株式会社においては、常に、増資がなされない部門の株主について新株引受権を除外することが要請される。そこから生じる会社全体における議決権の変動は、モデルに内在するものとして甘受されなければならず、とくに新株引受権から除外された株主については、新株の発行価額が市場価格に近い場合には、それほど深刻ではない。この場合において、従前の参加の希薄化はほとんど生じず、いかなる株主にとっても、証券取引所を通じた取得によって、自己の従来の参加割合を維持することが可能である。解釈論上は、このような方法で、種類株の新株引受権（Gattungsbezugsrecht）が創設され、当時は、もちろん判例がかかる場合をどう判断するか、とりわけ、新株引受権の一部除外を実質的に正当化できると判断するかはまだわからない。上記の意味における種類株の新株引受権が法的安定性の理由から、株式法 186 条 1 項の補足によって立法論として要請される。

4. トラッキング・ストック制度の導入と終了

トラッキング・ストックを導入した株式会社における株主権の形成における困難に加えて、ドイツ株式法に基づくその導入及びとくに終了は非常に困難である。まさに、トラッキング・ストックの資金調達手段の魅力は、将来の再編がこれによって妨げられない点に本質的にかかっているので、トラッキング・ストックの廃止（Rückabwicklung）が重要な意義を有する[21]。

a) トラッキング・ストック制度の導入

トラッキング・ストックは、事業の譲受け（Unternehmensakquisition）（株式法 183 条に基づく現物出資による増資）、株主割当による増資，会社の内部留保等による増資（もっとも株式法 216 条 1 項 1 文の内容に照らして非常に問題がある）[22]、さらに、とくに従来伝統的に構成されてきた株式会社においては株式分割という方法で、導入可能である[23]。1998 年に、株式の最低券面額が 1 ユーロまで引き下げられたことと無額面株の導入は、とくに株式分割によるトラッキング・ストックの導入を著しく容易にした。トラッキング・ストック構造を有する 100%子会社の吸収合併も考えられる (いわゆる「下方統合（down stream merger）」)。すべての導入方法において、株式法 133 条 1 項、179 条 2 項に基づき、株主の特別多数決による定款変更が必要である。これに対して、とくに上場された会社においては、実務上獲得されることのない全株主の同意は、平等取扱原則の遵守を考慮して、正しい見解によれば必要ではない[24]。

21　これは、とりわけ個々の企業部門を別に構成する必要性が、しばしば一時的にのみ、企業展開の特別の状況においてのみ存在することを考慮すれば、妥当する。

22　これについては、*Tonner* (Fn. 4), S. 157.

23　トラッキング・ストックの導入について詳しくは、*Sieger/Hasselbach*, BB 1999, 1277; *Tonner* (Fn. 4), S. 247 ff.

24　反対の見解として、*Breuninger/Krüger*, FS Welf Müller (2001), S. 527 ff.

b) 制度の廃止(いわゆる「退出戦略(*exit strategie*)」)

株式法によれば、いったん導入されたトラッキング・ストック制度の廃止（Rückabwicklung）の可能性は非常に限定されている。制度が、その導入と同じように終了されるのであれば、これに関して存在する株式の全種類について種類株主総会決議が必要であるが、これにより各々の部門特有の優先権は除去される。この場合に、市場価格関係が考慮されるべきならば、条件付き資本（bedingtes Kapital）が、より評価の高い株の所有者に、再び伝統的に構成されることになる会社に対する多くの持分を付与するために、株式法 192 条に基づいて提供されなければならない。かかる種類株主総会決議を成功させるための困難ゆえに、これは、非常に非現実的な終了方法である。同じことが、株式法 237 条 1 項 2 文後段に基づき許容される強制買取に妥当する。したがって、ドイツ法においてトラッキング・ストックを終了させるための実務的により確実な方法は、株式法 237 条 1 項 2 文前段に基づき、定款に強制消却を規定することである。これによれば、特定の事由が生じる場合にのみ、ある種類の株式すべてを消却することが可能となる。しかし、この場合には、廃止事由を、既に制度を導入する際に定款において詳細に規制しなければならないので、その結果、取締役会からは柔軟性が奪われる。株主への補償金は、現金又は株式によって支払われうる。要件は、十分な利益準備金が存在することであり、さもなければ株式法 225 条 2 項の非現実的な債権者保護規定が遵守されなければならない。さらに、かかる廃止方法は、例えば、トラッキング・ストックが株式分割によって導入されたときには、株式分割は新しい株主の権利の創設とはみなされず、その限りで、消却可能性（Einziehungsmöglichkeit）が株式の創設前には定款において規定されていないので、排除される。

トラッキング・ストックの廃止は、また、通常の構成をとる「新会社（New Co）」への合併、又は最終的な分割によっても可能である。いずれにせよ、合併は、技術的に非常に複雑であり、それゆえ廃止方法としては実際的でない。それにもかかわらず、これは、法的には——少なくとも解釈論上は——しばしば唯一可能な退出方法である。

立法論上は、株式を取締役会の裁量で相当な補償金で取り戻す可能性（いわゆる「償還株式(redeemable shares)」）が創設されるべきである[25]。しかし、このような新しい規制がなされても、ドイツ法上は、アメリカ合衆国と異なり、トラッキング・ストックの所有者は、制度終了の枠内で自己の株式を取引価格で補償されることは保障されていない。その理由は、ドイツの資本維持制度である。このような制約から、とくに廃止において、アメリカ合衆国の法的状況に対して、ドイツ法はトラッキング・ストックを実現するためには不利であることがわかる。

---

25 これに関する法政策的な提案として、*Habersack,* Rückerwerbbare Aktien auch für deutsche Gesellschaften!, in: U.H. Schneider/Hommelhoff/K. Schmidt (Hrsg.), Festschrift für Lutter (2000), S. 1329, 1338.

III. 日本におけるトラッキング・ストック

ドイツと異なり、トラッキング・ストックは、日本では既に実現している。例えば、日本企業のソニーと富士通は、2000 年に、東京証券取引所がトラッキング・ストックの上場基準を告示した後で、コンツェルンの部門単位の株式の発行を発表した[26]。ソニーの株主は、2001 年 1 月 25 日の臨時株主総会で、授権資本によるトラッキング・ストックの創設を承認した。1997 年の会社法大改正[27]後の 2001 年 11 月には、日本の立法者は、個別的な法改正によりトラッキング・ストックを明示的に承認した。さらに、2005 年には、日本の立法者は大きく前進し、「会社法」という法律に移された日本の会社法はアメリカ法をモデルとして大幅に規整が自由化された。とりわけ、2005 年の改正まで日本の会社法を規律していた商法の 2 つの改正がトラッキング・ストックの創設の成功にとって重要であった。1 つは、商法 222 条 3 項は、異なる利益参加権を有する株式が創設されうることを規定していた。まさに単なる企業部門に関連付けられた利益参加権は、トラッキング・ストックの決定的なメルクマールであり、したがって、この新規制においてトラッキング・ストック制度が法的に明示的に承認されたことが理解できる。実際に分配されるべき貸借対照表上の利益は、取締役会の決定によって定められ、定款では単に基礎となる算定方法を明示すれば足りる。第 2 に、商法 222 条 1 項は、会社は異なる議決権を有する多様な種類の株式を創設できる、と定めていた。さらに、2001 年の改正以前より、会社が複数の種類株式を有する場合には、決議事項が（否定的）影響を及ぼしうる種類株（Aktiengattung）の所有者の種類株主総会決議が必要である（商法 345 条、346 条）。かかる措置によって、トラッキング・ストックの創設において生じうるすべての困難が解決されたわけではなかった。しかし、企業から見てはるかに重要と思われることは、日本の立法者は、現行会社法に個別に介入することによって、トラッキング・ストックを明示的に合法化し、それにより法的安定性を確保したことである。法技術的には、日本の立法者は、まずは、会社法の完全な自由化より個別的介入を優先し、続いてさらなる一歩として前者に手をつけたことが注目される[28]。この二段階の前進を念頭におくと、ドイツにおけるトラッキング・ストックの実現にも 2 種類の方法が考えられる。

IV. トラッキング・ストックの実現可能性のための法秩序の意義

アメリカ合衆国の資本市場の産物であるトラッキング・ストックをドイツ会社が実現するためには、――上記 **II** で検討した個別的な問題が示すとおり――柔軟で､広範に規制が緩和されたアメリカの会社法とは異なり、厳格な法律上の準

---

26 Frankfurter Allgemeine Zeitung vom 28.11.2000, S. 35.
27 詳しくは、*Takahashi/Rudo*, Bestandsaufnahme: Die japanische Aktienrechtsreform des Jahres 1997, RIW 1998, 615 ff.
28 既に、1997 年の会社法改正における日本の立法方法においてそうであった。*Takahashi/Rudo*, RIW 1998, 615 ff. 参照。

則が遵守されなければならない。かかる「時間旅行（Zeitreise）」において、非常に伝統的な法制度——覚醒しつつあるが、アメリカ法の発展状況にはまだ到底及ばない[29]——に戻るとしたら、必然的に、トラッキング・ストックの評価に否定的に作用する問題を検討しなければならない。

1. 柔軟性 vs. 厳格な定款

アメリカ合衆国の企業は、——しばしば「デラウェア効果」と呼ばれる——伝統的なアメリカの会社法の厳格な規制の緩和によって、資金調達及び組織再編において、ドイツ企業よりもはるかに裁量の余地が認められている[30]。かかる発展が、トラッキング・ストックのような資金調達の革新的手法を発展させた点においても、株式及び資本市場に刺激的な影響を及ぼしていることは疑問の余地はない[31]。トラッキング・ストックという資金調達手段が、従来ドイツ企業によって実現されなかったことは、トラッキング・ストックの導入においてドイツ株式法上生じる法的問題点の多く——その一部分は上記 **II** で検討した——が未解明である点に大部分帰せられる。 あらゆる個別的な難点に共通する理由は、株式法 23 条 5 項によって固定化された、ドイツ株式法の定款の厳格さである——その他の点では会社法においては私的自治の原則が支配的であるが——[32]。とりわけ、株式の固定券面額に事実上すべての株主の権利が結び付けられていることは、トラッキング・ストック創設の障害となっている。なぜならば、常に会社全体の基本資本に対する持分を示す株式の券面額は、トラッキング・ストック導入企業における参加の範囲の算定基準としては機能しないからである。これに対して、自由なアメリカ合衆国の会社法は、参加の範囲の算定のために異なる基準を設けることをほとんど自由に会社に認めている。上述した、ドイツ法の問題及び制約は、アメリカ合衆国の会社法には存在しない。というのは、アメリカ合衆国の会社法は、徐々に定款に基本資本を確定する要件を撤廃し[33]、「真の（echten）」[34]無額面株式から成る体系へと移行したからである。この場合、株式上の表示から参加の範囲を推測することは許容されないので、発行済株式総数を知ることが必要である。株主としての地位は、確かに、持分の記述によって表されるが、基本資本の分解ではなく、構成員権利の総数に対する個々の構成員権利の割合を意味する。

---

29 詳しくは、*Spindler*, Deregulierung des Aktienrechts?, AG 1998, 53 ff.

30 Vgl. auch *Jaeger* (Fn. 3), S. 210.

31 *Baums*, FS Boujong (1996), S. 19, 35; *Jaeger* (Fn. 3), S. 210; *Kübler*, Kapitalmarktgerechte Aktien?, WM 1990, 1853, 1857 f.

32 Großkommentar-*Brändel*, AktG (4. Aufl. 1992), § 1 Rn. 8; Großkommentar-*Röhricht*, AktG (4. Aufl. 1992), § 23 Rn. 167 ff.; Kölner Kommentar-*Kraft*, AktG (2. Aufl. 1988), § 23 Rn. 82 ff.; Kölner Kommentar-*Mertens*, AktG (2. Aufl. 1996), Vor § 76 Rn. 11 ff.; *ders.*, Satzungs- und Organisationsautonomie im Aktien- und Konzernrecht, ZGR 1994, 426, 427 ff.

33 *Raiser*, Recht der Kapitalgesellschaften (2. Aufl. 1992), § 8 Rn. 10; *Kübler*, Aktie, Unternehmensfinanzierung und Kapitalmarkt (1989), S. 29 f.; *ders.*, WM 1990, 1853, 1854 ff.

34 用語は統一されていない。 vgl. nur *Hüffer*, AktG (7. Aufl. 2006), § 8 Rn. 2; ここでは、*Kübler*, Gesellschaftsrecht (5. Aufl. 1998), S. 156; *ders.* (Fn. 33), S. 10; *Escher-Weingart*, Reform durch Deregulierung im Kapitalgesellschaftsrecht (2001), S. 255.に従った。

これにより、論理的に、株主の権利と基本資本金の一定の割合との結びつきはもはや存在しないことになる[35]。アメリカ合衆国の会社法の柔軟性は、したがって、ドイツ法よりもはるかに大きい。

2. 規制緩和された法秩序の方が優れているか?

いずれの法規制モデルが優れているかが争われている。アメリカ合衆国の資本市場の革新能力は、アメリカ法がドイツ法よりも優れていることを示しているのかもしれない[36]。他方、株式会社の構造を作る場合に私的自治に厳格な限界を設けることによって、株式会社の原型が薄まることを保護することで、最終的には資本市場の利益にも資する、という理由で、ドイツ法を維持することも十分に正当化されよう[37]。異なる法体系の比較、あるいは意見表明を本稿で行うことは不可能であるし、望まれてもいない。しかし、——全く価値中立的に——ほとんど完全な定款自治というアメリカ合衆国の原則は、トラッキング・ストックのような資金調達手段の発生を容易にしているのに対し、このような革新的手段をドイツ株式法の規制の束に適合させることは困難であることは確認できる。確かに、ドイツの立法者も、最近では、企業の自治組織を強行的な法規制と禁止に優先させる措置に着手している[38]。それにもかかわらず、株式法23条5項の緩和は、——とくにトラッキング・ストックに関して最初に検討される上場株式会社について——視野に入れられていない。トラッキング・ストックという資金調達手段も、これまでのところドイツの立法者は受け入れていない[39]。未解明の法的問題の解明は、ドイツの会社法が国際資本市場のダイナミックなプロセス——トラッキング・ストックもこれに属する——に鍵をかけているのであれば、ドイツ企業の国際的競争力にとって不利であることを考慮して、緊急に要請される[40]。

---

35 *Kübler* (Fn. 33), S. 10.

36 資本市場法がドイツ株式法に及ぼす影響について詳しくは、*Lutter*, Gesellschaftsrecht und Kapitalmarkt, in: Lieb/Noack/Westermann (Hrsg.), Festschrift für Zöllner (1998), Band I, S. 363 ff.; *Hommelhoff*, Anlegerinformation im Aktien-, Bilanz- und Kapitalmarktrecht, ZGR 2000, 748 ff.; *Schiessl*, Ist das deutsche Aktienrecht kapitalmarkttauglich?, AG 1999, 442 ff.; *Spindler*, AG 1998, 53 ff.; Großkommentar-*Assmann*, AktG (4. Aufl. 1992), Einleitung, Rn. 343 ff.; *Weber*, Die Entwicklung des Kapitalmarktrechts 1998–2000, NJW 2000, 3461, 3470 ff.

37 Münchener Kommentar-*Pentz*, AktG (2. Aufl. 2000), § 23 Rn. 150; Großkommentar-*Brändel*, AktG (4. Aufl. 1992), § 1 Rn. 27; *Raiser* (Fn. 33), § 13 Rn. 6; 詳しくは、*Hirte*, Die aktienrechtliche Satzungsstrenge: Kapitalmarkt und sonstige Legitimation versus Gestaltungsfreiheit, ZGR-Sonderheft 13 (1997), S. 61, 63 ff.

38 既に、企業分野における規制及び透明性に関する法律の政府法案理由（BT-Drucks. 13/9712, S. 11）。

39 法政策的提案は、2001年7月10日の「コーポレート・ガバナンス、企業統治、企業コントロール、株式法の現代化（„Corporate Governance", Unternehmensführung – Unternehmenskontrolle – Modernisierung des Aktienrechts）」政府委員会報告書 Rn. 237 以下で行われているが、立法者はまだ行動を起こしていない。

40 *Jaeger* (Fn. 3), S. 229; ドイツの立法者も、国際資本市場のニーズと期待に合わせる点で、ドイツの公開会社（Publikumsgesellschaften）に積極的に歩調をあわせようとしている。例えば、企業分野における規制及び透明性に関する法律の政府法案理由（BT-Drucks. 13/9712, S. 11）を参照。

キュープラー（*Kübler*）は、既に引用した 1989 年の比較法研究において、先行研究に依拠しつつ[41]、ドイツにおいて支配的な券面額制度の廃止を提案した[42]。かかる法政策的な提案を現行法に実現するならば、ドイツ株式法は根本的に変更されることになろう[43]。株主の権利を基本資本における一定の持分と切り離すことは、単に株式法 23 条 5 項を削除するだけでも達成でき、そうすれば債権者を保護する固定資本制度に手をつけずにすむであろう。トラッキング・ストックの実施のためにそもそも株主の権利を券面額にかからしめることを廃止するのはいきすぎであろう。券面額制度を廃止すれば、キュープラーがその州法上の規制と実務の経験を模範とする、アメリカ合衆国のように、会社全体に対する権利が定款作成者によって自由に決定される基準に基づくような株式を発行することが可能である。ドイツにおいてトラッキング・ストックを実現する場合に生じる問題点を解決するために、キュープラーの提案を取り入れるか、あるいは株式法 23 条 5 項の削除を行うことは物事を簡単に考えすぎであろう。一方で、どちらの試み——もっともこれは単に実際的な議論に過ぎないが——も現行法に転換される見込みは、近い将来存在しない。既に、1998 年の株式法改正及びそれに引き続く改正法[44]に関する立法手法は、ドイツ株式法を世界中で競争可能とするために、むしろ将来においても小幅な自由化の計画しかないことを示している[45]。しかし、他方、——これは内容的にもより重要な議論であるが——キュープラーは、彼の壮大な主張は、例えば、債権者保護は、固定基本資本によるのではなく、資本市場の透明性によって確保されるという認識[46]が示すように、全く別の、はるかに根本的な動機によるものであった。株式法 23 条 5 項の完全な削除は、ドイツ株式法の完全な方向転換及び資本市場法上の手段、とくに資本市場の有効な情報開示の保障による投資家保護の拡充がなされる場合にのみ正当化されよう。

---

41 *Jabr/Stützel*, Aktien ohne Nennbetrag (1963), S. 62 ff.; *Coing/Kronstein*, Die nennwertlose Aktie als Rechtsproblem (2. Aufl. 1962), S. 114 f.; *Boesebeck*, Die nennwertlose Aktie, BB 1960, 71; その他の文献については、*Kübler* (Fn. 33), S. 10 f.

42 *Kübler* (Fn. 33), S. 59 ff., もっとも、株式法と資本市場のヨーロッパレベルでの調和が留保されている。要約として、WM 1990, 1853 ff.; vgl. 最近の文献として *Escher-Weingart*, (Fn. 34), S. 255 ff.

43 *Kübler* もまずは旧株式法 8 条 1 項及び 2 項の削除を意図した（(Fn. 33), S. 60）。

44 ここでは、とくに「コーポレート・ガバナンス」政府委員会報告書の多くの提案を実現した、2002 年の 7 月 19 日の透明性及び公示に関する法律（Transparenz- und Publizitätsgesetz, BGBl. I S. 2681)をあげることができる。

45 *Hüffer* (Fn. 34), § 8 Rn. 3 によると、合目的的な株式形態をめぐる議論がこれによって終結した。固定基本資本の廃止は、第 2 指令 (Richtlinie 77/91/EWG des Rates v. 13.12.1976 zur Koordinierung der Schutzbestimmungen, die in den Mitgliedstaaten den Gesellschaften im Sinne des Artikels 58 Abs. 2 des Vertrages im Interesse der Gesellschafter sowie Dritter für die Gründung der Aktiengesellschaft sowie für die Erhaltung und Änderung ihres Kapitals vorgeschrieben sind, um diese Bestimmungen gleichwertig zu gestalten, Abl. 1977 Nr. L 26/1 [Kapitalrichtlinie]) に照らして疑問である。 Vgl. RegBegr. zum Stückaktiengesetz, BT-Drucks. 13/9573, S. 11; *Ekkenga*, Vorzüge und Nachteile der nennwertlosen Aktie, WM 1997, 1645, 1648; *Schröer*, Zur Einführung der unechten nennwertlosen Aktie aus Anlaß der Europäischen Währungsunion, ZIP 1997, 221, 223; 「コーポレート・ガバナンス」政府委員会も、2001 年 7 月 10 日の報告書において、固定基本資本の削除は提案していない。

46 Vgl. *Kübler*, ZHR 159 (1995), 550 ff.; さらに、名目資本によって資産減少に対する有益な保護が図られるか疑問を提起する文献として、*Hirte*, Kapitalgesellschaftsrecht (3. Aufl. 2001), Rn. 615 ff. m.w.N.

現行のドイツ株式法は、実際のところ、トラッキング・システムのような資本市場の革新にとって一定の障害となっているかもしれない。それにもかかわらず、日本の例は、ドイツ企業がトラッキング・システムのような現代的な資金調達手段を創設することを可能とするために、伝統的な法制度を完全に緩和することは必ずしも必要ではないことを示している。ドイツの立法者は、いずれにしても 2001 年の最初の「小幅な」改正について日本の方法を実際の模範として、株式法を個別的に改正することによって、ドイツ企業がトラッキング・ストックを創設することを可能とするべきであろう。筆者は、別の論文で[47]、立法者の慎重な介入を提案し、ドイツ企業がトラッキング・ストックを効果的に利用することを可能にし、近年行われている段階的な株式法の自由化を進めるべきである、と述べた[48]。「コーポレート・ガバナンス」政府委員会も、その最終報告書で、同様の提案を行っているが、立法者はこれまでのところこの提案を実行していない。ここでは、広範に自由化された株式法を有する国においてもこの制度に対する関心は現在のところ非常に高いとはいえないので、他のテーマの方がトラッキング・ストックより緊急性が高いことは看過されてはならない。しかし、日本の例は、企業に新しい資金調達手段を可能とし、国内の資本市場の投資家の信頼保護を強化するために立法者による慎重な修正が適していることを示している。たとえ、その後、日本においては、（無論ほかの理由から）アメリカの規整をモデルとした自由化がなされたことを考慮に入れたとしても、そのように言える。

V. 結論

トラッキング・ストックは、アメリカ合衆国の資本市場の革新であり、形式の厳格なドイツ株式法では念頭に置かれておらず、日本の会社法においても、2001 年改正前までは対応できなかったものである。ドイツにおいてトラッキング・ストックが困難であることの本質的な理由は、券面額制度である。立法者は、あっさりと——固定基本資本の必要性あるいは株式法 23 条 5 項の削除によって、券面額制度を廃止すること——トラッキング・ストックの実現を問題なく可能ならしめることができよう。しかし、トラッキング・ストックを実現するためにはここまでする必要はない。というのは、券面額制度の廃止には、個別的な投資手段の実現を望む以上に重要な理由が必要だからである。日本の例は、トラッキング・ストックを合法化し、関心を有する企業を安心させるために、現行株式法に個別的に介入するだけで足りることを示している。ドイツ株式法を同様に改正する提案の準備はできている。立法者が行動を起こすことが望まれる。

---

47 *Tonner* (Fn. 4), S. 376 ff.
48 *Zöllner*, Aktienrechtsreform in Permanenz – Was wird aus den Rechten des Aktionärs?, AG 1994, 336 は、「永続的改革」を支持する。さらに、株式法の立法の展開については、*K. Schmidt*, Gesellschaftsrecht (4. Aufl. 2002), § 26 II 2.

§ 19 Faktischer Harmonisierungszwang in der EG durch das Internet am Beispiel des Online-Glücksspiels, insbesondere der Sportwetten

Sebastian Weinzierl

Übersicht

I. Einführung

Einerseits bildet das Glücksspiel, darunter auch die Spielart der Sportwette, einen der größten Wirtschaftszweige in Europa mit jährlichen Umsätzen in Milliardenhöhe.[1] Andererseits wird das Glücksspielrecht überwiegend noch immer als eine Materie des nationalstaatlichen Ordnungsrechts verstanden.[2] Die Entwicklung des Internets zum Massenmedium innerhalb der letzten Dekade hat nun aber erheblich zur Entstehung einer Reihe von bis dahin kaum auftretenden grenzüberschreitenden Phä-

---

1 *Voßkuhle*, Glücksspiel zwischen Staat und Markt, VerwArch 87 (1996), 395, 414; *Ossenbühl*, Der Entwurf eines Staatsvertrags zum Lotteriewesen in Deutschland, DVBl. 2003, 881, 890. *Diegmann/Hoffmann*, Las Vegas in Deutschland? Das Glücksspielwesen zwischen Wettbewerb und Ordnungsrecht, DÖV 2005, 45 beziffern den Jahresumsatz allein in Deutschland auf ca. 27 Mrd. Euro.
2 *Ossenbühl*, DVBl. 2003, 881, 890.

nomenen und damit rechtlichen Fragestellungen geführt, deren befriedigende Lösung noch immer nicht bewerkstelligt erscheint. Ein Bereich, in dem das Internet eine besondere Dynamisierung des Marktes und damit auch des Wettbewerbs bewirkt hat, ist der Bereich der Sportwetten, so daß man hier durchaus schon von einer Globalisierung der Märkte sprechen kann.[3] Innerhalb der EG läßt sich dies besonders gut beobachten, sind doch Fragen der grenzüberschreitenden Veranstaltung und Vermittlung von Sportwetten in den letzten Jahren häufiger Gegenstand von Kontroversen und Rechtsstreitigkeiten gewesen, die neben dem EuGH auch die Gerichte einzelner Mitgliedstaaten beschäftigt haben und weiter beschäftigen.[4]

Nach derzeitigem Entwicklungsstand fehlen harmonisierende Rechtsakte des Sekundärrechts auf Gemeinschaftsebene. Allerdings hat die Entwicklung des Internets zum Massenmedium dafür gesorgt, daß nationale Rechtsordnungen und damit auch nationale Glücksspielmärkte nicht mehr isoliert nebeneinander existieren, sondern zunehmend in Wettbewerb miteinander stehen. Für den europäischen *homo ludens* macht es heutzutage kaum einen Unterschied mehr, ob er in seinem Heimat- oder Aufenthaltsstaat auf Sportwettangebote zurückgreift oder ob er über das Internet Sportwettangebote in anderen Staaten zu möglicherweise attraktiveren Bedingungen nutzt. Hierfür sind in der Regel nicht einmal besondere Fremdsprachenkenntnisse notwendig, bieten doch zumindest die Mehrheit der privaten Anbieter von Online-Sportwetten ihre Dienste in den gebräuchlichen europäischen Sprachen an.[5] Allerdings macht sich etwa ein deutscher Spieler möglicherweise nach § 285 StGB strafbar, wenn er das Glücksspielangebot eines ausländischen Anbieters im Internet nutzt, selbst wenn es sich nach dem dortigen Recht um ein völlig legales Angebot handelt. Ebenso macht sich ein ausländischer Anbieter nach derzeit h.M. in Deutschland strafbar, wenn er seine Glücksspielangebote Spielern in Deutschland zugänglich macht.[6] Dies soll nach noch h.M. auch dann der Fall sein, wenn das Angebot im Heimatstaat des Anbieters völlig legal ist.[7]

In Deutschland haben die staatlichen Anbieter von Sportwetten, die vereint im sog. Lottoblock der staatlichen Lotterietreuhandgesellschaften der Länder unter der Marke „ODDSET – Die Sportwette" auftreten, durch verstärkte Werbung einerseits und juristische Mittel andererseits auf dieses neue Phänomen der Konkurrenz reagiert. So sind allein in Deutschland unzählige Verfahren vor Zivil- und Verwal-

---

3 *Jahndorf*, Veranstaltung von Glücksspielen durch Private, VerwArch 95 (2004), 359,373.

4 EuGH v. 21. 10. 1999 – Rs. C-67/98 *Zenatti*, Slg. 1999, I-7304, EuGH v. 6. 11. 2003 – Rs. C-243/01 *Gambelli*, Slg. 2004, I-13076; Beschluß des Tribunale Larino (Italien) v. 8. 8. 2004 – Ersuchen um Vorabentscheidung, Rs. C-338/04 *Placanica*, ABl. C 273/10 v. 6. 11. 2004. In Deutschland hat das BVerfG am 8. 11. 2005 mündlich über eine Verfassungsbeschwerde (Az. 1 BvR 1054/01) zur Sportwettenproblematik verhandelt. Aus den Niederlanden z.B. Rechtbank Arnhem, Beschluß v. 31. 8. 2005 – 98631 / HA ZA 03–606 *Stichting de nationale Sporttotalisator ./. Ladbrokes Ltd* (abrufbar unter: http://zoeken.rechtspraak.nl; zuletzt besucht am 30. 11. 2005).

5 Exemplarisch *B.A.W. International Ltd.* (abrufbar unter: http://www.betandwin.com; zuletzt besucht am 30. 11. 2005).

6 *Marberth-Kubicki*, Computer- und Internetstrafrecht (2005), S. 84 m.w.N.

7 *Krieger*, Europäische Grundfreiheiten und deutsches Ordnungsrecht am Beispiel des staatlichen Glücksspielmonopols, JZ 2005, 1021, 1023 m.w.N.

tungsgerichten anhängig, die sich mit der Frage der Vermittlung von Sportwetten an Anbieter in anderen Mitgliedstaaten der EG beschäftigen. Im November 2005 hat nun auch das BVerfG mündlich über eine Verfassungsbeschwerde verhandelt, der grundsätzliche Bedeutung zukommen dürfte, geht es doch auch und gerade um europarechtliche Fragen.[8] Geht man nämlich davon aus, daß es sich bei Glücksspielen, insbesondere Sportwetten um wirtschaftliche Aktivitäten handelt, die in den Anwendungsbereich der Grundfreiheiten des EG-Vertrags fallen,[9] so stellt die derzeitige unübersichtliche und ungeklärte Rechtslage das Funktionieren des Binnenmarkts in diesem Bereich in Frage, so daß sich konsequenterweise die Frage nach einer Harmonisierung dieses Bereichs stellt. Nach einer kurzen Darstellung der derzeit geltenden rechtlichen Rahmenbedingungen auf Gemeinschafts- und mitgliedstaatlicher Ebene am Beispiel Deutschlands (II.) gilt der Blick dem Konflikt um die Vereinbarkeit der deutschen Regelungen mit dem Gemeinschaftsrecht (III.). Nachdem zwei denkbare Wege einer Harmonisierung erläutert werden (IV.), wird schließlich dargelegt, daß eine positive Harmonisierung auf europäischer Ebene als Regelungsmodell für die ebenso global bestehende Problematik dienen könnte (V.).

II. Die derzeitigen rechtlichen Rahmenbedingungen in der EG

1. Die Regelungen auf Gemeinschaftsebene

a) Sekundärrechtliche Vorgaben

Regelungen betreffend Glücksspiele, insbesondere Sportwetten finden sich bislang im Sekundärrecht kaum. Nur die inzwischen aufgehobene Richtlinie 75/368/EWG über Maßnahmen zur Erleichterung der tatsächlichen Ausübung der Niederlassungs- und Dienstleistungsfreiheit,[10] die das Glücksspiel weitgehend vom Anwendungsbereich der Richtlinie ausnahm, die 6. Mehrwertsteuer-Richtlinie[11] und die sog. E-Commerce-Richtlinie[12], die das Glücksspiel in Art. 1 Abs. 5 lit. d vom Anwendungsbereich der Richtlinie ausschließt, erwähnen das Glücksspiel, allerdings ohne materielle Regelungen zu treffen. Insbesondere die Bereichsausnahme in der E-Commerce-Richtlinie zeigt, daß die Mehrheit der Mitgliedstaaten einer Harmonisierung in bezug auf Glücksspiele ablehnend gegenübersteht. Auch in

---

8 Vgl. die Pressemitteilung Nr. 96/2005 des BVerfG vom 10. 10. 2005 (abrufbar unter: http://www.bverfg.de/cgi-bin/link.pl?presse, zuletzt besucht am 30. 11. 2005).

9 St. Rspr. seit EuGH v. 24. 3. 1992 – Rs. C-275/92 *Schindler*, Slg. 1994, I-1039.

10 Richtlinie 75/368/EWG des Rates vom 16.6.1975 über Maßnahmen zur Erleichterung der tatsächlichen Ausübung der Niederlassungsfreiheit und des freien Dienstleistungsverkehrs für einige Tätigkeiten (aus ISIC-Hauptgruppe 01 bis ISIC-Hauptgruppe 85), insbesondere Übergangsmaßnahmen für diese Tätigkeiten, ABl. 1975 L 167/22.

11 Sechste Richtlinie 77/388/EWG des Rates vom 17. 5. 1977 zur Harmonisierung der Rechtsvorschriften der Mitgliedstaaten über die Umsatzsteuern, ABl. 1977 L 145/1.

12 Richtlinie 2000/31/EG des Europäischen Parlaments und des Rates vom 8. 6. 2000 über bestimmte rechtliche Aspekte der Dienste der Informationsgesellschaft, insbesondere des elektronischen Geschäftsverkehrs, im Binnenmarkt („Richtlinie über den elektronischen Geschäftsverkehr") v. 8. 6. 2000, ABl. 2000 L 178/1.

der momentan im Rechtsetzungsverfahren befindlichen sog. Dienstleistungsrichtlinie[13] finden sich in bezug auf den Glücksspielsektor Ausnahmebestimmungen. Das Herkunftslandprinzip, das die Richtlinie für Dienstleistungen einführen soll (Art. 16 des Entwurfs), soll für einen Übergangszeitraum keine Anwendung auf „Gewinnspiele, die einen geldwerten Einsatz bei Glücksspielen verlangen, einschließlich Lotterien und Wetten" finden (Art. 18 Abs. 1 lit. b. des Entwurfs). Unabhängig vom weiteren Schicksal der Dienstleistungsrichtlinie zeigt die Bereichsausnahme für Glückspiel einschließlich Sportwetten von der Anwendbarkeit des Herkunftslandsprinzips, daß es derzeit eher fraglich erscheint, ob es in näherer Zukunft auf Betreiben der Kommission zu Vorschlägen für harmonisierende Rechtsakte auf dem Glücksspielsektor kommen wird.[14]

b) *Primärrechtliche Vorgaben*

Mangels sekundärrechtlicher Bestimmungen, die Auswirkungen auf die nationalen Glückspielmärkte haben, ist daher einzig das Primärrecht in seiner Auslegung durch den EuGH von Bedeutung für die Ausgestaltung der nationalen Glücksspielsysteme.

aa) *Sportwetten als Gegenstand der Grundfreiheiten im allgemeinen*

Nach ständiger Rechtsprechung des EuGH gehören Glücksspiele ganz allgemein[15] und Sportwetten im speziellen[16] zum Wirtschaftsleben der Gemeinschaft und fallen damit in den Anwendungsbereich der Grundfreiheiten des EG-Vertrags, insbesondere der Dienstleistungsfreiheit.

Zwar hatten mehrere Mitgliedstaaten in der Rechtssache *Schindler* geltend gemacht, daß Lotterien und somit Glückspiele im weiteren Sinne nicht in den Anwendungsbereich des EG-Vertrags fielen. Glücksspiele seien grundsätzlich in allen Mitgliedstaaten illegal oder würden ausschließlich aus Gründen des Allgemeininteresses unmittelbar vom Staat oder unter seiner Kontrolle veranstaltet. Damit liege ihnen kein wirtschaftliches Leistungsinteresse zugrunde und schließlich seien sie Erholung oder Spiel und keine wirtschaftliche Tätigkeit.[17] Der EuGH stellte allerdings darauf ab, daß Lotterien wie auch andere Glücksspiele in den Mitgliedstaaten nicht völlig verboten sind und es somit nicht Sache des Gerichtshof sei, die Beurteilung, die der Gesetzgeber in den Mitgliedstaaten vorgenommen hat, in denen diese Tätigkeit rechtmäßig ausgeübt wird, durch seine eigene zu ersetzen.[18] Mit

---

13 Vorschlag der Kommission für eine Richtlinie des Europäischen Parlamentes und des Rates über Dienstleistungen im Binnenmarkt, KOM (2004) 2 endg.

14 Die Europäische Kommission hat allerdings das Schweizerische Institut für Rechtsvergleichung damit beauftragt, eine Studie zum europäischen Glückspielmarkt zu erstellen. Die Studie soll Anfang 2006 vorgelegt werden.

15 EuGH v. 24. 3. 1994 – Rs. C-275/92 *Schindler*, Slg. 1994, I-1078 Rn. 37.

16 EuGH v. 21. 10. 1999 – Rs. C-67/98 *Zenatti*, Slg. 1999, I-7304 Rn. 19; EuGH v. 6. 11. 2003 – Rs. C-243/01 *Gambelli*, Slg. 2003, I-13076 Rn. 52.

17 EuGH v. 24. 3. 1994 – Rs. C-275/92 *Schindler*, Slg. 1994, I-1078 Rn. 16.

18 EuGH v. 24. 3. 1994 – Rs. C-275/92 *Schindler*, Slg. 1994, I-1078 Rn. 32, 60.

dieser Zuordnung von Glücksspiel, insbesondere Sportwetten zum Wirtschaftsleben i.S.d. EG-Vertrags hat der EuGH letztlich auch der v.a. in der deutschen Literatur hartnäckig weiter verfolgten Zuordnung von Rechtsfragen der Glücksspiele zum Ordnungsrecht[19] argumentativ den Boden entzogen.[20]

bb) *Sportwetten als Gegenstand der Dienstleistungs- und Niederlassungsfreiheit*

Unabhängig von den Schwierigkeiten aus dem EG-Vertrag eine griffige Definition des Dienstleistungsbegriffs abzuleiten,[21] fallen grenzüberschreitend vermittelte Sportwetten nach der Rechtsprechung des EuGH grundsätzlich in den Anwendungsbereich des EG-Vertrags und in erster Linie unter die Dienstleistungsfreiheit.[22] Bei den typischen Fallgestaltungen, in denen ein in einem Mitgliedstaat niedergelassenes Unternehmen mittels des Internets Spielern in einem anderen Mitgliedstaat Sportwetten anbietet, handelt es sich um sog. Korrespondenzdienstleistungen, bei denen lediglich die Dienstleistung als solche eine Grenze überschreitet. Daneben kann je nach den Umständen des Einzelfalles auch ein Anwendungsfall der Niederlassungsfreiheit gegeben sein, wie es der EuGH etwa in der Rechtssache *Gambelli* angenommen hat, wenn eine Gesellschaft mit Sitz in einem Mitgliedstaat der Tätigkeit der Vermittlung von Wetten durch Agenturen mit Sitz in einem anderen Mitgliedstaat nachgeht.[23] Überwiegend stellt sich das Phänomen der Veranstaltung und Vermittlung von Sportwetten jedoch als Problem der Dienstleistungsfreiheit dar.

cc) *Zulässige Beschränkungen*

Nach der Rechtsprechung des EuGH sind nationale Maßnahmen als nicht diskriminierende Beschränkungen der Dienstleistungsfreiheit grundsätzlich verboten, es sei denn folgende vier Voraussetzungen sind erfüllt:

(1) die Beschränkungen müssen aus zwingenden Gründen des Allgemeininteresses gerechtfertigt sein,
(2) sie müssen für alle im Hoheitsgebiet des Empfangstaates tätigen Personen oder Unternehmen gelten, soweit das Allgemeininteresse nicht durch die Vorschriften geschützt wird, den der Dienstleistende in dem Mitgliedstaat unterliegt, in dem er ansässig ist,
(3) sie müssen geeignet sein, die Verwirklichung des mit ihnen verfolgten Zieles zu gewährleisten und
(4) sie dürfen nicht über das hinausgehen, was zur Erreichung des Zieles erforderlich ist.[24]

---

19 So zuletzt etwa *Diegmann/Hoffmann*, DÖV 2005, 45; *Krieger*, JZ 2005, 1021 jeweils m.w.N.
20 Dazu näher u. II. 2. c.
21 Grabitz/Hilf-*Randelzhofer/Forsthoff*, Das Recht der Europäischen Union (Stand Mai 2001), Art. 49/50 Rn. 24.
22 EuGH v. 21. 10. 1999 – Rs. C-67/98 *Zenatti*, Slg. 1999, I-7304 Rn. 25.
23 EuGH v. 6. 11 2003 – Rs. C-243/01 *Gambelli*, Slg. 2003, I-13076 Rn 46.
24 Vgl. zuletzt grundlegend EuGH 23. 11. 1999 – verbundene Rs. C-369/96 *Arblade* und C-376/99 *Leloup*, Slg. 1999, I-8453, Rn. 34, 35.

Diese Voraussetzungen gelten kumulativ. Ist nur eine davon nicht erfüllt, so besteht kein zwingendes Allgemeininteresse für die fragliche nationale Maßnahme.[25]

Für den Bereich des Glücksspielwesens hat der EuGH in seiner bisherigen Rechtsprechung den Mitgliedstaaten bei der Beurteilung, welche Beschränkungen der Grundfreiheiten wegen der besonderen Natur des Glücksspielwesens und den damit verbundenen Gefahren erforderlich sind, ein weites Ermessen zugestanden.[26] Allerdings hat der EuGH auch betont, daß Beschränkungen der Dienstleistungsfreiheit nur dann zulässig sind, wenn sie in erster Linie wirklich dem Ziel dienen, die Gelegenheiten zum Spiel zu vermindern und wenn die Finanzierung sozialer Aktivitäten mit Hilfe einer Abgabe auf die Einnahmen aus genehmigten Spielen nur eine erfreuliche Nebenfolge, nicht aber eigentliche Grund der betriebenen restriktiven Politik ist.[27] In der Rechtssache *Gambelli* vertiefte der EuGH diese Grundsätze und konkretisierte die Anforderungen an die Ausgestaltung zulässiger Beschränkungen. So ist es den Mitgliedstaaten danach verwehrt, sich einerseits auf den Schutz der öffentlichen Sozialordnung zu berufen, wenn andererseits die Verbraucher dazu angereizt und ermuntert werden, an Lotterien, Glücksspielen oder Wetten teilzunehmen, damit der Staatskasse daraus Einnahmen zufließen.[28] Darüber hinaus zweifelte der EuGH eine nationale Rechtsvorschrift im Hinblick auf ihre Verhältnismäßigkeit an, die das Abschließen einer Sportwette über das Internet mit einem in einem anderen Mitgliedstaat ansässigen Buchmacher unter Strafe stellt, sofern zur Teilnahme an Wetten ermuntert wird, die von zugelassenen nationalen Einrichtungen organisiert werden.[29] Weiter stellte der EuGH noch Überlegungen dahingehend an, ob die Strafandrohung gegenüber Vermittlern von Sportwetten an Buchmacher in anderen Mitgliedstaaten, die im Mitgliedstaat der Niederlassung einer Kontroll- und Sanktionsregelung unterliegen, noch erforderlich ist.[30] Schließlich ermahnte der EuGH noch einmal das vorlegende Gericht, zu prüfen, ob die nationale Regelung die mit ihr einhergehenden Beschränkungen tatsächlich rechtfertigen könne.[31]

2. Die nationalen rechtlichen Rahmenbedingungen am Beispiel der Bundesrepublik Deutschland

a) Überblick über die Rechtslage

Das Glücksspielrecht der Bundesrepublik Deutschland ist generell durch eine komplizierte, teils föderalismusbedingte, teils rechtshistorisch bedingte Gemengelage aus bundes- und landesgesetzlichen Regelungen im Schnittfeld von Strafrecht

25 von der Groeben/Schwarze-*Tiedje/Troberg*, EUV/EGV (6. Auflage 2003), Art. 49 EG Rn. 74.
26 EuGH v. 24. 3. 1994 – Rs. C-275/92 *Schindler*, Slg. 1994, I-1078 Rn. 59, 61.
27 EuGH v. 21. 10. 1999 – Rs. C-67/98 *Zenatti*, Slg. 1999, I-7304 Rn. 36.
28 EuGH v. 6. 11. 2003 – Rs. C-243/01 *Gambelli*, Slg. 2003, I-13076 Rn. 69.
29 EuGH v. 6. 11. 2003 – Rs. C-243/01 *Gambelli*, Slg. 2003, I-13076 Rn. 72.
30 EuGH v. 6. 11. 2003 – Rs. C-243/01 *Gambelli*, Slg. 2003, I-13076 Rn. 73.
31 EuGH v. 6. 11. 2003 – Rs. C-243/01 *Gambelli*, Slg. 2003, I-13076 Rn. 75.

und Verwaltungsrecht gekennzeichnet.[32] Kürzlich hinzugetreten ist ein Lotteriestaatsvertrag (LotterieStV), den die Bundesländer abgeschlossen haben, um die bis dahin teilweise uneinheitliche Rechtslage in den einzelnen Bundesländern für „die Veranstaltung, die Durchführung und die gewerbliche Vermittlung von öffentlichen Glücksspielen“, § 2 S. 1 LotterieStV, einheitlich zu regeln.[33]

In bezug auf die hier untersuchte Problematik der Sportwetten bestimmt der LotterieStV in § 5 Abs. 4, daß eine Erlaubniserteilung an private Sporwettveranstalter ausgeschlossen ist.[34] Die Veranstaltung und Vermittlung von Sportwetten ist ausschließlich den Ländern selbst, juristischen Personen des öffentlichen Rechts oder privatrechtlichen Gesellschaften, an denen juristische Personen des öffentlichen Rechts unmittelbar oder mittelbar maßgeblich beteiligt sind, erlaubt, § 5 Abs. 2 LotterieStV. Daneben treten Bestimmungen des bundesrechtlichen Strafrechts in den §§ 284ff. StGB, des bundesrechtlichen Rennwett- und Lotteriegesetz für den Bereich der Pferdewetten und der bundesrechtlichen Gewerbeordnung für bestimmte Unterhaltungsglücksspiele, sowie landesrechtliche Bestimmungen in bezug auf Lotterien und Spielbanken.[35] Diese z.T. historisch, z.T. kompetenzrechtlich und z.T. auch nur faktisch bedingte Aufsplitterung des Glückspielrechts, deren Widersprüchlichkeit und Lückenhaftigkeit schon seit längerer Zeit kritisch betrachtet wird,[36] ist aus europarechtlicher Sicht nur unter dem Gesichtspunkt relevant, ob diese bestehende Rechtslage die Dienstleistungsfreiheit beschränkt. Ist dies zu bejahen, ist weiter zu untersuchen, ob diese Beschränkungen nach den Kriterien, die der EuGH aufgestellt hat, im Einklang mit Gemeinschaftsrecht stehen.

b) *Die tatsächliche Ausgestaltung des Sportwettenmonopols*

Neben der abstrakten Rechtslage ist es von Interesse einen Blick auf die tatsächliche Ausgestaltung des staatlichen Angebots an Sportwetten in Deutschland zu richten, in dem private Anbieter bis auf den Bereich der Pferdewetten ausgeschlossen sind und es ausschließlich staatlichen Anbietern gestattet ist, Sportwetten anzubieten. Angeboten werden Sportwetten in Form sog. Oddset-Wetten[37] durch die im Deutschen Toto- und Lottoblock (DTLB) zusammengeschlossenen staatlichen Lotterie-

32 *Voßkuhle*, VerwArch 87 (1996), 395, 398.

33 Staatsvertrag zum Lotteriewesen in Deutschland vom 22. 6. 2004 (LotterieStV), in Kraft getreten am 1. 7. 2004; abrufbar z.B. unter: http://www.stmi.bayern.de/imperia/md/content/stmi/service/gesetzeundvorschriften/lotteriestaatsvertrag.pdf (zuletzt besucht am 30. 11. 2005.).

34 Gemäß § 3 Abs. 1 LotterieStV liegt dann ein Glücksspiel vor, wenn im Rahmen eines Spiels für den Erwerb einer Gewinnchance ein Entgelt verlangt wird und die Entscheidung über den Gewinn ganz oder überwiegend vom Zufall abhängt. Die Entscheidung über den Gewinn hängt in jedem Fall vom Zufall ab, wenn dafür der ungewisse Eintritt oder Ausgang zukünftiger Ereignisse maßgeblich ist. Damit fallen Sportwetten in den Anwendungsbereich des LotterieStV.

35 Für einen Überblick vgl. die Darstellung bei *Voßkuhle*, VerwArch 87 (1996), 395, 398ff.

36 *Voßkuhle*, VerwArch 87 (1996), 395, 407; *Ossenbühl*, DVBl. 2003, 881ff.

37 Als Oddset-Wetten bezeichnet man Wetten auf den Ausgang von sportlichen Wettkämpfen zu im vornherein festgelegten Gewinnquoten (zusammengesetzt aus den englischen Wörtern *„odds“* = Quoten und *„set“* = festgesetzt).

treuhandgesellschaften[38] der Länder erst seit 1999. Nach einer Pressemitteilung der Bayerischen Staatskanzlei lagen die Gründe für die Einführung dieser Form der Sportwette u.a. in einem wachsenden Bedürfnis einer zunehmenden Zahl spielinteressierter Bürger an einer Wettform bei der der Gewinn nicht vom Zufall abhängt, sondern bei dem fundierte Kenntnisse im Bereich des Sports die Gewinnchancen verbessern und die Gewinnquote feststeht, sowie der Tatsache, daß aus Deutschland ins Ausland abfließende Spieleinsätze auf mindestens 300 Millionen Mark pro Jahr geschätzt würden.[39] Sportwetten können in den derzeit ca. 50000 Annahmestellen[40] deutschlandweit, im Internet und mittlerweile auch per SMS oder WAP über das Mobiltelefon getätigt werden. Angesichts dieser Fakten ist es nicht zwingend erkennbar, daß das staatliche Vorgehen den Spieltrieb der Bevölkerung tatsächlich kanalisieren und eindämmen soll. Vielmehr soll der vorhandene Spieltrieb auch und gerade durch die Einführung neuer Glücksspiele wie der Oddset-Wette auf die staatlichen Angebote gelenkt werden. Dies geht auch einher mit umfangreicher Werbung in sämtlichen Medien, was bereits von einer Reihe von Gerichten moniert worden ist.[41] Ein weiteres Indiz für ein ausgeprägtes staatliches Interesse an einem florierenden Geschäft mit Oddset-Wetten stellt der 2002 zwischen den 16 Ländern geschlossene Staatsvertrag über die Bereitstellung von Mitteln aus den Oddset-Sportwetten für gemeinnützige Zwecke im Zusammenhang mit der Veranstaltung der FIFA Fußball-Weltmeisterschaft Deutschland 2006 dar.[42] In diesem Vertrag haben sich die Länder dazu verpflichtet insgesamt 130 Mio. Euro aus den Mitteln aus den Oddset-Sportwetten an den Deutschen Fußballbund (DFB) abzuführen, § 5 Abs. 2 des Staatsvertrags. Da diese Zuweisungen gemäß § 1 Abs. 1 des Staatsvertrages 12% der jährlich von den staatlichen Lotterieunternehmen erzielten und über die in dieser Vorschrift als Bemessungsgrundlage bestimmten Basisumsätze (insgesamt ca. 513 Mio. Euro im Referenzzeitraum 2001) hinausgehenden Wetteinsätze darstellen sollen, gehen die 16 Länder als Vertragsparteien rein rechnerisch von einer Umsatzsteigerung bei den staatlichen Oddset-Wetten im Zeitraum 2002 bis 2006 von insgesamt 1,1 Mrd. Euro aus. Allein diese Konzeption und die dem Staatsvertrag zugrundeliegende Berechnung zeigen, daß es den staatlichen Anbietern also gerade nicht um die Eindämmung des

---

38 Vgl. hierzu *Adams/Tolkemitt*, Das staatliche Lotterieunwesen – Eine wirtschaftswissenschaftliche und rechtspolitische Analyse des Deutschen Toto-Lotto-Blocks, ZRP 2001, 511, 513.

39 Pressemitteilung der Bayerischen Staatskanzlei v. 19. 1. 1999 (abrufbar unter: http://www.bayern.de/Presse-Info/PM/1999MRat/Mrat0119–1.html#eins; zuletzt besucht am 30. 11. 2005).

40 Vgl. VG Minden, GewArch 2005, 21, 23.

41 Z.B. VG Minden, GewArch 2005, 21, 24; VG Aachen, Beschluß vom 12. 11. 2004 – Az. 3 L 344/04 (abrufbar unter: http://www.justiz.nrw.de/RB/nrwe/; zuletzt besucht am 30.11.2005). Das VG Aachen spricht in Rn. 22 von „derart aggressiver und umfangreicher Werbung, der sich z.B. bei Sportsendungen im Fernsehen auch ein mit der Fernbedienung geübter Zuschauer kaum noch entziehen kann."

42 Staatsvertrag über die Bereitstellung von Mitteln aus den Oddset-Sportwetten für gemeinnützige Zwecke im Zusammenhang mit der Veranstaltung der FIFA Fußball-Weltmeisterschaft Deutschland 2006 v. 13. 6. 2002 (abrufbar unter: http://www.hessenrecht.hessen.de/gesetze/Staatsvertraege/70-SVGOddset-Wetten/staatsvertrag/staatsvertrag.htm; zuletzt besucht am 30. 11. 2005).

Spieltriebs geht, sondern um fiskalische Interessen, nämlich um Gelder für die Mitfinanzierung der Fußballweltmeisterschaft 2006. Daß die Gelder gemäß § 2 Abs. 1 des Staatsvertrages vom DFB nur zweckgebunden für gemeinnützige Zwecke verwendet werden dürfen, kann an dem Befund nichts ändern, daß die Absicht der Einnahmeerzielung offensichtlich ein Hauptmotiv für das staatliche Sportwettenangebot darstellt.

c) *Die vorgetragene Rechtfertigung für das Sportwettenmonopol*

Mangels Zulassungsmöglichkeiten für private Anbieter in Deutschland, insbesondere solche aus anderen Mitgliedstaaten der EG, stellt sich das System in Deutschland als ein Monopol dar, da nur der Staat bzw. juristische Personen, an denen der Staat überwiegend beteiligt ist, Sportwetten anbieten dürfen.[43] Als angeführte Rechtfertigungsgründe für dieses Monopol kann exemplarisch auf § 1 des LotterieStV hingewiesen werden. So soll der natürliche Spieltrieb der Bevölkerung in geordnete und überwachte Bahnen gelenkt werden, um insbesondere ein Abweichen auf nicht erlaubte Glücksspiele zu verhindern (§ 1 Nr. 1 LotterieStV), übermäßige Spielanreize sollen verhindert werden (§ 1 Nr. 2 LotterieStV), eine Ausnutzung des Spieltriebs zu privaten oder gewerblichen Gewinnzwecken ausgeschlossen werden (§ 1 Nr. 3 LotterieStV), sichergestellt werden, daß Glücksspiele ordnungsgemäß und nachvollziehbar durchgeführt werden (§ 1 Nr. 4 LotterieStV) und schließlich sichergestellt werden, daß ein erheblicher Teil der Einnahmen aus Glücksspielen zur Förderung öffentlicher Zwecke verwendet wird (§ 1 Nr. 5 LotterieStV). Daneben werden stets die erheblichen Gefahren, die von öffentlichem Glücksspiel für die Bevölkerung ausgehen, wie etwa die mittelbaren Auswirkungen auf die öffentlichen Haushalte bei Vermögensverlusten von Spielern sowie aus der Beeinträchtigung der Gesundheit bei Spielsucht, betont.[44] Auch wird darauf hingewiesen, daß kommerzielles Glücksspiel „einen fruchtbaren Boden für die Entwicklung krimineller Energie" bieten könne.[45] Zudem würde eine Liberalisierung des Glücksspielwesens zu einer riesigen Flut an Angeboten führen, die man nicht mehr überwachen könne.[46] Daher sei das staatliche Monopol bzw. die starke staatliche Regulierung in Deutschland ein wesentliches Element einer ordnungspolitischen Gesamtkonzeption, die die Beschränkungen der Grundfreiheiten gestatte.[47]

---

43 Außer Betracht muß im Rahmen dieses Beitrags das einigungsbedingte Phänomen bleiben, daß noch vier private Unternehmen, die über Genehmigungen zur Veranstaltung von Sportwetten nach DDR-Gewerberecht verfügen, in Deutschland tätig sind. Hierbei handelt es sich um ein Problem der Auslegung des Einigungsvertrages, das mangels höchstrichterlicher Entscheidung sehr umstritten ist. Vgl. hierzu *Rixen*, Das öffentliche Sportwettenrecht der Länder und das DDR-Gewerberecht: Bricht Landesrecht Bundesrecht?, NVwZ 2004, 1410 m.w.N.

44 OVG Münster, GewArch 2004, 338.

45 So *Diegmann/Hoffmann*, DÖV 2005, 45, 49.

46 *Diegmann/Hoffmann*, DÖV 2005, 45, 49.

47 Exemplarisch *Hecker*, Endet das Staatsmonopol für Sportwetten?, DÖV 2005, 943, 947 m.w.N.

III. Der Konflikt um die Vereinbarkeit der deutschen Regelungen mit dem Gemeinschaftsrecht

1. Der Konflikt

Aus der Konzeption der Grundfreiheiten und des Binnenmarkts einerseits und des deutschen Systems des Sportwettenmonopols andererseits, sind gerade im Zeitalter des Internets als Massenmedium Konflikte vorprogrammiert. Derzeit schwelen derartige Konflikte nicht nur in Deutschland, sondern in mehreren Mitgliedstaaten der EG. Stets geht es um die Frage, ob die Beschränkungen der Dienst- bzw. Niederlassungsfreiheit denen sich private Anbieter von Sportwetten ausgesetzt sehen, die über das Internet auch in anderen Mitgliedstaaten Sportwetten anbieten, in denen sie keine nationale Erlaubnis besitzen, noch gerechtfertigt sind. In der Literatur, aber auch bereits in der deutschen instanzgerichtlichen Rechtsprechung ist eine heftige Kontroverse über die Interpretation der Rechtsprechung des EuGH ausgebrochen.[48] Neben dem EuGH, bei dem bereits erneut Verfahren zu diesen Rechtsfragen anhängig sind,[49] werden auch weitere Institutionen der EG wie die Kommission, bei der zahlreiche Beschwerden eingehen und die laut Presseberichten bereits die Einleitung von Vertragsverletzungsverfahren gegen einzelne Mitgliedstaaten prüft,[50] oder auch der Europäische Bürgerbeauftragte[51] befaßt. Demnächst wird eine Grundsatzentscheidung des BVerfG erwartet, die auch und gerade zu dieser Problematik aus Sicht des deutschen Verfassungsrechts Stellung beziehen wird.[52]

Während sich eine Seite auf die Verletzung der Grundfreiheiten des EG-Vertrags beruft, argumentiert die andere Seite damit, daß es aus zwingenden Gründen des Allgemeinwohls, insbesondere dem Schutz der Bevölkerung vor der Ausbeutung ihres natürlichen Spieltriebs und den mit Glücksspiel verbundenen negativen Begleiterscheinungen notwendig und geboten sei, ausländische Konkurrenz aus dem nationalen Markt zu halten und die bestehenden Strukturen beizubehalten. Wie aber eingangs bereits erwähnt, kann der Verbraucher tatsächlich mittels des Mediums Internet auf eine Vielzahl von sowohl staatlichen als auch privaten Angeboten zurückgreifen, wenn er eine Sportwette tätigen möchte. Daß dies in großem Maße geschieht zeigen etwa die Geschäftsberichte eines europaweit tätigen privaten Anbieters von Sportwetten für die Jahre 2000 bis 2004: Wurde von diesem Unternehmen im Jahr 2000 ein Wettumsatz von etwa 17 Mio. Euro bei etwa 117 000 registrier-

---

48 Aus der Rechtsprechung einerseits VGH Kassel, DÖV 2004, 445, andererseits aber VGH Mannheim, GewArch 2005, 148. Aus der Literatur einerseits z.B. *Hoeller/Bodemann*, Das „Gambelli"-Urteil des EuGH und seine Auswirkungen auf Deutschland, NJW 2004, 122, 124, andererseits z.B. *Tettinger*, Grenzüberschreitende Glücksspiel-Internetangebote und europäischer Binnenmarkt, GewArch 2005, 49, 54.

49 Z.B. die Rs. C-338/04 *Placanica*, ABl. C 273/10 v. 6. 11. 2004.

50 Vgl. Handelsblatt v. 10. 7. 2005: „EU will Sportwettenmonopol brechen".

51 Vgl den Empfehlungsentwurf des Europäischen Bürgerbeauftragten 289/2005/(WP)GG v. 27. 7. 2005 (abrufbar unter: http://www.euro-ombudsman.eu.int/recommen/en/050289.htm; zuletzt besucht am 30. 11. 2005).

52 Vgl. die Pressemitteilung Nr. 96/2005 des BVerfG vom 10. 10. 2005 (Fn. 8).

ten Kunden erzielt, waren es im Jahr 2004 bereits etwa 855 Mio. Euro bei etwa 1 Mio. registrierten Kunden.[53] Damit ist den staatlichen Oddset-Wetten mit einem Umsatz von ca. 500 Mio. Euro im Jahr erhebliche Konkurrenz erwachsen. Dies zeigt deutlich, daß es hier um eine Frage von möglicherweise weitreichenden Konsequenzen für das bestehende System der Veranstaltung von Sportwetten in Deutschland bzw. der gesamten EG geht.

2. Die Auflösung des Konflikts

Das BVerfG hat im November über eine bereits seit einigen Jahren anhängige Verfassungsbeschwerde verhandelt und wird in den nächsten Monaten Stellung auch zu den europarechtlichen Fragen nehmen müssen.[54] Ebenso ist beim EuGH derzeit ein Vorlagersuchen anhängig, in dem es erneut um die Frage der Veranstaltung und Vermittlung von Sportwetten geht.[55] Zwar gelangen eine Reihe von Gerichten in Deutschland und zahlreiche Stimmen in der Literatur zu dem Ergebnis, daß die derzeitige Rechtslage in Deutschland europarechtskonform sei.[56] Doch bestehen an dieser Sichtweise erhebliche Zweifel. So ist es verfehlt auf die Rechtssache *Schindler* abzustellen, lag dieser Entscheidung nämlich noch ein völliges Verbot eines Mitgliedstaates von Lotterien zugrunde, das mittlerweile keinen Bestand mehr hat.[57] Stellt man aber auf die Entscheidungen *Zenatti* und *Gambelli* ab und analysiert kritisch, ob die deutsche Rechtslage den dort vom EuGH aufgestellten Anforderungen an die Ausgestaltung von Beschränkungen der Grundfreiheiten entspricht, so sind Zweifel an der Kohärenz der behaupteten ordnungspolitischen Ausrichtung mehr als berechtigt. Zum einen ist die erhebliche Ausweitung des staatlichen Glückspielangebots verbunden mit nachhaltiger Werbung für dieses Angebot in den letzten Jahren nicht von der Hand zu weisen. Zum anderen sind erhebliche fiskalische Interessen nicht abzustreiten, wie das Beispiel des Staatsvertrags über die Bereitstellung von Mitteln aus den Oddset-Sportwetten für gemeinnützige Zwecke im Zusammenhang mit der Veranstaltung der FIFA Fußball-Weltmeisterschaft Deutschland 2006 zeigt. Die Länder gehen hier unstreitig von einer Steigerung der Erlöse aus, was sich als genaues Gegenteil einer auf Eindämmung und Kanalisierung des Spieltriebs gekennzeichneten ordnungspolitischen Zielsetzung darstellt. Ebenso spricht die mehr oder weniger omnipräsente Werbung für staatliche Oddset-Wetten gegen eine eindeutige ordnungspolitische Zielsetzung. Das Argument, Werbung für staatliche Spielangebote müsse erlaubt sein und diene der Verfolgung der ordnungspolitischen Zielsetzung des deutschen Sportwettenmonopols, weil nur so auf die Angebote des

53 Vgl. die Wirtschaftsdaten der Interactive Gaming AG (abrufbar unter: http://www.betandwin.ag/2004/default.aspx?id=1; zuletzt besucht am 30. 11. 2005).

54 Vgl. die Pressemitteilung Nr. 96/2005 des BVerfG vom 10. 10. 2005 (Fn. 8).

55 Rs. C-338/04 *Placanica*, ABl. C 273/10 v. 6. 11. 2004.

56 Z.B. OVG Lüneburg, NdsVBl. 2003, 158; VG Stade, GewArch 2004, 206. Aus der Literatur zuletzt *Diegmann/Hoffmann*, DÖV 2005, 45, 53; *Hecker*, DÖV 2005, 943, 949; *Krieger*, JZ 2005, 1021, 1028.

57 EuGH v. 24. 3. 1992 – Rs. C-275/92 *Schindler*, Slg. 1994, I-1039 Rn. 5, 31.

Staates aufmerksam gemacht werden könne und der natürliche Spieltrieb der Bevölkerung auf die „legalen" Glücksspielangebote des Staates gelenkt werden könne,[58] erscheint gekünstelt. Betrachtet man das Ausmaß an Werbung für staatliche Oddset-Wetten, das sich über sämtliche Medien erstreckt, so kann man diesem Argument endgültig nichts mehr abgewinnen. Zwar hat der EuGH in seiner bisherigen Rechtsprechung zu Sportwetten ausgeführt, daß es grundsätzlich Sache der nationalen Gerichte sei, zu prüfen ob die staatlichen Regelungen, die sich tatbestandlich als Beschränkungen der Grundfreiheiten darstellen, noch dem entsprechen, was der EuGH als Voraussetzung für eine Rechtfertigung herausgearbeitet hat. Dies bedeutet aber nicht, wie es zahlreiche Instanzgericht in Deutschland derzeit tun, nur darauf abzustellen, daß dem zuständigen Gesetzgeber ein weites Ermessen zukomme und eine angeblich ordnungspolitisch motivierte Beschränkung der Grundfreiheiten daher gerechtfertigt werden könne. Eine wirkliche Überprüfung bleibt oftmals aus, wenngleich sich die z.T. auch von Oberverwaltungsgerichten geäußerten Zweifel an der Europarechtskonformität der deutschen Regelungen häufen.[59] Bemerkenswert ist in diesem Zusammenhang auch, daß bis dato kein deutsches Gericht in einem Sportwettenfall von der Möglichkeit eines Vorabentscheidungsersuchens gemäß Art. 234 EG zum EuGH Gebrauch gemacht hat. Dies ist unlängst vom BVerfG kritisiert worden ist, weil nach Auffassung der zuständigen Kammer die Vereinbarkeit der deutschen Rechtslage mit dem Gemeinschaftsrecht kaum ohne Vorlage an den EuGH festzustellen ist.[60] Bei einer streng europarechtlichen Betrachtungsweise spricht daher mehr dafür als dagegen, daß der EuGH, sofern er die Gelegenheit dazu bekommt, die Unvereinbarkeit der deutschen Bestimmungen zur Veranstaltung und Vermittlung von Sportwetten mit dem EG-Vertrag feststellen wird. Wie bereits erwähnt wird innerhalb der Kommission auch diskutiert, ob nicht gegen Deutschland wegen der Beschränkungen der Grundfreiheiten in bezug auf Sportwetten ein Vertragsverletzungsverfahren eingeleitet werden soll.

IV. Möglichkeiten der Harmonisierung

1. Negative Harmonisierung durch den EuGH?

Der EuGH wird sich in absehbarer Zukunft erneut mit der Frage der Vereinbarkeit nationaler Beschränkungen im Bereich der Sportwetten befassen.[61] Bei der Betrachtung des Phänomens der Internet-Sportwetten und der Diskussion um deren Zulässigkeit im gesamten Binnenmarkt, fühlt man sich unweigerlich an die grund-

---

58 *Dietlein*, Das staatliche Glücksspiel auf dem Prüfstand, BayVBl. 2002, 161, 164; ähnlich *Diegmann/Hoffmann*, DÖV 2005, 45, 52; *Walz*, Gambling um Gambelli? – Rechtsfolgen der Entscheidung Gambelli für das staatliche Sportwettenmonopol, EuZW 2004, 523, 526.
59 VGH Kassel, DÖV 2004, 445; VG Aachen, Beschluß v. 12. 11. 2004 – Az. 3 L 344/04 (abrufbar unter: http://www.justiz.nrw.de/RB/nrwe/; zuletzt besucht am 30. 11. 2005).
60 Beschluß des BVerfG v. 27. 4. 2005 – 1 BvR 223/05 (abrufbar unter: http://www.bverfg.de/entscheidungen/frames/rk20050427_1bvr022305.html; zuletzt besucht am 30. 11. 2005).
61 Rs. C-338/04 *Placanica*, ABl. C 273/10 v. 6. 11. 2004.

legenden Entscheidungen des EuGH *Cassis de Dijon*[62] und *Reinheitsgebot für Bier*[63] im Rahmen der Warenverkehrsfreiheit erinnert, in denen der EuGH das Rechtsprinzip der gegenseitigen Anerkennung entwickelt hat.[64] Damals wie heute geht es um die Frage, ob ein in einem Mitgliedstaat legal angebotenes „Produkt" auch in einem anderen Mitgliedstaat entsprechend angeboten werden darf.

Zwar ist es nach wie vor unstrittig, daß es in Bereichen, in denen keine harmonisierenden Rechtsakte des Sekundärrechts existieren, zunächst Sache der Mitgliedstaaten ist, entsprechende Vorschriften für ihr Hoheitsgebiet zu erlassen und daß Hemmnisse für den Binnenmarkt aufgrund unterschiedlicher nationaler Regelungen als Konsequenz hinzunehmen sind. Allerdings bedürfen derartige Hemmnisse einer Rechtfertigung durch zwingende Erfordernisse des Allgemeininteresses.[65] So muß in Anlehnung an die Cassis-Rechtsprechung die Frage gestellt werden, ob im Binnenmarkt nach wie vor stichhaltige Gründe dafür ersichtlich sind, zu verhindern, daß in einem Mitgliedstaat rechtmäßig angebotene und erhältliche Dienstleistungen in anderen Mitgliedstaaten ebenfalls angeboten und in Anspruch genommen werden dürfen, zumal dieselben Dienstleistungen dort, wenn auch nur von staatlichen oder staatlich kontrollierten Anbietern, legal erhältlich sind und auch beworben werden. Eine Parallele zur Warenverkehrsfreiheit ist auch deswegen naheliegend, weil es sich bei Sportwetten in Form der Oddset-Wette um ein weitgehend standardisiertes Produkt[66] handelt, das praktisch ausschließlich als sog. Korrespondenzdienstleistung erbracht und nachgefragt wird. Dieser Gedanke findet sich auch in der Rechtsprechung des EuGH in der Rechtssache *Säger ./. Dennemeyer*, in der der EuGH ausführt, daß der freie Dienstleitungsverkehr „als fundamentaler Grundsatz nur durch Regelungen beschränkt werden darf, die durch zwingende Gründe des Allgemeininteresses gerechtfertigt und die für alle im Hoheitsgebiet tätigen Personen oder Unternehmen gelten, und zwar nur insoweit, als dem Allgemeininteresse nicht bereits durch die Rechtsvorschriften Rechnung getragen ist, denen der Leistungserbringer in dem Staat unterliegt, in dem er ansässig ist.[67] Bislang hat der EuGH diesen Gedanken in seinen Entscheidungen zur Sportwettenproblematik zwar noch nicht wieder aufgegriffen, allerdings hat etwa Generalanwalt *Alber* in seinen Schlußanträgen in der Rechtssache *Gambelli* genau auf diesen Aspekt abgestellt und ausgeführt, daß im Falle eines Veranstalters von Sportwetten, der die Bedingungen des Mitgliedstaates, in dem er ansässig ist, erfüllt, dies auch den staatlichen Stellen des Mitgliedstaats der Dienstleistungserbringung genügen sollte und dementsprechend auch als hin-

---

62 EuGH v. 20. 2. 1979 – Rs. 120/78 *Rewe ./. Bundesmonopolverwaltung für Branntwein*, Slg. 1979, 649 – Cassis de Dijon.

63 EuGH v. 12. 3. 1987 – Rs. 178/84 *Kommission ./. Deutschland*, Slg. 1987, 1227 – Reinheitsgebot für Bier.

64 *Oppermann*, Europarecht (3. Auflage 2005), § 19 Rn. 28.

65 Vgl. EuGH v. 20. 2. 1979 – Rs. 120/78 *Rewe ./. Bundesmonopolverwaltung für Branntwein*, Slg. 1979, 649 Rn. 8 – Cassis de Dijon.

66 Zur Charakterisierung einer Dienstleistung als Produkt und der Parallele zum Warenverkehr von der Groeben/Schwarze-*Troberg/Tiedje* (Fn. 25), vor Art. 49 EG Rn. 13ff.

67 EuGH v. 25. 7. 1991 – Rs. C-76/90 *Säger ./. Dennemeyer*, Slg. 1991, I-4221 Rn. 15.

reichende Gewähr für die Integrität des Veranstalters gelten solle.[68] Folgerichtig beantragte der Generalanwalt die Feststellung des Gerichthofs, daß die Art. 49ff. EG dahin auszulegen sind, daß ihnen eine mitgliedstaatliche Regelung, die strafbewehrte Verbote für u.a. die Tätigkeit der Entgegennahme von Wetten bei sportlichen Ereignissen vorsieht, dann entgegenstehe, wenn diese Tätigkeiten von einem Wettveranstalter vorgenommen werden, der in einem anderen Mitgliedstaat ansässig ist und der diese Tätigkeiten ordnungsgemäß entsprechend den dortigen Regelungen ausübt.[69] Dem ist der EuGH zwar damals noch nicht gefolgt, aber da die nationalen Gerichte offensichtlich Schwierigkeiten haben, die Vorgaben des EuGH auf die sich häufenden Fälle, in denen bestehende Sportwettmonopole angegriffen werden, anzuwenden, erscheint es daher nicht unwahrscheinlich, daß der EuGH genau diese Feststellung in näherer Zukunft treffen wird und so zumindest ansatzweise eine negative Harmonisierung für den Bereich der Sportwetten im Binnenmarkt herbeiführt.

2. Positive Harmonisierung durch Sekundärrecht?

Eine weitaus bessere Lösung wäre *de lege ferenda* eine Harmonisierung des Glücksspielsektors, zumindest in bezug auf Sportwetten durch eine sektorale Richtlinie. Hier könnten die Rahmenbedingungen und Einzelheiten gemeinschaftsweit festgelegt werden. Allerdings scheint diese Möglichkeit aufgrund des derzeit offensichtlich bestehenden Widerstands einer großen Anzahl von Mitgliedstaaten eher utopisch. Allerdings ist festzuhalten, daß ein weiteres Untätigbleiben bei der Frage der Harmonisierung des Glücksspielmarktes die tatsächliche Realität des bereits jetzt grenzenlos stattfindenden Glücksspiels völlig außer Betracht läßt. Die Dynamik des Internets hat nicht nur das Potential für eine grenzüberschreitende Nachfrage und Erbringung von Dienstleistungen – und das sind Sportwetten und Glücksspiel nach der Rechtsprechung des EuGH – gewaltig erhöht,[70] es hat dieses Potential bereits gehoben und einen eigenen Markt geschaffen. Hier weiterhin auf die bisherige Strategie der Abschottung der einzelnen nationalen Glücksspielmärkte unter Erhaltung monopolistischer Strukturen zu setzen, heißt die Wirklichkeit zu negieren und der Binnenmarktsidee eine Absage zu erteilen. Hingegen würde eine Harmonisierung durch Sekundärrecht viel stärker für eine abgestimmte Lösung zwischen den Mitgliedstaaten innerhalb der EG sorgen. Zudem könnte ein europäisches Modell der Harmonisierung des Online-Glückspiels auch als Vorbild und Impulsgeber für das sich ebenfalls auf globaler Ebene stellende Problem dienen.

---

68 Generalanwalt *Alber* Schlußanträge v. 13. 3. 2003 – Rs. C-243/01 *Gambelli*, Slg. 2003, I-13033 Tz. 118.
69 Generalanwalt *Alber* Schlußanträge v. 13. 3. 2003 – Rs. C-243/01 *Gambelli*, Slg. 2003, I-13033 Tz. 134.
70 *Pache*, Dienstleistungsfreiheit, in: Ehlers (Hrsg.), Europäische Grundfreiheiten und Grundrechte (2. Auflage 2005), § 11 Rn. 13.

V. Fazit und Ausblick

In Anbetracht der bereits erheblichen wirtschaftlichen Bedeutung des Online-Glückspiels, insbesondere der Sportwetten, ist es im Interesse des Funktionierens des Binnenmarkts, aber auch im Interesse einer wirksamen Kontrolle der elektronischen Glücksspielangebote geboten, auf Gemeinschaftsebene eine Harmonisierung herbeizuführen. Derzeit findet tatsächlich ein auf die Gemeinschaft bezogener Wettbewerb der unterschiedlichen Rechtssysteme statt, in dessen Grauzonen sich bereits umsatzstarke private Unternehmen tummeln, die aber zumindest in ihren Heimatstaaten dazu befugt sind. Spielwillige Marktbürger weichen auch – ungeachtet von den offenen Rechtsfragen – tatsächlich auf diese Angebote aus. Die staatlichen Glücksspielunternehmen reagieren auf diesen Zustand wie aufgezeigt mit einer Strategie der Bekämpfung der privaten Anbieter einerseits unter gleichzeitiger kontinuierlicher Ausweitung des eigenen Angebots andererseits. Damit sind aber nach hier vertretener Auffassung die Ermessenspielräume, die der EuGH den Mitgliedstaaten bei der Ausgestaltung staatlichen Glücksspiels zugestanden hat, überschritten, so daß sich diese Beschränkungen als unzulässige Eingriffe in die Grundfreiheiten der betroffenen Wirtschaftsteilnehmer darstellen. Derzeit erscheint es für Anbieter naheliegend, das Land mit der niedrigsten regulatorischen Dichte als Standort zu wählen.[71] Das Massenmedium Internet hat diesem Phänomen den Weg bereitet und das bisherige System der mehr oder weniger unabhängig und unberührt nebeneinander existierenden nationalen Glückspielmärkte in einen tatsächlichen Wettbewerb gezwungen.

Vieles spricht dafür, daß der EuGH in näherer Zukunft feststellen wird, daß der bislang von den Mitgliedstaaten zur Rechtfertigung der nationalen Glücksspielhoheit vorgetragene Schutzschild des ordnungsrechtlichen Rahmens des Glücksspielrechts weniger der Eindämmung und Kanalisierung des natürlichen Spieltriebs der Bevölkerung dient, sondern vielmehr der Ausschaltung privater Konkurrenz auf diesem lukrativen Markt aus überwiegend fiskalischen Interessen. Daß aber eine effektive Kontrolle privater Glücksspielunternehmen auch auf andere Weise als durch Verbote möglich ist, zeigen die Beispiele derjenigen Mitgliedstaaten der EG, in denen bereits im Bereich der Sportwetten eine Liberalisierung stattgefunden hat oder traditionell existiert, wie etwa das Vereinigte Königreich, Österreich oder aus dem Kreis der neuen Mitgliedstaaten Malta. Zudem kann das Herkunftslandprinzip als normative Basis des Binnenmarkts nicht durch weitreichende Ausnahmen für einen kompletten Markt verwässert und relativiert werden. Dagegen sprechen allein die bereits faktisch bestehenden Verhältnisse. Es ist daher nur

71 Dieses Phänomen kann bereits seit geraumer Zeit im globalen Kontext des Online-Glückspiels beobachtet werden, wo sich eine enorme Konzentration von Online-Casinos auf Antigua & Barbuda gebildet hat, da dort sowohl der Markteintritt und auch der weitere Betrieb offensichtlich nur geringen regulatorischen Maßnahmen unterliegen. Vgl. vertiefend hierzu *Andrle*, A Winning Hand: A proposal for an International Regulatory Schema with Respect to the Growing Online Gambling Dilemma in the United States, 37 (2004) Vanderbilt Journal of Transnational Law, 1389, 1409 m.w.N.

eine Frage der Zeit, ob eine negative Harmonisierung durch entsprechende Entscheidungen des EuGH erfolgt oder ob es den Mitgliedstaaten gelingt, im Rahmen einer positiven Harmonisierung einen europäischen Glücksspielmarkt zu schaffen, der auch als regulatorisches Modell auf globaler Ebene dienen kann. Daß diese Frage ebenso der Beantwortung harrt, hat die Auseinandersetzung von Antigua & Barbuda mit den USA im Rahmen eines Streitbeilegungsverfahrens vor der WTO gezeigt.[72]

72 DISPUTE DS285 – United States – Measures Affecting the Cross-Border Supply of Gambling and Betting Services (abrufbar unter: http://www.wto.org/english/tratop_e/dispu_e/cases_e/ds285_e.htm; zuletzt besucht am 30. 11. 2005)

§19 インターネットによるヨーロッパ共同体における事実上の調和化の強制――オンライン賭博、特にスポーツくじを例にして――[i] *

ゼバスチアン・ヴァインツィアル

目次

I. 序

賭博、そしてその一種でもあるスポーツくじは、一方で、ヨーロッパにおいてますます大きな経済分野になっており、売上高年間 10 億ユーロ単位の金額に達している[1]。他方で、賭博に関する法は、これまで主に、一国内の秩序法の素材として理解されている[2]。インターネットがこの 10 年間でマスメディアに発展したことは、今日までは殆ど現出してこなかった一連の現象と法的な問題を相当に引き起こしているが、それに対して満足な解決策は依然として出されていないようである。スポーツくじは、インターネットが市場そして競争のもつ特別の推進力を与えている領域にあり、そこでは市場のグローバル化を語ることができよう[3]。このことはヨーロッパ共同体内で特にはっきりと看取される。スポーツくじの国

* 荒木修訳。

1 *Voßkuhle*, Glücksspiel zwischen Staat und Markt, VerwArch 87 (1996), 395, 414; *Ossenbühl*, Der Entwurf eines Staatsvertrags zum Lotteriewesen in Deutschland, DVBl. 2003, 881, 890. *Diegmann/Hoffmann*, Las Vegas in Deutschland? Das Glücksspielwesen zwischen Wettbewerb und Ordnungsrecht, DÖV 2005, 45 は、ドイツ一国だけの年間売上高を約 270 億ユーロと見積もっている。

2 *Ossenbühl*, DVBl. 2003, 881, 890.

3 *Jahndorf*, Veranstaltung von Glücksspielen durch Private, VerwArch 95 (2004), 359, 373.

境を越える開催・取次に関する問題は数年来しばしば議論と法的紛争の対象となっており、欧州司法裁判所も各加盟国の裁判所もこれに取り組んできており、現在も継続している[4]。

今日の発展状況では、共同体レベルで調和を与えるための第二次法の立法行為は存在していない。とはいえ、インターネットのマスメディアへの発展の結果、一国の法秩序そしてまた一国内の賭博市場がもはや孤立してバラバラに存在することなく、ますます相互間の競争に置かれている。ヨーロッパに居るホモ・ルーデンスにとって、今日、本籍地国或いは居住地国でスポーツくじの提供を受けるか、より魅力的な条件を目指して、その他の国でのスポーツくじの提供をインターネットを通じて受けるかは、殆ど違いをなさない。後者を選択するにあたって、通常は、外国語の特別な能力さえ必要でない。オンライン・スポーツくじの民間の提供者の多くはヨーロッパで用いられている諸言語でサービスを提供しているからである[5]。とはいえ、例えば、ドイツ人が他国の提供者による博戯の提供をインターネットにより受けることは、その国の法によれば完全に適法な提供行為であるとしても、場合によっては刑法 **285** 条により処罰を受ける。また、外国人の提供者が博戯の提供をドイツにおいてアクセス可能にすることは、現在の通説によればドイツにおいて処罰を受ける[6]。このことは、未だ支配的な見解によれば、提供者たる外国人の本籍地国において提供行為が完全に合法である場合でも妥当する[7]。

ドイツでは、スポーツくじの国家的な提供者は、「オッズセットースポーツくじ（**ODDSET – Die Sportwette**）」という商標の下にラントの国家的な富籤信託会社（**Lotterietreuhandgesellschaften**）のいわゆるロト・ブロックに集まって、宣伝の強化と法的手段によって競争というこの新たな現象に対応している。ドイツだけでも、スポーツくじを他の共同体加盟国に居る提供者に取り次ぐことに関する問題を巡って多数の裁判が民事裁判所・行政裁判所に係属している。**2005** 年 **11** 月には連邦憲法裁判所が憲法異議に対する口頭審理を行ったが、そこでもまさにヨーロッパ法上の問題が扱われており、本件には原則的な意義が与えられてよいだろう[8]。即ち、賭博、特に、スポーツくじについて、共同体条約のいう基本的自由の適用領域に属している経済活動が問題になることが出発点とされ[9]、その結果、見通しが無く未解明である法状態の現状はこの領域における域内市場

---

4 EuGH v. 21.10.1999 – Rs. C-67/98 *Zenatti*, Slg. 1999, I-7304, EuGH v. 6.11.2003 – Rs. C-243/01 *Gambelli*, Slg. 2004, I-13076; Beschluß des Tribunale Larino (Italien) v. 8.8.2004 – Ersuchen um Vorabentscheidung, Rs. C-338/04 *Placanica*, ABl. C 273/10 v. 6.11.2004. In Deutschland hat das BVerfG am 8.11.2005 mündlich über eine Verfassungsbeschwerde (Az. 1 BvR 1054/01) zur Sportwettenproblematik verhandelt. Aus den Niederlanden z.B. Rechtbank Arnhem, Beschluß v. 31.8.2005 – 98631 / HA ZA 03–606 *Stichting de nationale Sporttotalisator ./ . Ladbrokes Ltd* (abrufbar unter: http://zoeken.rechtspraak.nl; zuletzt besucht am 30.11.2005).

5 例として、*B.A.W. International* 株式会社を挙げておく。(abrufbar unter: http://www. betandwin.com; zuletzt besucht am 30.11.2005).

6 *Marberth-Kubicki*, Computer- und Internetstrafrecht (2005), S. 84 m.w.N.

7 *Krieger*, Europäische Grundfreiheiten und deutsches Ordnungsrecht am Beispiel des staatlichen Glücksspielmonopols, JZ 2005, 1021, 1023 m.w.N.

8 Vgl. die Pressemitteilung Nr. 96/2005 des BVerfG vom 10.10.2005 (abrufbar unter: http://www. bverfg.de/cgi-bin/link.pl?presse, zuletzt besucht am 30.11.2005).

9 St. Rspr. seit EuGH v. 24.3.1992 – Rs. C-275/92 *Schindler*, Slg. 1994, I-1039.

の機能に疑問を投げかけ、この領域の調和化に関する問題が提起されているのである。そこで、共同体レベル及びドイツを例にして加盟国レベルでの現行の法的な枠条件を簡単に見た後（**II.**）、ドイツ法と共同体法との適合性を巡る争いに目を転じる（**III.**）。調和のために考えられる二つの方向を説明し（**IV.**）、最後に、ヨーロッパレベルでの積極的な調和化はグローバルに存在する同種の問題状況にとっての規律モデルになりうるであろうことを述べたい（**V.**）。

II. ヨーロッパ共同体における現行の法的な枠条件

1. 共同体レベルでの規律

a) 第二次法の定め

賭博、特に、スポーツくじに関係する規律は、これまでのところ、第二次法には殆ど存在しない。開業の自由及びサービスの自由の現実的な行使の容易化のための措置に係る指令（75/368/EWG）は[10]、その後取り消された指令であるが、賭博を広範にその適用領域から除外していた。第 6 次付加価値税指令や[11]、いわゆる電子商取引指令もある[12]。後者は賭博を 1 条 5 項 d において適用領域から除外している。これらの指令は賭博に触れているものの、実体的な規律を行うものではない。特に、電子商取引指令における適用除外は、加盟国の多数が賭博に関する調和化に消極的な立場にあることを示している。現在制定過程にあるいわゆるサービス指令[13]にも賭博について適用除外規定が見られる。サービス指令が導入しようとする出身地国主義（Herkunftslandprinzip）（草案 16 条）は、「富籤及び賭事を含めて、賭博に際して金銭価値のある賭金を求める遊戯」（草案 18 条 1 項 b）に経過期間は適用されないとされている。サービス指令の今後の成り行きとは関係ないことであるが、スポーツくじを含む賭博について出身地国主義の適用を領域として除外することは、賭博の分野について調和のための立法行為が近い将来において欧州委員会の促しによって提案されるに至るか否かが現在のところ疑問であることを示している[14]。

---

10 Richtlinie 75/368/EWG des Rates vom 16.6.1975 über Maßnahmen zur Erleichterung der tatsächlichen Ausübung der Niederlassungsfreiheit und des freien Dienstleistungsverkehrs für einige Tätigkeiten (aus ISIC-Hauptgruppe 01 bis ISIC-Hauptgruppe 85), insbesondere Übergangsmaßnahmen für diese Tätigkeiten, ABl. 1975 L 167/22.

11 Sechste Richtlinie 77/388/EWG des Rates vom 17.5.1977 zur Harmonisierung der Rechtsvorschriften der Mitgliedstaaten über die Umsatzsteuern, ABl. 1977 L 145/1.

12 Richtlinie 2000/31/EG des Europäischen Parlaments und des Rates vom 8.6.2000 über bestimmte rechtliche Aspekte der Dienste der Informationsgesellschaft, insbesondere des elektronischen Geschäftsverkehrs, im Binnenmarkt („Richtlinie über den elektronischen Geschäftsverkehr") v. 8.6.2000, ABl. 2000 L 178/1.

13 Vorschlag der Kommission für eine Richtlinie des Europäischen Parlamentes und des Rates über Dienstleistungen im Binnenmarkt, KOM (2004) 2 endg.

14 なお、欧州委員会はスイス比較法研究所（das Schweizerische Institut für Rechtsvergleichung）に、ヨーロッパ規模の賭博市場に関する調査研究を委託した。この調査研究の結果は 2006 年初頭に提出されることになっている。

b) 第一次法の定め

一国内の賭博市場に影響を与える第二次法上の規定がないため、第一次法が欧州司法裁判所による解釈を通じて国内的な賭博に係る制度設計にとって唯一意義を有している。

aa) 基本的自由一般の対象としてのスポーツくじ

欧州司法裁判所の一貫した判例によれば、一般的にいえば賭博[15]、各論的にいえばスポーツくじは[16]、共同体の経済生活に含まれ、それ故に、共同体条約のいう基本的自由、特に、サービスの自由の適用領域に属している。

尤も多数の加盟国はかつてシンドラー事件において次のように主張していた。富籤、そして広義における賭博は、共同体条約の適用領域に含まれない。賭博は原則的には全ての加盟国において合法ではなく、公共の利益の理由から直接的に国家により又は国家の統制の下で排他的に開催されている。それ故に、経済的な給付利益に基づいておらず、娯楽又は遊戯であって経済活動ではないという[17]。しかし、欧州司法裁判所は、富籤その他賭博は加盟国において完全には禁止されてないことを考慮し、これら活動が適法になされている加盟国において立法者が行った判断を自らの判断に置き換えることはその任務ではないとした[18]。欧州司法裁判所が、賭博、特にスポーツくじを共同体条約の意味における経済生活に位置づけることは、賭博に係る法問題を秩序法に力強く位置づけてきた特にドイツの学説[19]からその存立基盤を奪うことにもなった[20]。

bb) サービスの自由及び開業の自由の対象としてのスポーツくじ

共同体条約からサービス概念の扱いやすい定義を引き出すことの難しさを別にしても[21]、国境を越えて取次がれるスポーツくじは欧州司法裁判所の判例によれば原則的には共同体条約の適用領域、第一次的にはサービスの自由の適用領域に含まれることになる[22]。ある加盟国で開業している事業者がインターネットを通じて他の加盟国に居る者にスポーツくじを提供するという典型的な事例では、サービスそのものだけが国境を越えるといういわゆる通信によるサービスが問題になる。更に、個別的な事情によっては、欧州司法裁判所がガンベリ事件で認めたように、開業の自由の適用事例も存在しうる。それは、ある加盟国にある会社がスポーツくじの取次という行為を他の加盟国にある代理店を通じ

---

15 EuGH v. 24.3.1994 – Rs. C-275/92 *Schindler*, Slg. 1994, I-1078 Rn. 37.
16 EuGH v. 21.10.1999 – Rs. C-67/98 *Zenatti*, Slg. 1999, I-7304 Rn. 19; EuGH v. 6.11.2003 – Rs. C-243/01 *Gambelli*, Slg. 2003, I-13076 Rn. 52.
17 EuGH v. 24.3.1994 – Rs. C-275/92 *Schindler*, Slg. 1994, I-1078 Rn. 16.
18 EuGH v. 24.3.1994 – Rs. C-275/92 *Schindler*, Slg. 1994, I-1078 Rn. 32, 60.
19 近時のものとして、例えば、*Diegmann/Hoffmann*, DÖV 2005, 45; *Krieger*, JZ 2005, 1021 jeweils m.w.N.
20 詳しくは、後述、**II.2.***c.*を見よ。
21 Grabitz/Hilf-*Randelzhofer/Forsthoff*, Das Recht der Europäischen Union (Stand Mai 2001), Art. 49/50 Rn. 24.
22 EuGH v. 21.10.1999 – Rs. C-67/98 *Zenatti*, Slg. 1999, I-7304 Rn. 25.

て行う場合である[23]。とはいえ、スポーツくじの開催及び取次は圧倒的にサービスの自由に関して問題になる。

cc) 許容される制約

欧州司法裁判所の判例によれば、国家による措置は、以下の 4 つの要件が満たされない限り、サービスの自由に対する非差別適用措置として禁止されることになる[24]。

(1) その制約は、公共の利益という不可欠な理由から正当化されなければならない。
(2) サービス提供者の居住している加盟国において服している規定によっては公共の利益が保護されない限りで、その制約は受領地国の領域で活動する全ての自然人及び企業に妥当していなければならない。
(3) その制約は、それにより追求される目的を実現するために相応しいものでなければならない。
(4) その制約は、目的の達成のために必要な範囲を超えてはならない。

これら要件は累積的に妥当する。一つでも満たされない場合、問題となっている国家による措置には不可欠な公共の利益は存在しないことになる[25]。

賭博の分野について、欧州司法裁判所は、これまで判例において、基本的自由に対する如何なる制約が賭博のもつ特殊な性格及びそれに伴う危険のために必要であるかに係る判断について加盟国に広範な裁量を認めてきた[26]。とはいえ、欧州司法裁判所は、サービスの自由に対する制約が許容されるのは、それが第一次的には遊戯の機会を減らすという目的に実際に仕えており、かつ、許可を受けた遊戯からの収入を交付金に用いることによる社会的な活動への資金調達は喜ばしき付随的な効果に過ぎず、制約的な政策の本来的な理由でないときに限られることをも強調していたのである[27]。欧州司法裁判所はガンベリ事件においてこの原則を深化させ、許容される制約について要件を具体化した。それによれば、加盟国は、国家の財政収入を目的として、富籤、博戯、賭事への参加について消費者に刺激を与えて促しておきながら、同時に、公の社会秩序の保護を援用することは許されない[28]。更に、欧州司法裁判所は、比例原則に関連して、許可を受けた国家的な組織の企画している賭博への参加が促されている限りで、インターネットによりスポーツくじを他の加盟国にあるブックメーカーと契約を結ぶことを処罰する国内法の規定に疑念を持った[29]。そして、欧州司法裁判所は、他の加盟国にあるブックメーカーで、その開業している国で統制及び制裁の規律に服しているものにスポーツくじを取り次ぐこ

23 EuGH v. 6.11.2003 – Rs. C-243/01 *Gambelli*, Slg. 2003, I-13076 Rn 46.
24 Vgl. zuletzt grundlegend EuGH 23.11.1999 – verbundene Rs. C-369/96 *Arblade* und C-376/99 *Leloup*, Slg. 1999, I-8453, Rn. 34, 35.
25 von der Groeben/Schwarze-*Tiedje/Troberg*, EUV/EGV (6. Auflage 2003), Art. 49 EG Rn. 74.
26 EuGH v. 24.3.1994 – Rs. C-275/92 *Schindler*, Slg. 1994, I-1078 Rn. 59, 61.
27 EuGH v. 21.10.1999 – Rs. C-67/98 *Zenatti*, Slg. 1999, I-7304 Rn. 36.
28 EuGH v. 6.11.2003 – Rs. C-243/01 *Gambelli*, Slg. 2003, I-13076 Rn. 69.
29 EuGH v. 6.11.2003 – Rs. C-243/01 *Gambelli*, Slg. 2003, I-13076 Rn. 72.

とに対して刑罰を科すことが必要であるかについて慎重に検討を加えた[30]。欧州司法裁判所は、結論的には、国家による規律がそれに伴う制約を実際に正当化できるか否かを改めて審理すべきことを付託を行った裁判所に求めた[31]。

2. 国内法上の枠条件——ドイツを例にして——

a) 法状態の概況

ドイツの賭博に関する法は、刑法と行政法が接する分野に位置し、かつ、連邦法とラント法の複雑な混在状態にある。これは、部分的には連邦制に条件付けられ、また部分的には法制史に条件付けられているが、一般的にみて、これがドイツの賭博に関する法を特徴付けている[32]。近時は、「公然たる博戯の開催・実施・営業上の取次」（2条1文）について各ラントのこれまで部分的に統一されていない法状態を統一的に規律するためにラントが締結した富籤州際協定（Lotteriestaatsvertrag (LotterieStV)）も重要になっている[33]。

本稿の対象であるスポーツくじの問題状況に関して、富籤州際協定は5条4項において民間のスポーツくじの開催者への許可の交付が排除されることを定めている[34]。スポーツくじの開催・取次は、ラントそのもの、公法人、公法人が直接又は間接に決定的に（maßgeblich）関与している私法上の会社のみに許容される（5条2項）。これらの他、連邦法上の刑法として刑法284条以下の規定、競馬の分野について連邦法である競馬・富籤法の規定、一定の娯楽賭博についての連邦法上の営業法の規定、富籤及び公設賭博場に関連するラント法上の規定がある[35]。これらの歴史や権限法や実態に条件付けられている賭博に関する法の細分状態について、その矛盾や欠缺が長きにわたって批判的に捉えられてきたところであるが[36]、ヨーロッパ法の視点からは、この現在の法状態がサービスの自由を制約しているか否かという観点のみが重要である。もし制約していると判断されるならば、次に、かかる制約が欧州司法裁判所の立てる判断基準に照らして共同体法に合致しているか否かが審査されなければならない。

b) スポーツくじの独占の実際上の設計

抽象的な法状態と並んで、ドイツにおいてスポーツくじの国家的な提供の実際上の設計を見ておくことも重要である。競馬の分野にまで民間の提供者は排除さ

---

30 EuGH v. 6.11.2003 – Rs. C-243/01 *Gambelli*, Slg. 2003, I-13076 Rn. 73.
31 EuGH v. 6.11.2003 – Rs. C-243/01 *Gambelli*, Slg. 2003, I-13076 Rn. 75.
32 *Voßkuhle*, VerwArch 87 (1996), 395, 398.
33 Staatsvertrag zum Lotteriewesen in Deutschland vom 22.6.2004 (LotterieStV), in Kraft getreten am 1.7.2004; abrufbar z.B. unter: http://www.stmi.bayern.de/imperia/md/content/stmi/service/gesetzeundvorschriften/lotteriestaatsvertrag.pdf (zuletzt besucht am 30.11.2005.).
34 富籤州際協定3条1項に基づけば、賭博とは、利得の機会の獲得のために代価が求められ、かつ、利得についての決定が全くまたは圧倒的に偶然に依拠するところの遊戯をいう。将来の出来事の不確実な発生・不発生が規準となるときは何れの場合にも、利得についての決定は偶然に依拠する。それ故に、スポーツくじは富籤州際協定の適用領域に含まれることになる。
35 概要については、参照、*Voßkuhle*, VerwArch 87 (1996), 395, 398 ff.
36 *Voßkuhle*, VerwArch 87 (1996), 395, 407; *Ossenbühl*, DVBl. 2003, 881 ff.

れており、スポーツくじの提供は国家的な提供者にのみ排他的に許容されている。スポーツくじは、1999年以来、ドイツ・トト・ロト・ブロック（Deutschen Toto- und Lottoblock (DTLB)）に結びついているラントの国家的な富籤信託会社[37]によって、いわゆるオッズセットくじの形式で提供されている[38]。バイエルン州内閣官房のプレス発表によれば、スポーツくじについてこの賭博方式が採用された理由は、特に、遊戯に興味のある市民のこの方式への需要の増大、及び、ドイツから外国に流出している賭金が少なく見積もっても年間3億マルクに及ぶであろうという事実にある[39]。この方式では、利得は偶然に依拠せず、配当金は確定しているため、スポーツの分野における確かな知識のある場合に利得の機会が高まるからである。スポーツくじは、現在、ドイツ全土で約5万の受付窓口[40]、インターネット、携帯電話を経由したSMS（Short Message Service）或いはWAP（Wireless Application Protocol）によって取引されている[41]。この事実に鑑みれば、国家による定めが国民の射幸心を実際上誘導し阻止すべきであるということには、説得力がない。寧ろ、これまで存した射幸心がオッズセットくじのような新たな賭博の導入によりまさに国家による提供に導かれるものとされる。このことはあらゆるメディアでの広範な宣伝とも並行しているが、これに対しては既に一連の裁判所によって異も唱えられてきている[41]。2006年のワールドカップサッカーの開催に関連する公益的な目的のためにオッズセット-スポーツくじから財源を調達することについて2002年に16のラントの間で締結された州際協定は、オッズセットくじの繁盛に対して国家が際立った関心を示していることの更なる徴表である[42]。この州際協定によってラントはオッズセット-スポーツくじによる財源からドイツサッカー協会に最大で1億3000万ユーロまでを支払うことが義務づけられる（5条2項）。この州際協定の1条1項に基づく割当が、国家的な富籤事業者により毎年獲得され、この規定において算定基礎として決定されている基本売上（参照期間である2001年度では総額で約5億1300万ユーロ）を超える賭金の12%とされることからすれば、協定締結主体である16のラントにとっては、純粋に計算上ではあるが、2002年から2006年の期間の国家的なオッズセットくじの売上増加を約11億ユーロと見込んだことが出発点であったといえる。

---

37 これについては、参照、*Adams/Tolkemitt*, Das staatliche Lotterieunwesen – Eine wirtschaftswissenschaftliche und rechtspolitische Analyse des Deutschen Toto-Lotto-Blocks, ZRP 2001, 511, 513.

38 事前に確定された配当金でもってスポーツ競技の結果を賭けることからオッズセットくじと呼ばれている（英語の「オッズ（odds）」＝配当（Quoten）と「セット（set）」＝確定（festgesetzt）から成り立っている。）。

39 Pressemitteilung der Bayerischen Staatskanzlei v. 19.1.1999 (abrufbar unter: http://www.bayern.de/Presse-Info/PM/1999MRat/Mrat0119-1.html#eins; zuletzt besucht am 30.11.2005).

40 Vgl. VG Minden, GewArch 2005, 21, 23.

41 Z.B. VG Minden, GewArch 2005, 21, 24; VG Aachen, Beschluß vom 12.11.2004 – Az. 3 L 344/04 (abrufbar unter: http://www.justiz.nrw.de/RB/nrwe/; zuletzt besucht am 30.11.2005). アーヘン行政裁判所は欄番号22で「例えばテレビのスポーツ放送の場合にリモコンに慣れた視聴者でさえも殆ど逃れることができないほどの攻撃的で広範囲な宣伝」について言及している。

42 Staatsvertrag über die Bereitstellung von Mitteln aus den Oddset-Sportwetten für gemeinnützige Zwecke im Zusammenhang mit der Veranstaltung der FIFA Fußball-Weltmeisterschaft Deutschland 2006 v. 13.6.2002 (abrufbar unter: http://www.hessenrecht.hessen.de/gesetze/Staatsvertraege/70-SVG-Oddset-Wetten/staatsvertrag/staatsvertrag.htm; zuletzt besucht am 30.11.2005).

国家的な提供者にとってまさに射幸心の阻止ではなく財政的な関心、即ち、2006年のワールドカップサッカーへの資金分担のための財源が問題になっていることは、この構想及び州際協定の基礎にある見積りから明らかである。資金は州際協定2条1項に基づきドイツサッカー協会によって公益的な目的のためにのみ支出されることが許されるが、このことは収入獲得が明らかに国家によるスポーツくじの提供の主要動機であるという事実を変えうるものではない。

c) スポーツくじの独占の正当化の主張

ドイツにおいて国家又は国家が圧倒的な形で関与している法人のみにスポーツくじを提供することが許され、民間の提供者、特に、他の共同体加盟国出身の民間の提供者に許容される可能性がないため、ドイツにおけるシステムは独占的である[43]。この独占の正当化理由を述べる例として、富籤州際協定1条を参照することができる。即ち、禁じられた賭博への逸脱を特に阻止するために、国民の持つ自然発生的な射幸心は整序・監視されたコースに導かれるべきであり（1条1号）、賭博への過剰な刺激は阻止されるべきであり（1条2号）、私的な又は営業上の収益目的のために射幸心を食い物にすることは排除されるべきであり（1条3号）、賭博は秩序適合的にかつ事後に跡付けることが可能なように実施されることが確保されるべきであり（1条4号）、賭博による収入の相当部分が公の目的の促進のために支出されることが確保されるべきである（1条5号）。その他、国民にとって公然たる賭博に由来する相当な危険、例えば、賭博を行う者の財産喪失の場合に公財政に与える間接的な影響や、賭博中毒から生じる健康被害による間接的な影響も常に強調されている[44]。また、営業目的の賭博が「犯罪上のエネルギーの発展にとっての肥沃な土壌」を与え得ることも指摘されている[45]。その上、賭博がもし自由化されれば提供が殺到するが、それに対する監視はもはや不可能であろう[46]。それ故に、国家による独占又は強力な規制はドイツにおいて秩序政策上の全体構成の本質的な要素であり、これが基本的自由の制約を許容しているといわれる[47]。

III. ドイツにおける規制が共同体法に適合しているか否かを巡る紛争

1. 紛争

マスメディアとしてのインターネットの時代においてまさに、一方で基本的自由及び域内市場という構想、他方でスポーツくじ独占というドイツのシステムの

---

43 ドイツ統合により引き起こされる現象は本稿の枠内では扱われない。旧東ドイツの営業法によりスポーツくじの開催について許可を受けた多数の民間の事業者が依然としてドイツで活動を行っている。そこでは、ドイツ統合条約の解釈の問題になるが、これは最上級審による決定がないために非常に議論が多い。これについては、参照、***Rixen***, Das öffentliche Sportwettenrecht der Länder und das DDR-Gewerberecht: Bricht Landesrecht Bundesrecht?, NVwZ 2004, 1410 m.w.N.

44 OVG Münster, GewArch 2004, 338.

45 So ***Diegmann/Hoffmann***, DÖV 2005, 45, 49.

46 ***Diegmann/Hoffmann***, DÖV 2005, 45, 49.

47 例えば、***Hecker***, Endet das Staatsmonopol für Sportwetten?, DÖV 2005, 943, 947 m.w.N.

構想から、紛争は必至である。今日、この種の紛争の火種は、ドイツのみならず複数のヨーロッパ共同体加盟国において燻っている。インターネットを通じてスポーツくじを国内法上の許可を有することなく他の加盟国においても提供するスポーツくじの民間の提供者がサービスの自由・開業の自由を制約されていると主張しているが、そのサービスの自由・開業の自由の制約が依然として正当化されるか、常に問題になっているからである。学説、また、ドイツの事実審裁判所（**instanzgerichtlichen**）の判例においても、欧州司法裁判所の判例の解釈を巡り激しい議論が生じている[48]。この法的問題に対して欧州司法裁判所では既に新たに訴訟が係属しているが[49]、これと並んで、多数の意見が欧州委員会等の共同体の他の機関にも寄せられており、プレス発表によると欧州委員会は個々の加盟国に対する義務不履行訴訟を提起するかを審議している[50]。またヨーロッパオンブズマン（**Europäische Bürgerbeauftragte**）も対処し始めている[51]。まもなく連邦憲法裁判所による原則的な判断が下されるが、これはまさにこの法的問題に対してドイツ憲法の観点から態度を明らかにすることを期待されている[52]。

一方で、ヨーロッパ共同体条約のいう基本的自由の毀損という主張が見られるが、他方で、国外の競争相手を国内市場に参入させないこと及び現存の構造を維持することは、公共の福祉、特に、自然発生的な射幸心につけ込まれること及び賭博に結び付いたネガティヴな付随的現象から国民を保護するという不可欠な理由から必要であり命じられていることが論じられている。しかし、先に述べたように、消費者はスポーツくじを購入したいのであれば、インターネットというメディアによって実際のところ国家的なものであれ民間によるものであれ多数の提供に手を出すことができる。これが相当な規模で行われていることは、例えば、スポーツくじをヨーロッパ規模で展開している民間の提供者の活動報告書が示している。ある企業は2000年には約11万7000人の登録顧客を持ち約1700万ユーロの売上を有したが、2004年には登録顧客は約100万人、売上高は約8億5500万ユーロに達している[53]。年間売上約5億ユーロの国家的なオッズセットくじにとって相当な大きな競争相手が成長してきている。ドイツまたヨーロッパ全体におけるスポーツくじの開催に係る既存のシステムにとって広範な帰結を有するであろう問題がここで扱われていることは、このことからも明らかである。

---

48 Aus der Rechtsprechung einerseits VGH Kassel, DÖV 2004, 445, andererseits aber VGH Mannheim, GewArch 2005, 148. Aus der Literatur einerseits z.B. *Hoeller/Bodemann*, Das „Gambelli"-Urteil des EuGH und seine Auswirkungen auf Deutschland, NJW 2004, 122, 124, andererseits z.B. *Tettinger*, Grenzüberschreitende Glücksspiel-Internetangebote und europäischer Binnenmarkt, GewArch 2005, 49, 54.

49 Z.B. die Rs. C-338/04 *Placanica*, ABl. C 273/10 v. 6.11.2004.

50 Vgl. Handelsblatt v. 10.7.2005.「EU はスポーツくじ独占を破ろうとしている」。

51 Vgl. den Empfehlungsentwurf des Europäischen Bürgerbeauftragten 289/2005/(WP)GG v. 27. 7. 2005 (abrufbar unter: http://www.euro-ombudsman.eu.int/recommen/en/050289.htm; zuletzt besucht am 30.11.2005).

52 Vgl. die Pressemitteilung Nr. 96/2005 des BVerfG vom 10.10.2005 (Fn. 8).

53 Vgl. die Wirtschaftsdaten der Interactive Gaming AG (abrufbar unter: http://www.betandwin.ag/2004/default.aspx?id=1; zuletzt besucht am 30. 11. 2005).

2. 紛争の解決

連邦憲法裁判所は（2005 年）11 月に数年前から係属していた憲法異議について審理を行った。数か月以内に、ヨーロッパ法上の問題についても態度を決しなければならないであろう[54]。同様に、現在、欧州司法裁判所にも、スポーツくじの開催・取次に関する問題を新たに扱っている先決裁定訴訟が係属している[55]。ドイツにおける一連の裁判及び学説の多数の見解は、ドイツの今日の法状態はヨーロッパ法に適合しているという結論に達している[56]。とはいえ、この見方には相当な疑問がある。見当はずれにシンドラー事件に焦点が当てられるべきではない。この決定は加盟国による富籤の完全な禁止を依然として基礎に置いていたが、これはもはや維持され得ないからである[57]。セナティ事件及びガンベリ事件に焦点が置かれ、基本的自由への制約を行うことに対して欧州司法裁判所が求める条件にドイツの法状態が対応しているか否かが批判的に分析されるならば、秩序政策上の方向付けの主張が一貫性を欠くのでないかと疑問を抱くことは至極当然である。一方で、国家的な賭博の提供が近年その持続的な宣伝と結び付いて相当に拡大していることは否定できない。他方で、オッズセットスポーツくじから 2006 年ドイツワールドカップサッカーの開催に関連した公益的な目的のために財源を調達するという州際協定の例が示すように、相当な財政上の利益は否定されるべきではない。ラントはここでは明らかに売上増加から出発しているが、このことは、射幸心の阻止及び誘導に特徴付けられる秩序政策上の目標からは全く正反対なものである。国家的なオッズセットくじのために多かれ少なかれあらゆる場で行われている宣伝もまた、秩序政策上の目標に対立する。それらによってのみ国家による提供への注意が喚起されて国民の自然発生的な射幸心が国家による「合法的」な賭博の提供に流れていくことが可能であるから、国家的な賭博の提供の宣伝は許容されなければならず、ドイツのスポーツくじ独占の秩序政策上の目標の追求に仕えているという議論もあるが[58]、わざとらしいものに見える。全メディアに及んでいる国家的なオッズセットくじの宣伝の程度を見れば、上記の論拠は最終的には採用され得ない。確かに、欧州司法裁判所はスポーツくじに関する以前の判例において、基本的自由への制約であると構成要件上考えられる国内的な規律が、欧州司法裁判所によりその正当化のための要件として創出されてきたものに対応しているか否かを審査することは、原則的に国内裁判所の行うべきこととした。しかし、このことは、ドイツの多くの事実審裁判所が現在行っているように、権限ある立法者に広範な裁量が与えられ、それ故に、基本的自由に対して秩序政策上動機付けられたとされる制約が正当化され得ることのみに焦

---

54 Vgl. die Pressemitteilung Nr. 96/2005 des BVerfG vom 10.10.2005 (Fn. 8).

55 Rs. C-338/04 *Placanica*, ABl. C 273/10 v. 6.11.2004.

56 Z.B. OVG Lüneburg, NdsVBl. 2003, 158; VG Stade, GewArch 2004, 206. Aus der Literatur zuletzt *Diegmann/Hoffmann*, DÖV 2005, 45, 53; *Hecker*, DÖV 2005, 943, 949; *Krieger*, JZ 2005, 1021, 1028.

57 EuGH v. 24.3.1992 – Rs. C-275/92 *Schindler*, Slg. 1994, I-1039 Rn. 5, 31.

58 *Dietlein*, Das staatliche Glücksspiel auf dem Prüfstand, BayVBl. 2002, 161, 164; ähnlich *Diegmann/Hoffmann*, DÖV 2005, 45, 52; *Walz*, Gambling um Gambelli? – Rechtsfolgen der Entscheidung Gambelli für das staatliche Sportwettenmonopol, EuZW 2004, 523, 526.

点を合わせることを意味するものではない。ドイツ法による規律のヨーロッパ法適合性に対して部分的には上級行政裁判所も疑問を表明し、それが積み重なっているにも拘わらず、たびたび本当の審査は行われていない[59]。これに関連して、ドイツの裁判所がスポーツくじの事例において共同体条約 **234** 条に基づく欧州司法裁判所への先決裁定のための付託の可能性を今日まで用いてこなかったことも注目に値する。このことは連邦憲法裁判所により近時批判されてきた。権限ある裁判部の見解によると、ドイツの法状態の共同体法への適合性は欧州司法裁判所への付託なしには殆ど確定され得ないからである[60]。ヨーロッパ法的な観点を強める場合、欧州司法裁判所は機会を与えられるならばスポーツくじの開催・取次に関するドイツの規定が共同体条約に適合しないことを確認するであろうか否かといえば、前者に与するものが多い。既に述べたように、欧州委員会においても、スポーツくじに関連して基本的自由への制約のためにドイツに対して義務不履行訴訟が提起されるべきか否かが議論されている。

IV. 調和化の可能性

1. 欧州司法裁判所による消極的な調和化？

欧州司法裁判所は、近い将来のうちに、スポーツくじの領域における国内的な制約の適合性の問題に新たに取り組むことになる[61]。インターネットによるスポーツくじという現象及び域内市場全体におけるその許容性を巡る議論を見ると、商品流通の自由の領域における欧州司法裁判所による基底的な決定、カシス・ド・ディジョン判決[62]及びビール純粋令判決[63]を想起するのは必然的であろう。欧州司法裁判所はこれら判決において相互承認という法原理を展開してきたのである[64]。今日と同様に当時も、ある加盟国において合法に提供されている「製品」が他の加盟国においてもしかるべく提供されることが許されるか否かが問題となっていた。

調和を図るための第二次法の立法行為が存在しない領域では、その主権の及ぶ領域において対応する規定を発することは第一次的に加盟国のなし得る事柄であること、国内法の規律が異なることに基づく域内市場にとっての障害はその帰結として甘受されるべきものであることは、確かに、これまで同様に争いはない。とはいえ、この種の障害は、公共の利益という不可欠な必要性による正当化を必要とする[65]。カシス・ド・ディジョン判決によれば、ある加盟国において適法に

---

59 VGH Kassel, DÖV 2004, 445; VG Aachen, Beschluß v. 12.11.2004 – Az. 3 L 344/04 (abrufbar unter: http://www.justiz.nrw.de/RB/nrwe/; zuletzt besucht am 30.11.2005).

60 Beschluß des BVerfG v. 27. 4. 2005 – 1 BvR 223/05 (abrufbar unter: http://www.bverfg.de/entscheidungen/frames/rk20050427_1bvr022305.html; zuletzt besucht am 30.11.2005).

61 Rs. C-338/04 *Placanica*, ABl. C 273/10 v. 6.11.2004.

62 EuGH v. 20.2.1979 – Rs. 120/78 *Rewe ./. Bundesmonopolverwaltung für Branntwein*, Slg. 1979, 649 – Cassis de Dijon.

63 EuGH v. 12.3.1987 – Rs. 178/84 *Kommission ./. Deutschland*, Slg. 1987, 1227 – Reinheitsgebot für Bier.

64 *Oppermann*, Europarecht (3. Auflage 2005), § 19 Rn. 28.

65 Vgl. EuGH v. 20.2.1979 – Rs. 120/78 *Rewe ./. Bundesmonopolverwaltung für Branntwein*, Slg. 1979, 649 Rn. 8 – Cassis de Dijon.

提供され入手可能なサービスが他の加盟国において同様に提供され要求されることが許されることを阻むための確固たる理由が域内市場において従前同様に明らかにされるか否かが、とりわけ、たとえ国家又は国家的に統制を受ける提供者によるもののみ合法的に入手可能であって申し込まれているところでも同一のサービスが許されることを阻止するための確固たる理由が域内市場において従前同様に明らかにされるか否かが、問われなければならない。オッズセットくじの形式におけるスポーツくじの場合、実際上いわゆる通信によるサービスとしてしか提供・注文されず、広範に標準化されている製品[66]が問題になっていることからも、商品流通の自由とパラレルなことが容易に想起される。この考え方はセゲル/デネマイヤー事件における欧州司法裁判所の判例にも見られる。そこでは、自由なサービス流通は「根本的な原則として、公共の利益という不可欠な理由から正当化され、主権の及ぶ領域で活動する全ての自然人又は企業に妥当する規律によってのみ制約することが許され、その上、サービス提供者がその居住する国で服している法規定がその公共の利益について未だ顧慮を行っていない限りでのみ許される[67]。これまで、欧州司法裁判所はこの考え方をスポーツくじが問題となった決定では確かに取り上げてこなかったものの、例えば、法務官のアルベルは、ガンベリ事件の意見書の中で、まさにこの側面に焦点を当て、スポーツくじの開催者がその居住する加盟国での条件を満たしている場合に、このことは、サービスの提供される地の加盟国の国家機関にとっても満足のいくものであって、開催者に問題のないことに対する十分な保障としても妥当すべきと論じた[68]。そして、この法務官は、開催者が他の加盟国に居住しそこでの規律に対応して秩序適合的に活動している場合、スポーツ上の出来事についてスポーツくじを受け取る行為に対して刑罰により担保される禁止を設ける加盟国の規律は許されないものとして共同体条約 **49** 条以下を解すべきという意見を提出した[69]。欧州司法裁判所は当時確かにこれに従わなかったが、欧州司法裁判所の立てる準則を現存のスポーツくじ独占が争われる多くの事例に適用することは国内裁判所にとって明らかに困難であるから、欧州司法裁判所が近い将来にまさに上記の確認を行うであろうこと、少なくとも、域内市場におけるスポーツくじの分野に対する消極的な調和化の契機をもたらすことは、蓋然性が高いように思われる。

2. 第二次法による積極的な調和化?

はるかに良い解決策は、立法論になるが、少なくともスポーツくじに関連して、分野的な指令による賭博の分野の調和化である。これにより、枠条件及び個別的な事柄が共同体規模で確立され得る。尤も、この可能性は、多数の加盟国が現在

---

66 サービスを製品として特徴付けること及び商品流通とパラレルなことについて、von der Groeben/Schwarze-*Troberg/Tiedje* (Fn. 25), vor Art. 49 EG Rn. 13 ff.
67 EuGH v. 25.7.1991 – Rs. C-76/90 *Säger ./. Dennemeyer*, Slg. 1991, I-4221 Rn. 15.
68 Generalanwalt *Alber* Schlußanträge v. 13.3.2003 – Rs. C-243/01 *Gambelli*, Slg. 2003, I-13033 Tz. 118.
69 Generalanwalt *Alber* Schlußanträge v. 13.3.2003 – Rs. C-243/01 *Gambelli*, Slg. 2003, I-13033 Tz. 134.

明らかに抵抗していることに鑑みればユートピアに見える。とはいえ、賭博市場の調和化の問題について更なる不作為が既に今や国境なく行われている賭博という現実を全く無視するものであることは忘れられてはならない。インターネットの原動力は、サービス——欧州司法裁判所の判例によれば、スポーツくじ及び賭博がこれに含まれる——の国境を越える需要と提供にとってポテンシャルを非常に高めてきただけでなく[70]、インターネットはこのポテンシャルを既に高めて固有の市場を創出してきた。個々の一国内の賭博市場を独占的な構造の維持の下で隔離するという従来からの戦略を今後もとり続けることは、現実を無視して域内市場という理念を拒絶することを意味する。そうなれば、第二次法による調和化はヨーロッパ共同体内の加盟国間の調整された解決をより強固に惹起することになろう。その上、オンライン賭博の調和化というヨーロッパモデルが打ち立てられるならば、それは、グローバルな地平で生ずる同種の問題にとっての模範及び推進力としても資することができよう。

V. まとめと展望

オンライン賭博、特に、スポーツくじが既に得ている経済的な意義に鑑みれば、域内市場を機能させるため、また、賭博の電子的な提供に対する有効な統制のため、共同体の地平において調和をもたらすことが求められている。現在、共同体に関連して異なった法システムの競争が実際上生じており、そのグレーゾーンでは売上に強く方向付けられている民間の事業者で、その国籍地国において少なくとも許容されているものは既に活動を展開している。実際にそれらの者による提供を受け入れる方向に、賭博に興じようとする市民は——未決着の法的問題を顧みることなく——移っている。国家的な賭博事業者はこの状況に対して、民間の提供者の制圧という戦略と同時に、自己の提供を継続的に拡大することで対応している。しかし、ここで主張されている見解によるならば、加盟国に賭博の国内的な規律を設けるについて欧州司法裁判所の承認してきた裁量は逸脱されており、関係する経済主体の基本的自由に対する許容されない制約になっている。現在、規制の密度の最も小さい国家を立地点として選択することは、提供者にとって容易に想起されるであろう[71]。インターネットというマスメディアはこの現象に道筋を開き、多かれ少なかれ独立的かつ無関係にバラバラに存在している一国内の賭博市場という従来のシステムに現実的な競争を強いるものになってきた。

欧州司法裁判所が近い将来において次のことを確認するであろうことは多くの者により予想されている。即ち、加盟国が一国内の賭博に係る主権を正当化するために従来主張してきたのは、賭博に関する法の秩序法的な枠という遮蔽具であ

---

70 *Pache*, Dienstleistungsfreiheit, in: Ehlers (Hrsg.), Europäische Grundfreiheiten und Grundrechte (2. Auflage 2005), § 11 Rn. 13.

71 この現象は既にかなり以前からオンライン賭博のグローバルの文脈の中で見られたところである。アンティグア・バーブーダにオンラインカジノが極めて集中的に設置されてきたが、これは、市場参入及びその後の操業ともに僅かな規制的措置に服すだけであるからである。この点について詳細は、参照、*Andrle*, A Winning Hand: A proposal for an International Regulatory Schema with Respect to the Growing Online Gambling Dilemma in the United States, 37 (2004) Vanderbilt Journal of Transnational Law, 1389, 1409 m.w.N.

ったが、これは、国民の自然発生的な射幸心の阻止及び誘導に仕えるというよりは、寧ろ、圧倒的な財政上の利益のために儲かる市場から民間の競争相手を排除することに仕えているということである。しかし、民間の賭博事業者に対する実効的な統制は禁止以外の方法でも可能であることは、スポーツくじの領域で伝統的に自由であったり既に自由化されたヨーロッパ共同体加盟国の例が示すところである。イギリス、オーストリア、新加盟国ではマルタがそうである。その上、域内市場の規範的な基礎としての出身地国主義は、完全に整った市場に対する広範な例外によって希釈され相対化され得るものではない。このことは、既に存する事実関係を挙げるだけで十分理解できよう。それ故に、欧州司法裁判所のしかるべき決定によって消極的な調和化が行われるか、グローバルな地平における規制モデルとしても仕え得るようなヨーロッパの賭博市場を積極的な調和化の枠内で創出することに加盟国が成功するか、これのみが現下の問題である。この問題が同時に解答を待ちこがれていることは、アンティグア・バーブーダとアメリカ合衆国との間の WTO の紛争解決手続の枠内での議論もまた示しているところである[72]。

＜訳注＞

I「Glückspiel」とは、ドイツ刑法 284 条で用いられている概念であり、これまで「博戯」又は「賭博」と訳されている（前者の例として、山田・後掲、後者の例として、法務大臣官房司法法制調査部編・宮澤浩一訳『ドイツ刑法典』（1982）、戸田典子「カジノ法――温泉湯治場からオンラインまで」外国の立法 215 号 125 頁（2003）を挙げておく）。「博戯」と訳す場合、「Wette」（賭事）との区別が意図されている。即ち、博戯とは、二当事者が娯楽のため又は利得のために相反する条件の下に給付を訳する契約であり、賭事とは、当事者がその主張を強めるために主張の真実又は不真実な場合に相互に給付を約束する契約である。民法上は博戯又は賭事に基づいては債務が発生せず（民法 762 条 1 項 1 文）、また、両者の何れかに基づいて給付したものは債務が生じないという理由で返還請求することができないとされるので（同 2 文）、区別の実益はないが、刑法上は賭事は 284 条の構成要件には含まれないため処罰されるとは限らないから、両者の区別の実益は否定されない。参照、山田晟『ドイツ法概論 II〔第 3 版〕』（1987）154-5 頁、同『ドイツ法概論 I〔第 3 版〕』（1985）375 頁。しかし、刑法解釈上 Wette（賭事）も「Glückspiel」（博戯）とみられるのであれば（参照、同『ドイツ法概論 I〔第 3 版〕』（1985）375 頁）、後者を「賭博」と訳すことも問題ではない。また、本論文で扱われるヨーロッパ法との関連では、サービス指令に見られるように、サービスの自由の保障される範囲という観点から、「Glückspiel」概念がドイツの刑法・民法に比して広義で用いられている。本論文の訳出上、「Glückspiel」の訳語としてドイツの刑法が扱われている文脈、即ち、「Wette」と明らかに区別して用いられている文脈に限って「博戯」の語を充てる。「Wette」についても同様に「Glückspiel」と明らかに区別される場合に「賭事」の語を充てる。また、本論文の主たる検討対象である「Sportwette」には「スポーツくじ」の語を充てる。

II SMS（Short Message Service）とは、携帯電話を用いた小規模容量文書の送受信サービスである。WAP（Wireless Application Protocol）とは、インターネットの内容を携帯電話向けにコンパクトに編集したものである。

---

72 DISPUTE DS285 – United States – Measures Affecting the Cross-Border Supply of Gambling and Betting Services (abrufbar unter: http://www.wto.org/english/tratop_e/dispu_e/cases_e/ds285_e.htm; zuletzt besucht am 30.11.2005)

§ 20 Die Reaktion des arbeitsrechtlichen Systems auf die Rechtsangleichung – Ein Vergleich des japanischen und des deutschen Rechts*

Yoko Hashimoto

Übersicht

* Ich danke Frau Christina Twick herzlich für die sprachliche Korrektur.

I. Einleitung

In Deutschland wird auf dem Gebiet des Arbeitsrechts seit der Weimarer Zeit zwischen dem Individualarbeitsrecht und dem kollektiven Arbeitsrecht unterschieden. Diese Unterscheidung geht zurück auf *Hueck/Nipperdey*[1]. Das Individualarbeitsrecht regelt das Verhältnis zwischen einzelnem Arbeitnehmer und seinem Arbeitgeber, während das kollektive Arbeitsrecht die Rechte und Befugnisse der Arbeitnehmerorganisationen – Gewerkschaften und Betriebsräte – sowie die Wirkung kollektiver Vereinbarungen – Tarifverträge und Betriebsvereinbarungen – zum Gegenstand hat.

Zum Individualarbeitsrecht gehören das Arbeitsvertragsrecht wie die Regelung des Dienstvertrags im Bürgerlichen Gesetzbuch, das Kündigungsschutzgesetz, das Entgeltfortzahlungsgesetz, das Teilzeit- und Befristungsgesetz (TzBfG) sowie das Arbeitsschutzrecht mit Gewerbeordnung und Arbeitszeitgesetz. Das Arbeitsschutzrecht hat sowohl privat- als auch öffentlichrechtlichen Charakter: Jeder Arbeitnehmer kann bei rechtswidrigen Verstößen im Wege der Klage gegen diese vorgehen. Gleichzeitig unterliegen Betriebe aber auch der Kontrolle durch die Arbeitsschutzverwaltung der Länder. Vorgenannte arbeitsrechtliche Regelungen haben grundsätzlich zwingenden Charakter. Zum kollektiven Arbeitsrecht gehören das Tarifvertragsgesetz (TVG) sowie das Betriebsverfassungsgesetz (BetrVG).

Das System des *japanischen Arbeitsrechts* wurde in Anlehnung an das deutsche Arbeitsrecht ausgestaltet und die Unterteilung in individuelles und kollektives Arbeitsrecht im Zuge dessen übernommen, wie das Standardlehrbuch von *Sugeno*[2] zeigt[3]. Das Arbeitsstandardgesetz (ASG; *Rôdô Kijun Hô*) ist das allgemeine Gesetz im Individualarbeitsrecht. Im kollektiven Arbeitsrecht kommt dieselbe Bedeutung dem Gewerkschaftsgesetz (GewG; *Rôdô Kumiai Hô*) zu. Beide Gesetze wurden nach dem Krieg erlassen. Das ASG enthielt ursprünglich Regelungen zum Arbeitsschutz; zentraler Regelungsgegenstand war die Arbeitszeit. Seither ist das ASG mehrfach geändert worden und enthält mittlerweile viele wichtige arbeitsvertragliche Regelungen wie das Verbot des Mißbrauchs des Kündigungsrechts durch den Arbeitgeber (§ 18–2). Zur Zeit ist eine Reform dahingehend in Planung, das Arbeitsvertragsrecht aus dem Arbeitsstandardgesetz herauszulösen und als eigenständiges, rein privatrechtliches Gesetz zu kodifizieren.[4]

---

1 *Hueck/Nipperdey*, Lehrbuch des Arbeitsrechts (1. Aufl. 1928); letztmalig erschienen in der 7. Aufl. von 1970.

2 *Sugeno*, Arbeitsrecht (Rôdôhô) [7. Auf. 2005]; englische Übersetzung der 5. Aufl. von L. Kanowitz, Japanese Employment and Labour Law (2. Aufl. 2002). Nachfolgend wird hier zitiert aus der englischen Übersetzung.

3 Zur Geschiche des japanischen Arbetsrecht *Nishitani*, Altes Europa – neues Amerika? Die Entwicklung des japanischen Arbeitsrechts unter dem Einfluss des deutschen und des amerikanischen Rechts, RdA 2005, 354.

4 Bericht der Kommission für eine Reform des Arbeitsvertragsrechts (Kongo no Rôdôkeiyakuhôsei no arikata ni kansuru Kenkyûkai Hôkokusho) vom 15. 9. 2005. Auch von der Rechtsprechung ent-

Während in Japan seit den 80er Jahren stetige Reformbemühungen das System des Arbeitsrechts prägen, scheint man in Deutschland weiter am traditionellen System festzuhalten. In beiden Ländern sieht man sich jedoch ganz ähnlichen Problemen gegenüber: Zum einen gibt es vor dem Hintergrund von Globalisierung und steigenden Arbeitslosenzahlen wachsenden Druck in Richtung Deregulierung des Arbeitsmarktes, zum anderen gewinnt der Antidiskriminierungsgedanke immer mehr an Bedeutung.

Nachfolgend sollen hier die Gemeinsamkeiten und Unterschiede zwischen dem deutschen und dem japanischen Arbeitsrecht untersucht werden:[5]

II. Das individuelle und das kollektive Arbeitsrecht

1. Deutschland

a) *Das individuelle Arbeitsrecht – unter besonderer Berücksichtigung des atypischen Arbeitsverhältnisses*

Das Arbeitnehmerüberlassungsgesetz (AÜG) von 1972 erlaubte zunächst die gewerbliche Leiharbeit, bevor diese wegen der Gefahr der Ausbeutung des Leiharbeitnehmers strikt verboten wurde, obwohl damals Dauer und Grund der Überlassung streng geregelt waren. Allmählich wurden die Regelungen jedoch wieder gelockert – bis schließlich durch das „Hartz I"-Gesetz im Jahre 2002 die eigenen sachlichen Gründe als Voraussetzung für die Arbeitnehmerüberlassung abgeschafft worden sind. Nunmehr finden auch auf Leiharbeitsverhältnisse die allgemeinen Regelungen betreffend die Befristung von Arbeitsverhältnissen des TzBfG Anwendung.

Im Jahre 1985 erleichterte das Beschäftigungsförderungsgesetz eine Befristung von Arbeitsverträgen. Eine Befristung bis zu 18 Monaten war danach ohne sachlichen Grund zulässig. Mittlerweile gilt für die Befristung eine Obergrenze von 2 Jahren bzw. bei einer Unternehmensneugründung eine Obergrenze von 4 Jahren (§ 14 Abs. 2 und 2a TzBfG). Für ältere Arbeitnehmer über 52 Jahren existiert zur Zeit keine solche Beschränkung mehr (§ 14 Abs. 3 TzBfG).

---

wickelte Grundsätze sollen im Rahmen der Kodifizierung eines separaten Arbeitsvertragsgesetzes mitaufgenommen werden. Der Rechtsprechung kommt bei der Fortentwicklung des Arbeitsvertragsrechts eine entscheidende Rolle zu: Auf sie geht u.a. das Verbot des Mißbrauchs des Kündigungsrechts durch den Arbeitgeber (momentan noch geregelt in § 18–2 ASG) zurück. Als weitere Beispiele sind zu nennen die Zulässigkeit der Abänderung von Arbeitsbedingungen durch Arbeitsordnungen zum Nachteil des Arbeitnehmers (Oberster Gerichtshof, Großer Senat, Urt. v. 25. 12. 1978, Minshû Vol. 45–8, S. 1270 – Shûhoku Bus-Fall) oder das Verbot des Mißbrauchs des Rechts des Arbeitgebers zur Versetzung (Oberster Gerichtshof, Urt. v. 14. 7. 1986, Rôdô Hanrei, Vol. 477, S. 6 – Tôa Paint-Fall).

5 Nicht eingegangen wird in diesem Artikel hingegen auf das Verfahren zur Beilegung arbeitsrechtlicher Streitigkeiten, welches als eigenständiger Teil der Arbeitsrechtssysteme beider Länder anzusehen ist.

Zusammenfassend bleibt festzuhalten, daß das atypische Arbeitsverhältnis damit seit 20 Jahren gesetzlich anerkannt ist.

In Deutschland wurde dies als Erosion des „normalen Arbeitsverhältnisses" wahrgenommen. Vor dem Hintergrund flächendeckender Tarifverträge, die eine Unterbietung der Arbeitsbedingungen auch bei befristeten Arbeitsverhältnissen verhindern, ist der Unterschied zwischen normalem und atypischem Arbeitsverhältnis jedoch in Deutschland nicht so groß wie in Japan.

b) *Das kollektive Arbeitsrecht*

Vieldiskutiertes Thema im deutschen Arbeitsrecht ist seit den 80er Jahren die Dezentralisierung der Gestaltung von Arbeitsbedingungen. Die Praxis der Flächendeckenden Tarifverträge steht laut ihren Kritikern der nötigen Flexibilisierung von Arbeitsbedingungen entgegen und schwäche damit letztlich die Konkurrenzfähigkeit der deutschen Wirtschaft.

Zentrale Normen zu diesem Themenkomplex sind § 4 Abs. 3 TVG und § 77 Abs. 3 BetrVG. Nach § 4 Abs. 3 TVG sind vom Tarifvertrag abweichende Abmachungen nur zulässig, soweit sie durch Klauseln des Tarifvertrages gestattet sind (sog. Öffnungsklauseln) oder eine Änderung der Regelungen zugunsten des Arbeitnehmers darstellen (sog. Günstigkeitsprinzip). Nach § 77 Abs. 3 BetrVG können grundsätzlich Arbeitsentgelte und sonstige Arbeitsbedingungen, die durch Tarifvertrag geregelt sind oder üblicherweise geregelt werden, nicht Gegenstand einer Betriebsvereinbarung sein.

Nach ständiger Rechtsprechung verstößt eine Absprache, durch die der Arbeitnehmer im Gegenzug für den Verzicht des Arbeitgebers auf betriebsbedingte Kündigungen die Verlängerung seiner Arbeitszeit akzeptiert, gegen das Günstigkeitsprinzip, da es insoweit an einem *sachlichen Zusammenhang* zwischen Arbeitszeitverlängerung und Beschäftigungsabsicherung – wie ihn das Bundesarbeitsgericht im Rahmen des „Sachgruppenvergleichs" verlangt[6] – fehle.

Im Jahre 2003 legten CDU/CSU dann einen Entwurf betreffend die sog. gesetzlichen Öffnungsklauseln vor, wonach eine ungünstige Abänderung der Arbeitsbedingungen, die dem Zwecke der Beschäftigungssicherung zu dienen bestimmt ist, als günstigere Absprache anzusehen sein soll[7]. Dem wurde jedoch entgegengehalten, daß ohne Zustimmung der Gewerkschaften solche Absprachen nicht wirksam werden könnten.[8]

---

6 BAG, Beschl. v. 20. 4. 1999, BAGE 91, 210 – Burda-Entscheidung.

7 BT-Drucks. 15/1182; sog. „Bündnis für Arbeit im Betrieb".

8 *Dieterich/Hanau/Henssler/Oetker/Wank/Wiedemann*, Empfehlungen zur Entwicklung des Tarifvertragsrechts, RdA 2004, 65, 70.

2. Japan

a) *Das individuelle Arbeitsrecht – unter besonderer Berücksichtigung des atypischen Arbeitsverhältnisses*

In Japan wird häufig über die Doppelstruktur des Arbeitsmarktes diskutiert. Früher unterschied man zwischen den Arbeitsbedingungen, die für Arbeitnehmer großer und denen, die für Arbeitnehmer kleiner und mittlerer Unternehmen galten. Diese Unterscheidung wird mittlerweile ergänzt durch eine weitere zwischen Festangestellten und Nichtfestangestellten (= atypisch Beschäftigte). Die Anzahl der atypisch Beschäftigten wächst zusehends. Im Jahre 2006 lag ihr Anteil bei ca. 32 % aller Erwerbstätigen.[9]

Es existiert in Japan kein Prinzip des gleichen Lohns für gleiche Arbeitsleistung. Vielmehr ist eine Entlohnungspraxis verbreitet, die die Höhe des Gehalts von Alter, Beschäftigungsdauer und Fürsorgepflicht des Arbeitnehmers abhängig macht.[10] Der durchschnittliche Lohn eines Teilzeitbeschäftigten liegt bei etwa 60 % des Lohnes eines Festangestellten.[11]

Die Bekämpfung dieser nicht zu rechtfertigenden Unterschiede in der Entlohnung von atypisch Beschäftigten und Festangestellten ist nunmehr eine der dringendsten sich stellenden Aufgaben. Das Distriktgericht Nagano entschied im Jahre 1996, daß der Lohn eines Teilzeitbeschäftigten, dessen Tätigkeit der eines Festangestellten entsprach, über 80 % des Lohns des Festangestellten betragen müsse.[12] In einer neueren Entscheidung des Distriktgerichts Ôsaka allerdings wurde ein Lohnunterschied von ca. 30 % bei festangestelltem und nicht festangestelltem Kraftfahrer nicht als rechtswidrig angesehen.[13] Abgesehen davon, daß es sich in diesem Fall um männliche Beschäftigte handelte, gleicht der Sachverhalt dem des vorgenannten „Maruko Keihôki-Falls". Das Distriktgericht Ôsaka hielt die Höhe des Lohns angesichts bestehender Vertragsfreiheit für frei aushandelbar.

Die Regelungen zur Befristung von Arbeitsverträgen und zur Arbeitnehmerüberlassung wurden immer mehr gelockert: Im Jahre 2003 wurde die Obergrenze der Befristung von bisher einem Jahr auf nunmehr drei Jahre erhöht sowie die gewerbliche Leiharbeit für fast alle Branchen zugelassen.[14]

---

9 Sômu-shô (Innenministerium), Rôdôryôku chôsa (Statistik für Arbeitskräfte). Nicht festangestellte Arbeitnehmer sind sowohl Teilzeitbeschäftigte, befristete Arbeitnehmer, nebenberuflich Tätige, Hilfskräfte als auch Leiharbeiter.

10 *Sugeno* (Fn. 2), S. 162.

11 Im Jahre 2002 betrug der Lohnunterschied zwischen Teilzeitbeschäftigten und Festangestellten 39,1 % bei Männern und 53,2 % bei Frauen (Ministerium für Arbeit und Soziales, Weißbuch zur Arbeitswirtschaft 2004, S. 207).

12 Distriktgericht Nagano, Abteilung Ueda, Urt. v. 15. 3. 1996, Rôdô Hanrei 690, 32 – Maruko Keihôki-Fall.

13 Distriktgericht Ôsaka, Urt. v. 22. 5. 2002, Rôdô Hanrei 830, 22 – Nihon Yûbin Teisô-Fall.

14 Zur Veränderung der Regelungen der Befristung und der Arbeitnehmerüberlassung *Hashimoto*, Neue Beschäftigungsformen und Arbeitsrecht, ZJapanR 2004, 79 ff.; ausführlich zu den „atypischen Arbeitsverhältnissen" *Sugeno* (Fn. 2), S. 188 ff.

b) Das kollektive Arbeitsrecht

Die tarifrechtlichen Regelungen des GewG entsprechen denen des TVG. Der normative Teil eines Tarifvertrages hat zwingende und unmittelbare Wirkung (§ 16 GewG). Das ASG regelt in seinen §§ 89ff. Fragen zur Arbeitsordnung (Syûgyô Kisoku). Eine solche Arbeitsordnung erlaubt dem Arbeitgeber, einseitig materielle Arbeitsbedingungen wie die Lohnhöhe oder die Länge der Arbeitszeit festzulegen. Auch die Arbeitsordnung hat zwingende und unmittelbare Wirkung, und der einzelne Arbeitnehmer muß die auf diesem Wege festgelegten Arbeitsbedingungen hinnehmen, es sei denn, diese sind unangemessen.[15] Da es in Japan Gewerkschaften in den einzelnen Unternehmen gibt,[16] kommt es zu Überschneidungen zwischen Tarifvertrag und Arbeitsordnung. Eine § 77 Abs. 3 BetrVG entsprechende Vorrangregelung existiert nicht. In der Praxis verhandeln Arbeitgeber und Unternehmensgewerkschaft und schließen einen Tarifvertrag. In der Folge stellt der Arbeitgeber die Arbeitsordnung auf, welche inhaltlich dem Tarifvertrag entspricht.

Zur Kontrolle der Angemessenheit der per Arbeitsordnung festgesetzten Arbeitsbedingungen hat die Rechtsprechung ein Prüfungsschema entwickelt. Danach ist die Angemessenheit der für den Arbeitnehmer ungünstigen Veränderungen unter Abwägung ihrer Erforderlichkeit gegenüber Inhalt und Maß der Herabsetzung der bisherigen Arbeitsbedingungen zu beurteilen. Dabei ist auch zu berücksichtigen, wie ernsthaft der Arbeitgeber mit der größeren Gewerkschaft oder der Mehrheit der Belegschaft eine Einigung über die anstehenden Veränderungen herbeizuführen versucht hat.[17]

3. Zwischenergebnis

Das japanische Arbeitsrecht unterscheidet in Anlehnung an das deutsche System zwischen individuellem und kollektivem Arbeitsrecht. Während die Gewerkschaften in Japan auf der Ebene der einzelnen Unternehmen gegründet werden, sind sie in Deutschland nach Branchen unternehmensübergreifend organisiert. Anders als in Deutschland existiert daher in Japan kein Problem des Vorrangs bei der Kollision von Tarifvertrag und Betriebsvereinbarung. Das System der Unternehmensgewerkschaft erlaubt flexible, auf das einzelne Unternehmen zugeschnittene Lösungen.[18]

In Japan können Vorschriften des ASG oder anderer Gesetze durch eine zwischen Arbeitgeber und Mehrheitsgewerkschaft oder einem Vertreter der Belegschaft ge-

---

15 „Shûhoku Bus-Fall" (Fn. 3).

16 In Japan herrscht ein Pluralismus der Gewerkschaften. Ein Prinzip der Tarifeinheit gibt es daher – anders als in Deutschland – nicht.

17 *Araki* betont die Bedeutung des Besprechungsprozesses mit der Mehrheit der Belegschaft als Anhaltspunkt für die Angemessenheit der für den Arbeitnehmer ungünstigen Veränderung (*Araki*, Labor and Employment Law in Japan, 2002, S. 54).

18 *Wank*, Die Änderung von Arbeitsbedingungen – Vergleich mit dem japanischen Recht, RdA 2005, 271, 284.

troffene Vereinbarung abbedungen werden, sofern die Gesetze dies ausdrücklich zulassen. Aktuell wird die Einführung eines Vertretungsorgans der Belegschaft für jeden einzelnen Betrieb – ähnlich dem deutschen Betriebsrat – diskutiert.[19] Klärungsbedürftig wäre im Falle der Einführung das Verhältnis zwischen diesem Vertretungsorgan und der Unternehmensgewerkschaft.

III. Beschäftigungspolitikrecht (Arbeitsmarktrecht)

1. Deutschland

Auf der Grundlage des Arbeitsförderungsgesetzes von 1969 wurde die Bundesanstalt für Arbeit (seit 2003 Bundesagentur für Arbeit) gegründet und eine aktive Arbeitsmarktpolitik in die Wege geleitet. Im Jahre 1998 wurde das Arbeitsförderungsgesetz in das Sozialgesetzbuch als dessen dritter Teil aufgenommen. Maßnahmen zur Um- und Weiterbildung für Arbeitslose sowie zur Beschäftigungssicherung für ältere Arbeitnehmer bzw. für Arbeitnehmer gefährdeter Unternehmen wurden gesetzlich geregelt. Vor dem Hintergrund dieser Spezialgesetzgebung ist das Arbeitsmarktrecht als eigenständige Rechtsmaterie neben dem traditionellen Arbeitsrechtssystem zu begreifen. Das Interesse der Arbeitsrechtler an dieser öffentlichrechtlichen Materie scheint sich indes in Grenzen zu halten. Dies könnte u. U. mit den Zuständigkeiten der Fachgerichtsbarkeiten zu tun haben: für Streitigkeiten, in denen es um die Anwendung von Vorschriften des SGB III geht, ist das Sozialgericht und nicht etwa das Arbeitsgericht zuständig.

Die Vorschriften des SGB III haben keine privatrechtliche Wirkung. § 2 Abs. 2 S. 2 Nr. 2 sieht vor, daß die Arbeitgeber durch betriebliche Maßnahmen Entlassungen von Arbeitnehmern vermeiden sollen; diese Vorschrift begründet indes nach h.M. keine entsprechende rechtliche Verpflichtung des Arbeitgebers.[20]

Das AÜG enthält sowohl öffentlichrechtliche als auch privatrechtliche Vorschriften. So sind die Regelungen zum Erlaubnisverfahren öffentlichrechtlicher Natur, wohingegen § 9 und § 10 AÜG die privatrechtlichen Wirkungen hervorheben. Danach führt das Fehlen der erforderlichen Erlaubnis zur Unwirksamkeit der zwischen den Parteien (Verleiher und Entleiher bzw. Verleiher und Leiharbeitnehmer) geschlossenen Verträge (§ 9 Nr. 1 AÜG).

---

19 Bericht der Kommission für eine Reform des Arbeitsvertragsrechts (Fn. 4), S. 17. Im Jahre 1997 wurde in Japan im Zusammenhang mit der Einführung der Arbeit nach Ermessen („Sairyô Rôdô-sei") ein „Gremium für Arbeit (Rôshi linkai)" in den Betrieben eingerichtet (§ 38–4 ASG). Die Zuständigkeit dieses Gremiums beschränkt sich bislang auf Fragen der Arbeitszeit. Im Rahmen des Reformvorhabens wird diskutiert, ob nicht dieses Gremium verpflichtend in jedem Betrieb zu errichten sein soll und seine Kompetenzen nach dem Vorbild des deutschen Betriebsrats zu erweitern sind.

20 Ob aus § 2 Abs. 2 S. 2 Nr. 2 SGB III arbeitsrechtliche Sanktionen abzuleiten sind, die z.B. nach § 1 Abs. 3 KSchG als Prüfungsparameter bei betrieblicher Kündigung oder im Recht der anzeigepflichtigen Entlassungen nach §§ 17ff. KSchG angemessen berücksichtigt werden müssen, ist im Hinblick darauf, daß diese Vorschrift als Sollvorschrift ausgestaltet ist, zweifelhaft; vgl. *Niesel*, SGB III (2. Aufl. 2002), § 2 Rn. 3.

2. Japan

Auch in Japan hat man sich seit den 70er Jahren verstärkt einer aktiven Arbeitsmarktpolitik zugewandt. Entsprechende arbeitsmarktpolitische Maßnahmen (die sog. „3 Maßnahmen zur Verbesserung der Beschäftigung" [Koyô kaizen tou sanjigyô]) wurden im Jahre 1979 im Arbeitslosenversicherungsgesetz (Koyô Hoken Hô) geregelt. Die wichtigste Maßnahme besteht in Form eines Zuschusses für gefährdete Unternehmen. Die Maßnahme entspricht etwa dem deutschen Kurzarbeitergeld.

Anders als in Deutschland, wo die Vorschriften betreffend die Arbeitsmarktpolitik im SGB III geregelt sind, gibt es in Japan kein einheitliches Gesetz zur Arbeitsmarktpolitik. Als zentrales Gesetz wird hier jedoch das Arbeitsförderungsgesetz (Koyô Taisaku Hô) angesehen, dessen erklärtes Ziel die ausbalancierte Entwicklung der Volkswirtschaft und der Vollbeschäftigung ist (§ 1 Arbeitsförderungsgesetz). Weitere die Arbeitsmarktpolitik betreffende Gesetze sind z.B. das Beschäftigungssicherungsgesetz (Syokugyô Antei Hô), das Gesetz zur Förderung der beruflichen Weiterbildung (Syokugyô Nôryoku Kaihatsu Sokushin Hô), das Arbeitslosenversicherungsgesetz, das Beschäftigungsförderungsgesetz für ältere Arbeitnehmer (Kônenreisya Koyô Antei Hô), das Beschäftigungsförderungsgesetz für Behinderte (Syôgaisha Koyô Sokushin Hô) und das Regionenbeschäftigungsförderungsgesetz (Chiiki Koyô Kaihatsu Sokushin Hô). Darüber hinaus kann hierzu auch das Gesetz über die gewerbliche Leiharbeit (GLG; Rôdôsya Haken Hô) gezählt werden, welches die zuvor nach dem Beschäftigungssicherungsgesetz verbotene gewerbliche Leiharbeit legalisierte.[21] Auch das japanische GLG hat wie das deutsche AÜG sowohl öffentlichrechtlichen als auch privatrechtlichen Charakter, wobei die privatrechtlichen Konsequenzen allerdings nicht explizit hervorgehoben werden. Nach einer Entscheidung des Distriktgerichts Tokio berührt das Fehlen der erforderlichen Erlaubnis die Wirksamkeit der zwischen Verleiher und Entleiher sowie zwischen Verleiher und Leiharbeitnehmer geschlossenen Verträge nicht. In dem der Entscheidung zugrundeliegenden Fall ging es um eine damals unzulässige Arbeitnehmerüberlassung im Bereich des Transportwesens.[22] In derselben Entscheidung stellt das Gericht aber die Nichtigkeit einer Vereinbarung fest, nach der der Entleiher dem Verleiher gegenüber zu einer Entschädigungszahlung für den Fall verpflichtet sein soll, daß er den „Leiharbeitnehmer" direkt beschäftigt. Eine solche Vereinbarung ist durch § 33 GLG, der zwingendes Recht darstellt, untersagt, da sie zumindest mittelbar die Berufsfreiheit des Leiharbeitnehmers tangiert.

Im Gegensatz zum deutschen Arbeitsrecht wird in Japan auf das Beschäftigungspolitikrecht als neuem Forschungsbereich große Aufmerksamkeit gerichtet. Im

21 Die Rechtsprechung hat die Relevanz des § 44 Beschäftigungssicherungsgesetz (Vorschrift zur Abgrenzung zwischen legalem Werkvertrag und illegaler Arbeitnehmerüberlassung) für die privatrechtlichen Beziehungen zwischen den Parteien verneint – mit der Konsequenz, daß der zwischen Verleiher und Leiharbeitnehmer geschlossene Vertrag trotz seiner Illegalität wirksam ist.

22 Distriktgericht Tokio, Urt. v. 26. 11. 1997, Hanrei Jihô 1646, 106 – Hokuto Engineering-Fall.

Lehrbuch von *Sugeno* wird dem „Recht der Arbeitsmarktpolitik" ein eigenständiger Teil eingeräumt.[23]

Dieser Bereich wird als das Rechtsgebiet angesehen, welches „die Unterlegenheit des Arbeitnehmers auf dem Arbeitsmarkt zu verbessern und seine berufliche Entwicklung zu fördern"[24] bestimmt ist. Angesichts der Abnahme lebenslanger Beschäftigung in ein und demselben Unternehmen, wird in Japan nunmehr die Absicherung der Beschäftigung auf dem gesamten Arbeitsmarkt als eine der wichtigsten sich stellenden Aufgaben wahrgenommen.[25]

3. Zwischenergebnis

Anders als in Deutschland ist das Interesse der Arbeitsrechtler an der Beschäftigungspolitik in Japan hoch. Das Arbeitsmarktrecht (Beschäftigungspolitikrecht) entwickelt sich zu einem eigenständigen Forschungsgebiet als dritte Säule des Arbeitsrechtssystems.

In Japan gibt es keinen so durchgreifenden Gegensatz zwischen Öffentlichem Recht und Privatrecht wie in Deutschland.[26] Streitig sind in Japan aber die Auswirkungen der gesetzlichen Vorschriften zur Beschäftigungsförderung auf die Rechtsverhältnisse der jeweiligen Vertragsparteien.

IV. Antidiskriminierungsrecht

1. Deutschland

a) Diskriminierung wegen des Geschlechts

Der Arbeitgeber darf einzelne Arbeitnehmer oder Gruppen von Arbeitnehmern bei allgemeinen Regelungen nicht willkürlich schlechter behandeln als andere Arbeitnehmer in vergleichbarer Lage (Gleichbehandlungsgrundsatz). Darüber hinaus ist ihm in einer Reihe von Fällen eine Schlechterstellung auch dann nicht erlaubt, wenn an sich ein sachlicher Grund dafür vorliegt (Gleichstellungsgebot).[27] Oberbegriff zu

23 *Sugeno* (Fn. 2), S. 31ff.

24 *Morito*, Das Recht der Beschäftigungspolitik: Ein System zur Förderung einer „Individuellen Karriere" auf dem Arbeitsmarkt (Koyôseisakuhô: Rôdôshijô ni okeru ‚Kojin' no Support-System), Zeitschrift der japanischen Arbeitsrechtsgesellschaft (Nihon Rôdôhô Gakkaishi), 2004, Vol. 103, S. 3.

25 *Suwa* schlägt hier den Begriff des „Rechts auf Karriere" vor, womit deutlich werden soll, daß die Karrierechancen losgelöst von der Zugehörigkeit zu einem bestimmten Unternehmen auf dem gesamten Arbeitsmarkt verfolgt werden können (*Suwa*, Der Begriff des Rechts auf Karriere [Career-ken no Kôsô wo meguru Ichishiron], Nihon Rôdô Kenkyû Zasshi, 1999, Vol. 468, S. 54).

26 Nach h.M. in der öffentlichrechtlichen Literatur gilt es, den Gegensatz zwischen Öffentlichem Recht und Privatrecht (vollständig) zu überwinden, vgl. *Shiono*, Öffentliches Recht (Gyôsei Hô), Band. 1 (4. Aufl. 2005), S. 27ff.

27 Der Gleichbehandlungsgrundsatz und das Gleichbehandlungsgebot sind zwei verschiedene Rechtsinstitute, obwohl die Rechtsfolge dieselbe ist. Das Gleichbehandlungsgebot basiert auf sozi-

diesen zwei Grundsätzen ist der des „Benachteiligungs-“ bzw. „Diskriminierungsverbots“.[28] Eine Diskriminierung kann auch mittelbar erfolgen. Laut Europäischer Kommission liegt eine mittelbare Diskriminierung dann vor, „wenn dem Anschein nach neutrale Vorschriften, Kriterien oder Verfahren einen wesentlich höheren Anteil der Angehörigen eines Geschlechts benachteiligen, es sei denn, die betreffenden Vorschriften, Kriterien oder Verfahren sind angemessen und notwendig und sind durch nicht auf das Geschlecht bezogene sachliche Gründe gerechtfertigt“[29].

Die dogmatische Grundlage des Gleichbehandlungsgrundsatzes war lange Zeit umstritten; die heute h.L. sieht den Geltungsgrund aber im Gewohnheitsrecht.[30] Der Gleichbehandlungsgrundsatz schränkt die Handlungs- und Vertragsfreiheit des Arbeitgebers ein, infolgedessen ist er abdingbar.[31] Die Gleichstellungsgebote leiten sich aus den jeweiligen gesetzlichen Vorschriften her. Bei diesen gesetzlichen Regelungen handelt es sich um § 611a BGB (Geschlecht), Art. 39 EG (Staatsangehörigkeit), Art. 9 Abs. 3 GG (Gewerkschaftszugehörigkeit), § 4 TzBfG (Teilzeit- und befristet beschäftigte Arbeitnehmer), § 9 Abs. 2 AÜG (Leiharbeitnehmer) und §§ 37, 38 BetrVG (Betriebsratsmitglieder). Nach dem Entwurf für ein Antidiskriminierungsgesetz[32] aus dem Jahr 2004 wurde jetzt der Entwurf für ein allgemeines Gleichbehandlungsgesetz[33] vorgelegt, welches die Antidiskriminierungsrichtlinien[34] umsetzen soll. Diese Richtlinien sehen für Verstöße gegen den Gleichbehandlungsgrundsatz verhältnismäßige, wirksame und abschreckende Sanktionen vor.[35] § 611a BGB wurde 1978 ins Dienstvertragsrecht integriert. Verstöße gegen diese Vorschrift ziehen Entschädigungsansprüche nach sich. Dieser Anspruch war ursprünglich auf den Ersatz des Vertrauensschadens begrenzt, was aber vom EuGH für unzureichend erachtet worden ist.[36] In einem weiteren Fall urteilte der EuGH, daß das Verschulden des Arbeitgebers nicht Voraussetzung für die Sanktionierung des diskriminierenden Verhaltens sein dürfe.[37]

---

alpolitischen Gesetzen (*Hromadka/Maschmann*, Arbeitsrecht, Band. 1 (3. Aufl. 2005), § 7 Rn. 100). In Japan existiert keine Abgrenzung zwischen diesen Rechtsinstituten.

28 *Hromadka/Maschmann* (Fn. 27), § 7 Rn. 101.

29 Art. 1 Ziff. 3a Vorschlag v. 7. 6. 2000 für eine Richtlinie zur Änderung der Richtlinie 76/207/EWG, KOM (2000) 34 endg.

30 *Hromadka/Maschmann* (Fn. 27), § 7 Rn. 103.

31 *Hromadka/Maschmann* (Fn. 27), § 7 Rn. 105.

32 BT-Drucks. 15/4538.

33 BT-Drucks. 16/1780 und 16/2022. Das AGG wurde am 14. 8. 2006 verabschiedet und ist am 18. 8. 2006 in Kraft getreten.

34 EG-Richtlinien 2000/43/EG v. 29. 6. 2000 (ABl. Nr. L 180, S. 22) zur Anwendung des Gleichbehandlungsgrundsatzes ohne Unterschied der Rasse und der ethnischen Herkunft, 2000/78/EG v. 27. 11. 2000 (ABl. Nr. L 303, S. 16) zur Festlegung eines allgemeinen Rahmens für die Verwirklichung der Gleichbehandlung in Beschäftigung und Beruf sowie 2002/73/EG v. 23. 9. 2002 (ABl. Nr. L 269, S. 15) zur Änderung der RL 76/207/EWG des Rates zur Verwirklichung des Grundsatzes der Gleichbehandlung von Frauen und Männern hinsichtlich des Zugangs zu Beschäftigung, zur Berufsausbildung und zum beruflichen Aufstieg sowie in bezug auf die Arbeitsbedingungen.

35 Art. 15 RL 2000/43/EG, Art. 17 RL 2000/78/EG, Art. 8 d II RL 2002/73/EG.

36 EuGH v. 10. 4. 1984 – Rs. C-14/83, *Colsen und Kamann*, Slg. 1984, 1891; EuGH v. 10. 4. 1984 – Rs. C-79/83, *Hartz*, Slg. 1984, 1921.

37 EuGH v. 8. 11. 1990 – Rs. C-177/88, *Dekker*, Slg. 1990, I-3941.

§ 611a BGB a.F. wurde zunächst nur dahingehend geändert, daß der benachteiligte Bewerber Anspruch auf eine angemessene Entschädigung haben sollte, die aber auf drei Monatsgehälter beschränkt und die Haftungssumme des Arbeitgebers bei mehreren Anspruchstellern auf sechs Monatsgehälter begrenzt wurde. Am Vertretenmüssen des Arbeitgebers als Anspruchsvoraussetzung wurde allerdings festgehalten. Als Reaktion auf die EuGH-Entscheidung *Draehmpaehl*, in der der EuGH noch einmal deutlich machte, daß die Anknüpfung des Entschädigungsanspruches an das Vertretenmüssen des Arbeitgebers sowie die festgelegten Höchstgrenzen nicht europarechtskonform seien,[38] wurde schließlich § 611a BGB im Jahre 1998 in seiner heutigen Fassung verabschiedet. Dem bestqualifizierten Bewerber, der den Arbeitsplatz gerade aufgrund der Diskriminierung nicht bekommt, steht danach eine angemessene Entschädigung zu. Die Haftungshöchstgrenze von drei Monatsgehältern gilt nun nur noch für diejenigen Bewerber, die den Arbeitsplatz mangels Qualifikation auch ohne Diskriminierung nicht bekommen hätten.

In der Literatur wird auf die schwierige Vereinbarkeit der Anforderungen des Europarechts mit einigen Prinzipien des deutschen Haftungsrechts hingewiesen.[39] Nach deutschem Recht setzt ein Entschädigungsanspruch grundsätzlich das Vertretenmüssen des Handelnden voraus. Den Umfang des Vertretenmüssens regelt § 276 BGB. Im Antidiskriminierungsrecht hingegen soll der Verzicht auf das Vertretenmüssen gerade zur Regel werden.

Des weiteren wird in der Literatur darauf hingewiesen, daß auch der den Richtlinien zugrundeliegende weite Diskriminierungsbegriff selbst, der nicht stets an die Handlung anknüpft, unvereinbar mit dem deutschen Haftungsrecht sei.[40] Als Ausweg aus diesem Dilemma wird vorgeschlagen, statt zivilrechtlicher Entschädigungsansprüche die Sanktionen für Verstöße gegen Antidiskriminierungsvorschriften dem Recht der Ordnungswidrigkeiten zu entlehnen.[41] Verschuldensunabhängige Haftung sei dem System der Ordnungswidrigkeiten nicht fremd und in schwerwiegenden Fällen der Diskriminierung bleibe die Möglichkeit des Schadensersatzes nach dem bestehenden Recht.[42]

Zusammenfassend bleibt festzuhalten, daß im Hinblick auf das Antidiskriminierungsrecht große Zurückhaltung geübt wird. Die gerichtlich ausgetragenen Streitigkeiten konzentrieren sich auf die Frage der Diskriminierung bei der Einstellung. Verfahren wegen Diskriminierungen bei Beförderungen[43] sind in Deutschland eher selten.

---

38 EuGH v. 22. 4. 1997 – Rs. C-180/95, *Draehmpaehl*, Slg. 1997, I-2195.

39 *Benecke/Kern*, Die Umsetzung der Europarechtlichen Richtlinien im deutschen Recht, EuZW 2005, 360, 362.

40 *Benecke/Kern*, EuZW 2005, 360, 362.

41 *Benecke/Kern*, EuZW 2005, 360, 364; ebenfalls für die Annahme einer Ordnungswidrigkeit *Wank*, EG-Diskriminierungsverbote im Arbeitsrecht, in: *Kohte/Dörner/Anzinger* (Hrsg.), Festschrift für Wissmann (2005), S. 599, 617.

42 *Benecke/Kern*, EuZW 2005, 360, 364.

43 Das BAG verneinte in einer Entscheidung vom 17. 10. 1991 (n.V., 8 AZR 321/90) das Vorliegen einer Diskriminierung bei einer Beförderung, weil die Klägerin nicht beweisen konnte, daß der Arbeitgeber keine Frau auf den begehrten Posten setzen wollte.

b) Diskriminierung wegen des Alters oder einer Behinderung

Die EG-Richtlinie 2000/78/EG sowie § 1 des Allgemeinen Gleichbehandlungsgesetzes verbieten eine Diskriminierung wegen des Alters oder einer Behinderung. Bisher bieten Beschäftigungsförderungs- und Arbeitsschutzrecht gewisse Absicherungen gegen Diskriminierungen, wobei allerdings Benachteiligungen wegen des Alters oder einer Behinderung nicht als Diskriminierungen verstanden wurden.

Es wurde diskutiert, ob § 14 Abs. 3 TzBfG, der ohne sachliche Begründung die Befristung eines mit einem über 52-jährigen Arbeitnehmer geschlossenen Arbeitsvertrages zulässt, europarechtskonform ist. Nach wohl herrschender Auffassung handelt es sich dabei um eine aus beschäftigungspolitischen Gründen gerechtfertigte Regelung, die somit nicht rechtswidrig ist.[44] Nunmehr entschied jedoch der EuGH, daß die Richtlinie 2000/78/EG einer nationalen Regelung, nach der der Abschluß befristeter Arbeitsverträge mit Arbeitnehmern, die das 52. Lebensjahr vollendet haben, uneingeschränkt zulässig ist, sofern nicht zu einem vorhergehenden unbefristeten Arbeitsvertrag mit demselben Arbeitgeber ein enger sachlicher Zusammenhang besteht, entgegenstehe.[45]

Die Verabschiedung der Rahmenrichtlinie überschnitt sich zeitlich mit den Ende des Jahres 2000 schon weit vorangeschrittenen Vorbereitungen für eine umfassende Neuregelung des deutschen Behindertenrechts in einem Neunten Buch des Sozialgesetzbuches (SGB IX). Um die neuen gemeinschaftsrechtlichen Vorgaben für das Behindertenrecht im Rahmen dieser Kodifikation nicht unberücksichtigt zu lassen, wurde in den Gesetzesentwurf kurzfristig auch noch ein spezielles arbeitsrechtliches Verbot der Diskriminierung schwerbehinderter Menschen in Beschäftigung und Beruf aufgenommen; die entsprechende Regelung in § 81 Abs. 2 SGB IX lehnt sich in Aufbau und Inhalt fast wörtlich an das damals bereits bestehende Verbot der Diskriminierung wegen des Geschlechts (§ 611a BGB) an.

Art. 5 der Rahmenrichtlinie schreibt eine Verpflichtung des Arbeitgebers vor, geeignete und im konkreten Fall erforderliche Maßnahmen zu ergreifen, um Menschen mit Behinderung den Zugang zur Beschäftigung, die Ausübung eines Berufes, den beruflichen Aufstieg und die Teilnahme an Aus- und Weiterbildungsmaßnahmen zu ermöglichen, soweit diese Verpflichtung für den Arbeitgeber keine unverhältnismäßige Belastung darstellt (sog. *„reasonable accomodation"*). Art. 7 der Rahmenrichtlinie erlaubt den Mitgliedstaaten bezüglich aller in Art. 1 genannten Diskriminierungsmerkmale, „zur Gewährleistung der völligen Gleichstellung im Berufsleben spezifische Maßnahmen beizubehalten oder einzuführen, mit denen Benachteiligungen wegen eines in Art. 1 genannten Diskriminierungsgrundes verhindert oder ausgeglichen werden" (sog. *„positive Maßnahmen"*).

---

44 Vgl. etwa *Preis/Gottbardt*, Neuregelung der Teilzeitarbeit und befristeten Arbeitsverhältnisse, DB 2000, 2065, 2072.
45 EuGH v. 22. 11. 2005 – Rs. C-144/04, *Mangold/Helm*, Slg. 2005, I-9981, Rn. 78.

Die bereits im Schwerbehindertengesetz vorgesehenen Verpflichtungen des Arbeitgebers, die sich in den heutigen §§ 81 Abs. 1 u. 3–5, 83 SGB IX niedergeschlagen haben, sind als *„reasonable accomodations"* zu interpretieren.[46] Als *„positive Maßnahme"* hingegen lässt sich die im Schwerbehindertenrecht traditionell verankerte gesetzliche Beschäftigungspflicht (§§ 71 ff. SGB IX) einordnen.[47] Die Umstrukturierung der traditionellen Regelungen des Behindertenschutzgesetzes scheint unter Berücksichtigung neuerer Gedanken zum Verbot der Diskriminierung wegen Behinderung auf einem guten Wege zu sein.

2. Japan

a) Diskriminierung wegen Gewerkschaftszugehörigkeit und -tätigkeit

In Japan entwickelte sich der Diskriminierungsschutz im Rahmen des kollektiven Arbeitsrechts. So untersagt das GewG 1949 in § 7 Nr. 1 als unbillige Arbeitspraktik (Futô Rôdô Kôi) jedwede Benachteiligung wegen der Zugehörigkeit zu einer oder der Tätigkeit für eine Gewerkschaft. Das Verbot unbilliger Arbeitspraktiken ist unter dem Einfluß des amerikanischen Rechts eingeführt worden.

§ 7 GewG zählt überdies drei weitere Verhaltensweisen auf, die als unbillige Arbeitspraktiken anzusehen sind: die Verweigerung von Kollektivverhandlungen (§ 7 Nr. 2 GewG), die Einmischung in Angelegenheiten der Gewerkschaft (§ 7 Nr. 3 GewG) sowie die Benachteiligung eines Arbeitnehmers, der sich an einem Verfahren der Arbeitskommission beteiligt oder ein solches selbst beantragt (§ 7 Nr. 4 GewG).

Anders als die übrigen drei unbilligen Arbeitspraktiken hat lediglich das Benachteiligungsverbot des § 7 Nr. 1 GewG Auswirkungen auf die privatrechtlichen Beziehungen.[48] Der jeweils in Rede stehende benachteiligende Teil des Rechtsgeschäfts ist nichtig, was jedoch die Wirksamkeit der übrigen arbeitsvertraglichen Vereinbarungen unberührt lässt.

Arbeitnehmer oder Gewerkschaft können die Lösung des Problems in einem einfachen Zivilprozess und zunächst durch Antrag auf einstweilige Verfügung anstreben.

Das GewG eröffnet neben dem Zivilrechtsweg aber auch den Weg zu den Arbeitskommissionen (Rôdô Iinkai), bei denen es sich um Verwaltungsorgane handelt. Solche Arbeitskommissionen sind in jeder Präfektur eingerichtet. Berufungsinstanz ist die Zentrale Arbeitskommission (Chûô Rôdô Iinkai). Die Entscheidungen der Arbeitskommissionen oder der Zentralen Arbeitskommission sind im Wege einer Anfechtung vor dem Distriktgericht angreifbar.

---

46 *Schneider-Sievers*, Gemeinschaftsrechtliche Vorgaben für ein Verbot der Diskriminierung behinderter Menschen, in: *Kohte/Dörner/Anzinger* (Hrsg.), Festschrift für Wissmann (2005), S. 588, 594.
47 *Schneider-Sievers* (Fn. 46), S. 595.
48 *Sugeno* (Fn. 2), S. 760.

Hinsichtlich der Verfahren vor den Arbeitskommissionen spricht man daher von quasi-gerichtlichen Verfahren.[49] Alle Kommissionen setzen sich aus Vertretern der Arbeitgeber- und der Arbeitnehmerseite sowie aus Mitgliedern zusammen, die öffentliche Interessen vertreten. Hat die Kommission den Sachverhalt geprüft und festgestellt, daß tatsächlich unbillige Arbeitspraktiken vorliegen, so fordert sie den Arbeitgeber auf, entsprechend Abhilfe zu schaffen. Bestätigt sich der Verdacht nicht, wird der Antrag zurückgewiesen. Das verwaltungsgerichtliche Verfahren kann sich wiederum über drei Instanzen hinziehen, so daß bei Verfahren wegen unbilliger Arbeitspraktiken bis zum endgültigen Urteil nicht selten fünf Instanzen durchlaufen werden müssen. Die Anfechtungsrate der Anordnungen der Arbeitskommissionen ist hoch. Ihre Aufgabe ist auch aus diesem Grund in erster Linie darin zu sehen, die Beziehungen zwischen Arbeitgeber und Gewerkschaft für die zukünftige Zusammenarbeit zu verbessern, während es letztlich den Gerichten obliegt, das Bestehen oder Nichtbestehen von Rechten und Pflichten beider Seiten festzustellen. Die Entscheidungen der Arbeitskommissionen sind durch die Gerichte vollständig überprüfbar. Soweit es allerdings um die *Art* der gewählten Anordnung geht, darf das Gericht das Ermessen der Arbeitskommission nicht durch eigenes Ermessen ersetzen.[50]

Die Arbeitskommissionen können unterschiedliche Anordnungen erlassen: so z.B. die, wonach der Arbeitgeber den Arbeitnehmer auf dem gleichen Arbeitsplatz wie vor der Kündigung weiterzubeschäftigen hat; bei Diskriminierungen im Zusammenhang mit Beförderungen kann dem Arbeitgeber die Vornahme einer neuerlichen Leistungsbewertung aufgegeben werden – nicht jedoch die Beförderung auf eine bestimmte vom Arbeitnehmer angestrebte Position, da dem Arbeitgeber insoweit ein umfassendes Ermessen zusteht, welches durch die Arbeitskommission nicht ersetzt werden kann.[51]

b) *Diskriminierung wegen des Geschlechts*

aa) *Rasche Entwicklung nach dem ChancenGG*

§ 4 ASG untersagt die Diskriminierung von Frauen beim Entgelt. Ein weiterreichendes geschlechtsspezifisches Diskriminierungsverbot wurde in Japan zunächst nicht eingeführt, da dieses nicht in Einklang zu bringen gewesen wäre mit existierenden Schutzmaßnahmen für Frauen wie etwa der Begrenzung der Mehrarbeit (§ 64–2 ASG a.F.) oder dem Beschäftigungsverbot bei Nacht (§ 64–3 ASG a.F.).

---

49 Die Arbeitskommission hat zwei Funktionen: Sie ist Schlichtungsorgan für kollektiv-arbeitsrechtliche Streitigkeiten und Entscheidungsorgan bei Fragen unbilliger Arbeitspraktiken.

50 Oberster Gerichtshof, Großer Senat, Urt. v. 23. 2. 1977, Minshû Vol. 31–1, S. 93 – Dai-ni Hato Taxi-Fall.

51 Da es in Japan keine Flächentarifverträge gibt, wird der Lohn in jedem Unternehmen gesondert festgelegt. Mittlerweile findet das „fähigkeitsorientierte Entgeltsystem“ (Shokunô Shikaku Seido) gegenüber dem bislang vorherrschenden „Senioritätsprinzip“ immer größere Verbreitung. Nach diesem moderneren Entgeltsystem wird jeder Arbeitnehmer nach seinen individuellen beruflichen Fähigkeiten in eine Entgeltstufe eingeordnet. Vgl. dazu auch *Nishitani/Marutschke*, Vergleichende Einführung in das japanische Arbeitsrecht (2003), S. 4.

Das neue Gesetz zur Chancengleichheit im Beruf (ChancenGG; Danjo Koyô Kikai Kintô Hô) aus dem Jahre 1985 änderte die Beschäftigungssituation weiblicher Arbeitnehmer drastisch. Unternehmen begannen, Frauen als Stammkräfte einzustellen. In den Firmen wurden zwei Kursgruppen eingerichtet – der „synthetische Kurs" (Sôgô Shoku) und der „allgemeine Kurs" (Ippan Shoku). Dem „synthetischen Kurs", dessen Mitglieder als potentielle Führungskräfte angesehen werden, die in ganz Japan einsetzbar sind,[52] werden die Männer aber nur wenige Frauen zugeordnet. Die meisten Frauen werden für den „allgemeinen Kurs" eingestellt.

Das ChancenGG von 1985 hatte nur begrenzte Wirkung. Durch dieses Gesetz wurde der Arbeitgeber lediglich verpflichtet, zu *versuchen*, Frauen einzustellen und zu fördern (sog. *„Pflicht eines Versuchs"* [Doryoku Gimu]).

Erst durch die Reform des ChancenGG im Jahre 1997 wurden die Regelungen zu den Gleichbehandlungspflichten der Arbeitgeber verschärft und die Beschränkung auf reine Versuchspflichten aufgehoben. Gleichzeitig fielen die für Frauen geltenden Arbeitsschutzvorschriften betreffend Überstunden und Nachtarbeit weg, weil Gleichbehandlungsgrundsatz und umgekehrte Begünstigung nicht miteinander vereinbar waren. Aufrechterhalten wurden jedoch die Regelungen zum Mutterschutz, die ein Beschäftigungsverbot von jeweils 6 Wochen vor und nach der Geburt eines Kindes statuieren (§ 65 ASG).

Die Diskriminierung wegen Geschlechts bei Bewerbung, Einstellung, Einsatz im Betrieb und Beförderung ist nunmehr strikt verboten – die Rechtsfolgen im Falle eines Verstoßes bleiben jedoch unklar. Das ChancenGG enthält insbesondere keine dem § 611a Abs. 2–5 BGB entsprechende Regelung.

Infolge der Reform des ChancenGG wurden zahlreiche Entschädigungsklagen wegen Lohndiskriminierung erhoben. Die Klägerinnen beriefen sich jeweils nach Ausscheiden aus dem Unternehmen wegen Erreichens der Altersgrenze darauf, wegen Diskriminierung durch den Arbeitgeber nur zu einfacher Bürotätigkeit ohne Aufstiegschancen herangezogen worden zu sein, weshalb sie im Vergleich zu ihren männlichen Kollegen deutlich geringere Einkünfte erzielt hätten[53]. Die Gerichte entschieden, daß den Arbeitgeber vor Inkrafttreten des neuen ChancenGG 1997 im Jahre 1999 keine Pflicht zu gleichem Einsatz von Männern und Frauen traf und deshalb gegen ihn für diesen Zeitraum Entschädigungsansprüche ausschieden. Seit 1999 jedoch müssten die Arbeitgeber ihren weiblichen Mitarbeitern die Möglichkeit einräumen, vom „allgemeinen" in den „synthetischen Kurs" zu wech-

52 *Nishitani* weist auf das Problem hin, daß zwischen „synthetischem" und „allgemeinem Kurs" keine klare tätigkeits- und qualifikationsbezogene Trennlinie auszumachen ist; vgl. *Nishitani*, Rechtswidrigkeit der „Kurse" und ihre rechtliche Lösung (Danjo ‚Kurs-sei' no Ihôsei to sono Kyûsai Hôri), Rôdô Hôritsu Junpô (2005), Vol. 1595, S. 18, 20.

53 Distriktgericht Tokio, Urt. v. 20. 2. 2002, Rôdô Hanrei Vol. 822, S. 13 – Nomura Shôken-Fall; Distriktgericht Tokio, Urt. v. 5. 11. 2003, Rôdô Hanrei Vol. 867, S. 19 – Kanematsu-Fall; Distriktgericht Nagoya, Urt. v. 22. 12. 2004, Rôdô Hanrei Vol. 888, S. 28 – Okatani Kôki-Fall.

seln.[54] Als Sanktion verhängten die Gerichte hier hohe Schmerzensgelder als Ausgleich für eine begangene Persönlichkeitsrechtsverletzung.

Ein genereller Anspruch auf Einstufung in eine andere Gehaltsgruppe wird von den Gerichten hingegen grundsätzlich nicht angenommen.[55] Merkwürdig mutet vor diesem Hintergrund die Entscheidung im „Shiba Shinyô Kinko-Fall"[56] an, in dem das zuständige Gericht befand, daß die Klägerinnen in die mittlere Entgeltstufe („Fukusanji") einzuordnen seien und die beklagte Bank die erlittenen Lohneinbußen auszugleichen habe. Zuvor war von den Klägerinnen dargelegt worden, daß alle männlichen Kollegen, die über einen gleichwertigen Schulabschluss und eine ebenso lange Betriebszugehörigkeit verfügten, zu dieser Gehaltsstufe aufgestiegen waren – die Frauen hingegen von diesem innerbetrieblichen Aufstieg ausgeschlossen blieben. Die Einordnung aller männlichen Arbeitnehmer in die mittlere Entgeltstufe war dabei zurückzuführen auf eine frühere Anordnung der Arbeitskommission, die im Hinblick auf eine Diskriminierung wegen Gewerkschaftstätigkeit in besagtem Unternehmen erging und eine entsprechende Zuordnung zu der mittleren Entgeltstufe vorsah. Nur vor diesem Hintergrund lässt sich die Entscheidung des Obergerichts Tokio letztlich nachvollziehen.

bb) Einführung des Begriffs der „mittelbaren Diskriminierung"?

Trotz der raschen Entwicklung hin zu einer Gleichbehandlung von Frauen und Männern, konnte sich der Begriff der „mittelbaren Diskriminierung" bislang nicht in Japan etablieren. Aus dem Umfeld des Ministeriums für Arbeit und Soziales wurden jedoch Überlegungen laut, wonach man in Erwägung ziehe, auch mittelbare Diskriminierungen in das ChancenGG aufzunehmen und zu verbieten. Als mittelbare Diskriminierung könnte danach auch die Kursunterteilung in „allgemeinen" und „synthetischen Kurs" anzusehen sein, weil von Arbeitnehmern im „synthetischen Kurs" eine erhöhte Bereitschaft zu räumlicher Veränderung erwartet wird – was wiederum bei Frauen mit familiären Bindungen letztlich häufig dazu führe, daß sie auf eine Beschäftigung im „synthetischen Kurs" verzichten müssten.[57]

---

54 Im „Nomura Shôken-Fall" und im „Okatani Kôki-Fall" existierte die Möglichkeit eines Kurswechsels; das Prüfungserfordernis für einen Wechsel wurde allerdings als zweifelhaft angesehen, weil die Arbeitnehmerinnen ohne vorherige Erlaubnis ihres Vorgesetzten nicht an dieser Prüfung teilnehmen durften. Im „Kanematsu-Fall" hingegen gelangte das Gericht zu der Überzeugung, daß tatsächlich die Möglichkeit eines Kurswechsels bestand.

55 Die Gerichte befinden bei einer Diskriminierung bei Beförderungen i.d.R. auf Schadensersatz wegen unerlaubter Handlung, der den entsprechenden Lohnunterschied ausgleichen soll; vgl. Distriktgericht Ôsaka, Urt. v. 28. 3. 2003, Rôdô Hanrei Vol. 898, S. 40 – Sumitomo Kinzoku-Fall; Distriktgericht Tokio, Urt. v. 9. 1. 2003, Rôdô Hanrei Vol. 846, S. 10 – Syôwa Shell Sekiyu-Fall; Distriktgericht Ôsaka, Urt. v. 20. 11. 2000, Rôdô Hanrei Vol. 797, S. 15 – Syôkô Kumiai Tsyûô Kinko-Fall; Distriktgericht Tokio, Urt. v. 4. 7. 1990, Rôdô Hanrei Vol. 565, S. 7 – Syakai Hoken Shinryô Hôsyû Siharai Kinko-Fall.

56 Obergericht Tokio, Urt. v. 22. 12. 2000, Rôdô Hanrei Vol. 796, S. 5.

57 Ministerium für Arbeit und Soziales (Kôsei Rôdô Shô), Bericht der Kommission für Gleichbehandlung von Männern und Frauen im Beruf vom 22.6.2004 (Danjo Koyô Kikai Kintô Seisaku Kenkyûkai Hôkokushô). Die „mittelbare Diskriminierung" ist jetzt im § 7 des ChancenGG geregelt,

c) Diskriminierung wegen des Alters oder einer Behinderung

In Japan gibt es noch kein Verbot der Diskriminierung wegen des Alters, was unter anderem darauf zurückzuführen ist, daß es in einem gewissen Widerspruch zu dem in Japan traditionell etablierten Senioritätsprinzip steht.[58]

Wichtige Vorschrift ist die, wonach Arbeitnehmer mit dem Erreichen eines bestimmten Lebensalters aus dem Arbeitsleben ausscheiden. § 8 des Beschäftigungsförderungsgesetzes für ältere Arbeitnehmer sieht diesbezüglich eine Altersgrenze von 60 Jahren vor. Allerdings wurde im Jahre 2001 die Pflicht des Arbeitgebers begründet, alles zu versuchen, um Arbeitnehmern – unabhängig von ihrem Alter – gleiche Beschäftigungschancen einzuräumen (§ 7 des Arbeitsförderungsgesetzes). Aufgrund dieser Vorschrift hat das Ministerium für Arbeit und Soziales per Verordnung Altersbegrenzungen bei Stellenausschreibungen untersagt.[59]

Hinsichtlich behinderter Menschen statuiert das Beschäftigungsförderungsgesetz – in Anlehnung an das deutsche Schwerbehindertengesetz – je nach Unternehmensgröße eine entsprechende Beschäftigungspflicht des Arbeitgebers. Darüber hinaus gehende Regelungen zum Schutz behinderter Menschen existieren in Japan – anders als in Deutschland – nicht. Das japanische Beschäftigungsförderungsgesetz für Behinderte verfolgt ausschließlich arbeitsmarktpolitische Ziele. Im Jahre 2004 ist das Verbot der Diskriminierung wegen einer Behinderung in das allgemeine Behindertengesetz (Syôgaisha Kihon Hô) aufgenommen worden, wobei die Rechtsfolgen im Falle eines Verstoßes unklar sind (vgl. § 3 Abs. 3 des allgemeinen Behindertengesetzes).

3. Zwischenergebnis

Das Antidiskriminierungsrecht entwickelt sich in Deutschland unter dem Einfluss europäischer Rechtsetzung. Anders als bislang noch in Japan, gilt in Deutschland ein weiter Diskriminierungsbegriff, der auch die sog. „mittelbaren Diskriminierungen" einschließt. In Japan hingegen konnten sich bisher auch das Verbot der Diskriminierung wegen des Alters oder einer Behinderung nicht recht durchsetzen – ein umfassendes Antidiskriminierungsgesetz existiert nicht.

In Deutschland ist allerdings eine starke Zurückhaltung zu verzeichnen, wenn es darum geht, die festgestellten Verstöße gegen Diskriminierungsverbote auch entsprechend zu ahnden. Als Rechtsfolge eines Verstoßes gegen den Gleichbehandlungsgrundsatz sieht § 611a BGB beispielsweise nur eine angemessene Entschädigung vor. In der Literatur wird sogar vertreten, daß selbst diese Rechtswirkung zu

---

aber ihre Reichweite soll von einer Verordnung des Ministeriums für Arbeit und Soziales strikt begrenzt werden.

58 *Sakuraba*, Die Eigenständigkeit der Diskriminierung wegen des Alters (5) [Nenreisabetsukinshi no Sabetsuhôri to shite no Tokushitsu], Hôgaku Kyôkai Zasshi Vol. 122–9 (2005), S. 1477, 1540.

59 Verordnung des Ministeriums für Arbeit und Soziales vom 12. 9. 2001, Nr. 295.

weit gehe und allenfalls das Recht der Ordnungswidrigkeiten rechtssystematisch zur Regelung dieser vom Erfordernis des Vertretenmüssens des Entschädigungspflichtigen losgelösten Materie geeignet sei. In Japan dagegen wird u.U. sogar die Einordnung in eine höhere Gehaltsstufe angeordnet.

Nicht übersehen wird dabei, daß in Japan die Arbeitskommissionen flexible Anordnungen bei Diskriminierungen wegen Tätigkeit in einer Gewerkschaft treffen können. Vor diesem Hintergrund lassen sich möglicherweise auch die insgesamt flexibleren Rechtsfolgen bei Diskriminierungen erklären, da die Praxis der Arbeitskommissionen auf das gesamte System „ausstrahlt".

V. Gemeinsamkeiten und Unterschiede zwischen Deutschland und Japan

1. Gemeinsamkeiten

Grundsätzlich ähneln sich die arbeitsrechtlichen Systeme beider Länder. Sie fußen auf den Säulen des individuellen und des kollektiven Arbeitsrechts. Das Antidiskriminierungsrecht wurde jeweils noch nicht zu einem eigenständigen Teil des Arbeitsrechtssystems fortentwickelt. Die Vertragsfreiheit der Individualparteien ist im Arbeitsrecht stark eingeschränkt. Davon zeugt insbesondere auch die strenge gerichtliche Überprüfung von Kündigungen und Befristungen des Arbeitsverhältnisses. Das Gericht überprüft darüber hinaus den Inhalt von Arbeitsverträgen, um den Arbeitnehmer vor unangemessenen Benachteiligungen zu schützen.

Im Bereich des kollektiven Arbeitsrechts lehnt sich das japanische Tarifvertragsrecht an das deutsche an. Die Bestimmungen des Tarifvertrages zu den Arbeitsbedingungen haben normative und zwingende Wirkung, obwohl die Gewerkschaften in Japan für jedes Unternehmen gesondert gegründet werden.

2. Unterschiede

a) *Die Relativierung des Gegensatzes zwischen Öffentlichem Recht und Privatrecht in Japan*

Bei aller Ähnlichkeit zwischen den Arbeitsrechtssystemen beider Länder ist jedoch festzustellen, daß das japanische System flexibler auf wirtschaftliche und soziale Veränderungen reagiert, während seitens der deutschen Arbeitsrechtler weitgehend am traditionellen System festgehalten wird. Als Beispiele wurden hier das Arbeitsmarkt- und das Antidiskriminierungsrecht näher beleuchtet.

Ein Grund für die Entwicklung des japanischen Arbeitsmarktrechts könnte dabei in der Relativierung zwischen Öffentlichem Recht und Privatrecht zu sehen sein. In Deutschland wird das Arbeitsmarktrecht als rein öffentlichrechtliche Materie von der Arbeitsrechtslehre ausgeblendet, wohingegen sich das Arbeitsmarktrecht in Japan zu einem eigenständigen Forschungsgebiet (als Teil des nunmehr quasi von drei Säulen getragenen Arbeitsrechtssystems) entwickelt hat. Die Relativierung des Gegensatzes zwischen Öffentlichem Recht und Privatrecht hat allerdings eine Reihe von Fragen hinsichtlich der Rechtsfolgen arbeitsmarkt-rechtlicher Vorschriften aufgeworfen.

b) Der Einfluß des amerikanischen auf das japanische Arbeitsrecht

Mit der Reform des ChancenGG gewann der Gedanke der Gleichbehandlung von Frauen und Männern im Berufsleben erheblich an Bedeutung. Zwar gilt in Japan ein engerer Diskriminierungsbegriff als in Deutschland – die Rechtsfolgen, die den Diskriminierenden gegebenenfalls treffen, gehen aber dennoch in Japan deutlich weiter. Der Verletzte kann nicht nur eine Entschädigung verlangen, sondern etwa auch die Einordnung in eine höhere Gehaltsgruppe.

Zurückzuführen sein könnte dieser erweiterte Schutz bei Diskriminierungen auf die Existenz der Arbeitskommissionen, die unter dem Einfluß des amerikanischen Arbeitsrechts eingerichtet wurden. Zwar fallen Streitigkeiten wegen geschlechtsspezifischer Diskriminierung gar nicht in den Zuständigkeitsbereich der Arbeitskommissionen, deren Entscheidungen im Übrigen auch durch die Gerichte vollständig überprüfbar sind, dennoch könnten die Erfahrungen mit den Arbeitskommissionen eine grundsätzlich flexiblere Handhabung des gesamten Antidiskriminierungsrechts nach sich ziehen.

c) Das Problem in bezug auf atypische Arbeitsverhältnisse

In Japan wird mehr Aufmerksamkeit auf die unterschiedlichen Arbeitsbedingungen von Festangestellten und atypisch Beschäftigten gerichtet, da dieser Unterschied hier eklatanter zutage tritt als in Deutschland.

Für die zukünftige Entwicklung kommt es entscheidend auf die Beantwortung der Frage an, ob der Grundsatz „Gleicher Lohn für gleiche oder gleichwertige Arbeit“ und der Begriff der „mittelbaren Diskriminierung“ eingeführt werden.

VI. Schluß

Die Gemeinsamkeiten und Unterschiede zwischen dem deutschen und dem japanischen Arbeitsrechtssystem spiegeln die Entstehungsgeschichte des Arbeitsrechts sowie das Arbeitsleben in beiden Ländern wider. Ob beide Systeme sich unter dem Druck der Globalisierung immer weiter angleichen oder ihre Eigenständigkeit bewahren werden, bleibt abzuwarten.

§20 労働法の体系にみる法の同化
——日本とドイツの共通点と相違点——

橋本陽子

目次

I. はじめに

ドイツでは、ワイマール時代にフック/ニッパーダイ[1]が確立した個別的労働法と集団的労働法から成る労働法の体系が、現在でも堅持されている。個別的労働法とは、個々の労働者と使用者との労働契約関係を規律する法規制を指し、集団的労働法とは、労働者の団体である労働組合あるいは事業所委員会の権限及び集団的協定の効力を規律する法規制を指す。個別的労働法に属する法律には、民法典の雇用契約に関する規制、解雇制限法及びパートタイム労働・有期労働契約法等の労働契約法のほかに、営業法及び労働時間法のような州の労働監督官庁の行政監督によって履行が担保される労働保護法をあげることができる。これらの規定はほぼすべてが強行法規である。集団的労働法に属する法律は、労働協約法と事業所組織法である。

日本の労働法の体系は、ドイツに倣って形成されたため、スタンダードな体系書[2]が示すとおり、日本でも個別的労働法と集団的労働法という区別は一般に行われており、労働基準法が前者の、労働組合法が後者の基本法である。現在は、労働保護法として出発した労働基準法から契約法的規制を別個の民事法として立法するための労働契約法の立法作業[3]が厚生労働省を中心に進められている。

しかし、1) 経済のグローバル化による規制緩和の圧力と 2) その背景となった失業の増大という経済状況の変化、及び 3) アメリカ由来の差別禁止のイデオロギーの普及、という日独双方が共通して経験した変化に対して、日本の労働法学が従来の労働法の体系を柔軟に改編する方向を示していることと比べると、ドイツではなお個別的労働法と集団的労働法から成る体系に固執しているようにみえる[4]。

本稿では、このような日独労働法学の共通点と相違点を検討する。

II. 個別的労働法と集団的労働法

1. ドイツ

a) 個別的労働法——とくに非典型労働関係について

1972 年に労働者派遣法（AÜG）が制定され、これまでは派遣企業による搾取を防止するため禁止されてきた業としての労働者派遣が合法化された。当初は、

---

1 *Hueck/Nipperdey*, Lehrbuch des Arbeitsrechts, 1.-2. Aufl., Bd. 1, 1928; Bd. 2 , 1930. 最後の第 7 版第 2 部第 2 巻は、1970 年に出版された。

2 菅野和夫『労働法（第 7 版）』（2005）。

3 厚生労働省「今後の労働契約法制の在り方に関する研究会報告書」（平成 17 年 9 月 15 日）。労働契約法は、解雇権濫用法理（労基法 18 条の 2）、有期労働契約の規制（労基法 14 条）及び労働条件明示義務（労基法 15 条）などの契約法的規制を労基法から取り出して純粋な民事法とするだけでなく、判例によって形成されてきた労働契約法理（例えば、就業規則の不利益変更法理（秋北バス事件・最大判昭和 53·12·25 民集 45 巻 8 号 1270 頁）や配転法理（東亜ペイント事件・最判昭和 61·7·14 労判 477 号 6 頁））の明文化も目的としている。

4 労働法上の紛争処理手続も、両国において、労働法体系の独立した 1 編を構成しているが、本稿では触れない。

派遣の期間及び事由が厳しく制限されていたが、次第に緩和され、2002年の第1ハルツ法によって、労働者派遣独自の有期労働契約の正当事由は不要とされ、有期労働契約に関する一般法であるパートタイム労働・有期労働契約法（TzBfG）が労働者派遣にも適用されることとなった。

有期労働契約の締結は、判例によって厳しく制限されていたが、1985年の就業促進法（BeschFG）によって、正当事由の不要な18ヶ月を上限とする労働契約の期限設定が許容されることとなった。現在では、正当事由の不要な有期労働契約の上限は2年まで延長され、新規開業企業において上限は4年、さらに、52歳以上の高齢労働者については、かかる上限は存在しない（TzBfG14条2項ないし4項）。

このように、非典型雇用は、次第に法認されるようになり、これは、「標準的労働関係」の崩壊としてしばしば論じられている。しかし、日本と比較すると、正規雇用と非正規雇用の労働条件の格差はそれほど重大ではない。これは、産業横断的労働協約によって、労働条件の均一化が図られているからであろう。パートタイム労働者は、単に比較しうるフルタイム労働者よりも労働時間が短い者を意味するに過ぎない。教科書においても、非典型雇用の問題についてはあまり議論されていない[5]。

b) 集団的労働法

現在、ドイツでは労働条件決定レベルの分権化が労働法の最重要テーマとなっている。産業横断的な労働協約によって労働条件の柔軟化が妨げられ、高い労働コストがドイツ経済の競争力を弱めているので、企業レベルに設置される事業所委員会に労働条件決定権限を委譲すべきである、という議論が行われている。現行法では、労働協約法4条3項及び事業所組織法77条3項により、労働協約と異なる定めは、より有利な個別契約か（「有利原則」）、労働協約の明示の規定がある場合にのみ事業所協定によって合意することができる（「協約の開放条項」）。判例によれば、使用者が経営上の理由による解雇を放棄する代わりに、労働者が労働時間の延長を受け入れる合意は、相互に客観的な関連性を欠くという理由で、有利原則の比較の対象とはならず、許容されない[6]。2003年にCDU/CSUは、雇用保障の約束と引き換えの労働条件の不利益変更を合法化するために、いわゆる「法定の開放条項」法案を提出した[7]。これに対して、学説では、組合の同意がある場合にのみ、協約よりも不利益な労働条件が許容されるべきである、と主張されている[8]。

---

5 *Hromadka/Maschmann*, Arbeitsrecht Band 1, 3. Aufl., 2005では、有期労働契約とパートタイム労働が「第4章労働契約の形式」で解説されているが、労働者派遣については説明がされていない。

6 「ブルダ決定」（連邦労働裁判所1999年4月20日決定、BAGE 91, 210）。

7 BT-Drucks. 15/1182.

8 *Dieterich/Hanau/Henssler/Oetker/Wank/Wiedemann*, Empfehlung zur Entwicklung des Tarifvertragsrechts, Recht der Arbeit (RdA) 2004, S. 65, 70.

2. 日本

a) 個別的労働法——とくに非典型雇用について

日本では、労働市場の二重構造という言葉がしばしば用いられる、これは、以前は大企業と中小企業の労働条件の格差を意味していたが、最近では、正規雇用（正社員）と非正規雇用（パート、派遣など）の労働条件の格差を指す場合が多い。非正規労働者の数は一貫して増加しており、2006 年度には全労働者の約 32%を占めている[9]。日本では、近年能力主義的人事管理が取り入れられつつあるものの、未だ賃金は、従業員の年齢、勤続年数や扶養義務によって決定される部分が大きいので、同一（価値）労働同一賃金の原則が確立しているとはいえない[10]。パートタイム労働者の平均年収は、正社員の約 60%である[11]。

現在、正規雇用と非正規雇用の労働条件格差の是正が、重要な課題となっている。丸子警報機事件[12]では、正社員と同じ仕事に従事しているパートタイム労働者の賃金は、正社員の 80%を下回ってはならない、という判断が下されたが、その後の日本郵便逓送事件[13]では、同じ仕事に従事している正社員と臨時社員の約 30%の賃金格差が適法と認められた。日本郵便逓送事件は、原告が男性であるという点を除けば、ほぼ丸子警報機事件と同一の事案であったが、賃金額は契約自由の原則に基づき交渉により決定されるべきである、と述べている。

有期労働契約及び労働者派遣の法規制は、次第に緩和され、2003 年改正により、有期労働契約の上限は従来の 1 年から 3 年に引き上げられ、労働者派遣はほぼすべての事業について許容されることになった。

教科書では、非典型雇用には 1 節が割り当てられ、詳細に検討されている[14]。

b) 集団的労働法

労働組合法における労働協約に関する規制は、ドイツの労働協約法に倣ったものである。労働協約の規範的部分（労働条件に関する規制）は、強行的・直律的効力を持つ（労働組合法 16 条）。他方、労基法には、89 条以下において就業規則に関する規制がある。就業規則によって、使用者は一方的に賃金額や労働時間の長さといった基本的な労働条件を決定することができる。就業規則も、強行的・直律的効力を持ち、個々の労働者が就業規則の内容に同意したか否かを問わず、労働契約の内容となる[15]。日本では、労働組合は企業ごとに組織され、またドイツの事業所組織法 77 条 3 項のような協約と就業規則の管轄分配を定めた規制はないので、実際には、労働協約と就業規則の内容は重複する。

---

9 総務省「労働力調査」。
10 菅野（前掲注 2）180 頁。
11 2002 年度において、パートタイム労働者と正規雇用労働者の年収格差は、男性で 39.1%、女性で 53.2%である（厚生労働省『平成 16 年労働経済白書』207 頁）。
12 長野地裁上田支判平成 8·3·15 労判 690 号 32 頁。
13 大阪地判平成 14·5·22 労判 830 号 22 頁。
14 菅野（前掲注 2）第 3 編第 3 章第 3 節「非典型の労働関係」（65–191 頁）。
15 秋北バス事件・最大判昭和 43·12·25 民集 22 巻 13 号 3459 頁。

判例により、就業規則による労働条件の不利益変更法理が形成され、使用者側の経営上の必要性と、労働者の被る不利益が比較衡量され、不利益変更の合理性が判断される[16]。使用者と労働組合又は従業員集団との協議過程も合理性判断において重視される[17]。

3. 小括

日本の労働法は、ドイツの体系に倣って、個別的労働法と集団的労働法から構成されている。しかし、労使関係制度は、ドイツの組合が産別組合であるのに対して、日本は企業別組合であるという重大な相違がある。したがって、硬直的な産業横断的労働協約によって、個々の企業の実情に根ざした柔軟な労働条件決定が妨げられている、というドイツの問題は日本では生じない。企業別組合は、個々の企業の実情に合致した柔軟な解決を可能としている[18]。

日本では、労基法その他の法律において明示的に許容される場合に、多数労働組合又は過半数代表者との労使協定により、労基法の規制から逸脱することが可能である。現在、労使協定を締結する労働者代表として、ドイツの事業所委員会に相当するような常設の従業員代表委員会を導入することが議論されている[19]。しかし、企業別組合とかかる従業員代表委員会との関係をどのように整理するのかははっきりしない。

III. 雇用政策（労働市場）法

1. ドイツ

ドイツでは、1969 年の雇用促進法（1998 年に社会法典第 3 編として社会法典に編入された）に基づき、連邦雇用庁（現：連邦雇用エージェンシー）が設置され、失業者に対する生活保障を任務とする消極的労働市場政策から失業予防を重視する積極的労働市場政策へと転換した。ドイツでは、失業者の再訓練措置、中高年労働者の雇用促進のための法規制が社会法典第 3 編という単一の法律にまとめられている点は、単に形式の問題であるだけではなく、公法に分類される雇用政策法は、私法である労働法学の対象ではない、という理解を導いているようである。労働法学者の雇用政策法に対する関心は低いように思われる。社会法典第 3 編に関する紛争は、労働裁判所ではなく、社会裁判所が管轄を有する点もこのことと関係しているかもしれない。

16　最近の最高裁判決として、みちのく銀行事件・最判平成 12・9・7 民集 54 巻 7 号 2075 頁。
17　多数組合の同意が、不利益変更の合理性判断にあたって重視される、という見解として、荒木尚志『雇用システムと労働条件変更法理』(2001) 267 頁。
18　*Wank*, Die Änderung von Arbeitsbedingungen – Vergleich mit dem japanischen Recht, RdA 2005, S. 271, 284.
19　厚生労働省（前掲注 3）17 頁以下。

社会法典第3編の規制は、私法的効力を持たない。社会法典第3編2条2項2号は、使用者は解雇を防止するための措置を講じなければならない、と定めるが、この規制は使用者に何らかの法的義務を課すものではない、と解されている[20]。

労働者派遣法は、公法と私法の両方の性格を持つ法律である。同法は、労働者派遣を行うための許可要件として派遣企業に詳細な公法上の義務を課しているが、これらの義務に違反した場合、派遣元企業と派遣先企業との間の契約、及び派遣元企業と派遣労働者との労働契約は無効となる旨の私法上の効力も明記している（AÜG9条1号）。

2. 日本

日本でもドイツに倣って、1970年代に積極的労働市場政策への転換が行われ、1979年に雇用保険法に「雇用改善等3事業」が導入された。しかし、雇用保険法は、雇用促進立法の包括的な法律へと発展することなく、雇用政策法の総則としての役割は、1966年に制定された雇用対策法が担った。そのほか、職業安定法、高年齢者雇用安定法、職業能力開発促進法及び地域雇用開発促進法が重要な雇用政策法としてあげられる。また、障害者雇用促進法も、日本では、雇用政策法に分類されよう。

労働者派遣法も、従来は職安法において労働者供給として禁止されてきた三者間の労務供給契約を一定の要件で合法化したものであるので、まずは雇用政策法に分類しうるが、ドイツと異なり、その私法上の効力は明確ではない。裁判所は、当時労働者派遣が禁止されていた運転手の派遣契約の効力が争われた北斗エンジニアリング事件[21]において、労働者派遣の許可を得ていないということから直ちに派遣元と派遣先の契約が無効とはならないが[22]、派遣期間満了後、派遣労働者を派遣先が雇い入れる場合に違約金を支払う旨の約定は、かかる約定を禁じる派遣法33条の私法上の効力を認めて、無効と判断した。

ドイツと同じく、雇用政策法は、国による雇用政策の実施の根拠法であるが、近年では、教科書においても、「労働市場法」として、個別的労働法と集団的労働法と並ぶ新たな1編として労働法学の検討対象となっている[23]。この分野は、「労働市場における労働者の構造的劣位を改善し、その職業上の発展を促進する」法と定式化できよう[24]。現在、日本の終身雇用の慣行が揺らいでいるので、労働市場を通じた雇用保障の必要性が重要な課題であると認識されている[25]。

---

20 *Niesel*, SGB III, 2. Aufl., 2002, § 2 Rdn. 3.
21 東京地判平成9年11月26日判時1646号106頁。
22 判例によれば、適法な請負と違法な労働者供給を区別する職安法44条も私法上の効力を否定されている。
23 菅野（前掲注2）第2編「労働市場の法」（29–62頁）。
24 企業ではなく労働者個人のサポートを強調した見解として、森戸英幸「雇用政策法——労働市場における『個人』のサポートシステム——」日本労働法学会誌103号（2004）3頁以下。
25 諏訪康雄「キャリア権の構想をめぐる一試論」日本労働研究雑誌468号（1999）54頁。

3. まとめ

ドイツと異なり、雇用政策に対する日本の労働法学者の関心は高い。労働市場法（雇用政策法）は、労働法の体系を構成する新たな柱として把握されている。日本では、公法と私法の対立が貫徹していないので[26]、雇用政策法の規制については、しばしばその私法上の効力の有無が議論されている。

IV. 差別禁止法

1. ドイツ

a) 性別を理由とする差別

ドイツでは、使用者の負う労働契約上の配慮義務の 1 つとして、平等取扱原則(Gleichstellungsgrundsatz)が認められてきた。この平等取扱原則は、契約自由の原則の制約として、任意的な効力しか認められてこなかったが、1970 年代以降、EC 法の発展により、強行法規として、民法典 611a 条の男女差別禁止規定が新設された後、2000 年には正規従業員との平等取扱原則を定めるパートタイム労働・有期雇用労働法が制定され、さらに 2002 年には正規従業員と派遣労働者との平等取扱義務も導入されている(AÜG9 条 2 項)。そのほか、強行規定としての差別禁止規定としては、国籍(EC 条約 39 条)、組合活動(基本法 9 条 3 項)及び事業所委員会の活動(BetrVG37 条・38 条)がある。そして、EU の一般的差別禁止指令等[27]の国内法への転換のために、2004 年末の差別禁止法案[28]に続き、政権交代後の 2006 年 5 月には、一般均等待遇法案[29]が提出され、2006 年 8 月 14 日に可決され、同年 8 月 18 日に施行された。一般均等待遇法では、人種、民族、性別、宗教、世界観、障害、年齢及び性的志向による「差別」ではなく、「不利益」が禁止されている。なお、EU では、使用者の差別的意図に基づく直接差別だけでなく、「正当な理由なく、一見中立的な規定、基準又は手続によって、一方の性に属する者の多くが不利益を被る」場合に、間接差別が成立することが認められている[30]。

これらの EC 指令は、平等取扱原則違反に実効的な、抑止効果をもつ相当な制裁をおくことを定める[31]。BGB 611a 条は、1978 年に雇用契約法に導入され、制裁として損害賠償義務を定めていたが、損害賠償請求権は信頼利益に限定されてい

26 塩野宏『行政法 I（第 4 版）』（2005）27 頁以下。
27 2000 年 6 月 29 日 EC 指令 2000/43 号(ABlEG Nr. L 180, S. 22)、2000 年 11 月 27 日 EC 指令 2000/78 号(ABlEG Nr. L 303, S. 16)及び 2002 年 9 月 23 日 EC 指令 2002/73 号(ABlEG Nr. L 269, S. 15)。
28 BT-Drucks. 15/4538.
29 BT-Drucks. 16/1780 und 16/2022.
30 2000 年 6 月 7 日の EC 理事会による EC 指令 76/207 号の改正提案（KOM (2000) 34 endg.）。
31 Art. 15 RL 2000/43/EG, Art. 17 RL 2000/78/EG, Art . 8d II RL 2002/73/EG:

たため、EC 裁判所によって、不十分であると宣言された[32]。その後の判決において、EC 裁判所は、差別的行為の制裁の要件として、使用者の過失は不要である、と述べた[33]。1994 年に改正された BGB 611a 条は、不利益を受けた求職者が、月給の 3 か月分、あるいは複数の請求権が存する場合には 6 か月分までの補償金請求権を有する旨定めたが、依然としてこの要件として使用者の帰責性が必要とされた。これに対して、EC 裁判所は、Draehmpaehl 事件[34]において、損害賠償請求権の要件としての使用者の帰責性と賠償額の上限は EU 法に合致しない、と述べた。Draehmpaehl 判決への対応として、1998 年に BGB 611a 条は現在のように改正され、差別ゆえに当該ポストを得られなかった資格を満たす求職者には相当の損害賠償請求権が認められることになった。3 か月分の給与相当額という上限は、差別がなかったとしても資格不足を理由に当該ポストを得られなかったであろう求職者にのみ適用されることとなった。

学説では、EU 法の要請は、行為者の帰責性を要件とするドイツの損害賠償法理と調和しないことが指摘されており、差別禁止違反の制裁を私法上の損害賠償請求権ではなく、秩序違反の法に委ねることが主張されている[35]。

このように、ドイツにおける差別禁止法理に対する態度は消極的と評価してよいように思われる。差別禁止の紛争ももっぱら採用差別の事例に集中しており、昇進昇格差別は争われていないようである[36]。

b) 年齢及び障害を理由とする差別

EC 指令 2000/78 号及び一般均等待遇法 1 条は、年齢及び障害差別を禁止している。従来は、労働能力の低下に対する保護は、雇用政策法または労働保護法の任務であり、年齢や障害を理由とする不利益取扱が差別であるとは考えられてこなかった。

年齢差別については、正当事由なしに、52 歳以上の中高年労働者との有期労働契約の締結を許容する TzBfG14 条 3 項が EU 法に合致するかが議論されているが、雇用政策上の理由から、違法ではないという見解が有力であった[37]。しかし、EC 裁判所は、TzBfG14 条 3 項は、中高年の失業者の職業上の編入という目的のために客観的に必要かつ相当な範囲を超え、比例原則に反する違法な年齢差別である、と判断した[38]。

---

32 Colsen und Kamann 事件(EC 裁判所 1984 年 4 月 10 日先決裁定 Rs. C-177/88, Slg. 1984, 1891)、Hartz 事件(EC 裁判所 1984 年 4 月 10 日先決裁定 Rs. C-79/83, Slg. 1984, 1921)。

33 Dekker 事件(EC 裁判所 1990 年 11 月 8 日先決裁定 Rs. C-177/88, Slg. 1990, I-3941)。

34 EC 裁判所 1997 年 4 月 22 日判決(Rs. C-180/95, Slg. 1997, I-2195)

35 *Benecke/Kern*, Die Umsetzung der Eurparechtlichen Richtlinien im deutschen Recht, Europäische Zeitschrift für Wirtschaftsrecht (EuZW), 2005, S. 360, 362–364; *Wank*, EG-Disikriminierungsverbote im Arbeitsrecht, in: *Kobte/Dörner/Anzinger* (Hrsg.), Festschrift für Wissmann (2005), S. 599, 617.

36 昇進差別が争われた事例として、連邦労働裁判所 1991 年 10 月 17 日判決(判例集未搭載、8 AZR 321/90)があるが、当該ポストに女性は望まない、という使用者の発言は認定されなかった。

37 *Preis/Gotthardt*, Neuregelung der Teilzeitarbeit und befristeten Arbeitsverhältnisse, Der Betrieb (DB) 2000, S. 2065, 2072.

38 Mangold 事件(EC 裁判所 2005 年 11 月 22 日先決裁定 Rs. C-144/04 Slg. 2005, I-9981)。

2000 年末の EC 一般指令の公布と同時期に、重度障害者保護法が社会法典第 9 編に編入された。EU 法の新しい準則を考慮するために、法案には、性差別を禁止する BGB 611a 条に倣って、障害者の雇用差別の禁止規定が導入された（社会法典第 9 編 81 条 2 項）。なお、社会法典第 9 編は 2 条 2 項において、障害の程度が 50%以上の者を保護するが、EC 指令及び一般均等待遇法案は、かかる限定を置いていない。

指令 5 条は、使用者に対して、障害を有する者の雇用へのアクセス、職業遂行、職業上の上昇及び教育･継続訓練措置への参加を可能とするような、適切かつ具体的な事例において必要な措置を、かかる措置が使用者にとって不相当な負担とならない限りで、講じる義務を課している（「合理的便宜措置（reasonable accommodation）」）。さらに、指令 7 条は、1 条に掲げる差別に関して、かかる差別事由ゆえに「被る不利益を防止又は補償するような、職業生活における完全な対等を保障するための特別な措置の維持又は導入」を許容する（「ポジティブ・アクション」）。

既に重度障害者法において規制されていた使用者の義務（現・社会法典第 9 編 81 条 1 項 3 項ないし 5 項）、とくに同条 4 項に基づく障害を有する労働者の個別的請求権、及び社会法典第 9 編 83 条に基づく使用者と重度障害者代表との編入協定は、「合理的便宜措置」、そして、伝統的な、障害者の雇用義務（社会法典第 9 編 83 条）は、「ポジティブ・アクション」にあたると解されている[39]。このように、重度身体障害者法以来の伝統的な障害者の保護規制が、障害を理由とする差別という新しい考え方に適合的に整理されている。

2. 日本

a) 組合活動を理由とする差別

日本では、差別からの保護に関する法は、集団的労働法の枠内で、すなわち労働組合法 7 条に基づく不当労働行為として、発展した。不当労働行為の規制は、アメリカ労働法の影響を受けて、1949 年の労働組合法に導入されたものである。不当労働行為にあたる行為としては、組合活動を理由とする差別（労組法 7 条 1 号）のほかに、団体交渉拒否（同条 2 号）、支配介入（同条 3 号）及び労働委員会への救済申立を理由とする不利益取扱（同条 4 号）があるが、労組法 7 条 1 号のみが私法上の効力を有すると解されており、労働者又は組合は、裁判所に差別的な法律行為の無効を訴えることができる[40]。

労働組合法は、不当労働行為の行政救済機関として、民事訴訟手続に準じた手続で審査される労働委員会における救済手続を定めている。労働委員会の救済手続は、中立的な公益委員と労使委員から構成される。労働委員会は、不当労働行

---

39 *Schneider-Sievers*, Gemeinschaftsrechtliche Vorgaben für ein Verbot der Diskriminierung behinderter Menschen, in: *Kohte/Dörner/Anzinger* (Hrsg.), Festschrift für Wissmann (2005), S. 588, 594 f.
40 菅野（前掲注 2）616 頁。

為が存在すると認める場合には、使用者にその是正を命じることができる。かかる労働委員会の救済命令は、司法審査の対象となるが、救済命令の内容に関する労働委員会の裁量は裁判所によって尊重されている[41]。昇進・昇格差別の事案では、昇格を命じることも少なくない。

b) 性別を理由とする差別

aa) 男女雇用機会均等法以後の著しい発展

1985 年に男女雇用機会均等法が制定されるまで、憲法 14 条では男女平等が宣言されていたが、雇用における男女平等を定めた法規制は、労基法 4 条における男女賃金差別のみであった。当時は、女性には時間外労働の上限（旧労基法 64 条の 2）及び深夜労働の禁止（労基法 64 条の 3）が定められていたので、かかる女子保護規定と男女平等は相容れず、とくに賃金に関してのみ、同一労働に従事している男女の賃金差別を禁止したにとどまった。

1985 年の男女雇用機会均等法は、雇用における男女平等を著しく進展させた画期的な立法である。これ以後、企業は、「総合職」と「一般職」の 2 つのコースを設け、女性を総合職として採用するようになった。総合職は、将来の幹部候補であり、全国転勤が義務付けられる場合が多い[42]。

1985 年均等法は、募集・採用・配置・昇進における女性差別の禁止が努力義務にとどまるなど不十分な立法であったが、1997 年改正により、これらの努力義務は強行規定へと転換された。同時に、労基法の女子保護規定は、母性保護（産前産後の就労禁止）を除いて、原則として撤廃されることとなった。

しかし、均等法には差別禁止違反の法律効果が明確に定められていない。均等法改正後、賃金差別訴訟が相次いで提起されている。既に定年まで勤め上げた女性原告らは、女性であるがゆえに単純な事務労働しか割り当てられず、昇格できなかった結果、同期同学歴の男性と著しい賃金格差が生じた、と主張した[43]。裁判所は、これらの事件において、1997 年改正均等法が施行された 1999 年 4 月 1 日からは、男女別コース制は違法であり、企業は、実効的な転換制度を設けない限り均等法違反が成立する、と述べた。均等法違反の効果として、裁判所は、差額賃金相当額の損害賠償請求を否定したが、高額の慰藉料の支払を命じている[44]。

---

41 第二鳩タクシー事件・最大判昭和 52・2・23 民集 31 巻 1 号 93 頁。

42 一般職と総合職のコース別管理が、真に職種や資格の相異を反映しているといえるかについては疑念が提起されている（西谷敏「男女『コース制』の違法性とその救済法理」労働法律旬報 1595 号（2005）18 頁）。

43 野村證券事件・東京地判平成 14・2・20 労判 822 号 13 頁、兼松事件・東京地判平成 15・11・5 労判 867 号 19 頁、岡谷鋼機事件・名古屋地判平成 16・12・22 労判 888 号 28 頁。

44 野村證券事件、岡谷鋼機事件。兼松事件では、転換制度の実効性が認められた。

昇格差別の結果生じた賃金差別について、裁判所は、差額賃金相当額の支払を命じても、昇格を命じることは稀である[45]。しかし、芝信用金庫事件[46]では、課長に対応する副参事の資格にあることの確認請求が認められた。この事件では、原告と同期同学歴の男性が、以前争われた不当労働行為事件において、労働委員会の救済命令に基づき全員副参事に昇格していたという特別の事情があるが、裁判所が、勤続 10 数年で副参事職に昇格することが労基法 13 条にいう「基準」にあたることを認めて、差別の救済として昇格した地位の確認を認めた点は重要である。

bb) 間接差別概念の導入?

日本では、まだ間接差別の概念が導入されていないが、現在、進められている均等法の改正作業において、間接差別の導入が焦点となっている。厚生労働省の報告書では、一般職と総合職のコース制について、全国転勤を課す総合職に結果としてもっぱら男性が採用されることは、家庭責任を負う女性にとって間接差別にあたりうることが指摘されている[47]。

c) 年齢及び障害を理由とする差別

日本では、年齢及び障害を理由とする差別はまだ確立していない。

年齢差別の概念は、伝統的な年功序列制と相容れないものであり、とくに、日本では定年制が普及しており、一定年齢での退職を強制する定年制は、他方で、定年までの雇用保障を意味することから、容易に廃止すべきものでもない[48]。高年齢者雇用安定法 8 条は、定年年齢を 60 歳と定めることを義務付けている。他方で、雇用情勢の悪化を背景に、2001 年に、雇用対策法 7 条に、使用者に対して、年齢に関わらず均等な雇用機会を提供するよう努力する義務を課す規定が導入された。

障害を有する労働者については、ドイツに倣った障害者雇用促進法において、企業規模に応じた障害者の雇用義務が定められている。障害者雇用促進法には、その他の障害者の保護規定はなく、純粋な雇用政策法であるといえる。他方で、2004 年には障害者基本法 3 条 3 項に、障害を理由とする差別を禁止する規定が導入されたが、この法律効果は明らかではない。

---

45 改正均等法以前は、昇格差別は公序良俗（民法 90 条）違反による不法行為を構成することが認められていた。差額賃金相当額の損害賠償額を認容した判決として、住友金属工業事件・大阪地判平成 17・3・28 労判 898 号 40 頁、昭和シェル石油事件・東京地判平成 15・1・29 労判 846 号 10 頁、商工組合中央金庫事件・大阪地判平成 12・12・22 労判 797 号 15 頁、シャープエレクトロニクスマーケティング事件・大阪地判平成 12・2・23 労判 783 号 71 頁、塩野義製薬事件・大阪地判平成 11・7・28 労判 770 号 81 頁、社会保険診療報酬支払基金事件・東京地判平成 2・7・4 労判 565 号 7 頁。

46 東京高判平成 12・12・22 労判 796 号 5 頁。

47 厚生労働省「男女雇用機会均等政策研究会報告書」平成 16 年 6 月 22 日。改正均等法は 2006 年 6 月 15 日に成立し、2007 年 4 月 1 日から施行される予定である。間接差別は第 7 条に規制されることになった。

48 櫻庭涼子「年齢差別禁止の差別法理としての特質——比較法的考察から得られるもの——（5・完）」法学協会雑誌 122 巻 9 号（2005）1540 頁以下。

3. 小括

ドイツでは、EU 法の影響により、差別禁止法が発展し、包括的な差別禁止法（均等待遇法）が制定されようとしている。日本よりも違法とされる差別（不利益）の概念は広いが、差別禁止違反の法的効果は、日本よりも消極的に解されている。BGB 611a 条は、性別を理由とする採用・昇進差別に対する救済として、損害賠償を定めているが、これは行き過ぎであり、秩序違反の制裁にとどめるべきである、という見解が主張されている。これに対して、日本では、昇格差別の結果生じた賃金格差が賃金差別として救済され、場合によっては、昇格した地位の確認請求が認められることもある。差別禁止違反に対して、より柔軟な救済が命じられうる、といえよう。

V. 日独の共通点と相違点

1. 共通点

両国の労働法の体系は、個別的労働法と集団的労働法から構成され、個々の労働者と使用者との間の個別的労働関係では、契約自由の原則は、判例法理も含む法規制によって大幅に縮減されている。労働組合がドイツでは産別に組織され、日本では企業別に組織されているという労使関係制度の重要な相違はあるが、労働協約には規範的効力が認められているという点で集団的労働法の骨格も同一である。

2. 相違点

a) 日本における公法と私法の相対化

ドイツが個別的労働法と集団的労働法から成る労働法の体系を維持し、労働法学者の研究領域も従来の体系に含まれる規制の検討に限定されているのに対して、日本では、雇用政策法（労働市場法）を新たな分野として従来の労働法体系に付け加える動きが見られる。このような日独の相違の原因としては、ドイツ法における私法と公法の厳密な区別が日本に根付かず、純粋な公法に分類される雇用政策立法についても、学説の関心が向けられているからではないか、と考えられる。公法と私法が厳格に区別されていない点は、立法技術にも表れており、雇用政策法と個別的労働法の両方の性格を有する労働者派遣法について、ドイツでは、私法上の効力が明文化されているのに対して、日本では明示されていないため、解釈で争われている。

b) 日本におけるアメリカ労働法の影響

次に、日独両国において、まだ体系上独立した地位を占めるには至っておらず、個別的労働法の一部と位置づけられるものの、差別禁止法が発展しつつある点は、労働法が形成された 20 世紀前半と比較した重要な変化である。禁止される差別の範囲はドイツのほうが広いが、差別禁止の救済においては、ドイツよりも日本の方が寛大である点は興味深い相違点であろう。この相違点は、戦後 GHQ の管理下で立法された労働組合法が、不当労働行為を禁止し、労働委員会という独自の救済機関を設置した点に見られるように、日本に及ぼしたアメリカ労働法の影響に帰すことができよう。柔軟な救済命令を発することができる労働委員会の実務が、差別禁止の救済を柔軟に図る考え方の素地になっているのではないかと考えられる。

c) 非典型雇用の問題

産別組合と企業別組合という労使関係制度の相違に加えて、非典型雇用の問題も、両国の労働生活の実態を反映する相違点として指摘する必要がある。ドイツよりも深刻な正規雇用と非正規雇用の労働条件の格差の是正は、日本の労働法学の重要な課題となっている。ここでは、同一（価値）労働同一賃金原則と間接差別の概念の導入が、鍵となろう。

VI. むすび

日独労働法の体系における共通点と相違点は、両国における法の歴史と労働生活の実態を反映している。グローバル化の圧力の下で、両国の労働法がより同化していくのか、あるいはその独自性を維持していくのかどうか、今後の展開に注目していきたい。

§ 21 Struktur des Zivilprozeßverfahrens und „Rechtsangleichung“ *

Shusuke Kakiuchi

Übersicht

I. Vorbemerkung

Gibt es überhaupt Erscheinungen, die man „Rechtsangleichung“ nennen kann? Wie sollen solche Erscheinungen beurteilt werden? Es scheint wohl unmöglich, allgemeine Antworten auf diese Fragen zu geben. Eine Antwort läßt sich nur dadurch finden, daß man diese Fragen zuerst für einzelne Rechtsbereiche in einzelnen Ländern untersucht. Das Ziel dieses Beitrags ist es, die Entwicklungen der letzten Jahre in Deutschland und in den USA zu untersuchen, um die Frage zu beantworten, ob es zu einer Rechtsangleichung auf dem Gebiet des Zivilverfahrensrechts, insbesondere in Bezug auf die Struktur des Zivilverfahrens gekommen ist. Da das moderne deutsche Zivilprozeßrecht, das im 19. Jahrhundert geschaffen wurde, bekanntlich einen großen Einfluß auf das heutige japanische Zivilprozeßrecht ausgeübt hat,[1] werden die Ergebnisse der Untersuchung auch von Bedeutung sein, um Überlegungen zur Zukunft des japanischen Zivilprozesses anzustellen.

---

* Herrn Prof. Dr. Florian *Jacoby* dankt der Verfasser herzlich für seine sprachliche Mithilfe.

1 Als umfassende Beschreibung der Geschichte des modernen Zivilprozeßrechts in Japan, siehe *Suzuki*, Kindai Minji-soshô-shi: Nihon [Geschichte des modernen Zivilprozeßrechts: Japan] (2004). Als Überblick auf Deutsch, siehe z. B. *Nakamura*, Einführung in das japanische Zivilprozeßrecht, in: Nakamura/ Huber, Die japanische ZPO in deutscher Sprache (1978), S. 1; *Heath/ Petersen*, Das japanische Zivilprozeßrecht (2002), S. 1; *Kakiuchi*, Reform des Zivilprozessrechts in Japan, ZZP Int 9 (2004), 267, 268.

Darauf zielen die Arbeiten des Verfassers ab. Dieser Beitrag stellt aber lediglich einen Versuch dar, die Problematik zur Vorbereitung weiterer Überlegungen zu skizzieren.

Im Folgenden werden zuerst die Eigenarten der Verfahrensstruktur in Deutschland und in den USA mit Rücksicht auf ihre Entwicklungsgeschichte dargestellt (II). Danach sind die jüngeren Entwicklungen in diesen beiden Ländern zu betrachten (III). Zum Schluß sollen die Ergebnisse im Hinblick auf das Thema Rechtsangleichung zusammengefaßt werden (IV).

II. Verfahrensstruktur im deutschen und anglo-amerikanischen Zivilprozeß

1. Besonderheiten des deutschen Verfahrens: Monistisches und einheitliches Verfahren

Sowohl in rechtsvergleichender als auch in rechtsgeschichtlicher Hinsicht erscheint die Struktur des deutschen Zivilprozeßrechts, das in der zweiten Hälfte des 19. Jahrhunderts geschaffen wurde und Vorbild für das heutige japanische Zivilprozeßrecht war, recht eigentümlich. Kurz beschrieben ist das Verfahren dort sowohl im subjektiven als auch objektiven Sinne monistisch und einheitlich gestaltet. Diese Eigentümlichkeit läßt sich klar erkennen, wenn man das deutsche Verfahren mit dem *Common Law* Prozeßverfahren im anglo-amerikanischen Recht vergleicht. Darüber hinaus unterscheidet sich diese Struktur auch vom ehemaligen deutschen Zivilprozeß vor dem 19. Jahrhundert und vom römischen Prozeß in klassischer Zeit.

a) Einheitliches Verfahren im subjektiven Sinne

Als Folge der Betonung des Unmittelbarkeitsgrundsatzes beschäftigt sich in Deutschland seit dem 19. Jahrhundert ein und derselbe Spruchkörper, das erkennende Gericht, mit der Rechtssache von Anfang bis zum Ende des Verfahrens. Dagegen war im gemeinen deutschen Prozeß vor dem 19. Jahrhundert eher die mittelbare Verfahrensweise herrschend. Dort waren der das Urteil fällende Richter und der Beamte, der die Verhandlungen leitete und den Prozeßstoff sammelte, verschieden.[2] Der Standpunkt des modernen deutschen Rechts erscheint eigenartig im Vergleich mit dem anglo-amerikanischen *Common Law* Verfahren, in dem dieselbe Rolle auf Richter und Jury verteilt ist, sowie dem römischen Prozeß in klassischer Zeit, dessen Verfahren zum Teil durch den Prätor und zum Teil durch

2 Siehe z.B. *Dahlmanns*, Neudrucke zivilprozessualer Kodifikationen und Entwürfe des 19. Jahrhunderts, Materialien zur Entwicklungsgeschichte der ZPO, Bd. 1 (1971), S. 13; *Takeshita*, Kôtôbenron no Rekishi-teki Igi to Shôrai no Tenbô [Geschichtliche Bedeutung der „mündlichen Verhandlung" und Perspektive für ihre Zukunft], in: Shindô (Hrsg.), Kôza Minji-soshô [Kursus für Zivilprozeß], Bd. 4 (1985), S. 4.

den iudex geführt wurde.[3] Ferner stellt diese Verfahrensweise keine Gemeinsamkeit des kontinentalen Rechts dar. So findet sich keine vergleichbare Einheitlichkeit der Verfahrensleitung in Frankreich, wo die große Bedeutung der *juges de la mise en état* (spezialisierter Richter für Vorbereitungsverfahren) und der *experts* (Sachverständiger)[4] dem erkennenden Richter nur eine eingeschränkte Rolle läßt.[5]

b) *Einheitliches Verfahren im objektiven Sinne*

Andererseits entspricht in Deutschland diese Einheitlichkeit im subjektiven Sinne der monistischen und einheitlichen Verfahrensstruktur im objektiven Sinne. Als Folge der Beseitigung der Teilung des Verfahrens in Klage, Klageerwiderung, Replik usw. und der Einführung der sogenannten Einheitlichkeit der Verhandlung an dieser Stelle werden alle wichtigen Verfahren nun im Rahmen der mündlichen Verhandlung durchgeführt. Hier läßt sich wieder feststellen, daß sich diese Verfahrensweise von den zweigeteilten Verfahren in anderen Ländern unterscheidet, wie z.B. *pretrial* und *trial* im anglo-amerikanischen Recht, *in iure* und *apud iudicem* im römischen Recht und *instruction* und *plaidoirie* im französischen Recht.

Wenn der deutsche Zivilprozeß eine solche besondere Struktur erkennen läßt, dann stellt sich die Frage nach ihrer Bedeutung. Um diese Frage zu beantworten, ist ein Vergleich mit dem anglo-amerikanischen Verfahren, das einen klaren Gegensatz zum deutschen darstellt, nützlich. Da das auffälligste an diesem die Einrichtung der Jury ist, soll die Bedeutung dieser Einrichtung näher untersucht werden.

2. Struktur des anglo-amerikanischen Verfahrens: Bedeutung des Jury Systems

a) *Einführung eines pluralistischen Moments*

Die Frage, welche Bedeutung das Jury-Verfahren im anglo-amerikanischen Recht hat, kann in verschiedener Hinsicht betrachtet werden.[6] Angesichts des Zwecks dieses Beitrags steht aber seine Funktion im Vordergrund, in das Prozeßverfahren

---

3 Zum römischen Zivilprozeß siehe z.B. *Jörs/ Kunkel/ Wenger*, Römisches Recht (4. Auflage 1987), S. 506. Als Übersicht der Entwicklungsgeschichte ist *Jolowicz*, Historical Introduction to the Study of Roman Law (1932) immer noch nützlich.

4 Ausführlich zur Sachverständigenpraxis in Frankreich *Kitamura*, Furansu Minji-soshô ni okeru Kantei-nin no Yakuwari [Die Rolle der *experts* im französischen Zivilprozeß], Hôgaku-Kyôkai Zasshi, 110–1, 1; 110–2, 179 (1993).

5 Die Gleichgültigkeit der französischen Richter gegenüber den Vergleichen steht im Zusammenhang mit dieser Rollenverteilung im Verfahren. *Kakiuchi*, Saibankan ni yoru Wakai Kanshi no Hôteki Kiritsu [Der richterliche Vergleichsversuch als Regelungsgegenstand], Hôgaku Kyôkai Zasshi, 118–1, 93, 171 (2001).

6 Z.B. gewährleistet der Grundsatz der Einstimmigkeit bei der Fällung eines *verdict* den Minderheitenschutz in einer Mehrvölkergesellschaft wie den heutigen USA. *Fujikura*, Taminzoku Shakai ni okeru „Kôhei-na“ Baishin [„Unparteiische“ Jury in der Mehrvölkergesellschaft], in: Rekishigaku Kenkyûkai (Hrsg.), Funsô to Soshô no Hô Bunka-shi (2000), S. 425.

ein pluralistisches Moment einzubringen. Dieses Moment wirkt zumindest auf zwei Ebenen. Erstens führt das Jury-System die Pluralität auf der Ebene des Rechtssystems als Ganzes ein, indem es die monistische Durchsetzung des Rechts durch die gesetzgebende Gewalt hindert und eine andere Quelle der Legitimität des Rechtssystems bietet. So kann das Jury System, wie es in den Fällen der sogenannten *jury nullification* zeigt, als Bremse wirken, falls die gesetzgebende Gewalt zu weit geht. Eine ähnliche Funktion kann zwar von anderen Mitteln wie z. B. der Garantie der Unabhängigkeit des Richters erwartet werden. Die Jury birgt aber im Gegensatz zum unabhängigen Richter weniger die Gefahr, als organisierter Träger der Staatsgewalt in dessen eigenem Interesse zu handeln.

Zweitens führt das Jury-System die Pluralität auf der Ebene der Verfahrensstruktur in den Zivilprozeß ein, indem es ein monistisches und einheitliches Verfahren verhindert. Obwohl diese Funktion keine logische Folge der Existenz des Jury Systems ist,[7] entwickelte sich das Jury System im anglo-amerikanischen Recht in der Tat in einer Weise, daß sich die Trennung innerhalb des Verfahrens verschärft hat. Um diese Wirkung besser kennenzulernen, ist es nützlich, einen Blick auf die geschichtliche Entwicklung des Jury Systems im anglo-amerikanischen Recht in Bezug auf die Verfahrensstruktur zu werfen.

b) *Entwicklungsgeschichte des anglo-amerikanischen Jury Systems*[8]

Es ist zu vermuten, daß das Jury System in England ungefähr im 13. Jahrhundert eingeführt wurde.[9] Damals war es zunächst üblich, daß die Geschworenen als Mitglieder der Gemeinschaft, in deren Bezirk sich die Sache ereignet hatte, aufgrund ihrer eigenen Kenntnisse der Sache oder aufgrund der Ergebnisse ihrer privaten Ermittlungen die Entscheidung treffen konnten (die sogenannte *self-informing jury*).[10] In anderen Worten dienten die Geschworenen dort zugleich als Richter und als Zeugen. Da damit das ganze Verfahren unter diesem System im Ergebnis von den Geschworenen abhing, war darin eine Trennung kaum vorstellbar. Außerdem war es auch kaum möglich, die Entscheidung der Geschworenen zu kontrollieren. Das System mußte sich aber infolge der Wandlung der Dorfgemeinden und der politischen Ordnung verändern.

Der erste wichtige Wandel war die Trennung der Rolle des Richters von der des Zeugen. Als Folge der Änderung der Gesellschaft konnte von den Geschworenen nicht mehr erwartet werden, ihre Entscheidung nur aufgrund ihrer eigenen Kenntnisse zu treffen. Statt dessen mußten sie nun ihre Entscheidung auf Ergeb-

---

7 Siehe unten b).

8 Meine Kenntnisse der Geschichte des Jury Systems habe ich Prof. J. H. Langbein an der Yale Law School zu verdanken. Ebenso danke ich dem Fullbright Program für seine Unterstützung, die mir den Forschungsaufenthalt an der Yale Law School ermöglicht hat.

9 Zur Entstehung des Jury Systems in England siehe z. B. *Van Canegem*, The Birth of the English Common Law, (2. Auflage 1988), S. 62.

10 Zum englischen Jury System im Mittelalter siehe z. B. *Klerman*, Was the Jury Ever Self-Informing?, 77 Southern California L. Rev. 123 (2003).

nisse der Beweisaufnahme im Verfahren stützen.[11] Die daraus resultierende Sichtbarkeit des Entscheidungsprozesses bot die Möglichkeit, die Entscheidung der Jury von außen zu kritisieren und erforderlichenfalls zu kontrollieren. Diese Aufgabe fiel hauptsächlich Richtern zu. Die Form der richterlichen Kontrolle war ebenfalls einem Wandel unterworfen.

Der wichtigste Wandel in dieser Hinsicht ereignete sich vermutlich zwischen der zweiten Hälfte des 18. Jahrhunderts und dem Anfang des 19. Jahrhunderts. Bis dahin war es ganz üblich, daß sich der Richter aktiv in die Entscheidungsbildung durch eine Jury einmischte. Er konnte nicht nur den Geschworenen seine Ansicht über den Fall mitteilen, sondern sie auch zu ihren Entscheidungsgründen befragen, falls er ihre Entscheidung für fragwürdig hielt. Es war sogar nicht selten, daß er eine erneute Besprechung des Falles durch die Geschworenen anordnete, damit diese nunmehr eine Entscheidung in Übereinstimmung mit der mitgeteilten richterlichen Ansicht fällten.[12] So war der Geschworenenspruch damals ein Ergebnis informeller vorheriger Mitwirkung oder Kontrolle des Richters. Vermutlich in Verbindung mit dem politischen Wandel seit dem 17. Jahrhundert kam aber diese Form der Jurykontrolle allmählich außer Gebrauch.[13] An ihre Stelle traten andere Kontrollmechanismen wie das dem anglo-amerikanischen Recht eigene Beweisrecht als vorherige Kontrolle und der *new trial* als nachherige Kontrolle. So wurde das moderne Jury Verfahren etabliert, das heute als *„adversarial“* Verfahren bezeichnet wird. Dort hält sich der Richter bei der Entscheidungsbildung zurück, so daß sich seine Rolle darauf beschränkt, die den Geschworenen vorzulegenden Informationen zu kontrollieren und grobe Fehler im Nachhinein zu beseitigen. An seiner Stelle stehen nun die aktiven Rechtsanwälte im Vordergrund.[14]

3. Bedeutung des modernen Jury Verfahrens im Vergleich mit dem deutschen Verfahren

Im Vergleich mit dem oben beschriebenen modernen Jury Verfahren war das frühere Jury Verfahren dem heutigen Verfahren vor den Schöffengerichten in Deutschland recht ähnlich, da die Entscheidung in beiden Gremien durch Zusammenarbeit von Richter und Geschworenen bzw. Schöffen getroffen wird. Der grundlegende Unterschied zwischen dem alten und dem modernen System liegt

---

11 Zum gesellschaftlichen Hintergrund dieses Wandels siehe *Klerman*, 77 Southern California L. Rev. 123, 145.

12 Als zeitgenössische Stellungnahme siehe *Hale*, The History of the Common Law of England (3. Auflage 1739, Nachdruck 1971), S. 164–5; *Ibid.*, Historia Placitorum Coronae (1736), S. 299–300. Die beiden Werke wurden nach dem Tod von Sir Matthew Hale (1609–76) veröffentlicht.

13 Die Entwicklung verlief in England und in den USA unterschiedlich. In den USA war der Ausschluß des Richters von der Beratung umfassender, so daß richterliche Bemerkungen über die Beweise in den meisten Staaten verboten wurden. Dagegen wurde in England diese Befugnis beibehalten.

14 Zu dieser Entwicklung ist *Langbein*, Historical Foundations of the Law of Evidence, 96 Columbia L. Rev. 1168 (1996) aufschlußreich.

darin, daß die Rolle des Richters und der Geschworenen im modernen scharf getrennt wird, während das alte keine solche funktionale Teilung kannte. Die Rollenverteilung im modernen System ergibt eine strenge Teilung des Verfahrens in das *Trial*-Verfahren, das sich auf die Vorlage der Informationen an die Geschworenen konzentriert, und das *Pretrial*-Verfahren, das ausschließlich durch Richter geführt wird. Ohne eine solche Verfahrensgliederung wäre auch das dem anglo-amerikanischen Recht eigentümliche strenge Beweisrecht, das seinen Schwerpunkt auf die Beweiseignung legt, unvorstellbar. Da andererseits die Legitimität der Entscheidung durch eine Jury gerade darin liegt, daß sie durch eine Jury getroffen wird, ist sie eigentlich nicht vereinbar mit der oberinstanzlichen Kontrolle, was die späte Entwicklung des Rechtsmittelrechts erklärt. Auch heute noch ist nur eine beschränkte Nachprüfung durch oberinstanzliche Gerichte erlaubt. Statt dessen ist dort eine gegenseitige Kontrolle zwischen dem Richter und den Geschworenen innerhalb des erstinstanzlichen Verfahrens vorgesehen, damit der Mißbrauch der Entscheidungsmacht einer Seite verhindert wird.

Die Eigenarten des modernen deutschen Verfahrens lassen sich besser im Vergleich mit dem oben beschriebenen modernen Jury System erläutern. Der einheitliche Spruchkörper beschäftigt sich mit dem ganzen Verfahren einschließlich der Ordnung der Streitpunkte, der Beweisaufnahme und der Entscheidung ohne eine funktionale Trennung zwischen verschiedenen Leitern des Verfahrens. Mit einer solchen einheitlichen Verfahrensstruktur im subjektiven Sinne ist auch ein einheitliches Verfahren im objektiven Sinne, also ohne stufenförmige Gliederung vereinbar.[15] Unter dieser einheitlichen Struktur könnte der Versuch nicht ohne weiteres gelingen, in das Verfahren eine funktionale Teilung in Vorbereitung und Durchführung der konzentrierten Beweisaufnahme einzuführen, um dadurch das Verfahren effizienter zu machen. Dazu wäre eine aktive Prozeßleitung durch den Richter notwendig. So muß der Richter unter dieser Verfahrensstruktur eine äußerst schwere Verantwortung tragen. Aus diesem Gesichtspunkt läßt sich gut erklären, daß sich der deutsche Gesetzgeber seit dem Erlaß der CPO von 1877 bis heute immer um die Verstärkung der richterlichen Aufklärungspflicht bemüht hat.

Diese Einheitlichkeit des modernen deutschen Zivilprozesses kann als Folge des Strebens nach Effizienz im 19. Jahrhundert verstanden werden. Auch wenn sie viele Vorteile mit sich bringt, wirft sie das Problem auf, daß der Richter im Verfahren infolge fehlender Rollenverteilung als jemand gleichsam Allmächtiges[16]

---

15 Eine interessante Frage ist, wie die Prozeßrechtler im 19. Jahrhundert, denen der römische Zivilprozeß gut vertraut war, die damals neu erscheinende Verfahrensstruktur sahen. In diesem Zusammenhang ist Oskar Bülows Verständnis des römischen Prozesses bemerkenswert, daß das Verfahren *in iure* ausschließlich auf die Prüfung der Prozeßvoraussetzungen beschränkt sei und alle anderen Fragen einschließlich der Ordnung der Streitpunkte dem Hauptverfahren *apud iudicem* verblieben. *Bülow*, Die Lehre von den Proceßeinreden und die Proceßvoraussetzungen (1868), S. 287–289.

16 So kann der Richter z.B. bei seinem Vergleichsversuch einen großen Einfluß auf die Parteien ausüben. Da seine Vergleichstätigkeit keiner oberinstanzlichen Kontrolle unterworfen ist, ist das Problem umso gravierender. Auf dieser Grundlage läßt sich besser verstehen, daß die Regelung richterlicher Vergleichstätigkeiten in Deutschland zu einem Diskussionsthema geworden ist. Siehe

und also Gefährliches auftritt.[17] Daher gewinnt im deutschen Verfahren die Kontrolle mittels Rechtsmitteln große Bedeutung. Während der anglo-amerikanische Prozeß eine sozusagen horizontale Teilung in Richter und Jury innerhalb der Eingangsinstanz beinhaltet, wirkt im deutschen eine vertikale Teilung in erstinstanzlichen und oberinstanzlichen Richter, um die Gerechtigkeit der Entscheidungen zu garantieren. So gesehen ist im deutschen Prozeß wesentlich, daß der oberinstanzliche Richter dazu befugt ist, die erstinstanzlichen Entscheidungen umfassend und deshalb als zweite Tatsacheninstanz ohne Beschränkung auf Rechtsfragen nachzuprüfen. Um diese Kontrolle effektiv durchzuführen ist außerdem nützlich, über hierarchisch organisierte Berufsrichter zu verfügen.[18]

III. Bedeutung jüngerer Entwicklungen

Ungeachtet des oben erläuterten Unterschieds zwischen dem modernen anglo-amerikanischen Jury-Verfahren und dem modernen deutschen Zivilprozeß lassen sich in den letzten Jahren einige abweichende Entwicklungen feststellen.

Einerseits ist in den USA die Erscheinung der sogenannten *managerial judges* zu beobachten, die sich durch eine aktivere Prozeßleitung im *Pretrial*-Verfahren auszeichnen.[19] Darauf beruht die zunehmende Erledigung der Fälle im Stadium des *Pretrial*-Verfahrens und deshalb die Abnahme von *Trial*-Verfahren. Umso seltener finden also *Trial*-Verfahren mit einer Jury statt.[20] Im Ergebnis geht nicht nur die oben genannte gegenseitige Kontrolle durch die Geschworenen, sondern auch die eigentlich beschränkte Kontrolle durch oberinstanzliche Richter verloren, was die Legitimität der traditionellen anglo-amerikanischen Verfahrensweise in Frage stellt. Diese Erscheinungen legen den Verdacht nahe, daß es zu einer Umwandlung des zweigeteilten erstinstanzlichen Verfahrens in ein einheitliches, auf *pretrial* und Berufsrichter konzentriertes Verfahren kommt.

---

z.B. *Wolf*, Normative Aspekte richterlicher Vergleichstätigkeit, ZZP 1976, S. 260; *Stürner*, Die Aufgabe des Richters, Schiedsrichters und Rechtsanwalts bei der gütlichen Streitbeilegung, JR 1979, S. 133. Zur Diskussionslage in Japan siehe *Yamamoto*, Kettei Naiyô ni okeru Gôi no Mondai [Probleme von Vereinbarungen über den Gegenstand des Verfahrens], Minji Soshô Zasshi 43 (1997), 127, 129; *Kakiuchi*, Saibankan ni yoru Wakai Kanshi no Hôteki Kiritsu [Der richterliche Vergleichsversuch als Regelungsgegenstand], Minji Soshô Zasshi 49 (2003), 232.

17 Ein Kollegialspruchkörper kann auch als Maßnahme gegen diese Gefahr verstanden werden. In diesem Zusammenhang ist zu bemerken, daß dessen Einführung gerade bei der Schaffung dieser Verfahrensstruktur gefordert wurde. Siehe z.B. *Mittermaier*, Ueber die neuesten Fortschritte der Civilprozeßgesetzgebung und der im Zusammenhange damit stehenden gesetzlichen Einrichtungen, AcP, Bd. 30 (1847), S. 248, 251. Es ist aber fragwürdig, ob eine solche Wirkung allein durch die Schaffung von Kollegialorganen ohne funktionale Gliederung geschaffen werden kann.

18 Zu *hierarchical ideal* und *coordinate ideal* als zwei Muster des Justizwesens siehe *Damăska*, The Faces of Justice and State Authority (1986), p. 16.

19 Zu diesem Problem siehe vor allem *Resnik*, Managerial Judges, 96 Harv. L. Rev. 376 (1982).

20 Als Überblick zu dieser Erscheinung siehe *Galanter*, The Vanishing Trial: An Examination of Trials and Related Matters in Federal and State Courts, Journal of Empirical Legal Studies, Vol. 1, p. 459 (2004). Aus der jüngsten Literatur siehe auch *Tamaruya*, America ni okeru Jijitsu-shin Saibansho no Kenkyû [Untersuchung zu *Trial*-Gerichten in den USA] (2006).

Es ist allerdings festzuhalten, daß das amerikanische Verfahren seinen Schwerpunkt immer noch im *Trial*-Verfahren hat und die Teilung in das *Pretrial*- und das *Trial*-Verfahren immer beibehält. Daher bleibt die Rollenverteilung zwischen dem *Pretrial*-Richter und *Trial*-Richter noch deutlich. So wird ein *Pretrial*-Richter nicht unbedingt der *Trial*-Richter, der das Urteil fällt, auch wenn ein *Trial*-Verfahren ohne Jury stattfindet (sogenannter *bench trial*). Der Schwerpunkt der Tätigkeiten des ersteren liegt eher in der effektiveren Durchführung des Verfahrens als in der Aufklärung und Belehrung über die Folgen des Prozesses. Die Kosten für das *Discovery*- und *Trial*-Verfahren und die Ungewißheit über die Folgen des *trial* helfen ihnen im Gegensatz zu ihren deutschen Kollegen bei ihren Tätigkeiten.[21] Es ist deshalb noch schwierig, aufgrund der Erscheinung der *managerial judges* von der Angleichung der US-amerikanischen Verfahrensstruktur an die deutsche zu sprechen.

Andererseits ist in Deutschland eine Reform des Rechtsmittelrechts hauptsächlich aus finanziellen Gründen im Gange. Besonders bemerkenswert ist in dieser Hinsicht, daß das Reformgesetz von 2001 die Funktion der Berufungsinstanz erheblich eingeschränkt hat (§ 529 ZPO usw.).[22] Da diese Reform dem erstinstanzlichen Verfahren größeres Gewicht gibt, scheint sich das deutsche Verfahren dem angloamerikanischen anzunähern. Wenn aber die Legitimität des deutschen Verfahrens auf der Möglichkeit umfassender oberinstanzlicher Nachprüfung beruht, würde die Beschränkung dieser Möglichkeit die Legitimität des Verfahrens beeinträchtigen. Interessanterweise wird berichtet, daß die aktuelle Gerichtspraxis in Deutschland sehr zurückhaltend von den Beschränkungen Gebrauch macht.[23] Im Hinblick auf die oben erläuterte grundlegende Struktur des deutschen Verfahrens läßt sich diese Zurückhaltung gut erklären und auch rechtfertigen.

---

21 Dazu *Yeazell*, Getting What We Asked For, Getting What We Paid For, and Not Liking What We Got: The Vanishing Civil Trial, Journal of Empirical Legal Studies, Vol. 1, p. 943 (2004).

22 Der hartnäckige Ruf nach Reform zeigt schon die Bedeutung der Berufungsinstanz in Deutschland. Interessanterweise finden sich in Japan trotz seiner ähnlichen Verfahrensstruktur keine vergleichbaren Probleme der Überlastung der Berufungsinstanz. Im Jahr 2003 wurden in Deutschland 100.358 Sachen vor dem LG in erster Instanz durch streitiges Urteil beendet (98.728 anfechtbare Urteile). Die Anzahl der Neueingänge der Berufungssachen vor dem OLG betrug im selben Jahr 56.793 (Berufungsquote: 57,5 %). Von 61.079 Berufungssachen vor dem OLG wurden 10.464 durch erfolgreiche streitige Urteile erledigt (Erfolgsquote: 17,1 %). *Statistisches Bundesamt Deutschland*, Justizstatistik der Zivilgerichte Fachserie 10 Reihe 2.1–2003, Tabelle 5.1 und 8.1. In Japan wurden dagegen 77.669 Sachen vor dem LG in erster Instanz durch streitiges Urteil beendet (alle anfechtbar) und die Anzahl der Neuzugänge der Berufungssachen vor dem OLG betrug 16.003 (Berufungsquote: 20,6 %). Von 16.661 Berufungssachen vor dem OLG wurden 2.353 mit Erfolg erledigt (Erfolgsquote: 14,1 %). *Saikô Saibansho Jimu Sôkyoku*, Shihô Tôkei Nenpô [Jahresbericht der Justizstatistik], Tabelle 20, 35 und 36. Es ist noch zu untersuchen, woraus sich solche Unterschiede ergeben.

23 Dazu *Roth*, Das reformierte deutsche Rechtsmittelrecht (Vortrag gehalten im Mai 2006 auf der 76. Jahrestagung der japanischen Zivilprozeßrechtler. Erscheint in Minji Soshô Zasshi, 53 (2007)).

IV. Schlußbemerkung

Wie beschrieben, gibt es zwischen der deutschen und anglo-amerikanischen Verfahrensstruktur einen großen Unterschied, der trotz interessanter jüngerer Entwicklungen immer noch besteht. Anders gesagt, ist keine erhebliche Rechtsangleichung in diesem Bereich zu beobachten. Da das Verfahren seiner Natur nach von der Verhaltensweise der Beteiligten wie den Richtern und Rechtsanwälten abhängt und die Rolle des Gesetzestexts recht begrenzt ist, liegt es nahe, daß die Rechtsangleichung im Zivilprozeßverfahren eigentlich noch schwieriger ist, als auf dem Gebiet des materiellen Rechts.

Sind solche Schwierigkeiten – wie die Strafe Gottes für den Bau des Turms zu Babel – zu bedauern? Nicht unbedingt. Ein Rechtsinstitut steht nicht allein im Vakuum, sondern im Zusammenhang mit verschiedenen Bedingungen innerhalb und außerhalb des Rechtssystems. Es ist gefährlich, einen Bestandteil zu ändern, ohne diesen Zusammenhang sorgfältig abzuwägen. Die Gefahr ist umso größer, wenn es sich um einen wesentlichen Bestandteil des Systems wie die Struktur des Zivilverfahrens handelt.[24] So wird es Aufgabe der Zivilprozeßwissenschaft und der Rechtsvergleichung sein, solche Erkenntnisse zu vertiefen und zu erweitern. Erst dadurch können die oben gestellten Fragen richtig beantwortet werden.

---

24 Lehrreich ist in dieser Hinsicht, daß die Reform des Zivilprozesses im 20. Jahrhundert die unerwartete Verminderung von *Trial*-verfahren in den USA zur Folge hatte. Siehe dazu *Yeazell*, The Misunderstood Consequences of Modern Civil Process, 1994 Wisconsin L. Rev. 631.

§21 民事訴訟の手続構造と「法の同化」

垣内秀介

目次

I. はじめに

「法の同化」と呼ばれるような現象が、果たして現実に存在するのかどうか、存在するとすれば、それをどのように評価すべきか。こうした問題について、一般的な解答を与えることは、おそらく不可能なことであり、検討は、個々の国における個別の法分野の展開を出発点としてなされざるを得ない。本稿は、民事手続法の分野、とりわけ民事訴訟の手続構造に関して、そのような現象が存在するかどうかについて、最近のドイツ及びアメリカにおける展開を素材として、検討を試みようとするものである。周知の通り、日本の民事訴訟制度は、19 世紀に確立されたドイツの民事訴訟制度の影響を強く受けている[1]。したがって、この問題を検討することは、今後の日本の民事訴訟のありかたについても、有益な示唆を与えることになるものと考えられる。筆者の関心も、究極的にはその点に存するが、本稿は、さしあたりそのための準備作業として、ごくささやかなスケッチを試みるものにすぎない。

以下では、まず、ドイツ及びアメリカにおける民事訴訟の手続構造の特徴を、その歴史的背景を踏まえて対比し（**II**）、両国における最近の展開とその意味を検討したうえで（**III**）、最後に、以上の検討の結果を、本書のテーマである「法の同化」との関係で、整理することとしたい（**IV**）。

1 日本の近代民事訴訟法の沿革に関する包括的な研究として、鈴木正裕『近代民事訴訟法史・日本』（2004）、また、ドイツ語による概観としては、例えば *Nakamura*, Einführung in das japanische Zivilprozeßrecht, in: Nakamura/Huber, Die japanische ZPO in deutscher Sprache (1978), S. 1; *Heath/Petersen*, Das japanische Zivilprozeßrecht (2002), S. 1; *Kakiuchi*, Reform des Zivilprozessrechts in Japan, ZZP Int 9 (2004), 267, 268 を参照。

II. ドイツ及び英米における民事訴訟の手続構造

1. ドイツ型手続の特殊性：一元的・一体的手続

今日の日本の民事訴訟手続は、基本的に、19 世紀後半にドイツで確立された民事訴訟手続を継受したものであるが、このドイツ型の手続は、歴史的、あるいは比較法的な見地からみると、かなり独特な構造を持ったものであることに気が付く。その特徴は、一言で言えば、手続が、その主体の面でも、また進行の面でも、著しく一元的、一体的に構成されている、という点にある。このことは、比較法的には、英米法のコモンロー訴訟の手続と対比すれば明らかであるし、また、歴史的にみても、19 世紀以前のドイツの手続や、あるいは古典期ローマの訴訟などとは、全く異なる構造を持った手続であるということができる。

a) 一元的な手続主体

まず、主体の面について見れば、19 世紀以降のドイツでは、直接主義の要請が強調された結果として、単一の裁判体が、訴えの受理から判決にいたる全ての手続に直接携わるという構成がとられている。これに対して、すでに多くのところで紹介されているように、19 世紀以前のドイツにおいては、間接審理の建前が支配的であって、事件の進行を司る裁判官ないし官吏と、本案の判断を行う裁判官とは、分離されるのが原則であったとされる[2]。他方で、英米のコモンロー上の手続においては、伝統的に陪審が採用されてきたこと、古典期ローマの訴訟でも、事前手続は法務官、審判手続は私人から選ばれた審判人に委ねられていたこと[3]、さらに、同じ大陸法系でも、フランスなどでは、準備手続裁判官や鑑定人が多用され[4]、ドイツのような一元的な手続主宰者への志向が薄いことを考えれば[5]、近代ドイツ法のこうした立場は、極めて独自のものであるということができる。

b) 一元的・一体的な手続

また、こうした一元的な手続主宰者の構成は、同時に極めて一元的・一体的な手続構造と対応したものである。つまり、19 世紀以降のドイツでは、口頭弁論の一体性が強調され、訴え提起以後判決に至るまで、基本的には全ての手続が、口頭弁論という一体的な手続の中で行われることが予定されている。これも、英米

---

2 この点につき、例えば、***Dahlmanns***, Neudrucke zivilprozessualer Kodifikationen und Entwürfe des 19. Jahrhunderts, Meterialien zur Entwicklungsgeschichte der ZPO, Bd. 1 (1971), S. 13; 竹下守夫「『口頭弁論』の歴史的意義と将来の展望」新堂幸司編集代表『講座民事訴訟 4』（1985）4 頁を参照。

3 ローマの民事訴訟に関しては、差し当たり ***Jörs/ Kunkel/ Wenger***, Römisches Recht (4. Auflage 1987), S. 506 を参照。また、通史的概説として、***Jolowicz***, Historical Introduction to the Study of Roman Law (1932)がなお有益であると思われる。

4 フランスの鑑定手続については、北村一郎「フランス民事訴訟における鑑定人の役割（1）（2・完）」法協 110 巻 1 号 1 頁、2 号 179 頁（1993）が詳細である。

5 こうした手続主体の区分とフランスにおける裁判官による和解勧試の不活発との関係については、垣内秀介「裁判官による和解勧試の法的規律（2）」法協 118 巻 1 号（2001）171 頁を参照。

コモンロー訴訟におけるプレトライアル段階とトライアル段階との区分、ローマにおける **in iure** と **apud iudicem** の区分、フランスにおける **instruction** と **plaidoirie** の区分などとの対比において、近代ドイツ法の民事訴訟手続の大きな特徴をなすものということができる。

それでは、このように主体面・構造面ともに一元的な手続を採用することは、いったいどのような意味を持つのであろうか。この問題については、例えばドイツと大きく異なる構造を持つ英米型の手続と比較対照することによって、示唆を得ることができると思われる。そして、英米の手続と、ドイツ法の手続とで、最も目に付く差異は、言うまでもなく陪審制の有無であるから、この点については、英米の手続において陪審制が持つ意味を見ていくことが、有益であろう。

2. 英米型手続：陪審制の持つ意味

a) 多元性の契機の導入

英米の陪審制がどのような意味を持っているのかという問題については、もちろん様々な角度からの理解が可能であるが[6]、本稿の問題関心からすれば、陪審制の意味は、何より訴訟手続に様々なレベルでの多元的な性格を持ち込むという点に存しているように思われる。すなわち、第一に、法体系全体というマクロなレベルで見た場合には、陪審制は、立法権などによる一元的な法の貫徹を妨げ、法的正当性の源泉を多元的なものにする機能を持つ。そのため、例えば **jury nullification** の事例に見られるように、立法権が暴走した場合には、陪審はその歯止めの機能を担うことが可能となる。もちろん、こうした歯止めの機能自体は、例えば司法権の独立を確保するということによって得ることもできるが、陪審制を伴わない一元的な司法権が、それ自体組織として強大な権力を行使するといった危険性を伴うのに対して、陪審制はそうした危険からより遠いという点に、やはり独自の意義を見出すことができる。

第二に、民事訴訟の手続構造というよりミクロなレベルにおいても、陪審制は、一元的・一体的な手続を妨げ、手続構造に多元性を持ち込むという契機を伴う。もっとも、正確に言えば、この点は、陪審制に論理必然的に伴う属性というわけではないが[7]、少なくとも近代英米法の陪審制度は、手続内に設けられた区分を、維持し、鮮明にするための装置として機能していると見ることが可能である。この点を理解するために、以下では、英米における陪審制度の歴史的な展開を、手続構造の変遷という見地から改めて確認しておくことにしよう。

---

6 例えば現代のアメリカのような多民族社会において、陪審評決における全員一致原則が少数者保護の機能を果たすことについては、藤倉皓一郎「多民族社会における「公平な」陪審」歴史学研究会編『紛争と訴訟の文化史』（2000）425 頁以下参照。
7 後述（*b*）を参照。

b) 英米の陪審制度の展開過程[8]

イングランドで陪審制度が確立されたのは 13 世紀ごろであると見られるが[9]、初期の陪審制度においては、陪審員は、自ら当該事件の発生した地域のコミュニティ構成員として、事件について知識を有していることが期待でき、また、知識がない場合であっても、自ら調査して評決を出すことが可能であったとされる（いわゆる self informing jury）[10]。言い換えれば、そこでの陪審員は、判断者であるとともに、自ら証拠方法でもあったことになる。このような制度の下では、陪審が手続の全てを取り仕切ることになる以上、手続内には明確な区分がないということになるし、陪審の判断に対する制約も、実際上はほぼないに等しかったと言うことができる。しかしその後、地域社会の変容や政治システムの発展に呼応する形で、陪審制も変化してゆくこととなった。

最初の重要な変化は、証拠方法と判断主体との分離である。それまで自らの事件や当事者に対する知識を前提として判断をしてきた陪審が、様々な社会変動の結果として、自らの知識のみに依拠した判断を行うことが困難となり、代わりにトライアルにおいてなされた証拠調べを前提として判断を行うこととなった[11]。その結果、陪審の判断形成過程がある程度可視化されてくることになったが、このことは、陪審の判断を外部から批判する、あるいは、ある程度コントロールすることを可能にすることとなった。この役割を主として担ったのは裁判官であるが、その裁判官による陪審のコントロールの形態もまた、時代による変遷を経ることとなった。

この点で特に重要な変化は、18 世紀後半から 19 世紀初頭にかけて生じたと見られる。それまでは、裁判官が陪審の評決形成過程自体に積極的に関与することは当然とされており、具体的には、裁判官が証拠についてのコメントという形で自己の心証を積極的に陪審に示すことはもちろん、陪審の示した評決の内容に問題があれば、評議の内容について問い質し、必要があれば自己の結論を示した上で評議のやり直しを命じるということも珍しくなかった[12]。したがって、ここでは、裁判官が、インフォーマルな形で、評決の形成に関与し、いわば陪審と協同して、あるいは、むしろ陪審を事実上支配して判断を行っていたということが可能である。ところが、17 世紀後半以降の政治的変動におそらくは呼応して、裁判官がそうした形で評決形成に関与することは行われなくなったとされる[13]。

---

8 英米における陪審制度の歴史については、筆者のイェール・ロースクールにおける在外研究中に、J. H. Langbein 教授から多大のご教示を賜った。同教授とこの滞在を可能にして下さった Fullbright Program にこの場を借りて厚く御礼申し上げたい。

9 陪審制度の起源については、例えば *Van Canegem*, The Birth of the English Common Law, 2nd ed. (1988), p. 62 参照。

10 初期の陪審の性格に関する近時の文献として、*Klerman*, Was the Jury Ever Self-Informing?, 77 Southern California L. Rev. 123 (2003)がある。

11 その社会的背景については、*Klerman*, 77 Southern California L. Rev. 123, 145 を参照。

12 このことを示す同時代の文献として、*Hale*, The History of the Common Law of England (3rd ed. 1739, Repr. 1971), pp. 164–5; *Ibid.*, Historia Placitorum Coronae (1736), pp. 299–300. なお、両書は、いずれも著者 Sir Matthew Hale (1609–76)の死後に公刊されたものである。

13 もっとも、この点については、イングランドとアメリカとで異なった発展を示し、とりわけアメリカでは証拠に対する裁判官のコメントも禁じるという形で、陪審の判断に対する裁判官のちょうど、それを補うかのようにして発展したのが、陪審の判断に対する事前的なコントロールとしての英米特有の証拠法、そして、事後的なコントロールとしての new trial、つまり再審理の実施であり、現在 adversarial な手続として想定される近代的な陪審審理手続が、こうして確立したということになる。そこでは、裁判官は、原則として本案の実体判断に踏み込むことはなく、ただ、陪審に提出される情報のコントロールと、重大な判断の誤りに対する限定的な事後的コントロールのみを担う、代わって、手続の能動的な主体として、両当事者の代理人たる弁護士が華々しい活躍を繰り広げる、ということになる[14]。

3. 近代的陪審審理手続の意義とドイツ型手続との対比

こうした近代の陪審審理手続との対比でそれ以前の手続を見れば、それは、評決を陪審と裁判官の共同作業によって形成するという意味では、あたかも現在参審制と呼ばれる制度に近い性格を有していたということができる。両者の決定的な違いは、参審制的な手続構造においては、陪審と裁判官の機能的な区分が必ずしも明瞭でないのに対して、近代的な陪審制においては、陪審と裁判官の役割が峻別される、という点に存する。この峻別に対応して、手続自体も、陪審への情報提供を集中的に行うトライアル手続と、それ以前の、裁判官のみが関与し得るトライアル前手続とに峻別されるということになる。英米の訴訟法の特徴の一つである、証拠能力に重点を置いた厳格な証拠法も、そもそもこうした手続構造を前提としなければ実施し得ないものであるということができよう。他方で、陪審による判断は、それが陪審による判断であるということ自体にその正当性の根拠を有する以上、性質上上訴によるコントロールにはなじまないものであり、その結果、歴史的にも上訴制度の発達が遅れ、現在においても、上訴による審査は限定的なものにとどまることとなっている。その反面、第一審手続内において、陪審と裁判官の間でのいわば抑制と均衡のプロセスが予定され、一方の暴走が防止される構造になっているということができる。

以上との対比において近代ドイツ型の手続を見ると、そこでは、単一の裁判体が初めから終わりまで、争点整理から証拠の採用、取り調べ、本案判断までの全てを行うことになり、主体間の機能的な区分が原則として存在しない。このような主体の下では、段階的な区分のない一体的な手続構造が親和的であり[15]、そこに例えば争点整理と集中証拠調べというような区分を導入しようとしても、それ

事前介入を徹底的に排除する法域が多数を占めるに至ったのに対して、イングランドでは、証拠に対するコメントをするという裁判権の権限自体は維持された。

14　以上につき、*Langbein*, Historical Foundations of the Law of Evidence, 96 Columbia L. Rev. 1168 (1996)が極めて示唆的である。

15　ローマ法の造詣の深かった当時のドイツの訴訟法学者たちが、このように古典期ローマとかけ離れた自分たちの現実をどう評価していたのかは、興味深い問題である。この点で示唆的なのは、in iure 手続は訴訟要件審理のみにかかわり、本案は争点整理を含めてあげて apud iudicem に委ねられたとするビュローのローマ法理解であろう。*Bülow*, Die Lehre von den Proceßeinreden und die Proceßvoraussetzungen (1868), S. 287–289.

が充分に機能するためには、実体面、手続面双方における裁判官の積極的な関与が不可欠になると考えられる。ドイツ法が、CPO制定以来2002年改正に至るまで、終始一貫して裁判官の釈明権の強化を図ってきたのも、こうした背景に照らせば肯けるところであろう。

こうした近代ドイツ型の手続構造は、19世紀を通じて進められたある種の効率性追求の結果としてみることができるものであり、そこには種々のメリットが伴うことは否定できないが、他方で、このように裁判主体の間に機能的な区分が存在しない結果として、裁判官というのは手続内においていわばオールマイティな存在であり[16]、それと同時に、ある意味では非常に危険な存在であるということにもなると思われる[17]。その結果、ドイツ型の手続においては、上訴制度を通じたコントロールが重要となり、英米型の手続が、第一審手続内部において横のレベルでの区分を設けて判断の適正を確保しようとするのに対して、ドイツ型の場合には、第一審手続の上に、事実問題の再審理を伴う第二の包括的な審級をおいて、いわば縦の区分によって判断の適正を確保しようとするものと言うことができる。また、そうした上訴によるコントロールを裏から支えるものとして、階層的な裁判官組織というものが、意味を持ってくることにもなろう[18]。

III. 近時の動向とそれが持つ意味

近代の英米の陪審制と近代ドイツ民事訴訟手続との間には、以上のような対比をすることが可能であるが、近年においては、以上の問題状況を変化させるような動きも見出すことができる。

まず、アメリカにおいては、いわゆる管理者的裁判官という形で、プレトライアル段階における裁判官の役割の積極化が進んでおり[19]、同時に、プレトライアル限りでの事件処理が増加して、伝統的に訴訟手続の中核を占めてきたトライア

---

16 その結果、例えば和解の局面においても、裁判官は強力な指導力を発揮し得ることとなる。しかも、和解の場合には、判決の場合と異なって、後述の上訴によるコントロールが機能しにくいから、この問題は深刻である。ドイツにおいて裁判官による和解勧試に対する規律が議論されるのも（例えば、*Wolf*, Normative Aspekte richterlicher Vergleichstätigkeit, ZZP 1976, S. 260; *Stürner*, Die Aufgabe des Richters, Schiedsrichters und Rechtsanwalts bei der gütlichen Streitbeilegung, JR 1979, S. 133）、こうした背景の下で理解できるであろう。日本における問題提起として、山本和彦「決定内容における合意の問題」民訴雑誌 43 号（1997）127、129 頁、垣内秀介「裁判官による和解勧試の法的規律」民訴雑誌 49 号（2003）232 頁参照。

17 こうした危険を抑制する方法の一つとして、合議制を導入することが考えられる。ドイツで 19 世紀を通じてこうした手続が確立する過程において、それと同時に合議制の導入が強く主張されたことも（例えば、*Mittermaier*, Ueber die neuesten Fortschritte der Civilprozeßgesetzgebung und der im Zusammenhange damit stehenden gesetzlichen Einrichtungen, AcP, Bd. 30 (1847), S. 248, 251）、こうした文脈の中に位置づけることができるように思われる。しかし、主体間の機能的な区分を欠いたままにそれを複数にしても、期待されたような効果が得られるかどうかは、疑問であろう。

18 司法組織のあり方に関する階層モデル（hierarchical ideal）と同格モデル（coordinate ideal）については、*Damaška*, The Faces of Justice and State Authority (1986), p. 16 を参照。

19 管理者的裁判官に関する記念碑的論文として、*Resnik*, Managerial Judges, 96 Harv. L. Rev. 376 (1982)を参照。

ル手続が、ほとんど利用されなくなってきており、まして、陪審トライアルの数は、極めて限られたものとなりつつある、という現象がみられる[20]。このことにより、前述した陪審との抑制・均衡が失われることはもちろん、もともと上訴審によるコントロールの余地が少ない第一審裁判官の活動が、一層コントロールを欠いたプレトライアル段階での事件処理に向けられることになり、結果として、伝統的に英米法の民事訴訟手続の持っていた正当化機能が、失われつつあるのではないか、ということが議論されている状況にあるといえよう。こうした現象は、アメリカにおいて、第一審手続が、プレトライアル/トライアル、また裁判官/陪審という従来の二元的な構造から、プレトライアル＝裁判官に集中した一元的な構造に変化しつつあるのではないかという疑いを生じさせるものである。

もっとも、アメリカの手続はなお理念的にはトライアルを中心として組み立てられており、それとプレトライアルとの峻別が維持されているために、プレトライアル段階に関与する裁判官とトライアルの裁判官との区分自体は、なお存在し続けているということができる。したがって、仮にベンチトライアルが想定される場合でも、それを主宰する裁判官がプレトライアルの裁判官と異なることは十分にあり得るし、実際、プレトライアル段階での裁判官の積極化は、基本的には手続進行面を中心としたもので、実体面に踏み込んだものではないように思われる。むしろ、プレトライアル段階での裁判官の主たる武器は、ディスカヴァリ及びトライアルにかかる費用と、トライアルの不確実性である[21]。その意味では、管理者的裁判官現象をもって、アメリカ型手続がドイツ型手続への収斂に向かっていることを示すものと理解することは、現時点では難しいであろう。

他方で、ドイツにおいては、主として司法予算抑制の観点から上訴制限が進められており、とりわけ、2002 年に施行された改正法にみられるように、控訴審の機能に対して大幅な限定が加えられるに至っている（ZPO 529 条など）[22]。これは、第一審手続の比重を高めるという意味においては、英米型の手続への接近

---

20 トライアルの衰退現象の概観として、*Galanter*, The Vanishing Trial: An Examination of Trials and Related Matters in Federal and State Courts, Journal of Empirical Legal Studies, Vol. 1 (2004), p. 459 を参照。アメリカのトライアル裁判所に関する最新の文献として、溜箭将之『アメリカにおける事実審裁判所の研究』(2006)も参照。

21 この点につき、*Yeazell*, Getting What We Asked For, Getting What We Paid For, and Not Liking What We Got: The Vanishing Civil Trial, Journal of Empirical Legal Studies, Vol. 1 (2004), p. 943 を参照。

22 そうした改正の必要性が叫ばれること自体、逆にドイツにおける控訴制度の重要性を物語るものだともいえる。興味深いことに、ドイツとほぼ構造を同じくする日本の民事訴訟においては、現在のところ控訴審の負担が過重といった問題は生じていない。統計によれば、ドイツにおいて 2003 年に判決によって終了した州裁判所の事件は 100358 件、うち控訴可能であったものは 98728 件あり、高裁への控訴提起数は、56793 件であった（控訴率 57.5%）。また、同年に高裁で終結した控訴事件 61079 件のうち、控訴認容判決（一審判決取消差戻及び変更自判）によるものは 10464 件（控訴認容率 17.1%）であった（*Statistisches Bundesamt Deutschland*, Justizstatistik der Zivilgerichte Fachserie 10 Reihe 2.1-2003, Tabelle 5.1, 8.1）。これに対して日本では、同年に地裁で判決によって終了した事件は 77669 件、高裁での控訴新受事件数は、16003 件であり（控訴率 20.6%）、同年に高裁で終結した控訴事件 16661 件のうち、控訴認容判決（一審判決取消）は、2353 件（控訴認容率 14.1%）である（最高裁判所事務総局編『司法統計年報』第 20 表、35 表及び 36 表による）。こうした違いが何に由来するのかについては、別途さらなる検討を要しよう。

を意味するものであるようにも見える。しかし、前述のように、一元的な第一審手続に対して包括的な上訴の可能性が確保されていることがそこでの解決の正当性を確保していたのだとすれば、こうした上訴制限は、第一審手続の構造変革を伴わない限り、そこで生み出される解決の正当性を掘り崩すことにならざるを得ない。最近の報告によれば、ドイツの裁判実務は、改正法による上訴制限を大幅に緩和する傾向にあると見受けられるが[23]、以上のような事情に鑑みれば、そうした実務の反応は十分に理解できるものであり、また理由のあるものだということになろう。

IV. おわりに

以上のように見てくると、ドイツと英米における民事訴訟の手続構造には、大きな違いが存在し、そうした違いは、最近におけるいくつかの興味深い現象にもかかわらず、なお維持されているということができる。言い換えれば、この分野において法の同化が顕著に進んでいるとは言えないようである。もともと手続というものが裁判官、弁護士、当事者などの行動様式に大きく依存し、そこでの制定法の役割が限定的であることを考えれば、民事訴訟手続について同化が進む、あるいは同化を進めるということは、実体法の分野にもまして困難なことであるのかもしれない。

それでは、そうした困難は、——あたかもバベルの塔建設に対する神罰のように——悲しむべきことなのであろうか。筆者には、必ずしもそうは思われない。ある法制度は真空の中に孤立して存在するわけではなく、法制度内外の諸条件と関連しながら機能する。そうした脈絡を理解することなしに特定の部分、とりわけ民事訴訟の手続構造のように法制度にとって重要な意義を持つ部分を変更することには、危険を伴う[24]。訴訟法学、また本書で試みられているような比較法的研究に期待されるのは、そうした脈絡について、より理解を深め、また広げることではなかろうか。法の同化に対する評価も、そうした作業を前提として、はじめて可能になるものであろう。

---

23 *Roth*, Das reformierte deutsche Rechtsmittelrecht（第 76 回日本民事訴訟法学会（2006 年 5 月）における講演）（民訴雑誌 53 号（2007）掲載予定）を参照。

24 アメリカにおける 20 世紀を通じた手続法改革が、トライアルの衰退現象という意図しない結果をもたらした経緯につき、*Yeazell*, The Misunderstood Consequences of Modern Civil Process, 1994 Wisconsin L. Rev. 631 が示唆的である。

§ 22 Notwendigkeit und Grenze der Rechtsangleichung aus der Sicht des Strafrechts

Hiroyuki Yamamoto

Übersicht

I. Vorbemerkungen

Oft wird gesagt, daß Strafrecht seine Wurzeln in der Humanität habe.[1] Daher hat jeder Staat besondere Strafvorschriften, die unter dem Einfluß seiner Historie und Kultur stehen. Das Bedürfnis nach der Rechtsangleichung steigert sich mit dem Strom der sog. Globalisierung, und auch das Strafrecht kann dem nicht entgehen. Die Gründung des Internationalen Strafgerichtshofs (IStGH) kann als Zeichen der Notwendigkeit der Rechtsangleichung im Bereich des Strafrechts betrachtet werden.

Die Absicht dieser Arbeit ist es, die Frage zu prüfen, ob und inwieweit ein Bedürfnis nach Rechtsangleichung auch im Bereich des Strafrechts besteht, und daraus auch für andere Rechtsbereiche Anhaltspunkte für eine mögliche Rechtsangleichung zu gewinnen.

II. Notwendigkeit der Rechtsangleichung

In der Globalisierung der neueren Zeit begegnen wir oft der Situation, daß eine Straftat begangen wird, bei der Täter und Teilnehmer getrennt in verschiedenen

1 *Dando*, Keihokouyou Souron (Grundriß des Strafrechts, Allgemeiner Teil) (1990), S. 6.

Staaten handeln[2] oder Tat- und Erfolgsort verschieden sind. Z. B: X, der die Staatsangehörigkeit des Staates A besitzt, sendet Y, der die Staatsangehörigkeit des Staates B hat, eine Arznei, deren Besitz und Einfuhr usw. im Staat B mit Strafe bedroht werden, im Staat A aber nicht.[3] Staat B will in der Regel seine Strafvorschrift, die die Einfuhr dieser Arznei verbietet, auf X anwenden. Möchte er X bestrafen, muß er vom Staat A die Auslieferung des X verlangen, weil er ohne die Festnahme von X diesen nicht tatsächlich bestrafen kann. Eine solche Auslieferung des Verdächtigen setzt aber eine „doppelseitige Strafbarkeit" voraus, d.h., die betroffene Tat muß sowohl im auslieferungsbegehrenden als auch im ausliefernden Staat strafbar sein und mit einer höheren Strafe bedroht sein.[4] Diese „doppelseitige Strafbarkeit" ist deshalb erforderlich, weil es in der Beziehung zum System des ausliefernden Staats inadäquat ist, einen Verdächtigen aufgrund einer in diesem Staat nicht strafbaren Tat dem anderen Staat auszuliefern.[5] Eine Rechtsangleichung in diesem Bereich des Strafrechts würde Maßnahmen gegen internationale Delikte ermöglichen. Erst bei Verwirklichung internationaler Kooperation kann ein Staat das Recht zum Strafen tatsächlich wahrnehmen, ohne diese Kooperation können die Strafvorschriften ihre Funktionen nicht erfüllen. Außerdem gibt es die Todesstrafe in Japan, so daß ein Staat, in dem es diese Strafart nicht gibt, die Auslieferung eines Verdächtigen nach Japan ablehnen kann.[6] Auch aus diesem Grund ist eine Angleichung der Strafen wünschenswert.

Im obengenannten Fall geht es auch um das Unrechtsbewußtsein des X und damit auch um seine strafrechtliche Schuld. So wie die strafrechtliche Schuld das Unrechtsbewußtsein voraussetzt, kann das schwierige Problem des Verbotsirrtums von Ausländern[7] (und seiner Vermeidbarkeit) entstehen.[8] Wenn die Rechtsanglei-

---

2 *Horiuchi*, Kokusaikyouchoushugi to Keihou no Tekiyou (Internationale Harmonisierung und Anwendbarkeit des Strafrechts), Kenshuu 614 (1999), 3.

3 Zu sonstigen Fällen vgl. *Yamaguchi*, Ekkyouhanzai (Transnationale Kriminalität), Gendai Keijihou 29 (2001), 25.

4 *Kawaide*, Hanzai no Kokusaika to Keijihou (Internationalisierung der Kriminalität und Strafrecht, in: *Iwamura* (Hrsg.), Gendai no Hou (Recht in der Gegenwart) VI (1998), 7ff; *Takayama*, Kokusaikeijisaibanken (Internationale Strafgerichtsbarkeiten) (2), Hougakuronsou Bd. 154, Heft 2 (2003), 26. Toubou Hanzainin Hikiwatashi Hou (Gesetz zur Auslieferung von Verdächtigen), dessen § 2 übrigens wie folgt lautet: „Ein Verdächtiger kann nicht ausgeliefert werden, wenn (...)
3. das betroffene Delikt im auslieferungsbegehrenden Staat weder mit der Todesstrafe, einer lebenslangen Freiheitsstrafe noch einer Freiheitsstrafe über drei Jahre bedroht ist (...)
5. nach japanischen Gesetzen der Verdächtige nicht bestraft werden kann oder seine Strafe nicht vollzogen werden kann, falls das betroffene Delikt in Japan begangen worden wäre oder dazu eine Entscheidung des japanischen Gerichts ergangen wäre(...)

5 *Furuta*, Keijishihou ni okeru Kokusaikyouryoku (Internationale Kooperation in Strafrechtspflege), in: *Ishihara* (Hrsg.), Gendaikeibatsuhoutaikei (System des modernen Strafrechts) VI (1984), S. 379.

6 *Furuta* (Fn. 5), S. 390; *Matsumiya*, Keihou ha nannno tameni sonzai surunoka? (Wozu existiert das Strafrecht?), Gendai Keijihou 54 (2003), 79, Fn. 9.

7 Vgl. dazu *Nara*, Gaikokujin no Keijisekinin to Ihousei no Ishiki (Strafrechtliche Schuld von Ausländern und das Unrechtbewußtsein), Kenshuu 568 (1995), 3ff.

8 *Furuta* (Fn. 5), S. 380 erläutert, die „doppelseitige Strafbarkeit" sei deshalb erforderlich, weil die Auslieferung in einen anderen Staat für den sich im ausliefernden Staat befindlichen Verdächtigen zu größeren Belastungen durch eine ausgeweitete Strafgewalt führen kann, falls man die „doppelseitige Strafbarkeit" nicht verlangte.

chung der Strafvorschriften sich verwirklichte, würde dieses Problem gelöst und die Arbeit gespart, daß Ausländer sich über die Strafvorschriften der anderen Staaten informieren müssen. Daraus entsteht die Notwendigkeit der Rechtsangleichung im Bereich des Strafrechts.

III. Derzeitiger Stand der Rechtsangleichung

Zunächst ist zu prüfen, inwieweit sich die Rechtsangleichung im Bereich des Strafrechts bis jetzt verwirklicht hat. Vom Gesichtspunkt der Rechtsangleichung aus könnten alle Straftaten in vier Kategorien klassifiziert werden.

1. Erste Kategorie – Das IStGH-Statut

Als erste sollte das IStGH-Statut genannt werden, das eine supranationale Wirkung hat. Obwohl nicht wenige Staaten – einschließlich Japans – es noch nicht ratifiziert haben, erreicht dessen Wirkung auch diese Staaten.[9] Es kann daher als universal geltende Strafvorschrift betrachtet werden. Es bestimmt jedoch nur vier Verbrechen, d.h., Völkermord, Verbrechen gegen die Menschlichkeit, Kriegsverbrechen und das Verbrechen der Aggression, wobei das letzte Delikt einer noch ausstehenden Definition bedarf, so daß der Gegenstand des IStGH-Statuts begrenzt bleibt. Die UNO-Völkerrechts-Kommission behält seit dem Vorliegen des Entwurf des Statutsentwurfs (1994) das Prinzip bei, wonach die Anklage wegen der im IStGH-Statut bestimmten völkerstrafrechtlichen Delikte vorzugsweise vom für die staatliche Anklage zuständigen Organ erhoben wird (Subsidiaritätsprinzip[10]).[11] Es ist daher klar, daß das IStGH-Statut nur eine die staatlichen Strafgewalten ergänzende Funktion hat.

Vor der Gründung des IStGH wurden im Rahmen einer zeitlich-sachlich beschränkten Zuständigkeit Ad-hoc-Gerichtshöfe gegründet, dort wurden strafrechtliche Verfahren wegen internationaler Verbrechen vorangetrieben. Der IStGH dagegen wurde aufgrund eines Vertrags zwischen mehreren Staaten gegründet. Seine Zuständigkeit gilt räumlich unbeschränkt, aber zeitlich nicht rückwirkend. Ein ständiger Gerichtshof wie der IStGH ist mit Blick auf das Gesetzlichkeitsprinzip wünschenswerter als ein Ad-hoc-Gerichtshof, weil bei einem ständigen Gerichtshof in der Form des geschriebenen Rechts bestimmt ist, was universale Verbrechen sind.

---

9 *Werle*, Kokusaikeihou to Kokunaikeijishihou (Völkerstrafrecht und nationale Strafrechtspflege), Keihou Zasshi Bd. 44, Heft 2 (2005), 4.

10 Vgl. Präambel, §§ 1, 17–19, 20 III IStGH-Statut. Vgl. auch *Osten*, Kokusaikeijisaibansho no Rinen to Kokunairippou (Die Ideen des IStGH und die nationale Umsetzung), Jurist 1207 (2001), 130, Anm.29.

11 *Konagaya*, Kokusaikeijisaibanjosetsu (Einleitung in den IStGH) (2. Aufl. 2001), S. 140.

Doch wird auch die Meinung vertreten, daß auch die anderen gewohnheitsrechtlichen Strafvorschriften im Völkerrecht für alle Menschen und Staaten gelten.[12] Nach dieser Ansicht sind allgemein rechtsangleichende Vorschriften nicht nur das IStGH-Statut, sondern auch alle gewohnheitsrechtlichen Strafvorschriften. Aus der Sicht des Prinzips „nulla poena sine lege" sind Strafvorschriften in der Form des geschriebenen Rechts zwar wünschenswerter als solche des Gewohnheitsrechts. Aber es wäre in der Wirklichkeit fast unmöglich, alle völkerrechtlichen Verbrechen durch Verträge zwischen mehreren Staaten in der Form des geschriebenen Rechts wie im IStGH-Statut umfassend zu katalogisieren.[13] Die als völkerrechtliche Verbrechen vollständig anerkannten Deliktstypen sollten eher so betrachtet werden, als hätten sie bereits universale Geltung; d.h., die Verträge bestätigen diese Vorschriften lediglich.[14] Ich wende mich aber gegen die Verneinung des Prinzips „nulla poena sine lege" im Völker(straf)recht und denke, daß dem Rückwirkungsverbot (nullum crimen sine lege praevia) und anderen Prinzipien auch im Bereich der völkerrechtlich-gewohnheitsrechtlichen Strafvorschriften Beachtung geschenkt werden sollte.[15] Nur lasse ich im Bereich des Völkerrechts eine Ausnahme vom Prinzip des Ausschlusses von Gewohnheitsrecht (nullum crimen sine lege scripta) zu. Daher verwirklicht sich nach meiner Meinung nur das Prinzip vom Ausschluß des Gewohnheitsrechts bei den als völkerrechtlichen Verbrechen völlig anerkannten Deliktstypen unvollständig.

Demzufolge sollten die auf der Basis eines Vertrags zwischen mehreren Staaten im IStGH-Statut bestimmten Strafvorschriften sowie die als völkerrechtliche Verbrechen allgemein anerkannten Deliktstypen auch für die Staaten, die das IStGH-Statut nicht ratifizieren, und damit supranational gelten. Ich will diese Gruppe im folgenden „erste Kategorie" nennen.

2. Zweite Kategorie – Délits naturels

Zweitens gibt es gewisse Deliktstypen, die sich naturgemäß von allein angleichen. Sie sind sog. *„délits naturels"*, nämlich Delikte, die in fast allen Staaten als Straftaten betrachtet werden, wie Mord, Diebstahl usw. Die Strafvorschriften in diesem Bereich bedrohen Handlungen mit Strafe, die allgemein als verboten gegenüber der Gemeinschaft angesehen werden, und damit befinden sich solche Strafvorschriften in nahezu allen Staaten.[16] Daher stimmen solche Strafvorschriften in großen Teilen der Staatengemeinschaft überein, so daß bei diesen Delikten schon eine *de facto* Angleichung existiert. Ich will im folgenden diese Gruppe „zweite Kategorie" nennen.

---

12 *Werle*, Keihou Zasshi, Bd. 44, Heft 2, 4.

13 *Teraya*, Kokusaijinkenhoshou to kokusaiteki na Keijitousei (Humanitäres Völkerrecht und internationale Kontrolle durch das Strafrecht), Jurist 1299 (2005), 39.

14 *Konagaya* (Fn. 11), S. 85; *Werle*, Keihou Zasshi Bd. 44 Heft 2, 4.

15 Vgl. §§ 22ff. IStGH-Statut.

16 *Furuta* (Fn. 5), S. 357.

Die Unterschied zwischen der ersten und zweiten Kategorie liegt meiner Meinung nach darin, daß die Strafvorschriften in der ersten Kategorie allgemeingültig sind und deshalb auch Nichtbeitrittsstaaten binden. Dagegen werden die Strafvorschriften in der zweiten Kategorie von den meisten Staaten lediglich anerkannt, so daß sie sich „nur tatsächlich", soweit sie anerkannt sind, verwirklichen und man den Umfang ihrer Gültigkeit nicht zu prüfen braucht. Daher mag der folgende Fall entstehen. Während Y, der die Staatsangehörigkeit von Staat B hat, im Staat A, in dem Diebstahl geringwertiger Sachen nicht mit Strafe bedroht wird, reist, stiehlt X, der die Staatsangehörigkeit vom Staat A hat, die Sachen des Y. Auch solcher Diebstahl ist im Staat B strafbar, aber der Täter X handelt im Staat A, so daß der Staat B den X nicht gemäß seinem Strafrecht bestrafen kann. In diesem Fall kann man sich der Situation entsprechend zweierlei verhalten. Entweder beachtet der Staat B die Rechtslage des Staates A und verzichtet auf die Anklage gegen X wegen Diebstahls, weil der Staat A bestimmt, daß ein solcher Diebstahl nicht strafbar ist. Oder der Staat B übt seine Strafgewalt auf X aus, weil sein eigener Staatsbürger Opfer einer nach eigenem Recht strafbaren Handlung wurde.

Der japanische Gesetzgeber entschied sich im Jahr 2003 für den folgenden Weg. Auf die im Ausland begangene Straftat, die ein Delikt mit einer höheren Strafdrohung, z. B. Mord, Raub, Vergewaltigung, erpresserischer Menschenraub usw., verwirklicht und das Opfer Japaner ist, ist das japanische Strafrecht anzuwenden.[17] Nach der neuen Vorschrift könnte der Staat B (Japan) insoweit den X gemäß seinem Strafrecht bestrafen, als dieser Mord, Raub usw. begangen hat (in dieser Vorschrift ist Diebstahl nicht aufgelistet), auch wenn der Staat A diese Taten nicht mit Strafe bedroht. Diese Gesetzgebung hat freilich keinen Einfluß auf das Ermittlungsverfahren im Ausland, sondern begründet nur die Ausübung der Strafgewalt auf die im Ausland befindliche Person.[18] Daher kann die japanische Justiz zwar die sich im Ausland aufhaltende Person strafen, doch selbstverständlich bedarf es zur Durchführung des Verfahrens der Kooperation des Staates, in dem sich der Betroffene befindet.

Diese neue Vorschrift setzt für die Verfolgung von Auslandstaten keine „doppelseitige Strafbarkeit" voraus, was aus der Sicht der Rechtsvergleichung als merkwürdig angesehen werden mag. Denn das Erfordernis der „doppelseitigen Strafbarkeit" ist unter dem Gesichtspunkt der Rechtsvergleichung nicht irrelevant.[19] Trotzdem entschloß sich der japanische Gesetzgeber zu dieser Vorschrift. Anlaß dazu war der sog. TAJIMA-Fall, dem folgender Sachverhalt zugrunde liegt:

X und Y, die die Staatsangehörigkeit der Philippinen haben, töteten im September 2002 auf hoher See auf dem unter panamanischer Flagge laufenden Schiff

---

17 Japanisches Strafgesetzbuch § 3bis. [Es gibt keine allgemeine Vorschrift für das passive Persönlichkeitsprinzip.]

18 *Yamagami*, „Keihou no Ichibu wo kaiseisuru Houritsu – Kokugaihanshobatsukitei –" no Gaiyou ni tsuite (Zum „Gesetz zur Änderung des Strafgesetzbuchs – die Vorschrift für die Bestrafung von Auslandstaten"), Gendai Keijihou 54 (2003), 55.

19 Z. B. Deutsches Strafgesetzbuch § 7 Abs. 1; Koreanisches Strafgesetzbuch § 6.

„TAJIMA" einen Navigationsoffizier Z, der die Staatsangehörigkeit von Japan besaß. Im philippinischen Strafgesetzbuch gab es keine Vorschrift für die Ahndung von Auslandstaten eigener Staatsbürger. Und Panama war bei der Ausübung seiner Strafgewalt in diesem Fall zunächst zurückhaltend, weil es sich bloß um ein unter Billigflagge fahrendes Schiff handelte. Auch im japanischen Strafgesetzbuch gab es keine Vorschrift für die Verfolgung von Auslandstaten gegen inländische Rechtsgüter, gar im Zusammenhang mit Tötungsdelikten, und damit war das japanische Strafgesetzbuch auf diesen Fall nicht anwendbar. Folglich konnte die japanische Justiz die nun in Japan befindlichen X und Y nicht festnehmen. Es dauerte über einen Monat, bis schließlich Panama von Japan die Festnahme von X und Y verlangte. Sie standen bis zu diesem Zeitpunkt nur *„de facto"* unter der Aufsicht des Kapitäns der „TAJIMA". Schließlich wurden sie nach Panama gebracht, wo das Strafverfahren gegen sie eingeleitet wurde. Diese Abläufe gaben Anlaß zur Diskussion, ob das japanische Strafrecht auch für den Fall anwendbar sein sollte, in dem ein Japaner im Ausland einem Verbrechen zum Opfer fiel.[20]

Diese neue Vorschrift gilt nur für schwerste Delikte (z.B. Mord) und, da diese Delikte auch im Ausland allgemein mit Strafe bedroht werden, ist das Erfordernis der „doppelseitigen Strafbarkeit" hier keine Voraussetzung.[21] Mit anderen Worten gab es für diese Gesetzgebung, die die „doppelseitige Strafbarkeit" nicht ausdrücklich zur Voraussetzung macht, die Vorbedingung, daß im Zusammenhang mit Mord, Raub usw. schon so etwa wie eine Rechtsangleichung realisiert ist. Freilich gibt es auch unter Berücksichtigung solcher Gesetzgebung noch einen Unterschied zwischen der ersten und zweiten Kategorie; z.B. A und B, deren Staatsangehörigkeit nicht klar ist, stehen auf hoher See. Tötet einer den anderen, ist unklar, wie diese Situation behandeln werden soll[22] Das geltende staatliche Strafrecht, auch mit dem Territorialitäts- und Persönlichkeitsprinzip, kann auf diesen Fall nicht passend reagieren. Dagegen gelten die zu der ersten Kategorie gehörenden Strafvorschriften auch für den Fall, in dem der Täter eine entsprechende Straftat (z.B. Völkermord) gegen Personen begeht, deren Staatsangehörigkeit nicht klar ist. Der Unterschied zwischen der ersten und zweiten Kategorie liegt noch in diesem Punkt.

---

20 Vgl. *Yamagami*, Gendai Keijihou 54 (2003), 55, Fn. 4; *Takayama*, Actual Problems of trans- and international Criminal Law in Japan, Kyoto Journal of Law and Politics, Bd. 1, Heft 2 (2005), 68.

21 *Sakuma*, Kokumin ni taisuru juudai Hanzai no Kokugaihanshobatsukitei ni tsuite (Zur Vorschrift für die Bestrafung von schweren Auslandstaten gegen eigene Staatsangehörige), Jurist 1256 (2003), 56; *Tatsui*, Kokumin Hogo no tameno Kokugaihan Shobatsu ni tsuite (Zur Bestrafung von Auslandstaten für den Schutz der Staatsangehörigen), Hougaku Kyoushitsu 278 (2003), 29; *Yamagami*, Gendai Keijihou 54 (2003), 54.

22 *Takayama*, Kokusaikeijisaibanken (Internationale Strafgerichtsbarkeiten) (1), Hougakuronsou Bd. 154, Heft 1 (2003), 6.

3. Dritte Kategorie – Internationale Übereinkommen

Unter die dritte Kategorie fallen die Straftaten im nationalen Strafgesetz, die aufgrund einer internationalen Vereinbarung kriminalisiert worden sind. Die typischen Vereinbarungen im Zusammenhang mit dieser Kategorie sind das Übereinkommen zur Bekämpfung der widerrechtlichen Inbesitznahme von Luftfahrzeugen (1970), das Übereinkommen über die Verhütung der Meeresverschmutzung durch das Einbringen von Abfällen und anderen Stoffen (1972) usw.[23] Wichtig sind im Kontext der Maßnahmen gegen organisierte Straftaten und Rauschgiftdelikte das UN-Übereinkommen gegen den unerlaubten Verkehr mit Suchtstoffen und psychotropen Stoffen (1988) und das UN-Übereinkommen gegen die grenzüberschreitende organisierte Kriminalität, das im November 2000 einmütig angenommen wurde und auch von Japan und 120 anderen Staaten im Dezember 2000 unterzeichnet wurde.[24] In der japanischen Gesetzgebung der neueren Zeit können ansonsten das Gesetz gegen Kinderpornografie[25], das dem Cybercrime-Abkommen des Europarats entspricht, und die Schaffung einer Strafvorschrift gegen Menschenhandel[26], die sich ebenfalls an Regelungen in UN-Protokollen anschließt, als Beispiele angeführt werden. Die Strafvorschriften, die auf einem solchen Vertrag beruhen, sind in den Unterzeichnerstaaten gemeinsam eingeführt, insofern ist eine inhaltliche Angleichung schon verwirklicht. Ich will diese Gruppe als „dritte Kategorie" bezeichnen. Die Grenze zwischen der ersten Kategorie – insbesondere dem gewohnheitsrechtlichen Strafrecht – und der dritten ist zwar unklar, aber ein Unterschied liegt noch darin, daß die Straftaten der „ersten Kategorie" in der Mehrzahl der Staaten, die den betreffenden Vertrag ratifizieren, allgemein als kriminell angesehen werden und dagegen diejenigen der „dritten Kategorie" einen solchen Zustand noch nicht erreichen.

In bezug auf die Strafvorschriften der dritten Kategorie wird jetzt – wie oben gesagt – die Rechtsangleichung (zum Teil) aktiv vorangetrieben. Aber dieses Vorgehen hat doch einige Probleme. Anders als eine Gesetzesänderung aus einem innerstaatlichen Bedürfnis heraus steht die Umsetzung internationaler Verträge oft in Diskrepanz zu der bisherigen Rechtsordnung, sie ist häufig das Resultat außenpolitischen Drucks oder zumindest eines Kompromisses.[27] Die negative Reaktion

---

23 Dazu vgl. *Furuta* (Fn. 5), S. 358.

24 Vgl. *Matsumiya*, Jittaikeihou no Kokusaika matawa *Globalization* ni tomonau Shomondai (Internationalisierung des materiellen Strafrechts bzw. mit der Globalisierung zusammenhängende Probleme), Houritsu Jihou, Bd. 75, Heft 2 (2003), 26.

25 Vgl. *Nagai*, *Cyberporno*-kisei to Keihou Jidou-*Porno* Hou no Kaisei (Regulierung der Cyber-Pornographie und Änderung des Strafgesetzbuchs und des Gesetzes gegen Kinderpornographie), Oosakakeizaihoukadaigaku Hougakukenkyuujokiyou, Heft 38 (2004), 22ff; *Watanabe*, Dennoukuukan ni okeru Waisetsujouhou to Waisetsuzai no Kouitaiyou (Obszöne Information und Tatmodalitäten der Sittlichkeitsverbrechen im Raum der IT), Seiwa Hougaku Kenkyuu, Bd. 12, Heft 1 (2005), 82.

26 Vgl. *Sakuma*, Jinsin no Jiyuu ni taisuru Tsumi no Houseibi ni tsuite (Zur Regulierung der Straftaten gegen persönliche Freiheit), Jurist 1286 (2005), 11ff.

27 *Takayama*, Hougakuronsou, Bd. 154, Heft 2 (2003), 32.

der deutschen Strafrechtswissenschaft auf die mögliche Einführung eines EU-Strafrechts mag als Reflexion dieser Schwierigkeit gesehen werden.[28]

4. Vierte Kategorie – Nationale Strafvorschriften

Viertens und letztens sind die (zahlenmäßig überwiegenden) nationalen Straftaten außerhalb der drei genannten Kategorien zu nennen. Hier ist keine Angleichung entstanden, und die Tatbestände solcher Straftaten werden durch nationalstaatliche Eigenarten geprägt; z.B. wird die „Gewalttat" im japanischen Strafgesetzbuch (§ 208) aus der Sicht der Rechtsvergleichung als etwas Besonderes eingeschätzt[29], die „Volksverhetzung" im deutschen Strafgesetzbuch (§ 130) hat historische Hintergründe und erklärt sich allein aufgrund spezifisch deutscher Erfahrungen.

IV. Grenze der Rechtsangleichung

Der derzeitige Stand der Rechtsangleichung im Bereich des Strafrechts ist, wie oben geschildert, noch ungenügend und sollte weiter verbessert werden. Wie aber kann die Rechtangleichung vorangetrieben werden?

1. Zur ersten Kategorie

Die Rechtsangleichung in der ersten Kategorie ist vollständig erreicht, weil z.B. das IStGH-Statut auch für die nichtunterzeichnenden Staaten gilt (vgl. oben II. 1.). Die Strafvorschriften, die höchststrafwürdige Taten – wie Völkermord – enthalten, sind nämlich mit Blick auf ihre Strafbedürftigkeit global anerkannt. Im Hinblick auf das Gesetzlichkeitsprinzip ist es freilich wünschenswert, die völkerrechtlich-gewohnheitsrechtlichen Tatbestände in der Form des geschriebenen Rechts festzuschreiben.

Andererseits, obgleich die Zahl der das IStGH-Statut ratifizierenden Staaten nicht klein ist, wurden in der Entscheidungsphase der Rom-Konferenz noch bemerkenswerte Widersprüche[30] sichtbar. Es ist noch zu klären, wieweit der globale Konsens über das IStGH-Statut wirklich reicht.

Einen umfassenden Konsens über das IStGH-Statut gibt es jedenfalls noch nicht, trotzdem kommt dem Statut globale Gültigkeit zu. Der Grund dafür liegt in der großen Strafwürdigkeit der im IStGH-Statut enthaltenen Straftaten. Wenn es

---

28 Vgl. Abhandlung v. *Krehl* in diesem Band.
29 *Nishida*, Keihou Kakuron (Strafrecht, Besonderer Teil) (3. Aufl. 2005), S. 36.
30 Es ist schwer nachzuvollziehen, welche Staaten dem IStGH-Statut widersprochen haben, aber nach Ansicht vieler gehören die U.S.A. und China dazu.

auch eine vollständige Einigkeit im Einzelnen nicht gibt, kann das immense Strafbedürfnis den fehlenden Konsens ersetzen. Die Absicht der Ausrottung einer Gruppe von Menschen z.B. bildet ein Merkmal des Völkermords und verursacht damit typischerweise einen großen Schaden, was dem Völkermord eine höhere Strafwürdigkeit als dem übrigem Totschlag verleiht.

Übrigens ist die Gesetzgebung des Völkerstrafrechts in Deutschland positiv fortgeschritten; die Tatbestände des nationalen Strafrechts sind denjenigen im IStGH-Statut, das damit vollständig in nationales Recht umgesetzt ist, angepasst.[31] Fielen die Taten im IStGH-Statut immer unter staatliche Vorschriften, gäbe es keine Notwendigkeit für den IStGH. Demgemäß ist eine solche Gesetzgebung im Hinblick auf die Tätigkeit des IStGH natürlich wünschenswert. Ist diese Gesetzgebung aber unerläßlich?[32] Letztendlich gibt es keine Pflicht zu einer solchen staatlichen Gesetzgebung.[33] Denn es gibt nicht ignorierbare Unterschiede zwischen dem bisherigen staatlichen Strafrecht und dem IStGH-Statut; daher sind die dem IStGH-Statut entsprechenden Änderungen des nationalen Strafrechts schwierig. Einer von diesen Unterschieden liegt z.B. beim Völkermord vor. Da Japan die Konvention gegen Völkermord nicht ratifiziert hat und es daher im japanischen Recht keinen Begriff des Massenmords gibt, steht das Merkmal der „Absicht" beim Völkermord mit dem japanischen Strafrecht nicht in Einklang. Man kann nämlich daran denken, daß ein Völkermord rein theoretisch schon vorliegen kann, wenn nur eine Person getötet wird.[34] Vorläufig wäre es daher vernünftig, mit Hilfe der bisher bestehenden staatlichen Vorschriften zum Gelingen des IStGH-Statuts beizutragen. Zwar kann die Bestrafung durch die bisherigen Bestimmungen allein z.B. nicht den organisierten Charakter der Verbrechen gegen die Menschlichkeit erfassen.[35] Aber im Hinblick auf das oben geschilderte Problem kann es als provisorische Lösung anerkannt werden, die Organisiertheit der Straftaten nur im Rahmen der Strafzumessung zu berücksichtigen.

Dies bedeutet keinesfalls, daß das IStGH-Statut nicht allgemeingültig ist. Es gilt natürlich auch für Japan. Der IStGH übt seine Zuständigkeit z.B. auch in einem Fall aus, in dem ein Völkermord in Japan begangen wird und der Staat auf diese Handlungen sein eigenes Strafrecht anwendet, diese Anwendung aber so bewertet wird, als sei „der Staat nicht willens oder in der Lage, die Ermittlungen oder die

---

31 Vgl. *Osten*, Jurist 1207 (2001), 126ff.

32 *Ko*, Kokusai Keijihou no Hatten to Kokusaihou (Die Entwicklung des Völkerstrafrechts und das Völkerrecht), Jurist 1232 (2002), 44, sagt, „auch die japanische Regierung *müsse* Maßnahmen entsprechend den Strafvorschriften im IStGH-Statut treffen" (kursiver Nachdruck vom Verfasser). Vgl. auch *Tanaka*, Keijisaiban Kankatsuken no Kokusaika to Kokunaihouteki Kankou / Kokusaihouteki Rikou (Internationalisierung der Strafgerichtsbarkeiten und nationale Gewohnheit/völkerrechtliche Durchführung), in; *Murase/Okuwaki* (Hrsg.), Festschrift für *Yamamoto* (1998), S. 614ff.

33 Vgl. *Shibahara*, Kokusaikeiji Saibansho Setsuritsu ni kansuru gaikou Kaigi (Die diplomatische Konferenz für die Einrichtung des IStGH), Keihou Zassi, Bd. 2, Heft 39 (2000), 151.

34 Vgl. *Takayama*, Hougakuronsou, Bd. 154, Heft 1 (2003), 34ff.

35 *Osten*, Jurist 1207 (2001), 128.

Strafverfolgung ernsthaft durchzuführen".[36] In diesem Bereich hat das IStGH-Statut (und sonstige Strafvorschriften in der ersten Kategorie) doch eine globale Wirkung.

2. Zur zweiten Kategorie

Ein gewisser Konsens liegt bei den Strafvorschriften in der zweiten Kategorie vor. Sie weisen insgesamt eine geringere Strafwürdigkeit als diejenigen der ersten Kategorie auf, bei ihnen besteht aber größere Übereinstimmung darüber, daß das verbotene Verhalten zu bestrafen ist. Daher läßt sich bei diesen Vorschriften eine Rechtsangleichung leichter erreichen.

Japan hat – wie oben (III. 2.) ausgeführt – mit einer Gesetzesänderung die Geltung der eigenen Strafvorschriften gegen Mord, Raub usw. für bestimmte Auslandstaten erklärt. Dies beruht darauf, daß diese Straftaten in anderen Staaten auch mit Strafe bedroht werden. Diese Gesetzgebung ging davon aus, daß bei Mord, Raub usw. die Rechtsangleichung schon weitgehend (*de facto*) realisiert war, und weiter, daß selbst die Staaten, die bislang nicht über entsprechende Vorschriften verfügten, diese einführen sollten. Daher kommt das Prinzip der Nichteinmischung in innere Angelegenheiten eines anderen Landes nicht zum Tragen. So ist es möglich, unter bestimmten Voraussetzungen das japanische Strafrecht auch auf Auslandstaten anzuwenden, ohne die „doppelseitige Strafbarkeit" zu verlangen.[37] Es gibt eine große Zustimmung zu den Strafvorschriften in der zweiten Kategorie, daß eine Vorschrift im Staat des Opfers angewendet werden könnte, wenn auch Mord am Tatort mit keiner Strafe bedroht wäre. Diese Anwendung verstieße nicht gegen die Regeln einer internationalen Harmonisierung.

Geht es nun nicht um Mord, sondern um Diebstahl, trifft derselbe Gedanke noch zu? In diesem Fall wäre es möglich, die Vorschrift vom Staat des Verletzten anzuwenden, wenn auch Diebstahl am Tatort mit keiner Strafe bedroht wäre. Da Diebstahl weniger strafwürdig als Mord ist, gäbe es vielleicht keine genügende Begründung dafür, das Strafrecht vom Staat des Verletzten anzuwenden. Eine solche Bestrafung der Auslandstat, die am Tatort nicht strafbar ist, mag ein Mißtrauen gegen die Rechtsordnung und somit die Souveränität des Tatorts offenbaren.[38] Deswegen wäre es zwar auch möglich, die Anwendung des eigenen Strafrechts auf Auslandstaten mit höherem Unrechtsgehalt zu begrenzen. Aber Diebstahl gehört zu den *„délits naturels"*, und es gibt einen globalen Konsens über die Bestrafung des Diebstahls. Aufgrund dieses Konsenses ist eine Gesetzgebung nicht zu beanstan-

---

36 § 17 Abs. 1 IStGH-Statut.

37 *Tatsui*, Keihou no basyoteki Tekiyouhanni – Kokunaihan to Kokugaihan – (Räumliche Geltung des nationalen Strafrechts – Inlands- und Auslandstaten), Jouchi hougaku Ronsyuu, Heft 43, Bd. 3 (1999), 90; *Saeki*, Kokuminhogoshugi ni motozuku Kokugaihanshobatsu ni tsuite (Zur Bestrafung der Auslandstaten für den Schutz der Staatsangehörigen), Kensyuu 659 (2003), 21.

38 Vgl. *Horiuchi*, Kensyuu 614 (1999), 8f.

den, die unabhängig vom Strafrecht des Tatorts Auslandstaten bestraft, auch wenn im Ausland Diebstahl nicht strafbar wäre. Diese Rechtsanwendung bedeutet freilich nicht, daß die Strafverfolgungsbehörden aus dem Staat des Verletzten an dem im Ausland gelegenen Tatort Ermittlungen durchführen könnten.

Kurzum: Da den Straftaten der zweiten Kategorie ein globaler Konsens zugrunde liegt, läßt sich daraus die Ungerechtigkeit der Nichtbestrafung dieser Handlungen im Ausland ableiten. Daher verstößt die Nichtberücksichtigung der Entscheidung anderer Staaten, diese Handlungen nicht zu kriminalisieren, nicht gegen das Prinzip der internationalen Harmonisierung. Die Straftaten in der zweiten Kategorie weisen eine geringere Strafbedürftigkeit als in der ersten Kategorie, aber ein größeres Maß an Zustimmung ihrer grundsätzlichen Strafwürdigkeit auf. Daher sollten die Strafvorschriften in der zweiten Kategorie zum „minimalen Standard eine staatlichen Strafrechts" gehören, wenn man überhaupt einen solchen Standard festlegen wollte.

3. Zur dritten und vierten Kategorie

Wir stehen vor einem schwierigen Problem, soweit es um die Strafvorschriften in der dritten und vierten Kategorie geht.

Die Strafvorschriften in der dritten Kategorie wirken grenzüberschreitend – insofern international – unter den Staaten, die die betreffenden Verträge ratifiziert haben, aber außerhalb dieser Staaten ist die Geltung dieser Strafvorschriften nicht anders als in der vierten Kategorie.

Bei den letzten zwei Typen ist eine Rechtsangleichung nicht leicht realisierbar, weil es hier an der Strafbedürftigkeit wie bei der ersten Kategorie und an übergreifendem Konsens wie bei der zweiten Kategorie fehlt. Ehebruch ist in unserem Nachbarstaat Südkorea strafbar[39], in Japan hingegen nicht. Die japanische Bevölkerung will ihn nicht unter Strafe stellen. Man hält das nicht für strafwürdig, auch besteht in der Staatenwelt kein Konsens über die Bestrafung des Ehebruchs.[40] Gibt es bei einem Verhalten weder internationalen Konsens noch eine evidente Strafbedürftigkeit, sollte ein Staat die Entscheidung anderer Staaten achten, dies nicht unter Strafe zu stellen. Eine zu weitgehende Inanspruchnahme der eigenen Strafgewalt führte zur Ausweitung der eigenen Souveränität ohne Rücksicht auf die Entscheidungen anderer Staaten. In diesem Bereich hat die Aussage ihre Bedeutung, wonach dem Prinzip der internationalen Harmonisierung entsprechend

---

39 Vgl. § 241 Abs. 1 Koreanisches Strafgesetzbuch.

40 Ehebruch war auch im japanischen Strafgesetzbuch mit Strafe bedroht, aber der Paragraph, § 183 (a.F.), wurde 1947 abgeschafft. Übrigens beschränkte sich die Strafbarkeit auf die Frau, was viele Einwendungen gegen diese Bestimmung auslöste. Eine solche Beschränkung besteht im Koreanischen Strafgesetzbuch dagegen nicht. Auch dieser Unterschied zwischen Japan und Südkorea ist bemerkenswert.

jeder Staat seine Strafgewalt nur beschränkt ausüben darf.[41] Darum ist eine Rechtsangleichung dort kaum zu verwirklichen, wo das Strafgesetz eng mit der eigenen Kultur der Staaten verbunden ist.[42]

Aber freilich handelt es sich bei der großen Mehrheit der Strafvorschriften in der dritten Kategorie (Gesetzgebung aufgrund internationalen Vertrags) um Bereiche organisierter Kriminalität, in denen es eine nicht unerhebliche Notwendigkeit übergreifender Strafvorschriften gibt. Es ist ein gegenwärtiges Problem, wie man diesen Strafvorschriften universale Wirkung zukommen lassen kann.

V. Zusammenfassung

Alle Straftaten wurden damit im Hinblick auf ihre Strafbedürftigkeit und den Konsens in vier Kategorien klassifiziert, die derzeitige Notwendigkeit und zugleich die Grenze der Rechtsangleichung wurden analysiert. Meiner Meinung nach ist die Möglichkeit der Rechtsangleichung unter Berücksichtigung der zwei Faktoren zu beurteilen, nämlich der Notwendigkeit der Bestrafung und des internationalen Konsenses über ihre Strafwürdigkeit. Dasselbe könnte auch für andere Rechtsbereiche gelten.

Die Prüfung einer Rechtsangleichung erfolgte nur im Hinblick auf die Voraussetzungen einer Bestrafung. Aus der Sicht einer wünschenswerten umfassenden Angleichung des Strafrechts sollte aber auch der Bereich der Straffolgen geprüft werden. Wenn ein Verhalten X zwar sowohl im Staat A als auch im Staat B strafbar ist, aber die Strafen bei derselben Tat in beiden Staaten sehr unterschiedlich sind, entstehen doch einige Probleme, nicht nur bei der Todesstrafe (Vgl. oben II). Darüber hinaus muß sich eine Rechtsangleichung auch mit dem Problem einer unterschiedlichen Auslegung desselben Begriffs auseinandersetzen. Wenn in verschiedenen Staaten zwar Übereinstimmung besteht, „vorsätzliche Tötungen" zu bestrafen, aber „vorsätzlich" unterschiedlich ausgelegt wird, ist faktisch eine Rechtsangleichung nicht erreicht. Auch auf eine Angleichung der Auslegung sollte daher hingewirkt werden.

---

41 *Horiuchi*, Kenshuu 614 (1999), 8.

42 Allerdings wird in Südkorea häufig die Meinung vertreten, die Bestimmung des Ehebruchs zu streichen (Vgl. *Pak*, Kankoku no Keihou (Strafrecht in Südkorea), in; *Kojima/Kan* (Hrsg.), Kankokuhou no Genzai (Aktueller Zustand des südkoreanischen Rechts), 1993, S. 404). So kann sich die Zahl der „eigenen Strafvorschriften" vermindern.

§ 22 刑法から見た法の同化の必要性と限界

山本紘之

目次

I. はじめに

刑法は、最も人間性に根ざした法であると言われている[1]。そのため、刑罰法規は各国の歴史的・文化的な背景によって異なっている。しかし、グローバル化が進むにつれて法の同化の必要性は高まっており、刑法の分野もまったく無関係とはいえない。国際刑事裁判所（International Criminal Court: 以下、ICC とする）の設立は、刑法の分野における法の同化の必要性の現われであると言えるかもしれない。

本稿は、このような事情を背景とし、刑法の分野においても法の同化を図る必要があるのか、必要があるとすれば、同化はどこまで可能なのかといった点の検討を通じて、他の法分野における法の同化の議論に資することを目的とするものである。

II. 法の同化の必要性

近年におけるグローバル化に伴い、正犯行為と共犯行為が国の内外で行われるような事例が現れるようになったと言われおり[2]、また、近年の通信技術の発達により、行為地と結果地が一致しない事例も見られるようになった。それらの一例として、例えば A 国籍の X がある薬物を A 国から B 国にいる B 国籍の Y に

---

1 団藤重光『刑法綱要総論（第 3 版）』（1990）6 頁。
2 堀内捷三「国際協調主義と刑法の適用」研修 614 号（1999）3 頁。

送付したという場合を考えてみたい。なお、この薬物は B 国では所持・輸入等が刑罰による規制の対象となっているが、A 国ではそのような刑罰法規は制定されていないものとする[3]。この事例において B 国は、当該薬物を規制する法規の効力を A 国の X にも及ぼそうとするのが通常であろう。そして、実際に X について刑罰権を行使しようとすれば、A 国から X の身柄の引渡しを受けなければならないだろうから、A 国に引渡しを請求することになろう。しかし、犯罪者の引渡しについては、請求国と被請求国の両方においても可罰性が認められ、さらに一定以上の法定刑が定められていなければならないという、「双方可罰性」が必要であるとするのが我が国では一般的である[4]。双方可罰性が要求される理由は、以下の点に求められている。すなわち、ある行為を処罰することが被請求国の憲法その他の法体系に反するために双方可罰性の要件が充たされないことがあるが、そのような場合には外国に対する協力とは言っても、被請求国の法体系上、司法共助を行うことが相当でないことがあるという点である[5]。司法共助ができないとなれば処罰権を現実に行使することは不可能になり、刑罰法規に求められる役割が果たされなくなるおそれがある。そのため、「何が犯罪であるか」が共通し、さらに「どの程度の刑が科されるか」という点についても共通している方が、国際的な犯罪への対処が容易になることになろう。また、日本では死刑という刑罰があるが、そのために死刑廃止国からの犯罪人の受け渡しが拒絶されることがあると言われている[6]。それゆえ、刑罰についても同化がなされる方が望ましいということになるのである。

また、上記の事例では、X に違法性の意識が認められず、刑事責任を問うことができるのかも問題になる可能性がある。違法性の意識（の可能性）を刑事責任の要件として要求する以上は、このような「外国人の違法性の意識」と呼ばれる問題も[7]、生じうる困難な問題である[8]。刑罰法規の同化が果たされれば、外国人の違法性の意識という困難な問題は解消され、また、外国人が他国の法律を細かく調べる手間も省けることになろう。刑法における法の同化の必要性は、これらの点から生じるものである。

---

3 越境犯罪の諸類型については、山口厚「越境犯罪」現代刑事法 29 号（2001）25 頁を参照。

4 川出敏裕「犯罪の国際化と刑事法」岩村正彦他編『現代の法　第 6 巻』（1998）7 頁以下、高山佳奈子「国際刑事裁判権(二)・完」法学論叢 154 巻 2 号（2003）26 頁。また、逃亡犯罪人引渡法 2 条は、以下のように規定する。「左の各号の一に該当する場合には、逃亡犯罪人を引き渡してはならない。但し、第三号、第四号、第八号又は第九号に該当する場合において、引渡条約に別段の定があるときは、この限りでない。（中略）三　引渡犯罪が請求国の法令により死刑又は無期若しくは長期三年以上の拘禁刑にあたるものでないとき。（中略）五　引渡犯罪に係る行為が日本国内において行われ、又は引渡犯罪に係る裁判が日本国の裁判所において行われたとした場合において、日本国の法令により逃亡犯罪人に刑罰を科し、又はこれを執行することができないと認められるとき。」

5 古田佑紀「刑事司法における国際協力」石原一彦他編『現代刑罰法体系第一巻』（1984）379 頁。

6 古田（前掲注 5）390 頁、松宮孝明「刑法は何のために存在するのか？」現代刑事法 54 号（2003）79 頁注（9）。

7 外国人の違法性の意識については、奈良俊夫「外国人の刑事責任と違法性の意識」研修 568 号（1995）3 頁以下を参照。

8 なお、古田（前掲注 5）380 頁は、双方可罰性を要求する理由として、双方可罰性を要求しなければ被請求国の行為者にとって酷となることを指摘している。

III. 法の同化の現状

1. 第一類型——ICC 規程

まずは、刑法の同化がどこまで進んでいるのかを見ていくことにしたい。以下では同化の程度に従って、4 つの類型に分けて論じることにしたい。

世界的な効力を持つ刑罰法規として、何よりもまず ICC 規程を挙げることができる。同法規に批准していない国家は少なくなく、日本もそこに含まれているが、同法規の効力は、批准していない国に対しても及ぶと解されている[9]。そのため、同法規は世界的な効力を持つ刑罰法規としての地位を持つと評価してよいと思われる。もっとも、同法規で定められている犯罪類型は、集団殺害罪、人道に対する罪、戦争犯罪及び侵略の罪の 4 つだけであり、また侵略の罪は当面は対象犯罪とならないとされているのであるから、同法規が対象とする犯罪類型はごく僅かなものにとどまる。また、同法規に定められた国際刑法上の犯罪の訴追は優先的に国内刑事訴追機関に委ねられるという「補完性の原則」[10]は、国連国際法委員会が ICC 規程草案（1994 年）を起草したときから掲げられてきたものである[11]。それゆえ、同法規が諸国家の刑法を補完する役割しか持っていないことは明らかであろう。

ICC 設置以前には、ICTY（旧ユーゴ国際刑事裁判所）や ICTR（ルワンダ国際裁判所）のような、時間的・事項的に管轄権が特定されている（ad hoc な）国際刑事法廷が設置され、処罰が行われてきた。これらに対して ICC は、多数国間条約に基づいて、対象地域を限定せず、将来効のみを持つ常設の裁判所として設立されたものである。罪刑法定主義の見地からは、ad hoc な裁判所よりも ICC ような常設裁判所の方が望ましいといえよう。どのような行為類型が世界的な犯罪であるのか、つまり、常設の国際刑事裁判所の審判によって裁かれる犯罪であるのかが、明文として規定されているからである。

もっとも、ICC 規程は国際慣習法の一部を条文化したにすぎず、ICC 規程で定められていない国際慣習法上の犯罪も、すべての人間と国家を拘束するという見方も強い[12]。この考え方によれば、世界的な効力をもつ刑罰法規は ICC 規程にとどまらず、国際慣習法上の犯罪全てが世界的な効力を持ち、同化を果たしている刑罰法規であるということになろう。確かに、慣習法という形態よりも明文として規定されている方が罪刑法定主義の見地からは望ましい。しかし、ICC 規程のように、多数国間条約に基づいて国際的な犯罪を網羅的にカタログ化することは現実的ではなく[13]、国際慣習法上の犯罪として完全に確立された犯罪類型に関しては、世界的な効力を持つと考えてよいであろう。つまり、条約はそれらを確認

---

9 ゲーアハルト・ヴェルレ（フィリップ・オステン訳）「国際刑法と国内刑事司法」刑法雑誌 44 巻 2 号（2005）4 頁。
10 ICC 規程前文、1 条、17–19 条、20 条 3 項参照。なお、フィリップ・オステン「国際刑事裁判所法規と国内立法」ジュリスト 1207 号（2001）130 頁注 29 も参照。
11 小長谷和高『国際刑事裁判序説（訂正版）』（2001）140 頁。
12 ヴェルレ（オステン訳）（前掲注 9）4 頁。
13 寺谷広司「国際人権保障と国際的な刑事統制」ジュリスト 1299 号（2005）39 頁。

するだけのものにすぎない[14]。罪刑法定主義という理念が国際(刑)法上は存在しないとすることには賛成できず、遡及処罰の禁止などは国際慣習法上の刑法をも拘束すると考えるべきであるが[15]、国際法上の原理との関係上、慣習刑法の排斥という派生原理に関しては、若干の譲歩を認めてもよいであろう。すなわち、厳然と存在する国際慣習法上の刑法についてだけは、「慣習刑法の排斥」という刑法上の原理が働かないということを認めることになる。
以上のことから、多数国間条約に基づいて制定された ICC 規程に定められている犯罪類型と、完全に確立された国際慣習法上の刑法は、条約に批准していない国に対しても効力を持ち、世界的な効力を持つ刑罰法規であると考えるべきである。以下では、この類型を第一類型と呼ぶことにしたい。

2. 第二類型——自然犯

次に、事実上、国家間における同化が生じている犯罪類型を挙げることができる。殺人や窃盗といった、講学上自然犯と呼ばれる類型がこれにあたる。この類型は、人類社会にとって普遍的に悪とされる行為を処罰するものであるので、ほとんどの国家で処罰の対象となっているのである[16]。つまり、これらの犯罪類型に関しては、「何が犯罪であるか」ということについての一致があるために、事実上の同化が生じていると見ることができよう。以下では、この類型を第二類型と呼ぶことにしたい。

第一類型と第二類型の違いは、以下の点にある。私見によれば、第一類型の刑罰法規は世界的な効力を持つため、条約等に批准せず当該法規の効力を認めていない国家に対しても効力が及ぶことになる。それに対して第二類型の刑罰法規は、ほとんどの国家が当該法規を承認しているために、第二類型の刑罰法規の効力が及ぶ範囲を検討する必要がないというにとどまる。そのため、以下のような事態が生じる可能性は皆無とは言えない。すなわち、A 国では窃盗が処罰の対象とされていないのであるが、B 国籍の Y が A 国を旅行している間に、A 国籍の X が Y の財物を窃取した。B 国では窃盗は処罰の対象となっているが、犯人Xは A 国にいるために窃盗罪の規定による処罰ができない、という場合である。この事例に対しては、二通りの対応が考えられよう。第一は、A 国は「窃盗は処罰されない」という判断を下しているのであるから、B 国もその判断を尊重し、訴追を断念するという対応である。第二は、B 国民が被害を受けたのであるから、B 国が X に対して刑罰権を行使するという対応である。

日本では 2003 年に以下のような立法がなされた。すなわち、一定の重大犯罪（殺人、強盗、強姦、営利目的誘拐など）については、日本国民が国外でこれらの犯罪の被害者となった時も、日本の刑法が適用されるとする立法である[17]。そ

---

14 小長谷（前掲注 11）85 頁、ヴェルレ（オステン訳）（前掲注 9）4 頁。
15 ICC 規程 22 条以下を参照。
16 古田（前掲注 5）357 頁。
17 日本刑法 3 条の 2。

のため、上記の事例で X が犯した犯罪が殺人や強盗などであれば、仮に A 国が殺人や窃盗を処罰の対象としていないとしても、B 国（日本）が B 国の刑法に基づいて X を処罰できることになる（上記立法においては、窃盗は対象になっていない）。もっとも、この立法は刑罰権の行使の根拠規定となるにすぎず、外国における捜査権限について何らの変更を加えるものではない[18]。そのため、外国にいる犯人を処罰できるとはいえ、現実に処罰を行うためには、犯人が潜伏している国の捜査共助等が必要になることは言うまでもない。

日本が行ったこのような立法は、国外犯処罰規定について双方可罰性の要件を要求しないものであり、比較法的には奇異なものに見えるかもしれない。比較法的には、双方可罰性の要件を要求する立法も少なくないからである[19]。それでも日本がこのような立法を行ったのは、いわゆる TAJIMA 号事件が今回の立法の大きな契機となったからである。TAJIMA 号事件とは以下のようなものである。

2002 年 4 月、フィリピン国籍である X 及び Y が、台湾沖の公海を航行中のパナマ船籍タンカー「TAJIMA」号船内において、日本国民である航海士 Z に対し、手拳等で殴打するなどの暴行を加えた上、同タンカーから Z を海中に投げ入れて殺害した。X 及び Y の国籍国であるフィリピンには国民の国外犯を処罰する規定がなく、また、同船はいわゆる便宜置船籍であり、船籍国であるパナマは刑罰権行使に消極的であった。さらに、当時の日本には殺人罪について保護主義的な規定は存在せず、日本の刑法の適用範囲外であったことから、日本の捜査機関も X 及び Y の身柄を拘束することができなかった。結局、パナマから日本に仮拘禁請求がなされたのが、事件から一ヶ月以上経過した後であり、その間、X 及び Y は同船船長らの事実上の監視下に置かれていた。なお、X 及び Y については、同年 9 月 6 日、パナマに身柄を引き渡し、同国において刑事手続が進められているとされている。このような経緯から日本人が犯罪の被害者となったときに当該犯罪の犯人について刑法の適用を認めるべきではないかとの議論が起きたのである[20]。

今回の立法の対象となっている犯罪は極めて重大なものに限られており、他国においても一般的に犯罪とされていると考えられたために、双方可罰性の要件を設ける必要はないと考えられたようである[21]。つまり、この立法において双方可罰性の要件が付されなかったことについては、生命・身体に関する犯罪については同化が生じているということが前提になっているのである。

もっとも、そのような立法を前提としたとしても、第一類型と第二類型の間にはなお差異がある。例えば、「A と B とはいずれも住所および国籍が明らかでなく、いま公海上を漂っている。A が B を殺害した場合、誰がどのように対応

---

18 山上圭子「『刑法の一部を改正する法律——国外犯処罰規定——』の概要について」現代刑事法 54 号（2003）55 頁。

19 ドイツ刑法 7 条 1 項、韓国刑法 6 条など。

20 これらの経過につき、山上（前掲注 17）55 頁注（4）、Takayama, Actual Problems of trans- and International Crimnal Law in Japan, Kyoto Journal of Law and Politics 1(2), 2005, p. 68.

21 佐久間修「国民に対する重大犯罪の国外犯処罰規定について」ジュリスト 1256 号（2003）56 頁、辰井聡子「国民保護のための国外犯処罰について」法学教室 278 号（2003）29 頁、山上（前掲注 17）54 頁など。

すべきか」[22]という事例では、属地主義や属人主義を原則とする現行の国内刑法では対応することができないであろう。他方、もし仮に、公海上で、国籍が不明な者たちに対して第一類型の行為（例えばジェノサイドに当たる行為）が行われた場合でも、ICC 規程の適用は可能であろう。世界的な効力を持つ第一類型と、「事実上の」同化を果たしているにすぎない第二類型の間には、なおこのような違いを認めることができる。

3. 第三類型――国際条約を受けた刑事立法

また、国際条約を受けた刑事立法という類型を挙げなければならない。つまり、条約によって、締約国同士が特定の行為を犯罪とする場合がこれにあたる。これと関連する条約の中で代表的なものは、航空機内で行われた犯罪その他ある種の行為に関する条約（昭和 45 年条約 5 号〔東京条約〕）、廃棄物その他の物の投棄による海洋汚染の防止に関する条約（昭和 55 年条約 35 号）などがあり[23]、さらに近年における組織・薬物犯罪対策の動きとして、1988 年の「麻薬及び向精神薬の不正取引の防止に関する国際連合条約」に始まり、2000 年 11 月に国連総会においてコンセンサス採択され、日本もまた同年 12 月にイタリアのパレルモで開催された署名会議において他の 120 カ国とともに署名した「国際的な組織犯罪の防止に関する国際連合条約（the United Nations Convention against Transnational Organized Crime）」などが重要であろう[24]。また、近年の日本においては、欧州評議会の「サイバー犯罪条約（Convention on Cybercrime）」を受けた児童ポルノ処罰法改正や[25]、国連で採択された人身取引議定書を締結するための人身売買罪の新設[26]などを挙げることができる。国際条約を受けて成立した刑罰法規は、批准国間では共通のものとなるので、批准国間での同化がなされた類型ということになる。以下、この類型を第三類型と呼ぶことにしたい。もっとも、この類型と第一類型（特に、国際慣習法上の刑法）との区別は曖昧であるが、条約の締結国が大多数を占め、完全な慣習法として世界的に確立したものを第一類型とし、そこまでには至らないものを第三類型と考えることにする。

第三類型は、既に見たように、（地域的な）同化が積極的に進められている類型である。しかし、その進展には問題がないわけではない。つまり、国内の要請から発する法改正の場合と比べて、条約を契機とする法改正の内容は、従来の国

---

22 高山佳奈子「国際刑事裁判権（一）」法学論叢 154 巻 1 号（2003）6 頁。
23 その他については、古田（前掲注 5）358 頁を参照。
24 これらについては、松宮孝明「実体刑法とその『国際化』――またはグローバリゼーション――に伴う諸問題」法律時報 75 巻 2 号（2003）26 頁を参照。
25 これについては、永井善之「サイバー・ポルノ規制と刑法・児童ポルノ法の改正」大阪経済法科大学法学研究所紀要 38 号（2004）22 頁以下、渡邊卓也「電脳空間におけるわいせつ情報とわいせつ罪の行為態様」清和法学研究 12 巻 1 号（2005）82 頁などを参照。
26 これについては、佐久間修「人身の自由に対する罪の法整備について」ジュリスト 1286 号（2005）11 頁以下などを参照。

内法秩序としばしば不整合であり、外政的圧力ないし妥協の産物という性格が強いと言われている[27]。この点については、ヨーロッパ刑法に対するドイツ刑法学の反応に似たものを見出すこともできよう[28]。

4. 第四類型――国家の刑罰法規

その他の犯罪類型は――これが大部分だと思われるが――同化の生じてない、その国独特の刑罰法規である。例えば、日本の暴行罪（日本刑法 208 条）は、比較法的に特殊な犯罪類型であると言われているし[29]、ドイツの「民族憎悪を掻き立てる罪」（ドイツ刑法 130 条）も、独自の歴史的背景を前提とした、比較的珍しい犯罪類型と言えよう。

IV. 法の同化の限界

1. 第一類型について

刑法の分野における法の同化の現状は、以上のように全く不完全なものであり今後よりいっそうの進展が望まれるものである。それでは、法の同化はどの程度まで進めることができるのであろうか。

第一類型の刑罰法規は、正に同化を果たした刑罰法規である。例えば ICC 規程は、先に見たように、批准していない国に対しても効力を持つと考えられているからである（**II. 1.** 参照）。つまり、ジェノサイドの罪のように、処罰の必要性が極めて高い犯罪を規定する刑罰法規は、その必要性に鑑み、世界的な効力が認められているのである。もっとも、罪刑法定主義との関係上、国際慣習法上の犯罪を明文化することが望ましいことは先に述べた通りである。

他方、現段階における ICC 規程への批准国は少なくないとはいえ、同規定に対しては、ローマ会議における評決の段階で無視しえない反対[30]があったことには注意を向けるべきである。同規定が今後どのようにして世界的なコンセンサスを得ていくかは、今後の課題として考えなければならない。

このように、ICC 規程には世界的なコンセンサスがあるとは言えないにもかかわらず、世界的な効力が認められている。その理由を説明するには、ICC 規程に定められている犯罪類型の処罰の必要性を挙げるほかはないであろう。つまり、完全なコンセンサスが存しないとしても、処罰の必要性が高い場合は、コンセンサスの不足を埋めることができると考えることになる。例えばジェノサイドの罪

---

27 髙山（前掲注 4）32 頁。
28 この問題については、本書のクレール氏の論文が示唆に富む（第 23 章）。
29 西田典之『刑法各論（第 3 版）』（2005）36 頁。
30 どの国が反対し、棄権したかを確定的に知ることは困難であるが、アメリカと中国が反対したことに、多くの文献で一致があるようである。この点については、他の文献の分析も含め、安藤泰子『国際刑事裁判所の理念』（2002）205 頁注（87）を参照。

は民族の根絶等の意図を持ってなされる行為であるために、類型的に大規模な被害をもたらすことが多いと思われるから、殺人罪よりもさらに高い処罰の必要性があると考えることも可能であろう。

ところで、ドイツでは、ICC 規程の犯罪構成要件とドイツ国内の刑法の犯罪構成要件を調整し、前者の国内法処罰化を実現するための独自の「国際刑法典」の取り組みが積極的に進められている[31]。諸国家の国内法で ICC 規程の犯罪類型を捕捉できるようになれば国際刑事法廷を開く必要がなくなるのであるから、ICC への貢献を考慮すれば、ドイツにおけるこのような立法が望ましいことは改めて言うまでもない。それでは、このような立法は義務的なものなのであろうか[32]。結論を先に言えば、国内立法義務までは課されるものではないと考えるべきであろう[33]。ICC 規程の犯罪と日本法の間には齟齬がないわけではなく、また、直ちに ICC 規程に適合するような国内法の改正は必ずしも容易ではないからである。一例を挙げれば、ジェノサイド条約を批准していない日本においては、国内法に「集団殺害罪」という概念がなく、この犯罪のような形で「意図」を重大犯罪の成立要件とすることは日本法にはなじみが薄い規定方法だと言われている。つまり、「意図」さえあれば被害者が一人でも「集団殺害罪」が理論的には成立しうることに対しては、疑問の余地もあろう[34]。そのため、従来からの国内刑法による処罰を通じて ICC に貢献するという判断も、差し当たってはありうることだと思われる。確かに、国内刑法による処罰だけでは、例えば人道の罪における「組織的な性質」という個々の行為を超えた不法の重大性を把握することはできないとい指摘もある[35]。しかし、ICC 規程の国内法化に伴う上記の問題点を考慮するとき、「組織的な性質」などの事情を量刑で考慮すれば足りるとすることも、現段階ではありうるのではないだろうか。

このように考えたからといって、ICC 規程の世界的な効力が失われるわけではけしてない。日本に対しても ICC 規程の効力が及ぶことはもちろんであるし、日本国内でジェノサイド行為が行われたとすれば、まずは日本が日本刑法に合致する限りで処罰権を行使することになるが、国内刑法（日本の殺人罪など）による処罰が「訴追を真正に行う意図又は能力を欠く」[36]と判断されれば、ICC 自らが管轄権を行使することもありえよう。そのため、ICC 規程（及び、その他の第一類型の刑罰法規）は、やはり世界的な効力を有するのである。

31　オステン（前掲注 10）126 頁以下を参照。

32　洪恵子「国際刑事法の発展と国内法」ジュリスト 1232 号（2002）44 頁は、「日本法としても、それぞれの犯罪類型に応じた対応をとらなければならない」（強調筆者）とする。また、田中利幸「刑事裁判管轄の国際化と国内法的履行・国際法的履行」村瀬信也＝奥脇直也編『国家管轄権――国内法と国際法（山本草二先生古稀記念）』（1998）614 頁以下も参照。

33　ほぼ同旨、芝原邦爾「国際刑事裁判所設立に関する外交会議」刑法雑誌 39 巻 2 号（2000）151 頁。

34　高山（前掲注 4）34 頁以下を参照。

35　オステン（前掲注 10）128 頁。

36　ICC 規程 17 条 1 項。

2.　第二類型について

第二類型の刑罰法規は、それを犯罪とすることについて一応のコンセンサスがある類型である。これらの犯罪類型は第一類型の犯罪よりも処罰の必要性は劣るとしても、第一類型と比較して、国家間の広いコンセンサスがあるために、法の同化を果たすことは比較的容易であろう。

先に述べたように（**III. 2.**）、日本は、殺人や強盗などの重大犯罪については、それらの犯罪がほとんどの国で犯罪とされているということをも考慮して、日本の刑法の効力を国外へも及ぼすことを立法によって承認した。つまり、この立法においては、殺人や強盗などの行為類型については事実上の同化が生じているということが前提となっているし、同化が果たされていない国があったとしても、同化をすべき——殺人や強盗を犯罪の対象とすべき——という判断を示したことと言ってもよい。そのため、外国の主権を尊重する国際協調主義も絶対的なものではなく、一定の要件の下であれば、双方可罰性を考慮することなしに日本の刑法を国外へ適用することも可能なのである[37]。第二類型の犯罪は、それを犯罪とすることについて広いコンセンサスがあるので、もし仮に殺人が処罰の対象となっていない国があったとしても、被害者の国の国内法を適用することを認めてもよく、そのような法律の適用をしても国際協調主義には反しないと解してもよいのであろう。

それでは、問題となる犯罪が殺人ではなく、例えば窃盗であった場合も同じように考えることができるのだろうか。この場合も、行為地では窃盗が処罰の対象となっていないとしても、被害者の国の国内法を適用するという考え方がありえよう。確かに、窃盗という犯罪類型は、通常は殺人ほどに処罰の必要性があるとは思えず、被害者国の国内法を適用するだけの利益はないという判断も考えられる。つまり、行為地で処罰の対象とならない行為に対して被害者国の法律を適用するということは、行為地国の主権や法に対して一定の不信を示すことにもなりかねないのであるから[38]、そのような法律の適用は、一定程度の処罰の必要性がなければ認められないと考えることも不可能ではない。しかし、窃盗もいわゆる自然犯の一類型であり、窃盗を処罰することについては世界的なコンセンサスがあると思われるから、そのようなコンセンサスを理由に、「窃盗を処罰しない立法は不当である」と考え、行為地国の法律を考慮せずに被害者国の法律の適用を可能とする立法も、一考の余地はあろう。もっとも、被害者国の法律が適用されるからといって、被害者国の捜査機関が行為地国で捜査できることを意味しないことは、改めて言うまでもない。

つまり、第二類型の犯罪については、処罰することについての広いコンセンサスがあるのであるから、それらの類型を処罰しないことは不当であるという推定が働くことになる。そのため、それらの類型を処罰しないという他国の判断を尊重しなくても、国際協調主義に反することにはならないと考えるべきであろう。つまり、第二類型の刑罰法規は、第一類型ほどには処罰の必要性はな

37　辰井聡子「刑法の場所的適用——国内犯と国外犯——」上智法学論集 43 巻 3 号（1999）90 頁以下、佐伯仁志「国民保護主義に基づく国外犯処罰について」研修 659 号（2003）21 頁。
38　堀内（前掲注 2）8 頁以下を参照。

いものの、第一類型以上のコンセンサスを認めることができるため、同化を果たすことが可能であると思われる。つまり、刑罰規定についてのミニマム・スタンダードを取り決めるとすれば、第二類型の行為態様はその中に含まれると考えてよいと思われる。

3. 第三類型及び第四類型について

法の同化が最も問題となるのは、第三類型及び第四類型の犯罪である。

第三類型の犯罪は、条約が締結されている国家間では越境的な——その限りでは国際的な——効力を持つが、それ以外の国家間については、第四類型と大きな差異はない。

これらの類型については、法の同化は容易ではない。なぜなら、第一類型のような強い処罰の必要性がなく、第二類型のような国家間の強いコンセンサスも存在しないからである。例えば、日本の隣国の韓国では姦通が処罰されているが[39]日本においては姦通の処罰のコンセンサスがない上に[40]、処罰の必要性も高くないと思われる。処罰のコンセンサスが形成されておらず、処罰の必要性も高くない場合は、処罰しないという他国の判断を尊重すべきではないだろうか。国家の処罰権の過度の拡大は、他国の判断を尊重せずに刑罰権を行使するという、国家主義の過度の拡大を招くものだからである。つまり、これらの類型においては、「国際協調の下では、むしろ自国の刑法を適用することへの抑制が求められる」[41]という言辞が妥当することになるのである。そのため、ある国の独自の文化を背景とする刑罰法規については[42]、法の同化を図ることは困難であろう。

もっとも、先に見たように（**III. 3.**）、第三類型の犯罪（条約を受けた刑事立法）のうち、近年問題になっているものは組織犯罪に対するものが多く、処罰の必要性は低くはないと思われる。これらの類型を世界的な犯罪として確立させることが今後の課題と言えるであろう。

V. おわりに

本稿では、処罰の必要性とコンセンサスという観点から犯罪類型を四つに分類し、それらについて法の同化の現状と限界を検討してきた。私見によれば、必要性とコンセンサスという二つの要素を考慮した上で、同化が可能であるか否かが

---

39 韓国刑法 241 条 1 項。

40 日本では、姦通罪の規定があったが、昭和 22 年に削除された（183 条）。ただし、日本の規定では主体が女性に限定されていたために削除を支持する見解が強かったが、韓国では主体は女性に限られていないので、日本とは事情が異なる部分もある。

41 堀内（前掲注 2）8 頁。

42 もっとも、韓国においても姦通罪を削除する主張も少なくなく（朴相基「韓国の刑法」小島武司＝韓相範編『韓国法の現在（上）』（1993）404 頁参照）、独自の刑罰法規も数を減らしつつあるように思える。

判断されることになる。必要性とコンセンサスを考慮して同化の限界を画定するというこの提言は、他の法分野についても何らかの意義を持ちうるものではないだろうか。

本稿では犯罪類型の同化を検討してきたが、「刑法の同化」という観点からは、「刑罰の同化」も当然必要になろう。X という行為類型が A 国と B 国で共通して処罰の対象になっているとはいえ、その法定刑が大きく違うとなれば、やはり問題は生じうると思われるからである。ここでは、冒頭に述べた死刑に関連する問題が想定されるべきである。また、解釈の統一という点も忘れてはならないと思われる。「故意の殺人」という類型を処罰の対象とする点において同化が果たされたとしても、「故意」の実体が国家によって異なるのであれば、実際には処罰の対象にズレが生じることになるからである。これらの点についても同化を果たすべきであることは言うまでもないが、本稿では論じることができなかった。今後の検討課題としたいと思う。

§ 23 Die Entscheidung des Bundesverfassungsgerichts zum Europäischen Haftbefehl – Bremse auf dem Weg zur europäischen Rechtsangleichung im Bereich der Strafverfolgung?

Christoph Krehl

Übersicht

Mit Urteil vom 18. Juli 2005 hat der Zweite Senat des Bundesverfassungsgerichts[1] die deutsche Umsetzung des Rahmenbeschlusses über den Europäischen Haftbefehl[2] (nachfolgend: RbEuHb) durch das Europäische Haftbefehlsgesetz (EuHBG)[3] für verfassungswidrig und nichtig erklärt. Dies hatte zur Folge, daß der Beschwerdeführer des Verfassungsbeschwerdeverfahrens *Darkazanli,* der in den Listen des Sicherheitsrats der Vereinten Nationen und des Rats der EU als Al-Qaida-Terrorist aufgeführt ist[4], am Tag der Urteilsverkündung auf freien Fuß gekommen ist. Die Entscheidung ist in Deutschland und in Europa sehr aufmerksam zur Kenntnis genommen worden. Die Bandbreite der ersten Reaktionen reichte von prinzipieller Zustimmung seitens der Europäischen Kommission, die die Gültigkeit des Rah-

1 BVerfG, NJW 2005, 2289.

2 Rahmenbeschluß des Rates vom 13. 6. 2002 über den Europäischen Haftbefehl und die Übergabeverfahren zwischen den Mitgliedstaaten (2002/584/JI), ABl. 2002 L 190, S. 1.

3 Gesetz zur Umsetzung des Rahmenbeschlusses über den Europäischen Haftbefehl und die Übergabeverfahren zwischen den Mitgliedstaaten der Europäischen Union (Europäisches Haftbefehlsgesetz – EuBHG) vom 21. 7. 2004, BGBl. I S. 1748.

4 S. die Liste des sog. 1267-Ausschusses des Sicherheitsrates der Vereinten Nationen (vgl. www.un-org/Docs/sc/committees/1267/1267ListEng.htm) und die Liste im Anhang der Verordnung (EG) Nr. 881/2002 des Rates vom 27. 5. 2002, ABl. 2002 Nr. L 139 v. 29. 5. 2002, S. 9.

menbeschlusses bestätigt sah, über Selbstkritik bei den Beteiligten des deutschen Gesetzgebungsverfahrens bis hin zur Beanstandung des Urteils, das als herber Rückschlag bei der Bekämpfung des internationalen Terrorismus und Rückschritt im europäischen Integrationsprozeß bewertet wurde[5]. Ebenso unterschiedlich fielen die ersten Bewertungen in der Literatur aus. Es gab Zustimmung[6] und auch kritische Stellungnahmen, die vor allem die fehlende europäische Perspektive beanstandeten[7]. Der Blick hierauf spiegelt die Stimmung im Senat des Gerichts wieder, der sein Votum nicht einstimmig abgab und von europakritischer Stellungnahme des Richters *Broß* auf der einen und eher an konstruktiver Mitarbeit an europäischen Lösungen interessierten Minderheitsvoten der Richterin *Lübbe-Wolff* und des Richters *Gerhardt* auf der anderen Seite flankiert war. Dieser Befund fügt sich zwanglos ein in die in den letzten Jahren verstärkt geführte allgemeine Debatte über die Harmonisierung des Strafrechts in der Europäischen Union, in der sich – wie überall – „Europäer" und „Euroskeptiker" gegenüberstehen[8] und in der im Spannungsfeld zwischen europäischem und nationalstaatlichem Denken[9] um eine Positionierung gerungen wird, die der vorausgeeilten Praxis des europäischen Strafrechts[10] ein theoretisches Fundament geben kann und diese maßgeblich beeinflussen soll.

Die Entscheidung bot dem Bundesverfassungsgericht die erste Gelegenheit, im Konflikt zwischen Theorie und Praxis einer europäischen Strafrechtsharmonisierung und damit im Konflikt zwischen einzelstaatlichem und ergänzendem oder ersetzendem europäischen Rechtsgüterschutz durch Strafrecht Stellungnahme zu nehmen. Wie diese Stellungnahme (I.) ausgefallen ist, läßt sich zuverlässig nur beurteilen (III.), wenn man die Möglichkeiten europäischer Strafrechtssetzung im Rahmen der Dritten Säule (II.) kennt.

---

5 Zu diesen Reaktionen vgl. Süddeutsche Zeitung Nr. 164 v. 19. 7. 2005, S. 2.

6 *Böhm,* Das Europäische Haftbefehlsgesetz und seine rechtsstaatlichen Mängel, NJW 2005, 2588; *Lagodny,* Eckpunkte für die zukünftige Ausgestaltung des deutschen Auslieferungsverfahrens, StV 2005, 515, 516; vgl. auch *Buermeyer,* Grundrechtsschutz in Deutschland und Europa: Das BVerfG hebt die Umsetzung des Rahmenbeschlusses über den Europäischen Haftbefehl auf, HRRS 2005, 273; *Ranft,* Die Verfassungswidrigkeit des (deutschen) Europäischen Haftbefehlsgesetzes, wistra 2005, 361.

7 S. etwa *Vogel,* Europäischer Haftbefehl und deutsches Verfassungsrecht, JZ 2005, 801; *Tomuschat,* Ungereimtes – Zum Urteil des Bundesverfassungsgerichts vom 18. Juli 2005 über den Europäischen Haftbefehl, EuGRZ 2005, 453; *Hufeld,* Der Europäische Haftbefehl vor dem BVerfG, NJW 2005, 2289, BVerfG, JuS 2005, 865; *v. Unger,* „So lange" nicht mehr: Das BVerfG behauptet die normative Freiheit des deutschen Rechts, NVwZ 2005, 1266.

8 Dazu etwa *Vogel,* Harmonisierung des Strafrechts in der Europäischen Union, GA 2003, 314.

9 Dies beschreibt etwa *Sieber,* Einheitliches europäisches Strafgesetzbuch als Ziel der Strafrechtsvergleichung, in: Duttge/Geilen/Meyer-Goßner/Warda (Hrsg.), Gedächtnisschrift für Schlüchter, S. 107ff.

10 Ähnlich *Vogel,* Europäische Kriminalpolitik – europäische Strafrechtsdogmatik, GA 2002, 517, und *Schünemann,* Fortschritte und Fehltritte in der Strafrechtspflege der EU, GA 2004, 193.

I. Die Entscheidung des Bundesverfassungsgerichts

Gegenstand der verfassungsgerichtlichen Prüfung ist das EuHBG, nicht der RbEuHb, den das Bundesverfassungsgericht in seiner Prüfung als „verbindlich“ zugrunde legt und selbst offenbar keiner Überprüfung unterzieht.[11] Dabei begrenzt der Senat den eigenen Prüfungsumfang weiter, wenn er lediglich hinsichtlich der „Umsetzungsspielräume, die der Rahmenbeschluss den Mitgliedsstaaten beläßt“, eine Verletzung der Pflicht des Gesetzgebers zur grundrechtsschonenden Ausfüllung annimmt.[12] Im Rahmen dieser beschränkten Prüfung gelangt der Senat zur Feststellung von zwei Verfassungsverstößen.[13] Zum einen sieht er Art. 16 Abs. 2 Satz 1 GG im Hinblick auf den Schutz deutscher Staatsangehöriger vor Auslieferung als verletzt an; zum anderen liegt eine Verletzung von Art. 19 Abs. 4 GG darin, daß die Bewilligungsentscheidung hinsichtlich einer Auslieferung in einen Mitgliedsstaat der Europäischen Union nach dem Willen des Gesetzgebers keiner Anfechtung unterliegen soll. Diese Unvereinbarkeit mit der Verfassung nimmt der Senat zum Anlaß, das Umsetzungsgesetz insgesamt für nichtig zu erklären.

1. Verletzung von Art. 16 Abs. 2 GG

Ausgangspunkt der Prüfung ist die Feststellung, daß Art. 16 Abs. 2 Satz 1 GG als Verbot der Auslieferung eines Deutschen genauso wie das Verbot der Ausbürgerung (Art. 16 Abs. 1 GG) als subjektives Recht des Einzelnen ausgestaltet ist und Eingriffe ausschließlich unter den Voraussetzungen des erst im Jahre 2000 in die Verfassung eingefügten[14] Art. 16 Abs. 2 Satz 2 GG möglich ist. Zweck des Freiheitsrechts ist es dabei nicht, den Betroffenen einer gerechten Bestrafung zu entziehen: es will ihn aber grundsätzlich „vor den Unsicherheiten einer Aburteilung unter einem ihm fremden Rechtssystem und in für ihn schwer durchschaubaren Verhältnissen“ bewahren.[15].

Art. 16 Abs. 2 Satz 2 GG steht zwar im Zusammenhang mit der durch die Verträge von Amsterdam und Nizza eingegangenen Verpflichtung, an dem Auf- und Ausbau des „Raums der Freiheit, der Sicherheit und des Rechts“ teilzunehmen und dabei die Erleichterung der Auslieferung zwischen den Mitgliedsstaaten zu erleichtern (Art. 31 Abs. 1 lit. b EU), erlaubt aber keine unbeschränkte Abweichung vom Verbot der Auslieferung Deutscher enthält vielmehr einen qualifizierten Gesetzesvorbehalt. Danach unterliegen Grundrechtseinschränkungen nicht nur den allgemein an grundrechtseinschränkende Gesetze zu stellenden Anforderungen, insbesondere dem Verhältnismäßigkeitsgrundsatz. Darüber hinaus kommt eine Auslieferung nur in Betracht, „soweit rechtsstaatliche Grundsätze gewahrt sind“.

---

11 BVerfG, NJW 2005, 2289, 2291.
12 BVerfG, NJW 2005, 2289, 2293.
13 BVerfG, NJW 2005, 2289, 2292.
14 Änderungsgesetz vom 29. 11. 2000 (BGBl. I S. 1633).
15 Vgl. schon BVerfGE 29, 183, 193.

Das Bundesverfassungsgericht leitet daraus die besondere Verantwortung des Gesetzgebers ab, sich davon zu überzeugen, daß die Beachtung rechtsstaatlicher Grundsätze durch die die Strafgewalt beanspruchende Stelle gewährleistet ist. Dies ist im Einzelfall sicherzustellen. Es reicht nicht allein der Blick auf Art. 6 EU, der die Grundlage für das Vertrauen eines in allen Mitgliedsstaaten vergleichbaren rechtsstaatlichen Schutzniveaus bietet, aber nicht ausschließen kann, daß dieses Vertrauen nachvollziehbar erschüttert werden kann.

Aus den verfassungsrechtlichen Grenzen einer Auslieferung Deutscher entwickelt das Gericht genaue Vorgaben, wie der Schutz vor einer Auslieferung auszusehen hat. Entscheidendes Kriterium ist der Inlands- oder Auslandsbezug des der Auslieferung zugrunde liegenden Tatvorwurfs. Bei Delikten mit maßgeblichem Inlandsbezug, bei denen wesentliche Teile des Handlungs- und Erfolgsorts im Inland liegen, entsteht ein Auslieferungshindernis, weil ein Deutscher darauf vertrauen kann, daß sein Verhalten nur nach den Regeln der eigenen Rechtsordnung beurteilt wird. Anders sieht es dagegen bei Taten eines Deutschen mit maßgeblichem Auslandsbezug aus. Wer in einer anderen Rechtsordnung handelt, muß damit rechnen, auch hier zur Verantwortung gezogen zu werden. Dies ist aus Sicht des Bundesverfassungsgerichts nicht nur der Fall, wenn die Tathandlung vollständig oder in wesentlichen Teilen auf dem Territorium eines anderen Mitgliedsstaats der Europäischen Union begangen wurde oder der Erfolg dort eingetreten ist. Auch dann, wenn die Tat von vornherein eine typische grenzüberschreitende Dimension hat und eine entsprechende Schwere, wie beim internationalen Terrorismus oder beim organisierten Drogen- oder Menschenhandel, aufweist, kommt eine vollständige Berufung auf den Schutz der Staatsangehörigkeit vor Auslieferung nicht in Betracht. In Fällen dagegen, in denen zwar ganz oder teilweise in Deutschland gehandelt worden, der Erfolg aber im Ausland eingetreten ist, wird eine konkrete Abwägung im Einzelfall erforderlich, in der die Rechte des Verfolgten einerseits und die praktischen Erfordernisse einer effektiven Strafverfolgung und die mit der Schaffung eines europäischen Rechtsraums verbundenen Ziele andererseits ins Verhältnis gesetzt werden müssen.

Der Gesetzgeber hat diesen Anforderungen nicht entsprochen, weil er den durch Art. 16 Abs. 2 Satz 2 erteilten Abwägungsauftrag nicht gesehen und deshalb nicht dafür gesorgt hat, daß die das Gesetz ausführenden Stellen im Auslieferungsverfahren in eine konkrete Abwägung der widerstreitenden Interessen eintreten.

2. Verstoß gegen Art. 19 Abs. 4 GG

Die ausdrücklich in § 74b IRG angeordnete Unanfechtbarkeit der Bewilligungsentscheidung in einem Auslieferungsverfahren an einen Mitgliedsstaat der Europäischen Union (§§ 78ff. IRG) verstößt gegen die Rechtsschutzgarantie des Art. 19 Abs. 4 GG. Zwar war die Bewilligung als 2. Stufe in einem mehrgängigen Verfahrensmodell nach der bisherigen Konzeption des Auslieferungsrechts nur noch eine reine Zweckmäßigkeitsentscheidung der Exekutive, die keine individualschützende Funktion hatte und deshalb einer gerichtlichen Überprüfung entzogen war. Mit der Neuregelung durch das EuHBG ist das Bewilligungsverfahren jedoch nicht mehr allein von der Wahrnehmung außenpolitischer Erwägungen geprägt. Der Bewilligungsbehörde ist – im Zuge der mit dem RbEuHB angestrebten Verrechtlichung der Auslieferung – die Prüfung fakultativer Bewilligungshindernisse gem. § 83b IRG übertragen, die jedenfalls auch dem individuellen Schutz des Einzelnen dienen und daher in den Anwendungsbereich von Art. 19 Abs. 4 GG fallen, der eine gerichtliche Überprüfungsmöglichkeit der Auslieferungsentscheidung fordert.[16]

II. Möglichkeiten europäischer Strafrechtssetzung im Rahmen der Dritten Säule

Nicht nur die Internationalisierung der Kriminalität, sondern auch die mit der Globalisierung einhergehende Einebnung nationaler Grenzen mit sich daraus ergebender transnationaler Mobilität und die aus der Verwendung neuer, grenzüberschreitender Kommunikationstechniken folgende Ausrichtung moderner Kriminalitätsformen fordern eine Europäisierung des Strafrechts.[17] Dem sich insoweit global verbreitenden „Bedürfnis an Sicherheit, Kontrolle und Bestrafung" hat die EU Rechnung getragen, indem sie mit dem Vertrag von Amsterdam vom 2. Oktober 1997[18] die Zusammenarbeit in den Bereichen Justiz und Inneres auf eine neue Grundlage gestellt und den „Aufbau eines Raums der Freiheit, der Sicherheit und des Rechts"[19] zum erklärten Ziel der EU gemacht hat (Art. 2, 29 EUV). Die Polizeilich-Justizielle Zusammenarbeit in Strafsachen, die ausdrücklich auf ein „gemeinsames Vorgehen der Mitgliedstaaten" abstellt, verblieb zwar im intergouvernementalen Rahmen des EU, wurde aber dem Gemeinschaftssystem der EG angenähert. Art. 31 EU beschreibt für die justizielle Zusammenarbeit den Rahmen des gemeinsamen Vorgehens. Damit wurden die Erleichterung und Beschleunigung der Zusammenarbeit zwischen Ministerien und Justizbehörden der Mitgliedstaaten, die Erleichterung der Auslieferung zwischen den Mitgliedstaaten, die Gewährleistung der Vereinbarkeit der jeweils geltenden Vorschriften der Mitgliedstaaten untereinander, die Vermeidung von Kompetenzkonflikten sowie die schrittweise Annahme von Maßnahmen zur Festlegung von Mindestvorschriften über die Tatbestands-

---

16 Zur gebotenen Effektivität des Rechtsschutzes zählt nach Ansicht des Bundesverfassungsgerichts auch, daß die Auslieferungsunterlagen vollständig im Zeitpunkt der zu treffenden Entscheidung vorliegen. Ohne sie ist eine angemessene gerichtliche Entscheidung nicht möglich.

17 Vgl. dazu *Hassemer,* Ein Strafrecht für Europa, in: Zieschang,/Hilgendorf/Laubenthal (Hrsg.), Strafrecht und Kriminalität in Europa, 2003, 11ff; dazu auch: *Schünemann,* Das Strafrecht im Zeichen der Globalisierung, GA 2003, 299 ff; zu einem Teilaspekt *Fuchs,* Bemerkungen zur gegenseitigen Anerkennung justitieller Entscheidungen, ZStW 116 (2004), 370; ferner *Brüner/Hetzer,* Nationale Strafverfolgung und Europäische Beweisführung?, NStZ 2003, 113.

18 ABl. 1997 C 340/1.

19 Pointiert zu diesem Ziel globaler Rechtsentwicklung: *Albrecht,* Europäischer Strafrechtsraum: Ein Albtraum?, ZRP 2004, 1.

merkmale strafbarer Handlungen und Strafen in den Bereichen organisierte Kriminalität, Terrorismus und illegaler Drogenhandel (Art. 31 Abs. 1 lit. a-e EU) zum möglichen Gegenstand gemeinsamer Anstrengungen der Mitgliedstaaten. Dies führte in der Folgezeit zu Vorgaben für den Ausbau bereits bestehender Zusammenarbeit, alsbald aber auch zur Entwicklung neuer Konzepte.[20] Der Europäische Rat von Tampere im Jahre 1999 verständigte sich im Grundsatz auf eine „gegenseitige Anerkennung gerichtlicher Entscheidungen" auch in Strafsachen, wobei dieses Prinzip zum „Eckstein der justiziellen Zusammenarbeit innerhalb der EU" werden sollte.[21] Bereits in diesem Zusammenhang war erstmals von einem „Europäischen Haftbefehl" die Rede.[22]

I. Der Rahmenbeschluß als Mittel zur Zusammenarbeit in der „Dritten Säule"

Treibende Kraft einer sich nach Inkrafttreten des Amsterdamer Vertrages enorm steigernden Europäisierung des Strafrechts[23] ist vor allem das neue Instrument des Rahmenbeschlusses.[24] Der (einstimmig zu fassende) Rahmenbeschluß nach Art. 34 Abs. 2 lit. b EU, der Richtlinie gem. Art. 249 Abs. 3 EG nachgebildet,[25] ist hinsichtlich des zu erreichenden Ziels verbindlich, überläßt jedoch den Mitgliedsstaaten, die ihn umzusetzen verpflichtet sind, die Wahl der Form und der Mittel. Eine unmittelbare Wirksamkeit wird ausdrücklich ausgeschlossen. Über die Gültigkeit und Auslegung von Rahmenbeschlüssen entscheidet der EuGH, soweit die Mitgliedsstaaten dessen Zuständigkeit anerkannt haben (Art. 35 Abs. 2 EU).

Die Pflicht zur Umsetzung eines Rahmenbeschlusses, die freilich nicht erzwungen werden kann, enthält auch die Verpflichtung, diesem vor seiner Umsetzung nicht zuwider zu handeln.[26] Unabhängig von seiner Transformation in nationales Recht geht der EuGH neuerdings darüber hinaus von einer Pflicht der innerstaatlichen Stellen eines Mitgliedsstaates aus, das nationale Recht „gemeinschaftsrechtskon-

---

20 Zum ganzen: *Unger,* Schutzlos ausgeliefert? Der Europäische Haftbefehl, 2005, 52ff.

21 Europäischer Rat (Tampere) v. 15./16. 10. 1999, Schlußfolgerungen des Vorsitzes, Ziff. 33.

22 Vgl. *Ahlbrecht,* Freier Personenverkehr innerhalb der Europäischen Union in Auslieferungssachen – die Umsetzung des Europäischen Haftbefehls in das deutsche Rechtshilferecht, StV 2005, 40f.; s. auch *Kretschmer,* Das Urteil des BVerfG zum Europäischen Haftbefehlsgesetz, Jura 2005, 781.

23 Dazu ausführlich, vor allem auch zu den Regularien im materiellen Strafrecht: *Schünemann,* GA 2004, 193 ff; ferner *Weigend,* Der Entwurf einer Europäischen Verfassung und das Strafrecht, ZStW 116 (2004), 282.

24 So ausdrücklich auch *Schünemann,* GA 2004, 193.

25 Der Rahmenbeschluß kommt dort als Handlungsform nicht in Betracht, wo dem Gemeinschaftsgesetzgeber bereits auf vorgreiflicher Rechtsgrundlage eine Regelungsbefugnis zusteht. Aus diesem Grund hat der EuGH den Rahmenbeschluß des Rates vom 27. 1. 2003 über den Schutz der Umwelt durch Strafrecht für nichtig erklärt: Umweltschutz sei eines der wesentlichen Ziele der Gemeinschaft, so sei der Gemeinschaftsgesetzgeber, dem eine (Annex-) Kompetenz zustehe, nicht gehindert, Maßnahmen in Bezug auf das Strafrecht der Mitgliedstaaten zu ergreifen, EuGH v. 13. 9. 2005 – Rs. C 176/03 *Kommission ./. Rat,* NVwZ 2005, 1289 (noch nicht in Slg.).

26 Vgl. nur Grabitz/Hilf-*Röben,* Das Recht der Europäischen Union, Art. 34 EU Rn. 18.

form" auszulegen.[27] Dahinter steht die auch von den Minderheitsvoten im verfassungsgerichtlichen Verfahren geteilte und vor allem auf den Grundsatz der loyalen Zusammenarbeit gestützte Vorstellung, der Vertrag von Amsterdam stelle eine „neue Stufe bei der Verwirklichung einer immer engeren Union der Völker Europas" dar und führe auch im Rahmen der Dritten Säule zur Verpflichtung der Mitgliedsstaaten, alle geeigneten Maßnahmen zur Erfüllung ihrer Verpflichtungen nach dem Recht der Europäischen Union zu treffen. Die Auseinandersetzung um diese nicht unumstrittene[28] Einschätzung findet ihre Entsprechung in der in der Literatur geführten Diskussion um die Rechtsnatur der Rahmenbeschlüsse, deren Einordnung von einer Qualifikation als rein völkerrechtliches Instrumentarium mit sich anschließender notwendiger Transformation ins nationale Recht[29] bis hin zu einer Bewertung als Maßnahme reichen, die unmittelbar verbindlich sind und keiner Umsetzung bedürfen[30]. Daß die Entscheidung in dieser Fragestellung unmittelbar Auswirkungen auf die mögliche Rechtfertigung einer gemeinschaftsrechtskonformen Auslegung und damit auch auf die Einordnung einer verfassungsgerichtlichen Entscheidung hat, die von einer solchen Interpretation einer auf EU-Recht gegründeten nationalen Regelung absieht, versteht sich von selbst (s. dazu unten III. 1/5).

2. Das Prinzip gegenseitiger Anerkennung als „Eckstein der justitiellen Zusammenarbeit"

Das Prinzip gegenseitiger Anerkennung, das in der (gescheiterten) Verfassung für Europa zur tragenden Säule eines Europäischen Strafprozeßrechts geworden ist,[31] hat seinen Ursprung auf dem Gebiet des Warenverkehrs. Dort besagt es im Kern, daß jeder Mitgliedstaat nach dem Grundsatz des freien Warenverkehrs die Waren anderer Staaten anerkennt, selbst wenn diese den Vorgaben des eigenen Rechts nicht vollumfänglich entsprechen.[32] Überträgt man dies – wie es seine Verfechter tun – ohne Zögern auf den Bereich der Strafverfolgung und setzt sich damit für die unionsweite Verkehrsfähigkeit strafgerichtlicher Entscheidungen ein, erreicht man – im Gegensatz zum freien Warenverkehr, der der Verwirklichung von Freiheit dient – einen illiberalen Effekt. Der bedingungslose Vollzug ausländischer Entscheidungen führt dazu, daß eine Nivellierung der Bürgerrechte auf dem

27 EuGH v. 16. 6. 2005 – Rs. C-105/03 *Pupino*, (noch nicht in Slg.), JZ 2005, 838 m.krit.Anm. *Hillgruber;* dazu ferner: *Adam,* Die Wirkung von EU-Rahmenbeschlüssen im mitgliedstaatlichen Recht, EuZW 2005, 558; *Herrmann,* Anmerkung, EuZW 2005, 436; *Egger,* Die Bindung der Mitgliedstaaten an die Grundrechte in der III. Säule, EuZW 2005, 652; *Fetzer/Groß,* Die Pupino-Entscheidung des EuGH – Abkehr vom intergouvernementalen Charakter der EU? – Erwiderung auf Herrmann, EuZW 2005, 436, EuZW 2005, 550; *v. Unger,* NVwZ 2005, 1266.

28 Vgl. dazu *Hillgruber,* JZ 2005, 841ff.

29 S. dazu etwa *Pechstein/König,* Die Europäische Union (3. Aufl. 2000), Rn. 243ff.

30 Vgl. Calliess/Ruffert-*Brechmann,* Kommentar zum. EUV/EGV (2. Aufl. 2002), Art. 34, Rn. 7.

31 Vgl. hierzu etwa *Weigend,* ZStW 116 (2004), 292 ff; vgl. auch *Satzger,* Internationales und Europäisches Strafrecht (2005), § 9 Rn. 33.

32 Dazu: *Streinz,* Europarecht (7. Aufl. 2005), Rn. 977.

jeweils niedrigsten Niveau im Querschnitt aller Mitgliedsstaaten stattfindet. Wenn in jedem Mitgliedsstaat vollstreckbar und anzuerkennen ist, was irgendein Mitgliedsstaat in Strafsachen vorsieht, so ergibt sich von selbst auf europäischer Ebene das Prinzip maximaler Punivität.[33] Kennzeichnend für diese Entwicklung ist deshalb auch nicht die Ausweitung des „Raums der Freiheit", sondern die durch empirische und präventive Interessen geprägte Verwirklichung von mehr Sicherheit[34]. Wäre es auf die Realisierung von mehr Freiheit angekommen, wäre eine Handlung, die in einem Staat erlaubt ist, auch in anderen Staaten zu erlauben gewesen. Übrig geblieben wäre ein Kernstrafrecht, das dem Erfordernis allseitiger Strafbarkeit entspräche und auf die gegenseitige Anerkennung von Freiheiten statt von Freiheitsbeschränkungen hinausliefe.[35]

Nicht übersehen werden darf freilich, daß das Prinzip gegenseitiger Anerkennung auch freiheitswahrende Funktion haben kann. Die – negative – Entscheidung, kein Strafverfahren durchzuführen oder ohne Sanktion abzuschließen, entfaltet genauso wie das verurteilende und damit belastende Erkenntnis Bindungswirkung (Art. 54 SDÜ) im fremden Staat[36].

Das Beharren auf dem Prinzip der gegenseitigen Anerkennung und seine Durchsetzung etwa im Rahmenbeschluß zum Europäischen Haftbefehl[37] oder im Vorschlag zu einer bedingungslosen Übertragung von Beweisen[38] zwischen den Mitgliedstaaten trotz der hinlänglich bekannten Kritik macht nicht nur deutlich, welchen Weg das Strafrecht Europas eingeschlagen hat. Es weist auch auf die Schwierigkeiten hin, einen anderen Weg zu finden, der aus Sicht der Europäisierung des Strafrechts in gleicher Weise effektiv sein könnte. Denn die Angleichung, Harmonisierung oder Vereinheitlichung der nationalen Verfahrensordnungen ist – ungeachtet einer fehlenden Kompetenz der Gemeinschaft[39] – angesichts der großen Unterschiede in den einzelnen Mitgliedsstaaten jedenfalls kein Ziel, das sich auch nur mittelfristig erreichen ließe.[40]

---

33 *Schünemann*, Europäischer Haftbefehl und EU-Verfassungsentwurf auf schiefer Ebene, ZRP 2003, 187; *ders.*, GA 2004, 204; auch: *Nestler*, Europäisches Strafprozeßrecht, ZStW 116 (2004), 336; *Ahlbrecht*, Die Strafrechtspolitik der Europäischen Kommission, JR 2005, 404; s. aber auch *Deiters*, Gegenseitige Anerkennung von Strafgesetzen in Europa, ZRP 2003, 359.

34 So schon *Hassemer*, ZStW 116 (2004), 308.

35 *Unger* (Fn. 20), 92.

36 *Gleß*, Zum Prinzip der gegenseitigen Anerkennung, ZStW 116 (2004), 364ff; *Esser*, Rahmenbedingungen der Europäischen Union für das Strafverfahrensrecht in Europa, ZEuS 2004, 293ff.

37 Dazu unten II.3.

38 Vgl. dazu etwa *Weigend*, ZStW 116 (2004), 293 ff; *Nestler*, ZStW 116 (2004), 345ff.

39 Ausdrücklich: EuGH v. 13. 9. 2005 – C-176/03 *Kommission ./. Rat*, NVwZ 2005, 1289 (noch nicht in Slg.).

40 So auch Grützner/Pötz-*Böse*, Internationaler Rechtsverkehr in Strafsachen, Teil I A 2 – IRG-Kommentar (2. Auflage Stand Juni 2005), vor § 78, Rn. 2.

3. Der Rahmenbeschluß zum Europäischen Haftbefehl

Im Anschluß an den Rat von Tampere, der auch die Schwerfälligkeit des bestehenden Auslieferungsverkehrs und die mangelnde Bereitschaft zur Ratifizierung der damals bestehenden EU-Auslieferungsübereinkommen[41] beklagte, entstand bereits im Jahre 2000 ein neues Modell zu einem vereinfachten und beschleunigten Auslieferungsverkehr. Geplant war zunächst, bis Ende des Jahres 2002 eine verbindliche Umsetzung eines verbesserten Auslieferungsverfahrens zu erreichen. Unter dem Eindruck der Terroranschläge vom 11. September 2001 beschloß jedoch der Europäische Rat – zur Beschleunigung der Verwirklichung eines echten gemeinsamen europäischen Rechtsraums – bereits am 21. September 2001, einen „Europäischen Haftbefehl" zu schaffen. Auf der Grundlage eines Kommissionsvorschlags kam es nach Anhörung des Parlaments noch im Dezember 2001 zu einer politischen Verständigung und schließlich am 13. Juni 2002 zur endgültigen Einigung. So konnte der Rahmenbeschluß innerhalb eines Jahres nach Annahme des Maßnahmenprogramms – im Zuge der Anschläge vom 11. September 2001 nahezu unbehelligt – beschlossen werden.

Der Rahmenbeschluß führt im Auslieferungsverkehr zwischen den Mitgliedsstaaten zu einem Paradigmenwechsel. An die Stelle der Auslieferung als Teil der Außenpolitik tritt die Übergabe aufgrund eines Europäischen Haftbefehls in einem justiziellen Verfahren. Zugleich werden bisher bestehende Auslieferungshindernisse abgeschafft oder eingeschränkt. Die stärksten Einschnitte bringt der weitgehende Verzicht auf zwei wesentliche Eckpfeiler des bisherigen Auslieferungsrechts, mit dem die Auslieferung auch eigener Staatsangehöriger zur Pflicht und in wesentlichen Bereichen eine Prüfung der beiderseitigen Strafbarkeit (als bis dahin grundlegendem Prinzip des Auslieferungsrechts)[42] entbehrlich wird.[43] So muß die Übergabe auch eigener Staatsangehöriger an ein anderes Land der Europäischen Union ohne Prüfung der beiderseitigen Strafbarkeit erfolgen, wenn ein Tatbestand aus einem umfassenden Deliktsgruppenkatalog gegeben ist, der mit unbestimmter Umschreibung von Kriminalitätsphänomenen wie „Terrorismus", „Sabotage" oder „Cyberkriminalität" arbeitet (Art. 2 Abs. 2 RbEuHB). Der Rahmenbeschluß versteht sich selbst als „erste konkrete Verwirklichung des vom Europäischen Rat als ‚Eckstein' qualifizierten Prinzips der gegenseitigen Anerkennung" (Erwägung Nr. 6). Allerdings darf nicht übersehen werden, daß der Rahmenbeschluß sowohl zur Wahrung von Bürgerrechten (Europaweites Verbot einer doppelten Strafverfolgung als – mögliches – Auslieferungshindernis, Art. 3 Nr. 2, Art. 4 Nrn. 2 u. 3, 5; Zusage einer Rücküberstellung in den Heimatstaat als Bedingung der Auslieferung, Art. 5 Nr. 3 RbEuHB) als auch zur Wahrung der Souverä-

---

41 Vgl. Übereinkommen vom 27. September 1996 aufgrund von Artikel K.3 des Vertrags über die Europäische Union über die Auslieferung zwischen den Mitgliedsstaaten der Europäischen Union, Abl. 1996 C 313/11 (v. 23. 10. 1996).

42 Ausführlich dazu: *Unger* (Fn. 20), 34 ff.

43 Vgl. *Ahlbrecht,* StV 2005, 41; *Nestler,* ZStW 116 (2004), 336 f.; s. auch Grützner/Pötz-*Böse* (Fn. 44), vor § 78, Rn. 3 f., 8.

nität des Mitgliedsstaats (Ablehnung der Vollstreckung bei Straftaten, die ganz oder zum Teil im ersuchten Vollstreckungsstaat begangen worden sein sollen, Art. 4 Nr. 7 lit. b RbEuHB), Regelungen bereit hält, die einer uneingeschränkten Wirksamkeit von Entscheidungen eines anderen Mitgliedsstaats im Wege stehen[44].

III. Die Botschaft aus Karlsruhe

1. Der Prüfungsgegenstand

Das Bundesverfassungsgericht beschränkt sich bei seiner Prüfung allein auf das deutsche Umsetzungsgesetz zum RbEuHB. Inhaltliche Aussagen zum Rahmenbeschluß, der als verbindlich für den deutschen Gesetzgeber bezeichnet wird, werden – wie es scheint – sorgsam vermieden. Das Gericht betritt das Terrain des EuGH nicht, dessen Aufgabe es ist (und nach Vorlage durch den belgischen Schiedshof alsbald auch konkret sein wird), über die Vereinbarkeit des RbEuHB mit EU-Recht zu befinden.[45]

Grundrechtsverstöße gegen deutsches Verfassungsrecht werden dort angenommen, wo Umsetzungsspielräume für den nationalen Gesetzgeber bestehen[46] oder wie bei der Frage der Justiziabilität der Bewilligungsentscheidung keine europäischen Vorgaben existieren.[47] Mögliche Verfassungsverletzungen, die auf bindenden Vorentscheidungen der europäischen Rechtssetzung beruhen oder zumindest auch auf ihre Wirksamkeit durchschlagen würden, werden lediglich angesprochen, aber nicht weiter vertieft. Dies gilt etwa für die Frage einer „Entstaatlichung", das mögliche Demokratiedefizit[48] oder auch das Problem eines Verzichts auf den Grundsatz der beiderseitigen Strafbarkeit[49].

Aus diesem Grund ist es nicht überraschend, daß etwa die Kommission die Entscheidung als Bestätigung des Rahmenbeschlusses (und der europäischen Strafrechtsharmonisierung in der Dritten Säule) versteht. Die Karlsruher Entscheidung scheint sich harmonisch in die feststehende Rechtsprechung des EuGH[50] und des Bundesverfassungsgerichts[51] einzufügen, die die Überprüfung europäischer Rechts-

---

44 S. *Gleß,* ZStW 116 (2004), 362, die zu Recht in der europaweiten Anerkennung de „ne bis in idem" ein gelungenes Beispiel für das Prinzip der gegenseitigen Anerkennung sieht.
45 Vgl. die Vorlagesache des (belgischen) Schiedshofes VoG Advocaten voor de World / Ministerrat, Rs. C-305/05, die die Frage einer ausreichenden Ermächtigung gemäß Art. 34 Abs. 2 lit. b EU und des Verzichts auf die Prüfung beiderseitiger Strafbarkeit zum Gegenstand hat.
46 Nach Grützner/Pötz-*Böse* (Fn. 44), vor § 78, Rn. 8 ist der nationale Gesetzgeber nur hinsichtlich dieser Spielräume an nationale Grundrechte gebunden.
47 Vgl. dazu auch v. *Unger,* NVwZ 2005, 1268.
48 S. dazu unten III.2.
49 Mehr unter III.4.
50 Vgl. EuGH, v. 22. 10. 1987 – Rs. C 314/85 – *Foto-Frost ./. Hauptzollamt Lübeck-Ost,* Slg. 1987, 4199.
51 Vgl. BVerfGE 73, 339, 387; BVerfGE 89, 155, 175; 102, 147, 161 ff; ferner: BVerfG, NJW 2000, 2015; BVerfG, NJW 2001, 1267.

akte als alleinige Aufgabe des EuGH ansieht und eine Kompetenz des nationalen Verfassungsgerichts am Maßstab nationaler Grundrechte ausschließt.[52] Dies gilt um so mehr, als die vom Bundesverfassungsgericht beanspruchte Kontrolle, ob Rechtsakte der europäischen Organe sich in den Grenzen der ihnen erteilten Ermächtigungen halten oder ausbrechen[53], offenbar nicht zu einer Beanstandung geführt hat, obwohl nicht nur in der Literatur[54], sondern (wohl) auch im Sondervotum des Richters *Broß* das Vorliegen eines sog. „ausbrechenden Rechtsakts" behauptet worden ist.

Zweifel an einer solchen Einschätzung könnten sich freilich schon mit Blick auf den Hinweis des Gerichts ergeben, das Demokratieprinzip sei nicht verletzt, weil der nationale Gesetzgeber bei der Umsetzung des Rahmenbeschlusses die normative Freiheit habe, diesen nicht umzusetzen. Doch läßt sich dies noch als Hinweis auf das mögliche Vorliegen eines nicht von der Ermächtigung gedeckten Rechtsakts, der im deutschen Rechtssystem keine Verbindlichkeit entfalten könnte,[55] und damit auf eine in der Rechtsprechung bereits angelegte Einschränkung europäischer Rechtssetzung verstehen.

Schwerwiegender werden die Zweifel jedoch, wenn man die Ausführungen des Bundesverfassungsgerichts zur Zusammenarbeit der Mitgliedstaaten in der „Dritten Säule" und zum Rechtsinstrument des Rahmenbeschlusses zur Kenntnis nimmt. Es unterscheidet deutlich zwischen der Normenhierarchie des Gemeinschaftsrechts einerseits und den Rechtssetzungsmöglichkeiten im Bereich der „Dritten Säule" andererseits, bei der es sich um „intergouvernementales", außerhalb der supranationalen Entscheidungsstruktur des Gemeinschaftsrechts liegendes Recht handelt, das anderen Regeln folge. Dies gilt für das Gericht gerade auch für den Rahmenbeschluß, der trotz seiner an der Richtlinie ausgerichteten Konzeption deutliche Unterschiede zu diesem aufweise, insbesondere nicht unmittelbar wirksam werde (Art. 34 Abs. 2 lit. b EU). Unionsrecht und sein Sekundärrecht bleiben damit Völkerrecht, das der Transformation ins deutsche Recht bedarf und dabei die deutschen Grundrechte zu beachten hat. Welche Konsequenzen sich für die Überprüfbarkeit eines Rahmenbeschlusses durch das Bundesverfassungsgericht ergeben, läßt das Gericht zwar unerörtert. Eigentlich aber kann diese Argumentation nur zu der Annahme führen, das Bundesverfassungsgericht sei berechtigt, das Recht des Rahmenbeschlusses am Maßstab deutschen Verfassungsrechts zu prüfen.[56]

Diese Annahme stünde im Gegensatz zu der Entscheidung des EuGH in der Rechtssache Pupino, in der dieser erstmals aufgerufen war, einen Rahmenbeschluß im Sinne von Art. 31, 34 Abs. 2 lit. b EU auszulegen.[57] Der EuGH bejaht die Notwen-

52 So wohl auch die Einschätzung von *Buermeyer,* HRRS 2005, 277.
53 BVerfGE 89, 155, 188.
54 So ausdrücklich *Schünemann,* GA 2004, 207.
55 Vgl. BVerfGE 89, 155, 188.
56 So wohl jetzt auch *v. Unger,* NVwZ 2005, 1270.
57 EuGH v. 16. 6. 2005 – Rs. C-105/03 *Pupino* (noch nicht in Slg.), JZ 2005, 838.

digkeit und Zulässigkeit „rahmenbeschlußkonformer" Auslegung des nationalen Rechts und begründet dies mit einer Gleichstellung von Richtlinie und Rahmenbeschluß, die die Unterschiede zwischen Unionsrecht und supranationalem Gemeinschaftsrecht einebnet. Dies geschieht „unabhängig von dem durch den Vertrag von Amsterdam angestrebten Integrationsgrad bei der Verwirklichung einer immer engeren Union zwischen den Völkern", womit das Merkmal der „Integrationsdichte", das bisher als das primäre Unterscheidungskriterium zwischen Unions- und Gemeinschaftsrecht gedient hat, für die Bestimmung der Wirkungen von Unionsrecht praktisch bedeutungslos wird.[58] Entscheidend ist, daß die Union ihre Aufgabe aus Sicht des EuGH kaum erfüllen könnte, wenn die Mitgliedsstaaten nicht auch im Rahmen der Dritten Säule zur Ergreifung aller zur Erreichung der Unionsziele geeigneten Maßnahmen verpflichtet wären. Dabei schwingt – wenngleich unausgesprochen – die Vorstellung mit, das Unionsrecht habe Vorrang vor dem nationalen Recht,[59] auch wenn die Grenzen einer gemeinschaftsrechtskonformen Auslegung der Wortlaut des nationalen Rechts sein soll und damit der Zugriff auf die durch Art. 34 Abs. 2 lit. b EU ausdrücklich ausgeschlossene unmittelbare Wirkung (noch) versperrt bleibt.[60]

Es zeigt sich an dieser Stelle nicht nur die unterschiedliche Einordnung des Unionsrechts zur Dritten Säule durch Bundesverfassungsgericht und EuGH, sondern auch das mögliche Konfliktpotential ihrer Betrachtungsweisen.[61] Während der EuGH in erster Linie streng orientiert am Zwecke der Verwirklichung der Unionsziele argumentiert, gewinnt man den Eindruck, daß das Bundesverfassungsgericht mehr den Grundrechtsschutz auf europäischer Ebene zum Maßstab des eigenen Handelns machen will. Dabei nimmt es zwar für sich als nationales Gericht nicht in Anspruch, Hüter europäischer Grundrechtswahrung zu sein, hält es allerdings auch nicht für überflüssig, in seiner Urteilsbegründung auf Entscheidungen des Europäischen Gerichtshofs für Menschenrechte hinzuweisen[62], die die Bindung der Mitgliedsstaaten an die Europäische Menschenrechtskonvention auch für den Fall feststellen, daß europäisches Recht vorgegeben ist.[63] Dieser Hinweis auf die faktische Bindung der EU an den Menschenrechtskatalog[64] scheint an sich überflüssig, weil diese gem. Art. 6 Abs. 2 EU ohnehin die Menschenrechte achtet.[65] Ob dies nicht allerdings – jedenfalls unter der Rechtsprechung des EuGH – unter dem Vorbehalt gelten könnte, daß die Verwirklichung der europäischen Grundrechte den Integrationszielen der Union nicht entgegenstünde, ist womöglich eine Über-

---

58 S. dazu auch *Adam,* EuZW 2005, 560.

59 S. weiter *Herrmann,* EuZW 2005, 438; *Adam,* EuZW 2005, 561.

60 Zu den möglichen weiteren Absichten des EuGH s.: *Adam,* EuZW 2005, 561; ferner *v. Unger,* NVwZ 2005, 1272.

61 Zu einem Versuch, die Rechtsprechung von EuGH und BVerfG in Einklang zu bringen *Fetzer/Groß,* EuZW 2005, 551.

62 BVerfG, NJW 2005, 2289, 2296.

63 Vgl. EGMR, NJW 1999, 1173 – Waite und Kennedy; EGMR, NJW 1999, 3107 – Matthews.

64 Die EU ist der EMRK nicht beigetreten, eine Bindung erfaßt unmittelbar lediglich die Mitgliedsstaaten.

65 Dazu: *Wolff,* Die verfassungsrechtlichen Auslieferungsverbote, StV 2004, 154.

legung, die das Bundesverfassungsgericht dazu veranlaßt haben könnte, an den EuGH zu appellieren, einen effektiven Grundrechtsschutz gegenüber europäischer Rechtssetzung im strafrechtlichen Bereich zu gewährleisten: Menschenrechte dürfen nicht unter einen Vorbehalt der Effizienz der Europäischen Integration gestellt werden.[66]

Wenn das Bundesverfassungsgericht bei diesen im Ansatz weit auseinander liegenden Ansichten auf eine pointierte Abgrenzung zum EuGH verzichtet,[67] ist dieses Schweigen – sieht man darin nicht einen Hinweis, es könne sich bei der Entscheidung des EuGH um einen „ausbrechenden" Rechtsakt handeln[68] – nicht ein Ausdruck von „Kooperationssprödigkeit"[69]. Sie ist vielmehr die Folge einer bemerkenswerten Zurückhaltung, die der Entwicklung der Integration in der Europäischen Union nicht im Wege stehen will, gleichwohl aber darauf bedacht ist, die im strafrechtlichen Bereich so evidenten Grundrechtsbezüge in diese Entwicklung einzubinden.

2. Umsetzungsgesetz und Demokratieprinzip

Für das Bundesverfassungsgericht erweist sich die Erfüllung demokratischer Anforderungen an Rechtssetzungsakte in der Dritten Säule als nahezu unproblematisch. Europäische Rahmenbeschlüsse bedürfen in jedem Fall der Umsetzung, dabei ist der nationale Gesetzgeber frei. Selbst wenn er trotz des an sich verbindlichen Ziels einer solchen im Rat getroffenen Übereinkunft eine Umsetzung nicht vornehmen will oder kann, ist er daran nicht gehindert, auch wenn dies dazu führt, daß sich das Mitgliedsland „unionsrechtswidrig" verhält.[70] Das Gericht folgt damit völkerrechtlichen Grundsätzen (vgl. Art. 59 Abs. 2 GG), nach denen völkerrechtliche Vereinbarungen zu ihrer nationalen Wirksamkeit parlamentarischer Zustimmung bedürfen. Diese Sichtweise blendet – worauf etwa auch die Richterin Lübbe-Wolff hinweist[71] – aus, daß gleichwohl eine erhebliche Präjudizierung durch die Vereinbarung eines Rahmenbeschlusses im Rat eingetreten ist und die Verweigerung einer Zustimmung weder tatsächlich zu erwarten noch rechtlich zu empfehlen ist. Formal läßt sich das Problem ohnehin viel einfacher lösen, wenn man auf die Erklärung des nationalen Gesetzgebers, die er allgemein in antizipierter Form durch seine Zustimmung zu den Bestimmungen der Art. 31, 34 EU abgegeben hat, abstellt. Sieht man den entscheidenden demokratischen Legitimierungsakt in der Billigung der Verträge durch die nationalen Parlamente und akzeptiert im übrigen im Vollzug dieser Verträge eine danach liegende Ausübung

---

66 So auch: *Buermeyer,* HRRS 2005, 278.
67 Vgl. auch *v. Unger,* NVwZ 2005, 1267f., 1270, der darin einen unverkennbar unfreundlichen Akt in Richtung Brüssel und Luxemburg sieht.
68 Ausdrücklich in diesem Sinne: *Hillgruber,* JZ 2005, 844.
69 So aber *Hufeld,* JuS 2005, 867.
70 BVerfG, NJW 2005, 2289, 2292.
71 BVerfG, NJW 2005, 2289, 2301.

öffentlicher Gewalt durch Organe, die aus demokratisch nur mittelbar legitimierten Amtswaltern zusammengesetzt sind (vgl. für das nationale Recht Art. 80 Abs. 1 GG), sind demokratische Defizite formal kaum noch aufspürbar.[72]

Gleichwohl begleitet den prozeßhaften Charakter der Europäischen Integration von Anfang an ein Empfinden mangelnder Demokratisierung, das schon in der Maastricht-Entscheidung des Bundesverfassungsgerichts, das schritthaltend mit der Integration einen Ausbau der demokratischen Grundlagen forderte,[73] zum Ausdruck kam. War dieses – solange die Gemeinschaft den Ausbau des Binnenmarktes und die Liberalisierung des Wirtschaftslebens in den Mittelpunkt ihrer Rechtssetzung stellte – auch weniger stark ausgeprägt, änderte sich in dem Augenblick etwas, als „Europa" in Bereiche vordrang, die sich dem Kernbereich staatlichen Handelns näherten. Tatsächlich bewegt sich die Union heute – ist auch unmittelbare staatliche Machtausübung nicht auf diese übertragen – in einem Bereich, in denen es wie beim Umgang mit dem Strafrecht um die essentiellen Pfeiler der Staatlichkeit der Mitgliedsstaaten geht.[74] Da können sich auch diejenigen, die einer weiteren Integration auch beim Ausbau des „Raums der Freiheit, der Sicherheit und des Rechts" das Wort reden, nicht verschließen und eine weitere Demokratisierung der Entscheidungsabläufe fordern.[75] Sie ließe sich etwa durch eine frühzeitigere Beteiligung der parlamentarischen Gremien[76] im Zuge der europäischen Verhandlungen und einen Einfluß auf das Abstimmungsverhalten des nationalen Regierungsvertreters im Rat erreichen[77]. Ungeachtet dessen dürfen sich die zur Entscheidung über europäische Rechtsakte berufenen Gerichte nicht länger darauf zurückziehen, dieses strukturelle Defizit nicht selbst institutionell lösen zu können.[78] Mag auch der vom Bundesverfassungsgericht vorgeschlagene nationale Alleingang, der die unmittelbare demokratische Legitimation für Parlament und Bürger (unter Umständen im Sinne einer Verweigerung demokratischer Legitimation) wiederherstellt, kein Weg sein, der auf schnellem und geradem Weg in ein (rechtlich) geeintes Europa führt; doch er kann länderübergreifend klarmachen, welche demokratischen Mindestbedingungen für Regelungen erfüllt sein müssen, die staatsintensiv in Bürgerrechte eingreifen, und eine Bedingung setzen für parlamentarische Beteiligung, die auch in der Sache zu ausgewogeneren Lösungen kommt.[79] Auch an dieser Stelle geht es damit letztlich um die Frage, wie

---

72 So auch *Tomuschat,* EuGRZ 2005, 456; allgemein zu diesem Problem *Lüderssen,* Europäisierung des Strafrechts und gubernative Rechtssetzung, GA 2003, 71; ferner: *Kreß,* Strafrecht auf der Schwelle zum europäischen Verfassungsvertrag, ZStW 116 (2004), 447ff.

73 BVerfGE 89, 155, 186.

74 Vgl. dazu *Tomuschat,* EuGRZ 2005, 453, 457.

75 S. etwa *v. Unger,* NVwZ 2005, 1272; auch *Herrmann,* EuZW 2005, 438.

76 Vgl. dazu das Gesetz über die Zusammenarbeit von Bundesregierung und Deutschem Bundestag in Angelegenheiten der Europäischen Union vom 12. 3. 1993, BGBl. I, S. 311. S. jetzt auch Gesetz über die Ausweitung und Stärkung der Rechte des Bundestages und des Bundesrates in Angelegenheiten der Europäischen Union vom 17. 11. 2005, BGBl. I, 3178.

77 Nochmals *Tomuschat,* EuGRZ 2005, 456; so auch das Votum der Richterin *Lübbe-Wolff,* NJW 2005, 2301; ferner *Hufeld,* JuS 2005, 870.

78 So aber wohl *v. Unger,* NVwZ 2005, 1271f.

79 Skeptisch *v. Unger,* NvWZ 2005, 1272.

ein grundrechtsschonender, das Ziel nicht in Frage stellender Ausgleich der gegenläufigen Prinzipien – effektiver Ausbau einer europäischen Integration und Wahrung von Bürgerrechten – vorgenommen werden kann.

3. Der Schutz deutscher Staatsangehöriger

Offenbar gestützt auf die Einschätzung, es handele sich beim Unionsrecht um eine dem Völkerrecht zugeordnete Teilrechtsordnung, die am nationalen Verfassungsrecht zu messen sei[80], prüft das Bundesverfassungsgericht das EuHBG an Art. 16 Abs. 2 Satz 2 GG, den es nachvollziehbar als qualifizierten Gesetzesvorbehalt und nicht als Schutzbereichsbeschränkung des Auslieferungsverbots ansieht.[81] Die aus den Forderungen an diesen Gesetzesvorbehalt entwickelten Vorgaben führen zur Beschränkung einer möglichen Auslieferung von Deutschen.

Dies leuchtet für die Annahme eines verfassungsrechtlichen Auslieferungsverbots bei Inlandstaten ohne weiteres ein. Auf den ersten Blick überzeugend wirkt auch die Entscheidung für eine grundsätzliche Auslieferungsfähigkeit in Fällen mit maßgeblichem Auslandsbezug. Ob diese Überlegung freilich der Überprüfung an dem in Art. 23 Abs. 1 Satz 1 GG enthaltenen Subsidiaritätsgrundsatz grundsätzlich standhält, dürfte fraglich sein. Wie Richter Broß in seinem Votum zu Recht hervorhebt, kommt eine Auslieferung deutscher Staatsangehöriger an Mitgliedsstaaten der EU danach nur in Betracht, wenn eine Verwirklichung des staatlichen Strafverfolgungsanspruchs durch die deutsche Justiz nicht möglich ist. Davon aber wird man – mit Blick auf den nach § 7 Abs. 2 Nr. 1 StGB eröffneten Anwendungsbereich des deutschen Strafrechts bei Auslandstaten Deutscher – nur ausgehen können, wenn tatsächliche Hindernisse im konkreten Fall (erschwerte Beweisaufnahme im Inland, unerreichbare Auslandszeugen) die Verfolgung im Inland unmöglich machen oder zumindest wesentlich erschweren.[82] Zu bedenken ist ferner, daß die gemäß Art. 16 Abs. 2 Satz 1 GG gegenüber einem Deutschen bestehende Schutzpflicht nicht ihre gesamte Wirkkraft verlieren kann, nur weil dieser im Ausland eine Handlung begangen hat, die Ausgangspunkt für ein gegen ihn gerichtetes Strafverfahren ist. Angesichts der vom Bundesverfassungsgericht im Einzelnen beschriebenen Beeinträchtigungen und Rechtseinbußen, die mit der Durchführung eines Verfahrens im Ausland verbunden sind, ist – gerade wenn man wie das Gericht die Schutzpflicht mit der deutschen Staatsangehörigkeit verknüpft – eine (grundsätzliche) Aufhebung des Auslieferungsverbots nicht erklärlich.[83] Dies gilt in besonderem Maße für die vom Bundesverfassungsgericht gebildete Fallgruppe „typischer grenzüberschrei-

---

80 Vgl. auch *Unger* (Fn. 20), 130 f.; zustimmend: *Wolff,* Die Auslieferung Deutscher aufgrund des europäischen Haftbefehls, ZG 2004, 34; für einen engeren Prüfungsmaßstab *Vogel,* JZ 2005, 805: Art. 16 Abs. 2 Satz 2 GG i.V.m. Art. 23 Abs. 1 GG. Zum nationalen und europäischen Grundrechtsschutz im Auslieferungsverfahren *Wolff,* StV 2004, 155.

81 Überzeugend *Buermeyer,* HRRS 2005, 276.

82 BVerfG, NJW 2005, 2298; s. dazu auch *Ranft,* wistra 2005, 362.

83 So jetzt auch *Ranft,* wistra 2005, 364.

tender Kriminalität", bei der – angesichts einer Einbindung in solche verbrecherischen Strukturen – eine Berufung auf den Schutz der Staatsangehörigkeit nicht in vollem Umfang in Betracht komme.[84] Der damit beabsichtigte Verzicht auf eine auf den einzelnen Grundrechtsträger bezogene individuelle Überprüfung des Grundrechtseingriffs dürfte verfassungsrechtlich nicht hinnehmbar sein[85], zumal die erst noch zu beweisende „Einbindung in verbrecherische Strukturen" die Beschränkung des Auslieferungsverbots naturgemäß nicht rechtfertigen kann. Nachvollziehbar ergibt sich dagegen in den Fällen, in denen es keine klare Zuordnung zu einer Inlands- oder Auslandstat gibt (mehrere Handlungen im In- und Ausland, Handlungsort im In-, Erfolgsort im Ausland und umgekehrt, Handeln im Drittstaat), die Notwendigkeit zu einer abwägenden Verhältnismäßigkeitsprüfung.[86]

Diesem verfassungsrechtlichen Schutzgebäude des Bundesverfassungsgerichts für deutsche Staatsangehörige fehlt es an einem Pendant für Tatvorwürfe gegen in Deutschland lebende Ausländer.[87] Dies mag – wie das Gericht an anderer Stelle sinngemäß äußert[88] – mit dem gemeinschaftsrechtlichen Verbot der Diskriminierung nach der Staatsangehörigkeit (Art. 12 Abs. 1 EG) in Einklang stehen[89], berücksichtigt aber nicht hinreichend, daß auch Ausländern insoweit deutscher Grundrechtsschutz, zumindest aus Art. 2 Abs. 1, Abs. 2 Satz 2 GG, zukommt[90]. Auch im Rahmen einer solchen Grundrechtsprüfung wäre wohl letztendlich eine Verhältnismäßigkeitsprüfung vorzunehmen, wobei auch hier das Vertrauen des Ausländers auf den Schutz der deutschen Rechtsordnung zu berücksichtigen wäre.[91] Nicht anders als bei einem Deutschen dürfte sie regelmäßig, jedenfalls dann, wenn es sich um einen Aufenthalt nicht nur vorübergehender Natur handelt, zu einem Auslieferungshindernis führen, weil auch der Ausländer auf die Garantiefunktion deutscher Straftatbestände und die Sicherungsgarantien des deutschen Strafprozesses hinsichtlich im Inland gezeigter (womöglich gar strafloser) Verhaltensweisen vertrauen darf[92].

---

84 BVerfG, NJW 2005, 2289, 2292.
85 Dazu auch *Buermeyer,* HRRS 2005, 277.
86 Der vorgelegte Referentenentwurf des BMJ (Stand: 24. 11. 2005) sieht im Rahmen dieses Prüfprogramms, noch außerhalb der Verhältnismäßigkeitsprüfung, vor, dass eine beiderseitige Strafbarkeit gegeben ist (§ 80 Abs. 2 IRG-E, dazu. Begr. S. 39f.).
87 Es verwundert daher nicht, daß der vorliegende Referentenentwurf des BMJ den bisher in § 80 Abs. 3 IRG vorgesehenen Schutz von Ausländern aus Praktikabilitätsgründen drastisch einschränkt (§ 80 IRG-E, vgl. dazu Begründung S. 22,42).
88 BVerfG, NJW 2005, 2289, 2291.
89 A.A. wohl *Vogel,* JZ 2005, 805; s. auch die Richterin *Lübbe-Wolff* in ihrem Minderheitsvotum, NJW 2005, 2299.
90 So auch die Richterin *Lübbe-Wolff* in ihrem Minderheitsvotum NJW 2005, 2299; unkritisch dagegen: *Böhm,* NJW 2005, 2589.
91 Ähnlich: *Ranft,* wistra 2005, 364.
92 An dieser Stelle zeigt sich, daß das Problem in der Konkurrenz nationaler Strafansprüche (aufgrund ausgedehnter Anwendungsbereiche des nationalen Strafrechts über das eigene Territorium hinaus) liegt. Aus diesem Grund spricht viel dafür, im Rahmen einer Rechtsvereinheitlichung der EU vorgreifliche Regeln zur Beseitigung nebeneinander bestehender Strafansprüche zu finden. Dies würde die Problematik um den Europäischen Haftbefehl wesentlich entschärfen. Dazu s. auch *Lagodny,* StV 2005, 519; *Gleß,* ZStW 116 (2004), 361f.

4. Die Einschränkung des Prinzips der beiderseitigen Strafbarkeit

Mit dem Teilverzicht auf die beiderseitige Strafbarkeit (§ 81 Nr. 4 IRG), der Folge des Prinzips der gegenseitigen Anerkennung ist, befaßt sich das Bundesverfassungsgericht nur am Rande, weil diese zentrale Grundentscheidung durch den Rahmenbeschluß, die jetzt zur Überprüfung durch den EuGH, vor allem an Art. 6 Abs. 2 EU, ansteht,[93] vorgegeben ist. Dies hindert das Gericht freilich nicht daran zu fragen, ob es mit dem gebotenen grundrechtlichen Schutzniveau vereinbar sei, nicht die Entscheidung eines Staates für die Straffreiheit, sondern umgekehrt die Entscheidung für die Strafbarkeit zur maßgeblichen Grundlage gegenseitiger Anerkennung zu machen.[94] Auffallend dabei ist, daß der hierfür entscheidende Prüfungsmaßstab nicht offengelegt wird.[95] An anderer Stelle wird lediglich das Rückwirkungsverbot nach Art. 103 Abs. 2 GG angesprochen, das eine spezielle rechtsstaatliche Garantie des Vertrauens in die Verläßlichkeit der Rechtsordnung sei, die eine klare Orientierung zu geben habe, was strafbar und was straflos sei.[96] Eine Verletzung dieses Verbots, das an sich nur Änderungen des materiellen Strafrechts ausschließt, erachtet das Gericht für möglich, wenn sich ein bisher vor Auslieferung absolut geschützter Deutscher für Taten in einem Mitgliedsstaat verantworten müsse, die keinen maßgeblichen Auslandsbezug aufwiesen und zum Zeitpunkt ihrer Begehung straffrei gewesen wären.[97] Wenn das Gericht diesen offenbar am deutschen Rückwirkungsverbot entwickelten Gedanken,[98] der die Abkehr vom Prinzip der beiderseitigen Strafbarkeit jedenfalls teilweise in Frage stellt, nicht weiter verfolgt, liegt das daran, daß es den Schutz Deutscher in diesen Fallkonstellationen, ohne die Festlegung des Rahmenbeschlusses insoweit in Frage stellen zu müssen, auf andere Weise erreichen kann.[99] Die Verbindlichkeit der

---

93 S. dazu schon Fn. 52.

94 BVerfG, NJW 2005, 2289, 2296; offener, ob es sich beim Verzicht auf die beiderseitige Strafbarkeit um ein Grundrechtsproblem handelt: *Kreß*, ZStW 116 (2004), 464; gegen die Annahme eines verfassungsrechtlichen Schutzes Grützner/Pötz-*Böse* (Fn. 44), § 80, Rn. 9; § 81, Rn. 9.

95 Dies dürften nach Ansicht von Grützner/Pötz-*Böse* (Fn. 44), § 81, Rn. 7, die allgemeinen Rechtsgrundsätze des Art. 6 Abs. 2 EU, nicht das nationale Verfassungsrecht sein; Grundrechtsschutz wäre insoweit auch nicht vom nationalen Verfassungsgericht, sondern vom EuGH zu gewährleisten.

96 BVerfG, NJW 2005, 2289, 2294; so schon *Unger* (Fn. 20), S. 186ff.

97 Das Problem einer unzulässigen Rückwirkung stellt sich noch grundsätzlicher bei der Frage, auf welche Straftaten der RbEuHB und das deutsche Umsetzungsgesetz anzuwenden sind. Nimmt man den verfassungsgerichtlichen Ausgangspunkt zur Unzulässigkeit in die Vergangenheit zurückreichender Änderung des Auslieferungsrechts ernst, kann das nur bedeuten, daß Auslieferungen in Deutschland nur hinsichtlich von Straftaten in Betracht kommen, die nach Inkrafttreten des neuen Umsetzungsgesetzes begangen worden sind. Art. 32 Abs. 2 RbEuHB, der die unzureichende Möglichkeit bot, die Anwendbarkeit auf Taten zu beschränken, die nach dem Erlaß des Rahmenbeschlusses ergangen sind, steht einem solchen Verständnis nicht im Wege. Diese Vorschrift des Sekundärrechts der EG ist primärrechtskonform – mit Blick auf Art. 6 Abs. 1 Hs. 1 EU sowie Art. 6 Abs. 2 EU i.V.M. Art. 7 Abs. 1 EMRK – dahingehend auszulegen, daß sich Auslieferungen wegen Handlungen verbieten, die vor Inkrafttreten des nationalen Umsetzungsgesetzes begangen sind. Näher zum Ganzen *Buermeyer*, HRRS 2005, 281f.

98 Grützner/Pötz-*Böse* (Fn. 44), § 81 IRG, Rn. 9, etwa hält einen Verstoß gegen den Art. 103 Abs. 2 GG entsprechenden Art. 7 EMRK nicht für gegeben.

99 S. oben III.3.

europarechtlichen Grundsatzentscheidung wird an dieser Stelle nicht in Frage gestellt.

Dabei hätte durchaus Anlaß bestanden, das Problem weiter zu vertiefen. Dies gilt zum einen im Hinblick auf die Unbestimmtheit der in Art. 2 Abs. 2 RbEuHB genannten Deliktsbereiche, bei denen eine Prüfung der beiderseitigen Strafbarkeit entfallen soll. Sie enthalten vage und wenig konturierte Straftatengruppen, die weder auch nur annähernd erkennen lassen, welche Delikte im Einzelnen erfaßt sein sollen, noch in ihrer Unbestimmtheit eine gemeinsame europäische Überzeugung von der Strafbarkeit in die Deliktsgruppen fallender Verhaltensweisen wiedergeben. Die Vorstellung, unter den genannten Etikettierungen verberge sich europaweit harmonisiertes und weitgehend angenähertes Recht, geht in die Irre, was sich freilich – angesichts des nicht überschaubaren Inhalts der Deliktsbeschreibungen – nur im Konkreten nachweisen läßt.[100] Zum anderen erfaßt die verfassungsgerichtliche Argumentation des Vertrauensschutzes nicht nur eigene Staatsangehörige. Dies folgt schon aus dem geänderten Bezugspunkt des Grundrechtsschutzes, der anders als Art. 16 GG eine Beschränkung auf deutsche Staatsangehörige nicht kennt, ergibt sich aber auch aus zwingenden sachlichen Überlegungen. Auch derjenige Ausländer, der etwa seinen ständigen Aufenthalt in Deutschland hat, kann bei einem maßgeblich in Deutschland begangenen, dort straflosen Verhalten darauf vertrauen, daß er nicht an seinen Heimat- oder gar an einen Drittstaat ausgeliefert wird. Daraus ergibt sich – unter Vertrauensschutzgesichtspunkten – die allgemeine Feststellung, daß bei Auslandstaten (aus Sicht des ersuchenden Staates) ein Ersuchen nur dann in Frage kommt, wenn die beiderseitige Strafbarkeit gewährleistet ist.[101] Alles andere wäre der von vielen beschriebene Übergriff des europäischen Strafrechts auf das nationale Recht anhand der jeweils punitivsten Strafrechtsordnung.

Im Zusammenhang mit dem Verzicht auf beiderseitige Strafbarkeit steht auch ein vom Bundesverfassungsgericht an den Gesetzgeber erteilter Prüfauftrag. Er betrifft die Vorschrift des § 80 Abs. 1 IRG, wonach die Auslieferung eines Deutschen nur zulässig ist, wenn gesichert ist, daß der ersuchende Mitgliedsstaat nach Verhängung einer rechtskräftigen Freiheitsstrafe anbieten wird, den Verfolgten auf seinen Wunsch zur Vollstreckung nach Deutschland zurück zu überstellen. Das Gericht hat Zweifel, ob das Zulässigkeitshindernis der fehlenden Zusicherung des ersuchenden Staates, die Rücküberstellung anzubieten, eine ausreichende Maßnahme ist, weil damit nicht sichergestellt ist, daß tatsächlich die Möglichkeit einer im Resozialisierungsinteresse wünschenswerten Strafverbüßung in Deutschland besteht. Es gibt nämlich Fälle, in denen die Rücküberstellung einer auszuliefernden Person an der fehlenden Strafbarkeit des Verfolgten in Deutschland scheitern

100 S. dazu *Nestler,* ZStW 116 (2004), 337; *Tomuschat,* EuGRZ 2005, 456; *Wehnert,* Deutsches und Europäisches Strafrecht – Fragen und Widersprüche, in: Widmaier/Lesch/Müssig/Wallau (Hrsg.), Festschrift für Hans Dahs (2005), S. 531; a.A. mit dem Argument, der Grundsatz „nullum crimen, nulla poena sine lege" erfasse verfahrensrechtliche Fragestellungen nicht, Grützner/Pötz-*Böse* (Fn. 44), § 81 Rn. 8.
101 So auch: *Lagodny,* StV 2005, 518.

kann und damit seine Strafverbüßung in Deutschland – weil sie gegen die internationalen Regeln der Vollstreckungshilfe verstößt – nicht zulässig ist (§ 49 Abs. 1 Nr. 3 IRG).[102] Die Richterin Lübbe-Wolff sieht darin kein Problem, weil die Vollstreckung einer im Ausland verhängten Strafe im Inland in jedem Fall die Abmilderung eines in der Auslieferung liegenden Grundrechtseingriffs darstellt und deshalb das geltende einfache Recht, das dies ausschließt, zu ändern ist.[103] Dies überzeugt nicht, weil ansonsten nahezu das gesamte Strafverfahren in den Händen des Staates liegt, für den das Verhalten straflos ist, und dieser damit praktisch die Verantwortung hierfür zu übernehmen gezwungen ist.[104]

Es bei der ursprünglich vorgesehenen Lösung zu belassen, also auszuliefern und eine Vollstreckung im Ausland schon bei Auslieferung hinzunehmen, kommt ebensowenig in Betracht,[105] weil es sich – insbesondere im Hinblick auf Taten in einem Drittstaat – um einen in der Auslieferung liegenden unverhältnismäßigen Grundrechtseingriff handeln würde und jeglicher Schutz von Bürgerrechten auf der Strecke bliebe. Was bleibt, ist schon bei der Auslieferung anhand der vorliegenden Unterlagen eine Prüfung vorzunehmen, ob das vorgeworfene Verhalten auch nach deutschem Recht strafbar ist. Nur so ist gewährleistet, daß ein unverhältnismäßiger Grundrechtseingriff vermieden wird und der ersuchte Staat nicht wesentlich an der Vollziehung eines Strafverfahrens mitwirken muß, das aus seiner Sicht nicht gerechtfertigt ist. Dem steht nicht entgegen, daß ein wesentliches Anliegen des Rahmenbeschlusses der Verzicht auf die Voraussetzung einer beiderseitigen Strafbarkeit ist. Der Rahmenbeschluß sieht auch vor, daß die Auslieferung eines Staatsangehörigen des ersuchten Staates von der Zusage abhängig gemacht wird, daß dieser zur Verbüßung einer Freiheitsstrafe in den ersuchten Staat rücküberstellt wird (Art. 5 Nr. 4 RbEuHB). Ist dies aus Gründen mangelnder beiderseitiger Strafbarkeit aber nicht möglich, ergibt eine systematische Auslegung dieser Vorschrift mit Blick auf den in Art. 2 Abs. 2 RbEuHB angelegten Verzicht auf eine Überprüfung des Vorliegens der beiderseitigen Strafbarkeit eine teleologische Reduktion dieser Norm im Hinblick auf den in Art 5 Nr.4 RbEuHB geschützten Personenkreis.

5. Die Nichtigerklärung des Europäischen Haftbefehlsgesetzes

Die verfassungsrechtlich gebotene Konkretisierung des Schutzes Deutscher bedarf nach Ansicht des Bundesverfassungsgerichts einer Abbildung im Gesetzestext, die durch eine verfassungskonforme Auslegung oder dessen Teilnichtigkeit nicht er-

102 BVerfG, NJW 2005, 2289, 2294.
103 BVerfG, NJW 2005, 2289, 2300f.; dem folgend *Buermeyer*, HRRS 2005, 280f.
104 *Lagodny*, StV 2005, 518; *Ranft*, wistra 2005, 366f.
105 So aber jetzt der Referentenentwurf des BMJ (Stand: 24. 11. 2005), der es bei der bisherigen Regelung beläßt und damit seinen „Prüfauftrag" als erfüllt ansieht. Daß dieser Vorschlag mit einem effektiven Grundrechtsschutz, der grundrechtsschonend die Auslieferung nur beim Vorliegen beiderseitiger Strafbarkeit zulassen könnte, nichts zu tun hat, liegt auf der Hand (Begründung, S. 33–36). Dem BMJ geht „Europafreundlichkeit" vor Grundrechtsschutz.

reichbar ist. Die Richterin *Lübbe-Wolff* und der Richter *Gerhardt* halten die Anordnung der Nichtigkeit dagegen nicht für gerechtfertigt.[106] Aus ihrer Sicht wäre eine Teilnichtigkeit der für verfassungsrechtlich bedenklich erachteten Bestimmungen ausreichend gewesen; im Übrigen führt der Ausspruch des Senats aus ihrer Sicht dazu, daß Deutschland zu Verstößen gegen das Unionsrecht gezwungen würde, die ohne Verfassungsverstoß hätten vermieden werden. Die grundgesetzliche Verpflichtung auf die Integration Deutschlands in ein vereintes Europa wie auch die (vom EuGH jüngst herausgearbeitete) unionsrechtliche Pflicht zu gemeinschaftsrechtskonformer Auslegung wären der Anlaß gewesen, übergangsweise durch eine verfassungskonform modifizierte Fortgeltung des verfassungswidrigen Umsetzungsgesetzes einen möglichst unionsrechtsnahen Rechtszustand herzustellen.

Diese Kritik[107] führt in die bereits beschriebene unterschiedliche Einordnung der Wirkung eines Rahmenbeschlusses durch Bundesverfassungsgericht und EuGH.[108] Das Karlsruher Gericht hat bei seinem völkerrechtlichen Verständnis der Regelungen in der Dritten Säule keinen Anlaß, an eine aus Unionsrecht abgeleitete rahmenbeschlußkonforme Auslegung zu denken. Wenn auch eine sich aus dem Völkerrecht ergebende konforme Auslegung,[109] die zur Aufrechterhaltung wesentlicher Teile des Umsetzungsgesetzes führen könnte (etwa der Auslieferung von Ausländern), offenbar nicht erwogen wird, hat dies seine Ursache sicher in dem Verhalten des deutschen Gesetzgebers, der von seinen Umsetzungsmöglichkeiten in der Vergangenheit keinen vernünftigen Gebrauch gemacht hat und in die Lage versetzt werden sollte, dies nachzuholen. Letztendlich nimmt sich das Gericht an dieser Stelle auch zurück, um angesichts einer Fülle weiterer konkreterer Vorgaben dem ansonsten immer wieder zu hörenden Vorwurf, Ersatzgesetzgeber zu sein, aus dem Weg zu gehen.[110] In der Sache ist es ohnehin gerechtfertigt, dem Gesetzgeber – auch im Hinblick auf die Frage des zu bewirkenden Rechtsschutzes – im Rahmen des gezogenen verfassungsrechtlichen Rahmens die Gelegenheit zu eigener vollumfänglicher Disposition zu geben.[111] Dies hätte sich mit einer Teilnichtigerklärung nicht vertragen.

Der Vorwurf im Übrigen, das Bundesverfassungsgericht habe Übergangsregelungen nicht geschaffen, ist lediglich im Hinblick auf deutsche Staatsangehörige nachvollziehbar. Die Auslieferung von Ausländern ist auf der Grundlage des Gesetzes über die Internationale Rechtshilfe in der Fassung vor dem Inkrafttreten des EuHBG weiterhin zulässig. Das Fehlen einer übergangsweisen Regelung für Deutsche erklärt sich aus der nachvollziehbaren Überlegung, dem Gesetzgeber insoweit den ersten Zugriff auf die im Einzelnen notwendigen Vorschriften zu ihrem Schutz zu lassen.

---

106 BVerfG, NJW 2005, 2289, 2301, 2303.
107 Vgl. auch *Vogel,* JZ 2005, 804.
108 S. oben III.1 a.E.
109 Dazu: *Adam,* EuZW 2005, 561.
110 Vgl. auch *Kretschmer,* Jura 2005, 786.
111 S. dazu auch *Schünemann,* Die parlamentarische Gesetzgebung als Lakai von Brüssel? Zum Entwurf des Europäischen Haftbefehlsgesetzes, StV 2003, 531.

Hinzu kommt, daß das Bundesverfassungsgericht gute Gründe für sich in Anspruch nehmen kann, an einer Pflicht zur rahmenbeschlußkonformen Auslegung zu zweifeln. Es mag sein, daß es nach dem Maastrichtvertrag einen erheblichen politischen Schub hin zu einem vereinten Europa gegeben hat. Es ist auch richtig, daß Art. 23 Abs. 1 GG vorgibt, bei der Entwicklung der Europäischen Union mitzuwirken, und es darüber hinaus das erklärte Ziel aller Mitgliedsstaaten ist, den zwischen ihnen bestehenden Verbund über die rein ökonomische Dimension hinaus zu erweitern.[112] Doch bleiben bei der juristischen Umsetzung dieser politisch und verfassungsrechtlich bestehenden Vorgaben die im Rahmen der Union getroffenen Vereinbarungen, die ihrerseits für eine Entwicklung nur bedingt offen sind, maßgebend. Und hier gewinnt es – trotz des nicht zu leugnenden Umstands, daß mit dem Rahmenbeschluß ein Instrument außerhalb üblicher völkerrechtlicher Handlungsformen genutzt wird – an Bedeutung, daß dieser – anders als die Richtlinie im Gemeinschaftsrecht – keine unmittelbare Wirksamkeit kennt (Art. 34 Abs. 2 lit. b EU). Eine rahmenbeschlußkonforme Auslegung aber führt nach dem Verständnis des EuGH nicht nur dazu, daß staatliche Stellen des Mitgliedsstaats den Rahmenbeschluß – auch wenn es an seiner Umsetzung noch fehlt – zu beachten haben. Auf diese so vermittelte Wirkung sollen sich darüber hinaus Bürger des Mitgliedsstaats auch berufen können. Es liegt auf der Hand, daß diese Ausstrahlung des Rahmenbeschlusses den Wirkungen zumindest nahe kommt, die Art. 34 EU gerade ausschließen sollte.[113]

Zieht das Bundesverfassungsgericht eine solche Auslegung nicht in Betracht, liegt darin zwar möglicherweise ein gewisser Vorbehalt gegenüber der noch jungen Rechtsprechung des EuGH, doch liegt es in der Natur des Kooperationsverhältnisses zwischen EuGH und nationalen Verfassungsgerichten begründet, daß es nicht immer und sofort zu konformen Lösungen kommt. Der Vorwurf „nationalen Geistes"[114] läßt sich deshalb nicht erheben.[115]

6. Fazit

Das Bundesverfassungsgericht stärkt zu Recht die Rechte deutscher Staatsangehöriger. Dabei werden zwar nationale Grundrechte in Stellung gebracht, die europäischen Vorgaben, die das Gericht in manchem Punkt kritisch beäugt, werden jedoch nicht in Frage gestellt. Das System der in der „Dritten Säule" der Europäischen Union praktizierten Zusammenarbeit legt der Senat seiner Betrachtungsweise uneingeschränkt zugrunde, ohne freilich – etwa mit Blick auf dir Europäische Verfassung, die insoweit zu einer weiteren Angleichung von Unions- und Gemein-

112 Vgl. *Tomuschat*, EuGRZ 2005, 454; s. auch *Vogel*, JZ 2005, 805, der dem BVerfG vorwirft, nicht mehr auf dem Stand der Diskussion zu sein.

113 Mit weiterer Begründung *Hillgruber*, JZ 2004, 841.

114 So etwa *Vogel*, JZ 2005, 808.

115 Vgl. aber auch *Lagodny*, StV 2005, 516, der eine tief greifende Skepsis gegenüber fremden Rechtsordnungen ausgemacht haben will.

schaftsrecht führt – die Vision eines „unitarisierten Strafverfolgungsraums" zu entwickeln. Dies ist aber auch nicht die Aufgabe eines Verfassungsgerichts, das die verfassungsrechtlichen Leitentscheidungen nachzuvollziehen, aber nicht selbst zu entwickeln hat. Daß die Entscheidung aus Karlsruhe bei der Erfassung der grundgesetzlichen Integrationsoffenheit Defizite aufweist, läßt sich – entgegen mancher anderslautender Einschätzung[116] – im Ergebnis nicht feststellen. Nicht allein die in Art. 23 Abs. 1 GG angelegte Perspektive für die Begründung und den Ausbau der Europäischen Union kennzeichnet das Maß national zugelassener europäischer Integration, es wird zusätzlich bestimmt von den durch den „Integrationsgesetzgeber" transformierten europäischen Regelungen, die das Bundesverfassungsgericht durchaus zutreffend erfaßt hat. Von einer Argumentationsstrategie „prononcierter Staatsbehauptung" oder einem „Schonprogramm für Staatlichkeit" ist deshalb die verfassungsgerichtliche Entscheidung mit ihrem Blick auf die evidente Grundrechtsbetroffenheit überstaatlicher strafrechtlicher Zusammenarbeit und dem notwendigen Instellungbringen nationaler Grundrechte ebenso weit entfernt wie das Gericht von einer Einordnung als bloßer Bremse auf dem Weg zur europäischen Strafrechtsangleichung. Womöglich wäre dieser Eindruck auch gar nicht in dieser Form entstanden, hätte sich das Bundesverfassungsgericht auch dem in gleicher Weise erforderlichen Schutz in Deutschland lebender und deshalb auch grundrechtlich geschützter Ausländer mehr verpflichtet gefühlt.

---

116 Als Beispiele: *Hufeld,* JuS 2005, 866 ff.; *Tomuschat,* EuGRZ 2005, 454 f.

§23 欧州勾留状についての連邦憲法裁判所の判断——刑事訴追の領域におけるヨーロッパの法の同化への道へのブレーキ？——

クリストフ・クレール *

目次

2005 年 7 月 18 日の判決[1]によって、連邦憲法裁判所第二法廷は、欧州勾留状法（EuHGB）による欧州勾留状に関する枠組決定（RbEuHb）[2]についてのドイツでの国内化立法[3]は違憲無効であると示した。その結果として、憲法異議手続の抗告者であり、連合国安全保障理事会と EU 理事会のリストにアルカイダのテロリストとして挙げられていた[4]、ダルカザンリ（*Darkazanli*）は、判決の言渡しの日から釈放された。その判断は、ドイツとヨーロッパで極めて多くの耳目を集めた。当初の反応は、枠組決定の有効性を確信していたヨーロッパ委員会に大筋で賛成するものから、ドイツの立法手続の関与者による自己批判を超えてさらに、判決を国際テロリズムとの戦いにおける深刻な後退であるとか、ヨーロッパ統一のプロセスの逆行であるとして批判するものまで様々であった[5]。学説における

---

* 山本紘之／岡部雅人訳。

1 BverfG, NJW 2005, 2289.

2 欧州勾留状と構成国間の引渡手続に関する 2002 年 6 月 13 日の理事会の枠組決定（2002/584/Jl）、ABl. 2002 L 190, S. 1.

3 欧州勾留状と EU 構成国間の引渡手続に関する枠組決定の国内法化に関する 2004 年 7 月 24 日の法律（欧州勾留状法）、BGBl. I S. 1748.

4 連合国安全保障理事会の、いわゆる 1267 委員会のリスト（http://www.un.org/Docs/sc/committees/1267/1267ListEng.htm）と、2002 年 5 月 27 日の理事会の 2002 年 881 号通達（施行法）の補遺内のリスト（ABl. 2002 Nr. L 139 v. 29. 5. 2002, S. 9）を見よ。

5 これらの反応については、Süddeutsche Zeitung Nr. 164 v. 19.7.2005, S. 2 を参照。

当初の評価も同じように様々であり、賛成するものも[6]、反対するもの、とりわけヨーロッパ的な視点の欠如を指摘するもの[7]もあった。それについての視点は裁判所の第二法廷の風潮を再び映し出している。つまり、第二法廷では意見が一致せず、一方ではブロース（*Broß*）裁判官の反ヨーロッパ的な立場と、他方ではむしろ、リュベ・ヴォルフ（*Lübbe-Wolff*）裁判官及びゲアハルト（*Gerhardt*）裁判官のヨーロッパ的解決への積極的参画に好意的な少数意見とに分かれていたのである。この検討結果は、EU における刑法のハーモナイゼーションをめぐって近年さかんに行われている一般的議論に難なく順応する。すなわち、この議論においては――至るところでそうであるように――「EU 主義者」と「EU 懐疑者」とが対立し[8]、ヨーロッパ的思考と国家的思考の対立領域[9]においては、ヨーロッパ刑法という先行する実務[10]に理論的基礎を付与しえ、この実務に決定的影響を与える態度決定が模索されているのである。

その判断は、連邦憲法裁判所に、ヨーロッパにおける刑法のハーモナイゼーションの理論と実務の衝突と、個々の国家の刑法による法益保護と補充的ないし代替的なヨーロッパ刑法による法益保護との衝突における態度決定をするはじめての機会を与えた。この態度決定（**I.**）がどのようになされたのかは、第三の柱という枠内におけるヨーロッパ刑法設定の可能性（**II.**）を知ってからでなければ確定的に判断できない（**III.**）。

I.　連邦憲法裁判所の判断

憲法裁判の審査の対象は EuHGB であって、RbEuHb ではない。連邦憲法裁判所は、審査においては RbEuHb を「拘束的な」ものとして基礎におき、明らかに再検討をしていない[11]。その際、第二法廷は、「枠組決定が構成国に残した国内化立法裁量」に関して、単に立法者の基本権尊重義務違反を認めることによっ

---

6 *Böhm,* Das Europäische Haftbefehlsgesetz und seine rechtsstaatlichen Mängel, NJW 2005, 2588; *Lagodny,* Eckpunkte für die zukünftige Ausgestaltung des deutschen Auslieferungsverfahrens, StV 2005, 515, 516; vgl. auch *Buermeyer,* Grundrechtsschutz in Deutschland und Europa: Das BVerfG hebt die Umsetzung des Rahmenbeschlusses über den Europäischen Haftbefehl auf, HRRS 2005, 273; *Ranft,* Die Verfassungswidrigkeit des (deutschen) Europäischen Haftbefehlsgesetzes, wistra 2005, 361.

7 例えば、*Vogel,* Europäischer Haftbefehl und deutsches Verfassungsrecht, JZ 2005, 801; *Tomuschat,* Ungereimtes – Zum Urteil des Bundesverfassungsgerichts vom 18. Juli 2005 über den Europäischen Haftbefehl, EuGRZ 2005, 453; *Hufeld,* Der Europäische Haftbefehl vor dem BVerfG, NJW 2005, 2289, BVerfG, JuS 2005, 865; *v. Unger,* „So lange" nicht mehr: Das BVerfG behauptet die normative Freiheit des deutschen Rechts, NVwZ 2005, 1266 を見よ。

8 これについては例えば、*Vogel,* Harmonisierung des Strafrechts in der Europäischen Union, GA 2003, 314.

9 これを示すものとして例えば、*Sieber,* Einheitliches europäisches Strafgesetzbuch als Ziel der Strafrechtsvergleichung, in: Duttge/Geilen/Meyer-Goßner/Warda (Hrsg.), Gedächtnisschrift für Schlüchter, S. 107 ff.

10 類似のものとして、*Vogel,* Europäische Kriminalpolitik – europäische Strafrechtsdogmatik, GA 2002, 517, und *Schünemann,* Fortschritte und Fehltritte in der Strafrechtspflege der EU, GA 2004, 193.

11 BverfG, NJW 2005, 2289, 2291.

て、検討範囲をさらに限定している[12]。第二法廷は、この制限された検討枠組において二つの憲法違反の確定に達している[13]。第二法廷はその一つとして、引渡しからのドイツ国民の保護を考慮して基本法 16 条 2 項 1 文の違反を見出した。もう一つとして、立法者の意思に基づく EU 構成国への引渡しに関して、許可の判断をするにあたって不服申し立ての機会を不要としている点に、基本法 19 条 4 項違反があるとされた。そして第二法廷は憲法との非両立性を契機として、国内化法を全体的に無効であると示した。

1. 基本法 16 条 2 項違反

検討の出発点となるのは、次のような確定である。すなわち、ドイツ国民の引渡しの禁止としての基本法 16 条 2 項 1 文は、国籍剥奪の禁止（基本法 16 条 1 項）と同様、個々人の権利として整備され、その侵害は 2000 年にはじめて憲法に導入された基本法 16 条 2 項 2 文[14]の要件下でしか許されない。自由権の目的は、そこでは、関係者を正当な処罰から引き離すことにあるのではなく、関係者にとって未知の法制度の下で、また関係者にとって鳥瞰が困難な関係のもとで有罪判決が下されるという不安定性から関係者を守ることを原則的な目的としている[15]。

基本法 16 条 2 項 2 文は確かに、アムステルダム条約とニース条約によって「自由領域、安全領域、及び司法領域」の構築と拡充に関与し、もって構成国間の引渡しの円滑化に奉仕することを義務づけられていること（EU 条約 31 条 1 項 b）との関連で存在するのであるが、ドイツ国民の引渡しの禁止から無限定に逸脱することまでを許容するものではない。その義務づけはむしろ、適切な法律の留保を含む。そのため、基本権の制限は、基本権を制限する法律に一般的に置かれるべき要求、特に比例性原則のような要求の影響下だけにあるのではない。「法治国家的な諸原則が遵守される限りでのみ」、それをこえて引渡しが問題になる。連邦憲法裁判所はそのことから、法治国家的な諸原則の考慮は刑罰権を要求する立場によって保障されていることを納得させなければならないという立法者の特別の責任を引き出した。このことは個々の事例で遵守されなければならない。すべての構成国内で比較可能な法治国家的な保護のレベルの信頼についての基礎を提供するが、この信頼が再検証可能なほどに動揺させられうることを排除しえない EU 条約 6 条を見るだけでは、そのことは不十分である。

裁判所は、ドイツ国民の引渡しの憲法上の限界から、引渡しからの保護をどのように見るべきかという正確な前提を展開している。決定的な基準は、引渡しの基礎にある所為非難の国内または国外の関連である。行為地と結果地の本質的部分が国内にあるという決定的な国内関連を伴う犯罪にあっては、引渡しに妨げが生じる。なぜなら、ドイツ国民は、自分の態度が自国の法秩序のルールによってしか判断されないということを信頼しうるからである。それに対して、決定的な

12 BverfG, NJW 2005, 2289, 2293.
13 BverfG, NJW 2005, 2289, 2292.
14 2000 年 11 月 29 日の改正法（BGBl. 1S. 1633）。
15 これをすでに述べるものとして、BverfGE 29, 183, 193 を参照。

国外関連を伴うドイツ国民の所為にあっては事情が異なる。他の法秩序内で行為する者は、それとともにその法秩序でも責任を問われることを認識しなければならないのである。連邦憲法裁判所の観点からは、そのような場合にあたるのは、行為が完全にまたは本質的部分において EU の他の構成国の領土において実行され、または結果がそこで生じた場合に限られない。所為がはじめから典型的に越境的規模を持ち、また、国際テロや組織的な薬物取引や人身売買に相当する重大性を示すという場合も、引渡しからの自国民の保護に基づく完全な抗弁は問題とならない。それに対して、完全にまたは部分的にドイツで行為がなされたが結果は外国で生じたという場合では、一方では訴追権、他方では有効な訴追という現実の要請とヨーロッパの権限領域と結び付けられた目的とが関連づけられた、個々の事例における具体的な考慮が必要になる。

立法者は、その要求を充たしてこなかった。というのは、立法者は16条2項2文によって与えられた考慮の任務を認識せず、引渡し手続において法律を実行する部署が、対立する利益の具体的考慮に直面することに注意を向けなかったからである。

2. 基本法19条4項との抵触

IRG〔刑事事件における国際司法共助に関する法律〕74条bには、EU構成国への引渡し手続(78条以下)において、許可の判断に際して不服申し立てができないことが明文で規定されているが、このことは、基本法19条4項の権利保護の保障と抵触する。確かに、複数段階の手続モデルにおける二段階目としての許可は、従来の引渡法の概念によれば執行権の純粋な合目的的判断でしかなく、個人を保護する機能を持たないために、裁判所による再検討はなされなかった。しかしながら、EuHBG による新規定によって、許可手続はもはや外交上の考慮の遂行だけによって形成されるものではなくなった。許可を与える部署は、RbEuHB によって追求された引渡しの法制化の流れにおいて、IRG83条bに基づく任意の不許可の審査が委ねられている。この審査はいずれにしても、個々人の個別的保護にも奉仕するものであり、そのため、引渡の判断の裁判所による再検討可能性を要求している基本法19条4項の適用領域なのである[16]。

II. 第三の柱という枠内におけるヨーロッパ刑法設定の可能性

犯罪の国際化だけでなく、グローバル化によって進められ、超国家的可動性を伴う国境の希薄化と、国境を越える新たなコミュニケーション技術の使用によって生じる近年の犯罪形態の傾向は、刑法のヨーロッパ化を要求している[17]。

---

16 連邦憲法裁判所の見解によれば、命じられた権利保護の実効性のためにさらに、関連する判断の時点において引渡しの根拠が完全に存在することが挙げられる。この根拠がなければ、裁判所による適切な判断は不可能である。

17 これについては、*Hassemer*, Ein Strafrecht für Europa, in: Zieschang/Hilgendorf/Laubenthal (Hrsg.), Strafrecht und Kriminalität in Europa, 2003, 11ff. を参照。さらに、*Schünemann*, Das Strafrecht im Zeichen der Globalisierung, GA 2003, 299 ff.も参照。ある部分的観点として、*Fuchs*,

EU は、1997 年 10 月 2 日のアムステルダム条約[18]によって、司法と EU 内部の領域における協力に新たな基礎を築き、「自由領域、安全領域、司法領域という構造」[19]を EU の目的であると表明することによって（EU 条約 29 条 2 項）、その限りで EU はグローバルに拡大している「安全、コントロール、処罰の要請」を考慮したのである。刑事事件における警察上・司法上の協力は、「構成国の共同前進」に明確に焦点をあわせたものであり、確かに EU という内政枠組みにとどまるものであるが、EC の共同体制度への接近が見られる。EU 条約 31 条は、司法上の協力についての共同前進の枠組みを定めている。それによって、構成国の省・司法部間の協力の容易化及び促進、構成国間の引渡しの容易化、構成国で個々に通用している法規の相互保障、管轄権の衝突の回避、さらに組織犯罪、テロ犯罪、違法な薬物取引の分野における可罰的行為の構成要件的要素及び刑罰についての最低限の規定を確保するための漸進的な採択（EU 条約 31 条 1 項 a-e）が構成国が共同して採ることのできる努力対象となった。これはその後、既存の協力を拡充する基準となったが、直ちに新たな構想[20]の展開にも至った。1999 年のタンペレのヨーロッパ理事会は、刑事事件の分野においても「裁判所の判断の相互承認」原理に合意した。刑事事件の分野では、この原理が EU 内における司法上の協力の礎石となる[21]。この関連では、「欧州勾留状」がすでにはじめて問題となっていたのである[22]。

1.　「第三の柱」における協力手段としての枠組決定

アムステルダム条約の発効以降、非常に高まっている刑法のヨーロッパ化[23]を促す力は、とりわけ枠組決定の新しい契機である[24]。EC 条約 249 条 3 項に基づく方針を引き継いでいる EU 条約 34 条 2 項 b による（統一的に理解されるべき）枠組決定は[25]、達成すべき目的を考慮すれば拘束力を持つが、その形式及び手段の選択は、

Bemerkungen zur gegenseitigen Anerkennung justitieller Entscheidungen, ZStW 116 (2004), 370; さらに *Brüner/Hetzer,* Nationale Strafverfolgung und Europäische Beweisführung?, NStZ 2003, 113.

18 ABl. 1997 C 340/1.

19 グローバルな権利展開というこの目的を強調するのは、*Albrecht,* Europäischer Strafrechtsraum: Ein Albtraum?, ZRP 2004, 1.

20 全体について、*Unger,* Schutzlos ausgeliefert? Der Europäische Haftbefehl, 2005, 52 ff.

21 1999 年 10 月 15 日、16 日のヨーロッパ理事会（タンペレ）の議長の総括 33 条項。

22 *Ahlbrecht,* Freier Personenverkehr innerhalb der Europäischen Union in Auslieferungssachen – die Umsetzung des Europäischen Haftbefehls in das deutsche Rechtshilferecht, StV 2005, 40 f. を参照。さらに、*Kretschmer,* Das Urteil des BVerfG zum Europäischen Haftbefehlsgesetz, Jura 2005, 781 も見よ。

23 これについて詳細であり、とりわけ実体刑法における諸準則について、*Schünemann,* GA 2004, 193 ff.; さらに *Weigend,* Der Entwurf einer Europäischen Verfassung und das Strafrecht, ZStW 116 (2004), 282.

24 *Schünemann,* GA 2004, 193 もその点について明確である。

25 先行する法関係に基づいて、すでに共同体の立法者に準則制定権限がある場合は、枠組決定は行為形式としては考慮に値しない。この理由から、欧州司法裁判所は刑法による環境保護に関する 2003 年 1 月 27 日の理事会の枠組決定を無効とした。そこでは、環境保護は共同体の本質的目的のひとつであるから、（付随的）権限を持つ共同体の立法者には、構成国の刑法と関連する措置を採ることを妨げられないとされている(EuGH v.13.9.2005-Rs. C 176/03 Kommission./.Rat, NVwZ 2005, 1289 (公式判例集未登載))。

枠組決定の国内化立法を義務づけられている構成国に委ねられている。直接の効果は、明確に否定されている。欧州司法裁判所は、構成国がその管轄権を承認した限りで枠組決定の有効性と解釈について判断するのである（EU条約35条2項）。

枠組決定の国内化立法についての義務は、もちろん強制されうるものではないが、国内法化の前に枠組決定に反してはならないという義務も含んでいる[26]。国内法への転換[27]とは無関係に、欧州司法裁判所は近年、さらに国内法を「共同体法に合致して」解釈するという、構成国内部の立場の義務を出発点としている。その背景には、憲法裁判所の手続における少数意見によっても共有され、とりわけ公正な協力の原則に支えられているイメージ、すなわち、アムステルダム条約は「常に偏狭なヨーロッパ民族の連合の発展における新たな段階」を示し、第三の柱においても、EU の法に基づく義務の充足のためのすべての適切な措置を採るという構成国の義務に行き着くイメージがある。この争いがないとは言えない[28]評価への取り組みは、学説においてなされている、枠組決定の法的性質をめぐる議論における対応と一致する。枠組決定を国内法への必要的な賛同的転換[29]を伴う純粋の国際法上の手段としての資格付与として分類することは、枠組決定は直接に拘束力を持っており国内化立法を必要としない[30]措置であるという評価に行き着くことになろう。この問題設定における判断は、共同体法に合致した解釈のありうる法律化に対する直接の影響があり、そのために EU 法に基づく国内規定のそのような解釈を思いとどまる憲法裁判所の判断の分類にも影響を持つことは自明のことである（これについては、後述**III.1/5**を参照）。

2.　「司法上の協力の礎石」としての相互承認原理

（破綻した）ヨーロッパ憲法において、ヨーロッパの刑事手続法の支柱となっていた[31]相互承認原理は、商品流通の分野に起源を持つ。その原理はそこでは、本質においては、あらゆる構成国はたとえ他国の商品が自国の法という基準に完全に合致していないとしても、自由な商品流通の原則にしたがってその商品を承認するということを意味する[32]。その支持者がそうするように、このことを躊躇なく刑事訴追の分野に転用し、刑事裁判上の判断を連合内で通用させることに加担するならば、——自由の実現に奉仕する自由な商品流通の原理とは反対に——自由を制限する効果が生じることになる。外国の判断を無条件に適用することは、公民権がすべての構成国という断面におけるそれぞれの最低水準へと均一化され

26　Grabitz/Hilf-*Röben*, Das Recht der Europäischen Union, Art. 34 EU Rn. 18.を参照。

27　EuGH v. 16.6.2005-Rs. C-105/03 Pupino, JZ 2005, 838 m. krit. Anm. Hillgruber(公式判例集未登載)。

28　これについては、*Hillgruber*, JZ 2005, 841 ff. を参照。

29　例えば *Pechstein/König*, Die Europäische Union (3. Aufl. 2000), Rn. 243 ff. を見よ。

30　Calliess/Ruffert-*Brechmann*, Kommentar zum. EUV/EGV (2. Aufl. 2002), Art. 34, Rn. 7. を参照。

31　これについては例えば、*Weigend*, ZStW 116 (2004), 292 ff; vgl. auch *Satzger*, Internationales und Europäisches Strafrecht (2005), § 9 Rn. 33. を参照。

32　この点につき、*Streinz*, Europarecht (7. Aufl. 2005), Rn. 977.

ることに至る。構成国が刑事事件において予定している何らかのことがあらゆる構成国において執行可能であって承認されうるとすれば、最大限の処罰の原理がヨーロッパで実現することになる[33]。そのため、この展開にとって特徴的なことは、「自由領域」の拡大でもなく、経験的・予防的な関心によって形成された、より高度な安全の実現なのである[34]。もし仮により高度の自由の実現が問題になっているとすれば、ある国家で許されている行為は、他の国家でも許されることになろう。その場合、多方面の可罰性という要請に合致し、自由の制約ではなく、自由の相互承認を提供する中核刑法が残ることになろう[35]。

もっとも、相互承認原理が自由保障機能をも持ちうることは看過されてはならない。刑事手続を実行しない、または制裁を科さずに終了させるという（消極的な）判断は、有罪であるがゆえに負担を課すという認識と同じように、他国を拘束する作用（SDÜ 54 条）を発揮するのである[36]。

相互承認原理への固執と、例えば EU 勾留状に関する枠組決定[37]または構成国間の証拠の無条件転用[38]への提言において、周知の批判にもかかわらずそれを実行することは、ヨーロッパ刑法がどのような道を選ぶのかを示すにとどまらない。その固執はさらに、刑法のヨーロッパ化という観点から、同様に効果的たりうるであろう別の道を見出すことの難しさも示している。なぜなら、――共同体の権限が欠けているにもかかわらず[39]――国家の手続規定の同化、ハーモナイゼーションまたは単一化は、個々の構成国の多大な差異を考慮すれば、いずれにしても中間のものとして達成されうる目標でもないからである[40]。

3.　欧州勾留状に関する枠組決定

現存する引渡しの実行の煩雑さと、当時すでに存在していた EU 引渡しの合意[41]の批准についての準備がないことをも憂慮していたタンペレの理事会に続いて、2000 年にすでに、簡略化された迅速な引渡しの実行のための新しいモデルが生まれていた。まず計画されたのは、2002 年末までに、改善された引渡し手

---

33 *Schünemann,* Europäischer Haftbefehl und EU-Verfassungsentwurf auf schiefer Ebene, ZRP 2003, 187; *ders.,* GA 2004, 204; さらに、*Nestler,* Europäisches Strafprozeßrecht, ZStW 116 (2004), 336; *Ahlbrecht,* Die Strafrechtspolitik der Europäischen Kommission, JR 2005, 404 また、*Deiters,* Gegenseitige Anerkennung von Strafgesetzen in Europa, ZRP 2003, 359 も見よ。

34 すでに、*Hassemer,* ZStW 116 (2004), 308.

35 *Unger* (Fn. 20), 92.

36 *Gleß,* Zum Prinzip der gegenseitigen Anerkennung, ZStW 116 (2004), 364 ff. さらに、*Esser,* Rahmenbedingungen der Europäischen Union für das Strafverfahrensrecht in Europa, ZEuS 2004, 293 ff.

37 後述 **II. 3.**参照。

38 これについては例えば、*Weigend,* ZStW 116 (2004), 293 ff.; *Nestler,* ZStW 116 (2004), 345 ff.

39 これを明確に示すのは、Grützner/Pötz-*Böse,* Internationaler Rechtsverkehr in Strafsachen, Teil I A 2 – IRG-Kommentar (2. Auflage, Stand Juni 2005), vor § 78, Rn. 2.

40 Grützner/Pötz-*Böse,* Internationaler Rechtsverkehr in Strafsachen, Teil I A 2 – IRG-Kommen-tar (2005 年段階の法律についての、2. Auflage), vor § 78, Rn. 2 も参照。

41 EU 構成国間の引渡しに関する EU 条約 K.3 条に基づく 1996 年 9 月 27 日の合意。Abl. 1996 C 313/11 (v. 23.10.1996).

続の強制的国内法化を達成することであった。しかしながら、2001 年 9 月 11 日のテロの印象の下で、ヨーロッパ理事会は――真のヨーロッパ共同の法圏の実現を加速するために――2001 年 9 月 21 日にすでに、「ヨーロッパ勾留状」を創設することを決定した。委員会の提言に基づいて、議会の聴聞を経て、2001 年 12 月にさらに政治的了解に至り、ついには 2002 年 6 月 13 日に最終的合意に至った。枠組決定はそのようにして、措置計画の承認から 1 年も経たずに――2001 年 9 月 11 日のテロの流れの中でほとんど妨害されることなく――決定されたのであった。

枠組決定は、構成国間での引渡しの実行におけるパラダイム転換に至るものである。司法上の手続における EU 勾留状に基づく引渡しは、外交の一部としての引渡しという面に踏み込んでいる。同時に、従来存在していた引渡しの障害が取り払われ、または制限されることになる。従来の引渡法の 2 つの本質的支柱を大幅に断念し、自国民の引渡しも義務的とし、重要な領域においては（それまでは引渡法の根底をなす原理であった）双方可罰性の審査[42]も不要とすることで、極めて強力な改革がなされたのである[43]。「テロリズム」、「破壊活動」、「サイバー犯罪」のような（RbEuHB2 条 2 項）犯罪現象による不明確な画定のみによって機能している包括的な犯罪グループのカタログから成る構成要件が存在する場合、双方可罰性を検討せずに自国民をも EU 内の他国に引渡さなければならない。枠組決定は「ヨーロッパ理事会によって『礎石』と評価された相互承認原理の第一の具体的実現」（検討 6 号）として理解されている。もっとも、看過されてはならないのは、枠組決定は市民権保障（――可能的な――引渡しの妨げとしてのヨーロッパ内の二重訴追の禁止、RbEuHB3 条 2 号、4 条 2、3、5 号。引渡しの条件としての母国への再引渡の約束、同 5 条 3 号）のため、さらに構成国の主権保護のため（全部ないし一部が被要請国で実行されたと思慮される犯罪行為の際の引渡執行の拒否、同 4 条 7 号 b）に、他の構成国の判断の無制限の実効性を妨げる諸規定を含んでいるということである[44]。

III. カールスルーエからのメッセージ

1. 検討対象

連邦憲法裁判所は、検討対象を RbEuHB に関するドイツの国内化立法だけに限定した。ドイツの立法者にとって拘束力をもつとされていた枠組決定の内容についての言明は、――そのように見えるのだが――慎重にも回避されている。欧州司法裁判所の目的は、（ベルギー仲裁裁判所によるひな形に基づいてすぐに具

42　これについて詳細なのは、*Unger* (Fn. 20), 34 ff.

43　*Ahlbrecht,* StV 2005, 41; *Nestler,* ZStW 116 (2004), 336 f. を参照。Grützner/Pötz-*Böse* (Fn. 44), vor § 78, Rn. 3 f., 8 も見よ。

44　*Gleß,* ZStW 116 (2004), 362 を見よ。これは、正当にも、「一事不再理」（ne bis in idem）がヨーロッパで承認されたことを相互承認原理の好例としている。

体的にもされたのであるが）RbEuHB と EU 法の一致の可能性について判断するものであったが[45]、連邦憲法裁判所はその領域には踏み込んでいない。

ドイツ憲法に反する基本権侵害は、国内法化に際して、国内の立法者に対する裁量の余地がある場合[46]や許可判断の司法審査可能性についての問題のように、ヨーロッパの基準が存しないところ[47]で認定されている。拘束力を持つヨーロッパの法設定という仮決定に基づく、あるいは少なくともその実効性に波及効果をもたらすと思われる、生じうる憲法違反は単に言及されただけであって、掘り下げられてはいない。このことは、「非国家化」の問題、民主主義の生じうる欠損[48]または双方可罰性の原則の断念[49]という問題にもあてはまる。

この理由からすれば、例えば委員会が、その判断を枠組決定（及び第三の柱におけるヨーコッパの刑法のハーモナイゼーション）の追認と理解することも、驚くに値しない。連邦憲法裁判所の判断は、ヨーロッパの法活動の再検討を欧州司法裁判所の唯一の任務とみなし、国内の基本権という基準を用いた国内憲法裁判所の権限を排斥する欧州司法裁判所[50]と連邦憲法裁判所[51]の確立した判例と調和するように見える[52]。ヨーロッパの組織の法活動が付与された権限内にとどまっているのか、それを破ったのかという連邦憲法裁判所によって要求されたチェック[53]が、学説だけでなく[54]（おそらくは）ブロース裁判官の少数意見においても、いわゆる「越権的法活動」の存在が主張されているにもかかわらず、明らかに異議に行き着かないだけにいっそう、そのことはあてはまるのである。

もっとも、そのような評価への疑念は、国内立法者は枠組決定の国内法化にあっては、それを国内法化しないという規範的自由を有しているから民主主義原理には反しないとする裁判所の指摘を見るとき、すでに生じうるであろう。しかしそのことはさらに、ドイツの法制度においては拘束力を持たないはずの[55]、権限付与にカバーされない法活動が存在しうること、そしてそのために判例ですでに展開されている、ヨーロッパ法設定の制限の指摘として理解されうるのである。

しかしながら、「第三の柱」における構成国の協力について及び枠組決定という法道具についての連邦憲法裁判所の言辞を考慮するとき、疑いはより重大になる。連邦憲法裁判所は、一方における共同体法の規範のヒエラルキーと、他方に

---

45 Die Vorlagesache des (belgischen) Schiedshofes VoG Advocaten voor de World / Ministerrat, Rs. C-305/05 を参照。これは、EU 条約 34 条 2 項 b に基づく十分な権限付与及び双方可罰性を検討しないことについての問題を対象としている。

46 Grützner/Pötz-*Böse* (Fn. 44), vor § 78, Rn. 8 によれば、国家の立法者はこの裁量の余地だけを考慮して、国家基本権に拘束されることになる。

47 これについては、*v. Unger*, NVwZ 2005, 1268 も参照。

48 後述 **III. 2.**を見よ。

49 さらに、後述 **III. 4.**

50 EuGH, v. 22.10.1987- Rs. C 314/85 – *Foto-Frost ./. Hauptzollamt Lübeck-Ost,* Slg. 1987, 4199 を参照。

51 BVerfGE 73, 339, 387; BVerfGE 89, 155, 175; 102, 147, 161 ff. さらに、BVerfG, NJW 2000, 2015; BVerfG, NJW 2001, 1267 を参照。

52 *Buermeyer,* HRRS 2005, 277 もそのような評価をしていると思われる。

53 BVerfGE 89, 155, 188.

54 印象的なのは、*Schünemann,* GA 2004, 207.

55 BVerfGE 89, 155, 188 を参照。

おける「第三の柱」という領域での法設定の可能性——この可能性にあっては、共同体法という超国家的な判断構造の外にある「内政的な」他の規則に連なる法が問題になっているのであるが——とを明確に区別している。このことは、裁判所にも枠組決定にも——この枠組決定は指令に向けられた構想であるにもかかわらず、指令とは明らかに異なり、特に、直接に作用することはないとされているのであるが（EU 条約 34 条 2 項 b）——まったく同様に当てはまる。連合法とその附随法はそのため、ドイツ法への国内化を要し、その際にドイツの基本権に考慮する必要のある国際法にとどまる。連邦憲法裁判所による枠組決定の再検討可能性についてどのような結論が生じるかを、確かに、裁判所は未検討のままにしている。しかしこの議論は実際には、枠組決定という法をドイツの憲法という基準を用いて検討した連邦憲法裁判所は正当であるという認定にしか至りえない[56]。

この想定は、枠組決定を EU 条約 31 条、34 条 2 項 b の意味で解釈することを初めて喚起した、プピノ（*Pupino*）事件における欧州司法裁判所の判断とは反対の立場に立つであろう[57]。欧州司法裁判所は、国内法の「枠組決定に合致した」解釈の必要性と許容性とを肯定しており、また、連合法と超国家的共同体法との区別をなくすような、指令と枠組決定の同等性をこのことの根拠としている。このことは、「民族間の常に狭い連合の実現に際して、アムステルダム条約が目指した統合の程度とは無関係」に生じる。そのため、今まで連合法と共同体法との第一の区別基準として用いられてきた統合の密度というメルクマールは、連合法の作用の規定にとって実際には重要ではなくなる[58]。決定的なのは、構成国が第三の柱という枠組においてもあらゆる連合の目的を達成するためのいかなる適切な措置も義務付けられていない場合には、連合はその任務を欧州司法裁判所の観点からはおそらく果たしえないであろう、ということである。そこでは、——暗にではあるが——共同体法に合致した解釈の限界は国内法の文言であるべきであり、それと同時に、EU 条約 34 条 2 項 b によって明確に除外された直接の作用を及ぼすことが（なお）遮られたままであるとしても[59]、連合法が国内法よりも優位にあるというイメージが入り混じっている[60]。

ここでは、連邦憲法裁判所および欧州司法裁判所による第三の柱についての連合法の様々な位置づけのみならず、それらの考察方法についての紛争可能性も明らかとなる[61]。欧州司法裁判所が、まず第一に、連合の目標の実現という目的に厳格に方向付けられて論証している一方で、連邦憲法裁判所は、むしろヨーロッパレベルでの基本権の保護を自らの行動の基準にしようとしている、という印象を受ける。その際、連邦憲法裁判所は、確かに国内裁判所としてヨーロッパの基本

---

56 今や同旨のものとして、*v. Unger*, NVwZ 2005, 1270.

57 EuGH v. 16.6.2005 – Rs. C-105/03 *Pupino*（公式判例集未登載）, JZ 2005, 838.

58 それについては *Adam*, EuZW 2005, 560 も見よ。

59 その他のありうる欧州司法裁判所の意図については、*Adam*, EuZW 2005, 561 を見よ。さらに、*v. Unger*, NVwZ 2005, 1272.〔訳注：原文では注 60 である〕

60 さらに *Herrmann*, EuZW 2005, 438; *Adam*, EuZW 2005, 561 も見よ〔訳注：原文では注 59 である〕。

61 欧州司法裁判所と連邦憲法裁判所の判例を一致させる試みについて、*Fetzer/Groß*, EuZW 2005, 551.

権を守る番人であることを主張していないが、ヨーロッパ法が規定されている事案においても構成国が欧州人権条約に拘束されることを確認している欧州人権裁判所の判断[62]についての言及を判決理由内でなすことも、余計であると考えていない[63]。人権カタログに EU は実際に拘束されるというこの指摘[64]は、余計であるように思われる。なぜならば、EU は、EU 条約 6 条 2 項に従って、いずれにせよ人権を尊重しているからである[65]。もっとも、このことが——いずれにせよ欧州司法裁判所の判例の下では——ヨーロッパの基本権の実現が連合の統合という目標を妨げないという留保の下では妥当しえないのではないかとされたことは、欧州司法裁判所が刑法の領域におけるヨーロッパの法設定に対する効果的な基本権保護を保障することを連邦憲法裁判所をして喚起させた熟慮であるかもしれない。人権は、ヨーロッパ統合の効率という留保の下に置かれてはならないのである[66]。

連邦憲法裁判所が、アプローチにおいて大きく異なるこれらの見解において、強調された欧州司法裁判所との限界の設定を断念するならば[67]、この沈黙は——欧州司法裁判所の判断では「越権的」法活動が問題たりうるという示唆を見出さないかぎり[68]——「協力の拒否」を意味するものではない[69]。その熟慮は、むしろ、欧州共同体における統合の展開を妨げないようにしようとする、注目に値する控えめな態度の結果であるが、同時に、刑法の領域において非常に明白な基本権関連をこの展開に組み入れることを念頭に置いているのである。

2. 国内化立法と民主主義原理

連邦憲法裁判所にとって、第三の柱における法設定行動への民主主義的要求の実現は、ほとんど問題ないことが判明する。ヨーロッパの枠組決定は、必ず国内法化を必要とする。その国内法化について、国内の立法者には自由がある。たとえその立法者が、理事会でなされたそのような合意の拘束力のある目標にもかかわらず、国内立法を行うつもりでない、あるいは、行うことができないとしても、その立法者は立法しないことを妨げられない。それは、たとえこのことが、構成国が「連合法に反して」ふるまうことになってもそうなのである[70]。裁判所は、それに当たって国際法上の諸原則に従う（基本法 59 条 2 項参照）。それによれば、国際法上の取り決めは、その国内の有効性のためには議会の賛成を必要とする。それにもかかわらず、このような見方は、——例えばリュベ・ヴォルフ裁判

62 EGMR, NJW 1999, 1173（Waite und Kennedy 事件）; EGMR, NJW 1999, 3107（Matthewss 事件）を参照〔訳注：原文では注 63 である〕。
63 BVerfG, NJW 2005, 2289, 2296.〔訳注：原文では注 62 である〕
64 EU は欧州人権条約に加盟しておらず、拘束力が直接に構成国に及ぶにとどまる。
65 それについては *Wolff,* Die verfassungsrechtlichen Auslieferungsverbote, StV 2004, 154.
66 *Buermeyer,* HRRS 2005, 278 も同旨。
67 *v. Unger,* NVwZ 2005, 1267 f., 1270 も参照。彼はその点に EU および欧州司法裁判所の方針に対して明白に好意的でない活動を認めている。
68 その意味において明確なのは *Hillgruber,* JZ 2005, 844.
69 *Hufeld,* JuS 2005, 867 は反対。
70 BVerfG, NJW 2005, 2289, 2292.

官も指摘していることであるが[71]――理事会における枠組決定という合意によって重大な先例が生じており、賛成の拒否が実際に期待されうるのでも法的に勧められうるのでもないということを無視している。国内の立法者が EU 条約法 31 条、34 条の規定への賛同によって予見される形式において一般的に表明した意思表示を考慮に入れれば、その問題は形式的にはいずれにしてもずっと簡単に解決される。国内議会による条約の承認を決定的な民主主義的な正当化行為としてみれば、また、これらの条約の実施において、民主主義的には間接的にしか正当と認められない職務担当者から構成される（国内法としては基本法 80 条 1 項を参照）機関によってなされる条約に基づく公権力の行使を受け入れるならば、民主主義上の不足は、形式的にはほとんど突き止められない[72]。

それにもかかわらず、ヨーロッパ統合の経過的性格には、統合の進展にともなって民主主義的基礎の拡充を要求した、連邦憲法裁判所のマーストリヒト判決[73]においてすでに明らかとなった、民主化が不足しているという感覚が最初から付随している。この感覚が――共同体が域内市場の拡充および経済生活の自由化をその法設定の中心においたかぎりで――その上あまり強く際立たなかったとしたら、「ヨーロッパ」が国家の行動の中核部分に近い領域に足を踏み入れた時点で、何かが変わったであろう。実際には、連合は、今日――直接の国家の権力行使が連合に転用されていないとしても――刑法を扱う際のように、構成国の国家性の本質をなしている柱が問題となっている領域内にある[74]。そこでは、「自由領域、安全領域および司法領域」の拡充に際しても、さらなる統合を支持する者も口を閉ざし、決定の経過のさらなる民主化を要求することができない[75]。その民主化は、例えば、ヨーロッパの交渉の流れにおける議会の委員会[76]のより早期の参加によって、また、理事会における国内の政府代表の投票行動への影響によって達成されうる[77]。それにもかかわらず、ヨーロッパの法活動についての判断に適した裁判所はもはや、この構造上の不足を自ら制度的に解決し得ないということに基づいて引き下がってはならない[78]。議会と国民に対する直接的な民主主義的正当化を（場合によっては民主主義的な正当化の拒否の意味で）回復する、連邦憲法裁判所から提案された国内の独断も、迅速かつ正確な方法で（法的に）統合されたヨーロッパへと導く方法ではないかもしれない。しかし、その独断は、国家集中的に市民権に介入する規定によって満たされていなければならない民主主義

---

71 BVerfG, NJW 2005, 2289, 2301.

72 *Tomuschat,* EuGRZ 2005, 456 も同旨。一般にその問題については *Lüderssen,* Europäisierung des Strafrechts und gubernative Rechtssetzung, GA 2003, 71.さらに、 *Kreß,* Strafrecht auf der Schwelle zum europäischen Verfassungsvertrag, ZStW 116 (2004), 447 ff.

73 BVerfGE 89, 155, 186.

74 それについては *Tomuschat,* EuGRZ 2005, 453, 457 を参照。

75 例えば *v. Unger,* NVwZ 2005, 1272 を見よ。さらに *Herrmann,* EuZW 2005, 438.

76 それについては、1993 年 3 月 12 日の EU の実務事項における連邦政府およびドイツ連邦議会の協力に関する法律 BGBl. I, S. 311 を参照。今は 2005 年 11 月 17 日の EU の実務事項における連邦議会および連邦参議院の権利の拡充および強化に関する法律 BGBl. I, 3178 も見よ。

77 さらに *Tomuschat,* EuGRZ 2005, 456. リュベ・ヴォルフ裁判官の少数意見, NJW 2005, 2301 も同旨。さらに *Hufeld,* JuS 2005, 870.

78 *v. Unger,* NVwZ 2005, 1271 f.は反対。

的最低条件を国際的に明らかにしうるし、また、そのことに関してもよりバランスの取れた解決へと至る議会の関与のために設定される条件を設定しうる[79]。この議論でも、それによって、結局、――ヨーロッパの統合の効果的な拡充と市民権の保持という――正反対の方向を向いた原理の、基本権を大事にし、目標を疑問としないバランスが、どのようにおこなわれうるか、という問題が考慮の対象となっている。

3. ドイツ国民の保護

共同体法とは、国内憲法と比較されるべきであるとされる[80]、国際法に分類される部分法秩序である、という評価に明らかに基づいて、連邦憲法裁判所は、EuHBG を、基本法 16 条 2 項 2 文に基づいて検討している。連邦憲法裁判所は、基本法 16 条 2 項 2 文を、追体験可能に、特別の法律の留保とみなし、引渡し禁止の保護領域の制限とはみなしていない[81]。この法律の留保を要求することから展開した基準は、ドイツ国民の可能的な引渡しの制限へと至る。

このことは、国内における所為に際しての憲法上の引渡し禁止の想定に難なく馴染む。一見すると、重要な国外連関を伴う諸事例における原則的な引渡し可能性を肯定する決定も説得力があるようにみえる。しかし、この熟慮が基本法 23 条 1 項 1 文に含まれる補完性の原則による再検討に原則的に耐えるかどうかは疑わしいであろう。ブロース裁判官が彼の意見において正当にも強調しているように、EU の構成国へのドイツ国民の引渡しは、それによれば、国家の刑事訴追請求権の実現がドイツの司法では不可能である場合にのみ考慮に値する。しかし、そのことを出発点とできるのは、――ドイツ国民の外国での所為に際してドイツ刑法 7 条 2 項 1 号によって開かれた適用領域に鑑みれば――具体的な事案における現実の障害（国内における妨げられた証拠調べ、連絡の取れない外国の証人）が、国内での訴追を不可能にし、あるいは、少なくとも本質的に困難にしている場合のみである[82]。ドイツ国民がその者に向けられた刑事訴追の出発点である行為を外国で実行したという理由のみによっては、基本法 16 条 2 項 1 文によってドイツ国民に対して存在する保護義務はその作用全体を失いえないということが、さらに疑問にされるべきである。外国における手続の実施と結び付けられる、連邦憲法裁判所によって個々に描かれた侵害と権利侵害という観点からは、――ちょうど連邦憲法裁判所のように保護義務をドイツの国籍と結びつける場合には――引渡し禁止の（原則的な）廃止は説得的でない[83]。このことは、連邦憲法裁判所によって形成された「典型的な越境

---

79 懐疑的なのは *v. Unger*, NvWZ 2005, 1272.

80 *Unger* (Fn. 20), 130 f. も参照。同意するのは *Wolff*, Die Auslieferung Deutscher aufgrund des europäischen Haftbefehls, ZG 2004, 34; より狭い検討基準については *Vogel*, JZ 2005, 805: 基本法 23 条 1 項を併せ考え基本法 16 条 2 項 2 文。引渡し手続きにおける国内およびヨーロッパの基本権保護については *Wolff*, StV 2004, 155.

81 説得力のあるのは *Buermeyer*, HRRS 2005, 276.

82 BVerfG, NJW 2005, 2298; それについては *Ranft*, wistra 2005, 362 も見よ。

83 *Ranft*, wistra 2005, 364 も現在同旨。

犯罪」の事例群に大いに妥当する。その事例群にあっては、――そのような犯罪的構造の一部であるという観点から――国籍による保護を引き合いに出すことは、完全な考慮に値しない[84]。それによって意図された、個々の基本権保有者に関係する個人的な基本権侵害の再検討の放棄は、憲法上、受け入れられてはならないであろう[85]。それは、まだ立証されていない「犯罪的構造の一部であること」が引渡し禁止の制限を当然に正当化しえないからなおさらそうである。それに対して、慎重に検討すべき比例性の検討の必要性が、国内での行為と外国での行為を明白に分類できない事例（国内および国外での複数の行為、国内での行為と国外での結果、またはその反対、第三国での行為）において追体験可能に生じる[86]。

ドイツ国民に対する連邦憲法裁判所のこれらの憲法上の保護構造には、ドイツで生活している外国人に対する所為非難に対応するものが欠けている[87]。このことは――裁判所が異なる場所で趣旨をくんで意見を述べているように[88]――国籍による差別の共同体法上の禁止（EC 条約 12 条 1 項）と一致しているであろうが[89]、外国人もドイツの基本権を少なくとも基本法 2 条 1 項および 2 項 2 文によって保護されることが認められるということを[90]十分に考慮していない。そのような基本権の検討の枠組においても、おそらく、結局、比例性の検討が行われるべきであろう。その際にも、ドイツの法秩序による保護への外国人の信頼が考慮されるべきであろう[91]。ドイツ国民の場合と同様に、比例性の検討は、通常、いずれにしても、一時的なものにとどまらない滞在が考慮されている場合には、引渡しを妨げるであろう。なぜならば、外国人も、ドイツの犯罪構成要件の保障機能とドイツの刑事手続による保障を、国内で示された（もしかすると不可罰ですらある）行為態様に関しては、信頼してよいからである[92]。

---

84 BVerfG, NJW 2005, 2289, 2292.

85 それについては *Buermeyer,* HRRS 2005, 277 も同旨。

86 提示された連邦司法省の担当官草案（2005 年 11 月 24 日現在）はこの検討プログラム枠組みの中で、なお比例性の検討の外ではあるが、双方可罰性があることを予定している(§ 80 Abs. 2 IRG-E, dazu. Begr. S. 39 f.)。

87 それゆえ、連邦司法省の現在の担当官草案がその実現可能性のゆえに従来 IRG80 条 3 項において予定されている外国人の保護をドラスティックに制限していること（IRG 草案 80 条。これについて、理由書 22、42 頁を参照）は、不思議ではない。

88 BVerfG, NJW 2005, 2289, 2291.

89 反対説は *Vogel,* JZ 2005, 805. NJW 2005, 2299 も見よ。

90 少数意見におけるリュベ・ヴォルフ裁判官 NJW 2005, 2299 も同旨。それに対して、批判的でないのは *Böhm,* NJW 2005, 2589.

91 *Ranft,* wistra 2005, 364.も同旨。

92 ここでは、その問題が（自己の領土を越えた国内刑法の拡大された適用領域に基づいた）国内刑罰権の競合にあることが明らかになる。この理由から、並存する刑罰権の除去のための他人の判断を先取りする規則を EU の法統一という枠組みにおいて見出すのがよいと思われる。このことは欧州勾留状に関する問題性を本質的に緩和するであろう。それについては *Lagodny,* StV 2005, 519; *Gleß,* ZStW 116 (2004), 361 f.も見よ。

4. 双方可罰性原理の制限

相互承認原理の帰結である双方可罰性の部分的な放棄（IRG 81 条 4 号）には、連邦憲法裁判所は補足的にしか取り組んでいない。なぜならば、この中心の根本判断は今や、欧州司法裁判所による、とりわけ EU 条約 6 条 2 項による再検討にふさわしい、枠組決定によってすでになされているからである[93]。もっともこのことは、不可罰性を肯定する国家の決定ではなく、逆に、可罰性を肯定する決定を相互承認の重要な基礎とすることが、必要な基本権の保護の水準と一致しているかどうかを裁判所が問うことを妨げない[94]。その際に注目されるのは、これについて決定的な検討基準が明確でないということである[95]。その他の点では、何が可罰的で何が不可罰かの明確な方針を与えなければならない法秩序の確実性への信頼の特別な法治国家的保証である、基本法 103 条 2 項による遡及禁止のみが言及されているだけである[96]。今までは引渡しから絶対に守られていたドイツ国民が、構成国における重要な国外関連を示しておらず、また、実行時に不可罰であった行為に対して責任を負わなければならない場合には、もともとは実体刑法の変更のみを排除するこの禁止の違反を、裁判所はありうるものとみなしている[97]。裁判所が、双方可罰性原理の転向をいずれにせよ部分的に問題としている、その明らかにドイツの遡及禁止によって展開された考えをそれ以上追求しないのは[98]、枠組決定の確定をその限りで問題にしなくても、裁判所はこの事例状況におけるドイツ国民の保護を他の方法で達成しうるからである[99]。ヨーロッパ法による原則決定の拘束力は、この場では問題とされない。

それにもかかわらず、問題をさらに掘り下げる契機がまさに存在していた。このことは、一方で、RbEuHB 2 条 2 項で挙げられた、双方可罰性の検討が考慮の対象からはずされているとされている犯罪領域のあいまいさを考慮すれば妥当である。その犯罪領域は、どの犯罪が個々に把握されるべきかをおおよそ分からせ

---

93 それについては、前掲注 52 を見よ。

94 BVerfG, NJW 2005, 2289, 2296。双方可罰性の放棄が基本権の問題であるかについては、より未解決である。*Kreß*, ZStW 116 (2004), 464。憲法上の保護の想定に反対するのは Grützner/Pötz-*Böse* (Fn. 44), § 80, Rn. 9; § 81, Rn. 9.

95 このことは Grützner/Pötz-*Böse* (Fn. 44), § 81, Rn. 7 の見解によれば EU 条約 6 条 2 項の一般的法原則であって、国内憲法ではないであろう。基本権の保護は、その限りで、国内の憲法裁判所によってではなく、欧州司法裁判所によって保証されるべきであろう。

96 BVerfG, NJW 2005, 2289, 2294；前掲 Unger (Fn. 20), S. 186 ff.も同旨。

97 どのような犯罪に RbEuHB およびそのドイツ国内化法が適用されるべきであるかという問題に際しては、なお原則的に、許されない遡及効の問題が立てられる。引渡し法を過去にまでさかのぼって変更することを許さないという憲法裁判所の出発点を深刻に受け取るならば、そのことは、ドイツにおける引渡しは、新たな国内化立法の施行後になされた犯罪に関してのみ考慮に値する、ということのみを意味しうる。適用を枠組決定の公布後になされた所為に制限する不十分な可能性しか提供していない RbEuHB32 条 2 項は、そのような理解の妨げにはなっていない。この施行法という二次的な法の規定は、第一義的な法に一致して――EMRK 7 条 1 項を併せ考えた EU 条約 6 条 1 項 1 号および EU 条約 6 条 2 項に鑑みて――引渡しは国内化立法の施行の前になされた行為の場合には不可能である、という趣旨で解釈されるべきである。全体についてより詳しくは *Buermeyer*, HRRS 2005, 281 f.

98 たとえば Grützner/Pötz-*Böse* (Fn. 44), § 81 IRG, Rn. 9 は、基本法 103 条 2 項に合致する EMRK 7 条に対する違反を所与のものとは思っていない。

99 上述 III.3.を見よ。

ることもなく、その曖昧さの中で、該当する行為態様の犯罪グループに入る可罰性に対する共通のヨーロッパの確信の描写もしない、あいまいでほとんど輪郭を与えられていない犯罪グループを含んでいる。もっとも、上記のラベリングの下にはヨーロッパレベルで調和させられ、広範な接近のある法があるというイメージは、——一見して分からない犯罪画定の中身を考慮して——道を見失っており、証明されるべきものは具体的事例においてしか明らかにされえない[100]。他方で、信頼の保護という憲法裁判所の論証は、ドイツの国民だけを把握しているのではない。このことは、基本法16条とは異なり、ドイツ国民に限定することを知らない、基本法保護の変更された基準点のみからも推論でき、さらに、決定的で事実的な熟慮からも明らかになる。たとえばドイツに永続的に滞在している外国人も、ドイツで決定的な部分が実行された、ドイツでは不可罰な態度に際して、彼が彼の祖国、ましてや第三国に引き渡されることはないということを信頼することができる。そのことから——信頼の保護の観点の下で——外国での行為に際して（要請国の視点から見れば）要請が双方可罰性が保証されている場合にのみ考慮に値するという、一般的な確定が明らかになる[101]。その他のものは全て、そのつど最も過酷な刑法秩序に基づいて多くの者によって描写された、ヨーロッパ刑法による国内法への干渉であろう。

連邦憲法裁判所から立法者に検討の指示がなされていることも、双方可罰性の放棄と関連している。その指示は、IRG 80条1項の規定に関連する。それによれば、要請する構成国が確定力のある自由刑を宣告した後に、被追跡者をその者の要望で執行のためドイツへの再送還を提案されることが保証されている場合にのみ、ドイツ国民の引き渡しが許されている。連邦憲法裁判所は、再送還の提案が要請国によって確約されていないという許容の障害が十分な措置であるかどうか、疑いを有している。なぜならば、それによっては、実際にドイツにおける再社会化という利益において望ましい刑に服する可能性があるということが確保されないからである。というのは、引渡されるべき人の再送還が、ドイツでの被追跡者の可罰性が欠けているために失敗するかもしれないため、ドイツでその人が刑に服することが——それが執行共助の国際的規則に違反しているがゆえに——許されない（IRG 49条1項3号）とする事案があるからである[102]。リュベ・ヴォルフ裁判官は、その点に何の問題も認定していない。なぜならば、外国で科された刑罰の国内での執行は、いずれの事案においても、引渡しにある基本権侵害の緩和を意味しており、それゆえに、これを除外している憲法以外の現行法が改正されるべきだからである[103]。このことは納得させるだけの力がない。なぜならば、そうであれば、刑事手続のほぼ全体が、その態度が不可罰である国家の手中にあ

---

100 それについては *Nestler*, ZStW 116 (2004), 337; *Tomuschat*, EuGRZ 2005, 456; *Wehnert*, Deutsches und Europäisches Strafrecht – Fragen und Widersprüche, in: Widmaier/Lesch/Müssig/Wallau (Hrsg.), Festschrift für Hans Dahs (2005), S. 531を見よ。「法律なくして犯罪・刑罰なし」という原則は手続法上の問題提起を含んでいない、という論拠による反対説は Grützner/Pötz-*Böse* (Fn. 44), § 81 Rn. 8.

101 *Lagodny*, StV 2005, 518も同旨。

102 BVerfG, NJW 2005, 2289, 2294.

103 BVerfG, NJW 2005, 2289, 2300 f.それに従うのは *Buermeyer*, HRRS 2005, 280 f.

り、その国家は、それによって、実際にこのことの答責性を引き受けることを強いられるからである[104]。

もとから予定されている解決のままにしておくこと、つまり、引渡すこと、そして、外国での執行をすでに引渡しの際に受け入れることは、同様に考慮に値しない[105]。なぜならば、——とりわけ第三国での所為に関しては——引渡しにある過度な基本権侵害が問題となっているし、また、市民権のあらゆる保護が残っていると思われるからである。残っているものは、引渡しに際してすでに提出されている書類を手がかりに、非難される態度がドイツ法によっても可罰的かどうかが検討されるべきであるということである。その場合のみ、過度の基本権侵害が回避され、また、被要請国が、その国家の観点から正当化されない刑事手続の執行に本質的に協力しなくてもよいことが保証されている。枠組決定の本質的な関心事が双方可罰性の要件の放棄であるということは、それと矛盾しない。枠組決定は、被要請国の国民の引渡しが、この者が自由刑に服するために被要請国へ再送還されるということの承諾に依拠させられているということをも定めている（RbEuHB 5 条 4 号）。しかし、このことが双方可罰性の欠如のために不可能である場合、RbEuHB 2 条 2 項に置かれた双方可罰性の再検討の放棄を考慮しているこの規定の体系的解釈は、RbEuHB 5 条 4 号で保護された人的集団を考慮して、この規定の目的論的縮小をもたらしている。

5. 欧州勾留状法の無効宣言

憲法上要求されるドイツ国民の保護の具体化は、連邦憲法裁判所の見解によれば、法文における表現を必要とする。それは、憲法に合致した解釈やその法文の一部無効によっては到達できないものである。リュベ・ヴォルフ裁判官とゲアハルト裁判官は、それに対して、無効命令が正当化されるとは思っていない[106]。彼らの観点からは、憲法上問題があるとみなされる規定の一部無効で十分であったようである。さらに、第二法廷の言明は、彼らの観点からは、ドイツは憲法に違反することなく回避されたであろう連合法に対する違反を強いられるであろう、という結果になる。統一されたヨーロッパにドイツを統合するよう基本法上義務づけること、および、共同体法に合致した解釈をする（欧州司法裁判所によって最近浮き彫りにされた）連合法上の義務は、経過的に、憲法に合致して変更された憲法に反する国内立法の継続的な有効性によって、できる限り連合法に近づいた法状況を確立するきっかけであったとされている。

---

104 *Lagodny,* StV 2005, 518; *Ranft,* wistra 2005, 366 f.

105 しかし連邦司法省の担当者草案（2005 年 11 月 24 日現在）は、そのことを従来の規定のままにしておき、それによって、その「検討指示」を充足されたものとみなしている。この提案が、基本権を尊重して引渡しを双方可罰性の存在する場合にしか許容しえないであろう、という効果的な基本権保護とは関係ないことは明白である(理由書 33–36 頁)。連邦司法省にとっては「ヨーロッパ内の友好」が基本権の保護に優先している。

106 BVerfG, NJW 2005, 2289, 2301, 2303.

この批判[107]は、連邦憲法裁判所および欧州司法裁判所による枠組決定の作用の、すでに描写された様々な位置づけに通じている[108]。連邦憲法裁判所は、第三の柱における諸規定の国際法上の理解に際して、連合法から演繹される枠組決定に合致した解釈を考えるきっかけを有していない。たとえ国内化法の本質的部分（例えば外国人の引渡し）の保持へと至りうる、国際法から生じる合致した解釈が明白に考慮されていないとしても[109]、このことは、ドイツの立法者の態度に間違いなくその原因がある。その立法者は、その国内化可能性をかつて理性的に用いておらず、これを埋め合わせる機会を与えられるべきだったのである。結局、裁判所は、さらに、多くのより具体的な基準という観点から、その他の点では繰り返し聞かれる補充立法者であるという非難を回避するために、この場所でも後退している[110]。この点において、――実現されるべき権利保護の問題も考慮して――引き出された憲法上の枠組という範囲で非常に広範な自由裁量の機会を立法者に与えることは、いずれにせよ正当化される[111]。このことは一部無効の宣言と一致しなかったであろう。

ところで、連邦憲法裁判所は経過規定を創設しなかったという非難は、ドイツ国民に関してのみ追体験可能である。外国人の引渡しは、EuHBG の施行前の方式における国際司法共助に関する法律に基づいて、依然として許されている。ドイツ国民に対する経過的規定の欠如は、ドイツ国民の保護のために個々に必要な規定に対する最初の介入を立法者にその限りで委ねているという、追体験可能な熟慮から説明がつく。

さらに、連邦憲法裁判所は枠組決定に合致した解釈に対する義務を疑うという確かな根拠を主張しうる、という事情がある。マーストリヒト条約によって、統一されたヨーロッパへと向かう相当な政治的推進力があったのかもしれない。基本法 23 条 1 項が、ドイツが欧州連合の発展に関与することを定めていること、また、構成国間にある結合を純粋な経済的次元を越えて拡大することがすべての構成国の表明された目的であることも、正しい[112]。しかし、この政治上および憲法上存在する基準の法的な国内化に際しては、連合の範囲でなされた合意が依然として決定的である。しかし、その合意もまた展開のために条件付でしか開かれていないのである。そしてここでは、――枠組決定によって通常の国際法上の行為形態以外の手段が用いられているという、否定することのできない事情にもかかわらず――この枠組決定が――共同体法における指令とは異なり――直接の効力がない（EU 条約 34 条 2 項 b）ということが、意味を増している。しかし、枠組決定に合致した解釈は、欧州司法裁判所の理解によれば、構成国の国家当局は枠組決定に――たとえその国内法への転換がまだ行われていないとしても――

---

107 *Vogel,* JZ 2005, 804 も参照。
108 上述 **III.1.**の最後を見よ。
109 それについては *Adam,* EuZW 2005, 561.
110 *Kretschmer,* Jura 2005, 786 も参照。
111 それについては *Schünemann,* Die parlamentarische Gesetzgebung als Lakai von Brüssel? Zum Entwurf des Europäischen Haftbefehlsgesetzes, StV 2003, 531 も見よ。
112 *Tomuschat,* EuGRZ 2005, 454 を参照。*Vogel,* JZ 2005, 805 も見よ。彼は、もはや議論の状況に基づいていないという批判を連邦憲法裁判所に投げかけている。

従わなければならないということにのみ至るのではない。その上さらに、構成国の市民は、そのように仲介されたこの作用を引き合いに出すことも可能であるべきである。枠組決定のこの影響力が、EU 条約 34 条がまさに除外すべき作用とほぼ等しいということは、明白である[113]。

連邦憲法裁判所がそのような解釈を考慮に入れないのだとすれば、その点にもしかすると欧州司法裁判所のまだ歴史の浅い判例に対するある種の留保があるのかもしれないが、常にそして直ちに一致した解決に至るのではないという、欧州司法裁判所と国内の憲法裁判所との協力関係の本質にその根拠がある。それゆえ、「国家主義的精神」[114]という非難を提起することはできない[115]。

6. 結論

連邦憲法裁判所は、正当にも、ドイツ国民の権利を強固なものにしている。その際には、確かに国内の基本権が持ち出されるが、連邦憲法裁判所がいくつもの点で批判的に注視しているヨーロッパの基準は、問題とされていない。確かに——例えばその点では連合法と共同体法とのさらなる同化に至るヨーロッパ憲法に鑑みれば——「統一された刑事訴追領域」のビジョンを展開することなしに、第二法廷は、欧州連合の「第三の柱」において実施される協力体制を、自己の考察方法の基礎に無制限に置いている。しかし、このことは、憲法裁判所の任務ではない。憲法裁判所は、憲法上の指導的判断を追体験して理解しなければならないが、自ら展開する必要はないのである。連邦憲法裁判所の判断が基本法上の統合の余地の把握に際して欠陥を示していることは、——いくつもの異なる評価に反して[116]——結果において確認されえない。欧州連合の創設と拡充のため基本法 23 条 1 項でなされた展望だけが国内で許されたヨーロッパの統合の程度を特徴付けているのではなく、その程度は、連邦憲法裁判所がまったく的確に把握した、「統合における立法者」によって国内法化されたヨーロッパの規定によって補足的に定められている。それゆえ、超国家的な刑法上の協力の明白な基本権との関連および国内の基本権を必要的に持ち出すことを考慮する憲法裁判所の判断は、憲法裁判所がヨーロッパ刑法の同化への道に対する単なるブレーキという位置づけから離れているのと同様に、「明確に述べられた国家の主張」という論証戦略あるいは「国家性を大事にするプログラム」からも離れている。連邦憲法裁判所が、ドイツに住んでおり、それゆえ基本権上も保護される外国人を同じ方法で保護することが必要な立場にあるということをもっと感じていたならば、もしかするとこの印象はこの形態においてまったく生じなかったかもしれないのである。

---

113 さらなる根拠を用いて、*Hillgruber,* JZ 2004, 841.
114 例えば、*Vogel,* JZ 2005, 808.
115 *Lagodny,* StV 2005, 516 も参照。彼は外国の法秩序に対する深刻な懐疑を解決しようとしている。
116 例えば、*Hufeld,* JuS 2005, 866 ff.; *Tomuscbat,* EuGRZ 2005, 454 f.

§ 24 Polizeirechtswissenschaft und Konzeptionen von Sicherheit – Ein Beitrag zur Rechtsangleichung im Verwaltungsrecht *

Yosuke Oribashi

Übersicht

I. Einleitung

Offenkundig ist die Rechtsangleichung für die Verwaltungsrechtswissenschaft eine sehr wichtige Aufgabe; denn die Verwaltungsrechtswissenschaft befaßt sich mit einem Rechtsbereich, der besonders das Leben des Einzelnen betrifft. Unter „Angleichung" soll dabei zweierlei verstanden werden: (1) die Harmonisierung und Annäherung von an sich unterschiedlichen Eigenschaften und Gedanken und (2) die Rezeption und Inkorporation von außen erworbener Erkenntnisse u.ä.[1] Bei der Betrachtung zwischenstaatlicher Rechtsangleichung ist es unerläßlich, einen Dialog zwischen an sich verschiedenen Rechtsordnungen zu führen. Die Frage nach Inhalt und Gegenstand des Verwaltungsrechts schließlich wird heutzutage in Deutschland wie auch in Japan damit beantwortet, daß das Verwaltungsrecht eine Konkretisierung der Verfassung sei.[2]

---

* Übersetzung v. *Nami Ohnishi.*

1 *Matsumura* (Hrsg.), Daijirin(-Wörterbuch), 2. Aufl. (1999), S. 1784.

2 *Werner*, Verwaltungsrecht als konkretisiertes Verfassungsrecht, DVBl. 1959, 527. Vgl. auch *Maurer*, Allgemeines Verwaltungsrecht, 15. Aufl. (2004), S. 13. *Takenori Murakami* beschreibt das Verwaltungsrecht als „konkretisierte Verfassung" und hebt die wesensmäßige Beziehung zwischen

Demnach ist Verwaltungsrecht ein Recht, das aus der Verfassung abgeleitete Rechte derart konkretisiert, daß man sie in der gesellschaftlichen Realität zur Anwendung bringen kann, und Verwaltungsrechtswissenschaft eine Wissenschaft, die dieses Recht erforscht. Hier ergibt sich für eine rechtsvergleichende Wissenschaft eine Fülle von Aufgaben: nicht nur der Vergleich von Grundrechten und Verfassungen, sondern auch Fragen der Umsetzung von EG-Richtlinien in das nationale Recht[3], sowie der Integration der EU-Verfassung, sobald diese verabschiedet sein wird, in das nationale Verwaltungsrecht. Sollte ich eine Gemeinsamkeit dieser Aufgaben nennen, wäre es, ausgehend von Begriffen des jeweiligen nationalen Rechts übergeordnete allgemeine Konzeptionen zu entwickeln. In diesem Sinne möchte ich in diesem Aufsatz Überlegungen zu dem Konzept der „Sicherheit" anstellen, wie es sich in der heutigen japanischen Verwaltungsrechtswissenschaft darstellt.

II. Polizeirecht und Sicherheit

1. Sicherheit und Recht

Der Rechtsbegriff der Sicherheit hat unterschiedlichste Inhalte, obgleich diesen eine naturrechtliche Vorstellung von Sicherheit als Ziel gemeinsam ist. Zum Beispiel befaßt sich das „Gesetz zur Sicherheit der Lebensmittel[4]" (hiernach „GSL") mit der Lebensmittelsicherheit. Zu deren Gewährleistung sieht es sowohl Aufgaben des Staates, der Regionalverwaltungen und der Nahrungsmittelindustrie als auch eine aktive Rolle des Verbrauchers vor, und zwar „unter Beachtung der dringenden und wichtigen Maßnahmen, die erforderlich sind, um der Entwicklung von Technologien, der fortschreitenden Internationalisierung und anderen Wandlungen im Bereich der Ernährung der Bevölkerung zu entsprechen". Die Rolle des Verbrauchers ist in Artikel 9 GSL geregelt: „Der Verbraucher vertieft seine Kenntnisse und sein Verständnis hinsichtlich der Gewährleistung von Lebensmittelsicherheit, bemüht sich, seine

---

Verfassung und Verwaltungsrecht hervor. Dies ist ein wichtiger und aktueller Ansatz, der in der heutigen gesellschaftlichen Situation wurzelt; denn in der jetzigen Strömung der Justizreform wird das öffentliche Recht als ein Recht interpretiert, in dem Verfassungsrecht und Verwaltungsrecht vermischt sind (*Murakami*, Verfassungsprinzip und System der Verwaltungsrechtstheorie, Zschr. Kôhôkenkyû [Forschung des öffentlichen Rechts] Nr. 67 [2005], 74 Fn. 3). *Sugai*, Keisatsuhô chikujô kaisetsu (Kommentar zum Polizeigesetz) (1948), gibt eine interessante Beschreibung, die auch für Überlegungen zum heutigen Polizeirecht bedeutsam ist und die ich daher trotz ihrer Länge hier zitieren möchte: „ ... daß das ‚Polizeigesetz' kein ‚Polizeiaufgabengesetz' ist, bedeutet nicht, daß dieses Gesetz in keiner Beziehung zur Ausübung des Polizeiaktes steht, denn die Grundprinzipien des Polizeiaktes sind in diesem Gesetz bestimmt, wie z.B. daß ein Polizeiorgan außerhalb der in diesem Gesetz enthaltenen Vorschriften im allgemeinen keine Eingriffe in die Freiheit und Rechte des Einzelnen vornehmen darf und daß das Polizeiorgan seine in diesem Gesetz bestimmten Befugnisse nicht überschreiten darf. In diesem Sinne ist das ‚Polizeigesetz' als Festlegung des Grundprinzips der Polizeiorganisation und der Polizeiakte eine Art Verfassung der Polizei."

3 Z.B. *Kanbashi*, Der „umfassende Umweltschutz" in Umweltschutzgesetzen in Deutschland – die IVU-Richtlinie und seine Umsetzung in nationales Recht –, in: Higuchi/Kamimura/Tonami (Hrsg.), Die Schöpferkraft der deutschen und japanischen Verfassung, Bd. 2 (2003), S. 21.

4 Shokuhin anzen kihonhô (2003 Gesetz Nr. 48, verabschiedet am 23. 5. 2003).

Meinung zu den getroffenen Maßnahmen zur Gewährleistung der Sicherheit zu äußern, und spielt damit eine aktive Rolle bei der Gewährleistung der Lebensmittelsicherheit." Auch das „Gesetz zur Regelung der Verwendung von Atomwerkstoffen, Kernbrennstoffen und Atommeilern[5]" sieht für die Sicherheit des Betriebs von Atommeilern notwendige Regelungen für die öffentliche Sicherheit vor. Um die Gewährleistung von Sicherheit geht es ferner in den Notstandsgesetzen, wie im „Gesetz über Maßnahmen bei einem militärischen Angriff auf Japan[6]" und im „Gesetz zum Schutz der Staatsbürger[7]". Die hier jeweils verwendeten Begriffe von Sicherheit und die Mittel ihrer Gewährleistung sind höchst unterschiedlich. In dieser Abhandlung soll „Sicherheit" hauptsächlich im Sinne des Polizeigesetzes[8] erörtert werden.

2. Verwaltungsrechtswissenschaft und Polizeigesetz in Japan

Die Verwaltungsrechtswissenschaft faßt unter dem Begriff der „Polizei" viele Rechtsgebiete zusammen, die mit der Aufrechterhaltung der Ordnung zu tun haben (das Ordnungsrecht). Auch im Besonderen Verwaltungsrecht gilt das wissenschaftliche Interesse vor allem dem Verständnis des Begriffs „Polizeirecht" oder „Polizeiverwaltungsrecht"[9, 10]. Demgegenüber soll sich diese Abhandlung auf den Begriff „Polizei" im geltenden Polizeigesetz[11] beschränken.

§ 2 Abs. 1 des Polizeigesetzes bestimmt: „Die Polizei setzt sich zum Schutz von Leib und Leben sowie des Eigentums von Personen ein, und zu ihren Aufgaben gehören die Verhütung, die Bekämpfung und die Untersuchung von Straftaten, die Verhaftung der Verdächtigen sowie die Regelung des Verkehrs und anderer Tätigkeiten, die der öffentlichen Sicherheit und der Aufrechterhaltung der Ordnung dienen". Nach Abs. 2 ist „die Tätigkeit der Polizei ... strikt auf den Umfang der oben genannten Auf-

---

5 Kakugenryôbusshitsu, kakunenryôbusshitsu oyobi genshiro no kisei ni kansuru hôritsu (1957 Gesetz Nr. 166, verabschiedet am 10. 6. 1957).

6 Buryokukôgekijitaitô ni okeru wagakuni no heiwa to dokuritsu narabini kuni oyobi kokuimin no anzen no kakuho ni kansuru hôritsu (2003 Gesetz Nr. 79, verabschiedet am 13. 6. 2003).

7 Buryokukôgekijitaitô ni okeru kokumin no hogo no tame no sochi ni kansuru hôritsu (2004 Gesetz Nr. 112, verabschiedet am 18. 6. 2004).

8 Keisatsuhô (1954 Gesetz Nr. 162, verabschiedet am 8. 6. 1954).

9 *Takada*, Gendaigyôsei no tenkai to keisatsuhô (Die Entwicklung der heutigen Verwaltung und das Polizeigesetz). Zschr. Kôhôkenkyû Nr. 34 (1972), 219. *Sekine*, Der Polizeibegriff in der Verfassung des kaiserlichen Großjapans, in: Nishitani u.a. (Hrsg.), Umsetzung politischer Maßnahmen und Verwaltungsrecht (1998), setzt sich auf S. 449ff. eingehend mit der Auffassung von *Minobe* und der von *Sasaki* auseinander und stellt Minobes „wissenschaftlichen Begriff" (S. 492) Sasakis „rechtlichem Begriff" (S. 500) gegenüber. Danach soll der „wissenschaftliche Begriff" von Minobe ein logischer Begriff sein, der theoretisch abgeleitet ist und der Definition dient. Er soll unabhängig vom Wandel des positiven Rechts sein. Dagegen soll der „rechtliche Begriff" von Sasaki ein technischer Terminus sein, der eine deskriptive Funktion erfüllt: „Da es ein historischer und institutioneller Begriff ist, unterscheidet sich der Begriffsinhalt von Staat zu Staat und Zeit zu Zeit, und wenn das positive Recht sich wandelt, wandelt sich auch der Begriff entsprechend."

10 *Fujita*, Gyôseihô no kisoriron (Grundtheorien des Verwaltungsrechts) Bd. 1 (2005), S. 347ff. schlägt vor, daß sich das Polizeiverwaltungsrecht künftig mit der Tätigkeit der Polizei befassen sollte, wie sie das geltende Polizeigesetz vorsieht.

11 Dazu *Fujita* (Fn. 10), S. 348ff.

gaben zu begrenzen, und bei ihrer Erfüllung soll sie unvoreingenommen und neutral sein und darf auf keinen Fall ihre Kompetenz mißbrauchen, indem sie in die von der Verfassung garantierten Rechte und Freiheiten der einzelnen Person eingreift".[12] Polizeirechtlich richtet sich das Augenmerk insbesondere darauf, wann und unter welchen Umständen Privatpersonen für die Aufrechterhaltung ihrer eigenen Sicherheit in ihrem eigenen Interesse von der Polizei ein Einschreiten fordern können.

3. Staatshaftung und Sicherheit

Das Gesetz über Staatshaftung[13] sieht vor, daß „der Staat oder eine öffentliche Körperschaft den Schaden ersetzen soll, wenn ein Beamter, der im Namen des Staates oder einer öffentlichen Körperschaft öffentliche Gewalt ausübt, bei der Erfüllung seines Dienstes vorsätzlich oder fahrlässig jemandem Schaden zufügt". Dies erfaßt auch Fälle des Unterlassens, d.h. der Nichtausübung öffentlicher Gewalt.[14] Es empfiehlt sich, bei dieser im Staatshaftungsrecht anerkannten Pflicht zur Ausübung öffentlicher Gewalt anzusetzen, wenn man den Anspruch des Einzelnen auf Gewährleistung seiner Sicherheit im Einzelfall untersuchen will. Aus der bisherigen Rechtsprechung der unteren Instanzen ergeben sich folgende Voraussetzungen einer Staatshaftung für die Nichtausübung öffentlicher Gewalt: Voraussetzung ist, daß (1) Leib, Leben oder Vermögen des Bürgers konkret und unmittelbar gefährdet waren (unmittelbar bevorstehende konkrete Gefährdung), (2) das Verwaltungsorgan von dieser Gefährdung Kenntnis hatte oder sie leicht hätte erkennen können (Voraussehbarkeit), (3) ohne behördliches Einschreiten dem Ereignis nicht leicht hätte ausgewichen werden können (Subsidiaritätsprinzip), (4) durch Ausübung der Befugnis des Verwaltungsorgans die Folgen leicht verhütet worden wären (Vermeidbarkeit der Folgen) und (5) der betroffene Bürger die Ausübung gefordert und erwartet hat oder diese Erwartung hätte hegen können (Erwartungshaltung des Bürgers). Der Oberste Gerichtshof hat „noch keine konkreten Kriterien für die Entstehung der Pflicht zur Ausübung der Polizeibefugnisse oder für die Entstehung der Widerrechtlichkeit der Nichtausübung der Polizeibefugnis erlassen, sondern hat lediglich die Rechtsprechung der unteren Instanzen gebilligt"[15].

Besonderer Erörterung bedarf, wann „die Erwartungshaltung der Bürger und ihre Forderung nach Ausübung der Polizeibefugnis" (oben 5) die Verwaltungsorgane rechtlich zum Handeln verpflichtet. Diesen Punkt behandelt ein Urteil des Appellationsgerichts (Tokioter Oberlandesgericht) vom 26. Januar 2005, in dem es um die

---

12 Zur Bedeutung von § 2 Polizeigesetz vgl. *Fujita* (Fn. 10), S. 351–377.

13 Gesetz über Staatshaftung (1947 Gesetz Nr. 125, verabschiedet am 27. 10. 1947).

14 U. a. Oberster Gerichtshof (OGH) v. 19. 1. 1982, Minshû (Sammlung der Zivilentscheidungen des OGH) Bd. 36, Nr. 1, S. 19 – Awaji-Snack; OGH v. 23. 3. 1984, Minshû Bd. 38, Nr. 5, S. 475 – Kanonenkugeln als Treibgut in Niijima.

15 Vgl. *Shiozaki*, Die Nichtausübung von Polizeibefugnissen, in: Murashige (Hrsg.), Systematik der Entscheidungspraxis, Bd. 18, Staatshaftungsgesetz (1987), S. 382f. Vgl. *Uga*, Kakkahoshohou (Staatskompensationsrecht) (1997), S. 158.

staatshaftungsrechtlichen Folgen der Ermordung einer Studentin in Okegawa ging: „Befindet sich ein Bürger in einer dringlichen Situation, in der er bereits Opfer eines Verbrechens ist oder ihm die Gefahr droht, Opfer zu werden, und bittet er die Polizei um Schutz, dann ist grundsätzlich anzunehmen, daß er die Erwartung an und das Vertrauen in die Polizei hat, daß sie Ermittlungen aufnimmt oder andere Maßnahmen trifft, um den Schaden, den der Bürger erlitten hat, zu beseitigen und künftigen Schaden abzuwenden. Aus § 1 Abs. 1 des Polizeigesetzes geht hervor, daß die Polizei solchen Erwartungen und solchem Vertrauen entgegenzukommen hat. Damit sind die Erwartungen und das Vertrauen des Bürgers in einer oben genannten Situation rechtlich abgesicherte Interessen."[16]

In dieser Urteilsbegründung scheinen die Grenzen des verwaltungsrechtlichen Anspruchs auf ein Einschreiten der Polizei auf. Die rechtlich abzusichernden Interessen leiten sich danach nicht von der Nichtausübung der Polizeibefugnisse, mit anderen Worten, nicht von einer unzulänglichen Ausübung polizeilicher Eingriffsbefugnisse ab,[17] sondern von der Pflicht, „der Erwartung und dem Vertrauen gewissenhaft zu entsprechen". Im vorliegenden Fall wurde freilich die zweite der oben genannten Bedingungen, die Voraussehbarkeit, verneint. Nachzutragen ist zudem noch folgende Bemerkung des Gerichts: „Eine besondere Polizeistreife oder ein besonderer Personenschutz ist nicht ohne weiteres zu gewähren, solange solche Maßnahmen nicht objektiv eindeutig erforderlich sind, denn sie erfordern die kurzfristige Mobilmachung einer entsprechenden Anzahl von Polizisten."[18] An dieser Stelle des Urteils ist die Polizei als öffentliches Gemeingut dargestellt.

III. Die Rechtsstellung des Einzelnen

1. Abwehrrechtliche Auffassung

In der japanischen Verwaltungsrechtswissenschaft ist die Konzeption eines Bürgers stark ausgeprägt, der „als Subjekt der Freiheit und des Eigentumsrechts der Verwaltung als Subjekt der öffentlichen Gewalt gegenübersteht".[19] Daher spielte der abwehrrechtliche Status des Bürgers in der japanischen Verwaltungsrechtswissenschaft eine leitende Rolle,[20] die sich ursprünglich vornehmlich für die Gewährleistung der

16 Zschr. Hanreijihô Nr. 1891 (2005), 13. Allerdings hat der Oberste Gerichtshof in seinem Urteil vom 30. 8. 2006 beide Klagen, die der Eltern und die der Provinz, abgewiesen.

17 *Harada*, Gyôseihô yôron (Hauptprobleme des Verwaltungsrechts) (6. Aufl. 2005), S. 99f. Es werden auch die Grenzen eines Untermaßverbots erörtert, das für die effektive Verwirklichung einer Schutzpflicht notwendig ist. Vgl. dazu *Yamamoto*, Gyôseihôjôno shukanhô to hôkankei (Das subjektive Recht und die Rechtsverhältnisse im Verwaltungsrecht) (2000), S. 335 Fn. 46; *Isensee*, Das Grundrecht als Abwehrrecht und als staatliche Schutzpflicht, in: ders./Kirchhof (Hrsg.), Handbuch des Staatsrechts der Bundesrepublik Deutschland, Bd. 5 (1992), § 111, Rn. 164–167.

18 Zschr. Hanreijihô Nr. 1891 (2005), 12.

19 *Shiono*, Gyôseihô (Verwaltungsrecht), Bd. I (4. Aufl. 2005), S. 329–331.

20 „Unter dem Liberalismus wird die Verletzung der Autonomie der bürgerlichen Gesellschaft besonders verabscheut, in der der Staat oder die öffentlichen Körperschaften bei der Verfolgung ihres Verwaltungszieles die öffentliche Gewalt im Übermaß über die gesetzlich anerkannten Gren-

bürgerrechtlichen Freiheit interessierte.[21] In der von der Verfassung des kaiserlichen Großjapans geprägten Verwaltungsrechtswissenschaft wurde das Polizeirecht „als Mittelpunkt des Verwaltungsfunktionsrechts behandelt, und als Ausgestaltungen der Verwaltungsfunktion angesehen wurden hauptsächlich ‚Verwaltungsgesetzgebung, Verwaltungsakte und Verwaltungszwang', die im Bereich des Polizeirechts ihre typische Ausgestaltung fanden"[22]. Freilich war der Schutz der Rechte des Einzelnen in der Verfassung des kaiserlichen Großjapans höchst unvollständig: Die auf Grundlage dieser Verfassung erlassenen Polizeiverordnungen waren in schlichter Weise abgefaßt und enthielten auch kaum Vorschriften, die die Ausübung der Polizeibefugnisse begrenzten. Da polizeiliche Maßnahmen auch künftige Gefahren abwehren sollten, war es ohnedies unmöglich, die polizeilichen Befugnisse im voraus genau zu bestimmen; gefordert wurden zu diesem Zweck vielmehr flexiblere Vorschriften. Zudem war die damalige Gesetzgebung offenkundig unzureichend. Im Ergebnis war daher den Polizeibehörden im kaiserlichen Großjapan ein beträchtlicher Ermessensspielraum eingeräumt.[23] Vor diesem Hintergrund läßt sich erkennen, warum das ursprüngliche Interesse der japanischen Verwaltungsrechtswissenschaft der Kontrolle des polizeilichen Ermessens galt.[24] Hinter dieser Frage stand die Überzeugung, daß die Kontrolle des Verwaltungsermessens für die Gewährleistung der Rechte der privaten Person unerläßlich ist.[25]

Doch sollte nicht dieser Gedanke im gegenwärtigen japanischen Verfassungsrecht hinterfragt werden? Freilich ist auch in der heutigen japanischen Verfassung die Gesetzmäßigkeit der Verwaltung[26, 27] das wichtigste Grundprinzip des Verwal-

---

zen hinaus einsetzen und in ‚Freiheit und Eigentum' als erworbene Rechte des einzelnen Bürgers über die gesetzlichen Grenzen hinaus eingreifen. Man könnte sagen, daß das Ziel von Systemen und Theorien des Verwaltungsrechts darin besteht, rechtliche Einrichtungen anzubieten, die die Zulässigkeit der Ausübung der Verwaltungsgewalt begrenzen und zur Kontrolle der öffentlichen Gewalt dienen, damit diese Grenzen nicht rechtswidrig überschritten werden." – *Harada*, Gyôseisekinin to kokumin no kenri (Die Verantwortung der Verwaltung und die Rechte des Bürgers) (1977), S. 8.

21 *Shiono* (Fn. 19), S. 8.

22 *Takada*, Kôhôkenkyû Nr. 34 (1972), 219, 221.

23 Vgl. *Matsushima*, Keisatsuhô no bunya de no gyôseisairyô ni tsuite (Verwaltungsermessen im Bereich des Polizeirechts) Zschr. Kôhôkenkyû Nr. 33 (1971), 214f.

24 „Das Prinzip der Gesetzmäßigkeit der Verwaltung entsprang historisch den Überlegungen, der widerrechtlichen Anwendung des Verwaltungsrechts durch den Monarchen mit einer Kontrolle durch die Volksvertretung entgegenzutreten." – *Ôhashi*, Gyôseihô (Verwaltungsrecht) (2. Aufl. 2004), S. 19.

25 *Harada* (Fn. 17), S. 81, bezeichnet „das ursprüngliche Verwaltungsrecht" als „ein die öffentliche Gewalt beschränkendes Gesetz für den Schutz der Bürgerrechte (freiheitlichen Grundrechte)".

26 *Isobe*, Hôritsu ni yoru gyôsei no genri (Das Prinzip der gesetzmäßigen Verwaltung), in: Shibaike u.a. (Hrsg.), Gyôseihô no sôten (Streitpunkte des Verwaltungsrechts) (3. Aufl. 2004), S. 18ff. *Fujita* (Fn. 10), S. 3, weist auf das Prinzip der gesetzmäßigen Verwaltung hin und überprüft es näher an drei Modellen, nämlich dem Modell der „gesetzmäßigen Verwaltung", demjenigen der „rule of law" und demjenigen der „gesetzmäßigen Verwaltung im engeren Sinne".

27 Vgl. *Fujita* (Fn. 10), S. 34–48. *Ôhashi* (Fn. 24), S. 20, sagt: „Spricht man vom Prinzip der gesetzmäßigen Verwaltung, wird vorausgesetzt, daß die dort genannten Gesetze nicht einfach der Form nach Gesetze sind (Rechtsstaatsprinzip im formellen Sinn), sondern daß sie inhaltlich von einer materiellen Rationalität sind, wie der Verfassungsmäßigkeit u.a." Der Autor ist auch der Auffassung, daß zu den „Gesetzen" auch die Bestimmungen der Gemeindeverordnung gehören, weil sie von der Volksvertretung erlassen sind.

tungsrechts im Sinne einer „Begrenzung der Verwaltungswillkür durch die Rationalität des Gesetzes"[28]. Ich möchte hier die Aufmerksamkeit auf den Hintergrund dieser Idee lenken, darauf nämlich, daß in öffentlich-rechtlichen Rechtsverhältnissen die Verwaltung heute nicht mehr grundsätzlich die übergeordnete Stellung einnimmt; diesbezüglich hat sich die Richtung eher umgekehrt. Z.B. erläutert *Yôichi Ôhashi*: „Geschichtlich sind die Verhältnisse zwischen dem Subjekt der Regierung (= der Verwaltung) und dem Bürger Gewaltverhältnisse gewesen, in denen der Mächtige, solange er die Macht besaß, seine Absicht durchsetzen konnte. Es ist in der Geschichte relativ neu, daß diese Gewaltverhältnisse als Rechtsverhältnisse verstanden wurden und daß die Idee entstand, daß auch der Machthaber rechtliche Regeln zu beachten hat."[29]

Artikel 1 der japanischen Verfassung erklärt aber hierüber hinaus, daß die Souveränität vom Volk ausgeht, und Artikel 15 Abs. 2 bestimmt, daß die Beamten dem Gemeinwohl zu dienen haben. Der Gedanke der Volkssouveränität und das Verständnis von Beamten als Dienern des Gemeinwohls sind in Japan im Jahre 2005 gut verankert. Man kann daher heute nicht mehr sagen, daß das Verwaltungsrecht auf das Abwehrrecht gegründet sei. Damit möchte ich das „Prinzip der gesetzmäßigen Verwaltung" nicht gering schätzen; vielmehr meine ich, daß dieses Prinzip durch den einzelnen Bürger als Subjekt dieses Rechtsanspruchs getragen wird[30]. Dies schließt auch die Notwendigkeit ein, den Gedanken der Leistungsverwaltung[31], in der sich das Recht auf Leben des Einzelnen materialisiert, unter Berücksichtigung der gesellschaftlichen Realität aufzunehmen. Bei alldem sollte sich das Interesse nicht übermäßig auf die Kontrolle des Ermessensspielraums der Verwaltung konzentrieren, sondern eher darauf, ein System der Kontrolle zu errichten, das die Ausübung der Verwaltungsbefugnisse im Einklang mit den Individualrechten und -interessen ermöglicht, wobei die Bürger als Subjekte der öffentlichen Gewalt die Gemeinnützigkeit des Systems beurteilen.[32] Es ist nötig, diese Sicht stärker zu akzentuieren.

---

28 Sakurai/Hashimoto-*Sakurai*, Gendai gyôseihô (Verwaltungsrecht der Gegenwart) (2004), S. 24.

29 *Ôhashi* (Fn. 24), S. 19.

30 Meiner Ansicht, daß sich die heutige Rolle des Prinzips der gesetzmäßigen Verwaltung mit Blick auf die historische Wandlung von Stellung und Rechtssubjektivität des Einzelnen bestimmen läßt, steht die Äußerung von *Harada* (Fn. 17), S. 81, nahe: „Das Prinzip der Rechtsstaatlichkeit und der rechtsstaatlichen Verwaltung sowie die Rolle des Verwaltungsrechts sind nicht unwandelbar." Auch *Isobe* (Fn. 26), S. 18, weist hierauf hin: Das Prinzip „ist ein grundsätzlich dehnbares und bedeutungsvolles Rechtsprinzip bzw. ein Rechtsgedanke, der sich im Laufe der Zeit und nach der sozialen Situation oder auch durch das theoretische Interesse der Wissenschaftler und durch praktische Notwendigkeit gewandelt hat und der sich auch in Zukunft wandeln wird."

31 Vgl. *Murakami*, Kyûfugyôsei no riron (Die Theorie der Leistungsverwaltung) (2002). Seine ablehnende Haltung gegenüber dem Leistungsstaat (S. 236) wirft ein interessantes Licht auf die heutige japanische Gesellschaft.

32 Vgl. *Harano*, Gendai no keisatsu – gyôseihôgaku no tachiba kara – (Die Polizei der Gegenwart – aus der Sicht des Verwaltungsrechts –), Zschr. Hô to minshushugi (Recht und Demokratie) Nr. 199 (1985), 30. Er hält es als „Gegenmaßnahme zum gegenwärtigen Problem der Polizei" für geboten, daß die Bürger „kommunale Öffentlichkeit und Gemeinsamkeit, der die Ideen der Verfassung zugrunde liegen", „mit eigener Initiative durchführen". Er erläutert auch, daß in der Verwaltungsrechtswissenschaft eine „Bürgerbeteiligung fördernde Theorie" von großer Wichtigkeit ist. Der Bürger soll „ein Selbstverständnis als Träger der Öffentlichkeit besitzen".

2. Stellung und Rechte der Privatperson

Nach Ansicht von *Hiroshi Shiono* nehmen Privatpersonen dem Staat gegenüber jenseits ihres abwehrrechtlichen Status auch folgende Stellungen ein: eine „Nutzen ziehende Stellung, aktiv vom Staat und den öffentlichen Körperschaften Leistungen zu fordern", die „Stellung, eine bestimmte Ausübung von öffentlicher Gewalt auf eine dritte Partei zu fordern", und die „Stellung, an einer Verwaltungsentscheidung teilzunehmen".[33] Die hier genannten vier Stellungen sind nicht unveränderlich und können geschichtlichen Wandlungen unterliegen.[34] Deshalb ist z.B. die abwehrrechtliche Stellung „gegenüber dem bisherigen Umfang, der nur die Freiheit und das Vermögen der Privatperson berücksichtigte, erweitert", denn „unter der heutigen japanischen Verfassung, die die Rechte des Einzelnen hochschätzt, ist bei der Auslegung von Gesetzen zu berücksichtigen, ob sie die Interessen des Einzelnen als solche schützen."[35] Hervorzuheben ist auch, daß bei Erarbeitung des „Gesetzes zur teilweisen Änderung des Verwaltungsverfahrensgesetzes"[36], das am 1. April 2005 in Kraft getreten ist, darauf geachtet wurde, ein Verfahren zu schaffen, das wirksame Hilfe bei der Durchsetzung der Interessen der Bürger garantiert. Insbesondere mit Blick auf das neue Verpflichtungsverfahren nach § 3 Abs. 6 ergibt sich, daß die heutige „Stellung der Privatperson im Verwaltungsprozeß"[37] eine neue Perspektive[38] erhält. Hier offenbart sich an einem konkreten Rechtsverhältnis die gewandelte Sicht auf das Verhältnis von Bürger und Staat im modernen Verfassungsrecht.

3. Anspruch auf eingreifendes Handeln

Die Entwicklung eines Anspruchs auf eingreifendes Verwaltungshandeln dürfte für diesen Wandel der Stellung der Privatperson eine große Rolle gespielt haben. Man kann sagen, daß das „Kohlenhandels-Urteil"[39] des Bundesverwaltungsgerichts „einen Impuls zum polizeirechtlichen Schutz des Einzelnen brachte".[40]

---

33 *Shiono* (Fn. 19), S. 328.

34 Vgl. *Takagi*, Gyôseisoshôron (Verwaltungsverfahrensrecht) (2005), S. 234.

35 *Shiono* (Fn. 19), S. 330 f.

36 2004 Gesetz Nr. 84.

37 Hauptstelle zur Reform der Rechtspflege, Ausschuß zur Überprüfung des Verwaltungsverfahrens, Gyôseisoshôseido no minaoshi no tameno kangaekata (Grundkonzeption zur Reform des Verwaltungsverfahrenssystems) vom 6. Januar 2003, in: Kobayakawa (Hrsg.), Kaisei gyôseijiken soshôhô kenkyû (Untersuchung der Revision des Verwaltungsverfahrensgesetzes), Sonderheft der Zschr. Jurist (2005), S. 235.

38 Hier wurde das Wort „Perspektive" statt des Wortes „Wandel" gewählt, weil die hier beschriebene Rechtsstellung des Einzelnen, auch wenn sie nicht unveränderlich ist, meiner Meinung nach in der japanischen Verfassung bereits als subjektives Recht existierte. Anders gesagt, ist meiner Ansicht nach das konkrete Recht durch die gesetzlichen Bestimmungen lediglich zum Ausdruck gebracht und damit vor Augen geführt worden.

39 BVerwGE 11, 95. (DVBl. 1961, 125).

40 *Takahashi*, Nishidoitsu ni okeru keisatsuteki kojinhogo (1) – Keisatsukainyû seikyûken wo meguru gakusetsu to hanrei (Polizeirechtlicher Schutz des Einzelnen in Westdeutschland, Teil 1,

Dieser in Deutschland entwickelte Anspruch auf eingreifende Polizeihandlungen[41] wurde in Japan nun nicht im Polizeirecht, sondern in den Bereichen der Umweltverwaltung oder des Immissionsschutzrechts erörtert, wo der Anspruch auf Ausübung von Verwaltungbefugnissen mit dem Recht auf Leben einer dritten Partei begründet wurde.[42] Die japanische Verwaltungsrechtswissenschaft hat sich also nicht mit einem Anspruch auf eingreifende Polizeihandlungen, sondern hauptsächlich mit einem Anspruch auf eingreifende Handlungen der Ordnungsbehörden befaßt.[43] Grund hierfür mag sein, daß im Bereich der Polizeiverwaltung im Vergleich zu den anderen Verwaltungsbereichen die Möglichkeit der Anerkennung einer Staatshaftung nach § 1 des Staatshaftungsgesetzes gering ist[44]. Angesichts dieser unterschiedlichen rechtlichen Maßstäbe bemerkt *Hikaru Takagi* auch, daß es in Japan nur einen geringen Vorteil bringt, einen materiellen Polizeibegriff aufrecht zu erhalten[45]. In diesem Aufsatz soll daher der Schwerpunkt nicht auf dem Anspruch auf eingreifendes Verwaltungshandeln im allgemeinen liegen, sondern auf dem Anspruch des Einzelnen auf Gewährleistung von Sicherheit.

4. Pflicht zum Schutz der Grundrechte

Das Bundesverfassungsgericht hat in seinem ersten Abtreibungs-Urteil[46] eine Schutzpflichtentheorie, d.h. eine Pflicht des Staates zum Schutz der Grundrechte der Privatperson entwickelt. *Go Koyama* erörtert die Bedeutung dieser Pflicht in Japan folgendermaßen: „Die angemessene Ausübung der staatlichen Befugnisse wird heutzutage auch in Japan betont. Die staatlichen Regelungsbefugnisse finden nicht immer angemessene Anwendung, wie sich bei den Schäden durch Unfälle im Bereich der Immissionen, der Pharmazie und der Nahrungsmittel gezeigt hat, und auch in Japan wurden zahlreiche Prozesse um die Staatshaftung geführt, in denen auf Ersatz von Schäden geklagt wurde, die durch Nichtausübung der Verwaltungsbefugnisse verursacht wurden. In diesem Zusammenhang wird in der Verwaltungsrechtswissenschaft die ‚Verantwortung bezüglich der Gefahrenkontrolle' durch die Verwaltung bzw. die ‚Verantwortung bezüglich der Gefahrenabwehr' betont und es wird angeregt, die Verwaltungsbeziehungen nicht mehr nur als Beziehung von zwei Parteien, sondern als Beziehung von drei Parteien zu verstehen, nämlich von der Verwaltung selbst, dem Adressaten und dem Nutznießer

---

Wissenschaftliche Theorien und Gerichtsentscheidungen über den Anspruch auf eingreifendes Polizeihandeln), Zschr. Handaihôgaku Nr. 139 (1986), 117, 129.

41 *Takahashi*, Nishidoitsu ni okeru keisatsuteki kojinhogo (1)(2) (Polizeirechtlicher Schutz des Einzelnen in Westdeutschland, Teile 1 und 2, Zschr. Handaihôgaku Nr. 139 (1986), 117ff., Nr. 140 (1986), 137ff.; *Koyama*, Kihonkenhogo no hôri (Die Theorie des Grundrechtsschutzes) (1998), S. 18.

42 *Takada*, Kôhôkenkyû Nr. 34 (1972), 219, 233.

43 Allerdings kann man nach *Takagi* (Fn. 34), S. 221ff., nicht behaupten, daß der „Anspruch auf Eingriff der Verwaltung", der in Japan ursprünglich konzipiert wurde, in allen Punkten dem deutschen „Anspruch auf polizeilichen Eingriff" entsprach.

44 *Takagi* (Fn. 34), S. 227f.

45 *Takagi* (Fn. 34), S. 228.

46 BVerfGE 39 1. Dazu *Koyama*, (Fn. 41), S. 21.

des Verwaltungsaktes. In diesem Sinne wird unter dem Aspekt des Schutzes privater Rechte eine verwaltungsrechtliche Theorie der Eingriffspflicht vorgeschlagen. Auch wird statt einer Schadensbehebung *ex post* als Rechtsbehelf zunehmend ein Schutz vor dem Eintritt eines Schadens *ex ante* erwogen, der durch Verpflichtungsfeststellungsverfahren oder Verpflichtungsverfahren als außergesetzliche Beschwerdeverfahren ermöglicht werden sollte".[47] Anders als bei dem oben II.3 behandelten Sicherheitsbegriff im Staatshaftungsgesetz, der nur die Hilfe nach dem Eintritt des Schadens zum Gegenstand hat, behandelt der hier zu untersuchende Sicherheitsbegriff die Möglichkeit einer Verhütung der Gefahr. Freilich liegt in solchen Theorien des Grundrechtsschutzes die Gefahr eines überzogenen Eingriffs der Verwaltung in die Grundrechte des Adressaten der Maßnahme, weswegen sie in der japanischen Verwaltungsrechtswissenschaft und in der Verfassungsrechtslehre teilweise negativ beurteilt werden.[48] Jedenfalls gibt es insoweit noch viele Herausforderungen.

5. Die Kodifizierung des Verpflichtungsverfahrens

Bedenkt man den oben beschriebenen Wandel des Verständnisses von der Stellung des Bürgers zum Staat, so kommt in dem jüngst in das Verwaltungsverfahrensgesetz eingeführten Verpflichtungsverfahren in § 3 Abs. 6 zum Ausdruck, daß der Bürger der Träger der Souveränität im eigentlichen Sinne ist. Insbesondere ermöglicht § 3 Abs. 6 Nr. 1 dieses Gesetzes, „bei Unterlassen einer Maßnahme, zu der die Verwaltung verpflichtet ist", „auf Vornahme dieser Maßnahme zu klagen", und führt damit das sogenannte direkte Verpflichtungsverfahren ein. Diese Verfahrensart entspricht der Theorie grundrechtlicher Schutzpflichten. Hier wird angenommen, daß die Privatperson verlangen kann, daß gegen einen Dritten geeignete Maßnahmen ergriffen werden, ebenso, wie dies nunmehr das neue Verpflichtungsverfahren ermöglicht, mit dem der Bürger die Verwaltung zum Erlaß eines Verwaltungsaktes verpflichten kann.[49] Durch diese gesetzliche Neuregelung wird der Anspruch auf eine eingreifende Verwaltungshandlung materialisiert.[50, 51]

47 *Koyama* (Fn. 41), S. 4f.
48 *Koyama* (Fn. 41), S. 7f.
49 *Hashimoto*, Kaisetsu kaisei gyôseijikensoshôhô (Kommentar zum geänderten Verwaltungsverfahrensgesetz) (2004), S. 61.
50 Es ist aber anzumerken, daß bei der jüngsten Änderung keine neue Vorschrift über die Wirksamkeit des Verpflichtungsfeststellungsurteils und auch keine besondere Vorschrift für dessen Durchsetzung geschaffen wurde. Dies wird in der Zukunft noch zu überprüfen sein. Vgl. *Hashimoto* (Fn. 49), S. 75.
51 *Harada* (Fn. 17), S. 363, schreibt zur Gewährleistung der Wirksamkeit des Verpflichtungsfeststellungsurteils: „Obwohl das Verpflichtungsfeststellungsurteil und das Untersagungsurteil Leistungsurteile sind und darum Vollstreckungskraft haben sollten, hat das Gesetz für die betreffenden Verwaltungsorgane keine Zwangsvollstreckungsmaßnahmen (wie z.B. Geldbuße als mittelbaren Zwang oder die Bestrafung der Mißachtung des Gerichtsurteils) vorgesehen." „Denn es wird als selbstverständlich angenommen, daß die Verwaltungsorgane als öffentliche Organe das Leistungsurteil des Gerichts ausführen."

IV. Das Prinzip der „Freiheit innerhalb der Sicherheit“

1. Anspruch auf Sicherheit

Hat die Privatperson einen Anspruch auf „Sicherheit“ gegenüber der Verwaltung?

Die Verwaltungsrechtswissenschaft hat lange ihr Hauptaugenmerk auf den Schutz der Privatperson vor Mißbrauch von Verwaltungsbefugnissen gerichtet, und im Bereich der Polizeiverwaltung wurde dabei insbesondere an die Kontrolle der Anwendung von unmittelbarem Zwang gedacht[52]. Doch heutzutage erwartet der Einzelne von der Verwaltung, daß sie aktiv zu seinen Gunsten tätig wird. Daher sollte man das Hauptaugenmerk auf die Verwirklichung von Maßnahmen richten, die solche Erwartungen der Bürger an die Staatsgewalt nicht enttäuschen. Betrachtet man diese Umkehr der Perspektive, setzt dabei die Theorie des Grundrechtsschutzes voraus und untersucht insbesondere den Begriff der „Sicherheit“, dann wird ein Anspruch auf einen eingreifenden Verwaltungsakt auch bei solchen Verwaltungstätigkeiten möglich, für die das Gesetz ausdrücklich auf die „Sicherheit“ Bezug nimmt, wie im Polizeigesetz.

Zum Beispiel wurde nach dem oben genannten *Okegawa*-Fall das Gesetz zur Regelung des Stalking[53] (Verfolgung einer Person durch eine andere) geschaffen. § 1 dieses Gesetzes besagt, daß es „durch die notwendigen Maßnahmen gegen Stalking, wie die Bestrafung eines Stalkers etc., und auch durch Regelung von Hilfsmaßnahmen die drohende Gefahr für Leib, Freiheit und Ehre der Einzelnen abwendet und in dieser Weise der Sicherheit und dem Frieden im alltäglichen Leben der Bevölkerung dient“. Hinsichtlich der erwähnten Hilfsmaßnahmen sieht § 7 vor, daß „der Leiter des Polizeipräsidiums o.ä. auf Antrag der vom Stalker verfolgten Person, sofern dieser Antrag zu billigen ist, Hinweise auf Mittel gibt, mit denen sich diese Peson selbst schützen kann, oder mit anderen notwendigen Hilfeleistungen versorgt, die eine Verordnung des Staatlichen Sicherheitsausschusses bestimmt“.

Schutzgut dieses Gesetzes ist das friedliche Alltagsleben der Bevölkerung sowie der Schutz einer Privatperson, die noch nicht Opfer eines Verbrechens geworden ist, aber schon ein latentes Opfer ist. Es ermöglicht der Polizei, in einen Streit von

---

52 *Isobe*, „Anzen no nakano jiyû“ no hôri to keisatsuhô riron (Das Prinzip der „Freiheit innerhalb der Sicherheit“ und Polizeirechtstheorien), Zschr. Keisatsu seisaku Bd. 7 (2005), 7 f. „Zwar gilt es als selbstverständlich, daß es das Ziel der gesellschaftlichen Institutionen ist, die bürgerliche Freiheiten zu respektieren und die Menschenwürde zu schützen, doch tendiert diese Sicht dahin, die Einrichtungen der öffentlichen Gewalt, die der Gewährleistung der Sicherheit der Gesellschaft dienen, nicht als Vorbedingung für die Gewährleistung der Freiheiten anzusehen, sondern vielmehr als Einschränkung bzw. als Hindernis für die Freiheiten zu erfassen.“ „Eigentlich wird der Genuß der Freiheit erst durch die Gewährleistung der sicheren Ordnung möglich, aber vielleicht hat man in der Gesellschaft des Nachkriegsjapans diese grundlegende Vorbedingung zu niedrig geschätzt. Demzufolge scheint es, als ob in Japan ein vereinfachter Gedankengang allgemein akzeptiert war, wonach eine zu starke Betonung der Bedeutung der öffentlichen Sicherheit und Ordnung zu einer Unterdrückung der individuellen Freiheit führe.“

53 Gesetz zur Regelung von Stalking und anderen Vorgehensweisen (verabschiedet am 24. März 2000, Gesetz Nr. 81).

Privatpersonen einzugreifen, wenn ein Antrag gestellt wurde und sie „den Antrag entsprechend billigt“.[54, 55]

Ob aus diesen Vorschriften unmittelbare Ansprüche abgeleitet werden können, ist noch offen und zu überprüfen. Anhand des *Okegawa*-Falls sollte man das Zusammenspiel der folgenden drei Aspekte umfassend und rational analysieren: (1) Warum das Gericht anerkennt, daß einerseits die Untersuchung einer Straftat dem öffentlichen Interesse dient, indem sie die Tat aufdeckt und durch Bestrafung künftige Straftaten verhütet, und daß andererseits das Interesse, das die Privatperson durch eine Wiedergutmachung oder durch Verhütung künftiger Straftaten erhält, grundsätzlich nur ein *de facto* entstehender Vorteil ist, der einen Reflex des Schutzes öffentlicher Interessen darstellt;[56] (2) wessen Sicherheit gemeint ist; (3) was „Sicherheit“ überhaupt ist. Dabei darf nicht vergessen werden, daß die öffentliche Sicherheit die Gesamtheit der Sicherheit aller einzelnen Privatpersonen ist.[57]

2. Anspruch auf Freiheit

Wird die Freiheit aus dem Abwehrrecht als Grundrecht der Privatperson hergeleitet, muß in Ergänzung hierzu die Sicherheit aufrechterhalten werden, um die Freiheit zu gewährleisten. *Peter J. Tettinger* hat im Juni 2002 in seinem Vortrag an

---

54 Vgl. *Sakurai*, Gyôseikeisatsu ni kansuru kôsatsu – yobôtekide chokusaiteki, sokujitekina gyôseikeisatsu katsudô no hitsuyôsei oyobi yûkôsei (Überlegungen zur Polizeiverwaltung – Notwendigkeit und Effektivität einer verhütenden, unmittelbaren und sofortigen Polizeiverwaltungstätigkeit), Zschr. Keisatsuseisaku Bd. 6 (2004), 192.

55 Zu Menschenrechtsverletzungen durch Privatpersonen siehe *Tamura*, Hanzaihigaisha ni kakaru jinken to keisatsugyôsei (Menschenrechte des Verbrechensopfers und die Polizeiverwaltung), Zschr. Keisatsuseisaku kenkyû Nr. 6 (2002), 116.

56 Zschr. Hanreijihô Nr. 1891 (2005), 9.

57 Zu diesem Punkt siehe *Hasegawa*, Nipponkoku kenpô to chian (Die japanische Verfassung und die öffentliche Sicherheit und Ordnung), in: Chian to jinken (Öffentliche Sicherheit und Ordnung und Menschenrecht), Sondernummer der Zschr. Houritsujihô 1970, 13. „Im Vorkriegsjapan wurde die Sicherheit und Ordnung im Staat als wesentlich nur für die Erhaltung des Herrschaftssystems angesehen, weil Japan ein absolutistischer Staat war, der kein modernes Verfassungsprinzip zur Grundlage hatte. Es ist bemerkenswert, daß bei den Rechtstheorien, die im Nachkriegsjapan auf Grund der jetzigen Verfassung entstanden sind und die zu Recht die Sicherheit des Einzelnen als Ausgangspunkt der Sicherheit und Ordnung im Staat erfassen, die ‚Rechte und Freiheiten der einzelnen Privatperson‘ einerseits und die ‚gemeinschaftliche Sicherheit und Ordnung‘ andererseits auf die gleiche Ebene gestellt wurden, wobei im Kontext der ‚öffentlichen Sicherheit und Ordnung‘ der Schwerpunkt auf den letzteren Aspekt gelegt wurde, womit die Sicherheit und Ordnung im Staat nun als gemeinschaftliche Sicherheit und Ordnung bezeichnet wurde. (*Anmerkung der Übersetzerin*: Um der Argumentation *Hasegawa*s zu entsprechen, wird die „öffentliche Sicherheit und Ordnung“, im Japanischen *„Chian“*, als „Sicherheit und Ordnung im Staat“ übersetzt, wenn es sich um das Vorkriegs- und Kriegsjapan handelt. Im Gegensatz wird für die Nachkriegszeit der Ausdruck „gemeinschaftliche Sicherheit und Ordnung“ gewählt.) Vgl. *Harano*, Gendai keisatsuhô ni okeru chian to jinken (Öffentliche Sicherheit und Ordnung und Menschenrechte im modernen Polizeirecht), in: Sugimura/Nakayama/Harano, Chian to jinken (Öffentliche Sicherheit und Ordnung und Menschenrechte) (1984), S. 177, 177 Fn. 3.

der Keio-Universität[58] hierzu angemerkt: „Es hieß doch schon bei *Wilhelm von Humboldt*, ‚Ohne Sicherheit vermag der Mensch weder seine Kräfte auszubilden, noch ihre Frucht zu genießen, denn ohne Sicherheit ist keine Freiheit'. Für den Bürger bedeutet die auf der Seite des Staates gewährleistete Sicherheit folglich – mit seinen Worten – ‚Gewißheit der gesetzmäßigen Freiheit'."[59]

Auch *Norbert Bolz* weist darauf hin, daß Freiheit und Ordnung in einer sich gegenseitig verstärkenden Verbindung stehen:

„Recht und Staat, die im Begriff des Rechtsstaats scheinbar versöhnt waren, treten heute auseinander. Wir sehen jetzt: Recht und Staat bzw. Ordnung sind Begriffe unterschiedlicher Register – und deshalb ist ‚Rechtsstaat' ein Konzept mit latentem Konflikt: auf der einen Seite Recht und Norm, auf der anderen Seite Ordnung und Dezision. So bemerkt *Wolfgang Hoffmann-Riem* im Blick auf Globalisierung, Weltkommunikation und Internet-Kultur: ‚Zur Zeit bildet sich ein Weltrecht ohne Staat, konkurrierend zum Staat.'

Das Internet ist die Infrastruktur der Weltkommunikation. Sie bringt eine verborgene Paradoxie der bürgerlichen Öffentlichkeit ans Licht. ‚Öffentlich' heißt ja: gespeichert und zugänglich. Öffentlichkeit steht für freien Zugang zur Information – aber eben auch für Datenschutz als Bedingung des Vertrauens in die Weltkommunikation. Man kann diese Grundparadoxie, deren Auflösung man heute vom Recht erwartet, noch schärfer formulieren: Die freie Gesellschaft schließt absolute Informationsfreiheit aus – keine Politik ohne Top Secret, kein Unternehmen ohne Betriebsgeheimnis, keine menschliche Existenz ohne Privatsphäre. Und das bedeutet im Blick auf die technische Infrastruktur: Je mehr das Internet leisten soll, desto mehr Kommunikationsschranken müssen eingebaut werden.

Die Internet-Kultur konfrontiert uns mit der latenten Paradoxie der Freiheit als Rechtsbegriff, denn Freiheit ist die Negation des Gesetzes. Man kann die Paradoxie der Freiheit näherhin so definieren: es gibt sie nur, indem man sie beschränkt. Die spezifisch moderne Auflösung der Paradoxie besteht darin, ein Steigerungsverhältnis zwischen Ordnung und Freiheit zu konstruieren. Demnach wäre es ein Denkfehler der klassischen Liberalen, daß staatliche Kontrolle die individuelle Freiheit beschränke. Stattdessen handelt es sich wie gesagt um ein Steigerungsverhältnis."[60]

Will man sich positiv an einer Lösung dieses Paradoxes versuchen, kann man sagen, daß das Verlangen nach Freiheit dasjenige nach Sicherheit voraussetzt oder zumindest von ihm begleitet wird. Die Theorie einer „Freiheit innerhalb der Sicherheit" stellt die Gewährleistung der Freiheit und die staatliche Schutzpflicht weder in Gegensatz noch sieht es sie in einer gleichen Linie.

---

58 Vollständig abgedruckt in: *Tettinger* (in der Übersetzung von *Koyama*), Anzen no naka no jiyû (Freiheit innerhalb der Sicherheit), Zschr. Keisatsugaku ronshû Bd. 55, Nr. 11 (2005), 144 ff.

59 *Tettinger*, Keisatsugaku ronshû Bd. 55, Nr. 11 (2005), 144, 158 f.

60 *Bolz* (in der Übersetzung von *Murakami*), Sekai Communication (Weltkommunikation) (2001), S. 89 f.

V. Abschließende Bemerkungen

Verbindet man das Recht auf Abwehr staatlicher Eingriffe sowie den Anspruch auf Schutz durch den Staat[61] mit dem Begriff der Sicherheit, so eröffnet dies den Weg zu einer neuen Theorie der Polizeiverwaltung. Es verdient eingehende Überlegungen, ob es einen Fall gibt, in dem ein Einzelner den Anspruch auf eingreifendes Verwaltungshandeln gegenüber der Polizeibehörde durchsetzen kann, und wenn ja, in welchem Umfang. Auch wenn ein Einschreiten der Polizei nunmehr durch ein Verpflichtungsverfahren eingefordert werden kann, bleibt noch die Schaffung eines neuen Systems der Kontrolle und Regelung von Polizeiinformation notwendig, um damit Leitlinien für öffentliche Gerichtsverfahren zu setzen, die Leistungsansprüche im Polizeirecht[62] durchsetzen können[63].

Ziel meines Aufsatzes war, den Begriff „Sicherheit" näher zu umreißen und zu zeigen, wie er unter polizeirechtlichen und verwaltungsrechtlichen Gesichtspunkten in Japan betrachtet wird. Getragen war dies von der Absicht, Überlegungen zur Rechtsangleichung zu präsentieren, die über das Aufzeigen von Differenzen zwischen konkreten Rechtsinstituten hinausgehen und die zu einer übergeordneten Perspektive auf das Verhältnis von Bürger und Staat im Polizeirecht führen. Die Betrachtungen in diesem Aufsatz sind natürlich noch unvollständig. In Japan wird man, unter Berücksichtigung der künftigen Entwicklung[64]

---

61 *Yamamoto*, (Fn. 17), S. 333ff. Vgl. *Koyama*, Jiyuu to anzen (Freiheit und Sicherheit: einige verfassungsrechtliche Überlegungen), Zschr. Keisatugakuronschu, Bd. 58 Nr. 6 (2005), 79ff.

62 § 79 Abs. 1 des Polizeigesetzes sieht vor: „Jeder, der sich über die Ausübung der Amtsbefugnisse von Polizeibeamten der Landespräfektur beschweren will, kann beim präfekturalen Sicherheitsausschuß gemäß dem in der Verordnung des Staatlichen Sicherheitsausschusses festgesetzten Verfahren schriftlich Beschwerde einlegen".

63 *Narita*, Keisatsuhô 50 nen no kaiko to tenbô (Rückblick und Ausblick auf 50 Jahre Polizeigesetz), Zschr. Keisatsugakuronshû Bd. 50 Nr. 7 (2004), 45. Er hebt hervor (S. 67): „Man kommt letztendlich zu der rechtsphilosophischen und verfassungsrechtlichen Frage, wie man das Verhältnis von Sicherheit und Freiheit verstehen soll. Ob man der Freiheit und den Menschenrechten den Vorrang einräumt und die Sicherheit nur insofern aufrechterhält, als ungerechtfertige Übergriffe vermieden werden, oder ob man auf eine neue Basis von ‚Freiheit innerhalb der Sicherheit' wechseln sollte, wie dies *Tettinger* in seinem Vortrag zum 50jährigen Jubiläum vorgestellt hat. Es ist an der Zeit, daß alle Staatsbürger dies ernsthaft diskutieren." Mein Aufsatz zielt in dieselbe Richtung.

64 Der Oberste Gerichtshof hat in seinem Urteil vom 17. 12. 2005 in der Rechtssache *Odayku Eisenbahngesellschaft ./. Anlieger* den Art. 9 Abs. 2 des Verwaltungsverfahrensgesetzes berücksichtigt und seine Rechtsprechung hinsichtlich der Legitimation des Klägers bei Anfechtungsklagen geändert. In seinem ergänzenden Votum hat Richter *Fujita* allerdings folgendes festgestellt: In einem Fall, in dem Genehmigungen angefochten werden, die Anlagenbetreibern im Rahmen der Stadtplanung erteilt werden, wird die Verpflichtung der Verwaltung gegenüber einer dritten Partei (in diesem Fall gegenüber den Anliegern) anerkannt, „sie vor Risiken zu schützen". Bezüglich der zu schützenden Interessen der Anlieger hat er festgestellt, daß dem einzelnen Privatinteresse kein öffentliches Gut im eigentlichen Sinne gegenübersteht; vielmehr ist das öffentliche Gut in diesem Fall ein Kollektivinteresse als Gesamtheit der Interessen Einzelner. Dieses Kollektivinteresse schließt selbstverständlich auch ein persönliches Interesse ein. Wo dies nicht beabsichtig ist, muß es

des Verpflichtungsverfahrens, bedachtsam zu prüfen haben, wie man das Gleichgewicht zwischen der Abwehr von Eingriffen des Staates und dem staatlichen Schutz der Interessen des Einzelnen halten sollte.

---

in der gesetzlichen Grundlage ausdrücklich festgeschrieben werden. Mit anderen Worten, in einem Fall, in dem durch Nutzung von Anlagen im Rahmen der Stadtplanung Anlieger ein großes Risiko an Leib und Leben auf sich nehmen müssen, ist die Klage eines Anliegers grundsätzlich zulässig, sofern das Gesetz dies nicht ausdrücklich ausschließt. Auch hierin zeigt sich der Wandel der Rechtsstellung des Einzelnen. Es ist interessant zu sehen, inwieweit „das Interesse, vor Risiken geschützt zu werden", als subjektives Recht auf verschiedene Fälle anwendbar ist.

§24 警察法学と「安全」概念
――行政法学における「法の同化」を考える一方法として――

折橋洋介

目次

I.　はじめに

「法の同化」という課題において、行政法学の担うべき重責は想像に難くない。それは行政法学が、特に生活と関わりの深い公行政に関する法分野を広く扱っているからである。ここで「同化」とは「(1) 本来異なる性質や考え方が同じものになること、(2) 外から得た知識などを理解して自分のものとすること[1]」である。したがって、国家間において「法の同化」を考察するに当っては凡そ異なる法の対話が必要である。他方で、昨今、行政法とは何かという問いに対して、ドイツにおいて、また日本においても「行政法は具体化された憲法である[2]」

1　松村明編『大辞林（新装第２版）』（1999）1784 頁。

2　*Werner*, Verwaltungsrecht als konkretisiertes Verfassungsrecht (DVBl. 1959, 527). なお参照 *Maurer*, Allgemeines Verwaltungsrecht, 15. Auflage (2004), S. 13。この点につき村上武則教授は行政法を「具体化された憲法」であると表現され、憲法と行政法の本質的関連を重視される。このことは今日の司法制度改革の流れの中で憲法と行政法を融合した公法が説かれることからも現実社会に根差した重要な指摘である。（村上武則「憲法原理と行政法理論体系」公法研究 67 号 74 頁注(3)）なお、本稿に敢えて引き付けるとすれば、須貝脩一『警察法逐条解説』（1948）1–2 頁に興味深い記述があるので、やや長いが今日の警察法を考察する上で有意義な示唆を含んでいると考えるので以下に引用する。「……しかし、「警察法」が警察作用法でないといふのは、この法律が警察作用の行使に関係がないといふ意味では勿論ないのであつて、一般に警察機関はこの法律に定めて居る警察の職務以外にわたつて個人の自由及び権利に対する干渉をなしてはならないこと及び個々の警察諸機関はこの法律によつて定められた各自の権限を超えることを得ないと述べられることがある。この意味で行政法学は憲法から抽出された権利及び法を現実社会において行使しうるかたちで具体化し、それを考究する技術の集合体たる学問であると言える。だとすれば行政法学において「法の同化」という観点からは、基本法、憲法の比較はもとより、環境法分野での欧州指令の国内法化の問題[3]、欧州憲法条約が成立した場合の各国行政法への影響など課題は山積である。そうした課題において共通する点を一つ挙げるならば、それは、何らかの凡そ共通する観念に対する、各国の法の有する概念からのアプローチが予定されていることである。そこで、本稿では「安全」という観念に対して、今日の日本行政法学ではどのような概念が描かれうるのかについて検討する。

II. 警察法と安全

1. 安全と法

安全と一言に言っても、自然法的観念として安全を目的とすることは共通していても、そこには様々な対象が含まれていることに注意しなければならない。たとえば、食品の安全に関して「食品安全基本法[4]」は「科学技術の発展、国際化の進展その他の国民の食生活を取り巻く環境の変化に適確に対応することの緊要性にかんがみ、食品の安全性の確保」を目的として国、地方公共団体及び食品関連事業者の責務並びに消費者の役割についても規定している。ここでの消費者の役割は同法 9 条が「消費者は、食品の安全性の確保に関する知識と理解を深めるとともに、食品の安全性の確保に関する施策について意見を表明するように努めることによって、食品の安全性の確保に積極的な役割を果たすものとする」。また、原子炉等の安全に関しては「核原料物質、核燃料物質及び原子炉の規制に関する法律[5]」がその利用に関し公共の安全を図るための必要な規制を定めている。その他にも、有事関連では武力攻撃事態対処法[6]や国民保護法[7]などがあり、それら個別の法律から導かれる安全とその確保の手段は様々である。したがってこれら対象の異なる安全概念のうち、本稿では警察法[8]における安全を中心に考察したい。

ことなどの警察作用の根本原則はこの法律に於て定められて居るのである。この意味では、『警察法』は、警察組織及び作用の根本原則を定めるものとして、いはば警察に関する憲法であるといふことができる」。

3 例えば神橋一彦「ドイツ環境法における『総合的環境保護』について——『環境汚染の統合的回避及び削減に関する閣僚理事会指令』（IVU 指令）とその国内法化を中心に——」樋口陽一・上村貞美・戸波江二編『日独憲法学の創造力下巻』（2003）21 頁以下。

4 食品安全基本法（平成 15 年 5 月 23 日法律第 48 号）。

5 核原料物質、核燃料物質及び原子炉の規制に関する法律（昭和 32 年 6 月 10 日法律第 166 号）。

6 武力攻撃事態等における我が国の平和と独立並びに国及び国民の安全の確保に関する法律（平成 15 年 6 月 13 日法律 79 号）。

7 武力攻撃事態等における国民の保護のための措置に関する法律（平成 16 年法律第 112 号）。

8 警察法（昭和 29 年 6 月 8 日法律第 162 号）。

2. 日本行政法学と警察法

なお、「警察」と括って行政法学は、秩序形成に関する多岐に及ぶ法分野を包摂せしめてきた[9, 10]。行政法各論との関わりにおいても「警察法」もしくは「警察行政法」なる概念をどのように理解するかには多くの関心が持たれるところであるが、さしあたり本稿にいう「警察」は現行警察法上の警察[11]を指すこととしたい。

さて、警察法2条1項は「警察は、個人の生命、身体及び財産の保護に任じ、犯罪の予防、鎮圧及び捜査、被疑者の逮捕、交通の取締その他公共の安全と秩序の維持に当ることをもつてその責務と」し、同2項は「警察の活動は、厳格に前項の責務の範囲に限られるべきものであつて、その責務の遂行に当つては、不偏不党且つ公平中正を旨とし、いやしくも日本国憲法の保障する個人の権利及び自由の干渉にわたる等その権限を濫用することがあつてはならない」としている[12]。そこで警察法上、私人は個人的利益たる自らの安全を求めるに当り、いつ如何なる場合に行政権限の行使を請求することができるのかが注目される。

3. 国家賠償法と安全

国家賠償法[13]1条は「国又は公共団体の公権力の行使に当る公務員が、その職務を行うについて、故意又は過失によつて違法に他人に損害を加えたときは、国又は公共団体が、これを賠償する責に任ずる」と規定するところ、公権力の不行使について不作為の違法が問題とされる事例がある[14]。そこでの行使すべき作為義務が如何に生じるのかを検討することは私人において安全を求める権利を具体的に検討するにあたり有益である。では、これまで、下級審判例はこの点どのように判断してきたかにつき一般に以下のような解説がなされる。すなわち(1) 国民の生命、身体、健康に対し具体的危険が切迫していること（危険の切迫）、(2) 行政機関が具体的危険の切迫を知り又は容易に予見し得る状況にあること（予見可能性）、(3) 行政機関が権限を行使しなければ容易に結果発生を回避できないこと（補充性）、(4) 行政機関が権限を行使すれば、容易に結果発生の防止をすることができること（回避可能性）、(5) 国民が権限行使を要請し、期待してい

---

9 高田敏「現代行政の展開と警察法」公法研究 34 号（1972）219 頁以下。関根謙一「明治憲法下における警察の概念」西谷剛・藤田宙靖・礒部力・碓井光明・来生新編『政策実現と行政法』（1998）449 頁以下は美濃部説と佐々木説を詳細に追っており、美濃部説を「学問上の概念」（同 492 頁）、佐々木説を「法上の概念」（同 500 頁）と峻別される。さらに「美濃部博士の「学問上の概念」は、理論的な要請に基づく論理的な概念であって、一種の定義としての性質を持つ。原理的に実定法の変化にかかわりがない。」とされ、「佐々木博士の「法上の概念」は、実定法制度に由来する技術概念であって、記号説明としての性質を強く持っている。歴史的・制度的な概念であるから、国により、時代により、概念内容は異なり、実定法が変化すれば、変化する概念である」とされる。

10 藤田宙靖『行政法の基礎理論上巻』（2005）347 頁以下では「今後あるべき警察行政法学」として「現行の警察法」が想定する「警察」の活動を対象とすべきであるとされる。

11 藤田（前掲注 10）348 頁。

12 警察法 2 条の意義について藤田（前掲注 10）351–377 頁参照。

13 国家賠償法（昭和 22 年 10 月 27 日法律第 125 号）。

14 淡路スナック事件・最判昭和 57 年 1 月 19 日（民集 36 巻 1 号 19 頁以下）、新島砲弾漂着事件・最判昭和 59 年 3 月 23 日（民集 38 巻 5 号 475 頁）など。

る場合又はそれが容認される場合であること（国民の期待）、などの要件が挙げられているとみてよい、と。しかし、最高裁については「警察権限の行使が義務化し、あるいはその権限不行使が違法となるための具体的な判断基準を示すことなく、原審の認定した事実関係の下で原審の判断を支持するにとどまって」いたとされてきた[15]。

とりわけ(5) 国民の期待、権限行使の要請が認容される場合につき、その法的根拠をどこから導くのか。この点につき、桶川女子大生刺殺事件国賠訴訟控訴審判決（東京高判平成 17 年 1 月 26 日）は「一般に、市民は、現に犯罪の被害を受け、又は被害を受けるおそれがあるなど切迫した状況に置かれた場合に、警察に対してその保護等を求めたときは、警察において捜査を開始するなどしてその市民の受けた被害の回復ないし今後受けるおそれのある犯罪被害の防止を図るであろうことについて期待及び信頼を有しているのであって、警察がこのような期待及び信頼に誠実にこたえるべきことは、警察法一条一項の定めからも明らかなように警察の責務であり、上記のような状況における市民の期待及び信頼は法律上の保護に値する利益というべきである[16]」とする。

この判決において行政介入請求権の警察行政における限界を垣間見る。すなわち、ここで認められた「法律上の保護に値する利益」については、それが警察権限の行使における不作為の違法、言い換えるならば行政の介入について過小な権力の行使[17]であったと言うのではなく、「期待及び信頼に誠実にこたえるべきこと」から導かれるとするのである。もっとも本件において、(2) 予見可能性に関してはこれを否定しているのであるが。なお、本件では被害者に対する「特別なパトロールや身辺警護については、警察官を一定期間相当数動員しなければならないことなどから、そのような態勢をとるべき必要性を裏付ける客観的状況が明らかでない場合には、必ずしも容易なことではない[18]」とする公共財としての警察という一面が一部で述べられている点には注意を要する。

III. 私人の地位

1. 防禦的「思想」

行政過程における「私人」は「自由権と財産権の主体として、公権力主体である行政主体に対峙する[19]」という理解が強く意識され、そのベクトルに基づく私人の「防禦的地位」からの考究が日本行政法学において牽引的役割を担ってきた

---

15 宇賀克也『国家補償法』（1997）158 頁、塩崎勤「警察権限の不行使」村重慶一編『裁判実務体系 18 巻国家賠償訴訟法』（1987）382–383 頁参照。

16 判例時報 1891 号（2005）13 頁。なお、当該訴訟において最高裁は、2006 年 8 月 30 日、両親と県の上告をいずれも棄却する決定をしている。

17 原田尚彦『行政法要論（全訂第 6 版）』（2005）99–100 頁。なお、保護義務を実効的に実現せねばならないという「過少禁止」の限界が説かれることもある。山本隆司『行政上の主観法と法関係』（2000）335 頁（同注（46）*Isensee*, Abwehrrecht und Staatliche Schutzpflicht, in: *ders.*/Kirchhof (Hrsg.), HdbStR, Bd.5 (1992), Rn. 164–167.）。

18 判例時報 1891 号（2005）12 頁。

19 塩野宏『行政法 I (第 4 版)』（2005）329–331 頁。

ことである[20]。日本行政法学の原始的関心は、国家権力の介入からの市民的自由の確保であり[21]、（大日本帝国憲法下で確立した）「行政法学において、警察法は行政作用法の中心をなすものとして理解され、また行政作用の形態としては、警察領域において典型的にあらわれる「行政立法・行政行為・行政強制」が主たるものとして扱われた[22]」のである。しかし、大日本帝国憲法下においては国民の権利の保障は極めて不備であり、そのもとにおいて制定されていた警察権に関する諸法令も極めて簡単なものに留まり、警察権限の行使に関して、あまり制限的な規定も設けられていなかった。なお、警察作用の及ぶ範囲については将来発生し得る危険等の処置を考慮に入れるならば、その範囲を予め規定しておくことには一定の限界があり、弾力的な規定をおくことも要求され得るとも考えられ、また当時の日本においては制定法の不備は明らかであり、その結果として、大日本帝国憲法のもとにおいては警察官庁に広い裁量の余地が与えられることになった[23]と考えられる。ここに日本行政法学の原始的関心が寄せられることとなったと考えられる。すなわち私人の権利を守るには行政裁量の統制が不可欠[24]であるとする思想[25]であると言っても過言ではない。

ただし、この思想は日本国憲法のもとでは疑問符をもって捉えられるべき内容を含んでいるのではないだろうか。もっとも日本国憲法のもとで、「行政の恣意を法の合理性によって抑制する」という「法律による行政[26][27]」の原理は行政法における最も重要な基本原理[28]である。そこで注目したいのは、その思想の背景として、例えば大橋洋一教授は「歴史的には、統治主体（＝行政）と市民との関係は権力関係であり、力のあるものが力を誇りうる限りで、その意向を貫徹できた。これが、法関係として捉えられ、権力者であっても法的ルールを守らなければな

20　「自由主義思想のもとでは、国や公共団体が行政目的の追求過程において法の許す限度をこえて公権力を過大に行使し、国民の既得権ともいうべき「自由と財産」に法の許容する以上の制約を加え、市民社会の自律をそこなうことが、もっとも嫌悪された。行政法の制度や理論の目的は、行政権行使の許容性の限界を画し、その限界をこえる違法な公権力の行使を制禦するのに役立つ法的装置の提供にあったと規定することができる。」原田尚彦『行政責任と国民の権利』（1977）8頁。

21　塩野（前掲注19）8頁。

22　高田（前掲注9）221頁。

23　松島諄吉「警察法の分野での行政裁量について」公法研究33号（1971）214–215頁、参照。

24　この点につき、原田（前掲注17）81頁は「初源的な行政法」を「市民権（自由権的基本権）を防御するための権力抑止法」とする。

25　「法律による行政の原理は、歴史的には、行政権を濫用した君主に対して国民代表議会のコントロールを及ぼそうとした思想に立脚する。」大橋洋一『行政法(第2版)』（2004）19頁。

26　磯部力「法律による行政の原理」芝池義一・小早川光郎・宇賀克也編『行政法の争点(第3版)』（2004）18–21頁。藤田（前掲注10）3頁以下では「法による行政」を提示したうえで、「法律による行政」モデル、「法の支配」モデル、「狭義の法による行政」モデルを用いてより詳細に検討される。

27　藤田（前掲注10）34–48頁参照。なお大橋（前掲注25）20頁は「法律による行政の原理という場合、そこでいう法律は憲法に適合しているなど内容的に実質的合理性を備えたものであることを前提としており、たんに形式的に法律であればよい（形式的意味の法治主義）わけではない」とする。筆者もこの場合「法律」には議会制定法という意味で条例を含むものと考えている。

28　櫻井敬子・橋本博之『現代行政法(第2版)』（2006）〔櫻井執筆〕24頁。

らないと改められたのは、歴史の中でも、比較的最近のことである[29]」と述べられているところの法関係とそこで認識される権利のベクトルについてである。

日本国憲法1条は主権の国民に存することを明らかにし、同15条2項では公務員を全体の奉仕者と位置付けている。凡そ、2007年の日本において国民主権や公務員が全体の奉仕者であるといった理解は定着しているものと考えられる。それにも関わらず、なお今もって、行政の恣意による私人の権利侵害に原理の底辺を置くことには首肯できない。これは「法律による行政」の原理を否定的に捉えているのではない。すなわち今日において「法律による行政」の原理を支えるのは権利主体たる私人という存在であると考えるのである[30]。このことは生存権を具体化しようとする給付行政[31]の考え方を現実社会に照らして汲むことの必要性も内蔵するものである。この場合、過度に行政裁量の統制に着目するのではなく、私人の権利利益に適う行政権限の行使を可能とする行政統制の仕組みを工夫し、その公共性に対して主体たる私人が判断をする[32]。こうした理解のより鮮明な可視化が求められる。

2. 地位と権利

塩野宏教授によれば、私人は、「防御的地位」のほか、「積極的に国家、公共団体に対して給付を要求する」「受益的地位」、「第三者に対して一定の公権力の発動を求める地位」、そして「行政決定への参加的地位」に立つ[33]。これら4つの地位の構成は決して普遍性を有するものではなく、当時代的に変化しうるものである[34]。すなわち、例えば防御的地位は「個人の価値に重きを置く日本国憲法の下においては、制定法の解釈に際しても、それが個人の利益をそれとして保護しているかどうかにも意を払わなければならない」のであり、「かつての自由と財産の範囲を超えて拡大している」と解される[35]ところである。とりわけ2005年4月1日施行となった「行政事件訴訟法の一部を改正する法律[36]」が「国民の

29　大橋（前掲注25）19頁。
30　「法律による行政」の原理における私人の地位、権利主体性の変化から今日的な「法律による行政」の原理を導きうるとする考え方に親和的であると考えられるものに原田（前掲注17）81頁、「……法治国家・法治行政の原則、さらには行政法の役割は、けっして不変ではない」。磯部（前掲注26）18頁がある。「……（「法律による行政」の原理は）社会状況の時代的変化によって、あるいは論者の理論的関心や実務上の必要によって、これまでもかなり変化してきたし、今後も変化することが想定されるところの本質的に柔軟で含蓄に富んだ法原理ないし法思想であり、かつ現に活きている法解釈原理であることに留意すべきである。」
31　村上武則『給付行政の理論』（2002）参照。なお、同書236頁、給付国家への「消極的対応」は今日の日本社会に照らして興味深い。
32　原野翹「現代の警察――行政法学の立場から――」法と民主主義199号（1985）30頁以下参照。原野翹教授は「現代の警察問題についての対応」として、「憲法の精神を基軸に据えた住民主導の地域的な公共性とか共同性」を、住民が「イニシアチブをとって実現してゆく」ことが求められているとし、行政法学においても「積極的な対応の理論」の重要性を説かれた。住民には「公共性はわれわれが担うのだという考え方が必要」である、と。
33　塩野（前掲注19）328頁以下。
34　高木光『行政訴訟論』（2005）234頁参照。
35　塩野（前掲注19）330-331頁。
36　平成16年法律第84号。

権利利益のより実効的な救済を図るため、その手続を整備する[37]」という観点により検討がなされたこと、そのなかでも3条6項における義務付け訴訟の法定化を考慮すれば、今日における「行政過程における私人の地位」は各種法関係の変化に伴い新たな視座[38]を有することになるのである。

3. 行政介入請求権

こうした私人の地位の変化については、私人から行政の介入を求める権利が形成されてきたことが大きな影響を与えてきたと考えられる。ドイツ連邦行政裁判所における「帯鋸判決[39]」が「警察的個人保護に大きなはずみをつけることとなった[40]」と言われる。ドイツにおける警察介入請求権[41]に関して、日本においては警察法領域においてではなく、環境行政や公害行政といった領域において第三者への行政権の発動が生存権によって基礎付けられ[42]うるものとして、その権利性が検討されてきた。なお、日本においてはとりわけ警察介入請求権ではなく、行政介入請求権として検討されてきた[43]ように思われる。その理由は他の行政分野と比較して警察行政において権限の不行使が違法とされ、国家賠償法1条に基づく損害賠償責任が認められる可能性が高くない[44]ということが挙げられる。また、高木光教授は日本において実質的警察概念を維持する実益が少ないことを言及される[45]。なお本稿に照らせば、行政介入請求権への関心は行政主体に対して私人の生活における「安全」の確保を求める権利ではないかという関心と置き換えられよう。

4. 基本権保護義務

ドイツ連邦憲法裁判所はいわゆる「第一次堕胎判決[46]」において国の基本権保護義務という法理を展開した。基本権保護義務という法理の日本における意義として小山剛教授は次のように述べる。「国の規制権限の適正な行使は、わが国で

---

37 司法制度改革推進本部、行政訴訟検討会による「行政訴訟制度の見直しのための考え方」（2003年1月6日）。小早川光郎編『ジュリスト増刊改正行政事件訴訟法研究』（2005）235頁参照。

38 ここで「私人の地位」が決して普遍性を有するものではないと断りつつ、「視座」を有するとのみ述べて、その「変化」とまで言及しないのは、現実には普遍性は持たなかったように捉えられていたとしても、当時代的にも日本国憲法下においては主観法として存在し得たと考えられるからである。言い換えれば規定の明文化による具体的権利の可視化が行われたものという認識からである。

39 BverwGE 11, S. 95 (DVBl. 1961, S. 125).

40 高橋明男「西ドイツにおける警察的個人保護(1)——警察介入請求権をめぐる学説と判例——」阪大法学139号（1986）129頁。

41 高橋明男「西ドイツにおける警察的個人保護(1)～(2・完)」阪大法学139号（1986）117頁以下、140号（1986）137頁以下。小山剛『基本権保護の法理』（1998）18頁。

42 高田（前掲注9）233頁。

43 ただし、この点につき日本において当初考えられた「行政介入請求権」はドイツの「警察介入請求権」の日本版であるとは言い切れない面があったとする。高木（前掲注34）221–223頁。

44 高木（前掲注34）227–228頁参照。

45 高木（前掲注34）228頁。

46 小山（前掲注41）19–21頁参照。BverfGE 39, 1.

も、近時とくに行政法において強調されている。国の規制権限は、一連の公害・薬害・食品事故が示すように、常に適切に行使されるとは限らず、わが国でも、行政の権限不行使の結果として生じた各種の事故に対して、多数の国家賠償請求訴訟が提起された。これに関連しても、行政法学では、行政の「危険管理責任」ないしは「危険防止責任」が主張され、行政法関係の二面関係的把握から行政・被規制者・受益者の三面関係的理解への転換が提唱されている。これをうけて、個人権保護という視角から行政介入義務の理論が提唱され、救済手段としても、事後的救済から、法定外抗告訴訟としての義務確認訴訟や義務付け訴訟による事前の救済の可能性が検討されてきた[47]」と。**II-3** でみた「国家賠償法における安全」が事後的救済をその対象としたのに対して、目下、検討すべき「安全」が危険からの予防的可能性を問うていることには注意が必要である。ただし、こうした基本権保護義務の法理に対しては行政の過度の介入を招く恐れもあり、日本行政法学、また日本憲法学においても否定的な評価[48]を受けうるものであり、課題も多い。

5. 義務付け訴訟の法定化

このように私人の地位を取り巻く環境の変化を踏まえた上で、今回の行政事件訴訟法改正による同法 3 条 6 項義務付け訴訟の法定化は私人にその本来的な意味での主権者たることを可視化するものであると思われる。特に同法 3 条 6 項 1 号の「行政庁が一定の処分をすべきであるにもかかわらずこれがされないとき」に行政庁に「その処分」を「すべき旨を命ずることを求める訴訟」、いわゆる直接型義務付け訴訟は、基本権保護義務の法理に則した訴訟形態であるといいうる。自分以外の第三者に対して「一定の処分」の発動を求める、たとえば、第三者に対して行政庁による規制権限の発動の義務付けを求めるような訴訟をその典型とするもの[49]と考えられ、行政介入請求権の行使を具体化しうる[50, 51]、そういった可能性を充分に秘めているとみる。

---

47 小山（前掲注 41）4–5 頁。
48 小山（前掲注 41）7–8 頁。
49 橋本博之『解説改正行政事件訴訟法』（2004）61 頁。
50 ただし、今回の改正においては義務付け判決の効力について、特段の新しい規定が設けられることはなく、義務付け判決の履行確保についても特別の規定が手当てされることはなかったことは、留意し、今後の検討課題となろう。なお、橋本（前掲注 49）75 頁参照。
51 また、原田（前掲注 17）363 頁は義務付け判決の履行確保につき、次のように述べる。「義務付け判決・差止判決は給付判決であり、その性質上執行力をともなうべきであるが、法律は関係行政機関にその実施を強制するシステム（たとえば、間接強制としての過料とか、裁判所侮辱罪など）をとくに設けていない。行政機関は公の機関として裁判所の給付判決には、当然に従うものと考えているのだろう。」

IV. 「安全の中の自由」の法理

1. 「安全」を求める権利

私人は行政主体に対して「安全」を求める権利を有するのであろうか。

行政法学においては従前より行政権限の濫用からの私人の自由権の保護に主眼を置き、警察行政の分野においては特にその権力的行政作用の統制が考えられたのであるが[52]、現在、私人は行政の積極的な活動に期待しているのであって、その期待を裏切らない行政活動を実現する工夫にこそ主眼を置かねばならない。こうした「転回」を見るとき、基本権保護義務の法理も踏まえ、とりわけ「安全」を考察の対象とする場合、警察法やその他「安全」の確保を明記する法に基づく行政活動においては行政介入請求権が認められる可能性がある。

例えば、さきに述べた桶川事件の後、ストーカー規制法[53]が制定された。ストーカー規制法 1 条は「ストーカー行為を処罰する等ストーカー行為等について必要な規制を行うとともに、その相手方に対する援助の措置等を定めることにより、個人の身体、自由及び名誉に対する危害の発生を防止し、あわせて国民の生活の安全と平穏に資することを目的とする」。ここにいう「援助の措置等」に関して 7 条では「警察本部長等は、ストーカー行為又は第三条の規定に違反する行為」の「相手方から当該ストーカー行為等に係る被害を自ら防止するための援助を受けたい旨の申出があり、その申出を相当と認めるときは、当該相手方に対し、当該ストーカー行為等に係る被害を自ら防止するための措置の教示その他国家公安委員会規則で定める必要な援助を行うものとする」。

ストーカー規制法は一般市民の平穏な生活利益を保護法益とし、未だ「犯罪被害者」とはなっていない「潜在的被害者」たる私人を保護対象とし、「申出」があり、「申出が相当と認めるとき」は警察が私人間の紛争に介入することを可能とする[54, 55]。

こうした規定から即座に訴求にたえうる権利が導かれるのかどうかは今後さらなる検討の余地があるが、さしあたり桶川事件において、犯罪捜査につき、事実関係を解明して、犯人を検挙し、適切な刑罰権を行使することによって、将来の犯罪発生を予防するという公益を図るためのものであり、犯罪捜査に伴って犯罪による被害が回復されたり、将来の同種の犯罪が防止されたりすることによって犯罪の被害者等の特定の私人が受ける利益は、基本的には公益を図る過程で実現

---

52 磯部力「『安全の中の自由』の法理と警察法理論」警察政策 7 巻（2005）7–8 頁。「市民的諸自由の尊重と同時に人間としての尊厳を確保することこそは社会的諸制度の目的であることは当然ですが、この種の発想は、社会安全確保のための公権力の整備を、諸々の自由の確保のための必要条件と考えるのではなく、むしろ自由にとっての制約条件ないし敵対物として捉える傾向があった」「本来ならば、まず安全な秩序が確保されていてこそ、初めて諸自由の十全な享受が可能になるはずであるのに、戦後の日本社会は、その基本的な前提を多分に軽視しすぎてきたのではないかと思われます。したがって、いたずらに公共の安全とか秩序の重要性を強調することは、私人の自由の圧殺につながるという式の短絡思考がそれなりに通用してきてしまった感があります」。

53 「ストーカー行為等の規制等に関する法律」（平成 12 年 5 月 24 日法律第 81 号）。

54 櫻井敬子「行政警察に関する考察——予防的で直截的、即時的な行政警察活動の必要性及び有効性について——」警察政策 6 巻（2004）192 頁参照。

55 なお、私人間の人権侵害について田村正博「犯罪被害者に係る人権と警察行政」警察政策研究 6 号（2002）116 頁。

される事実上の利益であるにすぎないと認めている[56]ことと「安全」の帰属主体と、「安全」自体の立体構造をより網羅的且つ合理的に解明されなければならない。このとき治安は個人の安全の総体であることを忘れてはならない[57]。

2. 自由」を求める権利

私人において基本権的防禦権から「自由」が導かれるときに、その「自由」を保障するために安全が確保されなければならないのではないか。ペーター・J・テッティンガー教授は 2002 年 6 月に慶応義塾大学で行った講演[58]で次のように述べている。「すでにヴィルヘルム・フォン・フンボルトは次のように述べていた。「安全がなければ、人間はその力を伸ばすことも、そこから果実を得ることもできない。なぜなら、安全なくして自由はないためである」。市民にとって、国家の側で保障される安全は、フンボルトの言葉を借りれば、『法律にかなった自由という、確かなもの』なのである[59]」と。

また、現代の「自由」と秩序は互いに強め合う関係にあるとするノルベルト・ボルツ教授の興味深い指摘がある。

「自由な社会は、絶対的な〈情報の自由〉を排除する。トップシークレットのない政治はなく、営業秘密のない企業はなく、プライヴァシーのない人間はない。技術的インフラストラクチャーについて言えばこうだ。インターネットに多くを期待すればするほど、多くのコミュニケーション制限を組み込まざるをえなくなる。」「インターネット文化において、われわれは、法的概念としての自由に潜むパラドクスに直面する。自由とは法律の否定に他ならないからだ。このパラドクスにもっと迫って、自由とは制限されることによってのみ存在するものだ、と定義することもできる。近代は、秩序と自由は互いに強め合う関係に立つという独特な構成によって、このパラドクスを解消した。その見地からすれば、国家による統制が個人の自由を狭めるというのは、古典的自由主義者の冒した推論の誤りだと言えよう。実は、いま述べたように、自由と秩序は互いに強め合う関係にあるのだ。」[60]

このパラドクスの解消を肯定的に捉えれば、自由を求めるということは、その前提として又は付随するものとして安全を求めることが存在していると考えうる。

---

56 判例時報 1891 号（2005）9 頁。

57 この点につき、長谷川正安「日本国憲法と治安」『法律時報臨時増刊　治安と人権』（1970）13 頁は「戦前の日本が、治安を本来的に支配体制の維持のために考えていたのは、それが近代憲法原理を基礎としない絶対主義国家であったからである。治安の土台となる国民の個人の安全をまもるという考え方がそもそも存在していなかったからである。その治安が、戦後日本で現行憲法によりはじめて正当にも個人の安全を出発点として理解されうる法的論説が生まれたとき、「個人の権利と自由」と「公共の安全と秩序」が併置され、後者に力点がおかれて、治安が公安として表現されるようになったことは、注目してよい事実であろう。」なお、原野翹「現代警察法における治安と人権」杉村敏正・中山研一・原野翹『治安と人権』（1984）177 頁以下、同注(3)参照。

58 講演の内容全体については、ペーター・J・テッティンガー、小山剛（訳）「安全の中の自由」警察学論集 55 巻 11 号（2002）144 頁以下参照。

59 ペーター・J・テッティンガー、小山剛（訳）「安全の中の自由」警察学論集 55 巻 11 号（2002）158–159 頁。

60 ノルベルト・ボルツ（著）村上淳一（訳）『世界コミュニケーション』（2002）89–90 頁。原文は *Bolz*, Weltkommunikation, 2001, S. 58 f.

「安全の中の自由」という法理は自由権の保障と保護義務論を対立させるのではなく、また同一直線状に位置すると捉えるものでもない。

V. むすびにかえて

「国家の侵害からの防禦」と「国家による保護の請求」[61]は「安全」へのアプローチと結びつき警察行政に新たな法理の構成可能性を強める。それは警察官庁の権限行使に関して私人が行政介入請求権を行使できる場合はあるのか、ある場合どの程度の要求が認められるのかさらに考察を要する。また、義務付け訴訟によって権限行使を求めうるとして、警察法で問題となる事案[62]に適合するような給付の判決を公開の裁判で導きだすためには、警察情報の管理・統制に関する新たな仕組みが必要となりうる[63]。

本稿の課題は警察行政における「安全」について日本では警察法、行政法の視点からどのように描かれうるのかを考察することにあった。それは法の同化を考察するうえで法制度の違いを踏まえたうえで、より高次のところで考察の対象足りうる。しかし、本稿においては未だ甚だ不十分な考察に留まっている。日本においては今後の義務付け訴訟の動向等に留意しつつ[64]、国家の侵害からの防禦と国家による保護の請求のバランスをいかにとっていくのが適切であるのか、慎重に検討を進めていかなければならない。

---

61 山本（前掲注 17）333–339 頁参照。なお、小山剛「自由と安全——若干の憲法学的考察」警察学論集 58 巻 6 号（2005）79 頁以下参照。

62 なお、警察法 79 条 1 項は「都道府県警察の職員の職務執行について苦情がある者は、都道府県公安委員会に対し、国家公安委員会規則で定める手続に従い、文書により苦情の申出をすることができる」としている。

63 成田頼明「警察法 50 年の回顧と展望」警察学論集 57 巻 7 号（2004）45 頁以下参照。なお、同 67 頁では、「究極的には、安全と自由との関係をどのように考えるのかという法哲学的・憲法学的課題に行きあたる筈である。自由や人権を優先させこれらをあくまでも不当に侵害しないという枠内でのみ安全を確保するのか、テッティンガー教授が警察政策学会設立 5 周年記念講演で強調された「安全の中での自由」という新しい考え方に転換すべきなのか、国民全体が真剣に論議すべき時代が到来したものと考えられる」と指摘されている。筆者の本稿における関心には同様のものがある。

64 平成 17 年 12 月 7 日、小田急最高裁大法廷判決は取消訴訟における原告適格について行政事件訴訟法 9 条 2 項を踏まえ、判例変更を行っている。とりわけ藤田宙靖裁判官は補足意見のなかで、「本件のような都市計画施設についての事業認可のケースでは」という限定のもとではあるが、第三者（周辺住民）に対して『リスクから保護される利益』を、行政庁には『リスクから保護する義務』が認められること、そして保護されるはずの利益に関して『「私益」と対立する「公益」なのではなく、「個々の利益の集合体ないし総合体』としての『集団的利益』なのであるから、そこに『個人的利益』が内含されていることは、むしろ当然なのであって、そうでないというならば、むしろそのことについて法律上明確な根拠が示されるのでなければなるまい。言い換えるならば、行政庁は個人に対する上記の意味での保護義務を負うものではないということが、法律上明確な根拠によって明らかにされるのでない限り、少なくとも、事業認可に係る都市計画施設の利用の結果生命健康等に重大な損害を被るというリスクにさらされている周辺住民からの訴えについては、本来、原告適格が認められて然るべきであると考えられるのである」と述べている。ここにも私人の地位の変化が見受けられる。今後、「リスクから保護される利益」が主観的な権利として他の事例においてどこまで応用できるのか非常に興味深い。なお、藤田宙靖『行政法 I（総論）第 4 版』（2003）406–410 頁参照。

Bei Fragen zur Produktsicherheit wenden Sie sich bitte an:
If you have any questions regarding product safety,
please contact:

Walter de Gruyter GmbH
Genthiner Straße 13
10785 Berlin
productsafety@degruyterbrill.com